成蹊集

杜建录 主编

社会科学文献出版社
SOCIAL SCIENCES ACADEMIC PRESS (CHINA)

序

杜建录

1983 年，我大学毕业分配到固原师专（今宁夏师范学院）任教，1992 年调入宁夏大学，1996 年立雪漆门，攻读博士学位。不经意 38 年过去，往事历历在目，似乎就在昨日。

回顾 38 年的历程，主要有三个方面的工作，一是承担 20 余项国家级和省部级课题，获得 10 余项教育部和自治区科研成果奖；二是坚持为本科生和硕博士研究生上课，带领团队获得首批国家级线上一流本科课程和首批国家级课程思政示范课程；三是在学校的支持下，先后获得教育部高校人文社会科学重点研究基地、中国少数民族史博士学位点、民族学博士后科研流动站、中国少数民族史国家重点培育学科。担任中华民族共同体研究院、西夏学研究院、民族学与文化旅游产业研究院院长，负责部省合建宁夏大学民族学学科群、自治区建设民族学国内一流学科、民族学一级学科博士点的建设工作。

人才培养和团队建设是我学术生命的重要组成部分，在花甲之年来临之际，向前等提出编一部论文集，表示祝贺，也是对我教学工作的阶段性总结。编选的论文保留原来面貌，只是对讹误做了一些校订，还有几篇回忆文章。作者包括我指导的硕博士研究生、博士后，听我讲课并经常保持学术联系的研究生和访问学者，兼及受我影响或指导过研究的西夏学研究院学术团队成员。他们中有多年前的学生，还有一些在读研究生，至少包括两代人。在高校工作的多是硕博士生导师，或主持国家社科基金项目，或主持教育部社科规划项目，或研究著作入选国家哲学社会科学成果文库，或入选国家和自治区各类人才工程，成长为学术带头人和学术骨干。在其他岗位上工作的，也大多是业务和管理方面的佼佼者。

学生是研究院的人气所在，我自来主张集体指导，所有教师是全体研究生的导师，所有研究生是每个导师的学生。由于篇幅所限，本文集只选了一部分文章，但这并不意味着我们的培养机制有什么变化。在我心目中，西夏学研究院走出的学生，永远都是我的学生，他们是西夏学事业的薪传！

人文社会科学领域，60岁是成熟的季节，我的心理年龄还要年轻一些。在繁杂的事务性工作间隙，安心写作是最愉悦的事。去年暑假研究院学术报告厅装修，工程负责人见我每天在研究室埋头写作，中间只有十几分钟看看工地现场，动情地对我说："从来没有见过院长这样敬业的人，我只念到中学，觉得念书非常辛苦，你这几十年，天天都要上班，天天都要念书，真是太辛苦了！"苦与乐的感受全在于一心，我无法向他解释清楚念书人的乐趣！

人才培养与学术研究是我的事业和追求，而不是"饭碗"，按照现有的招生机制，我还可以带很多届研究生，即使不带研究生，仍然可以做学问。

"迟日惠风柔，桃李成蹊绿渐稠"，我带出了西夏学研究院学术团队，这个团队也成就了我，衷心感谢西夏学研究院所有在岗和退休的老师以及和我一起走过的历届班子成员。最后，我要感谢我的爱人魏灵芝，多年来她承担了全部家务，没有她的默默奉献，也就没有我今天的一点成就，荣誉章里有她的一半。

目 录

| Contents |

西夏学研究

黑水城文献研究

中国古代史研究

・西夏学研究

西夏圣容寺研究

彭向前

摘　要　西夏文献中出现的圣容寺只有一座，即今甘肃永昌圣容寺，其前身为号称河西第一名寺的感通寺。圣容寺的西夏文写法有两种，除西夏陵残碑中的写法外，又在《感通塔碑》西夏文碑铭中发现另一种新的写法。圣容寺得名始于西夏，而非以往所说的吐蕃时期。这里除供奉原来的石佛瑞相外，还模仿宋代在寺院宫观中设置帝后神御、神御殿的做法，供奉西夏帝后神御，寺名的修改当与此有关。寺名中的"圣容"应具有双重含义，既指石佛瑞相，又指西夏帝后神御。西夏王朝按规定对圣容寺遣官提举，其中的一任提举官叫药乜永诠。凭借着与西夏皇室的特殊关系，该寺在西夏时期香火旺盛，达到"番僧一千五百人"的规模。西夏仁宗西行时，特地巡幸圣容寺。

关键词　西夏；圣容寺；石佛瑞相；帝后神御

在科学研究中，对未知事物的探索从来都不是一蹴而就的。对西夏圣容寺的认识，也经历了一个"瞎子摸象"般艰难曲折的过程。最初学界推测西夏的圣容寺应是一种专门寺院的名称，对"圣容提举司"这个位居中等司的管理机构的职能亦不甚了了，一度把西夏文"圣容提举"误译为"圣茔地居"，又进一步引申为西夏主管修陵、安葬和祭礼等活动的机构。受宋代在寺院中奉安帝后神御殿做法的启发，笔者曾经在《民族研究》发表《西夏圣容寺初探》一文，[①]认为西夏时期有两种圣容寺：一种是安放西夏帝后神御的圣容寺，如西夏陵区北端建筑遗址就是其中的一座；一种是所谓承袭吐蕃而来的那座位于西夏永州（今甘肃省永昌县）的圣容寺，供奉御山崩裂而出的佛陀宝像。拙文对《天盛律令》中"圣容"的解释，即指西夏帝后神御，并以之与凉州御山石佛瑞像区别开来，无疑是正确的。但把奉安西夏帝后神御的一批寺院统称为"圣容寺"，则是错误的。随着西夏文献译释能力的提高和研究素材的积累，十年后笔者才意识到《天盛律令》中根本就没有"圣容寺"这个事物，那是由以往译文不确而造成的误会。《天盛律令》中只有"圣容"而没有"圣容寺"。西夏文献中出现的圣容寺只有一座，即今天的永昌圣容寺。永昌圣容寺得名始于西夏，而非以往所说的吐蕃时期。西夏圣容寺是一处安放帝后神御的寺院，寺名中的"圣容"应具有双重含义，既指原来的石佛瑞相，又指西夏帝后神御，详论如下。

一 《天盛律令》中没有"圣容寺"

《天盛律令》中的相关条款是针对一批奉安圣容（即西夏帝后神御，详见下文）的寺院而言的，不是专门为"圣容寺"制定的。《天盛律令》中根本就没有"圣容寺"。我们还是来看看西夏文原文（西夏文原文下面依次给出对译和新译，与汉文不能形成对应关系的语法词用△符号表示，与旧译不同之处则出注说明）。《天盛律令》卷一一《为僧道修寺庙门》规定：

　　　　𘝵𗢳𗬩𗥃𗱔𗧓𗥽𗧓𗕜𗧓𗥽，𘊝𘎑𘟣𘏨𗥽𗱢𗾖𗣼𗺉𘏨𗟲𗄼𗒹，𗃀𘃎𘝵𗖵𘏨𗟲𗥽𗤿𗘁。𗀔𗌭𗬩𗤻，𗁬𗥽𗥽𘊝，𗥽𗥽𘟣𗥽𗍫𗺉𗣼𘃎𗏹，𗺉𗺉𗥽𗥒，𗱒𗺉𗥽𗥽𗰜。

　　① 彭向前:《西夏圣容寺初探》,《民族研究》2005 年第 5 期。

一国境内寺有中圣容一处者常住镇过者正副二人提举△遣此外寺数提举遣许不倘若律违不应遣时遣者遣所人一律官有罚马一庶人十三杖

新译文：

一国境内寺院中有圣容一处者[1]，当遣常住镇守者正副二提举，此外诸寺不许遣提举[2]。倘若违律，不应遣而遣时，遣者、被遣者一律有官罚马一，庶人十三杖。

注释：

[1] 国境内寺院中有圣容一处者："㪷㪷（一处）"，旧译文误作"一种"①。

[2] 此外诸寺不许遣提举：旧译文误作"此外不许寺中多遣提举"②。西夏文"㪷（数）"本为实词，这里作为附加成分，可以附着在任何表示可计量事物的名词之后，构成复数形式，③句中的"㪷㪷（寺数）"应译为"诸寺"。

在对旧译文做出上述两处修改后，我们就会明白：其一，该条款是针对西夏那些奉安帝后神御（圣容）的寺院而言的。《天盛律令》中根本就没有提到什么"圣容寺"，致误的主要原因是对"㪷㪷"一词的翻译。旧译文西夏境内寺院中有圣容"一种"，很容易使人误以为在西夏寺院中有一种寺院叫"圣容寺"。实际上西夏字"㪷"没有"种类"的意思，是一处两处的"处"。西夏文《类林》卷七《报恩篇》第三十五"孙钟"条记载："三人食迄，谓孙钟曰：'蒙君厚恩，无所报恩，请视君葬地何在。'遂与孙钟同往上山，谓曰：'汝欲得世世封侯，数世天子？'孙钟曰：'殊妙也。'遂指一处可葬之也。"末句西夏文原文为"㪷㪷㪷

---

① 史金波、聂鸿音、白滨译注《天盛改旧新定律令》，法律出版社，2000，第403页。

② 史金波、聂鸿音、白滨译注《天盛改旧新定律令》，第403页。

③ 马忠建：《语法比较——从语法比较看西夏语的支属问题》，李范文主编《西夏语比较研究》，宁夏人民出版社，1999，第71页。

𗋽𗯨𗧦，𘂪𗖵𗏵𗖵𗗙"①，即用"�ﾩ𗖵"对译"一处"。"国境内寺院中有圣容一处"，正确的含义是指西夏寺院中那些专辟一处奉安帝后圣容的寺院，与"圣容寺"是完全不同的两个概念。

其二，正是因为西夏帝后神御在此，此类寺院才非同一般，拥有特殊的地位，有资格"遣常住镇守者正副二提举"。其余寺院则不许，否则要受到惩罚。旧译文误作"此外不许寺中多遣提举"，把读者的注意力吸引到官员的"超遣"上，从而把此类寺院的独特地位彻底给湮没了。

在西夏上次中下末五等政府机构中，有个圣容提举司，属于中等司。《天盛律令》卷一〇《司序行文门》记载：

> 中等司：大恒历司、都转运司、陈告司、都磨勘司、审刑司、群牧司、农田司、受纳司、边中监军司、前宫侍司、磨勘军案殿前司上管、鸣沙军、卜算院、养贤务、资善务、回夷务、医人院、华阳县、治源县、五原县、京师工院、虎控军、威地军、大通军、宣威军、圣容提举。②

这个属于中等司的"圣容提举司"，是针对一批供奉西夏帝后神御（圣容）的寺院而设的，而非单独管理一座圣容寺的机构。《天盛律令》卷一〇《司序行文门》记载："一司圣容提举一正、一副。"③而上文提到对那些专辟一处奉安西夏帝后神御的寺院"当遣常住镇守者正副二提举"，可见圣容提举司就设在此类寺院内。

顺便指出，此条禁令同时暗示着，曾经西夏境内对其他寺院也遣官提举。大概一开始西夏王朝仅对奉安西夏帝后神御的寺院遣官提举，后来其他寺院私下起而仿效，范围逐步扩大，于是才颁发此条禁令，重申旧规。

总之，西夏法律文献《天盛律令》中根本就没有"圣容寺"一词。所谓"圣容寺"，是由于译文不当而引发的误读。至于把《天盛律令》

---

① 史金波、黄振华、聂鸿音：《类林研究》，宁夏人民出版社，1993，第177—178页。
② 史金波、聂鸿音、白滨译注《天盛改旧新定律令》，第363页。
③ 史金波、聂鸿音、白滨译注《天盛改旧新定律令》，第369页。

中的上引条款强加到永昌圣容寺头上，以突出由御山崩出的圣容瑞相的特殊地位，则更是错上加错。

二 西夏文献中的"圣容寺"即今永昌圣容寺

西夏文献，包括汉文文献和西夏文文献均记载西夏王朝建有圣容寺。先看西夏陵园残碑中关于圣容寺的记载。M2X：39+48+158（图版八）[①]第二行有西夏文八字"綏帰憫薤刽莎蠵胤"，汉文直译为"年中西隅圣容众宫"。这则资料是史金波先生首次译释的，他主张把西夏文"蠵胤（众宫）"二字与汉文"寺"字对译，却把西夏文"莎（容）"字误识为"莃（劝）"字，结果出现所谓"圣劝寺"。[②]此处的误识是有原因的，这两个字在西夏文中本就字形相近，而残碑上的"莎（容）"字顶部恰有重物敲击的痕迹，乍一看很容易误作"莃（劝）"字。西夏文"蠵胤（众宫）"二字之所以能与汉文"寺"字对译，聂鸿音先生解释说，是因为这个词最初来自梵文的 saṃgha-ārāma（僧伽蓝摩），华言"众园""僧院"，北魏杨衒之著有《洛阳伽蓝记》，书名就是取自这个意义。[③]总之，西夏陵残碑中的"圣容众宫"，应译作"圣容寺"，即指位于西夏永州（今甘肃永昌）的那座圣容寺，永州在西夏的西部，寺名前有"西隅"二字与此相符。

收藏于甘肃省武威市博物馆的《凉州重修护国寺感通塔碑》（以下简称《感通塔碑》），是现存最完整、内容最丰富的西夏碑刻。此碑系西夏崇宗乾顺于天祐民安五年（1094）所立，为夏汉合璧碑，其汉文碑铭和西夏文碑铭在记录重修塔寺有关人员的职衔和人名时均出现"圣容寺"名称。汉文碑铭内容为"庆寺监修都大勾当，行宫三司正，兼圣容寺、感通塔两众提举，律晶，赐绯僧药乜永诠"。[④]至于西夏文碑铭内容中有关于圣容寺的记载，则为此前学界所忽略。相关的西夏文录文如下：

---

① 李范文：《西夏陵墓出土残碑粹编》，文物出版社，1984。
② 史金波：《西夏陵园出土残碑译释拾补》，《西北民族研究》1986 年第 1 期。
③ 聂鸿音：《大度民寺考》，《民族研究》2003 年第 4 期。
④ 转引自陈炳应《西夏文物研究》，宁夏人民出版社，1985，第 110 页。

𗙊𗗆𗙂𗧊𗵉𗱕𗒹𗗆𗹦𗫼𗻍𗠽𗧾、𗵉𗬜𗉾𗙂𗬼、𗲗𗵉、𗤛𗧾𗙊𗗆𗴾𗒜𗵉𗒦、𗵟𗟻𗴜𗫼，𗟓𗗉□□□（西夏文碑铭第 24 行）

陈炳应先生对《感通塔碑》西夏文碑铭作过全文翻译,此段译文为"修塔寺兼作赞庆等都大勾当,行宫三司正,圣赞感通塔等下提举,解经和尚,臣药乜永诠",[①]此后学界一般都采用他的译文。值得注意的是,汉文部分"兼圣容寺、感通塔两众提举",与西夏文部分"圣赞感通塔等下提举",二者不相吻合。大概是由于该碑两面的西夏文和汉文所述的内容虽然大致相同,但两种文字并不是互译的,而是各自撰写的。对于其间的歧异之处,学界也没有人去深究。实际上,"𗲗𗵉"一词,不当译作"圣赞"。这是个意译和音译相结合的词,前一个西夏字"𗲗"当采用意译,译作"圣"。后一个西夏字"𗵉",不当采用意译,译作"赞",而应采用音译,译作"容"。也就是说,"𗲗𗵉"一词,当译作"圣容",与汉文碑铭中的"圣容寺"相对应。西夏陵残碑表明圣容寺写作"𗲗𗻍𗵉𗒜","𗻍"字的拟音为·jow,音译汉语的"容",而"𗵉"字的拟音亦为·jow,可证。史金波先生《西夏佛教史略》认为《感通塔碑》中的圣容寺,当为凉州的一座寺庙。[②]后又进一步指出:"永昌有圣容寺,在甘肃省永昌县北 10 公里处的御山峡西端……凉州碑所记圣容寺与永昌圣容寺可能是同一寺庙。"[③]

总之,圣容寺的西夏文写法有两种,可以写作"𗲗𗻍𗵉𗒜",也可以写作"𗲗𗵉𗵉𗒜",都是指今天的永昌圣容寺。西夏文文献中对这个词部分采用了音译,表明它是个外来词(关于其来源的讨论,详见下文)。

黑水城遗址出土汉文文书 F4:W7、F13:W301、F144:W4、Y1:W113 提到圣容寺,[④]甘肃民勤县城西南也有一座圣容寺。对这两座圣容寺,笔者同意杨富学和梁松涛先生的看法,认为前者是元代在亦集乃路所建,后者是明洪武年间所建,皆与西夏圣容寺无涉。[⑤]

---

① 转引自陈炳应《西夏文物研究》,第 113 页。
② 史金波:《西夏佛教史略》,宁夏人民出版社,1988,第 120 页。
③ 史金波:《西夏社会》下册,上海人民出版社,2007,第 613 页。
④ 李逸友:《黑城出土文书(汉文文书卷)》,科学出版社,1991,第 61 页。
⑤ 梁松涛、杨富学:《西夏圣容寺及其相关问题考证》,《内蒙古社会科学》2012 年第 5 期。

三　永昌圣容寺得名始于西夏

关于甘肃永昌圣容寺之建置沿革，武威出土唐天宝元年（742）杨播所撰《凉州御山石佛瑞像因缘记》有详细记载。据说北魏名僧刘萨诃西游观览佛迹，途经永昌，预言御山他日山开必有像现，世乱则像必缺首，世平乃像完全。至北魏正光三年（522），山崩地裂，果显佛陀宝像，像无首，续之则落。又至北周时，凉州城东七里涧祥光烛照，有石佛首出现，迎戴佛像肩上，合不差殊。遂于保定元年（561）造寺，三年功毕，称瑞像寺。隋大业五年（609），隋炀帝西巡，还幸山寺，改旧额为感通寺。

至于何时改称圣容寺，学界起初认为是在吐蕃时期，这种说法以孙修身先生为代表，他根据圣容寺塔题记和敦煌莫高窟壁画认为，寺名圣容当在唐天宝末年安史之乱爆发，河西守军内调中原与叛军作战，吐蕃乘虚攻占河西之后。"在吐蕃统治时，此寺仍在发展，香火之盛不减于前时，这由其殿后山头上现存唐塔中所见'番僧一千五百人'可知。又从同一条题记中，我们看到有'圣容寺'之名。"另外，莫高窟第231窟为阴嘉政于吐蕃统治后期所建，窟内壁画中即绘有此石佛瑞像，榜题为"盘和（即番禾）都督府御谷山番禾县北圣容瑞像"。孙先生等据此断定此寺在吐蕃占有其地之后，曾经一度改寺名为"圣容寺"。① 后来敦煌研究院马德先生发现，日本滨田德海旧藏的编号为 Chin Ms：C121 的敦煌文献《宋乾德六年修凉州感通寺记》，记录了宋初营修凉州感通寺的一些情况。② 此文本开头有"凉州御山感通寺圣容"字样，末尾题款称"乾德六年六月廿二日僧道和纪之"。丁德天博士据此认为圣容寺之名，最早应出现在北宋太祖乾德六年（968）之后，纠正了孙修身先生的说法。③ 回过头来再看孙先生的论据，吐蕃统治后期所建的莫高窟第231窟壁画榜题"盘和都督府御谷山番禾县北圣容瑞像"，虽然有

---

① 孙修身、党寿山：《〈凉州御山石佛瑞像因缘记〉考释》，《敦煌研究》创刊号，1983年。
② 马德：《敦煌文书题记资料零拾》，《敦煌研究》1994年第3期。
③ 丁德天：《甘肃金昌佛教文物遗迹的调查与研究》，硕士学位论文，兰州大学，2012，第17—19页。

"圣容"二字，但不意味着当时就已经出现了"圣容寺"这个事物。而圣容寺塔题记中所见"番僧一千五百人"和"圣容寺"之名，并非指吐蕃统治凉州时期的内容，题记的年代当在西夏时期。

在西夏文中，西夏人称自己为"𘜶"，其语音为"弥"，相应的汉文写作"番"，这在当时的文献中是很常见的现象。①我们以有夏汉对照的西夏文献为例，如骨勒茂才编著的西夏文和汉文对照词典《番汉合时掌中珠》，该书有西夏文和汉文两个内容相同的序言。汉文序中的"番""番汉文字""番汉语言""番人"中的"番"，在西夏文序中皆用读音为"弥"的"𘜶"字。再如夏汉合璧《感通塔碑》，汉文碑铭中有"护国寺感通塔番汉四众提举赐绯僧王那征迁"，在西夏文碑铭相应的地方，"番"字写作"𘜶"。就连西夏皇帝印施佛经的发愿文中，往往也提到印制、施放佛经时分为番文（即西夏文）和汉文两个文本。如题为《佛说圣佛母般若波罗蜜多心经》的德慧译本，这个译本的卷尾有一篇西夏仁宗皇帝的御制发愿文，署天盛十九年（1167），其中说道：

> 寻命兰山觉行国师沙门德慧重将梵本，再译微言。仍集《真空观门施食仪轨》附于卷末，连为一轴。于神妣皇太后周忌之辰，开板印造番汉共二万卷，散施臣民。②

由此可见，西夏的主体民族应称为番族。圣容寺塔内题记中的"番僧"，系指西夏主体民族党项僧人。

综上所述，北宋乾德六年仍有"感通寺"之称，又在西夏人题记中出现"圣容寺"字样，于此我们认为圣容寺得名当始于西夏。

① 聂鸿音：《关于党项主体民族起源的语文学思考》，《宁夏社会科学》1996年第5期。
② 俄罗斯科学院东方研究所圣彼得堡分所、中国社会科学院民族研究所、上海古籍出版社编《俄藏黑水城文献》第3册，上海古籍出版社，1996，第76页。

四 西夏圣容寺是一处安放帝后神御的寺院

史海中的每一片涟漪、每一圈波纹都是耐人寻味的。从上文可知，西夏王朝流行一种做法，即在供奉佛像的寺院内，同时奉安西夏帝后神御。此类寺院非同一般，具有独特的地位，西夏王朝对此类寺院要遣官提举。而声名远播、曾经号称河西第一名寺的感通寺，偏偏在进入西夏后宣称改名"圣容寺"。寺院名称的改变，一定受重大事件的影响，如隋炀帝御驾巡幸此寺，就改瑞像寺为感通寺。我们不妨假设感通寺之所以改名圣容寺，正与奉安西夏帝后神御有关。

西夏王朝在寺庙中安放帝后神御的做法，来自对宋代在寺院宫观中普遍设置帝后神御、神御殿的做法的模仿。唐宋时期佛教开始世俗化，表现之一就是开始在寺院中普遍设置帝后神御、神御殿，为皇帝逝去的父母祈福。这是佛教信仰嫁接于华夏尊祖敬宗传统礼制而衍生的新事物。所谓神御，是指亡者的遗画像或塑像。唐中晚期以来，神御多见于记载。唐代在宫观中而不是在寺院中供奉帝后神御，而检索新、旧《五代史》，则不见供奉帝后神御的记载，《辽史》中有在寺院奉安诸帝石像、铜像的记载，并无专殿。正如汪圣铎先生所言，在寺院宫观中设置皇帝、皇后的所谓神御、神御殿，是宋代较普遍存在而有别于其他朝代的历史现象。[1]西夏统治者笃信佛教，境内塔寺林立，僧人遍地。而前期主要吸收中原佛教，曾经不断地向宋朝索取大藏经，目前见于文献记载的就有六次之多。[2]在这种背景下，西夏模仿宋朝在寺院为祖先建神御殿的做法，是合情合理的。"圣容寺"的西夏文写法中，"容"采用音译，写作"舔"，又写作"膝"，表明西夏文献中的"圣容"是个外来词，与此一推论相符。

宋代寓于寺院中的帝后神御殿，有时也称圣容殿，如扬州建隆寺太祖章武殿，是为宋太祖亲征所到而建，在关于该神御殿建置的叙述中，

---

[1] 汪圣铎：《宋代寓于寺院的帝后神御》，姜锡东、李华瑞主编《宋史研究论丛》第5辑，河北大学出版社，2003，第241—264页。该文首次对宋代寓于寺院的帝后神御作了考察和分析。

[2] 史金波：《西夏佛教史略》，第59—63页。

就有"圣容殿"一词。

> 建隆寺，在扬州州城西北，《宋朝会要》曰：太祖征李重进，于此置寨，贼平，建隆二年正月，诏建寺焉。有御榻在寺，太祖忌日寺僧奉榻修供，大中祥符五年，始于寺建圣容殿。元丰中，神宗修景灵列圣神御殿，故圣容复归京师。①

而"圣容"一词，在佛教文献中也频频出现。经检索汉文《大藏经》电子版，多达百余条，指称佛像，如《佛说造像量度经解》：

> 时工被佛神光射眼，眩目不能注视。乃请世尊令坐河岸，而谨取水中影相为式，描得圣容。因被微波，由作曲弯长丝相，故名谓水丝衣佛。今俪波罗国所出佛像，多有此样，其摹似乎唐吴道子观音石像。②

莫高窟第 231 窟壁画榜题"盘和都督府御谷山番禾县北圣容瑞像"中的"圣容"，与此同类。既然石佛瑞像被尊称为"圣容"，帝后神御也被尊称为"圣容"，大概在奉安西夏帝后神御后，感通寺索性以此为契机，改称"圣容寺"。也就是说，寺名"圣容"，一语双关，既指原来的石佛瑞相，又指西夏帝后神御，显示出当年对寺名做出修改的高僧别具匠心。

我们做出这样的推测，是有根据的。《感通塔碑》夏、汉文碑铭中都有对圣容寺遣官提举的记载，而《天盛律令》中规定，只有供奉西夏帝后神御的寺院才有资格"遣常住镇守者正副二提举"。由此判断，永昌圣容寺当年一定供奉有西夏帝后神御。也正是因为圣容寺与西夏皇室有这样的特殊关系，所以该寺在西夏时期香火旺盛，达到"番僧一千五百人"的规模。寺东面的花大门摩崖塔葬更是西夏圣容寺盛况空前的实物见证。花大门摩崖佛塔石刻，雕刻在长约 50 米的红砂岩山体

---

① 高承：《事物纪原》卷七。
② 大正一切经刊行会：《大正新修大藏经》第 21 册 1419 号《佛说造像量度经解》卷一，大藏出版株式会社，1925，第 938 页。

上。佛塔刻在佛龛内，有 50 余座。佛塔中间有方窟，是存放圣容寺有身份的僧人骨灰的地方。①西夏文宫廷诗集中的《严驾西行烧香歌》，记载了西夏皇帝曾御驾西行到达凉州护国寺和圣容寺，这个皇帝据考证是仁宗仁孝。②西夏仁宗巡幸圣容寺和护国寺，其中供奉西夏帝后神御或许为主要原因之一。遇到父母的圣容不拜，这对崇尚以孝治国的西夏皇帝而言，无论如何是说不过去的。

通过对史料的钩沉，我们发现今甘肃永昌圣容寺在西夏时期的信息相当丰富。圣容寺得名始于西夏。圣容寺的西夏文有两种写法，一作"刽菼繼帆"，一作"刽贕繼帆"。西夏"圣容寺"除供奉原来的石佛瑞相外，还紧跟潮流供奉西夏帝后神御。西夏王朝按规定对圣容寺遣官提举，其中的一任提举官叫药乜永诠。凭借着与西夏皇室的特殊关系，该寺在西夏时期香火旺盛，达到"番僧一千五百人"的规模。西夏仁宗西行时，特地巡幸圣容寺。

西夏王朝到底有哪些寺院供奉西夏帝后神御，因资料缺略而难知其详。现有资料显示，除圣容寺外还应包括三处，一处为护国寺。上引《感通塔碑》汉文碑铭中"护国寺感通塔番汉四众提举"，表明西夏王朝对护国寺也遣官提举。也就是说，护国寺也是与圣容寺同样性质的一座寺院。一处为灵州影殿寺。西夏后期的西夏文法典《亥年新法》在规定寺庙依耕地负担佣、草的条文中，罗列了西夏"诸寺"的名称，其中有一座寺庙叫"舵殼菠恼姬"③，可译为"灵州影殿寺"。西夏文"菠"，即影像之意，可理解为祖先的影像。史金波先生认为，此寺庙可能是供奉西夏祖先影像之佛教寺庙。西夏太祖继迁首取灵州，太宗德明守成灵

① 党寿山:《永昌圣容寺的历史变迁探赜》,《敦煌研究》2014 年第 4 期。
② 梁松涛、杨富学:《西夏圣容寺及其相关问题考证》,《内蒙古社会科学》2012 年第 5 期。
③ 俄罗斯科学院东方研究所圣彼得堡分所、中国社会科学院民族研究所、上海古籍出版社编《俄藏黑水城文献》第 9 册,《亥年新法》甲种本, 第 197—198 页;辛种本, 第 317 页。史金波:《西夏的都城、帝陵和寺庙建筑》,中国社会科学院考古研究所、内蒙古自治区文物考古研究所及巴林左旗旗委、人民政府编《东亚都城和帝陵考古与契丹辽文化国际学术研讨会论文集》,科学出版社, 2016。

州，景宗元昊生于灵州，在此建庙祭祀很有可能。^①一处为西夏陵区北端建筑遗址。关于该处建筑的性质，以往的祖庙说和佛寺说长期相持不下，祖庙说难以解释出土的佛像泥塑残块，佛寺说难以解释"孛王庙"^②的称呼，只有把它看作"一处供奉西夏帝后神御的寺院"，才能把双方赖以立论的、看似尖锐对立的主要证据有机地结合起来。

（原题名《关于西夏圣容寺研究的几个问题》，刊于《西夏学》
第 14 辑，甘肃文化出版社，2017）

---

① 史金波：《西夏时期的灵州》，杜建录主编《西夏学》第 14 辑，甘肃文化出版社，2017。
② 孛王，又写作"不儿罕"，乃西夏皇帝自称，借自回鹘语"佛"字。孛王庙出自蒙古人之口，显系蒙古入侵者看见寺院里面塑有西夏帝后神御，一时不明就里，才直呼其为"孛王庙"。参见彭向前《西夏圣容寺初探》，《民族研究》2005 年第 5 期。

西夏番姓汉译再研究

佟建荣

摘　要　西夏番姓资料尤其是近些年来面世的西夏文资料，对研究西夏社会历史有着重要的意义，但由于缺失汉文史料的校勘，不但译法混乱，而且西夏文史料与汉文史料互不关联，使这批珍贵的资料在实际研究中很难得到应用。本文利用史料考证及语音分析的方法，为31组西夏番姓作了夏汉勘同，密切了汉文史料与西夏文史料的联系，并用勘同结果规范统一了学界已有的各种译法。

关键词　西夏；番姓；汉译

西夏故地出土的《三才杂字》、《新集碎金置掌文》、《义同》、《文海》、《同音》、文书、碑刻、印章、题记等西夏文文献，是研究西夏社会历史的重要资料。其中保留了约300个西夏文姓氏，非常珍贵。目前史学界对这部分姓氏的研究主要是依音给字，即依据其发音给个汉字。[①]这种依音给字的方法，实际上在理解姓氏含义、体现其价值等方面的作

[①]　主要的研究成果有：史金波先生的《西夏官印姓氏考》(《中国民族古文字研究》第2辑，天津古籍出版社，1993)；李范文先生的《西夏姓氏新录》对西夏文《杂字番姓名》中的姓氏进行了音译；另外，王静如、李范文先生的《西夏文〈杂字〉研究》及李范文先生的《同音研究》，史金波等的《文海研究》《西夏文本〈碎金〉研究》等西夏文献整理研究著作也对涉及的姓氏进行了释读。

用是有限的。依音给字，一方面，只是将西夏文替换成表音的汉字，并不能体现其具体含义；另一方面，不同学者所给汉字并不相同，容易造成混乱。孙伯君老师《西夏番姓译正》一文首次提出要解决西夏姓氏的夏汉关联问题，并以汉文《杂字·番姓名》中姓氏为标准，对44个番姓作了夏汉勘同。受此思路启发，笔者拟以宋夏汉文史料中西夏姓氏为标准，寻找这些西夏文姓氏在当时的汉译写法。这样可以用宋、夏人的译法来规范当今学界的各种译法，更重要的是西夏文与汉文两种史料会因同一姓氏而关联起来，这样两种史料可以结合起来共同服务于同一问题的研究。

卫慕 𗋽𗤁

《宋史》卷四八五《夏国传上》："德明娶三姓，卫慕氏生元昊。"按，"卫慕"勘同西夏文"𗋽𗤁"wji-bu，见西夏文《杂字·番姓名》第 69 个姓氏（俄 10·48）①，《碎金》（俄 10·109）、《文海》（中7·122）、《义同》（俄 10·75）中均录。《西夏文〈杂字〉研究》②译为"卫慕"，是。《西夏文本〈碎金〉研究》③、《文海研究》④译为"未谋"，当改译"卫慕"。

令介 𗊟𗤊

《宋史》卷三三五《种世衡传》："降守将令介讹遇。"《凉州重修护国寺感通塔碑》（中 18·87）汉文碑文有"塔寺小监崇圣寺僧正赐绯僧令介成庞"，西夏文碑文（中 18·93）作"𗊟𗤊𘃡𗡪"，则"令介"即

---

① 文中括注一律采用"著作+卷（册）数+页码"的格式，不分卷者为"著作+页码"。其中："俄"指《俄藏黑水城文献》，上海古籍出版社，2019；"中"指《中国藏西夏文献》，甘肃人民出版社、敦煌文艺出版社，2005；"英"指《英藏黑水城文献》，上海古籍出版社，2005；"斯"指《斯坦因第三次中亚考古所获汉文文献（非佛经部分）》，上海辞书出版社，2005；"КТБП"指 *Каталог тангутских буддийских памятников*，Е. И. Кычанов，Киото：Университет Киото，1999；"同"指李范文《同音研究》，宁夏人民出版社，1986。

② 王静如、李范文：《西夏文〈杂字〉研究》，《西北民族研究》1997 年第 2 期。此出处下同，不再出注。

③ 聂鸿音、史金波：《西夏文本〈碎金〉研究》，《宁夏大学学报》1995 年第 2 期。此出处下同，不再出注。

④ 史金波、白滨、黄振华：《文海研究》，中国社会科学出版社，1983，第 398 页。此出处下同，不再出注。

西夏文"𗹏𘝛"lhjij-kiei，见西夏文《杂字·番姓名》第 23 个姓氏（俄 10·48），《碎金》（俄 10·109）中录，《天庆寅年会款单》中有𗹏𘝛𗒹𘝛𘝸（中 16·257）。《西夏文〈杂字〉研究》译为"吟介"，当改译"令介"，《西夏文本〈碎金〉研究》《〈甘肃武威发现的西夏文考释〉质疑》[①]均译为"令介"，是。

冬至 𗴺𗤶

《续资治通鉴长编》卷三三九神宗元丰六年九月丁卯条记，鄜延路经略司奏："据顺宁寨言：西界把口小首领冬至讹，指说环庆路兵入西界，杀两流人马。"

《长编》标点本将"冬至讹"名读为"冬至，讹"，"冬至"易被理解为"冬天到达"之意。

此条内容为元丰六年九月经略司上奏，所以，西界把口小首领到达之时应当在九月之前；再者，该条文后，又记鄜延路上言，"兼八月后，本路累以巡防探事为名，遣兵出界"。所言之事，正好与"把口小首领""指说"的环庆路兵入西界，杀人马之事相符，所以，把口小首领"冬至"显然有误。

此句的正确句读应为"西界把口小首领冬至讹指说，环庆路兵入西界，杀两流人马"。

其中"冬至"为西夏番姓，"讹"为人名。按，"冬至"勘同西夏文"𗴺𗤶"tũ-tśji，《同音》（俄 7·37）、《文海》（中 7·166）中收录，被释为汉语中"冬至"之借词，《义同》（俄 10·76）作姓氏收录。"𗴺𗤶"在语音、语义上都与汉文史料中的"冬至"相通。

宁浪 𗦎𗥫

《金石萃编》卷一四七《折克行神道碑》："击宁浪□□□□□于吐浑河。"

按，"宁浪"勘同西夏文姓氏"𗦎𗥫"njij-low，见西夏文《杂字·番姓名》第 150 个姓氏（俄 10·49），西夏文写本《经咒》（N21.012[F028]）

---

① 史金波：《〈甘肃武威发现的西夏文考释〉质疑》，《考古》1974 年第 6 期。此出处下同，不再出注。

中有𗏁𘀆𗹦𘕼𘗠（中 15·130）。《西夏文〈杂字〉研究》译为"宁浪"，是。

吃塈　𗺉𘞪

西夏汉文《杂字·番姓名》第 29 个姓氏（俄 6·138），按，其中"塈"即"泥"，"吃塈"勘同西夏文"𗺉𘞪"khjij-dji，见于西夏文《杂字·番姓名》第 154 个姓氏（俄 10·49），《文海》中录（中 7·143）。中古西北方音中"吃"溪母，"泥"读如定母。《文海研究》中译为"契狄"，当改译为"吃塈"。

"吃塈"，《西夏番姓译正》将其勘同于𗺉𘟳。𗺉𘟳见于《义同》第 6 页第二面第 6 行第 1、2 字，不见于其他文献。《义同》中姓氏编排并不严格，同一姓氏中的两个字经常分开而排，除非有其他资料验证，否则不能将排在一齐的双字断定为一个姓氏，所以，"吃塈"与𗺉𘟳的对应关系，有待史料的进一步补充。

嘚讹　𘆚𗤀

《西夏天庆年间装松寿典麦契》中有"嘚讹乙令文"（斯 1·203）。《宋史》卷四八六《夏国传下》有"武臣嘚讹等随之"。按，"嘚讹"勘同西夏文"𘆚𗤀"zjwi-·o，见于西夏文《杂字·番姓名》第 42 个姓氏（俄 10·48），《碎金》（俄 10·110）中录；《光定未年谷物借文书》中有𘆚𗤀𘝞𗥃𘎑𗥃、𘆚𗤀𘄄𘉞𘁨[1]；《僧人名单》（M21·151[F1：W60/00601]）中有𘆚𗤀□□（中 17·251）；Инв. № 2163 号佛经中有𘆚𗤀𘑲𗁣（КТБП206）；故宫藏明代西夏文经卷发愿文中有 4 处𘆚𗤀，保定出土明代西夏文石幢有 1 处[2]。《西夏文〈杂字〉研究》《西夏文本〈碎金〉研究》《西夏文·谷物借贷文书私见——俄罗斯科学院东方学研究所列宁格勒分所藏 No：954 再读》中均译为"嘚讹"，是。

讹留　𗤀𘛛

《金史》卷六一《交聘表中》中有："夏武功大夫讹留元智。"按，

---

[1] 《光定未年谷物借文书》（俄 No：954），松泽博《西夏文·谷物借贷文书私见——俄罗斯科学院东方学研究所列宁格勒分所藏 No：954 再读》所附图版，《东洋史苑》第 46 号，1995。

[2] 史金波、白滨：《明代西夏文经卷和石幢初探》，载白滨编《西夏史论文集》，宁夏人民出版社，1984。

"讹留"勘同西夏文"𗆤𗴿"·o-ljiw，见于西夏文《杂字·番姓名》第58个姓氏（俄10·48），《天庆寅年会款单》中有𗆤𗴿𗊰𗒘𗰜（中16·257）。《西夏文〈杂字〉研究》、《西夏姓氏和亲属称谓》[①]、《〈甘肃武威发现的西夏文考释〉质疑》中均译为"讹六"，当改译为"讹留"。

讹啰 𗆤𗶣

《宋史》卷四八六《夏国传下》（元祐元年六月）"复遣讹啰聿来求所侵兰州、米脂等五寨。"按，"讹啰"西夏文勘同"𗆤𗶣"ŋwə- rar。见西夏文《杂字·番姓名》第31个姓氏（俄10·48），榆林窟第29窟中有𗆤𗶣𗧨𗟲𗵘（中18·248），《西夏陵墓出土残碑粹编》中有𗆤𗶣（M2D：23）[②]。𗆤𗶣，《西夏文〈杂字〉研究》《莫高窟榆林西夏文题记翻译》中均译为"讹啰"，是。《西夏陵园出土残碑译释拾补》中译为"兀啰"[③]，当改译为"讹啰"。

讹静 𗆤𗅋

《西夏天庆年间裴松寿典麦契》（斯1·197）有："知见人讹静□□。"

按，"讹静"勘同西夏文"𗆤𗅋"·o-tshjij，见于西夏文《杂字·番姓名》第59个姓氏（俄10·48），《义同》卷尾有𗆤𗅋𗾟𗥔𗠋（俄10·101）。"静"中古西北方音中鼻音韵尾 -ŋ 失落，读音𗅋。《西夏文〈杂字〉研究》及《西夏姓氏和亲属称谓》中均译为"讹七"，当改译为"讹静"。

讹藏 𗆤𗄻

《白毛凉子等物账》中有"讹藏嵬名"（英4·34）。《长编》卷三五六元丰八年五月丙辰条有"西界宥州正监军、伪驸马椭厥嵬名"。即驸马"嵬名"妻姓，本姓为"椭厥"。"讹藏嵬名"格式同"椭厥嵬名"，本姓加妻姓，"讹藏"姓氏也。按，"讹藏"勘同西夏文"𗆤𗄻"ŋwə-dzow，见西夏文《杂字·番姓名》第3个姓氏（俄10·48），

① 史金波：《西夏姓氏和亲属称谓》，《史金波文集》，上海辞书出版社，2005。此出处下同，不再出注。

② 李范文：《西夏陵墓出土残碑粹编》，文物出版社，1984，图版40。

③ 史金波：《西夏陵园出土残碑译释拾补》，《西北民族研究》1986年第1期。

活字版西夏文《德行集》卷尾校印款题中有[illegible]（俄 11・142），西夏文《金光明最胜王经》跋中有[illegible]（中 4・86）。《西夏文〈杂字〉研究》译为“讹藏”，《西夏文〈德行集〉研究》译为“讹里”，《西夏文〈金光明最胜王经〉序跋考》译为“鱼各尼则”[①]，当统一改译为“讹藏”。

没哆 [illegible]

《宋史》卷四八五《夏国传上》：“（元昊）凡五娶……四曰妃没哆氏。”按，“没哆”勘同西夏文“[illegible]”mə-zji，见于西夏文《杂字・番姓名》第 128 个姓氏（俄 10・49）。《西夏文〈杂字〉研究》译为“莫哆”，当改译为“没哆”。

没细 [illegible]

《松漠纪闻下》卷二一：“大使武功郎没细好德。”按，“没细”勘同西夏文“[illegible]”mə-sji。西夏文《天下共乐歌》有[illegible]（俄 10・312）；《僧人名单》中有[illegible]（中 17・251）；Инв. № 1428 号佛经有[illegible]（КТБ П 250）。《西夏文〈天下共乐歌〉〈劝世歌〉考释》中译为“没息”[②]，当改译“没细”。

没啰 [illegible]

《宋史》卷一六《神宗纪》：“斩大首领没啰卧沙。”按，“没啰”勘同西夏文“[illegible]”mə-rar，西夏文《天盛二十二年卖地文契》（俄 Инв. № 5010）中有[illegible]、[illegible]、[illegible][③]。[illegible]，《西夏文〈天盛二十二年卖地文契〉考释》译为“没啰”[④]，是。

没赏 [illegible]

《西夏乾祐十四年安推官文书》中有人名：“知见人没赏……”（俄 6・300）。按，“没赏”勘同西夏文“[illegible]”bə-śjo，见于西夏文《过去庄严劫千佛名经》发愿文中（中 6・59），《西夏文〈过去庄严劫千佛名

---

① 史金波：《西夏文〈金光明最胜王经〉序跋考》，《世界宗教研究》1983 年第 3 期。此出处下同，不再出注。

② 聂鸿音：《西夏文〈天下共乐歌〉〈劝世歌〉考释》，《宁夏社会科学》2000 年第 3 期。

③ 黄振华：《西夏文〈天盛二十二年卖地文契〉考释》，载白滨编《西夏史论文集》。

④ 黄振华：《西夏文〈天盛二十二年卖地文契〉考释》，载白滨编《西夏史论文集》。

经〉发愿文译证》译为"没尚"①，当改译"没赏"。

卧　　猴

《凉州重修护国寺感通塔碑》汉文碑铭中有"卧屈皆"（中
18·87）。其中"屈皆"字体小一号，置于"卧"之后，该碑铭的汉文
人名亦用此书写格式，如"刘屈栗崖"，其中后三字"屈栗崖"小写，
置于"刘"之后，以表姓、名之别，据此推断，"卧"为姓，"屈皆"为
名。《金史》卷六二《交聘表下》有"夏武节大夫卧德忠"。

按，"卧"勘同西夏文"猴"ow，《同音》（俄 7·50）录，且释为
族姓；《凉州重修护国寺感通塔碑》（中 18·92）西夏文碑铭中有猴猕
藓，刻本《天盛改旧新定律令·颁律表》中有猴芲戙（俄 8·47）。其
中《凉州重修护国寺感通塔碑》中猴猕藓与汉文碑铭"卧屈皆"对应，
"卧"，"猴"之汉语对音。《同音研究》译为"拥"，当改译为"卧"，
《天盛改旧新定律令》译为"卧"②，是。

汉文史料中有多处以"卧"开头的人名，疑为"卧"姓人名。

《长编》卷五一真宗咸平五年正月乙卯条有"李继迁部卧浪己"；
卷一三八仁宗庆历二年十二月乙丑条有"文贵复持刚浪凌及其弟旺令、
嵬名嚷、卧誉净等书抵籍议和"；卷一六二仁宗庆历八年正月辛未条有
"卧香乞"；卷三一六神宗元丰四年九月己酉条有"获夏国首领卧勃哆
等"；卷三五六神宗元丰八年五月戊申条有"西界钤辖卧瓦哆"。

卧利　　蒱餧、猑餧

西夏汉文《杂字·番姓名》中第 58 个姓氏（俄 6·138）。《大方广
佛华严经海印道场十重行愿常遍礼忏仪》卷四二中有"天演疏钞久远
流传卧利华严国师"③。按，"卧利"勘同西夏文"蒱餧"ŋjow- rjir，见
于西夏文《杂字·番姓名》第 240 个姓氏（俄 10·49），《碎金》（俄
10·110）中录。

①　史金波：《西夏文〈过去庄严劫千佛名经〉发愿文译证》，《世界宗教研究》1981 年第
　　1 期。
②　史金波、聂鸿音、白滨译注《天盛改旧新定律令》，法律出版社，2000，第 108 页。
　　此出处下同，不再出注。
③　白滨：《元代西夏一行慧觉法师辑汉文〈华严忏仪〉补释》，载杜建录主编《西夏学》
　　第 1 辑，宁夏人民出版社，2006，第 76—80 页。

另，西夏文中还有"菀馂"·o-rjir，见于西夏文《杂字·番姓名》第 61 个姓氏（俄 10·48）；西夏官印中有菀馂燅柀①，音亦通于"卧利"，《西夏番姓译正》中将"卧利"与蒲馂对应，此处，暂存疑。

卧没　菀繣

卧没，西夏汉文《杂字·番姓名》中第 37 个姓氏（俄 6·138），按，"卧没"勘同西夏文"菀繣"·o-mə，刻本《天盛改旧新定律令·颁律表》中有菀繣（俄 8·48）。《天盛改旧新定律令》译为"讹名"，当改译为"卧没"。

《西夏番姓译正》将"卧没"勘同于"菀燅"。

菀燅，西夏文《杂字·番姓名》第 63 个姓氏（俄 10·48）。燅 mə、繣相较，中古西北方音中繣音与"没"更接近，所以，"卧没"当勘同于菀繣。

卧咩　菀胈

《有关黑水人的文书》中有人名"卧咩氏呱呱哥"（俄 4·388）。按，"卧咩"勘同西夏文"菀胈"·o-mji，见于西夏文《杂字·番姓名》第 65 个姓氏（俄 10·48），《文海》（俄 7·129）、《同音》（俄 7·3）中均录；《僧人名单》（中 17·251）中有菀胈□蕱。《西夏文〈杂字〉研究》译为"讹喻"，《文海研究》译为"讹名"，《同音研究》译为"乌名"，当统一改译为"卧咩"。

妹轻　燄朒

西夏汉文《杂字·番姓名》中第 41 个姓氏（俄 6·138），按，"妹轻"勘同西夏文"燄朒"me-khjij，见于西夏文《杂字·番姓名》第 153 个姓氏（俄 10·49），《碎金》（俄 10·110）、《义同》（俄 10·75）中录。《西夏文〈杂字〉研究》译为"咩契"，《西夏文本〈碎金〉研究》译为"格契"，当改译为"妹轻"。

《西夏番姓译正》将"妹轻"勘同于縗薿。其中薿 tshjij 齿头音，而汉字的"轻"属牙音溪母字，两者声韵不通，所以，此对应关系当误。

---

① 史金波：《西夏官印姓氏考》，《史金波文集》，第 525—542 页。

细赏 𗆟𗦎

《儒林公议》上元昊自卫队长中有"细赏者埋"[1]。按,"细赏"勘同西夏文"𗆟𗦎"sji –śjo,见于西夏文《杂字·番姓名》第 11 个姓氏(俄 10·48)。《西夏文〈杂字〉研究》译为"息尚",当改译为"细赏"。

拽臼 𗖻𗝬

《宋史》卷七《真宗纪》:"绥州东山蕃部军使拽臼等内属。"按,"拽臼"勘同于西夏文"𗖻𗝬"ji-khjiw,见于西夏文《杂字·番姓名》第 207 个姓氏(俄 10·49)。中古西北方音中入声韵尾 -t 失落后,"拽"读音同𗖻近。《西夏文〈杂字〉研究》译为"夷丘",当改译为"拽臼"。

迺税 𗓽𗟲

西夏汉文《杂字·番姓名》中第 50 个姓氏(俄 6·138),按,"迺税"勘同西夏文"𗓽𗟲"nej- śjwi,见于西夏文《杂字·番姓名》第 171 个姓氏(俄 10·49)。《西夏文〈杂字〉研究》译为"乃施",当改译为"迺税"。

《西夏番姓译正》将"迺税"勘同于𗝏𗟲。𗝏𗟲 dej-zjij,音亦同于"迺税",考虑到《番汉合时掌中珠》中𗓽的注音汉字为"乃",𗟲注音汉字为"水""瑞"等,故将𗓽𗟲勘同于"迺税"。

党移 𗁶𗤁

《宋史》卷三五〇《刘绍能传》中有:"(绍能)击破夏右枢密院党移赏粮数万众于顺宁。"《范太史集》卷四〇《检校司空左武卫上将军郭公墓志铭》中记:"(熙宁二年)党移赏浪来交寨。"按,"党移"当为"党哆"之误,勘同西夏文"𗁶𗤁"tow-zjwi,见于西夏文《杂字·番姓名》第 38 个姓氏(俄 10·48),西夏官印中有𗁶𗤁𗭩𘃡𗅉[2]。中古西北方音中鼻音韵尾 -ŋ 失落后,"党"读音同𗁶近。𗤁,见𗤂𗤁,可注音为"哆"。《西夏文〈杂字〉研究》《西夏官印姓氏考》中译为"多哆",当改译为"党移"。

---

① (宋)田况:《儒林公议》,《影印文渊阁四库全书》第 1036 册,上海古籍出版社,1987,第 280 页。

② 罗福颐:《西夏官印汇考》,宁夏人民出版社,1982,第 81 页。

勃嵬　□□

西夏汉文《杂字·番姓名》第 45 个姓氏（俄 6·138）。《金史》卷六二《交聘表下》有"夏武节大夫勃嵬英"。按，"勃嵬"勘同于西夏文"□□"śiow-ŋwe，见于西夏文《杂字·番姓名》第 135 个姓氏（俄 10·49），西夏文《贤智集序》（俄 Инв. № 2538）中有□□□□[1]。《西夏文〈杂字〉研究》译为"叔嵬"、《西夏文〈贤智集序〉考释》译为"成嵬"，当改译为"勃嵬"。

悟儿　□□

《宋史》卷四四六《朱昭传》中载："其酋悟儿思齐介胄来，以毡盾自蔽，邀昭计事。……思齐却盾而前，数宋朝失信。"

按，"悟儿"勘同于西夏文"□□"·o-źji，见于西夏文《杂字·番姓名》第 54 个姓氏（俄 10·48），西夏文刻本《持金牌讹二三等发愿诵读功效文》中有□□□（中 16·155）；西夏文《金光明最胜王经》跋中有□□□□□□（中 4·86）。《西夏文〈杂字〉研究》《西夏姓氏和亲属称谓》《西夏文〈金光明最胜王经〉序跋考》均将其译为"讹二"，当改译为"悟儿"。

谋宁　□□

《金史》卷六一《交聘表中》："夏遣武功大夫谋宁好德。"卷六二《交聘表下》："夏御史大夫谋宁光祖。"按，"谋宁"勘同西夏文"□□"bə-njij，见于西夏文《杂字·番姓名》第 124 个姓氏（俄 10·49），《碎金》（俄 10·109）录；西夏文《宿卫牌》背面刻有西夏党项人名□□□□□（中 20·81）；《黑水守将告近禀帖》中有□□□□[2]；《西夏文〈杂字〉研究》译为"泊宁"，《西夏文本〈碎金〉研究》译为"没年"，《中国藏西夏文献》将□□译为"波年"，《西夏文物研究》译为"婆年"，当统一改译为"谋宁"。

---

[1] 聂鸿音：《西夏文〈贤智集序〉考释》所附图版，《固原师专学报》2003 年第 5 期。

[2]《黑水守将告近禀帖》（俄 Инв. № 2736），依卡恰诺夫：《黑水城所出 1224 年的西夏文书》，王培培译，《西夏学》第 8 辑，上海古籍出版社，2011，第 178—181 页。

野利　𗼨𗰕

史料中有德明母"野利氏"①、"野利仁荣"②、"野利旺荣"③、"野利遇乞"④、"野利刚浪唛"⑤等诸多野利氏人名。按，"野利"勘同于西夏文"𗼨𗰕"ji-rjir，见于西夏文《杂字·番姓名》第 139 个姓氏（俄 10·49）；Инв. № 1457 号佛经有𗼨𗰕𗀛𗄫（КТБП216）、Инв. № 629 号佛经有𗼨𗰕𗀛𗄻𗄫（КТБП217）、Инв. № 1754 号佛经有𗼨𗰕𗀛𗄻（КТБП217、219）；西夏官印中有𗼨𗰕□□（中 20·54）；《宫廷诗集》中有𗼨𗰕𗧾𗙟（俄 10·312）。《西夏文〈杂字〉研究》译为"夷利"，当可改译为"野利"，《中国藏西夏文献》中译为"野利"，是。

李范文先生在《西夏陵墓出土残碑粹编》中考证一块残碑中的𗼨𗰕𗟲𗧘即为汉文史料中的"野利仁荣"⑥，考虑到𗼨字上部有残缺，且𗼨未见于他处，此𗼨当即𗼨字损缺上部而成。

野货　𗼨𗰜、𗼨𗰮

野货，西夏汉文《杂字·番姓名》第 10 个姓氏（俄 6·138），按，"野货"勘同西夏文"𗼨𗰜"·ja-xwa、"𗼨𗰮"·ja-xwa。

"野货"、𗼨𗰜《西夏番姓译正》已有论述。

《西夏文天盛二十二年卖地文契》（俄 Инв. № 5010）有𗼨𗰮𗭼𗄴𗙏、𗼨𗰮𗰜𗰬𗄫、𗼨𗰮𗄭、𗼨𗰮𗄫𗽘等⑦。《光定未年谷物借文书》（俄 No:954）中有𗼨𗰮𗀛𗙈𗾕⑧。𗼨𗰜、𗼨𗰮读音相同，字形相近，𗼨𗰜仅见于西夏文《杂字·番姓名》，而𗼨𗰮见于文书与题记当中，疑为同一姓氏在不同出处的异写。𗼨𗰮，《西夏文〈天盛二十二年卖地文契〉考释》、松泽博《西夏文·谷物借贷文书私见——俄罗斯科学院东方学研究

---

① 《宋史》卷四八五《夏国传上》，中华书局，1985，第 13989 页。
② 《宋史》卷四八五《夏国传上》，第 13994、13995 页；卷四八六《夏国传下》，第 14025 页。
③ 《宋史》卷三一一《庞籍传》，第 10200 页；卷四八五《夏国传上》，第 13998 页。
④ 《宋史》卷三三五《种世衡传》，第 10743 页。
⑤ 《宋史》卷三三五《种世衡传》，第 10743 页。
⑥ 李范文：《西夏陵墓出土残碑粹编》。
⑦ 依黄振华《西夏文〈天盛二十二年卖地文契〉考释》，载白滨编《西夏史论文集》。
⑧ 依松泽博《西夏文·谷物借贷文书私见——俄罗斯科学院东方学研究所列宁格勒分所藏 No：954 再读》所附图版。

所列宁格勒分所藏 No：954 再读》均译为"耶和"，当改译为"野货"。

野遇　牧綹

野遇，《金史》卷六一《交聘表中》中有"夏武节大夫野遇思文"。按，"野遇"勘同西夏文"牧綹"·ja-gju，Инв. № 2208 及 Инв. № 1465 号佛经中有牧綹毷㣧（КТБП47、59）；Инв. № 7950 号佛经有牧綹綹觪蔚（КТБП66）。

嵬哆　獙㢟

嵬哆，《金史》卷六一《交聘表中》有"夏遣武功大夫嵬哆执信"。

按，"嵬哆"勘同西夏文"獙㢟"ŋwe-zjwi̥。Инв. № 1938 号佛经中有獙㢟獙毷綹（КТБП239）；《乙亥年借麦契》有人名獙㢟□（中 17·153）。"移"中古以母字，加"□"旁，比况西夏语声母 zi[①]，可以为㢟注音，"嵬"与獙可对音[②]。

播盂　譺肀

莫高窟第 61 窟甬道南壁炽盛光佛像后（西北）比丘尼旁有题记"扫洒尼姑播盂氏愿月明"（中 18·207）。按，"播盂"勘同西夏文"譺肀"ba-be，见于西夏文《杂字·番姓名》第 112 个姓氏（俄 10·49），《碎金》（俄 10·110）、《同音》（俄 7·3）中均录。莫高窟第 61 窟中有譺獙毷肅㣧譺肀毷毷蔚㣧（中 18·207）；西夏官印中有绦獙譺譺肀毷蔚[③]；《天庆寅年会款单》中有譺肀綹汛菀（中 16·257）；莫高窟第 61 窟甬道南壁炽盛光佛像后（西北）比丘尼旁的题记为夏汉合璧式，其中譺肀、"播盂"相互对应。《西夏文〈杂字〉研究》《西夏文本〈碎金〉研究》《〈甘肃武威发现的西夏文考释〉质疑》译为"播杯"，《同音研究》中译为"播丕"，《西夏官印姓氏考》译为"袜墨"，当统一改译为"播盂"。

至此，文章共考证了 31 个西夏文番姓的汉文译法，加上孙伯君老师已考证出的 44 个，连同见于其他研究中的嵬恶—獙菽、恶恶—菽

---

① 孙伯君：《西夏番姓译正》，《民族研究》2009 年第 5 期。
② 孙伯君：《西夏番姓译正》，《民族研究》2009 年第 5 期。
③ 罗福颐：《西夏官印汇考》，第 97 页。

菔、啰啰—藏䇄 ①、西壁—詠嘉 ②、鲁布—毵祦 ③、韦移—叕䇄、慕容—叕愩 ④ 等姓氏，现已确定夏汉对应关系的姓氏有 82 组，希望这些有助于解决姓氏翻译中西夏文、汉文文献互不相关联的问题，提升这部分资料在西夏社会历史研究中的价值。

（原刊于《民族研究》2013 年第 2 期）

① 史金波：《西夏官印姓氏考》，《史金波文集》，第 525—542 页。
② 史金波：《西夏社会》，上海人民出版社，2007，第 31 页。
③ 白滨：《元代西夏一行慧觉法师辑汉文〈华严忏仪〉补释》，载杜建录主编《西夏学》第 1 辑，第 76—80 页。
④ 佟建荣：《西夏蕃姓补正（一）》，载杜建录主编《西夏学》第 5 辑，宁夏人民出版社，2010，第 195—200 页。

西夏租役草考述

潘 洁

摘 要 租役草是在两税法大背景下实行的赋役制度，以土地为依据，履亩计算，是西夏农户所要承担的基本赋役。租即地租，新发现的一段西夏文表明，京畿地区七个郡县视土地优劣分五等纳租，每亩田地上等纳租一斗、次等八升、中等六升、下等五升、末等三升，夏田始于七月初一，秋田自九月初一，至十月末交纳完毕，与黑水城地区的每亩1.25升，因土地、水利的差异而明显不同。役为夫役，每年春季征调，疏浚渠道，时间从五日至四十日不等，总计不得超过四十日，如急需条椽修渠，可以减役转而纳椽。税为税草，用于饲养官畜、兴修渠道、铺设粮窖，蒲苇、红柳、梦萝等每十五亩纳一束，束围四尺，麦草一顷五十亩一幅地交纳七束，粟草三十束，束围四尺五寸，其余种种草一律每亩纳一束，束围五尺，按要求捆扎。

关键词 西夏；租役草；地租；夫役；税草

西夏的赋役在传世典籍中少有记载，研究有限，直至黑水城文献的陆续公布才有所突破。《天盛改旧新定律令》（以下简称《天盛律令》）是西夏仁宗时期颁布的一部官方法典，由西夏文写成，史金波、聂鸿音、白滨三位先生将其翻译成汉文，[①]为学界开始研究西夏赋役提供了重要的材料支撑。杜建录先生较早地利用汉译本中相关资料从赋税和役制两个方面，对包括田赋、牲畜税、工商税、兵役、夫役、差役在内的西夏赋役展开系统研究，其论述在《西夏赋役制度》[②]及专著《西夏经济史》[③]中有所体现。近些年，史金波先生对西夏文草书租税文书进行了楷体转写、汉译，从中发现了黑水城地区农业租税的种类、税额等，[④]为进一步研究西夏赋税打开了新的突破口。本文在前辈研究的基础上，再次整理《天盛律令》，注意到征税的法律条文常常把"租役草"作为一个固定词组来使用，除此之外，还发现了一段被遗漏的西夏文，记载的是京畿地区七个郡县按照土地肥瘠程度分上、次、中、下、末五等纳租的租额及时间，以此为线索，结合租税文书，比照唐宋文献，旨在讨论租役草的内容及实质，以期对西夏赋役的研究起到补充作用。

租役草以往被翻译成"租佣草"。租是地租，草为税草，役或者佣在账册和律令中指的是人夫。5067 号文书中有"一户三十八亩地，出佣工十五日"。[⑤]对此，《天盛律令》有更为详细的叙述："畿内诸税户[⑥]上，春开渠事大兴者，自一亩至十亩开五日，自十一亩至四十亩十五日，自四十一亩至七十五亩二十日，七十五亩以上至一百亩三十日，一百亩以上至一顷二十亩三十五日，一顷二十亩以上至一顷五十亩一整幅四十日。当依顷亩数计日，先完毕当先遣之。"[⑦]这段记载是说每年春季，各税户都要依据土地顷亩出工，开挖河道、清理淤积，开渠的时间就是出人工的天数，是为服役。调用民力凿渠清淤在宋金等文献中多有

---

① 史金波、聂鸿音、白滨译《西夏天盛律令译注》，科学出版社，1994；史金波、聂鸿音、白滨译注《天盛改旧新定律令》，法律出版社，2000。

② 杜建录：《西夏赋役制度》，《中国经济史研究》1998 年第 4 期。

③ 杜建录：《西夏经济史》，中国社会科学出版社，2002。

④ 史金波：《西夏农业租税考——西夏文农业租税文书译释》，《历史研究》2005 年第 1 期；史金波：《西夏社会》，上海人民出版社，2007；杜建录、史金波：《西夏社会文书研究》，上海古籍出版社，2010。

⑤ 史金波：《西夏农业租税考——西夏文农业租税文书译释》，《历史研究》2005 年第 1 期。

⑥ "税户"，《天盛改旧新定律令》原作"租户"，详见潘洁《西夏税户家主考》，《宁夏社会科学》2016 年第 3 期。

⑦ 史金波、聂鸿音、白滨译注《天盛改旧新定律令》，第 496 页。

记载，宋神宗熙宁四年（1071）差发人工数万在汴河上开凿新渠，曰："创开訾家口，日役夫四万，饶一月而成。才三月已浅淀，乃复开旧口，役万工，四日而水稍顺。"①《金史·曹望之传》中载，缺万人疏浚运河，民夫因春耕，而遣其他人员充役，曰："顷之，运河埋塞……尚书省奏当用夫役数万人。上曰：'方春耕作，不可劳民。以宫籍监户及摘东宫、诸王人从充役，若不足即以五百里内军夫补之。'"②说明，出人工服役为百姓所须承担的义务之一，西夏也是如此，春开渠即为西夏的役。佣与役，二者都有出人夫的含义，但是"佣"有出钱雇用之意，而文书和律令中反映的是基本义务，没有雇佣一说，在表示赋税时，多用"役"而非"佣"。敦煌文书《唐光化三年（900）前后神沙乡令狐贤威状（稿）》（P.3155背）中令狐贤威的祖地毗邻大河，年年被河水浸灌，仆射官阿郎免去地税，包括地子、布、草、役夫等，载："神沙乡百姓令狐贤威。右贤威父祖地壹拾叁亩，请在南沙上灌进渠，北临大河，年年被大河水漂，并入大河，寸畔不贱（见）。昨蒙仆射阿郎给免地税，伏乞与后给免所著地子、布、草、役夫等，伏请公凭裁下处分。"③这里的役夫就是服役的人夫。《西夏书事》中也有"役夫"一词，曰："遣贺承珍督役夫，北渡河城之，构门阙、宫殿及宗社、籍田，号为兴州，遂定都焉。"④另外西夏"租役草"与唐代"租庸调"从名称到内容都有一定的相似性，"租庸调"中的"庸"，为役的折纳，输庸代役建立在生产力水平发达、物质资料丰富的基础之上，西夏生产力水平相对较低、物资匮乏，从目前所见文献来看，为直接出人工服役，所以解释为"役"更恰当。关于唐代租庸调的研究成果丰硕，但涉及西夏租役草的并不多，下面就从地租、夫役、税草三个方面比照西夏租税文书中所载内容进行阐述，不妥之处，敬请方家指正。

① 《宋史》卷九三，中华书局，1990，第2323页。
② 《金史》卷九二，中华书局，2013，第2036页。
③ 唐耕耦、陆宏基编《敦煌社会经济文献真迹释录》第2辑，全国图书馆文献缩微复制中心，1990，第293页，录文参照陈国灿《从敦煌吐鲁番文书看唐五代地子的演变》，《敦煌学史事新证》，甘肃教育出版社，2002，第292—293页。
④ （清）吴广成著，龚世俊等校证《西夏书事校证》卷一〇，甘肃文化出版社，1995，第120页。

一　地　租

史金波先生通过对租税文书的译释，计算出了黑水城地区的固定地租，为每亩交纳粮食 1.25 升。① 这个比例是否适用于更广阔的范围？因为没有其他文献的佐证，而没有结论。再次整理《天盛律令》时发现，第十五卷对京畿的地租有着详细的规定，每亩纳租数与黑水城明显不同，而且条文还记载了交租的时间，增加部分与原有内容连到一起完整地记录了催交租的过程，可惜的是，这段文字因为漏译、错置没有被翻译出来，以往关于赋税的成果因参考汉译而没有涉及。②

《天盛律令》第十五卷的影印件在《俄藏黑水城文献》第 8 册公布，编号为俄 Инв. № 196 8084в，从 39-1 至 39-39 共 39 叶，每叶有左右两面。汉译本《天盛改旧新定律令》从"都磨勘司当引送，所属郡县管事□、司吏等当往磨勘"开始，对应的是影印件的 39-2 左面，也就是说汉译本缺少 3 面，即 39-1 的左右两面和 39-2 的右面。第十五卷卷首出注："此卷首残三面，原文自第一条下半部始。目次据卷内各门题目补。"③

汉译本所缺的 39-1 左右两面，各九行，共十八行，在《俄藏黑水城文献》中有完整的一叶。④ 从内容上可以分为两个部分，第一部分是第十五卷的目次，占据了右面的九行和左面的七行，汉译为："天盛改旧新定律令共十二门，催缴租、取闲地、催租罪功、租地、春开渠事、养草监水、纳冬草条、渠水、桥道、地水杂事、请纳谷、未纳地租分八十七条。"目次在汉译本中已经依据正文各门名称补充，但是与俄藏相比还是略有出入。第二部分为 39-1 最后两行，即该卷第一门《催缴租门》的正文，说的是交租的租额，汉译本中没有这两行西夏文的译文。

---

① 史金波：《西夏农业租税考——西夏文农业租税文书译释》，《历史研究》2005 年第 1 期。
② 详见潘洁《〈天盛改旧新定律令·催缴租门〉一段西夏文缀合》，《宁夏社会科学》2012 年第 6 期。
③ 史金波、聂鸿音、白滨译注《天盛改旧新定律令》，第 515 页。
④ 俄罗斯科学院东方研究所圣彼得堡分所、中国社会科学院民族研究所、上海古籍出版社编《俄藏黑水城文献》第 8 册，上海古籍出版社，1998，第 300 页。

39-2 在《俄藏黑水城文献》中右面为空白，左面清晰完整，汉译本直接从左面开始翻译。俄藏和汉译本都缺少的 39-2 右面，其实仍然在俄藏的第十五卷中，只不过被错置在了《春开渠事门》，序号是 39-15。39-15 为完整的一叶，与 39-2 左面内容、版式完全一致，右面刚好能够补充所缺文字，共 9 行，107 字。 把 39-1 最后两行和 39-2 连在一起，汉译为："京师城所辖七个郡县，根据土地的肥瘠程度交纳地租，上等每亩纳租一斗，次等八升，中等六升，下等五升，末等三升等五等。各郡县所纳谷物如下，成熟时各郡县人当催促，夏苗自七月初一，秋苗自九月初一，至十月底交纳完毕，收取凭据，十一月初一当告都转运司，转运司人登记应纳未纳数，至十一月月末簿册、凭据。"接下来是已有译文："都磨勘司当引送，所属郡县管事□、司吏等当往磨勘。自腊月一日始至月末，一个月期间当磨勘完毕，所遗尾数当明之。正月一日转运司当引送，令催促所属郡县人，令至正月末毕其尾数。若其中有遗尾数者，二月一日当告中书，遣中书内能胜任之人，视地程远近，所催促多少，以为期限。"①

从这段新补充的文字可以看出，西夏将京师所辖七个郡县的土地分为五等，以此作为交纳地租的标准。对于新垦辟的土地，律令规定，开垦无人耕种的荒地或者生地，三年苗情稳定后，依据农作物的生长情况以及相邻土地的租税，给土地定级，为五等之一，依等纳租，曰："诸人无力种租地而弃之，三年已过，无为租役草者，及有不属官私之生地等，诸人有曰愿持而种之者，当告转运司，并当问邻界相接地之家主等，仔细推察审视，于弃地主人处明之，是实言则当予耕种谕文，著之簿册而当种之。三年已毕，当再遣人量之，当据苗情及相邻地之租法测度，一亩之地优劣依次应为五等租之高低何等，当为其一种，令依纳地租杂细次第法纳租。"②依土地优劣划分地租等级的做法，合乎自然法则，顺应民情，受到唐宋各朝推崇。唐代宗大历四年（769）诏令，"其地总分为两等，上等每亩税一斗，下等每亩税五升"③，770 年，定京兆府百

---

① 史金波、聂鸿音、白滨译注《天盛改旧新定律令》，第 489 页。
② 史金波、聂鸿音、白滨译注《天盛改旧新定律令》，第 492 页。
③ （宋）王钦若等：《册府元龟》卷四八七，中华书局影印本，1982，第 5832 页。

姓税，夏税上等田每亩税六升，下等田每亩税四升，秋税上等田每亩税五升，下等田每亩税三升。吐蕃占领瓜沙时期，也实行过类似的制度，P.T.1079 号文书《比丘邦静根诉状》中记："尚来三摩赞、论野桑、尚来桑在瓜州行营军中议会，于齐比乌集会之故，头年之冬沙州以下，肃州以上，集中僧统所属农户，根据田地好坏，制定承担赋税标准。"① 北宋的田赋征收，按土地优劣大致分为上中下三等，王安石变法时，改为按土地好坏分五等定税。《文献通考》卷四《历代田赋之制》中记方田之法："以东西南北各千步，当四十一顷六十六亩一百六十步为一方。岁以九月，县委令佐分地计量：随陂原平泽而定其地，因赤淤黑垆而辩其色。方量毕，以地及色参定肥瘠而分五等，以定税则。至明年三月毕，揭以示民。一季无讼，即书户帖，连庄帐付之，以为地符。"② 南宋时期，绍兴三年（1133）十月七日，江南东西路宣谕刘大中言："欲将江东西路应干闲田，立三等课租，上等每亩令纳米一斗五升、中等一斗、下等七升。"③

《催缴租门》规定京畿七郡县上等土地纳租一斗、次等八升、中等六升、下等五升、末等三升。京畿的七个郡县分别是灵武郡、保静县、华阳县、临河县、治源县、定远县和怀远县，其中"麦一种，灵武郡人当交纳。大麦一种，保静县人当交纳。黄麻、豌豆④ 二种，华阳县家主当分别交纳。秫一种，临河县人当交纳。粟一种，治源县人当交纳。糜一种，定远、怀远县人当交纳"。⑤ 黑水城出土租税文书中每亩纳租 1.25升，远远低于京畿的最末等，所交纳的粮食主要是大麦和小麦。租额的不同更多的是因为两个地区土地、水利等客观条件的差异。西夏人将全国土地分为山林、坡谷、沙窝、平原、河泽五种类型，并说明了每一种类型土地的农作物情况。第一山林，土山种粮：待雨种稻，地多不旱，糜、粟、麻、荞相宜。第二坡谷，向柔择种：坡谷地向柔，待雨宜

---

① 王尧、陈践译注《敦煌吐蕃文献选》，四川民族出版社，1983，第46—47页。
② （元）马端临：《文献通考》卷四，浙江古籍出版社，1988，第58页。
③ （清）徐松辑《宋会要辑稿》食货一之三六，中华书局影印本，1957，第4819页。
④ "黄麻、豌豆"，《天盛改旧新定律令》原作"麻褐、黄豆"，据俄藏图版改，详见潘洁《黑水城文献中的豌豆小考》，《西夏学》第 8 辑，上海古籍出版社，2011。
⑤ 史金波、聂鸿音、白滨译注《天盛改旧新定律令》，第489页。

种荞麦也。第三沙窝，不种禾熟：沙窝种处不定，天赐草谷，草果不种自生。第四平原，迎雨种地：平原地沃，降雨不违农时，粮果丰也。第五河泽，不种生菜：草泽不种谷粮，夏菜自长，赈济民庶。[①]西夏学者们往往以农业区、半农半牧区、荒漠半荒漠区三大类概括西夏的土地环境。灵武郡、定远县、怀远县、临河县、保静县大致位于兴灵平原，以贺兰山作为屏障，有黄河水灌溉，是西夏境内最适宜进行农业生产的区域。宋臣吕大忠在宋哲宗元祐年间所上奏章中说西夏农业主要分布在黄河以南的膏腴之地，指的就是灵州一带，"夏国赖以为生者，河南膏腴之地，东则横山，西则天都、马衔山一带，其余多不堪耕牧"。[②]《宋文鉴》中说灵夏地区土地条件如内地，"胡地惟灵夏如内郡，他才可种乔豆，且多碛沙，五月见青，七月而霜，岁才一收尔"。[③]《续资治通鉴长编》中说灵州"地方千里，表里山河，水深土厚，草木茂盛，真放牧耕战之地"。[④]作为西夏的腹地，兴灵平原不仅自然环境适宜耕种，而且有多条渠道用于灌溉，秦家渠、汉延渠、艾山渠、七级渠、特进渠、唐徕渠等历朝历代修建的水利设施，西夏时期加以浚通，为农业生产提供了重要的保障。如此优越的生产环境奠定了京畿地区较高的农业产出量，以土地肥瘠程度划分农业税等级的政策，必然使得京畿地区的租额高于其他地区。相比之下，黑水镇燕监军司为汉代居延海地区，地处偏远，周边都是沙漠，这一地区的生产和生活主要依赖发源于祁连山的黑河，在西夏境土中属荒漠半荒漠区，农业种植条件恶劣，相对于兴灵平原、河西走廊，无论是自然环境还是水利设施都还存在一定的差距。《元史》中黑水城东北有黑河，西北濒临沙漠，"亦集乃路，下。在甘州北一千五百里，城东北有大泽，西北俱接沙碛"[⑤]，黑水城出土元代文书M1·0083[F257：W6]《屯田栽树文书》中说"本处地土多系硝碱沙漠

① 〔俄〕克恰诺夫、李范文、罗矛昆：《圣立义海研究》，宁夏人民出版社，1995，第57页。

② （宋）李焘：《续资治通鉴长编》卷四六六，元祐六年九月壬辰，中华书局，1992，第11129页。

③ （宋）吕祖谦《宋文鉴》卷一一九，齐治平点校，中华书局，1992，第1661页。

④ （宋）李焘：《续资治通鉴长编》卷四四，咸平二年六月戊午，第947页。

⑤ 《元史》卷六〇，中华书局，2011，第1451页。

石川，不宜栽种"①，M1·0632[F116：W242]《麦足朵立只答站户案卷》中说"地土大半硝碱不堪耕种"②。

在交租时间上，西夏实行的是两税，分夏秋两季征收赋税。新补充的西夏文材料中，京畿七郡县交纳地租的时间为夏苗始于七月初一，秋苗自九月初一，至十月末交纳完毕。交租的时间主要取决于农作物收获的早晚以及路程的远近。《天圣令》载："诸租，准州土收获早晚，斟量路程险易远近，次第分配。本州收获讫发遣，十一月起输，正月三十日纳毕。其输本州者，十二月三十日纳毕。若无粟之乡输稻麦者，随熟即输，不拘此限。纳当州未入仓窖及外配未上道，有身死者，并却还。"③西夏京畿七郡县受路程影响不大，主要取决于粮食的收获时间，律令中规定交纳的农作物有麦、大麦、黄麻、豌豆、秫、粟、糜。糜八月成熟，大麦九月成熟。《圣立义海》"八月之名义"中"八月时凉，糜熟，国人收割"。"九月之名义"中"粳稻、大麦，春播灌水，九月收也"。④京师诸种粮食，随熟即输。

西夏分夏秋两季收税的制度源于唐代两税法，历经五代时期的后唐，至宋代，以及与宋同时期的辽、金等少数民族政权，只是夏秋两税的征收时间在各朝代不尽相同，夏税的起征时间多集中在五、六月份，秋税在九、十月份。唐实行两税法，将地租分夏秋两季征收，这是因为南北东西各地土壤、气候等条件各有不同，农作物的生长、收获期不一，统一的征税时间并不符合实际情况。建中元年（780）二月，规定"其田亩之税，率以大历十四年垦数为准。征夏税无过六月。秋税无过十一月"。⑤为了适应中原、江淮等主要农业区的作物收获期，制定了"征夏税无过六月，秋税无过十一月"的征税时间，一般说来，夏税包括大小麦和豆类，秋税包括稻米和其他秋作物。后唐

---

① 塔拉、杜建录、高国祥主编《中国藏黑水城汉文文献》第1册，国家图书馆出版社，2008，第123页。
② 塔拉、杜建录、高国祥主编《中国藏黑水城汉文文献》第5册，第782页。
③ 天一阁博物馆、中国社会科学院历史研究所天圣令整理课题组校证《天一阁藏明钞本天圣令校证（附唐令复原研究）》（下），中华书局，2006，第269页。
④ 〔俄〕克恰诺夫、李范文、罗矛昆：《圣立义海研究》，第52—53页。
⑤ 《旧唐书》卷四八，中华书局，1995，第2093页。

时期，收税的期限因地而定，规定更为详尽，大致分黄河以南与淮水、汉水以北，黄河以北，河东三个区域。宋、辽、金的两税虽源于唐，但在许多做法上则是承后周之制。宋代关于收税期限的记载，并不统一。宋太宗端拱元年（988）规定，旧来夏税开封府等七十州自五月十五日起纳，至七月三十日毕；河北河东诸州五月十五日起纳，八月五日毕；颍州等十三州及淮南、两浙、福建、广南、荆湖、川峡等路五月一日起纳至七月十五日毕；秋税自九月一日起纳，十二月五日毕，"自今并可加一月限"，后来按照后周的制度，统一规定为夏税以六月一日起征，秋税以十月一日起征。辽朝的农业区与农牧相间地区的地租，是按照后唐的两税法进行征收的，《宣府镇志》曰："契丹统和十八年（1000），诏北地节候颇晚，宜从后唐旧制，大小麦、豌豆，六月十日起征，至九月纳足，正税匹帛钱、鞋地榷曲钱等，六月二十日起征，十月纳足。"① 金朝也实行两税，以田亩为正税的依据和标准，将田按土地肥瘠成色及水利等自然条件分为九等，两税的输纳期限分初、中、末三限，夏税以六月为初限，后改七月为初限，秋税从十月为初改为十一月为初，翌年正月为末。《金史》载："金制，官地输租，私田输税。租之制不传，大率分田之等为九而差次之。夏税亩取三合，秋税亩取五升，又纳秸一束，束十有五斤。夏税六月止八月，秋税十月止十二月，为初、中、末三限，州三百里外，纾其期一月。"② 泰和五年（1205）改秋税限十一月为初。中都、西京、北京、上京、辽东、临潢、陕西地寒，稼穑迟熟，夏税限以七月为初。

十月末至来年的二月末，进行的是地租的催缴工作。律令中详细规定了西夏京畿地区每一个周期各个部门所要承担的主要任务及延误后的惩罚措施。

---

① （清）厉鹗：《辽史拾遗》卷一五，《丛书集成初编》本，商务印书馆，1936，第 328 页。
② 《金史》卷四七，中华书局，1975，第 1055 页。

表 1　催缴租时间表

时间	负责机构	主要工作	惩罚
至十月末	所属郡县	征收地租，十一月初一当告都转运司	告交地租簿册、凭据迟缓，自一日至五日十三杖，五日以上至十日徒三个月，十日以上至二十日徒六个月，二十日以上徒一年
十一月	都转运司	登记已纳、未纳地租数额，腊月初一引送都磨勘司	引送都磨勘司延误，大人、承旨、都案、案头、司吏等与上述罪状相同
十二月	都磨勘司	磨勘地租簿册、注明所遗尾数，正月初一引送都转运司	磨勘逾期，大人、承旨、都案、案头、局分等与上述罪状相同
正月	都转运司	再催促郡县人毕其地租尾数，仍有遗留二月一日当告中书	期限内不毕，与上述罪状相同
二月	中书	遣能胜任之人，视地程远近、所遗数额，重新判断期限，再行催促	

资料来源:《天盛改旧新定律令》卷一五。

　　每个部门的工作周期从当月的初一开始至月末结束，共一整月的时间，下月伊始，另一个部门接手，进入下一步程序。催缴地租的机构有所属郡县、都转运司、都磨勘司和中书。所属郡县为在地方设置的基层管理机构，是征缴工作最直接的负责人。都转运司在征税的过程中起着至关重要的作用，除了统计纳租总额、登记应纳未纳数，还要催促剩余尾数，与郡县不同的是，都转运司不直接下到基层，而是指挥、催促郡县人。都磨勘司的职能是审核地租簿册，将官员催税数额的多少与政绩挂钩。中书是最上层的管理机构，只有在地租几经催促不果的情况下，中书才会派遣人员前去催促。针对催征的结果，西夏制定了详细的奖惩措施，把应纳地租数分为十分，对十分全不纳、九分纳一分不纳、十分全已纳等十一种情况，一一做了奖惩规定，"催促租之大人，于税户种种地租期限内已纳未纳几何，于全部分为十分，其中九分已纳一分未纳者勿治罪，八分纳二分未纳当徒六个月，七分纳三分未纳徒一年，六分纳四分未纳徒二年，五分纳五分未纳徒三年，四分纳六分未纳徒四年，三分纳七分未纳徒五年，二分纳八分未纳徒六年，一分纳九分未纳徒八年，十分全未纳徒十年。若十分全已纳，则当加一官，获赏银五两，杂锦上衣一件"。① 既给催税官员增加了压力，也充分调动了他们工作的积极性，为地租征收工作的完成提供了制度上的保障。

二　夫　役

《天盛律令》中夫役的征调主要集中在兴修渠道。西夏的大部分地区属于干旱荒漠气候，决定了农业以灌溉为主，水利设施的好坏直接影响到农业的兴衰，渠道的兴修在整个西夏时期显得尤为重要。京畿地区的农田水利事业是在疏浚历代已有渠道的基础上发展起来的，从秦汉屯边垦田开始，历朝历代在这一地区依黄河兴修渠道，最著名的当属汉延渠和唐徕渠，律令中称其为西夏官渠。河西一带继承了唐代敦煌以来修筑的百余条渠道，仅沙州敦煌就有阳开、北府、阴安、孟授、都乡、宜秋、神农、东方八条干渠，张掖县黑水流域有盈科渠、大满渠、小满渠、大官渠、永利渠和加官渠等，可灌溉农田 46 万余亩。② 此外，西夏还在继承前代留传下来旧的灌溉工程的同时，开凿了新的渠道，如"昊王渠"。历经疏浚、开凿，西夏形成了纵横交错、密如蛛网的农田水利系统，然而水利工程并非一劳永逸，风多沙厚的自然环境导致渠道极易淤塞，维护这一系统长久地服务于农业生产，就成为西夏必须要解决的问题。

《天盛律令》以法律的形式制定了一系列农田水利开发的管理制度及惩罚措施，夫役在渠道的兴修和维护过程中起到了重要的作用。夫役中有"春夫"，每年春季开渠时都会征调，条文中将其范围限定为"畿内诸税户"③，也就是西夏京畿地区有田产的纳税农户，春开渠并不是开凿新渠，而是在灌水前由官方组织差发税户服役开工的大型挖渠、清淤、修渠工程。嘉靖《宁夏新志》中也有春季疏浚渠道的记载，曰："每岁春三月，发军丁修治之，所费不赀。四月初，开水北流。其分灌

---

① 史金波、聂鸿音、白滨译注《天盛改旧新定律令》，第 493 页。"杂锦上衣一件"原作"杂锦一匹"，据俄藏图版改。
② 杜建录：《西夏经济史》，第 126 页。
③ 史金波、聂鸿音、白滨译注《天盛改旧新定律令》，第 496 页。

之法，自下流而上，官为封禁。"① 可见春季开渠在宁夏平原至少从西夏至明长期存在，这与当地的气候密切相关。宁夏平原冬季寒冷，黄河结冰，进入枯水期，立春之后，气温逐渐升高，河水开始解凌。西夏的灌水期从春季开始到冬季结束，《天盛律令》中载："事始自春季，至于冬结冰，当管，依时节当置灌水之人。"② 为了保证春季用水的正常进行，在正式灌水之前，必须要做好渠道的清淤工作，以免堵塞渠道，耽误引水的正常进度。相比之下，《唐律疏议》所载差人夫修理堤防是在秋收后，卷二七《杂律》"诸不修堤防"条《疏议》曰："依营缮令，近河及大水有堤防之处，刺史、县令以时检校。若须修理，每秋收讫，量功多少，差人夫修理。若暴水泛溢，损坏堤防，交为人患者，先即修营，不拘时限。"③ 若有暴水泛滥，先即修营，不拘时限，《天盛律令》中虽然没有明确的条文，但是从律令的表达上来看，情况相同。吐鲁番出土文书中也有每年定期差人夫修理堤堰的记载，时间在九月。吐鲁番出土《唐开元二十二年（734）西州高昌县申西州都督府牒为差人夫修堤堰事》载："新兴谷内堤堰一十六所，修塞料单功六百人。城南草泽堤堰及箭干渠，料用单功八百五十人。右得知水官杨嘉恽、巩虔纯等状称：前件堤堰每年差人夫修塞，今既时至，请准往例处分者。"牒文的落款时间为"开元廿二年九月十三日"④，说的是高昌县每年定期差人夫修理新兴谷内和城南草泽堤堰，今时间已到，拟征发包括群牧、庄坞、邸店以及夷胡诸户前去修治。

西夏夫役的内容包括两部分。其一，开渠。开渠前役夫提前准备，"春开渠事大兴时，笨工预先到来，来当令其受事，当计入日数中。其中已行头字，集日不计，三日以内事属者不派职人时，有官罚马一，庶人十三杖"⑤，笨工是从事体力劳动的役夫，须在春季正式开渠之前就

---

① （明）胡汝砺编，（明）管律重修嘉靖《宁夏新志》卷一，宁夏人民出版社，1985，第20页。
② 史金波、聂鸿音、白滨译注《天盛改旧新定律令》，第494页。"春"原作"夏"，据俄藏图版改。
③ （唐）长孙无忌等：《唐律疏议》卷二七，刘俊文点校，法律出版社，1999，第543页。
④ 唐长孺主编《吐鲁番出土文书》（肆），文物出版社，1996，第317—318页。
⑤ 史金波、聂鸿音、白滨译注《天盛改旧新定律令》，第497页。"职人"原作"事人"。

位，以保证工期按时进行、春灌顺利开展。开挖渠道时要求役夫清理
淤积，使渠道足够深宽，"春开渠发役夫中，当集唐徕、汉延等上二种
役夫，分其劳务，好好令开，当修治为宽深。若不好好开，不为宽深
时，有官罚马一，庶人十三杖"①，黄河水含沙量大，经过了上一季的浇
溉，渠底沉积了厚厚的泥沙，导致河底升高、河道变窄，在疏浚时往往
采用深挖、拓宽的方法。宋代谢德权主持清理汴河河道时，要求深挖河
中泥沙，直至见到土，史载："须以沙尽至土为垠，弃沙堤外，遣三班
使者分地以主其役。"②乾隆《宁夏府志》在记载唐渠、汉渠春浚时说，
修渠时渠道下埋有底石，疏通以挖见此石为止，其中唐渠有三处，正闸
下一、大渡口一、西门桥一。汉渠有五处，正闸下一、龙泉闸一、李俊
闸一、王全闸一、板桥下一。"侍郎通智修渠，制石埋各段工次。上镌
'准底'字。每岁春浚，以挑见此石为准。"③

其二，修治。渠破水断时役夫修缮，《天盛律令》载："渠口垫板、
闸口等有不牢而需修治处，当依次由局分立即修治坚固。若粗心大意而
不细察，有不牢而不告于局分，不为修治之事而渠破水断时，所损失官
私家主房舍、地苗、粮食、寺庙、场路等及役草、笨工等一并计价，罪
依所定判断。"④渠头、渠主、渠水巡检等沿渠干检视渠口，若有不牢处
未及时修治导致渠断水淹所造成的房屋、粮食等财物损失以及修渠所用
草束、人工按价定罪，说明一旦出现问题由役夫修渠。桥道为河渠的附
属设施，按照所处的位置被分为几种类型，大致是沿官渠或者称为大渠
的大桥和大道、大渠上的小桥、沿小渠的道路。大渠上的大桥、大道由
官府出资，转运司负责，派遣役夫前去修缮，律令中规定为依官修治，
"大渠中唐徕、汉延等上有各大道、大桥，有所修治时，当告转运司，
遣人计量所需笨工多少，依官修治，监者、识信人中当遣十户人。若有
应修造而不告时，有官罚马一，庶人十三杖"⑤。而大渠上的小桥和小渠

<hr>

① 史金波、聂鸿音、白滨译注《天盛改旧新定律令》，第508页。
② 《宋史》卷三〇九，第10166页。
③ （清）张金城修，（清）杨浣雨纂乾隆《宁夏府志》，陈明猷点校，宁夏人民出版社，1992，第254页。
④ 史金波、聂鸿音、白滨译注《天盛改旧新定律令》，第499页。
⑤ 史金波、聂鸿音、白滨译注《天盛改旧新定律令》，第504页。

道路有所损坏时，由转运司从税户家主中选出监管人员，依私修治。

《天盛律令》规定，每年春开渠，征调夫役的总天数不超过四十日。开渠前当告知中书，依所属渠道的相关事宜，在四十日内确定开渠的期限，所给期限内没有完成时，当告知局分处寻求谕文，若不寻谕文逾期，要受到徒三个月至二年的相应处罚。每户所担负的夫役天数是根据其土地占有数决定的，1—10 亩出工 5 日，11—40 亩出工 15 日，41—75 亩出工 20 日，75—100 亩出工 30 日，100—120 亩出工 35 日，120—150 亩出工 40 日。京畿地区诸渠上，有需条椽处，在春开渠的百役夫中减一夫，转而纳细椽三百五十根，每根长七尺，如果数量还不够，统计后告知管事处，再次减夫纳椽。《渠水门》载："京师界沿诸渠干上△有处需椽，则春开渠事兴，于百役夫人做工中当减一夫，变而当纳细椽三百五十根，一根长七尺，当置渠干上。若未足，需多于彼，则计所需而告管事处，当减役夫而纳椽。若不告管事处而令减役夫而纳椽，且超派时，未受贿且纳入官仓，则当比做错罪减一等，自食之，则当与枉法贪赃罪相同。"① 这条减役夫纳椽的记载与《天盛律令》中的其他条文有所不同。通常，条椽作为赋税，随冬草一起交纳，这里所说的情况，属于临时事件，在春开渠时，发现官库中的条椽不够，新一年的赋税征收还没开始，只能采取临时征调的办法，于百役夫中减一夫。

三　税　草

税草自唐始于太宗，《新唐书》载"贞观中，初税草以给诸闲，而驿马有牧田"。② 至开元年间，已经成为一项重要的国家财政收入，《唐大诏令集》中载"内庄宅使巡官及人户等，应欠大中十四年已前至咸通八年已前诸色钱六万二千三百八十贯三百文、斛一十万三千七十四石九斗、丝二十二万七千五百八两、麻二千四百七十斤、草二十六万五千八百五十五束，念其累岁不稔，人户贫穷，徒有鞭

---

① 史金波、聂鸿音、白滨译注《天盛改旧新定律令》，第 503 页。"夫役"原作"夫事""夫职"，下同。

② 《新唐书》卷五一，中华书局，1987，第 1343 页。

答，终难征纳，并宜放免"。①

唐、宋、金、西夏的文献中基本上是计亩税草。唐长庆年间，元稹为同州刺史，地税在同州是每亩九升五合，草四分，而职田的地租是亩收三斗，草三束。《当州京官及州县官职田公廨田并州使官田驿田等》中载："臣当州百姓田地，每亩只税粟九升五合，草四分，地头榷酒钱共出二十一文已下。其诸色职田，每亩约税粟三斗，草三束，脚钱一百二十文。"②宋政和五年（1115）十一月，提举熙河兰湟路弓箭手何灌申："汉人买田常多，比缘打量，其人亦不自安，首陈已及一千余顷。若招弓箭手，即可得五百人；若纳租税，每亩三斗五升、草二束，一岁间亦可得米三万五千石、草二十万束。"③金朝规定，秋税除了粮食税外，还纳"秸"，《金史》载："金制，官地输租，私田输税。租之制不传，大率分田之等为九而差次之。夏税亩取三合，秋税亩取五升，又纳秸一束，束十有五斤。"④"秸"即庄稼的秸秆，税额为每亩纳秸秆一束，每束 15 斤。西夏税草的征收以土地为依据，履亩计算。史金波先生所译租税文书中黑水城地区每亩税草一束，与《天盛律令》规定有差别，条文载："税户家主自己所属地上冬草、条椽等以外，一顷五十亩一幅地，麦草七束、粟草三十束，束围四尺五寸，束内以麦糠三斛入其中。""诸税户家主除冬草、蓬子、夏葶等以外，其余种种草一律一亩当纳五尺围一束，十五亩四尺束围之蒲苇、红柳、梦萝等一律当纳一束。前述二种束围当为五寸围头，当自整绳中减之。"⑤一顷五十亩纳麦草七束，粟草三十束，束围四尺五寸；蒲苇、红柳、梦萝等十五亩纳一束，束围四尺；其余种种草每亩纳一束，束围五尺。也就是每亩交纳麦草约 0.05束，粟草 0.2 束，蒲苇、红柳、梦萝约 0.07 束，其余草 1 束。

束的西夏文在类似的内容中常被译为"捆"，西夏人翻译的汉文典

---

① （宋）宋敏求编《唐大诏令集》卷七二《乾符二年南郊赦》，商务印书馆，1959，第401 页。
② （清）董诰等编《全唐文》卷六五一，中华书局，1983，第 6619 页。
③ 《宋史》卷一九〇，第 4723 页。
④ 《金史》卷四七，第 1055 页。
⑤ 史金波、聂鸿音、白滨译注《天盛改旧新定律令》，第 490、503 页。"幅"原作"块"，"束"原作"捆"，"束围"原作"捆绳"，"红柳"原作"柳条"。

籍《类林》中以该西夏字来对应"束",为"稿草一束"。①刘进宝先生在《唐五代"税草"所用计量单位考释》一文中详细考证了"束"。他说西北地区,在夏收时节,将小麦捆为一捆一捆,每十捆,再拢为一拢,八捆作金字塔形立起,两捆作为盖子盖在上面,这样既可以防雨,又可以防潮。待晒干农闲时,将其拉到场上碾草打粮。本句的"捆",实际上就是"束",因为这类量词原本都是动词的借用,现代汉语动词用的是"捆"而不是"束",所以量词当然也跟着用"捆",而不用"束"。②围与束的西夏文在《同音》中搭配成一个词组,③《同音研究》汉译为"械索"。④上文"束围四尺五寸""前述二种束围当为五寸围头",指的是捆绳的长度,原译文为"捆绳四尺五寸""前述二种捆绳当为五寸捆头",其实就是束的周长"围"。"围"作为量词讲,是说两只胳膊合拢起来的长度,人们在捆麦、粟时,并不需要专门的绳子,而是用两手直接把麦或者粟的两头接在一起,起到绳子的作用,捆的过程会有一个两手合抱的动作,所以"围"这个动作逐渐发展为量词。

税草的束围须按照规定的标准捆扎,以方便计量,由专人定期检察,如有不合格,则相关司吏受罚,"五十日一番当计量,捆不如式,则几多不如式者由草库局分人偿之。未受贿则有官罚马一,庶人十三杖,受贿则以枉法贪赃罪判断。又夫役小监等敛草时,亦当验之,未足则当使未足数分明。库检校及局分人等有何虚枉处,偿草承罪法当与前所示相同"。⑤《唐令拾遗》中束围的大小为三尺限,"诸象日给稿六围,马、驼、牛各一围,羊十一各一围(每围以三尺为限),蜀马与骡各八分其围,骡四分其围,乳驹乳犊五共一围,青刍倍之"。⑥阿斯塔那506号墓《唐上元二年(761)蒲昌县界长行小作具收支饲草数请处分状》

① 史金波、黄振华、聂鸿音:《类林研究》,宁夏人民出版社,1993,第197页。
② 刘进宝:《唐五代"税草"所用计量单位考释》,《中国史研究》2003年第1期。
③ 《音同(甲种本)》,俄罗斯科学院东方研究所圣彼得堡分所、中国社会科学院民族研究所、上海古籍出版社编《俄藏黑水城文献》第7册,上海古籍出版社,1997,第21页。
④ 李范文:《同音研究》,宁夏人民出版社,1986,第406页。
⑤ 史金波、聂鸿音、白滨译注《天盛改旧新定律令》,第504页。
⑥ 〔日〕仁井田陞、栗劲、霍存福等编译《唐令拾遗》,长春出版社,1989,第626页。

中饲草分为上中下三等：上等每束三尺三围，中等每束三尺一围，下等每束二尺八围。①《天圣令》中大者径一尺四寸，小者径四寸，围是一束草的周长，而径是一束草的直径，"修营窖草，皆取干者，然后缚稆。大者径一尺四寸，小者径四寸。其边远无稿之处，任取杂草堪久贮者充之。若随便出给，不入仓窖者，勿课仓窖调度"。②束围的大小因草的不同、用途不同而有所差异，这一点无论在西夏还是唐都是相似的。唐令中的饲草以稿草为标准放支，阿斯塔那出土文书中的饲草有粟草、准草等，《天圣令》中窖草用来防潮，铺在窖底，以大稆为层，小稆掩缝。西夏的蒲苇、红柳、梦萝、粟草、麦草等其余种种草捆扎好后，可用来供给官畜草料、维护桥道、铺垫窖底等。

作为官畜的饲料，英藏西夏文献 Or.12380-3179（K.K）《汉文马匹草料账册》按马匹数量计日放支草料，有的马草料十分，有的草料五分。"□保梁通等下马壹拾贰疋，内叁疋草料十分，玖疋各草料五分，从十二月四日至五日，计准二日食。糜子贰斗，草贰束，支……"③官马的草料在律令中有明确规定，每年正月初一起，都有专门负责的官员前去监察马的肥瘦，膘不足，出现膘弱未塌脊、嬴弱塌脊等情况时要予以处罚，有减草料者，根据数量比偷盗法加一等，若未减，因检校失误导致马嬴瘦，根据瘦弱的情况，从杖罪至一年劳役不等，"官牧场之马不好好养育而减食草者，计量之，比偷盗法加一等。未减食草，其时检校失误致马嬴瘦者，当视肥马已瘦之数罚之，自杖罪至一年劳役，令依高低承罪"。④《天盛律令》卷一五中所纳税草更多地用作渠道垫草和仓窖垫草。律令规定，唐徕、汉延、新渠等大渠上渠水巡检、渠主好好检察渠干、沿渠、梁土及垫草，不许人断抽，若因监察者疏于监察，用草赔偿，并好好修治，"其上渠水巡检、渠主等当检校，好好审视所属渠干、

---

① 国家文物局古文献研究室、新疆维吾尔自治区博物馆、武汉大学历史系编《吐鲁番出土文书》第 10 册，文物出版社，1991，第 252—253 页。

② 天一阁博物馆、中国社会科学院历史研究所天圣令整理课题组校证《天一阁藏明钞本天圣令校证（附唐令复原研究）》（下），第 282 页。

③ 北方民族大学、上海古籍出版社、英国国家图书馆编《英藏黑水城文献》第 4 册，上海古籍出版社，2005，第 34 页。

④ 史金波、聂鸿音、白滨译注《天盛改旧新定律令》，第 580 页。

沿渠、梁土、垫草等，不许使诸人断抽之。若有断抽者时，当捕而告管事处，罪依律令判断"。[①]若遇涨水、下雨，而使渠道断破，以垫草堵之，没有准备官用垫草的，先在附近税户家主取私草处置，草主人有田地，当于下次纳冬草时减去，没有田地，按照草价，官方给钱，"沿诸渠涨水、下雨，不时断破而堵之时，附近未置官之备草，则当于附近家主中有私草处取而置之。当明其总数，草主人有田地则当计入冬草中，多于一年冬草则当依次计入冬草中。未有田地则依捆现卖法计价，官方予之。若私草已置而不计入冬草中，不予计价等，有官罚马一，庶人十三杖"。[②]作为窖底铺设，律令中载："地边、地中纳粮食者，监军司及诸司等局分处当计之。有木料处当为库房，务需置瓦，无木料处当于干地坚实处掘窖，以火烤之，使好好干。垛囤、穄草、毡当为密厚，顶上当撒土三尺，不使官粮食损毁。"[③]于无木料、土地干燥、地质坚硬处挖掘地下粮窖，挖好后以火烤窖内，快速干燥，使之光滑，在窖底铺设密厚的垛囤、穄草、毡，再将粮食入窖，封口后顶上撒土三尺，将窖内与外界完全隔绝，以粮食入库时的状态长期保存。

小　结

西夏的租役草，租为地租，京畿地区七个郡县视土地优劣分五等纳租，每亩田地上等纳租一斗、次等八升、中等六升、下等五升、末等三升，黑水城地区每亩交纳 1.25 升，夏田始于七月初一，秋田自九月初一，至十月末交纳完毕。役是夫役，土地亩数决定出工的天数，从五日至四十日不等，总计不得超过四十日，如急需条橛，可以减役夫转而纳橛。草为税草，征收的范围包括冬草、条橛、麦草、粟草等，其税额为每亩交纳蒲苇、红柳、梦萝等 0.07 束，麦草 0.05 束，粟草 0.2 束，其余

---

① 史金波、聂鸿音、白滨译注《天盛改旧新定律令》，第 501 页。"沿渠、梁土、垫草"原作"渠背、土闸、用草"，据俄藏图版改。
② 史金波、聂鸿音、白滨译注《天盛改旧新定律令》，第 507 页。
③ 史金波、聂鸿音、白滨译注《天盛改旧新定律令》，第 513 页。"垛囤、穄草、毡"原作"垛囤、垫草"，据俄藏图版改。

种种草每亩 1 束。唐代前期的租庸调，正租是租税，计丁纳粟，规定课户每丁纳租二石。庸为役的折纳，丁男不服现役时，必须交纳丝麻织品作为代偿，凡丁岁役二旬，无事则收其庸，每日折绢三尺，布加五分之一，有事而加役者，十五天免调，三十天则租调俱免，正役和加役不得超过五十天。调是征收丝麻织物的正式税目，随乡土所产交绫（或绢等）二丈，如纳布为二丈五尺，输绫、绢者纳棉三两，输布者纳麻三斤。

租役草和租庸调相比虽有相似点，但更多的是差异。首先，租役草是在均田制破坏后，实行两税法大环境下的赋役制度，计亩纳租，据地而征。租庸调是以均田制为核心，依人丁数量征税。西夏的租按土地亩数征收，唐代的租计丁征收；西夏的役由土地数决定夫役的天数，唐代的庸以丁为征收对象，故谓丁庸；西夏的税草履亩计算，唐代的调按户交纳，有课之户为课户，征调的基础还是丁。其次，庸与役折射出的是社会发展水平的不同。庸是役的折纳，唐朝的庸政策比较宽松，若不愿承担规定的任务，可以用丝织品代偿，输庸代役是唐朝奉行轻徭薄赋的产物，这是基于人口数量多、生产发达、产品丰富的前提，相比之下，西夏的人口稀少，生产不发达，产品少，所以要求直接服役，唯有《渠水门》中的"减役夫纳椽"在结果上与输庸代役相似，都是交纳物品代替夫役，但是其根本相差甚远，"减役夫纳椽"仍然是西夏产品缺乏的一种体现。最后，草和调，二者都是因需而征、因产而征。作为赋税制度，税草早在唐前期文献中就已经有了记载，西夏的草是战争补给、畜养牲畜、保护渠道的重要来源。另外，西夏畜牧发达，有大量的官私草场，所以草不仅能够满足官方的需要而且很易于征收。唐朝文献规定"调随乡土所出"，其丝织业发展水平很高，无论是出口国外还是国内贸易、百姓日常生活，对丝织品的需求达到了前所未有的数量，同时唐朝时绢麻等作物的种植地区分布广泛，所以，唐朝的调因产而征，在不同产区征收不同的织品。

唐后期实行两税法，改变了丁身为本的征税基础，取而代之的是以资产为宗，这里的资产包括土地，也包括其他的动产，后来又进一步发展为以土地为准，这种转变，由唐至宋逐渐成熟。在归义军时期的文献中，地租、税草、夫役已经以土地为依据征收。《唐光化三年（900）前后神沙乡令狐贤威状（稿）》中因土地被大河浸灌，免去地税，就包括了地租、布、草、役夫等。在这种大的社会发展趋势下，西夏顺应潮流，地租、夫役、税草的征收完全以土地为依据，这也是租役草的实质，4067 号文书"一户梁吉祥有册上有十亩地，税一斗二升半。杂一斗，麦二升半，佣五日，草十捆"[①]。同时，在征税的过程中，以户为单位，迁溜为更大的基层管理组织。赋税文书中常有一迁溜多少户收税多少的记载，如 8372 号文书"迁溜吾移？宝共五十四户税三十六石六斗三升七合半"[②]。对应到法典中，租役草的征收基础是税户，为土地的实际持有者，租地人向所有者仅交纳租价，而不再负责地租、税草、夫役。随着社会的发展，税户家主就近结合成类似于唐代乡里制、宋代保甲制的农迁溜，每十户遣一小甲，五小甲遣一小监，二小监遣一农迁溜，负责辖区土地变更的督察、赋税的征收。登记有土地顷亩数的地册三年一更新，农迁溜、小监、小甲要做好基层土地的普查工作，及时将死亡、外逃、地头无人、土地买卖等情况记录下来，以此作为征收土地税的依据。西夏的赋役除了租役草，还有人口税、盐税、酒税、买卖税、差役、兵役等，租役草是农户所要承担的最基本的税种，在西夏赋役中占有重要地位，希望文中对租役草的考述会对西夏社会经济的研究有所补益。

（原刊于《中国史研究》2018 年第 1 期）

---

① 史金波：《西夏农业租税考——西夏文农业租税文书译释》，《历史研究》2005 年第 1 期。
② 史金波：《西夏农业租税考——西夏文农业租税文书译释》，《历史研究》2005 年第 1 期。

西夏典当借贷中的中间人职责述论

于光建

摘　要　从西夏法律《天盛律令》以及出土的西夏汉文、西夏文契约来看，在典当、借贷、买卖等经济活动中必须有第三方中间人。他们在典当借贷等物权发生变化的交易中发挥着举足轻重的作用，不仅在典当借贷完成后抽利，而且担负调节价格、明确借贷典当来源是否合法的责任，有时还负责起草书写契约，有时还进行中介代理、委托典当借贷等活动。

关键词　西夏；典当；借贷；中间人；职责

牙人是买卖交易中的中间人的称谓之一，又称侩、牙侩、牙郎、捐客等。牙人起源较早，最早可追溯至西周时期商品交易中的"质人"。汉代时，称为"驵侩"。唐宋时期，随着商品经济的发展繁荣，买卖交易中的中间人由秦汉时期的马市交易行业为主，逐渐向各个行业渗透，牙人数量急剧扩大，出现了专门的中介机构，开始出现以"牙郎""牙人""牙保"等称呼这些买卖过程中的中介人，专门经纪中介机构也以"牙行"指称。至近代，开始出现"捐客"的称谓。① 他们在交易过程中

---

① 陈明光、毛蕾：《驵侩、牙人、经纪、捐客：中国古代交易中中介人主要称谓演变试说》，《中国社会经济史研究》1998 年第 4 期。

撮合交易，接受委托代为买卖、典当、借贷以及签订契约等，以此从买卖双方、借典双方中收取一定的佣金作为劳动报酬。唐宋时期，牙行、牙人甚至还受政府部门委托代收买卖交易税。有些牙人在签订买卖、借贷、典当契约过程中有时还承担信誉担保的作用。"中人现象是中国传统民事契约在其本身发展过程中逐渐成熟，被固定化与程序化的特殊现象，它构成中国传统民事契约的重要组成部分。"①

党项内迁后，其生产形态也由先前的"不知稼穑"的畜牧业生产，逐渐转变为以农业、畜牧业为主。特别是元昊立国后，西夏王朝吸收唐宋及其周边民族政权的先进文明，封建化程度进一步提高，社会经济形态也趋于多样化，手工业、商业等经济方式也逐步发展起来。与此同时，西夏境内典当借贷经济活动活跃起来。其中，也出现了促成商品买卖的中间经纪人——牙人，甚至还出现了官营性质的牙行。如《太平治迹统类》卷一五记载："牙（衙）头吏史屈子者，狡猾，为众贷谅祚息钱，累岁不能偿。"②杜建录先生认为这里以国主谅祚名义经营的高利贷或许也属官贷性质。③毅宗谅祚的高利贷业务委托给牙（衙）头吏史屈子专门从事借贷典当，足见西夏的官营借贷典当已经发展到一定的程度。西夏帝王权贵等统治阶级从事借贷典当业务是通过专门的中介机构来营运，说明西夏的官营借贷业务中也已经有专门的官营中介机构——官牙行。

《天盛律令》卷三中在涉及有关典当借贷等债务时，除债务人、债权人之外，还多次出现一个第三方——"𧾷𢯑𦥑𦥯𢹞"（"中间捐客"或"买卖中间人"）。通过对条文的梳理，西夏典贷中的"𧾷𢯑𦥑𦥯𢹞"，在买卖、典当及借贷中所起的作用，恰好就是唐宋时期买卖交易中的"牙人"的职责。"捐客"虽然也是其另一种称谓，但这是近代以来才出现的对交易中间人的贬义称呼。在《天盛律令》债务条文中对"中间人"的称谓并非只有这一固定词组，还有多种表述方式，主要有"𧾷𢯑𦥑𦥯𢹞"（贩卖言为者）、"𢹞𤲷𣁽𧾷𢯑𦥑𦥯𢹞"（接状相卖

① 李祝环：《中国传统民事契约中的中人现象》，《法学研究》1997 年第 6 期。
② （宋）彭百川：《太平治迹统类》卷一五《神宗经制西夏》，影印文渊阁四库全书本。
③ 杜建录：《西夏高利贷初探》，《民族研究》1999 年第 2 期。

中捐客）、"𘀁𘋣"（卖间捐客）、"𘓋𘃡𘃡"（识信人）、"𘗽𘏒"（中间人）、"𘀁𘋣𘃵"（中间知人）、"𘀁𘋣𘍦𘏿𘓋𘟀𘘽𘍖"（卖方传语、写文书者）等。《天盛律令》中对典当借贷等经济活动中的"中间人"一词的表述，之所以有多种形式，是基于"牙人"在不同的典贷活动中扮演的不同角色以及所担负的多种职责。

目前学界只有杜建录《西夏高利贷初探》①《西夏经济史》②，史金波《西夏社会》③、《西夏粮食借贷契约研究》④ 等论著中论及西夏借贷典当中的"牙人"或"中间人"问题。实际上，随着西夏社会生产力的发展，商品交换、商业贸易逐渐兴盛起来，西夏法律对交易中必须有买卖中间人有所规定，使得中间人在交易中的作用日益重要。中间人业务范围涉及商品买卖、借贷、典当、租赁、人口买卖、劳动力雇佣、结婚嫁娶、物权转让等方面，作用日益重要。

一　见证交易

唐宋时期，商品经济的繁荣达到了新的历史高度，牙人在市场交易、借贷典当中所起的作用越来越重要。为了规范市场，政府甚至开始赋予牙人登记交易、监督交易、征收买卖税及契税等职责。"市主人、牙子、牙商各给印纸，人有买卖随自署记，翌日合算之。有自贸易，不用市牙子者，验其私簿，无私簿者，投状自集。其有隐钱，二千杖之，告者偿钱奖励十千。"⑤ 当然，这是基于牙人是买卖交易中不可或缺的第三方，他们基本掌握着市场交易的情况，政府为了征收买卖交易税、契税，所以这一特殊中间"商人"，被纳入政府管理体系，赋予了上述诸多权利。

西夏时期，牙人同样在交易中发挥着举足轻重的作用，政府在律

①　杜建录：《西夏高利贷初探》，《民族研究》1999 年第 2 期。
②　杜建录：《西夏经济史》，中国社会科学出版社，2002，第 243—251 页。
③　史金波：《西夏社会》，上海人民出版社，2007，第 198—199 页。
④　史金波：《西夏粮食借贷契约研究》，《中国社会科学院学术委员会集刊》第 1 辑，社会科学文献出版社，2004，第 186—204 页。
⑤　《旧唐书》卷一三五《卢杞传》，中华书局，1975，第 3715—3716 页。

法中也规定了买卖、典当、借贷等物权转移交易中要有"买卖中间人"。特别是数量较大的货币借贷和土地、房屋、畜物等价值较大的抵押典当及借贷中必须要有熟悉抵当物情况的中间人。在签订交易凭证——契约时必须有中间人签字画押。如前所引,《天盛律令》规定盗物,租借物,是良人的父母、妻眷、子女、兄弟、姐妹等亲属,武器装备,政府配发的官物、官畜等是不允许拿来买卖、抵押借贷、偿还所借债务的。为了杜绝上述严禁典卖的人、畜、物交易买卖、抵债,保障交易双方的合法物权,《天盛律令》规定在买卖、典当以及抵押借贷经济活动中,首先必须要有"识信人",由识信人做出交易物品属于律法规定的能够交易买卖的合法物品的证明后,买卖、典当以及抵押借贷才有效,否则是不允许进行交易的,交易后也是违法的。如上所梳理的"中间人"表述方式中,"识信人"就是其中的一种表达形式。其在典借中的"识信"职责,就是指在典当、借贷过程中,首先要对典当物的所有权是否合法做出辨别、鉴定,证明交易物的所有权和来源是合法的,是律法所允许买卖、抵债、典当的物品。《天盛律令》中牙人的另一表述"𦏕𗵘"(知情)就说明了中间人是在买卖典当交易过程中,负责了解抵当物情况的人。

在出土的西夏文、汉文契约中,一般在开始就写有"立文状者自属土地、畜物"等文字,明确典贷、买卖物的实际所有者,这就是"中间人"在交易中的"识情"职责。牙人在西夏文契约中以"𦏕𗥃"(知人)称谓,在西夏汉文契约中以"知人""知见人"出现在契约结尾,即该笔交易的"证明人",见证交易是合法有效的。以后若发生纠纷和违约行为,"契约"和"知人"成为官府评判的物证和人证。俄藏黑水城文献 Инв. № 4696 / 17—33 号是一件借粮契约长卷,第1份契约中的知人梁老房宝,同时还是第2、6、7、8、9、16、17、18、19、35 份等十多笔贷粮契约中的知见人。Инв. № 4696 / 17—33 号第1份契约中的另一知见人平尚山势在第2、6、15 份贷粮契约中也是知见人。① 这说明西夏的借贷、典当买卖中确实有专门的职业化的"知见

---

① 史金波:《西夏粮食借贷契约研究》,《中国社会科学院学术委员会集刊》第1辑,第198—199页。

人"。他们是交易过程中的证明人，充当典当借贷交易中的中介者，最终促成典当、借贷活动的完成。尽管"中间人"不用担负债务人违约不还债时的连带偿还法律责任，但是《天盛律令》规定如果"中间人"在交易中玩忽职守、欺诈隐瞒交易实情，没有履行好验证交易物是盗物等禁止买卖、典当、抵债的物品，致使出现纠纷，也是要承担一定的赔偿责任的。

二　议定价格

中间人在买卖借贷中不仅介绍交易，而且还要评定价格。甚至有些官牙在交易后，还要协助政府收缴买卖税。在田宅买卖活动中的中介人为庄宅牙人，其主要职责是核实钱数，帮助官府完税，促成契约成立。如，宋人李元弼《作邑自箴》记载："应镇者、庄宅牙人，根括置簿，各给手把历，遇有典卖田产，即时抄上立契月日钱数，逐旬具典卖数申县，乞催印契。"[①] 再如，张传玺主编的《中国历代契约会编考释》中收录的南宋项永和卖山契中记载："三面评议价钱十八界官会五十贯文省，其钱当立契日一并交收足讫，并无分文少欠，别不立碎领。"[②] 这里评议价钱的"三面"就是买卖双方，再加上中间人。可见，中间人要参与交易物价格的议定。《天盛律令》卷三《当铺门》规定：

> 一诸人居舍、土地因钱典当时，分别以中间人双方各自地苗、房舍之收入之利算或不算，应有文字规定，何时送钱时当还给。此外，其中钱上有利，房舍、地亩亦重令归属者收入，令利交有名者。钱上利、房舍、地土上苗、果之收入等当各自重算，不允与本利钱相等以后再算利。若违律本利送还，地畴、房舍不归属者时，有官罚马一，庶人十三杖。[③]

---

① （宋）李元弼：《作邑自箴》，黄山出版社，1997，第75页。
② 张传玺主编《中国历代契约会编考释》，北京大学出版社，1995，第522页。
③ 史金波、聂鸿音、白滨译注《天盛改旧新定律令》，法律出版社，2000，第187页。

从该条律法规定可知,在将房屋、土地等价值较大的不动产进行典押借贷货币时,抵押标的物房屋、土地的价值,甚至地上禾苗、果木的收入算不算价值,价值多少,以及抵押借贷利息的确定是由中间牙人与典贷双方分别商议后,再签订契约文据。说明西夏借典经济活动中牙人居中说合,还负责抵押物价格的议定、利率的协商等。同时,在出土的西夏买卖契约中通常会有"𗈪𗙏……𗥦𗗟",汉译"议定全价……",这里对价格的"议定"除了买卖双方参与外,"中间人"也是重要的一方。在买卖双方提出各自可接受的价格后,牙人将从中调解说合,达成一个买卖双方都能接受的中间价格后,再签订契约,"于买价、钱量及语情等当计量,自相等数至全部所定为多少,官私交取者当令明白,记于文书上"。①以后若有反悔,将由反悔一方按律法及契约上议定的违约罚金数额,缴纳罚金,罚金通常是交易物价值的 1 倍。有些出土契约结尾签字处的"知人"后直接就有"言为"来修饰,有些知人是"知人言为者□□□"。如俄藏黑水城文献 5010 号《天盛二十二年耶和寡妇卖地契约》契尾有 4 位知人,但该件契约的知人与其他契约的知人不一样,它是"𗤛𗙏𗥦𗏆𗙡𗥤𗖵𗄑𗴂(押)",②汉译"知人言为者耶和铁茂","言为者"说明这位"知人"参与了在卖地者耶和寡妇与买地者耶和米千之间说合商议价格。

三 书写契约

契约是见证当事双方交易及债务行为的凭据,也是维护双方权益的法律依据,所谓"口说无凭,立字为据"。唐宋律法都规定了契约在债权维护中所起的法律证据作用。契约在调节民事关系、维护物权中的重要作用,促使一批有文化的知识分子专门从事书写契约,即书契人。如宋徽宗时"诸以田宅契投税者,即时当官注籍,给凭由付钱主,限三日勘会业主,邻人、牙、保,写契人书字圆备无交加,以所典卖顷亩田色。

---

① (宋)彭百川:《太平治迹统类》卷一五《神宗经制西夏》。

② 杜建录:《西夏高利贷初探》,《民族研究》1999 年第 2 期。

间架，勘验元业税租，免役钱，纽定应割税租分数令均平，取推收状入案。当日于部内对注开收"。①

西夏《天盛律令》也同样规定官私借贷典当中必须要有文字规定——契约。强调契约在债权维护保障中的重要作用。《天盛律令》卷三《催索债利门》规定："一诸人买卖及借债，以及其他类似与别人有各种事牵连时，各自自愿，可立文据，上有相关语，于买价、钱量及语情等当计量，自相等数至全部所定为多少，官私交取者当令明白，记于文书上。"②卷一一《出工典门》也规定；"一诸人将使军、奴仆、田地、房舍等典当、出卖于他处时，当为契约。"③在达成交易意向后，签订契约成为必须的环节。契约由谁来起草书写呢？据史金波先生整理研究，从黑水城出土的社会文书中，契约有100多号500件，其中有具体年代的就有200多件。④有的契约可能是债权人直接起草的，但有的契约还写有"书契者"的姓名，他们是专门书写契约的人——书手。如黑水城出土的西夏汉文天庆年间裴松寿典麦系列契约中在契约结尾签字画押处除了立文人、知见人之外，还有"书文契人□□""书契□□□"等，如俄藏 TK.49P《天庆年间裴松寿典麦契》（7-5），录文据杜建录、史金波《西夏社会文书研究》转录。⑤

（前缺）
1. 毙名圣由毙今 ☐
2. ☐ 次男皆矗（押）
3.　知见人马能毙（押）
4.　书文契约张□□在

《斯坦因中亚考古所获汉文文献（非佛经部分）》第1册中收录有数

---

① （清）徐松辑《宋会要辑稿》，中华书局，1957，第5909页。
② 史金波、聂鸿音、白滨译注《天盛改旧新定律令》，第189页。
③ 史金波、聂鸿音、白滨译注《天盛改旧新定律令》，第190页。
④ 《旧唐书》卷一三五《卢杞传》，第186—204页。
⑤ 杜建录、史金波：《西夏社会文书研究》，上海古籍出版社，2010，第195页。

件天庆年间裴松寿典麦契，契尾也书有"书契□□"。今据杜建录、史金波《西夏社会文书研究》^①录文如下：

英藏 Or.8212 / 727K.Ⅱ0253（a），西夏天庆年间裴松寿典麦契（15-7）

（前缺）

1. ☐☐一日立文人☐☐
2. ☐☐一条旧皮毡一领于☐☐
3. ☐☐本利二石七斗其典☐☐
4. ☐☐日不见☐☐
5. 　　　　立文人☐☐
6. 　　　　☐☐屈（牙）
7. 　　　书契☐☐

英藏 Or.8212 / 727K.Ⅱ0253（a），西夏天庆年间裴松寿典麦契（15-8）

（前缺）

1. ☐☐一任出[卖]☐☐
2. 　立文字人夜☐☐
3. 同典人[夜]☐☐
4. 同典人☐☐
5. 书契☐☐

英藏 Or.8212 / 727K.Ⅱ0253（a），西夏天庆年间裴松寿典麦契（15-11）

1. ☐☐二日立文☐☐
2. ☐☐皮毡二旧☐☐
3. ☐☐[典]大大麦四石☐☐
4. ☐☐月一日将本利☐☐
5. ☐☐一任出卖不词☐☐

---

① 杜建录、史金波：《西夏社会文书研究》，第 206—210 页。

6. ☐☐ 立文字人 ☐☐

7. ☐ 书契 ☐☐

由上所述，西夏在借典、买卖时也有专门负责起草书写契约的人。黑水城出土的西夏文契约文献有许多是连在一起的契约长卷，之上有数十件契约，契约字体相同，而且连契约结尾立文人、同立文人、知人的姓名签字都是相同的笔迹，说明契约是由专人书写，借、典、卖者只是画押。正如史金波先生所言："应该是同一写者一人的手笔，看来契尾各种签字系由书手包办，或许当地能用西夏文书写自己名字的人是少数，多数借贷人和相借者自己只能画押。"①

除了有专门起草书写契约的人外，西夏买卖交易中的中间人有时也代替书写契约，他们既是买卖中间的证人（知人），又是契约书写者，在契约上的签字画押反映了牙人在买卖、借贷、典当等交易中的双重身份。如在《俄藏敦煌文献》第 17 册中有一件西夏时期的还债契约——Дx19076《西夏直多昌磨彩代还钱契》。② 在该契约结尾立文人、同债人之后，是书契知见人王智多。③

在出土的西夏文契约结尾签字人画押中也有中间人代写契约的现象。如在俄藏黑水城文献 5142-2 号《天庆寅年正月卖地契约》结尾签字画押中"𗼻𗟨"有三位，其中一位是"𗼻𗟍𗭿𗫂𗏇𗎫𗫨"，汉文对译"知入植写者翟宝胜"，④ 如前上编第一章《当铺门译释》注释中考述"𗟍𗭿"（入植）即"规定""契约"的意思。所以这里的"𗼻𗟍𗭿𗫂𗏇𗎫𗫨"意为"知写契约者翟宝胜"中的"翟宝胜"即是见证卖地的证明人知人，同时也是这份卖地契约的书写者。他的作用与 Дx19076《西夏直多昌磨彩代还钱契》中的书契知见人王智多相同，"知"即"知人""证明人"；"写契约者"即这个证明人还是该件契约的书写者。《天

---

① 史金波：《西夏粮食借贷契约研究》，《中国社会科学院学术委员会集刊》第 1 辑，第 199 页。
② 俄罗斯科学院东方研究所圣彼得堡分所、俄罗斯科学出版社东方文学部、上海古籍出版社编《俄藏敦煌文献》第 17 册，上海古籍出版社，2001，第 330 页。
③ 杜建录、史金波：《西夏社会文书研究》，第 210 页。
④ 史金波：《黑水城出土西夏文卖地契研究》，《历史研究》2012 年第 2 期。

盛律令》卷三《催租罪功门》有一短语"𗟲𗤊𗼻𗸼𗼻𗫔𗤊𗗙"①，汉译"为卖方传语、写文书者"②。实际上根据文意这里的"𗟲𗤊𗼻𗸼"是"买卖中间人"的一项职责，而其后的"𗼻𗫔𗤊𗗙"（文字写者）的意思是"写立契约者"。这一短语恰好就反映了在买卖土地时，有时候写立契约的同样是买卖中间人。该固定词组意在强调"中间人"在买卖交易中还有"写立契约"的作用。综上所述，无论是《天盛律令》还是出土的西夏汉文契约、西夏文契约都反映出中间人在交易中，有时还承担书写契约的职责。

四 中介代理

中间人虽然只是通过说合、介绍促成交易后从中抽取一定的佣金，获取报酬的第三方。但是，这一群体也是特殊的"商人"，他们在市场交易中的作用，不仅仅是见证、商议说合、促成交易，有时候有些"中间人"甚至直接接受交易物主人的委托，代理完成借贷、买卖、典当交易。西夏的借贷中就有这样一批做交易代理的"中间人"，他们不是借典物的实际所有者，但借贷要由他们经手。虽然传统的汉文资料、西夏法典《天盛律令》中没有"买卖中间人"接受委托、代理交易的记载，但是在出土的西夏粮食借贷契约中有一些行文较为特殊的契约。立契约者从某某处借贷大麦、小麦、谷物等粮食要经过第三方，从第三方处拿取，但到期偿还时本利不是还给经手者，而是还给原物主。原物主被称呼为"本持者"，有些第三方前有"手入"一词，即"经手"之意。这些典借契约中要经手的第三方有可能就是买卖中接受委托代理的另一种"牙人"。如武威亥母洞出土的《乾定申年典糜契约》中，没水隐藏狗向讹国师借贷一石糜子，但要从"命屈般若铁"手中拿取。在亥母洞出土

---

① 俄罗斯科学院东方研究所圣彼得堡分所、中国社会科学院民族研究所、上海古籍出版社编《俄藏黑水城文献》第 8 册，上海古籍出版社，1998，第 305 页。
② 《俄藏黑水城文献》第 8 册，第 495 页。

的《乾定酉年卖牛契约》中，买卖同样要经"屈般若铁"之手。[1]再如，俄藏黑水城文献 Инв. № 4696（17-33）是天庆年间的西夏文贷粮契约，根据史金波先生译文，这十几件契约中都明确写到"自使军兀黑成处借贷"，但粮食的实际持有人是梁善盛。Инв. № 6377（23-23）光定卯年三月梁十月狗借粮契约中记载"光定卯年二月六日文状为者梁十月狗，今于兀尚般若山自本持者老房势处借一石五斗麦"。[2]这里的兀尚般若山是粮食的实际所有人，而老房势是借贷粮食时的经手人。使军兀黑成和老房势作为借贷的中间人出现在诸多契约中，说明他们似乎是买卖、借贷交易中专门从事委托代理交易的中间经纪人。

史金波先生对国家图书馆所藏社会文书残页进行了整理翻译和相关问题研究。这些文书大多是同一账簿中的残页，薄麻纸，草书，两面书写，有的残下部，有的残上部。在这些文书中发现了十数件贷粮账的文书残页。这些贷粮账内容涉及粮食所有者的姓名、粮食种类、本利数量，虽然内容是借贷情况，但又不是粮食借贷契约的格式，很像所记的流水账。现据史先生《国家图书馆藏西夏文社会文书残页考》[3]一文译文将较完整的九件贷粮账文书汉译文转录如下：

042 号（7.10X-8），残存 7 行
1. 蒐名老房大麦本五[石] □□□
2. 　利二石 □□□
3. 　麦本二[石] □□□
4. 　利一石 □□□
5. 刘山狗大麦本三[石] □□□
6. 　利一石
7. 　麦 □□□

043 号（7.10X-8），残存 6 行

① 宁夏大学西夏学研究中心、国家图书馆、甘肃五凉古籍整理研究中心编《中国藏西夏文献》第 16 册，甘肃人民出版社、敦煌文艺出版社，2005，第 387—389 页。
② 《旧唐书》卷一三五《卢杞传》，第 186—204 页。
③ 史金波：《国家图书馆藏西夏文社会文书残页考》，《文献》2004 年第 2 期。

1. 利五斗

2. 麦本五斗 □□□

3. 利二斗五

4.尾名氏双宝大麦本一石五 □□□

5. 麦本一石五斗

6. 利杂一石 □□□

045 号（7.10X-8），残存 2 行

1.董正月狗麦本五斗 □□□

2. 利二斗五升

051 号（7.13X-2），残存 5 行

1.刘阿车麦本七斗

2. 利三斗五升

3.朱腊月乐麦本五斗

4. 利二斗五升

5.噶尚讹赞麦五斗

061 号（7.13X-8），残存 7 行

1.西禅定吉麦一斗

2. 利五升

3.波年正月犬糜本一石五斗

4. 利七斗五升

5. 麦本一石

6. 利五斗

062 号（7.13X-8B），残存 7 行

1.赵阿富豌豆本五斗

2. 利二斗五升

3.麦本五斗

4. 利二斗五升

5.命屈那征铁糜本一石

6. 利五斗

7. 麦本二石

055 号（7.13X-4），残存 5 行

1 ☐☐城？

2 ☐☐大麦本一石五斗

3. 利七斗五升

4. 麦三石五斗

5. 荜豆一石一斗　荜豆一石四斗

056 号（7.13X-4B），残存 6 行

1. ☐☐大麦一石五斗　麦一石

2. 利七斗五升

3. 麦本一石　麦一石三斗

4. 利五斗

5. 大麦本二石　大麦二石二斗

6. 利 ☐☐☐

039（7.10X-5），残存 5 行

1. 本☐☐本三百五十

2. ☐☐麦豆共　五斗糜　二斗麦借

3. ☐☐月一日　十五捆草

4. ☐☐利有　三斗☐大麦本借，四斗五 ☐☐☐

5. ☐☐钱☐一百五十

通过汉译文，我们发现上述借贷文书格式一般是粮食主人姓名＋粮食种类＋原本数量＋利息数量。关于这些文书的性质，史金波先生认为"这是一种借贷粮食的账目，它既不是借贷契约，也不是借贷契约的誊录账，而似乎是着重记录各放贷主及其放贷粮食的账目。可能是存粮的放贷主将粮食放到质贷铺之类的放贷场所，然后统一对外放贷。这类账目可能是经营放贷的质贷铺的底账"。[①] 这些与粮食借贷契约迥异的贷粮账目应该是粮食所有者将多余的粮食寄存到从事借贷典当业务的中介机构，通过专业的借贷中介来从事放贷，这是中介机构接受粮食主人寄贷

---

① 史金波：《国家图书馆藏西夏文社会文书残页考》，《文献》2004 年第 2 期。

粮食种类、数量、利息之后所记的账目。粮食所有者给出自己粮食的利息后，由借贷中介再从事放贷。中介以粮食所有者给出的利息为基础，再加利放贷。在签订粮食借贷契约时，立文状者（借贷者）是与上述账目中的粮食所有者签订借贷契约，即上文所述借贷契约中的"粮食本持者"。契约中的"经手"应该就是账目持有者。由于国图所藏上述西夏文粮食借贷账目文书甚残，这里从事接受物主人委托，经营代理放贷业务的中介有可能是实力雄厚的"私人中介"，也有可能是有官营背景的"官营中介"。

由上所述，将武威亥母洞出土的典糜、买牛契约以及黑水城出土的粮食借贷契约中的"经手人"与国图所藏委托代理借贷账目结合起来，进一步说明西夏中间人的中介经营范围已经扩展到接受物主和债主委托，从事代理借贷、典当、买卖业务。可以说，西夏中间人在商品交易、买卖、放贷等行业中与唐宋时代的牙人所涉及的业务、担负的职能、所起的作用并无二致。

综上所述，从《天盛律令》对中间人行为的规制，以及出土的西夏汉文、西夏文契约来看，中间人在西夏的商品交易中确实是一个必不可少的群体。他们的活动不仅出现在政府职官体系中，而且在民间交易中也渗透到百姓生活的方方面面，特别是畜物交易租借、债务借贷、土地房屋买卖租赁、奴婢买卖、劳动力雇用、婚姻缔结。这从一个方面也证实西夏时期商品买卖交易的繁荣。中间人在一定程度上促进了商品交易，保证了各类交易的合法性，减少了交易中的纠纷，保障了交易双方的财产所有权及其他权益。同时，对于家境贫困、生活困难的广大百姓来说，有中间人的保证和见证，使他们能够在青黄不接、生活困难的时候典借到维持生计的粮食、春种所需的种子、耕地的畜力，无地的农牧民也能在其介绍说合下，租赁到耕地等生产资料，中间人在一定程度上为广大的贫苦大众和小生产者提供了种种便利。当然，在这些借贷、租典中，存在着大量的高利贷剥削压迫，中间人在交易中的种种弊端和欺诈行为是无法避免的。他们不仅在典当借贷完成后抽利，而且还担负调节价格、明确借贷典当来源是否合法的责任，有时还负责起草书写契约，同时还要担负违法交易出现后的法律责任。西夏典贷中也出现了与唐宋社会一样的职业化中间人——牙人。西夏法律中对典当、借贷、买卖交易中必须有中间人见证的立法，最主要的是起到了规范交易市场的作用，有利于确保交易的合法性，以及保障交易双方的合法权益，其积极作用还是值得肯定的。

（原刊于《宁夏社会科学》2016年第4期）

黑水城出土俄 Инв. № 5147–1 号
西夏文典身契研究

田晓霈

摘　要　俄 Инв. № 5147–1 文书包含一件以人口为质押物的西夏文草书典身贷粮契，被典者是一位二十岁的"使军"弥药奴。将《天盛律令》与敦煌典身契对比分析，可发现西夏在质押类型方面吸收了唐代民间典身制度的习惯，但在收息方式上相较于敦煌契中"人物雇价，物无利头"现象，表现出"典息两立"的特点。此外，官方的参与程度较前代有所加强，不仅为民间的经济纠纷提供了诉讼渠道，而且在"瑕疵担保"方面提供了司法依据。同时，结合人口买卖契，可发现西夏晚期黑水城地区人口价格不断降低，其中皇建至光定的十余年时间内变化不大，此时的一个壮年劳动力价格仅仅略高于一头骆驼，反映了西夏晚期社会动荡，百姓生活艰苦的社会现实。

关键词　西夏；契约；借贷；典身契；使军

在目前刊布的西夏契约文书中，有一部分典当借贷契。典契中因包含质物，可以体现质物与本利之间的价值比率，故其中包含的经济信息较无质物的信用借贷更为丰富。目前受到学界关注的西夏典契主要是典畜契和典物契。俄 Инв. № 5147–1 文书中包含一件西夏时期的典身贷粮契，是迄今所见仅有的两件西夏典身契之一。史金波先生在《西夏经济文书研究》一书中介绍了英藏 Or.12380-0023 文书，该契约并非单纯以人口为质，而是包括人口、牲畜和衣物等在内的综合质典，其中被典人口是一位名叫"西？宝"的使军。[①] 由于文书破损，可以解读的信息十分有限。俄 Инв. № 5147-1 典身契是单纯的以人口为质，不包括其他标的物（质物），准确呈现了西夏典身契的真实面貌，被典人口是一名二十岁的使军"弥药奴"。该契由西夏文草书书写，内容完整，保存良好，迄今尚未得到学界关注。本文首次对其进行译释和研究，借以窥探西夏典卖人口的相关问题。

一　文书的译释及形制

俄 Инв. № 5147-1 收于《俄藏黑水城文献》（以下简称《俄藏》）第 14 册第 22—29 页，[②] 原题《光定午年贷粮典当契》，共含 5 件契约。本文所述之典身契为俄 Инв. № 5147-1 内的第一件契约。由于刊印有误，俄 Инв. № 5147-1 的首页图版在《俄藏》中只影印了半页，史金波先生在《西夏经济文书研究》中公布了完整图版，[③]《俄藏》叙录中对 Инв. № 5147-1 的介绍为"写本。残卷。麻纸。高 19.1（厘米），宽 92（厘米），西夏文 53 行。草书。多件契约连写。第 1 行有'光定午年十月十六日'（1222），诸字。有署名、画押"。[④] 今据图版考释译文可知，首行内容当为"光定午年三月十六日"。现对文书录文考释如下：

---

① 史金波：《西夏经济文书研究》，社会科学文献出版社，2017。
② 俄罗斯科学院东方研究所圣彼得堡分所、中国社会科学院民族研究所、上海古籍出版社编《俄藏黑水城文献》第 14 册，上海古籍出版社，2011，第 22—29 页。
③ 史金波：《西夏经济文书研究》，第 220 页。
④ 《俄藏黑水城文献》第 14 册，叙录，第 64—65 页。

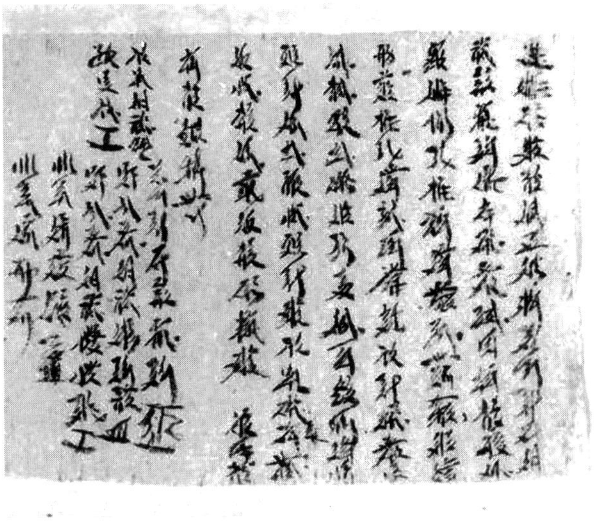

图 1[①]

1. 𗾖𗹌𗏇𗣿𗧘𗮟𗿒𗫡𗫣𗟻𗫠𗢛𗏹𗥃𗣿

  光定午年三月十六日文状为者契

2. 𗫡𗣨𗰖𗣛𗸅𗢺𗧵𗣞𗜓𗹦𗣿𗩱𗵹

  罗寿长势今梁犬铁处八石麦借本

3. 𗧵𗫠𗩾𗣿𗵽𗹦𗸅𗥃𗰚[1] 𗮷𗥃𗣿𗣭

  利共算十二石为换处使军弥药

4. 𗣭𗜃𗵽𗣿𗹦𗰚𗹦𗸀𗣭𗣿[2] 𗏹𗸅𗥃𗣿

  奴年二十为处一现△顶为犬铁手

_____

① 此完整图版系史金波先生惠赐，在此向先生表示感谢。

5. 𗖅[3] 𗖟𗖖𗖍𗖒𗖓𗖔𗖕𗖗𗖘𗖙𗖚𗖛𗖜

　有谷数日限年同七月一日日聚集

6. 𗖝𗖞𗖟𗖍𗖠𗖝𗖞𗖡𗖢𗖣𗖤𗖥𗖦𗖧

　还为当日过不还为时顶人犬铁当执

7. 𗖨𗖠𗖩[4] 𗖟𗖪𗖨𗖩𗖫𗖬𗖭　　　　𗖮𗖯𗖩

　口不缚当若口缚言变时　　　　官△三

8. 𗖰𗖱𗖲𗖳𗖴[5]

　石麦罚交服

9. 𗖵𗖶𗖷𗖸𗖍𗖹（押）

　文状为者寿长势

10. 𗖺𗖻𗖼𗖽𗖾𗖹𗖿（押）

　状接相契罗阿势子

11. 𗖺𗖻𗖼𗖽𗖾𗗀𗗁（押）

　状接相契罗禅定宝

12. 𗖞𗖠𗗂𗗃□□（押）

　知人地犬□□

13. 𗇜𗾑𗼋𗋽𗏇

知人五月金

注释：

[1] 𗾑𗋽：《同音》中将"𗾑𗋽"译为"换处"。① 此处表示"以……为抵押"的意思，结合后文可知是以"使军"为质押物进行抵押借贷。

[2] 𗋽：为汉语借词，音义源于汉字"钉"。《同音》中译"𗾑𗋽"为"铁钉"。② 《番汉合时掌中珠》中将其音译为"顶"。③ 此处同样表示"充顶、抵押"的意思。

[3] 𗊨𗏇："𗊨"指"手"，"𗏇"有"有、生、怀"之意。《同音》中有"𗏇𗏇"，意为"怀有、同有"。④ 此处写为"𗼋𗋽𗊨𗏇"，直译为"犬铁手有"，表示质押物已经移交至债权人手中，可意译为"犬铁持"。

[4] 𗂧𗾑𗼋："𗂧"指"口"，"𗾑"为否定副词"不"，"𗼋"有"缚"之意，《文海》中将其解释为"𗼋𗼋𗏇𗏇𗼋𗾑𗼋𗼋𗼋（缚者网罗也，系绳索处也）"。⑤ 此三字直译为"口不缚"，表示债务双方达成协议，保证此后不再毁约纠争，可意译为"不词"。"𗂧𗾑𗼋（不词）"是西夏契中较为常用的约定用语，敦煌契中多用"两共面对，商量为定"⑥ 等近似言辞来表示。

[5] 𗏇：有"服"之意，夏译《孙子兵法》中有"𗾑𗋽𗼋𗏇𗋽𗏇，𗋽𗋽𗼋𗏇，𗾑𗏇，𗾑𗏇𗋽𗋽𗏇𗏇（卒未亲附而罚之，则不服，不服则难用也）"。⑦ 在这里表示"心服"之意，代表债务双方对前面的违约惩罚

---

① 李范文：《同音研究》，宁夏人民出版社，1986，第 406 页。

② 李范文：《同音研究》，第 275 页。

③ （西夏）骨勒茂才：《番汉合时掌中珠》，黄振华、聂鸿音、史金波整理，宁夏人民出版社，1989，第 45 页。

④ 李范文：《同音研究》，第 390 页。

⑤ 史金波、白滨、黄振华：《文海研究》，中国社会科学出版社，1983，第 460 页。

⑥ 沙知辑校《敦煌契约文书辑校》，江苏古籍出版社，1998，第 351 页。

⑦ 林英津：《夏译〈孙子兵法〉研究》，台北：中研院历史语言研究所，1994，第 97 页。

条款均能认可。

译文：

> 光定午年三月十六日，立契者契
> 罗寿长势，今向梁犬铁处借八石麦，本
> 利共计十二石，抵押二十岁使军弥药
> 奴，现已抵，犬铁持，
> 期限同年七月一日当聚集粮食
> 来还，日过不还时，抵人，犬铁可持，
> 不词，若争讼反悔时，依官法罚交三
> 石麦，服
> 立契者寿长势（押）
> 同立契契罗阿势子（押）
> 同立契契罗禅定宝（押）
> 知人地犬??（押）
> 知人五月金

此件契约在形制上较为完整，有明确的立契时间、出典人与承典人，典价与赎期书写基本清晰，违约惩罚明确，担保人与见证人均有署押。契约注明立契时间是"𗱅𗢭𗼃𗦲𗼖𗴺𘃢𗵐（光定午年三月十六日）"，"光定"为西夏神宗李遵顼的年号，"光定"年间只有一个午年，即壬午年（公元1222年，光定十二年），为李遵顼在位的末年。出典人契罗寿长势于梁犬铁处借粮八石麦，出典一位名叫"弥药奴"的二十岁使军，到期本利共计十二石麦，利率为50%。违约惩罚分两个环节：首先，如果过期不还承典人将质物（使军）扣留，"𗿷𗤙𗾕𗥫𗳦𘏟，𘑞𗤡，𗺲𗥦𗧘𘏞，𗝠𗿷𗤙（日过不还时，抵人，犬铁可持，不词）"；其次，如果出典人毁约以致双方发生经济纠纷，则诉讼于官，根据借粮多寡依官法使债务人罚交一定的粮食，"𗶅𗝠𗤙𗧦𗩱𘏟，𗴺𘝶𗤙𗴂𗤈𗶷𗥫，𘝶（若争讼反悔时，依官法罚交三石麦，服）"。最后注明"𗝠𗿷𗤙𗡪（不词）"，表明双方达成共识。在契尾除"𘃽𗿨𗧘𗤋（立契者）"外，另有两个"𗧬𗥔𗣼（担保人）"和两个"𗤒𗥹（知人）"，这是西夏契约中最为常见的组合，担保人替债权人提供债权保障，帮其规避违约风险，知人即契约的见证人。

二　西夏的人口典卖制度及与唐宋异同

（一）典身人的身份特点

中国古代的人口典卖按典身人的身份等级可分为普通人口和奴隶人口两种情况。唐宋时期，国家从官方层面禁止平民人口出典行为，唐代规定："诸妄以良人为奴婢，用质债者，各减自相卖罪三等。"[①]宋代《庆元条法事类》载"诸以债务质当人口，杖一百，人放还，便钱物不追，情重者奏裁"。[②]但官方对此解释说"'各减自相卖罪三等'，谓以凡人质债，徒流上减三等"[③]，特别指出所禁止的对象是普通平民，唐代平民和奴隶地位悬殊，"良人之与奴婢，种类自殊，若错认者，徒二年"[④]，"奴婢既同资财，即合由主处分"[⑤]，可见官方所禁止的是将平民认作奴隶用于出典的行为，而并未禁止奴隶人口出典。但是从出土文书来看，唐代的民间社会并未恪守法律规定，以平民身份典身举债的行为真实存在。如敦煌文书《辛巳年（921）洪池乡百姓何通子典男契》"将腹生男善宗典与押牙（后缺）"[⑥]，《乙未年（935）塑匠赵僧子典契》"今有腹生男苟子，只（质）典与亲家翁贤者李千定，断作典直价数麦贰拾硕，粟贰拾硕"[⑦]，《癸卯年（943）慈惠乡百姓吴庆顺典身契》"今将庆顺己身典在龙兴寺僧政家，见取麦壹拾硕，黄麻壹拾陆斗，准麦三硕二斗，又取粟玖硕，更无交加"[⑧]，均为以平民身份质典的类型，其中不仅有以债务人自

---

① （唐）长孙无忌等：《唐律疏议》，刘俊文点校，中华书局，1983，第 486 页。
② 戴建国点校《庆元条法事类》，黑龙江人民出版社，2002，第 902 页。
③ （唐）长孙无忌等：《唐律疏议》，第 486 页。
④ （唐）长孙无忌等：《唐律疏议》，第 486 页。
⑤ （唐）长孙无忌等：《唐律疏议》，第 270 页。
⑥ 沙知辑校《敦煌契约文书辑校》，第 348 页。
⑦ 沙知辑校《敦煌契约文书辑校》，第 349 页。
⑧ 沙知辑校《敦煌契约文书辑校》，第 351 页。

身为质的，还有以直系亲属为质的情况。

西夏社会也存在平民和奴仆人口，但官方对二者用于典身质债均不禁止。《天盛律令》中有"诸人将使军、奴仆、田地、房舍等当典当、出卖于他处时，当为契约"，[①]"使军之外，诸人自有妻子及辅主之妻子等、官人妇男，使典押他人处同居及本人情愿等，因官私语，允许使典押"。[②] 从出土文书来看，本件契约中的典身人是一位年二十岁的"使军"弥药奴。关于"使军"的社会身份，杜建录先生在《西夏阶级结构研究》一文中指出，使军为依附于贵族地主的农奴。[③]《天盛律令》指出："使军、奴仆者，当入牧农主中，无期服役。"[④] 可见"使军"和"奴仆"一样，属于主人的私有财产，在家主人处的主要工作就是从事劳动生产，被典给承典人的"使军"也如唐代一样在债权人处从事劳动，"典押出力人已行仆役，不做活业者，击打等而致打死者徒一年，执械器而拷打逼迫致死者徒三年"。[⑤]

（二）质押类型与收息方式

中古时期针对质物的典权交易分为"占有质"和"无占有质"两种类型。在大多数契约中，交易既定，便须"离业"，即移交质物至承典人手中，但同时存在已立典契但质物仍由出典人保管，待其违约不偿时承典人再依约索取的情况。前者为"占有质"，后者为"无占有质"。[⑥] 例如吐鲁番文书《唐乾封三年（公元六六八）张善憙举钱契》中，债务人以自家渠中"菜园半亩"为质物借钱贰拾文，但双方约定

---

① 史金波、聂鸿音、白滨译注《天盛改旧新定律令》，法律出版社，2000，第390页。
② 史金波、聂鸿音、白滨译注《天盛改旧新定律令》，第388页。
③ 杜建录：《西夏阶级结构研究》，《固原师专学报》1998年第4期。
④ 史金波、聂鸿音、白滨译注《天盛改旧新定律令》，第115页。
⑤ 史金波、聂鸿音、白滨译注《天盛改旧新定律令》，第389页。
⑥ 中古时代的契约交易与明清时期有所不同。明清契约中，一般"典"特指离业交易，"押"则不必离业，两者在权利结构、价格层次、契约时效等方面已然形成严格的制度差异，而元代以前的契约中两者在概念和功能上并未形成明显区别，本质上仍是一种交易形态的两种形式。罗彤华先生在《唐代借贷之研究》中用"占有质"与"无占有质"的概念来区分这两种情况，本文沿用这一概念模式。见罗彤华《唐代借贷之研究》，北京大学出版社，2009，第41页。

待不能按时偿债时再依约抵偿，其间质物仍属债务人所有，① 便属"无占有质"。本件典身契中，出典人"𗣼𘃨𘐏𗺉（契罗寿长势）"用这位"使军"向承典人"𗷭𘃽𗏹（梁犬铁）"典得八石麦，写明"𗫂𘐏𘀁𘉍，𘃽𗏹𗗟𗰖（现已抵，犬铁持）"，表明立契时典身人已经移交至承典人手中，是典型的"占有质"类型。双方约定如果债务人到期不能归还本息，承典人将永久扣留典身人，不能赎还："𗋽𗧓，𘃽𗏹𗷭𗜈（罚人，犬铁可持）。"

在人口出典中，承典人对典身人的"占有"与"无占有"，直接关系利息的收取方式。唐代官方未对人口出典的收息方式作说明，从出土的典身契来看，契中常有"人无雇价，物无利润（头）"字样。如《赵僧子典儿契》："今有腹生男苟子，只（质）典与亲家翁贤者李千定，断作典直价数麦贰拾硕，粟贰拾硕。自典以后，人无雇价，物无利润。"②《吴庆顺典身契》："今将庆顺己身典在龙兴寺僧政家，见取麦壹拾硕，黄麻壹拾陆斗，准麦三硕二斗，又取粟玖硕，更无交加。自取物后，人无雇价，物无利头，便任索家驱驰。"③ 表示承典人不支付典身人在质典期间的劳动报酬，同时也不再收取利息，即相当于用典身人的劳动冲抵了利息，采用"以典充息"的收息方式。西夏法典《天盛律令》规定："在典人者，依前法计量出工人之工价，勿算钱上之利。"④ 特别指出人口典押时须按工计酬，不再额外收利，表现出对唐代民间收息方式的继承性。此外，唐代虽然禁止平民典身，但允许以出工劳动来偿还债务，即"计庸以当债直"，"计一日三尺之庸累折酬"，⑤ 表示典身人会在承典人处得到量化的劳动报酬。这一点也被西夏官方继承而用在对典身人质典期间的劳动计酬上。《天盛律令》规定抵押妻子、儿女时，欠债在五十缗以内的"大女、媳当算五十钱，年十五以下十岁以上算三十钱工价"。如果债务超过五十缗，则按人口价格折算，"大女、媳之价五十缗，幼

① 唐长孺主编《吐鲁番出土文书》第 3 册，文物出版社，1992，第 219 页。
② 沙知辑校《敦煌契约文书辑校》，第 349 页。
③ 沙知辑校《敦煌契约文书辑校》，第 351 页。
④ 史金波、聂鸿音、白滨译注《天盛改旧新定律令》，第 190 页。
⑤ （唐）长孙无忌等：《唐律疏议》，第 486 页。

女年十五以下十岁以上三十缗计算，工价与妇女价格相抵时，使前往，不允使之超过"。[1]但是出土契约所反映的情况与官方规定有所出入。本件典身契中契罗寿长势向梁犬铁借出八石麦，在出典使军之后到期须支付本利共计十二石麦，包含四石利息，即50%的利率。承典人既无偿占有了典身人的劳动，同时又额外收取借本一半的利息，采用"典息两立"的收息方式。可见西夏的民间社会并未严格执行官方规定，债务人的负担比唐代要重。

本件典身契中，"使军"之所以不能以劳动冲抵利息，与其身份属性有很大关系。前揭，"使军"在主人处地位如同土地和房屋一样属私有资产，须无限期服役，主人是不会给"使军"支付工价的，那么当被典给承典人后，"使军"的地位并不会发生变化，即如同作为债务人的私有财产将自己的劳动生产能力移交给承典人，为其服务生产。既然"使军"的劳动在西夏社会本来就是无偿的，那么不用其劳动冲抵利息，而是另立息额，实行"典息两立"的收息方式似乎顺理成章。事实上，唐人"人无雇价，物无利头"这种"以典充息"的立契习惯不仅体现在典身契中，敦煌文书中以土地、房屋为抵押的不动产质契中也可见如此字样。例如《后周广顺三年（953）莫高乡百姓龙章祐兄弟出典地契》中记有"物无利头，地无雇价"。[2]表示用土地的收益充抵利息，到期只需交还借本便可将质物赎回。但西夏始终保持了"典息两立"的习惯，除本件典身契外，俄 Инв. № 5147 文书内还包含4件典地契，均属"占有质"类型，承典人在占有土地后依然收取50%的借贷利息。[3]可见由唐代至西夏，"以典充息"的收息方式已经发生变化，"典息两立"的新形式逐渐扩展至民间交易的方方面面，成为西夏民间社会较为常见的立契习惯。

（三）契约担保

西夏契约的担保制度包括物权担保、人权担保和司法担保三个层面。物权担保中除了质物所提供的担保之外，也包括以家产作为违约

---

① 史金波、聂鸿音、白滨译注《天盛改旧新定律令》，第272—273页。
② 沙知辑校《敦煌契约文书辑校》，第339页。
③ 《俄藏黑水城文献》第14册，第23—25页。

保证的情况，这在西夏时期的契约中十分少见，只在《天盛十五年王受贷钱契中》中有体现："如差少欠交，在行交还之时，将同取并正契、家资□□一任充值还数足，不词怨人，只此文契为凭"。[①] 人权担保包括保人担保和牙人担保。保人即契约中的"𗀔𗀔𗀔（同立契）"，担负着在债务人不能偿还债务时代为偿还的责任；牙人在西夏契约中一般写为"𗀔𗀔（中人）"或"𗀔𗀔𗀔（典手有）"，[②] 负责评定货色，定价交易，也兼负契约保证责任。本件典身契中，没有出现中间牙人，在契尾部分有两位担保人"契罗阿势子""契罗禅定宝"，与债务人"契罗寿长势"同姓，很有可能是同族近亲。族人担保在敦煌契中也十分常见，如上述《吴庆顺典身契》中担保人便是债务人吴庆顺之兄弟。[③] 司法担保指官方以法律规定为准则为民间立契提供的保障。本件契约中写道"𗀔𗀔𗀔𗀔𗀔，𗀔𗀔𗀔𗀔𗀔𗀔𗀔，𗀔（若争讼反悔时，依官法罚交三石麦，服）"，既体现出债务双方对官方有保证其行为公正合理的诉求，也反映出官方的管治层次已经延伸至基层社会。但敦煌契中均未体现出官方参与的痕迹，皆以私人约定为准，多在契中有"恐后无凭，立契为验"或"伏恐后时交加，故立此契，用为后凭"等字样。大概由于唐代平民典身本就为官所不允，所以即便出现纠纷也以民间内部协调来解决，不再诉求于官。

相比之下，唐代敦煌典身契还表现出"瑕疵担保"的意义。"瑕疵担保"指对质押物在质典期间由于质量瑕疵而无法提供担保的补偿性条款，是有利于债权方的内容。例如《吴庆顺典身契》中载："或若到家被恶人拘卷（勾结），盗切（窃）他人牛羊蘭菜麦粟，一仰庆顺祇（支）当，不忏（干）主人之事。或若兄弟相争，延引抛功，便同雇人逐日加物叁斗。如若主人不在，所有农〔具〕遗失，亦仰庆顺填倍（赔）。或

---

① 俄罗斯科学院东方研究所圣彼得堡分所、中国社会科学院民族研究所、上海古籍出版社编《俄藏黑水城文献》第6册，上海古籍出版社，2000，第321页。

② 例如俄 Инв. № 5949-20①中，债务人借出五斗麦，本利共计一石麦，抵押一头牛给债权人，有"𗀔𗀔（中人）""𗀔？𗀔𗀔𗀔（白？浑盛子）"负责评定典物货值，并与另外一位"𗀔𗀔𗀔（典手有）""？𗀔𗀔𗀔𗀔（？首讹移宝）"在契尾部分联合署名。见《俄藏黑水城文献》第14册，第83页。

③ 沙知辑校《敦煌契约文书辑校》，第352页。

若疮出病死，其物本在，仰二弟填还。”[①] 特别指出如果典身人在质典期间有盗窃行为，由其个人承担法律责任，与承典人无关；如果典身人期间与自家兄弟发生争执而延误劳工，须在原有债务基础上每日增加三斗用为补偿；承典人处有财产遗失，也由典身人赔偿；如果期间典身人患病或死亡，无法以劳工继续为债权人提供补偿时，剩余债务由其弟出工代偿。这是对债权人利益保障的补充条款。西夏在官方层面也做出了具有“瑕疵担保”意义的规定。《天盛律令》规定“诸人自己情愿于他处出工典押，彼人若入火中、狗咬、畜踏、著铁刃、染疾病而死者，限期内，人主人边近则当告之，人主人边远则当告司中及巡检、军首领、迁溜检校等之近处”；“典押人奸淫押处主人之妻子、女、媳、姑、姊妹等时，当比第八卷上往他人妻处罪加三等”。[②] 此外，如果质典期间典身人逃跑，债务人须换人代典，如果无人可替则须亲往质典，逃跑期间债权人的损失须“自先逃跑日始至寻获日计足，使重押之”，[③] 同时一人不可同时典与多处，否则“则使押者十五杖，押者十杖”。[④] 从出土文书来看，西夏文契约中也有体现“瑕疵担保”的内容。俄 Инв. № 4079-6②典畜契中，出典人“[illegible]（韦移奴石）”向“[illegible]（韦移奴来盛）”典出骆驼后写有“[illegible]（如有死亡、强盗掳劫时，奴石管）”，[⑤] 质物典期内的一切意外情况均由出典人承担，承典人不赔偿任何损失。但是本件典身契中并未写入这方面的内容。不过从典身人低微的身份来看，如果这位使军“弥药奴”在质典期间发生意外，承典人同样无须承担责任。大抵西夏在官方层面制定了较为详细的“瑕疵担保”条款，而契约中又体现出诉求于官的主观意愿，说明西夏时期民间社会和官方在这方面已经建立了较为成熟的沟通环节，出现问题时便有法可循，所以在契约正文中省略了相关内容。相比之下，由于唐代法律禁止平民典身，故而债务双方的协商内容不得不尽可能详细

① 沙知辑校《敦煌契约文书辑校》，第 351 页。

② 史金波、聂鸿音、白滨译注《天盛改旧新定律令》，第 388—389 页。

③ 史金波、聂鸿音、白滨译注《天盛改旧新定律令》，第 389 页。

④ 史金波、聂鸿音、白滨译注《天盛改旧新定律令》，第 389 页。

⑤ 俄罗斯科学院东方研究所圣彼得堡分所、中国社会科学院民族研究所、上海古籍出版社编《俄藏黑水城文献》第 13 册，上海古籍出版社，2007，第 184 页。

地体现在契约文本中，一切事宜须由民间约定自行裁断，表现出民间社
会相对于官方的独立性。

三　典价与卖价

这件典身契中的典价与唐代典契中的典价标准有所不同。在唐代
"以典充息"的模式下，由于承典人不向出典人收取利息，质物的交易所
得便不包含利息成分。而在这件"典息两立"的西夏契约中，虽然契罗寿
长势在出典"弥药奴"后只获得八石小麦，但实际上在赎期时要支付的价
格是包含利息在内的十二石小麦，契尾也写道"𗃴𗏇𗣫𗏹𗤃𗗥，𗣫𗤊，𗼮
𗒘𗩾𗫂（日过不还时，抵人，犬铁可持）"，证明"弥药奴"实际体现的
价格是本息之和，只有如此方能保证在契罗寿长势不能如期偿还本息的时
候，典身人"弥药奴"可以等值充抵，起到为承典人梁犬铁规避风险的作
用。所以，这位"使军"在契约中实际彰显的典价是"十二石麦"。

《俄藏黑水城文献》中还刊布了 3 件人口买卖契，即俄 Инв. № 5949−
29、俄 Инв. № 4597 和俄 Инв. № 7903 号文书，被买卖的人口皆为"使
军"，史金波先生对此三件文书进行了译释和研究。① 将人口交易的典价
与卖价比对参照，有利于观察不同时段内人口价格的变动。② 在上述三件
人口买卖契中，第一件写于乾祐十五年（1184），③ 共卖六人，三男三女，
年龄从二十三岁至六十岁不等，共卖 450 贯钱，平均每人 75 贯钱；第二

---

① 史金波：《西夏经济文书研究》，第 321—331 页。

② 关于典价与卖价的关系，在明清学者针对土地交易的讨论中，一般认为典价是卖价的
一半，即"值十当五"之制（〔日〕寺田浩明：《权利与冤抑》，《明清时期的民事审判
与民间契约》，法律出版社，1998，第 78 页；刘秋根：《中国典当制度史》，上海古籍
出版社，1995，第 153—156 页）。事实上，明清土地卖价之所以高昂，缘于当时十分
普遍的"找贴"，即出典人先以较低的典价出让土地，当面临无力回赎而不得不将其
"绝卖"与承典人时，再补上差价，重立文书，称为"找契"。目前看来，西夏时期尚
未发现"找贴"行为。根据笔者对更多西夏典地契与卖地契、典畜契与卖畜契的比较，
西夏时期同种标的物的典价与卖价基本为同一标准，这与明清时期的情况有所不同，
还没有形成"值十当五"的习惯，所以这一时期典价与卖价彼此是有参考价值的。

③ 文书原文写为"乾祐甲辰二十七年"，史金波先生指出此时间记载有误，西夏乾祐仅
有二十四年，无二十七年，甲辰年为乾祐十五年（1184）。见史金波《西夏经济文书
研究》，第 321 页。

件写于天庆己未六年（1199），共卖两人，只记曰"二老幼"，不知男女及年龄，共卖50石杂粮，折算平均每人35—50贯钱；第三件写于皇建庚午元年（1210），共卖四人，亦不知性别和年龄，共卖100贯钱，平均每人25贯钱。以上三件买卖契中的"使军"老幼均有，劳动能力不同，体现的买卖价格也不一致。本件典身契立契于光定午年（1222），时间较三件买卖契晚，典身人是一位二十岁的"使军"，年富力强，劳动能力充沛，典价十二石麦。经史金波先生统计，西夏时期黑水城地区每斗麦价在200钱至250钱之间，[1] 故十二石麦折算为钱约24贯至30贯钱，与皇建年间人口价格较为接近。俄 Инв. № 5147-1 文书内的第二件契约是一件与本件典身契同日书写的典畜契，承典人同为梁犬铁，出典人阁讹宝月奴只用一头骆驼便从梁犬铁处典得七石麦，本利共计十石五斗麦，[2] 仅仅略低于使军的典价。综上可见，西夏晚期黑水城地区人口价格整体呈不断下降的趋势，其中皇建至光定的十余年时间内变化不大。此时的一个壮年劳动力价格仅仅略高于一头骆驼，反映了西夏晚期社会动荡，百姓生活艰苦的社会现实。

四 余 论

如果以官方和民间两个维度来观察唐代至西夏的人口典卖问题，可以发现西夏对前代的继承形式比较明显地表现为将唐代民间社会的"习惯法"吸收为官方的"国家法"。无论是平民典身、"以典充息"还是"瑕疵担保"，这些来自唐代民间社会自发形成的契约习惯均被西夏政府继承而提升至官方法规的高度。但西夏的民间个人并未严格执行官方规定，在收息方式上体现出"典息两立"的特点，承典人不仅无偿占有典身人的劳动，还额外收取50%的利息，出典人的负担比前代沉重。也正因西夏在官方层面上允许包括平民在内的所有人口典身偿债，所以西夏社会在典身问题上的官民沟通比前代有所加强。官方不仅为民间典身

---

① 史金波：《西夏经济文书研究》，第152—153页。

② 《俄藏黑水城文献》第14册，第23页。

立契行为提供了诉讼渠道，还制定了较为详细的"瑕疵担保"条款，这不仅反映出民间个人对官方司法保障的合理诉求，也彰显出官方对民间活动的有效参与。此外，西夏契在程式上也省略了一些敦煌契中的内容，例如敦煌契向来会在契首写明借贷缘由，如"家中贫乏，欠负广深"[①]等言辞，而西夏契则十分少见，本件典身契中亦未写入，唯在一件元代黑水城地区的汉文典地契中出现过："立典地土文字人魏得义，今为要钱使用，别无得处。今将自己刺地土大小五培，情愿立文字人出典为额迷渠住人徐天具耕种。"[②]再如，敦煌借贷契中除双方当事人外的第三方会得到酬劳。如《吴庆顺典身契》中见证人长辈吴佛婢得到了一石麦二斗粟的酬劳，而西夏契中均未见对中间人支付酬劳的现象。这些体现出西夏时期契约制度的演变风格。同时，典身契与人口买卖契的比较，显示出西夏晚期人口价格随着动荡的社会形势而不断下降的现实，尤其是黑水城被蒙军攻破的前夕，一位成年"使军"的价格仅仅略高于一头成年骆驼，体现出西夏民间百姓艰难度日的现实。

（原题名《黑水城出土 5147-1 号西夏文典身契研究》，
刊于《宁夏社会科学》2019 年第 4 期）

[①] 沙知辑校《敦煌契约文书辑校》，第 351 页。

[②] 俄罗斯科学院东方研究所圣彼得堡分所、中国社会科学院民族研究所、上海古籍出版社编《俄藏黑水城文献》第 4 册，上海古籍出版社，1997，第 203 页。

西夏天庆十三年裴松寿典粮契考释

——以《英藏黑水城文献》为中心

李晓明

摘 要 《英藏黑水城文献》中刊布的一份西夏契约文书"天庆十三年裴松寿典当文契"应重新定名为"天庆十三年裴松寿典粮契"。这份文书和俄藏、英藏黑水城文献中早期刊布的天庆六年、十一年"西夏天庆年间裴松寿典粮契"系同一系列的账册。经对此文书释读与整理,可知天庆十三年的典粮利率已较此前大幅增加,且抵押物及借粮数量也有增多的情况,这一情形在一定程度上反映了当时黑水城地区社会经济状况的嬗变。

关键词 黑水城;西夏;裴松寿典粮契

英藏黑水城文献中收录了一份西夏契约文书,编号为 Or.12380-3771(K.K.Ⅱ.0232.ee),原定名为"天庆十三年裴松寿典当文契"。[①]这一典粮文契在黑水城出土的西夏汉文文书中并非孤例,俄罗斯科学院东方文献研究所圣彼得堡分所和英国国家图书馆各收藏了十几份发掘自黑水城的西夏天庆年间典当契,并且放贷人都是裴松寿,分别是《斯坦因

[①] 北方民族大学、上海古籍出版社、英国国家图书馆编《英藏黑水城文献》第5册,上海古籍出版社,2010,第87—88页。

第三次中亚考古所获汉文文献》（非佛经部分）中编号为 Or.8212/727K.K.Ⅱ.0253（a）、命名为"西夏天庆十一年典麦契"的 15 份残页；①《俄藏黑水城文献》中编号为 TK49P、命名为"天庆年间裴松寿典麦契"的 11 份残页。②

英藏黑水城文献第 5 册新刊布的这一西夏裴松寿典粮契为此前文书中阙如的部分，从文契内容、格式与放贷人信息上看，其与前述裴松寿典粮契均属于同一系列、同一批次的典借账册。该文书补证了西夏天庆年间以裴松寿为代表的一些放贷人在黑水城一直从事典借麦粮的活动，集中体现了西夏天庆年间黑水城地区粮食放贷与典借的情况。关于裴松寿典粮契，学界也曾有较为详尽的考察。③ 代表性研究有陈国灿对英藏编号 Or.8212/727K.K.II.0253（a）的裴松寿典麦契进行了复原和考证；杜建录对俄藏编号 TK49P 的裴松寿典粮契从文契订立时间、格式形制、偿还期限、违约处罚、订立双方民族成分和借贷利率等方面进行了翔实的考证，对其文契内容特征做了深入探讨。

在结合前人研究基础上对英藏黑水城文献中刊布的这一文书进行释读后可以发现，这个编号为 Or.12380-3771 的裴松寿典当契具有很多新的特色。首先在命名上，结合文书内容，或许定名为"天庆十三年裴松寿典粮契"更为妥帖。其次在文书时间上，天庆十三年即公元 1206 年。是年正月西夏襄宗安全弑君篡位，学术界一般认为当年西夏已经改元"应天"。从文书内容可知，当年三月下旬黑水城仍在使用"天庆十三年"这一年号。并且这是已知的出土文献中首次出现"天庆十三年"这一年号，似与史实不符，但又不同于黑水城出土文书中"建中六年"（785）所对

---

① 沙知、吴芳思编《斯坦因第三次中亚考古所获汉文文献（非佛经部分）》第 1 册，上海辞书出版社，2005，第 197—204 页。

② 俄罗斯科学院东方研究所圣彼得堡分所、中国社会科学院民族研究所、上海古籍出版社编《俄藏黑水城文献》第 2 册，上海古籍出版社，1996，第 37—38 页。

③ 陈炳应：《西夏文物研究》，宁夏人民出版社，1985，第 283 页；杜建录、史金波：《西夏社会文书研究》，上海古籍出版社，2010，第 33—38、191—214 页；陈国灿：《西夏天庆间典当残契的复原》，《中国史研究》1980 年第 1 期；杜建录：《俄藏西夏天庆年间典粮文契考释》，《西夏研究》2010 年第 1 期；陈静：《黑水城所出〈天庆年间裴松寿处典麦契〉考释》，《文物春秋》2008 年第 6 期。

应的历史背景。最后在文契内容上，典粮契放贷形式、借贷的时间与放贷利率数额等方面相比于前述的天庆六年、十一年典粮契，此文书呈现了新的特征。即借贷时间提前到三月份；天庆十三年全部是典当物品借出粮食，没有出现前述文书中直接无抵押借贷粮食情况；典借的小麦利率和大麦利率全都有所上升。联系相关史实背景，推测当时黑水城社会经济状况应是受到了蒙古入侵的影响，出现粮食物资匮乏与物价飞涨的情况。

本文在此就文书释读与相关问题试作考证。

一 文书的释读

英藏黑水城文献叙录中介绍了编号为 3771 的天庆十三年裴松寿典当文契有 9 个残页，但在第 5 册中仅刊布了 5 个残页。这 5 个残页分别是：Or.12380-3771.a.1（K.K.Ⅱ.0232.ee）A、B 两片一致高 14.5 厘米，宽 8.5 厘米，分别为 6 行、2 行；Or.12380-3771.2（K.K.Ⅱ.0232.ee）高 14.5 厘米，宽 17 厘米，9 行；Or.12380-3771.3（K.K.Ⅱ.0232.ee）高 13.5 厘米，宽 19.5 厘米，11 行；Or.12380-3771.4（K.K.Ⅱ.0232.ee）高 13.2 厘米，宽 8.6 厘米，6 行。

结合图版，其释文如下：

[1]

　　1　　［天庆十三］年三月初九日立文字人兀哆遇令山今将……

　　2　　……褐一收次银钏子一付旧被毡一斤旧□……

　　3　　……鞍一具苦叁线二块于裴松寿处典到……

　　4　　……麦一石五斗加六利共本……

　　5　　……当年八月一日……

　　6　　……一任……

[2]

　　7　　……□立字人□□哆令□……

　　8　　……□一匹于裴松寿处典到□□石□斗……

[3]

9 ［天庆］十三年三月廿日里文字人［讼］……

10 ……皮球二领旧羖羊皮禅衣一于裴松寿……

11 ……五斗加五利共本利二石二斗五升其典不……

12 ……一日将本利斛斗一并收赎如限日不见……

13 ……一任出卖不词

14 立文字人讹静你元（画押）

15 书契知见人［李］□□（画押）

16 三月廿日立……

17 ……［□□］……

[4]

18 ［天庆十］三年三月廿一日立文字人……

19 □单一长二十匹于裴松寿处典到大麦……

20 本利四石五斗其典不充限当年八月一日［收］……

21 一并收赎如限日不见收购［借典］□一任出……

22 立文字人梁内背埋（画押）

23 知见人苏能粜（画押）同典人梁遇籴粟（画押）

24 书契知见人李惠清（画押）

25 天庆十三年三月廿一日立文字人兀移兀粟……

26 □花单三条旧白毡三块于裴松寿处……

27 ……本利九石其典……

28 ……如限……

[5]

29 ……加五……

30 ……五升□□……

31 …… 一并收赎如限……

32 ……不词

33 立文字人兀女觅埋（画押）

34 同典人兀女□□（画押）

二 文书相关问题与考证

1. 文书所属年代问题

《英藏黑水城文献》中刊布的"天庆十三年裴松寿典粮契"这一文书，很明显的一个问题是，"天庆十三年"（1206）这一纪年时间使用得准确与否。爬梳西夏王朝曾使用的年号，可知此年西夏所采用的年号应当是"应天元年"。无独有偶，黑水城出土汉文文书中也曾出现类似情况。

《俄藏黑水城文献》第6册中收录了一份编号为 Инв. № 5949 黑水城出土的唐"建中六年"书信（建中六年当为公元785年，"建中"系唐德宗的年号，共计4年。即780年正月至783年十二月）。但是实际上公元785年应为唐贞元元年，唐德宗于公元784年改元"兴元"，公元785年又改元"贞元"。黑水城地区之所以不知道内地改元，依旧使用唐建中年号，主要是因为唐安史之乱以后，河西陇右尽陷于吐蕃，黑水城和中原地区的联系被隔绝，消息闭塞。

但是上述情景并不适用此文书中所出现的天庆十三年年号。因为黑水城地区为西夏的黑水镇燕军司驻地，是西夏时期西北军政重镇，当时没有出现黑水城与西夏腹地隔绝的情况。学术界一般认为1206年正月西夏襄宗李安全篡位后即改元应天。加之很少有佐证这一年仍旧使用天庆十三年这一年号的文献实例，故而多认为这一年（1206）西夏纪年为应天元年。① 而《宋史·夏国传》中却又记载"开禧二年（1206）正月，（安全）废其主纯佑自立。明年改元应天"。因此，关于文书中所提及的这一年的具体年号成为一个令人费解的问题。这一文契记述时间与传统学界沿用的西夏纪年冲突，却对应了《宋史·夏国传》的记载。在依据传世史籍并结合出土文献的基础上，针对英藏黑水城中"天庆十三年裴松寿典粮契"文书所提及的这一年号问题，经释读文书内容可以判断文书产生时间应当为其内容中的"天庆十三年三月廿一日"之后。借助此文书目前似乎可以试加推测，这一年的上半年在黑水城民间确实使用了这一年号，西夏该年改元应天的政令或许在这远离腹地的边陲地区传达

---

① 吴天墀：《西夏史稿（增订本）》，四川人民出版社，1980，第334页。

并不及时；或许亦如《金史》所载，西夏襄宗安全篡位时间在金泰和六年（1206）三月。[①] 当然这一问题最终的发覆尚期待更多材料的出现，并有文献佐证后再深入考证研究。

2. 文书中典借情况与人物

这份典粮契与天庆六年、十一年裴松寿典粮契的格式、形制基本一致。在偿还期限上与上述两份粮麦契时间一致，都是当年八月一日，可见这个时间应该是天庆年间黑水城地区在典当放贷粮食交还日期上约定俗成后形成的。另外还贷的粮食基本都是大麦，这可能也体现了当时黑水城地区农作物耕种实际与种类。在违约处罚方面，并没有天庆六年裴松寿典粮契中无抵押借贷麦粮情况下"限日不见交还之时，每一斗倍罚一斗"的规定。只有一种违约处罚情况，即"……本利斛斗一并收赎如限日不见……一任出卖不词……"。

典借双方和画押人方面，出现了许多人名，诸如"裴松寿""兀哆遇令山""讹静你元""梁内背埋""梁遇籴粟""李惠清""兀移兀粟""苏能粟""兀女嵬埋"等。从名字上可见这里面既有汉人也有党项人。其中"讹静你元"和"李惠清"两人名字在英藏编号为Or.8212/727K.K.Ⅱ.0253（a）的西夏天庆十一年典粮契中也曾出现。这似乎也再次证明以裴松寿为代表的这些人，西夏天庆年间一直在黑水城从事借贷典当麦粮的活动。

此外在画押人身份书写上，天庆十三年的典粮契出现"书契知见人［李］□□""书契知见人李惠清"这种衔接书写方式，而不是天庆六年、十一年典粮契中将"书契人（或书文契人）""知见人"分开书写的情况。此时"书契知见人"应当是饰演两种身份而出现在文契中。

3. 文书的命名

从文书释文内容可以看出，《英藏黑水城文献》中刊布的编号为Or.12380-3771（K.K.Ⅱ.0232.ee）的这一文书，主要内容是西夏天庆十三年黑水城裴松寿以典当物品的方式放贷麦粮。因此原定名"天庆十三年裴松寿典当文契"的这一文书或许定名为"天庆十三年裴松寿

---

① 《金史》卷一三四《外国上·西夏》，中华书局，1975，第2871页。

典粮契"更为适合一些。联系到早期公布的英藏编号 Or.8212/727K. K. Ⅱ.0253（a）和俄藏编号 TK49P 这两份西夏天庆六年和十一年裴松寿典粮契文书的内容、典粮种类、文契格式和形制。此文书当属同一系列文书，并且应该就是黑水城典麦商裴松寿的同一批典当文契。只是因为后世出土和收藏的原因造成了这一系列文书的公布顺序有先有后。将英藏和俄藏的这一同类文契放在一起比较研究其内容和细节以后，我们亦有新的认识与发现。

4. 文书反映的一些情况与相关背景

黑水城所出西夏时期的粮食借贷契约，经杜建录考证基本上有两种方式，[①] 即一种是借贷文契，另一种是典借文契。对比早期刊布的英藏 Or.8212/727 号与俄藏 TK49P 号这两份天庆六年与十一年的文书可以看出，该处编号 Or.12380-3771 天庆十三年的文书全部是典借文契，没有借贷文契。在对照前述天庆六年与十一年的文书后，我们甚至可以进一步推测出自天庆十一年开始裴松寿放贷粮食就一直是以典借的方式。

为了直观地了解英藏 Or.12380-3771 号西夏天庆十三年裴松寿典粮契呈现的新状况，在此试结合英藏 Or.8212/727 号和俄藏 TK49P 号天庆年间裴松寿典粮契释文内容，比较三个同系列文书残页中所有涉及具体时间、借贷方式、谷物种类、放贷利率的信息。

表 1　三个同系列文书残页相关信息对比

文书序号	俄藏 TK49P	英藏 Or.8212/727	英藏 Or.12380-3771
1	天庆六年四月六日借贷糜子加七利	□□年典借［大麦］加三利，小麦加四利	天庆十三年三月初九日典借［小麦］加六利
2	天庆六年四月十六日借贷大麦加五利	□□年五月初四日典借□□	天庆十三年三月廿日典借［大麦］加五利
3	天庆十一年五月廿四日典借	天庆十一年五月五日典借□□	天庆十三年三月廿一日典借□□
4	□□年典借小麦加四利	天庆十一年五月初六日典借小麦加四利	天庆十三年三月廿一日典借□□

① 杜建录:《俄藏西夏天庆年间典粮文契考释》,《西夏研究》2010 年第 1 期。

文书序号	俄藏 TK49P	英藏 Or.8212/727	英藏 Or.12380-3771
5	□□年 典借大麦加三利	天庆十一年五月初七 典借大麦加三利	
6		天庆十一年五月初九 典借大麦加三利	

表1第5行TK49P和第6行TK49P两个裴松寿借贷文契残页在时间上经杜建录考证，已知为天庆十一年。同样在对比天庆六年、天庆十一年和天庆十三年裴松寿典粮契后可以知道，大麦的放贷利息比小麦要低。在天庆十一年里，大麦利息为"加三利"，小麦为"加四利"。因此也可推出表1第1行Or.8212/727这一文契残页时间也应该是天庆十一年。在天庆十三年裴松寿典粮契中，由于文书残缺不全，仅有"麦"字出现。结合"□麦一石五斗加六利""□五斗加五利"和天庆六年、天庆十一年文书中小麦利息高，大麦利息相对低的情况，可以推断"加六利"的应是小麦，"加五利"的应是大麦。

因此，我们从上述西夏天庆六年、十一年、十三年三个时期裴松寿借贷和典借文书信息中可以获悉以下情况。

在文契的形式上，不仅天庆十三年裴松寿典粮契已经全部是典借方式，而且可进一步推测天庆十一年裴松寿典粮契已经全部都是典借方式，已经没有直接的无抵押借贷方式了。

在文契的利率上，天庆十三年裴松寿典粮契的借贷利率提高了很多。天庆十一年表现为典借大麦"加三利"，小麦"加四利"。而天庆十三年的借贷利率则上升为典借小麦"加六利"，大麦"加五利"。这已达到天庆六年裴松寿直接放贷方式下借贷大麦"加五利"的水平。

在文契的时间上，天庆六年和天庆十一年借贷和典借麦粮时间均为四、五月借粮，八月一日交还。这也符合黑水城所处的西北地区农业生产状况，四、五月正是一年中青黄不接的时间。但是天庆十三年典粮契中典借麦粮时间却提前到了三月初或三月中下旬。

此外，在对比全部释文后还可以发现，天庆十三年典粮契中呈现出抵押物品贵重、借贷粮食增多的现象。文书中出现"银钏子"等抵押物，明显比早前公布的天庆六年、十一年裴松寿典粮契中的抵押物贵重。由于这几件文书都残缺不全，难以判断前述两件文书中是否也有此类抵押物。以现有文书内容中的抵押物来看，天庆后期向裴松寿典借粮食的户主身份除了以往抵押"皮毡"等物的普通农牧民，也出现了抵押"银钏子"等物的较为富裕的居民群体。依抵押物品的价值变化，也可管窥西夏天庆年间前后不同时期黑水城地区物资供给与商品流通嬗变。

需要注意的是，以裴松寿为代表的典贷商人长期居住在黑水城，并从事典当物品与放贷麦粮活动。西夏时期黑水城地区的高利贷并非个例或偶发的情况，而是长期、普遍存在的，是这一地区社会生产与商品交易中不可或缺的内容。[①]因此，这一文书中出现的这些反常的状况，似乎可以从侧面反映出黑水城地区当时已经出现了缺粮的情况，因为粮食不足而呈现了只有典当物品才可以借出粮食的单一借贷方式。可以推测的是，物资的短缺、粮价的上涨，加之放贷时间的变长导致了黑水城地区典粮放贷利率大幅上升，从而在天庆十三年的裴松寿典粮契中体现出一些端倪。相较于此前的典粮契特征，当地粮食的短缺和生产生活的需要，还迫使当地居民改变了以往四、五月借粮生产，八月收获还贷的规律，提前了典借粮食的时间。

这种情况的发生，或许能从当时黑水城地区面临的政治与军事新态势中找到答案。西夏天庆十二年（1205），蒙古首领成吉思汗统军首次进攻西夏。西夏的西北边陲均遭兵燹。史载"（1205）岁乙丑，帝征西夏，拔力吉里寨，经落思城，大掠人民及其橐驼而还"，[②]西夏桓宗纯佑惧战，"蒙古军蹂躏瓜、沙诸州"[③]。随后西夏也曾在西北边境积极防御，天庆十二年"冬十一月，遣兵攻蒙古，不战而还"。[④]虽然传世史籍中未

① 杜建录：《俄藏西夏天庆年间典粮文契考释》，《西夏研究》2010年第1期。
② 《元史》卷一《太祖本纪》，中华书局，1976，第13页。
③ 吴天墀：《西夏史稿（增订本）》，第333页。
④ （清）吴广成著，龚世俊等校证《西夏书事校证》卷三九，甘肃文化出版社，1995，第463页。

见黑水城是年受到蒙古直接入侵的记载，史书中提及的"力吉里寨"和"落思城"具体位置也有待考证，但是在蒙古第一次入侵西夏的军事行动之下，西夏河西一带与西北缘边诸州受到破坏属实无疑。黑水城地区既是河西地区连接蒙古草原的丝路要津，又是西夏黑水镇燕军司所在。可以肯定的是，1205 年的蒙夏战事必然影响了黑水城地区。战争的破坏消耗和蒙夏双方的军事活动都会对黑水城地区社会经济产生较大的影响，尤其是对当地农业生产活动造成严重影响，或许文书背后透露出的粮食缺乏及物价飞涨以致典粮频繁的原因正在于此。

（原刊于《西夏研究》2012 年第 1 期）

再论西夏的"官"与"职"

——以西夏官当制度为中心

梁松涛　张玉海

摘　要　本文利用新译《亥年新法》等西夏文法典，对西夏职官制度中"骸"（官）、"燚"（职）问题做了系统梳理，指出西夏中晚期官阶复杂，仅六品以下至少可分五个层级，280多阶；"燚"（职）即职事官，共七个层级。西夏以职定阶，次等司正（甊磁肭祸）以下各职所对应官阶一般为四到两个。在革职时，通常以该职所对应最高官阶算。恩荫制度中，只继承官阶，而不任职。

关键词　西夏；职官制度；恩荫制度；官；职

　　官僚集团在传统中国占有极其特殊而又重要的地位，而官阶作为其内部等级区分和官员管理的核心制度，历来受到各方的高度关注。就西夏而言，直接利用西夏文资料对西夏职官制度进行研究的以史金波《西夏的职官制度》①及《西夏社会》②为代表。③他首次系统探讨了西夏职官

---

①　史金波：《史金波文集》，上海辞书出版社，2005，第414—427页。最早发表于《历史研究》1994年第2期，第62—71页。

②　史金波：《西夏社会》，上海人民出版社，2007，第286—310页。

③　西夏职官制度的研究较为薄弱，主要成果为史金波《西夏的职官制度》、《西夏社会》及白滨在白钢主编的《中国政治制度史》中所写的西夏部分和魏淑霞《西夏的官品与

制度中的“官”“职”问题，认为“官”应指官阶，分文武，有及授官、及御印官、不及御印官三类，十二品；“职”应指职事官，主要指上、次、中、下、末五等司。但囿于史料的限制，一些问题史先生并未展开论述。本文在此基础上，利用新译出的西夏文法典《亥年新法》等资料，对官阶数目、职事官与官阶关系、官当制度与恩荫制度中“官”和“职”的情况等具体问题展开探讨。

一　西夏的“𦥑”（官）阶数

阎步克《中国古代官阶制度引论》指出，历代官阶大致经历了一个由疏而密，又由密而疏的过程，南北朝唐宋明显趋于繁密。[①]处于此一时期的西夏，其官阶繁复尤胜唐宋。史金波认为西夏官阶有80多阶，[②]100多个名号。实际上，据西夏律令中官当制度的相关条文分析，西夏官阶远超此数。《亥年新法》卷二：

𗫡𗁭𗰖𗆠𗼅𗏆𗯿𗰛 ╱ 𗊴𗊱 ╱ 𗨁𘋨𗱵𗴷𘃡𗏆𗯿𘍐𗰛
𦥑𗤁𘋨𗵆𗊱𗲲𗰏
𗤛𗆫𗗏𦥑𗔶𗆟𗱸𗩱𗲚𗦲 ╱ 𦥑�𗴂�𗫡𗴷𗱸 ╱ 𗝣𗦣𗉻𦥑𗕾𦥑
𗙏𗱸𗏆�𦥑𗱸𗱸𗩱𗴂𗏆𘍐𘓜𗏆�𘍐𗰛 ╱ 𗊰𗤽𗈁�
𗱵𘃡𗏆𘍐𘓜 ╱ 𘈷�𗰖�𗏆�𘍐𗰛
𘋶𗉐𗆟𗫂𦥑𗱸𗩱 ╱ 𗊱𗱸𦥑𗂹�𘍐 ╱ 𗝣𗦣𗉻𗉻
𗫂𦥑𗙏𗱵𗱵𗏆𦥑𗩱𗴂𘍐�𦥑𗈋𗏆𗈋𘍐𗰛 ╱ 𗊰𗤽𗈁�𗱵𗏆𘍐𗰛
𗰛 ╱ 𘈷𘈰𗱵𘈰𗏆𗈋�
𘋶𗰈𗆟𗒹𗫞𗉐𦥑 ╱ � ╱ 𗊱𗡫�𗱸 ╱ �𘓜𗏆𗈋𗎰
𗒹𗫞𦥑𗙏𗱵𗈋𗏆�𦥑𗱵𗏆�𗱵�𘓜𗏆𘓜𗰛 ╱ 𗊰𗡫𘋨�𗱵𗏆��𗰛 ╱ 𗲚

官阶——西夏官吏酬劳制度研究之一》（《宁夏社会科学》2012年第6期）；Кычанов Евгений Иванович. *«Новые законы» тангутского государства: Первая четверть XIII в.* М., Издательство «Наука». 2013。

① 阎步克：《中国古代官阶制度引论》，北京大学出版社，2010，第231页。
② 史金波：《西夏社会》，第294页。

夗辫偣縄鞁 / 縰偣縄夐孜縤辫偣縄鞁

嫭蕬赨縠蕬纖胈 / 孬 / 蓏禢孬秕 / 偣級孜蕡蘷 /

縠蕬胈秠嶗絗孜胈孬秖孜縄縤孜辫鞁 / 毛縖夗縄夐孜辫 / 戁夗
辫蕡縄鞁 / 縰偣縄絗孜夗辫蕡縄鞁

赑胘赨毛蕬纖孬 / 蓏 / 胈禢孬秕 / 夐級 / 梪」孜蘷

毛蕬胈秠嶗孜絗胈孬秖夗縄梪」孜纵辫鞁 / 赥夐級毛縖 / 孜梪
級秠嶗絗」縄孨孜梪辫 / 戁梪辫鞁 / 縰偣縄纵孜」辫鞁 ①

一等死罪赎十八年时，庶人六百四十八缗钱，有官人按下列
条法实行：

"调伏"至"拒邪"革职不革军，官三分中降一分，罚马七。
"拒邪"官上算降三十三官，八百九十一缗钱，罚马一百四十缗钱，
共一千三十一缗钱。

"语抵"至"真舍"革职、军，官分两分降一分，罚马七。"真
舍"官上算降四十官，八百五十五缗钱，罚马一百四十缗，共
九百九十五缗。

"头主"至"柱趣"革官、职、军，三年十五杖。"柱趣"官
上算降五十三官，四百七十七缗，劳役一百八缗，杖一缗五百，共
五百八十六缗五百钱。

"暗监"至"戏监"革官、职、军，五年十七杖。"戏监"官
上算降四十官，三百六十缗钱，劳役一百八十缗，杖一缗七百，共
五百四十一缗七百钱。

"十乘"至"胜监"革官、职、军，八年二十杖。"胜监"官上
算降十四官，一百二十六缗，劳役八年以十二年四百三十二缗，杖
二缗等，共五百六十缗钱。

依此可列表如下（见表1）。

---

① 俄罗斯科学院东方研究所圣彼得堡分所、中国社会科学院民族研究所、上海古籍出版
社编《俄藏黑水城文献》第9册，上海古籍出版社，1999，第126—127页。

表 1 《亥年新法》所载西夏官阶情况

职官类别	官阶名	割官数	占官阶总数	官阶总数	割官赎罪纳钱
及御印官	拒邪（𗥷𗪙）	33	三分之一	99	一官二十七缗
	调伏（𗥔𗸮）				
	真舍（𗧥𗾗）	40	二分之一	80	一官二十一缗三百七十五钱
	语抵（𗉛𗴮）				
不及御印官	柱趣（𗢳𗤊）	53	全部	53	一官九缗
	头主（𗵐𗴟）				
	戏监（𗴹𗗊）	40	全部	40	
	暗监（𗎤𗗊）				
	胜监（𗖜𗗊）	14	全部	14	
	十乘（𗰖𗏹）				

从表 1 可以看出，及御印官就有 179 阶，不及御印官 107 阶。不仅如此，就及御印官、不及御印官而言，其内部又可划分出若干层级。史金波明确指出上、次、中、下、末为及授官，"语抵"（𗉛𗴮）至"拒邪"（𗥷𗪙）为及御印官，"柱趣"（𗢳𗤊）至"十乘"（𗰖𗏹）为不及御印官。[①] 这一划分，还可细分。《亥年新法》卷二《献铁赎罪门》：

> 𗥷𗉅𗴟」𗆧𗾊／𗥷𗙇𘄄𗮲／𗫨𗣫𗺓𗥷𗉅𗟻𗥔𗸮𗆍𗥍𗾙𗥷𗾗𗗂𗙟／𗥷𗋽𗆴𗣏𗭾／𗧱𗴮𗾗𗾗𗧥𗾗𗟻𗙟𗥷𗋽𗆴𗏹𗭭𗧾𗫦𗙟𗮺」𗮺／𗫨𗣫𗙇𘄄𗥷𗉅𗟻／𗢳𗤊𗆴𘐝𗴀𗰖𗏹𗟻𗙟𗥷𗒛𗭭／𗙟𗫡𗮖𗋽𗭭𗭾／𗆧𗸱𗄻𗋽𗭭𗮲／𗥔𗸮𗺓𗟻𗸮𗏹𗮺𗥷𗳢𗭙／𗆧𗩾𗉅𗺓／𗥷𗿠𗺓𗆴𗄉𗭾𘐝𗝾𗺓𗬦／𗮺𗴏𘕰𗅻𗴁𗺸𗫼②

有官人犯罪，以官品折。及御印官者，"调伏"至"拒邪"，一官二十七缗；从"语抵"至"真舍"一官二十一缗三百七十五钱。

---

① 史金波:《史金波文集》，第 415—417 页。
② 《俄藏黑水城文献》第 9 册，第 126 页。

不及御印官者"柱趣"以下至"十乘"一官九缗钱,罚马一,二十缗钱。因罪获大杖,一杖一百钱等,依罪轻重、官品高低纳赎钱,依以下条法实行。

此条规定了以"骹"纳钱赎罪的标准时把有官人分为"及御印官者"(□□□□□□)和"不及御印官者"(□□□□□□□),又把及御印官分为"语抵"(□□)到"真舍"(□□),一官二十一缗三百七十五钱;"调伏"(□□)到"拒邪"(□□),一官二十七缗,两个层级。两者官当及赎罪纳钱数区别明显,说明其官的等级、身份有较大差别。《天盛改旧新定律令》中也有相似的规定:"'语抵'官至'真舍'官,降二十官,罚马七,革职,勿革军。'调伏'官至'拒邪'官,勿革职、军,降十五官,罚马七。"[1]则西夏中晚期及御印官以"调伏"或"语抵"为界,其官阶至少应分两个不同层级。

《亥年新法》卷二对不及御印官行官当法时,统一规定为一官九缗。但从前引条文看,其实践上从高到低分为三个层级:柱趣(□□)到头主(□□),计53阶;戏监(□□)到暗监(□□),计40阶;胜监(□□)到十乘(□□),计14阶。这也可从《天盛改旧新定律令》中得到证实:"'十乘'官至'胜监'官,官、职、军皆革除,徒八年,日满依旧往。'暗监'官至'戏监'官,官、职、军皆革除,徒五年,日满依旧往。'头主'官至'柱趣'官,官、职、军皆革除,徒三年,日满依旧往。"[2]

综上所述,西夏官阶大体上为十二品官内及授官,及御印官2层179阶,不及御印官3层107阶及品外杂官。这与隋唐九品正从30级,流外九品9级,以及宋京朝官30阶,八九品选人7阶,武选官56—60阶,流外、吏、役各10阶[3]相比,明显繁杂。一般而言,升降流动频繁,级别就会趋于繁密,[4]此当与西夏中晚期朝廷实行选贤任能的用人机

---

① 史金波、聂鸿音、白滨译注《天盛改旧新定律令》,法律出版社,2000,第144页。
② 史金波、聂鸿音、白滨译注《天盛改旧新定律令》,第144页。
③ 阎步克:《中国古代官阶制度引论》,第231页。
④ 阎步克:《中国古代官阶制度引论》,第224页。

制有密切关系。① 另外，两部律令所规范的是西夏国势巅峰前后的官阶，反映出这一时期西夏职官制度由开国初的粗疏渐趋严密。

二　西夏职官制度中的职

"𗗓"（职）指职事官，即在职司（局分）中所担任的职务，② 可以"𗗓𗤦"（职级）赎罪纳钱。《亥年新法》卷二："𗗉𗧯𗡞𗵒𗥦𗼛𗭪 / 𗗓𗼑 𗌭𗥺𗙴𗄛𗵒𗺔 / 𗧯𗗓𗼑 / 𗅩𗰖𗵒𗄩𗵔 / 𗗓𗼑 / 𗅩𗵒𗜓𗗓𗤦𗊂𗞔𗤼𗥠 / 𗥦𗵒𗧓𗟣𗵲𗵽𗏾𗵬𗥽𗘂𗮋𗧀𗵷𗸉（一前述赎罪中，授职人赎官后，愿用职、军赎则用职、军之职阶、军数计算纳钱，依以下条法实行）。"③

1. "𗗓𗤦"（职级）与"𗌭𗤦"（官阶）的对应关系

西夏中后期广泛实行以职级定官阶，同等职级可对应相同官阶。《天盛改旧新定律令》中明确记载西夏中晚期存在以职定官的情况："诸司任职因位得官者，后年高才弱等而为低位，告老时官不失。"④ 史金波认为官品和职位有大体一致的对应关系。⑤《亥年新法》则更详细记载了西夏官品与官阶的关系：

𗥱𗠁𗗓𗼑𗫅𗵒𗵪𗵒𗕵𗗫𗆀𗵽𗼛𗚛 / 𗞏𗵪𗱕𗋜𗭥𗋜𗔻𗮃𗗓𗼑𗰀 / 𗰖
𗤼 / 𗌭𗤼𗼑𗓽𗌭𗟃𗖩𗞑𗪑𗜮 / 𗡞𗌭𗤦𗕁𗤔𗄙𗤜𗼑𗮋𗌭𗰪𗏾 / 𗥢𗧠𗌭
𗃴𗨨𗌭𗝣 / 𗌭𗮃𗶷𗠁𗥤𗗓𗼑𗵒𗣜 / 𗋜𗔻𗿑𗌭𗄑𗸛𗵬𗗓𗵶 / 𗿊𗠁𗮚𗌭
𗿑𗴺𗫄𗮌 / 𗙴𗤝𗤺𗌭𗰖𗥱𗌭𗶷𗜒𗘂𗽡𗉵�𗤤�𗵵𗋑 / 𗤏𗙴𗤝𗗓𗤼
𗌭𗰖𗥱𗌭𗿆�𗤹𗵭𗵌𗝣 / 𗤊𗵷𗮘𗵮𗲨𗞑𗵒𗤽𗝝𗠣𗵒 / 𗮋𗝝𗤼𗲨 / 𗴏𗵒
𗶸」𗵑𗞑𗤊𗗓𗺘𗣫 / 𗵒𗮚𗢠𗵴𗝔𗱆 / 𗮋𗝝𗲨」□□□𗵊𗘂𗄱𗗪𗑠

---

① 关于西夏中晚期举贤任能的资料在西夏诸多文献中都有所体现。仁孝时期建立太学、设立科举制等。黑水城出土的西夏文《宫廷诗集》中也有诸如"君子智如囊中锥"等有关使用人才的典故，显示了西夏政权求才若渴以及求贤举能的用人机制，这种使用人才的机制必然反映在政治制度上。
② 史金波：《史金波文集》，第 419 页。
③ 《俄藏黑水城文献》第 9 册，第 135 页。
④ 史金波、聂鸿音、白滨译注《天盛改旧新定律令》，第 362 页。
⑤ 史金波：《史金波文集》，第 423 页。

敊／繎愶媭珌蕋玀瓕磢屃慌」繎蘿薇鞁菾彤蕬 ①

　　一等革职献钱赎罪者，所言职则指先前所得职位。其后，因授官职为官等高低所定法也，故寻同等官级。依职得官，祖宗律法中赎官头、官尾二等职位者，人实有多少官阶而量其职，依司等官头上计。及御印官一官二十一缗三百七十五钱；不及御印官一官九缗，在规定的日期内当纳赎钱。纳钱不了毕，愿于期限内入职，不许行官事；纳钱了毕，□□□当以谕文告各处，然后入职。期限之内，可以行官事。

　　这则史料说明：（1）西夏官阶是因所受职高低而定，一般情况下，职级与官阶相当，但不是绝对的一一对应。一个职位相对应的官阶是限定在一定范围内的，有最高阶和最低阶，但这个官阶层级落差不大。（2）官当法中所言赎"职"在计量时以犯罪前之职位计算，且不管其任职时官阶高低，均以任此职的最高官阶算。（3）规定了革职赎罪时的计量标准。在革职赎罪时按任职的最高官阶上算，及御印官一官二十一缗三百七十五钱，不及御印官一官九缗。（4）规定了赎罪纳钱的具体行政管理流程，按时纳钱后，经备案后方可行官事。至于其官阶与职级的具体对应关系见于《亥年新法》卷二：

　　　繎磢屃禂／叇襻／輆蕲敊繊冊／秮蘱鞁虺屃瀠粫／瓬絥秮蘱珌慵／敚輆祋綑戝耟祋黪虺祋赦鞁／繉磢祋薈戝／薈絤薈祋磢辪楅絤虺祋敊

　　　糀磢屃禂／繎磢屃繎繊鞁繊廢薈廢敊繊耖柔蘱鞁虺屃瀠粫／瓬絥柔蘱珌慵虺祋敚戝／綑絥薈祋薈緋

　　　敚磢屃禂／糀磢屃繎繊／秮莃／緈嫬／楃滗鞁／瓬蘱／絈蘱敊／瓕蘱／禖蘱鞁虺屃瀠粫／瓬絥禖蘱珌慵綑祋戝／敚絤磢祋緋籶

　　　繟磢屃禂／敚磢屃繎繊／秮莃／緈嫬／瀰莃／繎磢屃／楃滗鞁

　　① 《俄藏黑水城文献》第 9 册，第 136 页。

𗤟𗤭𗤆𗤥𗤥𗤏𗤭𗤥𗤔𗤦𗤠𗤌𗤠𗤩𗤥𗤏𗤆𗤥𗤩𗤥𗤔𗤦𗤨𗤊𗤆𗤥𗤨𗤨𗤥𗤩 / 𗤥𗤨𗤊𗤥𗤨
𗤥𗤩𗤩

　𗤟𗤆𗤥𗤦𗤔𗤇 / 𗤥𗤆𗤥𗤔𗤥𗤥𗤆𗤥𗤩𗤆𗤥𗤩𗤥𗤔𗤦𗤠𗤌𗤠𗤩𗤥𗤩𗤆𗤩𗤥𗤩𗤥𗤔𗤦𗤨𗤊
𗤆𗤥𗤨𗤨𗤥𗤩 / 𗤟𗤥𗤨𗤊𗤩𗤩

　𗤥𗤆𗤥𗤦𗤔𗤇 / 𗤆𗤆𗤥𗤔𗤥𗤥𗤆𗤥𗤔𗤥𗤔𗤥𗤆𗤥𗤠𗤩𗤥𗤔𗤦𗤠𗤌𗤠𗤩𗤥𗤩𗤆𗤠𗤔
𗤆𗤥𗤨𗤊𗤥𗤩 / 𗤟𗤩𗤥𗤨𗤊𗤩𗤩

　𗤆𗤆𗤥𗤦𗤔𗤇 / 𗤥𗤆𗤥𗤔𗤥𗤥𗤆𗤥𗤔𗤥𗤩𗤆𗤩𗤥𗤔𗤦𗤠𗤌𗤠𗤩𗤥𗤩𗤆𗤩
𗤆𗤥𗤨𗤥𗤨𗤩 / 𗤥𗤊𗤥𗤨𗤊𗤩𗤩 [1]

　　次等司正获察明、信受及语抵、霁速等，从等级开头霁速上算，御印十四官、以下五十三等，共计六十七官，七百七十六缗二百五十钱。

　　中等司正、次等司承旨等获咸臣、慧臣及头主、柱趣等官，从等级开头柱趣上算，五十三官四百七十七缗。

　　下等司正、中等司承旨、中书、枢密、都案等获劝灵、诚灵及因监、戏监等，从等级开头戏监上算，四十官三百六十缗钱。

　　末等司正、下等司承旨、中书、枢密、案头、次等司都案等获巧臣、诏灵及暗监、劳主等官，从等级开头劳主上算，二十八官二百五十二缗钱。

　　次等司案头、中等司都案等获上胜臣、次颂主等官，从上胜臣上算，二十官一百零八缗钱。

　　中等司案头、下等司都案等获上作监及上总监等官，上作监以上算，八官七十二缗钱。

　　下等司案头、末等司都案等或上睦灵及次睦灵等，从上睦灵以上算，二官十八缗钱。

　　上述所反映的西夏官职和官阶的对应关系可列表如下（见表2）。

---

① 《俄藏黑水城文献》第9册，第137页。

表 2 西夏官职和官阶对应关系

类别	"嵹嵥"（职级）	"散"（官）（从高到低）	官阶数	官阶类别
第一类	1 次等司正（▢▢▢▢）	霁速（▢▢）	14	及御印官
		语抵（▢▢）		
		信受（▢▢）	53	
		察明（▢▢）		
第二类	1 中等司正（▢▢▢▢） 2 次等司承旨（▢▢▢▢▢）	柱趣（▢▢）	53	不及御印官
		头主（▢▢）		
		慧臣（▢▢）		
		威臣（▢▢）		
第三类	1 下等司正（▢▢▢▢） 2 中等司承旨、中书、枢密、都案（▢▢▢▢▢、▢▢、▢▢、▢▢）	戏监（▢▢）	40	
		因监（▢▢）		
		诚灵（▢▢）		
		劝灵（▢▢）		
第四类	1 末等司正（▢▢▢▢） 2 下等司承旨、中书、枢密、案头（▢▢▢▢▢、▢▢、▢▢、▢▢） 3 次等司都案（▢▢▢▢▢）	劳主（▢▢）	28	
		暗监（▢▢）		
		诏灵（▢▢）		
		巧臣（▢▢）		
第五类	1 次等司案头（▢▢▢▢▢） 2 中等司都案（▢▢▢▢▢）	上胜臣（▢▢▢）	20	
		次颂主（▢▢▢）		
第六类	1 中等司案头（▢▢▢▢▢） 2 下等司都案（▢▢▢▢▢）	上作监（▢▢▢）	8	
		上总监（▢▢▢）		
第七类	1 下等司案头（▢▢▢▢▢） 2 末等司都案（▢▢▢▢▢）	上睦灵（▢▢▢）	2	
		次睦灵（▢▢▢）		

表 2 涉及次等司以下六个层级的职事官，其所对应官阶一般为四到两个，职位越高对应官阶越多。但从现有史料看，西夏以职定官的职级最高为次等司正。次等司主要有"殿前司、御史、中兴府、三司、僧

人功德司、出家功德司、大都督府、皇城司、宣徽、内宿司、道士功德司、阁门司、御庖厨司，甌匣司、西凉府、府夷州、中府州"。①这些机构仅次于中书、枢密，在西夏政权机构中有重要地位。最低为末等司都案，末等司主要有"刻字司、作房司、制药司、织绢院、番汉乐人院、作首饰院、铁工院、木工院、纸工院、砖瓦院、出车院、绥远寨、西明寨、常威寨、镇国寨、定国寨、凉州、宣德堡、安远堡、讹泥寨、夏州、绥州"。②末等司都案职级较低。从律条看，雳速（𗼋𗿷）为职事官对应官级的最高级，其后为语抵（𘟙𗰔）。《官阶封号表》内六品及六品以上并无雳速（𘐆𗍠）这个阶号，似乎暗示着，次等司正（𗍫𗗙𗧓𘟙）及以下职事官对应官阶基本在七品以下，不及御印官中至少有一部分可获得较高任职。

2. 官当法中的待命

西夏官当制度中不仅对具有官阶的职事官做了具体规定，对特殊的待命一职也有明确规定：

　　　𗧓𗰜𗥷𘏿𗪟𗦬𗏰𗡺𗆌𗄜𗫕𗼑𘓺𗏇𗼓」□□𗆧𗖰𗜓𗯴／𗏀𗤶𗙷𗆧𗤐𗆷／𗗟𗦟𗆧□□□𗭩𗰛𗢳／𗪟𗧮𗜓𗆷𗤶𗧴𗜓／𗧮𗜓□□𘓺𗧴𗆧𗣺𗤶𗜣𘏒

　　　𗧓𗰜𗥷𘏿𗜓𗂚𘂤𗅲𗫕𗆧𘔴𗪟𘓺𗠶𘓺□□□𗤒𗜓𘒑𗯴𗆾𘏒𗴓／𗠩𗫕𗍉𘔴𘕜𘒢」□□／𗯂𗫉／𗜆𗤐𗤶𗂚𘂙𘔴𗆷𗃀／𘄡𗜆𗤐𘄂𗖰𗆧𘏒𘂯𗄈𘔴𗆷𘄺𗓜𗦣

　　　𗧓𗰜𗥷／𗜆𘓺／𘑊�~𗪝𗆹／𗪝𗣨／𗪠𗪠𗰜𗦣𗪝𗥷𘏿𘈩𘗘/𘈩𗪩／𗪝𘔪𗂚𗚢／𗆬𗥽�~𗜓𗚰𘔴𗆧𗖰𗬩／𗪡𗡺𗧓𗪝𗥷／�~𗪟𘏿𗂚□□𘓺𗥷𘀯�~𗥝

　　　𗆬𗥽𗖰𗥷𘒑𘓺𘐟𗜓𘐟𗥝

　　　𗆷�~𗖰𗥷𘒑𘓺𘕜𗥝

　　　𘓺𗖰𗥷𗣪𗜓𘏿𗥝③

　① 史金波、聂鸿音、白滨译注《天盛改旧新定律令》，第363页。
　② 史金波、聂鸿音、白滨译注《天盛改旧新定律令》，第363页。
　③《俄藏黑水城文献》第9册，第137—138页。

前卜侍等副位虽不主事，然各自有大小□□任职后革者，以钱赎、以劳役赎□□□毕薄，一年三十六缗，年数□□明，以下列条法实行：

前卜侍等十二类人各自职级不同，□□□律令中为一等也，皆依待命之职算□□，无碍。五年劳役以上革职也，五年以上赎罪，依法当纳一百八十缗。

前卜侍、阁门、帐门末宿、内宿、官防守、内外侍、神策、臣僚、下级□、卜算、人□、行监等三类人赎职者，前列前卜侍□□□法□□依所定，□中行监赎钱一百四十四缗。盈能赎钱一百零八缗。将赎钱七十二缗。

这里提到的前卜侍、阁门、帐门末宿、内宿、官防守、内外侍、神策、臣僚、下级□、卜算、人□、行监等属于待命之职，属于特殊或紧要职位。这类人员在革职赎罪纳钱时，与其他职官不同，以年为单位纳钱赎罪。其中具有军事待命职的有行监、盈能和将，这三个级别每一级每年纳钱与别的待命职不同，按照职位的高低而纳钱赎职。

三 西夏职官制度中的文官阶

西夏官当制度存在文武阶官。《亥年新法》中所涉及的官阶分五个层级：拒邪（骸裲）到调伏（峎蓩），真舍（蓛貾）到语抵（爧秞），柱趣（肃蘱）到头主（缵豩），戏监（稬蕤）到暗监（覾蕤），胜监（瓦蕤）到十乘（赑祕）。这一点与《天盛改旧新定律令》中涉及的职官层级一致。将其与黑水城出土西夏文残卷《官阶封号表》核对，拒邪（骸裲）位于六品武职第一阶，其他残缺。但是上述官阶在《天盛改旧新定律令》卷五提到有关武器分派标准时有比较完整的罗列。

依官爵高低箭数："十乘"起至"胜监"，箭五十枝；"暗监"起至"戏监"，箭百枝；"头主"起至"柱趣"，箭百五十枝；"语抵"起至"真舍"，箭二百枝；"调伏"起至"拒邪"，箭三百枝；"涨围"起至"盛习",箭四百枝;"茂寻"以上,一律箭五百枝。[①]

"茂寻"(𘚏𗧥)位于《官阶封号表》下品武职第十二阶,"盛习"(𗦋𘜶)位于五品武职第一阶,"涨围"(𘞘𗽀)位于五品武职第六阶,"拒邪"(𗗝𗟝)位于六品武职第一阶。"语抵"(𘜶𗙼)、"真舍"(𗼻𗏁)、"头主"(𘌽𗰣)、"柱趣"(𗥼𘄒)、"暗监"(𗵒𗅲)、"戏监"(𗁟𗅲)、"十乘"(𗰗𘉞)、"胜监"(𗹢𗅲)在《天盛改旧新定律令》中均与武器分派相关,并且"茂寻"(𘚏𗧥)、"盛习"(𗦋𘜶)、"涨围"(𘞘𗽀)、"拒邪"(𗗝𗟝)均为武职官阶。

《亥年新法》卷二第二门中又规定:"𗷬𗏁𗀔𗑠𗢳𗉋𘖄𗍯𗊬𗆧𗵒/𗈁𗏁𘟣𗄑𘊲𗾞𘐏𗼇𗗟(有无赎罪者,一月一次依文武当告中书、枢密)。"[②]可见在官当制度中文官阶体系也包括在内。但目前所见资料所割官阶均为武官阶,并无割文官阶的记载。只是在律条中对革职赎罪纳钱时,涉及一些官阶,如上述表2中所涉及的𗴴𗟲(信受)、𗫶𗫻(察明)等一类。我们知道在武官阶中及御印官最低一级官阶为语抵(𘜶𗙼),那么,比语抵(𘜶𗙼)级别高的霄速(𗤋𘟨)至少应为及御印官。这里值得注意的是,信受(𗴴𗟲)、察明(𗫶𗫻)。从法条的叙述来看,信受(𗴴𗟲)、察明(𗫶𗫻)为不及御印官,而不及御印官的最高官阶为柱趣(𗥼𘄒)。仔细审读西夏文原卷,发现信受(𗴴𗟲)、察明(𗫶𗫻)后用了一个"𗢳",此字一般表示并列关系,在原卷表述中没有将这四个官阶一并列出,结合其为不及御印官的事实,很有可能这两个官阶为七品以下的文职官阶。其下,如慧臣(𗯴𘋨)、威臣(𗰮𘋨)、诚灵(𗵢𘄒)、劝灵(𗶷𘄒)、诏灵(𗵒𘄒)、巧臣(𗵒𘋨)等均为文职官阶的可能性很大。若上述推论成立的话,那么西夏官当制度只有在革职时,才涉及文官阶。结合前文所割武官阶,涉及官、职、军,文官阶中自然涉及不到军的问题,并且西夏是以职定官,所以,只有革职时才会有计算文官阶的可能。

综上所述,西夏职官制度中的"𗗝"(官)指官阶,西夏中晚期六

---

① 史金波、聂鸿音、白滨译注《天盛改旧新定律令》,第226—227页。

② 《俄藏黑水城文献》第9册,第125页。

品以下官阶主要有五个层级，其中及御印官两个层级：拒邪（□□）到调伏（□□）99 阶、真舍（□□）到语抵（□□）80 阶。不及御印官三个层级：柱趣（□□）到头主（□□）53 阶、戏监（□□）到暗监（□□）40 阶、胜监（□□）到十乘（□□）14 阶。"□"（职）指职事官，共七个层级：（1）次等司正（□□□）；（2）中等司正（□□□）、次等司承旨（□□□□）；（3）下等司正（□□□）、中等司承旨、中书、枢密、都案（□□□□、□□、□□、□□）；（4）末等司正（□□□）、下等司承旨、中书、枢密、案头（□□□□、□□、□□、□□）、次等司都案（□□□□）；（5）次等司案头（□□□□）、中等司都案（□□□□）；（6）中等司案头（□□□□）、下等司都案（□□□□）；（7）下等司案头（□□□□）、末等司都案（□□□□）。这七个层级的职事官所对应官阶一般为四到两个，既有武官官阶，也有文官官阶。在革职时，通常以该职所对应最高官阶算。"□"（军）指军抄，通常以所革首领拥有军抄数算，纳钱赎罪时首领不免职。当然，因西夏及授官以上犯罪，是"应获何罪，一律当奏告实行"。[①] 及授官以上的情况目前尚不明确。

四　西夏恩荫制度中的官与职问题

荫补制度是中高级官员及后妃、公主等奏请亲属等补官的一种选官制度。官员子弟可以依据其父辈的官职荫补入仕。与西夏同期的宋主要有圣节荫补、大礼荫补、致士荫补、遗表荫补、死事荫补以及边任荫补、登极荫补、宗室授官等名目。西夏也有恩荫制度，但相对比较简单，主要为官员或老或死时，其子弟可以荫补入仕。

□□□□□□□□□□□□□□□ / □□□□□□□□□□□□□□□□□□ / □□□□□□□□□□□□□ / □□ / □□□□□ / □□□□□□□□□□□□□□□□ / □□□□□ / □□□

---

① 史金波、聂鸿音、白滨译注《天盛改旧新定律令》，第 146 页。

𗙏𗦬𗥃 / 𗴮𘍈 / 𗫡𗬨𗥃𗫡𗪊𗦬𗯿 / 𗹦𗰖𗱝𗜪𗣟𗱕𗤁𗤢𘉑𗨁𗮔𘉑𗊰𗲲𗫂𗱿 / 𗀔𗤙𗫡𗕜𗤀𘍈𗇁𗀔𗮔𗦬 / 𗽓𗰤 / 𘉐𗳉𘍈 / 𘜶𗭒𗜪𗜪𗼨𗸰𗡞𗘘𗦬𗮙 / 𘘣𗸗 / 𗡞𗦬𗖻 / 𗿢𗴮𗮔𗙴𘝵𗤂𘉂𗝾𗤚𘝺𘕿𗮖 /

𘉑𗤀𘉑𗜪𗦬�3𗴜𗱕𗜪𗰌𗦬
𘝵 / 𗑴 / 𘍈 / 𘞷 / 𗽹 / 𘝵𗭰𗾺𗷓𗮙𗾺
𗽒𘍀 / 𗨁𗆁𗤀𗦬𗨁𗆉𗯿𗾺𗳉
𘝵 / 𗑴𘍈 / 𘞷 / 𗾺 / 𗽹
𗽟𘅁𗹦𗡞�1𗤀𗦬𗨁𗆉𗯿𗳉𗾺
𘝵 / 𗾺 / 𗽹
𗹦𗰖𘊂𗡞�1𗤀𗦬𗪒𗾺𗳉
𘝵𗾺 ①

国境内文武官吏中或死或老时，其子孙据功阶依恩上下得官、职一种。此外，其子、孙、兄等，应入所属地域库局分、巡检使役。虽庶人一律相同，有功庶人本不等，贵贱不同，庶人平等一致，无碍。互有差异为实际所需也。下等及以上有及授重职大小官吏嫡亲，及或老或死其子、节亲、弟兄等有所不同，明白所规定数。此后，库局分、诸种巡行、烽监、押解等中不许分遣使役。

及授以上任要职八等人：

父、叔、兄、侄、孙、堂兄弟、曾孙、子。

经略、正统等人一律六等人：

父、叔、兄、侄、子、孙。

次中司任职一律三等人：

父、子、孙。

下等司任职二等人

父、子。

西夏官员分：及授以上任要职，经略、正统，次中司任职，下等司

---

① 《俄藏黑水城文献》第9册，第262页。

任职等四种情况。享有荫补特权的子弟或亲属，可依据亲属官职的高低获得相应的官职，并依此来确定恩荫人员的多少。这一点和宋代以官品确定恩荫人员多有不同，[①]西夏只有及授官以上并任要职时可以恩荫八种人，即西夏恩荫制度中主要以职事官的高低来确定恩荫人数。同时，在恩荫制度中，有库局分、诸种巡行、烽监、押解几种要职不可以承袭，这与宋不同。

（原刊于《宁夏社会科学》2014 年第 3 期）

[①] 宋代以官品恩荫人数一般为：一品恩荫五人、二品恩荫四人、三品恩荫三人、四五品恩荫二人、六七品恩荫二人，详见〔日〕梅原郁《宋代恩荫制度》，《东方学报》第52 期，1980 年，第 501—531 页。

西夏"职"体系再探析

高 仁

摘 要 西夏的"职",不仅仅指从中央到地方各级机构中所任的职位,还包括诸多非司属的"职"。它们中第一类虽不因司而设,但不仅有着与五等司相较的等次,且能够独立地承担具体的职事,如诸师以及谏臣、刺史、统军、坦行等;第二类则将诸多的封号、称号纳入其中,既不隶属于某司,亦不承担具体的职事,但有着超越五等司的地位和权势,如"相国""太尉""附马""节亲主""内宫走马""太师上公"等。虽然说,第一类与各级机构共同构成了"文武分治"的国家机器,但第二类多由亲贵担任的"职"则成为凌驾于其他机构之上、操纵机器的"手"。因而西夏官制"多与宋同"限于具体职、司名称、职能,其权力结构既体现"以武立国"的方略,亦成为保护贵族政治特权的工具,与宋代完全不同。

关键词 西夏;职;位阶;权力结构

西夏官制中,"官"与"职"是最基本的两个职级体系。[①]所谓

---

① 史金波:《西夏社会》,上海人民出版社,2007,第305页。

"官"，共十二品，总计 328 阶的官阶；① 而"职"，并不与今天"职位"的概念完全等同，而是今天的学者由西夏文"骏"所译，是一套直接与权力等级相关的官职体系。

《宋史·夏国传》曾载，西夏在建国前初创官制时"其官分文武班，曰中书，曰枢密，曰三司，曰御史台，曰开封府，曰翊卫司，曰官计司，曰受纳司，曰农田司，曰群牧司，曰飞龙院，曰磨勘司，曰文思院，曰蕃学，曰汉学。自中书令、宰相、枢使、大夫、侍中、太尉已下，皆分命蕃汉人为之"，② 并且认为西夏"设官之制，多与宋同"。③

而今人通过诸多传世文献以及出土汉文、西夏文文献，对西夏的"职"展开了研究，似乎与"多与宋同"的观点产生了强烈的共鸣，认为西夏的"职"也就是"职事官"，即在中央到地方各级机构（包括五等司与五等司以外诸司）中所任的职位；④ 还认为西夏的诸多机构总体上是承袭宋制而来，除了"监军司"这种与宋制完全相异的设置外，绝大多数都是通过与宋制加以比较而形成的，认为西夏的职司设置以及西夏的职位体系就是在宋代官制的基础上损益而成。⑤

诚然，西夏制度与宋代制度有着千丝万缕的联系，即使直接从文献中看也可以看到，西夏从中央到地方所设的绝大多数机构都可以在宋代找到原型，甚至许多大体保留了所继承机构的职能。若细读史料，则会发现西夏机构设置"多与宋同"的同时，其"职"有其自身特点，如西夏文献中出现的节亲主、丞相、驸马、国师、上师、谏臣等诸多官

---

① 据梁松涛计算，西夏的及御印官与不及御印官（二者总共包括 6—12 品官阶）分别为 179 阶、107 阶，共 286 阶；而 1—5 阶据《官阶封号表》计算，共 42 阶。见梁松涛、张玉海《再论西夏的"官"与"职"——以西夏官当制度为中心》，《宁夏社会科学》2014 年第 3 期。

② 《宋史》卷四八五《夏国传上》，中华书局，1977，第 13993 页。

③ 《宋史》卷四八五《夏国传上》，第 13993 页。

④ 史金波：《西夏社会》，第 305 页。

⑤ 李华瑞：《西夏巡检简论》，《中国史研究》2006 年第 1 期。骆详译、李天石《从〈天盛律令〉看西夏转运司与地方财政制度——兼与宋代地方财政制度比较》，《中国经济史研究》2016 年第 3 期。翟丽萍：《西夏职官制度研究——以〈天盛革故鼎新律令〉卷十为中心》，博士学位论文，陕西师范大学，2013。刘双怡、李华瑞：《〈天盛律令〉与〈庆元条法事类〉比较研究》，社会科学文献出版社，2018。

称，它们是否属于"职"这一体系？如果是，那为何找不到它们所任职的机构？再如，帮按《天盛改旧新定律令》（以下简称《天盛律令》）的记载，西夏两个上等司——中书、枢密的首席长官分别为"智足""南柱"，[①]那么在多种文献中屡次又出现的"中书令""枢密使"又是什么职位？再如，如诸位先生所说，西夏的官与职有着大体的对应关系，[②]甚至是以职定阶，[③]而为何身为"中书智足"，即最高文职机构的最高长官仅授下品（四品）文阶第十阶"才盛"（倒数第三阶），[④]而身为"枢密西摄"，即西夏最高武备机构的第三席长官更是仅授下品武阶第十一阶"艺广"（倒数第二阶）？[⑤]那么前三品及四品中靠前的官阶又给了谁？

以上问题足以说明，现有研究对于西夏"职"的认识虽不一定完全错误，但至少存在一定的偏差。事实上，对于西夏这样一个以党项民族为主体，包括汉、吐蕃、回鹘等建立起的多民族政权来说，虽然"设官之制，多与宋同"，[⑥]但若将中原王朝的制度与其做简单比附，难免会产生诸多的问题。基于此，本文将对各类文献加以仔细研读，对西夏的"职"这一最基本的职官体系加以重新认识。

一　不因事、因司所设的"职"

著名的西夏法典《天盛律令》在其《司序行文门》中开宗明义地列出了仁宗天盛年间西夏从中央到地方设置的所有机构。这些机构中的绝大部分被列入上、次、中、下、末五个等级中，代表着它们级别的

---

① 史金波、聂鸿音、白滨译注《天盛改旧新定律令》卷一〇《司序行文门》，法律出版社，2000，第366页。
② 史金波：《西夏社会》，第305页。
③ 梁松涛、张玉海：《再论西夏的"官"与"职"——以西夏官当制度为中心》，《宁夏社会科学》2014年第3期。
④ 史金波、聂鸿音、白滨译注《天盛改旧新定律令·颁律表》，第108页。
⑤ 聂鸿音：《西夏佛经序跋译注》，上海古籍出版社，2016，第6页；史金波译为"枢密西摄典礼司正赐艺广武孝恭敬东南姓官上国柱旺普信作"，见史金波《西夏文〈官阶封号表〉考释》，《中国民族古文字研究》第3辑，天津古籍出版社，1991，第254页。现据原文再次整理。
⑥ 《宋史》卷四八六《夏国传下》，第1492页。

高低，被称为"五等司"。"五等司"中有诸多的职能机构，如上等司（最高等）的"中书"和"枢密"①，次等司（第二等）的"三司""殿前司""御史"②"内宿司""阁门司"，中等司（第三等）的"审刑司""群牧司""农田司""边中监军司"等，以及下等司、末等司的诸多职能机构，不一一列举；亦有诸多的政区建制，如次等司的"中兴府""大都督府"，中等司的"华阳县""治源县""五原县"，下等司的"真武县""西宁""孤山"等"边地城司"，以及末等司的"夏州""银州""绥远寨"等。③

五等司以外，亦设有诸司，如"经略司""官提点""执飞禽院""秘书监"等。这些机构虽不在五等司之列，但亦有相较于五等司的高低级别，如"经略司者，比中书、枢密低一品，然大于诸司""京师工院为管治者、番汉大学院、秘书监等，当与次等司平级传导"。④

诸司之中设有各种数量不等的职务，如"正（大人）""承旨"，边地城、寨所任的"城主""寨主""通判""城守"等，各个职司中还设有"都案""案头""司吏""习判"等吏员，这些职位的设置情况在《天盛律令》中记载得很清楚，⑤学者们也做过相应的整理。⑥以上这些设置于从中央到地方各级机构中的职位，也就是以往认识中西夏的"职"。

笔者在开篇即已述及，这样的认识虽不完全错误，但至少并不算周全，因为其无法解释文献中出现的大量与之相冲突的历史事实。那么，西夏"职"的全貌是怎样的，我们还应回到文献中加以详究。

西夏文《官阶封号表》可以说是西夏职官制度研究所依据的一部

---

① 西夏的"中书""枢密"是机构，而不是职位。
② 西夏的"御史"，有时也作"御史台"（《法则》卷一〇，译文参见梁松涛《西夏御史台制度》，见梁松涛《〈亥年新法〉整理与研究》，博士后出站报告，宁夏大学，2014，第33—35页），是一个机构，并不是一个职位。
③ 史金波、聂鸿音、白滨译注《天盛改旧新定律令》卷一〇《司序行文门》，第363—364页。
④ 史金波、聂鸿音、白滨译注《天盛改旧新定律令》卷一〇《司序行文门》，第363—364页。
⑤ 史金波、聂鸿音、白滨译注《天盛改旧新定律令》卷一〇《司序行文门》，第368—375页。
⑥ 史金波：《西夏社会》，第303页。

重要文献。其中的 5921 号文书[①]，保留了西夏前六品全部及七品的部分官阶名，成为学者揭开西夏 "官" 体系面纱所使用的关键性资料。[②] 但是，同被命名为《官阶封号表》[③]，并被认为是与前者内容相衔接且有着极高史学价值的 4170 号文书[④]，却在西夏官制的研究中极少被使用。究其原因，表中虽然存有大量西夏的 "职" 名，但与我们惯常对 "职事官" 的理解严重不合，因而学者们既不敢轻易妄断之为 "职位表"，也不敢轻易在研究中使用。但事实上，它恰恰反映了西夏 "职" 体系的真实情况。

该表已有多位学者做过翻译、整理，[⑤] 笔者现以史金波先生的译文为底本，综合诸家译文，参照西夏文原始图版[⑥]，将译文再次考订如下：

（上缺）	
上大覆	德全
悲惊	圣遮
孝治	天畅
度全	国严
大庇	宽长
藏室	宝室
敝广	禄女
侍予	业净

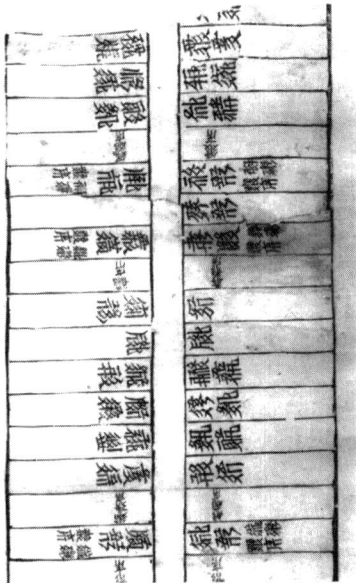

---

① 原始图版见俄罗斯科学院东方研究所圣彼得堡分所、中国社会科学院民族研究所、上海古籍出版社编《俄藏黑水城文献》第 9 册，上海古籍出版社，1999，第 367 页。

② 史金波：《西夏文〈官阶封号表〉考释》，《中国民族古文字研究》第 3 辑，第 252 页。

③ 原文图版见《俄藏黑水城文献》第 9 册，第 246 页。

④ 史金波先生称其为《官阶封号表》的 "表二"，见《俄藏黑水城文献》第 9 册，第 368—371 页。

⑤ 史金波：《西夏文〈官阶封号表〉考释》，第 248—249 页；李范文：《西夏官阶封号表考释》，《社会科学战线》1991 年第 3 期；文志勇：《〈西夏官阶封号表〉残卷新译及考释》，《宁夏社会科学》2009 年第 1 期。

⑥ 该表系由编号 Инв. № 4170a 4170б《官阶封号表（乙种本）》与编号 Инв. № 4170b 两件内容互补的文书拼合而成，图版见《俄藏黑水城文献》第 9 册，第 368—371 页。

续表

姓严	性孝
家倚	侍广
遣能 [1]	
性阔	
皇妃位	**太后位**
皇太妃	太皇太后
皇妃	皇太后
帝女位	太后
皇女	皇后
霄阴	妃嫔
阴女	
诸女	
诸王位	
南院王	
北院王	
西院王	
东院王	
师位	**师位**
德师 同上等位	国师 同上等位
中书位	**枢密位**
智足	南柱
业全	北座 [2]
义观	西摄
习能	东拒
副	副
同	名入

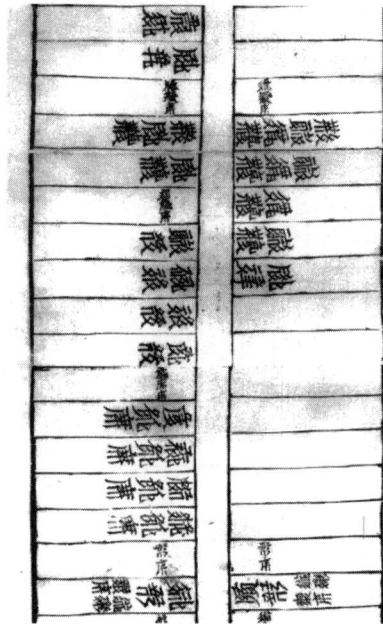

续表

谏师位	权位
谏臣 同次等位	统军 同次等位
仁师	
忠师 同中等位	坦行 [3] 同中等位
巫位	卜算位
巫师	天观
巫成	能算
备护 [4]	春显
□□	夏查
清洁	秋量
梦应	冬观 [5]

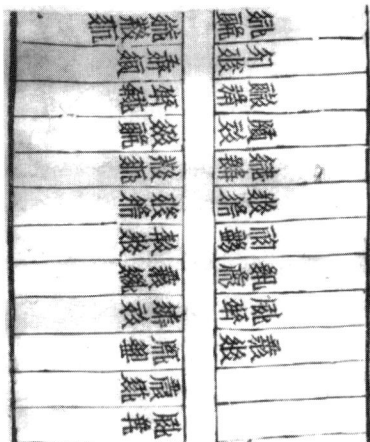

Инв. № 4170a 4170б
《官阶封号表（乙种本）》图版

注：[1] 史金波译文中，"遣"字未释，现据图版补。

[2] 史金波译文中枢密位的前两职为"南益""北依"，现改"南柱""北座"，与《天盛律令·司序行文门》的译法保持一致。

[3] 史金波译为"惶行"，现据原图版，参文志勇译义改。

[4] 史金波译文中，"巫师""巫成""备护"译为"仪？""？就""护举"，现据原图版，参文志勇译文改。疑史金波先生早期作译文所依据图版与《俄藏黑水城文献》所公布图版不是一个版本。

[5] 史金波所译左行"□□""清洁""梦应"，右行"夏查""秋量""冬观"，《俄藏黑水城文献》所公布图版中此三行因破损而缺失。

　　经多位学者整理，这一以西夏文书写的"表"已不再在文字上对研究造成障碍，但学者们除判定其为与官阶表（5921 号文书）相衔接的一种表外，还给了这些官称一个笼统的归类，即"封号"。① 显然，无论是"皇妃""太后""帝女""诸王"等位的"官称"还是文书开头"悲惊""孝治""度全"等看起来"像"是封号而已。

　　可是，诸位学者也同样都注意到，表中"中书位"中的"智足""业全""义观""习能""副""同"，"枢密位"中的"南柱""北

---

① 史金波：《西夏文〈官阶封号表〉考释》，《中国民族古文字研究》第 3 辑，第 252 页。

座"、"西摄"、"东拒"、"副"、"名人"与《天盛律令》中所记载中书、枢密所设"六大人"的职位完全相同,可以肯定这些不是什么"封号",而确确实实是"职"。同样,表中位于"中等位"、"坦行"之下有"卜算位",而《天盛律令》中记载,西夏中等司中确有"卜算院",并且"依事设职,大人数不定",①有理由相信表中"天观"、"能算"、"春显"、"夏查"、"秋量"、"冬观"也就是卜算院中的"大人",属于"职"。

表中还有一些官称,它们虽然并不隶属于某个机构,但显然不属于封号,从文献中看反而跟"职"有较大的联系,如"同次等位"的"谏臣",《天盛律令》中亦表明"皇帝之谏臣者,当与次等司平级";②而"同次等位"的"统军",则在汉文文献关于宋夏交锋的记载中频繁出现,诸多在史籍中留下名字的西夏将领如"嵬名阿埋"③"贺浪啰"④"仁多唛丁"⑤"仁多保忠"⑥等,皆任"统军",而在《天盛律令》关于对边境军官进行奖惩的条文中,也是将"统军"、"监军司"、"边检校"⑦等一并提及,没有理由认为他们仅仅是一个"封号"。

事实上,表中交代得很清楚,其所列的职级体系不是"官",不是封号,而是"席(位)",这种职级不仅分类别(如帝女位、太后位、中书位等等),还分高低(上等位、次等位、中等位等等),并且该表就是按照"位"的高低而排了下来,只不过因为文书首尾残缺,我们从表中看到的只是"位"的一部分而已。因此,称此表为封号表无论如何是不妥当的,而用西夏文献中的一个词语"位阶"⑧,即"位"的阶序,来表述此表的性质倒颇为贴切,因而称此表为"位阶表"较妥。

---

① 史金波、聂鸿音、白滨译注《天盛改旧新定律令》卷一〇《司序行文门》,第369页。
② 史金波、聂鸿音、白滨译注《天盛改旧新定律令》卷一〇《司序行文门》,第366页。
③ (宋)李焘:《续资治通鉴长编》卷五〇四,哲宗元符元年十一月壬辰,中华书局,1992,第12038页。
④ 《续资治通鉴长编》卷四九〇,哲宗绍圣四年八月丙戌,第11624页。
⑤ 《宋史》卷四八六《夏国传下》,第14012页。
⑥ 《宋史》卷四八六《夏国传下》,第14019页。
⑦ 史金波、聂鸿音、白滨译注《天盛改旧新定律令》卷四《敌军寇门》,第212页。
⑧ 译自《亥年新法(甲种本)》卷一〇,原始图版见《俄藏黑水城文献》第9册,第178页。

确实，我们在西夏文献中常可以看到"无位之人""有位臣僚"①之类的表述，但"位"究竟是什么？事实上，在诸多的西夏文献中，"位"常常也就是"职"，如在《天盛律令》中提及"边中、京师诸司"的"司位"，也就是指代诸司中所任的"职"；还将"有位臣僚"与"种种执事"相连，显然表明"位"是有其职能在其中的。而西夏末期光定申年所编的《亥年新法》，花费了大量的笔墨，详细规定了"执"诸多高低不等的"位"者，在相互见面时如何行礼的细则，而这些"执位"者，就包括"中书、枢密旨承"，次、中、下、末等司的"正"等我们一向认为属于"职"的官名在内。②甚至在文献中，"职"与"位"两个字还常常连用，如《天盛律令》就多次用到"职位"，而其表示的，也就是职，如："若革职位等后……"；③"正副将、军马头监、监军、司判、边检校、州主、城守、通判、行监、溜首领、军卒、其余任职位人……"。④甚至还用职位、官品来分别指代"职"与"官"这两大职级体系。⑤而《亥年新法》中，更是将诸多文献中一贯用的"官、职、军"，写为"官、职位、军"。⑥

不过，在一些特殊的语境中，"职"与"位"或"司位"之间倒也存在一些不同。如《亥年新法》中规定上、下级官员互相见面行礼的规则时，无论是丞相、御使大夫、平章事、郡公内宫骑马、驸马、殿上坐经略、光禄大夫、观文殿大学士，还是次、中、下、末等司正等官员，都认为他们是执"位"臣僚，但是提及诸司所属庶人时，则以"执职

---

① 史金波、聂鸿音、白滨译注《天盛改旧新定律令》卷二〇《罪则不同门》，第601—617页。

② 译自《亥年新法（甲种本）》卷一〇，原始图版见《俄藏黑水城文献》第9册，第138页。

③ 史金波、聂鸿音、白滨译注《天盛改旧新定律令》，第145页。

④ 史金波、聂鸿音、白滨译注《天盛改旧新定律令》卷七《番人叛逃门》，第275页。

⑤ 史金波、聂鸿音、白滨译注《天盛改旧新定律令》卷一四《误殴打争斗门》，第478—486页。

⑥ 译自《亥年新法（甲种本）》卷一〇、卷二，原始图版见《俄藏黑水城文献》第9册，第138页。

人"来指代他们。^①也就是说，"位"仅仅指代有一定级别的正官，而诸多的都案、案头、司吏等胥吏，则不在此中。反观前 4170 号文书"位阶表"，的确，属于上等位的"中书位"与"枢密位"中，中书与枢密的正官（即"大人"）全部在列，而属于文史性质的承旨、都案、案头、司吏等皆未列入其中。因而可以这样说，广义上，"位"也就是"职"；而狭义上，"位"就是"职"中有一定级别者，推测应当是将诸多的胥吏排除在外的"职"。

那么，既然 4170 号文书为反映职位的"位阶表"，那么为何其中会有诸多类似于"封号"的官称？又为何许多的职位并不见有所隶属的机构？事实上，我们之所以会产生这样的疑问，是因为我们太过习惯于中国古代"职事官"因事设司与因司设职的基本特点，但我们想不到的是，西夏在继承唐代制度因司、因事设职的同时，又对此加以突破，诸多的"职"既不一定必须附属于某个机构，亦不一定必须承担很具体的职事。

具体来讲，就是说表中"皇妃位""太后位""帝女位""诸王位"中的诸多诸如皇太妃、太皇太后、皇妃、皇太后、太后、皇女、霄阴、阴女等名称，看似是所谓的"封号"，而实际上西夏大胆地将它们纳入"职"的体系之中；上大覆、悲惊、孝治等在表首位置的官称，由于之前的内容缺失无法知道他们究竟居于何种位，但其与太后、帝女、诸王等位性质应当是相同的；而仁师、忠师、谏臣、统军、坦行等虽未见附属于某个机构，但仍独立地行使着某种职权。

这当然不会是无端的猜测。事实上，我们若重新审读《天盛律令·司序行文门》，就可以从其所列的司位看到西夏"职"的这些特点。《司序行文门》一贯被视为西夏职官制度研究中最为重要的资料，观其体例，其前半部分详列了西夏从中央到地方所设诸司（包括五等司与五等以外诸司），而后半部分又详列了各司所设的职位（除了"司吏"在别门列举）。不过，在两部分之间，还列举有诸多完全不隶属于某个机

---

① 译自《亥年新法（甲种本）》卷一〇，原始图版见《俄藏黑水城文献》第 9 册，第 183 页。

构的官职，所列有"边中刺史""巫提点、执飞禽提点""谏臣""学士"等以及专属于皇长子的"皇子、国王、太子"，专属于其他皇子的"国王、三公、诸王"，以及皇帝及皇亲之师"上师、国师、德师、仁师、忠师"等，并且还规定了这些"位名"与上、次、中、下、末"五等司"相较的地位。①

《司序行文门》这样的体例编排虽看似不合常理，但其有西夏的逻辑贯穿其间，那就是这些不因司所设、甚至看起来类似于"封号""称号"的官称事实上与诸多机构所设的"职位"同属于一个职级体系，那就是西夏的"职"。而我们今天之所以会对诸多文献中详细的记载熟视无睹，是因为我们习惯用我们固有的知识结构来理解西夏。

事实上，虽然诸多的学者无不是通过对西夏文献的考证来"还原"西夏的"职"，但不能不说，中国古代"职事官"的概念似乎已先入为主地占据了他们的脑海，使他们在讨论这一问题时，不由自主地忽略了不相适宜的史料。而当前的观点，也就是在这种"削足适履"的研究中形成了。

二 不因司所设诸"职"的两种类型

前述西夏有因司所设之职，亦有不因司所设之职。如果说前者指上、次、中、下、末五等司及五等司外诸机构中的职位，也就是我们一般所认识的"职事官"，那么后者具有什么样的设置特点、职能以及政治属性呢？若考量这些因素，这些不因司所设的职位又可分为两种类型。

第一类，在不因司所设之"职"中，有那么一部分职位，它们虽然不在五等司之列，但有着与五等司中的某等大体相当的地位。如《位阶表》中所记载的"同某等位"，《天盛律令》里记载的"与某等司平级"。若加以详究，还会发现，它们虽不隶属于机构，却可以独立地行使职能。

---

① 史金波、聂鸿音、白滨译注《天盛改旧新定律令》卷一○《司序行文门》，第365页。

　　如身为皇帝之师的"上师、国师、德师",太子、诸王之师"仁师"和"忠师"①,再如"与次等司平级"的"谏臣","与中等司平级"的"边中刺史""写敕、合为文字者学士"②等都属于这种情况。另外,据前《位阶表》,"同次等位"的"统军","同中等位"的"坦行"等,亦属此类的"职"。另外,在一些西夏文献中出现的"帝师"③,也属于这种性质的"职",而不是"封号"。

　　文献中出现的各种"师","皇帝之师监承处:上师、国师、德师。皇太子之师:仁师。诸王之师:忠师"。"上师、国师及德师等与上等位当","皇太子之师仁师者,与次等位当","诸王之师忠师者,与中等位当"。④另外,一些文献中还出现"法师""禅师"⑤等,还有地位极高的"帝师"。

　　从诸多文献来看,"帝师""国师""法师""禅师"等或参与译、校大型佛经的活动,或参与西夏政府所主持的大型法事,⑥在诸多佛教文献的题记里,不少任这些职位的高僧都留下了他们的名字,兹不赘述。

　　德师、仁师、忠师等,并未在西夏浩繁的佛教文献中找到他们的踪迹,而"节亲主、德师、知中书枢密事"的"嵬名德照"⑦却是西夏著名辞书《同音》的"重校"者。他们很有可能是辅导皇帝或诸王学习儒家经典的"师"。

　　这些"师"中,"帝师"较为特别。虽然其与"国师""法师""禅师"等一同参与佛事活动,但其地位明显要比身为"同上等位"的国师还要高出很多。《圣胜慧到彼案功德宝集偈》中的"帝师""波罗显胜"

---

① 史金波、聂鸿音、白滨译注《天盛改旧新定律令》卷一〇《司序行文门》,第366页。
② 史金波、聂鸿音、白滨译注《天盛改旧新定律令》卷一〇《司序行文门》,第366页。
③ 藏汉合璧《圣胜慧到彼案功德宝集偈》中,"帝师"波罗显胜所赐官阶为上品(第一品)文阶,足见其地位远高于一般的官职。见俄罗斯科学院东方文献所圣彼得堡分所、中国社会科学院民族研究所、上海古籍出版社编《俄藏黑水城文献》第15册,上海古籍出版社,2011,彩页第5页。
④ 史金波、聂鸿音、白滨译注《天盛改旧新定律令》卷一〇《司序行文门》,第365页。
⑤ 见史金波、聂鸿音、白滨译注《天盛改旧新定律令》卷一〇《失职宽限变告门》,第351页。
⑥ 史金波:《西夏社会》,第580—590页。
⑦ 李范文:《同音研究》,宁夏人民出版社,1986,第202页。

所受官阶"卧勒"为一品文阶"具足"①，其所受西夏最高的官阶，在西夏是极少有人可以获得的，②足见其地位之高。

"刺史"是西夏设于地方的一种独立行使监察职权的职位，在各监军司及重要的州城等二十处设置，③与地方行政单位分立并行，行使其监察之责。而"统军"，也即统兵之将，是西夏一个独立行使统兵之责的职位。④西夏"统军"除前述常常出现在诸多的战役中外，元代文献里"钤部""甘卜""敢不"⑤等，也都指的是统军。如河北省邯郸市大名县陈庄村出土的《宣差大名路达鲁花赤小李钤部公墓志》，中的"小李钤部公"。⑥王恽《秋涧集》中所收《大元故大名路宣差李公神道碑铭》，墓主为"沙州钤部"，而其"皇考"为"肃州钤部"，即分别为沙州、肃州的"统军"⑦。《蒙古秘史》中，与成吉思汗在阿拉筛（阿拉善）⑧作战的"阿沙敢不"，现在看来，"敢不"并不是什么"称号"⑨，而是"统军"这一职位。

① 史金波先生根据发音判断"卧勒"即为一品文阶官"具足"的音译，参见史金波《中国民族古文字研究》第3辑，第285页。但其实，俄藏黑水城出土文献中还有一件《圣胜慧到彼案功德宝集偈》的西夏文译本（见《俄藏黑水城文献》第15册，彩图第5页），其西夏文的题记清楚地以西夏文写着波罗显胜所受"黼繍（具足）"的官阶。
② 西夏"官"与"职"的高低有着大体相匹配的原则，详见后文的论述。
③ 刘双怡：《西夏刺史简论——以〈天盛改旧新定律令〉为中心》，《前沿》2014年第Z1期。
④ 虽然西夏辞书《番汉合时掌中珠》中出现有"统军司"〔（西夏）骨勒茂才：《番汉合时掌中珠》，黄振华、聂鸿音、史金波整理，宁夏人民出版社，1989，第28页〕这样一个机构，但前《位阶表》中将"统军"作为一个"同次等位"独立职位来看待，并且《天盛律令·司序行文门》中详细开列的大小机构中，也没有出现统军司。推测统军司可能并不是一个常设机构，而在西夏一朝的大多数时间里，"统军"是作为一个独立行使职权的职位而存在的。
⑤ "𧤔𧤻（统军）"的汉语对音为"遏暮"（《番汉合时掌中珠》，第28页），依照宋代西北方音可分别拟音为 ga 和 bɪv。（李范文：《宋代西北方音——〈番汉合时掌中珠〉对音研究》，中国社会科学出版社，1994，第73页）
⑥ 参见朱建路《元代〈宣差大名路达鲁花赤小李钤部公墓志〉考释》，《民族研究》2014年第6期。
⑦ （元）王恽：《王恽全集汇校》卷五一《大元故大名路宣差李公神道碑铭并序》，杨亮、钟彦飞点校，中华书局，2013，第2377—2378页。
⑧ 原译为"贺兰山"，其实"阿拉筛"应当指阿拉善。
⑨ 余大钧译《蒙古秘史》，河北人民出版社，2001，第438页。

此外，还有"与次等司平级"的"皇帝之谏臣"，"与中等司平级"的"写敕、合为文字者学士"①，以及《位阶表》所载不明其职责的"坦行"②等。

第二类"职"，既不因司而设，亦不因事而设，但它们反而有超越上等位的地位。在前《位阶表》中可以清楚地看到，所谓位于上等的"中书位"与"枢密位"，甚至是"同上等位"的"德师"和"国师"并不是西夏"职"体系中的最高位，而在其之上，西夏还将诸王、帝女、皇妃、太后等拉进了"职"的系统，专门给他们设置了相应的"位"，并居于五等司之上。由于《位阶表》残缺，文首的"上大覆、德全、悲惊、圣遮"等已经无法得知属于哪一种位，但按常理来判断，在太后之上，至少还应该有皇后、皇子甚至可能还有亲王。《天盛律令》即记"皇帝之长子者，年幼时曰皇子，长成时依次升顺：国王、太子等"来作为他们的"位名"③，并且皇太子与"中书""枢密"等一样，还配有"司印"，规格远高于其他诸司；④而其他皇子亦有"位名"，所谓"皇太子之弟者，长成时升国王、三公、诸王等"。⑤而其中"诸王"在《位阶表》中明确记载有"南院王""北院王""西院王""东院王"，而参与《天盛律令》撰定的"北王"很可能就是《位阶表》中的"北院王"。

事实上，西夏文献中所出现的此类"虚职"并不仅限于以上提到的几个，比如西夏前期的"国相"⑥、"太尉"⑦、"附马"⑧，中期的"宰相"⑨、"内宫走马"⑩、"太师上公"⑪，后期更加丰富，又加上了"观文殿大学

① 史金波、聂鸿音、白滨译注《天盛改旧新定律令》卷一〇《司序行文门》，第366页。
② 参前《位阶表》[《官阶封号表》(乙表)]。
③ 史金波、聂鸿音、白滨译注《天盛改旧新定律令》卷一〇《司序行文门》，第365页。
④ 史金波、聂鸿音、白滨译注《天盛改旧新定律令》卷一〇《司序行文门》，第365页。
⑤ 史金波、聂鸿音、白滨译注《天盛改旧新定律令》卷一〇《司序行文门》，第365页。
⑥ 《宋史》卷四八六《夏国传下》，第14026页。
⑦ 《宋史》卷一二一《礼志二十四》。
⑧ 《宋史》卷四八六《夏国传下》，第14000页。
⑨ 《元史》卷一四五《亦怜真班传》，中华书局，1976，第3445页。
⑩ 史金波、聂鸿音、白滨译注《天盛改旧新定律令·颁律表》，第108页。
⑪ 俄藏TK124《金刚般若波罗密经》经末的发愿文记"太师上公总领军国重事秦晋国王"，参见史金波《西夏"秦晋国王"考论》，《宁夏社会科学》1987年第3期。

士"①、"光禄大夫"②、"平章事"③、"郡公"④等。若说辽代官制"沿名之风"⑤，那西夏的这些"虚职"又何尝不是。

若对文献中的一些职位细细考究的话还会发现，之前一直被认为是部门长官的实职，很可能也属于此类"虚职"，比如在文献中多次出现的"中书令"⑥。法典《天盛律令·颁律表》依职位高低，列出了参与编修法典的"撰定者"。与《天盛律令》正文所记载的一致，其参与者有在"中书"中任职的若干位"大人"，如"中书智足""中书习能"以及两位"中书副"。但是，在诸位中书大人前还有两人的官职为"𘓐𗣼𘟣"，通过音译，我们得知此为我们所熟知的"中书令"。但是，表示"中书令"的三个西夏字，采用了三个音译字，但作为西夏上等司的"中书"却写作"𗡤𗭧"⑦，这是一个仅指"中书"的专有名词，同一件官方文献中，"中书"的写法并不相同。

事实上，在《颁律表》所列《天盛律令》的"撰定者"中，"中书令""嵬名忠□"排在"中书"的首席长官"中书智足""嵬名地远"之前，所受官阶"长艳"也高于中书智足所授的"才盛"。⑧也就是说，在西夏"中书令"与作为"中书"的机构并没有关系，它是地位高于上等位的一个职位，也就是此类的"虚职"。

根据中书令的这种情况，我们还可以进一步推测，文献中出现的枢密使⑨、御史大夫⑩，应当也不是"枢密"或"御史（御史台）"的长官，

① 译自《亥年新法（甲种本）》卷一〇，原始图版见《俄藏黑水城文献》第9册，第180页。
② 译自《亥年新法（甲种本）》卷一〇，原始图版见《俄藏黑水城文献》第9册，第181页。
③ 译自《亥年新法（甲种本）》卷一〇，原始图版见《俄藏黑水城文献》第9册，第181页。
④ 译自《亥年新法（甲种本）》卷一〇，原始图版见《俄藏黑水城文献》第9册，第181页。
⑤ 《辽史》卷四五《百官志一》，中华书局，1974，第685页。
⑥ 《宋史》卷四八五《夏国传上》，第13993页。
⑦ 翟丽萍：《西夏职官制度研究——以〈天盛革故鼎新律令〉卷十为中心》，第84页。
⑧ 关于西夏"官""职"对应的情况，将在后文详细介绍。
⑨ 《宋史》卷四八五《夏国传下》，第14024页。
⑩ 译自《亥年新法（甲种本）》卷一〇，原始图版见《俄藏黑水城文献》第9册，第181页。

而是位在五等司之上的虚职。《天盛律令》记载得很清楚，与"中书"相同，枢密所设大人六，南柱、北座、西摄、东拒、副、名入，①并没有枢密使。而御史所设"六正"，没有记载详细的官名，但其仅为次等司而已，可是御史大夫却在《亥年新法》中官员的礼仪座次中，与附马、观文殿大学士、经略等是一致的，明显要比次等位的地位高。

由西夏文直译的"节亲主"②一直被认为仅指一种与皇帝有亲缘关系的身份，但西夏末期法典《亥年新法》中有"持节亲主、中书、枢密都案等司位的大小臣僚"③的行文，可见这种身份被纳入"司位"，也就是"职"的体系中，属于高于上等位的"虚职"。

不过，虽然它们是"虚职"，但万万不可以为它们仅仅是示以恩宠无实际意义的名号。事实上，我们在史籍中往往看到担任着这种"虚职"的人物反而是呼风唤雨、最具权势的风云人物，比如西夏前期担任"枢密"的嵬名山遇，④任"国相"的张元、梁乙埋，⑤任"国相"⑥又任"太师上公"⑦的任德敬，任中书令的"嵬名令公"⑧等。

事实上，此类职务还拥有不少特权。比如西夏末期，西夏统治者认为"国土之内，上下相敬，小大相监，是头等大事"⑨，于是详细规定了上、下位相见时的礼仪。而处于礼仪层级顶端的就是宰相、平章事、郡公、内宫走马、附马、殿上御史大夫、观文殿大学士、经略等虚职。诸

---

① 史金波、聂鸿音、白滨译注《天盛改旧新定律令》卷一〇《司序行文门》，第 366 页。
② 亦译作"节亲王"，《天盛律令》卷六《军持兵器供给门》，第 344 页。
③ 译自《亥年新法（甲种本）》卷一〇，原始图版见《俄藏黑水城文献》第 9 册，第 182 页。可见，西夏的"节亲主"是一种"司位"，即"职"，并不仅仅是一种身份。
④ （宋）司马光：《涑水记闻》卷一二，邓广铭、张希清点校，中华书局，1989，第 220 页。
⑤ （宋）苏轼著，李之亮笺注《苏轼文集编年笺注》卷二八《奏议二十首》，巴蜀书社，2011，第 11 页。
⑥ 《宋史》卷四八六《夏国传下》，第 14025 页。
⑦ 俄藏 TK124《金刚般若波罗密经》经末的发愿文记"太师上公总领军国重事秦晋国王"，参见史金波《西夏"秦晋国王"考论》，《宁夏社会科学》1987 年第 3 期。
⑧ 《元史》卷一《太祖纪》，第 14、24 页。
⑨ 译自《亥年新法（甲种本）》卷一〇，原始图版见《俄藏黑水城文献》第 9 册，第 179 页。

多机构中任职的官员，见到他们时反而要"下马行礼"。[①] 再如，《天盛律令》即规定，除了"节亲、宰相及经略、内宫骑马、驸马，及往边地为军将等人"外，其他人不允许使用带有金、玉的刀、剑、鞍等；[②] 而"鎏金、绣金线等"日用品也同样只有上述这类人的夫人及若干亲属可以使用。[③] 而对损毁"节亲、宰相、诸王等"的"地墓、陵、立石、碑记文等"的人，则处以"徒十二年"甚至是"绞杀"的刑罚。[④] 但"节亲主犯罪时……应受大杖者当转受细杖"。[⑤]

其实这些"职"或来自身份、或源于其他王朝的官称，但它们并不区分职责，而是代表品位，代表任此"职"的人在国家权力金字塔中所处的地位。

综上，西夏的所有职大体可以分为三类，第一类是在各级机构中所任的职位；第二类是虽不隶属于某个机构，但大多有着和某等机构相对应的等次，并且可以承担具体的职事；第三类即不隶属于某个机构，亦不承担具体的职事，但有着超越五等司的地位和权势。

三 "职阶""位阶"

在西夏文献中，有两个重要的词语，"职阶"[⑥]、"位阶"[⑦]，也都表示西夏"职"的阶序。

通过诸多的文献来看，西夏虽然没有将所有的"职"用具体的数字排上等次（如唐代"职事官"就分为九品三十阶[⑧]），但其仍有明确、严

---

① 译自《亥年新法（甲种本）》卷一〇，原始图版见《俄藏黑水城文献》第9册，第179页。

② 史金波、聂鸿音、白滨译注《天盛改旧新定律令》卷七《敕禁门》，第282页。

③ 史金波、聂鸿音、白滨译注《天盛改旧新定律令》卷七《敕禁门》，第283页。

④ 史金波、聂鸿音、白滨译注《天盛改旧新定律令》卷七《敕禁门》，第184—185页。

⑤ 史金波、聂鸿音、白滨译注《天盛改旧新定律令》卷七《敕禁门》，第601页。

⑥ 史金波、聂鸿音、白滨译注《天盛改旧新定律令》卷七《敕禁门》，第377页。

⑦ 译自《亥年新法（甲种本）》卷一〇，原始图版见《俄藏黑水城文献》第9册，第178页。

⑧ 赖瑞和：《再论唐代的使职和职事官——李建墓碑墓志的启示》，《中华文史论丛》2011年第4期。

格的等级。如前文所提及，由《天盛律令·司序行文门》及《位阶表》所见，西夏将所有的机构分为上、次、中、下、末五个等级，而五个等级机构中的正官，皆为相应的等位，如上等司中书、枢密的正官"智足、业全、义观、习能、副、同"与"南柱、北座、西摄、东拒、副、名人"等即皆为"上等位"；而中等司卜算院的正官"天观、能算、春显、夏查、秋量、冬观"等则皆位于"中等位"①。

不在五等司内的机构及不因司而设的"职"，亦有着与五等司位相匹配的"位阶"，如"德师""国师"同上等位，"谏臣""统军"同次等位，"忠师""坦行"同中等位。②

不过，一个机构内并不只有一个层级的"职"，以西夏中央机构的主要设置为例，正官之下，还有承旨、都案、案头以及司吏，那么他们的"位阶"有多高？文献中并没有直接的交代。但是，《亥年新法》在做出"革职献钱赎罪"相关规定时，无意透露了西夏"依职得官"的一些原则。条文中将处于相同位阶的职归在了一起，位阶相当的"职"获得相应等次的"官"，③其中"次等司正"为所列的最高位，④其次为中等司正、次等司承旨，再次为下等司正、中等司承旨、上等司（中书、枢密）都案⑤，再次为末等司正、下等司承旨、上等司（中书、枢密）案头、次等司都案，再次为次等司案头、中等司都案，再次为中等司案头、下等司都案，最后为下等司案头、末等司都案。

《亥年新法》提及的"以职定阶"没有涉及上等司正及所有机构中的"司吏"。但就所涉及的职位来看，上、次、中、下、末五等司的正官相互之间相差一等，而同一等司中，正官、承旨之间相差一等，承旨与都

---

① 参前《位阶表》。

② 参前《位阶表》。

③ "官"与"职"的匹配原则详见下一节的论述。

④ "次等司正"并不是西夏"位阶"中的最高位，只是《亥年新法》所列以职定阶的最高位。

⑤ 梁松涛译为"中书、枢密、都案"（梁松涛、张玉海：《再论西夏的"官"与"职"——以西夏官当制度为中心》，《宁夏社会科学》2014 年第 3 期），其实根据上下文，这里指的是"中书""枢密"两个机构（也就是西夏的上等司）中的"都案"一职，下文中的"中书、枢密、案头"情况相同，原始图版见《俄藏黑水城文献》第 9 册，第137 页。

案之间相差两等，都案与案头之间又相差一等。因而上文中，末等司正、下等司承旨、次等司都案、上等司案头为同一位阶，就是这样的原理。

文献中没有涉及司吏的位阶，可能因为司吏确系属于最基层的小吏，也就是文献中"职不持庶人"[①]，并没有什么地位可言。

综上，据文献所反映的情况，西夏的位阶至少可分为以下若干级：与五等司相对应的上、次、中、下、末，或与它们相当的五等位，五等位下，又有与末等司承旨、都案、案头相对应的三阶；此外，如前所述，在上等位之上，亦有皇子、诸王、亲贵等所属的诸多虚职。这些虚职应当也是分高下的，只不过目前文献没有明确记载其中的位阶究竟怎么分。

根据以上对于西夏职阶的描述，特制成表1，以便一目了然。

表 1　西夏职阶（位阶）情况

	上等司	次等司	中等司	下等司	末等司	非五等司之职
上上等位（不止一级位阶）	——	——	——	——	——	帝师、宰相、内宫走马、太师上公、观文殿大学士、光禄大夫、平章事、郡公等
上等位	大人	——	——	——	——	上师、国师、德师
次上等位	——	——	——	——	——	经略
次等位	承旨（推测）	正	——	——	——	仁师、谏臣、统军
中等位	——	承旨	正	——	——	忠师、坦行、刺史
下等位	都案	——	承旨	正	——	（未明）
末等位	案头	都案	——	承旨	正	（未明）
末下一阶位	——	案头	都案	——	——①	（未明）
末下二阶位	——	——	案头	都案	——	（未明）
末下三阶位	——	——	——	案头	都案	（未明）

注：①据《天盛律令》，末等司不设承旨，而《亥年新法》中的该段条文也确实没有提及末等司的承旨，参见史金波、聂鸿音、白滨译注《天盛改旧新定律令》卷一〇《司序行文门》，第371—374页。

———————

① 译自《亥年新法（甲种本）》卷一〇，原始图版见《俄藏黑水城文献》第9册，第182页。

以上便是西夏"职阶"或"位阶"的完整阶序。

四　西夏"官"与"职"的对应

既然前述西夏的"职"是一套阶序化的体系，它与西夏另一个阶序化的体系——"官"同时共存的话，那么就必然存在一个问题，那就是如何对应。

西夏的"官"也就是官阶。与"分职定位"的"职"不同，官阶常"止于服色、资荫，以驭崇贵，以甄功劳"。[①]西夏官分十二品，每品分文武若干阶，每阶官名皆以西夏语命名。而十二品外又有杂官。

目前学者虽认为西夏有官者不一定有职，而有职者也不一定有官，并且二者并不严格一一对应，但从总体上看，在西夏官品高的人职位也高，二者有大体一致的对应关系。[②]并且西夏较为普遍地执行"以职定阶"的制度，如在《天盛律令》中即有"依位得官法""正副经略得官法""经略司都案案头得官法""执敕及伞等得官法""医人等得官法""边等官获末品"[③]等条目，只是很可惜，条目的具体内容已经全部缺失。

有学者在整理西夏末期法典《亥年新法》时发现了部分有关"以职定阶"的详细条款，其反映了"官"与"职"的对应关系[④]，现将其整理如下（见表2）。

表2　《亥年新法》中"官"与"职"的对应关系

类别	职	官	官阶数	官阶类别
第一类	1.次等司正	霁速	14	及御印官
		语抵		
		信受	53	不及御印官
		察明		

---

① 《新唐书》卷一〇七《陆贽传》，中华书局，1975，第4922页。
② 史金波：《西夏社会》，第305页。
③ 史金波、聂鸿音、白滨译注《天盛改旧新定律令》卷一〇《官军敕门》，第51页。
④ 梁松涛、张玉海：《再论西夏的"官"与"职"——以西夏官当制度为中心》，《宁夏社会科学》2014年第3期。

续表

类别	职	官	官阶数	官阶类别
第二类	1. 中等司正 2. 次等司承旨	柱趣 头主 慧臣 威臣	53	不及御印官
第三类	1. 下等司正 2. 中等司承旨 3. 上等司（中书、枢密）①都案	戏监 因监 诚灵 劝灵	40	
第四类	1. 末等司正 2. 下等司承旨 3. 次等司都案 4. 上等司案头	劳主 暗监 诏灵 巧臣	28	
第五类	1. 次等司案头 2. 中等司都案	上胜臣 次颂主	20	
第六类	1. 中等司案头 2. 下等司都案	上作监 上总监	8	
第七类	1. 下等司案头 2. 末等司都案	上睦灵 次睦灵	2	

注：①条文中中书、枢密指的就是上等司，而梁文中未释，现补。

从表 2 看，所涉及的七个层级的职事官，职与官并非一一对应，一个职位相对应的官阶是限定在一定范围内的，有最高阶和最低阶，但这个官阶层级落差不大，通常一个职位对应官阶一般为 2—4 个，职位越高对应官阶越多。①

以上各职最高者为次等司正，所对应的官阶最高者为"雳速"。在

---

① 梁松涛、张玉海:《再论西夏的"官"与"职"——以西夏官当制度为中心》,《宁夏社会科学》2014 年第 3 期。

《官阶封号表》①所载的前六品中，并无"霂速"，也就是说，即使在我们看来位高权重的次等位，其所得官阶也不过是七品或以下。

那么，高于次等位的上等位，会对应哪些官阶呢？这在其他资料中可以看到。《天盛律令·颁律表》中记载的诸多参与法典修订的人员所保留的官职与官阶中，前文已经述及，第三位"嵬名地远"，其职为"中书智足"，即上等司"中书""六大人"中的首席长官，其所授"官"也只是"才盛"，下品文阶第十阶，即第四品倒数第三阶。"中书"中的其他"大人"紧随其后，第五位"乃令□文"职位为"中书习能"，赐"官"为"养孝"，下品文阶第八阶；第六、七位皆为"中书副"，所授"官"分别为"义持""义观"，应当为末品（第五品）文阶第二阶"义平"与下品文阶第七阶"智观"；第八位"中书同、副"所受"覆全"②为下品文阶第十二阶。

从中我们可以看出，虽然中书位的六大人按"智足、业全、义观、习能、副、同"③的次序排列，但其所受"官"有高有低，如一同出现的中书习能反而"官"高于首席的"中书智足"，可见西夏"职"与"官"并非严格一一对应。但是上等位的六位大人所授的"官"大体集中在第四品里的中后阶与第五品的前阶，并没有相差太多，可见相同的位阶又在一定范围内与"官阶"相对应。

作为上等位的"中书位"系如此，而同为上等位的"枢密位"亦如此，如《颁律表》中的第四位"嵬名仁谋"，职为"枢密东拒"，所授官为"覆全"④，下品文阶第十二阶；第八位"嵬名忠信"，职为"枢密名入"，官为"益盛"，末品（第五品）文阶第三阶。《颁律表》中仅出现的两名"枢密""大人"皆为文官，可以理解为"枢密"中的大部分武官并没有参与到《天盛律令》的编撰工作中。而成书于西夏前期、俄藏5130号文书《妙法莲花经序》中有"枢密西摄典礼司正赐艺广孝武

---

① 西夏文《官阶封号表》保留了西夏前六品的全部及七品的部分官阶，译文详见史金波《西夏文〈官阶封号表〉考释》。
② 史金波、聂鸿音、白滨译注《天盛改旧新定律令·颁律表》，第108页。原文作"同中书副"，现据原文改。
③ 史金波、聂鸿音、白滨译注《天盛改旧新定律令·颁律表》，第366页。
④ 史金波、聂鸿音、白滨译注《天盛改旧新定律令·颁律表》，第107页。

恭敬东南姓官上国柱赠罔长信"①的题款,枢密"西摄"位高于"东拒",
所对应官阶为"艺广",属下品武阶中的倒数第二阶。其所对应"官"
的品级与"中书"大体相当,只不过"枢密位"所对的"官"有文阶,
亦有武阶。

文章述及此处,前文中提出的一个重要问题应该也迎刃而解了。
既然西夏的"官"与"职"大体对应,位高权重、处于西夏中枢机构
的"上等位"只不过仅能获得四品的末阶到五品的"官",那么四品前
阶与前三品的"官"给了谁?很显然,给了位于"上等位"以上的诸
多"虚职"。

这在文献中也是有所反映的,如《颁律表》中的第二位"中书令,
赐长艳,文孝恭敬东南姓官上国柱鬼名忠□"②,所授"官"为"长艳"
就是下品文阶第二阶。《同音》的编撰者为"节亲主、德师、知中书、
枢密事、授正净、文武业集孝种能恭敬东南姓官、上天倚鬼名德照"③,
其所对应官阶为"正净",为下品文阶第一阶。

不过,"节亲主"也好,"中书令"也好,也只不过授予了四品前
阶的"官",那么前三品的"官"呢?事实上,就《官阶封号表》中所
反映的情况看,前三品每品仅各分别有文、武一阶,即总共仅有六个
"官"阶。有理由相信,这仅仅会授予朝中极个别有特殊权势的人。文
献中虽未出现过二、三品的"官",但一品的"官"出现过几次。比如
汉文史料中出现的"谟宁令",是"朕席骰(天大王)"的音译,或即一
品武阶"隃席骰(大国王)"。被授予此"官"的一是深受元昊宠信的野
利氏兄弟,史载:"(元昊)以野利氏兄弟旺荣为谟宁令,号拽利王,刚
朗陵(遇乞)为宁令,号天都王,分典左右厢兵马。"④西夏第二位"大

---

① 聂鸿音译为"摄枢密帐典礼司正受广修孝武恭敬东南族官上柱国罔长信作",见聂鸿
音《西夏佛经序跋译注》,第6页;史金波译为"枢密西摄典礼司正赐艺广武孝恭敬
东南姓官上国柱旺普信作",见史金波《西夏文〈官阶封号表〉考释》,《中国民族古
文字研究》第3辑,第254页。现据原文再次整理。

② 史金波、聂鸿音、白滨译注《天盛改旧新定律令·颁律表》,第107页。

③ 俄罗斯科学院东方研究所圣彼得堡分所、中国社会科学院民族研究所、上海古籍出版社
编《俄藏黑水城文献》第7册,《音同(甲种本)》,上海古籍出版社,1997,第1页。

④ (宋)司马光:《涑水记闻》卷一一,第206页。

国王"就是在小梁太后主政时期权倾朝野的梁乙逋,史载:"梁乞埋死,其子移逋继之,谓之'没宁令'。"①而一品文阶的"具足"在文献中也有出现,在前文所引用的《圣胜慧到彼案功德宝集偈》题记中的"贤觉帝师""波罗显胜",所授的"官""卧勒"②也就是"具足"的音译。"帝师"在前文已有所交代,西夏中期才出现,专门授予德高望重的藏传佛教高僧,非常设的特殊职务,其被授予一品最高的官阶,足见其地位之尊崇,也反映了西夏中后期对藏传佛教的推崇。

比较特别的一个例子是凉州碑中的"中书正梁行者乜",其头衔是"庆寺都大勾当铭赛正嚷挨黎",已有学者做过考证,"铭赛"也就是西夏"祸蒳(中书)"的音译,而"铭赛正"即"中书正","挨黎"与前"卧勒"同为"具足"的音译。③这是唯一的一个材料看到"中书"的"正"可以授予一品"官"阶,这很有可能是小梁太后专政时期,特意扶持其梁氏家庭成员所为。

五　西夏官制体系的权力结构

前文提出了西夏"职"的三种类型,又讨论了西夏"职"的阶序及"官"与"职"的对应情况。至此,应当从宏观上重新审视西夏的官制体系,来讨论其权力结构是怎样的。

诚如前文所述,西夏三种类型的"职"分别为:(1)职司内所任之"职";(2)非司属,但独立承担职事之"职";(3)既非司属,亦不承担具体职事,却有极高地位之职。

毫无疑问,前两类的官职虽然设置方式不同,但有着相同的政治属性。它们虽然有在机构任职者,有不在机构任职者,但二者均有着上、次、中、下、末相应的地位(帝师除外),并且要么独立,要么通过机

---

① (宋)沈括:《梦溪笔谈》卷二五《杂志二》,金良年点校,中华书局,2015,第241页。
② 罗炤:《藏汉合璧〈圣胜慧到彼案功德宝集偈〉考略》,《世界宗教研究》1983年第4期。
③ 史金波:《西夏文〈官阶封号表〉考释》,《中国民族古文字研究》第3辑,第254—255页。

构来承担具体的职事。可以说，二者共同构成了西夏政权得以正常运转的国家机器。

事实上，我们在文献中也确实常常可以看到，在西夏国家机器运转的过程中，两种"职"常常会有权力上的交叉与衔接。

比如，"刺史"作为一地的监察官，就会时常过问其所监察地区的军政、经济、司法事务，并有权将各种情由"来奏京师"，向中央政府汇报。[1] 再如，"谏臣"与位列次等司的"御史"[2]（也作"御史台"[3]）构成了类同于唐宋制度中的"台谏"。只不过，唐宋的"台谏"系由"御史台"和"谏院"这两个机构构成，而西夏却将其变成了一个机构与一个职位的配合。

此外，一些拥有独立职位的官员，还常常在机构中兼任职务。如"国师"虽然作为"皇帝之师"[4]，位于"同次等位"，但其常常会兼任"出家功德司"或"在家功德司"的长官[5]，如《观自在大悲心总持依经录》[6]和《圣胜慧到彼案功德宝集偈》[7]中出现的"五明显密国师""嘭也阿难捺"即系如此。另外，诸师作为宗教性的职务，也常在宗教管理类的机构中兼任职务，如"诠教法师""鲜卑宝源"即兼任着"偏袒提点"一职；而"显密法师"兼任着"功德司副使"之职；而职位最高的"贤觉帝师"则兼任着"功德司正""偏袒都大提点"两个职位。[8]

---

① 刘双怡《西夏刺史简论》(《前沿》2014 年第 Z1 期，第 210 页）中已对刺史的各项职能做了详细概括，兹不赘述。
② 史金波、聂鸿音、白滨译注《天盛改旧新定律令》卷一〇《司序行文门》，第 367 页。
③ 《法则》卷九，译文参见梁松涛《西夏御史台制度》，见《〈亥年新法〉整理与研究》，博士后出站报告，宁夏大学，2014，第 31 页。
④ 史金波、聂鸿音、白滨译注《天盛改旧新定律令》卷一〇《司序行文门》，第 365 页。
⑤ 《天盛律令》记载"国师"即为两种功德司的长官，但其实从诸多题记来看，"国师"只是往往兼任"功德司正"，但两者仍然是两种职位。史金波、聂鸿音、白滨译注《天盛改旧新定律令》卷一〇《司序行文门》，第 365 页。
⑥ 《圣观自在大悲心总持功能依经录》，俄罗斯科学院东方研究所圣彼得堡分所、中国社会科学院民族研究所、上海古籍出版社编《俄藏黑水城文献》第 4 册，上海古籍出版社，1997，第 30 页。
⑦ 罗炤：《藏汉合璧〈圣胜慧到彼案功德宝集偈〉考略》，《世界宗教研究》1983 年第 4 期。
⑧ 据俄藏 598 号文书，"偏袒提点"的西夏文写法也就是《天盛律令》被译为"变道提点"的职位，为"出家功德司"下的属官。

这说明，这种不因司所设，但独立承担职能的职位，事实上与诸多的机构具有同样的性质。它与诸多的机构共同构成了西夏政权的国家机器。

如果仅仅从这一层面来看，用"多与宋同"^①来概括西夏的中央官制体系大体还是不差的。其不仅遵循着专制主义中央集权制度金字塔式阶序化的基本模式，而且绝大多数的机构能够在宋代尤其是宋初制度中找到原型，并保留着其所继承机构的基本职能。应该说，这是西夏在很大程度上接纳了唐宋为主的中原王朝政治文化的结果。

西夏的"官分文武班"^②表现为西夏中书与枢密分掌文、武大政，这与宋初的"二府"有相似之处，只是"中书""枢密"之下，并无"六部"的设置，而是有诸如群牧司、农田司、三司等诸多的职能部门，只不过各部门职能的重要性不同，其地位也分别位于次等司到末等司。

虽然"多与宋同"，但相比于宋代，西夏的职司设置明显要简单得多，同时很少见机构臃肿、职能重叠的现象，这也体现出西夏的政治较为清简，风气较为质朴。

不过若我们再观察前述的第三类官职，就很难再坚持西夏的中央官制体系"多与宋同"的结论了。第三类诸如皇太子、宰相、国相、诸王、太尉、三公、附马、中书令、枢密使、内宫走马、平章事、光禄大夫等，前文已述，虽然西夏异乎寻常地将他们纳入"职"的体系中，但他们既不承担具体的职事，也不隶属于某个机构，可偏偏又有着超越五等司的崇高地位、权势。事实上，任这些高位的"虚职"的人物俨然构成了一个庞大的权力群体，他们看似不承担具体的"职事"，但其实他们的权力大到足以干涉任何部门的任何"职事"。如果说五等位下，分文武班的"职"与"司"构成了西夏政权运转中的国家机器，那么这一群体毫无疑问就是操作这个机器的"手"。

不过，这一权力群体是由什么人构成的呢？似乎西夏一朝时代不同，情况也不一样。比如元昊时，有身为汉人的"相国"张元，有"攻

① 《宋史》卷四八六《夏国传上》，第14028页。
② 《宋史》卷四八五《夏国传上》，第13993页。

唵厮啰"被执的苏奴儿,[①] 有皇亲"嵬名山遇"兄弟任枢密,[②] 有野利氏兄弟为"天都王""野利王"[③], 有汉人, 有皇亲, 亦有大族"酋豪"。而在两位梁太后先后主政时, 梁氏宗族大量进入西夏统治集团内部, 如梁乙埋、梁乙逋。不过至少到了仁宗朝, 这种位居五等司以上的职位就基本上由皇亲占据了, 诸如"皇太子""节亲主""诸王""附马"等无不透露出他们皇亲的身份。不仅如此, 皇亲还开始普遍地在高级的职司内任职, 比如在《天盛律令·颁律表》中不仅任高级职位"北王"和"中书令"的是嵬名氏, 中书、枢密中任职的"正官"中, 亦绝大多数为嵬名氏。足见皇亲在西夏中后期势力的庞大。

结　语

少数民族政权的"汉化""华夏化""封建化"等, 一直是中国民族史研究所关注的话题。虽然叫法不同, 但都指代少数民族政权在政治、文化、经济等方面的特征与中原汉族王朝趋同。而由党项建立的西夏, 常被学者们认为是一个高度"汉化"的社会, 不仅逐渐从游牧走向农耕,[④] 还重建了河西地区的汉文明形态, 具有汉文明的主体形态。[⑤] 但通过对西夏"职"体系的进一步研究不难看出, 在中原王朝政治文化和政治制度与"党项旧俗"长期交融碰撞中形成的西夏制度, 有其自身鲜明的特点。

（原刊于《西夏学》第 22 辑, 甘肃文化出版社, 2021）

---

① 《宋史》卷四八五《夏国传上》, 第 13993 页。
② （宋）司马光:《涑水记闻》卷一二, 第 220 页。
③ （宋）司马光:《涑水记闻》卷一二, 第 206 页。
④ 〔日〕冈崎精郎:《唐古特的游牧与农耕——以西夏崩溃时期的问题为起点》,《民族译丛》1981 年第 1 期。
⑤ 李华瑞:《西夏文明略论》,《第五届西夏学国际论坛论文集》, 阿拉善盟, 2017。

西夏蕃名官号异译考释

翟丽萍

摘　要　传统汉文史籍中记载一批西夏语"官名"，即所谓蕃号。由于夏、汉语音的差异和译者的不同，使得同一蕃号出现异译，即一个蕃号有多个不同的汉语译音，加之有音无义，不受上下文词义的限制，在传抄过程中极易发生讹变，长期得不到纠正。本文在全面梳理《长编》《宋史》《宋会要》及宋人文集中的西夏蕃名官号的基础上，运用"审音勘同"的手段，首次集中对西夏蕃号异译情况作了考释。厘清蕃号的异译情况，有助于进一步深入研究西夏官制。

关键词　西夏；蕃名官号；异译

西夏出使宋朝的官员一般都称西夏语"官名"，即所谓蕃号。时人欧阳修言："今自元昊已下名称官号，皆用夷狄。"① 由于夏、汉语音的差异和译者的不同，使得同一蕃号出现了异译，即一个蕃号有多个不同的汉语译音。清人吴广成最早研究了西夏的蕃号问题，现代学者吴天墀对西夏的蕃号做了研究，并列有《西夏蕃官名号表》。汤开建在此基础上，完成了《〈西夏蕃官名号表〉补正》② 一文，对史料中出现的蕃号进行了考

---

① （宋）欧阳修：《欧阳修全集》，中国书店出版社，1986，第792页。
② 汤开建：《〈西夏蕃官名号表〉补正》，《四川大学学报》1983年第2期。

证。王民信、史金波等的研究对蕃号也有所涉及。以上成果主要是对蕃号的考证，而对蕃号的异译较少涉及。厘清蕃号的异译情况有助于进一步深入研究蕃号。

兀卒

又作吾祖、乌珠，始称于宋天圣九年（1031）。

兀卒 《续资治通鉴长编》卷一二二载：宝元元年（1038）九月，"时元昊自称兀卒已数年"。[①] 卷一三一载：庆历元年（1041）四月，"元昊俾其亲信野利旺荣为书报仲淹，别遣使与（韩）周俱还，且言不敢以闻兀卒，书辞益慢"。[②] 卷一三九载：宋庆历三年正月，"元昊自称'男邦泥定国兀卒曩霄上书父大宋皇帝'"。[③] 其臣贺从勖言"兀卒见使人时，离云床问圣躬万福"。[④]《宋史·夏国传》曰："庆历三年，元昊遣使'称男邦泥定国兀卒上书父大宋皇帝'。"[⑤]《名臣碑传琬琰集》记作：元昊"欲自建元、为父子、呼兀卒"，韩琦独谓不可。[⑥]《梦溪笔谈》卷二五："元昊乃更称兀卒曩霄。"[⑦]

吾祖 《宋史·夏国传》，《长编》标点本卷一二二、卷一三一、卷一三九、卷一四二与影印本卷一二二、卷一三一、卷三一七，《奏议》，《东都事略》，《安阳集》，《范文正公集》，《琬琰集》等都作"兀卒"。《长编》卷一一五载："赵元昊自袭封……始衣白窄衫，毡冠红里，顶冠后垂红结绥。自号嵬名吾祖。"[⑧] 宋庆历三年七月，谏官蔡襄言："元昊始以'兀卒'之号为请，即邵良佐还，乃欲更号'吾祖'。"[⑨]《龙川别志》：

---

① （宋）李焘:《续资治通鉴长编》（以下简称《长编》）卷一二二，宝元元年九月庚子条，中华书局，1992，第2881页。

② 《长编》卷一三一，庆历元年四月癸未条，第3114页。

③ 《长编》卷一三九，庆历三年正月癸巳条，第3343页。

④ 《长编》卷一三九，庆历三年正月癸巳条，第3344页。

⑤ （元）脱脱:《宋史》卷四八五《夏国传上》，中华书局，1977，第13998页。

⑥ （宋）杜大珪:《名臣碑传琬琰集》中集卷四八，文海出版社，1969，第1097页。

⑦ （宋）沈括:《梦溪笔谈》卷二五，江苏古籍出版社，1999，第4页。

⑧ 《长编》卷一一五，景祐元年十月丁卯条，第2704页。

⑨ 《长编》卷一四二，庆历三年七月癸巳条，第3409页。

"宝元初，元昊创立文法，故名'吾祖'。"①《西夏书事》卷一一曰：元昊"以李、赵赐姓不足重，自号嵬名氏，称吾祖"。《欧阳修全集》："臣伏见如定等来，西贼欲称吾祖，乡闻朝议已不许。"②

乌珠　《长编》卷一三四载：庆历元年十月壬寅，知谏院张方平言："去年元昊遣使来称……但欲自称'乌珠'之号。"③《方舟集》卷一六载："至是金兵至陕，其子忠顺专兵河外，全家与金人战死。君逃岷州山间，乌珠访君所在，曰：'若归我，函谷以西可得也。'"④

《宋史》曰："兀卒，即吾祖也，如可汗号。"⑤《长编》曰："兀卒，华言青天子也，谓中国为黄天子。"⑥又说："其称兀卒，盖如古单于、可汗之类。"⑦然而，兀卒又译为吾祖、乌珠。宋朝官员们认为"吾祖"，即我祖或者我翁。欧阳修言："夫吾者，我也；祖者，俗所谓翁也。……今元昊以下名称、字号，皆用本国，若蕃语'兀卒'，华言'吾祖'，则今贼中每事自用蕃礼，安得惟于此号独用华言而不称兀卒？"⑧早在20世纪80年代，王静如先生就考证出"嵬名兀卒"为"嵬名皇帝"意。李范文《邦泥定国兀卒考释》也认为兀卒是皇帝。⑨史金波《西夏名号杂考》从兀卒的音、义等方面肯定了上述结论。⑩兀卒有"可汗""青天子"等意。西夏文皇帝为"𗾝𗵤"，音"兀尼足"，为兀卒的对音。

丁庐

又作丁弩、丁拏、丁努、鼎罗、鼎努。《西夏书事》载元昊初立官制

① （宋）苏辙：《龙川别志》卷下，俞宗宪点校，中华书局，1997，第86页。
② （宋）欧阳修：《论元昊不可称臣吾祖札子》，《欧阳修全集》，第792页。
③ 《长编》卷一三四，庆历元年十月壬寅条，第3193页。
④ （宋）李石：《方舟集》卷一六，《文渊阁四库全书》第1149册，上海古籍出版社，1987，第27页下。按，此"乌珠"出现在北宋末期，是否表明西夏使用兀卒具有连贯性，不得而知。
⑤ 《宋史》卷四八五《夏国传上》，第13998页。
⑥ 《长编》卷一二二，宝元元年九月庚子条，第2881页。
⑦ 《长编》卷一三九，庆历三年正月癸巳条，第3344页。
⑧ 《长编》卷一四二，庆历三年七月癸巳条，第3409页。
⑨ 李范文：《邦泥定国兀卒考释》，《社会科学战线》1982年第4期。
⑩ 史金波：《西夏名号杂考》，《中央民族学院学报》1986年第4期。

就设有丁庐和丁弩，而丁努为西夏䚟都六年（宋嘉祐七年，1062）谅祚增设。这样，是否表明丁庐、丁弩、丁努为不同的蕃号呢？笔者认为不妥。20 世纪 80 年代有人认为"丁弩"即"丁努"，疑此亦"丁庐"之异译。①

丁弩　《长编》卷一五四：庆历五年二月，"夏国主曩霄初遣丁弩关聿则等来贺正旦"。②《长编》影印本卷一五四作"鼎努关聿则"。③《宋会要》记为"丁弩罔聿则"。④《长编》与《宋会要》所载为同一事件，而"关"与"罔"必有一误。西夏仁宗的皇后为罔氏。按，"丁"与"鼎"同音，"弩"与"努"同音。故丁弩与鼎努为同一蕃号的不同音译。

丁庐　《长编》卷一五六：庆历五年闰五月，"夏国主丁庐嵬名聿营、吕则依张延寿来谢册命"。⑤《长编》影印本记为"鼎罗威明兴则"。⑥按，丁同鼎，庐同罗。

丁努　《宋史·夏国传》：元丰八年（1085）"七月，遣使丁㧬嵬名谟铎、副使吕则陈聿精等来奠慰"。⑦《长编》卷三五八作"夏国陈慰使丁努嵬名谟铎、副使吕则陈聿精等，进慰表于皇仪门外"。⑧《宋会要》与《宋史·礼志》均作"丁努嵬名谟铎"。《宋史》与《宋会要》所记蕃号相同，所载为同一事件，故丁努与丁㧬为同一蕃号。

故丁同鼎，努同弩、㧬、庐，丁努、丁弩、丁㧬、丁庐、鼎罗、鼎努为同一蕃号的不同音译。

宁令

宁令又作宁凌，元昊初设官制时所设。

宁令与宁凌　《宋史·庞籍传》：庆历二年十月，宋夏议和，宋书称元昊大臣野利旺荣为"太尉"，（庞）籍曰："太尉三公，非陪臣所得

① 王民信：《西夏名号杂考》，《边政研究所年报》第 17 期，1986 年。
② 《长编》卷一五四，庆历五年二月壬辰条，第 3746 页。
③ 《长编》卷一五四，庆历五年二月壬辰条，第 10 页上。
④ （清）徐松辑《宋会要辑稿》蕃夷七之二六，中华书局，1987，第 7852 页。
⑤ 《长编》卷一五六，庆历五年闰五月丙午条，第 3779 页。
⑥ 《长编》卷一五六，庆历五年闰五月丙午条，第 2 页上。
⑦ 《宋史》卷四八六《夏国传下》，第 14014 页，吴天墀误认作"丁拿"。
⑧ 《长编》卷三五八，元丰八年七月乙巳条，第 8566 页。

称，使旺荣当之，则元昊不得臣矣。今其书自称'宁令'或'谟宁令'，皆其官名也，于义无嫌。"①《长编》卷一三八载（庞）籍言："太尉，天子上公，非陪臣所称，使旺荣当之，则元昊不可复臣矣，今其书自谓宁令或谟宁，皆虏官，中国不能知其义，称之无嫌也。"②《长编》影印本记为"宁凌"。③可见，《宋史》与《长编》所载相同。

《梦溪笔谈》载："元昊后房生一子曰宁令受，宁令者，华言大王也。"④《宋史·夏国传》又说："谅祚，景宗长子也，小字宁令哥，国语谓'欢嘉'为'宁令'。"⑤故宁令有两种西夏语含义：一是大王，二是欢嘉。《长编》卷一三八记："元昊之贵臣野利刚浪凌、遇乞兄弟，皆有材谋，伪号大王……刚浪凌即旺荣也。"⑥旺荣称"大王"，而其蕃号为"宁令"。

谟宁令

又作默宁、没宁令、谟宁、默宁凌、宁令谟。谟宁令为元昊初设官制时所设。

谟宁、谟宁令　俱见上文"宁令"条所载，《长编》卷一三八记宋书称旺荣为"谟宁"，《宋史》记作"谟宁令"，而《石林燕语》对此无载。《涑水记闻》载：元昊"以野利氏兄弟旺荣为谟宁令，号拽利王，刚朗唛为宁令，号天都王，分典左右厢兵马"。⑦"野利王旺荣、天都王刚朗凌者，皆元昊妻之昆弟也，与元昊族人嵬名山等四人为谟宁令，共掌军国之政。"《西夏书事》卷一六：西夏天授礼法延祚五年（宋庆历二年，1042）七月，"谟宁令野利仁荣卒"。⑧

默宁凌　《长编》卷三一一载："永乐之役，初总兵至者乃梁默宁凌，逡巡十余日，每日支分万余人持锹钁撅城，为城上官军击死者旋即

---

① 《宋史》卷三一一《庞籍传》，第10200页。
② 《长编》卷一三八，庆历二年十二月乙丑条，第3332页。
③ 《长编》卷一三八，庆历二年十二月乙丑条，第21页下。
④ （宋）沈括：《梦溪笔谈》卷二五，第4页。
⑤ 《宋史》卷四八五《夏国传上》，第14000页。
⑥ 《长编》卷一三八，庆历二年十二月乙丑条，第3330页。
⑦ （宋）司马光：《涑水记闻》卷一一，邓广铭、张希清点校，中华书局，1989，第206页。
⑧ （清）吴广成：《西夏书事》卷一六，《续修四库全书》本，第1页上。

拽去，或覆以毡，不欲官军见之。"①《长编》影印本记载相同。

没宁令 "秉常立，而梁氏自主国事。梁乞埋死，其子移逋继之，谓之'没宁令'，'没宁令'者，华言天大王也。"②疑此处的梁移逋与前文的梁默宁凌为同一个人。

宁令谟 《石林燕语》卷八载庞籍说："旺荣等书自称'宁令谟'，此房中官号，姑以此复之，则无嫌。"③按，"谟"是西夏文"𗦲"（*mə）的音译。西夏语语法，形容词定语位于中心词之后，所以"谟宁令"的"谟"字后置，就成了"宁令谟"，西夏文为"𗥃𗤒𗦲"。

顺便指出，类似于"梁默宁凌"姓氏加官名的称呼，史籍中多见。如《长编》卷一九三载："辄移吕宁、拽浪獠黎。"④《长编》影印本为"哲伊吕宁、叶朗僚礼"。⑤辄移即哲伊，拽浪即叶朗。西夏汉文本《杂字》番姓有"讹哆""夜浪"姓氏。⑥"辄（哲）移"与"𠳭移"音近，"拽（叶）浪（朗）"与"夜浪"音同。而《长编》卷五二有"蕃部指挥使拽浪南山"，⑦《宋史》卷四九二有"𠳭移首领军主"，⑧故拽浪（叶朗）与辄移（哲伊）都为西夏姓氏。吕宁和僚礼均为蕃号。《长编》卷二二六有"吕宁焦文贵"、卷三九六有"吕宁勒嘧玛"；卷一四二有"僚礼旺约特和尔"，标点本作"寮黎聿"。这表明，西夏存在与宋朝相似的称呼，即辄移吕宁、拽浪獠黎、梁默宁凌的"辄移"、"拽浪"与"梁"俱为姓氏，而"吕宁"、"獠黎"与"默宁凌"分别为其蕃号。

春约

又作创祐，西夏鞯都六年（宋嘉祐七年，1062）谅祚增设。

---

① 《长编》卷三三一，元丰五年十一月乙巳条，第7978页。

② （宋）沈括：《梦溪笔谈》卷二五，第7页。

③ （宋）叶梦得著，（宋）宇文绍奕考异《石林燕语》卷八，侯忠义点校，中华书局，1997，第119页。

④ 《长编》卷一九三，嘉祐六年六月庚辰条，第4679页。

⑤ 《长编》卷一九三，嘉祐六年六月庚辰条，第17页上。

⑥ 《杂字》，《俄藏黑水城文献》第6册，上海古籍出版社，2002，第138页。

⑦ 《长编》卷五二，咸平五年八月丙戌条，第1148页。

⑧ 《宋史》卷四九二《吐蕃传》，第14157页。

春约 《长编》卷三八〇载：元祐元年（1086）六月，"夏国遣间使春约讹罗聿进贡，以刑部郎中杜纮押伴"。[①]卷三八二载：同年七月"癸亥，夏国以疆事遣使春约讹啰聿、副使吕则田怀荣见于延和殿"。[②]《长编》影印本均记为"春约勒阿拉雅赛"。[③]

创祐 《宋会要》载：元祐元年六月十六日，"夏国遣使创祐讹啰聿进贡"。[④]

《长编》与《宋会要》所记时间相似，而使者俱为"讹啰聿"。故，春约与创祐为异译蕃号。

庆唐

又作庆瑭。

庆唐 《长编》标点本载：嘉祐元年十二月，"夏国主谅祚遣祖儒嵬名聿则、庆唐及徐舜卿等来告其母没藏氏卒"。[⑤]《长编》影印本为"族汝威明兴则、庆瑭及徐舜卿"。[⑥]祖儒与庆唐俱为蕃号，龚鼎臣《东原录》曰："祖儒、枢铭，乃西夏之官称大者。"[⑦]

庆瑭 《长编》卷五〇八：元符二年（1099）四月己卯，"言衙头差大使庆瑭嵬名科通、副磋迈花结香等来计会"。[⑧]《长编》影印本为"大使庆瑭威科卜、磋迈喀结桑"。[⑨]

故庆唐与庆瑭为异译蕃号。

映吴

又作扬乌。西夏奲都六年（宋嘉祐七年，1062）谅祚增设。

---

① 《长编》卷三八〇，元祐元年六月壬寅条，第9221页。
② 《长编》卷三八二，元祐元年七月癸亥条，第9310页。
③ 《长编》卷三八〇，元祐元年六月壬寅条，第1页下。
④ （清）徐松辑《宋会要辑稿》蕃夷七之三八，第7858页。
⑤ 《长编》卷一八四，嘉祐元年十二月庚子条，第4462页。
⑥ 《长编》卷一八四，嘉祐元年十二月庚子条，第15页下。
⑦ （宋）龚鼎臣：《东原录》，《文渊阁四库全书》第862册，上海古籍出版社，1987，第573页。
⑧ 《长编》卷五〇八，元符二年四月己卯条，第12102页。
⑨ 《长编》卷五〇八，元符二年四月己卯条，第7页下。

映吴 《宋史·夏国传》载：元祐二年三月，"夏遣大使映吴嵬名谕密、副使广乐毛示聿等诣太皇太后进驼、马以谢奠慰"。①

扬乌 《长编》卷三九六记为：元祐二年三月戊辰，乾顺"谨差大使扬乌威明裕默、副使恭罗们色勒裕勒等称谢太皇太后"。②《长编》影印本与标点本相同。

《宋史》作"映吴"，而《长编》标点本与影印本都作"扬乌"。所载事件相同，故映吴与扬乌为异译蕃号。

广乐

又作恭罗。西夏奲都六年（宋嘉祐七年，1062）谅祚增设。

引文见"扬乌"条。广乐与恭罗也为异译的蕃号，吴天墀、汤开建、王民信等人没有认识到广乐与恭罗之间的关系。仔细对比，可以看出广乐与恭罗读音很相近，而毛示聿与们色勒裕勒的读音相近，故认为广乐与恭罗为异译的蕃号。

凌罗

又作领卢，《番汉合时掌中珠》中将西夏文"𦀶𦂄（枢密）"注音为"令落埋"。③

凌罗 《长编》卷二八三载：宋神宗熙宁十年（1077）乙亥，"诏宥州牒称'凌罗指挥'者，自今并奏听旨。夏人谓伪枢密院为'凌罗'也"。④

领卢 《宋史》卷二九二载：宋治平（1064—1067）初年，"夏人遣使入贡，僭汉官移文于州，称其国中官曰枢密。（程）戡止令称使副不以官，称枢密曰'领卢'，方许之"。⑤《西夏书事》卷二一载：宋治平元年（1064）正月，"初，夏使人员移文延州称使者官曰'枢密'鄜延

① 《宋史》卷四八六《夏国传下》，第14015页。
② 《长编》卷三九六，元祐二年三月戊辰条，第9653页。
③ 俄罗斯科学院东方研究所圣彼得堡分所、中国社会科学院民族研究所、上海古籍出版社编《俄藏黑水城文献》第10册，上海古籍出版社，1999，第32页。
④ 《长编》卷二八三，熙宁十年六月乙亥条，第6939页。
⑤ 《宋史》卷二九二，第9757页。

安抚使程勘奏令称使副不以官称'领卢','领卢',蕃枢密号也"。① 卷二三载：西夏天赐礼盛国庆三年（1072）十一月，"梁乙埋令宥州牒延州，言'奉领卢指挥，王韶城武胜招诱属蕃，乞赐还本国'"。②

可见，凌罗与领卢俱为西夏语"枢密院"的汉语译音。

谟固

又作摩格、谟箇，西夏奲都六年（宋嘉祐七年，1062）谅祚增设。

谟箇 《宋史·夏国传》载：元丰六年（1083）闰六月"遣使谟箇咩迷乞遇来贡"。③

谟固 《长编》卷三五〇载：元丰七年十一月，"夏国主秉常遣谟固咩迷乞遇赍表入贡"。④影印本作"摩格蔑米裕"。

《长编》标点本与《宋史》所载为同一事件，故谟箇与谟固（摩格）为同一番号的不同译法。

鼎利

又作鼎理、鼎里。西夏奲都六年（宋嘉祐七年，1062）谅祚增设。

鼎利 《宋史·夏国传》载：元祐元年五月，"遣鼎利罔豫章来贺哲宗即位。"⑤《长编》卷三七四载：元祐元年四月，"夏国遣使鼎利罔豫章等诣阙贺皇帝登宝位"。⑥影印本作"鼎理旺裕勒宁"。⑦按，"利"与"理"同。

鼎里 《长编》卷三七七载：元祐元年五月庚申，"夏国贺登宝位进贡使鼎里旺裕勒宁等见于延和殿"。⑧影印本所载相同。

《长编》卷三七四与《宋史》俱作"鼎利罔豫章"，而《长编》卷

---

① （清）吴广成：《西夏书事》卷二一，第 1 页上。
② （清）吴广成：《西夏书事》卷二三，第 14 页下。
③ 《宋史》卷四八六《夏国传下》，第 14013 页。
④ 《长编》卷三五〇，元丰七年十一月条，第 8384 页。
⑤ 《宋史》卷四八六《夏国传下》，第 14015 页。
⑥ 《长编》卷三七四，元祐元年四月辛卯条，第 9063 页。
⑦ 《长编》卷三七四，元祐元年四月辛卯条，第 10 页下。
⑧ 《长编》卷三七七，元祐元年五月庚申条，第 9151 页；影印本卷三七七，第 4 页上。

三七七记作"鼎里旺裕勒宁",《长编》影印本均作"鼎理旺裕勒宁"。可见,三条史料所载为同一事件,故鼎利、鼎理、鼎里为同一蕃号。

昂聂

又作阿克尼、阿泥、昇聂。《西夏书事》卷二〇载,昂聂、昂星、阿泥均为谅祚于西夏奲都六年(宋嘉祐七年,1062)增设。

昂聂 《长编》卷二二六载:熙宁四年九月"庚子,夏国主秉常遣使昂聂嵬名嘤荣等入贡,表乞绥州城,愿依旧约"。[①]影印本为"秉常遣使阿克尼威明科荣等入贡,表乞绥州城"。[②]可见,昂聂与阿克泥为同一蕃号。《长编》卷三六〇为"甲子,夏国遣芭良嵬名济、昂聂张聿正进助山陵马一百匹"。[③]影印本记载相同。

昇聂 《宋史·夏国传》载:元丰八年十月,"遣芭良嵬名济赖、昇聂张聿正进助山陵礼物"。[④]按,"昇聂"为"昂聂"之误,影印本《长编》卷三六〇中,清人改译为"阿克尼",《西夏书事》卷二七即作"昂聂"。

在《凉州重修护国寺感通塔碑》汉文碑文中有一些汉语官名,实际上是西夏语官名的汉语注音。在蕃号中也发现有这样的官名。兀卒(皇帝)、兀泥(皇太后)、凌罗(枢密院)、宁令(大王)、谟宁令(天大王)、必吉(宰相)等为西夏语官名。由于夏汉语言的差异,汉文史料与西夏史料记载的相关官名无法对应。然而,《宋史》载:"团练使以上,帐一、弓一、箭五百、马一、橐驼五,旗、鼓、枪、剑、棍棓、秒袋、披毡、浑脱、背索、锹镢、斤斧、箭牌、铁爪篱各一。刺史以下,无帐无旗鼓,人各橐驼一、箭三百、幕梁一。兵三人同一幕梁。幕梁,织毛为幕,而以木架。"[⑤]又《天盛律令》卷五规定:"调伏起至拒邪,箭三百枝,涨围起至盛习,箭四百枝,茂寻以上,一律箭五百枝。"[⑥]此处的"刺史"对应"拒邪",而"团练使"对应"茂寻"。

---

① 《长编》卷二二六,熙宁四年九月庚子条,第5514页。
② 《长编》卷二二六,熙宁四年九月庚子条,第12页下。
③ 《长编》卷三六〇,元丰八年十月甲子条,第8605页。
④ 《宋史》卷四八六《夏国传下》,第14014页。
⑤ 《宋史》卷四八六《夏国传下》,第14028页。
⑥ 史金波、聂鸿音、白滨译注《天盛改旧新定律令》卷五,法律出版社,2000,第226页。

表 1　西夏蕃名官号一览

蕃名官号	异译	任职人员	时间	事件	备注
丁努	丁努	嵬名谟铎	宋元丰八年七月	进慰表于皇仪门外	
	丁拏	嵬名谟铎	宋元丰八年七月	奠慰宋神宗崩	
丁努	丁庐	嵬名聿营	宋庆历五年闰五月	襄霄遣使谢册命	
	鼎罗	威明叶云			
	丁弩	罔聿则	宋庆历五年二月	使宋进贡马驼	
	鼎努	关聿则	宋庆历五年二月	使宋贺正旦	
兀卒	兀卒	元昊	宋天圣九年始	元昊承袭王位后自称	意为青天子
	乌珠				
	吾祖				
兀泥	兀泥	讹藏屈懷氏	宋景祐元年十月	元昊立为太后	西夏语意太后
	乌尼	额藏渠怀氏			
广乐	广乐	毛示聿	宋元祐二年三月	谢宋太皇太后奠慰	
	恭罗	们色勒裕勒	宋元祐二年三月	称谢太皇太后副使	
令逊		嵬名济	宋元符二年二月	诣阙讣告夏国母薨	
		威明济寨			
令能	令能	嵬名济	宋元符二年十二月	上誓表并进奉御马	
	哩宁	嵬名济寨			
仪增		咩元礼	金正大三年正月	使宋贺正旦	
叶令吴箇	叶令吴箇	叶石悖七	宋元符二年六月	附宋后补东头供奉官	位在旺精之下，正铃辖之上
		伊实巴特玛			
	业令吴箇	叶石悖七	宋元符二年六月		官与西夏天使一般
叶结	叶结	威明嘉勒	宋元丰八年四月甲申	夏国驸马宥州正监军	
	拽厥	嵬名嘉勒			
	桃厥				

续表

蕃名官号	异译	任职人员	时间	事件	备注
宁令	宁令 宁凌 宁凌谟	野利旺荣	宋庆历二年十二月	野利旺荣上宋书自称	元昊大臣官号
必吉	必吉	昔李氏野速普花高祖	夏元时期	河西必吉	华言宰相
	别吉	昔里氏荅加沙		夏亡后徙居酒泉郡沙州	
吴箇		吴没兆	夏天祐民安五年正月	监修护国寺	
创祐	创祐	讹罗聿寨	宋元祐元年六月	使宋进贡	
	春约	勒阿拉雅赛	宋元祐元年七月	因疆事见于宋延和殿	
		讹罗聿	宋元祐元年六月	使宋进贡	
		讹啰聿	宋元祐元年七月	因疆事见于宋延和殿	
昂星	昂星	嵬名济	宋庆历五年十一月	以书射宋镇戎军境内	
	星茂	威明吉萧	宋庆历五年十一月		
	昂星	嵬名济乃	宋元丰五年十一月	夏西南都统，致书泾原经略司	
	昂星	嵬名济迺	宋元丰五年正月	夏西南都统，移书刘昌祚	
吕宁		勒咯玛	宋元祐二年三月	进贡马驼副使	
		哲伊氏	宋嘉祐六年六月	与苏安静合议屈野河界	
		辄移氏			
吕宁		焦文贵	宋熙宁四年八月	秉常进奉使	
			宋熙宁四年九月	由延州入贡表乞绥州	
吕则	吕则	嵬名怀普	宋元丰八年十月	讣告国母梁氏卒	
		陈聿精	宋元丰八年七月	进慰表于皇仪门外	
		田怀荣	宋元祐元年七月	以疆事见于宋延和殿	
		陈聿精	宋元丰八年七月	进慰表于皇仪门外	

蕃名官号	异译	任职人员	时间	事件	备注
吕则	吕则	罔聿谟	宋元祐元年十月	讣告秉常卒	
	吕则依	张延寿	宋庆历五年闰五月	襄霄谢册命使	
		纲裕玛	宋元祐元年十月	讣告秉常卒	
庆唐	庆唐	徐舜卿	宋嘉祐元年十二月	讣告国母没藏氏卒	
	庆瑭	威科卜	宋元符二年四月	使宋副使	
		徐舜卿	宋嘉祐元年十二月	讣告国母没藏氏卒	
		嵬名科通	宋元符二年四月	使宋副使	
扬乌	扬乌	威明裕默	宋元祐二年三月	入谢宋太皇太后	
	映吴	嵬名谕密	宋元祐二年三月	进太皇太后驼马以谢奠慰	
芑良	芑良	嵬名济	宋元丰八年十月	进助山陵马一百匹	
	芭良	巍名济赖	宋元丰八年十月	进助山陵马	
		嵬名济赖	宋元丰八年十月		
阿克尼	阿克尼	威明科荣	宋熙宁四年八月	表乞绥州城	
	昂聂	嵬名口襄荣			
		张聿正	宋元丰八年十月	进助山陵马一百匹	
	阿泥	嵬名科荣	宋熙宁四年九月	表乞绥州城大使	
	昇聂	张聿正	宋元丰八年十月	进助山陵礼物	"昇"疑为笔误
枢铭		靳允中	嘉祐七年	贺宋正旦	乃西夏之官称大者
律晶		卧屈皆药乜永诠	夏天祐民安五年正月	监修护国寺	
旺令	旺令	嵬名环	宋庆历二年	与宋议和	
		嵬名口襄	宋庆历二年十二月		
	旺凌	威明怀			
	旺精		宋元符二年六月		

蕃名官号	异译	任职人员	时间	事件	备注
祖儒	祖儒	嵬名聿则	宋嘉祐元年十二月	讣告国母没藏氏卒	乃西夏之官称大者
		嵬名聿正	宋嘉祐七年	贺宋正旦	
		嵬多聿则	宋嘉祐元年	讣告国母密藏氏卒	
	族汝	威明舆则	宋嘉祐元年十二月	讣告国母密藏氏卒	
移则		张文显	庆历五年四月	贺宋乾元节	
铭赛	酩腮	梁行者乜	夏天祐民安五年正月	监修护国寺	西夏语中书
谟固	谟箇	咩迷乞遇	宋元丰六年闰六月	使宋上表进贡	
	谟固	咩迷乞遇	宋元丰七年十一月	使宋上表进贡	
	摩格	蔑密裕			
鼎利	鼎利	罔豫章	宋元祐元年四月	贺皇帝登宝位	
		罔豫章	宋元祐元年五月	贺哲宗即位	
	鼎理	旺裕勒宁	宋元祐元年四月	贺皇帝登宝位	
	鼎里	旺裕勒宁	宋元祐元年五月	贺登极进贡使见于宋延和殿	
祝能	祝能	野乌裕实克	宋宋元祐二年三月	为进奉使见于宋延和殿	
凌罗	凌罗		宋熙宁十年七月	为枢密院指挥	枢密院西夏语称
	领卢		宋治平初	移宋公文称夏国枢密为领卢	
			宋熙宁五年十一月	乞宋还王韶招诱的蕃部	
程谟	程谟	田快庸	宋元符二年二月	诣阙讣告国母薨并附谢罪状	
	谟程				
谟宁	谟宁	野利旺荣		野利旺荣官名	意为大王
	默宁				
	谟宁令				
	没宁令	梁移逋		梁乞埋子梁移逋自称	华言天大王也

蕃名 官号	异译	任职 人员	时间	事件	备注
栗铭		刘屈栗崖	夏天祐民安五年正月	监修护国寺	
素齐	素齐	咩布	宋庆历五年四月	贺宋乾元节	
	素赉	口芊布			
凑铭		吴没兆	夏天祐民安五年正月	监修护国寺	
僚礼	寮黎	罔聿口襄	宋庆历三年七月	元昊请十一事欲称男 不称臣	
	僚礼	旺约特和尔			
		叶朗氏	宋嘉祐六年六月	与苏安静合议屈野河界	
	獠黎	拽浪氏			
	撩黎		宋嘉祐二年	与宋人苏安静合议地界	
精方		王立之	金正大四年	出使金国	
精鼎		武绍德	金正大三年正月	使金贺正旦	
磋迈		花结香	宋元符二年四月	告宋早为收接公牒事	
		喀结桑			

（原刊于《西夏学》第 6 辑"首届西夏学国际论坛专号"，
上海古籍出版社，2010）

"官人"的西夏译名考

庞　倩

摘　要　本文综合考察了西夏文译本《佛顶心观世音菩萨大陀罗尼经》中五种不同的表达方式翻译的汉文本的"官人"，即："𗩾𗭴𗤒"（为官者）、"𗤛𗖰𗤒"（催税者）、"𗤛𗗟𗤒"（掌税者）、"𗤧𗭴𗰔𗤻"（做官州主）和"𗰔𗤻"（州主），可以帮助我们梳理西夏人对这些文献的理解方式和翻译手法，为认识西夏语词汇和语法提供宝贵的资料，更可以为进一步认识古汉语"官人"的用法提供重要的参考。

关键词　西夏文；佛经；官人；《佛顶心观世音菩萨大陀罗尼经》

"官人"一词最早见于上古汉语中，现在汉语已不再出现，成为历史词语，但在中古时期，"官人"的使用频率非常高。学术界对于"官人"一词的来源、发展已有系统的研究，陆菡先生的《谈"官人"的发展演变》一文通过梳理"官人"一词的来源及其发展演变的脉络，揭示其各个义项之间的相互关系，探索其兴起、活跃、沉寂的原因。[①] 毕桐昊先生的《"官人"浅析》则以"官人"为例，从汉语双音节词的共时与历时发展演变中挖掘现代汉语双音节词演变规律和原因。[②] 本文的主

---

① 　陆菡:《谈"官人"的发展演变》,《文学界》2011 年第 3 期。

② 　毕桐昊:《"官人"浅析》,《现代语文》2016 年第 10 期。

要目的是辑录西夏佛典里"官人"的使用实例,可以帮助我们梳理西夏人对这些文献的理解方式和翻译手法。

一

"官",甲骨字形为𤔲,《说文解字》:"官,吏事君也,犹众也。"与师同义。[①]可见"官"字最初的词质为动词,许慎解释的是"官"的引申义。"官人"一词在先秦为"馆人"之异写,为主管旅舍之官吏。《春秋左传注·哀公三年》:"百官官备,府库慎守,官人肃给。""官人肃给",杨注曰:"俞樾《平议》谓古官馆同字,此谓司主馆舍者。"[②]在《汉语大词典》中"官人"的义项主要有6个:(1)选取人才给以适当官职;(2)做官的人,官吏;(3)指官府差役;(4)对男子的尊称;(5)妻子称呼丈夫(多见于早期白话);(6)指太监。这6个义项大致反映了"官人"词义的历时发展变化。[③]

传世文献中的"官人"一词最早见于《尚书·皋陶谟》:"知人则哲,能官人;安民则惠,黎民怀之。"孙星衍疏:"知人能使器使。"此处"官人"是一个动宾结构的谓词性成分,在句子中充当谓语,即让人做官。如《诗·大雅·棫朴》曰:"文王能官人也。"《诗》云:"嗟我怀人,置彼周行,能官人也。王及公侯伯子男甸采卫大夫各居其列,所谓周行也。"

"官人"还有另一种用法,义为"做官的人",如《左传·襄公十五年》:"君子谓:楚于是乎能官人,官人,国之急也,能官人,则民无觊心。"[④]《荀子·正论》:"圣人以为法,士大夫以为道,官人以为守。"杨注:"官人,守职事之官也。"此则以为居官者之通称矣。上述"官人"都是对有官职的人的称呼,即授予官职以任用人。

发展到汉唐,"官人"的使用频率逐渐提高,就成了"命官"的通

---

① (汉)许慎撰,(宋)徐铉校订《说文解字》,中华书局,2014,第493页。

② 杨伯峻:《春秋左传注》第4册,中华书局,1990,第1621页。

③ 罗竹风主编《汉语大词典》,上海辞书出版社,1986—1993,第1974页。

④ (春秋)左丘明:《春秋左传》,京华出版社,1999,第382页。

称。如《汉书·和帝纪》："惟官人不安于上，黎民不安于下。"唐长孙无忌等《唐律疏议》卷九《职制》："诸官人无故不上及当番不到，若因暇而违者，一日笞二十，三日加一等，过杖一百，十日加一等，罪止徒一年半。边要之官，加一等。"《疏》议曰："官人者，谓内、外官人。"

到了宋朝，"官人"的使用范围日益扩大，其有多层含义。一是对有身份的男子的尊称。如《欧阳文忠公集·议学状》："方令之弊，既以文学取士，又欲以德行官人。且速取之欤，则真伪之情未辩。若迟取之欤，待众察徐考而渐进，则文辞之士先以中于甲科，而德行之人尚未登于内舍。"二是指老百姓对大小官吏的俗称。如《新书》："王者官人有六等：一曰师，二曰友，三曰大臣，四曰左右，五曰侍御，六曰厮役。"[1] 三是婢仆对男主人的尊称。《水浒传》第七回："女使锦儿叫道：'官人寻得我苦，却在这里！'"四是妻子对丈夫的称呼。如《续传灯录·张商英》："夜坐书院中研墨吮笔，凭纸长吟，中夜不眠，向氏呼曰：'官人夜深何不睡去！'"

明代以后，"官人"的使用频率锐减，至清晚期甚至一度被弃置不用，主要原因是"相公"一词表达方式的出现，语言的自然选择促成了"官人"一词的沉寂。明高明《琵琶记·南浦嘱别》云："官人此去，千万早早回程。"

二

迄今所见有关"官人"的双语对译实例出现在西夏文译本《佛顶心观世音菩萨大陀罗尼经》卷下最后一段。《佛顶心观世音菩萨大陀罗尼经》，简称"佛顶心观世音经"，据方广锠先生考证，乃为中国人所撰疑伪经，共三卷，不为我国历代大藏经所收录。但在房山石经中保存有两个刻本。甲本刻石四条，编号依次为塔下 8969 号、塔下 8959 号、塔下 8970 号与塔下 8958 号。乙本刻石四条，编号依次为塔下 7605 号、塔下 6847 号、塔下 7603 号与塔下 7602 号。民间也有经本和相应的绘图

---

① 贾谊故居管理处注译《贾太传新书》，湖南人民出版社，2006，第 155 页。

本流传。该文献名称较多,据《房山石经》,卷上的首尾题分别作《佛顶心观世音菩萨大陀罗尼经》与《佛顶心观世音经》;卷中的首尾题分别作《佛顶心观世音菩萨疗病催产方》与《佛顶心观世音经》;卷下的首尾题分别作《佛顶心观世音菩萨救难神验》与《佛顶心陀罗尼经》,上述经题与西夏本残存经题相符。[1]因西夏本残缺较多,先参照房山石经甲本、乙本录校,纂为精校本。凡属西夏本已不存的文字,一律以房山石经甲本为底本,以乙本为校本录校。西夏本原件今藏俄罗斯科学院东方文献研究所,编号 Инв. № 908,这个西夏本转译自敦煌汉文本(P.3916)。

又昔有官人,拟赴任怀州县令,为无钱作上官行(理)[2],遂于泗州普光寺内借取常住(家钱)一(百贯文,用充)上官。其时寺主便以接借,即差一小沙弥相(逐至怀)州取钱。其小沙弥当即(便与官人一时乘)船,得(至一深)潭夜宿,此官人忽生恶心,(便不肯谋还)寺家(钱。令左)右将一布袋盛这和尚,抛(放水中。缘这和)尚(自从七)岁已来,随师出家,常持(此佛顶心陀罗尼经,兼以供)养不阙,自不(曾离手,所在处将行转念。既此官人致)杀,殊不损一毫毛,只觉自(己身被个人扶在虚空中,)如行暗室,直至怀州县中,专(待此官人到。是时,此官)人不逾一、两日,得上怀州县令,(三晨参见,衙退了,乃忽)见抛放水中者小和尚在(厅中坐,不觉大惊,遂乃升)厅同坐。乃问和尚曰:("不审和尚有何法术?"此沙弥具)说衣服(内)有佛顶心陀(罗尼三卷加备,功德不可具)述。此官人闻语,顶礼(忏悔,便于和尚边请本,破自己)料钱,唤(近人只向)厅前(抄写一千卷,置道场内,日以香花供养,后敕)家改任(怀州刺史。故知此经功德无量无边,欢喜信)受,顶(戴奉行。

佛顶心陀罗尼经卷下)

---

[1] 宁夏文物考古研究所:《拜寺沟西夏方塔》,文物出版社,2005,第172页。
[2] 理,疑为"李"之误,行李,此处指出行所带的东西。

张九玲老师指出，西夏人用了五种不同的表达来翻译汉文本的"官人"，即："𘟛𗼈𗢳"（为君者）、"𗣼𘏚𗢳"（逼税者）、"𗣼𗩈𗢳"（禁税者）、"𘃡𗼈𗼲𗏹"（为官城主）、"𗼲𗏹"（城主）。我们在对原文解读的基础上做如下校注。相应的西夏文原文：

𗏁𗗟𘕿𘟛𗼈𗢳𗫂𗡊，𘜶𗭪𗼲𗾞𗣼𘏚𗢳𗦳𗰒，𗀱𗵦𗗙𗧓，�段𗵦𗭪𗥃𗤁𗤅𗾞𗬛𘀨𘓄𗧉�羽𗼲𘟙𗲠，𘜻𗟻𗵦𗠁。𗄭𗤶𗤅𗾞𘄽𘓒𘓄𗢳，𘙲𗿄𘋩�羽𘜶𗭪𗼲𗾞�羽𗰖𘕼，𗵦𗿄𘋩𘟺𘖟𗣼𘏚𗢳𗤋𗦺𗪒𘈷𗼲𘓸，𗄅𘒚𗿄𗠻𗵦𗰷𘃁𗾱，𗣼𘏚𗢳𘓲𘃡�羽𘕒𘛒，𗵦𗤅𘓄𗧉𘒚𘕿𘑘𘓸𘓻，𘋩𗢳𘖟𘜻𗿝𘛱𗾞𘃉𗺉�𗺑，𗄅𘍷𗪒𘍥𘑂𘝯。𘟙𘒚𗅆𗢳𘊲𘓳𘝵𗦳𗚛，𗌭𗦺𗼟𘝶，𗤅𘕿𗤈𗵆𗏹𗴮𗄋�4𘜟𘝯𘊲𘅝𗋽𗺏，�6𘑨𗄹𗒶�6𘛊，𘜶𗭪𗼲𗾞𗾱，𘟙𘊲𗢳𗼲𗏹𗼘�等。𗄭𘕼𗵦𗼲𗏹𘉷𗀷𘒯𘜻�𗰭，𘜶𗭪𗼲��义，�9𗓖𘅝�㐱𗖌𗼈𘉓𘕿�等，𗼲𘜻𗥃𗤅𘎃。𗄭𘕎𘉓𗌭𘑨𘞺𗃛�𘈷𗲑𗧉𘛆𗙵，𗣸�𘀉𘠚，𘍷𘟙𗴬𗰭。《𗈁𗴪𗉺𗠇𘊲𗥃𘑨𘉓𘟙�》�等[4]

这段文字可以译注如下[5]：

又昔有官人[1]，拟赴任怀州县令[2]，无珂贝价[3]，遂于泗州

---

① �等，4880、4978 号作"�等"，二者同为"散"义。
② 𗰭，4880、4978 号作"�", 二者同为"觉"义。
③ �，4978、4755、4880 号作"�", 二者同为"问"义。
④ 4755 号尾题作"𗈁𗴪𗉺�吉�8𗼈��吉𘊲𗥃𘉓𗀖𗪒"。
⑤ 张九玲：《〈佛顶心观世音菩萨大陀罗尼经〉的西夏译本》，《宁夏师范学院学报》2015 年第 1 期。

普光寺内借取常住钱[4]一百贯文，用于敕受[5]。其时寺主便以接借，即差一小沙弥相逐至怀州取钱。其小沙弥当即便与官人一时乘船，至一深潭夜宿，官人忽生恶心，不欲还其常住钱，令左右将一布袋盛这和尚，抛放水中。此监债和尚七岁时[6]，随师出家，常此佛顶心陀罗尼经供养不阙，自不曾离手，乃至所在之处，执持诵读，不曾舍忘。[7]既被官人[8]致杀，不损一毫毛，自己身被个人扶在虚空中[9]，如行暗室，至怀州县中，待此官人[10]到。是时此官人[11]不逾一两日，得上怀州县令[12]，晨朝拜见已散后[13]，乃忽见抛放水中者和尚，在厅中坐，不觉大惊，遂乃厅中同坐。乃问和尚曰："安乐和尚[14]有何法术？"此沙弥具说，衣服内有佛顶心陀罗尼三卷守护[15]，功德[16]不可具述。官人[17]闻语，顶礼忏悔，便于和尚边请本，施自己食钱[18]，唤人向厅前，令写一千卷，置道场内，日以香花供养，后敕出官升[19]。当知此经功德无量无边，欢喜信受，顶戴[20]奉行。《佛顶心陀罗尼经卷下》竟

校注：

[1] 官人，即西夏文"劾脀疹"，西夏文字面意思作"为官者"。

[2] 县令，即西夏文"夿羃"（催税），4880、4978 号作"夿羿"（断税），下同。

[3] 无珂贝价，即西夏文"汛孎籹絧"，西夏文字面意思作"为无钱作上官行理"。"汛孎"译作"珂贝"，珂者美石，贝者贝壳之美者。古以为货币之用。《慧琳音义》二十五曰："珂，广雅美石，次玉也，埤苍玛瑙也。贝，玉篇螺属也。出海中，色白如雪。龟传曰：古者无钱，唯传贝齿。且如资财货贿之字，皆从于贝。中天五印度，见今行用。"

[4] 常住钱，即西夏文"孄迻羝"，汉文本作"常住家钱"。常住，指寺院，因为寺院是僧人常住的道场，故称。另外，常住本也可谓僧团常住物，即常备以供僧伽受用的僧物。但此处以作寺院解为佳，原因是此后尚有"家钱"二字，"常住家钱"正与下文的"寺家钱"相当，指

常住钱物。佛教认为若私自占有或买卖常住物即犯重罪。[1]

[5] 敕受，即西夏文 "𘝀𗪊"，汉文本作 "用充上官"。

[6] 此监债和尚七岁时，即西夏文 "𗡧𗤔𗦎𗡪𗭼𗫧𘀗𗤒𗣼𗼞"，汉文本作 "缘这和尚自从七岁以来"。

[7] "乃至所在之处，执持诵读，不曾舍忘"，汉文本作 "所在处将行转念"。

[8] 官人，即西夏文 "𗤒𗢸𗥫𘃎"，西夏文字面意思作 "为官者"。

[9] 自己身被个人扶在虚空中，即西夏文 "𗩾𗰜𗐝𗫂𗤒𘜶𗩱𗢸𗥄𗧃𘋖𗏹𗟲"，汉文本作 "只觉自己身被个人扶在虚空中"。

[10] 官人，即西夏文 "𗤒𗢸𗥫𘃎"，西夏文字面意思作 "做官州主"。

[11] 官人，即西夏文 "𗥫𘃎"，西夏文字面意思作 "州主"。

[12] 得上怀州县令，即西夏文 "𗥢𗢷𗥫𘃎𗧃𗪊𗪊"，西夏文字面意思作 "得授怀州城主司"。

[13] 晨朝拜见已散后，即西夏文 "𘝀𗴮𗥩𗡪𗭼𗮆𗽀𗫧𗢸"，汉文本作 "三晨参见，衙退了"。

[14] 安乐和尚，即西夏文 "𗼻𗴿𗫧𗤔"，汉文本作 "不审和尚"。

[15] 守护（𘜶𘜪），汉文本无。又 4880、4978 号将 "𘜶" 作 "𗭠"。

[16] 功德，即西夏文 "�123𘊯"，汉文本作 "加备功德"。加备：保佑，通常写作 "加被"。敦煌文书 "丑女缘起"："赖为如来亲加备，还同枯木再生春。" 又云："丑女既得世尊加被，换旧时之丑质，作今日之面旋。"

[17] 官人，即西夏文 "𗥫𘃎"，西夏文字面意思作 "城主"，《番汉合时掌中珠》作 "州主" 解。

[18] 施自己食钱，即西夏文 "𗥃𗣼𘈷𗦎"，汉文本作 "破自己料钱"。料钱：唐宋旧制，官吏除俸禄外，有时另给食料，或折钱发给，称料钱。白居易《送陕州王司马建赴任》诗："公事闲忙同少尹，料钱多少敌尚书。"

[19] 后敕出官升，即西夏文 "𗩾𗽀𗢸𘝀𗪊𗤒𗌭"，汉文本作 "后敕

---

① 杨宝玉:《敦煌本佛教灵验记校注并研究》，甘肃人民出版社，2009，第 275 页。

家改任怀州刺史"。敕家（甲）：五代时对卑职官员不发告身，中书省录其授官制辞编号备案，谓之"敕甲"。《新五代史·刘岳传》："故事，吏部文武官告身，皆输朱胶纸轴钱然后给，其品高者则赐之，贫者不能输钱，往往但得敕牒而无告身。五代之乱，因以为常，官卑者无复给告身，中书但录其制辞，编为敕甲。"

[20] 顶戴，即西夏文"□□"，礼敬，供奉。法显《佛国记》："则诣精舍以华香供养。供养已，次第顶戴而去。"

三

西夏文"□□□"，汉文本作"官人"，据字面直译为"为君者"，我们此处译作"为官者"更易理解，此处的译法相当于《汉语大词典》的第一个义项，即选取人才给以适当官职。

西夏文"□□□"，汉文本作"官人"，据字面直译为"逼税者"或"催税者"，"□□□"，据字面直译为"禁税者"或"断税者"。如所周知，中国古代有专门管理赋税制度的官吏，此处这种译法也合情合理。再者，在三藏法师义净译《根本说一切有部毗奈耶卷第四·不与取学处第二之三》中有"掌税官人"的记载："邬波难陀告曰：'痴人！谁令汝作掌税官人，唯合多与杖木常令负土，或复担樵，如何于偷税人不能夺取财物？'彼便白言：'圣者！室罗伐城王旧有令，知者税、不知者不税，无极重税，云何总夺？'"所以，我们认为"□□□"（逼税者或催税者）和"□□□"（禁税者或断税者）作"掌税者"解释较为合理。此处的译法相当于《汉语大词典》中"官人"的第三个义项，指官府差役。

西夏文"□□□□"（做官州主）和"□□"（州主），皆对应汉文本"官人"，此处的译法相当于《汉语大词典》的第二个义项，即做官的人，官吏。"□□"一词首见骨勒茂才1190年编纂的西夏语汉语对译字书《番汉合时掌中珠》，第28页第5栏作"□□"（州主）[①]。

---

① （西夏）骨勒茂才：《番汉合时掌中珠》，黄振华、聂鸿音、史金波整理，宁夏人民出版社，1989，第58页。

　　西夏文"𗼨𗬼"，读若 we² dzju²，字面意思恰是"城主"，无疑与敦煌、吐鲁番汉文文献的"城主"相当。而本文把汉文的"官人"一律译成了"𗼨𗬼𗼨𗬼"（做官州主）和"𗼨𗬼"（州主）。孙伯君先生指出，《类林》和《贞观政要》等夏译汉籍使用"𗼨𗬼"（城主）直译汉文"太守"和"刺史"，而西夏原创作品《天盛律令》中汉语借词之"𗼨𗬼"（刺史），一般用以指称"府""州""郡"的首长，"𗼨𗬼"（城主）则沿袭西夏本语词，用以指称西夏境内各边地"郡""县""城""寨"的长官，并由此联系到敦煌、吐鲁番文献里的"节儿"，指出这个吐蕃职官的品级和职掌范围与西夏的"城主"颇为一致。① 诚如王尧先生所考证，"节儿"是藏文 rtse-rje 一词的音译，其本义是"一寨之主、一城一地的守官"。而西夏文献说明，敦煌、吐鲁番汉文文献中的"城主"实为吐蕃官名 rtse-rje "节儿"的意译。

　　据此可知，西夏语的"城主"就是汉语的"州主"，即一州之长，职掌等同"刺史"。聂鸿音先生最早注意到西夏语的"刺史"和"城主"，并指出这两个官名在西夏《天盛律令》卷一〇中区分得很清楚——"刺史"是汉语借词，用以指称"院""州""郡"的首长，而"城主"则是西夏本语词，用以指称"县""城"的首长，有些像"县令"。与"刺史"相比，"城主"的品位要低一些，可是在《贞观政要》里，汉文的"刺史"每一次出现都被直接译为西夏文的"城主"，似乎在译者看来，这两个官位是完全等同的。我们目前还不知道"刺史"和"城主"这两个西夏语词最早出现是在什么时候，只知道使用"刺史"这个词的大多是西夏仁宗年间的官刻本。由此我们不妨设想，"刺史"也许是仁宗朝修订《天盛律令》的时候才从汉语中借来的，而在此之前，西夏人则习惯把"府""州""郡""县"的首长一律称为"城主"。《贞观政要》的西夏文译稿可能草创于《天盛律令》尚未颁布之时，所以并没能正确反映后来西夏官制中"刺史"和"城主"的差别。②

　　尽管学界在西夏语言文字领域已经有了一个多世纪的研究积累，但

① 孙伯君：《西夏文献中的城主》，《敦煌学辑刊》2008 年第 3 期。
② 聂鸿音：《〈贞观政要〉的西夏文译本》，《固原师专学报》1997 年第 1 期。

是我们关于西夏词汇的知识长期以来还局限在中原儒家著述和常见佛教经籍的范围之内，而对于西夏人对汉语同一词采取不同的翻译方法这些特殊领域的涉猎还不过刚刚起步。

（原刊于《西夏研究》2020 年"十周年特刊"）

西夏王号性质考略

陈　岑

摘　要　西夏王号的使用情况颇为复杂，检索并整理传世与出土文献发现西夏时期有多达二十六个王号。西夏王号当中包括号、爵、职等多重体系。天都王、野利王等西夏早期王号并非王爵，而是带有游牧民族色彩的部落首领称号。作为官职的院王与双国号王爵在西夏制度体系中之出现应当是受到了辽代的影响，余下王号皆效仿中原王朝。西夏王号在性质及渊源上所呈现出的这种多样性，正是其多元一体文化在政治、制度上的反映。

关键词　西夏；王号；院王；双国号王

　　封号一般指古代皇帝和王公贵族封授的爵号和称号。"王"作为封号之一种，秦代以前是最尊贵的，秦始皇称帝后将其降到了第二等的地位，[①]并在历史演化过程中变成爵官。历代均有王号，西夏亦概莫能外，如汉文本《杂字·官位部》记"国王、太王、平王、郡王、嗣王"，[②]西夏法典《天盛改旧新定律令》载"国王、诸王"等。

---

① 　宁可、蒋福亚:《中国历史上的皇权和忠君观念》,《历史研究》1994 年第 2 期。

② 　俄罗斯科学院东方研究所圣彼得堡分所、中国社会科学院民族研究所、上海古籍出版社编《俄藏黑水城文献》第 6 册, 上海古籍出版社, 2000, 第 145 页。

　　吴天墀先生《西夏史稿》一书指出西夏的晋王、濮王、舒王是西夏封王制度正式在文献上的记载，认为天都王、野利王、梁大王可能不是正式封号，而是当时所属部落之人对其大首领的又名。① 史金波先生《西夏社会》依据汉文、西夏文文献总结出西夏时期曾出现的十六个王号，② 他又于《西夏"秦晋国王"考论》中考证出《金刚般若波罗蜜经》经末发愿文所记"太师上公总领军国重事秦晋国王"为任得敬。③ 孙继民先生等《〈西夏天盛十五年（1163）王受贷钱契等〉考释》推测出西夏契约文书中的"齐赵国王"类似"秦晋国王"，都是"不见于史籍记载的西夏封爵"。④ 汤开建先生《西夏史琐谈》认为西夏封王的最早记载应是元昊时与吐蕃联姻之梁王宁明。⑤ 邓如萍先生《兴庆府和中兴府及有关问题的考证》以四院为"西夏首要的地方政治中心"⑥，但并未对四院王及其性质进行论述。陈玮对此亦有所探讨。氏著《西夏皇族研究》提到西夏王爵的爵称、授受与等级等问题，并论证出《官阶封号表》（乙种本）"诸王位"下的四院王为王爵爵称。⑦《从〈天盛律令〉看西夏皇族》则主要关注了《天盛律令》中的王爵。⑧ 这些观点后又多纳入《西夏番姓大族研究》一书。⑨

　　总体来看，目前学界关于西夏王号的研究与其他朝代相比较为薄弱，前人研究大多只梳理部分王号，考证个别王号，对西夏文献中诸多王号的性质基本没有涉猎。为此，笔者拟在前人研究基础之上，进一步考辨西夏王号的性质，以期推动该领域的研究，如有不当之处，

---

①　吴天墀:《西夏史稿》，四川人民出版社，1983，第58页。

②　史金波:《西夏社会》，上海人民出版社，2007，第291—292页。

③　史金波:《西夏"秦晋国王"考论》，《宁夏社会科学》1987年第3期，第72—76页。

④　孙继民、许会玲:《〈西夏天盛十五年（1163）王受贷钱契等〉考释》，姜锡东、李华瑞主编《宋史研究论丛》第9辑，河北大学出版社，2008，第619页。

⑤　汤开建:《西夏史琐谈》，《宁夏大学学报》1984年第3期；该文修改后又收录于氏著《党项西夏史探微》，商务印书馆，2013，第393—394页。

⑥　〔美〕邓如萍:《兴庆府和中兴府及有关问题的考证》，《中国民族史研究》第2辑，中央民族学院出版社，1989，第165页。

⑦　陈玮:《西夏皇族研究》，硕士学位论文，宁夏大学，2011，第6—10页。

⑧　陈玮:《从〈天盛律令〉看西夏皇族》，《西夏研究》2010年第2期。

⑨　陈玮:《西夏番姓大族研究》，甘肃文化出版社，2017，第210—211页。

尚请方家指正。

一

西夏早期的野利王、天都王与梁大王，具有明显的游牧民族色彩。《涑水记闻》记载，元昊"以野利氏兄弟旺荣为谟宁令，号拽利王，刚浪唛为宁令，号天都王，分典左右厢兵马，贵宠用事"。[①] 拽利与野利乃同姓异译，拽利王即野利王。又《续资治通鉴长编》云"刚浪凌即旺荣也"，[②] 司马光误将旺荣、刚浪唛看作两人，实际上，二者应是一人。笔者认为宁令（大王）与谟宁令（天大王）均为官职。以野利旺荣为例，谟宁令（天大王）是他所任之职，"野利王"才是其冠以部族名的称号。《梦溪笔谈》云："又元昊之臣野利常为谋主，守天都山，号天都大王，与元昊乳母白姥有隙。"[③] 天都大王即天都王。《宋史》记昌祚渡葫芦河时"与统军国母弟梁大王战"。[④] 史金波先生认为"梁大王应是时任西夏都统军的梁乙埋"，[⑤] 笔者亦主此说。关于这三个王的具体封授时间，史籍并无明确记载。但从活动时间来看，野利王、天都王属景宗时期，梁大王则处毅宗与惠宗时期。究其王号之含义，分别代表党项族部落名、西夏地方名称与皇室外戚之姓氏。三人皆是当时的大族酋豪，只有王号而无王爵。探其渊源，这一现象当脱胎于草原旧制，因当时氏族贵族权力过大而产生，其目的在于笼络各部族首领，稳定刚建立的新生政权，为特殊时期之产物，不是封王的主流。从性质上来看也和西夏后期对皇族的王号封授迥然不同。

事实上，这种现象不只见于西夏建国早期，还可追溯至五代党项羌时期。《资治通鉴》记长兴三年，"李彝超不奉诏，遣其兄阿啰王守

---

① （宋）司马光：《涑水记闻》卷一一，邓广铭、张希清点校，中华书局，1989，第206页。
② （宋）李焘：《续资治通鉴长编》卷一三八，仁宗庆历二年十二月条，中华书局，1995，第3330页。
③ （宋）沈括著，胡道静校证《梦溪笔谈校证》卷一三《权智》，上海古籍出版社，1987，第479页。
④ 《宋史》卷四八六《夏国传下》，中华书局，1977，第14011页。
⑤ 史金波：《西夏社会》，第292页。

青岭门，集境内党项诸胡以自救"。① 又《宋史·真宗纪》记："蕃部罗泥天王，本族诸首领各率属归附。"② "阿啰王"与"罗泥天王"所代表的应是部落首领，这两个称号恰可作为党项羌内部自称为王的最好例证。此外，匈奴、契丹等其他北方游牧民族也存在这种情况。匈奴单于为了维持对各部的统治，设置匈奴诸部王代表单于在部落行使职权。《汉书·匈奴传》记匈奴"置左右贤王、左右谷蠡、左右大将、左右大都尉、左右大当户、左右骨都侯"，匈奴分裂前"自左右贤王以下至当户，大者万余骑，小者数千，凡二十四长，立号曰'万骑'……诸二十四长，亦各自置千长、百长、什长、裨小王、相、都尉、当户、且渠之属"。③《后汉书·南匈奴列传》亦记南匈奴"其大臣贵者左贤王，次左谷蠡王，次右贤王，次右谷蠡王，谓之四角；次左右日逐王，次左右温禺鞮王，次左右渐将王，是为六角。皆单于子弟，次第当为单于者也"。④ 匈奴国有四角王、六角王和四大贵族部落王，其下又有许多小的部落王（部落酋长），如白羊王、楼烦王、屯头王等。匈奴的浑邪王就是浑邪这一大部落的首领，如同西夏的野利王。野利部是党项部落中重要的组成部分。早在李继迁时，便以通婚的方式来笼络野利部人。后来，元昊又立"野利氏"⑤ 为皇后，并将其所生子立为太子。由此可见，野利部族在西夏早期势力之强大。

契丹人建立的辽朝则实行具有游牧民族特点的部族制。契丹的"奚王"，又称奚长、奚部长，是奚六部的首领，不是王爵而是该部落的最高长官。《辽史》云："置奚堕瑰部，以勃鲁恩权总其事。"⑥ 同书又云："命勃鲁恩主之，仍号奚王。"⑦ 太祖降服奚部后任勃鲁恩为奚王，并给予其处理奚部事务的权力，奚王仅仅是他作为一个部落首领的称呼而已。总之，在游牧民族政治传统中，习惯将部落的首领称为王或大王，西夏

---

① 《资治通鉴》卷二七八《后唐纪七》，中华书局，1956，第9083—9084页。

② 《宋史》卷七《真宗纪》，第124页。

③ 《汉书》卷九四上《匈奴传》，中华书局，1964，第3761页。

④ 《后汉书》卷八九《南匈奴列传》，中华书局，1965，第2944页。

⑤ （宋）司马光：《涑水记闻》卷一一，第206页。

⑥ 《辽史》卷二《太祖纪》，中华书局，2016，第20页。

⑦ 《辽史》卷三三《营卫志》，第439页。

的情况与之相同。而后，随着西夏政权对中原文化的吸收与摄取，带有少数民族色彩的王号逐渐被取代。

二

俄 Инв.No.4170a《西夏官阶封号表》"诸王位"有"南院王、北院王、西院王、东院王"①。在最新研究中，孙伯君先生将之翻译为"右厢王、左厢王、西院王、东院王"。②《亥年新法》卷一五《地租门》含"诸王"③，西夏王陵出土西夏文残碑 M2X:82+370 记"诸王"④，《天盛改旧新定律令》亦多处记有"诸王"⑤。李范文先生认为"诸王位"是西夏宫内的封号。史金波先生则指出"诸王位"是表示职位类别的名字。⑥文志勇直述"诸王位有南院王、北院王、西院王、东院王"却未涉及其具体含义。⑦邓如萍先生推测四院王可能是部队的最高指挥官。陈玮以《天盛改旧新定律令·司序行文门》的相关记载，得出四院王是以王宅命名的王爵称谓。用院来命名王宅是可能的，但将王宅名做为王号的例子历史上似乎还没有出现过。笔者拟在前人研究基础之上对院王的性质进行补充讨论。

《天盛改旧新定律令·颁律表》中所列的第一位编纂人乃北王兼中书令嵬名地暴。《西夏文〈天盛新律〉进律表考释》认为"所谓北王可能为'北院王'之省称"。⑧笔者亦以为是。封王制度史上以方位封王

---

① 汉译见李范文《西夏官阶封号表考释》，《社会科学战线》1991 年第 3 期。

② 孙伯君：《西夏职官与封号的翻译原则》，《西南民族大学学报》2021 年第 3 期。

③ 汉译见赵焕震《西夏文〈亥年新法〉卷十五"租地夫役"条文释读与研究》，硕士学位论文，宁夏大学，2014，第 14 页。

④ 李范文主编《西夏陵墓出土残碑粹编》，文物出版社，1984，第 47 页。

⑤ 史金波、聂鸿音、白滨译注《天盛改旧新定律令》，法律出版社，2000，卷三、卷一〇、卷一一均记有"诸王"。

⑥ 史金波：《西夏文〈官阶封号表〉考释》，《中国民族古文字研究》第 3 辑，天津古籍出版社，1991，第 252 页。

⑦ 文志勇：《〈西夏官阶封号表〉残卷新译及考释》，《宁夏社会科学》2009 年第 1 期。

⑧ 宁夏文化管理委员会办公室宁夏文化厅文物处：《西夏文化史论丛》第 1 辑，宁夏人民出版社，1992，第 102 页。

的先例概不多见，且历朝历代也鲜有出现封号兼职位的现象。史金波先生将"􀀀􀀀􀀀􀀀􀀀􀀀􀀀􀀀􀀀"中的"􀀀"译成"兼"。众所周知，西夏官制是仿照唐、宋相关制度而建立起来的。唐代前期"兼"多用来表示某官员同时具有的两种职官身份，到后期才以"充"或"充兼"代"兼"，三者意思相同。① 除此之外，唐代的"兼"还有"欠一阶不至为兼"的意思，即"官员所任职事官之阶仅比所带散官之阶高出一阶时就以'兼'字表示"。② 反观北王与中书令，二者并非相差一阶。以任得敬为例，其先后任中书令、国相，后又封为楚王、秦晋国王。因此，"兼"引导的北王与中书令的性质应相同，皆为职。与北王相似的还有南王。《亥年新法》卷一五记载，"诸寺所有常住地及南王奉旨所予田畴等"，同书于诸臣民、路赞讹法师处又记有"南王"。③ 笔者认为这两处的南王应是南院王之省称，与北王性质相同。

在与西夏同时期及此前的历史当中，以方位命名的王号除西夏的四院王外尚见于辽代的南、北院大王。值得注意的是，辽代的南、北院王均为官职而非封爵。这种情况的出现应与辽代设立的南、北两院有关。辽朝将五院司的洽睿之族与六院司的葛剌、洽礼、帖剌、衷、袅古直共称二院皇族，即北、南院。北、南院大王又主要管理北、南大王院的官员。《辽史·百官志》记"北院都统军司。掌北院从军之政令"；"北院详稳司。掌北院部族军马之政令"；"北院都部署司。掌北院部族军民之事"。④ 此为北大王院辖下的三个部门，除北、南之分外南大王院与之相若。西夏的四院为四个监军司，地位似高于普通监军司，很可能是四个方位的军政中心，故而设四院，立院王，四院王应当是这四个监军司的最高长官。从名称和性质上来看，西夏的院王与辽代的南、北院大王极为接近，笔者推测西夏这一官职的出现应当是受到了辽代的影响。

---

① 赖瑞和：《唐代高层文官》，台北：联经出版事业股份有限公司，2016，第320—328页。
② 赵望秦：《略论唐代官制中的"守、行、兼"制度》，杜文玉主编《唐史论丛》第8辑，三秦出版社，2006，第60页。
③ 汉译见赵焕震《西夏文〈亥年新法〉卷十五"租地夫役"条文释读与研究》，第27—31页。
④ 《辽史》卷四五《百官志一》，第779—780页。

与院王情况相似的还有节亲主，这是西夏特有的称谓。关于其具体所指，学界说法不一。史金波先生最早在《西夏文字典〈音同〉序跋考释》中提到节亲主是官称，位在百官之上。① 之后又在《西夏社会》里指出节亲主应是皇帝的近亲，类似于亲王。同书第八章第二节论及节亲主属于"大小臣僚"，即有"官"和任"职"的人。② 胡若飞在史先生的基础上提出节亲主地位较宰相更尊贵，可能拥有西夏皇室赐封的爵位，但宰相的实权要高于节亲主。③ 聂鸿音先生将汉文本《贞观政要》的"懿亲"与西夏文"节亲主"相对译，指出其为皇族各部的长老，在封建时代是个实职，为政府部门首长兼任的极高之官。④

我们先来看汉文本《贞观政要》对"懿亲"的记载，"观夫膺期受命，握图御宇，咸建懿亲，藩屏王室，布在方策，可得而言。自轩分二十五子，舜举十六族，爰历周、汉，以逮陈、隋，分裂山河，大启磐石者众矣"。⑤ "懿亲"一词在史籍中非常多见，如曹植《求通亲亲表》云："昔周公吊管蔡之不咸，广封懿亲，以藩屏王室。"⑥ 这两处的"懿亲"为一意，特指皇室宗亲、外戚，而不是皇族各部的长老。其次，《音同》本序记"节亲主、德师、中书、知枢密事、授正净、文武全才孝勇武恭敬东南姓关上皇座嵬名德照"。除德照外，还有印制西夏文《三代相照言集文》的"节亲主慧照"，以及西夏文《大般若波罗蜜多经》卷二经末题款所记"节亲主慧胜"。史先生指出，"节亲主是皇族

① 宁夏文化管理委员会办公室宁夏文化厅文物处：《西夏文化史论丛》第 1 辑，第 5 页。

② 史金波：《西夏社会》，第 214、241、306 页。

③ 胡若飞：《西夏"节亲"考》，《西夏研究》2013 年第 2 期。

④ 聂鸿音：《西夏本〈贞观政要〉译证》，任继愈主编《文津学志》第 1 辑，北京图书馆出版社，2003，第 117 页；该文又见于氏著《西夏文献论稿》，上海古籍出版社，2012，第 71—80 页。西夏原文见俄罗斯科学院东方研究所圣彼得堡分所、中国社会科学院民族研究所、上海古籍出版社编《俄藏黑水城文献》第 9 册，上海古籍出版社，1999，第 133 页。

⑤ （唐）吴兢：《贞观政要》卷四《教戒太子诸王第十一》，上海古籍出版社，1978，第 126 页。

⑥ （三国魏）曹植著，赵幼文校注《曹植集校注》卷三《求通亲亲表》，人民文学出版社，1984，第 436 页。

嵬名氏中有地位者"①，因此慧照、慧胜应与德照同为嵬名氏，作为节亲主的三人皆是皇室宗亲。

另外，西夏陵出土的残碑与《天盛律令》多次出现"节亲主"。《天盛律令·为婚门》记载："一等殿上坐节亲主、宰相等以自共与其下人等为婚者，予价一律至三百种以内，其中骆驼、马、衣服外，金豹虎皮等勿超过五十种。一等节亲主以下臣僚等以自共与诸民庶为婚，嫁女索妇时，一律予价二百种以内，其中骆驼、马、衣服外，金豹虎皮等勿超过百种。"②可知节亲主分"殿上坐节亲主"和"节亲主"，显然前者地位尊于后者。同书《司序行文门》有云："一节亲主、番人等职相当、名事同者，于司坐次、列朝班等中，当以节亲主为大。二番人共职者列坐次及为手记时，当由官高大人为之。官相当而有文武官者，当以文官为大。有文武官同，则当视人况、年龄。若违律时罚马一。又番、汉、降汉、西番、回鹘共职者，官高低依番汉共职法实行。"③从中可明确看出节亲主是具有"职"的。如果节亲主与番人等"职"相当、名事相同，那么司位次列朝班时，应当将节亲主视为大。综上所述，笔者认为"节亲主"应具有皇室亲王的身份，但性质上与院王相同，均为官职之一种。当然进一步的论证还有待于新史料的发现。

三

西夏建国后，受中原文化的影响产生出与中原王朝称谓相同的王号。《西夏书事》卷三一记"秋九月，封弟察哥为晋国王"，而该书卷三三、卷三四与卷三六称察哥为晋王。进而可知西夏的晋国王可省称为晋王。同书卷三三云"冬十一月，封宗室子仁忠为濮王，仁礼为舒王"④，卷三六亦云"太后惮仁忠严，数年不敢泄于外。至是卒，赠吴

---

① 史金波、雅森·吾守尔:《中国活字印刷术的发明和早期传播》，社会科学文献出版社，2000，第42页。
② 史金波、聂鸿音、白滨译注《天盛改旧新定律令》卷八《为婚门》，第311页。
③ 史金波、聂鸿音、白滨译注《天盛改旧新定律令》卷一○《司序行文门》，第379页。
④ （清）吴广成著，龚世俊等校证《西夏书事校证》卷三三，甘肃文化出版社，1995，第380页。

王，谥恭显"①。仁忠生前被封濮王，逝后又赠吴王。与之相同的还有死后追赠"广惠王"的野利仁荣，②但其为异姓王，与"吴王"等人不同。齐王彦忠之子遵顼嗣其位，称嗣齐王。《宋史》记有越王仁友、楚王任得敬、镇夷郡王安全、南平王晛、齐国忠武王彦忠等。③"尚父太师中书令知枢密院事梁国正献王"④与彦忠王号类似，"忠武"与"正献"为谥号，齐国忠武王可省称为齐国王和齐王。西夏除南平王外，传世史料未见其他有关平王的记载，仅在采集于灵武回民巷窑外侧南部某处的陶瓷残片上出现过一个"东平王衙下"⑤，可补史籍之阙。

除此之外，西夏还有双国号王，其国名皆是先秦时期的古诸侯国。俄藏 TK124《金刚般若波罗密经》经末的发愿文记"太师上公总领军国重事秦晋国王"，经史先生考证可知"秦晋国王"乃任得敬。⑥孙继民先生等推测的《俄藏黑水城文献》第6册汉文部分之后附着的《叙录》拟题所空内容为"齐赵国王"，并统计出辽代有双国号王爵五个，金代有四个。笔者在孙先生的基础上，又发现一秦魏国王耶律阿琏。史载："癸卯，追封秦越国王阿琏为秦魏国王。"⑦这种以古代两个诸侯国名并列作为本朝封王爵号的制度，仅于辽、西夏、金三代见之。

孙继民先生从以下三点论证西夏双国号王爵主要来自辽代："第一，与辽、金两朝王爵制度的特点相比较，西夏更接近于辽代。第二，与辽代王爵制度进封顺序相比较，西夏也接近于辽代。第三，从辽、西夏均有'秦晋国王'封号以及地位相近来看，西夏更接近于辽代。"⑧笔者认为还可以从三者封授王爵的时间来比较说明。西夏"秦晋国王"册封时间虽未有明确的记载，但可知在天盛十二年（1160）至天盛十九年。又

① 《西夏书事校证》卷三六，第418页。
② 《宋史》卷四八六《夏国传下》，第14025页。
③ 《宋史》卷四八六《夏国传下》，第14025—14028页。
④ 李范文主编《西夏陵墓出土残碑粹编》，第76页。
⑤ 杭天：《西夏官府瓷与西夏"官窑"》，《收藏》2013年第19期。
⑥ 史金波：《西夏"秦晋国王"考论》，《宁夏社会科学》1987年第3期。
⑦ 《辽史》卷二五《道宗纪五》，第334页。
⑧ 孙继民、许会玲：《〈西夏天盛十五年（1163）王受贷钱契等〉考释》，姜锡东、李华瑞主编《宋史研究论丛》第9辑，第623—625页。

据《辽史》《金史》，辽的封授时间是重熙十二年（1043）至保大二年（1122），金则为天眷二年（1139）至天德二年（1150）。辽远早于西夏和金，这正可印证二者的双国号王爵受到了辽代的影响。

作为同享"秦晋国王"这一封号的任得敬与耶律淳，二者的共同点是都处于一人之下万人之上的显贵地位，最大的不同是一为同姓王，一为异姓王。耶律淳是辽兴宗耶律宗真的孙子，他在天庆六年（1116）被封为"秦晋国王"，时间早于任得敬近50年。而任得敬不但来自非嵬名家族，还曾在宋朝的西安州任职通判，作为外戚、汉人的任得敬能得到该王号并把持朝政长达二十年之久在西夏历史上可谓是一个极为特殊的存在。

关于西夏最早封授的王爵，汤开建先生认为是元昊长子宁明所获封之梁王，但未指出具体的封王时间。这一论断的依据见诸田况《儒林公议》卷上所记"摩氊角素依首领郢成俞龙为谋主，俞龙复纳女于元昊子宁令，伪号梁王者"。[①]田况在其所上奏章中也提到"温逋其乃唃厮啰亲信首领之豪，其子一声余龙有众万余，最为强盛，乃与昊贼结姻，唃厮啰日益危弱"。[②]郢成俞龙即一声金龙，有关一声金龙依附元昊一事，《长编》卷一一九"景祐三年十二月辛未"条记："元昊闻厮啰二子怨其父，因以重赂间之，且阴诱诸酋豪。而温逋奇之子一声金龙者，拥众万余，阴附元昊。"[③]《西夏书事》亦系其事于景祐三年十二月，称："温逋奇子一声金龙，拥众万余，叛附元昊，结为婚姻。"[④]如此看来，元昊与一声金龙结姻之事当发生于景祐三年。但景祐三年为公元1036年，元昊于天授礼法延祚元年（1038）方才称帝建国，彼时元昊尚未称帝，其本人仍为北宋所封之西平王[⑤]与辽朝所封之

---

① （宋）田况：《儒林公议》卷上，《全宋笔记》第一编五，大象出版社，2003，第90—91页。

② （宋）赵汝愚：《宋朝诸臣奏议》卷一三二《边防门》，上海古籍出版社，1999，第1469页。

③ 《续资治通鉴长编》卷一一九，第2814页。

④ 《西夏书事校证》卷一二，第142—143页。

⑤ 《东都事略》记载宋仁宗明道元年（1032）"德明死，元昊袭定难军节度使，封西平王"，见（宋）王称：《东都事略》，孙言诚等点校，齐鲁书社，2000，第1100页。

夏国公①，又如何能封己子为梁王？可见这一时间容或有误。另外，汤先生认为"伪号梁王者"为元昊长子宁明，但《儒林公议》中记载的是"俞龙复纳女于元昊子宁令"，"宁令"与"宁明"显然并非一人，那么这个"宁令"到底所指为何？

元昊一共有几个儿子，史籍记载不一，《长编》提到元昊有六子，分别是：米母氏子无名；咩迷氏子阿理；野利氏子宁明、宁令哥、薛埋；没藏氏子谅祚。②《梦溪笔谈》记载："元昊后房生一子曰宁令受，其后又纳没藏讹咙之妹，生谅祚而爱之。"③宁令受即宁令哥，是元昊和"宪成皇后"野利氏所生之次子，后曾被立为太子。此外《宋史·夏国传》尚记："谅祚，景宗长子也，小字宁令哥，国语谓'欢嘉'为'宁令'。两岔，河名也，母曰宣穆惠文皇后没藏氏，从元昊出猎，至此而生谅祚，遂名焉。"④但这段文字不可解之处甚多，汤开建先生研究后指出谅祚之小字应为"宁令两岔"而非"宁令哥"，⑤其说可从。且《宋史》明确记载谅祚生于"庆历七年丁亥二月六日"⑥，到元昊死时，还不足一岁，显然未到成婚年龄。因此，综合史料记载笔者推测，这个与一声金龙结姻的"梁王"应为元昊子宁令哥，成婚日期并不在一声金龙依附元昊之1036年，而当在1038年元昊建国之后。至于宁令哥被封为"梁王"的时间大致应在元昊建国和其天授礼法延祚六年（1043）被立为太子之间，即1038年至1043年。⑦

综上所述，西夏的王号不等同于封王，前人对于西夏王号的性质总

---

① 据《辽史》，景福元年（1031），辽兴宗"以元昊为夏国公、驸马都尉"，见《辽史》卷一八《兴宗纪一》，第241页。
② 《续资治通鉴长编》卷一六二，仁宗庆历八年正月辛未条，第3901—3902页。
③ 《梦溪笔谈校证》卷二五《杂志二》，第787页。
④ 《宋史》卷四八五《夏国传上》，第14000页。
⑤ 汤开建：《党项西夏史探微》，第385—387页。
⑥ 《宋史》卷四八五《夏国传上》，第14000页。
⑦ 宁令哥先被封为梁王，而后又被立为太子，以梁王为太子的这一现象除西夏外仅见于辽。有关辽代的研究可参看唐抒阳《辽代王号等级研究》，硕士学位论文，吉林大学，2013，第34—37页；邱靖嘉《再论辽朝的"天下兵马大元帅"与皇位继承——兼谈辽代皇储名号的特征》，《民族研究》2015年第2期；葛华廷、王晓宁《辽朝皇位继承研究》，刘宁主编《辽金历史与考古》第8辑，科学出版社，2017，第75—76页。至于西夏的情况是否和辽代存在某种联系，因史料有阙，不敢妄断，暂记于此，以俟后考。

是不加分别，混为一谈，以为王号就是封王，这可能与历史的真实情况不相符合。西夏王号的性质并非单一的，笔者认为可将其分为号、职、爵三种不同的体系。天都王、野利王、梁大王等均为部落首领的称号，而非实际王爵。这种现象的出现恰恰表明了游牧民族政治传统对西夏制度的深刻影响。在历史的发展进程中，随着中原文化对西夏的逐渐浸润，西夏政治文化中的这种游牧性特征逐渐式微，取而代之的是效仿中原典制册封的王爵日益占据主导地位，所封之王有单国号王、郡王、嗣王与平王，其中既有同姓王又有异姓王，同姓王占绝大多数，还存在着死后追加赠封的情况。此外，我们尚需注意到，10—13 世纪，各民族政权之间不仅有对峙分立还有交流互动，近年来，学界越来越重视西夏与辽代制度以及文化之间的密切联系。作为官职之院王与双国号王爵在西夏制度体系中的出现应当就是受到了辽代的影响。而西夏王号在性质及渊源上所呈现出的这种多重性，一定程度上可视作当时社会文化传统与政治、制度交互作用的结晶。从这个意义上来说，本文所讨论的西夏王号性质问题似乎也可以归入西夏"多元一体"政治文化的范畴。

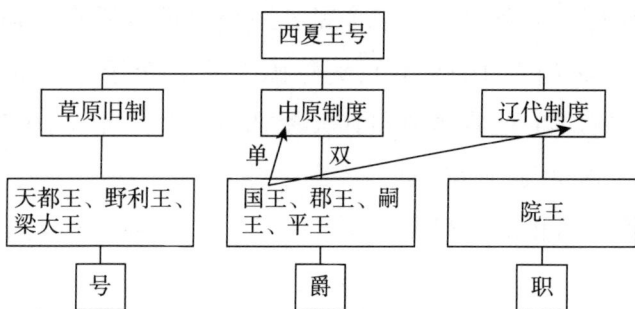

图 1　西夏王号性质渊源

表 1　西夏王号表

分类	王号	人物	时期	封号事实	史料出处
部落王	野利王	野利旺荣	不详	元昊以旺荣为谟宁令，号野利王	《涑水记闻》卷一一
	天都（大）王	野利遇乞	不详	元昊之臣野利常为谋主，守天都山，号天都大王	《梦溪笔谈》卷一三
	梁大王	梁乙埋	大安七年（1081）	昌祚与统军国母弟梁大王战，遂大破之	《宋史》卷四八六

分类	王号	人物	时期	封号事实	史料出处
院王	北王	嵬名地暴	不详	北王兼中书令嵬名地暴	《天盛改旧新定律令·颁律表》
	南王	不详	不详	诸寺所有常住地及南王奉旨所予田畴等	《亥年新法》卷一五《租地夫役》
	南院王	不详	不详	诸王位下南院王	《官阶封号表》
	北院王	不详	不详	诸王位下北院王	《官阶封号表》
	西院王	不详	不详	诸王位下西院王	《官阶封号表》
	东院王	不详	不详	诸王位下东院王	《官阶封号表》
双国号王	秦晋国王	任得敬	不详	太师上公总领军国重事秦晋国王	《金刚般若波罗蜜经》
	齐赵国王	不详	不详	聱（齐）赵国王	《西夏天盛十五年（1163）王受贷钱契等》
国王	梁王	宁令哥	不详	俞龙复纳女于元昊子宁令，伪号梁王者	《儒林公议》卷上
	晋国王	察哥	贞观三年（1103）	秋九月，封弟察哥为晋国王	《西夏书事》卷三一
	濮王	仁忠	元德二年（1120）	冬十一月，封宗室子仁忠为濮王	《西夏书事》卷三三
	舒王	仁礼	元德二年（1120）	冬十一月，封宗室子仁礼为舒王	《西夏书事》卷三三
	吴王	仁忠	不详	太后惮仁忠严，数年不敢泄于外。至是卒，赠吴王，谥恭显	《西夏书事》卷三六
	越王	仁友	不详	安全，崇宗之孙，越王仁友之子	《宋史》卷四八六
国王	楚王	任得敬	天盛十二年（1160）	三十年，夏封其相任得敬为楚王	《宋史》卷四八六
	广惠王	野利仁荣	天盛十六年（1164）	三十二年，始封制番字师野利仁荣为广惠王	《宋史》卷四八六
	齐王	遵顼	天庆十年（1203）	秋七月，齐王遵顼立，改元光定	《西夏书事》卷四〇

续表

分类	王号	人物	时期	封号事实	史料出处
国王	梁国正献王	嵬名惠安	不详	尚父太师中书令知枢密院事梁国正献王	李范文：《西夏陵墓出土残碑粹编》，第76页
	齐国忠武王	彦宗	不详	齐国忠武王彦宗之子大都督府主遵顼立	《宋史》卷四八六
郡王	镇夷郡王	安全	天庆三年（1196）	镇夷郡王安全立	《宋史》卷四八六
	清平郡王	德旺之弟	不详	清平郡王之子南平王睍立	《宋史》卷四八六
平王	南平王	睍	不详	清平郡王之子南平王睍立	《宋史》卷四八六
	东平王	不详	不详	东平王衙下	杭天：《西夏官府瓷与西夏"官窑"》，《收藏》2013年第19期，第45—46页

（原刊于《西夏学》2019年第1期）

西夏部落兵制的历史演变

樊永学

摘　要　西夏的部落兵制，自唐、五代时期游牧民族以血缘为纽带的宗族部落亦兵亦民的历史传统积淀，历继迁、德明、元昊时期封建国家制度建立逐步定型，以部落首领制为主要表现形式，通过对部落首领授受官职、封地招抚等形式，使党项部落联盟得到维护，部落首领成为军事长官和行政长官。部族斗争的主要表现为后族专权和皇室夺权的斗争，一些大的部族首领积极参与了斗争，其结果就是兵权越来越集中到皇族嵬名家族手中。西夏末年，皇权的衰微虽然一度使各部族势力回光返照，但仍然无法改变党项部落兵制在蒙古的招诱和攻伐下最终解体的历史结局。

关键词　兵制；党项；西夏；部落制度

作为古代游牧、半农半牧国家的主要社会组织之一，部落既是各种畜牧产品的主要生产者，也是国家军队兵员的主要提供者。西夏是中国历史上一个半农半牧的封建割据政权，部落势力自始至终都对其政权有非常强大的影响，特别是在军事体系方面。回顾西夏的历史，可以说没有部落兵制就没有西夏的崛起，没有部落兵制也就没有西夏的强盛。本文拟结合传世文献与出土文献，梳理党项西夏部落兵制的历史演变过程。

一 唐、五代时期

据《旧唐书·党项传》，党项是发源自古羌的少数民族，其早期居住于古析支之地，"东至松州，西接叶护，南杂春桑、迷桑等羌，北连吐谷浑，亘三千里"①，大致相当于今青海上游河曲一带。因其长期生活于青藏高原，文明程度与生产条件较之中原及其周边其他民族稍显落后，仅仅只达到了"居有栋宇，其屋织牦牛尾及羊毛覆之，每年一易"，"男女并衣裘褐，仍被大毡。畜牦牛、马、驴、羊，以供其食。不知稼穑，土无五谷"的状态。② 与其落后的生产力相符，早期生活于青藏高原的党项民族其社会组织也较为简单，即按照种姓分为细封氏、费听氏、往利氏、颇超氏、野律氏、房当氏、米擒氏、拓跋氏八大部落；在各大部落中，又可分为若干小部落，即所谓的"其种每姓别自为部落，一姓之中复分为小部落"，"有战阵则相屯聚"，各个部落"大者万余骑，小者数千骑"，③ 这也是史籍中有关党项部落兵制的最早记载。对此，陈炳应先生认为：

> 生活在青藏高原时的党项部落中是没有常备军的……但是，随着掠夺战争的不断发生，当掠夺财富成为比生产更为有利可图的事业时，当各级酋长在战争中逐渐加强权力时，就会在酋长的周围形成若干初步具有常备兵性质的扈从队伍。《隋书·元谐传》载：元谐谋反，"谐谋令祁绪勒党项兵即断巴蜀"；《新唐书·党项传》载：唐贞观三年，党项酋长细封步赖被唐王朝封为轨州刺史后，"请率兵讨吐谷浑"。上述材料都明确提到党项人已有比较正式的"兵"的概念和实体。④

这种说法是很有道理的。然而，这里所谓的"当掠夺财富成为比生

---

① （后晋）刘昫等：《旧唐书》卷一九八《党项羌传》，中华书局，1975，第5290页。
② 《旧唐书》卷一九八《党项羌传》，第5290—5291页。
③ 《旧唐书》卷一九八《党项羌传》，第5290页。
④ 陈炳应：《党项人的军事组织述论》，《民族研究》1986年第5期。

产更为有利可图的事业时，当各级酋长在战争中逐渐加强权力时"究竟是什么时候，陈先生没有具体指出，笔者认为，唐、五代时期是党项部落中"兵"的概念和实体出现的时代。

既然提及党项的部落兵制，就不得不说到唐、五代党项的社会组织制度——部落制以及党项民族的生存状态。唐朝建立以后，继续隋文帝的民族政策对党项部族实行诏谕。贞观三年，党项细封部首领细封步赖来朝，唐廷命其为刺史，以其居地为轨州，可谓第一次为内附的党项部落设置羁縻府州。唐朝的诏谕也获得了其他党项部落的认同，"诸姓酋长相次率部皆来内属"，并且请求"请同编户"，即谋求与中原居民相同，直接受朝廷统治，成为中央政府管理下的编户齐民。面对他们的请求，史载唐太宗仅仅只是"厚加抚慰，列其地为崌、奉、岩、远四州，各拜其首领为刺史"[①]，并未将其纳入编户齐民。随着吐蕃王朝的兴起并走向强盛，居住于唐蕃边境的党项人日益受到侵扰，以拓跋氏为首的党项部落向朝廷上书请求内迁，于是朝廷将他们迁往庆州，"置静边州以处之"。天授三年，又以内附的二十万党项人置朝、吴、浮、归等州，仍散居灵夏境内。随着吐蕃吞并河陇，第一次内迁后居于此处的党项部落又再次与吐蕃王朝接壤。在郭子仪的建议下，经过"安史之乱"后十余年间的不断迁徙，唐朝最终将党项诸部从陇右地区逐渐迁移到了夏、绥、延、灵等州，也就是今陕西北部及鄂尔多斯高原南部的广大地区。在完成定居之后，党项部落逐渐按地域之分形成两大集团，形成了平夏与东山两大部。[②]

唐朝历次的迁徙以及设置羁縻府州是否打破了党项人传统的部落组织呢？答案显然是否定的。从"夏之属土，广长几千里，皆流沙。属民皆杂虏，虏之多者曰党项，相聚为落于野曰部落。其所业无农桑，事畜马牛羊橐驼"[③]可以看出，他们仍然维持着部落制的社会结构。同时，被唐朝中央或者是藩镇派往党项部落聚居地任职的官员也往往不直接管理部落事务，而仍然是依靠部落酋长进行统治，如刘保极初至银州刺史

① 《旧唐书》卷一九八《党项羌传》，第 5291 页。
② （宋）欧阳修等：《新唐书》卷二二一《党项传》，中华书局，1975，第 6217 页。
③ （清）董诰等编《全唐文》卷七三七《夏平》，中华书局，1983，第 7613 页。

任上，就有"党项诸羌来会聚，君告以忠信廉俭，皆出涕，无敢违告者"①，度支郎中韦宙为河东节度副使，"宙遍诣塞下，悉召酋长，谕以祸福"②，武宗朝宰相李德裕也曾因党项聚集反抗而向皇帝建议"望差给舍一人，令边镇出兵护送，且至叱利镇城下，密召酋长，喻以国恩，问其屯兵事由，有何冤屈"③，足见部落首领在唐朝管理党项人的事务中所具有的重要地位。

既然部落组织的社会形态没有发生变化，那么在这种社会形态基础上建立的党项部落兵制也就顺利地在唐代维持了下去。但凡需要对唐朝、回鹘、吐蕃等作战乃至党项族人之间的内战，他们仍旧以部落为单位组织军事力量。如《夏平》所载，"广德年中，其部落先党项与其类意气不等，因聚党为兵相伐，强者有其马牛羊橐驼，其后支属更酬杀，转转六七十年莫能禁，道路杀掠以为常"。④可见内迁入唐的党项部落依然保持了各自为军队、战时相聚、平时劫杀的旧有习俗。又如开成元年二月，"振武奏党项三百余帐剽掠逃去"⑤，此处只记若干"帐"而非若干人数的兵力，亦说明当时党项人以族帐为单位进行掠夺战争和逃亡。同时，部落兵制也是党项人对抗唐朝军事力量的重要武器，每当唐军集结大军，准备进剿党项时，就会面临"出师则鸟散山谷，抽兵则蚁聚塞垣"⑥，可见，党项人在对唐作战中充分发挥了部落兵制的灵活性，需要集中兵力时诸部落可以迅速聚集，而一旦掳掠成功，就可化整为零，复以部落撤退，让唐军无从追击。

时至拓跋思恭率部与黄巢作战，受封为定难军节度使，党项拓跋部正式成为统辖银、夏、绥、宥四州之地的藩镇。那么，定难军相较于唐朝晚期的其他藩镇是否存在建制和军事组织上的不同之处呢？据宋初的定难军党项大首领李光睿墓志，"时大周广顺元年，府主大王以

① （唐）元稹:《元稹集》卷五六《唐故使持节万州诸军事万州刺史赐绯鱼袋刘君墓志铭》，冀勤点校，中华书局，2010，第688页。
② （宋）司马光:《资治通鉴》卷二四九，宣宗大中六年条，中华书局，1956，第8051页。
③ （清）董诰等编《全唐文》卷七〇二《请先降使至党项屯集处状》，第7209页。
④ （清）董诰等编《全唐文》卷七三七《夏平》，第7613页。
⑤ 《资治通鉴》卷二四五，文宗开成二年七月条，第7929页。
⑥ （清）董诰等编《全唐文》卷七〇二《论盐州屯集党项状》，第7210页。

郡邑封疆，开拓几数千里，戎夷帐族，交杂逾百万家，户口雄豪，人心任直"①，此处的"府主大王"是指时任夏州定难军节度使李彝殷。在乾祐二年（949）后汉隐帝"诏以静州隶定难军。二月辛未，李彝殷上表谢"。②"府主大王以郡邑封疆，开拓（拓）几数千里"便指此事，领地的扩大使得定难军得以统辖百万家之"戎夷帐族"，表明散居于陕北诸地的党项人在唐末五代时依旧存在着以"族帐"为单位的部落制。五代时期党项部落对外进行战争时也依旧保持着聚集作战的惯例，如后唐明宗时即有"党项阿埋、屈悉保等族抄掠方渠，邀杀回鹘使者。明宗遣彦稠与灵武康福会兵击之，阿埋等亡窜山谷"③；后晋天福年间，节度使安重荣曾向高祖石敬瑭上表，称"又准沿河党项及山前、山后、逸利、越利诸族部落等首领，并差人各将契丹所授官告、职牒、旗号来送纳，例皆号泣告劳，称被契丹凌虐，愤惋不已。情愿点集甲马，会合杀戮"④。后唐明宗曾试图将定难军节度使李彝超调离夏州，彝超不奉诏，于是后唐派遣安从进征讨。李彝超等动用"四面党项部族万余骑，薄其粮运，而野无刍牧，关辅之人，运斗粟束藁，动计数千，穷民泣血，无所控诉，复为蕃部杀掠，死者甚众"⑤，最终打退了后唐大军。

以上可见，从隋初到五代，虽然党项人的居地以及生产方式都发生了一定变化，但其社会组织结构——部落制依旧保持了下来，而依托于这种社会结构的部落兵制也同样传承了下去。各个部落需要作战则聚族讨伐，撤退则化整为零，各个部落自有首领，按其意愿进行军事行动。即使到了夏州藩镇时代，虽然受赐姓为李的拓跋部族人世袭定难军节度使，但依然在对外战争时需要倚仗麾下的各宗族豪强势力之联盟，只不过是他们在定难军中始终保持着最强大、最核心、最有号召力的地位。

---

① 杜建录、白庆元、杨满忠、贺吉德：《大宋故定难军节度使检校太尉赠侍中李公（光睿）墓志铭》，《西夏学》第1辑，宁夏人民出版社，2006，第103页。
② 《资治通鉴》卷二八八，后汉隐帝乾祐二年条，第9407页。
③ （宋）欧阳修等：《新五代史》卷二七《药彦稠传》，中华书局，1974，第299页。
④ （宋）薛居正等：《旧五代史》卷九八《安重荣传》，中华书局，1976，第1303页。
⑤ 《旧五代史》卷一三二《李彝超传》，第174—179页。

二 继迁、德明时代

李继迁和李德明在位时是党项西夏政权部落兵制的形成时期。

宋太宗太平兴国七年，宋廷召李继捧入朝。李继捧之弟继迁出奔地斤泽，开启了党项政权抗宋自立的历史，藏身于地斤泽深处的李继迁深知军事力量对党项政权未来发展的重要意义。其奔逃至地斤泽之初，即"出其祖彝兴像（《西夏书事》作思忠），以示戎人，戎人皆拜泣，继迁自言：'我李氏子孙，当复兴宗绪'"①，意在借用先祖之威望拉拢散居于地斤泽及其周边的党项部族。随着党项"族帐稍稍归附"，最初只带着数十人逃出夏州的李继迁初步获取了其他部落的信任，开始着手建立和巩固李氏家族与其他党项部落之间的军事同盟。

面对立场摇摆不定、叛服不常的党项部落，李继迁及其后继者李德明软硬兼施，他们一方面对各个部族进行诱胁，迫使他们一起抗宋；另一方面对那些想依附北宋的部族进行攻打，甚至不惜用灭族的手段来警示其他部落。

李继迁自立之初，谋士张浦就建言对党项部族豪酋分封官职，以便借助其军力和北宋对抗，在战略上化整为零，让北宋沿边疲于应付，即所谓的"自夏州入觐，无复尺疆，今甫得一州，遽尔自尊，恐乖众志。宜先设官授职，以定尊卑；预署酋豪，各领州郡，使人自为战，则中国疲于备御，我得尽力于西土矣"。继迁遂称都知蕃落使、权知定难军留后，"以浦、仁谦为左右都押牙，李大信、破丑重遇贵为蕃部指挥使，李光祐、李光允等为团练使；复署蕃酋折八军为并州刺史，折罗遇为代州刺史，嵬悉咩为麟州刺史，折遇也为丰州刺史，弟继信为行军司马。其余除授有差"②，"降麟、府州界八部族蕃酋，又胁制贺兰山下帐族"③。这样一来，李继迁便建立了坚实的党项部落联盟，还组成了数万之众的

① （宋）李焘：《续资治通鉴长编》卷二五，太宗雍熙元年九月条，中华书局，2004，第586页。
② （清）吴广成著，龚世俊等校证《西夏书事校证》卷四，雍熙二年二月条，甘肃文化出版社，1995，第44页。
③ （元）脱脱等：《宋史》卷二六五《张齐贤传》，中华书局，1985，第9157页。

战斗队伍，"继迁合党项兀泥中族首领佶移、女女杀族首领越都、女女梦勒族首领越移、女女忙族首领越置、女女篦儿族首领党移、没儿族首领莫末移、路也族首领越移、细也族首领庆元、路才族首领罗保、细母族首领罗保保也等众数万，围灵武，索取张浦"①，可见在取得一些大的部族的支持后，李继迁羽翼渐丰，积累了和北宋对抗的实力。

当然，李继迁也面临着党项部族的叛变，尤其是在北宋加官晋爵、赏赐丰厚的利诱之下，这个问题也一直贯穿西夏和北宋的军事对抗始末。"自灵武失守，绥、银割弃，中国所得属者，不过河外小羌，余皆心怀去就，叛服不常。牛羊、苏家二族，恃其险远，尝与保吉数入边，边吏诏谕，不听。时河西蕃族拽浪、南山及叶市族罗埋同弟罗胡率百余帐，持保吉署牒请内附，真宗授以本族指挥使等官。二族心艳之，反，兵袭夏州，杀族帐二百余。环庆部署上其功，真宗诏厚赐之。"②有些部族甚至对李继迁展开谋杀，"继迁凶忍，虐用其属，幽州党项咩兀族等族首领、都指挥遇也布九人谋诛继迁。时继迁克期攻银州，会诸族于无定河侧。遇也布等以暗箭伤之。中其鼻，创久不愈，师期乃缓"③。

为了维护既成的军事联盟，李继迁对背叛自己投靠宋朝的党项部落绝不姑息，坚决讨伐。熟藏族首领乜遇不愿追随他迁往平夏，并"略夺继迁牛马三十余"，李继迁先派人对其进行招抚，谁知乜遇答云："吾一心向汉，誓死不移。"④于是继迁召集其他部落对熟藏族进行征讨，"熟藏族首领乜遇率部族反攻继迁，其弟力战而死"⑤。"西界蕃部不下数十万帐。始犹互相捍拒，及继迁兵势浸盛，自灵州北河外、镇戎军、环州至鏊子山、贺兰山西，陇山内外，黄河以东诸族，无不帖服，独睡泥族首领岸哺不肯下"⑥，"七月，睡泥族首领你乜逋令男诣灵州，言族内七百余帐为李继迁劫略，首领岸逋一族奔往萧关，你乜逋一族乞

① 《西夏书事校证》卷六，至道二年五月条，第68页。
② 《西夏书事校证》卷七，咸平六年二月条，第86页。
③ 《西夏书事校证》卷四，雍熙四年十一月条，第48页。
④ 《宋史》卷四九一《党项传》，第14142页。
⑤ 《宋史》卷四九一《党项传》，第14141页。
⑥ 《西夏书事校证》卷五，至道元年七月条，第63页。

赐救助，诏赐以资粮"。①庄浪族"其地在黄河北，广袤数千里。族帐东接契丹，北邻达靼，南至河西，连大梁、小梁族，素不与迁贼合。迁贼每举，辄为所败"。②

通过授予官职、封地进行诏抚和对叛离之部族坚决征讨，党项部落联盟得到了很好的维护，此时的部落首领已不仅是军事首领，更是政治首领，既减轻了党项政权的财政负担，也为部落军事势力扩充开辟了空间。李继迁和宋对抗的战略因部落首领的联合更加有力，也为继任者德明开拓河西之地提供了安全保障。

李德明即位初期，政权交替之际，还是出现了部族内部的震荡，"德明嗣职期年，未获册封，蕃族多怀观望"③。夏州妙娥、熟嵬等大族，见德明势孤，以蕃书移镇戎军，"请拔帐自归，诸将犹豫不敢应。知军曹玮曰：'德明野心，不急折其翮，后必扬去。'即日，将骑士薄天都山，受降者内徙，德明不敢拒"④。在党项部落出现分化苗头的时候，北宋朝廷也加大了对其招诱的优惠条件，宋真宗听取了曹玮的建议，"谕蕃族万山、万遇、庞罗逝安、盐州李文信、万子都虞候及都军吴守正、马尾等，能率部下归顺者，授团练使、银万两、绢万皮、钱五万缗、茶五千斤；其有亡命叛去者，皆释罪甄录。诸蕃以保吉残暴，久不聊生，闻诏书招抚，无不泣下。于是，夏州蕃部都指挥使都尾率属入降"⑤。

部族的叛离问题引起了德明的高度重视，他采取了一系列措施防止部族的分化，从而保证部落兵制的优势。一是对统治秩序的维护，继续对包括蕃部首领在内的属下进行封赏，如德明即位自称定难军留后时，"以左都押牙张浦兼行军左司马，绥州刺史赵保宁兼右司马，都指挥贺承珍兼左都押牙，刘仁勖为右都押牙，破丑重遇贵为都知蕃落使，白文寿、贺守文为都知兵马使，何宪、白文赞为孔目官，郝贵、王旻等为牙校；复以李继瑗为夏州防御使，李延信为银州防御使，其余升赏有

---

① 《宋史》卷四九一《党项传》，第 14142 页。
② 《续资治通鉴长编》卷五四，真宗咸平六年正月条，第 1178 页。
③ 《西夏书事校证》卷八，景德二年正月条，第 96 页。
④ 《宋史》卷二五八《曹玮传》，第 8985 页。
⑤ 《西夏书事校证》卷八，景德元年四月条，第 94 页。

差"①。二是对附投北宋的部族进行追讨，通过"景德和约"阻止党项部落的叛逃。"西界蕃部奔投内地者，德明辄入境追逐，久之不止。乃表言：'臣所管蕃部，近日多投镇戎军，盖曹玮等招纳不已也。今臣已受朝命，乞赐晓谕。'真宗以表示边臣止之。环州酋苏尚娘曾御保吉有劳，屡告夏州机事，授临州刺史。已，叛投德明，至是，复求内附，部署以闻，廷议以尚娘反复无信，特恐狙诈以误边吏，又使德明缘此为辞，不可纳也。德明闻，遣兵执尚娘归。"②

经过李继迁和李德明的苦心经营，夏州政权最终具备了广泛的部落联盟基础，在宋代史料中我们可以看到许多李德明率领各部族兵作战的事例，如"天圣初，德明部落寇平凉方渠"③，"赵德明集诸族兵马，欲略麟、府内属戎人"④，"赵德明遣万子等四军主领族兵攻西凉府"⑤，等等。这都说明李氏家族开始以党项部落联盟首领的身份在对宋朝和其他周边民族的军事行动中占据主导地位，这也是此时间段内党项部落兵制的最主要特点。

三　李元昊时代

李元昊即位后，在继承先辈附辽抗宋国策的基础上加大了对西夏内部部族的管制，严厉打击异己势力，巩固国家政权。同时推行党项本民族之文化，从思想上和行为上保持党项的独立性以及"尚武好斗"的民族风俗。

对西夏部落兵制的改革，也是李元昊加强对军队控制力，以建立对宋战争优势的重要举措。他利用传统的歃血为盟、封授官职以及建立监军司管理体制，把各族豪酋统帅下部落军队牢牢控制在自己手中。

史载元昊"每欲举兵，必率酋豪与猎，有获则下马，环坐饮，割鲜

① 《西夏书事校证》卷八，景德元年正月条，第93页。
② 《西夏书事校证》卷八，景德三年十二月条，第101页。
③ 《宋史》卷三二三《周美传》，第10457页。
④ 《续资治通鉴长编》卷六三，真宗景德三年六月条，第1413页。
⑤ 《续资治通鉴长编》卷六八，真宗大中祥符元年三月条，第1528页。

而食，各问所见，择取其长"①，宝元元年九月，元昊"悉会诸族酋豪，刺臂血和酒，置髑髅中，共饮之。约先寇鄜延，欲自德靖、塞门、赤城路三道并入。酋豪有谏者，辄杀之"②。上述两例可说明，元昊一般是和部族酋长联合共治，共同采取军事行动的，利用军队和兵法有效管理部众，确立自己的军事首领权威地位。这与李继迁、李德明与各部落结盟的统治策略一脉相承。

对于胆敢反抗自己的部落大酋，元昊坚决诛杀，毫不留情，哪怕是自己的姻亲或长辈。《隆平集》记载："山喜谋杀元昊，事觉，酖杀其母，沈山喜之族于河。"③元昊将与自己有姻亲的卫慕氏灭族后，对自己的卫慕氏妻子及其所生儿子也毫不留情。"卫慕氏，元昊舅氏女，幼孤，育于惠慈太后。当后被弑时，氏以大义责元昊，元昊尽诛其族，因氏怀妊，幽之别宫。及生子，野利氏潜其貌类他人，元昊怒，并子杀之。"④任职枢密的嵬名山遇（元昊之叔父）因劝阻元昊伐宋而被元昊厌恶，"元昊数诛诸部大人且尽。又欲诛山遇"⑤，"遂集从骑射杀山遇父子，山遇有勇略，其死也，国人哀之"⑥。后来元昊又起疑诛杀了大将野利遇乞。从这些事件中可以看出，元昊立国后对部落兵制的控制进一步加强，并且对部落势力加以削弱，使得部落军事实力无力对国家政权构成威胁。

除了以杀震慑诸部外，元昊还采取了一系列措施以分解和平衡部落兵力，在不破坏部落兵制的前提下建立统军体制。首先，元昊仿效宋朝创建了官僚体系，形成完整的统治秩序，"元昊以官爵縻下，沿边诸族首领管三、五百帐，悉署观察团练之号"⑦。"羌俗，以帐族盛大者为长官，亦只有蕃落使、防御使、都押牙指挥使之职。至是，始立文

---

① 《续资治通鉴长编》卷一一五，仁宗景祐元年十月条，第2704页。

② （宋）司马光：《涑水记闻》附录二《温公日记》，邓广铭、张希清点校，中华书局，1989，第358页。

③ （宋）曾巩著，王瑞来校证《隆平集校证》卷二〇《夏国赵保吉传》，中华书局，2012，第601页。

④ 《西夏书事校证》卷一二，广运元年五月条，第138页。

⑤ 《涑水记闻》卷一二，第220页。

⑥ 《西夏书事校证》卷一二，大庆二年九月条，第148页。

⑦ 《西夏书事校证》卷一五，天授礼法延祚五年正月条，第179页。

武班。"① "其官分文武班，曰中书，曰枢密，曰三司，曰御史台，曰开封府，曰翊卫司，曰官计司，曰受纳司，曰农田司，曰群牧司，曰飞龙院，曰磨勘司，曰文思院，曰蕃学，曰汉学。自中书令、宰相、枢使、大夫、侍中、太尉已下，皆分命蕃汉人为之。"② 通过官职分配，元昊把部落中有能力的首领和人才集中起来，在保证国家机器正常运转的同时，保证对部落的有效管制。

其次，设置监军司对部落兵力进行分配，部落首领充当监军司监军，成为军事首领和行政首领。"元昊既悉有夏、银、绥、宥、静、灵、盐、会、胜、甘、凉、瓜、沙、肃，而洪、定、威、龙皆即堡镇号州，仍居兴州，阻河依贺兰山为固。始大建官……置十二监军司，委豪右分统其众。自河北至午腊蒻山七万人，以备契丹；河南洪州、白豹、安盐州、罗落、天都、惟精山等五万人，以备环、庆、镇戎、原州；左厢宥州路五万人，以备鄜、延、麟、府；右厢甘州路三万人，以备西蕃、回纥；贺兰驻兵五万、灵州五万人、兴州兴庆府七万人为镇守，总五十余万。"③ 十二监军司按左右向划分，"曰左厢神勇、曰石州祥祐、曰宥州嘉宁、曰韦州静塞、曰西寿保泰、曰卓啰和南、曰右厢朝顺、曰甘州甘肃、曰瓜州西平、曰黑水镇燕、曰白马强镇、曰黑山威福。诸军兵总计五十余万"④。此外，元昊又"选豪族善弓马五千人迭直，号六班直，月给米二石。铁骑三千，分十部。发兵以银牌召部长面受约束。设十六司于兴州，以总庶务"⑤。监军司的设定，通过部落兵制有效解决了军队的给养和费用问题，同时安定了部落居住，有利于部落开展生产和发展经济。监军司的设定，还形成了西夏国家的交通网络，这也为战时点集创造了有利条件。

元昊统治时期，部落军制体系得到了稳固发展，但也出现了一些问题。首先是由于常年战争，点集频繁，引发了财政困难和部落族人不

① 《西夏书事校证》卷一一，显道元年五月条，第 133 页。
② 《宋史》卷四八五《夏国传上》，第 13993 页。
③ 《宋史》卷四八五《夏国传上》，第 13994—13995 页。
④ 《宋史》卷四八六《夏国传下》，第 14029 页。
⑤ 《宋史》卷四八五《夏国传上》，第 13995 页。

满。"曩霄建官置兵，不用禄食，每举众犯边，一毫之物，皆出其下，故风聚云散，未尝聚养。然抄掠所得，亦尽以给众，兵力虽胜，用度时窘，辄侵党项边，资以自给。"① 由此可见战争费用全是由部落自己负担。"及兵数入边，得地不能据，军民死亡创痍过半，国中困于点集，财用不给，牛羊悉卖契丹，饮无茶，一绢之值八、九千钱"②，"元昊虽数胜，然死亡创痍者相半。人困于点集，财力不给，国中为'十不如'之谣以怨之"③。

其次是西夏统治者内部斗争出现了新的迹象，由后族操纵的父子矛盾甚至导致了元昊的死亡。先是阿理作乱，"咩米氏，曩霄第四娶，生子阿理，无宠，屏居夏州王庭镇。阿理年渐长，谋聚众为乱。其党卧香乞以告，曩霄执阿理沉于河，遣人赐咩米氏死"④。再是宁令哥作乱。由于元昊霸占宁令哥之妻，在没藏讹庞的诱使下，发生了弑君悲剧。"初，曩霄杀野利兄弟，其族皆失职怨望。及宁令哥失妻，野利后被黜，母子日夜虑祸及。没藏讹庞知其意，阴劝宁令哥作乱，宁令哥信之"⑤，"庆历七年，宁令哥弑曩宵不死，伤其鼻而去。匿黄芦，为讹庞所杀，曩宵因鼻伤卒"⑥。可叹一代枭雄，竟死于宫祸之乱，亲子之手。这也暴露出党项部族权力之争和觊觎政权的野心，一些和皇族有姻亲关系的部族大酋逐步走向权力斗争的核心地带。

四 没藏——梁氏后族专权时期

自元昊以后，西夏政权历谅祚、秉常、乾顺、仁孝及末世五帝，部族斗争的主要表现为后族专权和皇室夺权的斗争，一些大的部族首领积极参与了斗争，其结果就是兵权越来越集中到皇族嵬名家族手中。更为有意思的是，当皇族和后族展开斗争时，各地的监军司没有发生重大的

---

① 《西夏书事校证》卷一六，天授礼法延祚六年十月条，第198页。
② 《西夏书事校证》卷一六，天授礼法延祚六年正月条，第191页。
③ 《宋史》卷四八五《夏国传上》，第13997页。
④ 《西夏书事校证》卷一八，天授礼法延祚八年十一月条，第209页。
⑤ 《西夏书事校证》卷一八，天授礼法延祚十一年正月条，第218页。
⑥ 《隆平集校证》卷二〇《夏国赵保吉传》，第602页。

勤王行动和夺权行动。这一方面反映了部落军制的相对稳定性，西夏政权通过法律对部落兵进行了严密的管控；另一方面反映了大多数单独的部落军事实力不足以和少数大的部族或割据势力抗衡。

谅祚执政早期，没藏讹庞因拥立谅祚之功，和大酋分掌国事，逐渐形成了没藏族把持朝政的局面。"讹庞以诺移赏都等三大将典兵久，令分掌国事。已为国相，总览政柄。没藏本大族，讹庞为之长，至是权益重，出入仪卫拟于王者。"①随着权力的日渐增长，没藏讹庞逐渐与谅祚产生尖锐的矛盾，最后被谅祚灭族："安抚司遣李思道、孙兆往议疆事，而讹庞鸷不听。久之，太原府、代州兵马钤辖苏安静得夏国吕宁拽浪撩黎来合议，乃筑堠九，更新边禁，要以违约则罢和市，自此始定。谅祚忌讹庞专，或告讹庞将叛，谅祚讨杀之，夷其族。"②没藏讹庞从专权到伏诛，本质上还是党项大部落没藏家族和皇族嵬名家族之间的斗争。宋史的撰写者把西夏国一些影响国家走向的大事和一些欺男霸女的桃色事件写在一起，很容易让人忽略掉西夏社会历史的真实面貌。

谅祚在解除没藏家族对政权的威胁以后，开始和宋朝划界，并恢复被元昊废除的汉礼。与此同时，他对之前监军司的名称也做出了一些变更：西市监军司为保泰军，威州监军司为静塞军，绥州监军司为祥祐军，左厢监军司为神勇军。③军事动向方面，谅祚在位时先后在西使城、兰州、横山、秦渭等地用兵。"河州刺史王韶略熙河，尽降洮西诸族。西使城首领禹藏花麻不顺命，秦州钤辖向宝攻掠之，花麻力不支，遂以西使及兰州一带土地举籍献夏国。谅祚大喜，遣兵戍之，而以宗女妻花麻，封附马"；④其后又抚定了横山羌酋之叛。"夏国虽在河外，河外之兵懦而罕战，惟横山一带蕃部，东至麟、府，西至原、渭，二百余里，人马精强，惯于战斗，与汉界相附，每大入必为前锋。平素苦于点集，谅祚又虐用之，部将轻泥怀侧率所属叛，请兵延州，约取灵、夏。判官程戡上言：'豺虎非自相博，未易取也；痈疽非自溃，未易攻也。

---

① 《西夏书事校证》卷一八，天授礼法延祚十一年正月条，第215页。
② 《宋史》卷四八五《夏国传上》，第14001页。
③ 《续资治通鉴长编》卷一九六，仁宗嘉祐七年六月条，第4762页。
④ 《西夏书事校证》卷二〇，拱化元年二月条，第238页。

谅祚久悖慢，宜乘此许之，以蛮夷攻蛮夷，实中国之利。'会仁宗不豫，未报。谅祚闻，遣官抚定之，事乃寝"；①"邈奔等以地附厮罗，冀重用，厮罗不为礼，复归，谅祚宥不诛。请兵还取陇、珠、阿诺三城地，以万骑往，不克，收降丁五百帐而还"；②"夏国所据，多汉匈奴地，曩霄与延、环诸路相攻于秦、渭，仅一再至，故谅祚时二州蕃族日盛。景询等献计，以为先取西蕃，然后兵扼要害，则陕右可举。于是诸蕃半为攻陷、浸淫，直逼秦州。时青鸡川蕃部苦谅祚侵掠，遣使诣秦州献地，请于南牟口置堡戍兵，以通秦州、德顺之援，绝夏人入寇径路。陕西宣抚使郭逵以闻，神宗诏从之"。③常年的对外作战使得各个部落苦不堪言，有些部落甚至选择了内附宋朝，"夏国频年点集，众志乖离，横山羌益思内附。谅祚尽发其族帐，徙之兴州，诸部怀土顾望。知清涧城种谔招之，令凌举众降谔"。④

这些事件如果联系起来看，可以反映西夏部落兵由于点集频繁，已经显得有些力不从心，需要一个较为稳定的环境进行休整。西夏高层已经逐渐认同汉人文化，无论是从形式上还是内容上都仿宋建制。谅祚对叛逃横山部族采取了怀柔政策，和之前元昊的一味诛杀有了显著区别，说明保有横山部落对西夏有着特殊的意义。另外，西夏疆域的扩张，也有了新的目标，即景询建议的西蕃和关右，这一策略的实施，必将加重这些地区的战争负担，西夏部落军制下的点集制度也越发严格。

秉常执政之初，同样面临着梁氏后族的专权，在部族统治方面，梁氏统治集团首先是加强对部落兵权的控制，然后是削弱嵬名皇族的兵权，并通过多次点集各部落兵对宋沿边发动战争，以期达到对内保持专权的目的。在此时期，西夏军事上的最大变数在于梁氏集团解除了嵬名浪遇的统军之职，胁迫西夏官僚集团服从自己的专权，"浪遇为曩霄弟，知兵，熟边事，谅祚时尝执国政。至是，以不附诸梁罢其官，并其家属

① 《西夏书事校证》卷二〇，拱化元年二月条，第238—239页。
② 《西夏书事校证》卷二一，拱化二年九月条，第242页。
③ （清）周春：《西夏书校补》卷六《毅宗记》，胡玉冰校补，中华书局，2014，第647页。
④ 《西夏书事校证》卷二一，拱化五年六月条，第247页。

从之"①。同时，因梁氏与秉常在行汉礼问题上出现冲突，梁氏将秉常幽禁，"秉常以河南地归宋，国母知之，遂诛清，而夺秉常政"②。这两件事情的发生意味着嵬名皇族自李继迁起建立的党项各部联盟军事首领之地位遭遇到了严峻的挑战。

同时。由于梁氏的专权，点集频繁，战争败多胜少，致使西夏清远军守将嵬名讹举城降，枢密使都按官麻与首领女吃哆等七人在米脂被种谔所擒，酋豪禹藏郢成四率旺家族大首领六人告身请降于李宪，西南都统嵬名济也遗书泾源请和。掌西厢兵的仁多氏与梁氏势力猜忌日深，塔坦乘机抄掠了西夏右厢监军司所，西夏陷入了自建国以来最为严重的内忧外困。

乾顺时期，梁乙埋之子梁乞逋专权，但经过一系列国内政治斗争以及自然灾害，西夏对外作战时甚至不能点齐各部落将士："国人赖以生者，河南膏腴之地，东则横山，西则天都、马衔一带，其余多不堪耕牧。时河南大旱，岁不登。故事：国中举兵，蕃属自备资费。乙逋数下令点集，戎人不能应。"③梁氏后族集团虽然在国内的政治斗争中暂时压制了失势的嵬名皇族，但皇权的被削弱也造成了本来以皇帝为首的西夏党项部落同盟军之战力疲软。失去了各部族支持的梁氏集团却仍然一味地穷兵黩武，频繁点集失去了主心骨的部落兵出战，致使西夏在抗宋中越发处于劣势。反而加剧了党项部族的分化，于是宋夏缘边一带的部族降宋的逐渐增多。于阗黑汗王也趁火打劫，袭破了瓜、沙等三州。平夏城之战失利后，辽主鸩杀梁氏，梁氏后族集团对西夏王朝的统治也正式宣告结束。

五　乾顺与仁孝统治时期

仁孝在位早期，权臣任得敬拥兵自重，先后以平定李合达以及慕洧兄弟叛乱之功加官晋爵，又以国戚身份逐渐掌握西夏政权，直至谋求分

① 《西夏书事校证》卷二三，天赐礼盛国庆三年七月条，第270页。
② 《宋史》卷四八六《夏国传下》，第14010页。
③ 《西夏书事校证》卷二八，天仪治平三年冬十月条，第322页。

国，失败被诛。相权的膨胀虽然一度挤压了皇权在政治生活中的空间，但并未影响西夏进一步加强对部落兵的管理。乾顺晚期和仁孝天盛初年编纂、20世纪初出土于黑水城的《贞观玉镜将》和《天盛律令》等法律文献，使得我们可以从法律文献的角度来了解这一时期部落兵制的发展状况。

自西夏开始仿效宋朝社会建立官僚制度，用来约束全国所有武装的军官制度与军事制度也随之产生，部落兵身为西夏的重要军事力量自然也被纳入其中。然而，由于西夏早期军事法典文献尚未能得见，我们暂且只能通过编纂于西夏崇宗乾顺时期的《贞观玉镜将》和编纂于西夏仁宗李仁孝天盛年间的《天盛律令》管窥此时西夏部落兵制的发展状况。笔者认为，从《天盛律令》和《贞观玉镜将》等律法所记载的内容推测，乾顺晚期至仁孝时期西夏中央加大了对部落兵的控制力度。

首先，法典中的罪罚律严格规定了战争中迟到、不到或者弃阵逃跑的惩罚标准。西夏立国之初，皇帝点集、调动部落兵以及召开军事会议布置作战任务时往往体现着一种脱胎于氏族社会的民主色彩，如前揭元昊"每欲举兵，必率酋豪与猎，有获则下马，环坐饮，割鲜而食，各问所见，择取其长"①，"悉会诸族酋豪，刺臂血和酒，置髑髅中，共饮之。约先寇鄜延，欲自德靖、塞门、赤城路三道并入"②，皇帝需要亲自和诸部酋长会面，一边进食饮酒，一边讨论战略，这显然是早期党项社会"无法令"的体现，各部酋长和西夏皇帝仅仅有着简单的口头约定，没有任何违约所需承担后果的法律义务。李德明在位时，"常令所部酿酒，招内属蕃户饮之，诱其叛附"，然而"饮者多不如约"③，可见仅仅是在聚集会盟时进行口头约定不足以控制诸部酋长的行为。而《贞观玉镜将》规定：将军不能按规定时间到达事先确定的会合地点，如果先到的将军，已经同敌人发生遭遇战，那么，迟到者"［其］官、职、军具（俱）失去"，如果未发生战斗，则迟到者"官减去一半，司位、职等具（俱）丢失"；此外，两将军相约，于同一天分头行动，"但其中一将军懈怠，到

① 《续资治通鉴长编》卷一一五，仁宗景祐元年十月条，第2704页。
② 《涑水记闻》附录二《温公日记》，第358页。
③ 《西夏书事校证》卷九，大中祥符五年三月条，第111页。

其日不行动,则降三官,罚五匹马"。①《天盛律令》中也有若干条针对擅自弃守阵地、城池的处罚条文。②这种严格的军法显然比西夏早期部落酋长和皇帝歃血为盟、饮酒起誓的方法具备更强的约束性,能够有效减少党项部落酋长"多不如约"的现象,规范他们在战场上的各种行为。

其次,法律文献反映了中央在各支军队中派出察军的现象。早期西夏军事机构中,虽然在各个监军司下设置有监军使一员,且多"以贵戚豪右领其职"③,但由于史籍缺载,我们并不知道监军使的具体职能和职权。即便其属于中央派出负责监督各监军司的官员,那么全国也只有不到二十员,并不能起到监控各支部落兵的作用。然而,在《贞观玉镜将》中我们却看到了以"察军"之名监督军队的中央派驻官员,据研究,察军在军队中的职责有两个,一为"如实记录、上报军队中军人功勋的多寡,监督、检察功勋簿的真伪",二为"监督军队军事安排进程和协助主帅处理军务的任务,'将军要挫敌军锋,也需要向察军说知而后战'"。④故察军实际上代表中央限制、干预了部落酋长的军事指挥权。

最后,西夏王朝还在监军司之外设置了新的地方军事机构,即统军司,并直接由中央任命长官,进一步加强了中央对地方军事的统辖。统军司在《番汉合时掌中珠》中有载,《金史》亦载"以绥德、保安之境,各获夏人统军司文移来上"⑤。刻石于天祐民安五年(1094)《凉州重修护国寺感通塔碑》中的"外母啰",即统军司的蕃语音译,故而西夏统军司设立时间最迟应不晚于天祐民安五年。⑥

在以上制度的作用下,中央对部落兵的干预能力进一步加强,相对而言,这也意味着部落酋长对本部落军事武装控制能力在此阶段呈下降趋势。部落兵制在西夏逐渐衰落。

① 李蔚:《略论〈贞观玉镜统〉》,《宁夏社会科学》1997年第5期。

② 史金波、聂鸿音、白滨译注《天盛改旧新定律令》,法律出版社,2000,第194页。

③ 《西夏书事校证》卷一二,广运二年九月条,第142页。

④ 尤桦:《西夏时期察军略论》,《西夏学》第9辑,上海古籍出版社,2013,第59—60页。

⑤ (元)脱脱:《金史》卷一五《宣宗纪》,中华书局,1975,第343页。

⑥ 翟丽萍:《西夏职官制度研究——以〈天盛革故鼎新律令〉卷十为中心》,博士学位论文,陕西师范大学,2013,第216页。

六 西夏末期

自仁孝后，短短的二十五年时间里，西夏政权五易其主，政治局势极不稳定。皇权的衰微虽然一度使各部族势力回光返照，但仍然无法改变党项部落兵制在蒙古的招诱和攻伐下最终解体的历史结局。

一些在政治生活中处于边缘地位的部族选择投靠新兴的蒙古贵族。如小李氏其先世为沙陀贵种，在唐末散落于陕陇间，后徙居敦煌，成为当地颇有实力的沙陀部族。在成吉思汗征讨敦煌时，小李钤部"审天命之攸归，奋兄忠之不果，遂拔部曲谐军门请降"①，获得了成吉思汗的嘉奖，他的侄辈阿沙更是因为父亲为蒙古捐躯而受封为肃州路世袭达鲁花赤；生活于张掖的野蒲部落首领甘卜，亦"率所部归太祖"②；曾在元世祖时担任全国最高军事长官知枢密院事的唐兀人暗伯之祖父名为僧吉陀，于蒙夏战争时"迎太祖于不伦答儿哈纳之地"③，获得了成吉思汗的嘉奖。蒙古通过招诱和逼降，对以部落兵为重要组成部分的西夏军队造成严重影响，大大削弱了西夏军队的战斗力。

然而，仍然有一些党项部族首领对席卷亚欧大陆的蒙古人毫不畏惧，毅然决然地进行了殊死抵抗。成吉思汗曾派遣使者前往兴庆府要求答应臣服的西夏神宗李遵顼派兵仆从西征，未等神宗发话，阿沙敢不便言道"兵力不足，做什么大汗"，后来等成吉思汗西征归来遣使者问罪，阿沙敢不又说："挖苦的话是我说的。如今你们蒙古人以为惯战而欲来战，我们贺兰山营地有着撒帐房和骆驼的驮包，就请你们到贺兰山来与我们交战吧。如果需要金银、缎匹和财物，就请你们到中兴府、西凉府来吧！"阿沙敢不的挑衅彻底激怒了成吉思汗，他"派遣军队去把与阿沙敢不一同上山的有撒帐房、有骆驼驮包的唐兀惕人全部如数掳获"④。黑水城之战中，蒙古亦"击散撒里特勒赤闵诸部，攻黑水城，破之。蕃

① （元）王恽：《王恽全集汇校》卷五一《大元故大名路宣差李公神道碑铭》，杨亮、钟彦飞点校，中华书局，2013，第 2378 页。
② 《元史》卷一三二《昂吉儿传》，中华书局，1976，第 3213 页。
③ 《元史》卷一三三《暗伯传》，第 3237 页。
④ 余大钧译注《蒙古秘史》，河北人民出版社，2001，第 438、462、469 页

部死者数万"①。可见，忠于西夏的部落兵同样死伤惨重。

在蒙古帝国武力征讨与政治诱降两种手段的作用下，构成西夏武装力量中重要一环的部落兵制逐渐分崩离析。西夏国势也随之江河日下，最终不得不在1227年选择了开城出降。党项部落兵制与西夏王朝最终一同淹没于历史长河之中。

（节选自樊永学《西夏部落兵制研究》，
硕士学位论文，宁夏大学，2015）

---

① 《西夏书事校证》卷四二，乾定三年二月条，第496页。

军事视域下的西夏女性群体研究

尤　桦　杨棋麟

摘　要　西夏女性不仅是西夏物质文明和精神文明的创造者，也是推动社会发展和社会进步的重要力量，还是保家卫国的一道藩篱和军事史上的一道亮丽风景线。西夏在《天盛律令》等法律中首次对参加边防城寨防守的寨妇进行了详细的规定。西夏有御驾亲征的太后和首领，有奋勇杀敌的平民妇女，有传递信息的党项蕃妇，更有着数量庞大举族而行，随军作战，打扫战场和保障后勤的普通女性群体。本文将从以上维度展示这些活跃在战场上的特殊群体，试还原西夏女性在军事战争中的样貌和西夏全民皆兵的兵制特点，并结合党项民族骑射习性、社会风尚、生存环境等因素重新审视和解析西夏女性的社会地位与民族特性。

关键词　西夏；女性；军事；寨妇

1227 年，西夏被蒙元大军灭亡后，不仅"戈予所向，耆髫无遗"[①]，珍贵的文献档案和史料典籍也被付之一炬，元朝亦未为西夏修撰正史，只立列传，致使后世研究西夏的典籍极其匮乏，其中关于著述女性活

---

① （元）柳贯：《柳待制文集》卷一〇《师氏先墓碑铭》，北京图书馆出版社，2005。

动的资料和记录更是寥寥无几。近年来，随着越来越多西夏出土文物及文献的发现和刊布，西夏女性问题也得到广泛关注和研究，主要涵盖西夏妇女的法律和社会地位、社会习俗、婚姻状况、后权制度、宗教信仰、装饰与服饰等诸多方面。目前，学界对于西夏女性参与军事方面的论述，如何玉红《西夏女兵及其社会风尚》《试析党项妇女的强悍之风》和张邦炜《辽宋西夏金时期少数民族妇女的生活》等专文，皆从党项妇女喜好复仇、彪悍强劲的民族习性来解析西夏的女兵现象。① 基于以上研究，拙文拟对西夏女性群体参与军事活动的情况进行探讨。

一

西夏王朝偏居西北，先后与宋、辽、金等政权长期呈对峙之势，在缘边地区修筑了大量规模不一、功能各异的州城堡寨，仅立国初期就"于汉界缘边山险之地三百余处，修筑堡寨，欲以收集老幼，并驱壮健，为入寇之谋"。② 因西夏一直采用主动进攻的战略思想和"用兵多立虚寨"的防守战术，③ 所以广泛征用女性来参与边防城寨的防守，以弥补兵源不足的问题，这成为西夏军事制度中一个有效方式和特殊现象。

目前，西夏存世的两部重要综合法典《天盛改旧新定律令》（以下简称《天盛律令》）和《亥年新法》中，有多条涉及妇女防守边防城寨的军事法条，这也是中国现存最早规定女性参与军事活动的民族政权法

---

① 参见张国庆等《中国妇女通史·辽金西夏卷》，杭州出版社，2011；史金波《西夏社会》，上海人民出版社，2007；黄兆宏、王对萍、王连连等《辽夏金的女性社会群体研究》，甘肃人民出版社，2016；白滨《论西夏的后族政治》，《民族研究》1990 年第 1 期；韩小忙《试论西夏妇女的社会地位》，《中国史研究》1999 年第 1 期；韩小忙《〈天盛律令〉与西夏婚姻制度》，《宁夏大学学报》1999 年第 2 期；何玉红《西夏女兵及其社会风尚》，《云南民族大学学报》2004 年第 5 期；何玉红、潘春辉《试析党项妇女的强悍之风》，《青海民族研究》2002 年第 2 期；张邦炜《辽宋西夏金时期少数民族妇女的生活》，《四川师范大学学报》1999 年第 3 期；等等。

② （宋）李焘：《续资治通鉴长编》卷一三二，仁宗庆历元年五月甲戌条，中华书局，2004，第 3129 页。

③ 《宋史》卷四八六《夏国传下》，中华书局，1977，第 14029 页。

典。这些法律条文对我们解读西夏女性群体参与军事活动提供了翔实的资料，也为中国古代军事史和妇女史研究提供了珍贵素材。

寨妇和军士、正军、辅主等男性士兵一样，是西夏边防武装力量中的一个重要组成部分，承担着保卫边防、防守城寨、检查边境的军事职责。西夏寨妇在前往防守大城执行任务时，需按时于指定地点集合，然后统一前往。《天盛律令》卷四规定："守大城者，当使军士、正军、辅主、寨妇等众人依所定聚集而往，城司自己□□当提举。有不聚集时，当催促，应依高低处罪，令其守城。"①也就是说，到了集合的时间，若寨妇没有按时前来集合，主管的城司要及时催促。对于催促后能够集合的寨妇，应该"依高低处罪，令其守城"。

催促后，仍不能按规定聚集或者到岗的寨妇，若因贿赂主管人员，被派往其他地方，则依律"守营垒堡城者军溜等中，军士、寨妇等本人不往，向大小头监行贿，令某处往，往者、收留者罪相等，正军、辅主等一律十杖，寨妇答二十，与行贿罪比较，按重者判断"。②在具体量刑的过程中，西夏律法也会考虑到性别差异，寨妇比男性士卒违律受到的惩罚要相对轻一些。

《天盛律令》中还规定，若正军、辅主、寨妇等军溜值守时擅自不到岗，亦未被派往他处，则依据离岗的具体时间做出相应处罚，依照法律未到岗一日至十日之内则打十三杖刑，十日至二十日之内罚一个月徒刑，二十日至一个月之内则罚三个月徒刑，若一个月以上则一律罚六个月徒刑。值得一提的是，法律中提到"属者男人因不送寨妇，打十杖。寨妇、男人等皆不来者，依法判断，寨妇勿及服劳役"③，这条规定表明这些在编定岗的寨妇有自己完整的家庭，她们之所以参与防守城寨，完全异于北朝民歌《木兰辞》中所反映的"昨夜见军帖，可汗大点兵，军书十二卷，卷卷有爷名。阿爷无大儿，木兰无长兄，愿

---

① 史金波、聂鸿音、白滨译注《天盛改旧新定律令》卷四《弃守大城门》，法律出版社，2000，第197页。
② 史金波、聂鸿音、白滨译注《天盛改旧新定律令》卷四《弃守营垒城堡溜等门》，第195页。
③ 史金波、聂鸿音、白滨译注《天盛改旧新定律令》卷四《弃守营垒城堡溜等门》，第195—196页。

为市鞍马，从此替爷征"等情形，不是顶替有军籍的家人去服兵役，更不用女扮男装，而是丈夫也在，自己也要被政府征召去守边，这不仅反映了西夏全民皆兵的军事特点，也反映出西夏社会对女性群体有着更多的认知和期许，使她们除了在物质资料生产和人口生育之外，有了更大发挥作用的舞台。

为了达到规范管理，严明纪律，加强边防，西夏律法还对其他与寨妇相关管理人员的违法行为进行了量刑标准及判罚方面规定。现根据《天盛律令》卷四法律条文列举如下（见表1）。

表1 《天盛律令》对与寨妇相关管理人员违法行为的量刑标准及判罚

管理人员	原因	具体量刑标准及判罚							备注
		缺一二分	缺三四分	缺五分	缺六分	缺七分	缺八分	缺九分及以上	
负责防守城池的州主、城守、通判等主管	未受贿不知情	不治罪	十三杖，勿革职	十三杖，当革职	徒三个月	徒六个月	徒一年	革军职，徒二年，无官徒三年	缺勤正军、辅主、寨妇等总计十分
	受贿知情	十三杖，勿革职	十三杖，当革职	徒三个月	徒六个月	徒一年	革军职，徒二年	一律徒三年，无官徒四年	
		一至二十人	二十一至四十人	四十一至六十人	六十一至八十人	八十至一百人	百人以上		
边检校、营垒堡城主管、州主、口监等	受贿知情	十杖	十三杖	徒三个月，当革职	徒六个月	徒一年	一律徒二年，勿革军职		
		一至十人	十一至二十人	二十一至三十人	三十人以上				
守营垒堡城者□□□等	徇情□□□	徒三个月	徒六个月	徒一年	徒二年，勿革军职				
		一至十人	十一至二十人	二十一至三十人	三十人以上				

管理人员	原因	具体量刑标准及判罚						备注
守营垒堡城者□□□等	受贿,徇情,不催促,不告局分处	十三杖	徒三个月	徒六个月	徒一年,勿革军职			赃当交官

资料来源:史金波、聂鸿音、白滨译注《天盛改旧新定律令》卷四。

西夏对驻守州城堡寨的寨妇等守边人员还实行了因事请假管理制度。西夏法典《亥年新法》卷四规定,若是诸边营寨城堡者军溜中,大小首领、舍监、末驱、军卒、寨妇等要休假,依照西夏法律,必须向边检校及州主、城主等当职主管请假,并告诉"地程远近、路线等,评判合理则给假期。逾期不来,罪情高低依律所行……需休假言院内暂紧张松弛,每次依其实际所示,则妄佞不义休假者多。地边城及更口放任盗逃者穿过,住滞无益也……"请假时还必须说明事由,且有轻重缓急之分,若是"依法父、诸子、兄弟、妻眷亲"等亲属的婚丧嫁娶等事,则职管者应按照地程远近评判合理时令休假。除此之外,若是后辈来拜见、必须去亲族家中等,其大小路线妄佞等事由,通常不予休假。[①]

在实际办理的过程中,会有虚假请假、逾期不到、巧借名目请假等情况出现。所以,为了规范边防人员的请假制度,西夏法条将之进一步明细化、规范化。在请假过程中,不仅考虑边防的实际情况,根据时局紧张与松弛的情况来批准请假,以免造成岗位空缺致使他人非法出入边境,而且批假的理由和时间长短,主要依据亲人婚丧嫁娶之事由以及地程远近,其他的理由一般不予请假,这些规定都充分体现了西夏边防管理的合理性和实用性。

《续资治通鉴长编》记载,康定元年(1040)九月,宋朝环庆路副都部署任福率领众将攻克了西夏白豹城,"凡烧庐舍、酒务、仓草场、

---

① 梁松涛:《〈亥年新法〉整理与研究》,博士后出站报告,宁夏大学,2014,第159页。

伪太尉衙，及破荡骨咩等四十一族，兼烧死土垉中所藏蕃贼不知人数，及禽伪张团练并蕃官四人、麻魁七人，杀首领七人……"①史料中被宋军俘获的"麻魁七人"，即西夏参与防守白豹城的寨妇。"寨妇"一词是西夏文"㸲㸲"的汉文翻译，专指参与西夏缘边地区州城堡寨防守的女性或女兵。在汉文典籍中，又被记载为"麻魁"，西夏语中"麻魁"一词，"妇"（㸲）音"麻"，"大"（㸲）音"魁"，"麻魁"的本义即"大妇"或"壮妇"，也就是说这些寨妇要有成熟的年龄和健壮的身体。②

其实，这些身体健壮的妇女在早期党项族的复仇活动中，就扮演了重要的角色。《辽史》《隆平集》等史料记载，党项民族喜报仇，有丧则不伐人，且负甲叶于背识之，当仇报了以后，用髑髅盛着血酒饮下。并发誓：若再去报仇，则种的谷麦没有收成，男女头上长癞子，不长头发，家中六畜死亡，毒蛇进入帐中等。若族中有力小不能复仇者，则召集一些壮妇，以牛羊酒食好好招待，然后请其前往仇家纵火，焚烧庐舍。③俗曰其经女兵者家不昌，故深恶焉。④

党项部落中那些无法复仇的族人，去请壮妇帮忙，到仇家纵火焚烧报仇的习俗，既是古代羌族习惯法中血亲复仇行为的延续，也是西夏妇女参与武装斗争的原始形态。对于西夏女性参与社会复仇行动的社会原因，目前学界尚无定论，⑤然党项族最初生活于青藏高原，一些部落中女性原有较高的社会地位，即使迁徙内地后仍保留了一些旧有的习俗，则是可以肯定的。

---

① 《续资治通鉴长编》卷一二八，仁宗康定元年九月壬申条，第 3044 页。

② 聂鸿音先生指出，"'麻魁'可解作'年长的女性'，犹今俗称'大妈'"（聂鸿音：《汉文史籍中的西羌语和党项语》，《语言研究》2000 年第 4 期）。史金波先生认为"女兵"，西夏语称为"麻魁"，西夏文"妇"音"麻"，"大"音"魁"的西夏文原意可能是"大妇"（张国庆等：《中国妇女通史·辽金西夏卷》，第 271 页）。

③ 《辽史》卷一一五《西夏外纪》，中华书局，1974，第 1524 页。

④ （宋）曾巩著，王瑞来校证《隆平集校证》卷二○《夏国赵保吉传》，中华书局，2012，第 604 页。

⑤ 何玉红先生认为：在复仇行动中，西夏妇女不再如中原汉族女性那样受行为仪态等妇道标准的约束……尤其是西夏社会中"敌女兵不祥"的禁忌是与党项实行族外婚有关，还与西夏妇女集体出动、威势强大密不可分（何玉红：《西夏女兵及其社会风尚》，《云南民族大学学报》2004 年第 5 期）。史金波先生则认为这是古代妇女地位高的一种风俗遗留，是社会尊重妇女的具体表现（史金波：《西夏社会》，第 748 页）。

二

西夏以武立国，一直实行全民皆兵的部落兵制，《宋史·夏国传》载："其民一家号一帐，男年登十五为丁，率二丁取正军一人。"① 长期以来，西夏战事频仍，可谓"点集不逾岁，征战不虚月"，虽以男丁为主，其中也不乏女性。北宋韩琦在《乞坚守攻策勿以异议沮兵奏》言："诚以昊贼据数州之地，精兵不出四五万，余皆老弱妇女，举族而行。"② 西夏女性会在大规模作战时，居于精壮之后随族而行，参与到各项军事活动中。西夏女兵承担繁重的后勤杂役与战场打扫工作，估计人数不会太少，我们权且把她们的数量定在总兵力的15%，即10万人左右。③ 如此庞大的女性队伍，不仅为西夏前线输送物资，打扫战场，保障部队的后勤补给和战争的持续进行，而且会统兵作战，上阵杀敌，在更广阔的空间发挥作用。

1. 统兵作战

西夏历史上先后经历过几次国主年幼、太后专权的时代。如乾顺时期梁太后就谋略过人，屡次发动战争，亲自带兵作战。元祐七年（1092）冬十月，梁太后御驾亲征，大举围攻环州等地，返回途中经过洪德城时，被宋将识得旗帜，结果"城中鼓噪而出，驰突躏轹，贼大败而去。斩首千余级，获牛、马、橐驼、铠仗以万计。过牛圈，饮其水且尽，人马被毒，而奔迸蹂藉，堕堑谷而死，重伤而归者，不可胜计"。④ 梁太后仓皇逃走，尽弃其供帐襜褕之物而逃。

元符元年（1098）冬十月，泾原路经略司章楶奏："夏主与其母自将兵数十万围平夏城，昼夜疾攻。自己卯至壬辰凡十四日，城守益坚。寇力造高车，号曰对垒，俯其上以临城，载数百人填壕而进，俄有大风震折之，寇大溃，一夕皆遁。戎母惭哭，裂面而还。"⑤ 当大风摧毁西夏

---

① 《宋史》卷四八六《夏国传下》，第14028页。
② （宋）韩琦著，李之亮、徐正英笺注《安阳集编年笺注》（下），巴蜀书社，2000，第1624页。
③ 杜建录：《西夏史论集》，上海古籍出版社，2016，第14页。
④ 《续资治通鉴长编》卷四七八，哲宗元祐七年十月辛酉条，第11383—11384页。
⑤ 《续资治通鉴长编》卷五〇三，哲宗元符元年十月丁酉条，第11928页。

攻城利器对垒高车时，梁太后知攻城无望，羞愤难耐，“裂面”而还。

西夏社会生活中还有一些女性首领，宋人范纯粹指出“臣观边人之性，以种族为贵贱，故部酋之死，其后世之继袭者，虽刍稚之子，亦足以服老长之众，何哉？风俗使之然也”。因有着特殊的民族习性，这些女首领同样对部落军队有着绝对的管理控制权，故北宋边臣田况提到西夏“部落兵”：“主将用兵，非素抚而威临之，则上下不相附，指令不如意。而西贼首领，各将种落之兵，谓之‘一溜’，少长服习，盖如臂之使指，既成行列，举手掩口，然后敢食，虑酋长遥见，疑其语言，其肃整如此。”[①]

如上文所述，康定元年宋将任福破白豹寨，俘蕃官，擒麻魁，其中还俘虏了党项女首领李家妹。[②]最初，李家妹被没入庆州官员府中充当奴婢，后范仲淹“恐蕃界首领闻及，转生怨毒，别起奸弊”。正是因其特殊的性别和身份，范仲淹担心处理不好李家妹，会引起党项部族的怨恨和反抗，造成边境动荡，因此经过一番调查，得知“庆州淮安镇有投来军，是亲叔。公即差石斌押送庆州，分付与亲叔岁奴收管，令嫁事人为妻”。[③]使李家妹得以妥善安置。

2. 上阵杀敌

恶劣的自然环境和落后的生产力水平，不仅造就了党项族勇敢刚烈的民族性格，也使得西夏女性不能幽居深闺，她们必须要走出帐房，参与到社会生产生活的各个方面。早在唐穆宗元和十五年（820），党项女性拓跋三娘就曾劫盗池盐，史载“盐州送到先劫乌白洲（池）盐女子拓跋三娘并婢二人。召入内，亲诘之，赦罪送本州”。[④]

立国后，西夏女性仍然保持着驰骋大漠、骑马射箭、勇猛尚武的民族特性，《天盛律令》卷一一《管贫智高门》载：“国境中有文武艺能及有妇女养孤不出户，侍奉公公婆母不厌者，军头监勿隐之，应告管事处

① 《续资治通鉴长编》卷一三二，仁宗庆历元年五月甲戌条，第 3136 页。

② （明）祁承爜:《宋西事案》，杨志高校证，宁夏人民出版社，2004，第 35 页。

③ （宋）范仲淹:《范文正公集 · 言行拾遗事录》，商务印书馆，1929，第 835—836 页。

④ （宋）王钦若等:《册府元龟》卷四一《帝王部 · 宽恕》，中华书局，1960，第 444 页。

及执重职以外……"① 后世在宁夏贺兰山北段的归德沟中，发现一幅刻着女兵练习射击的岩画，生动地诠释了女兵持弓劲射的训练场面。② 正因为善于骑射，又勤于练习，西夏女性才能够驰骋沙场，临危不乱。在宋夏缘边地区，宋将也不时招诱蕃部，征召弓箭手，还奖励妇女作战。种世衡在青涧城时，就曾"教吏民习射，虽僧道妇人亦习，以银为的，中者辄与之。以至争徭役者以射中则优，有过失者以射中则释，由是人人能射。继而世衡守环，以教土人以守，夏戎不敢动，真良法也"。③ 这种奖励僧道妇人射箭的方式后来还被广泛推广。

俄罗斯科学院东方文献研究所收藏了一件编号为 ДX2957 ДX10280 的《西夏光年十三年千户刘寨杀了人口状》文书。④ 文书中记载："刘千户本户下杀了一口，名刘胜……祁师子户下杀了四口：祁师子杀了；□□□□；祁赛兄杀了；祁伴叔杀了；女子杀了一口，名女丁……杀了人口见见尸首……光定十三十月初四日杀了人口，千户刘寨 状。"该文书写于西夏光年十三年（1223），即西夏被蒙古大军所灭的前夕，此时的西夏国力衰败，兵戈四起，边境摩擦不断，首领刘千户辖下发生战争后仍将军功呈状上报。呈状中如实记录了刘千户辖下有军功人员姓名及其所获军功的具体情况，其中就记录了一名"女丁"杀敌一人，说明本次战斗中有西夏女性直接参与了战场拼杀。呈状中还提到"杀了人口见见尸首"，即战争结束后，要保存敌人尸首，等待有关司吏查验，这与西夏兵律《贞观玉镜将》中规定的军队察军专门检验军功相一致，"进攻战斗中捕杀敌人者，首级要经察军司吏等共同看验加封"⑤，以防虚假上报军功及战场买卖首级等弄虚作假的现象。同样为了鼓励俘

---

① 史金波、聂鸿音、白滨译注《天盛改旧新定律令》卷一一《管贫智高门》，第414页。
② 崔凤祥、崔星：《从西夏岩画看党项族的尚武精神》，《军事历史研究》2011年第3期。
③ 曾枣庄、刘琳：《回奏边民习射指挥》，《全宋文》第339册，安徽教育出版社，2006，第167页。
④ 杜建录、史金波：《西夏社会文书研究（增订本）》，上海古籍出版社，2012，第321页。该文书图版见于俄罗斯科学院东方研究所圣彼得堡分所、中国社会科学院民族研究所、上海古籍出版社编《俄藏黑水城文献》第6册，上海古籍出版社，2000，第160—161页。
⑤ 陈炳应：《贞观玉镜将研究》第3篇27条，宁夏人民出版社，1995，第91页。

获人口，西夏兵律《贞观玉镜将》中还将俘获妇女纳入军功，"与敌战斗中，获铠甲、马、旗、鼓、金、俘虏、首级、小孩、妇女等者，计将军、行将、佐将等之一应功数中。又获牛、骆驼、牲畜、房舍、谷物、财产等，应按数报告，勿入功数中"。①

3. 辅助作战

西夏在发动军事行动时，通常会驱羊赶牛，举族而行，西夏女性会起到供给粮草、保障后勤的作用。如李纲言"夏人每欲入寇，必聚兵于数路之会境，举国而来，号称百万，精壮居前，老弱居后，去则反是。故能深入吾地，破城寨，虏人畜，动辄如意"。②对于宋夏缘边地区的党项女性来讲，不仅西夏会征召她们随军辅助，宋朝部将也会征召党项妇女运送粮糗。熙宁四年（1071），权发遣延州、右司谏、直龙图阁赵禼始视察边事，发现蕃汉健兵皆领于种谔，丁壮妇女裹送粮糗，惟老小在焉。③元丰四年（1081），鄜延路经略使沈括言："本路运粮，延州诸县丁夫发尽，已差及妇女，虽累戒官吏毋得括责妇女，而运粮须办，则势不得不极民力，恐无以为继。"④

在特殊时期，女性则会被发动起来参与更多的军事活动。神宗元丰七年，宋朝对参与防御定西城的蕃、汉妇女进行论功奖赏，"定西城守城汉、蕃诸军并百姓妇女，城上与贼斗敌者，人支绢十匹；运什物者，七匹；城下供馈杂役者，男子五匹，妇人三匹"。⑤在这次防守战役中城内蕃汉妇女所能够担当的角色和任务得以全面展示，她们也得到了丰厚的奖赏，那些在城墙上直接与敌人进行殊死战斗的妇女每人能奖励绢十匹，积极参与运送物资的妇女每人奖励绢七匹，只在城内负责打杂辅助的妇女则每人得到绢三匹的奖励。元祐二年（1087），河州南川寨被围，经浴血奋战后城寨得以保存，其守城汉蕃军兵、妇女等也得到相应奖励，"如昼夜捍御，委有效劳，亦依则例轻重支给，并就委走马承受喝

① 陈炳应：《贞观玉镜将研究》第 3 篇 27 条，第 77—78 页。
② （宋）李纲：《李纲全集》卷一四四《御戎论》，王瑞明点校，岳麓书社，2004，第 1368 页。
③ 《续资治通鉴长编》卷二二〇，神宗熙宁四年二月癸亥条，第 5345 页。
④ 《续资治通鉴长编》卷三一九，神宗元丰四年十一月己丑条，第 7709 页。
⑤ 《续资治通鉴长编》卷三四九，神宗元丰七年十月戊寅条，第 8370 页。

赐，令转运司应副。其经战立功及守捍有劳、矢石伤中应论赏人，并等第保明以闻"。①

4. 获取情报

《孙子兵法》云："先知者，不可取于鬼神，不可象于事，不可验于度，必取于人，知敌之情者也。"通过用间及时掌握各种信息，可达到"知己知彼"的效果。西夏缘边部族叛服无常，其中女性也会掌握一定信息，成为宋夏战争中军事情报获取的重要渠道。

元祐七年，环庆路经略使章楶奏："本司勘会往年十二月内，有投来河东陷蕃妇人阿声称，听得西界人说，首领庆鼎察香道：'有塔坦国人马于八月内出来，打劫了西界贺兰山后面娄博贝监军司界住坐人口孳畜。'"②对于投诚的西夏党项蕃妇所说信息，宋将虽然具状上奏，但是持怀疑态度，后经多方打探消息，结果印证党项蕃妇的信息比较准确。

宋将种谔还曾让党项妇女假装投诚西夏，及时传递信息，成功策反党项豪酋嵬名山，为宋朝收复绥州发挥了作用。熙宁四年春，绥州羌酋夷山与其属沙遇罗部落内附，并表示愿意劝降其兄绥州监军嵬名山，于是种谔一面密奏朝廷，一面上报延州知州陆诜。而陆诜认为，蕃情难测，不宜妄动。于是，种谔擅自命令韩轻与羌妇，故意叛入西夏招诱嵬名山。最后"又得其酋拔州凌也，以锦囊盛断发为质。诏转运使薛向经略司用公计招纳，赐黄金二百两、白金一百两，名山列其党二十人约以降期"。③在这次成功策反嵬名山的事件中，党项妇女虽没有直接进行信息传递，但是积极配合，发挥了很好的掩护作用。

5. 施法退敌

随着西夏封建化程度的加深和儒家思想的逐渐影响，"渐染华风"的西夏的尚武之风也在悄然转变，西夏教导女性的方式也随之变化。如在西夏文类书《圣立义海》中就记载了许多规劝世人学习忠孝节悌之范本，其中不乏引导女性爱国的案例。如《圣立义海·美妇迷惑敌》载：往昔，一军主之妻美而妖娆。其城为敌军所围，军主惧。娇妻言："我

---

① 《续资治通鉴长编》卷四〇一，哲宗元祐二年五月己卯条，第 9773 页。
② 《续资治通鉴长编》卷四七一，哲宗元祐七年三月丙戌条，第 11238 页。
③ （宋）赵起：《种太尉传》，《四库全书存目丛书》本，齐鲁书社，1996。

自当退兵。"其美妇登城头，如一仙为狐媚语，敌军心惰，使撤军也。①
这则故事虽然有些荒诞，但其目的就是要引导更多的西夏女性爱国。笔
者臆测故事或许源于宋夏战争中宋娼妇李氏骂退西夏大军的真实案例，
然后加以修改流传。熙宁四年二月，"夏军很快陷抚宁，进围顺宁，伏
兵壕外……夏军围城数月，城中人心危惧，娼妇李氏知梁乙埋隐私，自
请退敌，乘城大骂，尽扬其丑，夏将恐军士传言，得罪梁乙埋，声称粮
匮解围"。②西夏人将宋朝娼妇城头揭国相丑事退敌的故事，逐渐演义为
用狐媚语退敌的版本。

对于西夏女性登城施法退敌的故事，在蒙夏战争中亦有进一步渲染
和记载，并与党项族"笃信机鬼，尚诅祝"③的风俗结合起来。在蒙古
大军进攻西夏时，西夏女巫就向蒙古大军施以诅祝，结果蒙古大军人马
倒毙，伤亡惨重，这在蒙古典籍中有多处记载。《蒙古源流》载：蒙古
军围灵州城时，"由是，至唐古特，围图尔默海城三重而攻之。时，其
咒者哈喇刚噶媪，登上城楼，摆动黑旗咒之，则人马群倒毙焉"。④后
《黄金史纲》中也记载了成吉思汗伐夏过程中遇到唐兀惕巫婆一事，"其
后，来到西夏境内，失都儿忽汗的罗刹出身的魔者黑媪，向蒙古大军迎
来，咒死了丁男和骟马。速不台拔都奏明主上：'老媪可恶，咒死了丁
男、骟马，请准许将哈布图合撒儿从大札撒中释放出来。'……故仅仅
射中了膝盖，那老媪向一侧倒毙"。⑤

三

1. 国以兵为本，军队是国防的工具，可以说战争是阻碍人口增长的
重要因素之一，而人口也是制约军事战争的重要因素。西夏偏居西北，
环境恶劣和人口稀少是其无法改变的事实，对于频繁发动战争的西夏来

---

① 〔俄〕克恰诺夫、李范文、罗矛昆：《圣立义海研究》，宁夏人民出版社，1995，第89页。
② （清）吴广成著，龚世俊等校证《西夏书事校证》卷二三，甘肃文化出版社，1995，第264页。
③ 《宋史》卷四八六《夏国传下》，第14029页。
④ 道润梯步译校《新译校注蒙古源流》，内蒙古人民出版社，2007，第153页。
⑤ 佚名著，朱风、贾敬颜译《汉译蒙古黄金史纲》，内蒙古人民出版社，1985，第28页。

说，即使全民皆兵，"夷狄之俗，人人能斗击，无复兵民之别，有事则举族皆来"[①]，但总体兵力仍然不足。为了缓解这一难题，西夏发动大量女性参与各项军事活动，使其成为西夏军队兵力补充的重要组成部分，这也是西夏全民皆兵的体现。

2. 勇武强硬的党项妇女，不仅能驰骋大漠，放牧狩猎，酿酒耕织，还能上阵杀敌，保家卫国，有着广阔的生存空间和丰富的生活内容，呈现出异于中原传统女性幽、娴、贞、静的道德行为规范和幽居深闺的行为标准。本文就是通过军事活动这个视角，来考察西夏女性群体的历史经历和特点，深入挖掘这一性别整体内部的多元性，来发现妇女的个体体验和社会联系。重新审视勇武善战的党项民族社会风俗，了解西夏国内的特殊生存环境和人口状况，有助于我们更加深刻、真实地认识西夏社会的原生形态，也有助于我们更加全面、清晰、生动地了解西夏女性群体的生活面貌。

3. 军事活动是中国妇女史研究中非常重要又相对薄弱的一个领域。中国古代尽管涌现出妇好、梁红玉、秦良玉等杰出女将，也有花木兰、穆桂英等文学作品中的巾帼，代表着人们对广大杰出女性的认可和期许，但这些终究是个案，缺乏对女性群体的整体考量。通过对西夏文献的爬梳整理，我们发现西夏女性群体在多个方面参与到军事活动中，更加生动地向我们展示了西夏女性的飒爽英姿，也为我们展现了在"男人的历史"中女性群体所处的社会历史地位及其发挥的主观性、能动性，有效地补充了中国古代军事史和妇女史的内容。

（原刊于《西夏研究》2021 年第 3 期）

---

① 《续资治通鉴长编》卷二一七，神宗熙宁三年十一月乙卯条，第 5285 页。

西夏的"麻魁"与"寨妇"考

邵佳楠

摘　要　"麻魁"与"寨妇"是西夏参与军事活动的女性群体，但二者活跃的时期、性质职能等又有所不同，麻魁突出了西夏大妇剽悍凶猛的外观特性，其复仇和对敌作战是西夏前期全民尚武的体现，而寨妇则突出了女性作为军事辅助的职能特性。二者共同反映的西夏女性参战现象，其动因主要有被迫参战和崇尚参战两方面。

关键词　麻魁；寨妇；西夏；女性

"麻魁"与"寨妇"是西夏的两个特殊称谓，均与参战女性有密切关联。吴天墀认为"'麻魁'不应解释为一般的家庭妇人，而是指能参加战斗的'女兵'"。[①] 聂鸿音推断麻魁的西夏文写法为"𗗷𗥩（年长的女性）"[②]。何玉红指出寨妇在军中承担守卫、站岗、放哨执勤等任务，认为西夏妇女有尚武斗、喜复仇和性刚烈的特点，统治者强力推行"蕃礼"是西夏"女兵"现象出现及其妇女刚健勇敢之风盛行与巩固的重要原因。[③] 史金波推断寨妇的西夏文写法为"𗥦𗥩（大妇）"，指出寨妇是

---

① 吴天墀:《西夏史稿（增订本）》，四川人民出版社，1983，第 250、262 页。
② 聂鸿音:《汉文史籍中的西羌语和党项语》，《语言研究》2000 年第 4 期。
③ 何玉红:《西夏女兵及其社会风尚》，《云南民族大学学报》2004 年第 5 期。

从属于男子的守城兵士，并推测寨妇即是麻魁。^①张梦佳认为"寨妇"是"麻魁"的别称。^②此外还有较多研究涉及麻魁与寨妇，但大部分都是对西夏女性参战团体进行简单的介绍，并没有细致深入地结合西夏各个时期社会背景的不同去分析麻魁和寨妇的异同，部分学者甚至认为麻魁等同于寨妇，是西夏正规的军队编制，对二者所共同反映女性参战的动因也有待进一步的探析。^③

一　麻魁

关于西夏"麻魁"的记载只见于汉文文献，仅有两条，见《续资治通鉴长编》^④和《隆平集》。

> 壬申，环庆副都部署任福等攻西贼白豹城，克之，凡烧庐舍、酒务、仓草场、伪太尉衙，及破荡骨咩等四十一族，兼烧死土垄中所藏蕃贼不知人数，及禽伪张团练并蕃官四人、麻魁七人，杀首领七人，获头级二百五十、马牛羊橐驼七千一百八十、器械三百三、印记六；官军死者一人，伤者一百六十四人。^⑤

> 喜报仇，有丧则不伐人，负甲叶于背识之。仇解，用鸡猪犬血和酒，贮于髑髅中饮之，乃誓曰："若复报仇，谷麦不收，男女秃癞，六畜死，蛇入帐。"有力小不能复仇者，集壮妇，享以牛羊酒食，趋仇家纵火，焚其庐舍。俗曰敌女兵不祥，辄避去。^⑥

---

① 史金波：《西夏社会》，上海人民出版社，2007，第756—758页。
② 张梦佳：《西夏女性社会生活研究》，硕士学位论文，西北民族大学，2020，第51页。
③ 相关成果有张国庆等《中国妇女通史·辽金西夏卷》（杭州出版社，2011），陈炎主编《中国风尚史（隋唐五代宋辽金卷）》（山东友谊出版社，2015），李锡厚、白滨《辽金西夏史》（上海人民出版社，2003），郭晓明《西夏民俗》（《中国古都研究》第9辑，1991），张邦炜《辽宋西夏金时期少数民族妇女的生活》（《四川师范大学学报》1999年第3期），何玉红、潘春辉《试析党项妇女的强悍之风》（《青海民族研究》2002年第2期），杜建录《论西夏的人口》（《宁夏大学学报》2003年第1期），等等。
④ 清文渊阁四库全书本写作"玛魁"。
⑤ （宋）李焘：《续资治通鉴长编》卷一二八，康定元年条，中华书局，2004，第3044页。
⑥ 《辽史》卷一一五，中华书局，1974，第1524页。

其经女兵者家不昌，故深恶焉。《辽史西夏传》载："俗曰敌
女兵不祥，辄避去。"又，底本于此句之后刊有注语云："俗谓妇人
谓麻魁。"①

由《续资治通鉴长编》可知，麻魁参与了白豹城战役而被俘，同
时被俘的还有团练、蕃官、首领和官军等军事长官。而由《隆平集》注
语可知，当时人将西夏复仇的壮妇称为"麻魁"，"敌女兵不祥"是西夏
人的一种观念，并由此联系到参与了复仇活动的壮妇不吉利，这更说明
"麻魁"只是对特殊妇女群体的称呼，这里的"麻魁"代表的不是一种
军事编制。《贞观玉镜将》中有一套完整的军事人员阶序：正将、副将、
行将、佐将、步骑佐将、步兵佐将、权正首领、小首领、军卒、私人、
将护卫、将处役人和辅军等，并没有关于女兵的记载，从中可以大致推
断出麻魁平时为喜复仇的壮妇，战时则充当临时的士兵。

"麻魁"只出现在汉文文献中，而没有直接对应的西夏文材料。针
对前述两种西夏文写法推断，"薾"有妈、母、娘之意，"燋"有雌、
母、妇之意，两字音皆为 mja，读作"麻"。"蒳"有大之意，音为
khwej，读作"魁"。《天盛改旧新定律令》（以下简称《天盛律令》）中
出现了"薤蒳（大妇）"的称谓，"一前述因偿还盗价、付告偿，为官私
人出工所示办法：年七十以上及十岁以下等，依老幼当减出工。十岁以
上，七十以下者，当物主人处不需出工，亦应令于其他需用处出工。价
格：大男人七十缗，一日出价七十钱；小男人及大妇等五十缗，一日
五十钱；小妇三十缗，一日三十钱算偿还。钱少，则与工价相等时，可
去。若很多，亦令所量人价，钱数当完毕，则当依旧只关，盗人之节亲
亲戚中有赎取者，亦当依工力价格赎取"。②"其中因偿还债，使妻子、
儿女典当别处者，是五十缗以内则当按边等法出工偿。若为大女、媳当
算五十钱，年十五以下十岁以上算三十钱工价。原已住日期多少天亦算
工价当减除。□□偿钱数与工价数相等时，当依旧往回。若为五十缗以

① （宋）曾巩著，王瑞来校证《隆平集校证》，中华书局，2012，第621页。
② 史金波、聂鸿音、白滨译注《天盛改旧新定律令》，法律出版社，2000，第174—
175页。

上，则按大女、媳之价五十缗，幼女年十五以下十岁以上三十缗计算，工价与妇女价格相抵时，使前往，不允使之超过。"①认定大妇的标准应以年龄为主，大妇能承担与小男一样的体力劳动，因此身体相对粗壮是大妇外貌上最直观的体现。"𦀗𦀝"在构词法上与"麻魁"相近，其中"𦀝"在西夏文称谓中普遍出现且常与"𦀗"并列以反映选取客体的程度或范围，类似于《番汉合时掌中珠》中的"大鼓—𢘵𦀝—么魁"②这样的汉语拟音，说明在西夏语称谓中"某魁"的构词法可表示对某较大事物的形容，那么"麻魁"对应高大威猛的妇人应是比较形象准确的。《天盛律令》中涉及女性的词语多用"𪏰"和"𦀗"两字，从使用情况上来看可互相替换。因此，"麻魁"的形象应更接近于做体力劳动的壮妇，而非征战沙场的士兵。

二 寨妇

关于西夏"𪏰𪏰（寨妇③）"的记载多见于西夏文《天盛律令》，尤其集中地出现在卷四《弃守营垒城堡溜等门》和《弃守大城门》中，共计出现17次。西夏在与外敌交战之时，会设置堡寨以便攻守，寨妇的主要职责就是防守城寨，她们平时要负责守卫营垒城堡等，"守营、垒、堡城者军溜等中，军士、寨妇等本人不往"④。除此之外，还要负责守卫大城，"守大城者，当使军士、正军、辅主、寨妇等众人依所定聚集而往，城司自己□□当提举。有不聚集时，当催促，应依高低处罪，令其守城"。⑤寨妇平时在规定的区域驻扎防守，不得擅离职守，不得贿赂徇私，要按规定接受征召等，否则要受到相应的处罚。

关于寨妇的来源，《天盛律令》中并没有做十分详细的记录，所以我们只能从其他的一些律令中寻找线索。在《背叛门》中，诸人犯有叛

① 史金波、聂鸿音、白滨译注《天盛改旧新定律令》，第272—273页。
② （西夏）骨勒茂才：《番汉合时掌中珠》，黄振华、聂鸿音、史金波整理，宁夏人民出版社，1989，第66、138页。
③ 王天顺《西夏〈天盛律令〉研究》中将其译为随住堡内之妇女。
④ 史金波、聂鸿音、白滨译注《天盛改旧新定律令》，第194页。
⑤ 史金波、聂鸿音、白滨译注《天盛改旧新定律令》，第197页。

逃罪时,"叛逃已行,则以剑斩之;未行,则绞杀之……其中妇人者,当给守城无家室者为妻子"。[1] "其中正军住城垒中,寨妇不来者,寨妇当依法受杖,勿及服劳役。属者男人因不送寨妇,打十杖。寨妇、男人等皆不来者,依法判断,寨妇勿及服劳役。已行贿则与行贿罪比,按重者判断。"[2] 上述律令中"属者男人"指的应该是寨妇的所属之人,推测应该是寨妇的丈夫。"寨妇、男人等皆不来者"表明寨妇和其所属男人都要在军中服役,寨妇的一部分来源应为防守边城兵士的妻子。此外,《执符铁箭显贵言等失门》中规定"执符及诸臣僚大人等已派或未派,于诸家主中强征他人妻以为不义者,其丈夫告则执符等徒三年,若妇人情愿则徒一年,不情愿则不治罪。其丈夫不告,擅自捕打执符等而失符,则徒三年。若未捕打,未失符,仅争斗殴打者,伤符则徒二年,未伤则徒一年"。[3] 此外,《贞观玉镜将》中"[在]敌中有七种功及[获][敌]小童子、妇人等,[计]入将、行将、佐[将]等之功中"。[4] 这种强征或由战争俘获的女性可能也是寨妇的来源之一。

军队对寨妇的赏罚大体上也与其他士兵一视同仁,但在少数情况下也体现了对于女性的优待。例如当他们贿赂头监,玩忽职守时,"正军、辅主等一律十杖,寨妇笞二十"[5],杖刑是用大荆条、大竹板或棍棒抽击受刑人,而笞刑则是用竹或木板责打犯人,两者相比较,笞刑更加轻微且不易受伤,再加上女性在军中的特殊性,受伤后一些部位不方便医治,所以受惩罚时会得到少许优待。一些特殊情况下寨妇甚至可以免罪,"一军首领、辅全营垒、□□□等弃者,大小首领、舍监、末驱等□□□一日至十日徒六个月,十日以上至二十日徒一年,二十日以上至一个月徒二年,勿革军职,一个月以上一律革军职,徒三年。其下正军十三杖,负担、寨妇勿治罪"[6],大城门失守时辅主和寨妇也不治罪。此外,在对边防将士进行奖赏时,通常都是给予物质奖励。在《边地巡检

---

① 史金波、聂鸿音、白滨译注《天盛改旧新定律令》,第 116 页。
② 史金波、聂鸿音、白滨译注《天盛改旧新定律令》,第 196 页。
③ 史金波、聂鸿音、白滨译注《天盛改旧新定律令》,第 473 页。
④ 陈炳应:《贞观玉镜将研究》,宁夏人民出版社,1995,第 67 页。
⑤ 史金波、聂鸿音、白滨译注《天盛改旧新定律令》,第 195 页。
⑥ 史金波、聂鸿音、白滨译注《天盛改旧新定律令》,第 196 页。

门》中规定，依情况和人数分等级进行赏赐，一般是赏赐绢、绫、银两、茶、唐呢、煮丝或杂锦等。寨妇在立功受赏方面，应该也是获得物质奖励，并没有通过军功而晋升的渠道。

三 女性参战的动因

尽管"麻魁"和"寨妇"二者不能等同看待，但其共同反映出西夏女性参与到了军事活动中。封建王朝中的社会关系遵从"三纲五常"的行为规范，女性大多是男权或父权的依附，"男主外，女主内"的思想让女性的本领局限在家庭领域内，一般不会直接参与战争。西夏女性参战的现象必然有动因使然，从主动性和被动性两方面可分别探析。

1. 风俗尚武——女性崇尚参战

党项民风彪悍，女子善于拉帮结派参与复仇，早在唐朝的时候就有拓跋三娘劫官盐的先例，其彪悍可见一斑。西夏建国后，依旧保留着一定的母系社会思想。西夏谚语中诸如"秋驹奔驰需母引，日月虽高浮于天""祖舅分我骨还未曾有，娘娘分我肠还未曾有""白霄亲舅心软，黑土爱甥声柔"等都可以看出西夏人对于母族的敬重，"有志族女不厌嫉，参战独子不惜命""志男心腹雕父爪，女子有志如石坚""日皆不日，马驰日好，夜皆不夜，妇来夜好"也体现了女性不同凡响的志向。[①] 风俗尚武是西夏女性崇尚参战的一大动因，西夏上层妇女在政治上的作为在当时更是无人能出其右。西夏从建国到亡国，政治大权有一半时间是为后族所掌握的。除了在前线杀敌外，部分西夏女性还会在战争中担任指挥，大小梁太后就是其中的佼佼者。大梁太后依辽抗宋，不断地对宋朝发动战争。小梁太后在对宋问题上比大梁太后更为强硬，在其掌权第二年就对宋发起了攻击，大举侵宋。大小梁太后不仅发动战争统领作战，更是多次披甲上阵亲临一线，与敌军厮杀，攻打顺宁寨、进攻宋鄜延路等战争中，都有大小梁太后的身影。这不仅展示了大小梁太后的勇猛，更说明二人有一定的军事手段。上行下效，西夏女子在社会生活中能做

---

① 陈炳应译《西夏谚语：新集锦成对谚语》，山西人民出版社，1993。

的自然比其他地区更多一些。

2. 全民皆兵——女性被迫参战

西夏全民皆兵,"诚以昊贼据数州之地,精兵不出四五万,余皆老弱妇女,举族而行","夷狄之俗,人人能斗击,无复兵民之别,有事则举国皆来,此所以取胜多也"。① 由于战事频繁西夏自然兵源紧缺,女性作为军备力量的补充不得不参与战争,有时甚至需要直接在战场上厮杀,如参与白豹城战役的麻魁。白豹城战役发生于西夏景宗元昊时期,《隆平集》成书时间亦为西夏前期,该时间段宋夏沿边战事频繁,而关于"麻魁"的记载非常少,这也反映出女性直接上战场对敌不是普遍现象。西夏对外作战所需辅助事项繁多,在人员不足的情况下,女性参战可以缓解军事压力,寨妇便是西夏边防中不可或缺的军事辅助力量。

西夏女性在军事活动中的辅助工作类型多样。粮草运给十分重要,西夏部落兵制中兵民不分,"其民皆兵,居不麋饮食,动不勤转饷"②,军队出行时,常举国前行,这时的女性就可以担任运送粮草的角色,同时期宋夏沿边的宋朝妇女也会被征召做一些运粮工作。党项人笃信鬼神,巫术的使用在战争中也有所反映,《天盛律令》中规定占算和官巫等人员配备战具,随军队出征作战。女性在军队中还可以担任巫师,在行军之前卜卦吉凶,在进军过程中施以巫术,以定军心。《蒙古源流》中记载咒者哈喇刚噶媪施咒想要逼退蒙古军队,在《黄金史纲》中也说有"(蒙古军)来到西夏境内,失都儿忽汗的罗刹出身的魔者黑媪,向蒙古大军迎来,咒死了丁男和骟马"。③ 这段材料虽然神话色彩过重,但是还是可以从中看出女性在军中具有施巫术一类的职能。为配合正面战场的军事行动,宋夏双方在战争中辅以情报战以夺先机。情报战的手段之一就是派遣间谍。获取了情报就在战争中获得了主动和优势,会直接影响战局,女性在情报战中有着天然的性别优势,更容易获得他人信任且不易引起注意。元昊称帝后,宋仁宗曾悬赏十万钱缉捕西夏探子,并加强了对边境来往人员的管理。《种太尉传》中则记载宋将种谔让羌妇假投

---

① (宋)李焘:《续资治通鉴长编》卷二一七,熙宁三年条,第5285页。
② 《宋史》卷三一七,中华书局,1985,第10351页。
③ 佚名著,朱风、贾敬颜译《汉译蒙古黄金史纲》,内蒙古人民出版社,2014,第32页。

西夏，成功策反了党项酋虺名山。

　　总体上从现有材料来看，麻魁并不等同于寨妇，两者活跃时期和职责范围也都不同，麻魁突出的是女性的外观性情，而寨妇突出的是女性的从属职责。"麻魁"应是对年龄较长或身体壮硕女子的称谓，党项旧俗中有麻魁复仇的活动，中原人便用"麻魁"称呼彪悍凶猛的西夏大妇，后来又把活跃在军事行动中的女性群体称为"麻魁"。后来出现的寨妇是西夏在编定岗并且承担军事防御任务的女性群体，军中地位不高。西夏的沿边堡寨在其规定区域内统一管理，寨妇的活动受到很大限制，这与可以随意集结复仇的壮妇也大不相同。麻魁因其自身年龄或身材上的特征被从西夏女性中分化出来，早期西夏战事频繁，此类女性被迫参战，宋人则狭义上将麻魁理解为女兵。随着西夏统治进入中后期，社会相对稳定，女性的主要事务大量转移到社会劳动中，此时出工抵罪的大妇以区别于小妇的称谓方式出现。在这样的社会变革中，麻魁已经很难再发挥如西夏早期的军事作用了，从事防守等军事辅助事务的寨妇开始成为女性参战的主力。

　　研究西夏女性在军事活动中的活跃现象，不仅使我们能够了解当时西夏的军事状况，更为我国古代女性形象的多样化增添了新的内容。现在来看，西夏女性在军队中是相当特殊的群体，虽说西夏是少数民族建立的政权，但随着汉化的逐渐加深，男女之别也在社会生活中有了更深的体现。在这种情况下，寨妇及其他军中女性的出现相当惹眼，展示了西夏女子家国情怀合而为一的大女人风范。

　　　　　　　　　　（原刊于《宁夏师范学院学报》2021年第3期）

克夷门考

杨 浣 段玉泉

摘 要 克夷门为成吉思汗征夏战役中的战略要地，然而其地望问题长期以来悬而未决。主要原因有二：一是史料有误，二是训音有误。若以读音及史迹求之，"克夷"应是唐代或唐之前读若汉文"乞银"的北族词语译为蒙古语之后，又译回汉语的不同译写或重译之讹，意思是"青白相杂"。因此，《元史·太祖本纪》所载西夏"克夷（门）"所在，即《西夏地形图》中的"克危山"，也就是唐《元和郡县图志》中的"乞伏山"。其地略当明初宁夏镇远关以北的"石嘴山"，即今宁夏石嘴山市惠农区黄河大桥西岸的贺兰山尾端。这些地名与省嵬山一样，都是不同时期、不同部族对贺兰山北端抵河之处的不同称呼，为一山而有数名的情况。

关键词 西夏；成吉思汗；克夷门；石嘴山

一

根据《元史·太祖本纪》（以下简称《太祖纪》）的记载，成吉思汗对西夏的第一次亲征发生在元太祖四年（1209）。当时的情形是：

（四年己巳春）帝入河西。夏主李安全遣其世子率师来战，败之，获其副元帅高令公。克兀剌海城，俘其太傅西壁氏。进至克夷门，复败夏师，获其将嵬名令公。薄中兴府，引河水灌之，堤决，水外溃，遂撤围还。遣太傅讹答入中兴，诏谕夏主，夏主纳女请和。[①]

从"夏主纳女请和"可以看出，发生在兀剌海与克夷门的两次激战对于整个战局所起的决定性影响。然而，关于这两处战略要地的确切位置，目前学术界还存在争议。分歧较少的是兀剌海。自鲍桐先生《兀剌海城地望和成吉思汗征西夏军事地理析》[②]一文发表以来，位于今内蒙古乌拉特中旗阴山北支的新忽热乡古城即西夏兀剌海城及黑山威福监军司驻所的观点逐渐成为研究者的共识。关于克夷门则众说纷纭，先后有"狼山高阙说"[③]、"贺兰山三关口说"[④]、"贺兰山大水口说"[⑤]、"石嘴山市石嘴山区东北说"[⑥]以及"乌海市乌达说"[⑦]等多种见解。然而，这些立论所依之史料，除了《太祖纪》所载之外，皆出自清代吴广成所著《西夏书事》中的一段文字：

克夷为中兴府外围，两山对峙，中通一径，悬绝不可登。襄霄时，尝设右厢朝顺监军司，兵七万守之。安全闻蒙古兵深入，遣嵬名令公复率兵五万以拒。蒙古兵至，嵬名令公自山坂驰下，击败

---

① 《元史》卷一，中华书局，1976，第14页。参看《元史》卷六〇《地理志三》，第1452页。兀剌海路，太祖四年，由黑水城北兀剌海西关口入河西，获西夏将高令公。克兀剌海城。

② 鲍桐：《兀剌海城地望和成吉思汗征西夏军事地理析》，《宁夏社会科学》1994年第6期。

③ 岑仲勉：《元初西北五城之地理的考古》，《中央研究院历史语言研究所集刊》第12期，1948年；岑仲勉：《中外史地考证》下册，中华书局，1962，第536页。

④ 吴天墀：《西夏史稿》，四川人民出版社，1980，第131页注七。

⑤ 中国历史地图集编辑组：《中国历史地图集》第6册，内部发行，中华地图学社，1975，图版36—37；许成、汪一鸣：《西夏京畿的皇家林苑——贺兰山》，《宁夏社会科学》1986年第3期。

⑥ 王颐：《兀剌海方位探索》，《历史地理研究》第1辑，复旦大学出版社，1986，第137页。

⑦ 谭其骧主编《中国历史地图集》第6册，中国地图出版社，1982，图版36—37；刘利华：《克夷门考》，《西夏研究》2014年第1期。

之。相持两月，备渐弛，蒙古主设伏以待，遣游兵诱之入伏获之，遂破克夷。①

其中指克夷门"尝设右厢朝顺监军司"，早已被学界证实是一个史实性的错误。事实上，这个监军司，前期位于西夏南部的天都山，即今之宁夏海原县境，后期则在西凉府，即今之甘肃省武威市境。②吴氏又指克夷门形势为"两山对峙，中通一径，悬绝不可登"。这一描述几乎是迄今为止所有研究者的立论基石。但是，它与实际的情形恐怕存在着很大的距离，元人耶律铸的诗《克夷门》曰："蚁扰蜂喧笑骑过，鼓儳争自落长河。人人斗说空鞍马，不似今番数最多。"③从诗句描写的"谈笑风生的骑兵似蚁扰蜂喧般经过，此起彼伏的战鼓荡漾在长河之上"这一景象来看，克夷门不像"两山对峙中的险峻峡谷"，而是一个濒临长河、利于奔驰的平坦地带。再从《太祖纪》所载从兀剌海城"进至克夷门，复败夏师，获其将嵬名令公"的情况来看，克夷门还应该是一个重兵屯集的战略要地。

耶律铸是元初名臣耶律楚材之子。这首《克夷门》出自他的诗文汇编《双溪醉隐集》。清代《四库全书总目提要》曾对该书有过评价，认为"（耶律）铸早从征伐，足迹涉历多西北极远之区，故所述塞外地理典故往往详核"。④这一论断绝非虚语。《元史·耶律铸传》（以下简称《铸传》）载：

（耶律）铸字成仲，幼聪敏，善属文，尤工骑射。……戊午，宪宗征蜀，诏铸领侍卫骁果以从，屡出奇计，攻下城邑，赐以尚方金锁甲及内厩骢马。乙未（1235），宪宗崩，阿里不哥叛，铸弃妻

① （清）吴广成著，龚世俊等校证《西夏书事校证》卷四〇，甘肃文化出版社，1995，第468页。

② 汤开建：《西夏监军司驻所辨析》，《历史地理》第6辑，上海人民出版社，1988，第137—146页。参看鲁人勇《西夏监军司考》，《宁夏社会科学》2001年第1期；刘华、杨孝峰《西夏天都监军司所遗址及神勇军考》，《宁夏社会科学》2001年第2期。

③ （元）耶律铸：《双溪醉隐集》卷二，《影印文渊阁四库全书》第1199册，第387页下。

④ （清）永瑢、纪昀主编《钦定四库全书总目》，中华书局，1997，第1431页下。

子，挺身自朔方来归，世祖嘉其忠，即日召见，赏赐优厚。中统二年，拜中书左丞相。是年冬，诏将兵备御北边，后征兵扈从，败阿里不哥于上都之北。至元元年，加光禄大夫。[①]

除了从征西北的经历之外，耶律铸"所述塞外地理典故往往详核"，还拜其父耶律楚材广博的西北闻见所赐。耶律楚材有记载西域及中亚风俗的《西游录》传世，曾亲历蒙古征夏之役。史载：

> 丙戌（1226）冬，从下灵武，诸将争取子女金帛，楚材独收遗书及大黄药材。既而士卒病疫，得大黄辄愈。[②]

《克夷门》系《双溪醉隐集》卷二中的"后凯歌词九首"之一。据耶律铸的前言可知，这些诗歌专为记述"至元丙子冬，西北藩王弄边，明年春诏大将征之"及"召际（集）诸军，有事于朔方"[③]而创作。这一背景相当于前揭《铸传》中所说的：乙未，宪宗崩，阿里不哥叛，铸弃妻子，挺身自朔方来归，世祖嘉其忠，即日召见，赏赐优厚。

"后凯歌词九首"题目皆以地名而起。它们依次是《战卢朐》《区脱》《克夷门》《高阙》《战焉支》《涿邪山》《金满城》《金水道》《京华》。从单独成篇的情况来看，克夷门与高阙显然为互不相属的两处地方。《高阙》全诗如下："骈驰追锐翼摧锋，枭獍窠巢一夜空。光射铁衣寒透彻，冷风如箭月如弓。"[④]诗下小注云：

> 我军掩遗敌于高阙塞境。《史记》赵武灵王筑长城自代傍阴山下至高阙，青将六将军军出朔方高阙；《汉书》卫青李息出云中至高阙；《后汉（书）》祭肜出高阙塞，吴棠出朔方高阙，则其地也。《通典》高阙，唐属九原郡九原县，西北到受降城八十里。《唐书》今之

---

① 《元史》卷一四六《耶律铸传》，第3464—3465页。
② 《元史》卷一四六《耶律楚材传》，第3456页。
③ （元）耶律铸：《双溪醉隐集》卷二，《影印文渊阁四库全书》第1199册，第387页。
④ （元）耶律铸：《双溪醉隐集》卷二，《影印文渊阁四库全书》第1199册，第387页。

西城即汉之高阙塞也。北去碛石三百里，追锐、摧锋皆军名也。①

历史上的高阙，以秦始皇"因河为塞"为界，当有阴山高阙与狼山高阙之别。前为阴山高阙，位于今狼山口以东、狼山山脉中段的石兰计山口；②后为阳山高阙，位于今阴山山脉西段之狼山—乌拉后山山系北坡。③北魏郦道元《水经注》中有一段关于高阙的著名描述：

> （河水）东经高阙南。《史记》赵武灵王既袭胡服，自代并阴山下，至高阙为塞。山下有长城。长城之际，连山刺天，其山中断，两岸双阙，善能云举，望若阙焉。即状表目，故有高阙之名也。自阙北出荒中，阙口有城，跨山结局，谓之高阙戍，自古迄今，常置重捍，以防塞道。④

因为高阙"连山刺天，其山中断，两岸双阙，善能云举，望若阙焉"与《西夏书事》中克夷门"两山对峙，中通一径，悬绝不可登"的景象有异曲同工之妙，所以岑仲勉先生就把克夷门的地望大致比定在高阙所在的阴山北支。⑤然而，吴天墀先生"觉得这种论断的理由是薄弱的，因为把'斡罗海城'与'克夷门'两个要塞都放置在同一地区，与《元史·太祖纪》记载的情况显然不合。《元史·太祖纪》说'夏主立安全遣其世子率师来战，败之，获其副元帅高令公。克兀剌海城，俘其太傅西壁氏。进至克夷门，复败夏师，获其将嵬名令公。薄中兴府'，由兀剌海城到克夷门，用了进至二字，不但不应在同一个山隘，而且两地

① （元）耶律铸：《双溪醉隐集》卷二，《影印文渊阁四库全书》，第1199册，第387页。
② 唐晓峰：《内蒙古西北部秦汉长城调查记》，《文物》1977年第5期。
③ 辛德勇：《阴山高阙与阳山高阙辨析——并论秦始皇万里长城西段走向以及长城之起源诸问题》，《文史》2005年第3辑。
④ （北魏）郦道元著，陈桥驿校证《水经注校证》卷三《河水》，中华书局，2007，第75页。
⑤ 岑仲勉：《元初西北五城之地理的考古》，《中央研究院历史语言研究所集刊》第12期，1948年；岑仲勉：《中外史地考证》下册，第536页。

应有相当的距离"。[①]

二

蒙古军远征西夏都城中兴府，大的路线有两条：一条由甘肃居延海东进，谓之西线；另一条自河套狼山南下，谓之东线。然而，纵观成吉思汗历次入侵，多半以东线为轴心而发起。其原因何在？岑仲勉先生说：

> 使蒙兵果从肃、甘诸州而来，未薄夏王城已前，固应有所残废，今顾无之。惟一逾狼山山脉，则宁夏已犹户庭，其道甚捷，夏非劲敌，太祖善用兵者，宁取迂曲之长道耶？[②]

成吉思汗三次东线进兵西夏，差不多每次都是以兀剌海为首战之地。因此，位于今内蒙古乌拉特中旗的西夏黑山威福监军司驻地兀剌海可以看作蒙古入侵西夏的起点，这里"地处狼山之北，控扼着从大漠南进巴彦淖尔平原的重要通道。攻克此城，就等于拿下了从狼山进入巴彦淖尔平原的要枢，进入巴彦淖尔平原，就可以长驱直入银川平原"。[③]从兀剌海至克夷门（所在的中兴府，即今宁夏银川市），有两条道可行：一是沿狼山北的草原道路西行，再折而西南行；二是沿狼山南麓西南行。两条道均在今磴口县哈腾套海苏木西端会合，西行至贺兰山西麓南下，这两条道都是清代从武威至包头驼路的东段。[④]

换言之，自磴口以降，经乌海，至石嘴山的黄河沿线是其南下攻打西夏中兴府的必经之路。这里既是河套地区"西套"（即银川平原）与"后套"（即巴彦淖尔平原）的衔接地带，也是南北走向的贺兰山

---

① 吴天墀：《西夏史稿》，第 131 页注七。

② 岑仲勉：《元初西北五城之地理的考古》，《中外史地考证》下册，第 534 页。

③ 刘利华：《克夷门考》，《西夏研究》2014 年第 1 期。

④ 鲍桐：《兀剌海城地望和成吉思汗征西夏军事地理析》，《宁夏社会科学》1994 年第 6 期。参看李万禄《瀚海长途——包武路》，《阿拉善盟公路交通史资料选编》第 2 辑（内刊）。

山脉与东西走向的狼山山脉的交会地区。因此，作为军事要塞的克夷门所在应当不出这一范围。历史上，这一带的贺兰山曾被称为"乞伏山"。唐李吉甫所编《元和郡县图志》（以下简称《图志》）卷四有一段著名的记载：

> 贺兰山，在（保静）县西九十三里。山有树木青白，望如驳马，北人呼驳为贺兰。其山与河东望云山形势相接，迤逦向北经灵武县，又西北经保静西，又北经怀远县西，又北经定远城西，又东北抵河，其抵河之处，亦名乞伏山，在黄河西。从首至尾，有像月形，南北约长五百余里，真边城之巨防。山之东、河之西，有平田数千顷，可引水溉灌，如尽收地利，足以赡给军储也。①

据此，王颋做了一个颇有见地的猜测：

> 检视《西夏纪事本末》卷首附录自《范文正公集》之《西夏形势图》（引者注：当作《西夏地形图》），"定州"东北、亦今黄河、贺兰山相衔接处有"克危山"。"克危"、"乞伏"（kitpuk）、"克夷"，当是一名异写。②

过去学界以为"克危"只独见于《西夏地形图》③，但是其实在嘉靖三十四年（1555）刊行的《广舆图》中也有此山的踪迹。在该书卷二《朔漠图》④中，克危山被绘制于"宁罗（山）"东南、"龟头（山）"东。据宋《广韵》，"危，鱼为切""夷，以脂切"，前者为疑母支韵止摄合口

---

① （唐）李吉甫：《元和郡县图志》卷四，中华书局，1983，第95页。
② 王颋：《兀剌海方位探索》，《历史地理研究》第1辑，第137页；王颋：《城觅一路——兀剌海方位与蒙古经略西夏诸役》，王颋：《西域南海史地研究》，上海古籍出版社，2005，第193页。
③ （宋）无名：《西夏地形图》（局部），黄盛璋、汪前进：《最早一幅西夏地图——〈西夏地形图〉新探》，《自然科学史研究》1992年第2期。
④ （明）罗洪先：《广舆图》，嘉靖四十年（1561）胡松增刊本，日本东方文化学院京都研究所藏本，第94页。

三等平声字，后者为以母脂韵止摄开口三等平声字。在《番汉合时掌中珠》中，出现过同一西夏字分别与疑母字及以母字对音的情况。例如：

𘂃——蜺（疑霁开四去）《掌中珠》092

𘂃——黄（以脂开三平）《掌中珠》153

𘁨——原（疑元合三上）《掌中珠》121

𘁨——沿（以仙合三平）《掌中珠》121

前一西夏字分别与疑母的"蜺"字及以母的"黄"字对音，后一西夏字分别与疑母的"原"字及以母的"沿"字对音。这说明在宋代西北方音中，有些疑母字可能与以母字读音相同。因此，疑母止摄的"危"在宋代西北方音中或许已读成了以母止摄的"夷"。如此，"克危"或即"克夷"。

然而，这两个词还不是这座山名最早的汉字记写。在此之前，至少还有"乞夷"和"吃移"的写法。"乞夷"来自据元代地图资料绘编的朝鲜 1402 年《混一疆理历代都城之图》①。在这幅地图中，"宁夏府"东北方向标注有"乞夷""门山"，乞夷之"乞"属溪母曾摄，"克夷"之"克"属溪母臻摄。这两字声母相同，韵母微殊，则音感相谐。"吃移"见于俄藏黑水城文献 ДX.02822 西夏汉文本《杂字》中的"地分部"②，"吃"通"吃"字，属见母臻摄。"唐五代西北方音中存在部分溪母字与见母字读音混同现象，可能是当地方言南北杂糅造成的。从语音方面讲，溪母与见母都是舌根闭塞清音，只有是否送气的差别，语音跨度不大，讲送气音读作不送气音是没有障碍的。"③所以，"吃移"之"吃"与"克夷"之"克"谐音，移同夷，所以两词音亦相近。

从时代顺序看，西夏人的"吃移"之称早于元代文献的"克夷"，过往研究中把"克夷"当作汉文短语，望文生义地理解为"战胜夷（敌）人"④显然是错误的。吃移或者说乞夷，这个词会让人想到《元和

---

① （朝鲜）权近、李荟：《混一疆理历代都城之图》，韩国奎章阁摹京都大学藏本。

② 俄罗斯科学院东方研究所圣彼得堡分所、中国社会科学院民族研究所、上海古籍出版社编《俄藏黑水城文献》第 6 册，上海古籍出版社，2000，第 146 页。

③ 史淑琴、杨富学：《溪母字与见母字读音混同现象考析——以敦煌汉藏对音资料为例》，《青海民族研究》2012 年第 4 期。

④ 刘利华：《克夷门考》，《西夏研究》2014 年第 1 期。

郡县图志》记载的一个北族之语"乞银"。该书卷四"银州"条下载：

周武帝保定二年，分置银州，因谷为名。旧有人牧骢于此谷，虏语骢马为乞银。[1]

乞银之银，属疑母臻摄字，与乞夷之夷音近。这个北周以来的虏语，很可能是鲜卑语词，被唐代初叶迁到银州的党项人吸收后，变成了一个地地道道的西夏语词。北宋中期诗人文同写过五言绝句《骢马》，其中有两句为："鬐鬣拥如云，西人号乞银。"翻译过来就是，骢马鬃毛如云彩，西人唤它作乞银。鬐（qí）鬣（liè）本指鱼、龙的脊鳍，这里指骢马的鬃毛，西人在宋代所指就是党项西夏人。"虏语骢马为乞银"，那么什么是"骢马"呢？许慎《说文》曰："骢，马青白杂毛也。从马恩声，仓红切。"[2]清段玉裁《说文解字注》进一步解释说："骢，青白杂毛也。白毛与青毛相间，则为浅青，俗所谓葱白色。诗曰：有玱葱衡。《释器》曰：青谓之葱。从马恩声。千公切，九部。"[3]所以骢马指的是青白杂毛之马。顾名思义，乞银谷以及乞银山当指青白杂色之谷山。这样颜色的山在国史记载中非常少，最有名的莫过于贺兰山。《图志》说"（贺兰）山有树木青白，望如驳马，北人呼驳为贺兰。"《太平御览》亦载：

《泾阳图经》曰：贺兰山，在县西九十三里，山上多有白草，遥望青白如驳，北人呼驳马为贺兰，鲜卑等类多依山谷为氏族。今贺兰姓者，皆因此山名。[4]

根据李吉甫的记载，该山脉的具体走向是：

其山与河东望云山形势相接，逶迤向北经灵武县，又西北经保静西，又北经怀远县西，又北经定远城西，又东北抵河，其抵河之

① （唐）李吉甫：《元和郡县图志》，第104页。
② （汉）许慎：《说文解字》，中华书局，2013，第198页。
③ （清）段玉裁：《说文解字注》，上海古籍出版社，1988，第462页上。
④ （宋）李昉等：《太平御览》卷四四《地部九》，中华书局，1960，第210页。

处，亦名乞伏山，在黄河西。从首至尾，有像月形，南北约长五百余里，真边城之巨防。

乞伏山在贺兰山的北端末尾处，[1]位于今银川市也就是元明以来宁夏府的东北方向，恰与前面提到的朝鲜《混一疆理历代都城之图》中的乞银山大体一致。色彩相仿，地理相近，意义相若，所以乞银即贺兰，贺兰即乞伏，乞银即乞伏。

三

关于"乞伏"这个词的来历，姚薇元先生在其《北朝胡姓考》中有过考证：

灵州保静县有乞伏山，在黄河西。保静即今甘肃银川市（引者按：今宁夏银川市），当西秦之北。疑乞伏氏原居乞伏山，因山为部，后以部为氏也。魏有并州刺史乞佛成龙，金城伯乞伏凤，泾州刺史乞伏悦，第一领民酋长乞伏周、乞伏纂，叛胡乞扶莫于，乞步落，齐州长史乞伏锐，齐有骠骑将军乞伏保达，皆此族人。[2]

可知，"乞伏"原为鲜卑一部族名，"疑乞伏氏原居乞伏山，因山为部，后以部为氏也"。虽然学界迄今尚不清楚该词的原形和意义，但是比克夷门更加确定的是，它绝不是汉字"乞"和"伏"字面意思的叠加。

严耕望先生《唐代交通图考》曾将乞伏山比定为今宁夏石嘴山市惠农区西北的贺兰山尾段，即"石嘴山"：

贺兰山在北，尾间抵于定远县北之黄河岸，曰乞伏山。道沿大河西岸行，必经此山无疑。检《（清）统一志》宁夏府卷山川目，

---

① 严耕望：《唐代关内交通图》（局部），《唐代交通图考》第一卷《京都关内区》，上海古籍出版社，2007，第294页。
② 姚薇元：《北朝胡姓考》，科学出版社，1958，第108页。

今平罗县北山名甚多。有黑山，在平罗西北，贺兰山尾，形如虎据；石嘴山，山石突出如嘴，在平罗北四十里；老虎山，在平罗东北百八十里，黄河岸上。此外尚有四山在平罗北。而石嘴山、老虎山最有可能。又检《西北丛编》卷四，"石嘴山为阿拉善蒙古与宁夏属平罗县交界之处。河东一带，时见烽墩，大山脉自西南趋东北，有一山顶平如棹，土人称为棹子山。贺兰山在西面，距大道百余里，将近石嘴子（E106° 45′/N39° 13′）时，地均高原，高原尽，即有石山脉一道横亘东西。（其地）黄河纵贯南北，大山回抱东西，形式一束，诚要隘也。"又云"此地久为汉蒙贸易点，交通四达。"观此形势正当为乞伏山，此北未见其地也。①

"石嘴山"又作"石嘴子山"，以其"山石突出如嘴"而得名，明清以来史志记其地理方位皆为"（宁夏卫）城东北二百里"。②其地位于今石嘴山市惠农区东北黄河大桥以北 1.5 公里处的黄河西岸，长约 1 公里，河东即为内蒙古乌海市境的卓子山余脉。这里的贺兰山余脉在河水长期冲刷下，形成山石重叠、犬牙交错的河岸高地，"突出如嘴"，是为"石嘴山"，当地建有石嘴子公园作为纪念。乾隆翰林储大文曾在《贺兰山口记》中描述这一地带的形势：

> 贺兰势极，迤西北至红口儿，循山而东，又循山北接黄河；石嘴以东，（长城）迤平罗城北九十里之镇远关，为河山之交。……平罗西八十五里之黑山，为贺兰山尾，形如虎踞，扼隘饮河，而山前又有黑水限之。③

文中提到的镇远关为明初所建，其地略当今石嘴山市惠农区西南明

---

① 严耕望：《唐代交通图考》第一卷《京都关内区》，第 213 页。
② 弘治《宁夏新志》，胡玉冰、曹阳校注，中国社会科学出版社，2015，第 3 页。参看嘉靖《宁夏志》、万历《朔方志》等。
③ （清）储大文著，（清）王锡祺辑《贺兰山口记》，《小方壶斋舆地丛钞》第六帙，杭州古籍书店，1990；牛达生、许成：《贺兰山文物古迹考察与研究》，宁夏人民出版社，1988，第 14 页。

代旧北边墙黄河西岸段即"红果子长城"附近。① 嘉靖《宁夏新志》说
"镇远关,在平虏城北八十里,实为宁夏北境极边之要地","关之东为
黄河,关之西贺兰山尽头,山水相交,最为要地,以故设关防守,诚振
古之见也"。② 所谓的"关之西贺兰山尽头",指的就是镇远关西面的石
嘴山。这一带"山水相交",地处扼守宁夏的北大门,正与前揭唐李吉
甫《元和郡县图志》所载"(贺兰山)又东北抵河,其抵河之处,亦名
乞伏山"、《西夏地形图》中"克危山"、元代耶律铸诗《克夷门》"蚁
扰蜂喧笑骑过,鼓儳争自落长河"之描述颇为一致。王颋先生《兀剌海
方位探索》一文中关于克夷门位置的猜测无疑是对的。又,明清史志多
言西夏省嵬山及城西南距宁夏镇城 140 里可能有误,实际上省嵬山地近
镇远关,距宁夏镇城 240 里左右,其地略当今石嘴山市平罗县、惠农区
境贺兰山,余脉则是东跨黄河至内蒙古磴口县的卓子山(阿尔布坦山)。
或可泛指今宁夏石嘴山市境与内蒙古乌海市境交界地方的贺兰山—卓子
山山地,也就是《水经注》中所载赫赫有名的石崖山或画石山。③ 一言
以概之,乞伏山、克危山、省嵬山、贺兰山等是不同时期、不同部族对
贺兰山北端抵河之处的称呼而已,为一大山而有数段之名也。

（原刊于《北方民族大学学报》2019 年第 5 期）

---

① 牛达生、许成:《贺兰山文物古迹考察与研究》,第 74 页。《中国文物地图集·宁夏回
族自治区分册》,文物出版社,2010,第 280 页。
② (明)胡汝砺纂修,(明)管律重修嘉靖《宁夏新志》卷一,陈明猷校勘,宁夏人民出
版社,1982,第 91—93 页。
③ 杨浣、付强强:《省嵬城与省嵬山》,《宁夏社会科学》2019 年第 2 期。

西夏名物中的"胡"

许伟伟

摘　要　西夏是以党项民族为主体建立的地域民族政权，以番国自称。西夏时期的名物中存在一些"胡"的称谓，如胡桃、胡麻、胡跪等，多数是沿袭隋唐以来的名称，而从西夏文的角度来考察，文字上并没有专门的"胡"称谓，一些唐宋中原王朝视角的胡称谓，在西夏文献记载中并未体现出来。由有关"胡"名物的讨论可知，一方面，西夏作为这一时期的民族政权，在政治上，仿效辽宋，继承唐制，以自身为正统王朝；另一方面，丝绸之路贸易兴盛的时代背景下，物质交流、文化传播带来观念的变化。

关键词　西夏；名物；胡；回鹘

党项政权发展至西夏国的建立，可以追溯至唐前期六胡州的党项等部。"初，调露元年于灵州南界置鲁、丽、含、塞、依、契等六州，以处突厥降户，时人谓之'六胡州'。"[①]六胡州的居民原以突厥人为主，"开元十一年（723），唐镇压了康待宾起义后，迫迁河曲六州胡人于河南、江淮之地，六胡州居民遂以党项为主。"[②]开元十一年，唐朝镇压了

---

① （唐）李吉甫:《元和郡县图志》卷四《关内道四·新宥州》，贺次君点校，中华书局，1983，第 106 页。

② 周伟洲:《唐代党项》，三秦出版社，1988，第 40 页。

康待宾的反抗斗争，迁河曲六州胡人于河南、江淮之地，党项遂入居六胡州。由此，西夏所辖地域银、夏、绥、宥诸州，自唐以来已胡风尽染，或蕃汉相杂，或其民皆蕃族，尚气强悍、唯以鞍马骑射为事。① 自唐代中期就居住于银、夏地区的党项族，从中原王朝视角而言，他们属于胡人。1038 年，李元昊建大夏国于兴州兴庆府，宋称西夏，西夏是以党项民族为主体，汉、回鹘等多民族构成的区域民族政权。在同时代的宋人观念中，西夏仍是胡人，称呼上有"西戎""羌"等。② 但西夏以西朝自居，有以自身为中心的政治视野，对于周边有东南西北的划定，以"东主""西主""山主""草原主"分指东边的宋朝、西边的吐蕃、南边的部族、北边的蒙古人，③ 西夏晚期的汉文《杂字》论语部第十三记载："东夷、南蛮、西戎、北狄。"④ 西夏辞书《文海》63.161 对西夏文字"夷"注释为"夷者九夷族［回鹘］［契丹］等之谓"⑤，其民族观可见一斑。那么，西夏国如何认识"胡"？我们又将如何理解西夏名物中"胡"的称谓？以下主要通过考察出土西夏文献所记载的"胡"名物来探讨一二，不妥之处，请方家指正。

一 出土文献中的西夏"胡"名物

出土文献中的西夏"胡"名物可以分为两类，试分别论之。

（一）胡称谓的名物

𘐺𘝶，胡国。夏译《孙子兵法》"𘏜𘝶𘐺𘝶𘉞𘞂𘚿𘄴𘏃𘐱，𘏦𘏃𘚜𘅉𘞂𘄜𘝵𘜻𘜻𘜻𘉌𘉞𘃋"对应汉文本《孙子兵法》杜牧注中"河上堡因先有

① （宋）乐史：《太平寰宇记》卷三七、卷三八、卷三九，中华书局，2007，第784、799、803、824页。
② （宋）司马光：《涑水记闻》卷一二，邓广铭、张希清点校，中华书局，2017，第243页。该卷记载，庆历初元昊兵围麟州，麟州城里需人外出求援，通引官王吉请行，便扮作西夏人装束，"请秃发、衣胡服、挟弓矢、赍糗粮，诈为胡人"。
③ 许伟伟：《党项西夏的政治视野及其宫廷制度问题》，《西夏学》第 14 辑，甘肃文化出版社，2017，第 67—76 页。
④ 俄罗斯科学院东方研究所圣彼得堡分所、中国社会科学院民族研究所、上海古籍出版社编《俄藏黑水城文献》第 6 册，上海古籍出版社，2000，第 143 页。
⑤ 史金波、白滨、黄振华：《文海研究》，中国社会科学出版社，1983，第 489 页。

任子在胡者，皆听两属"①。其中西夏文𘚟是汉文"胡"的译音。

胡僧。《类林》"𘚟𘒣𘓨"，直译为胡和尚，对译汉语"胡僧"。②《西夏典麦契》（俄藏 TK.16V）中有"同立文人胡僧的（押）"。③按，《太平治迹统类》卷一六《神宗开熙河》云："唃厮啰，本西域胡僧李立遵携来吐蕃立文法。言是佛种，由是吐蕃咸皆信服之。吐蕃之俗尚释教，谓佛为唃，儿子为厮啰，故称唃厮啰。"④宋朝依旧称西域及以西的僧人为胡僧。

胡跪。西夏文《金刚萨埵说频那夜迦天成就仪轨经卷第二》：则彼啰惹复及眷属等犹如仆从，胡跪合掌，恭敬承事。⑤编号 TK.128《持诵圣佛母般若多心经要门》：其像面前软稳毡上胡跪合掌，专观佛像。⑥

北方多闻天王（北方毗沙门天王，图 1），双手托塔，胡跪作供养状，身旁为眷属及夜叉、罗刹将等。胡跪是西域的一种跪姿，右膝着地，竖左膝危坐，后演变为佛教礼节。

图 1　北方多闻天王［出自《中国石窟敦煌莫高窟》（五）］

胡椒。《番汉合时掌中珠》（以下简称《掌中珠》）材梆"葫椒"，即

① 林英津：《夏译〈孙子兵法〉研究》，台北：中研院历史语言研究所，1994，第132—133、140页。

② 史金波、黄振华、聂鸿音：《类林研究》，宁夏人民出版社，1993，第173页。

③ 杜建录、史金波：《西夏社会文书研究》，上海古籍出版社，2010。

④ （宋）彭百川：《太平治迹统类》，江苏广陵古籍刻印社影印本，1990。

⑤ 《中国藏西夏文献》第6卷，甘肃人民出版社、敦煌文艺出版社，2007，第60页。

⑥ 俄罗斯科学院东方研究所圣彼得堡分所、中国社会科学院民族研究所、上海古籍出版社编《俄藏黑水城文献》第3册，上海古籍出版社，1996。

胡椒,汉文对应的西夏文读音"�됋蒺"①。胡椒,中古时期波斯物产之一。②

　　胡荽(香菜)。见西夏文《明堂灸经》,原产地中海地区,通过丝路由西域传入。

　　胡麻,綵詤。具体文献出处见《大般涅槃经》。③

　　胡桃,蕜芹。西夏文《杂字》"胡桃树"④,汉文《杂字》胡桃,《掌中珠》葫桃。胡桃自张骞通西域带入。刘滔母《答虞吴国书》曰:咸和中,避苏峻乱于临安式,吴国遣使饷馈,乃答书曰:"杆果有胡桃、飞穰。飞穰出自南州,胡桃本生西羌。外刚内柔,质似贤,欲以奉贡。"⑤

　　胡萝卜,蕜俞緔。见《掌中珠》。原产于亚洲西南部,《本草纲目》记载:"元时始自胡地来,气味微似萝卜,故名。"⑥由《掌中珠》可知西夏地区或已种植。

　　胡饼,藂貅。《文海》80.261"藂　蒜絀蒤箈　藂蠐蘠觊繐籢蒤藂蒭毢稨絢獥粍"(胡饼:烙上烧烤;胡饼者谷物先所烧,饼烤熟之名是也)。⑦《掌中珠》记载有胡饼。胡饼在唐代以前就已经传入中原,《太平御览》卷八六〇《饮食部·饼》引《续汉书》曰:"灵帝好胡饼,京师皆食胡饼。"⑧《晋书·王长文传》:"王长文,字德睿,广汉郪人也。少以才学知名,而放荡不羁,州府辟命皆不就。州辟别驾,乃微服窃出,举州莫知所之。后于成都市中蹲踞啮胡饼。刺史知其不屈,礼遣之。"⑨由此可见,胡饼的传入早在汉代,王长文在市集中蹲着吃胡饼,可见胡饼在晋代已成为大众食品。⑩胡饼作为北方传统食物,辽、金、西夏皆有。

---

①　(西夏)骨勒茂才:《番汉合时掌中珠(甲种本)》,黄振华、聂鸿音、史金波整理,宁夏人民出版社,1989,第31页。

②　《北史》卷九七《西域·波斯国传》,中华书局,1975。

③　〔俄〕聂历山:《西夏语文学》(Ⅱ),李范文主编《西夏研究》第6卷,中国社会科学出版社,2007,第882页。

④　王静如、李范文:《西夏文〈杂字〉研究》,《西北民族研究》1997年第2期。

⑤　(宋)李昉:《太平御览》卷九七一《果部·胡桃》,中华书局,1960,第4306页。

⑥　(明)李时珍:《本草纲目》卷二六《菜部一》,人民卫生出版社,1977。

⑦　史金波、白滨、黄振华:《文海研究》,第514页。

⑧　(宋)李昉:《太平御览》卷八六〇《饮食部·饼》,第3818页上。

⑨　《晋书》卷八二,中华书局,1998,第2138页。

⑩　参看吴建伟、李小凤《胡饼考》,《回族研究》2002年第3期。

文献记载之外，名物"胡"称谓还有其他的体现形式，如西夏艺术作品中的胡琴、胡旋舞等。

胡琴，古代北方民族的乐器。汉文《杂字》"乐器部"有"嵇琴"，也称胡琴。榆林窟的西夏壁画中有 4 件胡琴图像（图 2）。

图 2　榆林窟第 10 窟西夏伎乐

胡旋舞、胡腾舞。西夏壁画上的胡旋舞、胡腾舞造像，与宁夏盐池和固原境内昭武九姓何国、史国人墓葬考古所见胡旋舞造像如出一辙，这表明"粟特人在东迁定居河套时把中亚文化带入到居地，中亚文化也有一部分融入党项统治的西夏"。[①]西夏时期的胡旋舞（回鹘）、胡腾舞应是在从西域向中原传播的过程中被河西地区所吸收借鉴并保留下来的。

（二）含有"胡"字的其他名物

𗊹，胡。作为族名、姓氏。𗊹（胡），作为族姓见《文海》10.261。[②]如，𗊹𗊹，族姓。见《同音》背隐 14B14。[③]其他汉文文献中记载有党项部族小胡族，何家圪石窟题铭记有出于北宋小胡族的人名。[④]恀胡，番姓。西夏汉文《杂字·番姓名》中第 21 个姓氏，与西夏文"𗊹𗊹"对应。[⑤]胡，汉姓。西夏文《杂字》汉姓部有"𗼇𗊹"，译为"宗胡"。[⑥]《类

---

① 陈育宁、汤晓芳：《西夏艺术史》，上海三联书店，2010，第 370 页。

② 史金波、白滨、黄振华：《文海研究》，第 407 页。

③ 韩小忙：《〈同音背隐音义〉整理与研究》，中国社会科学出版社，2011，第 197 页。

④ 段双印、白保荣：《宋金保安军小胡等族碑碣资料综合考察与研究》，《宁夏社会科学》2014 年第 5 期。

⑤ 佟建荣：《西夏姓氏辑考》，宁夏人民出版社，2013。

⑥ 王静如、李范文：《西夏文〈杂字〉研究》，《西北民族研究》1997 年第 2 期。

林·清吏篇第十八》"胡威"条有"□□□□□□"（胡威为晋阳太守）。[1]《西夏天庆年间裴松寿典麦契》（俄藏 TK.49P）中有"胡住儿"。[2]

胡，作为人名，有鬼名麻胡。[3]

玄胡索，□□□。药名，见李时珍《本草纲目》卷三上。《天盛律令》卷一七《物离库门》原汉译本误译"县胡桑"，史金波在《西夏社会》一书中有校正。[4]

柴胡，见汉文《杂字》。[5]《宋史》卷一八六《食货志下》记载："西夏自景德四年，于保安军置榷场，以缯帛、罗绮易驼马、牛羊、玉、毡毯、甘草，以香药、瓷漆器、姜桂等物易蜜蜡、麝脐、羱羚角、硇砂、柴胡、苁蓉、红花、翎毛，非官市者听与民交易，入贡至京者纵其为市。"[6]柴胡属于西夏本土药材之一。

此外，西夏文《杂字》"葫器"，[7]当指用"葫芦"制作的器具，与"胡"已有差别。

二　西夏政权与胡

胡（匣模合一），宋、元时期的音值分别是 *xu 和 *hu。[8]胡在中国古代泛指北方或西域的少数民族，不同时期的胡的范围和称谓略有不同，如西汉时有东胡和林胡，张骞通西域后，西域各族也被称为胡，其中匈奴称为北胡，乌桓、鲜卑称为东胡，匈奴以西、葱岭以东各族称西

---

[1]　史金波、黄振华、聂鸿音：《类林研究》。

[2]　俄罗斯科学院东方研究所圣彼得堡分所、中国社会科学院民族研究所、上海古籍出版社编《俄藏黑水城文献》第 1 册，上海古籍出版社，1996。

[3]　（宋）李焘：《续资治通鉴长编》卷四五六，元祐六年三月癸酉，中华书局，1992，第10923 页。

[4]　史金波：《西夏社会》，上海人民出版社，2007。

[5]　《俄藏黑水城文献》第 6 册，第 137—146 页。

[6]　《宋史》卷一八六，中华书局，1990，第 4563 页。《宋文鉴》卷一一九记载陈师道《上曾枢密书》曰："胡地惟灵夏如内郡，地才可种荞豆，且多碛沙。五月见青，七月而霜，岁才一收尔，银州草惟柴胡。"可知柴胡为西夏土产。

[7]　王静如、李范文：《西夏文〈杂字〉研究》，《西北民族研究》1997 年第 2 期。

[8]　张久和：《东胡系各族综观》，《内蒙古大学学报》1990 年第 2 期。

胡,传入中原的物品常在名称前加一"胡"字,如胡椒、胡饼。东汉以降,匈奴衰微,西域诸国独拥"胡"号。凡草木名物冠以"胡"字者,皆明示其出自西域。① 魏晋时期,"胡"字的应用更加广泛,活动在中原及周边的各少数民族大多被称为胡人。至中古时期的宋朝,其周边有回鹘、党项、契丹、女真等民族以游牧为主,服窄袍束腰、佩蹀躞,便于骑马、狩猎、游牧和征战,宋人皆称之为胡人。

西夏国建立前的李德明时期"内守国藩,外清戎落",② 是以宋朝边地防御外族的属国自称,至西夏天授礼法延祚二年(1039)《遣贺九言赍嫚书》言"蕃汉各异,国土迥殊",③ 已承认自身为独立蕃国,也即民族政权。按,西夏文《新集碎金置掌文》中提到"弥药勇健行,契丹步履缓。蕃(羌)多敬佛僧,汉皆爱俗文。回鹘饮乳浆,山讹嗜荞饼",是西夏境内主要民族及其特点。④ 作为一个东西方物质文化交流的中间地带以及西北地域的民族政权,西夏政权中的党项民族以弥药、番自称。

西夏初期景宗李元昊有过一系列政治礼制"胡化"的改革,所以"又议者皆谓元昊胡人也,无居中国之心,欲专自于诸番尔"。⑤ 宋元时期马端临评:"元昊思以胡礼蕃书抗衡中国,特建蕃学。"⑥ 这样做的目的,还是在于保持其民族传统与特色,但并不影响其在制度上承袭唐宋。党项人与汉人长期交往、杂居,汉人习俗对党项人有强烈的影响,而李元昊"改大汉衣冠"之措施,仅仅是复其民族旧俗。⑦

从前揭西夏名物考察可知,西夏时期的名物存在一些"胡"字名物,如果从西夏文角度看,西夏并没有专门的胡人胡物的认识。黑水城出土的大量西夏文献以西夏文、汉文文献居多,抛开宋元人记载的西

---

① 王国维:《观堂集林·西胡考上》,河北教育出版社,2001,第307—308页。
② 《续资治通鉴长编》卷八八,第780页。
③ 《续资治通鉴长编》卷一二五,第1130页。
④ 聂鸿音、史金波:《西夏文本〈碎金〉研究》,《宁夏大学学报》1995年第2期,图版见第110页,编号Инв. № 741《新集碎金置掌文(甲种本)》第13—5片。
⑤ (宋)赵汝愚编《宋朝诸臣奏议》卷一三三,庆历三年二月,上海古籍出版社,1999,第1485页;《续资治通鉴长编》卷一三九,庆历三年二月乙卯,第3349页。
⑥ (清)吴广成著,龚世俊等校证《西夏书事校证》,甘肃文化出版社,1995。
⑦ 参看孙昌盛《西夏服饰研究》,《民族研究》2001年第6期。

夏，从目前所知的西夏本土创作作品来看，西夏虽有四夷观念，但自身作为民族政权未有"胡"的概念。

《掌中珠》胡的西夏文译音字为𗢱，西夏文植物中的"胡"有《圣立义海》𗣼、《掌中珠》𗣫和𗪛（葫）。𗪛，汉语借词，𗪛𗣼，葫芦。而胡麻、胡椒中的"胡"对应西夏文𗏁，本义是"黑"。而《掌中珠》𗏁𗏁（安息香），也有𗏁，反而可推知其来自异域，安息香作为香料原产地为波斯，辽宋时期的回鹘作为丝路通道，也逐渐生产安息香。

值得注意的是，《圣立义海》卷八𗣼𗎳[1]、《掌中珠》𗣫𗎳"胡桃"（《杂字》同），《同音》38A6分别为"胡（𗣫）萝卜""胡（𗣼）乱"，[2]将两个西夏文表达的汉文"胡"归为同音。从《同音》背隐音义12A44、13A32来看，𗣼又是汉语胡乱之义。[3]《文海》杂18.212也释为"乱"。可知，这些包含"胡"的名物其名称在西夏文中已不能体现胡人胡物之义。又𗣫𗕿𗏁胡萝卜，𗘅𗕿𗏁汉萝卜，𗣫与𗘅（汉）相对，可以推测为胡汉之胡的对应西夏文，但目前在其他西夏文文献中找不到依据和字根，只有西夏"弥药"中的"𗣫"与其部首接近。[4]

"胡"在战国秦汉甚至更早时期就已被中土文化认可、接纳，并形成了一种语言习惯，凡是"来自外域外族的事物，汉语在接受时，都冠以'胡'字，指出物之所出，以示别于中原"。[5]由此，食物和用品中的胡桃、胡萝卜、胡椒、胡饼、胡琴从西域东传，或者东传后再西传至西夏，长期保留"胡"字，成为习惯用名，所以胡桃、胡萝卜在西夏文不发"胡"音，只是对应汉字"胡"的西夏文音，从《圣立义海》记载的西夏物产来看，西夏时已种植胡桃树。所以，作为通用名称，一些名物已无最初的"外来"这一层含义。

此外，一些有关胡的名称，来自中原，在西夏本土的称呼中并不存在，如西夏地区的物产胡女布。

---

① 〔俄〕克恰诺夫、李范文、罗矛昆：《圣立义海研究》，宁夏人民出版社，1995。

② 李范文：《同音研究》，宁夏人民出版社，1986，第389页。

③ 韩小忙：《〈同音背隐音义〉整理与研究》，第162、174页。

④ 参看李范文《夏汉字典》，中国社会科学出版社，1997，第163页。

⑤ 乔永：《"胡"字词义考》，《新疆大学学报》2001年第2期。

胡女布，毛织品名称，女布，指细麻布。胡女布，一般解释为胡布、胡人所织布，泛指我国古代北方边地与西域的少数民族妇女所织之布。西夏域内绥州在唐时贡赋胡女布。《元和郡县图志》及《新唐书》等文献记载，定难军所辖州县之物产，主要有角弓、毡、酥、苣、霜荮、麻布、羊、马、驼、有乞物鱼、葱味辛、盐（夏州），胡女布、蜡烛（绥州），香子、女稽布（银州），青盐、酥、驼、马、毡（宥州）等。① 宋代《太平寰宇记》卷三八"绥州"条记绥州土产胡女布为贡品。②

宋元丰二年（1079）"经制熙河路边防财用李宪言：卢甘、丁吴、于阗、西蕃，旧以麝香、水银、朱砂、牛黄、真珠、生金、犀玉、珊瑚、茸褐、驼褐、三雅褐、花蕊布、兜罗绵、硇砂、阿魏、木香、安息香、黄连、牦牛尾、狨毛、羚羊角、竹牛角、红绿皮交市，而博买牙人与蕃部私交易，由小路入秦州，避免商税打扑……"③ 其中，驼褐、三雅褐、花蕊布、兜罗绵当是贸易中的织物。胡女布这种泛称并不见于宋代具体贸易之中。可能，宋代记载风俗物产的地理志《太平寰宇记》也只是沿用《元和郡县图志》中的土产记载。

又如黑水城出土的15件榷场文书，这组文书所见物品，以丝毛织品居多，有粗褐、黄褐、白褐、白缨、绢、小绢（子）、中绢、川绢、河地绢、紫绮、紫押、纱、大纱、生押纱、粗押纱、小绫、中罗缬、（小）晕缬、小绌缬、川缬等。与史籍所记西夏对外贸易物品相较，可知粗褐、黄褐、白褐、紫绮、蜜等当为西夏产的贸易物品，而川绢、河地绢、茶、米等则应是来自金朝的贸易物品。④ 胡女布也有可能是褐的一种。

西夏文献中，汉文《杂字》衣物部记载的织物也未见胡女布。俄Инв. № 4761–11钱物账文书记载有织物，其中既有胭脂缬，也有番布

① 《元和郡县图志》卷五《关内道五》。《新唐书》卷三七《地理志》，中华书局，1974，第973—975页。其中《地理志一》记载："单于大都护府……土贡胡女布。"又"胜州榆林郡……土贡胡布"。《地理志三》记载："隰州大宁郡……土贡胡女布。"
② 《太平寰宇记》卷三八，第799页。
③ 《续资治通鉴长编》卷二九九，第7272页。
④ 《俄藏黑水城文献》第6册，第279—286页。

（绒毼）、汉布（緂毼）。①这里番布当是对一些西夏本土织物的统称。西夏文《杂字》丝织物部分文书残缺。而《掌中珠》织物类有"茲毼"，褐布。褐：麻料、兽毛编织物。按，《天盛律令·物离库门》记西夏国账库所储藏物品，其中记载有织物类毛线锦、毡褐原料耗减。②而《太平寰宇记》卷三九"丰州"条有"衣以驼毛褐布"，其卷一五二"甘州"条有土产"驼褐"。③可以推测《太平寰宇记》"绥州"条土产"胡女布"可能沿用《唐六典》《元和郡县图志》名称，而西夏的驼褐、褐布或为胡女布。总之，胡女布是中原的称呼，西夏并不沿用。

胡帽。宋宝元元年（1038）"元昊衣锦袍、黄绵胡帽，不肯受山遇等"。④胡帽，即毡帽。《掌中珠》有暖帽、毡帽之分，汉文《杂字》衣物部第三也有不少帽子名称，但无"胡帽"之称。可以说，胡女布、胡帽都来自唐宋时期中原的视角，并在名称上体现出来。

而用具类中的座椅，也可以为证。清人吴广成《西夏书事》记载西夏"胡床"二例，"二将信之，下马据胡床，躬拨队伍……""夏首领共据胡床坐濠外，指挥自若"。⑤记录西夏名物的《掌中珠》中帐䗲（交床）与㲀䗲（椅子）、矮床、踏床并列生活用品栏，汉文《杂字》器用物部记载条床、餰（饭）床、交椅，并不见胡床的称呼。可知，原称胡床的交床这一称呼更为普遍，这个时期坐具的分类也更加细化。

胡床，即今所谓"马扎"，因为它是由西域入传中土，故在"床"前冠了一个"胡"字。胡床在东汉时已传入中原，魏晋南北朝时才多见于记载。在隋代又有交床之名，"胡床，即今交床，隋恶胡字，改曰交床，今交椅是也"。⑥不过"胡床"的名称还是沿用下来，只是宋代的时候随着高坐具的兴起和发达，胡床也由马扎演化为折叠椅，即交椅，而"胡床"之称仍见于宋人史书杂记。从已整理的出土西夏文献来看，西

---

① 史金波：《西夏社会经济文书研究》，社会科学文献出版社，2017，第499—500页。
② 史金波、聂鸿音、白滨译注《天盛改旧新定律令》卷一七，法律出版社，2000，第554页。
③ 《太平寰宇记》卷三九、卷一五二，第827、2941页。
④ 《续资治通鉴长编》卷一二二，宝元元年九月庚子。
⑤ 《西夏书事校证》卷一三、卷四一。
⑥ （宋）司马光：《资治通鉴》卷一五一，梁大通元年，胡三省注。

夏无"胡床"之称。

另外,对西夏境内的名物考察可知回鹘对西北地区的影响很大,这是西夏时期胡名物依旧存在的原因之一。西夏时期,回鹘继续影响着西夏地区。一方面西域的物品通过回鹘传至西夏,另一方面回鹘的物种和文化影响着西夏。如,《杂字》中的回纥瓜,即西瓜。"……始食西瓜,云契丹破回纥得此种,以牛粪覆棚而种,大如中国冬瓜而味甘。"[①]豌豆("豍组"与"豍鬴"),又名回鹘豆、胡豆、戎菽、荜豆、青小豆、青斑豆,《本草纲目》载:"其苗柔弱宛宛,故得碗名。种出胡戎,嫩时青色,老则斑麻,故有胡戎、青斑、麻累诸名。"[②]豌豆从唐以来一直是主要的农作物,吐蕃统治沙州时期仓库结算的粮食品种中记录了豌豆、麦、大麦、粟、荜豆、麻子等。[③]其在《杂字》《掌中珠》中都有记录,也可能是回鹘传进瓜沙地区,再逐步推广至更多地区,包括西夏各地。河西与西域的回鹘僧人对于西夏的佛教文化有重要影响,夏景宗李元昊在兴庆府东建高台寺及诸佛塔,"贮中国所赐大藏经,广延回鹘僧居之,演绎经文,易为蕃字",夏毅宗李谅祚时没藏太后在兴庆府西建承天寺,贮经其中,"延回鹘僧登座演经,没藏氏与谅祚时临听焉"。[④]保留至今的西夏文大藏经,相当部分是由回鹘僧人完成的。[⑤]

语言文字反映的民族心理,同样可以佐证西夏对于唐以来周边文化的学习和认同。虽然西夏尚武,但追根溯源是从唐的藩镇割据势力发展而来,在制度上还是同辽朝一样承袭唐,而效仿宋。其对于其他民族文化的吸收并非简单的模仿和照搬,总是灵活地融入自身的民族思想文化之中。西夏作为西北区域的民族政权,是胡风、汉风杂糅的地区,也是民族文化碰撞交融的地区。作为一个历史上战事频繁的地区,其在文化上难以持续传承,但会呈现多样性和复杂性,也会善于

---

① (宋)叶隆礼:《契丹国志》卷二五《晋胡峤陷北记》。

② (明)李时珍:《本草纲目》卷二四《谷部》。

③ 杨际平:《现存我国四柱结算法的最早实例——吐蕃时期沙州仓曹状上勾覆所牒研究》,韩国磐主编《敦煌吐鲁番出土经济文书研究》,厦门大学出版社,1986,第162—187页。

④ 《西夏书事校证》卷一八、卷一九。

⑤ 杜建录、史金波:《西夏社会文书研究》。

接纳不同的元素。

西夏文化除民族性之外，还有比较突出的佛教文化的影响，西夏推崇佛教，而佛教刚好在隋唐以来完成由"胡"转"梵"，由周边蛮夷文化的认识转变为以天竺为中心的佛教文化，[①]这必然影响西夏对于自身政权和周边政权的认识与定位。一方面经历了五代的动荡，南北朝时代再次开启，另一方面是海陆丝路的交流，使东来西往的贸易与文化交流更加频繁。对于这个时期，李华瑞先生认为，从宋的本位文化发展来看，汉唐时期思想文化艺术受西域中亚"胡化"影响的历史基本一去不复返。西夏的文化艺术，除受汉文化、藏传佛教、党项自身文化影响外，西来因素的影响微乎其微。[②]在经历唐的繁盛和五代十国的割据混战之后，丝绸之路物质文化交流也历经盛衰，宋代海路繁盛，中外物质文化交流已为常态。但是西域的影响还是存在的，西夏作为东来西往的中间地带，尤其在地理位置上西夏的瓜沙地区控扼东西交通的要道，作为媒介，必然延续了西来的各种文化艺术。

（原刊于《"中国少数民族文学与文献国际学术论坛"
会议论文集》，中国社会科学出版社，2019）

---

① 刘林魁：《从"胡"到"梵"：汉唐佛教的文化身份转变》，《世界宗教研究》2014年第2期。

② 李华瑞：《略论宋夏时期的中西陆路交通》，《中国史研究》2014年第2期。

西夏语"罗睺星"的来源

王培培

摘　要　西夏谚语等西夏文献中对于罗睺星的记载分为音译和意译两种，意译法与藏语 ᨀᨘᩢ 关系密切，认为罗睺星是一颗复仇之星。西夏和西藏一样重视天文历法，认为信仰炽盛光佛可以躲避罗睺等不详星宿的危害。西夏时期留存的大量壁画、绢画、版画等都是这一主题的再现。

关键词　西夏谚语；罗睺；藏语；昆氏

西夏人自己编写的谚语集《𗾑𘂝𗟲𗄛𗦻𘂣》（《新集锦成对谚语》），也称西夏谚语，陈炳应先生对其做过全文翻译。其中有这样一句，"𗦀𘔼𗳦𗦎𗴂𗟨𘄡，𘄡𗰔𗆍𗫉𗪙𗤁𗭩"，陈先生汉译为"扫星出现人惊慌，珠（星）掩日月众人观"。①《夏汉字典》中又作"彗星一现人惊惶，日蚀月蚀皆可测"。②后者的翻译据说是陈炳应先生改进后的结果。那么到底翻译是否确切，对于"𗫉"的理解就成了关键。在《番汉合时掌中珠》中对译"罗睺"，来自梵语 Rāhu 的音译，与日月等五星一起组成所谓"九曜"，它与计都星都是假想出来的与交食发生有关的不可见"天体"，源自印度天文学。那么，为何西夏文献不同汉文文献对罗睺星进

---

① 陈炳应译《西夏谚语：新集锦成对谚语》，山西人民出版社，1993，第 12 页。
② 李范文：《夏汉字典》，中国社会科学出版社，2008，第 27 页。

行音译，使用了"薮"字，此字又具体代表什么含义，是否是西夏自己天文学知识的表达呢？下文将从西夏文、汉文、藏文文献中查找蛛丝马迹，对此星进行考察，以求为民族学和文献学提供研究资料。

一　西夏文献中的罗睺星

翻查西夏文文献资料，我们可以得到罗睺星的两种不同的写法。一种为音译"罗睺"二字，具体情形如下。

《佛说金轮佛顶大威德炽盛光如来陀罗尼经》①：

> 𗏁𗥃𗹝𗏣𗣼，𗟻𗍫𗤋𗤁𗰖𗖜𗃽
> 罗睺星真言，每月八日降下

《佛母大孔雀明王经》②：

> 𗅲𗥃𗟻𗥃𗱕𗥃𗧢𗥃𗏣𗥃𗑱𗕥𗥃𗶷𗥃𗏁𗥃𗶷𗥃𗰖𗥃𗰖。
> 日月及荧惑，辰岁并太白，镇及罗睺彗，此皆名执曜。

罗睺星的另外一种译法为"薮薮"，如《番汉合时掌中珠》③：

> ［𗏁𗥃𗰖］罗睺星：𗟻𗖜［枯迎］

《佛说炽盛光大威德陀罗尼经》④：

> 𗗻𗰔𗱕𗭘𗒞𗰖𗴪𗤋𗰖𗃽𗦇𗭘𗒞𗗻𗰖，𗗻𗰔𗟻𗰖𗏣，𗟻𗖜、

---

①　安娅：《西夏文译本〈炽盛光如来陀罗尼经〉考释》，《宁夏社会科学》2014年第1期。

②　王静如：《佛母大孔雀明王经夏梵藏汉合璧校释》，《西夏研究》第1辑，1932年，第223页。

③　（西夏）骨勒茂才：《番汉合时掌中珠》，黄振华、聂鸿音、史金波整理，宁夏人民出版社，1989，第17页。

④　安娅：《西夏〈大威德炽盛光陀罗尼经〉考释》，《民族论坛》2016年第6期。

𗗊……𗏩𗖻，𗟭𗣣𗥣𘐑�759𘃽𘛫𗙏𗙏，𘂚𗤛𗗙𗆟𘄴𘃽𘈷𗰉𘕕𘏞𗣀𘒚𘊴。

若国王及诸大臣居处宫殿及诸国土，或被五星陵逼，罗睺、慧［孛］……还宫，及天龙八部一切大众，闻佛所说皆大欢喜信受奉行。

《圣立义海》①：

𗣀𘝾𘏙𗅁
罗睺时遇

二 "𗣀" 星的来源

从上述材料中可知，在西夏文献的具体译写过程中，罗睺星的两种写法并行，有时用音译，有时用 "𗣀" 表示。音译法很好理解，直接承袭汉地译文规则——对一些专有名词进行音译。第二种写法的 "𗣀" 在《同音》中被列为牙音平声第一韵，读若 khu。② 在西夏辞典《文海》中的解释如下 ③：

𗣀𗑟𘄴𘝾，𗣀𘏙𗣀𘞂𘏞𘒚𘆄𘏙𗭢𘏞（金围水右，昆者碧细珠也，颜色为青也）。

实际上此字与 "𘞂" 一起在《掌中珠》中还对译 "碧钿珠"。④ 在其他西夏文文献中，此字多用于译音字，对音孔、空和楛，具体如下：孔距心，𗣀𘏞𘆄，见《西夏文〈孟子〉整理研究》；⑤ 司空，𗤛𗣀，见《西

---

① 〔俄〕克恰诺夫、李范文、罗矛昆：《圣立义海研究》，宁夏人民出版社，1995，第 51 页。
② 李范文：《同音研究》，宁夏人民出版社，1986，第 697 页。
③ 史金波、白滨、黄振华：《文海研究》，中国社会科学出版社，1983，第 140 页。
④ 王培培：《碧钿珠考》，《宁夏社会科学》2018 年第 1 期。
⑤ 彭向前：《西夏文〈孟子〉整理研究》，上海古籍出版社，2012，第 69 页。

夏文〈新集慈孝传〉研究》；①梏竹，蔽誁，见《类林研究》。②

以上内容怎么都无法与一个星曜联系起来。我们必须借助周边民族的文献进行对比阐释。汉文文献中最早记载罗睺的是三国时期所译《摩登伽经》③：

> 今当为汝复说七曜，日、月、荧惑、岁星、镇星、太白、辰星，是名为七，罗睺、彗星，通则为九。如是等名，占星等事，汝宜应当深谛观察。

此外《七曜攘灾诀》对罗睺的名称进行了详细记录④：

> 罗睺遏罗师，一名黄幡，一名蚀神头，一名复，一名太阳首。常隐行不见，逢日月则蚀，朔望逢之必蚀，与日月相对亦蚀。到人本宫则有灾祸，或隐覆不通为厄最重，常逆行于天，行无徐疾，十九日行一度，一月行一度十分度之六。一年行十九度三分度之一。一年半行一次。十八年一周天退十一度三分度之二。凡九十三年一大终而复始。

很明显，西夏文罗睺一词不是来自汉地记载和风俗。

在藏文史籍《萨迦世系史》⑤中有这样一段记载：

> 称为雅邦杰之大英雄，见森波迦仁茶麦之妻雅珠斯礼玛漂亮美貌，故与森波交战，彼杀森波迦仁茶麦，收其妇为妻，生一子，因为是天神与森波仇怨中所生，遂起名为雅珠昆巴杰。昆氏家族遂由此得名。

---

① 聂鸿音：《西夏文〈新集慈孝传〉研究》，宁夏人民出版社，2009，第101页。
② 史金波、黄振华、聂鸿音：《类林研究》，宁夏人民出版社，1993，第102页。
③ 〔日〕高楠顺次郎等：《大正新修大藏经》第21册，大正一切经刊行会，1934。
④ （唐）金俱吒：《七曜攘灾诀》卷中，〔日〕高楠顺次郎等：《大正新修大藏经》第21册。
⑤ 阿旺贡嘎索南著，陈庆英、高禾福、周润年译注《萨迦世系史》，西藏人民出版社，1989。

《西藏王臣记》有同样的记载①：

> 兹言萨班之氏族，传谓天神，有介仁、玉仁、玉塞三昆仲。玉塞下地为人间主，生玉塞奇拉等四弟兄。当彼与董族之十八大部落作战，天上玉仁前来相助，征服敌人，归其奴使。玉仁娶木族之女牟萨登为妻，生玛桑等七弟兄。其前六子随父上升天界，幼子生子托察巴沃达。彼娶门萨·措摩杰为妻，生一子名雅邦吉。雅杀罗刹迦仁查麦，夺其妇雅仲斯玛作为家室，产生一子。因与寇仇结合所生，故子名为昆巴吉（意为仇中生）。昆族之名殆从此始。

昆，藏文 འཁོན，为仇恨的意思，正好与"薇"音近。再考印度史诗《摩诃婆罗多》②：

> 尔后，所有的天神之群，在毗湿奴面前分得了甘露。这时，他们急不可耐，乱乱纷纷，啜饮起来。诸位天神正在啜饮那盼来的甘露，有个名叫罗睺的檀奴之子，变成天神模样，当时也饮着了甘露。当那甘露刚刚流到檀奴之子的咽喉的时候，月神和日神一心为了众位修罗的利益，将他揭露了。握有法宝神轮的世尊，离开祭起了神轮；那檀奴之子正在狂饮甘露，他的矫饰的头颅已被神轮砍掉了。檀奴之子的那颗头颅，硕大无朋，山岳一般，它被神轮砍掉之后，忽然坠落在负载万物的大地之上。从此，罗睺和月神日神永远结下了不解的仇恨，直到今天，他还用那一张嘴巴吞食他俩。

由此可知，罗睺星确实具有复仇的含义。西夏用表示仇恨的"薇"字代表罗睺星，实际上是对此星曜的意译。西夏文献中对同一个词有不同的提法早已不新鲜。早在20世纪90年代，聂鸿音先生就对西夏表示五色的词进行归纳，发现有本民族使用的词和外来借词之分；陈庆

---

① 五世达赖喇嘛：《西藏王臣记》，刘立千译，民族出版社，2000，第63页。
② 〔印度〕毗耶娑：《摩诃婆罗多》，金克木、赵国华、席必庄等译，中国社会科学出版社，2005，第62页。

英先生通过西夏词语和藏语词的对比，发现西夏词有汉读和番读两种形式。①罗睺星作为一个外来词，西夏也采用了两种译法，一种音译，一种意译。此外，西夏文文献中出现的计都星和罗睺星有相同的情况，也存在音译和意译两种情形。

那么，为何西夏文辞书《文海》中对"薮"的解释却与罗睺星无关呢？陈庆英先生的《从西夏〈文海〉看西夏语同藏语词汇的关系》一文给了我们启示。文中引用了《文海》中的两个字②：

　　綟："綟韜肃酰綟纖韢綟綟術豸骸"，族左［孔］全，［孔］者族姓［孔］之谓也。
　　酙："肃酰拔韜，酙纖酙拔骸，覈骸，绛兖悁蘾術豸骸"，［孔］全恶左，厌者厌恶也，嫌也，心不恋世之谓也。

可以看出，《文海》中"綟、酙、薮"读音相近，似乎意译也相近。只是《文海》并没有给出这三个字的具体差别或者相同之处，只是机械地用"綟"代表藏文史籍中的"昆氏"，用"酙"表示仇恨，用"薮玹"表示"碧钿珠"。这也给了我们一个启示，在实际的文献解读过程中，《文海》似乎只能作为参考书，并不能作为研究西夏文的权威著作。

三　西夏罗睺星的形象

古人认为天象与世人的生活息息相关。史籍中记载西夏人对天文历法也很关注。西夏法典《天盛律令》中有大恒历司和卜算院，前者主管历法，后者主管星占。《西夏书事》③还记载了一则趣事：咸平元二年，李继迁攻府州不克，败还。此时，番汉争传一个未经证实的说法，说李继迁在夏州时，天降陨石于帐前，石上有文字"天戒尔勿为中国患"。

---

① 聂鸿音：《试析西夏语表"五色"的词》，《民族语文》1991年第3期；陈庆英：《从西夏〈文海〉看西夏语同藏语词汇的关系》，《青海民族学院学报》1993年第3期。
② 史金波、白滨、黄振华：《文海研究》，第246页。
③ （清）吴广成著，龚世俊等校证《西夏书事校证》，甘肃文化出版社，1995。

这个传言传到真宗的耳朵里，他向右班殿直卢鉴询问此事，卢鉴说："此诈也，宜益为备。"果然十二月，李继迁即出兵攻延安。可见西夏不仅了解占星，还把占星当作法律颁行。罗睺作为古代天文学的一个凶曜必然受到重视。实际上，西夏翻译了《种咒王荫大孔雀经》《九曜供养典》《圣星母中道法事供养典》《佛说金轮佛顶大威德炽盛光如来陀罗尼经》等佛经以躲避恶星的危害。

这种观念发展成了西夏的炽盛光佛崇拜，这在众多西夏壁画、佛经、版画及出土文物中都有所体现。敦煌千佛洞 61 号洞窟甬道壁画为西夏时期重新绘制。南壁中央绘有炽盛光佛图，炽盛光佛结跏趺坐于双轮车上，右手食指顶一金轮，左手禅定印，车尾插龙纹旌旗，周围金、木、水、火、土、日、月、计都、罗睺等众曜星官簇拥。画面上部绘二十八宿。夏鼐先生认为此画为西夏时期的作品。[①] 陈美东先生也认为是西夏时期的作品，并指出：其中双女画成两披发的女子，以服装上看，不像汉人，很可能就是当时西夏人的写真。[②]

俄罗斯圣彼得堡艾尔米塔什博物馆黑水城藏品炽星曜坛城，编号X2480。俄罗斯学者聂历山和萨莫秀克都曾撰文对其进行描述[③]：

> 在该坛城法术圈中画一座两层的天神居住的最殊妙天宫，在最殊妙天宫周围绘五色城墙，坛城中间为十二……共开设九个窗口，在这些窗口中，中央窗口画上圆形的日星坛城，为红色。东面窗口绘方形的金星坛城，为白色。南面窗口绘方形的火星坛城，为红色。西面窗口绘水瓶形的土星坛城，为黑色。北面窗口绘三角形的木星坛城，为黄色。东南面窗口绘圆形的月星坛城，为白色。西南面窗口绘大麦粒形的罗睺星坛城，为黑色。两边角处各绘饰一面蓝色的旗帜。西北面窗口绘大麦粒形的计都星坛城，为

---

① 夏鼐：《从宣化辽墓的星图论二十八宿和黄道十二宫》，《考古学和科技史》，科学出版社，1979，第 47 页。

② 陈美东：《中国科学技术史·天文学卷》，科学出版社，2003，第 494 页。

③ 〔俄〕聂历山：《12 世纪西夏国的星曜崇拜》，崔红芬译，《固原师专学报》2005 年第 2 期；〔俄〕萨莫秀克：《西夏王国的星曜崇拜》，谢继胜译，《敦煌研究》2004 年第 4 期。

烟色。两个边角处也各绘一面蓝色的旗帜。东北窗口绘三角形的水星坛城，为黄色。

此外，黑水城出土、现藏圣彼得堡艾尔米塔什博物馆的《佛说大威德炽盛光佛星宿调伏消灾陀罗尼经》的版画，宁夏红佛塔出土的两幅绢质彩绘挂幅《炽盛光佛与十一曜星宿图》，以及甘肃肃北五个庙石窟第1窟的《炽盛光佛圣众图》都反映的是这一题材的内容。

（原刊于《宁夏社会科学》2019 年第 3 期）

西夏"上服"考

张笑峰

摘　要　"𗼨𘟃"（上服）在西夏的赏赐中较为常见，有绫上服、唐呢上服、杂锦上服、绌上服、家煮丝上服、绢上服、大锦上服、杂花锦上服、紧丝上服九种。本文结合史籍文献对"𗼨𘟃"的译法进行了考证，认为"上服"这种译法较之"匹""块""氅"的翻译更妥切；通过对《天盛律令》《贞观玉镜将》中与"𗼨𘟃"（上服）相关条文的梳理，认为西夏的"上服"共有三等，大锦上服为上等，杂花锦上服、杂锦上服、唐呢上服为中等，其余则为下等。

关键词　上服；赏赐;《天盛律令》;《贞观玉镜将》

　　"𗼨𘟃"（上服）是西夏男服的一种，在西夏的赏赐中较为常见。《天盛律令》中记载的"𗼨𘟃"（上服）共有九种，有"𘝞𗼨𘟃"（绫上服）、"𗖻𘒣𗼨𘟃"（唐呢上服）、"𗟻𘝞𗼨𘟃"（杂锦上服）、"𗗙𗼨𘟃"（绌上服）、"𗤢𗤋𘈷𗼨𘟃"（家煮丝上服）、"𗬻𗼨𘟃"（绢上服）、"𘝞𘋨𗼨𘟃"（大锦上服）、"𗟻𗤋𘝞𗼨𘟃"（杂花锦上服）、"𗬻𗤁𗼨𘟃"（紧丝上服），《贞观玉镜将》中记载有其中"𘝞𘋨𗼨𘟃"（大锦上服）、"𗟻𗤋𘝞𗼨𘟃"（杂花锦上服）、"𗟻𘝞𗼨𘟃"（杂锦上服）三种，这些上服材质不一，等级差别明显。

　　西夏"𗼨𘟃"（上服）长期以来并未得到学术界关注。《天盛律令》

汉译本均将该词译作"匹"或"块"①,从1994年科学出版社本中因"第二字字义不明",暂译为"一块",②到2000年法律出版社本,这一问题始终没有得到解决。实际上,早在1988年,李仲三、罗矛昆先生汉译克恰诺夫先生《天盛律令》俄译本时,将该词汉译为"氅"③,1995年出版的《贞观玉镜将研究》中,陈炳应先生将该词译作"上服"④。然而,唐宋之际的"氅"并非衣物,为旗物之类。因此,"上服"这种译法较之"匹""块""氅"的翻译更妥切。《贞观玉镜将研究》出版至今,"上服"这种译法并未受到学界重视,一些学者依旧将"稬藗"译作"匹",比如《西夏军事制度研究》将"龠繻稬藗蕤"(大锦上服一)误作"大杂锦一匹","敍龠稬藗蕤"(杂锦上服一)误作"杂锦腰带一条",等等。⑤因此,有必要对"稬藗"(上服)一词进行考证,纠正其译法,并通过对《天盛律令》《贞观玉镜将》中关于赐服的规定的梳理,对不同材质上服的等级予以讨论。

一 "稬藗"即上服

目前,将"稬藗"(上服)译作"匹"或"块"仅见于《天盛律令》汉译本、《西夏军事制度研究》中。西夏文文献中未见有将"匹"与"稬藗"对应的情况,一般都是以"羓"表示"匹",如西夏文《德事要文》中"黀蕤羓槂羧徛伮绳羓骹龠敍蕤莈杨祇骹蓓蘙骦"⑥,对应汉文本"于是太宗赐彼二人帛五百匹,及黄金一斤"。夏译《类林》中"刻羓龠"⑦即"绢

① 史金波、聂鸿音、白滨译注《天盛改旧新定律令》,法律出版社,2000,第475、205页。
② 史金波、聂鸿音、白滨译《西夏天盛律令》,科学出版社,1994,第119页。
③ 〔俄〕克恰诺夫俄译,李仲三汉译,罗矛昆校订《西夏法典——天盛改旧新定律令(1—7章)》,宁夏人民出版社,1988,第109页。
④ 陈炳应:《贞观玉镜将研究》,宁夏人民出版社,1995,第78页。
⑤ 胡若飞:《西夏军事制度研究·〈本续〉密咒释考》,内蒙古大学出版社,2003,第72—73页。
⑥ 俄罗斯科学院东方研究所圣彼得堡分所、中国社会科学院民族研究所、上海古籍出版社编《俄藏黑水城文献》第11册,上海古籍出版社,1999,第136页。
⑦ 史金波、黄振华、聂鸿音:《类林研究》,宁夏人民出版社,1993,第81页。

一匹”。更为重要的是,《天盛律令》也使用“□□”①一词表示“匹段”。

“□□”在李仲三等先生汉译的《天盛律令》中被译为“氅”。然而,“氅”在唐宋之际所指均为旗物之类,《宋史》卷一四八载:“氅,本缉鸟毛为之。唐有六色、孔雀、大小鹅毛、鸡毛之制。后志云:‘今制有青、绯、皂、白、黄五色,上有朱盖,下垂带,带绣禽羽,末缀金铃。青则绣以孔雀,五角盖;绯则绣以凤,六角盖;皂则绣以鹅,六角盖;白亦以鹅,四角盖;黄则以鸡,四角盖。每角缀垂佩,揭以朱竿,上如戟,加横木龙首以系之。’”②南北朝时期军队建制中的“赤氅”“青氅”③,隋炀帝时课天下州县“皮革毛羽”为“氅毦者”④,唐朝黄麾仗中的“六色氅”“赤氅”“青氅”“黑氅”“鹜氅”“白氅”“黄氅”“小孔雀氅”“大五色鹦鹉毛氅”“小五色鹦鹉毛氅”“鸡毛氅”所指都是如此。

“□□”一词除见于《天盛律令》《贞观玉镜将》外,还见于《同音》《杂字》等西夏文文献中。“□”,意“上”,夏译《类林》“□□□□”,汉文本即“乃骑项上”⑤。“□”,意“着”“穿”,《同音》甲种本51A61有“□□”⑥。西夏文《三才杂字》收有“□□”“□□”等衣物相关词语。通过对《三才杂字》甲种本、乙种本⑦两个版本进行比对,现将情况汇总如下(译文参照王静如、李范文《西夏文〈杂字〉研究》一文)。

表1 男服(□□)二十五种

□□	□□	□(1)□	□□	□□	□□
衣服	衣著	冠戴	斗篷	围裙	袄子
□□	□□	□(2)□	□□	□□	□□

① 俄罗斯科学院东方研究所圣彼得堡分所、中国社会科学院民族研究所、上海古籍出版社编《俄藏黑水城文献》第8册,上海古籍出版社,1998,第340页。

② 《宋史》卷一四八,中华书局,1997,第3466页。

③ 《隋书》卷一二,中华书局,1997,第279页。

④ 《隋书》卷二四,第686页。

⑤ 史金波、黄振华、聂鸿音:《类林研究》,第39页。

⑥ 李范文:《同音研究》,宁夏人民出版社,1986,第757页。

⑦ 《三才杂字(甲种本)》,俄罗斯科学院东方研究所圣彼得堡分所、中国社会科学院民族研究所、上海古籍出版社编《俄藏黑水城文献》第10册,上海古籍出版社,1999,第41—42页;《三才杂字(乙种本)》,《俄藏黑水城文献》第10册,第46页。

续表

汗衫	腰带	皮裘	围巾	京冠	法衣
◻◻	◻◻	◻◻	◻◻	◻◻	◻◻
紧衣	发冠	围腰	珂贝	裹足	褐衫
菁荬	◻◻(3)	◻◻	◻◻	◻◻	◻◻
襜襕	毛毯	毡毯	毡帐	袍子	窄裤
◻◻(4)					
下裹					

注：（1）"◻"，《三才杂字（乙种本）》（17-4）残，现据《三才杂字（甲种本）》（10-5）补。

（2）"◻"，《三才杂字（乙种本）》（17-4）残，现据《三才杂字（甲种本）》（10-5）补。

（3）"◻◻"，毛毯，王静如、李范文《西夏文〈杂字〉研究》（《西北民族研究》1997年第2期，第83页）译作"纽扣"。

（4）"◻◻"，下裹，王静如、李范文《西夏文〈杂字〉研究》（《西北民族研究》1997年第2期，第83页）译作"衬衣"。

表2　女服（◻◻）十九种

◻◻	◻◻	◻◻	◻◻	◻◻	◻◻
锦袍	背心	绵帽	钗簪	耳环	腕钏
◻◻	◻◻	◻◻	◻◻	◻◻	◻◻
串珠	璎珞	袜肚	裙裤	勒靴	祛子
◻◻	◻◻	◻◻	◻◻	◻◻	◻◻
钗錍	木梳	针线	领襟	下摆	［兀］手
◻◻					
缝补					

"◻◻""◻◻"两词，《西夏文〈杂字〉研究》中分别译作"斗篷""围裙"，汉文《杂字·衣物部》中类似的词语也有不少，内容如下：

绫罗　纱线　匹段　金线　紧丝　透贝　开机　川纱　縠子　线紬　绵贝　克丝　縜帛　刜线　絣金

蟠线　京纱　圈纱　隔织　缬罗　线罗　川锦　式样　公

服　披袄　襥襕　袄子　褙心　裲子　裺心

　　汗衫　衬衣　毡裤　腰绳　束带　皂衫　手帕　罗衫　禅

衣　绰绣　大袖袖袋　绣裤　绣袥　宽裤

　　窄裤　袈裟　鞿头　丝鞋　朝靴　木履　草履　鞿鞠　披

毡　睡袄　征袍　三袥　褐衫　毡鞿　毡袄

　　暖帽　头巾　掠子　幞头　帽子　冠子　合子　束子　钗

子　钾子　钏子　镯子　镜子　镶子　蓠子

　　箱子　笼子　篚子　柜子　匣子　珍珠　璎珞　海蛤　碧

珈　玛瑙　珊瑚　珞瓀　金银　琉璃　砗磲

　　琥珀　玻瓈　输石　铜铁银　锡镴　钗花　火锥　锌花　篦

梳　木梳　假玉　卞玉　无瑕　绣复　被衣

汉文《杂字·衣物部》所存服饰类词语与西夏文《三才杂字》并
非一一对应。因此，很难将"襰鷔"与汉文《杂字》中某一服饰词语
直接对应起来。但是，可以看出与"襰鷔"同为上服的有"披袄""袄
子""毡袄""征袍"等，与"鷔鷔"同为下服的有"毡裤""绣裤""宽
裤""窄裤"等。"锦袄""绵袄"等在宋代经常作为赏赐之物。宋仁
宗嘉祐七年，陕西提举买马监牧司奏："旧制，秦州蕃汉人月募得良马
二百至京师，给彩绢、银碗、腰带、锦袄子。"[1] 宋神宗元丰四年七月，
"西边守臣言夏人囚其主秉常，诏陕西、河东路讨之。甲午，鄜延、泾
原、环庆、熙河、麟府路各赐金银带、绵袄、银器、鞍辔、象笏"[2]。锦
袄等按赏赐等级赐给，《武经总要》载："右蕃落、义军、弓箭手用此
例。此上二等赐物，或有旧支锦袄子、腰带者，自依旧例支，仍将价值
约准赐物等第配折。第四等以下，更不支锦袄子、腰带"[3]。

由此可见，将"襰鷔"译作"上服"，较之"匹""块""氅"的翻
译更妥切。

---

① 《宋史》卷一九八，中华书局，1997，第4935页。

② 《宋史》卷一六，第304页。

③ （宋）曾公亮等：《武经总要》前集十四，《景印文渊阁四库全书》第726册，台北：
台湾商务印书馆，1986，第453页。

二 《天盛律令》中的上服

《天盛律令》中包含"秘敤"（上服）赏赐的条文共有十条，其中边地发现敌军、捕获逃人五条，诸司、官畜检校任职期满二条，捕盗及其他罪犯一条，捡获信牌、兵符一条，催缴租一条。相关赏赐规定如下。

1.大小巡检新发现敌军并及时上报，应予奖赏。其中，"秘敤"（上服）类赏赐有"毹秘敤"（绫上服）、"临巍秘敤"（唐呢上服）、"祅毹秘敤"（杂锦上服）、"毷秘敤"（缃上服）等。[①]

表3 巡检发现并上报敌军数目及所获奖赏

敌军数目	一至十人	十至三十人	三十至七十人	七十至一百人	一百至五百人	五百至一千人	一千人以上
头检获赏	绢一匹	绫上服一、银一两	唐呢上服一、银二两、茶绢三	杂锦上服一、银三两、茶绢七	加一官、银三两、杂锦上服一、茶绢七	加二官、银五两、杂锦上服一、茶绢十	加三官、银七两、杂锦上服一、茶绢十五
检卒获赏	两人绢一匹	绢一匹	银一两、绢一匹	银二两[(1)]、茶绢五	银三两、茶绢五	缃上服一、银三两、茶绢五	银五两、绫上服一、茶绢七

注：(1)"银二两"，史金波、聂鸿音、白滨译注《天盛改旧新定律令》第205页误作"银三两"。

2.大小巡检发现并捕获逃人，应予奖赏。其中，"秘敤"（上服）类赏赐有"桃黹绫秘敤"（家煮丝上服）、"临巍秘敤"（唐呢上服）、"祅毹秘敤"（杂锦上服）等。[②]

表4 巡检发现并捕获逃人数目及所获奖赏

逃人数目	一至十人	十至三十人[(1)]	三十至七十人	七十至一百人	一百至五百人	五百至一千人	一千人以上
头检获赏	绢一匹	茶绢二	家煮丝上服一、银一两	唐呢上服一、银一两	杂锦上服一、银一两	加一官、杂锦上服一、银二两、茶绢二	加二官、杂锦上服一、银三两、茶绢三
检卒获赏	两人茶一坨	茶一坨	两人绢一匹	绢一匹	茶绢二	茶绢三	茶绢五

注：(1)"三十人"，史金波、聂鸿音、白滨译注《天盛改旧新定律令》第206页误作"二十人"。

---

① 《俄藏黑水城文献》第8册，第108页。
② 《俄藏黑水城文献》第8册，第109页。

3.夜禁未指派，检卒新发现敌军，则获赏。其中，"秘㿟"（上服）类赏赐有"窗秘㿟"（绢上服）、"䪲窥秘㿟"（唐呢上服）、"袯衕秘㿟"（杂锦上服）等。①

表5　夜禁未指派之检卒发现敌军数目及所获奖赏

敌军数目	一至十人	十至三十人	三十至七十人	七十至一百人	一百至五百人	五百至一千人	一千人以上
检卒获赏	绢一匹	绢上服一	唐呢上服一、银二两	杂锦上服一、银三两、茶绢三	杂锦上服一、银三两、茶绢五	加一官、银五两、杂锦上服一、茶绢七	加二官、银七两、杂锦上服一、茶绢十

4.夜禁未指派，检卒于哨防接壤地带发现敌军，获赏。其中，"秘㿟"（上服）类赏赐有"窥秘㿟"（绫上服）、"袯衕秘㿟"（杂锦上服）等。②

表6　夜禁未指派之检卒于哨防处发现敌军数目及所获奖赏

敌军数目	一百人以下	一百人以上
检卒获赏	银一两、绫上服一	银二两、杂锦上服一、茶绢三

5.夜禁后，检卒发现并捕获逃人，则获赏。其中，"秘㿟"（上服）类赏赐有"窥秘㿟"（绫上服）、"䪲窥秘㿟"（唐呢上服）、"袯衕秘㿟"（杂锦上服）等。③

表7　夜禁后检卒发现并捕获逃人数目及所获奖赏

逃人数目	一至十人	十至三十人	三十至七十人	七十至一百人	一百至五百人	五百至一千人	一千人以上
检卒	茶一坨	绢一匹	绫上服一	唐呢上服一、银一两	杂锦上服一、银二两、绢一匹	杂锦上服一、银三两、茶绢二	加一官、杂锦上服一、银五两、茶绢三

6.诸司任职人员三年任期满，如"无住滞，不误入轻杂"，则依次、中、下、末四等续转并赏赐。中书、枢密、经略"别计官赏"，中书、

---

① 《俄藏黑水城文献》第8册，第110页。
② 《俄藏黑水城文献》第8册，第111页。
③ 《俄藏黑水城文献》第8册，第111页。

枢密都案则依下等司得官赏。[1]其中，"□□"（上服）类赏赐有"□□□□"（大锦上服）、"□□□□□"（杂花锦上服）、"□□□□"（紧丝上服）等。[2]

表 8　诸司任职人员三年任满续转等次及所获奖赏

等次	次等	中等	下等	末等
官赏	加一官、大锦上服一、银十五两、茶绢十	加一官、大锦上服一、银十两、绢三匹、茶四坨	加一官、杂花锦上服一、银七两、茶三坨、绢二匹	加一官、紧丝上服一、银五两、茶绢二

7.诸捕盗及其他罪犯，依所捕犯人罪情及人数给赏。其中，"□□"（上服）类赏赐有"□□□□"（杂锦上服）、"□□□□□"（杂花锦上服）、"□□□"（绫上服）、"□□□□"（唐呢上服）等。[3]

表 9　捕获死刑犯数目及所获奖赏

死刑	一至三人	四至六人	七至十人	十一人以上
官赏	银三两、杂锦上服一、茶绢三中绢一匹	银五两、杂锦上服一、茶绢五中绢二匹	银七两、杂花锦上服一、茶绢七中绢三匹	加一官，银十两、杂花锦上服一、茶绢十中绢四匹

表 10　捕获长期犯数目及所获奖赏

长期	一至七人	八至十五人	十六人以上
官赏	银三两、杂锦上服一、茶绢三中绢一匹	银五两、杂锦上服一、茶绢五中绢二匹	加一官、杂锦上服一、茶绢七中绢三匹

表 11　捕获短期犯数目及所获奖赏

短期	一至七人	八至十五人	十六至二十人	二十人以上
官赏	银一两、茶绢三中绢一匹	银二两、绫(1)上服一、茶绢五中绢二匹	银三两、唐呢上服一、茶绢五中绢二匹	银三两、杂锦上服一、茶绢五中绢二匹

注:（1）西夏文为"□"，绫，史金波、聂鸿音、白滨译注《天盛改旧新定律令》第458页误作"锦"。

---

① 史金波、聂鸿音、白滨译注《天盛改旧新定律令》，第 349 页。
② 《俄藏黑水城文献》第 8 册，第 209 页。
③ 《俄藏黑水城文献》第 8 册，第 282—283 页。

8. 诸人得信牌、兵符，十日内上交得赏。其中，“[illegible]”（上服）类赏赐有“[illegible]”（杂锦上服）。[①]

表 12　获信牌兵符上交期限及所获奖罚

期限	十日以内	十日以上
赏罚	银五两、杂锦上服一	延误上交徒一年，隐匿则绞杀

9. 催租诸人按租户上交量，从未交到交十分，其赏罚共十一等。其中，“[illegible]”（上服）类赏赐有“[illegible]”（杂锦上服）。[②]

表 13　催租者收租分量及所获奖罚

等次	未交	一分	二分	三分	四分	五分	六分	七分	八分	九分	十分
赏罚	徒十年	徒八年	徒六年	徒五年	徒四年	徒三年	徒二年	徒一年	徒六个月	勿治罪	加一官、银五两、杂锦上服一

10、诸大小牧监、牧首领等检校官畜按年得赏。其中，“[illegible]”（上服）类赏赐有“[illegible]”（绫上服）、“[illegible]”（杂锦上服）等。[③]

表 14　牧监、牧首领检校官畜年限及所获奖赏

期限	一年	二年及以上
牧监获赏	钱绢二、常茶三坨、绫上服一	每年加一官、赏赐依上
牧首领获赏	银三两、杂锦上服一、钱绢五，茶五坨	每年加一官、赏赐依上

通过对上述《天盛律令》“[illegible]”相关律文的比较，可知“[illegible]”（上服）共有九种三等。其中上等仅有“[illegible]”（大锦上服）一种，中等由上到下分别是“[illegible]”（杂花锦上服）、“[illegible]”（杂锦上服）、“[illegible]”（唐呢上服），下等则依次是“[illegible]”（紧丝上服）、“[illegible]”（家煮丝上服）、“[illegible]”（绢上服）、“[illegible]”（绫上服）、“[illegible]”（缅上服）。俄藏《天盛律令》中“[illegible]

① 《俄藏黑水城文献》第 8 册，第 295 页。
② 《俄藏黑水城文献》第 8 册，第 304 页。
③ 《俄藏黑水城文献》第 8 册，第 362—363 页。

□"（大锦上服）仅见于卷一〇《续转赏门》，所赐亦为次等、中等司官员。另外，在《英藏黑水城文献》中有一件编号为 Or.12380-3762.10V（K.K.Ⅱ.0227.m）、定名为《天盛改旧新定律令》的残件，仅存三处"□□□□"[1]，受赐对象则无从考证。"□□□□"（杂锦上服）在上述律文中基本上每条都有，足见其受赐范围广泛。

三 《贞观玉镜将》中的上服

《贞观玉镜将》中赏赐条文主要有四类，赏赐的衣物有"□□"（衣服）、"□□□□"（大锦上服）、"□□□□□"（杂花锦上服）、"□□□□"（杂锦上服）等。相关赏赐规定如下。

1. 正将、副将、行监[2]战场亲自杀敌，应予奖赏。其中，衣物类赏赐有"□□"（衣服）[3]、"□□□□□"（杂花锦上服）、"□□□□"（大锦上服）等。[4]

表 15　正副将、行监战场杀敌数目及所获奖赏

杀敌数目	一人及以上		
正将获赏	加一官、三十两银碗、衣服一袭七带、五两银腰带一条、茶绢一百，数等		
副将获赏	加一官、二十两银碗、衣服一袭七带、五两银腰带一条、茶绢五十，数等		

杀敌数目	一人	二人	三人及以上
行监获赏	加三官、七两银碗、杂花锦上服一、茶绢十五中绢七匹	加四官、十两银碗、杂花锦上服一、茶绢二十，数等	加五官、二十两银碗、大锦上服一、茶绢五十，数等

2. 正将、副将、行监获敌军人、马、铠甲、旗、鼓、金等，可以

---

① 北方民族大学、上海古籍出版社、英国国家图书馆等编《英藏黑水城文献》第 5 册，上海古籍出版社，2010，第 64 页。

② "□□"，行监，陈炳应《贞观玉镜将研究》第 78 页作"行将"。

③ "□□"，衣服，王静如、李范文《西夏文〈杂字〉研究》（《西北民族研究》1997 年第 2 期）译作"衣著"。

④ 俄罗斯科学院东方研究所圣彼得堡分所、中国社会科学院民族研究所、上海古籍出版社编《俄藏黑水城文献》第 9 册，上海古籍出版社，1999，第 348—349、351—352 页。

功抵过。正将、副将"功超一百种以下，不得功"①，功超一百种以上至三千种以上分七等。行监则是功超五十种以上得赏，功超获赏内容残缺。其中，衣物类赏赐有"𗟲𗀱"（衣服）。②

表 16　正副将获敌军人马装备数目及所获奖赏

功超数目	一百至五百种	五百至一千种	一千至一千五百种	一千五百至二千种	二千至二千五百种	二千五百至三千种	三千种以上
正将获赏	加一官、三十两银碗、衣服一袭十带、五两银腰带一条、茶绢一百，数等	加二官、五十两银碗、衣服一袭十带、六两银腰带一条、茶绢一百五十，数等	加三官、七十两银碗、衣服一袭十带、七两银腰带一条、茶绢二百二十，数等	加四官、百两银碗、衣服一袭十带、八两银腰带一条、茶绢三百，数等	加五官、十两金碗、百两银碗、衣服一袭十带、九两银腰带一条、茶绢四百，数等	加六官、二十两金碗、百两银碗、衣服一袭十带、十两银上涂金腰带一条、茶绢六百，数等	加七官、五十两金碗、百两银碗、衣服一袭十带上缝缂丝、十两金腰带一条、银鞍鞯一、银一锭、茶绢千，数等
副将获赏	加一官、三十两银碗、衣服一袭七带、五两银腰带一条、茶绢五十，数等	加二官、四十两银碗、衣服一袭十带、六两银腰带一条、茶绢一百，数等	加三官、五十两银碗、衣服一袭十带、七两银腰带一条、茶绢一百五十，数等	加四官、七十两银碗、衣服一袭十带、八两银腰带一条、茶绢二百二十，数等	加五官、百两银碗、衣服一袭十带、九两银腰带一条、茶绢三百，数等	加六官、十两金碗、百两银碗、衣服一袭十带、十两银腰带一条、茶绢四百，数等	加七官、三十两金碗、百两银碗、衣服一袭十带上缝缂丝、七两金腰带一条、银鞍鞯一、银一锭、茶绢八百，数等

3. 正将、副将、行监、步骑佐将、正首领、正换各权检校、小首领、押队、帐将、队长、军卒、私人等，"先自进战"，俘获敌军人、马、铠甲、旗、鼓、金等一千五百种以上，算作挫敌军锋，获"勇捷"称号，并得赏。其中，衣物类赏赐有"𗟲𗀱"（衣服）、"𗱤𗋽𗥃𗗙"（大锦上服）等。③

---

① 陈炳应：《贞观玉镜将研究》，第 74 页。
② 《俄藏黑水城文献》第 9 册，第 349—350 页。
③ 《俄藏黑水城文献》第 9 册，第 362—364 页。

表 17　正副将等挫敌军锋所获奖赏

功超数目	一千五百种以上
正将获赏	加七官、百两银碗、五十两金碗、衣服一袭十带上缝缂丝、十两金腰带一条、银鞍鞯一、银一锭、茶绢一千，数等，七十军抄[1]
副将获赏	加七官、百两银碗、三十两金碗、衣服一袭八带上缝缂丝、七两金腰带一条、银鞍鞯一、银一锭、茶绢八百，数等，六十军抄
行监获赏	加八官、八十两银碗、大锦上服一、七两银腰带一条、银一锭、茶绢五百，数等，五十军抄
步骑佐将获赏	加十官、七十两银碗、大锦上服一、银一锭、茶绢三百五十，数等，四十五军抄
正首领及正、换各权检校	加十二官、七十两银碗、大锦上服一、茶绢三百，数等，四十军抄
小首领、押队、帐将、队长获赏	加□□官、六十两银碗、大锦上服一、茶绢二百五十，数等，三十五军抄等。升为正首领
军卒获赏	加十五官、五十两银碗、大锦上服一、茶绢二百，数等，三十军抄等。升为正首领
私人获赏	可成为军卒

注：（1）"𗣼𗣼"，军抄，陈炳应《贞观玉镜将研究》第 96 页作"直军"。下同。

4. 正、副将、行监、佐将挫敌军锋，其护卫、首领、押队、亲随也获"勇捷"称号，并得赏。其中，衣物类赏赐有"𗣼𗴿𗴿𗣼"（大锦上服）、"𗴿𗣼𗴿𗣼"（杂锦上服）等。[1]

表 18　护卫、首领、押队、亲随挫敌军锋所获奖赏

正、副将护卫、首领、押队、亲随	正将军的护卫、首领中正首领按挫敌领赏。正、副将军的其他首领、押队、亲随等，加一官、十五两银碗、茶绢二十，数等，大锦上服一。队人、私人银一两
行监护卫、首领、押队、亲随	护卫、首领加三官、□两银碗、杂锦上服一、茶绢十，数等。押队、亲随七两银碗、杂锦上服一、茶绢十，数等。队人绢一
佐将护卫、首领、押队、亲随	护卫、首领加一官、七两银碗、杂锦上服一、茶绢十，数等。押队、亲随五两银碗、杂锦上服一、茶绢七中绢三匹

---

① 《俄藏黑水城文献》第 9 册，第 364—365 页。

通观上述材料可知，"□□□□"（衣服一袭）作为对正、副将领的赏赐，其种类有七带、八带、十带以及上缝缂丝之别。正、副将以功抵过，超三千种以上，或者挫敌军锋，赏"□□□□□□□□□□□"或者"□□□□□□□□□□□"，① 陈炳应先生分别译作"衣服一袭十带，上缝缂丝""衣服一袭八带，上缝缂丝"。② 作为最高赏赐的袭衣，除了在"带"上有所区别外，其最大的特点即"□□□□"（上缝缂丝）。"□□□□"，字面意思即"上服边口绣丝"。"□"，音"口"，《掌中珠》中"口唇"音即"□□"③，"□"音"丝"，《掌中珠》中"绢丝"音即"□□"④。西夏赏赐袭衣的制度源于唐宋，唐朝有"赐群臣袭衣"⑤旧俗，宋真宗景德三年"以内侍左右班都知张崇贵为赵德明旌节官告使，太常博士赵湘副之。赐德明袭衣、金带、金鞍勒马、银万两、绢万匹、钱二万贯、茶二万斤"⑥。《贞观玉镜将》中除了"□□□□"（袭衣）赏赐未见于《天盛律令》外，"□□□□"（大锦上服）、"□□□□□"（杂花锦上服）、"□□□□"（杂锦上服）赏赐基本与《天盛律令》相同，均是以"大锦上服"为贵，"杂花锦上服"次之，"杂锦上服"再次之。

（原刊于《西夏学》2017 年第 1 期，甘肃文化出版社，2017）

---

① 《俄藏黑水城文献》第 9 册，第 349—350、362 页。
② 陈炳应：《贞观玉镜将研究》，第 73、96 页。
③ （西夏）骨勒茂才：《番汉合时掌中珠（乙种本）》，《俄藏黑水城文献》第 10 册，第 28 页。
④ （西夏）骨勒茂才：《番汉合时掌中珠（乙种本）》，《俄藏黑水城文献》第 10 册，第 31 页。
⑤ 《新唐书》卷一二六，中华书局，1975，第 4419 页。
⑥ （宋）李焘：《续资治通鉴长编》卷六四，中华书局，2004，第 1429 页。

西夏文献中"二十四孝"故事文本生成考略

郭明明

摘　要　孝道观念在西夏文化中占据着重要的地位，西夏文献中记载的大量孝子故事，多与中原地区流传的"二十四孝"故事相符合。12—13世纪，是"二十四孝"故事形成发展史上的一个重要阶段，西夏在吸取唐五代民间孝子故事和宋金时期流传于中国北方"二十四孝"故事系统的基础上，通过整合与改造形成了一套独具特色的"二十四孝"故事文本。这为我们认识12世纪前后"二十四孝"故事的流传、发展，以及儒家"孝道"观念和中原地区的风俗文化对于西夏的影响，提供了一个真实生动的例证。

关键词　西夏；二十四孝;《圣立义海》；文本生成

作为儒家核心观念之一，孝道在中国传统文化中占据着重要地位，孝子则是实践"孝道"的主体。中国古代以"二十四孝"为核心形成的孝子故事，在传统社会中产生了深远的影响。"二十四孝"，系指二十四位孝行突出的人物，其真正定型是源于元代出现的《二十四孝诗选》一书。但在"二十四孝"故事形成和发展的过程中，出现了各类孝子故事，传播载体除书籍外，尚有大量的图像、雕塑等"形象史料"，逐渐形成了一个个的孝子故事系统。各系统的"二十四孝"故事，情节不尽相同，人物数量也不再局限于24位，然考察其故事原型和流变过程，仍可纳入“二十四孝”这一框架之中，对此学界已基本形成了共识。①

西夏时期番汉文化并重，对中原传统儒家思想多有继承和发展，儒家的《论语》《孟子》《孝经》被翻译成西夏文，在社会上广为传播，孝道观念深深植入西夏民众的心中。今存西夏文献中的大量孝子故事，多与流传于中原地区的“二十四孝”故事相符合。目前学界关于西夏孝子故事的研究主要是运用《圣立义海》中的资料，对这些故事的渊源及其所反映的孝道观念进行阐释。如李范文先生《关于〈圣立义海〉的几个问题》一文认为，《圣立义海》所记孝子故事都是中原儒家《孝经》影响下的产物。②罗矛昆先生从《圣立义海》所记孝子故事出发，探讨了西夏时期父母与子女之间的关系，以及西夏民众的伦理道德标准。③聂鸿音、黄振华先生则对《圣立义海》中的孝子故事做出了初步的溯源考证，④此外还有朱海对西夏孝道观念所做的考察⑤等。前辈学者筚路蓝缕，功不可没。随着更多的文献被发掘、译释以及研究的深入，笔者以为，应将西夏流行的孝子故事置于中原汉族地区广为流传的“二十四孝”故事系统中进行研究，考察其人物、故事之生成脉络，以此探究西夏孝子故事在中国古代“二十四孝”故事形成、传播、演变历史进程中的地位，以及儒家的“孝道”观念在西夏与中央王朝（包括汉族与少数民族政权）的文化交流与互动中，对西夏社会生活和风俗文化所产生的影响。

---

① 目前所见成果主要有：王炳照《说说“二十四孝”》，《文史知识》1988年第6期；赵超《“二十四孝”故事在何时形成（上）》，《中国典籍与文化》1998年第1期；江玉祥《元刊〈二十四孝〉之蠡测》，万本根、陈德述主编《中华孝道文化》，巴蜀书社，2001，第230—243页；潘文芳《“二十四孝”研究》，硕士学位论文，福建师范大学，2010，第9—10页；等等。

② 〔俄〕克恰诺夫、李范文、罗矛昆：《圣立义海研究》，宁夏人民出版社，1995，第29—44页。

③ 罗矛昆：《〈圣立义海〉与西夏人的哲学思想》，李范文主编《首届西夏学国际学术会议论文集》，宁夏人民出版社，1998，第188—194页。

④ 聂鸿音、黄振华：《西夏〈圣立义海〉故事考源》，《陇右文博》2001年第1期。

⑤ 朱海：《西夏孝观念研究——以〈圣立义海〉为中心》，《宁夏社会科学》2006年第3期。

一 西夏文献中"二十四孝"故事的文本形态

西夏文献所载孝子故事多见于《圣立义海》一书，聂鸿音、黄振华先生曾考证出了其中鲁义姑、闵损、陆绩、蔡顺、江革、老莱子、韩伯瑜、原谷、大舜、董永、王祥、姜诗、孟宗、刘殷、颜含、甄恬、文让、宋承等24人。笔者在此基础上，又补考出王裒、刘明达、睒子、杨香、王武子妻、鲍山、慈乌7位孝子故事的史源，据此共得出了《圣立义海》中31位孝子故事的全部面貌①（具体人物见表1所列）。

在曹道乐编译的西夏文《新集慈孝传》中共记载有大舜、王祥、姜诗、田真、鲁义姑五人的孝行故事，内容多与《圣立义海》所记相似，聂鸿音先生指出此书系翻译自北宋司马光所著《家范》。②而曹道乐编撰的西夏文《德行集》之《事亲章》，记载了周文王一日三朝，问候父安的孝行故事，聂鸿音先生亦已将其译为汉文，并考证其出于《礼记·文王世子》篇。③

西夏文蒙书《经史杂抄》中，记载了丁兰刻木事亲的故事，黄延军考证其出自敦煌写卷《新集文词九经抄》，译文如下，《孝经》曰："丁兰刻木为母，出入敬问，好好侍奉，况于生父母云。"④丁兰事迹也见于《圣立义海》，聂鸿音先生考证其出于《太平御览》所引《孙盛逸人传》。此外，敦煌遗书《孝子传》亦记载："（首缺）丁兰列（刻）木作慈亲，孝养之恩感动神，图舍忽然修斩如，血流洒地真如人。"⑤

---

① 需要说明的是，聂、黄二先生已考出的孝子中，存在部分人物原型及名称乱套的现象，对此，笔者在二位前辈研究的基础上进行了辨析，详可参看郭明明《〈圣立义海〉孝子故事史源补考》，《西夏研究》2017年第1期；郭明明《西夏"二十四孝"研究》，硕士学位论文，宁夏大学，2019，第9~28页。

② 最早对《新集慈孝传》中故事进行考源的是俄国学者克平，他共考出39则故事的主人公名字，上文所提及的这5位孝子人物均在其中，参见К.Б.Келинг：《Вновь собранные записи о любви к младшим и почтении к старшим》，Москва：Наука，1990。此后，聂鸿音先生又在此基础上做出了更为全面的考补和研究工作，见聂鸿音《西夏文〈新集慈孝传〉研究》，宁夏人民出版社，2009。

③ 聂鸿音：《西夏文〈德行集〉研究》，甘肃文化出版社，2002，第139页。

④ 黄延军：《西夏文〈经史杂抄〉研究》，博士学位论文，中国社会科学院研究生院，2008，第128页。

⑤ 王重民等编《敦煌变文集》（下），中华书局，1957，第910页。

西夏文《宫廷诗集》中有诗曰:"尧舜帝有大善,父害兄恶云不听。"① 此应系虞舜故事,《圣立义海》中也有与之相似的记载。聂鸿音先生判定其出自《史记》卷一《五帝本纪》。同时在西夏文《列女故事》当中,还记载了一则媳妇每日纺绩,赚钱买鱼孝顺婆母的故事。聂鸿音先生和日本学者松泽博先生都对这则故事进行过考证,指出其出于《后汉书·姜诗妻传》。②

此外,西夏人曾用西夏文译过一部唐代于立政所著的汉文类书《类林》,原书汉文本已佚,唯有敦煌残页以及金人王朋寿所作增补本《增广分门类林杂说》传世。但在新发现的西夏译本中留存有此书的大部分内容,史金波、黄振华和聂鸿音三位先生对其做过译注和研究,并在此基础上复原出了已佚《类林》全十卷的内容。③西夏本《类林》中记载了400多条人物故事。其中有相当部分的中原孝子故事,经笔者统计,共记有尹伯奇、鲍山、王祥、王褒、赵孝宗、吴猛、田真、曹娥8位孝子。

细考这些西夏文献中所记孝子故事的文本形态,笔者认为可将其分为两种不同的类型。一类可称为"翻译型"孝子故事,以西夏本《类林》《新集慈孝传》《德行集》《经史杂抄》《列女故事》等为代表。试举西夏本《类林》卷七《感应篇》第三十四所记"曹娥"事迹为例:"曹娥,会稽上虞女人也。父汉恒帝元嘉二年投江而死,寻尸不获。曹娥沿江而哭,七日七夜,其声不绝,自亦投水而死。后三日,其女抱父尸俱出,家人捞取埋葬,郡人为立碑于江边。后汉时人。此事《会稽典录》中说。"④同一件事在与西夏本《类林》底本接近的金王朋寿《增广分门类林杂说》卷七《感应篇》第四十一中记载为:"曹娥,会稽上虞人也。父汉桓帝元嘉二年投江而死,不获其尸。女乃沿江而哭,七日七夜,其声不绝,亦投江而死。后三日,其女抱父尸俱出,家人乃收葬之,郡人

---

① 梁松涛:《西夏文〈宫廷诗集〉整理与研究》,上海古籍出版社,2018,第114页。
② 聂鸿音:《俄藏198号西夏文列女故事残叶考》,《西夏文献论稿》,上海古籍出版社,2012,第111—115页;〔日〕松泽博:《西夏文献拾遗(3):〈後漢書〉列女傳受容の一資料》,《龍谷史壇》第122号,2005,第73-116页。
③ 史金波、黄振华、聂鸿音:《类林研究》,宁夏人民出版社,1993。
④ 史金波、黄振华、聂鸿音:《类林研究》,第300页。

为立碑于江上。后汉人。出《会稽典录》。"① 两相对比我们可以发现，二者的记载几乎一致。其他各书的情况与此类似。由此，我们可以归纳出这一类故事的特点是：均依据汉文底本翻译而来，时代、地点、人物明确，故事情节和文本内容基本没有变化，仅仅因为西夏文和汉文的差异性，在翻译字词上略有不同。故而从文本生成的角度来看，这一类故事来源清晰，无须再考。

另一类为"再造型"孝子故事，以《圣立义海》为代表。如《圣立义海》第十四章"子孝顺父母名义"所记"孝女护父"条："往昔，父女二人相偕于道，宿山中。恶虎欲伤父，孝女骤骑执耳，求天助。依德伏虎，父莫被伤。"② 此为晋朝杨香故事，目前所能找到与西夏所处时代最为接近的山西长治市魏村金代纪年彩绘砖雕墓所绘杨香图榜题曰："杨香者，鲁国人也。方□年，父入山被虎欲伤，其父□相救，香认父声，乃跃身跨其虎首，捻其耳哀□□□，虎□牙而不敢伤。"③

又如同章"养母鬻子"条所记刘明达故事："往昔一人，孝顺母亲。天荒旱，卖亲子孝奉母。其妻泣，割乳哺子。帝闻，赏遗粮食，母子团聚。"④ 与此条记载文本来源较为接近的敦煌遗书《孝子传》云："（首缺）由不足，更被孩儿减夺，老母眼见消瘦。遂将儿半路卖与王将军。其（妻）见儿被他卖去，随后连声唤住，肝肠寸断，割女尔遂身亡。"⑤

通过以上的对比我们不难看出，与"翻译型"孝子故事相较，"再造型"孝子故事有其显著的特点。

第一，故事中的时代、地点和孝子姓名均不出现，大多以"往昔一人"来代替，如果我们不熟悉相关汉文典籍记载的话，很难直接获知故事主人公的原型。

第二，这些故事没有明确的汉文底本来源。从目前已经发现的夏译汉籍当中我们可以知道，西夏译本对于汉文底本的忠实程度相当之

① （金）王朋寿编《重刊增广分门类林杂说》，嘉业堂丛书，吴兴刘氏刊本，1918。
② 〔俄〕克恰诺夫、李范文、罗矛昆：《圣立义海研究》，第74页。
③ 王进先、朱晓芳、崔国琳、张斌宏：《山西长治市魏村金代纪年彩绘砖雕墓》，《考古》2009年第1期。
④ 〔俄〕克恰诺夫、李范文、罗矛昆：《圣立义海研究》，第73页。
⑤ 王重民等编《敦煌变文集》（下），第908—909页。

高，如《类林》一书，译者对于立政的原文几乎是逐字翻译而未加任何改动。而《圣立义海》的情况与之迥然不同，如上文所引用的这两则故事，虽然我们可以考出故事的主人公原型分别是杨香和刘明达，但对照各种记载有二人孝行事迹的汉文文献，都无法找到可以和其完全对应的底本来源。

第三，孝子故事的叙事风格偏向于简略化和世俗化，且部分文本内容发生了变动，毋庸置疑，这种改动必然包含着西夏人主观意愿构建的成分。譬如杨香凭借上天之力"依德伏虎"，以及刘明达因为孝行而被皇帝听闻，"赏遗粮食，母子团聚"。类似的表述在汉文故事中极少出现。事实上，这样的例子还有很多，兹不一一列举。以往学界在探讨《圣立义海》中的孝子故事时，更多关注它与中原叙事之间的"共相"，但对其"殊相"的一面少有论及。笔者以为，虽然《圣立义海》记载的这些孝子故事均是受中原影响而形成，但绝非一字不动地照搬。西夏在继承中原因素的基础上，按照自己的伦理观念及社会意识对这些故事进行了吸收和改造，这就导致这些故事的"面貌"与其本身来源相比存在着一定的出入。通过之前对《圣立义海》所做的文本考源工作我们可以认识到，书中所收录的31则孝子故事几乎没有一例是逐字翻译而形成的，《圣立义海》的编纂者对每一则故事都进行了改造，具体的"改造"方法则又可大致分为以下几类。

（1）一事取其部分，如"分物分食"条所记为郭巨孝行，郭巨故事在中原《孝子传》或"二十四孝"中的全貌包含有三兄弟分家、埋儿奉母、天赐黄金等多个情节，但《圣立义海》只描述了其分家一事而不及其他。

（2）分一人之事为数条，如"孝奉曾祖母"条和"因孝梦粮"条所记都为刘殷故事；"涌江水味"条和"孝顺生吉祥"条所记都为姜诗（妻）故事。

（3）合数人之事为一条，如"供母甘菜"条就是将孟宗和刘殷的孝行糅合在一起，改编而成的一个新故事。

（4）以他事舛入本事，如"因孝兽鸟助"条所记许孜孝行，其中独自造坟和兽鸟相助的情节都是许孜故事本来就有的，但文中插入的恶猴扰墓、孝子发怒一事从未在文献中出现过，疑其来源当别有所本或是在编纂《圣立义海》的过程中掺杂他书加入的。

　　经过这样的改造之后，《圣立义海》的编纂者再以西夏文语言对这些故事进行"转述"，从而就建立起了一套与中原相比既同又异的孝子故事系统，这套系统既有自身的人物组合，又体现出了西夏人自己的特色，一定程度上可以视为"二十四孝"故事西夏化的产物。下文即以"二十四孝"为切入点，对《圣立义海》中孝子故事的文本渊源展开研究。

二　西夏文献中"二十四孝"故事的文本渊源

　　孝子故事的雏形，产生于汉魏时期。西汉刘向编《孝子传》，收集了不少流传于当时的孝子故事。自汉代至南朝，共出现了近十种以《孝子传》为名的著作，这些著作今天大多已经亡佚，虽经后世学者辑佚，[①]但仅整理出一些《孝子传》的断简残篇，至今已难窥全豹。另外，在汉魏时期的画像石和墓室壁画之中，也出现了大量的孝子故事图像。其中部分孝子人物成为后来"二十四孝"故事的原型。[②]

　　隋唐五代时期，敦煌遗书中保存有多种记载孝子故事的文献。如S389V、P3536V、P3680V 及羽田本《孝子传》残卷中，共记载有孝子故事 18 则，[③]每则内容先文后诗，诸卷间除去重复者，共收录刘明达、

①　相关成果见（清）茆泮林《古孝子传》，《丛书集成初编》本，中华书局，1985；（清）黄奭：《黄氏逸书考》，民国 23 年（1934）朱长圻补刻清道光黄氏原刻本。熊明先生在最近出版的《汉魏六朝杂传集》（中华书局，2017）中又对汉魏时期的各种《孝子传》做了重新的辑校整理，所辑更为完整详细。此外，日本学者黑田彰亦对古《孝子传》的逸文进行过辑录研究，参见〔日〕黑田彰《孝子伝の研究》，思文閣出版社，2001。

②　卫文革：《墓葬资料中所见二十四孝之发展演变》，《文物世界》2010 年第 5 期。关于北魏孝子图像的研究可参看〔日〕林聖智《北朝時代における．葬具の圖像と機能——石棺床圍屏の墓主肖像と孝子傳圖を例として》（《美術史》第 154 期，2003 年，第 207-226 頁）以及邹清泉《行为世范——北魏孝子画像研究》（北京大学出版社，2015）。

③　据窦怀永、张涌泉汇辑校注《敦煌小说合集》，浙江文艺出版社，2010，第 46—57页。羽田本《孝子传》图版收录于武田科學振興財團杏雨書屋吉川忠夫編集《敦煌秘笈影片冊一》，はまや印刷株式会社，2009，第 263-268 頁。相关研究可参看〔日〕湯谷祐三《新出敦煌孝子伝資料と変文の関係 - 羽田記念館所蔵「西域文献資料写真」所収孝子伝資料をめぐって》，《同朋大学仏教文化研究所紀要》（23），2003，第 87-104 頁。

郭巨、舜子、文让、向生、闪子、王褒、丁兰、王武子这九位孝子人物。其中王褒考其事迹当作王裒,而闪子、刘明达和王武子都是相对于以往《孝子传》新增入的人物,且王武子故事中明确提到"河南尹奏封武母为国太夫人,新妇封郫郡夫人,仍编史册。开元廿三年行下"。① 可知这部《孝子传》的成书年代当在唐朝中后期,反映了当时《孝子传》的流传演变情况,其中很多情节都与日后通行的"二十四孝"故事相合。再者,类书中留存的《类林》《事森》《语对》《碎金》残卷,变文中保存的《舜子至孝变文》《董永变文》《父母恩重经讲经文》,蒙书《古贤集》,诗歌《咏孝经十八章》等也记载了一些孝子事迹。在五代末期的敦煌遗书写卷中还保存有一篇"左街僧录圆鉴大师赐紫云辩"的《故圆鉴大师二十四孝押座文》②,其中既提到了常见的孝子人物舜主、王祥、慈乌、郭巨、老莱子、孟宗、黄香、田真,也将目连和佛祖释迦牟尼纳入了孝子行列,这是目前所见"二十四孝"这一名称在文献中的最早出现。从这些材料中我们可以推断出,最迟在唐五代时期,社会之中已初步形成了"二十四孝"的故事系统。③

宋辽金统治者均推行孝治,民间亦劝孝成风,"二十四孝"故事在这一时期得到了广泛传播。令人遗憾的是,迄今为止我们尚未发现北宋时期有关"二十四孝"的故事文本,但在出土的宋辽金墓葬中发现了大量的石棺线刻、画像石、壁画和雕砖等,上面刻绘的孝子图像和榜题,基本都是对"二十四孝"故事的演绎。就空间而言,其分布范围遍布南北,集中于黄河流域地区;就时间而言,两宋及辽、金都有出现;就墓主身份而言,无论是达官贵人还是平民百姓,墓葬中均可看到此类装饰。从目前已经公布的墓葬资料来看,河南孟津出土的北宋张君墓画像石棺上,第一次较为完整地出现了"二十四孝"图,并且其中的

---

① 王重民等编《敦煌变文集》(下),第 908—909 页。
② 黄征、张涌泉:《敦煌变文集校注》,中华书局,1997,第 1154 页。
③ 赵超:《"二十四孝"故事在何时形成(上)》,《中国典籍与文化》1998 年第 1 期;〔日〕梁音:《敦煌孝子伝:最古の二十四孝》,《名古屋外国語大学現代国際学部紀要》(10),2014,第 127-143 頁。

24 位孝子人物组合在后来的宋金墓葬中曾多次出现。^①这些考古资料证明，在宋辽金时期的中原以及北方地区，广泛流行着一套已基本成型的"二十四孝"故事，这些故事因其分布地区的不同，已形成了各自不同的人物组合和区域特色。^②因此，目前学界在探讨宋辽金墓葬所见孝子图像之时，将其分为了三大系统：即以河南、山西地区为中心的宋金北方系统，以四川、江西、福建地区为中心的宋代南方系统，以辽宁地区为中心的辽代系统。^③这对于我们了解"二十四孝"故事在同时期西夏统治区域内的传播具有重要的作用。

元代是"二十四孝"故事的定型期。元末郭居敬选取了古代二十四位孝子的故事（具体孝子人物见表1），并为每则故事配诗一首附以图像，编纂成《二十四孝诗选》一书，^④这是严格意义上的"二十四孝"故事首次成书，对后世产生了深远的影响。与此同时，元人虞韶尚编有《日记故事》七卷，其中第一卷所记即为"二十四孝"。^⑤现在所能见到的《日记故事》版本，形式大多表现为上图下文，文后附有一诗，人物以先帝王、后圣人、再孝子的方式相排列。该书在明清时期被大量刊

① 这 24 位孝子人物为：鲍山、蔡顺、曹娥、丁兰、董永、郭巨、韩伯瑜、姜诗、老莱子、刘明达、刘殷、鲁义姑、陆绩、孟宗、闵子骞、郯子、舜子、田真、王武子妻、王祥、杨香、元觉、曾参、赵孝宗。见黄明兰、宫大中《洛阳北宋张君墓画像石棺》，《文物》1984 年第 7 期。此外，在 1980 年河南汤阴伏道公社发现的北宋元丰六年（1083）薛方墓石棺上，也有完整的"二十四孝"线刻画像。此墓年代较张君墓为早，但发掘报告迄今没有公布。

② 有关宋辽金墓葬所见"二十四孝"图像，国内外学界的研究成果颇丰，主要有段鹏琦《我国古墓葬中发现的孝悌图像》，中国社会科学院考古研究所编著《中国考古学论丛》，科学出版社，1993，第 463—473 页；〔日〕黑田彰：《孝子伝の図：宋、遼・金を中心とする》，《京都語文》(7)，2001，第 130-163 页；江玉祥：《宋代墓葬出土的二十四孝图像补释》，《四川文物》2001 年第 4 期；〔日〕梁音：《二十四孝の研究：宋・遼・金の孝子図と『孝行録』》，《名古屋大学人文科学研究》(31)，2002，第 15-29 页；等等。本文所用宋辽金墓葬资料数据主要参考了段文统计结果以及近年来的相关发掘报告。

③ 段鹏琦：《我国古墓葬中发现的孝悌图像》，中国社会科学院考古研究所编著《中国考古学论丛》，第 463—473 页。

④ 《二十四孝诗选》的元代刊本，今已不可见，现在所能看到的最早刊本是中国国家图书馆藏明初刻本《全相二十四孝诗选》（善本书号 18144），但该本所记载的孝子故事有所缺失，此处所据为日本龙谷大学藏以明嘉靖二十五年（1546）刊本为底本的手抄本。

⑤ 此据明万历年间刘龙田刊《新锲类解官样日记故事大全》本，见〔日〕长泽规矩编《和刻本类书集成》第 3 辑，上海古籍出版社，1990，第 245—323 页。

印，书中所记载的“二十四孝”成为明万历后全国流行的“二十四孝”故事题材，传至当代的“二十四孝”故事，亦基本遵循《日记故事》版本。除上述两本之外，在元代高丽时期，尚有一种由权溥、权准父子所编的《孝行录》，分前后两编，前编也记载有“二十四孝”故事。[①]日本学者大泽显浩据此认为在元代存在着以《孝行录》《二十四孝诗选》《日记故事》为代表的“二十四孝”三大系统。[②]这三个系统又与宋辽金时期的“二十四孝”南、北系统有着密切的联系。[③]

　　西夏时期，“二十四孝”故事处于宋辽金成型期和元代定型期之间，且西夏社会提倡孝道，儒家的孝文化在西夏发展昌盛，这一点在西夏文献，尤其是《圣立义海》一书中多有体现。笔者特意选取了学界公认代表唐五代时期“二十四孝”故事的敦煌遗书《孝子传》《二十四孝押座文》，代表宋辽金时期“二十四孝”故事的墓葬中之孝子图像，以及代表元代“二十四孝”故事的《二十四孝诗选》、《日记故事》和高丽《孝行录》，通过列表比较分析的方法，以探究流传于西夏境内的“二十四孝”故事与前后各系统“二十四孝”故事之间的渊源关系。

---

① 此据日本大正十一年（1922）南葵文库刊活字本《真本孝行录》，该本以南葵文库藏狩谷木夜斋旧藏本日本古写本《真本孝行录》为底本，颇能得旧本之真。关于这一版本的情况，可参看〔日〕坪井直子《南葵文庫本『孝行録』について》，《佛教大學大學院紀要》(30)，2002，第 17—27 頁。

② 〔日〕大泽显浩：《明代出版文化中的“二十四孝”——论孝子形象的建立与发展》，“中国明代研究学会”编《明代研究通讯》（台北）第 5 期，2002 年，第 11—33 页。

③ 目前学界普遍认为《二十四孝诗选》及《日记故事》所载“二十四孝”故事系受宋代南方“二十四孝”系统影响形成，而高丽本《孝行录》所载“二十四孝”故事的来源则为宋金北方“二十四孝”系统。相关研究可参见〔韩〕金文京《高丽本〈孝行录〉与“二十四孝”》，复旦大学韩国研究中心编《韩国研究论丛》第 3 辑，上海人民出版社，1997，第 273—287 页；董新林《北宋金元墓葬壁饰所见“二十四孝”故事与高丽〈孝行录〉》，《华夏考古》2009 年第 2 期。

表 1 "二十四孝"各系统所载孝子人物对照 ①

文献 人物	敦煌《孝子传》 《二十四孝押座文》	宋辽金 墓葬	西夏文献 《圣立义海》	元代《二十四 孝诗选》	元末高丽本 《孝行录》	元代《日 记故事》
大舜	√	√	√	√	√	√
老莱子	√	√	√	√	√	√
睒子	√	√	√	√	√	√
曾参		√	√	√	√	√
闵损		√	√	√	√	√
蔡顺		√	√	√	√	√
郭巨	√	√	√	√	√	√
董永		√	√	√	√	√
丁兰	√	√	√	√	√	√
姜诗（妻）		√	√	√	√	√
陆绩		√	√	√	√	√
孟宗	√	√	√	√	√	√
王祥	√	√	√	√	√	√
杨香		√	√	√	√	√
韩伯瑜		√	√		√	
元觉		√	√		√	
刘明达	√	√	√		√	
田真	√	√	√	√	√	
曹娥		√	√		√	
刘殷		√	√		√	
鲁义姑		√	√		√	
赵孝宗		√	√		√	

① 敦煌遗书《孝子传》《二十四孝押座文》以及宋辽金墓葬内尚有极少数不见于前后各时期"二十四孝"系统中的人物，比较的意义不大，故本文暂不将其纳入考察范围。另，各系统收录的孝子姓名颇有差异，此处以与西夏时期相近的宋辽金墓葬资料为据。

续表

文献 人物	敦煌《孝子传》 《二十四孝押座文》	宋辽金 墓葬	西夏文献 《圣立义海》	元代《二十四 孝诗选》	元末高丽本 《孝行录》	元代《日 记故事》
鲍山		√	√		√	
王武子（妻）	√	√	√		√	
江革		√				√
王哀	√	√	√	√		√
子路		√				√
唐夫人		√		√		√
汉文帝		√		√		√
黄庭坚		√		√		√
吴猛				√		√
朱寿昌				√		√
庾黔娄				√		√
黄香	√			√		√
文让	√		√			
张孝、张礼				√		
颜含			√			
甄恬			√			
宗承			√			
许孜			√			
孝乌	√		√			

表 1 显示，西夏文献《圣立义海》中记载的"二十四孝"故事，与敦煌《孝子传》《二十四孝押座文》、宋辽金墓葬资料及高丽本《孝行录》中所记载的孝子故事较为一致，而与元代《二十四孝诗选》和《日记故事》所载不尽相同。我们首先来分析西夏与宋辽金"二十四孝"之间的关系。表 1 所列宋辽金墓葬资料共收录 30 位孝子，其中 25 位在

《圣立义海》中出现过。这足以说明,《圣立义海》中"二十四孝"故事之形成受到了宋辽金时期广泛流行的"二十四孝"故事的深刻影响。那么,这种影响具体来自当时的那一系统呢?笔者认为西夏境内流传的"二十四孝"故事,大致当与宋金北方系统相同。

笔者之所以得出这一结论,有以下三个理由。一是据后晓荣先生统计,在宋辽金时期,发现有"二十四孝"故事的墓葬大约在百例以上,而完整出现表 1 所示"江革"之前 24 位孝子的墓葬则接近 30 例,且分布区域集中于宋金北方黄河中下游地区的山西、河南一带。[①] 如北宋河南孟津张君墓、巩义西村宋代石棺墓以及金代山西沁源县中正村墓、长治安昌崔忠墓和长子石哲墓等。这表明在宋金北方地区,完整的"二十四孝"故事已基本形成并在社会上广泛流行,而这一系列孝子故事中的 24 个人物均以不同的形式全部出现在了《圣立义海》之内。至于未见者,计有"江革""子路""唐夫人""汉文帝""黄庭坚" 5 人。鉴于江革事迹与鲍山存在一定相似性,区别在于江革孝行主要表现为"行佣供母",鲍山孝行反映的则是"孝子背母",《圣立义海》所记为鲍山,自当不取江革。[②] 除江革之外,其余 4 人的孝行事迹在宋辽金时期均不具有普遍性,[③] 出现的频率远远不能和上述 24 位孝子相比,故未流传至西夏境内亦在情理之中。二是辽代系统的"二十四孝"故事可以辽宁辽阳金厂辽墓和辽宁鞍山汪家峪辽墓为代表,这一系统中的孝子人物不仅人数和宋金北方系统比起来更少,且人物原型也存在较大差

---

① 后晓荣:《宋金"画像二十四孝"——中国最早、最成熟的二十四孝》,《西部考古》2017 年第 1 期,第 437—445 页。

② 详细考证参见郭明明《西夏"二十四孝"研究》,第 12—13 页。

③ 参照段鹏琦先生的研究及近年新出之考古成果,"唐夫人"在宋辽金墓葬中共出现过 3 次,一次出现于甘肃清水白沙乡箭峡宋金墓;一次出现于四川广元〇七二医院宋嘉泰四年杂剧石刻墓;还有一次出现在了辽宁鞍山汪家峪辽墓。"子路"故事见于甘肃省清水县贾川乡董湾村金墓和重庆井口南宋墓。汉文帝和黄庭坚二人则均只出现过 1 次,"汉文帝"事迹除在北宋河南嵩县北元村墓中出现过之外,未见他例;黄庭坚系北宋人,其孝行事迹所出较晚,目前我们只在汪家峪辽墓中发现过这一孝子人物。见段鹏琦《我国古墓葬中发现的孝悌图像》,中国社会科学院考古研究所编著《中国考古学论丛》,第 463—473 页。

异，①有几位人物如上文提及的黄庭坚等均只在辽墓中出现过，而不见
于同时期其他墓葬。通过与西夏"二十四孝"故事的比较分析，笔者发
现这一系统的孝子故事基本没有影响到西夏。三是流行于宋代南方地区
的"二十四孝"故事也与宋金北方系统差异明显，其所独见的孝子故
事均不见于西夏文献之内。究其原因，当是南宋统治区域在地理上与
西夏相距甚远，再加之"靖康之变"后南北分裂、文化交流不便，很难
对西夏"二十四孝"故事的形成产生影响。故而笔者断定，西夏文献中
"二十四孝"故事，与当时流行于河南、山西地区的宋金北方"二十四
孝"系统是一脉相承的。

我们再来考察敦煌《孝子传》《二十四孝押座文》中所反映的唐五代
"二十四孝"故事与西夏"二十四孝"故事之间的渊源。从表1可以看
出，除了"黄香"一人之外，敦煌《孝子传》《二十四孝押座文》记载的
刘明达、郭巨、舜子、文让、闪子、王褒（哀）、丁兰、王武子、王祥、
老莱子、孟宗、田真、孝乌这13位孝子都在《圣立义海》中出现过。且
"文让"和"孝乌"，在六朝《孝子传》之后西夏时代之前的各"二十四
孝"系统中，仅见于敦煌文献。至于闪子、刘明达和王武子三人进入
"二十四孝"行列，亦是始于敦煌《孝子传》。以往的研究已经为我们揭
示出敦煌文献中所记载的孝子故事与宋金墓葬中的"二十四孝"图之间
存在着密切的联系。②且由于地缘因素，敦煌曾为西夏所统辖的区域，因
此盛行于西夏的孝子故事，很有可能一部分是来自敦煌地区。

《圣立义海》第五卷第十四章"三树色变"条所记载的田真故事亦
为这一论断提供了有力的佐证："往昔，三兄弟起分家心，门前所栽三树

① 见王增新《辽宁辽阳县金厂辽画象石墓》，《考古》1960年第2期；许玉林《辽宁鞍
山市汪家峪辽画象石墓》，《考古》1981年第3期。此外，辽耶律羽之墓中出土过一
件鎏金錾"孝子图"银罐，錾刻有韩伯瑜、郭巨、蔡顺、王祥、原谷、老莱子、杨
香、王哀八人的孝行故事，其中韩伯瑜和老莱子均未在辽墓画像石中出现过，日本学
者梁音先生研究指出，这件银罐錾刻的孝子故事与宋金北方墓葬中所见"二十四孝"
具有相似性，见〔日〕梁音：《遼代［リュウ］金錾花銀壺の孝子図-孝子伝図から
二十四孝図へ》，《名古屋大學中國哲學論集》(8)，2009，第30-55頁。
② 见唐长寿《据敦煌变文考释画像"王武子妻"和"刘明达"》，《敦煌研究》1990年
第1期；魏文斌、师彦灵、唐晓军《甘肃宋金墓"二十四孝"图与敦煌遗书〈孝子
传〉》，《敦煌研究》1998年第3期。

枯。其兄弟同回心停分家，其树复青。诗中云：'兄弟一世相敬爱，百年合居莫分开。'"①这条记载在正文故事结束之后以"诗中云"开头，用两句七言诗结尾，而这种先文后诗的形式恰为敦煌《孝子传》之通例，为此前所未见。如敦煌《孝子传》S389V（乙卷）所记之"舜子"故事："舜子者，冀邑人也。早丧慈母，独养老父瞽叟。父取后妻，妻譖其夫，频欲杀舜。令舜涛井，与石压之，孝感于天，澈东家井出。舜奔耕历山。后闻米贵，将来冀都而粜。及见后母，就舜买米。舜识是母，密与其钱及米置囊中，如此数度，〔后母〕到家，具说上事。〔瞽〕腴〔叟〕疑是舜，令妻引手，遂往市都。高声唤云：'子之语声，以（似）吾舜子。'舜知是父，遂拨人向父亲抱头而哭，与（以）舌舔其父眼，其眼得再明。市人见之，无不惊怪。诗曰：瞽叟填井自目盲，舜子从来历山耕，将来冀都逢父母，以舌舔眼再还明。又诗曰：孝顺父母感于天，舜子涛井得银钱，父母抛石压舜子，感得穿井东家连。"②正是通过这样的蛛丝马迹使我们得以窥见西夏"二十四孝"故事中敦煌因素的凸显。

此外，西夏"二十四孝"故事中尚有颜含、甄恬、宗承、许孜四人既不见于宋辽金墓葬考古发现，也未载于敦煌文献。这四位孝子孝行的发生时代均在汉魏南北朝时期，其中宗承、许孜都见于中土所存及日本流传的各《孝子传》之内，只有颜含和甄恬二人，笔者在目前所能看到的前后各时期"二十四孝"故事系统中均未找到。那么，这几则故事又是如何进入《圣立义海》的呢？

我们注意到，记载有这几则孝子故事的正史在当时流传并不广泛，即以列有甄恬事迹的《梁书》为例，其最初刊印当是在北宋仁宗时期，晁公武《郡斋读书志》提到"嘉祐中，以《宋》《齐》《梁》《陈》《魏》《北齐》《周书》舛谬亡阙，始诏馆职雠校。曾巩等以秘阁所藏多误，不足凭以是正，请诏天下藏书之家悉上异本，久之始集。治平中，巩校定《南齐》《梁》《陈》三书上之，刘恕等上《后魏书》，王安国上《北周书》。政和中，始皆毕，颁之学官，民间传者尚少"。③此后，《梁书》在

---

① 〔俄〕克恰诺夫、李范文、罗矛昆：《圣立义海研究》，第 78 页。
② 王重民等编《敦煌变文集》（下），第 902 页。
③ （宋）晁公武撰，孙猛校证《郡斋读书志校证》卷五《正史类》"宋书"条，上海古籍出版社，1990，第 184 页。

北宋一代再无刊本，南北朝七史宋版之现存者，仅有"眉山七史"即南宋前期杭州刊本一种而已。①

北宋时期一直对"九经书疏"以外的书籍出境采取限制政策，早在真宗景德三年（1006）九月壬子即"诏民以书籍赴缘边榷场博易者，自非九经书疏悉禁之，违者案罪，其书没官"。②神宗元丰元年（1078）再次重申："诏诸榷场除九经疏外，若卖余书与北客，及诸人私卖与化外人书者，并徒三年，引致者减一等，皆配邻州本城，情重者配千里。许人告捕给赏，著为令。"③西夏𧱓都六年，即宋嘉祐七年（1062），毅宗谅祚曾"表求太宗御制诗草、隶书石本，且进马五十匹，求《九经》、《唐史》、《册府元龟》及宋正、至朝贺仪"，但宋朝仅仅是"诏赐《九经》，还所献马"，④拒绝了西夏对于其他经、史书籍的请求。这就导致宋夏双方虽有书籍交流，但西夏人对史书类文献并不熟悉，现存西夏文献之中也极少出现史学类著作。⑤

相对而言，西夏人对蒙书、类书一类的书籍较易接受，如西夏人自著的《番汉合时掌中珠》《新集碎金置掌文》，夏译汉文典籍当中的《新集慈孝传》《德行集》《类林》均属此列。而在与西夏同时代的北宋时期，《孝子传》一类的书籍在社会上仍有流传，这可以从北宋初年官方编纂的《太平御览》《太平广记》以及吴淑所撰《事类赋注》等书对六朝各《孝子传》的频频征引中得到佐证。故笔者猜测，这几则故事在《圣立义海》中的出现，并非编纂者在编书之时逐一参考了记载有这些孝子本事的相关古书，其应当是据彼时所能见到的某部《孝子传》而采入。若再结合上文所论敦煌因素对西夏"二十四孝"形成的影响，我们还可以进一步推论，其所依据的《孝子传》版本很有可能就是现存敦煌《孝子传》中的某一全本。

最后，笔者试对西夏与元代"二十四孝"之间的关系进行勾勒。

① 〔日〕尾崎康：《正史宋元版之研究》，乔秀岩、王铿编译，中华书局，2018，第499页。
② （宋）李焘：《续资治通鉴长编》卷六四，景德三年九月壬子，中华书局，2004，第1425页。
③ （宋）李焘：《续资治通鉴长编》卷二八九，元丰元年四月庚申，第7068页。
④ 《宋史》卷四八五《夏国传上》，中华书局，1985，第14002页。
⑤ 当然，这可能也和西夏党项族不重修史，使得史作典籍匮乏、流布不广有着一定关系，详可参见李华瑞《元朝人不修西夏史刍议》，《河北大学学报》1996年第3期。

上文已经指出，《二十四孝诗选》和《日记故事》都是受宋代南方系统
"二十四孝"故事影响而形成。因此其所记载的孝子人物才会与《圣
立义海》存在较大的出入。而西夏与高丽所传的孝子故事，均应来自
宋金北方"二十四孝"系统，该系统中完整的"二十四孝"人物组合
无一例外地都出现在了《圣立义海》和《孝行录》中。尤为值得一提
的是，权准在编成"前赞二十四章"后，将之献给了其父权溥，权溥
在原书基础上又追加了 38 位孝子的事迹，作为"后赞三十八章"，故
今日所能见到的《孝行录》全本实际是由前后两部分组成的，共收
录有孝子故事 62 则。在这"后赞三十八章"中赫然记载有"宗承生
竹""文让乌助""许孜负土"这三则故事。这三位孝子都是六朝《孝
子传》中的常见人物，但在唐五代以后的各"二十四孝"系统中，除
敦煌《孝子传》收录有文让事迹之外，它们只在《圣立义海》内出现
过。这些文本之间的草蛇灰线似乎在告诉我们，《孝行录》中所记载的
孝子故事很有可能与西夏文献中的"二十四孝"故事存在着一定的联
系。这一论断的得出并非空穴来风，学界既有的研究表明，西夏被蒙
古灭亡后，其特有政治制度及文化传统并未断绝，而是融入蒙元时期
"兼收并用"的多元族群文化之中。① 从文献记载当中也可以看出，在
以郭居敬《二十四孝诗选》为代表的"二十四孝"故事定于一尊之前，
当时社会上还流传着多种版本的"二十四孝"图文。② 故笔者猜测，曾
记载于西夏文献中的这套"二十四孝"故事可能亦厕身其中，并随着

---

① 有关西夏对蒙元政治制度的影响，可参看汤开建《元代西夏人的历史贡献》，氏著
《党项西夏史探微》，商务印书馆，2013，第 463—480 页。见于思想文化者则主要体
现在佛教方面，有李际宁《关于"西夏刊汉文版大藏经"》，《文献》2000 年第 1 期；
王菡《元代杭州刊刻〈大藏经〉与西夏的关系》，《文献》2005 年第 1 期；孙伯君
《元代白云宗译刊西夏文文献综考》，《文献》2011 年第 2 期；沈卫荣《西夏佛教文献
与历史研究》，甘肃文化出版社，2018；等等。

② 如元人谢应芳就作有《二十四孝赞序》，其中提到"今观郡人王达善所赞二十四孝，哀
为一编，其间言孝感之事，什有八九，且以《孝经》冠于编首"（见李修生主编《全元
文》卷一三四六，凤凰出版社，1998，第 43 册，第 197 页）。元代张宪《玉笥集》卷
五有《题王克孝二十四孝图》诗（见杨镰主编《全元诗》第 57 册，中华书局，2013，
第 87 页）。钱惟善尚有《题范叔中昆仲所作二十四孝诗后》，范叔中昆仲即为范毅、范
立兄弟，范毅还特作《答钱思复先生题舍弟二十四孝诗后》以为答复（均见明沈易编
《幼学日诵五伦诗选》卷一，《四库全书存目丛书》集部第 290 册，齐鲁书社，1997）。

文化的交流进入了高丽士大夫的视野,从而在权溥增补《孝行录》时被部分吸纳进"后赞三十八章"之中。当然,由于文献有阙,我们目前对于这二者之间的渊源关系还不能说得很清楚,只能存疑于此,以俟后考。

至此,我们可以基本断定,《圣立义海》中孝子故事文本的生成,乃是西夏人将其所能接触到的反映于敦煌遗书中之唐五代民间孝子故事、宋金时期已经基本成型的"二十四孝"故事以及某部古《孝子传》所记六朝孝子故事融会杂糅后,产生的一种新叙事。在这些"新"故事之中,我们已经很难准确地指出某一故事一定是从某一系统摘抄而来,它们更多地表现出一种"你中有我,我中有你"的状态。而西夏"二十四孝"故事文本在内容及渊源上所呈现出的这种多元性,一定程度上可视作当时西夏与中原民间文化交流融合的结晶。

为了更好地说明"二十四孝"故事的发展演变,以及西夏文献中"二十四孝"故事文本的生成脉络,笔者特意绘制了"二十四孝"故事流传图,如图1所示。

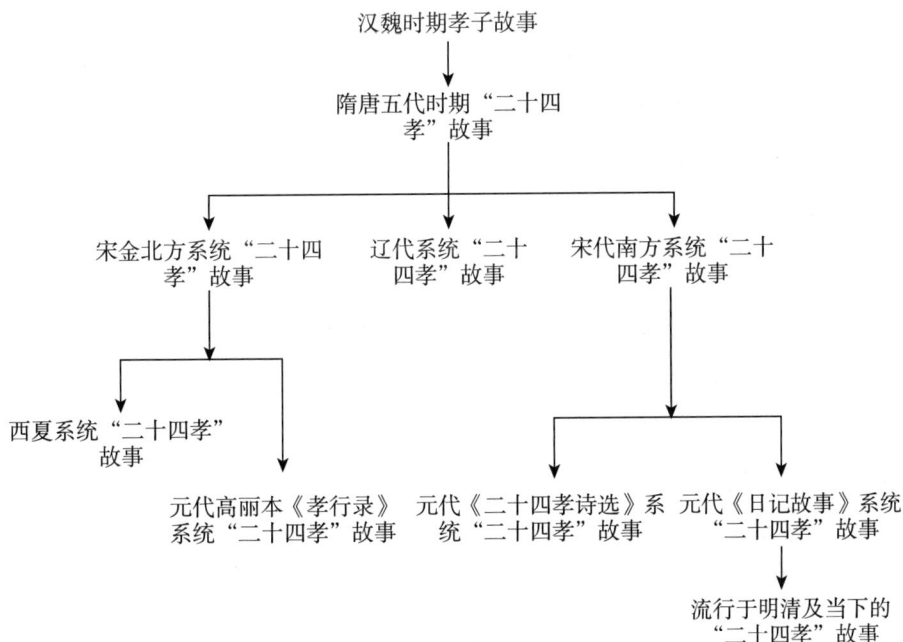

图1 "二十四孝"故事流传谱系

三 西夏文献中"二十四孝"故事的文本价值

西夏文献中"二十四孝"故事文本的形成，在"二十四孝"故事传播、演变的历史进程中，有着重要的地位和历史意义。

11—13世纪，墓葬中的"二十四孝"图层出不穷，但迄今为止我们仍未发现"二十四孝"故事的纸质文本，这就导致学界在探讨辽宋金时期墓葬中的"二十四孝"图像之时，往往缺乏文献的对照和依据。而《圣立义海》中"二十四孝"故事的出现，恰好可以弥补"二十四孝"发展史上的这一缺环。同时通过对其形成轨迹的考察，我们可以得知至少在夏仁宗乾祐壬寅十三年（1182）之前，完整的"二十四孝"文本已经在中原地区形成并广泛传播。若能将《圣立义海》中的"二十四孝"故事和宋金墓葬中的"二十四孝"图以及高丽《孝行录》的记载相结合，就可以大致复原出一个完整的11—13世纪"二十四孝"文本。从这个角度来看，对西夏文献中"二十四孝"的发掘和解读，无疑具有非常重要的价值和意义。

此外，"二十四孝"虽为中原汉文化之原生产物，但这一"文化意象"不仅仅为汉族、中原乃至华夏所独有，在历史发展的长河中，与汉文化产生联系的各少数民族地区以及周边诸政权，都或多或少受到了其影响，有的还出现了自己的"二十四孝"版本。西夏文献中所记载的"二十四孝"故事就是"二十四孝"产生之后较早被翻译成民族文字，完整传播到中原以外地区的一个文本。其形成既受到了中原因素深刻的影响，又在一定程度上保留了党项本民族鲜明的特色。对于西夏文献中"二十四孝"故事的研究不仅有助于认识这一时期"二十四孝"故事的流传、发展，以及儒家"孝道"观念和中原地区的风俗文化对周边民族政权的影响，也有助于进一步理解中华文化多元一体的内涵，值得我们予以特别的关注。

（原刊于《西夏学》2020年第2期）

论西夏的狱政思想

李炜忠

摘　要　秦汉时期以儒家思想为指导的刑狱制度初步形成，发展到唐宋，儒家先哲提倡的"仁政"和"德主刑辅"的政治主张，在狱政方面全面运用。西夏继承并发展了儒家思想，在司法实践中提倡宽仁治狱，这符合当时社会的主流文化，也符合统治阶级的根本利益。西夏统治者也受到了法家文化的影响，在摒弃严刑峻法的同时，崇尚实行法治，强调立法、守法和公正执法，提倡德主刑辅、礼法并用，要求法纪严整的同时宽仁慎刑，形成了鲜明的民族特色，加强了中央集权统治。

关键词　西夏；天盛律令；狱政思想

在唐虞之世，传说就有了狱制。秦汉时期，随着郡县制度的确立，相应地建立了从中央到地方的监狱体系，以儒家思想为指导的刑狱制度初步形成。秦朝的监狱亦称"囹圄"，秦墓竹简《司空律》记载了秦朝对囚犯的管理规定。中国历史上称狱自汉朝开始，汉朝在继承前代狱政的基础上，提出了"役使制度"和"恤囚制度"，这标志着古代狱政思想发展到了一个新的阶段。魏晋南北朝时，随着封建生产关系和阶级斗争的发展，政治法律制度和狱政思想进一步强化。

隋唐时期是我国封建社会刑狱制度的成熟阶段。隋文帝时颁行《开皇律》十二篇，捕亡、断狱两篇涉及监狱的诸多法律条文，并且重新确定了刑罚体制，规定了讯囚制度和刑具规格。唐朝的监狱立法较为发达，狱官令、唐律、会典都有专门的篇章论及监狱，形成了系统完备的系囚制度、刑具制度、居作制度、录囚制度、狱囚衣粮及医药制度等。宋承唐制，加强司法统治，在狱政思想、监狱立法、监狱设置、监狱管理等方面都达到了相当健全的程度。

西夏立国前就仿照唐宋律法，开始了法制建设，史载元昊"案上置法律"，"既袭封，明号令，以兵法勒诸部"，[①]这初步奠定了西夏法律制度的基础。立国后历代统治者不断修律，在借鉴、吸收唐宋法律制度的基础上，结合自己本民族的特点，建立了完善的法制体系。保存下来的立法成就主要有崇宗贞观年间的《贞观玉镜将》、仁宗天盛年间的《天盛改旧新定律令》以及之后的《法则》《亥年新法》等。《天盛律令》卷九《行狱杖门》有 26 个条目，《法则》卷九《行狱杖门》有 5 个条目[②]，均为刑狱制度方面的法规，涉及囚禁、刑具、刑讯、囚犯管理制度等诸多内容。许多条目在《唐律疏议》和《宋刑统》中均可找到源头，也有少数条目为其所特有，这体现了西夏刑狱制度对唐宋刑狱制度的传承与创新。西夏的狱政思想主要体现在礼法并用、等级特权、宽仁慎刑三个方面。

一　礼法并用

以孔子为代表的儒学，自汉武帝"罢黜百家，独尊儒术"后，成为封建社会的主流意识形态。儒家所倡导的"三纲五常"伦理道德准则，君君、臣臣的尊卑关系和封建等级制度，主张"礼治"、重视"德治"的治国理念，以"仁"为核心的民本思想等，成为封建统治者的治国之柄，并被以法律的形式制度化。

汉朝董仲舒以儒家思想为基础，结合法家、道家、阴阳家学说，提

---

① 《宋史》卷四八五《夏国传上》，中华书局，1975，第 13993 页。
② 梁松涛：《黑水城出土西夏文〈法则〉卷九新译及其史料价值述论》，《西夏研究》2014 年第 1 期。

出了"德主刑辅"的指导思想，在法律条文方面表现出了礼法融合，赋予法律以儒家化的价值取向，从而使儒家思想法律化、制度化，成为封建社会立法的指导思想。汉律儒家化是中国封建社会"礼法并用"的开端，历朝历代统治者无不沿用。到唐初，统治者吸取前朝政治的经验教训，认为"德礼为政教之本，刑罚为政教之用，犹昏晓阳秋相须而成者也"。[①] 因此，在立法和司法实践中大力提倡德主刑辅、宽仁治狱，使法律的儒家化走向成熟，并对后世及周边的民族政权产生了深远影响。

西夏主体民族党项族内迁后，受到中原先进文明的滋养，实行中原王朝的政治制度，逐渐接受并熟悉儒家思想。李继迁时已经"潜设中官，全异羌夷之体；曲延儒士，渐行中国之风"。[②] 宋仁宗庆历四年（1044）富弼在奏议中提到"拓跋自得灵、夏以西，其间所生豪英，皆为其用。得中国土地，役中国人力，称中国位号，仿中国官属，任中国贤才，读中国书籍，用中国车服，行中国法令"。[③] 这表明自李继迁开始，西夏已经完全接受了中原的儒家政治文化和传统法律文化。

西夏立国后，历代统治者都大力推崇儒学，把儒学视为最重要的统治思想，至仁宗仁孝时达到了鼎盛。当时编撰的国家法典《天盛律令》，在借鉴唐宋律令的前提下，也是以儒家思想为指导原则，即引经入律，以法律条文形式推行封建礼教，来加强中央集权统治，以儒治国的理念在法律制度层面得到了很好的体现。

二 等级特权

所谓等级特权，即官僚阶级犯罪入狱时，在刑讯、量刑等方面享有特殊的优待，旨在维护封建君主专制统治的等级秩序。

《天盛律令·行狱杖门》首条就规定："节亲、宰相、诸司大人、承旨、大小臣僚、行监、溜首领等于家因私入牢狱，不许置木枷、铁索、

---

① （唐）长孙无忌等：《唐律疏议》，刘俊文点校，法律出版社，1999，第3页。
② （宋）李焘：《续资治通鉴长编》卷五○，咸平四年十一月壬申，中华书局，2004，第1099页。
③ （宋）李焘：《续资治通鉴长编》卷一五○，庆历四年六月戊午，第3640—3641页。

行大杖，若违律时徒一年。其中行一种大杖者，有官罚马一，庶人十三杖。"①《罪则不同门》也规定，节亲主犯罪时，当明确减免之法。应受大杖者当转受细杖，应受细杖者笞三十，八杖笞四十，十杖笞五十，十三杖笞六十，十五杖笞七十，十七杖笞八十，二十杖笞一百。②这说明官僚贵族入狱有减免刑讯的特权。

另外，《天盛律令·八议门》规定"议亲""故人""智人""善人""有功""尊上""勇勤""宾客"八类人犯罪应减轻处罚，"自长期徒刑以下依次当减一等"。③《罪情与官品当门》规定："诸有官人及其人之子、兄弟，另僧人、道士中赐穿黄、黑、绯、紫等人犯罪时，除十恶及杂罪中不论官者以外，犯各种杂罪时与官品当，并按应减数减罪，其法按以下所定实行，勿施一种黥刑。"④

以上这些规定，都是"亲亲尊尊"的宗法思想和"刑不上大夫"的礼制原则在西夏刑狱制度中的具体体现。

三 宽仁慎刑

宽仁慎刑，即在治狱中体现对犯人的仁爱和宽恕之心。西夏在狱政方面很重视刑罚的教化作用，认为无论人性善恶，都可以道德教化的力量，使人心良善，知耻而无奸邪之心。黑水城出土的西夏社会文书"狱典"残页载："无论何人昔日作恶多端，入狱需教以正道，使其明了罪恶性质及大小程度，不得由官家任其赡养。"⑤这是以儒家的礼教道德思想来教化囚犯，与《唐律疏议》中倡导"德礼为政教之本，刑罚为政教之用"的宽仁治狱思想是一脉相承的。

《天盛律令》有诸多条文体现了宽仁慎刑的思想。如规定狱吏在审讯过程中，不得使用暴力手段逼取口供，来作为定罪量刑的依据，刑讯

---

① 史金波、聂鸿音、白滨译注《天盛改旧新定律令》，法律出版社，2000，第324页。
② 史金波、聂鸿音、白滨译注《天盛改旧新定律令》，第601页。
③ 史金波、聂鸿音、白滨译注《天盛改旧新定律令》，第132页。
④ 史金波、聂鸿音、白滨译注《天盛改旧新定律令》，第138—139页。
⑤ 〔俄〕戈尔芭切娃、克恰诺夫：《西夏文写本和刊本》，中国社会科学院民族研究所历史研究室资料组编译《民族史译文集》第3辑，1978，第68页。

有一定的程序，非验状明白，不得拷打。拷囚必须立案，经长官同意，或由诸审问官共同拷问。《天盛律令·行狱杖门》规定："彼问杖者，当言于大人处并置司写，当求问杖数。若谕文□□上置，自专拷打□为等时，有官罚马一，庶人十三杖。"[1]并且拷囚不得过度，"三番拷之"，"一番拷可行三种，笞三十"，对拷囚杖超或致死，狱吏要承担相应的责任。"若怀他意，被告人自己诉讼，所诉是实，知证分白时，有意无理打拷死者，依有意杀法判断。若他人说项，受贿徇情而无理打拷，令杖数超而死时，依枉法借故杀法判断。人未死，则拷者自失误及他人说项，因受贿徇情而拷之等，一律依前诸司局分大小与法不合，无理增加有罪人杖数之罪状相同，他人说项者之罪，当比拷者之各各罪状减一等。"[2]可见，因滥施刑讯而致死，对狱吏的处罚是相当严重的。

西夏对于越狱外逃后自首的囚犯也给予一定的宽容，"越出牢狱，或判断之后于遣送中途逃跑，或为苦役中外逃等，又自投奔来时，当赦外逃之罪而依苦役罪法承之"。[3]这种处罚相对较轻，旨在鼓励外逃囚犯自首。

在监狱管理方面，西夏还仿照唐宋建立了对狱囚饥给食、寒给衣、病给药的基本生活制度。对狱囚口粮的供给，一般情况下，由家属（或主人）自理，家属难以及时提供时，则由官府先垫支，后由家属补还。狱囚患病时，首先需要监狱管理部门确认，有严格的程序。狱吏上报，长官派人查验，确认情况属实后，医人方可对其进行治疗，病重的囚犯要脱去刑具，应担保时还可于司外就医。[4]"牢狱中有染疾病时，都监、小监等应报，遣人视之。不应担保则使住于牢狱净处，视其原罪多寡、病轻重等，应释其枷锁则释之，医人当视之，依其所宜服药就医。应担保则担保，于司外医病，愈时当依法推问。"[5]并且还对狱囚的医疗费用加以保障，即"囚之各应用，当分别于邻近官之罚贿中支出"。[6]这反映

① 史金波、聂鸿音、白滨译注《天盛改旧新定律令》，第327页。
② 史金波、聂鸿音、白滨译注《天盛改旧新定律令》，第327页。
③ 史金波、聂鸿音、白滨译注《天盛改旧新定律令》，第332页。
④ 史金波、聂鸿音、白滨译注《天盛改旧新定律令》，第334页。
⑤ 史金波、聂鸿音、白滨译注《天盛改旧新定律令》，第335页。
⑥ 史金波、聂鸿音、白滨译注《天盛改旧新定律令》，第335页。

了政府对狱囚的人文关怀。

另外，针对狱囚还制定了人性化的管理法规。《天盛律令·行狱杖门》规定，"枷禁囚处之牢狱当善为之，于空气流处为之天窗，冬季当置草席、蒲席。燃料除自备外，实无力者应给若干"，若违律不及时供给时，"局分大小一律有官罚马一，庶人十三杖"。① 即牢狱要设置天窗，保证空气流通，冬天要铺厚草席，必要时还要为狱囚置火取暖。

妇女犯罪在监禁上也有一定优待，《天盛律令·行狱杖门》规定，妇女因犯十恶及杂罪中得死罪而被监禁时，有疾病、恶疮、怀孕等，虽然"不许担保"，但应"当使住牢狱净处，遣人侍奉"，"有疾病、恶疮、孕子等当治之"。获长期徒刑以下至短期徒刑者，"妇人孕子生产日已明，则遣人视之"，"妇人生产月日是否属实，当问所知，是实则当令只关，暂接担保，疾病恶疮愈，产子一个月后再当推问"，"其中妇人非产月勿受问杖"。"若推问毕而已为之判断时，当令视有疾病、恶疮及孕子妇人，言是实，则疾病既愈及妇人已产之一个月然后判断"。若违律先行判断者，导致孕妇死时"徒三年"，使孕妇堕胎时"徒二年"，未致孕妇死或堕胎者"有官罚马一，庶人十三杖"。② 这是对弱势群体的一种保护。

古代统治者为了标榜"仁德"，笼络民心，经常以各种理由对一般犯罪的囚犯进行赦免。从汉朝至宋朝，赦宥频繁，宋朝赦宥有大赦、效赦、恩赦、曲赦等名目。西夏也效仿汉唐以来的宽赦制度，对囚犯进行赦免。《天盛律令》中《杂盗门》《行狱杖门》《越司曲断有罪担保门》《矫误门》《判罪逃跑门》《为僧道修寺庙门》《许举不许举门》《举虚实门》《逃人门》《地水杂罪门》等门类都有对囚犯进行赦免的规定，还规定寒暑两时定期录囚宽赦。《行狱杖门》规定："冬夏二季甚冷热时，中书、经略司等局分处当过问，各自所属之囚当遣堪任局分人推求，未服完者，应予限期则当予限期，应担保则当令担保，应判断则当判断。"③ 可见，宽赦制度在西夏广泛存在。

西夏律令规定的不准刑讯逼供，囚犯逃跑自首当赦外逃之罪，应

---

① 史金波、聂鸿音、白滨译注《天盛改旧新定律令》，第335页。
② 史金波、聂鸿音、白滨译注《天盛改旧新定律令》，第335—336页。
③ 史金波、聂鸿音、白滨译注《天盛改旧新定律令》，第337页。

依时供给囚犯粮食衣物，应担保而予以担保，妇女犯罪在囚禁时予以优待，定期对囚犯进行赦免，等等，对囚犯人身权利和基本生活条件的保障，都是儒家"仁政"的政治主张在狱政方面的全面体现。统治者在重视法治的同时，又宣扬"圣王仁及囹圄"，以"宽仁"标榜。虽然宽仁慎刑与滥施淫威、严刑峻法比较而言，仅具有相对的意义，而且有很大的局限性和欺骗性，但在西夏的治狱实践中，至少是在立法层面，还是得到了很好的贯彻和运用。

综上所述，西夏立国以后，奉行以儒治国的理念，广泛吸收汉唐之制，并将其贯穿到法律制度层面，以法律形式推行封建礼教，儒家思想自然成为西夏狱政的指导思想。西夏的狱政思想除依法治狱外，最主要的就是礼法并用、等级特权和宽仁慎刑。礼法并用即引经入律，提倡德主刑辅，来加强中央集权统治。等级特权，即官僚阶级犯罪入狱时，在刑讯、量刑等方面享有特殊的优待，旨在维护封建等级秩序。宽仁慎刑，即在治狱中重视刑罚的教化作用，不滥施淫威，以体现统治者的仁爱和宽恕之心。总之，西夏狱政思想是以儒家思想为核心，特别是在继承秦汉、唐宋狱政思想的基础上，结合自己的民族特点，形成了一个完整的体系，这是对中国古代狱政思想的传承与创新，具有较大的进步性，是优秀民族传统文化的重要组成部分。

（节选自李炜忠《〈天盛律令·行狱杖门〉研究》，

硕士学位论文，宁夏大学，2015）

等级与秩序

——试论西夏社会关系重构

孙广文

摘　要　早期党项社会是以血缘关系为纽带的部落制氏族社会，其
内迁后主动学习中原王朝及周边各民族政权的先进文化和
生产方式。在此基础上，自上而下打破部落制氏族社会，
建立起以中央集权制为核心的官僚政治制度；积极学习中
原以儒学为中心的礼教文化，重构社会关系，建立起了与
中央集权制度相适应的社会等级关系；基于儒家所提倡的
五服伦理论和五服制度，重构新的社会伦理关系。

关键词　党项；西夏；社会关系；等级制度；伦理关系

一　党项时期的社会关系

早期党项至南北朝时已经发展到以父系血缘关系为纽带的氏族社会
阶段，他们"每姓别自为部落，一姓之中复分为小部落"，表明一个部
落便是一个宗族，一些大的宗族又分出一些小的宗族，称门族或支族，
如庆州大族野鸡族，《册府元龟》载："其野鸡第七门族首领李万全及
树妚等族受敕书领袍带。"① 门族或支族之下又有族帐，族帐是党项最基

---

① （宋）王钦若等：《册府元龟》卷一六七，中华书局，1960，第 2014 页下。

层的社会政治组织单位。这样在党项社会中就形成了"族—门族（支族）—族帐"或"族—族帐"这样的社会组织结构，"门族"是"族"的子组织，而"族帐"可为"门族"的子组织，也可为"族"的子组织。党项人生活在这个组织当中，聚族而居，一家或一个家族为一帐，小族数百帐，大族千余帐，兵民合一，无事时各为生业，有事时迅速聚集。

党项各族、支族和门族都有自己的首领，"其大首领为都军主，司帐已上者为军主，其次为副军主，又有以功次补者，其官职俸给有差。……泾原路熟户万四百七十余帐，帐之首领，各有职名"。[①] 同时，党项人的正式职衔上还可以冠以"节亲主"，即家族或宗族首领。[②] 由此可见，党项首领具有崇高的政治地位和社会地位，是党项社会关系中的贵族。在党项社会中，贵族身份是世袭的。"为首领者父死子继，兄死弟袭，家无正亲，则又推其旁属之强者以为族首。"[③]

平民的社会身份是农夫或牧民，他们是社会的基本劳动者，不但种田放牧，而且可能还要为贵族服杂役；平民是党项西夏社会的基层群众，他们的人身既不完全自由，也并非毫无保障，贵族首领保障他们不受外族攻击；平民对贵族有一定人身隶属关系，这种隶属关系是与血缘关系有关的，是部落宗族组织的附属物。

平民虽被排斥在贵族组织之外，成为社会的基层人群，但并不能摆脱宗族首领组织的控制。正是由于这个原因，在整个党项和西夏几百年的历史当中，有些党项部落不受党项政权的领导和控制，相反他们在本族首领的带领之下，可以为其他如汉族、吐蕃、女真等民族的政权出生入死。

在党项社会组织结构中，兵民合一，无事时各为生业，有事时迅速聚集，这表明早期党项贵族并没有自己的私人武装，贵族不能以武力干预本族平民脱离本族部落，而且直到北宋太宗时期，党项拓跋族首领

---

① 《宋史》卷一九一，中华书局，1977，第4750—4751页。
② 聂鸿音：《西夏文〈新集慈孝传〉研究》，宁夏人民出版社，2009，第30页。
③ 《宋史》卷一九一，第4755—4756页。

李继捧率族入宋后对太宗说"戎人狡狠,臣但羁縻而已,非能制也"。[①]这说明,党项人都是自愿接受部落贵族控制的。由此产生了两个问题:(1)宗族首领控制党项族帐的基础是什么?(2)如何禁绝或减少弱小部落向强大部落的人口流动?

社会学家弗里德曼认为,宗族是与地方社会相结合,以族产为基础的继嗣团体,是宗族关系的纽带。[②]早期党项人"不事产业,好为盗窃,互相凌劫……畜牛、马、驴、羊,以供其食",[③]说明他们仍然不从事农业生产,但在同一部族内已经有了私有财产并产生了基于财产多寡的等级关系,但共同财产仍然存在,这就是土地及土地上所附着的自然资源。在《圣立义海》中,党项人认为大地是一切有生物的支柱,认为大地是四四方方的,四面朝着四个海,有八座山,它们"蔚蓝色天空的支柱,压在红色的大地上"。[④]随着部落宗族的发展,党项人对属于自己部族的土地非常重视。《读史方舆纪要》记载:唐时党项内迁后其"在庆州者,号东山部;在夏州者,号平夏部;在灵、盐以南山谷中者,号南山部"。各部族族帐谨守其地,唯宗族首领马首是瞻,只认首领,不认官府,[⑤]个人所生活之地域就成为区别其族属的重要标志。所以如果从这个角度来分析,土地作为共同财产是维系早期党项宗族观念的基础。

另一个方面是宗族谱系认同。党项社会有一个特别的现象,那就是舅舅在家庭关系中占有很重要的地位,在党项传说中,正是舅舅从噪神手中救出了杀死噪神儿子的白高国九兄弟,[⑥]所以在《圣立义海》中西夏人引用格言:"即使你快被淹死,也不要去抓舅舅的肩膀,即使你恼恨到极点,也不要对舅舅发泄。"这是党项人对母系氏族阶段的深刻记忆,也可能是导致西夏立国后相当长的一段时间里后族专权的重要原因。但

① (宋)李焘:《续资治通鉴长编》卷二五,太宗雍熙元年三月丁巳,中华书局,1995,第575页。
② 〔英〕弗里德曼:《中国东南的宗族组织》,刘晓春译,上海人民出版社,2000,第175页。
③ 《旧唐书》卷一九八,中华书局,1977,第5290页。
④ 〔俄〕克恰诺夫、李范文、罗矛昆:《圣立义海研究》,宁夏人民出版社,1995,第8页。
⑤ 杜建录:《论党项宗族》,《民族研究》2001年第4期。
⑥ 〔俄〕克恰诺夫、李范文、罗矛昆:《圣立义海研究》,第20页。

如前所述，党项社会在南北朝末期已进入父系氏族阶段，以父系血缘为基础的家族观念开始确立并逐渐变得根深蒂固，"兄弟们继承祖辈的土地、父辈的房舍"，其时，最理想的家族关系是兄弟们"不分你我""三代同堂"，这些都是向土神崇祀的基础。① 在这样的宗族观念的主导下，党项人很重视其谱系来源，如近代榆林地区出土的唐初拓拔守寂和五代后晋李仁宝墓志都用一定的篇幅来追本溯源，② 其目的就在于谱系认同。

　　基于谱系认同的家族意识还表现在党项人的复仇与婚丧习俗中。同古代很多民族一样，党项人有其传统的复仇习俗，《辽史·西夏外纪》载："喜报仇，有丧则不伐人，负甲叶于背识之。仇解，用鸡猪犬血和酒，贮于髑髅中饮之，乃誓曰：'若复报仇，谷麦不收，男女秃癞，六畜死，蛇入帐。'有力小不能复仇者，集壮妇，享以牛羊酒食，趋仇家纵火，焚其庐舍，俗曰敌女兵不祥，辄避去。诉于官，官择舌辩气直之人为和断官，听其屈直，杀人者，纳命价钱百二十千。"③

二　部落政治逐渐崩溃与中央集权制度下的等级关系

　　随着吐蕃等相邻民族政权的强大，党项相对落后的生产方式和松散的社会关系无法与之抗衡，危机促使变革。党项西夏的社会变革，始于党项内迁。"自周氏灭宕昌、邓至之后，党项始强"。④ 至隋代"开皇四年（584），有千余家归化"，此后的一百多年时间里，党项不断内迁，至广德二年（764），唐王朝西北边帅郭子仪认为党项部落散处盐州（今陕西定边县）、庆州一带，"其地与吐蕃滨近，易相胁，即表徙静边州都督、夏州、乐容等六府党项于银州之北、夏州之东，宁朔州吐谷浑住夏西，以离沮之"。内迁后，党项部族散居庆、银、夏、盐等地，在经济上属于半农半牧区，而银、夏等地处在鄂尔多斯高原东南缘，自古

---

① 〔俄〕克恰诺夫、李范文、罗矛昆：《圣立义海研究》，第20页。
② 周伟洲：《陕北出土三方唐五代党项拓拔氏墓志考释——兼论党项拓拔氏之族源问题》，《民族研究》2004年第6期。
③ 《辽史》卷一一五，中华书局，1977，第1524页。
④ 《旧唐书》卷一九八，第5290页。

以来是农耕民族与游牧民族争夺的焦点。以其自然环境论,银夏地区的一些地域如夏州的乌水、银州的无定河、胜州的窟野河以及黄河界岸地区,因为有河流可资灌溉,有利于农业发展,另一些地域有水草丰饶的草原,则利于畜牧。因此,内迁后的党项,其生存条件和发展条件得到了很大的改善,特别是最早内迁的党项羌,在唐政府的帮助下学会了农耕,[①]而党项居住的绥德、横山、葭芦、米脂都是农业发达的地区,党项拓拔氏后来以武力所据的灵、兴二州,更是历代垦辟的沃野。农业的发展促进党项社会经济的快速发展,同时也加快了党项与中原农耕文明的融合,这是党项社会变革的重要条件。

内迁后,唐王朝对党项部族分地安置,但与秦汉时期不同,唐朝对边地异族则采用"全其部落,顺其土俗"的政策,所以党项大族首领如拓拔氏、折氏都是以唐王朝节度使的身份统治其部落,而其族帐首领也被授予蕃落使、防御使、团练使、都押牙、指挥使、刺史等职,实际上仍行使其族帐首领之职,而且可以世袭。唐末至五代时期,党项势力割据一方,在乱世中纵横捭阖,发展迅速。唐天宝末年党项拓拔氏因"平夏部有战功,擢容州刺史、天柱军使,其裔孙拓拔思恭,咸通末窃据宥州,称刺史"。[②]唐僖宗时,平夏部夏州节度使拓拔思恭因进攻黄巢有功,被唐王朝封为夏、绥、银节度使,夏国公。到唐朝灭亡时,拓拔氏占有银、夏、绥、盐、宥、延六州之地,"虽未称国,而自其王久矣"。拓拔氏崛起并与中原王朝抗衡过程中,主动学习和吸收中原王朝及各周边民族政权的先进文化和制度,推动了党项社会变革,进一步打破党项部落制氏族社会,进入以中央集权制为核心的官僚政治社会。

"政治社会必须奠基于地域和财产两者之上,它必须通过人们的地域关系来和个人打交道。"[③]《新五代史·四夷附录》载:党项"有大姓而无君长,不相统一,散处邠宁、鄜延、灵武、河西,东至麟、府之间"。五代时期,党项依旧处于各自为政的状态,而且仍然是以血缘关

---

① 杜建录:《西夏经济史》,中国社会科学出版社,2001,第10页。

② 《新唐书》卷二二一上,中华书局,1975,第6218页。

③ 〔美〕路易斯·亨利·摩尔根:《古代社会》,杨东莼等译,江苏教育出版社,2005,第214页。

系为基础的氏族为主，但以地域关系为基础的统治集团已初具雏形，已形成自唐末以来占据银、夏、绥、宥四州的定难军党项拓拔氏集团，五代初兴起于府、麟二州的党项折氏集团，以及以庆州北白马川命名的白马族、延州金明县的金明族、庆州野鸡塞的野鸡族、泾州西北大虫前后巉的大虫族等。可见，五代时党项诸部内血缘关系进一步松懈，而地域因素开始加强，与此同时其政治形态也开始从以血缘关系为基础的部落政治向以地域关系为基础的官僚政治过渡。

1038 年，元昊建立西夏政权，标志着西夏官僚政治的正式确立。在中央，其行政机构体系和运行机制与宋大体一致，设中书、枢密、三司。在地方，则沿用唐、宋中原王朝地方行政建制的府、州（郡）、军、县等，县下有乡里组织。[1] 在这种官僚体制下，西夏政治社会关系也最终从松散的部落联盟式贵族与平民的关系逐渐变为等级严格的封建关系，政府通过制定法律，以国家力量来维护这种等级关系。

（一）君臣关系

作为儒家重要经典的《论语·八佾》记载了孔子对君臣关系的理解，"君使臣以礼，臣事君以忠"，孔子以"礼"和"忠"释君臣关系，成为后世几千年中国皇帝和大臣处理君臣关系的基本原则。秦汉以后，君主的意义进一步引申，天子成为具有天命的君父，在诸人伦关系中，君臣关系最为重要。

元昊称帝建国后，作为拓拔部首领和党项部落联盟首领的元昊，一变而为西夏国皇帝，同时元昊与各部落首领之间的关系也由部落联盟首领与部落首领的关系变成了君臣关系。与中原王朝皇帝一样，元昊拥有了绝对的权力，而各部落首领作为臣子，其权力则必须由皇帝授予。

为了重构这种权力关系，元昊设"蕃学"和"汉学"，积极学习中原以儒学为中心的礼教文化，严格规定君臣等级制度。为强调君臣关系在诸人伦关系中的重要性，将谋逆罪定为第一大罪，犯谋逆罪者不论主从，皆以剑斩，并且连坐所有直系亲属。《天盛律令》规定：

---

① 李范文主编《西夏通史》，宁夏人民出版社，2013，第 381 页。

欲谋逆官家，触毁王座者，有同谋以及无同谋，肇始分明，行为已显明者，不论主从一律皆以剑斩，家门子、兄弟节亲连坐、没畜物法按以下所定实行：一等谋逆者已发，有毁伤，则父及儿子等应如何斩决，依时节奏计实行。

一等谋逆已发及未发等之儿子、妻子、子媳、孙及孙媳等，同居不同居一样，而父母、祖父母、兄弟、未嫁女姐妹此等同居者应连坐，当易地居，使入牧农主中。畜、谷、宝物、地、人等，所有当并皆没收入官。其中祖父母、父母、兄弟、姐妹、女等非同居，则畜、谷、宝物、地、人等勿没收。

一等谋逆者之叔伯、姨、侄等，同居不同居一样，当随其连坐，应易地而居，无疑者当遣往边地，有城则当终身守城，无城入边军中，疑者则当于内地记名。畜、谷、宝物、地、人者，与谋逆者同居则连坐没收入官，分居者勿没收。①

（二）官吏关系

官吏关系，是指长官与部属的关系。官吏杀本司大人、承旨、司判等，即犯"失义"的重罪：

一诸司大人、承旨、司判等，被自己司属局分都案、案头、司吏所使用人，以及所属事务中诸人因有所诉讼缘由等打斗而杀时，杀人者与属司大人、承旨、司判等官品相等及官高低等，则不论官，与庶人一样以剑斩。若死者官低，杀人者官大，则自"语抵"官以上官、职、军皆革除，判无期徒刑。自"柱趣"官以下，官、职、军皆革除，绞杀。②

此处"失义"罪，唐律称"不义"罪，在十恶之内。唐律的"不义"罪包括：杀本属府主、刺史、县令、现受业师；吏卒杀本部五品以

---

① 史金波、聂鸿音、白滨译注《天盛改旧新定律令》，法律出版社，2000，第111页。
② 史金波、聂鸿音、白滨译注《天盛改旧新定律令》，第128页。

上官长；妻子闻夫死匿不举哀，或居丧作乐，释服从吉，以及改嫁。唐律对犯不义罪，实行从重处罚的原则。如《唐律疏议·贼盗律》规定：

> 诸谋杀制使若本属府主、刺史、县令及吏卒谋杀本部五品以上官长者，流二千里。已伤者，绞；已杀者，皆斩。[①]

而官长杀部曲，其罪罚要轻得多：

> 诸主殴部曲死者，徒一年；帮杀者，加一等。其有愆犯，决罚致死，及过失杀者，各勿论。[②]

通过比较可知，在处理官吏相杀的问题上，西夏《天盛律令》与唐律具有相同的原则：以下犯上者，从重处罚；以上杀下者，从轻处罚。这样的立法原理，可能是受到"二重君臣"观念的影响，也就是说上官对部属，在名分上也是君臣，以此入法，可保障长官与部属官僚之间的政治伦理。

（三）夫妻关系

随着社会的进步，西夏时期的夫妻关系与早期"惟不娶同姓"相比，也有了很多改变，这些改变通过法律条文的形式，有了非常具体的规定，体现夫妻之间的等级关系。

1. 休妻。《天盛律令》规定，妇人若犯了七种恶中"行淫"这一恶，丈夫可不经父母的同意，直接休妻。妇人若是犯了后六种恶，则须经过父母的同意后才能休妻：

> 妇人有七种恶中行淫一种，则父母及丈夫等议与不议一律允许出，不许反告。此外：一，不生子女；二，不侍公婆；三，有主多言；四，盗窃；五，妒忌；六，恶疾。有此六种错，丈夫可与父母

---

① （唐）长孙无忌等：《唐律疏议》，岳纯之点校，上海古籍出版社，2013，第275页。
② （唐）长孙无忌等：《唐律疏议》，第348页。

商议后出之，妻子可往乐意去处。①

若决意休妻且不想与父母共议，也有办法休妻，即在有适当理由的情况下，可以给妇人以休妻的凭据并为妻子剪头：

> 若丈夫不与父母商议而出妻，当予凭据，若曰"当出"，剪头，遣往所愿处。②

2. 典妻。西夏妇女可能会因债务而被典押，在还清债务后，可回到原来的家庭。

> 使军之外，诸人自有妻子及辅主之妻子等、官人妇男，使典押他人处同居及本人情愿等，因官私语，允许使典押。……减算工钱，典钱尽毕时，当依旧往还。③

除债务典押外，也可典妻出工，用来还清债务：

> 借债者不能还时，当催促同去借者。同去借者亦不能还，则不允其二种人之妻子、媳、未嫁女等还债价，可令出力典债。④

3. 同居共财。在中国古代，家庭成员之间相互帮助，共同维护家庭的财产，实行同居共财制度，也就是家庭成员个人不允许有私人财产，不得将家庭财产私自赠予或借给别人，这种家庭财产共有制是中国古代家庭经济生活的突出特征。同居共财的前提是家庭成员是同居而非分居的，因此实行同居共财制度的唐、宋时期的法律规定，父母健在时是不能分居的。西夏规定若是父母同意子女分居则可分居。一旦子女分居

---

① 史金波、聂鸿音、白滨译注《天盛改旧新定律令》，第308页。
② 史金波、聂鸿音、白滨译注《天盛改旧新定律令》，第308页。
③ 史金波、聂鸿音、白滨译注《天盛改旧新定律令》，第388页。
④ 史金波、聂鸿音、白滨译注《天盛改旧新定律令》，第388页。

后，自己便成为一户之主了，家庭的财产就归户主所有，但仍然实行同居共财制：

> 父子、兄弟一同共有之畜物，不问户主，子孙、兄弟、妻子、媳等背后分用者，若为所分用则不须治罪、赔偿……已分用，则五缗以下不治罪，五缗以上一律有官者罚马一匹，庶人杖十三杖，所分用畜物当还属者。子孙等未分住，则量畜物多少以分家论。其中分用父母者，不治罪。[①]

三 从聚落到迁溜——以礼法观念为中心的西夏社会伦理关系

从逻辑上讲，与中央集权制度相对应的，必须是基于土地关系的地方基层组织。虽然西夏境内始终没有完全消灭部落制，但其"小甲—小监—农迁溜"基层组织已经比较完善。《天盛律令·纳领谷派遣计量小监门》载：

> 各租户家主由管事者以就近结合，十户遣一小甲，五小甲遣一小监等胜任人，二小监遣一农迁溜，当于附近下臣、官吏、独诱、正军、辅主之胜任、空闲者中遣之。[②]

文中指出西夏民户是以十户为一小甲，五小甲为一小监，两小监为一农迁溜，形成了"小甲—小监—农迁溜"这样的基层社会组织。"一户"也就是一个独立的家庭，是这个组织里的最基本的构成单位。因此，随着家庭在西夏社会关系中独立性的增强，以传统道德和社会习惯来维系社会秩序已远远不够，因而建立起新的人间秩序，成为西夏中央

① 史金波、聂鸿音、白滨译注《天盛改旧新定律令》，第411页。
② 史金波、聂鸿音、白滨译注《天盛改旧新定律令》，第514页。

集权制政权统治其人民的必要手段。为达到这个目的，西夏统治者引入中原地区的礼法制度并稍做改变，建立起新的社会伦理关系。这种新的社会伦理关系立足于儒家五伦理论，即孟子所说的"父子有亲，君臣有义，夫妇有别，长幼有序，朋友有信"。

西夏统治者仿唐、宋律令，依人伦关系立法，确立"同罪异罚"原则，尤其在亲属样犯、亲属相盗、亲属相奸等罪中，体现丧服制度法律化，最终建立起了亲疏有序、贵贱有别的社会伦理和人际关系。

就亲属关系而言，西夏亲属称谓是以己身为中心分节上和节下，节上为长辈，节下为晚辈。以宗法血缘而言，分族亲和姻亲。西夏服制把父母与养子、庶母与子女间的关系也都纳入族亲之中，[①]并且以五服制度作为科罪量刑的标准。在这个标准中，如亲属相犯时，以卑犯尊者，则依据服制，处罚依次重于常人，关系越亲，处罚越重。《天盛律令》对此规定：

> 一子女自己杀亲曾祖及祖父母、父母、庶母等，及媳杀此数等者，不论主从，以剑斩。其中妇人之子女勿连坐，而每人自己妻子、子女当连坐，应迁居异地，应入牧农主中。已行未死，则已着未着、已伤未伤一律，造意、同谋者以剑斩，其中造意之妻子、子女当连坐，入牧农主中。已起杀意，虽未暇进行，然已打斗及以强力□□□等，造意以剑斩，家门勿连坐，从犯绞杀。
>
> 一自穿三个月丧服至穿九个月丧服，节下人依次杀节上中一人时，不论主从，以剑斩。杀二人时，主谋之妻子及同居子女等当连坐，入牧农主中。与同谋者，一齐以剑斩。三人以上，不论正副一样，以剑斩，自己妻子、同居子女等人当连坐。若已行动未死，则已着未着、已伤未伤一样，造意绞杀，从犯徒十二年。[②]

在上述律条中可以看出，如杀自己直系节上亲属时，不论已杀未杀或已

---

① 史金波：《西夏党项人的亲属称谓和婚姻》，《民族研究》1992 年第 1 期。
② 史金波、聂鸿音、白滨译注《天盛改旧新定律令》，第 117—118 页。

伤未伤，都要剑斩或绞杀且家门连坐；如非直系亲属的节下人杀节上人时，则依据服制剑斩或绞杀。

而以尊凌卑者，则仍依据服制，处罚渐轻于常人，关系越亲，处罚越轻：

> 一亲祖父母、父母、庶母等，故意杀自子孙之罪状，除第八卷上所列以外，节上人谋杀节下人，起意已伤，则与故意伤他人罪比，穿一年丧服减三等，自穿九个月丧服至五个月减二等，三个月减一等。已杀时按故意杀他人法判断。[1]

亲属相盗者，不论节上节下，处罚轻于常人。《天盛律令》规定：

> 穿三个月、五个月丧服等相互为盗时，当比他人盗窃罪依次减二等。
> 穿九个月丧服相互盗窃时，当比穿三个月丧服之罪减二等。
> 穿一年丧服相互盗窃时，当比穿三个月丧服之罪减三等。
> 穿三年丧服互相盗时，当比穿三个月丧服罪减四等。[2]

亲属相奸者，不论节上节下，处罚重于常人。《天盛律令》规定：

> 一诸人于条下所示节下、节上至亲处为非礼者，男女一律以剑斩。[3]

西夏的姻亲包括妻亲和外亲，妻子、母亲、姑、姐妹丈夫、女儿丈夫的族亲等。有相盗窃时，则视亲节远近，比盗窃他人罪减一等。[4]

综上所述，随着西夏农业经济的发展和中央集权制度的确立，西夏

---

① 史金波、聂鸿音、白滨译注《天盛改旧新定律令》，第118页。
② 史金波、聂鸿音、白滨译注《天盛改旧新定律令》，第160—161页。
③ 史金波、聂鸿音、白滨译注《天盛改旧新定律令》，第130页。
④ 史金波、聂鸿音、白滨译注《天盛改旧新定律令》，第130页。

的生产生活方式也逐渐由游牧转向定居，其人民也随之转变成为向国家缴纳租税的编户齐民，这导致的另外一个结果是，以家庭为经营单位的土地买卖、商业、手工业、高利贷等迅速发展起来，黑水城文书中有许多卖地契、典田地文契、典麦契、卖驴契、收支钱账等，充分反映了这一事实。在新的生产关系条件下，西夏社会开始了基于君臣、官吏、夫妻及家庭伦理关系的社会关系的重构，逐渐建立起新的基于等级关系的新型社会关系，重构了社会秩序，反映了党项民族内迁后，党项的部落文明与中原农耕文明的交流与融合，反映了10—13世纪在中华大地上民族融合的大趋势。

（原刊于《西夏研究》2018 年第 4 期）

东千佛洞西夏壁画中的药师佛及其审美意蕴

史 伟

摘 要 东千佛洞位于我国河西走廊西端，她清新瑰丽的艺术风格，既是对河西地区佛教石窟艺术的继承，又是西夏社会历史文化的体现，更是西夏晚期佛教艺术的奇葩。汉魏以来，佛教在河西地区传播发展，汉、羌、鲜卑、回鹘、吐蕃、党项、契丹、女真等民族又在这里融会交流，正是这样的历史文化背景，孕育出凝聚党项民族智慧、汲取多民族艺术之精华、具有多元化艺术风格的西夏东千佛洞佛教绘画艺术。尤其是东千佛洞的药师佛形象伟岸、气宇轩昂、真实动人，对芸芸众生充满无限慈悲与关爱，给人留下深刻难忘的美好印象。

关键词 西夏；东千佛洞；药师佛；审美意蕴；多元化风格

一 壁画中的药师佛形象探源

药师佛是梵文 Bhaisajyaguru 即"药师琉璃光王如来"的简称。又作药师如来、大医王佛、医王善逝、十二愿王，为东方净琉璃世界之教主。据隋代达摩笈多所译的《药师如来本愿功德经》记载："……彼世尊药师琉璃如来，本行菩萨道时，发十二大愿，令诸有情所求皆得。"其胁侍菩萨分别为日光遍照菩萨与月光遍照菩萨。

如《药师如来本愿功德经》所说，"东方净琉璃世界纯一清净，无诸欲染，也没有三恶趣等苦恼之声。地是净琉璃所敷，城阙宫殿及诸廊宇，也都由七宝所造成"。其庄严殊胜之处，恰好与阿弥陀佛西方净土相互辉映。药师佛在成道前曾发十二大愿。其中较为具体的有"使众生饱满所欲而无乏少""使一切不具者诸根完具""除一切众生众病、令身心安乐、证得无上菩提""使众生解脱恶王劫贼等横难"等愿。这些誓愿，不仅促使众生早证菩提，而且也为众生求得现世的安乐。这与阿弥陀佛的偏向来生安乐者的西方极乐世界稍有不同。这也就是佛教界将药师法会视为现生者之消灾延寿法门的缘由。

开皇十年（590），著名翻译家印度高僧达摩笈多至敦煌等地译经，所译《药师如来本愿功德经》等在河西民间广为流传。如今，在瓜州东千佛洞西夏洞窟遗存有多幅药师佛尊像画与东方药师经变，敦煌西夏窟中也有多幅药师佛壁画，说明西夏时期药师佛信仰在河西地区的盛行。

药师佛的造像一般有坐像和立像。据《药师念诵仪轨》，药师佛"左手执持药器（又作无价珠），右手结南无药师琉璃光如来三界印，身着袈裟，结跏趺座，安坐于莲花台，台下有十二神将……"这是顺应药师佛的十二大愿而呈现的药师分身。

还有一类被称为"东方三圣"的药师佛图，图中药师佛左手持药壶，右手结施无畏印（或与愿印），日光、月光二菩萨胁侍左右，并称为药师三尊或东方三圣。药师三尊中，日光、月光二菩萨，在《灌顶经》卷一二中之译名为日耀、月净二菩萨。日光菩萨与月光菩萨同为无量无数菩萨众之上首，依次递补佛位，悉能持药师如来之正法宝藏。（图1）

在汉地石窟寺中除了上述药师"东方三圣"外，也常出现以释迦牟尼佛、阿弥陀佛、药师佛合供的"三世佛"。如北京雍和宫供养的"三世佛"中东面的药师佛（图2）。此外，在云冈石窟、龙门石窟等中原汉地石窟寺中也多有供奉此三世佛。此类三世佛有坐像，也有立像，在云冈石窟可以看到的是三世佛的立像。

图 1　黑水城出土 药师三尊

资料来源：高春明主编《西夏艺术研究》，上海古籍出版社，2009。

图 2　北京雍和宫 药师佛

资料来源：笔者摄于北京雍和宫。

除了上面提到的药师佛形象外，还有一类药师佛形象，是由一佛二弟子以立像的形式出现的。东千佛洞第 2 窟后室正壁中央大日如来两侧对称分布的药师行道图（图 3、图 4）即为此类。在莫高窟和榆林窟虽然也有类似的药师行道图，但其内容只有药师佛单身像而没有侍从弟子出现（图 5），一般分布在龛外两侧而非正壁。

二　东千佛洞西夏壁画药师佛美学艺术风格及其审美意蕴

（一）行道药师佛及其审美意蕴

行道佛的形象早在南北朝就出现了。此类持锡杖、药钵的行道药师佛立像，在敦煌莫高窟中比较常见，不过莫高窟的行道药师佛人物造型具有显而易见的高昌回鹘风格（图 5）。而东千佛洞的药师佛从人物样貌和画面设色上看，具有明显的西夏党项民族外貌和河西地区设色清丽的汉传佛教风格特色（图 3、图 4）。

图3　东千佛洞第2窟行道药师佛（1）　图4　东千佛洞第2窟行道药师佛（2）

资料来源：笔者摄于瓜州东千佛洞。　　　资料来源：笔者摄于瓜州东千佛洞。

　　西夏中后期河西石窟的药师佛形象多承唐五代绘画传统，并且受到高昌、沙州等回鹘壁画艺术风格的一定影响，从而从内容到表现手法都开始趋于简约和疏旷、设色艳丽。多数为两幅相对应，一般绘于龛外两侧，或甬道两侧壁，画幅较为狭长，画面中的药师佛形象高大，面部丰腴，呈现几分回鹘风貌，偶尔有几身弟子随侍左右，而多数为佛陀的单身持杖像，空中往往弥漫着淡淡的云气，如莫高窟第310窟的单身药师尊像壁画（图5）。

图5　莫高窟第310窟行道药师佛

资料来源：高春明主编《西夏艺术研究》。

药师行道图中佛陀手中的锡杖是佛与弟子所持的重要杖具。据《锡杖经》，锡杖为智德之表征，有轻、明、不回、惺、不慢、疏、采取、成等义。

另外，日僧觉禅的《觉禅抄》记载药师尊像"唐本持钵、锡杖"，并收有"唐本药师像"，敦煌初唐石窟壁画中亦见持钵、执锡杖的药师佛，但药师佛持锡杖的形象未见载于经典或仪轨，说明行道药师佛的形象可能多少融入了画家本人的审美喜好和创作发挥。这种持杖执钵形象的药师佛在东千佛洞西夏窟中被演绎为左右有二胁侍弟子的药师行道图，显得更加世俗化。

东千佛洞第 2 窟药师行道图（图 3、图 4）的整个画面构图是典型的对角线法，放大的人物形象，突出了面部表情并展现出人物个体的细节特征。其中的药师佛造型，多以唐五代中原绘画传统为基础，在体现出河西汉地清丽设色风格之外，又流露出党项人圆面阔腮高鼻的外貌特征，体现了不同地域不同民族的审美喜好，可以说是兼有汉—夏（番）风格的多元绘画艺术品。

东千佛洞第 2 窟后室正壁大日如来说法图两侧左右对称分布着这样两幅药师行道图，这两幅药师佛画面构图基本一致，只是右侧的（图4）左下角增加了四个小童预接佛陀施药丸的情节。

壁画中身形放大的药师佛及身后二弟子几乎占到了整个画面的四分之三，与此相比，四个身形缩小的孩童仅在画面左下角，其中一个孩童被另外三个孩童托起去接药师佛俯身赐给的小药丸。主要人物药师佛的形象被无形中放大，更加突出表现其救苦救难、救死扶伤的大爱形象。人物表情被刻画得惟妙惟肖，药师佛目光慈祥，身躯微微向右前方四个孩童的方向倾俯，满含慈悲关爱之情。药师佛身赭红色，低平肉髻，着内白外红的佛装，面相同释迦佛，只是稍露党项人身材高大、高鼻、两腮饱满的外貌特质。其左手执锡杖，右手曲臂下垂，手托琉璃色药钵，表现出药师佛的庄严仪态和大慈大悲的神情。药师佛右侧下方一角的这四个孩童，在佛陀的关爱之下似乎表现出欢喜雀跃之情。画面中人物的这种对角线的布局方式更加彰显了药师佛的大爱、慈悲、拯救众生的无量功德。当时流行于南宋的"夏一角""马半边"式的构图模式在这里得到充分的展示，这也是西夏画家善于向其他民族绘画艺术学习的很好例证。

药师佛的两个随身弟子立于其身右侧后方，一双手抱拳，一合掌，二人神情平和地关注着这温暖的一幕，药师佛与孩子们的互动和二弟子的肃穆伫立，这种一动一静、动静结合的绘画方式，使得本来庄严肃穆的佛画题材由此而变得鲜活灵动起来，这种生动活泼的世俗氛围，令佛教的深刻义理变得通俗易懂，从而达到潜移默化、润物细无声的目的，同时也巧妙地将画家对主尊的敬仰与喜好展露无遗，更加突出了药师佛形象的世俗感与亲切感。这与黑水城及藏地药师佛肃穆、严格遵循宗教仪轨的形象完全是两种视觉效果，一个情真意切，一个肃穆庄严。这样的画面布局处理无形中拉近了药师佛与信众的距离，让人们感受到药师佛的博大关爱就在身边。

与右侧药师行道图对称的左侧药师佛发饰被涂成宝蓝色（图3），低平肉髻，饰髻珠，身赭红色，穿百衲袈裟，双脚站在莲花座上，微侧身缓缓前行。右手持环锡杖斜靠在肩上，左手托透明的琉璃色药钵于胸前。二弟子双手合十左右胁侍而立，虚空间背衬彩云。一般来说，汉地的药师佛形象中多是低平的肉髻，赭红色身相，如云冈石窟北魏的东方药师三世佛中的药师佛即为赭红色身相，而且肉髻低平。这说明东千佛洞药师佛形象偏向汉地风格，这也是河西汉传佛教文化为主旋律的体现。

东千佛洞的这两幅在虚空中随时准备扶弱济贫的药师佛三尊图，整个画面对角线构图，简约疏朗，突出主要人物药师佛形象，人物表情刻画细致入微。整个画面背景设色清薄通透，佛徒三人近乎透明的头光轻轻地穿越薄薄的云雾，衣装淡雅而飘逸，衣褶随体型自然流走，人物形象自然逼真，给人以温馨和抚慰的震撼效果。整幅画无论是画面构图还是线描和设色都表现出明显的汉传佛教风格，只是主要人物的外貌略带党项人的气质，是同类题材中的佳作。

一幅壁画就是一段历史的记录，同样是药师行道图，在敦煌莫高窟显露出回鹘画风，而在瓜州东千佛洞则凸显西夏党项审美情结，这正折射出西夏时期河西地区尤其是河西西部曾经为多个民族栖息之地。

　　东千佛洞第 2 窟正壁中央大日如来说法图两侧左右对称分布的这
两幅药师佛，还有对面与中心柱背面的释迦佛涅槃变相对的布局，共同
构成了佛教的又一个"三世佛"的大主题（图 6），药师佛既消除受众
现世的疾苦，又是来世东方往生之净土世界的教主；大日如来是未来法
界的佛主，释迦佛涅槃后的接班人。东千佛洞第 2 窟后室的这种"三世
佛"的布局方式完美地诠释了佛教"三世佛"的寓意及深刻内涵。这样
精妙的布局还未在其他洞窟发现，实为瓜州东千佛洞西夏佛教绘画艺术
布局的一大特色。

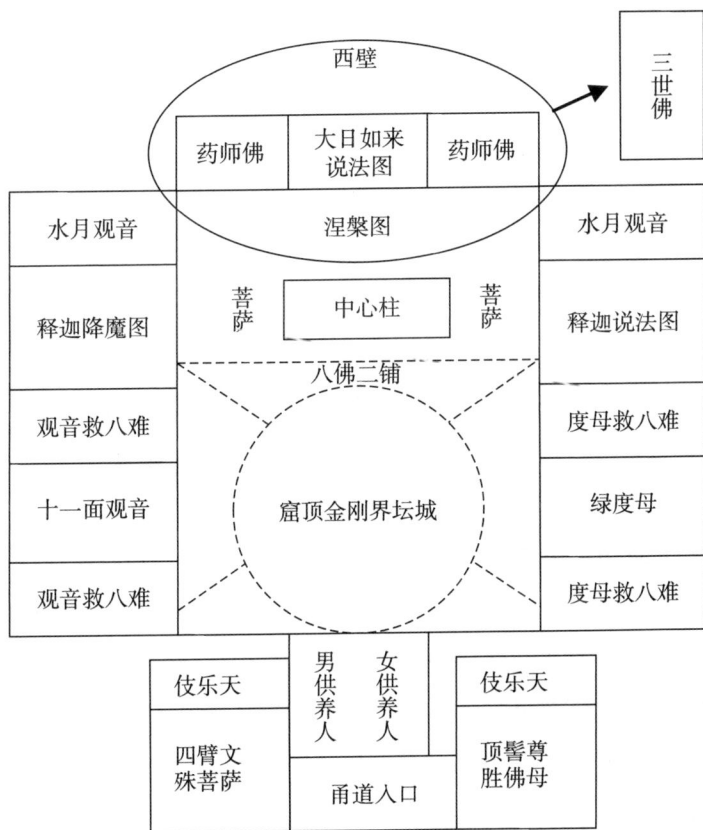

图 6　东千佛洞第 2 窟壁画布局及"三世佛"示意

（二）东方药师经变及其审美意蕴

　　佛经《药师如来本愿功德经》里是这样描绘东方药师净土世界
的："一向清净，无女人形，离诸欲恶，亦无一切恶道苦声，琉璃为地，
城阙垣墙，门窗堂阁，柱梁斗拱，周匝罗网，皆七宝成。"而佛教徒向

往的西方净土则被描绘成"馆宇宫殿,悉以七宝,皆自然悬挂,制非人匠。苑囿池沼,蔚有奇荣"①的繁华境界。下面我们就来看看东千佛洞第7窟的这幅东方药师变是否有同样精妙绝伦的表现。

东千佛洞第7窟左壁为东方药师经变图（图7、图8）。②

图7　东千佛洞第7窟东方药师经变　　　图8　东方药师经变简图

画面中药师佛端坐在宫殿的广场中央束腰莲花宝座之上,其背靠大殿,佛手托药钵,左侧弟子也托着蓝色琉璃药钵。参加法会的有众弟子、菩萨、眷属、天王、神将等,所有人物以药师佛为对角线中心呈"菱形"整齐有序地布满药师宫殿大院的广场,并且一直延伸到廊檐,宫殿内还有各就其位的天众。佛前一铺天宫伎乐手持乐器正在演奏天乐。后院宫墙远处虚无缥缈的云朵中有四身化佛显现。图中佛殿主体雄踞中轴线上,高阁回廊四周环抱、左右对称,院落布局层层递进,殿堂楼阁或作歇山顶或作攒尖顶,中脊突起饰以宝瓶,鸱吻异常高大,屋角明显翘起如鸟展翅,展示了木构建筑巍峨壮丽、庄严肃穆的汉民族风格。

东方药师经变壁画中虽然表现的是佛国世界的天宫净土,但是它的建筑造型和画面布局无一不体现出现实世界——西夏宫廷或某座皇家寺

①　（晋）释支道林：《阿弥陀佛像赞并序》,录于《广弘明集》,《大正新修大藏经》第52册,大正一切经刊行会,1934。
②　简图出自张宝玺主编《甘肃石窟艺术·壁画编》,甘肃人民美术出版社,1997。

院，只不过是将宫廷中的官员和寺庙里的僧侣换成了佛界天国众生。药师经变中的背景建筑也是西夏晚期建筑界画的优秀代表，反映了西夏建筑界画的最高水平。西夏画师能够直接利用身边的景物、人物作为绘画题材，无疑对佛教信众来说会似曾相识、倍感亲切、倍加向往。

从整体画面构图、布局以及艺术效果来看，东千佛洞的这幅东方药师变与榆林窟第 3 窟观无量寿经变应属同一净土变体系，它们都是在封闭式的天宫大院内，前有山门，后有大殿，中有左右配殿，前院是七宝莲池。不过也有细节上的差别：榆林窟的净土变无量佛端坐大殿前，其余人物呈 X 形展开一直延伸至四周偏殿或回廊里，而东千佛洞的药师佛净土变中药师佛则端坐于天宫的广场中央，其余人物以佛为中心呈菱形布局，比较起来东千佛洞这幅对钟楼和经楼描绘得更加具体，七宝莲池更为庄严，整个画面气势宏伟，突出表现了药师佛慈悲、关爱、拯救芸芸众生的博大精神。画中人物布局独特，线描精湛，建筑恢宏，蔚为壮观，画面美不胜收，充满宗教艺术的震撼力。不过令人惋惜的是目前壁画的剥蚀情况较为严重，希望有关部门加大保护力度。

东方药师变所依据的《药师经》，共分上、下卷，为唐代玄奘所译，又称《药师如来本愿功德经》，收在《大正藏》第 14 册中。上卷主要述说药师如来之本愿及其功德。讲佛在广严城乐音树下，应文殊之请，向菩萨、天人、弟子讲东方净土世界教主琉璃七佛在修菩萨道时，发十二大愿，要拔除众生各种困苦危难，描述东方净土之美妙景象。下卷述说释迦给文殊、阿难弟子讲敬供药师佛，解脱人间"九横死"，往生东方极乐净土。

虽然壁画下部有些剥落和褪色，但其宏伟的气势尤存。整个画面与佛经中所描述的基本一致。药师经变中药师佛宫殿殿宇轩昂、层楼叠榭、飞檐斗拱、回廊环抱、栏楯陛阶、苑囿池沼、镂饰精整、界画规矩、尺度谨严，真不愧为经变画中一幅巧夺天工的优美界画佳作，对于当时"战血流依旧，军声动至今"①的西夏晚期河西百姓来说，不正是他

---

① （唐）杜甫：《风疾舟中伏枕书怀三十六韵奉呈湖南亲友》，（清）彭定求编《全唐诗》，中华书局，1960。

们一心向往的极乐世界吗？

三　小　结

在西夏晚期频频出现如此多的药师变、药师行道图等，自有其产生的历史环境因素。东方药师变宣扬的是众生健康长寿、无病安乐，生病临终诵读便可往生东方净土世界。这从一个侧面反映出当时西夏的社会现状，战乱频仍、民众生活动荡不安、缺医少药，众生祈求化灾避难，保佑健康平安，希望法力无边的药师佛给他们带来好运，使其往生东方净土世界，而社会也需要精神支撑，因此带来了药师佛形象的繁荣。

任何一种艺术风格的产生都有其深厚的历史、宗教、文化底蕴和当时当地的情境做支撑，西夏绘画艺术也不例外。西夏艺术在历经百余年的历练后，终于结出累累硕果，而在这硕果累累的艺术长廊里，东千佛洞药师佛壁画以其独特的画面构图布局方式以及雄健伟岸、气质朴实、生动感人的佛陀形象，在众多的绘画艺术形象中脱颖而出。其充满传神妙趣、生机盎然、雄奇瑰丽、水墨淡彩、梦幻空灵、诗意与禅意并存的多元化的审美艺术风格，无疑使得西夏东千佛洞成为药师佛艺术的天堂。

（原刊于《西夏学》第 9 辑，上海古籍出版社，2014）

从"莲花化生"到"连生贵子"

——论西夏"婴戏莲印花绢"童子纹样的文化内涵

魏亚丽

摘　要　西夏婴戏莲印花绢是西夏乃至宋元时期婴戏纹样的典型，承载着丰富的文化内涵。它既是佛教思想"莲花化生"的体现，也是儒家思想"连生贵子"的象征，表现了人们祈求子嗣繁衍、渴望子孙昌盛的社会文化心理，寄予着他们对美好生活的期盼。西夏婴戏莲印花绢亦具象着西夏对中原文化的承袭及其与中原文化交往、交流、交融的史实，凸显了中华文化多元一体的特征。同时，流行于西夏各类载体上的婴戏图更多地注入了党项民族服饰元素和文化内涵，展现了西夏社会风俗生活的风貌。

关键词　西夏；婴戏图；莲花化生；连生贵子

婴戏图是中国传统纹样的代表，蕴含着吉祥美好的寓意，象征着人们多子多孙的期盼。其纹样定型于隋唐而成熟、繁荣于两宋。婴戏图原由佛教文化衍生而来，至两宋到明清时期，此纹样已完全世俗化、生活化，被广泛应用在衣服、帷幔、被面等纺织品及其他载体上，成为喜闻乐见的传统纹样之一。

西夏"婴戏莲印花绢"1986 年出土于宁夏贺兰县拜寺口双塔。质料薄而柔软，印童子戏花图案，纹饰精美，色彩明丽，是反映公元11—13世纪中国古代纺织品的重要实物资料，亦是西夏乃至宋元时期婴戏纹样的典型，具有极高的史料价值。西夏纺织、考古、艺术、文化等领域对该印花绢均有不同角度的关注。学界就此印花绢进行研究的专题性论文有《西夏丝绸"婴戏莲印花绢"纹样探析》[①]和《神秘西夏古国的"婴戏莲印花绢"》[②]，文章关注到了印花绢的美学特征、图案意蕴和生产技术，但对其图案元素的深层内涵尚未展开全面阐述。此外，《西夏图像中的童子形象》[③]和《西夏佛教艺术中的童子形象》[④]对西夏的童子形象进行了全面梳理，对本文的研究有可资参考的重要价值。本文欲在学界已有研究的基础上，试以印花绢的"婴戏莲"图案元素为着眼点，探寻此纹样的思想流变及蕴含的文化内涵。

一 "莲花化生"的佛教思想

西夏婴戏莲印花绢图案（图1、图2），以开光纹与联珠纹为装饰构架，以具有生命内涵的童子和花卉为主旨纹样。在联珠纹和开光纹内均饰对开莲花，花团锦簇；外饰童子两手分别执莲花和藤枝，足蹬莲花，嬉戏于花丛之中。这种以童子与莲花为主题元素的组合方式，通常表现的都是佛教题材的化生童子形象。

据说，佛即是由一朵逐渐绽放的莲花化生而来的。《祖堂集》描述释迦降生时写道："佛初生时，放大光明，照十方界，地涌金莲，自然捧足。"[⑤]学界历来认为从莲花中露出人形的图像为"莲花化生"像，这类图像从十六国至宋代曾广泛流行于佛教艺术中。

① 王胜泽：《西夏丝绸"婴戏莲印花绢"纹样探析》，《民族艺林》2014年第3期。
② 何新宇、董宏征：《神秘西夏古国的"婴戏莲印花绢"》，《东方收藏》2010年第6期。
③ 吴珩：《西夏图像中的童子形象》，《西夏研究》2016年第1期。
④ 王胜泽：《西夏佛教艺术中的童子形象》，《敦煌学辑刊》2018年第4期。
⑤ 张美兰：《祖堂集校注》，商务印书馆，2009，第20页。

图 1、图 2 西夏婴戏莲印花绢线描图

从十六国至宋，莲花化生像的演变大致可分为三个阶段。

第一阶段，十六国至北魏时期。这一时期是化生像的盛行期，无论数量还是种类都是整个佛教发展进程中最多的。日本学者吉村怜最早对莲花化生形象进行了研究，并将之命名为"天人诞生图"。[1] 作者以南北朝石窟寺壁画为中心，举证了大量从莲花中出现佛、菩萨、飞天、童子等诸天人上半身的莲花化生图像。这一时期的天人诞生像，均从莲花中露出头部或半身，如云冈石窟的莲花化生诸像（图 3）。莲形有简单椭圆形莲、浑圆三瓣形莲与卷草纹莲。[2] 如莫高窟北魏第 251 窟窟顶前部人字坡东西坡，画化生莲花。莲花作一椭圆形，化生从莲上探出上半身，作合掌状。

图 3 云冈石窟的莲花化生像

第二阶段，西魏至隋。这一时期天人诞生图仍为主流，但是数量有所

---

① 〔日〕吉村怜：《天人诞生图研究》，卞立强译，中国文联出版社，2009，第 16 页。

② 高金玉：《中国古代莲花化生图像的发展与演变》，《中国美术研究》2017 年第 4 期，第 26 页。

减少。化生童子以裸露全身的姿态出现，化生童子没有头光，化生像所出花形仅为莲花，且以透明莲形式出现。如河南安阳小南海石窟中窟西壁和莫高窟第 322 窟北壁莲花净池内（图 4）裸体化生童子就出现在透明莲花内。从动作来看，童子或双手合十，或凝神沉思，表现为恭敬供养听法状。①

第三阶段，唐至宋。这一时期仅有菩萨和童子化身像，以童子身形最多。童子再无恭敬之态，举止随意烂漫，衣着装扮充满世俗色彩。如初唐莫高窟第 220 窟《无量寿经变》（图 5）中的化生童子，有的站在莲花之中极目张望；有的双手扶地双腿上举拿大顶；有的跏趺而坐净心冥想；还有两个穿红上衣、绿短裤的童子，站在同伴的肩上，遥遥相对。童子们身着世俗服装，举止充满世俗生活气息。②

图 4　莫高窟第 322 窟北壁莲花　　图 5　初唐莫高窟第 220 窟无量寿经变图中化生
　　　　净池内"化生"　　　　　　　　　　 童子

总的来说，十六国至南北朝时期以"天人诞生图"形象为主，化生形式多样，充满神性色彩，唐以后以化生童子为主，世俗色彩渐浓。随着阿弥陀佛信仰的盛行，净土往生的意义开始淡化，转变为现世的宜子延嗣、安顺吉祥。

西夏举国崇信佛教，统治者通过输入佛典、延揽高僧、广建寺院、讲经说法等多种措施，确立了佛教在整个国家中的地位。西夏民众普遍

---

① 高金玉：《中国古代"莲华化生"形象与世俗化观念的变迁》，《美术观察》2018 年第 10 期，第 120 页。

② 高金玉：《中国古代莲花化生图像的发展与演变》，《中国美术研究》2017 年第 4 期，第 26 页。

信仰净土，诵读、供养净土佛经和陀罗尼经，在洞窟中保留了大量净土变，并出土各类描绘净土的绘画及阿弥陀佛像。①

黑水城遗址出土的西夏卷轴画中有不少反映化生主题的阿弥陀佛来迎图。这些来迎图构图简洁，形式固定，表达的是生前行善的信众通过化生转世到达西方极乐净土世界的过程。画面中信众以两种身份出现，画面偏下乃生前的信众，在偏上位置的往生之际，信众已化生为童子，立于莲花之中，正在去往阿弥陀佛前来接迎的西方净土世界。童子大多手执莲花供养，也有双手合十做虔诚状。②如图6表现的就是来迎图中的化生主题，童子剃发，只留前额一小撮稀疏的头发，发式即党项族特有的"秃（髡）发"。童子裸身，披青、绿丝带，项系红色丝带，脚穿白色短靴。另有几幅来迎图中也表现了相同的内容，画面风格相近，童子造型相似，尤为鲜明的是体现出童子的党项民族发式和服装特征，世俗生活色彩浓厚。榆林窟第3窟壁画中童子脚踩莲花，两只手臂缠有丝带，双手捧着莲花，脖颈带有项圈，耳宽唇厚鼻方，具有鲜明的党项族秃发特征。童子双目炯炯有神，似在注视着手中的莲花，又似屈身向尊者供奉手中的莲花，显出极其恭敬虔诚的样子（图7）。

图6　黑水城出土阿弥陀佛来
迎图中的化生童子

图7　榆林窟第3窟西侧北壁文
殊变壁画中的化生童子

① 崔红芬:《文化融合与延续：11—13世纪藏传佛教在西夏的传播与发展》，民族出版社，2014，第205页。

② 王胜泽:《西夏佛教艺术中的童子形象》,《敦煌学辑刊》2018年第4期，第123—127页。

由图观之，出现在西夏艺术品中的化生像表现为：（1）只见童子化身像，不见佛、菩萨、地天、飞天等诸天人化身像；（2）童子身下莲花均为盛开莲；（3）不见透明莲；（4）童子不再露头或者身子半遮半掩；（5）童子或立或坐或跪于莲花上，以完整的身形出现；（6）童子裹肚兜或丝带。总之，西夏艺术品中的化生童子已完全蜕变成为世俗生活中的孩童形象，与上述莲花化生形象演变的第三期（唐至宋）的造型相吻合。不过，有一点值得注意，西夏图像中的化生童子大多手捧莲花，成为一鲜明特色，这是唐宋化生童子像鲜见的。

二 "连生贵子"的儒家思想

莲花化生形象的演变导致了民众世俗化情怀的变迁。当阿弥陀佛净土教具有的社会性渗透到了世俗社会中，为宣教而绘制的佛教图像带有世俗色彩才会更加亲民。因为《佛说无量清净平等觉经》中提到信众在西方净土佛国莲花化生后，还要"自然长大"。[①] 所以，化生像以童子的形象出现，应该与现实生活中新生命"出生→成长"的自然规律有关。佛教信仰与民俗文化开始悄然相融。

《岁时记事》记载："七夕俗以蜡做婴儿形，浮水中为戏，为妇人宜子之祥，谓之'化生'。"[②] 显然，化生童子已和中国传统的"宜男""宜子"观念巧妙地结合在一起了。两宋时广为流行的婴戏莲纹即源于佛教的"化生童子"。世俗化了的"化生童子"像孩童多与莲花、莲蓬（或兼有荷花、荷叶）、花生（俗称"长生果"）、桂圆（谐音"贵子"）等组成图案。"莲"与"连"谐音，寓意"连生贵子"。莲花有生命的母胎之意，化生本身又有"无所托依，借业力而出现者"之意。《杂宝藏经》讲"鹿女夫人孕育'千叶莲花'，'一叶有一小儿'"。[③]《泊宅编》说"李

---

① （东汉）支娄迦谶译《佛说无量清净平等觉经》卷上，《碛砂藏》第 85 册，民国 24 年影印本，第 30 页。
② （元）释圆至编《笺注唐贤绝句三体诗法》卷一，《四库全书存目丛书》集部第 289 册，齐鲁书社，1997，第 293 页。
③ （北魏）吉迦夜、昙曜译《杂宝藏经》卷一，《碛砂藏》第 432 册，民国 24 年影印本，第 9 页。

氏梦得'莲花三叶'变为三子"。① 两则故事均指出莲花中能幻化出童子，且数量很多，这符合民众多子多福的理念。因此，当儿童、莲花与新生命诞生主题相融合时，就很容易使民众将之与"祈子延嗣"联系在一起。

求子习俗在我国源远流长，儒家思想中"孝"首先意味着生育繁衍，《孟子·离娄下》说："不孝有三，无后为大。"②《孝经》曰："夫孝，德之本也，教之所由生也。"③ 西夏文化的一个主要特点，就是吸收了儒家文化作为其治国之本。西夏早在太祖李继迁时已经"曲延儒士，渐行中国之风"。④ 元昊"自制蕃书……教国人纪事用蕃书，而译《孝经》《尔雅》《四言杂字》为蕃语"。西夏中后期更是极力推崇儒家文化，尊孔子为"文宣帝"，"建国学，选名儒之主"⑤。大量儒家经典被译成西夏文，其中出土于内蒙古黑水城遗址的西夏文《孟子》卷八《离娄下》讲的正是子孙繁衍的孝道观，可见西夏人也有多子多福的观念。一方面，他们期望子嗣繁衍，平安康乐，家族兴旺。西夏文"𗸐𗾈"为"生育"二字，第一字"生"意，是由"有"和"人"组成的会意字。《西夏谚语》说："能养育则百子当变化，能步行则千年当出行。"⑥《番汉合时掌中珠》说："儿女了毕，方得心定。"⑦ 讲生儿育女的重要性，认为生子为人生大事，且"产后心喜，洗浴喂乳，日夜照管，如爱自身，求子之安，强弱自承"，体现了西夏人"求子祈福"的心理以及对婴幼儿的喜爱和佑护。另一方面，他们很重视新生命未来的前途和教育，西夏文《杂字》有"父母智慧，选择师父，令习各业，因有福智"，⑧ 西夏谚语说"善养畜，入富名，善养子，众称贵"⑨。

---

① （宋）方勺:《泊宅编》，中华书局，1983，第 34 页。
② 马亚中、钱锡生、严明:《诸子曰》，福建教育出版社，2014，第 143 页。
③ 赵缺:《孝经正译》，岳麓书社，2014，第 3 页。
④ （宋）李焘:《续资治通鉴长编》，中华书局，1992，第 1100 页。
⑤ 《宋史》，中华书局，1977，第 13995、14025 页。
⑥ 史金波:《西夏风俗》，上海文艺出版社，2017，第 140 页。
⑦ （西夏）骨勒茂才:《番汉合时掌中珠》，黄振华、聂鸿音、史金波整理，宁夏人民出版社，1989，第 34 页。
⑧ 史金波:《西夏风俗》，第 145—147 页。
⑨ 陈炳应译《西夏谚语:新集锦成对谚语》，山西人民出版社，1993，第 24 页。

随着民间祈子、育婴风俗的兴盛，"（莲）连生贵子""（枣）早生贵子"等图案被赋予了更多的象征意义，借此表达人们得百子千孙、家族香火兴旺不衰的愿望。婴戏图遂成为宋元时代的纹饰潮流。流行于西夏的婴戏图，不管是从莲花中化生的童子还是世俗社会礼佛供养的童子，抑或瓷器、塑像、纺织品上嬉闹的童子，都真实地再现了生命本真形象。

由前述分析可以看出，西夏婴戏莲印花绢（图1、图2）的装饰纹样与辽代婴戏莲纹刺绣枕顶（图8）、宋代童子戏莲抹胸刺绣[①]和耀州窑四童攀莲图瓷器（图9）等有着共同特征：童子、莲花已与菱形、圆形或开光纹等其他几何纹样相组合，作为适合纹样而存在；画面图案元素丰富，构图形式不拘一格。不同之处在于，西夏婴戏莲印花绢上的纹样组成元素较宋辽几例更为繁复多样，以开光纹、联珠纹两种几何图案分割画面，将其与莲花、枝蔓、掌状叶等多种植物图案和童子形象巧妙结合，构成四方连续纹样，内容虽繁杂却不失协调统一。

图8　童子戏莲刺绣线描图（辽）　　图9　四童攀莲图瓷器（宋）

黑水城出土的童子戏莲西夏缂丝，童子身穿蓝色肚兜，颈部有项圈，下体赤裸，脚穿黑色鞋履，透出几分童趣。灵武窑出土的西夏残瓷片刻绘童子与牡丹纹、卷草纹相结合。童子身着"桃形"图案的肚兜，翘首顾盼，其身姿、发型、面相与两宋时期孩童相似。

---

① 高阳：《中国传统织物装饰》，百花文艺出版社，2011，第231页。

此外，河北隆化鸽子洞出土元代湖色绫地彩绣婴戏莲纹样（图10），童子立于莲叶上，托举莲花花头，显然有着"（莲）连生贵子"的象征意义，虽然同是童子与莲花的简单组合，但已完全不同于早期化生童子双手合十恭敬供养听法的形象和意义。

图 10　湖色绫地彩绣婴戏莲（元）

总的来看，宋辽夏金元时期，"化生"已超越了现实存在，由早期期望来世净土重生转变成了表孝心、求子嗣的祈愿，已然世俗化、本土化了。这一时期童子戏莲纹样共同点在于童子已由莲花中走出，或环绕于莲花与枝蔓间，或侧卧于莲叶之上，或手持莲花漫舞，且童子多与几何形图案相结合的方式出现，画面内容丰富，设计感强，已不同于佛教初期化生童子敬奉供养的拘泥形式，而是增添了更多趣味性、灵动感和本土化气息。至明清时，婴戏图更是形式多样，被广泛应用于衣服、帷幔、家具、瓷器等各类载体上，成为喜闻乐见的传统纹样之一。单独纹样、适合纹样、二方连续、四方连续等多种构图形式展现了钓鱼、骑竹马、放风筝、攀树折花等丰富的生活风俗场景。

西夏婴戏图是流行于宋元时代大文化背景中的传统纹样，其象征、隐喻手法的应用使文化的承载力更加丰富、深刻。佛教艺术中的童子形象体现了佛教净土思想。"莲花化生""化生童子"是从往生到化生的生命传承，被赋予了"祈子""育婴"的含义。世俗社会的童子形象表达了儒家孝文化影响下"连生贵子""子嗣繁衍""学而优则仕"等思想。此外，囿于古代生产力水平和医疗卫生条件，加之西夏时期社会动荡、战乱频仍、人口锐减，婴戏图正契合了人们追求人丁兴旺、万物人为贵的思想和祈愿多子多福、安康顺平的愿望。因此，孩童的天真无邪、惹人怜爱的天性使其成为人们钟爱的题材。童子纹样正是将童子独一无二的亲和感和充满童趣的天真性，与动植物纹样组合在一起，你中有我，我中有你，体现了人与自然和谐共存的天人合一精神。[1]

三 西夏婴戏图的民族文化内涵

婴戏图是流行于宋元时代大文化背景中的典型纹样，西夏婴戏图内容丰富却又独具民族特色。从图像来看，西夏婴戏纹中的童子造型呈现出两大鲜明特征：其一，头梳"冲天槌"，裸体或围肚兜，这与两宋时期的童子形象相同，前文已有所讨论；其二，发式大多为秃发，挽有双发髻或多髻，垂有小辫，这是党项族特有的发式。

西夏艺术品中童子的发式、服装均表现出了鲜明的党项族人物造型特征。黑水城出土的卷轴画中，无论是赤脚童子还是着衣小孩，都能够明显地从发式、服饰中辨析出西夏的民族特征，接近于党项族"秃（髡）发"习俗，[2] 如图11中的供养童子形象所示。图12中有一幼童，童子着对襟红底白花小衫，下着白底黑花裤，秃发，脑后有一细长小辫，一手向前抬起，一手抱身，头稍偏回转，天真可爱。《普贤菩萨》中的童子秃发，留三撮梳成小揪，上衣背心，下着齐膝中裤，赤脚扭动，飘带绕身。榆林窟第3窟文殊变中童子秃发，耳宽唇厚鼻方，具有党项族人物形象特征；第29窟童子剃发、穿窄袖服装（图13）；现藏于宁夏博物馆和武威市博物馆的西夏秃发瓷塑童子等，都体现了党项民族秃（髡）发特征。正如陈育宁、汤晓芳先生在《西夏艺术史》中概括的，"西夏壁画人物形象，把党项儿童的形象也搬上了壁画的装饰中，这种源自世俗生活的表现手法，更贴近社会……也突出了民族特点"。[3]

---

① 楼丽娟等：《中国古代丝织品上的童子纹样探析》，《丝绸》2015年第5期，第69页。
② 王胜泽：《西夏佛教艺术中的童子形象》，《敦煌学辑刊》2018年第4期，第130页。
③ 陈育宁、汤晓芳：《西夏艺术史》，上海三联书店，2010，第68页。

图 11 黑水城出土《普贤菩萨和供养人》中的供养童子

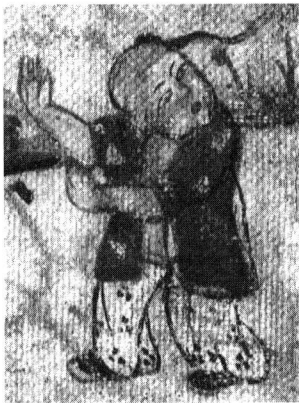

图 12 黑水城出土《摩利支天》供养童子

图 13 榆林窟第 29 窟供养童子

尽管党项族由游牧文化逐步转向定居的农耕文化，由"衣皮毛"逐渐转向"衣锦绮"，但在其积极吸收汉族等各族文化的同时，党项羌的母体文化仍然是其基本内核。① 元昊继位后，为突出党项民族特点，改大汉衣冠，下令秃发，"先自秃其发，然后下令国中，使属蕃遵此，三日不从，许众共杀之。于是民争秃其发，耳垂重环以异之"。② 婴戏图是通过对儿童生活场景的描写，来展现社会风俗面貌的一类题材，融入了丰富的历史文化信息。西夏婴戏图更多地注入了党项族文化元素，反映了西夏的地域特色、时代特色和民族特色。因此，西夏婴戏图作为宋元时代大文化背景中的传统纹样，有着与众不同的文化内涵。至此，源于十六国时期的化生像，经历了漫长的历史演变之后，其融宗教化、生活化、民族化于一体的丰富内涵在西夏婴戏图中得到了完美的诠释。

结　语

文化作为一个符号学概念，"它集中于'表现的象征主义'方面：像绘画、诗歌、小说或由祈祷、礼拜和仪式所表现的宗教含义，这些都

① 陈育宁、汤晓芳：《西夏艺术史》，第 367 页。

② （清）吴广成著，龚世俊等校证《西夏书事校证》，甘肃文化出版社，1995，第 132 页。

试图以想象形式去开挖并表达人类生存的意义"。[①]宁夏博物馆藏的"婴戏莲印花绢"是西夏乃至宋元时期婴戏纹样的典型，承载着丰富的文化内涵。西夏婴戏莲印花绢图案纹样既是佛教思想"莲花化生"的体现，也是儒家文化"连生贵子"的象征，表现了人们祈求子嗣繁衍、渴望子孙昌盛的社会文化心理，寄予着他们对美好生活的期盼。宋、夏之际，各民族之间文化的交往、交流、交融更为频繁，政权的割据并未阻挡经济文化的交流，反而在保持各自独特的文化符号的同时，融汇着各民族文化的精华，形成独特的、全新的文化符号，西夏婴戏莲印花绢即为这种社会现实的体现。西夏婴戏莲印花绢既反映了西夏对中原装饰文化的继承与发展，也体现了宋元时期中国各民族民俗文化之间的交流与融合，凸显了中华文化多元一体的特征。同时，流行于西夏各类载体上的婴戏图更多地注入了党项民族的发式和服饰元素，再现了西夏社会生活的风貌。

（原刊于《装饰》2019 年第 8 期）

---

① 〔美〕丹尼尔·贝尔:《资本主义文化矛盾》，赵一凡等译，三联书店，1989，第 58 页。

西夏塔式擦擦造像艺术

章治宁

摘　要　本文系统梳理了各种考古发掘报告和文物调查报告中的西
夏塔式擦擦造像资料；从佛教雕塑艺术的角度对西夏塔擦
造像作了单塔、多塔、百八塔等不同类型的区分，对各式
塔擦的佛塔造型作了辨识，并探讨了它们的造像特点和艺
术风格。西夏境内广泛分布的各式擦擦，深受汉藏佛教文
化的影响，是西夏佛教兼容并蓄和西夏人善于学习创造的
体现。

关键词　西夏；塔擦；造像

一　引　言

擦擦是一种重复的艺术。佛教信徒一旦发愿制作擦擦，通常少则做
几千个，多则做几万甚至几十万个。据记载，玄奘法师就曾满愿制成了
一百万个擦擦。[①]作为佛教圣物法舍利的一种，擦擦是佛和佛法的象征。
佛教鼓励信徒以各种形式造塔，宣扬建塔、拜塔可获无量功德。甚至宣
称制作一个如擦擦这般模拟的小佛塔，比布施千担真金白银的功德还要

[①]　（唐）慧立原本，彦悰撰定《大慈恩寺三藏法师传》卷一〇："法师将寂，发愿造十俱
胝像，百万为十俱胝，并造成矣。"玄奘发愿所造素像即是擦擦，由高宗出资助造，
为唐太宗和长孙皇后祈福。

315

大。①更有佛经规定和指导信徒如何有步骤地制作擦擦。②由于佛教肯定制作擦擦是正信行为，在中古中国佛教文化发展的高峰时段，佛教徒制作擦擦的热情无比高涨，西夏擦擦就是这一历史时期的产物。

自 20 世纪初俄国人科兹洛夫掘开黑水城遗址的佛塔最早得到一批西夏擦擦之后，③国内文博考古学界在内蒙古、甘肃、宁夏等省区的西夏遗址、遗迹中发现了更多的西夏擦擦。内蒙古出土西夏擦擦的地点主要集中在阿拉善盟额济纳旗黑水城遗址及其附近的绿城、小庙等遗址。④甘肃出土的西夏擦擦主要在敦煌、武威等地区。20 世纪 40 年代，敦煌艺术研究所在清理敦煌莫高窟第 285 窟时，发现了数以千计的小泥佛、小泥塔，其中一些圆雕塔擦与后来宁夏出土的西夏塔擦极为相似。⑤1972 年，甘肃省博物馆在武威张义乡西夏窖藏中，发现一些无字的和顶部或下层有梵文及藏文的泥塔婆。1987 年，武威亥母洞后室出土模制小陶塔。⑥1988—1995 年，敦煌文物研究所清理莫高窟北区洞窟时，在 15 个洞窟内发现和出土擦擦 7 万余个（其中塔擦 2.7 万个），有的塔擦中装藏有西夏文佛教咒语纸卷。⑦

---

① 如出自早期佛教大众部的经典《摩诃僧祇律》中，就有"真金百千担，持用行布施，不如一泥团，散心治佛塔"的说法。还有《撰集百缘经》《譬喻经》等，也有繁言建塔、拜塔之无量功德的宣说文字。

② 北印度罽宾国来华僧人般若译《佛说造塔延命功德经》中，详细介绍了佛陀所述的十二个造作擦擦的具体步骤和仪轨法则。

③ 参见〔俄〕彼·库·科兹洛夫《死城之旅》，王希隆、丁淑琴译，新疆人民出版社，2001，第 76、340 页。此后到过黑城的外国人还有英国的斯坦因、美国的华尔纳、瑞典的斯文·赫定等，现在欧洲一些博物馆收藏的擦擦中，可能有他们收集并带走的黑水城擦擦。

④ 汤晓芳主编《西夏艺术》，宁夏人民出版社，2003。该书在雕塑大类中列有擦擦小类，各式擦擦在第 68—75 页中有彩图展示，其中 11 件出自黑水城及其附近。塔拉、李丽雅主编《西夏文物·内蒙古编》第 4 册中收有西夏擦擦 30 件，其中塔擦 10 件（中华书局、天津古籍出版社，2014，第 1226—1286 页）。

⑤ 第 285 窟始建于西魏大统四年（538），中唐、五代、宋、西夏、元都有重修，使用时间较长。

⑥ 甘肃省博物馆：《甘肃武威发现一批西夏文物》，《考古》1974 年第 3 期。宿白：《武威蒙元时期的藏传佛教遗迹》，《藏传佛教寺院考古》，文物出版社，1996。

⑦ 彭金章、沙武田：《敦煌莫高窟北区洞窟清理发掘简报》，《文物》1988 年第 10 期。郭萌、张建林在《敦煌莫高窟北区出土擦擦研究》（《文博》2015 年第 5 期）一文对部分塔擦进行了类型对比分析和断代。

宁夏出土的西夏擦擦主要在银川、青铜峡等西夏寺院遗址和贺兰山各沟口寺院遗址之中。1987 年，宁夏文管人员在清理和维修青铜峡市一百零八塔时，在 001 号塔内出土泥塔模。清理出较完整的有 103 件，有 3 种样式。又于塔群北侧的山水沟北坡一座砖塔残基之中出土泥塔模 10 多件，其中 6 件表面有彩绘。[①]1991 年 8 月至 9 月，有关部门对银川贺兰县被炸毁的拜寺沟方塔废墟进行现场调查和清理时，在方塔废墟第十层塔心室位置出土小泥塔约 5000 个。[②]1991 年，文管部门在修缮贺兰县宏佛塔时，在塔基夯层中部料坑内发现泥塔模、泥塔婆 10 多件。[③]1999 年，在贺兰县拜寺口双塔北寺西侧山坡上的 62 座西夏塔群遗址内，出土塔擦 89 件，表面多施彩绘。[④]1999 年，在距塔群东 1 公里的紫圪垯西夏墓中，出土擦擦 2000 多个。[⑤]2005 年，宁夏文物考古研究所在测绘、描摹、清理贺兰山山嘴沟石窟时，在一号窟出土塔擦 75 件，二号窟出土塔擦 22 件，三号窟出土塔擦 19 件。另外还不时有一些其他零星发现见诸报道。可见西夏擦擦曾在西夏疆域内的重要地区如兴庆府（今银川市）京畿地区、旧都灵州地区、陪都凉州（武威）、河西沙州（敦煌）地区以及西北军事重镇黑水城等地区广泛分布，藏传佛教的影响曾遍布西夏全境。

---

① 雷润泽、于存海、何继英编著《中国古代建筑·西夏佛塔》，文物出版社，1995，插图 33、34，图版二〇五，第 108—109 页。

② 方塔废墟中的一段塔心柱上的汉文题记记载，方塔是"白高大国大安二年"（夏崇宗秉常年号，公元 1075 年）由皇帝和皇太后（秉常母梁太后）"特发心愿"，并下旨委派"本寺僧判赐绯法忍"等僧俗官员"领体工叁佰人"，于四月初一（西夏第二个圣节）吉日举行了"立柱""降神"仪式后，"重修砖塔一座，并盖佛殿，缠腰塑画佛像"。那么方塔废墟中出土的擦擦，应该在 1075 年前后，此时西夏建国仅 37 年。方塔这种外汉内密、汉藏结合的奇特建筑方式，充分说明藏传佛教在西夏早期被党项人接受，并获得了皇家认同和支持。参见宁夏文物考古研究所编《拜寺沟西夏方塔》，文物出版社，2005，第 18、300—302 页。

③ 雷润泽、于存海、何继英编著《中国古代建筑·西夏佛塔》，第 70 页，图版 104—105。根据在出土塔擦的砖层中发现的宋代钱币上的年号及与其他文物文献相比定，考古人员推测宏佛塔应建于 1111—1190 年之间。

④ 宁夏文物考古研究所、贺兰县文化局:《宁夏贺兰县拜寺口北寺塔群遗址的清理》，《考古》2002 年第 8 期。

⑤ 牛达生:《方塔出土小泥佛、小泥塔及汉地是物研究》，宁夏文物考古研究所编《拜寺沟西夏方塔》，第 405—406 页。

二　西夏塔擦的造像类型

从造像样式和题材上看，西夏塔擦与汉地南北朝至唐宋时代同类小型泥塑区别明显，而与藏传佛教的塔擦十分相似。历史上西夏佛教汉藏兼容，西夏《天盛改旧新定律令》中也给予吐蕃僧人较高的政治和宗教地位，西夏塔擦造像深受藏传佛教文化影响。西夏塔擦有圆雕单塔造型，也有浮雕圆雕复合的多塔造型，还有多佛塔式造型。

1. 单塔擦擦造像。出土的西夏塔擦中有三种造型的单塔擦擦，即天降塔、菩提塔和涅槃塔（插图1）。天降塔擦擦在黑水城遗址、贺兰山山嘴沟石窟、武威、敦煌莫高窟北区石窟和拜寺沟方塔遗址等西夏遗址、遗迹中均有出土，其中以甘肃武威和黑水城、绿城等处出土的品相最为完好。宁夏中卫博物馆还收藏了一件西夏天降塔擦擦的铜模。菩提塔擦擦在黑水城遗址、宁夏海原县等地有出土。其中海原县出土这件擦擦为瓷质。

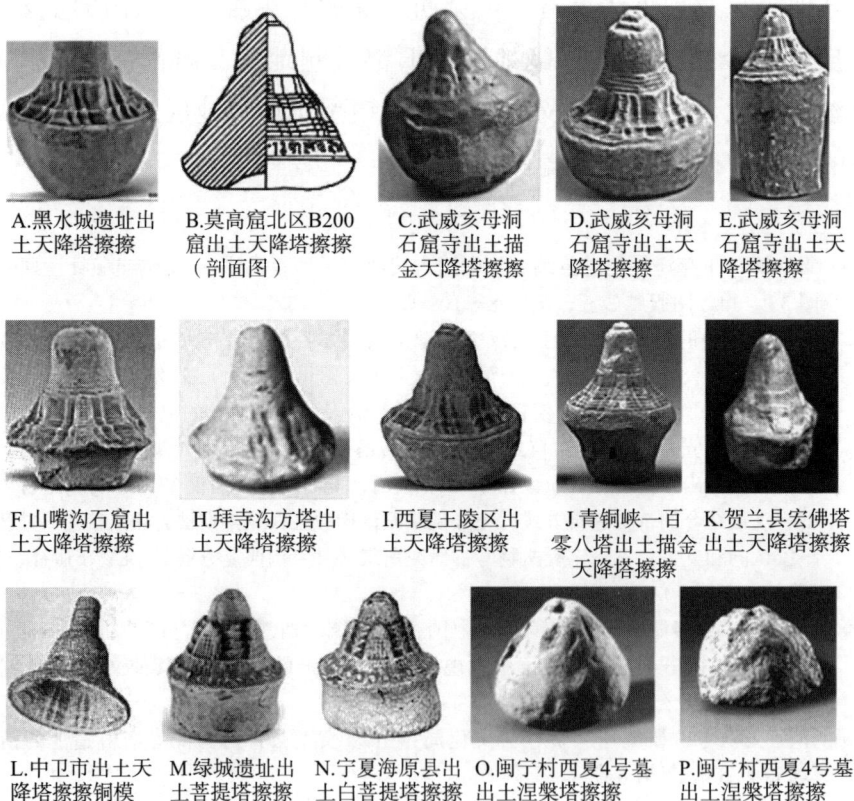

A.黑水城遗址出土天降塔擦擦　　B.莫高窟北区B200窟出土天降塔擦擦（剖面图）　　C.武威亥母洞石窟寺出土描金天降塔擦擦　　D.武威亥母洞石窟寺出土天降塔擦擦　　E.武威亥母洞石窟寺出土天降塔擦擦

F.山嘴沟石窟出土天降塔擦擦　　H.拜寺沟方塔出土天降塔擦擦　　I.西夏王陵区出土天降塔擦擦　　J.青铜峡一百零八塔出土描金天降塔擦擦　　K.贺兰县宏佛塔出土天降塔擦擦

L.中卫市出土天降塔擦擦铜模　　M.绿城遗址出土菩提塔擦擦　　N.宁夏海原县出土白菩提塔擦擦　　O.闽宁村西夏4号墓出土涅槃塔擦擦　　P.闽宁村西夏4号墓出土涅槃塔擦擦

插图 1

涅槃塔擦擦见于银川闽宁村西夏 4 号墓和敦煌莫高窟北区 B40 窟，出土数量不多。天降塔擦擦和菩提塔擦擦的上半部分塔体为模制，下半部底座为手工捏制，有的塔体有描金，底座有彩绘。涅槃塔擦擦则为手工团泥而成。各种擦擦尺寸差别很大，大者高度超过 20 厘米，中等的高 10 厘米左右，小者仅高 3—4 厘米。塔座的直径在 3—10 厘米。各地土质不同，故而制成的擦擦泥色有别。

天降塔擦擦，上部为天降塔，样式为四方形多层台阶塔座上接一覆钟形塔身（插图 1，A— L）。塔座的多层台阶向上逐级收分，中间做一歇，形成下缓上陡的坡度差；台阶四面正中，又做凸起的三道阶梯，阶梯中间高两边低，三道阶梯寓意为大梵天、帝释天在两侧陪同释迦牟尼佛自切利天降下时所走的天梯。塔基中间造有天梯，这是辨认天降塔的主要标志。塔体上部的覆钟体，顶部正中有一或两层小方块形塔刹座，有的刹座中央有插过短木棍的痕迹。覆钟体的样式各地的擦擦也略有差别，主要是钟体的粗细、钟顶圆尖和细部装饰等稍有不同，有的覆钟体顶部有几个阳文种字，有的在下部装饰几圈八边形横纹。擦擦下部为手工捏制的底座。形状有圆柱形、倒圆台形、钵形、臼形、饼形等，有的底座里嵌有胎藏经文纸卷，有的在底部粘有谷物颗粒或深压一个咒语种字，表面常常留有制作者的手纹。这些手捏底座的样式似乎存在着某种地域性偏好，成为可以区别不同地区擦擦的显著特征。可据此推测，同款擦擦在几个地理空间相隔较远的地方都有出现，表明地区间曾经有一条佛教文化交流互动的传播路线。

菩提塔擦擦，仅见两例，高宽均不足 4 厘来。上部为脱模而成的塔体，下部为手工捏制的略束腰钵形底座（插图 1，M—N）。塔体自下而上由四部分组成：先是一圈开覆莲瓣连珠纹饰，上接一圈梵文咒语，再上接四面各有一片未开莲瓣的四级方形台阶，最上为覆钟形塔体，四个部分状如叠山依次向上收分聚拢，构成塔形。四级四方形塔身是菩提塔的主体，也是菩提塔的辨认标志，四级塔阶是释迦牟尼四身（自性身、智慧法身、功德报身、应化身）的象征，而连珠纹莲瓣塔座的莲瓣塔阶则是装饰，菩提塔象征着佛的成道。又塔即是佛，莲是佛座，所以菩提塔擦擦的寓意是得道的佛陀坐在莲花之上。

涅槃塔擦擦，仅见闽宁村西夏4号墓中出土的两例，高宽8厘米左右，顶部有圆形插孔。擦擦为一手工圆丘形泥团,状如窝窝头[①]（插图1，O—P，插图2）。这两件形制原始质朴的涅槃塔擦擦，是对佛教早期古印度窣堵波建筑的直接模拟，外形犹如印度中央邦首府博帕尔阿育王时代修建的桑奇大塔的主体圆丘。闽宁村西夏墓涅槃塔擦擦的出现，说明党项人在建立西夏国以前就已经受到藏传佛教文化影响，并用于葬仪之中。

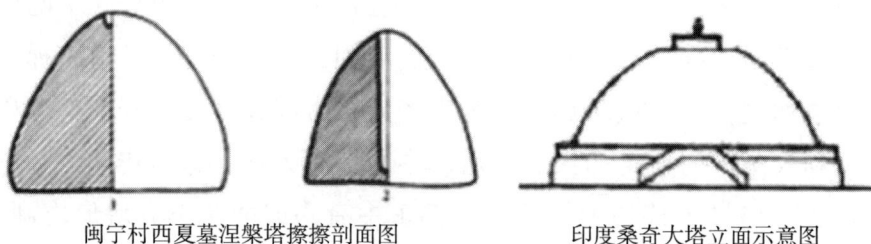

闽宁村西夏墓涅槃塔擦擦剖面图　　　　印度桑奇大塔立面示意图

插图2

2.多塔擦擦造像。多塔擦擦，实际上是浮雕圆雕相结合的造像类型，有八相塔和百八塔两种。

八相塔擦擦均出土于黑水城及其附近绿城等遗址中（插图3）。擦擦高4—5厘米，底径3—4厘米，陶质。制作方法与单塔擦擦相同，只是上半部分变换了塔模。八相塔擦擦上部的塔体，为在一锥形体表面作浮雕八塔，八塔攒尖围聚，形成一个塔；八塔共用的塔尖，状如一减少层级的小菩提塔；塔基与擦擦底座相接处，缘边饰有一圈连珠纹；有的擦擦在浮雕塔之间的凹隙中饰有连珠纹。擦擦的下部，是手捏的钵形底座，有高有矮；有的擦擦，底座底面正中戳有一个梵文种子字。八相塔擦擦上的浮雕八塔，身形虽小，但塔体、塔刹相轮和日月等细节清晰可辨，样式个个不同，塑造的应是佛陀八塔（即菩提塔、聚莲塔、多门塔、神变塔、天降塔、和好塔、尊胜塔、涅槃塔），

[①]　闽宁村西夏墓是西夏党项贵族野利氏家族墓地，茔地建于西夏建国前后，其中共14座墓葬。多数规格较高，地上和地下建筑布局与西夏王陵相似，只是规模略小。其中4号墓是考古发掘的8座中最大的一座，墓主人只有10岁，涅槃塔出于该墓室西北角。参见宁夏文物考古研究所编著《闽宁村西夏墓地》，科学出版社，2004，第40—41、141—149页，图版13。

分别象征着佛祖释迦牟尼的诞生、成道、弘法、降魔、天降、和好、法身和涅槃八大功德。整个擦擦，象征的是释迦牟尼佛驻世时的完整一生。

绿城出土八相塔擦擦

插图3

百八塔擦擦在宁夏各地、武威、敦煌及黑水城等地区都有出土（插图4）。擦擦高5—25厘米，宽5—10厘米，可按体量大小分为大、中、小三个亚型，各亚型中又有涂金、彩绘和本色等不同。擦擦上部为脱模制成的百八塔造型，下部底座多为手工捏制。上部锥形塔体周身分布着四圈高浮雕小塔，每圈小塔从下向上数量依次为31、28、26、22个，共计107个，再加上塔擦本身，共为108之数，各地擦擦基本都是这种排布方式。因数量众多，制模时对小塔外形做了极大简化，基本特征如塔基、塔身和塔刹等依稀可辨。锥形塔体上部，是覆钟形塔身顶部有小方块形刹座，有的刹座正中有圆形插孔。擦擦下部的底座形状，各地的差异很大，有桶状、柱状、钵状等样式。有的底座上绘有刚刚开放的各色莲花。

佛教中惯用108作吉数，如常人熟悉的念珠数量、诵经遍数、敲钟次数等都与108有关，但这些都与塔没有直接关联。将108与塔联系在一起的是一部佛经——《金刚顶经毗卢遮那一百八尊法身契印》。这部佛经由唐密开创者之一、印度高僧善无畏与中国高僧一行共同译出。该经引导修持者通过诵念一系列咒语，次第观想毗卢遮那坐佛身相的108处，对照己身，祈请一切如来一一入住，从而将自己与佛彻底合为一体。百八塔擦擦的形象正是依据这部密法经典创生而来。塔是佛的象征，塔擦虽小同样象征佛。因而107座小塔代表的就是107尊毗卢遮那佛身相的107处，所有的塔聚而为一座大塔，完满108之数，同时

也完成了自身和佛身的合一。擦擦底座上所绘的莲花，寓意正与毗卢遮
那佛的清静莲花净土相合。毗卢遮那佛是密宗的最高佛，是汉密华严宗
与藏密金胎两界的根本尊。《大方广佛华严经》所说的自莲花中所生出
的华藏世界的教主，为华严宗特重。由此可知，西夏地面各处寺院遗址
出土的成千上万件百八塔擦擦，以及青铜峡一百零八塔建筑群，都是西
夏密宗及华严信仰广为流传的反映。

A.拜寺沟双塔塔群基址出土擦擦　　　　　　　B.青铜峡一百零八塔001号大塔出土擦擦

C.山嘴沟石窟　　D.黑水城出　　E.武威亥母洞石窟寺出土擦擦　　　F.莫高窟北区160号窟出土
出土擦擦　　　　土擦擦　　　　　　　　　　　　　　　　　　　擦擦胎藏西夏文经纸

插图 4

3. 多佛塔擦造像。多佛塔擦仅见到一例，出自有关黑水城遗址的
报道[①]（插图 5）。与上述八相塔擦擦相比，这件擦擦是将八塔浮雕替换
成了五佛浮雕脱模而成。擦擦上部的锥形塔体表面，浮雕端坐着的手结
禅定印、腿结跏趺坐的五尊佛，五佛之间有均匀界格。锥体上部是覆钟
形塔身，覆钟体下缘有几圈横纹装饰线。擦擦下部碗状底座，上部塔基
与下部底座衔接处，饰有一圈连珠纹腰线。五佛擦擦的题材可能来自密
教中的五佛信仰，与《金光明最胜王经》有关。五佛又称五方佛、五智
佛或五禅定佛，是以大日如来为首的五尊佛，又有金刚界五佛与胎藏界
五佛之别。这种五佛塔擦，形式上不同于传统上对擦擦"一擦造一塔"，

---

① 图片见旭江《额济纳旗黑城出土的元代佛事器具——擦擦》，《内蒙古社会科学》（汉文
版）1992 年第 1 期。这是较早见于报道的西夏擦擦实物图片资料。对比已公布的各地出
土的更多同类型西夏擦擦，这些应当是西夏擦擦。惜未提及擦擦尺寸等信息。

或"一擦住一佛"的理解，而是有所突破。《金光明最胜王经》与《妙法莲华经》、《护国仁王经》合称"镇护国家三部经"，五佛塔擦出现在西夏西北边防重镇黑水城，其寓意不言自明。

插图5

三 西夏塔擦造像的艺术特点

第一，西夏塔擦造像展现了藏式佛塔的艺术形象。擦擦起源于对佛塔的模拟。佛陀释迦牟尼圆寂后瘗葬其舍利的八座窣堵波建筑，是佛教最早的纪念塔，是佛的象征，也是被后世不断模仿或复制的对象。[①] 后世佛教还形成了一些塔与佛的相关理论，指导人们建塔和拜塔的行为。到了藏传佛教时期特别是后弘期以后，经过藏地文化的长期吸收、圆融，融合了印度、尼泊尔、缅甸、汉地等佛教建筑文化元素的佛陀八

---

① 据宋代印度来华僧人法贤法师所译《八大灵塔名号经》，八塔位于佛陀诞生处的兰毗尼花园、成道处的尼连禅河、首次说法处的鹿野苑、安居处的祇陀园、从忉利天下处的桑迦尸国曲女城、化度分别僧处的王舍城、将入涅槃处的毗耶离城、涅槃处的拘尸那城。但据不同的传说，还有十个或十一个窣堵波的说法。第九塔为参与协调分配佛陀舍利的香姓婆罗门将盛量舍利的瓶带回故里建造的瓶塔。第十塔为毕钵孔雀族将荼毗焦炭带归本族建造的炭塔。第十一塔为一位不出家的信徒为佛陀生时送给他的头发建造的发塔。佛陀涅槃后200年阿育王更将佛塔崇拜推向极致，在世界各地建造84000座佛塔，其中中国就有19座阿育王塔。

塔，从名称寓意到形制样式逐渐形成了相对稳定的藏式佛塔规范。^①西夏帝后延聘吐蕃高僧参与国家佛教事务，^②藏式佛塔建筑传入西夏是自然而然的。西夏单塔擦擦造型和八相塔擦擦上的塔式，与后弘期藏地佛塔样式非常相似，让我们从文物的角度见证了藏传佛教文化在西夏的广泛传播和流行（插图6）。^③

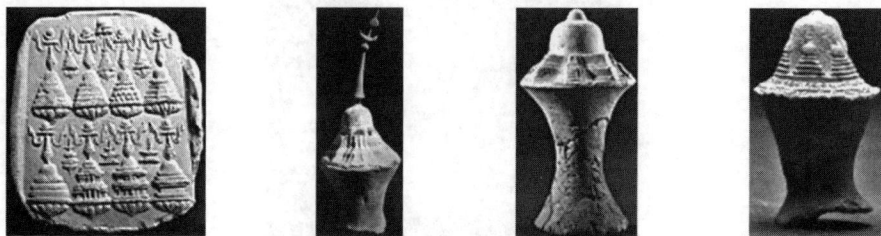

西藏阿里地区出土的八相塔和天降塔擦擦（11—12世纪）

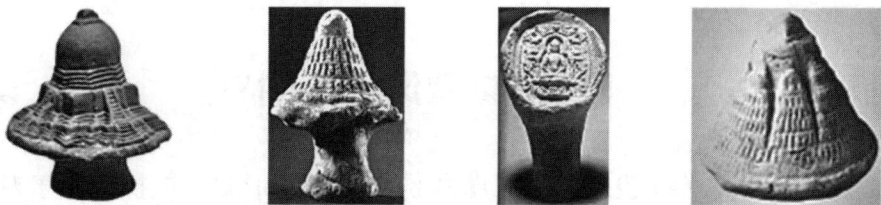

西藏阿里地区出土的天降塔、八相塔和百八塔擦擦（11—12世纪）

插图6

第二，西夏擦擦造像艺术有自身鲜明的审美意趣。单言西夏擦擦的艺术风格，是很难描述清楚的，但通过与藏地擦擦的对比，则两者风格特点的差别显而易见。同类雕塑所具的不同艺术风格，通常由细节表现

---

① 藏传佛教佛陀坐像与佛塔对应起来：日月和塔刹是佛的头部，相轮是佛的颈椎部分，塔瓶是佛的胸椎、腰椎及腹部，塔座是佛的骶椎和下肢部分。又如瓶座（台座）部代表地，塔瓶（覆钵部）代表水，相轮（十三法轮）部代表火，伞盖部代表风，日月部代表空等。构建了"塔即是佛，佛即是塔，修塔如修佛，礼塔如礼佛，佛塔一体"的佛教信仰观。

② 参见孙昌盛《试论在西夏的藏传佛教僧人及其地位、作用》，《西藏研究》2006年第1期。

③ 图中第1行图片取自张建林主编《中国藏传佛教雕塑全集》4《擦擦卷》，北京美术摄影出版社，2002，图版55—57、97；第2行图片取自熊文彬、李逸之主编《西夏古格擦擦艺术》，中国藏学出版社，2016，图版20、167、173、179。

出来。如擦擦上的覆钵（钟）体样式，西藏阿里古格擦擦^①上的显得粗壮、浑厚，塔体的重心也偏高，西藏擦擦这种粗壮的覆钵体风格，有印度桑奇大塔圆丘和巴基斯坦瓦斯特河谷上军王塔的影子；而西夏擦擦的覆钵体则相对显得匀称、轻灵（山嘴沟出土的擦擦是个例外，风格与藏地擦擦很接近），覆钵与塔基的比例更为和谐，显得重心平稳，透出一种温文端庄的气度。又如擦擦的手工底座造型，风格差异就更加明显。与上述覆钵体轻重感觉正好相反，西藏阿里古格擦擦中，有一种修长瘦高的束腰底座，状如羯鼓，富有艺术性，将上面的塔体高高托起，如塔在空；而西夏擦擦的底座多为敦实粗壮的钵形，将上面的塔体稳稳托住，简单实用，如塔在地。由底座风格所制造出的动静效果迥然不同的艺术审美趣味，使不同地区的擦擦具有更为鲜明的辨识度。实际上，擦擦底座的样式，确实存在着地域性的制作传统和审美偏好，仔细观察西夏不同地区的擦擦底座，就能发现它们审美意趣上的不同。

第三，西夏擦擦是西夏多民族文化交融共创的艺术化表达。擦擦所具有的艺术特点，主要是受到所在地区主流文化的影响和约束。西夏历史上既崇佛重教，又推行儒学，同时还勇武好战，境内多民族交融共处，西夏统治阶级主导建构起了独特的多元文化。西夏擦擦的造型艺术，体现着这种多元文化的影响。如西夏擦擦的基本样式是藏式的，但在造型和审美中蕴含着汉文化的观念，特别是汉式建筑中正、安舒、平稳的审美理念。又如西夏擦擦上的彩绘和鎏金，既是工艺，也是装饰，为同时期擦擦中少见。鎏金擦擦华贵精致，突出的是奢华、庄重之美；彩绘莲花座擦擦，有塑有绘，塑实绘虚，将密典的奥义运用艺术化手法形象地表达出来，是汉藏文化审美观念的完美结合，从而创造出独具特色的西夏宗教艺术品。方寸之间，尽显西夏人的圆融智慧。

（原刊于《西夏学》2019 年第 1 期）

---

① 藏地擦擦，前后藏的与阿里、安多地区的传承不同，风格上也有区别。为了突显他们之间艺术风格的区别，这里选取个性最强的阿里古格王朝擦擦作为比较对象。

内蒙古出土的西夏擦擦及其特点

蔡彤华

摘　要　内蒙古出土的西夏擦擦内容丰富、题材广泛、形式多样、
艺术风格多元，具有鲜明的地域特点和时代特征，是研究
西夏佛教艺术，特别是藏传佛教艺术的珍贵实物资料，也
是这一时期佛教发展、教派流传不可多得的历史见证。

关键词　内蒙古；西夏；擦擦

"擦擦"是信佛僧俗用以祛灾祈福的泥质或陶制的小型脱模浮雕佛像或佛塔。汉地佛教称之为善业泥，藏传佛教以"擦擦"称呼。这种脱模泥塑，最早来自印度。《大唐西域求法高僧传》载："归东印度，到三摩坦坨国……每于日日造拓模像十万躯。"[①] 造"拓模像"的目的有三：一为随处供养，方便灵活；二为积聚，以砖裹之，即成佛塔；三或置空野，任其消散，适应游牧民族地广人稀游牧生产、生活的特点。它传入中国可能早于唐朝，现在传世最早的实物是西魏大统八年（542）的作品。[②] 擦擦大不过盈尺，小仅方寸，但是它却是表达佛教信仰和艺术的独特方式。

西夏时期佛教流布广泛，上自帝王将相，下至黎民百姓无不崇信

---

① （唐）义净原著，王邦维校注《大唐西域求法高僧传校注》，中华书局，1988。
② 刘栋编著《擦擦——藏传佛教模制泥佛像》，天津美术出版社，2000，第3页。

佛教，他们或建寺修塔，或捐施佛经，或开窟造像。其中擦擦因制作简便、体质小、重量轻、携带方便成为信众修行、祈福、祛灾除难的功德之一。《钦定元史语解》解释："擦擦（擦擦），唐古特语泥印佛亦泥印塔也。"[1]这时擦擦既指小塔，也指称泥佛像。黑水城出土的西夏佛经发愿文中也有皇帝、皇后、太后等捐施举办大法会时散施数以万计的擦擦的记载。[2]

自20世纪初以来，西夏故地内蒙古额济纳旗黑水城和绿城遗址、宁夏拜寺口双塔和青铜峡一百零八塔、甘肃亥母洞石窟、敦煌莫高窟北区石窟、瓜州东千佛洞石窟和锁阳城遗址等地多有出土。目前，学术界除考古发掘报告介绍西夏擦擦出土情况以外，汤晓芳主编《西夏艺术》[3]，汤晓芳、陈育宁主编《西夏艺术史》[4]，李进兴《略说西夏塔形"擦擦"与铜模》[5]，孙昌盛、朱存世《拜寺口北寺的发现——兼论擦擦的用途》[6]，郭萌、张建林《敦煌莫高窟北区出土擦擦研究》[7]都对西夏擦擦的概况以及宁夏、甘肃出土的西夏擦擦做了专门的整理研究。内蒙古地区出土的西夏擦擦不仅数量众多，而且类型丰富，素为学界关注。《西夏文物·内蒙古编》第4册收录了内蒙古出土西夏时期的大量擦擦，为研究西夏时期的藏传佛教流传、佛教造像艺术和信仰提供了极为丰富的实物资料。

一 出土概况

今内蒙古鄂尔多斯市、乌海市、阿拉善全部、巴彦淖尔市的大部分地区，都处于西夏的版图范围内。李元昊建国时，就在全国设置了12

---

① 《钦定元史语解》卷二四，江苏书局，清光绪四年刻本。
② 俄罗斯科学院东方研究所圣彼得堡分所、中国社会科学院民族研究所、上海古籍出版社编《俄藏黑水城文献》第2册，上海古籍出版社，1996，第395页。
③ 汤晓芳主编《西夏艺术》，宁夏人民出版社，2003。
④ 汤晓芳、陈育宁主编《西夏艺术史》，宁夏人民出版社，2008。
⑤ 李进兴：《略说西夏塔形"擦擦"与铜模》，《中国文物报》2009年6月24日，第7版。
⑥ 孙昌盛、朱存世：《拜寺口北寺的发现——兼论擦擦的用途》，《寻根》2000年第2期。
⑦ 郭萌、张建林：《敦煌莫高窟北区出土擦擦研究》，《文博》2015年第5期。

个监军司，统率全国的军事力量，其中今内蒙古地区就有 3 个监军司。黑水镇燕军司驻黑水城，城址即今额济纳黑城。

内蒙古地区大量西夏文物的考古发现，不仅使我们对西夏文化有了更多的认识和了解，也进一步推动了西夏文化的深入研究。特别是 20 世纪初，自俄国人科兹洛夫在黑水城挖掘走大批文献艺术品后，黑水城、绿城等遗址，不断有西夏文物文献出土。在庙宇、佛塔、墓葬等遗址中采集到数量众多、形态各异的"擦擦"。此外，近年阿拉善盟文物部门在进行第三次文物普查时，确定了位于阿拉善左旗境内的苏木图石窟也是西夏时期开凿的一处石窟，同时，在石窟内采集到许多西夏时期的擦擦造像。

表 1　内蒙古地区出土擦擦出土地汇总

出土地	额济纳旗黑水城	额济纳旗绿城	阿拉善左旗广宗寺	阿拉善左旗苏木图石窟
数量	105 个	168 个	25 个	10 个

二　擦擦类型

西夏时期遗留的擦擦，一种是圆塑佛塔擦擦，外形如塔，表面又有许多浮雕塔装饰；另一种是佛像擦擦，即有诸佛、菩萨、护法等人物造像，有素色泥质的，也有彩塑陶制的，玲珑而逼真，属于脱模泥塑中的早期作品。

按照制作材质分类，擦擦有的是泥质，有的是陶制，有的材质较为复杂，是由泥浆加上柴草或棉麻浆脱模压制而成，再彩绘描金。

陶制泥擦是最普通又最常见的一类，用普通的红陶泥巴制作，有时放入青稞粒或者有吉祥意义的物品，以朴实、平凡的信仰之心表达对佛的敬仰以及对美好生活的向往。最为特殊的是泥质描金彩绘擦擦。如额济纳旗博物馆收藏有两件泥质彩绘描金佛像擦擦，造型基本一致，高 10 厘米，宽 7.4 厘米，模制，呈长方形，正面塑佛像一尊，高髻束发，结跏趺坐于莲花台上，施禅定印，佛身饰金，身后背光，背面有数道裂纹。残损，饰金基本脱落。[1]

图 1　　　　　　　　　　　　　　图 2

　　鉴于制作擦擦造型的艺术技法有圆雕、浅浮雕、高浮雕等形式的区别，因此形成各式各样凹凸程度不同、或单或双的模具。

　　从题材内容来看，擦擦虽然是一个方寸之间的佛教造像，但其表现内容广泛，举凡浮屠、佛陀、菩萨、护法、金刚力士、高僧、经咒、佛祖说法讲经等无所不包，形式多样，千变万化，构成了一个气象万千的佛教艺术世界，我们可从两方面来看。

（一）塔形擦擦

　　佛塔造像是擦擦中较为普遍的类型。依据塔的造型可分立体塔和浅浮雕塔两种；依据擦擦上塔的数量又有单塔、三塔、五塔、七塔、八塔、十一塔、一百零八塔等多种造型。

　　立体塔虽数量很多，但种类很少，多为天降塔，少数为聚莲塔，上部整体脱模制成，下部捏出束腰状的小台。其中内蒙古博物院收藏的一种天降塔擦擦，陶制，高 11.5 厘米，腹径 8.3 厘米，底径 6.3 厘米，呈陀螺状，平底，造型规矩精致，由多棱亚字形层阶、方形台座、覆钵形塔身和方形刹座组成，四面正中是贯通层阶、台座的阶梯，系额济纳旗绿城采集（图 3）。[2] 另一种天降塔擦擦较瘦高，结构与前者略同，层阶

---

①　塔拉、李丽雅主编《西夏文物·内蒙古编》，中华书局、天津古籍出版社，2014，第1309—1310 页。

②　《西夏文物·内蒙古编》，第 1266 页。

上的台座不明显，不少还在顶部插有用草棍串起的塔刹、伞盖、日月等饰件，个别考究的还在塔体外表施以彩绘。

还有一类是一百零八塔擦擦，此类擦擦上部为圆锥形，下部为圆形塔基。四周模印布局四层覆钵型小佛塔，每层小佛塔数量不等，有些体型较大的此类擦擦，小塔数量为107个，与大的塔形擦擦构成一百零八塔（图4）。[①] 在中国佛教中一百零八有着非常特殊的意义，佛教认为人有一百零八种烦恼和苦难，为了消除这些烦恼苦难，善男信女要戴一百零八颗贯珠，诵经念佛要一百零八遍，敲钟要一百零八声，所以供养一百零八塔擦擦应该是为消除人生烦恼和灾难，带来吉祥和好运。

八塔擦擦是内蒙古出土西夏擦擦中数量较多的一类，多自绿城遗址采集。此外，阿拉善左旗苏木图石窟内也发现有八塔擦擦，陶质，高11.5厘米，腹径8.3厘米，底径6.3厘米，呈圆锥形，下部为圆形塔基，上部模印八个覆钵式佛塔，均匀分布于四周，基座与塔体之间有一圈连珠纹，基座底部压印有一个梵文（图5、图6）。[②]

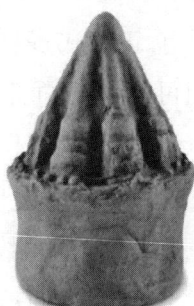

图3　　　　　图4　　　　　图5　　　　　图6

除圆形适合样式之外，还有一种方形塔擦，非常细致精美，在外形方框内用相同造型和尺寸的数十塔样进行重复排列，使图形的构成结构吻合于外形限制，产生一种几何美感。塔之间巧妙地刻饰藏文经咒，既有装饰意味，又满足了信徒发愿的愿望。在绿城遗址有发现。

西夏时期的塔形擦擦基本用范脱模压制，西夏故地曾多次出土制作

① 《西夏文物·内蒙古编》，第1278页。
② 《西夏文物·内蒙古编》，第1281—1283页。

塔形擦擦的铜范，如 1985 年甘肃武威北大街文化广场曾出土一件西夏铜塔范，内范为覆钵式塔，塔基呈十字刹角式形，上下两层，每层分四次叠涩内收；塔身呈八角形，分五层叠涩内收，塔刹为圆柱形，顶呈方形。[①] 宁夏中卫博物馆也收藏有同类型的一件铜塔范。[②]

（二）佛教题材造像

1. 佛陀题材造像

佛陀、菩萨、护法神、佛教高僧都是擦擦表现的对象，有单佛、三佛、五佛、八佛、九佛、十佛造型，以及一佛二弟子、一佛二菩萨、一佛二护法等组合神像表现形式。有些与佛教经咒文字、符号结合在一起，表达不同的宗派思想或者教义。佛像基本形象为高髻、尖顶，斜披袈裟，袒胸，右手施各种手印，结跏趺坐于莲花座上，置于龛内。龛呈尖宫门形，喻意对释迦牟尼初转法轮为弟子说法等四相成道佛本行的纪念，素泥无彩，为藏传佛教艺术风格。

桃形单佛型：陶质，高 6.9 厘米，宽 5.2 厘米。模制，呈桃形。正面塑佛像一尊，头戴宝冠，身披璎珞，结跏趺坐于莲花座上，双手施智拳印，身后背光，背面压印布纹（图 7）。[③]

桃形佛造像：陶质，高 7.1 厘米，宽 5.2 厘米。模制，呈火焰形。正面塑佛像一尊，头戴宝冠，身披璎珞，结跏趺坐于兜率天宫宝座上，右手施说法印，左手持宝物，身后背光，背面压印三个梵文（图 8）。[④]

连弧桃形单佛：陶质，高 4.9 厘米，宽 3.9 厘米。模制，整体呈连弧桃形。正面塑佛像一尊，高髻束发，结跏趺坐于莲花座上，右手施说法印，左手持金刚杵（图 9）。[⑤]

---

① 俄军主编《西夏文物·甘肃编》，中华书局、天津古籍出版社，2014，第 664 页。
② 汤晓芳主编《西夏艺术》，第 68 页。
③ 《西夏文物·内蒙古编》，第 1291 页。
④ 《西夏文物·内蒙古编》，第 1293 页。
⑤ 《西夏文物·内蒙古编》，第 1302 页。

图 7　　　　　　　　　　图 8　　　　　　　　　　图 9

五佛造像：陶质，边长 6 厘米，厚 0.9 厘米。模制，正方形。正面塑佛像五尊，中间一尊，四角各一尊，造型相同，均跏趺坐于莲花座上，双手施禅定印，身后背光。背平（图 10）。①

九佛造像：陶质，高 7.5 厘米，宽 5 厘米。模制，整体呈连弧桃形。正面塑佛像九尊，中间一尊大佛，四周围有八尊小佛，佛像造型不同，均结跏趺坐于莲花座上，身后背光。背面压印布纹，完整。1987 年采集自内蒙古自治区阿拉善盟额济纳旗绿城遗址，现藏内蒙古博物院。此外，九佛造像擦擦还有一类是方形，正面三排，每排三尊佛像，结跏趺坐于莲花座上，有头光身光，高髻束发，造型手印各异（图 11）。②

十佛造像：陶质，高 7.3 厘米，宽 5.9 厘米，重 52.4 克。模制，整体呈火焰形。正面塑佛像十尊，中间一尊大佛，四周围坐九尊小佛，造型相同，均高髻束发，结跏趺坐于莲花座上，双手施降魔印，身后背光，背平，完整（图 12）。③

① 《西夏文物·内蒙古编》，第 1268 页。
② 《西夏文物·内蒙古编》，第 1304 页。
③ 《西夏文物·内蒙古编》，第 1301 页。

图 10　　　　　　　图 11　　　　　　　图 12

一佛一度母一金刚：陶质，连弧桃形，高 6.8 厘米，宽 1.7 厘米，模制。正面塑佛像三尊，均头戴宝冠，身披璎珞，结跏趺坐于莲花座上，有身光头光。上部佛像双手托钵，似乎为药师佛。下部度母和金刚分居左右两侧，中间为覆钵式喇嘛塔，下部右侧佛像三首八臂怒目，两主手左手施无畏印，右手施与愿印，六副手各持宝器，似乎为金刚护法。左侧度母结跏趺坐于莲花座上，左手施与愿印，右手施说法印（图 13、图 14）。[①]

一佛四塔：陶制，直径 2.4 厘米，模制，圆形。正面为一尊佛像，高肉髻束发，结跏趺坐于莲花座上，有身光头光，双手施禅定印。佛左右两侧头和腰处分别各置两座佛塔。背平，侧边一周有梵文（图 15）。[②]

图 13　　　　　　　图 14　　　　　　　图 15

① 《西夏文物·内蒙古编》，第 1298 页。
② 《西夏文物·内蒙古编》，第 1288 页。

2. 观音像

内蒙古出土的西夏擦擦中，观音的形象也较为丰富。有十一面八臂观音、千手千眼观音等。观音双腿刻画图案曲线，似着很薄贴身的褶线花裤，很有质感。观音的脸型较饱满，为藏传佛教风格造像特征，衣饰有印度、尼泊尔风格。

观音像：陶质，高6.9厘米，宽5.2厘米。模制，呈连弧桃形。正面塑一菩萨，头戴宝冠，身披璎珞，结跏趺坐于莲花座上，右手施触地印，左手持金刚杵，身后背光（图16）。①

千手千眼观音：红陶质，高11.8厘米，宽7厘米。长方形连弧圆顶内主尊塑立式十一面八臂观音，站立于莲花座上。正上方为一药师佛，结跏趺坐于莲花座上，双手持钵，有头光身光。佛的左右两侧为两菩萨，左侧菩萨结跏趺坐于莲花座上，右手高举法物，右侧菩萨坐于莲花座上双脚下垂，双手交叉置于胸前施变身印。下方右侧为度母，结跏趺坐于莲花座上，左侧为一护法金刚，站立于莲花座，脚下踩一小鬼，双手持法器。②观音上方和下方布置的五身佛像代表了观音的多面，周围圆形点线代表了观音千手千臂姿态，造像简单明了。在如此小的空间内布置了六身人物，可见设计创作者别具匠心、技艺精湛（图17）。③

十一面八臂观音：陶质，高10.8厘米，宽6.9厘米。长方形连弧尖顶龛内塑十一面八臂观音一尊，双手合十，立于须弥座上，观音四周有许多小佛塔和法器，1998年内蒙古额济纳旗黑水城出土（图18）。④黑水城还出土一件白陶质西夏十一面八臂观音擦擦，高9.5厘米，宽6.2厘米，长方形连弧尖顶龛内塑十一面八臂观音双手合十立于莲花座上（图19）。⑤

① 《西夏文物·内蒙古编》，第1290、1294页。
② 汤晓芳、陈育宁主编《西夏艺术史》，第199页。
③ 汤晓芳主编《西夏艺术》，第70页。
④ 汤晓芳主编《西夏艺术》，第71页。
⑤ 汤晓芳主编《西夏艺术》，第71页。

图 16　　　　　　图 17　　　　　　图 18　　　　　　图 19

3. 度母

度母：陶制，连弧桃形，龛内塑度母高髻宝冠，身体略曲，头向右侧，丰乳，手缠臂钏，左手施说法印，右手施触地印，结跏趺坐于莲花座上。背景有卷草花叶，装饰华丽（图 20）。[①]

4. 金刚护法

六臂护法金刚：陶质，高 3.9 厘米，宽 3.6 厘米，重 12.1 克。模制，呈半圆形。正面塑佛像一尊，头戴宝冠，头向左侧，有六臂，脚踩小鬼立于莲花宝座上。两主手施说法印，四副手各持宝器。背面压印布纹（图 21）。[②]

图 20　　　　　　　　　　图 21

三头六臂大威德金刚：红陶质，高 7.5 厘米，宽 6 厘米。连弧桃

① 汤晓芳、陈育宁主编《西夏艺术史》，第 199 页。
② 《西夏文物·内蒙古编》，第 1295 页。

形，彩绘金装。护法金刚三首六臂，头戴骷髅冠，怒目立发，面相凶恶，六臂手持法物，左腿蹬，右腿弓，立于莲花宝座，背有梵文和古藏文经咒（图22）。①

如意宝怙主护法金刚：陶制，高10厘米，宽8.8厘米，桃形，彩绘鎏金。头戴宝冠，圆脸怒目，双耳垂肩，戴耳环。六臂，主副六手皆持法器，鼓腹，身披璎珞，站立于莲花宝座，金刚通体鎏金（图23）。还有一类金刚身披璎珞，彩绘，身体裸露部分鎏金（图24）。②

图22　　　　　　　　　图23　　　　　　　　　图24

5. 佛教众圣组合造像

一佛二弟子四天王十八罗汉：红陶质，高14厘米，宽9厘米，连弧桃形，正面鎏金。释迦牟尼佛束高螺髻，左手施说法印，右手施触地印，结跏趺坐于莲花座上，有头光身光。佛祖两侧分别站立阿难、迦叶二弟子。十八罗汉分别盘坐于周围，最下方为东方持国天王持琵琶，南方增长天王持宝剑，西方广目天王持蛇，北方多闻天王持宝伞，结游戏坐于莲花座上，有头光身光。擦擦两边各置四座不同形制的佛塔，共八塔。背面有一覆钵式喇嘛塔和古藏文经咒（图25）。③

一塔八金刚：红陶质，高10.2厘米，宽9.5厘米。连弧桃形，正面通体鎏金。正中为一覆钵式喇嘛塔，佛塔四周分列八尊天王金刚，除下

---

①　汤晓芳主编《西夏艺术》，第75页。

②　汤晓芳主编《西夏艺术》，第73页。

③　汤晓芳主编《西夏艺术》，第74页。

方正中三头六臂大威德金刚座下有狮子，狮子下有莲花座外，其余皆坐莲花座，坐式各异，形态不同，背面压印一覆钵式喇嘛塔和古藏文经咒（图 26）。[①]

6. 上师造像

上师造像：陶质，高 3.6 厘米，宽 3.1 厘米。连弧桃形，模制。正面一僧人，头戴智达帽，身披袈裟，袒右臂，左手持法器，右手施说法印，结跏趺坐于莲花座上，两侧各有一朵莲花（图 27）。[②]

图 25　　　　　　　图 26　　　　　　图 27

三　内蒙古出土西夏擦擦的特点

内蒙古出土的西夏擦擦内容丰富，题材广泛，形式多样，既有中原汉传佛教艺术造型，又有藏传佛教艺术风格，反映出西夏时期阿拉善地区佛教信仰汉藏兼修、显密融合，多种佛教流派流传的多元特点。

从出土地域看，内蒙古西夏擦擦主要出土于西部的阿拉善盟额济纳旗黑水城、绿城遗址，阿拉善左旗的广宗寺、苏木图石窟遗址，反映出西夏时期阿拉善盟特别是黑水城地区是西夏佛教的中心之一，这一地区也是目前内蒙古地区保存西夏寺院佛塔遗址最为丰富的地区。

---

① 汤晓芳主编《西夏艺术》，第 74 页。
② 《西夏文物·内蒙古编》，第 1296 页。

从材质上看，宁夏拜寺口方塔[①]、拜寺口北寺塔群[②]、青铜峡一百零八塔[③]、武威亥母洞[④]、敦煌莫高窟[⑤]等地出土的西夏擦擦多为泥质，但内蒙古出土西夏擦擦基本上是陶制，即泥质脱模后经过了火烧。

从形制上看，和宁夏、甘肃等地一样，内蒙古出土的擦擦有圆形、方形、桃形、半圆形等，其中以连弧桃形为主。

从内容上看，宁夏、甘肃等地出土的西夏佛教众圣人物题材擦擦，基本上是以佛陀、菩萨、金刚护法等个体形象为主，组合形式也是一佛二菩萨、一佛四塔等常见题材。内蒙古出土的擦擦内容丰富，题材也较为广泛：一是不仅有单纯的塔形擦擦，同时还出现了多塔、塔与佛、塔与菩萨、塔与护法金刚、塔与经咒组合的多种样式；二是佛教众圣擦擦既有佛、菩萨、金刚等个体的擦擦，也有三佛、五佛、九佛、十佛组合样式，以及佛与菩萨、金刚护法、度母、罗汉同在一铺的组合样式；三是除了佛教众圣外，还出现了高僧和上师等大德形象，这是宁夏、甘肃等地出土西夏擦擦中所没有的；四是出现了释迦牟尼说法讲经的大型场面擦擦；五是无论是塔形擦擦造型还是佛教诸佛、诸菩萨等圣众造像，既有汉地佛教中的形象，也有藏传佛教中的形象，但更多的是属于藏传佛教艺术风格，如菩萨、度母、护法金刚等佛教人物的肢体设计，男性形象威猛，肌肉发达，女性丰乳细腰，婀娜多姿，很有律动感，具有明显的藏传佛教造像艺术风格，反映出西夏时期阿拉善地区佛教信仰汉藏兼修、显密融合，多种佛教流派流传的多元特点。

从制作技术上看，宁夏、甘肃等地出土的西夏擦擦以及西藏、青海留存至今的吐蕃时期和后弘期擦擦大多是素面擦擦，彩绘也仅见于宁夏拜寺口北寺塔群遗址和青铜峡一百零八塔出土的塔形擦擦。但内蒙古

① 宁夏文物考古研究所编《拜寺沟西夏方塔》，文物出版社，2005。

② 宁夏文物考古研究所、贺兰县文化局：《宁夏贺兰县拜寺口北寺塔群遗址的清理》，《考古》2002 年第 8 期。

③ 宁夏回族自治区文物管理委员会办公室、青铜峡市文物管理所：《宁夏青铜峡市一百零八塔清理维修简报》，《文物》1991 年第 8 期。

④ 梁继红、高辉：《武威亥母洞寺石窟调查简报》，《陇右文博》2010 年第 2 期；俄军主编《西夏文物·甘肃编》。

⑤ 彭金章、王建军：《敦煌莫高窟北区石窟》，文物出版社，2004。

出土的西夏擦擦造型精致，制作精良，制作技术高超，有些甚至相当奢华，不仅有普通的素面擦擦，还有单色彩绘和多色彩绘，此类擦擦色彩艳丽，让人赏心悦目。更有甚者，还有通体鎏金和彩绘加部分鎏金的擦擦。如一佛二弟子四天王十八罗汉彩绘鎏金擦擦，在 14 厘米 ×9 厘米的方寸天地中，刻画了二十五尊佛教众圣、八座佛塔、十数件法器，人物小而精巧，并有文字标示，可以说如此精致的擦擦世所罕见。这从一个侧面反映出制作供养此类擦擦的信众不仅经济实力雄厚，而且地位相当显赫，可能是黑水城地区的达官显贵。

内蒙古地区出土的数量众多、类型丰富、制作精良的西夏擦擦，成为研究西夏佛教艺术特别是早期藏传佛教及艺术的珍贵实物资料，也是这一时期佛教发展、教派流传不可多得的历史见证，是研究藏传佛教艺术演变、流传路径的重要依据之一。这批西夏擦擦可以说是藏传佛教北传后，吸收了汉传佛教以及当时西夏的民族地域文化后融合演变的结果，也进一步反映了在藏传佛教逐渐向中原腹地和向东发展的过程中，西夏黑水城作为中间过渡地带发挥了重要的作用。

（原刊于《西夏学》第 13 辑，甘肃文化出版社，2016）

西夏瓦当纹饰探析

李玉峰

摘　要　在西夏文物中，保存有大量瓦当，当面饰有精美纹饰，根据
纹饰类型可分为兽面纹、莲花纹、菊花纹三类。其中兽面纹
和莲花纹在佛教文化的影响下，成为西夏瓦当纹饰的主流。
同时，宋人对菊花的喜爱及宋儒以菊比德的思想，对与宋人
长期相处且崇尚儒家文化的西夏亦有较大的影响，因此瓦当
纹饰中也不乏菊花纹。此外，出土的西夏瓦当一改前朝将连
珠纹饰于边轮与主体图案之间的情况，多将实心连珠纹边轮
上饰，这样使边轮与瓦当的主体图案浑然一体，共同形成了
一个完整的适合纹样，达到较醒目的装饰效果。

关键词　西夏；瓦当纹饰；兽面纹；莲花纹；菊花纹

瓦当又称瓦头，是中国古代建筑中筒瓦顶端下垂的部分，主要起保
护屋檐椽头免被风雨侵蚀的作用。最初瓦当是素面无纹的，仅体现遮风
挡雨的实用功能。随着社会经济不断发展，传统美学建立并逐步完善，
文化进步及人们审美观念的变化，使瓦当在保留原有实用功能的基础
上，又被赋予了装饰、美化的功能。人们在当面上施以各种纹饰，以此
来表达思想和情感。

在今宁夏、甘肃、内蒙古等地的西夏遗址中发现了大量西夏时期的
瓦当，当面饰有精美的纹饰，主要有兽面纹、莲花纹、菊花纹等。这些

瓦当纹饰为研究西夏社会审美观念、文化内涵提供了珍贵的资料,有着重要的研究价值,同时,也为以后判断建筑遗址、墓葬所属时代是否为西夏时期提供了重要的依据。

在众多古代瓦当研究成果中,关于瓦当纹饰的研究多集中在秦汉、隋唐、宋辽金元时期,西夏时期的几乎没有。至今仅见陈育宁、汤晓芳、雷润泽《西夏建筑研究》[①]中介绍了宏佛塔、西夏 3 号和 6 号陵及拜寺口双塔寺庙出土的西夏兽面纹瓦当,认为其受到了佛教文化的影响。此外,《西夏三号陵:地面遗迹发掘报告》及《西夏六号陵》[②]对西夏王陵出土的瓦当进行了简单分类整理。由此可见,学界对西夏瓦当纹饰的关注很少,研究还较薄弱。因此,笔者拟在前人的基础上,更全面地搜集西夏瓦当纹饰资料,对其进行整理研究,试图借此探索西夏瓦当纹饰的主要特征和源流。

一 西夏瓦当纹饰的分类

关于瓦当艺术,除其自身形状外,更重要的是纹饰造型。西夏瓦当多为圆形,仅有 1 件呈扇形。纹饰以兽面纹为主,莲花纹较魏晋南北朝和隋唐时期而言少很多,除此之外还有部分菊花纹瓦当。

为了更直观清晰地展现西夏瓦当纹饰的样式与特征,下文将分类阐述。

(1)兽面纹。当面饰一模印兽面纹,瓦当边轮上饰一周连珠纹,或主体纹饰与边轮间饰一周凸弦纹。根据兽面的细部特征,又可将其划分为六式。

Ⅰ式 当面呈圆形。兽面眉毛粗壮,眉上长角,怒目圆睁,嘴大张,两颗獠牙清晰,鼻子呈蒜头形,须呈连珠纹状,兽面外围有 3 道凸弦纹,整体简单拙朴(图 1)。此类兽面纹主要出土于甘肃金昌市永昌县后大寺千佛阁遗址。[③]在西夏陵也曾采集到一面类似纹饰的瓦当,只

① 陈育宁、汤晓芳、雷润泽:《西夏建筑研究》,社会科学文献出版社,2016。
② 宁夏文物考古研究所、银川西夏陵区管理处:《西夏三号陵:地面遗迹发掘报告》,科学出版社,2009;宁夏文物考古研究所、银川西夏陵区管理处:《西夏六号陵》,科学出版社,2013。
③ 俄军主编《西夏文物·甘肃编》,中华书局、天津古籍出版社,2014,第 1709 页。

是胡须为短密线刻画。①

Ⅱ式　当面呈圆形。边轮较宽，且与主体纹饰间有两周凸弦纹，一宽一窄，宽在内、窄在外。兽面狰狞凶猛，眉弓粗壮，眉毛呈卧蚕式，双目圆睁，鼻子硕大，鼻孔大张，颧骨突起，两腮圆鼓，阔口方齿，两颗獠牙外露清晰，毛发成绺并卷曲。整体纹饰繁复精致（图2）。此类兽面纹瓦当部分通体施绿釉，部分为灰陶质地，数量较多。主要出土于贺兰县宏佛塔②、宁东灵武窑③、西夏7号陵、西夏陵区北端建筑遗址，④此外在西夏区大口子遗址、拜寺口遗址、平罗大水沟遗址、西夏8号陵及整个陵区内均有采集。

Ⅲ式　当面呈圆形。当面微鼓，兽角或为叉式或为短粗对立式，兽眉或较长紧缩或短如卧蚕，皆瞠目立耳，两腮圆鼓，鼻梁粗壮高耸，两獠牙弯曲外露，上颚八字胡下垂外撇，耳侧与头顶遍饰鬃毛，部分额间印"王"字。边轮上饰一周连珠纹，此类兽面纹立体感较强（图3）。西夏2号和3号陵⑤、宏佛塔均有出土，其中部分通体施绿釉。

Ⅳ式　当面呈圆形。面部狰狞凶猛，眉弓粗壮，双目圆睁，耳朵尖竖，两腮极度夸张，约占整个兽面的2/3，蒜头鼻硕大，鼻孔朝前，颧骨突起，阔口方齿，额上鬃毛成绺卷曲，有的额头有"王"字，造型独特（图4）。⑥此类兽面纹瓦当主要出土于永宁县三关口西夏墓群，西夏陵区和黑水城亦有采集。

Ⅴ式　当面呈圆形。平沿上饰一圈连珠纹，沿内模印兽面纹，角平直，粗眉紧锁，眉尾上扬，椭圆形眼，宽鼻似蒜头，阔嘴无牙，嘴角上

① 塔拉、李丽雅主编《西夏文物·内蒙古编》，中华书局、天津古籍出版社，2014，第1385页。

② 于存海、雷润泽、何继英：《宁夏贺兰县宏佛塔清理简报》，《文物》1991年第8期。本文宏佛塔出土瓦当材料均出自于此。

③ 中国社会科学院考古研究所编《宁夏灵武窑发掘报告》，中国大百科全书出版社，1995，第83页。

④ 李进增主编《西夏文物·宁夏编》，中华书局、天津古籍出版社，2017，第5239页。

⑤ 宁夏文物考古研究所、银川西夏陵区管理处：《西夏三号陵：地面遗迹发掘报告》，第32、58、85页。本文西夏3号陵出土瓦当材料均出自于此。

⑥ 塔拉、李丽雅主编《西夏文物·内蒙古编》，第1370页。

扬，下颚胡须和头顶鬃毛均为短密线纹（图5）。^①此类兽面纹瓦当主要出土于西夏3号、6号陵，在陵区内也有采集。

　　Ⅵ式　当面呈圆形。兽面凸出，眼似铜铃，两腮圆鼓，阔口方齿，獠牙外露，鼻子硕大似蒜头，部分无角，粗眉似"八"，部分有眉无角，毛发稀疏呈大绺卷蓬，边轮或窄或宽（图6）。此类兽面纹出土于宏佛塔、平罗县大水沟遗址，部分采集自西夏陵区。

图1　后大寺千佛阁遗址出土西夏兽面纹瓦当

图2　西夏陵出土灰陶、琉璃兽面纹瓦当

图3　西夏3号陵出土兽面纹瓦当实物图及线描图

图4　黑水城遗址采集西夏兽面纹瓦当

图5　西夏6号陵出土兽面纹瓦当实物及拓片

图6　平罗县大水沟遗址出土西夏兽面纹瓦当

---

　　①　宁夏文物考古研究所、银川西夏陵区管理处：《西夏六号陵》，第37页。本文西夏6号陵出土瓦当材料均出自于此。

综上，出土西夏瓦当上的兽面纹有六式之多，或简单拙朴，或繁复精美；或毛发卷蓬，或鬃毛直密；或粗眉大鼻，或獠牙外露；样式繁多，造型独特。

（2）莲花纹。出土的西夏莲花纹瓦当与兽面纹瓦当相比数量较少，但纹饰精致美观。西夏莲花纹瓦当一改秦汉、隋唐时期采用正视的莲花构图，而是多采用折枝莲花的侧视图作为当面纹饰。根据莲花纹的细部特征，可将西夏莲花纹瓦当分为两式。

Ⅰ式　当面呈圆形或扇形。平沿，沿内模印一折枝莲花，花瓣饱满圆润，枝细叶茂，生机盎然。贺兰县宏佛塔出土莲花纹瓦当，折枝莲花主体纹饰左右两侧各伸出一枝马蹄莲和一片莲叶，周围有水草和花朵等装饰（图7）。西夏陵区北端建筑遗址出土的莲花纹瓦当，其主体莲花两侧各伸出一片枝叶（图8）。

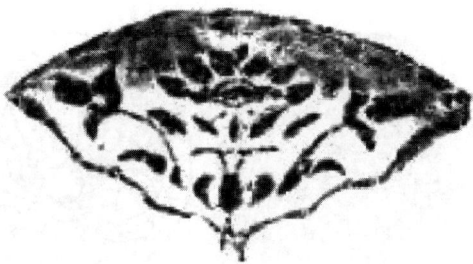

图7　贺兰县宏佛塔出土莲花纹瓦当　图8　西夏陵区北端建筑遗址出土的莲花纹瓦当

Ⅱ式　当面模印一折枝莲花，花瓣细长，枝叶粗壮，主体纹饰外有宽凸轮，轮上装饰一周连珠纹，此莲花纹线条简单流畅，整体给人一种简单厚实之美（图9）。此莲花纹瓦当出土于西夏3号陵。此类莲花纹瓦当在四川都江堰市青城山宋代建福宫遗址也有出土，其当面饰一侧视莲花，并配饰莲叶，线条飘逸自然，具有较强的写实风格，边缘较宽（图10）。[①]

出土西夏瓦当上的莲花纹一种灵巧纤细，一种厚实大气，均有较强的装饰效果。

---

① 　叶茂林：《四川都江堰市青城山宋代建福宫遗址试掘》，《考古》1993年第10期。

图 9　西夏 3 号陵出土莲花纹瓦当　图 10　青城山建福宫遗址出土宋代莲花纹瓦当

（3）菊花纹。虽说菊花孤傲，千姿百态，但是出土西夏时期瓦当上的菊花纹形制却整齐划一，当面模印菊花纹，花瓣呈瘦叶状，主体图案与边轮间有一周凸弦纹，边轮较宽，其上或饰一周连珠纹，或为素面（图 11）。多见灰陶质地，亦有施绿琉璃的。此类菊花纹瓦当多采集自西夏 4 号陵，永宁县闽宁镇西夏墓也有出土。[①]

图 11　西夏 4 号陵出土菊花纹瓦当

二　西夏瓦当纹饰的特征

通过前述对西夏瓦当纹饰的归纳、分类和探析可知，西夏瓦当纹饰有以下一些特征。

（一）兽面纹瓦当占主导地位

此特点主要表现为：数量多，样式全，使用范围广。据不完全统

---

① 李进增主编《西夏文物·宁夏编》，第 5187 页。

计，目前出土西夏瓦当中兽面纹数量最多。西夏 3 号陵共出土较完整的瓦当 872 件，其中 868 件为兽面纹。[①]西夏 6 号陵共出土 2700 件瓦当，全为兽面纹。[②]此外，在西夏 1、2、4、7、8 号陵，西夏陵北端建筑遗址，宏佛塔，黑水城、永宁县闽宁镇和三关口西夏墓群、宁东灵武窑、拜寺口及甘肃永昌县后大寺千佛阁遗址等处，采集或出土有兽面纹瓦当，其纹饰有六式之多，粗糙精致不一。出土范围涉及今宁夏、甘肃、内蒙古。由此说明，兽面纹瓦当在西夏时期较为流行，使用范围广。

（二）瓦当边轮上多见连珠纹边饰

出土的西夏瓦当边轮上多饰一周或半周实心连珠纹，形制浑圆、饱满。隋唐之前瓦当上较少见实心连珠纹边饰，隋唐以后瓦当纹饰中普遍以实心连珠纹作为当面边缘的附饰。虽然不同时期瓦当上均有连珠纹，但是所处位置有很大差异。隋唐时期其在边轮与主体纹饰之间（图 12），相当于秦汉时期瓦当主体纹饰与边轮之间的凸弦纹，起到划分不同区域的"分界"作用。如陕西、河南地区出土的隋唐莲花纹、兽面纹瓦当均是如此。而出土的西夏瓦当，连珠纹多饰于瓦当的边轮之上（图 13），主要起到装饰瓦当"边框"的作用，使边轮与瓦当的主体图案浑然一体，共同形成了一个完整的适合纹样。瓦当到唐宋辽金时期，面积较之前变小，其直径多在 12—15 厘米。[③]出土的西夏瓦当直径多在 7—15 厘米，[④]大者与唐宋辽金时期的相同，小者则比唐宋辽金时期的要小。在这种情况下，将连珠纹饰于瓦当边轮之上，仰视和远视置于屋顶椽头的瓦当时，瓦当会更醒目，装饰效果更加突出。

---

① 宁夏文物考古研究所、银川西夏陵区管理处：《西夏三号陵：地面遗迹发掘报告》，第 316 页。
② 宁夏文物考古研究所、银川西夏陵区管理处：《西夏六号陵》，第 411 页。
③ 戈父编著《古代瓦当》，中国书店，1997，第 185—194 页。
④ 统计资料来自史金波总主编《西夏文物》。

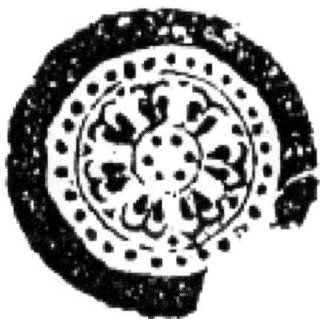

图12　陕西铜川玉华宫出土唐代莲花纹瓦当　　图13　西夏6号陵出土兽面纹瓦当

　　此外，西夏陵区北端建筑遗址出土1件当面为扇形、模印Ⅰ式莲花纹图案的瓦当。中国古代的瓦当主要为半圆和圆形两种，此外还有大半圆形和弯月形。最初的西周瓦当为半圆形；春秋战国时期已出现圆形瓦当，但仍以半圆形瓦当为主；秦汉时期圆形瓦当成为主流，半圆形逐渐被淘汰；东汉时半圆形瓦当绝迹，此时圆形瓦当的形制就固定下来了，魏晋、隋唐一直到明清，都沿用圆形瓦当这一传统。[1]出土的西夏扇形瓦当在中国古代较少见到。因为纹饰饰于瓦当表面，所以瓦当形状对纹饰会有一定的影响。同是Ⅰ式莲花纹，在圆形瓦当上表现出花团锦簇的繁复之美，在扇形瓦当上则体现出花枝纤细舒展之美。这体现出同类纹饰在不同形状载体上展现出不同效果的装饰美。此类扇形瓦当，应为特殊建筑上的专用构件，极罕见。在赤峰敖汉旗出土过1件元代兽面纹瓦当范，[2]形状与西夏扇形莲花纹瓦当极为相似，说明元朝在某种特殊的建筑上沿用了此扇形瓦当形制。

三　西夏瓦当纹饰的源流

　　出土西夏瓦当上的纹饰并非西夏首创。《隋书》《旧唐书》《新唐书》《新五代史》《宋史》等汉文文献记载，早期党项羌过着游牧为主的生活，

---

① 戈父编著《古代瓦当》，第3页。

② 邵国田：《赤峰敖汉旗出土元代纪年瓦当范》，《文物》1987年第7期。

其屋织牦牛尾及羊毛覆之，每年更换一次。[①] 由此可知，党项人早期住的是毡帐，没有砖瓦建筑。直到宋初，"民居皆立屋，有官爵者，始得覆之以瓦"，[②] 自此西夏境内才出现了砖瓦结构的建筑，瓦当才成为不可或缺的建筑构件。瓦当上的兽面纹、莲花纹、菊花纹从何而来？笔者认为其是西夏人民在长期对外交流的过程中继承模仿并加以改造而来的。

（1）出土西夏瓦当上的兽面纹，通过前文分六式的详细阐述，可以看出其形式多变，纹理繁复，当面不是很凸出，兽面形象不似以前那样凶神恶煞，相对较为温和。经过对瓦当上兽面纹的鬃毛和眉毛、鬘发、胡须、嘴型的对比分析，发现除Ⅰ式兽面纹眉目清晰，没有鬃毛，较接近人面外，其余五式具备狮子面首的形态和特征，这主要是受到佛教文化的影响。佛教中狮子代表法力，是护法神兽。在佛教艺术中，狮子既为万兽之王，具有辟邪护法的作用，也作为佛的化身被崇拜信奉，据佛教故事记载，佛陀出生时"观察四方，一手指天，一手指地，作师子吼"。[③] 随着佛教在南北朝时期的东传与普及，狮子的神威与护卫、辟邪功能被广泛融入中华民族生活中。

瓦当上装饰狮面纹始见于北朝，陕西西安出土1件北朝时期的兽面纹瓦当，边轮上部稍残，当面为兽面，眉毛刻画较细致，胡须呈八字状向上卷曲，边缘处有变形卷曲纹，线条较为洗练，形象极似狮子。[④] 后来，隋唐时期的兽面纹多为狮面神兽。到宋辽金时期，类狮兽面纹更是压倒莲花纹而广为流行。西夏尊佛教为国教，佛教在西夏受到广泛信仰，因此在宫殿、寺庙、房屋等建筑上使用流传已久且深得国民青睐的狮面纹瓦当在情理之中。根据房屋和使用者身份的等级差异，宫殿、寺庙及贵族居住的房屋才有可能使用琉璃兽面纹瓦当，其余则多使用陶质瓦当。

---

① 《隋书》卷八三，中华书局，1973；《旧唐书》卷一九八，中华书局，1975；《新唐书》卷二二一，中华书局，1975；《新五代史》卷七四四，中华书局，1974；《宋史》卷四八五，中华书局，2005。

② （宋）曾巩著，王瑞来校证《隆平集校证》卷二〇《夷狄传》，中华书局，2012，第603页。

③ 张美兰：《祖堂集校注》，商务印书馆，2009，第20页。

④ 赵力光：《中国古代瓦当图典》，文物出版社，1998，第756—757页。

西夏先后与宋辽金鼎足而立,各政权之间来往较为频繁,因此在文化艺术上不免会受到影响。关于兽面纹瓦当上的兽面形象,宋代兽面纹兽面鬃毛稀疏,眉多呈倒"八"字形,河南洛阳唐宫路北建筑遗址出土的是最具代表性的,[①]总体品种样式单调;辽代瓦当上的兽面纹兽面略凸起,双目圆且小,多三角鼻,嘴及脸周围多饰卷曲或笔直胡须和鬃毛,竖耳,额上有条形线纹,巴林右旗罕山辽代祭祀遗址出土4F:54最为典型;[②]金代兽面凸起较高,浓眉小眼,鼻多呈蒜头形,口齿清晰可辨,有些口内有一条弧线表示舌头,兽面细部刻画较为精细,北京大葆台金代遗址多有出土。[③]由此观之,西夏兽面纹与辽金兽面纹有部分类似。比如兽面嘴和脸周围多饰卷曲或笔直的胡须、鬃毛,竖耳,这与辽代兽面纹一样;浓眉,鼻大多呈蒜头状,口齿清晰,兽面刻画精细,这与金代兽面纹类似。瞠目、鼓腮、獠牙、粗角则是西夏兽面纹较为显著的特征。

(2)莲花纹瓦当与兽面纹瓦当一样,是在魏晋南北朝时期随着佛教的传入而兴盛起来的。莲花在佛教中是清净、圣洁、吉祥的象征。五代时期的《祖堂集》描述释迦牟尼降生时写道:"佛初生时,放大光明,照十方界,地涌金莲,自然捧足。"[④]由此阐明了佛教与莲花之间的关系。在佛教传入之前,秦朝瓦当中就已经有了莲花纹,但是魏晋以后兴盛起来的莲花纹早已失去了秦时的创造性而随着佛教的传播走向了世俗化。隋唐五代时期,莲花纹成为最普遍的瓦当纹饰,莲花纹的形状较之前变得宽大、肥硕,四周围绕连珠纹。到了宋代,莲花纹变得小而尖,花瓣呈长条状,形似菊花,此时以侧视折枝莲花纹为瓦当纹饰业已出现。由此观之,西夏信奉佛教,沿用了前朝因佛教兴盛而一直流行的莲花纹瓦当,其莲花纹花瓣小而尖细,均采用侧视莲花为饰,无论是形态造型还是构图方式均颇承宋风。

---

① 中国社会科学院考古研究所洛阳唐城工作队:《河南洛阳唐宫路北唐宋遗迹发掘简报》,《考古》1999年第12期。
② 刘晓光:《内蒙古巴林右旗罕山辽代祭祀遗址发掘报告》,《考古》1988年第11期。
③ 马希桂:《北京大葆台金代遗址发掘报告》,《考古》1980年第5期。
④ 张美兰:《祖堂集校注》,第20页。

（3）出土西夏瓦当上饰有菊花纹，可能与菊花具有祥瑞含义，宋人爱菊，宋儒以菊比德有关。关于装饰图案，历代遵循着"图必有意，意必吉祥"的标准。菊花是一个古老的花卉品种，在每年农历九月开放，因此人们常将九月称为"菊月"，因"九"和"久"同音，所以菊花在民间被认为是长久与长寿的象征，深得人们的喜爱。

宋代，随着菊花栽培的发展，菊花种植较为发达，品种丰富，故而赏菊活动日渐兴盛，而且逐渐普及到民众当中。宋代的大众性赏菊多在重阳节举行，皇帝与群臣共同赏花，君臣唱和。孟元老《东京梦华录》卷八载："九月重阳，都下赏菊，有数种，其黄白色蕊若莲房，曰万铃菊；粉红色曰桃花菊；白而檀心曰木香菊，黄色而圆者曰金铃菊花，纯白而大者曰喜容菊，无处无之。酒家皆以菊花缚成洞户。"①南宋吴自牧《梦粱录》卷五载重九之日"禁中与贵家皆此日赏菊，士庶之家，亦市一二株玩赏。其菊有七八十种，且香而耐久"。②由此可见，艺菊、赏菊、赋菊在宋代成为一种全民风尚。

此外，菊花绽开于寒霜、丽而不媚、闲适散淡、坚贞不屈，宋儒将其阐发为君子人格，菊花清淡绝俗的品质体现了儒家孔颜乐处的思想。这种比德的审美认识，在中国古代儒家审美认识中是最具特色的表现。

党项自内迁后便与中原汉人杂居相处，学习汉人先进的生产技术及文化，逐步脱离原始游牧生活。建国以后更是极力推崇汉地儒家文化，翻译大量儒家经典，尊孔子为"文宣帝"，实行以儒治国政策。由此，宋人爱菊、赏菊、以菊来阐发儒家安贫乐道的风尚必然会影响到西夏。因此，菊花的造型融入西夏人的生活，得到了西夏民众的喜爱。故而在西夏的瓦当装饰纹样中就出现了整齐划一的模印菊花纹。

西夏先后毗邻宋、辽、金，彼此之间有着密切的交往，因此瓦当纹饰不免会受到其他文化的影响，同时西夏笃信佛教，因而其信仰亦会从瓦当纹饰上反映出来。由此可见，西夏瓦当纹饰的样式和特征是在吸收、融合外来文化的基础上发展演化而来的，具有较强的时代性与地域性。

---

① （宋）孟元老：《东京梦华录》卷八，《东京梦华录（外四种）》，文化艺术出版社，1998，第 56 页。

② （宋）吴自牧：《梦粱录》卷五，《东京梦华录（外四种）》，第 150 页。

四 结 语

瓦当作为一种实用的装饰品，使用区域广泛，沿用时间长久，具有时代性和地域性的特点。出土西夏瓦当纹饰以瞠目、鼓腮、獠牙、粗角的狮子兽面纹为主，兼有侧视莲花纹和整齐划一菊花纹。此三种瓦当纹饰的流行与西夏实行以佛治心、以儒治国的政策有密切的关系，是西夏人佛教信仰和吸收中原儒家文化的物象化表现。边轮上饰连珠纹，使其与瓦当的主体图案浑然一体，装饰效果更为醒目突出。虽然，我们看见的只是西夏时期遗存下来的残砖片瓦，但是从其高度概括的纹饰艺术中可以感受到西夏建筑曾经的辉煌。

［原刊于《南京艺术学院学报》（美术与设计）
2018 年第 4 期］

出土西夏字书关于字形解说的再解读

段玉泉

摘　要　西夏字书《文海宝韵》在解说字形时，一般以四字为限，包括解说字形用字和配合字形解说的一批术语用字。这些术语以"𦧻"（左）、"𦤙"（右）两字使用频率最高，表明西夏文字形体上主要以左右结构为主。这些术语在其他西夏字书中存在两种简省：一是以简省符号替代，二是直接省略。有些术语使用前后并不一致，内涵比较丰富。借由字频统计可以发现，解说字形用字基本上都是一些常用字，是初学西夏文者首先需要掌握的一批字。同样一个解说字在不同字的构形过程中，通过省形的方式而选取的部件有所不同，但大多以一个部件为主。西夏文构形资料在不同字书中也会有不同表现。相同的解说字，所取构件不同可造不同的字，构件组合顺序不同亦可造不同的字，同形字构形资料不同、构意有别。

关键词　西夏字书；文字形体；构形术语；构形用字

　　出土西夏文献中，有几种西夏文字书，其中涉及文字形体解说的主要有《文海宝韵》甲种本、乙种本以及《同音文海宝韵合编》。《文海宝韵》，罗瑞智忠等编纂，成书于西夏前期（11世纪中期）。原书存有详、略两本。详本即《俄藏黑水城文献》所收刻本，称为甲种本；略本即

《俄藏黑水城文献》所收抄本，称为乙种本。《文海宝韵》刻本，蝴蝶装，残缺，存平声及杂类部分；《文海宝韵》抄本，前有残序，正文为按照甲种本顺序排列的西夏字表，分平声、上声和入声、杂类，间有简略注释。综合详、略两本，知《文海宝韵》原书的详本包括平声、上声和入声、杂类三部分。全书按韵编排，平声97韵，上声和入声86韵。各韵之前列韵类代表字。平声、上声和入声两类中各字依韵序排列，每韵类中同音字排在一起。杂类另分平声、上声两部分。每部分再依声母按重唇音、轻唇音、舌头音、舌上音、牙音、齿头音、正齿音、喉音、来日舌齿音九类编次。每一字条的注释分为三部分：首以四字设限，分析字形构造；次释字义，多以同义、近义相释，或指明类属用途等；最后以反切法注音，同音字仅于首字末尾标注。全书体例上兼有汉语韵书《广韵》和文字学著作《说文解字》两书的特点，于汉语言文字学著作中未见先例。《同音文海宝韵合编》亦为西夏文辞书残卷，著者不详。发现多种抄本，皆失题，现今所称题目乃据文献内容拟定。该书在形式上是将按韵排列的《文海宝韵》改用《同音（乙种本）》以声为纲的形式重新排列了一遍，并作简化。这样排列将《同音》与《文海宝韵》两部辞书的优长糅合在了一起，既便于查找，又有较详细的解释，实用性很强。

这三种资料，以《文海宝韵》甲种本存留文字构形资料最为丰富，平声字部分大多保留，杂类也保存不少内容；乙种本几乎是一个字表，少量的解释中偶有字形解说；《同音文海宝韵合编》残缺虽多，但所存部分可以部分补充甲种本残缺的内容。此外，《同音》和《同音》丁种本背注两种材料也偶有少量的字形解说；《择要常传同名杂字》也有部分关于文字构形术语的资料。

《文海宝韵》等西夏字书对西夏文字的逐一解说，为我们解读和研究西夏文字提供了重要线索。要全面研究并认识西夏文字的构形规律，就有必要对《文海宝韵》的字形分析进行全面认识和梳理。

一 《文海宝韵》等字书解说字形的术语用字

《文海宝韵》对西夏文字字形、字义与字音的解释，是我们研究西夏文字的重要依据。该书基本上是依据字形间的联系解释西夏文字，通常是从两个文字中各选取一部分构件加以组合以解释另一个字的字形，也有少量从三个或四个字中选取构件者。为配合说明这些所选构件的部位，通常会使用一些指示构件部位的术语。也有少数情况，是通过删减某个字的构件去解释另一个字形。无论是组合还是删减，字形解说皆限定为四字。术语多出现于第二、四字的位置，这些术语大抵有八个，学界已有不少阐述。[①] 这里将这些术语所指示的构件部位，结合具体例子整理如下（表 1）并做些解释。

表 1 《文海宝韵》构形术语示意

术语	字义	所指示文字部位	用例
□	半、偏	左部	□：□□□□ / 靴：腿左蔽右（《文海》甲 59.222）
□	助	右部	□：□□□□ / 恨：心左恶右（《文海》甲 56.112）
□	头	上部	□：□□□□ / 翁：首上白全（《文海》甲 71.211）
□	下	下部	□：□□□□ / 震：地上动下（《文海》甲 86.271）
□	心	中间	□：□□□□ / 弓：射中庞右（《文海》甲 76.141）
□	围	周围	□：□□□□ / 帮：互围助左（《文海》甲 92.132）
□	全	全部	□：□□□□ / 肩：臂中高全（《文海》甲 59.212）
□	减	表示删减	□：□□□□ / 八：七之上减（《文海》甲 85.232）

注：文中下画"＿"者表示音译。

---

① 这八个术语最初由聂历山（Nevsky）在日本介绍，后译为俄文收入其论文集及词典，又有马忠建等译汉译本，参见《西夏语文学》，载李范文主编《西夏研究》第 6 辑，中国社会科学出版社，2007，第 64—65 页。其他相关介绍参见西田龙雄《西夏语の研究：西夏语の再构成と西夏文字の解读》（Ⅱ），座右宝刊行会，1966，第 251 页；Софронов М В. *Грамматика тангутского языка. Т.1.* Москва. Издательство «Наука». 1968, стр.66；Кепинг К. Б., В. С. Колоколов, Е. И. Кычанов, и А. П. Терентьев-Катанский. Море письмен,I. Москва,1969, стр.14；龚煌城《西夏文字的结构》，《中央研究院历史语言研究所集刊》第 52 本第 1 分，第 79—100 页；韩小忙《西夏文的造字模式》，中国社会科学出版社，2016，第 10—11 页。

第一例"靸"（靴），是由"㲋"（腿）的左边及"綴"（蔽）的右边组成，合二字之意。

第二例"㣺"（恨），是由"䍐"（心）的左边及"㲋"（恶）的右边组成，合二字之意。

第三例"霹"（翁），是由"蒝"（首）的上部及"祥"（白）的全部组成，合二字之意。

第四例"㲋"（震），是由"姞"（地）的上部及"莁"（动）的下部组成，合二字之意。这里"姞㲋"二字不大准确，实际是取"姞"（地）的左部将其作为"㲋"（震）的上部。

第五例"㣺"（弓），是由"㲋"（射）的中间部分及"祥"（白）的右部组成，取前者作意符、后字作声符，造形声字。

第六例"㣺"（帮），是由"蒝"（互）字之围（上部及左部）及"㲋"（助）的左部组成，合二字之意。

第七例"㣺"（肩），是由"㲋"（臂）的中部及"㲋"（高）的全部组成，合二字之意。

第八例"圀"（八），是由"资"（七）字减去其上部构件而成。

《文海宝韵》等字书关于西夏文字字形的解说，基本上是通过以上八个术语来运作的。前六个术语都是就文字的某一部分而言的，西田龙雄将它们归为一类，称为通例；第七个术语是就整个字形而言，第八个则是在他字基础上删减，西田龙雄将它们称为变例。[1] 其中的第七个术语"㲋"（全）虽然是就整个字形而言，但在具体运用过程中是与前六个术语搭配使用，解说原则一致，皆属于组合式解说的术语，与第八字用于删减式解说完全不同。因此，如果要将这些术语加以区分的话，不妨将"㲋"（全）与前六个术语划归一类，即常规术语，或者说通例，而将"㲋"（减）作为变例。就使用频次而言，这八个术语并不均衡，前两个术语使用非常频繁，其他术语频次相对较低，"㲋"频次最低。下面是我们对《文海宝韵》所存构形资料中术语使用频次的

① 西田龙雄：《西夏语の研究：西夏语の再构成と西夏文字の解读》（Ⅱ），座右宝刊行会，1966，第251页。

统计，具体如下：

□ 2046　□ 1826　□ 416　□ 241　□ 231　□ 250　□ 808　□ 21

虽然这只是残存部分的数据，但颇能说明问题。数据表明，字书中西夏文字构形主要是通过"□""□"这两个术语运作的，这也说明西夏文字形体主要是以左右结构为主。

这些字形解说术语也存在简省的情况，主要出现在其他字书中。大体有两种：一是以简省符号替代，二是直接省略术语。

以简省符号替代的现象，主要出现在《同音文海宝韵合编》丙种本中，聂鸿音先生已有初步解说。[①]《合编》丙种本为抄本，存两叶，每叶 5 行，每行 6 个大字，整齐排列。与甲种本有所不同，此本首先是将《同音》的注删去，其次将字形解说移至每个大字的右边，意义解释则置于每个大字之下，如双行小字解释排列不下，则改为三行。这些字中的平声字在《文海宝韵》中都有字形解说资料，兹将这些简省构件与实际代表字及用例整理如下（表 2），并以《文海宝韵》用例佐证。

表 2　《合编》简省术语示意

简省	代表字	实际用例	《文海宝韵》用例
□	□（左）	□：□□□□（《合编》丙 A23）	□：□□□□ / 月：月左全右（《文海》甲 59.222）
□	□（右）	□：□□□□（《合编》丙 A13）	□：□□□□ / 洒：手全清右（《文海》甲 56.112）
□	□（上）	□：□□□□（《合编》丙 B55）	□：□□□□ / 枪：铁上墨全（《文海》甲 71.211）
□	□（下）	□：□□□□（《合编》丙 A54）	□：□□□□ / 涂：抹下所右（拟）
□	□（中）	□：□□□□（《合编》丙 A22）	□：□□□□ / 猿：猴中大右（《文海》甲 76.141）
□	□（全）	□：□□□□（《合编》丙 A22）	□：□□□□ / 襟：结左衣全（《文海》甲 59.212）
□	□（围）	□：□□□□（《合编》丙 B34）	□：□□□□ / 劝：脾围取下（《文海》甲 92.132）

需要补充的是，这些简省仅限于解说字形的术语，其他用字不存在简省，如第一行中"□：□□□□"的第三字"□"（全），是解说"□"的两字之一，而不是解说字形的术语，没有简省。这些术语的简

---

① Hongyin Nie, "Graph Omission and Abbreviation in Tangut Script", *Chinese Writing Systems*, 2018（3）, pp.157-161.

省目前仅见于《合编》乙种本，其他材料中还未见到。而且，这些简省目前也只见于七个常规术语，至于变例术语"𗼲"（减）在这两叶材料中未有相关文字出现，应该也存在简省构件。

术语的直接省略主要见于《文海宝韵》乙种本。前文已及，乙种本实际上只是《文海宝韵》全书的字头按韵排列的一个字表，只在极少数字头之下有简短解释，其中一部分即是字形解说。这些字形解说有些仍遵照甲种本的四字解说，但更多则将术语省略，即以两字形式出现。例如：

𗼲：𗼲𗼲／往：往起（《文海》乙 33.234）

𗼲：𗼲𗼲／弼：番智（《文海》乙 73.110）

𗼲：𗼲𗼲／绑：捆桍（《文海》乙 62.17）

根据这些字形，可以推定省略了哪些术语。将省略术语补全，各字的完整字形解说即成：

𗼲：𗼲𗼲𗼲𗼲／往：往上起下

𗼲：𗼲𗼲𗼲𗼲／弼：番左智右

𗼲：𗼲𗼲𗼲𗼲／绑：捆右桍全

以上所述都是以两字拆分构件合成一字的情况，这是西夏字书解说字形的通则。但也有少量文字是以三字或者四字拆分出构件合成一字的特殊情况。因为受四字体例所限，其构形术语也相应减少甚至没有。

以三字拆分出构件组成一字者，绝大多数仍保留一构形术语。例如：

𗼲：𗼲𗼲𗼲𗼲／队：行宫集右（《文海》甲 56.121）

𗼲：𗼲𗼲𗼲𗼲／你：你我助右（《文海》乙 70.13）

第一例"𗼲"，是指选取"𗼲"（行）的左边构件"𗼲"上部及左边部分"广"（亦即"十"），再取"𗼲"（宫）的左边构件"卜"，后取"𗼲"（集）的右下边构件"彡"，合三部分而成；第二例"𗼲"，是指选取"𗼲"（你）的左边构件"言"、"𗼲"（我）的左边构件"彡"、"𗼲"（助）的右边构件"匕"，合三部分而成。以三字拆分出构件组成一字者，也有不用术语，仅以三字呈现的情况。仅见一例：

𗼲：𗼲𗼲𗼲／爬：膝手行

此例"𗼲"（爬）的构形，是指选取"𗼲"（膝）的左边构件、"𗼲"

（手）的左边构件、"□"（行）的上边及左或右边构件，合三部分而成。"□"（爬）之义亦会合"□""□""□"三字之义。

以四字拆分出构件组成一字者，因受四字限制，构形术语概不出现。例如：

□：□□□□ / 锁：缚捆结系（《合编》甲 03.081）

□：□□□□ / 困：睡卧眼住（《合编》甲 23.132）

第一例"□"，是取"□"（缚）的上部、"□"（捆）的左边、"□"（结）左下边构件"□"的上半、"□"（系）右边构件"□"的下半，合四部分而成；第二例"□"，是取"□"（睡）的上部、"□"（卧）的左边、"□"（眼）的下半中间部分、"□"（住）的右边构件，合四部分而成。

下面重点补充解读几个术语。

首先说"□"（减）这个术语。"□"在字书中呈现的解说形式非常不一致，主要有两种：一是搭配"□"使用，二是搭配"□"使用。搭配"□"使用者又有两种。

形式一"A □□（□）□"或"A □□（□）□"。即减去 A 字之左部或上部，以术语"□""□"配合解说。例如：

□：□□□□ / 小：小之减左（《文海》甲 38.216）

□：□□□□ / 狲：孙之减上（《文海》甲 20.262）

□：□□□□ / 牙齿：乳字减左（《文海》甲 33.151）

形式二"A □ B □"。即在 A 字基础上减去 B 字或者 B 字的某个构件。例如：

□：□□□□ / 皮：表皮之减地（《文海》甲杂 6.171）

□：□ ① □□□ / 夏：阿之减草（《文海》甲杂 18.271）

搭配"□"使用者也有两种。

形式一"A □（□）□□"。即减去 A 字的左边或上部而成，以术语"□""□"配合解说。例如：

□：□□□□ / 浊：垢上减为（《文海》甲 51.131）

_____

① □，某种草名。

𘓾：𘓾𘟣𘄡𘄡 / 坐：集上减为 （《文海》杂 14.243）

形式二"AB 𘄡𘄡"。即在 A 字上减去 B 字的某个构件而成，这类比较少见。例如：

𘞪：𘞪𘟣𘄡𘄡 / 囟：挤心减为 （《文海》乙 73.72）

此外，同样一个字在使用"𘄡"（减）这个术语时，不同字书呈现形式也不同。例如：

手：𘄡𘟣𘄡𘄡 / 蹄：白左减为 （《文海》乙 86.31）

手：𘄡𘄡𘟣𘄡 / 蹄：白之减左 （《合编》甲 01.143）

显然，术语"𘄡"（减）在字书中的使用很不一致。

再说"𘎑"（围）这个术语。关于"𘎑"（围）的实际内涵，此前学术界有过阐述。西田龙雄、韩小忙先生均指出，该术语是指取一字的上部和左部。[①] 取一字的上部和左部用"𘎑"（围）这个术语表示是不存在问题的，但不是唯一的情况。所以龚煌城先生提出，其指字的上方及左部、或上方及左右部。[②] 龚先生补充的"上方及左右部"是符合事实的，《文海》中用"𘎑"（围）解释的用例中有不少字即是如此，兹不详述。这里补充另外几种情况。

（1）指上部及右部。如：

𘞼：𘞼𘎑𘄡𘄡 / 蔽：于围盖全 （《文海》甲 58.212）

𘝷：𘝷𘎑𘄡𘄡 / 契：乞围陆左 （《合编》甲 14.013）

（2）指一字全部，一分为二（或者说左部和右部）。如：

𘞦：𘞦𘎑𘄡𘄡 / 中间：二围间左 （《文海》甲 27.153）

（3）指上部加下方中心部分。如：

𘞍：𘞍𘎑𘄡𘄡 / 黑（漆漆）：目围黑全 （《文海》甲 14.212）

（4）指左部及下方。这主要涉及"夊""兀"两个构件。如：

𘞺：𘞺𘎑𘄡𘄡 / 斗：鹘围争左 （《文海》甲 35.121）

𘞡：𘞡𘎑𘄡𘄡 / 说：协围音左 （《文海》甲 93.151）

---

① 西田龙雄：《西夏语の研究：西夏语の再构成と西夏文字の解読》（Ⅱ），座右宝刊行会，1966，第 251 页；韩小忙：《西夏文的造字模式》，第 10 页。

② 龚煌城：《西夏文字的结构》，龚煌城：《西夏语言文字研究论集》，民族出版社，2005，第 272 页。

桅：龖肔祇靴／弄脏：臭围使左（《文海》甲 13.272）

蕝：雒肔菀甂／骨：肋围令全（《合编》甲 17.104）

需要补充的是，"夂""兀"这两构件，字书解释时还有一些例外情况：一是使用"骸"（脚、足）解说，龚煌城先生已有提及；[①] 二是使用"靴"（左）这个术语。

用"骸"（脚、足）者，如：

邀：邅骸骹甂／回：回脚抽全（《文海》甲 35.112）

忙：龖骸帏辍／尿：膀胱脚中水（《文海》甲 73.111）

用"靴"（左）者，如：

邅：邋靴邎腿／回：回左拔右（《文海》甲 44.142）

忚：龖靴攴腿／交媾：交左根右（《文海》甲 19.212）

显然，就"夂""兀"这两个构件而言，《文海宝韵》一书未能贯彻一致。

最后说说"靴"（左）这个术语。除上面所及"靴"（左）与"肔"（围）有纠缠外，在新发现的字书《择要常传同名杂字》中，也有特殊的地方。该书第 4 页在介绍草书构件的写法时，于"飒靴"（字左）条下，列举了一些构件及例字，其中大部分构件为所列例字的左边部分，但有一些例外。如：

<table>
<tr><td>晁：蘪</td><td>叏：𠊺</td><td>肃：绣</td><td>斤：𣂀</td></tr>
<tr><td>言：绢</td><td>反：飯</td><td>糸：狲</td><td>肖：绯</td></tr>
</table>

这些构件都不在所举例字的左边，而在右边。可能此书中的"飒靴"并不是说"字的左边构件"，其内涵有待进一步观察。

二　《文海宝韵》等字书解说字形的基本用字

《文海宝韵》等字书的字形资料中，术语字之外的解说研究主要围绕循环解说讨论较多，至于具体用字则讨论较少。事实上，这类字并非杂乱无章、随意使用，不少字反复出现在这些字形资料中。西夏文《三

---

① 龚煌城：《西夏文字的结构》，龚煌城：《西夏语言文字研究论集》，第 273—274 页。

才杂字序》中有段文字谈到西夏文字的形成：

> □□□□□□□□……□□□□□□□□□□□，□□□□□□□，□□□□□□□。（今文字者，番之祖朝……此者，以金石木铁为首，取天地风水差别，助于诸种事物。）[1]

句中的"□""□"当即上文所及构形术语中的"□"（上、首）与"□"（右、助），但句子应当传达了三层意思：以"□""□""□""□"等字为"□"；取"□""□""□""□"之差别（即类别）为偏旁，即"□"；再以诸种事物补足以助"□""□"，即"□"。这里所列之字在《文海宝韵》甲种本构形资料中出现的频次如下：

第一组：□ / 木 78　　　□ / 铁 24　　　□ / 金 4　　　□ / 石 1

第二组：□ / 天 8　　　□ / 地 38　　　□ / 风 15　　　□ / 水 30

两组字大多数字构形频次较高。第二组多配合"□"（左）字用于解说，第一组前两字多配合"□"（上）进行解说，但后两字不但频次低，且未见配合"□"（上）者。怀疑这里只是言及事物之名，例如与"石"对应的还有另一字"□"，作为构形用字在《文海》中出现 12 次，且取上部为主，而"□"字确实例外。尽管如此，这则材料足以说明，西夏文字造字之初，是选取上述类似概念或事物，将记录它们的一批字作为更多字的造字基础，这批字一般来说就是西夏字书中常用来解说其他字构形的高频字。是以，通过整理这批高频字，我们可以进一步了解字书载解说字形过程中的基本用字情况。下面是我们对这批字所做的一个初步分类（所列为频次在 5 次以上者，为方便比较个别也列举 3 次、4 次者）。

（一）记录名词的字

1. 自然现象、时节

□ / 天 8　　□ / 天 3

---

[1]　此序聂鸿音、史金波先生有录文并翻译解读。参见聂鸿音、史金波《西夏文〈三才杂字〉考》，《中央民族大学学报》1995 年第 6 期。本文译文略作改动。

□/地38　□/土25　□/坤5　□/巽5

□/风15　□/水30　□/火20　□/光9

□/石12　□/铁24　□/山5　□/沟5　□/田野7

□/年7　□/月10　□/季6　□/节13　□/夜5　□/黑暗6

2. 人物、称谓、人体

□/人9　□/人9　□/人5　□/净人7

□/姓54　□/嫡亲6　□/姻亲5

□/男9　□/子8　□/女6　□/女3

□/头14　□/首6　□/面6

□/耳11　□/鼻6　□/喉5　□/口11　□/齿5　□/舌5　□/眼8　□/目6

□/手24　□/指8　□/身7　□/腿10　□/臀5　□/心32/□/腹5　□/肉14

□/皮15　□/骨8　□/毛7　□/发5

□/意9　□/气5　□/颜5　□/色5

3. 植物、动物、昆虫

□/木78　□/柳5　□/草42　□/草4　□/菜7　□/稻10

□/禽45　□/鸟7　□/鹦5

□/兽9　□/牲7　□/马11　□/牛8　□/牦牛5　□/狗/5 □/狗5

□/虫23

4. 其他

□/声47　□/言31　□/言8　□/语4

□/鬼13

□/物5　□/檀5　□/轮8　□/杖5　□/囊4　□/末8

□/宫5　□/门6　□/屋5　□/壁5

□/上13　□/下6　□/外8　□/内7　□/东5　□/边6

□/圣8　□/智7　□/慧7　□/宝7　□/富5

□/主7　□/势6　□/力8

□/根6　□/稍5

𗥤／脂6　𘑳／乳5　𗯨／润5

𗭑／病8　𗨙／癫5　𗨧／疮5

𗋽／寿5　𗊱／种6　𗊾／苦6　𗌲／义5　𗈪／论6　𗈬／力8

𗩾／羽3

𗣼／圆9　𘋜／圆5　𗤦／数6　𗫣／司5　𗧊／后6

（二）记录动词的字

1. 存在动词

𗾫／有29　𗟝／有14　𘉐／有9　𗦾／有6　𗰀／有6　𗇐／有5

2. 一般动词

𗴈／过32　𗌰／流12　𗨻／到11　𗍫／行9　𗨶／来9　𗘺／往8
𗍫／行6　𗧎／步5　𗙷／逃5　𗢵／离5

𗐲／做21　𗪒／置19　𗧅／取17　𗤋／穿衣13　𗈮／择10　𗉧／
缚10　𗥏／给9　𗭣／打9　𗧮／缚6　𗜍／施6　𗡞／传5　𗷣／雕5
𗎬／切5

𘓐／分明19　𗣷／见15　𗥑／看7　𗯩／问6　𗣌／闻5

𗰾／讲8　𗫯／宣8　𗙉／谓8　𗸚／食9　𗺌／吃5

𗋹／绕8　𗫐／围7　𗯵／坐7　𗈦／居11　𗣭／聚11　𗶭／聚10
𗾫／集5

𗷤／畏17　𗌃／着9　𗭒／爱9　𗇃／惜8　𗸒／礼7　𗈨／厌5
𗉬／悟7　𘄴／晓5　𗫢／迫5　𗮒／违背5

𗷦／受8　𗻴／报8　𗽝／承受7

𗪿／生11　𗆌／死5

𗁡／无18

𗁉／测12　𗧹／测5

𗥨／结8　𗹭／停8　𗊰／牧7　𗧩／穿7　𘎧／动7　𗤝／成就7　𗱲／
发生7　𗔪／起6　𗈭／买6　𗍣／穿5　𗍧／盖6　𗄺／遮6　𗳒／贯6　𗕻／
伏5　𗊓／沉5　𗆗／积5　𗉋／连5　𘄨／燃5　𗄴／蔽5　𗳃／和6　𗯗／
合5　𗤥／戏5

3. 使令、助动词

𗥍／使7　𗹟／需6

（二）记录形容词的字

𗦲/黑 16　𗼃/白 9　𗾺/红 9　𗯴/青 5

𗙴/高 15　𗟟/长 15　𗼉/宽 13　𗯦/细 13　𗏣/窄 8　𗗾/高 8
𗟱/下 6

𗵘/巧 22　𗏌/刚 12　𗷖/正 11　𗼏/明 10　𗏱/庄严 7　𗗼/严 5
𗵔/珍 7

𗏋/妙 7　𗯣/美 6　𗏠/柔 6

𗭾/大 9　𗷷/小 13　𗷔/小 10　𗴥/轻 11　𗼇/多 6

𗗨/强 10　𗏅/强 5　𗷕/弱 6　𗯼/老 6　𗵑/瘦 8　𗼈/衰 7
𗵖/赢 5

𗏊/盛 12　𗷩/满

𗦨/冷 10　𗷦/冷 5　𗯯/热 8

𗾷/斜 7　𗏍/坦 7

𗴤/狂 5　𗯣/聪 5　𗗽/灵 5　𗼎/清 5

𗦩/厚 5　𗷨/远 5

（四）记录副词的字

𗷼/先 12　𗏉/略 10　𗵙/实 10　𗼌/真 8　𗗿/迅疾 8　𗴦/迅 5
𗟠/殊 6　𗯗/复 5

（五）记录其他词的字

代词：𗱕/自 23

动词前缀：𗵗/9　𗵘/7　𗷗/4　𗏎/2

译音字：𗵕/野 11　𗏏/杜 8　𗴧/卿 7　𗦪/啰 5

数量词：𗆧/二 7　𗦫/第六 5

否定词：𗦬/不 34　𗵚/无 6

连词：𗦭/又 11　𗴨/则 5

不难发现，上面这些字都是西夏文字中的常见字。如果我们把字频在 3—4 次的字也收录进来，又可以增加一大批字，我们几乎就可以得到一个西夏常用字表。这批字对于西夏文初学者，应该是首先需要掌握的。

这些字虽然反复出现于解说字形的构形资料中，但在具体参与构形过程中，同样一个字在不同字的构形资料中，选取的部件往往有别。这里以"𗇃"（慧）为例。

（1）完整选取（𗇃 / 𗇃），构件随位置不同末笔有所不同：

𗇃 dzow（1.54 Ⅵ）智慧；藏　　　𗇃𗇃𗇃𗇃 / 慧全巧右 《文海》甲杂 4.173

𗇃 ·o（1.49 Ⅷ）权势　　　𗇃𗇃𗇃𗇃 / 慧全贵左 《文海》甲 56.242

𗇃 do（1.49 Ⅲ）读　　　𗇃𗇃𗇃𗇃 / 语右慧全 《文海》甲 56.162

（2）选取上部（𗇃）：

𗇃 ljow（1.56 Ⅸ）龙（汉借）　　　𗇃𗇃𗇃𗇃 / 慧头蛇下 《文海》甲 62.211

（3）选取下部（𗇃）：

𗇃 źjir（1.86 Ⅸ）社佘涉（族姓）　　　𗇃𗇃𗇃𗇃 / 佘上慧下 《文海》甲杂 10.162

𗇃 śiow（1.57 Ⅶ）束（地名、族姓）　　　𗇃𗇃𗇃𗇃 / 拔右慧下 《文海》甲 62.271

𗇃 ljij（1.61 Ⅸ）悟、意　　　𗇃𗇃𗇃𗇃 / 人慧解左 《文海》甲 68.131

尽管如此，但每个字几乎都有一个主要的选取部件。试看下面各字所接术语，皆以一种部件为主：

𗇃 / 声 47：𗇃𗇃 42　𗇃𗇃 3（余无术语）

𗇃 / 虫 23：𗇃𗇃 22　𗇃𗇃 1

𗇃 / 禽 45：𗇃𗇃 28　𗇃𗇃 13（余无术语）

𗇃 / 铁 24：𗇃𗇃 15　𗇃𗇃 4　𗇃𗇃 3　𗇃𗇃 1（余无术语）

𗇃 / 木 78：𗇃𗇃 72　𗇃𗇃 1　𗇃𗇃 1　𗇃𗇃 1（余无术语）

𗇃 / 肉 14：𗇃𗇃 8　𗇃𗇃 3（余无术语）

此外，前文所说作为构形术语的这几个字，几乎也都出现在解说字形的基本用字之中，只是构形过程中基本上取各自本义参与其他字形解说。这类情况的字频如下：

𗇃 / 偏 6　𗇃 / 助 2　𗇃 / 头 14　𗇃 / 下 3　𗇃 / 心 4　𗇃 / 圆 9　𗇃 / 全 5　𗇃 / 减 4

三 字形解说的几种特殊情况

以上讨论了解说字形的一组构形术语以及解说字形的基本用字两个部分，而且主要还是依据保存平声和杂类的《文海宝韵》甲种本来进行的。实际观察西夏文字构形时，一方面要将构形术语和字形解说用字结合起来，另一方面也要注意不同字书之间存在一定的差别。下面首先观察不同字书中构形资料之间的差别。

（一）字书字形解说的不一致

这里所说的不一致主要是指字形解说用字的不同，因为《文海宝韵》乙种本及《同音》中部分解释大多省略掉了构形术语，此类因为省略构形术语造成的不同不能算作构形的差别。涉及解说不一致的字书主要有《文海宝韵》甲种本、乙种本以及《同音文海宝韵合编》，《同音》虽然也有少量字形解说资料，但数量极少，且未发现有不同之处。这些不一致的资料主要有以下几种情况。

1. 解说用字完全不同或部分不同，此类情况相对较多。先看部分不同者。例如：

𗀊 zar（1.80 Ⅸ）祖先 　　𗀊𗩴𗥫𗐓 / 父上拵全（《文海》甲 84.151）
　　　　　　　　　　　　　𗀊𗩴𗥫𗐓 / 父围教全（《文海》乙 51.64）

𗅩 wejr（2.66 Ⅱ）鼻栓 　　𗅩𗩴𗥫𗐓 / 苇下盖中（《文海》乙 86.610）
　　　　　　　　　　　　　𗅩𗩴𗥫𗐓 / 苇左盖中（《合编》甲 03.124）

𗗆 ŋjir（2.77 Ⅴ）顽羊 　　𗗆𗥫𗐓𗥫 / 兽左皮全（《文海》乙 90A10）
　　　　　　　　　　　　　𗗆𗥫𗐓𗥫 / 兽左羊右（《合编》甲 13.011）

𗑱 ner（1.77 Ⅲ）老羊 　　𗑱𗥫𗐓𗥫 / 羊寿饮右（《文海》甲 81.271）
　　　　　　　　　　　　　𗑱𗥫𗐓𗥫 / 羊寿就右（《文海》乙 50.36）

第 1 例中，《文海》甲乙两本第一个解说字都是"𗩴"，但所接术语不同，一取该字之上、一取该字之围（上部及右部）；第二个字两本差别很大，甲本取"𗥫"字之左，且以其为声符，乙本则取"𗐓"之全部。第 2、3 两例同样都有一字相同，一字不同。第 4 字皆是用三字解说一字，其中前两字二者相同，唯第三字有别。

2. 解说用字完全相同，但使用术语有别。例如：

𗕥 wor（1.89 Ⅱ）鸡 　　𗕥𗩴𗥫𗐓 / 雀围美右（《文海》甲 90.251）
　　　　　　　　　　　　𗕥𗩴𗥫𗐓 / 雀围美中（《文海》乙 55.32）

"𗙴"中心的构件"彡",甲种本以为取自"𘟙"右边构件"𘟚"中的"彡",而乙种本以为取自"𘟙"中间的"彡"。

3. 一本采用组合构字法，一本采用减形构字法。例如：

𗵇 dzuu（2.05 Ⅶ）坐
　　　　𘌇𘈩𘏖𘏖 / 息左安右（《文海》甲杂 14.243）
　　　　𘑇𘈩𘏖𘏖 / 坐头减为（《文海》乙 103）

以上都属于不同字书间的不一致。还有一些字两本构形表述确实有很大差别，但实质内容完全一致。

𗽆 bji（1.11 Ⅰ）薄；赢、少
　　　　𘐇𘈩𘏖𘏖 / 薄之右是（《文海》甲 16.222）
　　　　𘐇𘈩𘏖𘏖 / 薄左减为（《文海》乙 14.43）

𗿍 sjii（1.14 Ⅵ）痛哭、吊唁
　　　　𘑇𘈩𘏖𘏖 / 西眼啼左（《文海》20.141）
　　　　𘑇𘈩𘏖𘏖 / 西右眼啼（《文海》16.56）

第 1 例，两本都是以"𘐇"字来解释"𗽆"，一者直言为"𘐇"之右，一者言减"𘐇"之左，二者表述不一，但实际内容相同；第 2 例"𗿍"由三字构成，一般情况只在最后一字出现构形术语，《文海》乙种本术语则在首字之后，术语出现位置不同，但实际用字及构意完全相同。

（二）其他几种特殊情况

1. 相同的解说字，因所取构件不同而造不同的字。例如：

𗟛 ɣiwəj（1.41 Ⅷ）横（借）　　𘌇𘈩𘏖𘏖 / 不左正右（《文海》甲 51.161）
𗠪 gja（1.20 Ⅴ）口吃　　　　　𘌇𘈩𘏖𘏖 / 不左正左（《文海》甲 28.233）

这里同样都是用"𘌇""𘏖"来解说被造字，前者选取"𘏖"的右边，后者选取了"𘏖"的左边，结果分别形成了"𗟛""𗠪"这两个不同的字。下面一组也是同样的情况：

𗾙 ljii（1.14 Ⅸ）裤　　　　　𘕇𘈩𘏖𘏖 / 腿左蔽全（《文海》甲杂 10.271）
𗾙 zji（1.67 Ⅸ）靴　　　　　𘕇𘈩𘏖𘏖 / 腿左蔽右（《文海》甲 74.111）

2. 相同的解说字，因构形取字顺序不同且选择构件有别，而造不同之字。例如：

□ tewr（1.87 Ⅲ）笨重　　　　□□ □□ / 实全重右 （《文海》甲 89.261）

□ tjir（1.86 Ⅲ）沉重　　　　□□ □□ / 重中实全 （《文海》甲 89.132）

3.同形字构形资料不同，意义有别。西夏文中有不少字形完全相同，但读音、意义皆不同的字，即同形字。它们由不同的字组合而成，但最后所造之字字形巧合一致。例如：

第一组

□ rjir（2.72 Ⅸ）买卖　　　　□ □ □ □ / 日围买左 （《合编》甲 23.083）

□ ljaa（2.18 Ⅸ）失落　　　　□ □ □ □ / 拉围失左 （《合编》甲 24.011）

第二组

□ tji（1.11 Ⅲ）不莫休无　　　□ □ □ □ / 处右置左 （《文海》甲 16.262）

□ kwej（1.33 Ⅴ）恭敬　　　　□ □ □ □ / 爬左肘右 （《文海》甲 44.112）

西夏字书中还有"一字两名"的提法。例见：

□：□□ □□。□□ □□ □□ □□ □□；□□ □□ □□，□□ □□ □□ □。（《文海》甲 9B43）

挤：迫右杀右。挤者以爪挤杀虮虱之谓；djwu1ljwi1 韵脚也，□者有两名。

该字在《同音》丁种本两现：一见 20B64，下注"□□" djwu1ljwi¹ 两字，当读作 djwi¹，背注则为"□ □ □ □"（一字两名）；一见 25A68，下注"□"，背注作"□□ □□ □□"（以爪挤杀虮虱）。据《文海》反切"□□"dji¹ljwu¹，该字读音当作 djwu¹，这意味着作"挤杀"的"□"与作韵脚的"□"，读音完全不同，且在《同音》中两现，足见二者应为两字，即同形之字，而非一字。所以说，《同音》丁种本背注所言"一字两名"不够准确，只是各种字书均未保留"□"字作韵脚用的构形资料。

（原刊于《西夏研究》2020 年"十周年特刊"）

《经律异相》的经录入藏和西夏文本的翻译雕印

杨志高

摘　要　《经律异相》主要由经律藏中为说明佛教教理而讲述"异相"的佛教寓言、譬喻、传说等 21 部类故事构成。现存西夏文《经律异相》第十五卷属全书"声闻无学第三"之"僧部第四",为有关修声闻道的僧尼因缘故事,20 世纪初出土于宁夏灵武,藏中国国家图书馆,为西夏皇太后梁氏与乾顺皇帝挂衔初译,仁宗皇帝御校,元武宗大德十一年重刻。本文通过考察《经律异相》的经录在国家藏经(敕修)的著录、在个人私修的读藏目录和《经律异相》的入藏情况,初步推断西夏文《经律异相》源于《开宝藏》初刻本,是藏经本;结合西夏立国前后 6 次向北宋请赐佛教经籍的情况,认为西夏文《经律异相》有初译本、校译本和元代重新雕印本三个版本,并分析了其与"河西字大藏经"的版本关系。

关键词　《经律异相》;西夏文;经录入藏;翻译雕印

　　《经律异相》是现存中土最早、影响广泛的一部佛教类书,也是一部重要的佛教故事总集。全书 50 卷,由南朝僧旻、宝唱纂集而成。其内容主要由经律藏中为说明佛教教理而讲述"异相"的佛教寓言、譬喻、传说等 21 部类故事构成。

　　现存西夏文《经律异相》第十五卷属全书"声闻无学第三"之"僧部第四",为有关修声闻道的僧尼因缘故事,20 世纪初出土于宁夏灵武,藏中国国家图书馆(以下简称"中藏本")。1932 年,周叔迦先生在《国立北平图书馆馆刊》①第 4 卷第 3 号上对其进行了简略介绍。其后,史金波先生分别在《西夏佛教史略》②、《国内现存出土西夏文献简明目录》③又作了全新的叙录。2005 年、2006 年,《中国国家图书馆藏西夏文献》④、《中国藏西夏文献》⑤先后刊布了全部图版。

　　中藏本为西夏皇太后梁氏与乾顺皇帝挂衔初译,仁宗皇帝御校,元武宗大德十一年(1307)重刻。登录号 B11·051(di7jian),护封误作"大方广佛华严经"。经文 98 折。每半页 6 行,行 17—18 字。框高 59.5 厘米、宽 25 厘米,⑥麻纸经折装。卷首版画 8 折("释迦如来说法"3 折,龙牌 4 折,韦陀像 1 面),其中龙牌为元朝当今皇帝(武宗)2 折,太后、皇后和皇太子各 1 折(龙牌 1、5 分别记印施佛经之事)。其后依次为西夏文题款和该经卷之品目,自"优波离为佛剃发得入第四禅一"至"阿难试山中比丘并问阿育王十四"。相关通行汉文本见《大正藏》⑦第 53 册第 2121 号第 76—82 页。同名汉文整理本有董志翘等《〈经律异相〉整理与研究》。⑧

① 周叔迦:《馆藏西夏文经典目录》,《国立北平图书馆馆刊》第 4 卷第 3 号,1932 年,第 64—65 页。

② 史金波:《西夏佛教史略》,宁夏人民出版社,1988,第 373 页。

③ 史金波:《国内现存出土西夏文献简明目录》,《国家图书馆学刊》(增刊),2002 年,第 222 页。

④ 宁夏社会科学院编《中国国家图书馆藏西夏文献》(3),上海古籍出版社,2005,第 225—239 页。

⑤ 宁夏大学西夏学研究中心、国家图书馆、甘肃五凉古籍整理研究中心编《中国藏西夏文献》(5),甘肃人民出版社、敦煌文艺出版社,2006,第 314—368 页。

⑥ 任继愈主编《中国国家图书馆古籍珍品图录》,北京图书馆出版社,1999,第 343 页。

⑦ 大正一切经刊行会编《大正新修大藏经》第 53 册第 2121 号,台北:佛陀教育基金会印行,1990,第 76 页上—82 页上。

⑧ 董志翘等:《〈经律异相〉整理与研究》,巴蜀书社,2011。

一 《经律异相》的经录入藏

《经律异相》自梁代成书后，代有流传。现存资料揭示，自隋法经等撰《大隋众经目录》以来，该书就见载于各种经录。下面，看看其在现存隋唐宋时期的经录和相关入藏。

首先，看《经律异相》在国家藏经（敕修）中的著录情况。较早的梁武帝时代的《华林佛殿众经目录》《梁世众经目录》可惜已经失佚。现存的宋之前的国家藏经目录有《大隋众经目录》《大唐内典录》《开元释教录》。"后两部目录只有'入藏录'方是专记本朝本藏经之盛，其余部分仍为记通代译经之盛。"①《开元释教录·入藏录》（即《开元释教录略出》）的分类体系，还为后世沿用为抄写、雕刻佛经（大藏经）的目录。《历代三宝纪》则为敕修目录。

（1）隋法经等撰《大隋众经目录》。此目载：

> 《经律异相》五十卷（梁武帝令宝唱撰）。②

（2）隋费长房《历代三宝纪》。其卷三、卷一〇、卷一一对于《经律异相》有不同的记载：

> 敕沙门宝唱撰《经律异相》，凡五十卷。③（卷三）
> 萧衍……敕沙门僧旻、宝唱等录经律要事，以类相从，名《经律异相》，凡五十卷。④（卷一〇）
> 《经律异相》一部并目录五十五卷（天监十五年敕撰）……令庄严寺沙门释宝唱等总撰集录，以备要须。⑤（卷一一）

---

① 徐建华：《中国历代佛教目录类型琐议》，《佛教图书馆馆讯》第 29 期，1991 年，第 24 页。
② 大正一切经刊行会编《大正新修大藏经》第 55 册《众经目录》，第 144 页下。
③ 大正一切经刊行会编《大正新修大藏经》第 49 册《历代三宝纪》，第 45 页上。
④ 大正一切经刊行会编《大正新修大藏经》第 49 册《历代三宝纪》，第 94 页中。
⑤ 大正一切经刊行会编《大正新修大藏经》第 49 册《历代三宝纪》，第 99 页中。

（3）唐道宣《大唐内典录》。此书载：

> 天监七年，帝以正像浸末，信重渐微，三藏弥纶，鲜能该洽，敕沙门僧旻等撰《经律异相》，以类相从，凡五十卷。①（卷四）
>
> 梁杨都庄严寺沙门释宝唱奉敕撰诸经律相合一百余卷：《经律异相》并目五十五卷。②（卷一〇）

（4）唐释智升《开元释教录》《开元释教录略出》。《开元释教录》（以下简称《开元录》），被认为是历代经录中编得最好的一部足本目录著作，《经律异相》在其中有三处著录：

> 《经律异相》五十卷（天监十五年奉敕撰。录云：并目录五十五卷。今阙其目，但五十卷。其目但纂篇题，应无别事。见《宝唱录》及《长房录》）。③（卷六）
>
> 《经律异相》五十卷五帙（梁天监十五年敕沙门宝唱等撰。出《长房录》，新编入藏。④（卷一三）
>
> 《经律异相》五十卷，梁敕沙门宝唱等撰。⑤（卷一七）

另，《开元释教录略出》是《开元录》的节本目录——"入藏录"，创以"千字文"编次入藏典籍。其卷四"类别二 此方撰述集传"载：

> 《经律异相》五十卷梁天监十五年敕沙门宝唱等撰 自五帙计八百五十四纸灵丙舍傍启。⑥

该经录不仅提到了《经律异相》的用纸数量，而且还第一次提到了

---

① 大正一切经刊行会编《大正新修大藏经》第55册《大唐内典录》，第263页下。
② 大正一切经刊行会编《大正新修大藏经》第55册《大唐内典录》，第331页下。
③ 大正一切经刊行会编《大正新修大藏经》第55册《开元释教录》，第537页下。
④ 大正一切经刊行会编《大正新修大藏经》第55册《开元释教录》，第624页中。
⑤ 大正一切经刊行会编《大正新修大藏经》第55册《开元释教录》，第670页下。
⑥ 大正一切经刊行会编《大正新修大藏经》第55册《开元释教录略出》，第745页中。

《经律异相》的千字文号"灵丙舍傍启"。

其次，看《经律异相》在个人私修的读藏目录中的著录情况。《开宝藏》刊行后，读藏目录（索引）也随之而兴。除已亡佚的宋代文胜《大藏经随函索隐》、遵式《教藏随函目录》外，现存最早的这类目录当属宋徽宗时的《大藏经纲目指要录》《大藏圣教法宝标目》。二者前详后略，其所据的印经，皆为《开宝藏》。

（1）北宋惟白《大藏经纲目指要录》。《指要录》是现存最早的一部《大藏经》专题的解题著作，具体说"《指要录》的内容也就是《开宝藏》初刻本的内容"①。北宋徽宗崇宁三年（1104），东京（开封）法云禅寺住持惟白集。其卷八"圣贤传记"部分是对《经律异相》的解题，抄录如下：

> 《经律异相》五十卷
> 仙（十卷）
> 一……十
> 灵（十卷）
> 十一……二十
> 丙（十卷）
> 二十一……三十
> 舍（十卷）
> 三十一……四十
> 启（十卷）
> 四十一……五十②

可知，《指要录》对《经律异相》的解题，不仅开列了总卷数，而且首次标注了各卷所属千字文函号和所属品章简目。《经律异相》卷一五分属"灵"函，所列简目为："优波离为佛剃头入四禅、迦旃延教

① 李富华：《金藏目录还原及研究》，中华书局，2012，第5页。
② 《大正新修昭和法宝总目录》第2卷，第758页上—760页上。"仙（十卷）"之"十"，原误作"上"。

卖贫、难陀奈女、三十相、化牧女、二长者分物、先世为友、阿难奉佛、七梦、咒禁、乞乳、化王、试山等。"① 著录没有反映《经律异相》的编者，也缺少"迦留陀夷非时教化自丧其命（七）"的品目。

（2）北宋王古《大藏圣教法宝标目》。《大藏圣教法宝标目》（十卷，一说八卷），北宋崇宁四年（1105）由曾任礼部侍郎、清源居士王古撰。此目当由《开宝藏》而来。其卷九载：

> 《经律异相》五十卷（仙—傍）右梁天监中，敕僧旻等及禀武帝，节略经律论事。凡六部：一天，二地，三佛，四诸释，五菩萨，六声闻、比丘、比丘尼、人、鬼、神、杂畜、地狱。②

从前文所述《经律异相》在现存宋之前的主要足本佛教目录中著录情况来看，有两大特点：一是部分内容渐趋翔实（卷目存佚、帙数、用纸、函号、章品）；二是对于作者，或作宝唱、宝唱等，或作僧旻等，或作僧旻、宝唱，或回避不提。

最后，看《经律异相》的入藏。北宋开宝四年（971）《开宝藏》（蜀版）雕刻，《经律异相》（表1中简称《异相》）即被首刻入藏，属于初刻本（千字文编号天—英）内的经典。③下面开列其汉文本在宋元几种相关大藏经中的著者、千字文号、所属系统等情况（见表1）。

表1 《经律异相》入藏情况一览

大藏经	《异相》署名帙号	《异相》卷一五帙号	备注
契丹藏（约1067年之前刻成，山西存其部分残卷）	丙舍傍启甲[1]	舍（灵）	北方系统（辽代官刻）
开宝藏（983年刻成，现仅存数卷）	梁沙门僧旻、宝唱等集仙灵丙舍傍[2]	灵	中原系统（北宋官刻）

① 《大正新修昭和法宝总目录》第2卷，第758页下。
② 《大正新修昭和法宝总目录》第2卷，第831页中。
③ "蜀版的内容，从金代的复刻本即'金刻藏经'上，可见它最初刻成的部分以《开元录》入藏写经为基础，约四百八十帙（千字文编号为天字到英字），五千零四十余卷。"见吕澂《吕澂佛学论著选集》（三），齐鲁书社，1991，第1426页。

续表

大藏经	《异相》署名帙号	《异相》卷一五帙号	备注
赵城金藏（广胜寺本，1173年刻成，现存补雕本）	梁沙门僧旻、宝唱等集 仙灵丙舍傍[3]	灵	中原系统（金代私刻），我国现存最完整的大藏经
高丽藏（初刻本、再雕本）	梁沙门僧旻、宝唱等集 仙灵丙舍傍	灵	中原系统（官刻）
崇宁藏（1104年刻成，全藏已佚）	灵丙舍傍启[4]	丙	南方系统（北宋私刻）
毗卢藏（1151年刻成，日本存有部分印本）	梁沙门宝唱等译 灵丙舍傍启[5]	丙	南方系统（南宋私刻）。现存国内最早的《异相》有卷一二（丙）、卷二一、卷二九（舍）[6]
圆觉藏（1132年刻成，日本存有部分印本）	灵丙舍傍启[7]	丙	（南宋私刻）
资福藏	灵丙舍傍启[8]	丙	（南宋私刻）
碛砂藏	梁沙门宝唱等译 灵丙舍傍启[9]	丙	南方系统（南宋至元私刻）
普宁藏	灵丙舍傍启[10]	丙	南方系统（元白云宗所刻）

注：[1] 小野玄妙《佛教经典总论》，新文丰出版公司，1983，三经分别见第648页上、638页下—649页上、647页上。白化文、李鼎霞《〈经律异相〉及其主编释宝唱》推断"《辽藏》的帙号恐亦为'仙、灵、丙、舍、傍'"，载永寿主编《峨眉山与巴蜀佛教》，宗教文化出版社，2004，第424页。据此，《经律异相》卷一五帙号当为"舍（灵）"。以下各藏推算同。

[2] 李富华：《金藏目录还原及研究》，第86页。

[3]《经律异相》卷一五，金藏广胜寺本，《中华大藏经》（汉文部分）第52册，1992，第900—914页。李富华：《金藏目录还原及研究》，第86页。

[4] 蔡运辰：《二十五种藏经目录对照考释》（上），新文丰出版公司，1983，第2243页。

[5] 据白化文、李鼎霞《〈经律异相〉及其主编释宝唱》，永寿主编《峨眉山与巴蜀佛教》，第423页。

[6]（南朝梁）僧旻、宝唱：《经律异相》"出版说明"，上海古籍出版社，1988，第3页。

[7] 蔡运辰：《二十五种藏经目录对照考释》（上），第2243页。

[8] 蔡运辰：《二十五种藏经目录对照考释》（上），第2243页。

[9]《经律异相》（《影印宋碛砂版大藏经》缩叶影印），上海古籍出版社，1988，第78页。

[10] 蔡运辰：《二十五种藏经目录对照考释》（上），第2243页。

已有研究表明，现存《赵城藏》、《高丽藏》（初刻本）是《开宝藏》

初刻本的覆刻。《赵城藏》中的《经律异相》卷一五卷首有广胜寺刊刻"释迦说法图"。今日本南禅寺收藏的《高丽藏》初刻本《经律异相》残存有：卷1—10（仙），23、25—27、29（丙），40（舍），41—45、47—50（傍）残品，缺"灵"帙。其卷首钤有"摄州兵库下庄帝释神抚山禅昌寺常住"双行阳文朱印，作者俱署名"梁沙门僧旻、宝唱等集"。按每十卷一帙的千字文编号推算，《经律异相》卷一五为"灵"。现存的最早完整刻本《高丽藏》再雕本所载《经律异相》的作者和帙号，一如初刻本。

方广锠先生指出，"区别诸种刻本大藏经的最大依据是它所依凭的版片"，"凝聚了大藏经三要素的版片，自然成为我们鉴别刻本藏经的基础"。①

夏译汉文《经律异相》卷一五署名"𣊟𪘐𪘐𪘐𪘐、𣊟𪘐𪘐𪘐𪘐（汉本沙门僧旻、宝唱等集）"，②帙号为"𪘐"。𪘐，通常对译"做、作"，本身就是作格动词。③𪘐也有"为"之义。

依据表1，并结合现有成果和党项与周边民族关系可以看出，西夏文《经律异相》显然源于《开宝藏》初刻本，是藏经本。虽然它的帙号迥异于上述各大藏经，但限于资料，我们目前还无法厘清其来源。正如史金波先生《西夏佛教史略》所言："西夏文大藏经可能也效法了这种标号方法，但其标号并未沿用汉文《千字文》中的文字，而是另有一套。"④

此外，从前文所述来看，《经律异相》的作者在现存相关经录和大藏经中有些不一致。

僧旻（467—527），俗姓孙，吴郡富春（今属浙江）人，曾主编《一切经论》，注《般若经》，居五寺首讲右席。宝唱生卒年不详，俗姓岑，吴郡人。他18岁从僧祐出家，后住持新安寺，曾编撰《续法轮论》《法集》《名僧传》《比丘尼传》等书，并奉敕重编僧绍《华林佛殿众经

① 方广锠：《中国写本大藏经研究》，上海古籍出版社，2006，第29页。
② 宁夏大学西夏学研究中心、国家图书馆、甘肃五凉古籍整理研究中心编《中国藏西夏文献》（5），第319页。
③ 林英津：《西夏语译〈真实名经〉释文研究》，台北：中研院语言学研究所，2006，第365页。
④ 史金波：《西夏佛教史略》，第109页。

目录》。《开元释教录》题作宝唱撰。但该书序言中有"新安寺僧豪、兴皇寺释法生等相助检读"等语，可见并非一人之作。各种著录以单独冠名宝唱者居少，这也说明该书肯定非一人之力所为。白化文先生所持的"僧旻没有参加编纂"[①]的观点，似非定论。

二 《经律异相》的翻译和雕印

研究表明，西夏立国前后有 6 次向北宋请赐佛教经籍。[②]记述北宋与西夏关系的史料典籍，当推李焘的《续资治通鉴长编》。[③]是书记载：

（宋仁宗天圣八年十二月）丁未，定难节度使、西平王赵德明遣使来献马七十匹，乞赐佛经一藏，从之。[④]（第 9 条）

（宋仁宗景祐元年十二月）己巳，赵元昊献马五十匹，以求佛经一藏，诏特赐之（实录于此既书赐经，明年十二月又书献马求经特赐之，当是一事，误重出尔，今止见于此）。[⑤]（第 7 条）

（宋仁宗庆历五年闰五月丙午），夏国主曩霄遣丁卢崀名聿营、吕则依张延寿来谢册命。又遣僧吉外吉法正谢赐藏经。[⑥]（第 10 条）

（宋仁宗至和二年四月）庚子，赐夏国大藏经。[⑦]（第 7 条）

（宋神宗熙宁六年十二月庚午朔）夏国主秉常进马赎大藏经，诏特赐之，而还其马。[⑧]（第 52 条）

北宋太祖开宝四年至宋太宗太平兴国八年（971—983），我国第一

---

① 参见永寿主编《峨眉山与巴蜀佛教》，第 426 页。
② 史金波：《西夏佛教史略》，第 59—62 页。
③ 李华瑞：《宋夏关系史》，中国人民大学出版社，2010，第 3 页。
④ （宋）李焘：《续资治通鉴长编》卷一〇九，宋仁宗天圣八年十二月丁未条，中华书局，2004，第 2549 页。
⑤ 《续资治通鉴长编》卷一一五，仁宗景祐元年十二月己巳条，第 2708 页。
⑥ 《续资治通鉴长编》卷一五六，宋仁宗庆历五年闰五月丙午条，第 3779 页。
⑦ 《续资治通鉴长编》卷一七九，宋仁宗至和二年四月庚子条，第 4330 页。
⑧ 《续资治通鉴长编》卷二四八，宋神宗熙宁六年十二月庚午条，第 6063 页。

部木刻本大藏经《开宝藏》初雕本问世，继而真宗咸平二年（999）首次增补本和历经仁宗、英宗到神宗的再增补本也延续进行。从立国前到立国后元昊至秉常时期西夏多次求经。上文"吉外吉"，应即是藏语的译音，意为法主，是藏传佛教高僧的一种称号，[①]是藏族僧人。[②]

西夏文《经律异相》有西夏时初译本、校译本和元代重新雕印本三个版本。

（一）初译本

上面提到西夏文《经律异相》的翻译底本来自《开宝藏》初刻本，是藏经本。这有助于具体明确童玮先生所持的"西夏文大藏经的翻译底本，可能系《开宝藏》的天禧修订本"[③]旧说。

《经律异相》的初译者为"智胜禄广恤民集礼德盛皇太后梁氏"和"神功禄胜化德恤民仁净皇帝嵬名"，也就是西夏皇太后梁氏与乾顺皇帝初译。

（二）校译本

西夏文《经律异相》的校译者为"奉天显道耀武宣文神谋睿智制义去邪惇睦懿恭皇帝"，也就是仁宗皇帝御校。

宋辽夏金一代，中国的大藏经版本已分南北经。南方有北宋《开宝藏》《崇宁藏》《圆觉藏》《毗卢藏》，北方有《契丹藏》和《赵城金藏》。夏仁宗（1140—1193）在位时，也是辽亡金兴以及宋室南渡的高宗、孝宗时期。

研究表明，在西夏中后期的104年间，夏共遣使238次，其中崇宗朝36次，仁宗朝141次，桓宗朝36次，夏金之间的交聘活动以西夏为主动，遣使频繁。[④]结合夏金交流和西夏据"南北经"重校的记载，南经指《开宝藏》似无较大争议，北经除指《契丹藏》外，似乎也不排除指《赵城金藏》的可能性。

---

① 陈庆英:《西夏与藏族的历史、文化、宗教关系试探》,《藏学研究论丛》第5辑, 西藏人民出版社, 1993, 第46页。
② 聂鸿音:《西夏的佛教术语》, 李范文主编《西夏研究》第3辑, 中国社会科学出版社, 2006, 第388页。
③ 《〈中国大百科全书〉选编·佛教》, 中国大百科全书出版社, 1990, 第192页。
④ 刘建丽:《中国西北少数民族通史·辽宋西夏金卷》, 民族出版社, 2009, 第479页。

（三）元代重刊本

西夏文《经律异相》在元代的雕印从动议到最后成行似有一个过程。有趣的是，该经龙牌一文字有："奉大元国天下一统世上独尊福智名德俱集当今皇帝圣寿万岁敕，印制一全大藏经流行。""当今皇帝"，无疑为大德十一年五月二十一日即位的元武宗（生于至元十八年七月十九日，即 1281 年 8 月 4 日）。

龙牌四文字有："奉敕，大德十一年六月二十二日，皇太子寿长使见千秋！印大藏经五十部流通。"可见西夏文《经律异相》在元代的重刻是西夏遗民为祝贺武宗寿辰，在沿袭世祖动议刻印西夏文佛教大藏经的基础上奉敕印制的。

（四）元刻西夏文《经律异相》与"河西字大藏经"

佛教"大藏经"历来是佛教文献研究的重点和难点。西夏文《大藏经》（即西夏时的《番大藏经》、元《河西藏》）不言而喻，也历来为学界所特别关注。① 西夏文献中，到目前为止，有明确奉诏题款的元刻《大藏经》的材料发现依然较少，仅有三例，分别是：1917 年宁夏灵武出土今中国国家图书馆收藏的元大德十一年六月（1307，武宗主政）西夏文刻本《经律异相》卷一五、《悲华经》卷九、《说一切有部阿毗达磨顺正理论》（以下简称《顺正理论》）卷五。

西夏文《经律异相》无疑是"河西字大藏经"版本之一种。上述三部经典的共同版本特征如下。

版片大小：33 厘米 ×12—12.2 厘米（高 × 宽）。

行款：面 6 行，行 17—18 字。

界栏：上下双栏，栏高 23.8 厘米（《经律异相》栏高 23.4 厘米）。

装帧：经折装。

扉画及其文字（译文）：卷首有佛说法图 1 幅 3 面，祝赞 4 面，韦

---

① 参阅王国维、聂斯克、石滨纯太郎、王静如相关论文及史金波《西夏文〈过去庄严劫千佛名经〉发愿文译证》（《世界宗教研究》1981 年第 1 期）、史金波和黄润华《中国历代民族古文字文献探幽》（中华书局，2008，第 196 页）、段玉泉《元刊西夏文大藏经的几个问题》（《文献》2009 年第 1 期）、孙伯君《元刊〈河西藏〉考补》（《民族研究》2011 年第 2 期、聂鸿音《西夏佛经序跋译注·导言》（上海古籍出版社，2016）。

陀像 1 面（《顺正理论》佛说法图 1 幅 4 面）。祝赞第 1 面西夏文 3 行译文为"奉大元国天下一统世上独尊福智名德俱集当今皇帝圣寿万岁敕，印制一全大藏经流行"。

题记（译文）：天生全能禄番佑圣式法皇太后梁氏御译，救德主世增福正民大明皇帝嵬名御译，奉天显道耀武宣文神谋睿智制义去邪惇睦懿恭皇帝嵬名御校。

帙号（译文）:《悲华经》卷九"黴（年、岁）"、《顺正理论》卷五"藏（玉、璧）"、《经律异相》卷一五"肜（做、作、为）"。

三部佛典同是明确的大藏经译印本，属于中原系统。按传统大藏经分类，《悲华经》属于经藏"五大部外诸重译经"部;《顺正理论》属于论藏"声闻对法藏"部;《经律异相》属于论藏"此方撰述集传"部。三者大小、装帧一致，分属夏皇太后梁氏共惠宗秉常皇帝译、皇太后梁氏共崇宗乾顺译、佚名译，又同为仁宗仁孝皇帝御校和同是"奉大元国天下一统世上独尊福智名德俱集当今皇帝圣寿万岁敕，印制一全大藏经流行"的组成部分。

元代"印行西夏文大藏经至少四次或五次"[1]，有"三藏""十藏""五十藏""三千六百二十余卷""大藏经五十部"之说。那么同属"大藏经五十部"系列的《经律异相》《悲华经》《顺正理论》到底和前者有无关系？散在三经正文之外的内容（版间接纸处表示经名卷次的汉字、版序数、字数刻工和经末墨书汉字人名题款）还没有形成有效的关联，也缺乏其他方面文献的印证。"河西字大藏经"在规模、结构上到底如何，是否为汉藏"大藏经"那种意义上的佛典，要想找到答案，还有待于更多新资料的发现。

（原刊于《西夏学》第 10 辑，上海古籍出版社，2014。

本文略有修改）

---

[1] 史金波、黄润华:《中国历代民族古文字文献探幽》，第 196 页。

《圣大乘胜意菩萨经》的夏汉藏对勘研究

王　龙

摘　要　《圣大乘胜意菩萨经》作为西夏时期新译的极少数佛典之一，存有新译汉文本和西夏文校译本，与《圣大乘胜意菩萨经》同名的藏文经典为“圣胜意大乘经”。通过对勘比较，《圣大乘胜意菩萨经》的西夏文本并非直接译自藏文本，而是根据汉文本转译的，并且西夏文残缺卷首题款与汉文本基本一致，由此可以了解到西夏时期某些番、汉两译佛经的翻译程序可能是先翻译成汉文，然后再根据汉文翻译成西夏文。基于这一认识，可据西夏文本和《佛说圣大乘三归依经》卷尾发愿文，补全《圣大乘胜意菩萨经》汉文本之残佚部分。

关键词　《圣大乘胜意菩萨经》；藏传佛教；对勘

一

西夏本《圣大乘胜意菩萨经》（[illegible]），1909 年出土于内蒙古额济纳旗黑水城遗址，今藏俄罗斯科学院东方文献研究所，编号 Инв. № 7679 和 Инв. № 5507。

编号 Инв. № 7679，抄写在《佛说避瘟经》（[illegible]）和

《掷卦本》(𗋒𗊱𗰟)的中间。[1]书题著录首见戈尔巴乔娃和克恰诺夫合著的《西夏文写本和刊本》,[2]其版本形制则有克恰诺夫在 1999 年的详细描述。[3]对照上海古籍出版社蒋维崧、严克勤两位先生从俄摄回的照片,其版本的基本情况为:蝴蝶装写本,10.5 厘米 ×8 厘米,墨框高 8.8 厘米。每半叶 5 行,行 9 字。卷尾有题款。

编号 Инв. № 5507,抄写在《佛说长寿经》(𗗼𗊱𗐱𗰟𗗔)的前面。书题著录首见戈尔巴乔娃和克恰诺夫合著的《西夏文写本和刊本》,题作"佛说长寿经",编号 Инв. № 5507、7832a,[4]可见此著录并未把《圣大乘胜意菩萨经》从《佛说长寿经》中分辨出来。西田龙雄在《西夏文佛经目录》中据书题勘同藏文本《圣胜意大乘经》[5],并对该经做了简单介绍,[6]其版本形制则有克恰诺夫在 1999 年的详细描述。[7]对照上海古籍出版社蒋维崧、严克勤两位先生从俄摄回的照片,其版本的基本情况为:蝴蝶装写本,18.5 厘米 ×9 厘米。凡 16 叶,此经文共 9 叶,余 7 叶为《佛说长寿经》。每叶 4 行,行 10 字。上边距 1.5 厘米,下边距 2 厘米。经书边缘被撕掉,保存不善。

俄藏黑水城文献中残存有汉文本《圣大乘胜意菩萨经》,1996 年刊布于《俄藏黑水城文献》第 3 册。[8]编号为俄 ТК145 的汉文本《圣大乘胜意菩萨经》明显分成两个部分,前 6 面即为《圣大乘圣意菩萨经》之残本,自第 7 面开始为印施发愿文和御制后序。其文字、行款与俄

---

① 编号 Инв. № 7679,凡 28 叶,《圣大乘胜意菩萨经》共 6 叶,《佛说避瘟经》共 8 叶,余 14 叶为卜算类文本"十二钱"卜卦书《掷卦本》(𗋒𗊱𗰟)。

② З.И. Горбачева и Е.И. Кычанов, *Тангутские рукописи и ксилографы*, Москва: Издательство восточной литературы, 1963, стр. 95.

③ Е. И. Кычанов. *Каталог тангутских буддийских памятников*. Киото: Университет Киото, 1999, стр. 440-441.

④ З.И. Горбачева и Е.И. Кычанов, *Тангутские рукописи и ксилографы*, Москва: Издательство восточной литературы, 1963, стр. 102.

⑤ 〔日〕西田龙雄:《西夏文华严经》第 3 册,京都大学文学部,1977,第 49 页。

⑥ 〔日〕西田龙雄:《西夏文华严经》第 3 册,第 262 页。

⑦ Е. И. Кычанов. *Каталог тангутских буддийских памятников*. Киото: Университет Киото, 1999, стр. 471.

⑧ 俄罗斯科学院东方研究所圣彼得堡分所、中国社会科学院民族研究所、上海古籍出版社编《俄藏黑水城文献》第 3 册,上海古籍出版社,1996,第 262 页。

TK121 号《佛说圣大乘三归依经》汉文本之发愿文和御制后序完全相同，可知为同批印施者。该汉文本还附有同一刻本发愿文 7 行，残损略同。[①]这部残破的《圣大乘胜意菩萨经》不见于现存汉文《大藏经》中，属西夏仁宗时代翻译、刊刻的新译汉文佛经中的一种。根据汉文本经后残存的御制发愿文可以了解到这部佛经当时同时翻译了番、汉两种文字，且印制了五万一千余卷，普施臣吏僧民。

与《圣大乘胜意菩萨经》同名的藏文经典为 འཕགས་པ་རྒྱལ་བའི་བློ་གྲོས་ཞེས་བྱ་བ་ཐེག་པ་ཆེན་པོའི་མདོ ('phags-pa rgyal-'i blo-gros zhes-bya-ba theg-pa chen-po'i mdo)"圣胜意大乘经"，见德格版《西藏文大藏经》第 194 号、[②]北京版第 861 号，译者为印度亲教师 Sarvajñādeva（一切智天），大校修译官尊者 Dpal brtsegs（吉祥积）。[③]

二

下面我们将对《圣大乘胜意菩萨经》进行夏、汉、藏对勘，首列西夏本，其次为汉译文，再次为俄 TK145 号黑水城汉文本，接着为藏文本和藏译文，最后为注释。西夏文本以 Инв. № 7679 为底本，参校 Инв. № 5507。汉文本采用俄 TK145 号黑水城汉文本，藏译本采用沈卫荣先生译本。[④]对勘依次按照夏、汉、藏三个文本的顺序排列，三个文本如存在字面差异和细微变化，出注说明，特殊的西夏语现象亦出注说明。符号［］表示的是拟补的内容，实在无力补出的字以"□"表示，无法确定字数的用"……"。

---

① 俄罗斯科学院东方研究所圣彼得堡分所、中国社会科学院民族研究所、上海古籍出版社编《俄藏黑水城文献》第 6 册"附录"之"叙录"，上海古籍出版社，1996，第 18 页。

② 东北帝国大学法文学部编《西藏大藏经总目录索引》，东北帝国大学，1934，第 5 页。

③ 大谷大学图书馆:《西藏大藏经甘珠尔勘同目录》，大谷大学图书馆，1930—1932，第 342 页。

④ 沈卫荣:《汉、藏译〈圣大乘胜意菩萨经〉研究——以俄藏黑水城汉文文献 TK145 文书为中心》，达力扎布主编《中国边疆民族研究》第 1 辑，中央民族大学出版社，2008，第 1—6 页。

西夏本：[[illegible]① [illegible]]② [illegible]《[illegible]》[illegible]！

汉译文：梵云 啊呤拽(1) 拶耶 磨殢(2) 菩提萨埵(3) 捺磨 磨诃耶捺 须得啰

番云《圣大乘胜意菩萨经》(4)

敬礼一切诸佛菩萨！

汉文本：梵云 啊呤拽 □□ 磨殢 萨咄 捺磨 □□□捺 须得啰

此云《圣大乘胜意菩□□》

敬礼一切诸佛菩□！

藏文本：rGya gar skad du/ ārya dza ya ma tir③ nāma mahā yāna sū tra/ bod skad tu/ 'phags pa rgyal ba'i blo gros zhes bya ba theg pa chen po'i mdo// sangs rgyas dang byang chub sems dpa' thams cad la phyag 'tshal lo//

藏译文：梵云 啊呤拽 拶耶 磨殢 捺磨 磨诃耶捺 须嘚啰

番云《圣胜意［菩萨］大乘经》

敬礼一切诸佛与菩萨！

注释：

（1）“啊呤拽”，即西夏文“[illegible]”，二字原缺，据《西夏文〈尊者圣秒吉祥增智慧觉之总持〉考》一文拟补。④

（2）磨殢，即西夏文“[illegible]”*mja^{1}tji^2，对应藏文本为 ma tir，译作“磨殢”。

（3）菩提萨埵，即西夏文“[illegible]”*bo^{2}dji^{2}sja ^{1}twa^1，汉文本作“萨咄”，藏文本无。菩提萨埵，菩萨之略称，梵语 bodhi-sattva，巴利语 bodhi-satta。又作菩提索多、冒地萨怛缚，或扶萨。意译作道众生、觉有情、大觉有情、道心众生。即求道求大觉之人、求道之大心人之

① 西夏文“[illegible]”二字原缺，据汉文本“梵云”拟补。

② 西夏文“[illegible]”二字原残，据左部残存笔画和汉文本“拶耶”拟补。

③ 德格版作 ma ti。

④ 段玉泉：《西夏文〈尊者圣秒吉祥增智慧觉之总持〉考》，四川大学历史文化学院编《吴天墀教授百年诞辰纪念文集（1913—2013）》，四川人民出版社，2013，第218—224页。

意。菩提，觉、智、道之意；萨埵，众生、有情之意。

（4）开头至此 Инв. № 7679 号无，据 Инв. № 5507 号补。西夏时期译自藏文的汉文和西夏文佛经往往在正文之前存有用汉字或西夏字标音的梵语标题，《圣大乘胜意菩萨经》亦标注梵题，现存的藏文版梵题作 Ārya-jayamati-nāma-mahāyāna-sūtra，见于北京版《西藏文大藏经》第 861 号，第 232/3/5—4/6 页。德格版《西藏文大藏经》第 194 号，诸经部 tsa 250b3—251a5。

西夏本：（西夏文）

汉译文：如是我闻，一时佛(1)在祇树(2)给孤独园(3)，与大比丘(4)众千二百五十人俱及无量大菩萨大众。尔时佛告胜意菩萨：若有善男子善女人，欲修善福者，应供养佛；欲求智慧者，应勤以听法(5)；欲具受用者，应行布施(6)；欲求端正(7)者，应修辱忍；欲具辩才，应敬上师(8)；欲求贵(9)者，应舍贡高；欲得安乐者(10)，应发菩提心(11)；欲求妙音者，应说实话；欲求功德者，应亲近(12)善友(13)；欲入禅定(14)，应舍愦闹；欲求明(15)者，应观空理(16)；欲生梵天上者(17)，应修慈、悲、喜、舍；欲求人、天之娱乐(18)，应修十善(19)；欲证涅槃者，应求多闻(20)；欲获一切功德者，应勤以供养三宝(21)。

汉文本：如是我闻，一时佛……与大……众。尔时佛告胜……有善男子善女……者，应供养佛；欲求……应听法；欲具受用……施；欲求端正……具辩才者，应敬师；……

藏文本：'di skad bdag gis thos pa dus gcig na/ bcom ldan 'das mnyan yod na rgyal bu rgyal byed kyi tshal mgon med zas sbyin gyi kun dga' ra ba na dge slong gi dge 'dun chen po dang byang chub sems dpa' rab tu mang po dag dang thabs gcig tu bzhugs so//de nas bcom ldan 'das kyis byang chub sems dpa' rgyal ba'i blo gros la bka' stsal pa/ rgyal ba'i blo gros rigs kyi bu'am rigs kyi bu mo bsod nams 'dod pas de bzhin gshegs pa la mchod bar bya'o/ shes rab 'dod pas thos pa la brtson par bya'o// mtho ris 'dod pas tshul khrims bsrung bar bya'o//①longs spyod 'dod pas gtong ba spel bar bya'o// gzugs bzang ba 'dod pas bzod pa bsgom par bya'o// spobs pa 'dod pas bla ma la gus par bya'o// gzungs 'dod pas mngon pa'i nga rgyal med par bya'o// ye shes 'dod pas tshul bzhin yid la byed pa la gnas par bya'o// thar pa 'dod pas sdig pa thams cad spang bar bya'o//②sems can thams cad bde bar bya bar 'dod pas byang chub tu sems bskyed par bya'o// skad snyan pa 'dod pas bden par smra bar bya'o// yon tan 'dod pas rab tu dben pa la dga' bar bya'o// chos 'dod pas dge ba'i bshes gnyen la bsten par bya'o// zhi gnas 'dod pas 'du 'dzi med pa mang du bya'o// lhag mthong 'dod pas chos stong bar so sor rtag par mang du bya'o// tshang pa'i 'jig rten 'dod pas byams pa dang/ snying rje dang/ dga' ba dang/ btang snyoms bsgom par bya'o// lha dang mi'i longs spyod phun sum tshogs pa 'dod pas dge ba bcu'i③ las kyi lam yang dag par blangs te gnas par bya'o// yongs su mya ngan 'da' par 'dod pas stong pa'i chos la mngon par dga' bar bya'o// yon tan thams cad thob par 'dod pas dkon mchog gsum la mchod par bya'o//

藏译文：如是我闻，一时佛在舍卫国祇树给孤独园，与大比丘众与菩萨众俱。尔时佛告胜意菩萨曰："胜意！"有善男子或善女人，欲求福者，应供养佛；欲求慧者，应精进于听［法］；欲具受用者，应广施；

---

① 此处藏文本 mtho ris 'dod pas tshul khrims bsrung bar bya'o，译作"欲求善趋者，应守戒律"，西夏本和汉文本皆无。

② 此处藏文本 ye shes'dod pas tshul bzhin yid la byed pa la gnas par bya'o// thar pa 'dod pas sdig pa thams cad spang bar bya'o，译作"欲求智者，应安住于如理作意；欲求解脱者，应舍一切恶"，此四句西夏本和汉文本皆无。

③ 德格版作 dge bcu'i。

欲求端正者，应修忍；欲具辩才者，应敬师；欲求总持者，应舍贡高；欲令一切有情得乐者，应发菩提心；欲求妙音者，应说实话；欲求功德者，应喜寂静 ①；欲求法者 ②，应亲近善友；欲修止者，应舍愦闹；欲修观者，应多作妙观察诸法空性；欲生梵天界者，应修慈、悲、喜、舍；欲求人、天之圆满受用，应取、住于十善业之正道；欲证涅槃者，应现喜空法；欲获一切功德者，应供养三宝。

注释：

（1）西夏文"𗡪𗣼"，为汉语"世尊"的对译。梵文 Bhagavan，汉语音译有"薄伽梵""婆伽婆"，意译有"世尊""佛"等多种译法。在译自藏文的西夏文佛经中，此词常依藏文 bcom-ldan-'das"坏有出"译为"𗩴𗣼𗣼"。此处西夏本疑脱"𗭼𗍫𗫡"（舍卫国）一词。

（2）西夏文"𗓰𗫊𗼰𗰖"，字面作"祇陀丛林"，对译汉语"祇树"，译自梵文 Jetavanam，藏文为 Rgyal-bu rgyal-byed-kyi tshal（王子祇陀园）。

（3）西夏文"𗫂𗩴𗵈𗼰𗰱"，字面作"孤独给树园"，为汉语"给孤独园"的对译，译自梵文 Anātha-pizfadasyārāma，藏文为 Mgon-med-zas-sbyin-gyi kun-dga'-ra-ba。

（4）西夏文"𗾔𗣛"，字面作"善起"，对译藏文 dge-slong"乞善"。藏文 dge-slong 为梵文 bhikṣu"乞士"的意译，汉语"比丘"为梵文 bhikṣu 的音译。西夏新译佛经中多把"比丘"译为"起善"。

（5）应勤以听法，即西夏文"𗽴𗙛𗫡𗤀𗵹"，汉文本作"应听法"，对应藏文本为 thos pa la brtson par bya，译作"应精进于听"。

（6）行布施，即西夏文"𗮔𗤋𗣛"，对应藏文本为 gtong ba spel bar bya，译作"广施"。

（7）端正，即西夏文"𗾴𗾴"，对应藏文为 gzugs bzang po，意谓"美色"。

（8）上师，即西夏文"𗫊𗤋"，汉文本作"师"，对应藏文本为 bla ma，意谓"上师"，沈卫荣先生为了和汉文本保持一致，把藏文本译作"师"。

---

① 藏译本"应喜寂静"，西夏文本和汉文本皆无。
② 藏译本"欲求法者"，西夏文本和汉文本皆无。

（9）贵，即西夏文"𗧾𗣼"，对译"尊上"，对应藏文本为 gzungs，译作"总持"或"陀罗尼"。

（10）欲得安乐者，即西夏文"𗧾𗣼𗧾𗧾"，对应藏文本为 sems can thams cad bde bar bya bar'dod pa，译作"欲令一切有情得乐者"。

（11）应发菩提心，即西夏文"𗣼𗧾𗣼𗧾𗧾"，汉文本作"应舍诸心一切"，对应藏文本为 byang chub tu sems bskyed par bya，译作"应发菩提心"。

（12）亲近，即西夏文"𗣼𗣼"，对应藏文本为 bsten pa，意谓"依止"。

（13）西夏文"𗣼𗣼"，对译"知情"，此处据藏文本作"友"解。

（14）入禅定，即西夏文"𗣼𗣼𗧾"，与《番汉合时掌中珠》译法相同。① 对应藏文本为 zhi gnas，意谓"止、寂止、修止"。

（15）求明，即西夏文"𗣼𗣼"，与汉文本同，藏文本作"修观"。

（16）应观空理，即西夏文"𗣼𗣼𗣼𗣼𗧾"，藏文本作"应多作妙观察诸法空性"。

（17）欲生梵天上者，即西夏文"𗣼𗣼𗣼𗣼𗧾"，汉文本作"欲生梵天界者"。

（18）娱乐，即西夏文"𗣼𗣼"，对应藏文本为 longs spyod phun sum tshogs pa，译作"圆满受用"。

（19）应修十善，即西夏文"𗣼𗣼𗣼𗣼𗧾"，对应藏文本为 dge ba bcu'i las kyi lam yang dag par blangs te gnas par bya，译作"应取、住于十善业之正道"。

（20）应求多闻，即西夏文"𗣼𗣼𗣼𗣼𗧾"，对应藏文本为 stong pa'i chos la mngon par dga' bar bya，沈卫荣先生译作"应现喜空法"。藏文 mngon par，意谓"极、非常"。

（21）应勤以供养三宝，即西夏文"𗣼𗣼𗣼𗣼𗣼𗣼𗣼𗧾"，对应藏文本为 dkon mchog gsum la mchod par bya，译作"应供养三宝"。

---

① （西夏）骨勒茂才:《番汉合时掌中珠》，黄振华、聂鸿音、史金波整理，宁夏人民出版社，1989，第 44 页。

西夏本：𗗼𗱕𗏇𗏁𗿒𘂤，𗧓𗥔𗰖𗧂𗤒𗓺𗗆𗢳、𘂤，𗤒𗩱𘓐𗏁𗿟𘕔𗤒𗰖𗫡𗄧𗄧，𗗼𗤒𘂤𘀃，𗭪𗤒𗗆𗑣，𘍦𘓞𗴟𗀔。《𗖰𗤒𘜶𗥔𗰖𗧂𗏇𗱕𗏁》𘂤

汉译文：佛说此经已，时胜意菩萨[1]及诸人、天乃至乾达婆[2]等一切大众[3]，闻佛所说，皆大欢喜，信受奉行。《圣大乘胜意菩萨经》竟

汉文本：佛说此经已，□□□□□及诸……

藏文本：bcom ldan 'das kyis de skad ces bka' stsal nas/ byang chub sems dpa' sems dpa' chen po rgyal ba'i blo gros dang thams cad ldan pa'i 'khor de dang/ lha dang mi dang/ lha ma yin dang/ dri zar bcas pa'i 'jig rten yid rangs te/ bcom ldan 'das kyis gsungs pa la mngon par bstod do// 'phags pa rgyal ba'i blo gros zhes bya ba theg pa chen po'i mdo// rdzogs sho//[①]

藏译文：佛说此经已，时胜意菩萨摩诃萨，与具一切之眷属[②]、及诸人、天乃至非人[③]、乾达婆等世界，闻佛所说，皆大欢喜，礼佛而退。《圣胜意大乘经》圆满！

注释：

（1）胜意菩萨，即西夏文"𗥔𗰖𗧂"，藏文本作"胜意菩萨摩诃萨"。

（2）西夏文"𘓐𗏁𗿟"*khjã²tha²pho¹，音译汉文"乾达婆"，梵文为 Gandharva。

（3）一切大众，即西夏文"𗏁𗿟𘕔𗤒"，藏译文作"世界"。

三

通过三种文本的对勘可知，存世藏文本与夏、汉两种文本内容多

① 全文藏文本的录文参照沈卫荣先生之录文，该录文见于影印北京版《西藏文大藏经》（铃木学术财团，1955—1961），第232/3/5-4/6页。同时亦参照德格版《藏文大藏经》（bKa''gur sde dge par ma, Edited by Si tu Pa& chen Chos kyi 'byung gnas, Chengdu），No. 194, tsa , 250b3-251a5.
② 藏译本"与具一切之眷属"，西夏本与汉文本皆无。
③ 藏译本"非人"，西夏本与汉文本皆无。

有出入，而夏、汉两种文本除了标题略有不同，且西夏文本省略了款题
"𗴂𗹭𗂧𗤛𗥃𗣼𗷾𗦲　𗰖𗣀　𗦻𗯨𗤻，𗡪𗴺𗴂𗅋𗯨𗆜𗥃𗖰𗖰𗃭𗸮𗗾𗢭𗎫𗆀𗌞𗪊𗴕𗆀𗉛𗣼𗡆𗺯𗥃𗦶𗌞𗠁𗪊𗫐　𗊙𗆣　𗥤𗛅"（兰山智昭国师沙门　德慧　奉诏译，奉
天显道耀武宣文神谋睿智制义去邪惇睦懿恭　皇帝　详定）和卷尾发愿
文之外，经文内容本身并无不同，可推定西夏文本当是依照汉文本转
译。因此，我们可以了解到西夏时期某些译自藏文的番、汉两种译本佛
经的翻译程序可能是先翻译成汉文，然后再据汉文翻译成西夏文。

　　沈卫荣先生曾在《汉、藏译〈圣大乘胜意菩萨经〉研究——以俄藏
黑水城汉文文献 TK145 文书为中心》一文中，尝试通过与藏文译本的
对勘比较，复原黑水城出土汉文本的残缺部分。通过上述比较我们知
道，尽管汉文本译自藏文本，但在复原汉文本这一环节上，显然用西
夏文本更为恰当。此外，孙伯君先生曾在《黑水城出土西夏文〈佛说圣
大乘三归依经〉译释》一文中梳理了德慧译本《佛说圣大乘三归依经》
《佛说圣佛母般若波罗蜜多心经》《持诵圣佛母般若多心经要门》《圣大
乘胜意菩萨经》，并从汉文本《圣大乘胜意菩萨经》残存的施经题记和
施经发愿文来看，《圣大乘胜意菩萨经》与《佛说圣大乘三归依经》是
同一时间翻译的，甚至其施经发愿文的内容都是一致的。[①] 由此，我们
可以根据《圣大乘胜意菩萨经》的西夏译本和《佛说圣大乘三归依经》
相应的施经发愿文补全黑水城出土汉文本的内容（下面经文部分［］中
内容是据西夏文本补充的；发愿文部分［］中内容是据俄 TK121 号
《佛说圣大乘三归依经》拟补的）。

　　梵云：啊呤拽［拶耶］磨殢萨咄　捺［磨］磨诃耶捺　须得啰

　　此云:《圣大乘胜意菩［萨经］》

　　兰山智昭国师沙门［德慧　奉诏译］

　　奉天显道耀武宣文神谋睿智制义去［邪惇睦懿恭　皇帝详定］。

　　敬礼一切诸佛［菩萨]!

　　如是我闻，一时佛［在舍卫国祇树给孤独园］，与大［比丘众与菩

---

① 　孙伯君:《黑水城出土西夏文〈佛说圣大乘三归依经〉译释》,《兰州学刊》2009 年第
　7 期。

萨俱］众。尔时佛告胜［意菩萨曰：若］有善男子或善女［人欲求善福］者，应供养佛；欲求［智慧者］，应勤以^①听法；欲具受用［者，应行布］施；欲求端正［者，应修辱忍；欲］具辩才，应敬上师；［欲求］贵者，应舍贡高；［欲得安乐］者，应发菩提心^②；［欲求妙音者，应说实话；欲求功德者，应］亲近［善友；欲入禅定，应］舍愦闹；欲求明者，应观察空；欲^③生梵天生^④者，应［修慈、悲、喜、舍］；欲求人、天［之娱乐，应修十］善；欲证涅槃［者，应现喜空法；欲］获一切功德［者，应勤以供养三］宝。

佛说此经已，时［胜意菩萨］及诸人、天乃至［乾达婆等一切大众，闻佛所说，皆大欢喜，信奉受行］。

［圣胜意菩萨大乘经 竟］

……^⑤穷究功能而转［深。诵持者必］免于轮回，佩戴［者乃超于生死］。劝诸信士，敬［此真经］。［朕适逢］本命之年，特［发利生之愿，恳命］国师、法师、禅师暨［副判、提点、承］旨、僧录、座主、众僧［等，遂乃烧施］、结坛、［摄瓶］、诵咒。作［广大供养，放千种施食，读诵大藏等尊经，讲演上乘等妙法。亦致打截截、作］忏悔，放生命、喂［囚徒。餝僧设贫］，诸多法事。仍敕有［司，印造斯经］番汉五万一千余［卷，彩画功德］大小五万一千余［帧，数珠不等］五万一千余串，普施［臣吏僧民］。每日诵持、供养，所［获福善，伏愿］：皇基永固，宝运［弥昌］。艺祖神宗，冀齐［登于觉道；崇考］皇妣，祈早［往于净方］。中宫永保于寿龄，［圣嗣长增］于福履。然后

---

① 俄 TK145 号《圣大乘胜意菩萨经》汉文本此处无"勤以"二字，藏文本亦有。

② "应发菩提心"，俄 TK145 号汉文本作"应舍诸心一切恶"。

③ "欲"，俄 TK145 号汉文本作"理欲"。

④ "生"，俄 TK145 号汉文本作"界"字。

⑤ 此处残存 TK121 号《佛说圣大乘三归依经》汉文本之发愿文作"朕闻：能仁开导，允为三界之师；圣教兴行，永作群生之福。欲化迷真之辈，俾知入圣之因。故高悬慧日于昏衢，广运慈航于苦海。仗斯秘典，脱彼尘笼。含生若恳于修持，至圣必垂于感应。用开未喻，以示将来。睹兹妙法之希逢，念此人身之难报。若匪依凭三宝，何以救度四生？恭惟《圣大乘三归依经》者，释门秘印，觉路真乘。诚振溺之要津，乃指迷之捷径。具寿舍利独居静处以归依，善逝法王广设譬喻而演说。较量福力以难尽"，未敢拟补。

满朝臣庶，［共沐］慈光；四海存亡，俱蒙［善利］。

　　［时］白高大夏国乾祐［十五年岁次］甲辰九月十五日。

　　奉天显道耀武宣文［神谋睿智］制义去邪惇睦懿恭皇［帝 施］。

（原刊于《北方民族大学学报》2017 年第 5 期。

本文略有修改）

英藏西夏文《大般涅槃经》写本残叶考

邹仁迪

摘　要　英藏 Or.12380‐3600（K.K.Ⅱ.0238.g.iii）残叶为西夏
文写本。通过释读，可以判定为西夏文手抄《大般涅槃
经》的一部分。该残叶上下皆残，有褶皱痕迹。《大般涅
槃经》作为四大部类涅槃部的经典，出土数量很多，中
国藏、俄藏、英藏皆有收录。通过与汉文本的查对比较，
可以发现其中的一些差异。

关键词　英藏写本；黑水城出土文献；西夏文；《大般涅槃经》

　　1914 年，斯坦因于今内蒙古自治区额济纳旗黑水城掘走大批文书，
现藏于英国国家图书馆，总量为 4000 余件。这里介绍的是其中编号为
Or.12380–3600（K.K.Ⅱ.0238.g.iii）的残叶，《英藏黑水城文献》第 4 册中
题"佛经"二字，未有准确定名。依图版略微知道，该文书保存不全，左、
下、右三方皆有残缺，中间另有部分褶痕。存文共 13 行，每行字数不等，
个别脱漏，共计 105 字。《英藏黑水城文献》第 5 册有如下简单叙录：

　　高 125 厘米，宽 245 厘米，1 纸，写本，纸质薄，纸色深，乌
丝栏。①

---

　　①　北方民族大学、上海古籍出版社、英国国家图书馆编《英藏黑水城文献》第 5 册，上
海古籍出版社，2010，第 56 页。

经对残件初步释读，可以判定此为某个西夏文手抄本《大般涅槃经》的片段。现将释读过程展示如下，释读顺序为西夏文录文、汉文对译。录文按图版顺序进行，并加以句读，原文每行处用“\”表示，对于部分不清晰的字用□代替。

西夏文录文：

[illegible]

[illegible]

[illegible]

[illegible]

[illegible]

[illegible]

[illegible]

□□[illegible]□

[illegible]

[illegible]

[illegible]

[illegible]

[illegible]

汉文对译：

燃百千日光之助春［\以众花之盛令如菜果［\］合等大海日明众花须弥［\］□微末供具亦［\香花伎乐幡盖。供养\］所不足云何也如来\诸恶趣中诸苦恼受\］□□你□［\］起东方无量无数阿僧［\界彼于佛土一有名号意［\］来、因供、正等觉、明行圆满［\］御最上者天人师佛诸世尊［\］弟子之［

经比对我们不难发现，此残件与《大正新修大藏经》第12册中称作北传本的《大般涅槃经》昙无谶译“本寿命品第一”的一段文字大致相似。①北传本该段文字记载如下：

> 然一小灯助百千日。春夏之月众花茂盛。有持一花益于众花。以亭历子益须弥山。岂当有益大海日明众花须弥。世尊。我今所奉微末供具亦复如是。若以三千大千世界满中香花伎乐幡盖。供养如来尚不足言。何以故。如来为诸众生常于地狱饿鬼畜生诸恶趣中受诸苦恼。是故世尊。应见哀愍受我等供。尔时东方去此无量无数阿僧祇恒河沙数微尘等世界。彼有佛土名意乐美音。佛号虚空等如来应供正遍知明行足善逝世间解无上士调御丈夫天人师佛世尊。尔时彼佛即告第一大弟子言。

北传本画线处在原西夏文录文中均有重复，因此推测该段文字可能为《大般涅槃经》。但是不可否认，二者在关于如来他称的翻译上，还是存在一定的差异。如汉文本中"正遍知"一处，西夏文本译作"𗼃𗼃𗼃"，对译为"正等觉"，梵语作 Samyaksambodhi，音"三藐三菩提"。此名本为佛之异称，旧译称"正遍知""正遍知道""正真道"等，新译称"正等觉""正等正觉"。这里西夏人采用的是新译法，与汉文本旧译有所出入。另有汉文本"无上士"一词，西夏文本写为"𗼃𗼃𗼃"，译为"最上者"，梵文为 Anuttara，是为佛十号之一，互有不同。更有甚者，西夏人对汉文本"明行足"一词的不同翻译，体现了观点上的差异。在第 11 行，西夏文译"明行足"为"𗼃𗼃𗼃𗼃"，意为"明行圆满"。丁福保《佛学大辞典》言："依涅槃经之说，明者，阿耨多罗三藐三菩提也，行足者，脚足之义，指戒定慧言。佛依戒定慧之脚足而得阿耨多罗三藐三菩提，故名明行足。又依智度论之说，明者宿命，天眼，漏尽之三明也，行者身口意之三业也，足者满足之义。三明者，满足身口意之三业，故名明行足。"而在这里，西夏人用"圆满"（𗼃𗼃）二字，对译"足"，可见选用的是智度论中的说法。众所周知，南传、北

---

① 大正一切经刊行会编《大正新修大藏经》第 12 册，台北：新文丰出版有限公司，1983，第 370 页。

传本《大般涅槃经》，应该是遵循涅槃经思想的，为何掺杂了智度论的学说？所以从这个小点笔者推测，这叶残件的抄写者所依的底本，可能不是南传、北传的一种，而是可能已经亡佚的另一种掺有龙树菩萨撰写、鸠摩罗什翻译的《大智度论》思想的底本。

由于该经为四大部类之涅槃部代表经典，故于出土文献中发现较多。笔者查询，主要有以下收录。

（1）《西夏佛典目录》收录有 No.110—No.117 多个编号。①

（2）日本西田龙雄目录中也曾记录，北京图书馆藏有 BM No.3302（写本卷二十一"光明遍照高贵德王菩萨品"）、BM No.3944（写本卷二十四"迦叶菩萨品"）两个编号。②

（3）英藏黑水城文献中，则仅收录下面三个编号③：

① 0402（K.K.Ⅱ.0285.a.iv），100 毫米 ×40 毫米，1 纸，写本，签条；（史金波先生后在《西夏学》第 5 辑中予以纠错，实际上为大般若经题签）④

② 0515（K.K.Ⅱ.0229.j），大般涅槃经第二十五卷，150 毫米 ×230毫米，1 纸，写本，纸质厚。

③ 3302（K.K.Ⅱ.0254.c），大般涅槃经第二十一卷，252 毫米 ×115毫米，多经经褶装，写本，颜色深，墨色线，有污渍，背面有字，乌丝栏，多层封皮叠压文字。

加上笔者考证的 Or.12380-3600（K.K.Ⅱ.0238.g.iii）号文书和不论从撕痕还是字体上都可以判定与此残件为同一种文书的 Or.12380-3601（K.K.Ⅱ.0238.g.iii），共有 5 件。后四件从笔迹来看，为三人所抄写。

（原刊于《西夏学》第 8 辑，上海古籍出版社，2011）

---

① Е. И. *Кычанов, Каталог тангутских буддийских памятников*, Киото: Университет Киото, 1999. стр. 356-378.

② 西田龙雄：《西夏文华严经》（Ⅲ），京都大学文学部，1977，第 21 页。

③ 下列文献版本主要来自《英藏黑水城文献》第 5 册前篇叙录，其中每篇文献定名是否有误还有待考证。

④ 史金波：《〈英藏黑水城文献〉定名刍议及补正》，《西夏学》第 5 辑，上海古籍出版社，2010，第 7 页。

论西夏偈颂的诗化

——以西夏文《贤智集》为例

方　璐　佟建荣

摘　要　西夏持续不断的译经活动以及大量汉文佛经的翻译，一定
程度上加深了已经诗化了的汉文偈颂对西夏偈颂翻译的影
响。这种影响进一步延伸至偈颂的创作领域，但并未偏离
偈颂的一般范式，而是依循偈颂的基本特性又有所发展。
《贤智集》中的三篇颂所展现的诗化现象，是偈颂文学在
不断交往中被西夏继承于书面的产物。

关键词　西夏；《贤智集》；偈颂；诗化

西夏文《贤智集》1909 年出土于内蒙古额济纳旗黑水城遗址，存
世有出自同一版的印本多种，今藏俄罗斯科学院东方文献研究所，编号
分 别 为：Инв. № 120、585、593、2538、2567、2836、3706、5708、
7016。目前所藏的《贤智集》为乾祐十九年（1188）刻本，麻纸蝴蝶
装，19.8 厘米 ×13.5 厘米，版框 15.5 厘米 ×10 厘米，每半叶 7 行，
行 15 字。[①]《贤智集》全文由西夏文写成，并无汉文译本。《贤智集》是
"诗文别集"，据考证，其中的文体包括"颂""赞""辩""诗""词"

---

① 孙伯君：《西夏俗文学"辩"初探》，《西夏研究》2010 年第 4 期。

等。该文集对于探究西夏文学的文体有着重要意义。目前学者研究主要集中在对序言的考释（聂鸿音《西夏文〈贤智集序〉考释》），对其中的文体"辩"（孙伯君《西夏俗文学"辩"初探》、吴雪梅《宁夏佑启堂藏三件西夏文残片考释》）、杨柳枝（张秀清《西夏曲子词杨柳枝初探》）的探究，对"颂"的篇目尚未展开进一步的讨论。

《贤智集》中的三篇"颂"，具体创作年份不可考，依据序言可知，该文集创作于1188年以前。作者是12世纪40年代至80年代仁宗朝的西夏僧官鲜卑宝源，曾翻译过汉文本的《尊胜经》《大悲心经》《功德宝集偈》等。本文首次对俄藏西夏文《贤智集》中的《忍乐颂》《心疾颂》《富人贫之慈悲颂》进行译释，具体探析西夏文学中偈颂的范式。

一　文本的译释与特征阐释

《忍乐颂》今藏俄罗斯科学院东方文献研究所，篇目所在编号为Инв. № 120-25、Инв. № 120 -26，全文如下：

意译如下：

忍乐颂

无上三宝尊，我今恭敬礼。六波罗中爱，忍乐无胜也。善忍旧业消，善忍故祸灭。善忍心多和，善忍寿命长。善忍达所成，善忍福无量。善忍得安乐，善忍应多得。忍则功德聚，忍则佑田仓，忍则诸天佑。善忍善名宣，善忍恶多散，万事皆可消。善忍月孛降，土星自退灭。愚者令缘失，教不思不匀。怒火善本烧，使人忧思之。善忍彼怒止，其如二利是。争锦衣要爱，以柔善御刚。始因人已怒，思虑略不及。吾彼近侧看，拍手哈哈笑。宅如财不知，人之令强散。以眼细细审，毗卢放智光。所做为佛事，何不见闻道。此犹观善故，法皆波罗蜜。八风吹不动，故名大法王。与释迦尊同，魔坐道场中。十名皆足备，慈悲光遍放。流转皆渡脱，长节愿吉祥。

该篇围绕着"忍"展开，通篇五言。其中使用了反复、排比等修辞手法，如多句以"善忍"开头，反复出现。其中，围绕着"善忍"文意有进一步加深的趋势，讲述"忍"的好处，"忍"之乐，劝诫意味十足。"忍"是六波罗之一，也是释家所宣扬的品质。句尾字押 u 韵，但并不严格押韵。语言通俗易懂，如"拍手哈哈笑"一句，有明显的口语化特征。文本中带有"俗"的气息，在"俗"的同时又有一定的佛理在其中。

《心疾颂》今藏俄罗斯科学院东方文献研究所，篇目所在编号为Инв. № 120-26、Инв. № 120-27，全文如下：

𗇋𗅆𗏆

[西夏文文本]

啎，讹兆毅茷胝。橌较戗觧纵，訛髄藶绲茷。

意译如下：

心疾颂

六月暑势大，舌枯如瓦片。口失水饮雨，不觉疾病是。昨夜夜已中，骤然心疾结。冷热上下会，腹肠风驰行。响声体中盈，五脏皆拷打。初时难忍受，痛楚不言语。咬唇视内里，此疾岂强留。受者谁独是，何处始发生？四圣细细释，舍以皮骨聚。彼业为动摇，自以无知晓。因因缘和睦，人体受痛楚。其人已观察，虚亦虚不实。如虚无相像，谁受虚则痛。痛则然有也，有则形如何。无有非二二，法体思无言。我独比其非，众生皆一法。如俘皆不肯，拍手哈哈笑。人思偏失所，你我何且独。汝等相悟否，乃依次相问。

该篇通篇五言，是三篇颂中文学性最强的一篇。句末字并不押韵。行文流畅，缺少诗歌的意境，以事说理，多用比喻，描写形象。比如"六月暑势大，舌枯如瓦片"形象地写出因为炎热口舌干燥需要水的状态。再比如"冷热上下会，腹肠风驰行，响声体中盈，五脏皆拷打，初时难忍受，痛楚不言"写遭遇心疾的状态和受心疾之苦。再比如拍手句，就是通过细节描写将旁观者清的意思写了出来，而且其人神态顿时鲜活起来，增加了趣味性。

《富人贫之慈悲颂》今藏俄罗斯科学院东方文献研究所，篇目所在编号为 Инв. № 120-39、Инв. № 120-40，全文如下：

羃毦褅掰祀毅詉
绪雓虢羢絹，胪蕗瓲瓱兹。瀿奼苀荞茾，雓羧竷霼琉。羃鼠糒莈偏，褅蒜茅甐繸。烎皶毦恈靄，瀢浉竷嚒兹。

惔湴

骸毳仗靴杨㡁尾，毦褅虢茲虢矩絹。羃祾莠該馥馥毦，㲎甊霼穀絼瘆偏。

耤纃綔敠敄敄恍，訹纙祾殐毵兹騰。㲎悑湁藏桶敠弒，鴱屻莈瓱茲兹

［西夏文］

意译如下：

富人贫之慈悲颂

广此情面无，亲朋悉皆恶。娱时人纯真，此刻已呆视。乞富使不足，孤自身独损。衣破人不喜，犬亦恶所视。

又诗

马劳毛上脊背高，人孤意短情面无。富人入山急急寻，人见我立问者稀。

财多番汉来搜寻，无曰嫡亲无知识。手中乞碗连二十，寄沟放杖三立有。

破甲肩穿一百结，足靴齿牙尾所撑。已做腹底之寝席，脊背更穿待天衣。

贫人答曰：

我今身上衣残破，愚人外执我不骄。海螺相像虽丑旧，无人见内生明珠。破甲堆下卧雄象，京中雄才其无识。病痴赢瘦故为陷，艺多穷孤不苟笑。院中多露故不活，虚雉绚丽戏谁心。陆上赤面与犬同，朽衣见时不欢喜。虎巳苦有心亦勇，智巧虽孤志争纯。君子手中执敢食，儿童恩愍尔不受。

《富人贫之慈悲颂》在颂之后附"诗""贫人答曰"。该篇以"颂"

为主体，以"富人""贫人"之间相互对比，反映了劝人面对苦难、困境时需坚守内心，"虎已苦有心亦勇，智巧虽孤志争纯"的主题思想。"颂"的部分为五言，"诗"的部分是七言，"贫人答曰"的部分亦是七言。"诗"和"贫人答曰"部分句尾字押 i 韵，但是并不严格。

以上三篇颂，首先，在主题上，"颂"在此处反映的是"颂扬""赞颂"。其次，"偈颂"一般以四句为一"偈"。但是结合这三篇的文意来看，并未遵循这样的规律。再次，三篇均不加藻饰，追求易晓，形成了一种白话效果。梁启超说："佛恐以辞害意且妨普及，故说法皆用通俗语，译家惟深知此意，故遣语亦务求喻俗。"① 鲜卑宝源曾经多次译经、校经，在进行创作时难免贯彻了"通俗"的思想。这三篇颂文风朴实平易，在描写上又形象生动。最后，在唐代之前，译者多以四言、五言为偈，并无七言偈，如《四十二章经》《妙法莲花经》等。在创作领域，唐代已经出现七言偈，但仍以五言为主，其后逐渐以七言为主。前两篇"颂"均是通篇五言，鲜卑宝源采用的是唐代"偈颂"的主流体制。

总结来看，以上三篇颂展现了偈颂诗化的部分特性。第一，三篇的主题和世俗相关，不再是佛理的复述。诗歌的内容是社会生活的最集中的反映，从这三篇的主题来看，已经开始从佛的世界转向人间。第二，三篇颂均有一定的哲理性以及格言的性质，又有一定的抒情意味。如《心疾颂》中"人思偏失所，你我何且独"之句写出了无奈之感。第三，佛偈的直接说理已经变得间接化，如《忍乐颂》既宣扬了佛理中的"忍"，也阐发了人的内心世界。第四，三篇均有语言方面诗化的现象：语言精练、形象，同时通篇五言、七言使得节奏较为鲜明。

二　偈颂文体的生产及诗化

大量汉文佛经被翻译成西夏文，其中的"偈颂""颂"被翻译为西夏文"𗆟"。"𗆟"在西夏语中既指"颂"又指"偈"，两者同义。《贤智集》"颂"的篇目以"𗆟"为题。《文海》中认为"𗆟"有"颂扬""爱

---

① 梁启超：《中国佛教研究史》，三联书店上海分店，1988，第129页。

惜"之义，聂历山认为以"祕"赞佛。[①]"偈颂"在梵语中又被称为"偈""偈陀"。事实上，"偈"与"颂"原本是两种不同的文体形式。"偈"在印度最初并非是为了宣传佛教中佛理而产生的，在佛教诞生之前已经开始在古印度流行。鸠摩罗什认为："天竺国俗，甚重文制，其宫商体韵，以入弦为善。凡勤国王，必有赞德，见佛之仪，以歌叹为贵，经中偈颂，皆其式也。"[②]"偈"是古印度歌颂、赞叹的主要形式，类似于中国诗歌中的颂，讲究音节格律。之后"偈"被吸纳进佛教之中，依据十二分教中对佛典从体裁上的分类，"偈"被称为"抵夜"和"伽陀"，两者共同的特点是用韵文阐释佛理。"偈"随着佛教的传播传入中国，汉地高僧依据"偈"的特性，在翻译佛经的过程中把"偈"翻译为汉地相类似的"颂"。"颂"的体例在中国先秦时期就已经出现，比较有代表性的作品是《诗经》中的《周颂》。其后佛教传入，"偈""颂"出现交融的现象，两者之间在体例、句式、内容上相互影响。后来又根据"梵汉双举"的原则，称其为"偈颂"。一般认为，在汉译佛经中的"偈颂"就是诗体的佛经，是佛教中比较有文学意味的部分。

"偈颂"不仅出现在汉译佛经中，随着创作群体之间的深入接触，产生了一些因感悟佛理而出现的界限模糊、亦诗歌亦偈颂的作品。这些诗歌传达佛教义理，为汉地传统诗歌注入了哲理化意味，但是不同于佛典偈颂纯粹说理的模式，这些作品还有抒情言志的功能，兼具诗歌的形式与内涵。最晚在南北朝时期就已经出现了直接以"偈"为题的诗。南北朝时期的宝志就直接以"偈"为题，以诗句言志。同样是在南北朝时期，开始出现以"颂"为题阐述修行之中的顿悟以及对佛理理解的诗作。菩提达摩就有一首《付法颂》阐述自己来唐的目的以及最后的结果。行文中是对其传播佛法经历的体验及感悟。

以"偈"或"颂"为题的这类诗作主要的功能是阐述佛理，但是并不等同于阐述佛典中的"偈颂"，为了便于区分又有了诗偈和经偈的分别。更具有文学性，创作主体不局限于僧人，表达对佛理的理解或

---

① 〔俄〕聂历山：《西夏语文学》卷 1，东方文学出版社，1960，第 556 页。
② （梁）慧皎：《高僧传》卷六，台北：佛陀教育基金会出版部，1990，第 434 页。

修行或对弟子开导等的诗作一般被称为诗偈。唐代的拾得说："我诗也是诗，有人唤作偈。诗偈总一般，读时须子细。"① 从中可以看出，实际上到了唐代，"诗""偈"的概念开始趋于相同，其中不同之处在于是否蕴含哲理。

三　诗化偈颂体在西夏的传播

西夏疆域范围包括今宁夏、甘肃、青海东北部、内蒙古西部以及陕西北部地区，处于文明的交汇之处。汉传佛教是西夏佛教文化的重要来源，无论是官方还是民间对佛教都展现出了相当的热情。官方多次开展译经活动，大量汉文佛经被翻译成西夏文。被收藏在国家图书馆的《西夏译经图》，描绘了由西夏皇室主导的盛大译经场面。史籍中也有相关记载，"囊宵（元昊）更以四孟朔为圣节，令官民礼佛，为己祈福。至是，于兴庆府东一十五里役民夫建高台寺及诸浮图，俱高数十丈，贮中国所赐《大藏经》，广延回鹘僧居之，演绎经文，易为蕃字"。② 其后"夏四月，遣使入贡，赐《大藏经》。没藏氏因阿讹等还，感中国恩，遣使入贡。仁宗赐《大藏经》慰之"。③《大藏经》又名一切经，内容丰富，包含众多偈颂。1991年，拜寺沟西夏方塔中出土了西夏文佛经《初轮功德十二偈》《吉祥遍至口和本续》，其中又包含大量佛典中的偈颂。出土于黑水城的编号为 Инв. № 6750、6771 的《三宝加赞颂》、Инв. № 6774 的《佛前烧香偈》，西田龙雄认为是由汉文译成；出土于莫高窟的《龙树菩萨为禅陀迦王说法要偈》也由汉文本译成，包含佛经偈颂；黑水城、莫高窟、亥母洞均有出土的《大宝积经》，其中也包含有相当篇幅的偈颂；等等。这些偈颂由汉文本翻译而来，其中的汉文本的偈颂是已经经过与汉地本土颂结合之后的翻译，再由西夏翻译。译经者严格恪守汉文偈颂的文体格式，将其以佛典的文本形式传入西夏，在崇佛信仰

---

① （唐）寒山子：《寒山诗集附录》，《丛书集成续编》，上海书店，2014，第108页。

② （清）吴广成著，龚世俊等校证《西夏书事校证》卷一八，甘肃文化出版社,1995，第212页。

③ 《西夏书事校证》卷一八，第212页。

的推动下，偈颂文体迅速根植于西夏的文化土壤，表现为四言、五言。如，《大宝积经》卷一○三中所译西夏文偈颂："𗹬𘉍𘃡𗾞𘅜，𗗟𗊲𘙰𗊩，𗊶𗊿𘉍𗼑𗰜，𘄒𗊷𗊫𗰴𗰦。……𗬰𗵆𗤋𗫌𗫌，𗉛𘃠𘉍𗰴𗰫，𗰀𗹳𗊫𘃢𘋖𗰴𗰖，𘄒𗊷𗊫𗰴𗰦。"通篇五言。汉文佛典中的偈颂部分已经被翻译者结合汉地的颂进行了翻译。西夏文佛典的翻译者，在某种程度上须有很高的作诗的文字技巧，同时又由于西夏对佛典的广泛传播，"他们的翻译又势必会影响西夏的诗人和诗"。①

值得注意的是，早在西夏求经之前，汉传佛教已经出现明显的偈颂诗化的趋势。比如，川上天山先生认为翻译于西夏惠宗四年的《六组大师法宝坛经》，其中就有六祖慧能所作之偈"菩提本无树，明镜亦非台，本来无一物，何处惹尘埃"。②这些被翻译的汉文佛经中的"偈颂"以及"似诗非诗"的汉文诗偈传入西夏社会以后，被翻译为西夏文，在西夏的社会中流传，但并没有局限于汉译佛偈、汉文诗偈的形式，而是在文明的互相碰撞之中，促进了西夏文学中的偈颂的发展。在翻译汉文佛经的过程中，西夏文学中也开始出现以"偈""颂"为题的亦诗亦偈的作品，其中不仅有西夏文作品还有汉文作品。如，汉文作品俄藏 A20V5《亡牛偈》、A6V1《供养偈》、TK324《广大发愿颂》、TK323.3《往生净土偈》、A4《护国三宝偈》、A8V4《归依偈》，③西夏文作品《忍乐颂》《心疾颂》《富人贫之慈悲颂》《五十颂》等。整体来看，西夏文学中的偈颂大多抒发自己对客观世界的认识和感受，未脱离佛教影响的同时杂糅了儒、道等元素。

结　语

《贤智集》中的这三篇"颂"，以"颂"为题，都是以五言为主体，承袭唐风却无唐韵。语言上平实质朴，不多加词藻修饰。修辞上多对比、反复，比喻，以期进一步增强所写内容的形象性，力求通俗。不

---

① 孙昌盛：《方塔出土西夏汉文诗集研究三题》，《宁夏社会科学》2004 年第 2 期。

② （唐）慧能：《六祖坛经》，韶关南华寺，2008，第 8 页。

③ 赵阳：《西夏佛教文学作品的特点与价值》，《甘肃社会科学》2016 年第 4 期。

讲究诗歌韵律，也较少塑造辞采、意象。在讲究务实的文风基础之上展示了灵活多变的行文风格，展现了多元的特性，如《富人贫之慈悲颂》在颂之后附"诗""贫人答曰"。可以说，三篇"颂"有诗的特征，但缺少诗的诗境，内容上富含哲理性。对于哲理诗歌，于文学的发展层面而言，西夏的偈颂展现了一定的并未脱离又有所变化的特质。

当然，鲜卑宝源作品中颂的程式可能未必直接源于汉译偈颂或汉地诗偈，有可能源于敦煌俗文学中的偈颂，而敦煌俗文学中的偈颂又显系借鉴了汉译佛偈的特点。因此，从传承的角度来说，《贤智集》中的三篇颂，是偈颂诗学传统在经历了数百年发展之后，于西夏作家的书面文学领域获得了部分继承和发扬。

（原刊于《西夏研究》2020 年第 1 期）

记忆与失忆：明清青海李土司家族的
先世书写

邓文韬

摘　要　与其将明清文献中李土司家族的先世书写视为真实的客观事实，我们毋宁将其视为带有主观性的历史记忆，以便探寻其历次文本变动所反映的家族地位、宗族关系和政治环境变迁。明初，李氏家族的东、西二府各自对先世保留了不同的模糊记忆。成化时，西府构建了"西夏皇裔"的出身，并利用其在宗族内外的强势地位使东府对原有先世失忆。明末，因"西夏"逐渐成为隐喻叛逆少数民族的符号和李自成起义，李土司家族又放弃了"西夏皇裔"的先世书写，转而构建"李克用后裔"的族源认同，并在乾隆时被纳入官修钦定的《皇清职贡图》。最终，"李克用后裔"说在皇权承认和保护下在清代被反复书写。

关键词　李土司；先世书写；历史记忆；西夏皇裔；李克用

一　引　言

李氏家族是明清时期河湟地区最具名望的土司世家之一，其扑朔迷离的先世与族源问题至今仍为谜题。目前，学术界对这一问题大致有三种观点。20世纪40年代，卫聚贤、童秀清、陈秉渊等先后依据《李氏世系谱序》将李土司考为沙陀李克用之后；[①]21世纪以来，李克郁先生发表多篇论文，构拟了李克用子孙从后唐明宗时亡入阴山白达勒达，到元代驸马长吉分地西宁，再到其后人李南哥归附明王朝的全过程。[②]针对李土司族谱中对于先世追溯的混乱，芈一之先生直言"李土司之李，乱攀到党项羌人，拓跋氏之李或沙陀突厥人朱邪氏之李，是荒诞无稽的"，他认为因李土司世居地灵州为唐代内迁吐谷浑聚居地之一，故李土司应为吐谷浑人。[③]辛存文先生则认为李土司先世与李克用养子、吐谷浑人李嗣恩有密切关系。[④]

近二十年来，持党项说或西夏皇裔说的学者开始从史源学的角度，借助金石碑刻考证李土司先世。王继光先生认为李土司家族"先世居西夏"，其先祖很可能是党项人。[⑤]李培业先生考证道："自称李克用后裔者，并非明初的李南哥，而是清初的李天俞。他伪立李克用为始祖于家谱中，并给朝廷的行状中自称为李克用后裔。由于其所重修的家谱，视为土司官谱，所以影响很大，造成以讹传讹的根源。"[⑥]吕建福先生则结合西夏晋王察哥五征河湟之事迹，推测李氏家谱中所谓的"李晋王"是指西夏晋王嵬名察哥。[⑦]周伟洲先生也因《李氏族谱序》将沙陀李氏与西夏党项李氏结合起来太过于勉强，而"宁可相信弘治年间的《李英神道碑》的说法，即土族李土司源于西夏党项拓跋氏（李氏）"。[⑧]

然而，由于李培业先生提供的家谱"大部分不是中国传统的族谱，而是后人，甚至是当代人编辑的资料"，"竟将三对并非父子关系的西夏

---

① 卫聚贤：《最近之青海》，《西北文化》第3卷第10期，1941年；童秀清：《青海土司史略》，《西北通讯》第12号第2卷第1期，1948年；陈秉渊：《李土司世系考》，《西北日报》1942年12月1日。

② 李克郁：《土族土司研究——土族李土司家族史》，《青海民族研究》2002年第3期；《宁濮郡王驸马长吉族属考》，《青海民族研究》2003年第1期。

③ 芈一之：《土族族源考》，《青海社会科学》1981年第2期。

④ 辛存文：《民和土族东伯府李土司世系考察》，《青海民族学院学报》1981年第3期。

⑤ 王继光：《安多藏区土司家族谱辑录研究》，民族出版社，2000，第47—48页。

⑥ 李培业：《西夏皇族后裔考》，《西北大学学报》1995年第3期。

⑦ 吕建福：《李土司先世辨证》，《西北民族研究》2005年第3期；《关于土族史研究中的若干问题》，《青海民族学院学报》2005年第4期。

⑧ 周伟洲：《关于土族族源诸问题之管见——评〈土族简史〉有关论述》，《青海民族学院学报》1983年第4期。

皇帝嫁接在一起，显系西夏帝王世系，而不合父子传承的家谱"，[①] 而且家谱还没有证据地攀扯李晛和李赏哥之间的父子关系，难以自圆其说，故而西夏学界也对"西夏皇裔"说提出了相应的质疑。[②]

值得注意的是，诸位前贤在论证中皆一定程度上援引了以李氏家族为主导而编纂的史料来作为依据，这些史料包括数部家谱，以及由李氏家族成员出面委托当朝文人所撰写的谱序跋文、行状、墓志铭、神道碑。

对于类似文献的史料价值，目前大抵有两种截然不同的态度。第一种是将其视为纯客观的历史记载。如罗香林先生"即主要根据客家族谱中关于'祖先'世系、'祖先'移居的记载，来梳理客家人的历史源流和重建客家形成的历史过程。在他们看来，客家族谱中所记载的祖先世系、祖先来历和祖先移居等方面的内容，都是真实发生过的'历史事实'"。[③]

第二种是将其仅仅视为一种"历史书写"。日本学者濑川昌久对此的认识颇具代表性："族谱并不是由第三者作出的'纯客观'事实的记录，而显然是由作为当事人的某一家族、宗族的某个成员亲手编纂并保存下来的文献。希望阐明自己的祖先和本家族的历史这一动机，虽然导致出现这样一种对整个家族、宗族成员的事迹以及他们之间的系谱关系进行精确描述的'历史'记录；但另一方面，也不能不看到，正是因为有了这一动机，才使得一种有意无意的选择行为，介入了何种内容应该写入族谱，何种内容不该写入族谱这一判断过程之中。其结果，就有可能在相当大的程度上赋予族谱中所记录的内容以某种虚拟的性质。"[④] 因而濑川氏在讨论华南汉族族谱时论及："如果说我们现在还能够做一些什么的话，显然就不是对这些祖先移居传说进行史实性的诠索，而是要

---

① 史金波：《西夏社会》，上海人民出版社，2007，第 886—887 页。
② 史金波、白滨、聂鸿音：《西夏皇族后裔考论》，宋德金、景爱、穆连木、史金波主编《纪念陈述先生逝世三周年论文集：辽金西夏史研究》，天津古籍出版社，1997，第 152—165 页。白滨：《寻找被遗忘的王朝》，山东画报出版社，1997，第 206—211 页。
③ 饶伟新：《清代赣南客民的联宗谱及其意义初探》，《赣南师范学院学报》2007 年第 4 期。
④ 〔日〕濑川昌久：《族谱：华南汉族的宗族·风水·移居》，钱杭译，上海书店出版社，1999，第 3 页。

说明支撑着作为社会性事实的这类传说的形成、普及和再生产过程的华南居民的意识结构。"①

目前，将李土司考证为西夏皇族或李克用后代的研究者，大多数情况下是将族谱、序跋文以及碑铭中的先世书写当作信史来看待。然而，由于其先后在明清两代攀附没有任何血缘关系的两个家族，使我们不得不质疑李土司各种文本先世书写的真实性。相较之下，我们毋宁将其作为该家族在不同时期形成的"历史记忆"，正如刘志伟先生所述："值得我们研究的不仅仅是这种历史叙事本身所蕴含的事实，更有意义的是在宗族历史叙述中，无论是真实记录也好，附会虚饰也好，都是后来被刻意记录下来的，因而是人们一种有意识的集体记忆，而这种集体记忆在地方社会发展的历史过程，更有其特定的社会和文化的意义。"②只有关注李土司家族先世书写历次文本变动背后所反映的家族地位、宗族关系以及社会环境变迁，方能真正体现这批文献的史料价值。

二 矛盾：相同的血缘，不同的记忆

为便于接下来的述论，有必要先交代李土司家族的大致情况。李鸿仪撰《西夏李氏世系总序》介绍，该家族在明清两代主要分为三支。上府祖为管吉禄长子察罕铁木耳，至其孙李文时封高阳伯，生十子，分为西府十门（以下简称"西府"）；下府祖为次子南哥，至李英时封会宁伯，其子李昶又有十三子，分为东府十三门（以下简称"东府"）；中府祖为幼子监眷，生子鲁失加，鲁失加生四子，分为中府四门。③具体如图1所示。

---

① 〔日〕濑川昌久：《族谱：华南汉族的宗族·风水·移居》，第231页。
② 刘志伟：《附会、传说与历史真实——珠江三角洲族谱中宗族历史的叙事结构及其意义》，饶伟新主编《族谱研究》第1辑，社会科学文献出版社，2013，第325页。
③ 李鸿仪：《西夏李氏世系总叙》，李鸿仪、李培业：《西夏李氏世谱》，辽宁人民出版社，1988，第263页。

```
                          赏哥
                           │
                          梅的古
                           │
                          管吉禄
          ┌────────────────┼────────────────┐
      察罕铁木耳          南哥              监眘
    （又名倒剌沙）          │                │
          │          李英（会宁伯）       鲁失加
        观音保             │                │
          │            李昶            中府四门
      李文（高阳伯）          │
          │          东府十三门
       西府十门
```

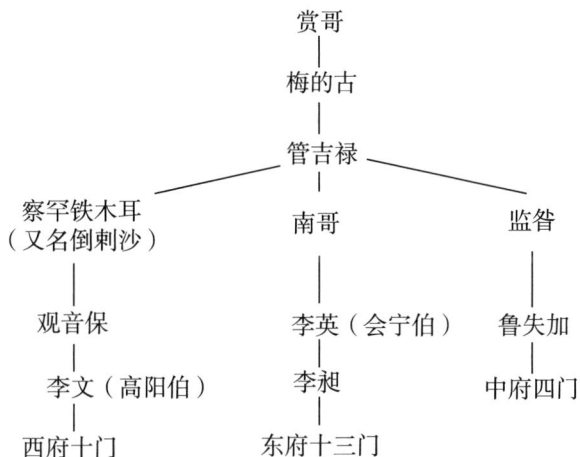

图 1　李氏家族早期世系

李氏家族的东、西两府在明代曾加封为伯爵，地位较为显赫，留下的先世书写也相对来说更丰富，以下将分别予以论述。

宣德二年（1427），李土司东府的李英以讨平即儿加族之功被封为会宁伯，追赠三代。随着社会地位的升高，李英开始注重对于先世的构建，以图维护宗族的声誉与地位，形成宗族的精神支柱，培养宗族成员的荣誉感、认同感和凝聚力。

仅仅在宣德一朝，东府便先后在各类文献中留下了四段先世书写。第一条是宣德二年国子祭酒胡俨依李英所出具之行状所作的《李公神道碑》，曰："始祖唐季赐姓，显宦大宋。迄元，祖任王府教授，父任西宁州同知，运格归附皇明。"[1] 第二条是国师绰思吉星吉撰老鸦峡古石刻《李公家世事》，曰："李氏唐季赐姓，显宦大宋。迄元，祖任王府教授，父任西宁州同知，皇明平定海宇，于洪武初内附，擢西宁卫镇抚。"[2] 该文亦撰于宣德二年。从内容的相似性来看，前两条所据应该是同一史源。据李培业所考，此碑撰写时李南哥尚在，二人的文本依据当为梅的古或管吉禄之行状。第三条为宣德五年（1430）礼部尚书金善依据李南哥行状作《李南哥墓志铭》，曰："公讳南哥，姓李氏，其先世居西夏，

---

[1]（明）胡若思：《追赠特进荣禄大夫右军都督府左都督李公神道碑》，《西夏李氏世谱》，第 47 页。

[2]（明）绰思吉星吉：《特进荣禄大夫右军都督府左都督李公家世事》，《西夏李氏世谱》，第 127 页。

后有居西宁者，遂占籍为西宁人。祖讳梅的古，考讳管吉禄，皆追封会宁伯。母公氏，赠夫人。"①第四条是宣德七年（1432）以前②内阁首辅杨士奇撰写的《正心堂记》，曰："吾闻李氏世家西夏，胜国时其曾大父以下皆有禄位。其父南哥洪武三年以西宁州内附，历四十余年，积官至都指挥同知。"③杨士奇的文本依据可能来自与李英的交游。

从内容来看，四条先世书写大致交代了"唐季赐姓，显宦大宋""世居西夏""祖任王府教授""父任西宁州同知"等信息，颇为零碎与含糊。对于祖先姓名与职官的记忆，最远只至梅的古一代，官衔为"王府教授"，且并未指出是哪一位王。

西府开始构建先世，较东府稍晚。他们在明代早期留下的先世书写仅见于《明故赠金吾将军锦衣卫都指挥使李公同室太夫人郭氏墓表》（以下简称《观音保墓志》）。志主为第一代高阳伯李文之父观音保，全文收录于明代别集《倪文僖公集》卷二六中。作者倪谦（1415—1479），英宗正统时进士，曾与李文同朝为官，受其所托为观音保撰写墓表。创作时间由志文中"天顺改元春……惧潜德弗彰，乞予为文以表诸墓"推测在"天顺改元（1457）"。兹据明刻本将文中李氏先世书写摘录于下，标点为笔者所加。

> 公讳观音保，姓李氏，其先西域人也。曾祖梅的古④。祖管吉禄⑤，在胜国时任西宁州同知，遂家西宁。父倒剌沙⑥，母吴氏。倒剌沙有弟二人，曰南哥⑦、监督⑧。当元季兵乱，边疆多事，南哥移家

---

① （明）金幼孜：《金文靖集》卷八《会宁伯李公墓志铭》，《景印文渊阁四库全书》第1240册，台北：台湾商务印书馆，1986，第829页。

② 文中言及李英"遭逢三圣，极人臣之贵"，故该文创作年代当在宣德七年（1432）李英下诏狱夺爵之前。

③ （明）杨士奇：《东里续集》卷一《正心堂记》，《景印文渊阁四库全书》第1238册，第375页。

④ 文渊阁四库全书本作"穆尔古"。

⑤ 文渊阁四库全书本作"衮古噜"。

⑥ 文渊阁四库全书本作"都尔苏"。

⑦ 文渊阁四库全书本作"纳木喀"。

⑧ 文渊阁四库全书本作"嘉勒灿"。

陕西之华阴居焉。洪武初，举族同弟总剌^①归附国朝。太祖高皇帝嘉之，授南哥镇抚职，俾镇西宁。南哥殁，子英嗣。提土兵累征迤北达寇，茂建勋绩，朝廷与之分土，锡爵会宁伯，仍镇西宁。（以下略）^②

按表文，墓主观音保为李南哥之侄，会宁伯李英堂兄弟。生于明洪武六年（1373），卒于永乐丙申年（1416），享年43岁，其先世为"西域人"，至管吉禄时因担任西宁州同知而定居西宁。有意思的是，墓志自观音保父辈以下的叙事视角，突然转到了东府一系，叙李南哥于元末移家于华阴、于明朝举族归附，李英因功封会宁伯等，或许因为观音保及其父倒剌沙（东府文献称之"察罕铁木耳"）的事迹乏善可陈，而不得不借用东府人物的事迹来填补这段空白。

比较东、西两府的先世书写，我们可以发现，虽然二者记忆中的祖先姓名相同，但对部分事迹与世居地的描述存在明显差异。如东府认为先世曾"唐季赐姓，显宦大宋"，即早在唐代末期便与中原发生了联系，并且在宋代仍为显宦。西府则自认先世出于西域，至管吉禄时方才因任西宁州同知而定居西宁，并曾在元末时短暂避居华阴。

"华阴"在李土司西府系的历史记忆中是一个非常有象征意义的地名，《明孝宗实录》弘治二年十二月（1489）壬子条谓：

> 右军都督府都督同知李文卒。文字孟华，陕西华阴县人。^③

李氏家族从华阴迁回西宁当在洪武四年（1371）李南哥以西宁州归附明朝之前。至弘治二年，已至少有118年之久。如果李氏家族果真按《观音保墓志》所述，自管吉禄起便"遂家西宁"，那么西府何以在上报

---

① 文渊阁四库全书本作"珠噜"。

② （明）倪谦：《倪文僖公集》卷二六《明故赠金吾将军锦衣卫都指挥使李公同室太夫人郭氏墓表》，《丛书集成续编》第112册，上海书店，1994，第331—332页。

③ 《明孝宗实录》卷三三，弘治二年十二月壬子条，台北：中研院历史语言研究所，1983，第713页。

给朝廷的形状中不将李文曾祖管吉禄所居之西宁作为祖籍，而偏偏将一个仅仅是用来躲避战乱而且业已离开一个多世纪的暂居地作为籍贯？这点着实可疑。再者，清代编纂的族谱亦记载观音保及其父两代人均葬于"华州"，似乎也说明在西府后裔的记忆中，[①] 华阴曾经是传说中祖茔之所在，远远不止避难地这么简单。或许《观音保墓志》为了使管吉禄担任西宁州同知的宦绩看起来更加真实合理，便将西宁写成该家族由"西域""内迁"后的第一站，掩盖了华阴的长期定居史。

相较之下，因为东府一直自认为"世居西夏"，不在"西夏"地理范围内的华阴自然没能在他们的先世书写中有一席之地。更值得一提的是，部分编纂较晚的族谱，为了使李土司"西夏皇裔"的身份更加合理，[②] 甚至将赏哥至李南哥四代人的葬地均改为灵州。[③] 于是同一家族的兄弟两支，出现了灵州与华阴两个传说中的祖茔，这无疑给研究者带来了极大的干扰。一些学者甚至因此得出高阳伯李文为华州汉人，与李英没有血缘关系的结论。[④]

为什么属于同一家族的不同宗支会对先世有截然不同的记忆？刘志伟先生指出，"在明代的时候，所谓记录先世，一般都只以高祖一代为限。宋明时期许多士人初辑族谱的时候，能够用文字把口耳相传记录下来的先人常不过三四代"。[⑤] 东府书写的"唐季赐姓，显宦大宋"恐怕也

---

① 1457 年成文的《观音保墓志》称墓主葬"西宁城北八里车卜鲁川之原"，因而"葬于华阴"应该只是历史记忆而非历史事实。

② 姚大力先生指出，"如果把某个人们群体对于直接导致其当前生存状态的那段历史记忆叫作'活的记忆'，那么要想直接通过改塑活的记忆来改变该人群集体认同的基本性格，实在是很困难的。为此，还必须把足以预示出后来状况的某些关键线索，倒追到比'活的记忆'更加古老、因而也就更悠远难详的历史时段里去"（姚大力、孙静：《"满洲"如何演变为民族——论清中叶前"满洲"认同的历史变迁》，《社会科学》2006 年第 7 期），将祖籍和祖茔书写为毫无根据的灵州，实际上也应看作李土司家族为构建西夏皇族记忆而设置的"配套线索"。

③ 与李文籍贯为陕西华阴有《明实录》可作为佐证不同，梅的古至李南哥祖籍灵州或葬于灵州的说法没有任何其他史料可以作为证明，即便是将李氏家族视作西夏皇族的明代文集、碑铭、家谱序跋文，也未见提及，金善所撰《李南哥墓志》更是直接写明墓主"葬西宁之巴州山"。其祖籍灵州或者葬在灵州的说法，大概是在清代才被仍然坚持出身"西夏皇裔"的李氏后人编造出来的。

④ 崔永红：《明代青海土官李文之籍贯及生平考略》，《青海社会科学》1992 年第 4 期。

⑤ 刘志伟：《明清族谱中的远代世系》，《学术研究》2012 年第 1 期。

只是"乏善可陈"的委婉说法，他们早已遗忘远代先世的姓名与职官了。等到子孙仕至高官或者加封名爵之际，便只能各自去尝试着重建，"这时，如果一个宗族中个别的分支，或者互相间有着密切联系的若干宗族，分别独立地去探寻各自远祖的系谱，很可能会得出互不相同的结论"。① 如此，将东、西二府的先世记忆进行整合与重构，消除其中的抵牾之处，并推出一个更为显赫的祖先以供全族信仰便成为李氏宗族构建的当务之急。

三　同化："西夏皇裔"的构建与宗族记忆的整合

成化十年（1474）夏，在会宁伯李英逝世三十多年后，其夫人夏氏也去世了。时在大理寺任职的刘约"状公暨夫人事行"。不久后，马文升受李英之子李昶所托，依据刘约行状撰写了神道碑，碑文称李英"先出元魏，至唐拓跋思恭，以平黄巢功，赐姓李氏，世长西夏"。这是李氏东府第一次将"西夏皇裔"追认为李土司的先祖。同时，作为承前启后的关键人物，祁王府官李赏哥也在此时出现在李土司家族的记忆之中。

既然生活于明初的李南哥和李英尚且无法说出元代以前先祖的名讳与职官，生活在四十余年之后的刘约又如何能知道？有研究者从刘约的官衔出发，推测其掌握了新材料。

> 李英封伯爵后，恃功骄傲，屡犯违法事。特别是为帮助其甥夺西宁指挥职，杖人死。"言官交劾，并及前罪，遂下英诏狱，夺爵论死。"后英宗即位，才释放出狱。对一个有罪之人，树碑立传，作者必须得到朝廷认可的档案材料，才敢文之于碑。马文升依据大理寺材料，特地在碑文中指明材料来源，以示责有攸归。给李英论罪，大理寺一定审理过，刘约所记，是经过一番调查的。故文中所说一切，可视为国家档案材料。②

---

① 〔日〕濑川昌久：《族谱：华南汉族的宗族·风水·移居》，第18页。
② 李培业：《会宁伯李英神道碑之研究——〈西夏李氏世谱〉研究之三》，《西夏李氏世谱》，第663页。

我们姑且不论明代"给有罪之人树碑立传"是否要得到"朝廷认可的材料",仅从这段论证引用的唯一一条史料而言,就尚有商榷的余地。按《明史》本传,李英被"言官交劾,并及前罪,遂下英诏狱",①这里的"诏狱"在明代是指由锦衣卫统辖的特殊监狱,在明朝中前期主要关押牵连重大案件的官员。按《明会典·锦衣卫》:"其北镇抚司,本添设,专理诏狱。"②可见诏狱并不隶属于大理寺,而是直接由锦衣卫指挥使下的北镇抚司负责,"大理寺一定审理过"的论证明显欠妥。这里刘约所写的"状"不大可能是大理寺的"国家档案材料",而应该只是记载死者"世系、名字、爵里、行治、寿年之详"③的普通行状。唐代文学家李翱曾说:"今之作行状者,非其门生,即其故吏,莫不虚加仁义礼智,妄言忠肃惠和,或言盛德大业,远而愈光……由是事失其本,文害于理,而行状不足以取信。"④显然,以行状作为文本来源的《李英神道碑》远谈不上是"国家档案"或"真实性无可怀疑"。

明代文学家朱荃宰认为行状"多出于门生、故吏、亲旧之手,以谓非此辈不能知也"⑤,指出了行状的史源。既然作者对死者所知来自与死者日常的交游,那么刘约对于李氏家族有关"过去"的所知,亦不会超越李英或委托人李昶口述的范畴。在一般情况下,由外人撰写墓碑文,"应不会违背该家族自我宣称的祖源"⑥。将李英的祖先书写为西夏皇室的依据,最有可能还是对李家早期记忆的选择性采信与遗忘。此前东、西二府留下先世记忆中,涉及元代以前的仅有"唐季赐姓,显宦大宋"、"世居西夏"与"其先西域人也"三个片段,前两段记忆属东府保存,后一段属西府。刘约受东府李英所托,可能并未阅读过《观音保墓志》,

① 《明史》卷一五六《李英传》,中华书局,1974,第4276页。
② (明)申时行:《大明会典》卷二二八《镇抚司》,《续修四库全书》第792册,上海古籍出版社,2002,第680页。
③ (明)朱荃宰:《文通》卷一七《行状》,《四库全书存目丛书》第418册,齐鲁书社,1997,第547页。
④ (唐)李翱:《李文公集》卷一〇《百官行状奏》,《景印文渊阁四库全书》第1078册,第148页。
⑤ 《文通》卷一八《行状》,第547页。
⑥ 王明珂:《英雄祖先与弟兄民族——根基历史的文本与情境》,中华书局,2009,第154页。

也就更不会去考虑党项拓跋氏并不出自西域的史实了。

至于李赏哥人物与身世的塑造，则更有可能是受社会文化影响而为之。在刘约与李昶生活的成化年间，曾发生过尹直责问万循吉不祭高祖之事。

> 成化丙午十月，予进太子少保尚书兼学士，万循吉与刘吉进少师少傅。万令中书为写祝文告家庙。予偶见其稿，止列祖、曾祖父，而不及高祖。予怪，问之，则曰："先世迁徙不常，遂忘高祖之名，故每察不及。"予曰："先儒酌情制礼，止祭四代，予尚以为简，不足以尽孝子慈孙之情，而先生乃不及高祖，其名虽忘，而神气相感，固未尝忘。盍追尊一道号，及今日祭以告知，传示子孙，不亦宜乎！"①

由此可知，成化年间的祭祖活动，须及高祖，否则可能会被视作不孝。归葬立碑从实质上看也是一种光宗耀祖的活动，李氏家族早期记忆中的先祖仅有南哥、管吉禄、梅的古。李赏哥的出现，将李英以上世系补足至五代，足以尽孝。同时，加入其定居西宁，为祁王府官，"子孙传袭"等信息则可以解释为何李南哥在元末明初能享有西宁州同知的官衔。

新的先世记忆构建完成后，东府便立刻将其传播，得到了同僚的认可。譬如与李昶同朝为官的邱浚所作《重恩堂记》，即称"公拓跋魏后裔，唐赐氏李，为河湟巨族"；②赵载《李氏忠贞录序》录李宁嘉靖十五年（1536）帙文曰"仆自始祖拓跋思恭以平黄巢功，赐姓李氏，世长西夏"③；等等。然而，相较于更早的先世书写，《李英神道碑》无疑拉大了东、西二府先世记忆的差距，西府又该如何回应与同宗先世记忆的矛盾呢？

---

① （明）尹直：《謇斋琐缀录》卷七，《中华野史》第7卷上，三秦出版社，2000，第6093页。
② （明）丘浚：《琼台诗文会稿》卷一七《重恩堂记》，周伟民等点校，海南出版社，2006，第4303页。
③ （明）赵载：《李氏忠贞录序》，《西夏李氏世谱》，第2页。

观音保之子、高阳伯李文于弘治八年（1495）逝世，不久后，逯英受李文外甥鲁麟委托，按行状为之撰写墓志，先世书写为"李公远祖讳赏哥，西夏国主裔，初以金吾官守宁夏，嗣驻扎鄯州，卒赠鄯善王。高祖讳梅的古，曾祖讳管吉禄，俱任西宁州同知"。[①]与《观音保墓志》相比，《李文墓志》加入了李赏哥一代和西夏国主的身份，删除了"其先西域人"的书写，[②]曾居住于华阴的行迹也被抹去，甚至把管吉禄的西宁州同知官衔"封"给了梅的古。这几处文本变动，显然意在割断家族与西域、华阴的联系，增强与西夏皇裔的关系，并将定居西宁和担任西宁州同知提前一代，以便使其与李赏哥的事迹衔接。最终，西府的先世书写几乎完全趋同于东府了。

埃文思-普里查德在其名著《努尔人》中即已提到，在东非的努尔人中，忘记一些祖先或特别记得一些祖先，是他们家族发展与分化的原则；[③]赫茨菲尔德也认为"通过分析我们不难发现，那些不符合一个共同祖先的世代通常被清除——'世系的精简'或'结构性失忆'即为此例"。[④]西府在先世书写中对西域先世和避居华阴的结构性失忆，正是东、西二府整合先世记忆，从而使得整个宗族得以重新凝聚的重要表现。

那么，为何一定是西府系全盘接受东府系的记忆呢？从宗族内部关系来看，自明初以来，东府便长期在族中占据主导地位，西府与李南哥同辈的倒剌沙（察罕铁木耳）、与李英同辈的观音保皆未曾仕宦，第一代高阳伯李文最初也只是从李英身边的一介幕僚起家，很难撼动宗族内部的既成权力格局。从外部政治环境来看，李英与李文均曾遭到削爵下狱，然而自明英宗登基以来，李英一支的政治地位有所回升；夺门之变后，英宗更"诏天下复功臣失爵者子孙，录公（李昶）世袭都指挥

---

① （明）逯英：《明故奉天翊卫推诚宣力武臣特近荣禄大夫柱国高阳伯李公墓志铭》，《西夏李氏世谱》，第51页。

② 西夏皇族拓跋李氏之族源，虽存在争议，但无非党项羌与鲜卑两说，很难谈得上与西域有什么瓜葛，因而将这段记忆遗忘是构建"西夏皇裔"先世的必要步骤。

③ 王明珂：《华夏边缘——历史记忆与族群认同》，浙江人民出版社，2013，第21页。

④ 〔美〕迈克尔·赫茨菲尔德：《人类学：文化和社会领域中的理论实践》，刘珩等译，华夏出版社，2013，第88页。

使"①，李英之孙李玑更是高中成化庚子（1480）科进士，②由武入文，在朝为中书舍人。③相较之下，李文在天顺四年（1460）十二月因玩寇失机，被剥夺伯爵封号，虽凭免死铁券被赦免斩首之罪，但政治地位一落千丈，被发落到延绥立功自效，直到身死后的正德三年（1508）才由孙李珣奏请而恢复高阳伯爵位。在成化、弘治间，于内于外，会宁伯系都应该都是"敬宗收族"的主导者，因而顺理成章地同化了高阳伯支系的先世记忆。

四　失忆：从"西夏皇族"到"沙陀晋王"

既然在明代中期，"西夏皇裔"的先世构建就已然完成，那么为何又会出现"李克用后裔"的说法？究竟是谁，又是在何时开始重构李土司的先世呢？李培业和王继光二位先生认为清初土司府幕僚岳鼐是"李克用后裔"说的"始作俑者"，④他们的依据是其撰写的《李氏世系谱序》。然而，在顺治《重刊西宁志》中就已然有了李土司族出于李克用的记载：

> 土司李天俞，西宁卫人，唐仆射李克用裔，元同知李南哥、明会宁伯李英七代孙。
>
> 李珍品，西宁卫人，授指挥同知，世袭有号，纸系唐仆射李克用裔，元同知李赏哥、明高阳伯九代孙。⑤

这部方志的卷首有编纂者苏铣所作的序文，落款为"顺治丁酉（十四

---

① 《琼台诗文会稿》卷一七《重恩堂记》，第 4303 页。

② （清）许容等修乾隆《甘肃通志》卷三三《选举》，《景印文渊阁四库全书》第 558 册，第 260 页。

③ （明）程敏政：《篁墩集》卷二五《赠都督李公承恩展墓西还诗序》，《景印文渊阁四库全书》第 1252 册，第 436 页。

④ 李培业：《会宁伯李英神道碑之研究——〈西夏李氏世谱〉研究之三》，第 661 页；王继光：《安多藏区土司家族谱辑录研究》，第 42 页。

⑤ （清）苏铣：顺治《重刊西宁志》，《西北稀见方志文献》第 55 卷，兰州古籍书店，1990，第 26—27 页。

年，1657）岁仲冬分守西宁道陕西布政司右参议苏铣"。初看之下，该志之编写年代似较《李氏世系谱序》落款所属的"大清顺治乙未岁（1655）孟夏"稍晚。然而《四库全书总目提要》谓该志为苏铣"顺治十二年（1655）官西宁道时所作"[①]，故《西宁志》与岳氏《李氏世系谱序》成文时间其实相差无几。此外，郑龙光和张伟绩在顺治丁酉（1657）也分别为《李氏族谱》写过序文，并在文中将晋王作为李氏祖先，但没有像岳鼏那样直接把拓跋思恭写作李克用后人。[②]故而笔者推测，四人所依据的史源应该是明末清初流传在李土司族中的某一种"李克用后裔"传说；与进士出身、熟读史籍的苏铣不同，岳鼏可能是因学识不够而在参照该史源作序时狗尾续貂，建立了错误的"李克用—拓跋思恭—李赏哥"世系。

进一步往前追溯，我们可以发现李氏家族早在晚明时就已然出现了对"西夏皇裔"集体失忆的倾向。典型例证是万历二十年（1592）秋成文的《李崇文墓志》，墓主为李英玄孙，其先世书写仅有"先世西宁卫人，胜国时有讳南哥者，仕为西宁州同知"[③]云云，与祖先墓志中的元魏、西夏皇族之裔相比，此寥寥数语颇显寒酸。同时，成文于同年的《李廷臣供状》曰："一世祖为李管吉禄，原籍陕西西宁州土人。"[④]也将该家族以往引以为豪的李赏哥、元魏、西夏皇族等通通抹去。我们不禁要问，为何二者均要隐瞒"西夏皇裔"的身份呢？

在祖源认同产生的理论中，有一派被称为"工具论"的学者，他们"基本上将族群视为一政治、社会或经济现象，以政治与经济资源的竞争与分配，来解释族群的形成、维持与变迁"。[⑤]李氏家族对西夏皇族的先世结构性失忆，亦可用"工具论"的观点进行解释。原来，在万历二十年二月，宁夏爆发了哱拜父子叛乱，由于哱氏为少数民族首领，且

---

① （清）永瑢、纪昀主编《四库全书总目提要》，周仁等整理，海南出版社，1999，第401页。
② 二文见《西夏李氏世谱》，第43—46页。
③ （明）王家屏：《明故诰封昭毅将军锦衣卫指挥使守村李公暨孙淑人合葬墓志铭》，《西夏李氏世谱》，第52页。
④ 《西宁卫右千户所李镇抚供状》，《西夏李氏世谱》，第92页。
⑤ 王明珂：《华夏边缘——历史记忆与族群认同》，第16页。

以西夏故都为根据地，给了明朝士大夫联想的空间。他们多将哱氏比作西夏皇帝李元昊，以陈述其野心。譬如陈懿典谓哱拜"遂将行敬瑭献地之谋，逞元昊自立之志"；① 吕坤称哱拜"统黠夷二千人，兵强财富，势足以有朔方，欲如元昊故事"；② 赵志代明神宗所拟的《平宁夏诏》亦云："逆贼哱拜、哱承恩父子者，本以夷种，冒窃冠裳……妄意禄山之故事，敢萌元昊之邪心。辫发从夷，僭称王号，传播伪檄，擅毁敕书，夺库释囚，搜金刮帛，烧毁衙舍，过胁亲藩，勾虏为援，毒民肆虐。欲夺灵州以成犄角，谋窥关陕而犯中原。"③ 或许哱氏父子的作为让诏书的作者联想到了西夏元昊秃发、称帝、传檄、联辽等事迹；瞿九思甚至在想象中借由哱承恩之口说出了"我如比元昊故事，欲自立，直易易耳"④的言论。值此政治环境之下，以土司身份世袭西宁卫指挥使、统辖河湟的李氏家族，如继续自称"西夏皇族"，难免触动敏感的士大夫阶层，引起不必要的误会，给家族的政治地位带来不良影响。故而我们没有在哱氏叛乱时成文的《李崇文墓志》与《李廷臣供状》中看到类似的先世书写。

哱拜父子之乱虽在当年即被明朝平定，然而以西夏皇帝李元昊指代与明朝作对、构难的少数民族首领（如努尔哈赤⑤）、土司（如杨应

① （明）陈懿典：《陈学士先生初集》卷二〇《为西事孔棘敬陈一二方略并善后事宜以保盛治以杜隐忧疏》，《四库禁毁书丛刊》集部第79册，北京出版社，1997，第350页。
② （明）吕坤：《去伪斋文集》卷五《贺陕西军门叶龙潭平锡恩序》，《四库全书存目丛书》集部第161册，第133页。
③ （明）赵志：《赵文懿公文集》卷一《平宁夏诏》，《四库禁毁书丛刊》集部第180册，第630页。
④ 原文下还有哱拜慌忙掩住哱承恩之口的相关描述，见（明）瞿九思《万历武功录》卷一《哱拜哱承恩》，《四库禁毁书丛刊》史部第35册，第439页。很难想象哱拜父子之间密谋叛乱的窃窃私语何以令远在千里之外的瞿九思知晓，或许这段绘声绘色的描述，加入了原作者的想象成分。
⑤ 如"今日奴酋，即令如汉之南越尉陀、宋之西夏元昊，自帝一隅"[（明）程开祜：《筹辽硕画》卷二二，《四库禁毁书丛刊》集部第242册，第732页]，"臣观奴酋之叛本朝，其犹元昊之叛宋也"[《筹辽硕画》卷三七，《四库禁毁书丛刊》集部第243册，第455页]，"宋时西夏元昊与今奴儿哈赤事相类"[（明）茅元仪：《暇老斋杂记》卷三，《续修四库全书》第1133册，第605页]，"今奴酋之横，其势何如元昊"[（明）王在晋：《三朝辽事实录》卷六，《续修四库全书》第437册，第162页]，等等。

龙、奢崇明①）乃至外国领袖（如丰臣秀吉②）却在晚明奏疏、策论中越发常见。"西夏"与"元昊"逐渐沦为明代士大夫眼中代表叛逆少数民族的一种符号。自万历二十年至明亡，李氏家族几乎③再未用"西夏皇裔"作先世书写。

从晚明的政治环境出发，固然能解释李土司家族对"西夏皇裔"失忆的缘由，但他们在清初重构"李克用后裔"的祖先认同又出于何种原因？

王明珂指出，人类族群选择性地记忆或遗忘一些事情，是为了"以此族源'历史'作为集体记忆来凝聚本群体"，"一个人群选择并强调他们的文化特征，以设定他们与另一群人的族群边界。强烈的族群边界，常发生在因资源竞争而产生的人群敌对关系中"。④这个在明末清初活动，也具有"西夏皇裔"族源认同，且与李土司处于激烈的敌对关系中，迫使其构建新族源记忆以区分敌我的对手，显然就是"世居怀远堡李继迁寨"，并在登基后"以李继迁为太祖"⑤的李自成。崇祯十六年（1643），李自成派贺锦攻取甘陕。贺锦属将朱永福进军民和、西宁，俘虏世袭土司李天俞，将其关在西安，并杀死其弟天翕、天命及族属部众百余人，⑥岳鼐所谓"时当明末，遭闯逆乱，公（天俞）抗节不屈，逮被河东伪将朱永福横恣，妻孥投于岩谷，昆仲毙于钢锋，部落死难千有余

---

① 如时人谓播州土司杨应龙"固且拓地开疆，慕元昊之抗衡中国"［（明）李化龙：《平播全书》卷四《献俘疏》，大众文艺出版社，2008，第123页］；永宁土司奢崇明以失意文人何若海为伪丞相，则被《实录》修撰官评价为"自古奸雄游侠中国不能用，而为夷狄用，如宋张元之徒非一人矣！"（《明熹宗实录》卷二五，天启二年八月乙酉条，第1274页）

② 见《陈学士先生初集》卷二八《驳倭议》，第519页。

③ 正文行文加"几乎"限定，在此进行解释：万历二十年正月成文的《李氏世袭渊源谱》仍提及李氏先世"系出元魏""世长西夏"等事，然而此文撰写在哱氏父子二月初九日起事之前。与《李崇文墓志》前后比较，或许更能说明宁夏之乱对李氏家族先世书写之影响。万历二十一年成文的《李氏六门家谱序》无元代以上之先世追述。万历二十二年的《李氏六门家谱跋》虽有李氏"建国西夏"之书写，然而其作者却署为"安南郡守"，距京师数千里之遥，很难受到朝堂政治环境的影响。

④ 王明珂：《华夏边缘——历史记忆与族群认同》，第147页。

⑤ 《明史》卷三○九《李自成传》，第7947、7963页。

⑥ 赵尔巽等：《清史稿》卷五一七《土司传·甘肃》，中华书局，1977，第14312页。

口。忠肝义魄，蔽日惨云"，^①可见这场由李自成带来的动乱给李土司家族留下了多么惨痛的记忆。

此时，李天俞或土司府内知识分子构建"李克用后裔"的先世记忆，既是为了和"反贼"划定族群边界，凝聚李氏家族乃至整个河西土人族群的力量同起义军对抗，也可以使自己继承李克用留下的无形政治遗产，争取明、清两朝统治者的认可。这里所谓"无形的政治遗产"指的是朝野间对李克用忠臣形象的认可。北宋以后，李克用的忠臣形象"已经远超现实的'圣化'了"，^②在明代士大夫眼中，黄巢的起义，"苟非克用振其余勇，底平之事，何可庶几"；^③"李克用父子在唐虽未为纯臣，然唐亡犹称天祐年号，以讨贼为辞，名义甚正"。^④何乔新甚至在文中将李克用塑造成了一位怀才不遇的悲剧英雄。

> 王初为沙陀副兵马使，广明之乱，迁雁门节度使，举兵勤王。诛黄巢，复长安，功第一，遂引兵东解陈汴之围……当是时奸阉擅政，宰辅非材，顾右温而抑王……然昭宗不谅王心，终疑而不用……温遂逼迁昭宗洛阳，竟移唐祚。温之篡也，蜀王建以书劝王称帝，王复书曰："誓于此生，靡失臣节。"呜呼！王于国亡之后，犹不敢自帝，况于宗国尚存，忍隳臣节，邪君相疑之过矣。^⑤

无独有偶，在明代民间流传的小说中，李克用也是唐朝定难首功，冯梦龙的《喻世明言》中就提到"多亏着晋王李克用兴兵灭巢，僖宗龙归旧都"。^⑥罗贯中的《残唐五代史演义》"对李克用形象的塑造突出一个

---

① （清）岳鍾：《李氏世系谱序》，《西夏李氏世谱》，第45页。
② 〔日〕杉山正明：《疾驰的草原征服者》，乌兰、乌日娜译，广西师范大学出版社，2014，第352页。
③ （明）茅元仪：《石民四十集》卷一三《平巢事迹考序》，《四库禁毁书丛刊》集部第109册，第116页。
④ （明）何乔新：《椒邱文集》卷一八《跋大事记续编》，《景印文渊阁四库全书》第1249册，第300页。
⑤ 《椒邱文集》卷一七《李晋王遗像赞》，第287页。
⑥ （明）冯梦龙：《喻世明言》，人民文学出版社，1958，第473页。

'忠'字","把李克用当做一个'忠臣'来看待"。①

显然,对李土司家族来说,在明末清初农民起义风起云涌之际,选择以镇压黄巢为毕生功绩之一的李克用作为先世构建的对象,与"公独抗节矢忠,挺然不屈"②,"君父之仇恐未克,殉国有负于朝廷,何敢屈节。予为人愧,故甘冒寇锋,危于霜露"③,"清之有公,如唐之有王,明之有二伯"④等其他事迹书写具有相同的意义。它们都是李天俞和土司府知识分子为了维护李氏家族地位,获得清朝统治者信任,而塑造"世代忠勇"形象的一种手段。

五 余 论

清代顺治朝以后,李土司家族的先世书写,除少量族谱及其序跋文重拾晚明被遗弃的"西夏皇裔"以外,大多数方志、族谱乃至民国初年编修的《清史稿》皆沿袭"李克用后裔"之说。李培业认为,由于李天俞重修的家谱被"视为土司官谱,所以影响很大,造成以讹传讹的根源"。⑤从"官方认定"的角度蠡测"李克用后裔"之说影响较大的原因颇有见的,但家谱作为私修家族文献,影响力毕竟有限,且自宋代之后,任官"无须稽其谱状",因而家族谱系书写也与官府脱了关系,⑥似不足以影响方志与官修正史。我们仍应从政治背景出发探究其原因。

清朝自入关以来,历经四代皇帝的励精图治,终于在乾隆朝达到疆域与国力的鼎盛,觐见纳贡的各国使节和国内少数民族首领也日渐增多。于是乾隆二十六年(1761),大学士傅恒奉高宗谕旨编成了图文并茂的《皇清职贡图》,"每段画面上方,以满汉两种文字详注所画人物之国度民族、历史渊源、饮食服饰、风俗好尚、地理位置、土特物产及职

---

① 樊文礼:《李克用评传》,山东大学出版社,2005,第201页。

② (清)陈睿:《李氏宗谱序》,《西夏李氏世谱》,第43页。

③ (清)李天俞:《纂修祖谱序》,《西夏李氏世谱》,第46页。

④ (清)张伟绩:《序》,《西夏李氏世谱》,第45页。

⑤ 李培业:《西夏皇族后裔考》,《西北大学学报》1995年第3期,第50页。

⑥ 罗香林:《中国族谱研究》,香港中国学社,1971,第29页。王明珂:《英雄祖先与弟兄民族——根基历史的文本与情境》,第187页。

贡情况等"。[①] 在该著之卷五，有《碾伯县土指挥同知李国栋所辖东沟等族土民》与《碾伯县土指挥同知李国栋所辖东沟等族土民》两图，图下注文曰："碾伯县土指挥同知李国栋，唐沙陀李克用之后，有李南哥者，元时授为西宁州同知……"[②]

是可见至迟在乾隆时，李土司"为李克用之后"已被写入皇帝亲自下诏编纂的钦定图书中，成为受到皇权承认和保护的历史记忆。于是乎，在君主专制主义集权高度发达的清朝，李克用被反复书写为李土司的先世也就不足为奇了。

（原刊于《第四届西夏学国际学术论坛暨河西历史文化研讨会论文集》，甘肃张掖河西学院，2015）

---

① 畏冬：《〈皇清职贡图〉创制始末》，《紫禁城》1992年第5期。
② （清）傅恒等编纂《皇清职贡图》卷五《甘肃省》，广陵书社，2008，第297页。

论元代西夏遗裔高智耀形象的历史建构

刘志月

摘　要　据传世文献记载，元人高智耀曾先后向窝阔台、阔端、蒙哥和忽必烈等统治者建言，使他们逐渐认识到了儒学的重要性，最终为儒户争取到了蠲免优待。关于高智耀四次建言的过程，在《庙学典礼》《高文忠公专祠碑》《重建高文忠公祠记》《元史·高智耀传》四个文本记载中有着不小的差异。这些差异体现在高智耀的政治理念、进言策略以及元初儒生的处境等方面。比较而言，高智耀的形象在两篇元代后期的碑文中更为高大。这得益于元代中期以来儒士地位的提升，也取决于碑传文体的性质、碑文作者价值观念的取向以及高智耀后裔为祖先"纪功耀德"的活动。

关键词　西夏遗裔；高智耀；儒户；虞集；《庙学典礼》

有元一代，儒学与儒生的社会地位经历了由低到高的变化。蒙古统治者入主中原之初，对中原地区儒学传统的接续和发展造成一定的冲击。陈垣先生论及："元初不重儒术，故南宋人有'九儒十丐'之谣。然其后能知尊孔子。用儒生，卒以文致太平，西域诸儒，实与有力。其最先以儒术说当世者，为高智耀。"[①]在他看来，元代儒生摆脱"九儒十

---

① 陈垣：《元西域人华化考》，北京师范大学出版社，1982，第28页。

丐"地位，当与以西夏遗裔高智耀为首的西北少数民族儒生主动劝说蒙古统治者有一定关联。

关于高智耀其人其事的研究，现有成果主要集中于论述他的生平[①]、卒年[②]；亦有少数研究者探讨了他在大蒙古国时期先后进言窝阔台、阔端、蒙哥、忽必烈等汗王，劝其优待儒生的全过程，提出了一些卓有见识的观点。[③]然而，高智耀的劝谏事迹在元代和明初至少有四个不同的文本。前贤在论述时，往往只依据其中的某一文本，未能全面对比不同文本中高智耀行为与言辞的差异。笔者拟在揭示不同文本叙述高智耀谏言窝阔台、阔端、蒙哥、忽必烈四位蒙古统治者保护儒生一事差异的基础上，探析碑传相对于正史、史传在书写进言事迹上的详略和塑造人物形象上的不同及其成因。

---

① 徐悦《蒙元时期西夏遗民高氏及其后裔》（《宁夏大学学报》2008 年第 3 期）、陈广恩《元唐兀高氏家族考略》（《元史及民族与边疆研究集刊》第 22 辑，上海古籍出版社，2010）对高氏家族成员的主要事迹进行了勾勒。

② 赵华富《西北藩王遣使入朝诘问忽必烈"遵用"汉法时间考》（《安徽史学》1999 年第 4 期）认为高智耀的卒年是在至元元年，与西北藩王遣使入朝诘问忽必烈"遵用"汉法一事发生在同一年。刘晓《高智耀卒年考证产生的相关问题——兼与赵华富诸先生商榷》基于高智耀担任西夏中兴路提刑按察使后才接受世祖委派出使西北，认为高智耀的卒年不可能是至元元年。

③ 关于高智耀四次劝谏元朝统治者优待儒生的过程则较少受到学界关注。相关论述仅见三处。其一，杉山正明通过对《元史·高智耀传》《庙学典礼》《重建高文忠公祠记》等史料的详细考辨，勾勒了高智耀的生平事迹（《西夏人儒者高智耀の実像》，氏著《モンゴル帝國と大元ウルス》，京都大学学术出版会，2004，第 490—507 页）。其二，陈得芝认为，"《秀才免差发》条文档所附录的高智耀传记详于虞集所撰《重建高文忠公祠记》和《元史》本传（此传当取材于该文档所录原文而有删节），可补史书之缺"（陈得芝：《蒙元史研究导论》，南京大学出版社，2012，第 21 页）。其三，邓文韬《元代唐兀人研究》分析了《庙学典礼》中高智耀的劝谏策略，谓高智耀"通过儒家六艺之一的'乐'，而获得阔端太子的赏识，以贡献乐人而换得阔端的免役政策；又通过国师八思巴的推荐而得以觐见忽必烈，从忽必烈感兴趣的佛教开始讨论，待忽必烈'大悦'，才抛出'儒者之道'的主题"，并在此基础上分析了高智耀游说成功的原因（邓文韬：《元代唐兀人研究》，博士学位论文，宁夏大学，2017，第 111 页）。

一 高智耀建言窝阔台、阔端、蒙哥、忽必烈的四个文本

高智耀出身西夏官宦世家，他的曾祖父高逸任职大都督府尹，祖父高良惠仕至中书右丞相。高智耀在西夏末年中进士，授金判一职，未及施展才华，西夏就被蒙古消灭了。亡国之后的高智耀，先后受到窝阔台、阔端、蒙哥、忽必烈等人的征召，得到了陈述其儒学观念的机会。

高智耀四次向蒙古统治者进言的事迹，在两方碑传中留下了记载。其一是撰文于1341年前后的《高文忠公专祠碑》（以下简称"高若凤碑"），是碑为纪念平江路修建的高智耀专祠而立。其二是元代大儒虞集撰写于1345年前后的《重建高文忠公祠记》（以下简称"虞集碑"），这方碑刻主要是为元朝中后期数次修葺龙兴路的高智耀专祠之事而撰。伴随着公共性（平江路和龙兴路的高智耀专祠）建筑的落成，碑体本身作为一种文化景观，其树立就传播了重要的信息。树碑过程就是对高智耀"非道不陈"文化功绩的传播，也是对高氏家族后裔历史地位的确认。不惟如此，碑文关于高智耀进言事迹的文本书写也体现了该家族后裔尝试通过碑文书写构建家族地位的诸多策略。

除这两方碑传外，成宗时期编纂的与儒学相关的案牍合集《庙学典礼》[①]和明朝的官修史书《元史》也都为高智耀专门立传。《庙学典礼》所载的《高智耀附传》是四种文本中成书最早、与高智耀生活年代最近且对历次建言记录最为详尽的文本。《元史·高智耀传》成书最晚，反映的主要是以明朝统治者为代表的官方对高智耀的认识。这两种文本，可以作为我们比较碑传书写特点的参考对象。以下按高智耀受征召的时间顺序分别考察不同文献对高智耀历次进谏的记载差异。

二 四种文本的叙事差异

（一）高智耀向窝阔台建言

高智耀第一次建言的蒙古统治者是太宗窝阔台，上述四种文本关

---

① 陈得芝：《蒙元史研究导论》，第21页。

于这次建言记载的差异，主要体现在高智耀其人及其政治理念受到重视与否。

就窝阔台征召高智耀的初衷而言，《元史·高智耀传》载"太宗访求河西故家子孙之贤者，众以智耀对"；①《庙学典礼》载"哈干皇帝尝问西夏故大臣家有贤子孙在者否，以公对，召见，上存抚，留公左右"。②在这两个文本中，窝阔台的征召对象是西夏故地的"贤子孙"群体，③其目标并非高智耀一人。但在"高若凤碑"与"虞集碑"中，窝阔台的征召目标更具针对性，"高若凤碑"载"而高公智耀，独守儒术，隐贺兰山中，太宗雅闻其贤，召见"。④"虞集碑"亦载高智耀"抱道怀艺……不忍其宗国之颠覆"⑤，隐居在贺兰山中。窝阔台还师西南，行经西夏故地时，得知高智耀其人，遂"以名征公于贺兰"。⑥可见，两方碑传强化了窝阔台对高智耀的兴趣，他不再是大蒙古国"广撒网"式人才政策下的偶然所得，而是因儒学功底而贤名远播，得到了最高统治者的专门征辟。

就高智耀出仕之后的地位而言，《元史》曰窝阔台"召见将用之，遽辞归"。⑦"遽"作副词意为立刻、马上，这说明高智耀并未长久侍奉窝阔台，二人的关系或许并不融洽。《庙学典礼》同样记载高智耀"性乐恬退""未几复归旧隐"，⑧这显然是对高智耀未获得重用的美言。⑨与这两种文本不同，"虞集碑"中高智耀在窝阔台身边"留侍久之"，即侍

---

① 《元史》卷一二五《高智耀传》，中华书局，1976，第 3072 页。
② 《庙学典礼》，王颋点校，浙江古籍出版社，1992，第 10 页。
③ 有趣的是，元世祖忽必烈即位以后，同样"以西夏子弟多俊逸，欲试用之"（《元史·朵儿赤传》），二人在西夏故地取士的动机具有一定相似性，都是出于统治中原地区的迫切需要，而招徕熟悉中原典章制度的西夏文官。
④ （明）钱谷：《吴都文粹续集》卷三《高文忠公专祠碑》，《景印文渊阁四库全书》第 1385 册，台北：台湾商务印书馆，1986，第 79 页。
⑤ （元）虞集：《虞集全集·道园类稿》卷二五《重建高文忠公祠记》，王颋点校，天津古籍出版社，2007，第 661 页。
⑥ （元）虞集：《虞集全集·道园类稿》卷二五《重建高文忠公祠记》，第 661 页。
⑦ 《元史》卷一二五《高智耀传》，第 3072 页。
⑧ 《庙学典礼》，第 11 页。
⑨ 除此之外，多个文本中均对高智耀不得重用继续选择归隐一事采取了隐晦的态度。

奉了一段时间之后，方才"听旧归隐"，似乎说明二人相处融洽。[①]

无独有偶，"高若凤碑"同样记载窝阔台在听闻高智耀所说的"帝王之道"后，"惊曰：'如此好言，前此所未闻也'"。[②]窝阔台的这句回应不见于其他三种文本，高若凤很可能是把后来蒙哥听闻高智耀言辞后回答的"此至美之事也，前未有与朕言者"[③]或"善，前此未有以是告朕者"[④]附会到窝阔台身上了。如此，便塑造了高智耀的政治理念被窝阔台认可的假象。

（二）高智耀向阔端建言

阔端为窝阔台次子，曾长期以宗王身份在西夏故地坐镇，得缘与高智耀会面。关于高智耀向阔端建言的事迹，四种文本间的差异主要体现在河西儒士的处境以及高智耀求见阔端的策略。

先看阔端治下儒生的处境。《庙学典礼》载阔端"令民间立传置，士亦与焉。"[⑤]所谓"传置"，盖驿站也，又称"站赤"，在站赤服役的世袭户计被称为站户，[⑥]这就意味着西夏故地的儒生也被编入站户。而"虞集碑"则记载阔端"大发民为兵，儒家在行"，儒士"荷戈舆殳"，[⑦]在这方碑刻的语境中，河西儒生被签为军户，[⑧]较之站户则更加朝不保夕，甚至可能面临生命危险。

再看高智耀求见阔端的策略。《庙学典礼》记载，阔端坐镇西凉府时，"悬一笙于木上，募有能吹响者大赏之。公应募而前，太子大悦"，[⑨]即高智耀最初是因吹笙而得到了觐见阔端的机会。二人见面后，高智耀又投其所好地自陈"兵烬之余，某家乐工尚多存者"，[⑩]引起了阔端的兴

---

① （元）虞集：《虞集全集·道园类稿》卷二五《重建高文忠公祠记》，第661页。
② （明）钱谷：《吴都文粹续集》卷三，《景印文渊阁四库全书》第1385册，第80页。
③ 《庙学典礼》，第11页。
④ 《元史》卷一二五《高智耀传》，第3072—3073页。
⑤ 《庙学典礼》，第11页。
⑥ 高树林：《元代赋役制度研究》，河北大学出版社，1997，第154页。
⑦ （元）虞集：《虞集全集·道园类稿》卷二五《重建高文忠公祠记》，第662页。
⑧ 关于高智耀此次进谏之缘起，《元史·高智耀传》谓"皇子阔端镇西凉，儒者皆隶役"，究竟是兵役还是战役则语焉不详。
⑨ 《庙学典礼》，第11页。
⑩ 《庙学典礼》，第11页。

趣。此后，他方才征引西夏时期儒士给复的旧例，言"西州多士，昔皆给复，今置传，与编氓等，乞予蠲免"。① 当阔端同意蠲免儒生站役后，高智耀又"奉旨归取乐工，复往西凉"，② 似乎以提供乐人作为对阔端的答谢。然而，《庙学典礼》中高智耀循序渐进的劝谏方式，在更晚的两方碑刻或《元史》叙事中均未有表现。取而代之的是高智耀向阔端开门见山，直言儒士有用，而阔端亦报以无条件信任，"以其言而罢之"。③

比较之下我们不难发现，《庙学典礼》中的高智耀更像是一个实用主义者，他所要解救的儒生，只不过是被站役困扰而已，尚无在战场上丢掉性命之虞。而"虞集碑"中的高智耀则是一个不考虑阔端接受能力的理想主义者，通过直来直往的谏言，拯救了处于生命危机中的儒生，高智耀的形象就这样高大了起来。

（三）高智耀建言蒙哥

元宪宗蒙哥即位后，高智耀再次亲赴汗廷陈述儒家之道，最终使得蒙古汗廷于宪宗九年（1259）颁布诏书令，彻底免除了汉地和河西地区儒生的差发和徭役。④

关于高智耀觐见蒙哥的起因，"虞集碑"延续了他向阔端建言的原因，即蒙哥即位后，"籍儒为兵"的议论甚嚣尘上，闻讯而至的高智耀力陈不可。而《庙学典礼》与《元史·高智耀传》则依旧称他进谏是为了蠲免儒生"徭役"。

高智耀对蒙哥所说的言辞也同样值得关注。《庙学典礼》中高智耀的说辞重在阐释儒学在历代国家治理中的作用，"自古以来，用之则治，不可一日无者""因备陈尧、舜、禹、汤、文、武、周公、孔子之道有补于世"，⑤ 与《元史·高智耀传》中"儒者所学尧、舜、禹、汤、文、武之道，自古有国家者，用之则治，不用则否，养成其材，将以资其用也"⑥ 类似。这种劝谏逻辑，重在强调借鉴中原地区古往今来以儒治国的

---

① 《庙学典礼》，第11页。
② 《庙学典礼》，第11页。
③ （元）虞集：《虞集全集·道园类稿》卷二五《重建高文忠公祠记》，第662页。
④ 《庙学典礼》，第10页。
⑤ 《庙学典礼》，第11页。
⑥ 《元史》卷一二五《高智耀传》，第3072页。

历史经验。考虑到历史上的元朝实行多元政治体制，对蒙、汉、色目等不同族群采取"因旧俗而治"统治策略，这种劝谏逻辑更有可能获得蒙古统治者的认可。

相较之下，"虞集碑"中高智耀的言辞除了"昔之有天下者，用儒则治，舍儒则乱，则其效也"之外，还有对儒家伦理的解释："盖以为儒者以仁义为本，未有仁而遗其亲者也，未有义而后其君者也。为臣而忠，为子而孝，儒之教也。"[①] 就蒙哥对儒学的接受能力而言，这段言辞或许过于深奥，高智耀不太可能如是直言。这段不见于较早文本的劝谏言辞，更有可能是虞集借高智耀之口对儒家以仁义教化万民的理念所作的阐释。[②]

（四）高智耀建言忽必烈

高智耀第四次的建言对象是元世祖忽必烈。不同文本对二人初次会面的年代记载存在差异，《庙学典礼》记载为忽必烈尚处潜邸时，而《元史·高智耀传》和《元史·朵儿赤传》[③] 则将二人的会面书写在忽必烈称帝以后，"高若凤碑"和"虞集碑"亦对忽必烈即位之前二人的交往语焉不详。考虑到忽必烈"总理漠南汉地"时就注意延揽人才（即"思大有为于天下，延藩府旧臣及四方文学之士，问以治道"[④]）以及《庙学典礼》属早出史料等因素，高智耀第四次向忽必烈建言更有可能发生在1260年忽必烈称帝以前。

为何《元史》要将二人初次见面的时间延后呢？这或许与高智耀得以觐见的途径有关。按《元史·高智耀传》，忽必烈"在潜邸已闻其贤，及即位，召见"，即忽必烈因高智耀贤名而主动召见，然而在《庙

---

① （元）虞集：《虞集全集·道园类稿》卷二五《重建高文忠公祠记》，第662页。
② 此外，"虞集碑"和《元史》中还加入了一个比较。即蒙哥问高智耀"儒之为用，祝巫、医何如？""儒家何如巫医？"高智耀答道"儒以纲常治天下，岂方技所得比"，将儒生和巫、医的功用类比的做法，使得原先艰涩的道理变得明白晓畅，通俗易懂。《庙学典礼》中虽然没有将儒生与巫医进行比较，但是在文本中出现了与《元史》中高智耀的驳议有异曲同工之妙的回答——"非区区技术者所能万一"。
③ "世祖即位，斡扎箦寝疾卒。遗奏因高智耀以进。"（《元史》卷一三四《朵儿赤传》，第3254页）
④ 《元史》卷四《世祖纪》，第57页。

学典礼》中,高智耀似乎才是更主动的一方:"色辰皇帝居潜藩,公因帕克巴国师进见。首论佛教,帝大悦。公曰:'释教固美矣!至于治天下,则有儒者之道,又反覆论其所以然者。'"① 原来,高智耀最初是受帝师八思巴推荐,方才得以觐见对藏传佛教饶有兴致的忽必烈。在论道之初,高智耀也是先凭借他对佛理的精妙阐释,获取了忽必烈的好感与信任,然后方才陈说儒家治国之道,最终成功说服忽必烈在即位后"刻印付公",令总管汉地与河西儒户。

就同时代的其他史料记载来看,高智耀对佛教的偏好可能并不亚于儒学。元初与高智耀同朝为官的监察御史王恽,就曾经弹劾他"事佛敬僧,乃其所乐。迹其心行,一有发僧耳"。② 《庙学典礼》中以佛教为契机接近忽必烈的高智耀形象应更符合史实。然而,本着为尊者讳的态度,或许还有儒士不甘于佛教之后的自尊心,在虞集与高若凤这两名儒士撰文的碑刻中,高智耀借由八思巴和佛教接近忽必烈的过程就被完全遗忘了。二人初次会面的历史背景也被改写在"世祖建极"后征询贤者之际。明初成文的《元史·高智耀传》亦继承了两方碑刻的叙事。

三 不同文本中的高智耀形象及其成因

通过对高智耀四次建言蒙古统治者事迹在不同文本中的比较,可以发现晚出史料"虞集碑"与"高若凤碑"中高智耀的形象,较之早出史料《庙学典礼》有三处明显的变化。

第一,高智耀所受重视更多、礼遇更隆。早出史料中窝阔台的征辟对象并非高智耀或儒生,而是所有西夏遗民贤达群体。受征召而至的高智耀与窝阔台相处也并不融洽,其主张未得到窝阔台推行,只得归隐。而"虞集碑"与"高若凤碑"则称窝阔台试图征召"独守儒术"的高智耀,并让高智耀"留侍久之",明显美化了窝阔台对高智耀及其政治理念的态度。

---

① 《庙学典礼》,第 11 页。
② (元)王恽:《王恽全集汇校》卷八六《弹西夏中兴路按察使高智耀不当状》,杨亮、钟彦飞点校,中华书局,2013,第 3525 页。

第二，高智耀劝谏言辞与方式的直接化。《庙学典礼》中高智耀更近乎一个实用主义者的形象，他试图追溯历史上以儒治国的先例，强调儒生对治理汉地之意义，又以西夏有儒生给复旧例，故建议当"因俗而治"。为了达到自己的目的，高智耀甚至可以放下身段，以吹奏乐器、进贡乐人甚至通过佛教人士或探讨佛理来取悦蒙古统治者。相较之下，"虞集碑"与"高若凤碑"中的高智耀更像是一个理想主义者，他并没有拐弯抹角地谈论与儒学无关的佛理或音乐，而是"专以儒道启沃圣衷"，[1]直截了当地向黄金家族成员阐述了仁义、纲常等儒家精神内核，进而获取了蒙古统治者的信任。

第三，高智耀劝谏蒙古统治者以前，儒生的处境更差。河西儒生所面临的负担由《庙学典礼》中的徭役和站役，变成了"虞集碑"中的军役。这意味着儒生面临的环境更为恶劣。此时高智耀力挽狂澜，说服阔端和蒙哥免除儒生之军役，更衬托出高智耀的拯救者形象。

总而言之，虞集与高若凤等元代中后期文人，通过对早出史料中高智耀四次建言事迹做删节、添加，重塑了一个备受蒙古统治者尊敬，并以一己之力为北方儒士争取到蠲免优待的"纯儒"形象。

在1271年病逝之前，[2]高智耀所仕最高职官仅为正三品的西夏中兴等路提刑按察使，这意味着他并未跻身元朝权力中枢。在任按察使期间，高智耀甚至还被同朝为官的汉人士大夫以"资性罢软""不闻有为"[3]为由弹劾。可见高智耀在世之时，在元朝政坛上并没有备受宠幸的政治地位与白玉无瑕的高大形象。

然而，自元朝中期以来，高智耀在元代儒生心目中的地位与日俱增。最直观的表现是高智耀的画像、神位与专祠频繁出现于元代各处的文庙与官学之中。如后至元间（1335—1340）张之翰出任松江知府，"见公遗像于庙学之西南隅""乃命工绘而新之，俾学者知公之有力于

---

[1] （明）钱谷：《吴都文粹续集》卷三《高文忠公专祠碑》，《景印文渊阁四库全书》第1385册，第80页。

[2] 刘晓：《高智耀卒年考证产生的相关问题——兼与赵华富诸先生商榷》，《隋唐辽宋金元史论丛》第2辑，上海古籍出版社，2012，第361—369页。

[3] （元）王恽：《王恽全集汇校》卷八六《弹西夏中兴路按察使高智耀不当状》，第3525页。

吾儒者若此"；^①1336 年，平江路府学在先贤祠设兴学祠，"祀元太傅高文忠公智耀"；^②龙兴路学宫本来"有题木主祠公于礼殿之东庑，西向"，1329 年"士民相与增修其祠，肖其像而礼之"，1345 年又"迁公之祠于礼殿之前，右与周、程等九儒同序而异室，皆东向"。^③一时间"诸郡于公，皆有专祠"，^④"今学校中往往有祠之者"，^⑤足见高智耀在元代中后期地位之崇高、形象之正面。直至元朝末年，陶宗仪依旧认为"国朝儒者，自戊戌选试后，所在不务存恤，往往混为编氓。至于奉一札十行之书，崇学校，奖秀艺，正户籍，免徭役，皆翰林学士高公智耀奏陈之力也"。^⑥在这种时代背景下，"高若凤碑"与"虞集碑"相继问世，并一次次夸大了高智耀在元朝开国之初延续儒学文脉的历史功绩。^⑦

那么，是哪些因素促使高智耀在元代中后期的地位越来越高呢？笔者认为至少可以从四个方面予以考量。

首先，这与元代中后期儒学地位的提高有莫大关系。蒙古"作为一个与中原文化隔绝、文化落后的草原游牧民族，认识到儒学具有巩固统治、稳定社会的功能，不会是一蹴而就的，需要一个由接触到认识，再到熟悉的过程"。^⑧"戊戌选试"的施行与废止，高智耀鉴定儒户时所面临的质疑以及忽必烈在"汉法"与"回回法"之间的摇摆，都说明儒学、儒士的社会地位在元朝开国之初并不稳定。元朝中后期，随着统治者推

① （元）张之翰：《张之翰集》卷五二《高公智耀像赞》，邓瑞全、孟祥静校点，吉林文史出版社，2009，第 221 页。
② （明）卢熊：洪武《苏州府志》卷一二《学校》，台北：成文出版社，1983，第 478 页。
③ （元）虞集：《虞集全集·道园类稿》卷二五《重建高文忠公祠记》，第 662 页。
④ （明）钱谷：《吴都文粹续集》卷三《高文忠公专祠碑》，《景印文渊阁四库全书》第 1385 册，第 80 页。
⑤ （元）陶宗仪：《南村辍耕录》卷二《高学士》，上海古籍出版社，2012，第 23 页。
⑥ （元）陶宗仪：《南村辍耕录》卷二《高学士》，第 22—23 页。
⑦ "今公以儒道佐我太宗皇帝、世祖皇帝，使二帝三皇之治、三纲五常之道，粲然大明于世，则于施民之法、定国之劳，孰有加于此哉？""儒道之显于皇元，实自公发之也。"［（明）钱谷：《吴都文粹续集》卷三《高文忠公专祠碑》，第 80 页］"及天兵灭宋，时鼙鼓之声未绝于城邑，而弦颂之习不辍于户庭。"［（元）虞集：《虞集全集·道园类稿》卷二五《重建高文忠公祠记》，第 662 页］
⑧ 申万里：《元代教育研究》，武汉大学出版社，2007，第 18 页。

行有利于儒学发展的政策，儒士的社会地位逐渐提高。[①]由是，儒士阶层获得了更多的政治话语权，遂拥有了修订既有历史书写的可能性。

尤其值得注意的是，文人在重塑高智耀形象的同时，也客观上重塑了元朝开国之初那些统治者的形象。窝阔台、阔端与蒙哥这些本来对儒学只有一知半解甚至将其视为巫医、占卜、释教同道的蒙古贵族，在虞集、高若凤的笔下变成了认可儒生重要性且能听懂儒家理论内涵的明君。这显然是元朝中后期那些具有一定汉文化修养的皇帝形象映射在元初历史画卷上的表现，而非史实。

其次，这与碑传这一文体的性质有关。《高文忠公专祠碑》与《重建高文忠公祠记》两方碑传是为平江路和龙兴路建成高智耀专祠之事所作的纪念性碑文。两方碑刻矗立于新修的高智耀专祠中，和祠庙一起接受地方士人和社会民众的检阅。伴随着高智耀专祠这一文化景观的落成，碑刻及其所载的文字不断被传抄转载，并最终成为地方文化与记忆的一部分。[②]鉴于两方碑刻上的文字承担着传播高智耀事迹、引导社会风气、塑造民众价值观的功能，所以碑文书写者力图塑造高智耀的儒者形象。

再次，碑文的撰写融入了作者的价值取向。《高文忠公专祠碑》的撰写者高若凤是至治元年（1321）进士，曾任江西等处儒学副提举；《重建高文忠公祠记》的撰写者虞集历任大都路儒学教授、翰林修撰、侍制与直学士、奎章阁侍书学士等。二人皆是元中后期南人士大夫群体的代表性人物，高智耀为接近蒙古统治者采取的种种手段，无论是向阔端进献乐人还是经由八思巴国师引荐，在他们看来都是并不光彩的旁门左道。于是他们按照自己的偏好重塑了高智耀的形象，使之成为一个直言敢谏的"纯儒"。

最后，也是最重要，两方碑刻的写作动机均有高智耀后裔为祖先

---

① 这一时期实行的有利于儒学发展的政策包括：元仁宗时重开科举，自延祐首科到至正二十五年，共开科16次，取士1139人；元文宗在位时特创建奎章阁，以延揽鸿儒；元顺帝又设置宣文阁，并完善由儒士主讲的经筵制度。

② 仇鹿鸣:《权力与观众：德政碑所见唐代中央与地方》，荣新江主编《唐研究》第19卷，北京大学出版社，2013，第92页。

"纪功耀德"的因素。高智耀之孙纳麟于元朝中后期辗转诸行省、御史台与宣政院等机构任职，并一度跻身中书省，任平章政事，地位仅在丞相脱脱之下。①高若凤撰写的《高文忠公专祠碑》立石于平江路府学，这里恰是高纳麟的定居之所。②出于维持家族政治地位与地方声望的动机，纳麟在向高若凤提供撰写"素材"③时，自然会竭力美化高智耀的形象。无独有偶，虞集在《重建高文忠公祠记》中也提到撰写碑文的缘起，是江西道廉访使刘沙剌班"命郡录事、前进士李廉述其状，而使山长梁观先、佐书黄钟来求为文以记之"。④由此推测，虞集撰写碑文的素材应来自至正二年（1342）进士李廉提供的高智耀行状，而行状又多由逝者亲属或门生故吏主导撰写，难免会拔高状主的历史功绩。

在以上多种因素的综合作用下，早出文献中的高智耀形象被加以修改，那些可以提升高智耀地位的礼遇和优待被构拟出来，不利于高智耀"纯儒"形象的内容则渐渐被遗忘。而影响更为深远的是，部分被改动的叙事（如高智耀因盛名远播而直接受忽必烈征辟，而非由八思巴举荐或以佛教获取忽必烈信任等）最终为明代官修正史《元史》所吸收和继承，成为后世历史书写的主流。

（节选自刘志月《元代西夏遗裔碑传研究》，
博士学位论文，宁夏大学，2018）

① 《元史》卷一一三《宰相年表下》，第2846页。
② 按碑文，"公之子孙，世居此邦"[（明）钱谷：《吴都文粹续集》卷三《高文忠公专祠碑》，第80页]，可知高智耀后裔居于平江；《元史·纳麟传》亦载"御史劾罢之。退居姑苏"（第3407页）；又明代话本《芙蓉屏记》载"适御史大夫高公纳麟，退居姑苏"[（明）余象斗编次《万锦情林》，时代文艺出版社，2001，第98页]。
③ 虞集谓"后三年副提学、前进士高若凤刻公家传于祠之石"[（元）虞集：《虞集全集·道园类稿》卷二五《重建高文忠公祠记》，第662页]。可见，高若凤曾见过纳麟提供的"高智耀家传"。
④ （元）虞集：《虞集全集·道园类稿》卷二五《重建高文忠公祠记》，第662页。

俄罗斯西夏学史研究综述

王　颖

摘　要　俄罗斯西夏学研究历经一百多年的发展，在国际西夏学研究中占据重要地位。俄罗斯西夏学学术史研究是国际西夏学学术史研究中不可或缺的一环。中国、俄罗斯、日本、美国等国学者对俄罗斯西夏学史开展了研究和述评。

关键词　俄罗斯；西夏学；学术史

自 1909 年俄国科兹洛夫探险队将黑水城出土文献文物运抵并保存于圣彼得堡，俄罗斯学者便着手对这批文献开展整理研究。目前，俄罗斯西夏学研究已历经一百多年发展，在国际西夏学研究中占据非常重要的地位。俄罗斯西夏学学术史研究是国际西夏学学术史研究中不可或缺的一环。笔者通过收集和整理俄罗斯西夏学史研究资料，对与该主题相关的文献进行了梳理和述评。笔者认为，俄罗斯西夏学史研究包括中国学者、俄罗斯学者及其他国家的学者对俄罗斯西夏学史的研究和述评。

一　中国学者对俄罗斯西夏学学术史的研究述评

（一）中国学者对俄罗斯西夏学研究人员的述评

中国学者发表了若干评介俄罗斯西夏学研究同行的论文，如聂鸿音发表《杰出的西夏学家——克平》①，介绍评价了克平西夏学研究的主要领域和突出贡献；李范文发表《克恰诺夫与黑水城出土文献——祝嘏克氏八十华诞纪念》②，论述了克恰诺夫在黑水城出土文献整理研究方面做出的杰出贡献和重要的科学意义；史金波发表《西夏学的丰碑——克恰诺夫教授西夏研究的重要贡献和影响》③，论述了克恰诺夫对西夏学研究领域的主要贡献及其学术成就对中国西夏学界的影响。但到目前为止，中国学者对俄罗斯西夏学研究者的述评和介绍尚未有专著出版。

（二）中国学者对俄罗斯西夏学研究成果及学术史的述评

中国学者密切关注俄罗斯西夏学研究的动态，在译介和述评俄罗斯西夏学研究成果及学术史方面做了许多工作，主要体现在以下七个方面。

第一，译介俄罗斯西夏学研究成果。有的全文（或节录）汉译俄罗斯学者的西夏学著作。如李仲三与罗矛昆翻译校订克恰诺夫《天盛改旧新定律令（1149—1169）》（第2册），即克恰诺夫对西夏《天盛改旧新定律令》第1—7章俄译的内容——《西夏法典——天盛改旧新定律令（第1—7章）》④；陈炳应翻译克恰诺夫《西夏谚语：新集锦成对谚语》⑤；王克孝翻译孟列夫《黑水城出土汉文遗书叙录》⑥；王克孝与景永时共同翻译捷连提耶夫－卡坦斯基的《西夏书籍业》⑦；崔红芬与文志勇合作翻译捷连提耶夫－卡坦斯基的《西夏物质文化》⑧；粟瑞

---

① 聂鸿音：《杰出的西夏学家——克平》，聂鸿音：《西夏学述论》，甘肃文化出版社，2018，第151—156页。

② 李范文：《克恰诺夫与黑水城出土文献——祝嘏克氏八十华诞纪念》，《西夏研究》2010年第2期。

③ 史金波：《西夏学的丰碑——克恰诺夫教授西夏研究的重要贡献和影响》，《华西语文学刊》2012年第1期。

④ 〔俄〕克恰诺夫：《西夏法典——天盛改旧新定律令（第1—7章）》，李仲三译，罗矛昆校，宁夏人民出版社，1988。

⑤ 〔俄〕克恰诺夫：《西夏谚语：新集锦成对谚语》，陈炳应译，山西人民出版社，1993。

⑥ 〔俄〕孟列夫：《黑水城出土汉文遗书叙录》，王克孝译，宁夏人民出版社，1994。

⑦ 〔俄〕捷连提耶夫-卡坦斯基：《西夏书籍业》，王克孝、景永时译，宁夏人民出版社，1994。

⑧ 〔俄〕捷连提耶夫-卡坦斯基：《西夏物质文化》，崔红芬、文志勇译，民族出版社，2006。

雪翻译索罗宁的《十二国》①；等等。有的仅汉译俄罗斯学者西夏学著作的绪论部分，介绍其著作的基本内容。如崔红芬翻译克恰诺夫《俄藏黑水城西夏文佛经文献叙录·绪论》②，孙颖新翻译索夫罗诺夫《西夏语语法绪论》③，王克孝翻译孟列夫《黑城遗书（汉文）诠注目录·导言》④，等等。有的全文汉译俄罗斯学者的西夏学研究论文，这种类型的翻译成果有数十篇。如白滨和黄振华翻译戈尔芭切娃与克恰诺夫合著的《苏联科学院亚洲民族研究所列宁格勒分所所藏西夏文写本和刊本已考定者目录》（简称《西夏文写本和刊本目录》）⑤，崔红芬和文志勇共同翻译聂历山的《12世纪西夏国的星曜崇拜》⑥、《西夏国名校考》⑦和《早期西夏语文学研究概述》⑧，姚朔民翻译克恰诺夫与鲁勃-列斯尼钦科合著的文章《从采集资料看哈拉浩特的钱币流通》⑨，吴月英翻译克恰诺夫的《党项人的古文字与文化》⑩，杨富学和裴蕾翻译克恰诺夫的《俄罗斯科学院东方写本研究所西夏文文献之收藏与研究》⑪，王颖和张笑峰

---

① 〔俄〕索罗宁：《十二国》，粟瑞雪译，宁夏人民出版社，2012。
② 〔俄〕克恰诺夫：《俄藏黑水城西夏文佛经文献叙录·绪论》，崔红芬译，《西夏研究》2011年第4期。
③ 〔俄〕索夫罗诺夫：《西夏语语法绪论》，孙颖新译，《西夏学》第7辑，上海古籍出版社，2011，第122—136页。
④ 〔俄〕孟列夫：《黑城遗书（汉文）诠注目录·导言》，王克孝译，《敦煌研究》1988年第4期、1989年第1—3期。
⑤ 〔俄〕戈尔芭切娃、克恰诺夫：《西夏文写本和刊本目录》，白滨、黄振华译，中国社会科学院民族研究所历史研究室资料组编译《民族史译文集》（3），1978，第1—113页。
⑥ 〔俄〕聂历山：《12世纪西夏国的星曜崇拜》，崔红芬、文志勇译，《固原师专学报》2005年第2期。
⑦ 〔俄〕聂历山：《西夏国名校考》，崔红芬、文志勇译，《宁夏社会科学》2005年第5期。
⑧ 〔俄〕聂历山：《早期西夏语文学研究概述》，文志勇、崔红芬译，《西北第二民族学院学报》2006年第1期。
⑨ 〔俄〕克恰诺夫、鲁勃-列斯尼钦科：《从采集资料看哈拉浩特的钱币流通》，姚朔民译，《内蒙古金融研究》2003年S2期。
⑩ 〔俄〕克恰诺夫：《党项人的古文字与文化》，吴月英译，《宁夏党校学报》1999年第5期。
⑪ 〔俄〕克恰诺夫：《俄罗斯科学院东方写本研究所西夏文文献之收藏与研究》，杨富学、裴蕾译，《西夏研究》2010年第3期。

翻译克恰诺夫《唐古特国的起源问题》①，王培培翻译克恰诺夫《黑水城所出 1224 年的西夏文书》②，闫廷亮翻译克恰诺夫的《西夏文本学》③，史志林、颉耀文和汪桂生三人共同翻译克恰诺夫的《西夏国的水利灌溉》④，彭向前翻译克平的《西夏版画中的吐蕃和印度法师肖像》⑤，段玉泉翻译克平的《西夏语的动词》⑥，马宝妮翻译萨玛秀克《哈拉浩特出土绘画作品中的历史人物——事实与假说》⑦，王帼艳翻译萨玛秀克《黑水城出土文献中十二世纪时期的"星魔圈"》⑧，等等。

第二，评述特定时间阶段、特定学者对俄罗斯西夏学研究的状况。如黄振华 1978 年发表《评苏联近三十年的西夏学研究》⑥，是新中国成立后中国学者首次对苏联近三十年西夏学研究所做的评价，文章在肯定其对西夏学研究重要贡献的同时，举例指出苏联学者在研究中一些不恰当的结论和错误的观点；吴光耀发表《西夏疆域之形成与州府建置沿革——兼斥克恰诺夫关于西夏疆域的谬论》⑩，通过研究西夏疆域的形成与州府建置沿革驳斥了克恰诺夫关于西夏疆域的一些错误结论。

第三，发表关于俄罗斯西夏学研究全景式的综述性论文。其中的代表作为景永时的《俄国西夏学研究述评》⑪及《二十世纪俄国西夏学研

① 〔俄〕克恰诺夫：《唐古特国的起源问题》，王颖、张笑峰译，《西夏学》第 7 辑，第 34—40 页。
② 〔俄〕克恰诺夫：《黑水城所出 1224 年的西夏文书》，王培培译，《西夏学》第 8 辑，上海古籍出版社，2011，第 178—181 页。
③ 〔俄〕克恰诺夫：《西夏文本学》，闫廷亮译，《西夏学》第 8 辑，第 305—310 页。
④ 〔俄〕克恰诺夫：《西夏国的水利灌溉》，史志林、颉耀文、汪桂生译，《敦煌学辑刊》 2014 年第 2 期。
⑤ 〔俄〕克平：《西夏版画中的吐蕃和印度法师肖像》，彭向前译，《西夏研究》2011 年第 3 期。
⑥ 〔俄〕克平：《西夏语的动词》，段玉泉译，《西夏研究》2011 年第 1 期。
⑦ 〔俄〕萨玛秀克：《哈拉浩特出土绘画作品中的历史人物——事实与假说》，马宝妮译，《宁夏社会科学》2008 年第 6 期。
⑧ 〔俄〕萨玛秀克：《黑水城出土文献中十二世纪时期的"星魔圈"》，王帼艳译，《宁夏社会科学》2003 年第 6 期。
⑥ 黄振华：《评苏联近三十年的西夏学研究》，《社会科学战线》1978 年第 2 期。
⑩ 吴光耀：《西夏疆域之形成与州府建置沿革——兼斥克恰诺夫关于西夏疆域的谬论》，《武汉大学学报》1982 年第 1 期。
⑪ 景永时：《俄国西夏学研究述评》，《西北第二民族学院学报》2003 年第 4 期。

究》①。论文分三个部分系统介绍了俄藏黑水城出土西夏文献的发掘情况和概况、俄国西夏学各主要阶段研究状况以及评价俄国西夏学的研究特点及其在国际西夏学中的地位。王颖发表《20 世纪上半叶俄苏西夏学研究概述》②一文,介绍了黑水城文献文物的发掘以及帝俄和苏联时期西夏学研究概况。

第四,发表涉及俄罗斯西夏学某一研究领域的述评论文。如史金波发表《西夏文概述》③,简述了包括俄罗斯学者在内的学界对西夏文的研究概况;房建昌发表《国外近年来的西夏学研究》④,论述了国外近年来西夏学研究,其中包括苏联西夏学的研究;聂鸿音发表《西夏文献研究小史》⑤,涉及俄罗斯学者对西夏文献的研究并对俄罗斯科学院东方学研究所圣彼得堡分所的西夏研究进行述评。此外,韩小忙的《西夏语言文字研究的回顾与展望》⑥、李胜刚的《百年西夏学国内外著作概述》⑦、崔红芬的《20 世纪西夏佛教研究概述》⑧、王迎春的《俄藏黑水城出土西夏文献的发现与整理相关成果评介》⑨、刘建丽的《20 世纪国内外西夏学研究综述》⑩、史金波的《西夏学概说》⑪、安娅的《国外的西夏学研究》⑫、段玉泉的《出土西夏文献编目回顾及相关问题讨论》⑬、许鹏和韩小忙的《西

① 景永时:《二十世纪俄国西夏学研究》,杜建录主编《二十世纪西夏学》,宁夏人民出版社,2004,第 234—248 页。
② 王颖:《20 世纪上半叶俄苏西夏学研究概述》,《西夏学》第 15 辑,甘肃文化出版社,2017,第 342—349 页。
③ 史金波:《西夏文概述》,中国民族古文字研究会会议论文集《中国民族古文字研究》,1980,第 146—172 页。
④ 房建昌:《国外近年来的西夏学研究》,《宁夏社会科学》1986 年第 1 期。
⑤ 聂鸿音:《西夏文献研究小史》,《北京师范大学学报》1990 年第 3 期。
⑥ 韩小忙:《西夏语言文字研究的回顾与展望》,《西北民族研究》2000 年第 2 期。
⑦ 李胜刚:《百年西夏学国内外著作概述》,《宁夏大学学报》2003 年第 1 期。
⑧ 崔红芬:《20 世纪西夏佛教研究概述》,《西北第二民族学院学报》2004 年第 2 期。
⑨ 王迎春:《俄藏黑水城出土西夏文献的发现与整理相关成果评介》,《图书馆理论与实践》2004 年第 6 期。
⑩ 刘建丽:《20 世纪国内外西夏学研究综述》,《甘肃社会科学》2005 年第 1 期。
⑪ 史金波:《西夏学概说》,《西夏学》第 1 辑,宁夏人民出版社,2006。
⑫ 安娅:《国外的西夏学研究》,《中国社会科学报》2012 年 2 月 29 日,第 B5 版。
⑬ 段玉泉:《出土西夏文献编目回顾及相关问题讨论》,《图书馆理论与实践》2016 年第 4 期。

夏语词汇研究述论》①等论文中亦简要介绍了俄罗斯学者在西夏学研究领域中的研究成果及其所做出的学术贡献。

第五,搜集整理俄罗斯西夏学研究成果目录。如祝尚书编译的《前苏联宋辽夏金元文化研究论著目录索引》②、杨志高编辑的《二十世纪西夏学论著资料索引》③及周峰整理的《21世纪西夏学论著目录(2001—2015)》④中,都涵盖俄罗斯西夏学研究领域一些研究成果的索引信息。

第六,发表对俄罗斯西夏学研究成果的读后感,如聂鸿音相继撰写了对克恰诺夫《西夏文佛教文献目录》《孔子和坛记》《唐古特国新法》,捷连提耶夫-卡坦斯基《西夏书籍业》及其中译本,克平《新集慈孝传》等俄罗斯学者西夏学著作的读后感,并对这些研究成果展开评介。

第七,关注中俄西夏学研究合作与交流,如赵汝清《西夏学的国际化》⑤、穆鸿利《西夏学国际化的发端和发展浅议》⑥、李伟《西夏学研究平台上的中俄文化合作与交流》⑦等。此外,史金波《整理拍摄俄国所藏黑水城文献记》⑧一文也记录了他于20世纪90年代赴俄罗斯圣彼得堡整理拍摄俄藏黑水城出土文献的过程、收获和感想等内容。

整体而言,中国学者关注俄罗斯西夏学研究进展,对俄罗斯西夏学学术史的研究述评角度多样,参与述评的学者数量较多,成果以论文形式呈现。

---

① 许鹏、韩小忙:《西夏语词汇研究述论》,《西夏研究》2016年第3期。
② 祝尚书编译《前苏联宋辽夏金元文化研究论著目录索引》,四川大学古籍整理所、四川大学宋代文化研究资料中心编《宋代文化研究》第2集,四川大学出版社,1992。
③ 杨志高:《二十世纪西夏学论著资料索引》,杜建录主编《二十世纪西夏学》,第277—478页。
④ 周峰:《21世纪西夏学论著目录(2001—2015)》,潘美月、杜洁祥主编《古典文献研究辑刊》第28编第5册,台北:花木兰文化事业有限公司,2019。
⑤ 赵汝清:《西夏学的国际化(上、下)》,《西北师大学报》1994年第6期、1995年第1期。
⑥ 穆鸿利:《西夏学国际化的发端和发展浅议》,《宁夏社会科学》1996年第6期。
⑦ 李伟:《西夏学研究平台上的中俄文化合作与交流》,单纯、于建福主编《国际儒学研究》第22辑,九州出版社,2014,第300—310页。
⑧ 史金波:《整理拍摄俄国所藏黑水城文献记》,《中国典籍与文化》1996年第1期。

二 俄罗斯学者对俄罗斯西夏学学术史的研究述评

（一）俄罗斯学者对本国西夏学研究人员的述评

在对俄罗斯西夏学研究人员的述评方面，俄罗斯学者发表了一些纪念和评述俄国探险家和早期西夏学研究者的论文。如科兹洛夫发表论文《尼古拉·米哈伊洛维奇·普尔热瓦尔斯基》[①]和《对普尔热瓦尔斯基的个人回忆》[②]，评介了俄国著名探险家普尔热瓦尔斯基及其对自己的影响；杰列宁发表《奥登堡院士五十年科研工作》[③]、克尼亚杰夫发表《奥登堡早期在科学院的工作》[④]、马尔发表《科学院院士奥登堡及其文化遗产问题》[⑤]、萨莫洛维奇发表《纪念科学院院士奥登堡》[⑥]，对奥登堡院士的科研工作成果进行了述评。孟列夫发表《科学院院士阿列克谢耶夫在亚洲博物馆——东方学研究所》[⑦]一文，阐述阿列克谢耶夫在俄罗斯东方学研究领域做出的卓越贡献。

在此需要特别说明的是对聂历山的评述，这是因为俄罗斯学者在对早期俄罗斯西夏学研究人员进行述评时，对聂历山的评价和回忆数量最多，为聂历山举办的纪念性活动也最多。俄罗斯学者不仅书写或编辑了大量论文和纪念性文章、著作及论文集，还多次举办了纪念聂历山周年诞辰的学术会议。

俄罗斯学者戈尔巴乔娃发表《苏联科学院东方学研究所东方学家档

---

① Козлов Петр Кузьмич. Николай Михайлович Пржевальский. Изв. ИРГО. Т. 49. в. 4-6. 1913. С. 301-314.

② Козлов Петр Кузьмич. Личные воспоминания о Н.М. Пржевальском. Изв. ГоС. Р. Геогр. Общ. Т. 61. в. 2. 1929. С. 379-394.

③ Д.К. Зеленин. Пятьдесят лет научной работы академика С.Ф. Ольденбурга. *Советская этнография*. № 1. 1933. С. 9-15.

④ Г.А. Князев. Первые годы С.Ф. Ольденбурга в Академии Наука. *Вести АН СССР*. 1933.2.

⑤ Н.Я. Марр. Академик С.Ф. Ольденбург и проблема культурного наследия. *Вести. АН СССР*. 1933.2.

⑥ А.Н. Самойлович. Памяти академика С.Ф. Ольденбурга. Вести. АН СССР. 1934.3.

⑦ Л.Н. Меньшиков. Академик В.М. Алексеев в Азиатском музее — Институте Востоковедения. *Письм. памятники и проблемы истории культуры народов востока*. Тезисы,. 3-й год. науч, сессии ЛО ИНА. 1967. Л., 1967. С. 6-8.

案中有关西夏学的资料——聂历山档案》①和《唐古特学家聂历山》②；格拉姆科夫斯卡娅和克恰诺夫共同发表《聂历山诞辰 70 年》③；克恰诺夫发表《杰出的东方学家——纪念聂历山诞辰 80 周年》④、《聂历山及那些悲惨岁月》⑤和《聂历山成为学者的历程：聂历山的老师及其同时代的人》⑥；索夫罗诺夫发表《聂历山在唐古特语言和文化研究领域中的贡献》⑦和《聂历山对西夏研究的贡献》⑧；李福清发表《俄国著名东方学家 N.A. Nevsky 教授百年诞辰纪念活动》⑨；马拉佐娃发表《唐古特学笔记：东方学家聂历山》⑩；思杰巴诺娃发表《他开启了文明对话：东方学家聂历山》⑪；巴利索夫发表《纪念东方学者聂历山（1892—1937）》⑫；聂历山的女儿涅夫

① Горбачева Зоя Ивановна. Материалы по тангутоведению архива востоковедов Института Востоковедения АН СССР (Архив Н.А. Невского). *Кр. сообщ. ИВ.* XVIII. 1956. C. 66-73.

② 〔俄〕戈尔巴乔娃：《唐古特学家聂历山》[З.И. Горбачева. Н.А. Невский как тангутовед]，聂历山遗著《唐古特语文学——研究论文和词典》第 1 卷，莫斯科：东方文学出版社，1960，第 7—11 页。

③ Л.Л. Громковская, Е.И. Кычанов. 70-летие со дня рождения Н.А. Невского. *НАА.* № 4. 1962. C. 245-246.

④ Кычанов Евгений Иванович. Выдающийся востоковед. (К 80-летию со дня рождения Н.А. Невского). *Азия и Африка сегодня.* № 2. 1972. C. 49.

⑤ Е.И. Кычанов. Н.А. Невский и те трагические дни. Азия и Африка Сегодня. № 12. 1988. C. 45-48.

⑥ Е.И. Кычанов. Из истории становления Н.А. Невского как ученого (учителя и современники). Сост.к.и.н. Ю.И. Чубукова. *Вестник Рыбинского отделения Русского исторического общества.* № 2. Рыбинск: ОАО «Рыбинский Дом печати». 2003. C. 42-46.

⑦ М.В. Софронов. Вклад Н.А. Невского в исследования тангутского языка и культуры. *Материалы Ломоносовских чтений в ИСАА.* 2001.

⑧ 〔俄〕索夫罗诺夫：《聂历山对西夏研究的贡献》[M.V. Sofronov. N.A. Nevsky's Contribution into Tangut Studies]，聂鸿音、孙伯君编《中国多文字时代的历史文献研究》，社会科学文献出版社，2010，第 1—12 页。

⑨ 〔俄〕李福清：《俄国著名东方学家 N.A. Nevsky 教授百年诞辰纪念活动》，《汉学研究通讯》第 11 卷第 4 期，1992 年，第 366—367 页。

⑩ М. Морозова. Тангутские тетради: о Н.А. Невском, ученом-востоковеде. *Северный край.* Анфастр. 3 октября 2002.

⑪ А. Степанова. Он начал диалог цивилизации: о Н.А. Невском, ученом-востоковеде. *Северный край.* Анфастр. 3 октября 2002.

⑫ М.Н. Борисов. Памяти ученого-востоковеда Н.А. Невского (1892-1937). Сост.к.и.н. Ю.И. Чубукова. *Вестник Рыбинского отделения Русского исторического общества.* № 2. Рыбинск. ОАО «Рыбинский Дом печати». 2003. C. 3-5.

斯卡娅发表《这位旅行者值得歌唱》[①]一文缅怀自己的父亲；日本学者生田和俄罗斯学者丘卜科娃合作发表《在大阪生活期间的聂历山》[②]；吉一发表《聂历山和国立艾尔米塔什博物馆》[③]；巴克舍耶夫发表《超越时代的学者：纪念聂历山（1892—1937）诞辰 125 周年·新发现、新出版、新研究》[④]等文章。这些文章主要论述了聂历山生平经历、聂历山遗留的成果档案、聂历山周年诞辰纪念以及聂历山在西夏学、日本学等领域所做的工作及其突出贡献和影响。

　　除发表文章之外，俄罗斯学者还撰写了关于聂历山的传记。1978年，格拉姆科夫斯卡娅和克恰诺夫合著《尼古拉·亚历山大洛维奇·聂历山》由莫斯科科学出版社出版，全书共 216 页。该传记介绍了苏联著名的东方学家、列宁奖的获得者——尼古拉·亚历山大洛维奇·聂历山的生平和学术科研活动。聂历山从圣彼得堡大学毕业以后，1914—1929年共在日本生活了 15 年。其间，他足迹遍布日本许多地方，从事日本民族学、民俗学和方言学的研究，并在上述领域取得不俗成就。此外，格拉姆科夫斯卡娅和克恰诺夫还向读者展示了聂历山 1929 年回到列宁格勒后的生活和工作，尤其是聂历山对新的东方学研究分支领域——西夏学的研究和贡献。《尼古拉·亚历山大洛维奇·聂历山》一书是一部聂历山的传记，格拉姆科夫斯卡娅和克恰诺夫以时间和地点为线索，分别论述了聂历山在雷宾斯克、圣彼得堡、东京、小樽、大阪及列宁格勒的生活和从事的学术活动。

---

① Е.И. Невская. «...песни достоин и этот путник...». Сост.к.и.н. Ю.И. Чубукова. *Вестник Рыбинского отделения Русского исторического общества*. № 2. Рыбинск. ОАО «Рыбинский Дом печати». 2003. С. 6-32.

② М. Икута, Ю.И. Чубукова. Осакский период жизни Н.А. Невского. Сост.к.и.н. Ю.И. Чубукова. *Вестник Рыбинского отделения Русского исторического общества*. № 2. Рыбинск. ОАО «Рыбинский Дом печати». 2003. С. 35.

③ 〔俄〕吉一：《聂历山和国立艾尔米塔什博物馆》[Е.А. Кий. Н.А. Невский и Государственный Эрмитаж]，谢普京主编《纪念聂历山的报告会——纪念聂历山诞辰 120 周年国际研讨会》，圣彼得堡：勒马出版社，2012，第 16—17 页。

④ Е.С. Бакшеев. Учёный, опередивший своё время: к 125-летию со дня рождения Н.А. Невского (1892-1937) Новые находки, публикации, исследования. *Японские исследования*. 2017. № 4. С. 116-139.

鉴于聂历山在包括西夏学在内的东方学研究领域的突出贡献，位于圣彼得堡的俄罗斯科学院东方文献研究所和位于聂历山家乡雷宾斯克的《俄罗斯历史社会雷宾斯克分部通报》等科研机构、文化期刊为他举办了多次周年诞辰纪念学术活动。2002 年，聂历山诞辰 110 周年之际，在他的家乡雷宾斯克举办了以"当代社会学、民族学和语言学问题——纪念聂历山诞辰 110 周年"为主题的国际学术研讨会，来自俄罗斯和日本的东方学研究者参加了会议。该会议的论文集 2002 年由雷宾斯克国立航空工艺学院出版社出版，共 186 页。2012 年，聂历山诞辰 120 周年之际，不仅他的家乡雷宾斯克举办了一些纪念活动，10 月 3—5 日在位于圣彼得堡的俄罗斯科学院东方文献研究所也举办了一场纪念聂历山诞辰 120 周年的国际学术研讨会。"纪念聂历山的报告会：纪念聂历山诞辰 120 周年国际研讨会"的会议日程和会议论文集由谢普京安排和主编。论文集收集了纪念聂历山的 8 个主题共 65 篇论文的摘要和主要内容。① 分别是"聂历山生平及创作"主题 9 篇；"日本神道教"主题 7 篇；"日本文化"主题 8 篇；"聂历山：时间和人"主题 4 篇；"日本语文学"主题 10 篇；"虾夷的语言和文化"主题 9 篇；"琉球群岛的语言和文化"主题 13 篇以及"西夏学"主题 5 篇。2013 年，聂历山诞辰 120 周年学术会议论文集《聂历山：生活及遗产》由巴克舍耶夫和谢普京合编，由俄罗斯科学院东方文献研究所、俄罗斯文化学研究所联合主办，并由圣彼得堡国立大学语文学系出版。论文集收录了 2012 年在圣彼得堡举办的纪念聂历山诞辰 120 周年国际学术会议上提交的 65 篇论文的正文。

以上各种对聂历山的纪念活动和述评论著表明：聂历山对西夏学、日本学等东方学研究贡献卓著、影响深远。

除了发表文章、出版论著、举办学术研讨会等形式外，对学者的访谈记录和为庆祝学者寿诞而举办的学术活动也是了解学者经历和总结学者学术成就的重要途径。俄罗斯戈洛瓦乔夫和库兹涅佐娃 - 菲季索娃 2012 年对克恰诺夫进行访谈，并以《克恰诺夫访谈》为名记录了采访

---

① Составитель и ответственный редактор В.В. Щепкин. *Невские чтения* (Международный симпозиум в честь 120-летия со дня рождения Н.А. Невского; 3-5октября 2012 г.) ИВР РАН. Санкт-Петербург. Издательство "ЛЕМА". 2012.

的主要内容。2013 年，德米特里耶夫采访了索夫罗诺夫，并以《索夫
罗诺夫访谈》为名记录了访谈内容。此外，2012 年 6 月 22—23 日，为
庆祝俄罗斯著名的西夏学家克恰诺夫八十寿诞，俄罗斯科学院东方文献
研究所为他举办了隆重的学术纪念活动，来自俄罗斯、中国和日本的西
夏学研究者参加。会议由波波娃等编辑了以《中亚的唐古特》①为名的
论文集。该论文集共 240 页，由莫斯科"东方文学"出版公司出版，收
集了俄罗斯、中国、日本三国学者的论文共 18 篇。该论文集介绍了克
恰诺夫本人及其多年来从事西夏文字、历史、法律等领域研究的丰硕成
果，展示了各国西夏学者在克恰诺夫研究基础上的扩展研究或他们本人
在西夏学研究领域的新成就。

　　此外，做出突出学术贡献的学者去世后，对他们了解深入的好友、
同事或家人会发文回顾他们的生平、科学研究经历及成就，用以总
结他们的学术贡献、寄托哀思，给后辈学者以启迪。俄罗斯西夏学研
究领域亦是如此。例如，克罗克罗夫发表《康斯坦丁·康斯坦丁诺维
奇·弗鲁格（1893—1942）》②；克恰诺夫、孟列夫、克平发表《缅怀捷
连提耶夫 - 卡坦斯基（1934.7.29—1998.2.22）》③；孟列夫发表《缅怀克
平》④；克恰诺夫发表《东方学者研究史：戈尔巴乔娃（1907—1979）》⑤

---

① Попова Ирина Фёдоровна (сост., ред.): *Тангуты в Центральной Азии: сборник
статей в честь 80-летия профессора Е.И. Кычанова.* Российская Академия Наук.
Институт восточных рукописей. Международная конференция (22-23 июня 2012г.;
СПб.). М., Издательская фирма «Восточная литература». 2012. С. 239.

② В.С. Колоколов. Флуг Константин Константинович (1893-1942). *Письменные
памятники и проблемы истории культуры народов Востока.* XIX годичная научная
сессия ЛО ИВ АН СССР (доклады и сообщения). 1985 г. Часть II. Материалы по
истории отечественного востоковедения. М., Издательство «Наука». ГРВЛ. 1986.
С. 61-62.

③ Е.И. Кычанов, Л.Н. Меньшиков, К.Б. Кепинг. In Memoriam: Анатолий Павлович
Терентьев-Катанский (29 июля 1934-22 февраля 1998). *КЭТ.* Вып.12. СПб., Центр
«Петербургское Востоковедение». 1998. С. 429-430.

④ 〔俄〕孟列夫：《缅怀克平》[Л.Н. Меньшиков. Памяти Ксении Борисовны Кепин],
亚历山大洛夫编《克平最后的文章和文献》，圣彼得堡：圣彼得堡"欧米茄"出版社，
2003，第 231—234 页。

⑤ Е.И. Кычанов. История востоковедения в лицах: Зоя Ивановна Горбачева (1907-
1979). *ППВ.* № 1(10). весна-лето. 2009. С. 214-215.

和《东方学者研究史：克罗克罗夫（1896—1979）》[①]；波波娃发表《列夫·尼古拉耶维奇·缅什科夫（孟列夫）（1926—2005）》[②]和《叶甫根尼·伊万诺维奇·克恰诺夫（1932—2013）》[③]等，这些文章回忆了学者生前主要经历、在学术研究领域的主要成果及其学术贡献等。

对于学者生前未来得及出版的学术成果，也会有人帮他们结集出版。例如，1960年戈尔巴乔娃整理出版了聂历山遗著《唐古特语文学》；2003年克平之子亚历山大洛夫整理出版了克平遗著《克平最后的文章和文献》，该论文集共358页，由圣彼得堡"欧米茄"出版社出版。该书是亚历山大洛夫在克平去世后的次年收集了克平晚年的文稿并编辑而成的一部论文集。论文集收集的文稿既有克平晚年已公开发表的文稿，也有未刊发的文稿。文稿主要分为三个主题：第一部分的主题是克平西夏学的研究论文成果；第二部分的主题是来自过去，主要讲述了俄罗斯传教使团在中国的历史命运问题；第三部分刊布了克平的著作目录、孟列夫对克平的缅怀文章以及一些照片。

（二）对俄罗斯西夏学研究机构的述评

对俄罗斯西夏学研究机构的述评主要体现在评介俄罗斯科学院东方文献研究所在不同历史时期对西夏学研究所发挥的作用。克恰诺夫发表《科学院亚洲博物馆——"连接东西方的桥梁"》[④]和《俄罗斯科学院东方文献研究所唐古特特藏及其研究状况》[⑤]，分别介绍了亚洲博物馆在东西

① Е.И. Кычанов. История востоковедения в лицах: Всевовод Сергеевич Колоколов (1896-1979). *ППВ*. № 1(10). весна-лето. 2009. С. 223-224.

② И.Ф. Попова. Лев Николаевич Меньшиков (1926-2005). *Письменные памятники Востока*. 1(4). весна-лето. 2006. С. 1-15.

③ И.Ф. Попова. Евгений Иванович Кычанов (1932-2013). *Письменные памятники Востока*. 1(18). 2013. С. 303-306.

④ Е.И. Кычанов. Азиатский музей Академии наук — "мост между Востоком и Западом". Международная научно-практическая конференция «Рериховское наследие». Труды конференции. Т. Ⅲ: *Восток-Запад на берегах Невы*. Ч. 1. Третья международная научно-практическая конференция «Рериховское наследие». СПб., СПб. Рериховский Центр. 2007. С. 243-250.

⑤ Е.И. Кычанов. Тангутский фонд Института восточных рукописей Российской Академии наук и его изучение. И.Ф. Попова. *Российские экспедиции в Центральную Азию в конце XIX-начала XX века*. СПб., 2008. С. 130-146.

方文化交流和研究中的特殊作用及俄罗斯科学院东方文献研究所对科兹
洛夫探险队从黑水城发掘的西夏文献的收藏、保存和研究概况。巴格达
诺夫发表《俄罗斯科学院东方文献研究所唐古特特藏资料研究的一些成
果和展望》[①]一文,介绍了俄罗斯科学院东方文献研究所对西夏特藏资料
的一些研究成果,并对未来西夏学的研究工作做了规划。

此外,俄罗斯国立艾尔米塔什博物馆是俄罗斯收藏科兹洛夫探险队
发掘的黑水城出土文物和艺术品的地方,其内部专门设有黑水城出土文
物和艺术品的两间展厅。该博物馆创办的刊物《国立艾尔米塔什博物馆
简报》和《国立艾尔米塔什博物馆东方部成果》时常收录并发表一些俄
罗斯学者对黑水城出土文物和艺术品研究的成果。但迄今为止,尚未有
俄罗斯学者对国立艾尔米塔什博物馆在俄藏黑水城文物和艺术品收藏、
保护和研究方面究竟做了哪些工作、起到什么作用、具有什么地位等一
系列问题进行专门系统的论述。俄罗斯学者对俄罗斯西夏学研究机构的
介绍仅有若干论文成果,至今尚未有专著出版。

(三)俄罗斯学者对西夏学学术成果及学术史的述评

俄罗斯学者关注西夏学研究的新发展和新动态,不仅对本国而且对
别国西夏学研究成果和学术史都进行了一些述评。

1. 俄罗斯学者对本国西夏学学术成果及学术史的述评

俄罗斯学者对本国的西夏学研究成果和学术史进行述评并发表了
一些论文。主要有戈尔巴乔娃发表的《唐古特学发展的新阶段——聂历
山有关西夏学著作的出版》[②]和《列宁格勒的唐古特学史》[③],介绍了聂历
山西夏学研究遗著的出版和 20 世纪 60 年代以前列宁格勒西夏学研究的

---

① 〔俄〕巴格达诺夫:《俄罗斯科学院东方文献研究所唐古特特藏资料研究的一些成果和
展望》[К.М. Богданов. Некоторые итоги и перспективы исследований материалов
тангутского Фонда ИВР РАН],波波娃等编《中亚的唐古特——纪念克恰诺夫教授诞
辰 80 周年文集》,莫斯科:东方文学出版公司,2012,第 72—83 页。

② Горбачева Зоя Ивановна. Новый этап в развитии тангутоведения (К выходу в свет
трудов Н.А. Невского по тангутоведению). *Проблемы востоковедения*. № 6. 1959.
С. 163-169.

③ Горбачева Зоя Ивановна. К истории тангутоведения в Ленинграде. *Уч. зап. ИВ АН
СССР*. Т. 25. М., 1960. С. 102-107.

历史；克恰诺夫发表《聂历山〈唐古特语文学——研究论文和词典〉评述》①；格拉姆科夫斯卡娅发表《聂历山手稿遗产概观：苏联科学院东方学研究所东方学家档案》②；捷连提耶夫 - 卡坦斯基发表《苏联西夏学研究的历史与现状》③；德米特里耶夫发表《俄罗斯唐古特（西夏）学研究》（初稿）④和《苏联的唐古特（西夏）学研究：俄罗斯东方学研究的"金塔·埃森蒂亚"》⑤，介绍了苏联时期西夏学研究的历史以及聂历山、戈尔巴乔娃、克恰诺夫、索夫罗诺夫、克平、捷连提耶夫 - 卡坦斯基等学者的西夏学研究成果及其学术贡献，并分析指出了阻碍俄罗斯西夏学研究进一步发展的各种因素。

此外，俄罗斯学者在专著的前言部分，会有一个类似于中国学者论文写作中必不可少的环节——文献综述，就前人在同一研究领域的研究成果进行梳理和评价，找出其研究取得的成就及存在的不足之处。例如，索夫罗诺夫在《唐古特语语法》绪论的"语法构拟"部分，梳理了日本学者西田龙雄在相同领域的研究成果；⑥在"西夏语研究历史"部分，梳理了聂历山、克恰诺夫、康拉特等学者在西夏语语法方面的研究成果。⑦

2. 俄罗斯学者对别国西夏学学术成果及学术史的述评

俄罗斯学者在对别国西夏学研究成果的述评方面，亦有一些成果

---

① Е.И. Кычанов. Рецензия: Н.А. Невский. Тангутская филология. Исследования и словарь. *НАА*. 1961. С. 225-228.

② Лидия Львовна Громковская. Обзор рукописного наследия Н.А. Невского (Архив востоковедов ИВ АН СССР). *Народы Азии и Африки*. № 1. 1970. С. 157-162.

③ 〔俄〕捷连提耶夫 - 卡坦斯基：《苏联西夏学研究的历史与现状》，霍升平译，《宁夏文史》1989 年第 4 辑。

④ С.В. Дмитриев. 2014 Tangut (Xi Xia) Studies in Russia. Brief sketch. «One belt–one road». International roundtable. Ланьчжоу, КНР. 2014.

⑤ Sergey Dmitriev (Дмитриев Сергей Викторович),"Tangut (Xi Xia) Studies in the Soviet Union: Quinta Essentia of Russian Oriental Studies", *The Mongolian Journal of International Affairs*. Vol. 19. 2014. pp. 178-196.

⑥ Михаил Викторович Софронов. *Грамматика тангутского языка*. Москва. Издательство «Наука». 1968. С. 10.

⑦ Михаил Викторович Софронов. *Грамматика тангутского языка*. Москва. Издательство «Наука». 1968. С. 12.

出现。索夫罗诺夫发表了论文《评西田龙雄〈西夏语研究〉第一卷》[①]。克恰诺夫发表了论文《中国唐古特学：新近出版物》[②]（介绍中国西夏学研究领域在 20 世纪 80 年代末期出版的学术成果）和《评史金波的〈西夏社会〉》[③]。中国学者彭向前和俄罗斯学者梅利尼科娃共同发表《21 世纪初的中国唐古特学研究》[④]；中国学者汤君和梅利尼科娃共同发表《评彭向前《西夏文〈孟子〉整理研究》[⑤]；索罗宁发表《评荒川慎太郎的〈西夏文金刚经研究〉》[⑥] 等论文。此外，克平在专著《唐古特语词法》的绪论"唐古特语言研究史"部分将西夏语言研究历史分为三个时期：1870—1908 年黑水城西夏文献发现前各国学者对西夏语言的研究；1909 年至 20 世纪 50 年代以前苏联学者聂历山对西夏语言的研究及 20 世纪 50 年代以后各国学者对西夏历史、语言和文化的研究。[⑦]克平比较详细地分析、对比和综述了聂历山、索夫罗诺夫、西田龙雄对西夏语法，尤其是西夏语词法的研究内容和特点。

值得一提的是，当今俄罗斯学者对中国西夏学研究现状和成果的述评以中俄学者的合作研究为主，这充分展现了中俄学者各自的研究优势：中国学者对本国西夏学的研究状况比较了解，而俄罗斯懂汉语的学者具有先天的俄语语言优势，可以将中国学者的西夏学研究成果翻译成俄语介绍给俄罗斯学界。中俄学者优势互补，不失为一种将中国学者的

---

① М.В. Софронов. Т. Нисида Сэйка го но кэнкю I. Рецензия. *Афро-азиатские общества: история и современность.* № 1. 1966.

② Е.И. Кычанов. Тангутоведение в КНР: Новые публикация. Восемнадцатая НК ОГК. Тезисы докладов. Ч. II. М., Издательство «Наука». ГРВЛ. 1987. С. 201-205.

③ Е.И. Кычанов. Рецензия. Ши Цзинь-бо. Си Ся шэхуй (Общество Си Ся). *ППВ.* № 2(11). Осень-Зима. 2009. С. 251-253.

④ Пэн Сян-цянь, Ю.С. Мыльникова. Китайское тангутоведение в начале XXI века. *Письменные памятники Востока.* № 2(19). 2013. С. 257-265.

⑤ Тан Цзюнь, Ю.С. Мыльникова. Пэн Сян-цянь. Си Ся вэнь Мэн-цзы чжэнли яньцзю (Комплексное исследование тангутского перевода «Мэн-цзы»). (Шанхай: Шанхай гуцзи чубаньшэ. ноябрь. 2012. 295 с.). *Письменные памятники Востока.* № 1(20). 2014. С. 269-274.

⑥ K.J. Solonin. Review: Arakawa Shintarō 荒川慎太郎 Seika bun Konggo kyō no kenkyū （西夏文金剛經の研究）. *Written Monuments of the Orient.* 1(3). 2016. pp. 118-125.

⑦ К.Б. Кепинг. *Тангутский язык, морфология.* Москва. Издательство «Наука». 1985. С. 6.

西夏学研究成果译介到国外的良好途径。

总之，俄罗斯学者不仅关注本国西夏学研究，对本国西夏学学术史的研究述评角度多样、参与者多，形式亦丰富多彩，有论文、回忆录、学术会议、纪念活动、收录编辑论文集、访谈等，而且关注别国西夏学领域的研究，尤其对中国、日本的一些西夏学研究成果进行了介绍和评价。

三 其他国家学者对俄罗斯西夏学学术史的研究述评

其他国家学者对俄罗斯西夏学研究成果或学术史也有述评，不过与中国和俄罗斯学者相比，成果要少很多。

日本学者对俄罗斯学者的一些著述进行了评价，如西田龙雄发表《关于已故聂斯克的〈唐古特语文学〉》[①]、《评克恰诺夫等著〈文海——西夏语刊本复制〉》[②]和《评克恰诺夫〈西夏史纲〉》[③]，生田发表《有关聂历山遗著的新材料》[④]，荒川慎太郎发表《从语言学的视角看聂历山教授在唐古特研究领域中的贡献》[⑤]等论文。

英国学者杰拉德·克劳逊1964年发表《唐古特（西夏）学研究的未来》[⑥]，展望西夏学研究的未来发展方向，并对20世纪60年代苏联西夏学研究者克恰诺夫等学者进行的西夏学研究工作赞赏有加。

---

① 〔日〕西田龙雄:《关于已故聂斯克的〈唐古特语文学〉》,《言语研究》1962年第41号。

② 〔日〕西田龙雄:《评克恰诺夫等著〈文海——西夏语刊本复制〉》,《东洋学报》1969年第2号。

③ 〔日〕西田龙雄:《评克恰诺夫〈西夏史纲〉》,《东洋史研究》1969年第3号。

④ Икута М. Новые факты из наследия Н.А. Невского. Социологические, этнологические и лингвистические проблемы современности: Тезисы докладов международной научной конференции, посвящённой 110-летию учёного-востоковеда Н.А. Невского. Рыбинск: Рыбинская государственная авиационная технологическая академия (РГАТА). 2002. С. 4.

⑤ 〔日〕荒川慎太郎:《从语言学的视角看聂历山教授在唐古特研究领域中的贡献》[ARAKAWA Shintarō. Prof. Nevsky's Achievement on Tangut Studies from the Linguistic Viewpoint],谢普京主编《纪念聂历山的报告会——纪念聂历山诞辰120周年国际研讨会》,圣彼得堡:勒马出版社,2012,第115—120页。

⑥ Gerard Clauson,"The Future of Tangut (Hsi-Hsia) Studies", *Asia Major*. Vol. 11. 1964. pp. 54-77.

美国学者鲁斯·唐纳尔（邓如萍）发表《苏联的唐古特学：研究现状》[①]一文，按时间顺序重点阐述了苏联科学院东方学研究所圣彼得堡分所的西夏学研究者聂历山、克恰诺夫、索夫罗诺夫和克平的主要西夏学研究成果以及苏联国立艾尔米塔什博物馆远东部工作人员在整理、研究出版黑水城出土文物资料方面所做的贡献。

囿于缺乏资料，笔者所述法国、日本、英国、美国等国学者对俄罗斯西夏学学术史的研究述评不甚完备，但与中国和俄罗斯相比，这些国家对俄罗斯西夏学学术史的研究述评参与者较少，对俄罗斯西夏学研究关注度较低，成果形式为论文。

最后，笔者想说明的是，对俄罗斯西夏学学术史的研究和述评，一方面说明俄罗斯本国西夏学学者对以往研究工作的追溯与反思，另一方面说明了各国学者对俄罗斯西夏学研究的关注和重视。这些都证明俄罗斯西夏学研究在国际西夏学研究领域占据重要地位。不过迄今为止，各国学者对俄罗斯西夏学研究的述评成果均以论文为主，尚未出现系统、综合性的专著。

---

① Ruth W. Dunnel, "Tangut Studies in the Soviet Union: State of the Field", *Bulletin of Sung and Yuan Studies*. 17, 1981. pp. 101-105.

西夏文计算机数字化现状与展望

柳长青

摘　要　近年来，西夏学及计算机科学快速发展，推动了计算机数字化的进程。从 20 世纪末开始，国内外学者在西夏文数字化研究方面不断有成果面世，这些成果对西夏文数字化研究产生了深远的影响。整理西夏文数字化研究的历程，对于今后进一步开展西夏文数字化研究工作有着极其重要的作用，对把握今后的研究方向也有一定的借鉴意义。

关键词　西夏文；数字化；计算机处理；数据库

一　引　言

随着西夏学研究的不断深入，以及西夏研究成果的不断问世，西夏学已越来越多地受到人们的广泛关注。大批学者投入与西夏有关的研究当中并开始关注电脑处理西夏文问题。计算机处理西夏文研究最早可以追溯到 1972 年，丹麦人格林斯蒂德曾设计了一套西夏字的计算机编码方案，但最终未能实现。[1]到了 90 年代初，西夏学研究者为了出版与西夏有关的著作，亟须一套计算机西夏文字库及排版软件，但由于当时的经费和技术条件的限制，最终未能实现开发软件的愿望。

---

① 杜建录:《二十世纪西夏学》, 宁夏人民出版社，2004，第 121 页。

这期间各类西夏文出版物几乎是靠照相制版、剪贴和校对的方法完成出版的，耗时费力且效果不佳，由于制版方法烦琐还导致了出版物中出现了不少本不该有的错误。90年代末，西夏学学者李范文教授为西夏文录入计算机设计了四角号码和类似汉字的五笔字型输入法。[①] 国内的大部分西夏文计算机编辑软件都采用了李范文教授的四角号码输入法。计算机技术的不断发展与进步，使得以个人或课题组形式开发字库及字处理系统成为可能。国内外的西夏学学者与计算机学者合作展开了对西夏文字库及配套字处理系统的开发研制工作。这其中，国际上在西夏文的计算机处理方面，主要有日本、俄罗斯和中国台湾地区的学者进行过研究工作。日本国立亚非语言文化研究所1996年制作了西夏文字库和排版系统，1997年中国学者李范文教授和日本学者中岛干起利用该排版系统合著出版了《电脑处理西夏文〈杂字〉研究》一书。

1999年11月，由马希荣主编、柳长青为主要完成人的国家自然科学基金项目"基于汉字字形的西夏文字研究"的成果《夏汉字处理及电子字典》软件由清华大学出版社正式出版。该成果是按照四角号码和顺序号检字法对西夏字进行排列、注音和释义的Windows单机版应用软件。[②] 它建立有6000个西夏字的两种西夏字库，西夏字与汉字、英文混合排版编辑，实现了西夏字的任意缩放输出，具有字处理软件的所有功能，成为当时在国内外第一个能够独立完整地在个人计算机上进行西夏文、中文和英文互译，并同屏混排、输入、输出的软件产品。台北中研院语言学研究所与资讯科学研究所于1999年开始研制西夏文字库，并于2000年顺利完成。其原始字体是依据《同音研究》校勘字形并加以数字化。[③] 该所研究人员还利用Access数据库建立了"西夏文字形属性资料库"，并将电子文档经由计算机程序进行西夏字字频统计，试图找

---

① 李范文:《〈夏汉字典〉的编撰、四角号码分类和输入电脑问题》,《宁夏社会科学》1997年第4期。
② 马希荣主编《夏汉字处理及电子字典》,清华大学出版社,1999。
③ 高雅琪:《西夏文字输入法》,《第三届西夏学国际学术研讨会论文集》,2008,第153页。

出西夏字的常用字、次常用字等，这在当时具有一定的先进性，对于当前的西夏文献数字化研究也有一定的借鉴作用。2005 年，国内西夏学者针对已有西夏文处理软件存在的不足，利用工具软件制作了基于方正典码系统之上的西夏文字库，借助"万能五笔"输入法实现了西夏文的计算机外挂方式输入。"基于方正典码之上的西夏文录入系统"利用汉字软件工具制作出了外形类似汉字楷体风格的西夏文字库。

上述西夏文处理系统的研制与开发大大改善了西夏文计算机处理的状况，并逐渐在西夏学与计算机学科之间产生了一门新的交叉研究方向——西夏文信息处理。国内的计算机学者也积极开展了一系列的科研工作，并获得了从国家科研基金到地方基金的支持。至此，西夏文计算机处理的领域已不仅仅局限于字库的建立和排版系统的开发，学者们更多地将目光投向了西夏文献数字化、网络化，西夏文网络输入法以及西夏文的国际编码和字形的标准化等问题上。本文则主要论述当前西夏文计算机数字化的现状及今后的发展趋势。

二　几种常用西夏文处理软件示例

当前，投入使用的西夏文字库软件有：（1）日本的今昔文字镜西夏字库；（2）"夏汉字处理及电子字典"软件；（3）"西夏文字处理系统"；（4）北京中易公司开发的西夏文字库及基于郑码的输入系统；（5）台北中研院民族语言研究所开发的西夏字库软件；（6）宁夏大学西夏学研究院开发的西夏文献数字化平台及西夏文古籍字库系统。上述字库均为 Windows 系统下的 True Type 字体库。

1. 今昔文字镜

该系统是日本今昔文字镜研究会制作的，包括 24 个 TTF 格式的矢量字库，共包括九万个汉字。其中收录日本《ISO10646 字符集》汉字两万个，《大汉和字典》汉字五万个，其他四万个汉字包括：甲骨文、梵文、大陆及台港汉字、水文、西夏文、越南字喃、汉字偏旁和造字部件、日文假名、俄文、拉丁文等各种常用字母和符号。还提供了一个简易的检索工具，如图 1 所示。

图 1　今昔文字镜字符表

该检索工具不能使用四角号码检索，只能手工查找所需的西夏字后利用软件提供的"拷贝、粘贴"功能将所需西夏文粘贴到 Word 等字处理软件中，对于小量的西夏文字的录入这种方法可行，但对于大量的录入工作则显得不大方便。字形结构方面，其字形笔画锋利，整体结构平直。该套西夏字库在国际上采用得较多。

图 2　今昔文字镜字例

2. "夏汉字处理及电子字典"软件

该软件包括两套西夏文字库、一部电子字典和一个西夏文字处理软件。软件开发语言采用可视化开发工具，字典数据库是开发者自行开发的数据结构文件。该软件提供汉夏互译及英夏互译功能，内建四角号码输入法，提供了一个西夏文字处理软件，并建立了包含 6000 个西夏字的两套字库。其字库主要占用 Windows 的用户自定义私有码区域：AAA1H — AFFEH，F8A1H — FEFEH 及 A140H — A7A0H 三个区域，这些区域不与汉字码位冲突。① 这三个区域一共可以放置 1894 个西夏字，为了将全部 6000 余个西夏字放入，软件设计者巧妙采用了位面映

---

① 柳长青、马希荣：《西夏字与汉字共存方案的实现》，《宁夏大学学报》（自然科学版）2001 年第 1 期。

射技术，如图 3 所示。通过位面映射技术可以随意增加西夏字码位数，这解决了码位不够的问题。

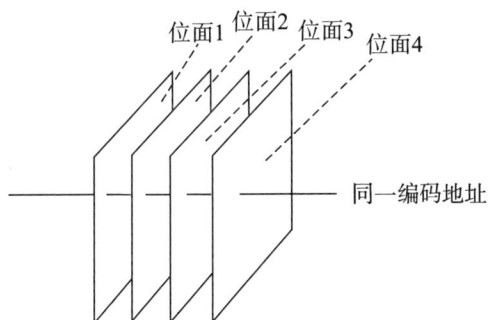

图 3 字体位面技术示意

夏汉字处理输入法能够直接通过数字键盘输入 4 位四角号码加 2 位附号来检索西夏字。选字区还提供了字形放大镜以方便用户查看，如图 4 所示。

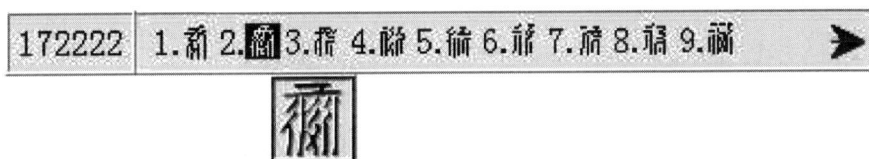

图 4 "夏汉字处理及电子字典"输入法

该软件还包括两套西夏文字库，其原始字形分别来自人工书写和夏汉字典 1997 年版字体。通过光学扫描技术将字形图片输入计算机后，再进行进一步的数字化处理。其中人工书写字体为毛笔手书，笔画较为粗重。

图 5 "夏汉字处理及电子字典"细体字库示例

"夏汉字处理及电子字典"软件从研制出版到现在已 20 余年，一度成为西夏学者计算机输入西夏文字的主要软件工具。尤其在 2000 年前后，其成为国内主流的西夏文计算机处理软件，被学界广为使用。但其也存在一些错码、漏码等问题，软件开发者亦未能及时修订和更新，现逐步被其他西夏文处理软件取代。

3."西夏文字输入法"软件

"西夏文字输入法"软件是台北中研院语言学研究所与资讯科学研究所合作研发的西夏文输入法软件。该软件包括一套西夏文字库、一个西夏文字形属性数据库及西夏字字频统计资料库。其西夏文字库原始字形主要来自"同音研究"校勘本。① 其是目前已正式出版的西夏文字库中最为接近西夏文原始字形的一套字库。"西夏文字形属性资料库"包括西夏文序号、字形、同音编号、笔画、部、品、型、修正音韵、页字、俄文编号、拟音、声类、调类、词义、例句、说明、夏汉字典编号、四角号码、附号、龚煌城先生的文海编号、《文海研究》编号、《义同一类》编号、西田龙雄先生的编号、Nevesky 的编号。② 目前,该资料库仅对外开放《同音研究》索引的相关资料,包括部、笔画、品、音韵、页字及俄文编号、夏汉字典编号等常用属性,其余资料还在不断修改中,暂不对外开放。

其西夏字字频统计资料库对 9 种西夏文献中的西夏文进行了字频统计。这 9 种文献分别是:《黄石公三略》(11484 字)、《根本说一切有部目得迦》(4906 字)、《根本说一切有部毗奈耶杂事》(5791 字)、《禅源诸诠集都序之解》(18980 字)、《禅源诸诠集都序幹文》(3651 字)、《维摩诘所说经》(26042 字)、《大方广佛华严经》(15157 字)、《月月乐诗》(1398 字)、《将苑》(1237 字)。③ 研究人员将这些文献作为样本,对 5777 个西夏字进行了字频统计。得到了出现频次最高的西夏字为"孍",总共出现 1376 次(占样本总数的 1.55%)④。该字频统计资料库对于建立智能西夏文输入法有一定的借鉴作用。

4."西夏文字处理系统"

该系统的前身是 2005 年出版的《基于方正典码之上的西夏文录入系统》,景永时、贾常业编著。该典码录入系统是借助方正典码输入法的开放接口建立的,能够运行于 Windows95/98/ME 操作系统之上。其主要包

① 高雅琪:《西夏文字输入法》,《第三届西夏学国际学术研讨会论文集》,第 153 页。
② 高雅琪:《西夏文字输入法》,《第三届西夏学国际学术研讨会论文集》,第 155 页。
③ 高雅琪:《西夏文字输入法》,《第三届西夏学国际学术研讨会论文集》,第 156 页。
④ 高雅琪:《西夏文字输入法》,《第三届西夏学国际学术研讨会论文集》,第 157 页。

含一套西夏字库和一个典码输入法。值得一提的是，该系统所建立的字体库一经推出便得到西夏学者的推广和使用，尤其在书版系统中有较好的应用。由于其西夏字形是通过使用汉字笔画组合造字而来，因此与汉字混排后风格统一、格式整齐、笔画粗细均匀，是一套较好的印刷体西夏字体库，如图6所示。基于典码的输入法则是借用了方正典码汉字输入法软件外壳加入了软件编者的西夏字码表文件而建立的西夏文专用输入法。由于典码本身的输入码限制，只能使用字母输入，因此该系统编者采用了转义字符方式将四角号码的0-9的数字码转换为其汉语声母即 1-y,2-e,3-s,4-x,5-w,6-l,7-q,8-b,9-j,0-o（字母 o），其中由于3和4的声母相同，故将4用x代替。例如，要录入四角号码为174422的西夏字则需输入 yqxxee。[①] 这种转化实属无奈之举，在没有软件源代码支持情况下通过这种变通也算实现了西夏文的输入，只是对于初学者需要一个熟悉的过程，一旦使用熟练后也可快速输入西夏文。2007年，基于典码的西夏文处理系统的编者推出该系统的更新升级版本即"西夏文字处理系统"。该系统中的西夏文字库是对典码系统中字库的修订及升级，而输入法则改换为万能五笔输入法平台制作的西夏文外挂式输入法。该输入法仍然沿用了典码系统中的数字—字母的转换方式。2007版的软件配有光盘1张及使用手册1本。《西夏文字处理系统》的出版进一步推动了国内西夏文数字化的研究进程。

图6 西夏文字处理系统字体库示例

5."西夏文古籍字库"软件

"西夏文古籍字库"软件是宁夏大学西夏学研究院研究人员开发的西夏文数字化处理系统的一部分。该系统包括一套西夏文字库、一个西夏文献数字化平台及西夏文智能输入法和在线夏汉电子字典软件。西夏文古籍字库字形主要来自西夏文献《同音》及《蕃汉合时掌中珠》。其字形是将原始西夏文献中的西夏字切割，再扫描输入计算机，最后利用

---

① 景永时、贾常业编著《基于方正典码之上的西夏文录入系统》，香港：香港社会科学出版社，2005，第8页。

计算机图形学相关技术提取切割图像的轮廓信息，将提取后的字形存储并加以修饰。最后得到了一套基于原始西夏文字的西夏文古籍字库。该套字库建立的目的是希望能够尽可能地保存原始西夏文字的笔画及笔锋、力道等信息，尽可能体现原始西夏字的风貌。

图7 西夏文古籍字库字形示例

西夏文献数字化平台则是基于西夏文古籍字库的文献数字化显示及检索平台。在该平台中，用户可以通过查看原始文献扫描图像得到第一手西夏文献资料，并能通过数字化得到该文献图像的纯文字版本的电子文档，且还能在该文档中进行检索及查询，如图8—图9所示。通过网络在线平台，用户还可以将检索的关键字内容进行全库查询检索，即对已入库的所有西夏文献进行关键字查询操作。最终可以得到该关键字有关的上下文内容条目。

基于四角号码的西夏文智能输入法是 Windows 系统下的纯 IME 输入法，能同时支持中、英、日、俄四种语言的 Windows 操作系统（如图10所示），带自学习的智能拼音联想汉字输入功能。对于西夏文字的输入可以根据用户输入的频率自动将高频率的西夏字优先排列，从而达到提高西夏文录入速度的目的。该输入法还提供西夏字输入的汉文与英文的释义显示窗口，在选字窗口右侧同时显示西夏文所对应的汉文释义，如图11所示。

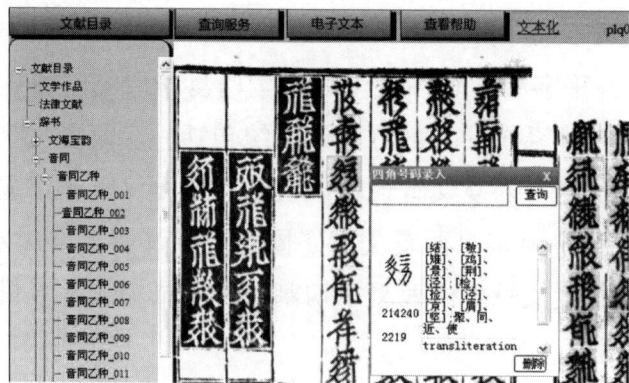

图8 西夏文献数字化平台

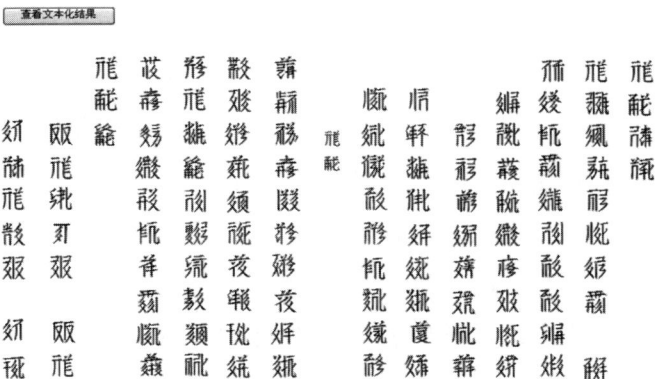

图 9　自动纯文本化处理后的电子文档页面

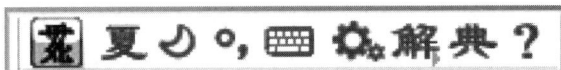

图 10　夏汉通西夏文智能输入法状态条

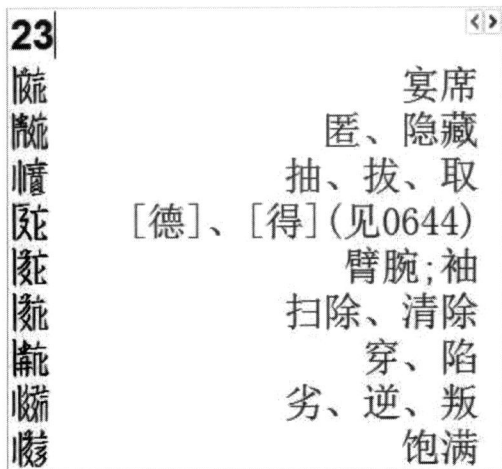

图 11　夏汉通输入法选字窗口

三　西夏文计算机数字化展望

进入 21 世纪，西夏文计算机数字化研究已经取得了长足的发展。从 1972 年最早期的格林斯蒂德设计的西夏字计算机编码方案到现在国内外计算机数字化软件的不断推陈出新，西夏文计算机数字化研究逐渐成为西夏学研究的一部分。回顾近十几年的西夏文数字化历程，其从无到有的发展，每一步都倾注了学者们的汗水与智慧，每一次的突破也推动西夏文数字化向着实际应用的方向迈进。未来西夏文计算机数字化研究应从以下几个方面继续开展研究工作。（1）西夏文字库的标准化及其国际编码方案的建立。（2）西夏文及西夏文献数据库的建立。这部分工作内容最多，任务最重，所需时间也最长，可以说是西夏文计算机数字化的最终研究方向。所有的前期数字化工作都是为最终形成全面的西夏文数据库做准备。该数据库将涵盖西夏学所有的研究方向，语言、文字、音韵、西夏文献及西夏艺术等方方面面都将以数字化的形式建立相关的数据资料库。（3）西夏数字化应用开发。如何将西夏学的成果应用于社会并产生效益也是今后的主要研究方向。总之，西夏文计算机数字化还是一个亟待挖掘和研究的新兴领域，在西夏学学者与计算机学者的共同努力下一定会有新的发展。

（原刊于《西夏学》第 7 辑，上海古籍出版社，2011）

· 黑水城文献研究

黑城文书所见元代亦集乃路灾荒
保障层次探析

孔德翊

摘　要　黑水城出土的元代社会文书中，部分涉及元代亦集乃路社会保障方面的内容，对探究当地社会保障体系的构成和运行具有较高的价值。通过对此类文书的归纳整理可以发现，元代亦集乃路社会保障体系由三层构成，即亲属保障层、民间保障层和政府保障层。这一社会保障体系的层次构成对应对当地多种灾害具有积极的作用。

关键词　黑水城；亦集乃路；社会保障

20 世纪中叶，黑水城出土文书的问世，为研究元代社会史提供了文献资料。对部分类别文书的研读，对探索和研究元代亦集乃路基层社会保障层次具有较高价值。从文书记述来看，地处灾害多发地区的亦集乃路，形成了亲属保障层、民间保障层和政府保障层三层社会保障体系，以应对灾害给当地带来的不利影响。

亦集乃路在西夏时期为黑水镇燕监军司所在地，元朝建立之后设路。《元史》记载："亦集乃路，在甘州北一千五百里，城东北有大泽，西北俱接沙碛，乃汉之西海郡居延故城，夏国尝立威福军。"① 亦集乃路

---

① 《元史》卷六〇，上海古籍出版社，1976，第 1451 页。"黑山威福军"误，当为"黑水镇燕"，见聂鸿音《黑山威福军司补证》，《宁夏师范学院学报》2008 年第 4 期。

地理环境险恶，气候干燥，加上大规模的屯田开发，使得该地区多种自然灾害频发，严重影响了当地居民的生产生活。据不完全统计，元代曾发生天灾513次之多。[①] 通过黑水城文书记述，可知元代亦集乃路是自然灾害多发的地区之一。在当地，主要的自然灾害有旱灾、寒灾、盐碱化、沙漠化、虫灾。对以农业生产为生活依靠的当地居民来说，各种灾害的发生，严重影响了他们的生产生活，生活负担更加沉重。

表1　元代亦集乃路自然灾害情况一览

序号	灾害名称	文书来源	文书记述内容
1	旱灾	F116：W66[②]、F111：W64[③]、F116：W115[④]	"河水即目微小"；"田苗诚恐旱损"；"▨家人种田苗干旱死损▨"[⑤]
2	寒灾	F116：W397[⑥]、F20：W10[⑦]	"酷寒重地"
3	盐碱化	F13：W115[⑧]、F116：W242[⑨]、F116：W4795[⑩]、F116：W25[⑪]	"碱硬"；"碱硬不能耕种"；"地土多系硝碱"
4	沙漠化	F257：W6[⑫]、F131：W8[⑫]、F116：W397[⑭]	"沙漠石川"
5	虫灾	F116：W552[⑮]、F116：W552[⑯]	"却被蛆虫食践未见收成"

---

① 杨德华：《元朝的货币政策和通货膨胀》，《云南民族学院学报》2001年第5期。
② 李逸友：《黑城出土文书（汉文文书卷）》，科学出版社，1991，第101页。
③ 李逸友：《黑城出土文书（汉文文书卷）》，第101页。
④ 李逸友：《黑城出土文书（汉文文书卷）》，第103页。
⑤ 上述文书都引自李逸友先生《黑城出土文书（汉文文书卷）》，又对照中国藏黑水城汉文文献，文书编号仍然用李逸友先生《黑城出土文书（汉文文书卷）》中的编号，以下不再专门注释。"▨"符号表示文书残缺三个字以上，"□"符号表示残缺一个字，以下文书情况同此，不再专门注释。
⑥ 李逸友：《黑城出土文书（汉文文书卷）》，第178页。
⑦ 李逸友：《黑城出土文书（汉文文书卷）》，第208页。
⑧ 李逸友：《黑城出土文书（汉文文书卷）》，第153页。
⑨ 李逸友：《黑城出土文书（汉文文书卷）》，第155页。
⑩ 李逸友：《黑城出土文书（汉文文书卷）》，第158页。
⑪ 李逸友：《黑城出土文书（汉文文书卷）》，第163页。
⑫ 李逸友：《黑城出土文书（汉文文书卷）》，第101页。
⑬ 李逸友：《黑城出土文书（汉文文书卷）》，第175页。
⑭ 李逸友：《黑城出土文书（汉文文书卷）》，第78页。
⑮ 李逸友：《黑城出土文书（汉文文书卷）》，第139页。
⑯ 李逸友：《黑城出土文书（汉文文书卷）》，第139页。

从文书记述来看，当地灾害频发，环境险恶。面对多种自然灾害，官方和民间都采取了相应的应对措施，与之相适应的社会保障系统也随之建立。

（1）亲属保障层。亲属保障层是亦集乃路当地最基本、最有效的保障层。在灾荒和突发事件发生的第一时间，亲属保障层开始发生作用。F13：W130 是一件较为完整的婚姻类文书，虽然主要内容涉及家庭内部亲属之间婚姻关系的变化，但本质问题涉及亲属之间的社会保障问题。文书详细记叙了元朝末年"太子位下所管军户"脱欢改嫁弟媳巴都麻的详细经过。按文书记述，脱欢的弟弟脱火赤亦为军人，"因病身故"。脱火赤病亡后，"抛下伊（一）妻巴都麻，自为只身难以独居住坐，日每无甚养济"。脱火赤的妻子生活艰辛，按照蒙古习俗，脱欢应该收继弟媳巴都麻为妻，这样巴都麻就有了生活的保障。而脱欢却因"今为差发重仲，军情未定，上马不止，盘缠厥（缺）少，无可打兑照期"，最后放弃收继，以三石粮食作为彩礼，将弟媳巴都麻改嫁。这件文书中涉及蒙古收继婚的习俗，在蒙古收继婚中，收继过程实际包含着亲属保障权利与义务的延续。①纵观文书所述，脱欢最后放弃收继弟媳巴都麻而让其改嫁，在其背后也蕴含着亲属保障权利由作为亲属的脱欢一方向另一方的转移。F13：W122 属于书信类文书，文书反映的是亲属间求助的内容。从书信具体内容来看，写信者与求助者之间是一种亲属关系，求助目的明确，旨在让对方"你有人来时与我稍（捎）带来盘缠"，同时告知对方"你的三妹夫亡过了 / 也木（没）人养我"，"你的妹子养我"。表明家境的变迁使得文书中这位母亲陷入生活困境，女婿的亡故又使得赡养老人的责任落到自己女儿身上。对于这种情况，元政府持积极鼓励态度，规定"及同宗有服之亲，鳏寡孤独，老弱残疾，不能自存，寄食养济院，不行收养者，重议其罪"。② F197：W27 是一件书信类文书，文书中提到"如今粮食饥阙（缺）/ 两个孩儿不敢养凡"，与自己有亲戚关系的"姨孃（娘）"，在张沙剌城外"剃了头出家了"，

---

① 蒋宗言：《论大蒙古国时期的收继婚制度》，《发展》2015 年第 8 期。
② 《元史》卷一〇三，第 2632 页。

自己已处于"无亲戚"帮助的状态。文书中提到的"刘家阿久",可能是"刘家阿舅"的误写,表明通信者之间的关系,通信的目的是希望借粮。F249:W19由于残损严重,文书中记述的事件大多需要推测,可以肯定的是该文书依然是亲属间往来的文书。血缘关系加强了人们之间的互助行为,因此在灾荒出现时民众首先选择求助于自己的亲属。

通过以上几件文书可以看出,亲属保障层是以血缘关系为纽带延伸形成的一种社会互助关系,以家庭为中心的亲属保障层构成了元代亦集乃路地区最基本的社会保障层。无论是农耕文明还是游牧文明,以血缘关系为纽带的亲属保障层成为社会保障的基本模式。在宋元时期,儒家思想仍作为官方认可的主流思想占据正统地位,从民间到官方都将仁爱和救助接济的具体行为视为一个人德行高低和社会地位高低的重要评判依据,客观上使亲属保障更加稳固。通过黑水城文书记述可以看出,亦集乃路地区最基本的保障是建立在血缘关系基础上的亲属保障层,这一保障层成为元代亦集乃路地区社会保障模式的第一层结构。在亲属保障层中,以家庭为核心和纽带,延伸至家族和姻亲,使得亲属保障层呈现出稳固和高效的状态。

(2)民间保障层。民间保障是相对于政府保障而言的,民间保障是以地缘和业缘关系为纽带延伸结合的一种社会互助关系。从文书记述来看,元代亦集乃路地区仍属于传统的农业社会,普通民众的生活较为稳定和封闭,农业活动中结成的关系为其他社会关系的形成提供了可能。书信类文书F155:W11第二行记述道"卿兄德中拜见 / ▨如今在下杂支已支尽绝",在难以维持生计的情况下,写信目的是"万望仁兄借糜子三升"。从这件书信文书内容来看,文中"卿兄""在下""拜见""仁兄"之类的称呼语气中带有恭维和恳求的意思,由此可以推断,通信的双方可能相互了结对方,他们可能是基于地缘或业缘关系而形成了某种更为亲近的社会关系。"万望仁兄借糜子三升"的记述进一步表明求助者当时确已"杂支已支尽绝"。求助者所借的实物为"糜子三升",选择借"糜子"作为应急食物,反映出当地干旱的土壤环境和粮食作物种植种类。如果只是短暂性的缺粮,求助者可以选择借助小麦、白米之类的粮食,而之所以选择"糜子",是因为当地粮食紧缺。"三升"的借粮数量一则反映出求助方偿还能力有限，二则反映出对方借助能力也有限，毕竟在灾荒面前，粮食是稀缺物品。F1：W64是"杨文中"给"高文秀"的书信，文书记述了"杨文中"托人带给"高文秀"红花二斤，以表心意。文书中依然出现"仁兄""拜上""老兄"之类的称呼，表明他们之间存在一定的密切关系，交往的礼物是"红花二斤"。F155：W11和F1：W64两件文书共同反映了在民间日常社会活动中所结成的关系成为社会保障中的有效组成，民间社会保障和人与人之间相互交往中彼此相信和认可有密切关系。

民间保障层在一定程度上缓解了其他层次上的保障压力，增加了当地社会保障的途径。元代亦集乃路地区，地处西北边陲，自然灾害频发，人口密度相对较低，经济发展较为落后，农业生产是当地居民的主要生活依靠。在这种环境之下，人际关系也显得比较简单，求助者和被求助者之间基本上相互熟知，有一定的交往。这种在生产和生活中形成的社会关系为其他特定社会关系形成奠定了基础。因此，在灾荒和其他突发事件出现时，相互求助显得十分自然。

（3）政府保障层。政府保障层是以国家权力为依靠的社会保障方式。政府保障层在人力、物力、财力方面的聚集和动员能力超过了其他社会保障层。就亲属保障层和民间保障层而言，它们在灾害发生时受物质承受能力所限，救助面积和人数有限，只能在一定程度上分解和分担政府保障层的压力。在干旱多灾的亦集乃路地区，亲属保障层和民间保障层力量有限，相对而言，政府保障层始终发挥着主导作用。《元史》中也多次记述元朝政府通过筹粮拨钞的方式应对亦集乃路灾荒。如元贞三年（1297）十二月"甘肃亦集乃路屯田旱，并赈以粮"；"汴梁、建康、太平、池州诸路及甘肃亦集乃路饥，并赈之"。F111：W64是一件涉及上报亦集乃路饥荒情况的官方文书。从文书第四行"☐家人种田苗干旱死损☐"和第五行"☐开坐谨呈申覆伏乞"的内容可以判断出，该件文书是当地政府申报农业灾害情况的文书。为便于研究，将文书原文录入如下：

　　▯地段四至实损分数▯

　　首并无不断实乞

　　▯户业办屯粮九百余▯

　　▯家人种田苗干旱死损▯

　　▯开坐谨呈申覆伏乞

　　□验施行须至呈者

　　从文书内容来看，前四行为记述灾害发生时当地受灾情况，对灾害发生"地段"、详细的受损情况都有明确记录；后两行是套用官方行文的固定格式，"谨呈申覆伏乞"的记述，表明当地政府申请上级机构检踏灾情，"□验施行须至呈者"一句中缺少一字，应该是"照验施行"。经过检踏、体覆的程序之后，由中书省下发文件，提出具体的救助意见下发灾害发生地政府，下级机关接到中书省意见后通过发放赈灾物资等诸多措施进行救助。文书 F167：W25 就是反映体覆程序后中书省批准救灾的记述，文书内容如下：

　　皇帝圣旨里中书省该（核）准中书省咨议到救

　　荒急务开咨」闻奏▯中米粮一节另行讲

　　究外泰定二□□」▯完者帖木儿必阇赤

　　马其」米旭迈杰右丞□」▯蒙古▯

　　司▯

　　咨都省凭升▯（即为中书省）

　　文书 F167：W25 中提到"救荒急务""米粮一节另行讲究"，可见运粮赈济灾民是当时政府救灾的方式之一。通过整个黑水城汉文文书的记述可知，元代亦集乃路政府保障层是由亦集乃路总管府、甘肃行省和中书省三个层次构成。亦集乃路总管府是直接面对灾情的政府机构，各种灾害发生时需直接参与救灾和分发物资。由于亦集乃路经济落后，调动资源的能力有限，在各种灾害面前，显得力不从心。甘肃行省是元代亦集乃路政府保障层的重要构成，直接关系着元代亦集乃路政府保障层的成败。元朝实行的行省制度，使得各行省有权对基层路、府、州、县赋税数额的高低、征收方式等进行调整。[①] 同时按照元朝规定，行省有权机动使用地方余留财赋，可便宜支付一千锭以下的财赋。甘肃行省也不例外，拥有相应的机动权力，这成为亦集乃路政府保障层运行的重要支柱。政府保障层中占核心地位的要属中书省，元代中书省作为最高行政决策机构，其权力范围和影响，以及其掌握和调配资源的能力是其他地方政府无法达到的。在元代，在税赋分配上中央与地方的分配比例是7∶3，中央占绝大多数，剩余部分由各省支配。[②] 由此可断定，中书省掌握着大量资源，是政府保障的实际掌管者。因此，中书省处于政府保障层的最核心位置。

从黑水城文书来看，元代亦集乃路地区的社会保障体系呈现三层结构模式，即最基层的亲属保障层、中间的民间保障层、最高层政府保障层。就元代亦集乃路地区的三层社会保障模式而言，在灾害面前，往往是亲属保障层最先发挥作用。虽然亲属保障层力量相对有限，但基于血缘和姻亲的关系，使得亲属保障层成为亦集乃路最基础的保障层。当灾害破坏力度突破亲属保障层时，就需要民间保障层发挥其功效。民间保障层失效后，政府保障层开始运行，分级介入救灾过程。就黑水城文书中出现的元代亦集乃路三层社会保障模式而言，亲属保障层和民间保障层对元代亦集乃路基层社会的日常生活和小范围的灾荒具有防护与救助作用。在爆发大的灾荒时，由于亲属保障层和民间保障层力量和救助范围有限，就需要政府保层发挥作用。

（原刊于《农业考古》2017 年第 1 期）

① 李治安：《元代政治制度研究》，人民出版社，2003，第 72 页。

② 李治安：《元代政治制度研究》，第 72—73 页。

黑城所出 F116:W115 号提调
农桑文书的考释

徐　悦

摘　要　内蒙古文物考古研究所联合阿拉善盟文物工作站于 1983
年和 1984 年两次对黑城进行发掘，获得近 3000 件各种民
族文字的文书，其中汉文文书的数量最多。除少量属于西
夏时代的佛经外，其余都是反映元代至北元初期政治、经
济、文化等方面的文书。这批出土文书为研究当时的历史
提供了十分宝贵的资料，虽然已经得到国内外学术界的重
视，但研究还有待深入。其中农牧类的 F116:W115 号提
调农桑文书反映了元政府重视种桑养蚕，在亦集乃路推行
区田法和桑粮间作制等方面的内容。

关键词　黑城；文书；地桑；区田；桑粮间作

　　内蒙古文物考古研究所联合阿拉善盟文物工作站于 1983 年和 1984
年两次对黑城（蒙古语称作哈拉浩特，是西夏黑水城和元代亦集乃路的
遗址）进行发掘，获得近 3000 件各种民族文字的文书，其中汉文文书
的数量最多。除少量属于西夏时代的佛经外，其余都是反映元代至北元
初期政治、经济、文化等方面的文书。这批出土文书为研究当时的历史
提供了十分宝贵的资料，虽然已经得到国内外学术界的重视，但研究还
有待深入。其中农牧类的提调农桑文书资料相对集中，李逸友先生在

474

《黑城出土文书（汉文文书卷）》中对其叙录并进行了初步研究。现笔者就其中一件 F116：W115 号提调农桑文书进行考释。

一　文书释文

李逸友先生在《黑城出土文书（汉文文书卷）》中的录文有一些疏漏，笔者对照数码照片，重新考释如下。文书中缺损一字用□表示，缺漏多字用▨表示。

1. ▨ 围一遭计二百步打墙一
2. ▨ 墙打一十二三板约人平
3. ▨ 墙五堵二十日①打墙一遭若
4. ▨ 于中心置井一眼栽
5. ▨ 无害今具栽桑区种
6. ▨ 十步每二步栽地桑一窠②
7. ▨ 此栽桑二行中间留人行
8. ▨ 栽桑一窠一行合
9. ▨ 栽桑六十窠更有隔间
10. ▨ 行中间各留人行道子一步
11. ▨ ③栽桑一窠合栽桑二十窠
12. ▨ 桑四十窠④隔间三道通该
13. ▨ 亩栽地桑二百八十窠第一（年）
14. ▨ 便得大济第二年每桑一（窠）
15. ▨ 蚕三五箔第三年每桑一窠
16. ▨ 上三年外地熟桑大可
17. ▨ 子孙为后业园墙井眼桑地
18. ▨ 示
19. ▨ 伊尹教民布种区田人户不阙
20. ▨ 天旱不能布种阙食饥荒无
21. ▨ 区种法度劝谕无力贫民

22. □一亩之功可敌百亩之收一园

23. □具地十亩内除栽桑人行道

24. □公作八间每间该地一亩横一

25. □千二百四十步每步该五

26. □该分二千六百五十区内隔

27. □一区除空行隔区外可⑤种六（百六十二区）

28. □劝农每区决收一斗一亩可收

29. □（十）亩约收五百石物令人学种

30. □一亩也收二十余石若种地八

31. □余石上⑥园内栽桑三百窠

32. □上得叶三百余秤每蚕

33. □十五秤可老蚕二十余箔

34. □使⑦有十口衣食人事

35. □不唯种谷若别辟⑧划

36. □浇更有数倍之利另

37. □计之

38. □度

39. □箔每箔约收丝⑨一斤

40. □两夹桑种蜀⑩黍每

41. □尺计空一十尺每尺

42. □种蜀黍三千窠合

43. □

44. □计收谷二十石

45. □

46. □不尽

47. □图贴说细搜罗

48. □识平反落韵歌

49. □间人传不爱钱

50. 养性栽桑学种田

51. □年大旱种区田

52. 不求天雨济饥年

53. 今日天仙再来传

54. 好心不走自安然

本件文书每行前面残缺，后面完整，现存文字共 54 行，每行至多 12 字，字体为行楷，墨色较浓。据李逸友先生介绍，该文书为宣纸，长 1452 毫米，宽 123 毫米。他在《黑城出土文书（汉文文书卷）》中对该文书作了录文，但有的地方还不够准确，现就其中的内容作一说明。

第 3 行①处，判断应为"日"，意为：打墙一圈的工时是二十天，李录为"的"；第 6 行②处应为"窠"，"窠"是巢穴的意思，即挖一个坑栽一株树，李录为"窝"，下同；③处的第 11 行是笔者补录的，李漏录此行；第 12 行④处，应为"桑四十窠隔间三道"，李录为"栽桑一窠隔间三道"；第 27 行⑤处，判断应为"可"，李录为"合"；第 31 行⑥处应为"余石 / 上园内栽桑三百窠"，李录为"余在园内栽桑三百窠"；第 34 行⑦处，判断为"使"，李录为"便"；第 35 行⑧处应为"不唯种谷若别辟划"，李在"辟"字后面多录了个"于"字；第 39 行⑨处，判断应为"丝"，意为每箔约收丝一斤，李录为"系"；第 40 行⑩处应为"薥"，薥黍即高粱，李录为"葛"，下同。根据上下文，第 13 行最后一个字初步判断为"年"字；第 14 行最后一个字初步判断为"窠"字；第 27 行末尾处初步判断应补录"百六十二区"；第 29 行"亩"前初步判断为"十"字。

从以上录文可以看出，该文书在结构上分为两部分：前 46 行为公文正文，后 8 行为劝农诗一首；从内容上看，分为四个部分：1—5 行为第一部分，主要写栽桑和区种前的准备工作；6—18 行为第二部分，主要写栽桑；19—46 行为第三部分，主要写区种和间作；47—54 行为第四部分，附劝农诗一首，总结前文，深化主题。

第一部分提出栽桑和区种两个中心问题，并介绍了打墙、置井两项准备工作。首先要筑墙围成一个正方形的园子，园子周长是 200 步，合今 300 米，则边长为 75 米，总面积达 10 多亩，墙约一人高，即 1.7 米左右，20 天可以筑墙成园。文中提到"墙五堵二十日打墙一遭"，其中"打墙"是西北地区特有的建筑方法,用椽或木板相夹,填土夯实,是打墙的操作方法,当地人把筑墙称为"打墙"。由"墙打一十二三板约人平"可推算出木板宽约 15 厘米,即木椽的直径是 15 厘米。再在园子中心挖一眼井,"地桑须于近井园内栽之"。[①] 第二部分写地桑的分布及收获。"地桑"是鲁桑的一种,树干接近地面,叶子圆厚且多汁,适宜饲养大蚕。《务本新书》云:"夫'地桑'本出鲁桑。若以鲁桑萌条,如法栽培,(拣肥旺者,约留四五条),锄治添粪;条有定数,叶不繁多;众叶脂膏,聚于一叶,其叶自大。即是'地桑'。"[②] 文书载桑园中地桑株距两步,合今 3 米,行距一步,合今 1.5 米,每两行中间留人行走,栽桑四十株有三道间隔,栽桑六十株也有间隔,此间隔大概指今天的田埂,利于引水灌溉。第一年一亩地栽地桑二百八十株,第二年便有好的收成,第三年每株桑树可养蚕 3—5 箔,其与大百科全书所载"一般亩栽 2000 株的桑园,在栽植当年秋季就能收获桑叶养蚕,第 2—3 年达高产水平"相一致。三年以后这块地就是成熟地了,桑树也成长起来了,园墙、井眼、桑地就作为基业传给子孙,造福万代。第三部分是推行区田法和桑粮间作制及其好处。首先引用了先贤伊尹教民区种的典训,区田法一亩的收成相当于一般田地一百亩的收成,劝告无力贫民推行此法。《氾胜之书》载:"汤有旱灾,伊尹做为'区田',教民粪种,负水浇稼。"[③] 区田法是把地划分成若干个方块,在其中掘一正方形坎,每坎与周围之坎等距,在坎内下种并加粪土。接着讲区田法的具体做法,与王祯农书中所述如出一辙。《农书》言:"区田,地一亩,阔一十五步,每步五尺,计七十五尺。每一行占地一尺五寸,该分五十行。长一十六步,计八十尺。每行一尺五寸,该分五十三行。长阔相折,通二千六百五十区。空一行、种一行。于所种行内,隔一区、种一区。除隔空外,可种六百六十二区。每区深一尺,用熟粪一升与区土相和,布谷匀,覆土,以手按实,令土种相着。苗出,看稀稠存留。锄不厌频,旱则浇灌。结子时,锄土深壅其

---

① 元大司农司编撰,缪启愉校释《元刻农桑辑要校释》,农业出版社,1988,第 165 页。
② 《元刻农桑辑要校释》,第 163 页。
③ 《元刻农桑辑要校释》,第 15 页。

根，以防大风摇摆。古人依此布种，每区收谷一斗，每亩可收六十六石。今人学种，可减半计之。"① 所以文书 27 行应补录为 "一区除空行隔区外可种六百六十二区"。园中分二千六百五十区，除空行隔区外，可种六百六十二区。根据上下文可知该桑园为间作桑园，地桑、谷子和蜀黍（高粱）混种。每区收高粱一斗即 12 斤，每亩可收 7944 斤即"六十六石"，"减半计之"，则一亩可收 3972 斤，"一亩也收二十余石"与后文的 "计收谷二十石" 相吻合，可知收谷二十余石，合今 2400斤，则高粱和谷子两项合计约收 6372 斤，从而推知第 29 行应为 "十亩约收五百石物令人学种"，可见区田法是非常高产的。桑园内的粮食高产，桑叶的产量也不低。园内栽 300 株桑树，每蚕就得桑叶"三百余秤"，合今 4800 斤，十五秤即 240 斤可以老蚕（把蚕从蚕种养到结茧）二十多箔，使十口人有衣穿，从而推知一株桑树产桑叶 16 斤，老蚕一箔需要 12 斤桑叶。浇稼更有数倍的好处。每箔蚕约收丝一斤，可见蚕丝的产量更是惊人。桑两侧种蜀黍，即现在所说的 "间作"。最后，附劝农诗一首，语言平实，生动形象地说明了广种桑树、推行区田法的好处，"神仙来了都不愿意走了"，寓劝于诗，达到劝农的目的。宋代亦有官员做劝农诗劝农的例子。宋代各级地方长官均兼当地之劝农官，每春二月农作初兴之时，守令须出郊劝农，并作劝农诗一首，宣示君王美意。北宋胡太初谓当时的县令 "岁二月望，为文数行"②，南宋刘爚（1144—1216）《长沙劝耕》诗曰 "是州皆有劝农文，父老听来似不闻"③，皆指此。

文书的内容并不难懂，通篇都是介绍栽桑、区田、间作的方法及好处，是一份元代的提调农桑文书。李逸友先生将其定性为甘肃行中书省据中书省条画，下达给亦集乃路总管府的札付。④

---

① 王毓瑚校《王祯农书》，农业出版社，1981，第 182 页。

② （宋）胡太初：《昼帘绪论·临民篇》，影印文渊阁四库全书本，上海古籍出版社，1987，第 708 页。

③ （宋）刘爚：《云庄集·长沙劝耕》，《豫章丛书》卷一，江西教育出版社，2002。

④ 李逸友：《黑城出土文书（汉文文书卷）》，第 20 页。

二 文书所反映的问题

（一）元政府重视种桑养蚕

"国以民为本，民以衣食为本，衣食以农桑为本。"[①]元世祖忽必烈即位后，结束了中国境内长期的战乱，完成了统一全中国的事业，恢复和发展农业生产便成了当务之急。元初迭下重农政令，设立大司农司专管全国农桑水利，派员劝导农业生产，中书省又派员采访农桑事宜，制定农桑条例颁布各地依照施行。至元七年（1270），忽必烈立司农司，"颁农桑之制一十四条"，其中之一是规定"每丁周岁须要创栽桑枣二十株，或附宅栽种地桑二十株，早供蚁蚕食用。其地不宜栽桑枣，各随地土所宜栽种榆柳等树，亦及二十株。若欲栽种杂果者，每丁衮种一十株。皆以生成为定数"。[②]结合本文书可知，亦集乃路总管府也依照执行该条画。亦集乃路地处额济纳河（黑水）下游地带，沿河濒临巴丹吉林沙漠和戈壁滩，借以维持居民生存的基本条件，就是利用河水灌溉，在下游地带的冲积平原地上种植放牧，开辟和建设在沙漠戈壁包围中的绿洲。"城东北有大泽"[③]，此大泽也就是古代的居延海，在临近大泽的河旁绿洲地带，是"有田可以耕作"[④]的。所以在此地栽种桑树不是不可能的。现在额济纳旗的耕地面积是2.6万公顷，种植面积是1.9万公顷，当时亦集乃路的耕地面积是3.7万公顷，可推算出其种植面积是2.7万公顷，合40.5万亩。文书中说"亩栽地桑二百八十窠""种蜀黍三千窠"，可得知栽种桑粮的比例约为1∶10，则亦集乃路桑树的种植面积为4.05万亩。从而可知，亦集乃路栽桑的总株数是1134万株。亦有史料记载，至元二十三年（1286）"大司农司上诸路……植桑枣杂果诸树二千三百九万四千六百七十二株"[⑤]，即全国共植桑枣杂果诸树23094672株。二十八年（1291）"司农司上诸路……植桑枣诸树

---

① 《元史》卷九三《食货志》，中华书局，1991，第2354页。
② 郭成伟点校《大元通制条格》，法律出版社，1999，第194页。
③ 《元史》卷六〇《地理志》，第1451页。
④ 《元史》卷六〇《地理志》，第1451页。
⑤ 《元史》卷一四《世祖纪》，第294页。

二千二百五十二万七千七百余株"①，即全国植树 22527700 株。全国植树最多 23094672 株，全国约有 167 路，按路平均下来，每路种树约 14 万株，上文推出的亦集乃路栽桑 1134 万株简直就是天文数字。况且亦集乃路"西北俱接沙碛"②，由于土质特点，不是所有土地都适宜种植。由文书 F257:W6 可见"倘若依例每丁栽树二十株，却缘本处地土多系硝碱沙漠石川，不宜栽种"③，这里显然是明确拒绝执行上述规定的。再加上干旱不雨、河水微小，自然灾害常有发生，更达不到"每丁周岁须要创栽桑枣二十株"的指标。所以按此文书推算出来的栽桑总数是不可能达到的，这里是劝课农桑，夸大了农桑的好处。虽然这些数字不尽可信，但可以说明元朝政府一直把推广桑树的种植作为自己的一项重要工作。蚕依于桑，栽桑是为了养蚕，"蚕三五箔第三年每桑一窠"。元政府对蚕桑的重视可见一斑。

（二）元政府在亦集乃路推行区田法

《大元通制条格》载："仍仰提备天旱，有地主户量种区田，有水则近水种之，无水则凿井。如井深不能种区田者，听从民便。若有水田之家，不必区种，据区田法度另行发去。"④本文书反映了甘肃行中书省据此条画拟定公文并下发给亦集乃路的总管府。亦集乃路属于内陆性沙漠气候，冬季严寒，而夏季酷热，干旱少雨，适用于区田法。《诗集传名物钞》卷四云："诗记町畽，庐傍畦垅为麇鹿之场，又曰区种法，伊尹作为区田，一亩之中地长十八丈作十五町，町间分十四道，通人行，畽为田里所聚。"⑤区田法在操作上又分为沟种法和坎种法两种，因为两种方法的原理基本相同，后人在试验区田法时只采用坎种法，所以笔者在这里只介绍坎种法，沟种法就从略了。坎种法是把地划分为若干个方一尺五寸的方块，在其中掘一方、深各六寸的正方形坎，每坎与周围之坎相距九寸，在坎内下种并加粪土。这是上田的做法，中下田的做法与之

---

① 《元史》卷一六《世祖纪》，第 354 页。
② 《元史》卷六〇《地理志》，第 1451 页。
③ 李逸友：《黑城出土文书（汉文文书卷）》，第 101 页。
④ 郭成伟点校《大元通制条格》，第 194 页。
⑤ （元）许谦：《诗集传名物钞》卷四，武汉大学出版社，2006。

相似，只是坎的面积加大，相互间隔也应增大，亩产量则相应减少。区种法的一个特点是不受地形限制。《氾胜之书》云："'区种法'曰：汤有旱灾，伊尹作为'区田'，教民粪种，负水浇稼。区田，以粪气为美，非必须良田也。诸山、陵、近邑高危，倾阪，及邱城上，皆可为区田。"[①] 区田法的另一特点是："区田不耕产地，庶尽地力。凡区种，不先治地，便荒地为之。"前一句是方针，即提出应将人力、物力集中在小块土地上，以提高土地的利用率；后一句是具体操作，明确指出不需要先整地，可以直接在荒地上作区。[②] 此外，区田法的最主要特点是高产。如文书中说"一亩之功可敌百亩之收""十亩约收五百石物"。关于实行区田法所获得的产量，氾胜之有三种记载，其中最低的一种已远远高于当时一般的亩产量。区田法的产量能达到多高？现尚无定论。可以肯定的是，该文书一定是夸大了区田法的产量。元代粮食平均亩产一般为2石5斗，即合300斤；江浙一带一般为三四石至五六石，最高合720斤，个别地区更高；北方原来膏腴的土地，"亩可收两石"，即240斤，现在不到四分之一，农民耕种百亩土地，"好收则七、八石，薄收则不及其半"。按此推算，北方每亩粟产量，应在三四斗到七八斗之间，最高合96斤。元武宗时，真定（今河北正定）龙兴寺"有赐田盈五千亩，率以夏秋，入止一石，当为谷五千"。[③] 则每亩所产最高可达一石即120斤。与之相比，由文书推算出来的一亩可收高粱3972斤和文书中云"计收谷二十石"显然是夸张数字。但一般研究者对于实行区田法所获得的产量高于采用其他耕作法这一点，都还是予以肯定的。

区田法的这三个特点与自耕农缺乏耕牛和新农具，土地少而且质量较差的情况相适应，其中最吸引人之处还在于氾胜之所提出来的高额亩产量。如真能达到那样高的亩产量，自耕农凭借自己的小块土地就可维持一家人的温饱生活，对于自耕农来说，简直就是将其从破产边缘拯救

---

① 《元刻农桑辑要校释》，第140页。

② 刘驰：《区田法在农业实践中的应用——兼论其在中国农业史上应有的地位》，《中国农史》1984年第2期。

③ （元）姚燧：《牧庵集·储宫赐龙兴寺永业田记》，影印文渊阁四库全书本，第495页。

回来的灵丹妙药。①

不过，区田法是靠多施肥料和精耕细作来争取高产的，肥料来源姑且不论，以人工投入而言就相当可观。"上农夫区，一亩三千七百区，一日作千区。"中下田亦相似，如本文书中言"该分二千六百五十区"，仅作区，一亩就需要三至四个劳动日。在管理上也同样费工，"区中草生，芟之。区间草以划划之，若以锄锄，苗长不能耘之者，以钩镰比地刈其草矣"。因此，区田法所要求投入单位面积土地的劳动集约度大。这样，施行区田法所得到的高额亩产量，在很大程度上为其所要求的过高劳动集约度所抵销，使其难以普及。②

李逸友先生根据出土文书中提到的各干渠大小，推断此地农业人口为 4000 多人，全路总人口亦不到 7000 人。③ 在这样一个人口较少的地方，达不到区田法要求的劳动集约度，所以区田法的推行亦不能持久，随着耕牛、农具的广泛应用，区田法的合理性也就随之而消逝了。元政府在亦集乃路推行的区田法，虽有抗旱能力较强、单位面积产量较高的优点，并在小农经济的基础上存在一定的合理性，但它费工多，成本过高，不能利用畜力，难以广泛应用。

（三）亦集乃路的桑粮间作制

在一块地上按照一定的行、株距和占地的宽窄比例种植几种庄稼，叫间作套种。一般把几种作物同时期播种的叫间作，不同时期播种的叫套种。间作套种是我国农民的传统经验，是农业上的一项增产措施。

桑粮间作是树—粮间作的一种，树—粮间作是在种植经济树木的场地，有计划地间作某些一年生农作物，以达到培肥土壤、收获粮食、减少杂草或其他目的。

元代，"农桑"就是衣食的代表，桑的地位是非常重要的。由于桑田解决人民的衣着需要和农民纳绢的负担，对桑树的栽培也就得到特

---

① 刘驰：《区田法在农业实践中的应用——兼论其在中国农业史上应有的地位》，《中国农史》1984 年第 2 期。

② 刘驰：《区田法在农业实践中的应用——兼论其在中国农业史上应有的地位》，《中国农史》1984 年第 2 期。

③ 李逸友：《黑城出土文书（汉文文书卷）》，第 13 页。

别重视，所以树—粮间作以桑粮间作为多。桑粮间作的桑园称为间作桑园，本文书中的桑园即是此类。由"两夹桑种蜀黍"和"不唯种谷若别辟划"可知，该桑园是桑、谷和蜀黍间作。桑园中如果行、株距较宽，可以间作农作物，其配置必须合理，要在管好桑园的前提下，使之互利生长，避免互相抑制。桑园内间套种作物必须明确，桑树是主栽作物，间套种作物必须有利于桑树生长。至于树—粮间作中，哪些农作物可种，哪些农作物不宜种，当然因树的种类而定。就桑树同作物的利害关系看，以《农桑要旨》的记述最为精辟扼要："桑间可种田禾，与桑有宜与不宜：如种谷，必揭得地脉亢干，至秋桑叶先黄，到明年桑叶涩薄，十减二三；又招天水牛，生蠹根咂皮等虫。若种蜀黍，其梢叶与桑等，如此丛杂，桑亦不茂。如种绿豆、黑豆、芝麻、瓜、芋，其桑郁茂，明年叶增二三分。种黍亦可。农家有云：'桑发黍，黍发桑。'此大概也。"[1]《氾胜之书》云："种桑法：……每亩以黍椹子（即桑子）各三升合种之。黍、桑当俱生，锄之，桑会稀疏调适，黍熟获之。桑生正与黍高平，因以利镰摩地刈之，曝全燥，后有风调，放火烧之，常逆风起火，桑至春生。"[2]《氾胜之书》没有说明桑椹要同黍混播的理由，直至金代《务本新书》中才对此有所解释，说是"椹借黍力，易为生发，又遮日色"。[3]即桑椹的发芽力很弱，利用黍的发芽顶土能力，帮助椹子出土，同时初生的桑苗忌强光，利用黍的快速生长，为之遮阴。由此可知，种谷（即粟）对桑有害，而种豆、芝麻、瓜则对桑有利。但同是禾谷，种谷不利，种黍则有利。若种蜀黍，它的枝梢和叶子与桑树差不多，如此杂树丛生，桑也不茂。由上述农书中记载可知，桑园中既不宜种比较耗水耗肥的谷子，也不宜种高秆作物的高粱。可本文书的桑园中偏偏是桑、谷、蜀黍间作混种，且"十亩约收五百石物"。这种与农业理论背道而驰的做法又作何解释呢？笔者认为，农书中所说的桑是指高大的乔木桑，而本文书所记述的是树干接近地面的地桑，乔木桑高大，地桑主干贴地，俨然枝从地出，所以不同种类的桑就要区别对待。

---

① 《元刻农桑辑要校释》，第 189 页。

② 《元刻农桑辑要校释》，第 156 页。

③ 《元刻农桑辑要校释》，第 156 页。

"每二步栽地桑一窠",即地桑的株距是十尺,比《士农必用》中的布地桑法"方五尺内掘一坑"①的株距宽一倍,从而可知本文书中的株距足够桑、谷、蜀黍间作。再从这三种作物各自的习性来看,蜀黍,"宜下地"②,具有抗旱、耐涝、耐盐碱和喜温的特性;谷子亦称为粟,去壳后叫小米,是一种耐瘠耐旱、适应性极强的旱地作物。③可见,蜀黍和谷子的特性与亦集乃路的地理、气候条件是相适应的,它们是可以在此地种植的。地桑是喜阴的,蜀黍和谷子是喜阳的,并且地桑的植株矮小,蜀黍的植株高大,也与间作的条件相契合。蜀黍比地桑高,所以它的枝梢和叶子不会像农书中所说的与桑树差不多,不会出现杂树丛生、桑也不茂的情况。

所以从这一点来看,甘肃行中书省下达的该文书没有照搬农书中的古训,而是结合了亦集乃路当地的特点。亦集乃路推行的桑粮间作制既充分利用了土地资源,又有利于改变以农作物为主的比较单一的农作物结构形式,不但能够增加劳动者的收入,而且也可以增加政府的赋税收入,同时也有利于促进西北地区和内地经济的交流及互补。

元代在亦集乃路的提调农桑措施,虽然取得了一定的实效,扩大了耕地面积,提高了单位产量,但由于该地可耕土地比较少,加之有的地方土地瘠薄,不宜种桑养蚕,如 F257:W6 就指出"家园内栽□□,倘若依例每丁栽树二十株,却缘本处地土多系硝碱沙漠石川,不宜栽种",所以桑蚕生产并没有大规模发展起来。

(原刊于《宁夏社会科学》2007 年第 4 期)

---

① 《元刻农桑辑要校释》,第 164 页。
② 《元刻农桑辑要校释》,第 109 页。
③ 杜建录:《西夏经济史》,中国社会科学出版社,2002,第 134 页。

黑城文书所见元末两件"整点站赤"文书考释

王亚莉

摘　要　元朝政府为了"通达边情，布宣政令"，在全国范围内建立了周密的驿传制度，蒙古语称为"站赤"。元末随着社会矛盾和民族矛盾的日益激化，服役的"站户"迫于生计，开始消乏或逃亡，使得站赤制度趋于废弛。元朝政府陆续采取了很多"拯治站赤"的措施，但史料对亦集乃路站赤整治的记载较少。黑城出土的《至正二十四年整点站赤文卷》残存 16 件公文，记录了亦集乃路站赤整点情况。考释 F116:W578 和 F116:W570 两件文书，可知地方官员在亦集乃路"蒙古八站"之"落卜尪站"的整点情况，如怎样清点核实马匹驼只、铺陈什物数目及登记站户姓名，考证落卜尪站的方位，分析"正马""官给驼马""轮流走递"等问题。

关键词　黑城；元代；亦集乃路；落卜尪站

　　黑城位于内蒙古自治区额济纳旗境内，是西夏黑水城和元代亦集乃城的遗址。1983 年和 1984 年，内蒙古文物考古研究所和阿拉善盟文物工作站的工作人员在这里进行了两次大规模的发掘工作，出土了大量珍贵的文书，其中元代汉文文书数量居多。1991 年，李逸友先生编著的

《黑城出土文书·汉文文书卷)》（以下简称《黑城文书》）对出土汉文文书进行了综述性研究。该书第 172 页至 180 页辑录了部分站赤文书，并细归为提调站赤、签补站赤、《至正二十四年整点站赤文卷》（以下简称《文卷》）三部分。① 2008 年，由塔拉、杜建录等人主编的《中国藏黑水城汉文文献》第 5 册载有《文卷》图版。②

《文卷》共有 16 件公文，是亦集乃路总管府衙署整顿清查站赤的归档文书，字体为草行书，写在竹纸上，上下端有火烧残痕，现存 3000 余字。总管府官吏按日期顺序将《文卷》粘贴相连为一长卷，保存于架阁库。站赤"整点"时间从至正二十四年（1364）五月持续到九月，有兵工房拟办的呈牒、官员请派司吏、差使铺马的官文以及承办官员的保结文书。③

新出土的元代官私文书有助于深入研究元代社会制度，编号 F116:W578 和 F116:W570 的两件文书记载了亦集乃路所辖纳怜道上"落卜尅站"的整点情况，是难得的珍贵史料。笔者通过释读文书内容，对站赤整点背景、措施和反映的相关问题进行了考释，当然其中还存在很多疑问，有待进一步深入研究。

一 文书录文及格式相关问题考释

文书 F116:W578 和 F116:W570 的原录文载于《黑城文书》第 181 页。F116:W570 图版在《中国藏黑水城汉文文献》第 5 册第 1192—1196 页，编号为 M1·0940；F116:W578 的图版在第 1183—1186 页，编号为 M1·0938。④ 为确保录文的准确性，笔者参考文献图版，重新进行校勘和考释，对李逸友先生录文错讹衍漏之处逐一更正，文书中凡缺一字用"□"表示，缺漏多字用"……"表示，为了便于讨论每行顺序用阿拉伯数字标注。

---

① 李逸友：《黑城出土文书（汉文文书卷）》，科学出版社，1991，第 177—182 页。
② 塔拉、杜建录、高国祥主编《中国藏黑水城汉文文献》第 5 册，国家图书馆出版社，2008，第 1149—1197 页。
③ 李逸友：《黑城出土文书（汉文文书卷）》，第 35 页。
④ 《黑城文书》第 181 页该文书编号为 F116:W578，《中国藏黑水城汉文文献》第 5 册第 1183—1186 页将该文书编号误为 F116:W576。

文书 F116：W578 录文：

（一）（180 毫米 ×292 毫米）

1. 兵工房

2. □承奉

3. □肃等处行中书省札付该据宣使哈

4. ……近蒙省府差哈儿不花

5. ……都计禀军情回还……

6. ……忽花孙站并……

7. ……若不具呈切恐……

8. 照验得此省府合下仰照

9. ……俺伯亲诣前去本①站……

10. ……调铺马祗应②什物……

11. ……走递毋致倒断站……

12. ……依准申省奉此依上故……

13. ……提调……

（二）（188 毫米 ×451 毫米）

14. 总管府议得上项事理仰具申

15. 不时照验故牒判官俺伯忠翊将引司吏一

16. 名前去落卜赳站督勒提领百户人等自上而

17. 下在站实有官给驼马各该围槽喂……

18. 流听蒙走递毋致瘦弱倒死并铺陈什物须要

19. 一事一件完……承此合行具呈者

20. 右谨具

至正廿四年八月吏常文义（十字押印）

站赤 提控案牍 聂　元宗（十字押印）

知　事（蒙古文）（十字押印）

经　历

□日（官印）

文书 F116:W570 录文：
（一）（185 毫米 ×973 毫米）

1.……亦集乃路总管……
2.……路判官俺伯亲诣前去失剌忽鲁③
3.忽花孙站④依上⑤提调……
4.伏乞
5.照验合⑥行
6.一故牒本路判官俺伯忠翊　当府除外
7.今以⑦故牒可
8.照验早为督责本站提领百户
9.人等将在站实有官给驼马
10.如法围槽喂饲听蒙轮流走
11.递毋致瘦弱倒死并铺陈什物
12.一事一件须要完整具点讫
13.各各马匹数目并铺陈等件□
14.呈牒奉⑧
15.一差⑨司吏总府除外今差本
16.役地正马一匹驰⑩驿参随
17.本路已委判官俺伯忠翊前
18.去落卜尅站督勒提领百户
19.人等将在站实有官给驼
20.马须要如法围槽喂养
21.听蒙轮流走递不致瘦
22.弱倒死并铺陈什物一事
23.一件整点完备具点讫
24.各各马匹驼只数目并铺
25.陈什物等件开坐呈来

489

26. 合 ⑪ 下仰照验依上施行

（二）（190 毫米 ×390 毫米）

至正廿四年八月吏常文义（十字押印）
站赤提控案牍 聂 元宗（十字押印）
知　事（蒙古文）（十字押印）
经　历
（官印）（押印）（押印）

文书 F116:W578 录文中第①处李逸友先生（下同）原录文误为"在站"，应改为"本站"，对照数码照片上字形，结合上下文"本站"指的是该"忽花孙站"。第②处"衹"更改为"祗"。"祗应"是蒙古语"首思"的意译，原意汤、汁，主要指为经由使者提供饮食和住宿。文书 F116:W570 录文中第③处补为"失剌忽鲁"，根据 F116:W580 记载，"所辖失剌忽鲁"①，可推断其为一蒙古地名。第④处应改"帖"为"站"，结合 F116:W578 第 6 行可知"忽花孙站"是一个站赤名。第⑤处的"住上"应更正为"依上"，意思为依照如上施行，再结合 F116:W578 第 12 行中"依上"的字形也可以辨认出。第⑥处的"合行"，误为"各行"，结合整句"照验合行"是文书的惯用语。第⑦处"合行"根据字形更改为"今以"，语意才通顺。第⑧处辨其字形可补为"呈牒奉"，"呈牒"是地方官员向上级报告公务的一种文书格式，"奉"为献上。第⑨缺处补为"差"。第⑩缺处应补为"驰"。"驰驿"是乘骑驿马的惯用词，指官员因急事奉诏入京或外出，由沿途驿站供给铺马祗应之物，兼程而驰。第 ⑪ 缺处补为"合"，"合下仰照验"为元代公文固定用语。

　　1. 文书涂改现象考释。文书 F116:W578 是用行书写在竹纸上，墨色较浓，多处有涂改，除落款外，现存文字 20 行。前半部分内容较残，第 13 行"……提调……"后有涂抹痕迹。后半部分内容相对完整，但

---

①　李逸友：《黑城出土文书（汉文文书卷）》，第 180 页。

删改处较多。其中第 15 行的"俺伯忠翊"右侧行增插"将引司吏一名前去"。第 16 行的前半句中划去了"……忽花孙站"并在右侧补为落卜尅站，后半句在"督勒提领百户人"左旁插入了"自上而下"字样。第 18 行在"流"和"走递"间的左侧增"听蒙"，在"走递"和"并"中间右侧插入"毋致瘦弱倒死"，经过文书本身的增改，整点内容才通顺流畅。文书 F116:W570 内容相对完整，且书写整齐，现存 26 行，竹纸抄写，文书第 2、3 行文字用黑色笔迹圈住。纵观 16 件文书只有这两件多处有涂改，作为归档的正式公文，出现涂改现象是这两件文书书写的一个显著特点。对照图版照片发现，涂改文字增删笔迹和字体截然不同，可见这两件文书的形成并非出自同一官员之手。

笔者推测文书涂改的原因：其一，文书 F116:W578 将"忽花孙站"删后改为落卜尅站，"忽花孙站"并非亦集乃路站赤。文书 F116:W570 所圈内容同为"忽花孙站"，说明官吏并未正式起草整点落卜尅站的公文，仅通过删改"忽花孙站"文稿而成。涂改后的文书仍能盖印并生效，说明元末兵荒马乱之时，官员办事并不严谨规范。其二，文书原文在增插部分文字后，同《文卷》中整点其他站赤的措施用语大致相同，即反复移录官方制定整点措施的政策内容，只是整点不同站赤，派用官吏不同而已，可见下级官员办事遵循上行下效，有敷衍上级之疑。

2. 文书格式考释。这两件文书从其格式和内容来看都属于上行文书。文书 F116:W578 文末"合行具呈者""右谨具"是呈牒文书惯用语。[1] 从内容来看，文书录文中出现了"故牒"一词，也可判断该文书为呈牒。元代亦集乃路总管府下设有吏礼房、户房、钱粮房、兵工房、刑房、司吏房六房，分别掌管礼、吏、户、兵、刑、工及文书处理等各项政务，文书开头有"兵工房"字样，可推测其为兵工房所拟办，应是总管府吏员向总管府首领请派官员整点落卜尅站的报告公文。这类公文前半部分惯常移录一遍上级交办事务的内容。第 2—12 行即移录 F116:W580 文[2] 内容，F116:W580 文书为一件残屑，用宣纸抄写，尚

----

[1] 李逸友：《元代文书档案制度举隅——记内蒙古额济纳旗黑城出土元代文书》，《档案学研究》1991 年第 4 期。

[2] 李逸友：《黑城出土文书（汉文文书卷）》，第 180 页。

不能通其意，存留内容可辨其为甘肃行中书省下发给亦集乃路要求整点"失剌忽鲁"站赤的札付，故文书第3行写道"□肃等处行中书省札付"，即甘肃行中书省发给亦集乃路总管府的公文。从文书后半部分内容可推知总管府收悉甘肃行省对落卜尅站的整点命令，请求派遣判官俺伯忠翊前去落卜尅站，说明整点还未付诸行动。

文书F116:W570是亦集乃路总管府向甘肃行中书省请示报告承办事务情况的申文。判官俺伯忠翊对落卜尅站已整点完毕，向甘肃行中书省上书报告整点结果。文书末尾有申文惯用语"照验依上施行"，申文与呈牒格式相似，前半部分是移文。第2—14行移录了文书F116:W578后半部分内容，移文中"伏乞"两字，也可判断第一份文书是呈牒。"伏乞"是总管府各吏属官吏及庶民百姓向总管府请示报告的呈状惯用词。文书F116:W570后半部分内容才是要表达的核心意思，第23—24行："一事一件整点完备，具点讫各各马匹驼只数目，并铺陈什物等件，开坐呈来。"可知落卜尅站整点已结束。

这两件文书的落款年月都是至正二十四年（1364）八月，发文日期残无，由头（事由）同为"站赤"，说明在一个月内，整点完落卜尅站。F116:W570文书落款较全，年款后所署的经办司吏是常文义，提控案牍是聂元宗，其姓与职名靠近，却和人名之间相隔较大，名后划十字押印，知事为蒙古文人名，其后也有十字押印，经历一职后没有人名。《文卷》中的其他文书落款都同于此格式，提控案牍同为聂元宗，可推文书F116:W578后同此职官应为同一人，图版照片残痕可辨知事也是同一蒙古人，可见蒙古族人也担任参与站赤事务的小官吏。两件文书的官印大小、形状相同，应为亦集乃路总管府官印。文书F116:W578此押印残，而F116:W570存有2枚。其他关于整点站赤的文书中类似这种押印符号有1—5枚不等。《永乐大典》卷19417《经世大典·站赤》载："铺马札子初用蒙古文，其各处站赤未能尽识，仰给马匹，铸造小印，于札子年月日之后，黑印为马匹数目，役以省印覆之。"[①]还记载："因命今后各处取给铺马标附文籍，其马匹数付译史房书

---

① 《经世大典》，《永乐大典》卷19417，中华书局，1994，第7197页。

写毕，就左右司用墨印，印给马数目，省印印讫，别行附籍发行墨印，左右司封掌。"① 站赤文书主要是为了让总管府官员认读，其中蒙古人居多，笔者推测落款的年月日末尾处画上的这种黑色押印可能与文献中黑印表示马匹数目的记载相关。

二 文书所见落卜尅站整点的背景与措施

（一）整点的背景

至正二十四年距元朝灭亡仅差四年，此时蒙古族政权已处于风雨飘摇之中，设在纳怜道上的站赤主要功能是传送军情急务，地位非常重要，"若不整治，恐与军情急事迟误，关系非轻"。文书 F116:W578 前半部分提到省府差派蒙古官吏哈儿不花，前往亦集乃路地区巡察，回还后禀告"忽花孙站"已经倒断，严重影响军情传送。文书反映出官府的忧虑，"若不具呈切恐……"，整点站赤迫在眉睫。文书 F277:W55② 提到元末亦集乃路的社会背景，"乱军侵袭与民为害"，官员滥用首思，肆意乘骑铺马，站户站役繁重，生活疾苦，出现了给驿泛滥。故站户为了更好地生存，不得不纷纷消乏或四处逃亡。况且蒙古各站"又是冲要驿"，"通报军情，往来频繁"。③ 再者，亦集乃路自然条件恶劣，"本路所辖站赤，沿途沙漠石川相难远窎"④，又是"酷寒重地"，站赤设施是"驼马瘦弱，馆舍疏漏"。⑤ 这不仅是元末亦集乃路蒙古八站的实际境况，也是甘肃行省乃至全国站赤所面临的严重危机，所以亦集乃路蒙古各站的整点势在必行。

（二）整点的内容

整点的目的就是保证及时通报军情，不致使站赤倒断，继续维护站赤的正常运转。这两件文书提到在落卜尅站整点时，总管府派判官俺伯

---

① 《元史》卷一〇一，中华书局，1976，第 2585 页。
② 李逸友：《黑城出土文书（汉文文书卷）》，第 102、180 页。
③ 李逸友：《黑城出土文书（汉文文书卷）》，第 179—180 页。
④ 李逸友：《黑城出土文书（汉文文书卷）》，第 175、180 页。
⑤ 李逸友：《黑城出土文书（汉文文书卷）》，第 177、180 页。

忠翊带领一名司吏，一同前去督责（督勒）提领和百户人，采取自上而下的方式。

首先，清点所有的驼马数目，将各站官给驼马如法围槽喂养。李逸友先生推测亦集乃路站赤马匹情况，"约计每站有马三十至四十匹，最多时为二百九十五匹。原先只有四站分别配备有骆驼五只，后来又为其余四站补买，亦为每站五只"。①元末驼马倒死严重，官员整点落卜刬站时，提领和百户人要核实马匹驼只数目，分别对各站驼马毛色、年龄和体质情况进行登记。至元七年（1270）二月规定站赤事理，"从站户自买肥壮、齿小、无病马匹喂养走递，有司及诸人无得接揽"②，对马、驼的详细统计与站户命运息息相关，一旦倒死，要立刻补买。文书所强调的"围槽喂养"，史料有记载，"今有司提调置立文簿牧贮，逐放旋放支围槽喂养"。③亦集乃路站马饲养的方式也有相应记载："系官和买铺马，或三十、五十以付站户饲养，秋夏牧以青刍，春冬取粟官廪。"④可见饲养方式因季节更替而改变。亦集乃路站马摊派给站户饲养，冬春两季天寒地冻，草已枯死，采用"官和籴大麦"来喂饲的圈养方式，马料是大麦，为粟的一种。亦集乃路地区受自然条件所限，适宜种植的粮食种类很少，出土的田赋、钱粮、词讼、农牧等文书中所见农作物种类主要是大麦、小麦、黄米（黍）和糜子（稷）。其他文书中有官府放支各站马料的呈牒和账册，都可见马料主要为大麦。秋夏季节青草茂盛，主要是放牧，以青草为料。北方游牧地区马、牛、羊等牲畜的喂养方式，主要以放牧为主。

《元典章》中就有相关规定："诸站原有驼马草地，仰管民官与本站打量见数。插立标杆，明示界畔，无得互相侵乱，亦不得扶势冒占民田，如有种田与人收到子粒，附簿收贮，不得非礼迫使。"⑤《成宪纲要》中"牧草地喂马"条⑥也有同样记载，站马主要以放牧形式喂养，给站

---

① 李逸友：《黑城出土文书（汉文文书卷）》，第 31、180 页。
② 《经世大典》，《永乐大典》卷 19417，第 7197 页。
③ 《经世大典》，《永乐大典》卷 19421，第 7240 页。
④ 《经世大典》，《永乐大典》卷 19421，第 7219 页。
⑤ 《元典章》，《永乐大典》卷 19424，第 7265 页。
⑥ 《成宪纲要》，《永乐大典》卷 19425，第 7277 页。

户划分固定的草场范围，规定界畔处以标杆为标志，不能侵越他地，这是元代站马的牧养方式。亦集乃路地区亦农亦牧，站马"秋夏牧以青刍"，指的就是放牧。落卜尅站的整点时间是八月，正值放牧喂养，便开始圈养，这是例外。一是元末乱军入侵，唯恐官吏任意乘骑或站马丢失，防止"乘驿泛滥"。二是驼马草料不够，瘦弱不堪，倒死不断，围槽喂养集中而有实效，可减少站马的体力消耗。一般官马死亡后，要由站户补买，这会加重站户负担。

其次，清点站赤上配备的"铺陈什物"，即日常生活用品。亦集乃路站赤所提供的物质保障，主要有面、羊、绳子、席子、雨衫、马鞭、系、顶毡、状□、西□等，供乘骑、饮食、毡单绳索①等，以便官员出行和住宿。这次清点不外乎是对这些物资进行一次清查登记。元代站赤并入兵部管领后，有过一次大的整治，也是差官清点"铺陈什物"，"府州县达鲁花赤长官钦以提领人户马匹船只车辆铺陈什物馆舍等项，要一一如法如或不测差官点视"②，除馆舍上的铺陈什物，还应整点祗应什物，包括马匹、船只、车辆等交通工具。《元典章》规定："站内槽前鞍辔苫毡绳索，一切什物需要完整，仰各处提点官每月付站点觑，毋令短少，亦不致马疋瘦弱阙乏。"③一般要求每月清点一次常用物资。亦集乃站赤荒废到"馆舍疏漏"，说明此前并未按照站赤制度要求月月整点，所以集中在至正二十四年的整点，应是很全面的。

最后，核实站户人数，采取"具点马匹毛色齿岁同花户姓名保结开坐"。花户是户籍上的户口，这里指站户的户籍。元政府驱使大批民户出人出资，无偿地为驿站服务。被政府签发来承担站役的人户，在国家户籍上自成一类，称为站户。元初规定从中等或中等以上的人户中签发，到了后期，中等户以上的富户往往想办法逃避差役，已经无法维持庞大的站赤系统的正常运转，占绝大多数的中、下户成为签补对象，逐渐打破了等级限制。他们一经签发，就成了站户主体，便长年累月、世世代代被束缚在驿站系统中，为站赤服务。元代站户管理按照"各处站

① 李逸友：《黑城出土文书（汉文文书卷）》，第174、180页。
② 《永乐大典》卷19425，第7278页。
③ 《永乐大典》卷19424，第7270页。

赤除当站田粮外，所有余粮比附本乡都有钱税，不以是何户计内，照以科粮鼠尾，验田数多者从上挨排，轮流充当"[①]，当役人户都是根据田粮数量，按鼠尾簿上的户等，自上而下轮流充当，有的只限于上中户。文书所见整点时，"督勒提领百户人等自上而下在站实有官给驼马各该围槽喂……"那么，这里是根据站户在鼠尾簿上的户等轮流对其所属"铺陈什物"和"官给驼马"进行登记。整点结果"一事一件整点完备具点讫"，整点时按照户籍，对照充役站户人名登记人数，进行管理。

三　文书所反映的几个问题

（一）关于"落卜尅站"

李逸友先生认为纳怜道在亦集乃路地区设有八个蒙古站赤，分别为在城站、盐池站、普竹（普筑）站、狼心站、即的站、马兀木南子站、山口站和落卜尅站，城南设五站，城北有两站。《经世大典·站赤》中提到了"亦集乃所管七站，除在城至川口两站，山外口至本路有五站"[②]，所管七站，指除在城站以外的七个站。文书 F2:W65[③] 列出八站名称，但并不能反映各站的地理位置。唯知在城站在亦集乃城内，1984年，发掘黑城时查明在城站位于西门内大路西端南侧的院落。[④] 黑城出土一件诉状残页上见到有"迤北落卜尅站住人"，可知，落卜尅站位于亦集乃城北面。另有一件站户地土案的诉状文书记载："右玉至罗年三十岁无病系本路所管落卜尅站户在沙立渠住坐付，为状告累年以来节次月日不□揭借他人，前债主逐逼取无可打兑。今将忽鲁地面元占得开荒地一段，计地伍拾亩已□熟地叁拾亩生地，式拾亩其他东至徐答失帖木儿地为界，南至卖……丁伯沙乞答地为界，北至梁耳债地为界四至分明欲。"[⑤] 沙立渠是额济纳河的一个灌溉渠道，在忽鲁地面，落卜尅站户

---

①　《永乐大典》卷 19424，第 7273 页。

②　《永乐大典》卷 19421，第 7219 页。

③　李逸友：《黑城出土文书（汉文文书卷）》，第 174、180 页。

④　李逸友：《黑城文书所见的元代纳怜道站赤》，《文物》1987 年第 7 期。

⑤　李逸友：《黑城出土文书（汉文文书卷）》，第 153、180 页。

在沙立渠住坐，说明落卜尅站的站户在此地。

F116:W578 和 F116:W570 两份文书也提到"失剌忽鲁地面"，应为同一地名。还有文书 F9:W34 载，"站户汝中吉地土依照元中统二年元岁租结执照内靠西石川枣，忽鲁汉语沙枣树"。[①] 西石川则接近亦集乃城折向北以西的戈壁滩，忽鲁为一蒙古地名，靠近戈壁，落卜尅站沿着额济纳河北段，大致应设在此地。亦集乃城北面的古苏古诺尔河河道旁有大量盐泽积淀，额济纳河未改道前此地是个盐池，盐池站应在此附近，且以地理特征而命名，那么落卜尅站位置很有可能在盐池站与在城站之间。文书 F16:W553 记载："本路置在极边，接连川口，紧□迤北屯驻。"[②] 或许川口是一个站赤名，为落卜尅站的别名，那么也有可能在盐池站以北。

这两件文书都提到了亦集乃路所辖"失剌忽鲁"领地的"忽花孙站"，其并不在蒙古八站之列。还有一件文书 F111:W62[③] 并列有两个站的站户名单，提到"亦秃孩站"和"落卜尅站"，亦秃孩站当为亦集乃所管，也并不在蒙古八站所列。亦集乃路所管蒙古站赤数目有可能不只八站，值得进一步研究。

（二）关于"正马"

F116:W570 提到差"正马一匹驰驿参随"，其中文书 F116:W570 委派判官俺伯忠翊前去落卜尅站进行整点时，参随司吏乘骑"正马一匹"。忽必烈中统四年（1263）规定北方的站户"两户半养正马一匹，贴马一匹"[④]，至元元年（1264）改为"四户共当正马一匹"[⑤]，至元十九年（1283）"随路站赤三五户共当正马一匹，十三户供车一辆，自备一切什物公用"[⑥]。不言而喻，站户同时还要养贴马一匹。这个规定以后逐渐形成定制，无论汉人站还是蒙古站都是如此，把当役的马称为正马，另外站户还要在家养贴马以备急用，"为恐见在站马不测病故，里勒本户预

---

① 李逸友：《黑城出土文书（汉文文书卷）》，第 153、180 页。
② 李逸友：《黑城出土文书（汉文文书卷）》，第 138、180 页。
③ 李逸友：《黑城出土文书（汉文文书卷）》，第 93、180 页。
④ 《永乐大典》卷 19417，第 7199 页。
⑤ 《永乐大典》卷 19424，第 7270 页。
⑥ 《永乐大典》卷 19424，第 7264 页。

置贴马一匹，在家喂养，以备补换"①。而且"若有倒死，又索补买，一岁之间，所费甚重"②，站户养马负担还是很沉重的。亦集乃路地广人稀，肯定远远超过五户喂养一匹正马。文书 F116:W570 提到"正马一匹"，表明依然能派出正马供官吏整点乘骑，而未动用贴马。有两种可能，一是这时站户已没有能力再养贴马以备急用，并没有备用的贴马；二是正马尚能满足日常的轮流走递，官吏差用属于正常公务。

（三）关于"官给驼马"

关于"官给驼马"的记载印证了《经世大典》所记。站赤上供驿的站马亦称为铺马，元代站赤分为达达站（蒙古站）和汉人站，蒙古站的铺马由站户自备，或由所在百户、千户内征发。亦集乃路所辖各站"系官和买铺马，或三十、五十以付站户饲养……设若倒死，官司有议补买盖是物不干己，致罹此弊，今后合令本路正官分轮提调，有损毙，当该官与站户补买，果若走递病死者，申覆上司验补之"③。"和买"就是官府出钱购买所需各种物品，亦集乃路所辖的各站属于蒙古站赤，理应由站户自备，但由于此处自然条件恶劣，且站赤作用重大，所以铺马由政府出钱购买，分拨给站户饲养应役，但是一旦站马病毙后，就要让站户赔补，当站户没有能力补买时，就会出现站户的消乏和逃亡，影响站赤正常运转。

（四）关于"轮流走递"

文书提到站马的派遣按照"轮流走递"，目的是"毋致瘦弱倒死"。元代每个站赤都有一个登记簿，用来登记马匹数量，根据官吏、使臣的需求，挨次轮流差遣走递。《元典章》记载"起马置历挨次"，因站马派用次数不均，导致站马死损的事件很多，所以"置总差文薄一扇，附写马数，凡遇起马，照依元附文薄自上而下挨次点差，仍每匹出给勘合印帖一张，并置勘合薄一扇，于站薄上该写某人马匹，起送是何使臣，分付管马牌头，令各牌依上置历附写过，责付养马人夫收官递

① 《永乐大典》卷 19417，第 7199 页。
② 《永乐大典》卷 19417，第 7197 页。
③ 《永乐大典》卷 19424，第 7264 页。

送，其站官日逐书押，须要周而复始轮流走递，不得越次偏重"，^①这样的规定方便合理差遣铺马。小铺马也要挨次轮差三日或五日再交换，按照依上置薄，每旬结附，以备查照。元代还规定"使臣除军情急务外，不得走骤，日行不过三站，宿顿处于起马官文上明白该写某站起程至第三站止，如违，站官宣使各断，再犯罪役"。^②文书反映出铺马的差遣方法，仍循旧规。

这两份文书所见落卜尅站的整点，在亦集乃路其他站也如同法，揭示了站赤整点程序。这次整点起到的作用到底如何，已无从得知。元末站赤的衰落已经成了一种必然的趋势，这不是凭借一届官员的努力能够改变的，但多少缓解了暂时的危机。整点站赤文书也反映了元朝末年政府的腐败，官员下推上掩的弊端，这也是元朝走向衰亡的一个因素。文书所记之事的时间距离元朝退出大都只有四年，经过这次整点，亦集乃路的站赤未曾倒断，出土文书中还发现了至正三十年北元时期的咨索铺马圣旨，^③可见站赤还在为蒙古统治者服务。

（原题为《黑城文书所见元代两份整点站赤文书考释》，
刊于《内蒙古师范大学学报》2008年第1期）

---

① 《永乐大典》卷 19424，第 7274 页。
② 《永乐大典》卷 19425，第 7286 页。
③ 李逸友：《黑城出土文书（汉文文书卷）》，第 36、180 页。

由黑水城文书看亦集乃路民事
纠纷的调解机制

王　盼

摘　要　调解作为一种解决纠纷的方式在我国有着悠久的历史，其
对解决纠纷、缓解司法机关的压力、和睦邻里家庭关系
起到了积极的作用。内蒙古藏《黑城出土文书（汉文文
书卷）》中保存的《麦足朵立只答站户案文卷》与文书
F116:W98 是反映元代亦集乃路地区民事纠纷调解机制的
典型案例，为进一步研究元代民事纠纷的调解机制提供了
实物资料，有着重要的价值。

关键词　黑水城；亦集乃路；民事纠纷；调解机制

位于内蒙古自治区额济纳旗境内的黑水古城，是西夏黑水镇燕监
军司和元代亦集乃路总管府所在地。1983 年和 1984 年，内蒙古文物考
古研究所和阿拉善盟文物工作站在这里进行了两次大规模的考古发掘工
作，出土了大量珍贵的文书，其中汉文文书数量居多，绝大部分属于元
代。1991 年 11 月，科学出版社出版了李逸友先生编著的《黑城出土文
书·汉文文书卷》（以下简称《黑城文书》），并对出土的汉文文书进行
了综述性研究。本文选取《黑城文书》中的《麦足朵立只答站户案文
卷》及文书 F116:W98 为研究对象，这两组文书记载了元代亦集乃路地
区民事纠纷的调解机制，是《黑城文书》中仅有的两件告拦文状。目前

学术界对元代民事纠纷调解机制的研究大多利用的是史料中的记载，本文以新出土的考古资料为第一手资料，希望在对元代亦集乃路地区民事纠纷的调解机制进行探讨的同时，可以为元代民事纠纷调解机制的研究提供更多的资料。

所谓调解，指双方当事人发生纠纷时，由第三方出面主持，依据一定的规范，用说明、教育、感化的方式进行劝解、说和，使当事人双方深明大义，互谅互让，协商解决纠纷，以达到息事宁人、和睦相处、维护社会安定与和谐。① 我国自古以来就有调解的传统，这种传统在我国已有上千年的历史。民族学资料表明，在初民社会中发生纠纷基本上都是用民间调解的方式解决的，在周代官制中就已设有"调人"之职，"司万民之难而谐合之"即设有专门负责调解事务的官员。② 秦汉时的"乡啬夫"，"职听讼"，负有调解职责。③ 唐朝乡里讼事则先由里、正村、坊里调解。宋时，法律中未见有民事调解的规定，但司法实践中，的确也有调解的事例。元代也毫不例外，继承这由来已久的传统，广泛运用调解处理民事纠纷，对此元代文献多有记载，由于历史的原因，有元一代的主要典籍《大元通制》全文今已不存，有关民事调解的规定散见于仅有的《通制条格》残卷及元文人笔记、石刻资料之中。笔者有幸在黑水城文书中发现记载元代亦集乃路地区民事纠纷调解机制的两组文书，下文将对这两组文书做具体分析。

一 文书基本内容

1.《麦足朵立只答站户案文卷》

《麦足朵立只答站户案文卷》共包括五件文书，出土比较集中，均出自亦集乃路总管府阁架库（F116）。文卷中记录的时间是至正廿年，即 1360 年。从保存情况来看，其中文意基本能够连贯的残件有四件，

---

① 胡旭晟、夏新华:《中国调解传统研究——一种文化的透析》，《河南省政法管理干部学院学报》2000 年第 4 期。

② （清）孙诒让:《周礼正义》卷二六《地官司徒第二》，中华书局，1987，第 1024 页。

③ 《汉书》卷一九上，中华书局，2002，第 742 页。

十几字的残屑有一件。书写纸质有竹纸、麻纸，用麻纸书写的文书有两件，用竹纸书写的文书有三件。书写字体有行书、草行书及行楷书。具体情况见表1（以下对文书概况的描述均参照李逸友先生《黑城文书》）。

表1 《麦足朵立只答站户案文卷》五件文书情况

文书编号	保存情况	纸质	字体	主要内容
F116:W467	残	麻纸	行书	
F116:W237	残屑	竹纸	草行书	额迷渠站户麦足朵立只答因其驱口亦称布不为其服役发生纠纷
F116:W501	残	竹纸	行书	
F116:W502	残	竹纸	行楷书	
F116:W242	残	麻纸	行书	

2. F116:W98（选自《黑城文书》第151页）

文书右下角残，保存文字20行，共有三件，第一件原件高34.8厘米、宽22.5厘米，第二件原件高29.5厘米、宽22.6厘米，第三件原件高22.0厘米、宽24.5厘米。现根据《中国藏黑水城文献》图版并参照李逸友先生的录文对文书进行辑录（"○"代表原件缺三字或三字以上，"□"代表原件缺一字，"/"表示转行，"------"代表不同的告拦文状可根据其具体的内容填写）。

1. 甘肃等处管军万○

万户府委差镇○

旧处将各人劝说休○

扰乱官司李文通众人等商量告拦文状以○情愿当官告拦休和将上项

元争地土壹石均分叁分内分与孙占住贰分陈伴旧分与壹分意愿将孙占住元种地小麦叁斗陈伴旧收持碾

到市斗小麦壹石陆斗就交付与孙占住了当如梦准告于民相□告拦休和之后占住永无再行经官陈

告争竞如后不依告拦却有二人争竞者占住情愿当官罚骗马叁

　　匹白米壹拾石充本管官司公

　　　用更甘当重罪不词执结是实得此

　　　告拦状人陈伴旧等

　　　一名被告人陈伴狗年四十三岁无病

　　　一名被人陈育狗年三十八岁无病

　　　一名孙占住年三十一岁无病

　　　告拦劝和人

　　　一名李文（李逸友先生误录为"久"，此字应为"文"）通

　年五十五岁无病

　　　一名闵用年十三岁六无病

　　2. ○年三月□日

　　3. 廿七日

　　这件文书较残，但文意可大致贯通："甘肃等处的管军万户府委差（即派遣）某人劝说陈伴旧和孙占住，随两人愿意听从调解私下休和，不再争讼。"

　　上述两组文书按内容来说可认为是亦集乃路民事纠纷调解机制的典型案例，从形式来看，这两组文书是典型的告拦文状，在内蒙古藏黑水城文书中，告拦文状仅此两件。告拦其实是私下调解双方达成的一种协议，详情将会在下文做具体论述。因为《麦足朵立只答站户案文卷》残损严重，文书 F116:W98 保存相对完整，现根据上述录文对告拦文状的格式做一分析：

　　文书开头交代"甘肃等处管军万○/万户府委差镇○"，意思是甘肃等处管军万户府委差某某进行调解。随当事人愿意听从调解休和，决定起草告拦文状。紧接着交代协议内容，如后不得反悔，否则会受到惩罚，在文状中明确交代惩罚的内容，最后交代劝和人及当事人的姓名、年龄、健康情况。

　　由此可见告拦文状的写法：

　　------ /某某等商量告拦文状以情愿当官告拦休和/当事人内部休和内容/当如蒙准告于民相，告拦休和之后某某永无再行经官陈告争竞如

后不依，告拦却有------争竞者，某某情愿当官罚------充本管司公用，更甘当重罪不词执结是实得此／告拦状人某某等／一名被告人某某------岁无病／一名被告人某某------岁无病／告拦劝和人／一名某某------岁无病／一名某某------岁无病。

其内容包括四部分：（1）某某等人决定起草告拦文状当官休和；（2）当事人内部休和的内容；（3）休和之后再行经官陈告争竞甘当受罚，受罚内容须交代清楚；（4）告拦状人，劝和人姓名，年龄，健康状况。

二　元代民事纠纷的调解机制

《麦足朵立只答站户案文卷》中记载，麦足朵立只答因其驱口亦称布不为其服站役而上告官府，有投下官乔昝布、赵答麻进行劝说。在这组文书中可以看到"劝说""劝付""劝道"等词，文书中的投下官乔昝布、赵答麻充当的是劝和人的角色。像这样的词语还在《黑城文书》F116：W98 中出现，文书中有争议的两个人愿意听从调解私下休和。《麦足朵立只答站户案文卷》的调解结果因文书的缺损无从得知。但是从以上论述可以看出，劝和人在元代民事纠纷的调解中发挥着重要的作用。

《麦足朵立只答站户案文卷》与文书 F116：W98 中都出现"劝说""劝和""劝和人"等词语，这些相同的词语表明遇到纠纷时除了上告官府，请求官府的裁断，还可以通过调解来解决，由此可以看出调解作为一种解决纠纷的方式，在解决纠纷、缓解司法机关的压力、和睦邻里和家庭关系等方面起到了积极的作用。

元代民事纠纷的调解一般可分为民间调解、半官半民调解和官府主持的调解。[①] 民间调解指诉诸到官府之前，由主持民间调解的主体进行调解。一般来说，元代主持民间调解的主体有乡里望族、宗族、有知识有文化的第三方、仕宦之家、诗礼之族、殷富之家、村社社长等。[②] 在民间

---

① 舒琴：《元代民事纠纷的解决机制——以南方汉地为中心考察》，硕士学位论文，西南政法大学，2006。

② 舒琴：《元代民事纠纷的解决机制——以南方汉地为中心考察》。

调解不能奏效时，案件就会诉诸到官，这时当事人又愿意私下调解的案例属于半官半民调解。半官半民调解不能奏效时，案件交由官员进行调解，这种由官员调解的案件属于官府调解。综上所述，民间调解、半官半民调解、官府调解的区别在于：（1）民间调解的案件一般发生在诉诸到官之前，半官半民调解与官府调解的案件一般发生在诉诸到官之后；（2）主持调解的主体不同，官府调解的主体一般是官员，半官半民调解与民间调解的主体一般是民间有知识有威望的人；（3）半官半民调解与民间调解的主体基本相同，其不同在于半官半民调解已经诉诸到官府，会在官府备案，而民间调解指诉诸到官府前，因此不会在官府备案。

《麦足朵立只答站户案文卷》的劝和人是投下官乔昝布和赵答麻，这组文书是诉诸到官府后由官府进行调解的案例，笔者认为这组文书应属官府调解，理由有如下几点：（1）已经诉诸到官府，"○中间劝说将你所告故驱李保男亦称布沙其布嵬兀当站"，"等一同上告"，"亦集乃路总管府据麦足朵立只答状告云云"；（2）调解的主体是投下官，"在投下官乔昝布赵答麻劝和"；（3）文书中保存有勾返相关人等到案的传唤帖和呈文等公文。文书 F116：W98 的劝和人是李文通、闵用，这件文书是甘肃等路管军万户府派遣李文通等进行调解的案例，由文书可以看出有争议的双方愿意听从调解休和。由于文书较残，李文通的身份还无从得知，这就给判断这件文书的性质带来困难，但是可以肯定的是这件文书不会是民间调解的案例，属于官府调解的可能性较大。

两组文书中都出现"告拦""告拦休和""告拦劝和人"等词，告拦其实是调解双方私下达成的一种协议。《元典章·刑部·诉讼》中的"告拦·田土告拦"条记载了汴梁路封丘县民王成与祁阿马互争田土自愿休和一案。"有原告人王成被告人祁阿马及干证连名状告：缘为成等递相赴上司陈告，见争田地一顷一十六亩半。蒙中书省委官前来归问，将成等勾到，官欲行归结间，在省外有知识人郑直等将成劝和……。因此，成等自愿商议休和，议将见争田地各除地段，对众另立私约合同文字。"[①]综上所述，我们可以得出结论：文书中所谓的"告拦"，就是指

---

① （元）脱脱：《元典章·刑部·诉讼》，"告拦·田土告拦"，中国书店，1999，第 1949 页。

当事人因婚姻田宅家财债负等事发生民事纠纷时，由他人劝和当事人，订立私约，不再争讼。经分析，《元典章》中记载的案例应属于半官半民调解的案例。根据《元典章》、《麦足朵立只答站户案文卷》及文书F116：W98的记载可以看出，这种以告拦的方式进行，在双方自愿的基础上达成的协议，元朝是依法认可的。这些案例经劝和人劝和而得到圆满解决。它具有程序上的意义，就是说调解的结果如同判决一样，不仅对当事人具有同等的约束力，而且在程序上引起诉讼的结束。当事人不得以同一事实和理由再行起诉，官府也不得受理。

由上面的论述可以总结出调解的几个特征：第一，必须有第三方参与调解；第二，F116：W98中记载"情愿当官告拦休和"，可见，调解应以当事人的自愿为基础，这包括对第三人的选择、调解的启动及协议的达成，如《麦足朵立只答站户案文卷》中记载"亦称布等求今投下官乔昝布等向朵立只答等劝说"，可见劝和人投下官乔昝布是亦称布自愿选择的；第三，调解一般不具有国家强制性，其能否得到遵守和执行一般依靠道德及当事人的意愿进行保障，但调解的结果如同判决一样，不仅对当事人具有同等的约束力，而且在程序上引起诉讼的结束；第四，调解在程序上更加简便、灵活，易于开展。

《麦足朵立只答站户案文卷》与文书F116：W98大致勾画了亦集乃路地区民事纠纷的调解方式，说明即使在相对偏远的亦集乃路，这种私下的法律调解机制仍然存在。这两组文书与《元典章·刑部·诉讼》"告拦·田土告拦"条中记载的案例粗略地描述了元代民事纠纷调解机制，有着重要的价值。

（原刊于《西夏研究》2010年第2期）

俄藏未刊黑水城出土木星星神图像志研究

张海娟

摘　要　星神崇拜在西夏时期非常流行，西夏故地遗存大量星神图像。新发现的俄罗斯科学院东方文献研究所藏木星星神绘画作品为先前未刊布黑水城出土系列星神图像资料。结合星神崇拜相关佛教、道教文献，与黑水城、敦煌，银川、山西等地遗存的木星星神图像比较，可以看出该图像具有比较明显的木星星神图像志特征：卿相、猪头、桃子等，与唐宋时期同类型图像一脉相承，是星神图像自域外传入中国后不断融合本土文化、民族文化，具有明显的中国化、区域化特色。同时，该木星宽额高鼻、浓密髯胡的肖像，在其他同类型图像及文献中未见，是西夏多元文化的代表。

关键词　黑水城；木星；星神；图像志

一　国内外研究情况

俄国探险家彼·库·柯兹洛夫于 1907—1909 年在黑水城地区进行了大规模的考古发掘，出土了大量文物、文献资料。[①] 黑水城所获文

[①]　〔俄〕彼·库·柯兹洛夫：《蒙古、安多和死城哈喇浩特（完整版）》，王希隆、丁淑琴译，兰州大学出版社，2011，第 11 页。

献资料现收藏于俄罗斯科学院东方文献研究所，文物资料收藏于俄罗斯冬宫博物馆。收藏于冬宫博物馆的三百多件艺术品中，有关星神题材的图像是黑水城出土图像中数量最多的一类。根据目前公布的情况来看，继《丝路上消失的王国——西夏黑水城的佛教艺术》公布 2 幅，即"星宿神"（X-2424）及"月孛"（X-2454）后，[①]《俄藏黑水城艺术品》(I)彩印刊布 17 幅，包括《众星曜簇拥的炽盛光佛》图 7 幅（X-2424，X-2425，X-2426，X-2427，X-2428，X-2430，X-2431），《炽盛光佛图》1 幅（X-2423）及单独星曜图 9 幅，"月孛"（X-2450）、"土曜"（X-2451）、"木曜"（X-2452）、"月曜"（X-2453）、"月孛"（X-2454）、"计都"（X-2455）、"金曜"（X-2481）、"火曜"（X-2482）、"罗睺"（X-2483）。[②]直到 2006 年，《12—14 世纪哈拉浩特出土佛教绘画》对《俄藏黑水城艺术品》(I)中的 17 幅星神题材图像再次彩印刊布，补充了对部分图像的解读及风格研究。[③]

冬宫藏黑水城出土星神图像从内容上可分为两大类，第一类为炽盛光佛图中的星神图像，第二类为单独的星神图像。得益于黑水城出土星神图像收藏于冬宫的巨大便利，俄罗斯学者们首先对该批图像进行了介绍与研究。卡切托娃（С. М. Кочетова）最早比较全面地向学界介绍了黑水城出土的星神图像，从儒、释、道对西夏文化的影响入手，从肖像、服饰、手持物几方面分析了十一曜星神图像的风格特点及来源。[④]在此基础上，萨莫秀克从文化、宗教、肖像、风格等多角度对俄藏黑水城出土星神图像进行了阐释。[⑤]随着中俄西夏学合作的不断推进，西夏学国际化的趋势不断加强，黑水城出土文献文物资料

---

① 《丝路上消失的王国——西夏黑水城的佛教艺术》，许洋主译，台北："国立"历史博物馆，1996，第 229—233 页。

② 俄罗斯国立艾尔米塔什博物馆、西北民族大学：《俄藏黑水城艺术品》(I)，上海古籍出版社，2008，图版 39—55。

③ К. ф. Самосюк. *Буддийская живопись из Хара-Хото XII-XIV веков*, Санкт-Петербург: Издательство государственного Эрмитажа, 2006, pp.62-69, 178-199.

④ С. М. Кочетова. *Божества светил в живописи Хара-Хото*, Государственный Эрмитаж. Труды отдела Востока, т. IV, ЈТ., 1947, p. 472.

⑤ К. ф. Самосюк. *Буддийская живопись из Хара-Хото XII-XIV веков*, Санкт-Петербург: Издательство государственного Эрмитажа, 2006, pp. 178-199.

在国内不断公布，黑水城出土星神图像也引起了国内学者的关注，他
们对此也进行了一定的研究。国内关于黑水城出土星神图像的专门研
究很少，廖旸在讨论炽盛光佛构图中各星神图像的演变时，通过黑水
城出土部分星神图像专门讨论了月孛形象的渊源及流变。[①] 崔红芬《从
星宿神灵崇拜看西夏文化的杂糅性》首次比较全面地介绍了黑水城出
土星神图像在冬宫的收藏情况，通过星神图像的风格特点重点讨论了
西夏文化的杂糅性。[②] "孟嗣徽《十一曜星神图像考源——以西夏时期
〈炽盛光佛与十一曜星神宫宿图〉为例》描述了西夏时期《炽盛光佛与
诸曜星神宫宿图》，对图像和星神名称的来源作了细致的考证，指出西
夏星神崇拜中汇聚了希腊、波斯、印度、中国各种文化要素。"[③] 除此之
外，在对炽盛光佛、星宿崇拜、星神图像等内容讨论的过程中，部分
学者也或多或少涉及黑水城出土星神图像。笔者前期已作阐述，在此
不再赘述。[④]

除冬宫藏黑水城星神图像外，据萨莫休克撰述，俄罗斯科学院东
方文献研究所也收藏了四幅黑水城出土星神图像，至今尚未公布，[⑤] 不
为学界所知。2018 年，笔者赴俄罗斯访学期间，有幸在俄罗斯科学院
东方文献研究所特藏室见到一幅木星星神图像，经核实，该图像为此
前尚未刊布的黑水城出土四幅星神图像之一。本文主要结合黑水城出
土其他星神图像、佛教文献、道教文献，以及我国其他地方遗存的相
关文物文献，讨论新发现东方文献研究所藏木星星神图像的图像志特
征及来源。

---

① 廖旸:《炽盛光佛构图中星曜的演变》,《敦煌研究》2004 年第 4 期。
② 崔红芬:《从星宿神灵崇拜看西夏文化的杂糅性》,《江汉论坛》2010 年第 10 期。
③ 荣新江:《俄罗斯的敦煌学——评〈敦煌:第二个百年的研究视角与问题〉》,《敦煌
  吐鲁番研究》第 13 卷, 上海古籍出版社, 2013, 第 573 页。
④ 张海娟:《西夏星神图像研究述评》,《西夏学》2017 年第 1 期。
⑤ К. ф. Самосюк. *Буддийская живопись из Хара-Хото XII-XIV веков*, Санкт-
  Петербург: Издательство государственного Эрмитажа, 2006, p. 64;〔俄〕萨莫秀克:
  《西夏王国的星宿崇拜——圣彼得堡艾尔米塔什博物馆黑水城藏品分析》, 谢继胜译,
  《敦煌研究》2004 年第 4 期。

二 俄罗斯科学院东方文献研究所藏木星星神图像

俄罗斯科学院东方文献研究所特藏室收藏一幅星神图像为纸质，彩绘，卷轴画，尺寸不详，画面主尊为男像，站立，有头光，头戴猪首饰金色官帽，宽额高鼻，方面大眼，黑色浓密髯胡，右手微抬持笏板，左手翘莲花指并持桃子一枚，身着镶绿边紫红色长袍。此画主尊为上半身像，神态安详、温和。图像左上方有西夏文榜题，汉译"木星"。东方文献所将其标识为"柯兹洛夫黑水城藏品，12世纪"（图1）。

图1 木星星神（俄罗斯科学院东方文献研究所藏，笔者于2018年拍摄）

冬宫藏黑水城出土多幅《炽盛光佛并十一曜图》及一幅《木星星神图》中也有木星星神。

冬宫藏黑水城出土《炽盛光佛并十一曜图》（X-2424）堪称黑水城艺术珍品，也是西夏星神题材图像的典范。该图像反映的是炽盛光佛与十一曜星神的一幅静态画面：炽盛光佛结跏而坐于画面中央，十一曜星神分别被安排在其左右前方环绕。其中图像左侧、自上而下第二排靠近炽盛光佛的为木星星神，具头光，头戴猪首饰金色官帽，眉毛上扬，眼睛扁长，面方耳大，鼻头圆厚，双唇紧闭，胡须浓密，长鬃角，着金色宽袖交领长袍，系红色腰带，左手持仙桃一枚，右手持笏板，神情严肃凝重。整个画面呈现出一派富丽堂皇的景象。值得一提的是，X-2424中木星星神的胡须形状既不同于日星神和紫炁星神明显的汉式官员胡须形状，也不同于土星星神明显的域外形象，而是介于二者中间的一种特别形式。冬宫藏 X-2431（1）中的木星星神形象与此基本一致，应为根据同一底版所作，只不过 X-2431（1）画面略显粗糙。

黑水城出土的单个星神图像中也有一幅木星星神图像（X-2452）。该图像为纸质卷轴画，图像以黑色边框包围，上边框的上方中间位置圈内有一西夏字，汉译"木"。图中木星星神为站立状，双手持笏板捧于胸前，头戴梁冠，眉毛细长，眉峰较低，基本呈一字，眉头稍蹙，耳垂厚实且明显，面目饱满，双唇紧闭，胡须稀少，目视前方。内穿紫色绿边交领长袍，外披墨绿黑色镶边阔袖长袍，脚蹬卷云装饰鞋。

将东方文献所藏木星星神图像与上述两幅冬宫藏木星星神图像对比可发现，星神均为男性长者星官形象，站立，身着阔袖长袍。但在细节上相互之间还是有较大差别。第一，从冠饰来看，冬宫藏 X-2424、东方所藏木星星神均头戴猪首饰金色官帽，而冬宫藏 X-2452 中木星星神头戴中原汉式文官帽，没有猪头作为饰物。第二，从星神肖像来看，几幅图中星神的面部特点各异，冬宫藏 X-2424 中星神面方耳大，眉毛略倒立，神情严肃，整个人精神抖擞；冬宫藏 X-2452 中星神脸型短而圆，平眉细长，紧蹙眉头，脖颈纹非常明显，是上了年纪的老者的形象；与上述两幅图中明显的汉人形象不同，东方文献所藏木星星神宽额高鼻的形象有一种域外风采，星神眼神更加柔和一些。除此之外，几幅图中星神胡须的差异尤其明显。冬宫藏 X-2424 中星神具典型的汉式胡髭；冬宫藏 X-2452 中星神胡须也比较接近汉地官员的胡须形状，长而尖的鬓角、髭和须，但他浓密蓬松的长鬓角又明显与汉式胡须有所区别；而东方文献所藏木星星神的胡须则是完全的域外风格，为黑色浓密髯胡。第三，从星神手持物来看，虽然几幅图中星神均手持笏板，但手持笏板姿势有别。冬宫藏 X-2424 及东方文献所藏木星星神均右手持笏板搭于右肩，而冬宫藏 X-2452 中星神双手捧笏板置于胸前，这与贺兰县宏佛塔出土"炽盛光佛"中木星星神的形象一致。除手持笏板外，桃子、果盘等也是木星星神的一大标志，几幅图中也不尽相同。冬宫藏 X-2424 及东方文献所藏木星图中星神均左手拿一桃子置于左肩前方；冬宫藏 X-2452 中并未出现桃子。第四，从服饰来看，几幅图中星神所着衣物也不尽相同。冬宫藏X-2424中，从露出的上半身来看，星神着华丽的金色云卷纹镶边阔袖官服；冬宫藏X-2452中星神内穿紫色绿边交领长袍，外披墨绿黑色镶边阔袖长袍，脚蹬卷云装饰鞋；东方文献所藏木星星神图像中星神穿宽大厚重的紫红色阔袖长袍，袖口、衣边镶墨绿色边，衣服色彩丰富，着色浓重，给人一种厚重的感觉。

东方文献所藏木星星神形象除与冬宫藏星神图像中的木星形象有一定出入外，与东方文献所藏黑水城出土《佛说大威德炽盛光佛星宿调伏灾消吉祥陀罗尼经》（Инв.7038）佛经版画中的木星星神形象也有一定区别。版画中木星为男性长者星官形象，头戴梁冠，上唇有髭，下颌及鬓角有须，穿交领阔袖长袍，左手端一钵型容器，右手微抬下垂。该图像中木星左手所持物在其他同类图像中未曾出现过，为西夏图像所特有。

显然，东方文献所藏木星星神形象与黑水城出土其他星神图像中的木星形象有很多相似之处，体现了木星的主要图像志特征，即猪头、桃子，但在细节上仍然存在一定的差异性。

三　木星星神图像志特征

星神图像作为道释绘画，在中国流传久远，存在范围较广。目前，除上述黑水城出土的系列星神图像外，敦煌地区的石窟壁画、其他地区的寺观壁画中也都遗存有星神图像。木星作为五星之首，其图像志特征并非一成不变。

1. 大英博物馆藏《炽盛光佛与五星神像》（斯坦因编号 Stein Painting 31, ch, lvi007）为现存纪年最早的星神图像，系唐乾宁四年（897）绢质彩绘挂幅，其中木星为星官像，男性老者形象，头戴金色猪头饰的黑色高帽，身着淡青色官服，双脚穿翘头鞋，双手持果盘端于胸前，盘中盛物，"其神如老人，着青衣，带猪冠，容貌俨然"。[1]

---

① 《大正藏》第 21 卷，No. 1308，第 449 页。

2. 现藏于巴黎法国国家图书馆的唐代彩绘纸质挂幅《炽盛光佛与诸曜星官图》（伯希和编号 P. 3995）中木星形象与大英博物馆藏《炽盛光并五星图》中木星形象基本一致，只是前者木星着黄色衣。

3. 西夏故地贺兰县宏佛塔出土的两幅《炽盛光佛并诸星曜图》中木星为年轻男性星官形象，头戴黑色高顶布帽，帽后系带，留髭、须，双手持笏板于胸前，身着交领阔袖长袍，神态俨然。

4. 星神图像作为古代寺观水陆画的内容之一，在我国山西、河北等地亦有不少遗存。山西永乐宫三清殿、繁峙县公主寺、临汾平阳府、浑源县永安寺及河北石家庄毗卢寺中都保留有木星星神图像，均为男像，手捧果盘或手执桃，个别双手持笏板（表1）。

通过上述图像中木星星神形象的分析，我们发现木星星神图像自域外传入中国后，不断融合本土文化，其形象基本形成了比较稳定的图像志特征：卿相、猪头、桃子、果盘等，但相互之间也存在一定差异，具有多元化的特点，详见表1。

表1 国内遗存木星星神图像的形象特点

图像名称	收藏地	所属年代	木星形象
《五星廿八宿神形图》	日本大阪市立美术馆	唐代	人身豹头，骑黑猪奔跑状
《炽盛光佛与五星神像》（斯坦因编号 Stein Painting 31,ch,lvi007）	伦敦大英博物馆	唐代	卿相，着淡青色官服，头戴猪冠，双手捧果盘
《炽盛光佛与诸曜星官图》（伯希和编号 P.3995）	巴黎法国国家图书馆	唐代	卿相，着黄色衣，头戴猪冠，手捧果盘
《炽盛光佛并十一曜图》（X-2424）	俄罗斯艾尔米塔什博物馆	西夏	男像，戴猪头饰官帽，左手持仙桃，右手持笏板搭于右肩
《木星》（X-2452）	俄罗斯艾尔米塔什博物馆	西夏	男性老者形象，头戴梁冠，双手持笏板于胸前
《木星》	俄罗斯科学院东方文献研究所	西夏	男像，头戴猪头饰官帽，左手持仙桃，右手持笏板
《炽盛光佛并诸星曜图》	银川西夏陵区管理处	西夏	年轻男性星官形象，戴高帽，双手持笏板于胸前

续表

图像名称	收藏地	所属年代	木星形象
《佛说大威德炽盛光佛星宿调伏灾消吉祥陀罗尼经》（Инв.7038）	俄罗斯科学院东方文献研究所	西夏	男性老者形象，头戴梁冠，左手持钵型容器，右手微抬下垂
《炽盛光佛降九曜星官房宿相》	山西应县木塔	辽	男性文官形象，双手捧果盘，盘中盛水果
永乐宫壁画	山西省芮城永乐宫	元	男性文官形象，双手捧果盘，盘中盛桃等
毗卢寺壁画	河北石家庄毗卢寺	元明	男像，手执桃
公主寺西壁《九曜星君》	山西繁峙县公主寺	明中晚期	男像，手执桃
永安寺东壁壁画	山西浑源永安寺	明	男像，戴星冠，执玉简

可以看出，目前国内遗存木星星神形象基本有五种。第一种豹头人身，骑黑猪奔跑像，该类图像目前只有在梁令瓒所绘的《五星廿八宿神形图》中出现。第二种为男性文官像，头戴高帽（官帽），双手持笏板于胸前。第三种为男性文官像，戴高帽（官帽），双手持果盘端于胸前。第四种为男性文官形象，一手持笏板，一手持仙桃。第二、三、四种木星形象在宋元西夏时期比较流行。第五种为男像，手执桃，该形象在元后期比较流行。虽然上述种类中木星图像志特征并非完全一致，但无论哪种都可以确定木星的身份。这也是陈万成将中国遗存星神图像总体归为一个系列，即"梵天火罗新型系"①的一个重要原因。也就是说，木星星神形象都是一脉相承的，它们都与唐一行《梵天火罗九曜》及唐金俱吒《七曜攘灾决》的文字描述相近。

《梵天火罗九曜》中描绘木星为：

> 嗢没斯者是岁星，东方木精……其神形如卿相，着青衣，戴亥冠，手执华果。②

---

① 陈万成：《唐元五星图像的来历——从永乐宫壁画说起》，《中外文化交流探绎：星学·医学·其它》，中华书局，2010，第78页。
② 《大正藏》第21卷，No.1311，第461页。

《七曜攘灾决》中描绘木星为：

> 木，其神如老人，着青衣，带猪冠，容貌俨然。①

《梵天七曜经》描绘木星：

> 形如长君子，着礼衣带冠冕，乘一黑猪。面目仁者，如令之判史，右之诸侯也。②

星神图像是比较典型的释道图像，其中既反映了佛教内容，也体现着道教思想。因此，除上述佛教文献外，在道教文献中也可以找到关于木星星神形象的记载。

《秤星灵台秘要经》中"攘木法"：

> 取白猪毛七茎，以白袋盛，系左臂上，忌食猪肉，不得杀生命。又以白银一两，铸作真形，供养看经，不得入神庙，及吊死、问病，供养一切道人及。③

《上清十一大曜灯仪》中描绘木星：

> 永惟木德，咸仰灭星。序四时而发春，陈五事而为貌。进退如度，则奸邪息；赤黄而沉，则年谷丰。所临国昌，乃能安乎。四境同色，兵偃兹实，首于五行。果玩蟠桃，兽蹲刚鬣。今醮士某瞻虎带之象，惟罄肃恭；咏金绳之章，庶祈昭格。稽首归依，虔诚赞咏：
> 岁星乘木德，展转耀东乡。凌天滋润泽，正色晃明皇。寻华歌浩漾，掷水咏芝房。经时频祷祝，获福自然长。④

---

① 《大正藏》第 21 卷，No. 1308，第 449 页。
② 《大正藏》第 76 卷，No. 2409，第 464 页。
③ 《道藏》第 5 册，文物出版社，1996，第 30 页。
④ 《道藏》第 5 册，第 563—564 页。

可见，佛、道教文献中木星星神形象基本程式化，但又不完全相同。这并不难理解。星神图像并非中国本土化产物，而是由域外传入，进入中国后与本土文化相融合的产物。而文化的传播是极其复杂的过程，星神图像传入中国并非两地之间的单一传入模式，很可能经历了"更复杂的传播途径，就是希腊、波斯、印度互为影响之下，在中亚这个文化大熔炉中产生了一种具有三个文化因素的混合新型，然后再传入中国"。[①] 由于星神形象的来源不一，因此，遗存典籍及图像中所表现出的星神也不尽相同。东方文献所藏木星星神形象源自何地，又如何与中国本土文化相结合，就是本文所探讨的重要内容。

四　东方所藏木星星神图像志的源流

星神的图像志特征作为星神身份判定及来源追溯的重要依据，是星神图像研究的主要内容之一。但是要搞清楚星神图像志的来源与演变绝非易事，"它涉及到从印度、中亚到中国的广大地域，甚至还要辽阔；涉及到各种宗教、信仰、神话和传说"。[②] 学界虽未有专门讨论木星星神图像志的论著，但木星作为五星之一，其形象来源与五星基本一致。关于五星图像的源流问题，学界尚未有定论。一部分观点认为，中国的五星图像源于希腊、罗马，经印度、波斯相互融合交流后传入中国。孟嗣徽《五星图像考源——以藏经洞遗画为例》[③] 比较详细地探讨了中国遗存五星图像的来源。他认为希腊化时代的星占学应该分两路传入中国：希腊、罗马—印度—中国；希腊、罗马—波斯—中国，其中印度与波斯又是相互影响的关系。陈万成比较赞成该观点，其在《唐元五星图像的来历——从永乐宫壁画说起》更加说明："中国在中古期以后的五星神形，是在希腊星占学说的基础上，吸收了印度与波斯星神图型的细节，再经

①　陈万成：《唐元五星图像的来历——从永乐宫壁画说起》，《中外文化交流探绎：星学·医学·其他》，第 77 页。

②　廖旸：《炽盛光佛构图中星曜的演变》，《敦煌研究》2004 年第 4 期。

③　孟嗣徽：《五星图像考源——以藏经洞遗画为例》，中山大学艺术史研究中心：《艺术史研究》第 3 辑，中山大学出版社，2001，第 397—419 页。

'汉化'改造而成的。"①另一部分观点认为，中国的星神图像在很大程
度上受到伊美文化的影响，是由伊朗传入近东或东亚后再传入中国的，
受印度影响的成分并不多。康杰夫（Jeffrey Kotyk）《唐代中国星曜神
祇的占星术图像——中国佛教中的近东与印度图像》将东亚艺术中的星
曜图像风格分为三种类型——印度风格、动物风格和伊美风格，认为中
国星神图像风格在很大程度上受到了伊朗—美索不达米亚的影响。②还
有一部分观点认为，经历复杂的传播途径后，中国的星神图像更多体现
出了中国化的特色，受中国文化影响的成分较多。俄罗斯卡切托娃是最
早专门论述黑水城藏系列星神图像的学者，她把黑水城出土的系列星神
图像风格定为中国风格的佛教绘画。③吴燕武《唐宋时期水星神像的图
像志研究——从波士顿美术馆馆藏〈辰星像〉说起》探讨水星星神图像
志特征来源的过程中，推断古代文明间的艺术交流应该是双向的，"唐
代中国对所谓的印度—波斯传统的星占系统，贡献最大的就是把中国的
十二生肖与黄道十二宫对应，让五星及二十八宿的神像有了禽像特征。
这是印度、波斯星神图像中所没有的"。④这一观点为学者探究星神图像
志的渊源又开辟了新的视角。

　　中国星神图像受希腊、印度、伊朗等文化的影响，在不断的文化融
合中传入中国，其中所包含的希腊、印度、伊朗等文化因素的多少，很
难判断，因为这涉及这几大文化的相互交流问题，而文化交流是一个非
常复杂的问题。这也就导致学界关于木星星神图像志特征来源的看法不
一致。卡切托娃认为，其文官、判官的形象来自希腊，服饰、头饰以及
肖像为中国特色，果、花应为印度—中国风。⑤陈万成从星神名称、形

① 陈万成：《唐元五星图像的来历——从永乐宫壁画说起》，《中外文化交流探绎：星学·医学·其他》，第77页。
② Jeffrey Kotyk, "Astrological Iconography of Planetary Deities in Tang China: Near Eastern and Indian Icons in Chinese Buddhism", *Journal of Chinese Buddhist Studies*,2017/30, p. 53.
③ С. М. Кочетова. Божества светил в живописи Хара-Хото, Государственный Эрмитаж. Труды отдела Востока, т. Ⅳ, ЈТ., 1947, p. 487.
④ 吴燕武：《唐宋时期水星神像的图像志研究——从波士顿美术馆馆藏〈辰星像〉说起》，《湖北美术学院学报》2019年第4期。
⑤ С. М. Кочетова.Божества светил в живописи Хара-Хото, Государственный Эрмитаж. Труды отдела Востока, т. Ⅳ, ЈТ., 1947, p.487.

象特征入手分析，认为木星星神的图形应该来自波斯，但是其手捧果盘的原因尚不清晰，他猜测这一图像志特征或许与亚美尼亚的一些传统有关。而木星手执蟠桃应该是中国化的表现。[①]而康杰夫研究表明，木星在伊美也经常与猪、宝石、银饰、水果、生姜、香味、香料等相关。[②]但不可否认的是，星神图像传入中国后，与本土文化相结合，到宋夏时期，已基本完成了对域外文化因素的改造，形成了具有中国特色的星神形象，其形象在很大程度上是中国多元文化的体现。因此，笔者认为，东方文献所藏木星星神图像是对中国化星神图像的继承与发展，是西夏文化对中国多元一体文化的继承与发展，在很大程度上体现的是中国文化元素。

东方文献所藏木星星神"形如卿相，着青衣，戴亥冠，手执华果"，[③]其卿相及猪头饰物是中国木星星神形象对域外形象的改造及继承，学界论述较多，在此不再赘述。在此幅图中，星神域外特色明显的肖像描绘显得格外独特，这也成为学者认为其非中国风格图像的重要依据。[④]然而，这种浓密髯胡、浓眉大眼、宽额高鼻的似域外风格的肖像在黑水城出土的文献中绝非仅有。北京国家图书馆藏西夏文《现在贤劫千佛名经》卷首版画《西夏译经图》中就有类似的形象出现，图中一名曹姓译员及两名和尚长相既不像中国人，也不像回鹘人，留有浓密的胡子，眼睛又大又圆。此形象与东方文献所藏木星星神形象很接近。据史金波研究，西夏佛经译员的构成比较复杂，有党项人、汉人、回鹘人等。[⑤]佛教在西夏扮演着举足轻重的角色，上至皇帝，下到平民，西夏举国信仰

① 陈万成：《唐元五星图像的来历——从永乐宫壁画说起》，《中外文化交流探绎：星学·医学·其他》，第89—90页。

② Jeffrey Kotyk, "Astrological Iconography of Planetary Deities in Tang China: Near Eastern and Indian Icons in Chinese Buddhism", *Journal of Chinese Buddhist Studies*, 2017/30, p. 53.

③ 《大正藏》第21卷，No. 1311，第461页。

④ К. ф. Самосюк., Санкт-Петербург: Издательство государственного Эрмитажа, 2006, p. 190.

⑤ К. Ф. Самосюк: *Две тангутские гравюры с изображениями императоров,*Заседание 11 января 1997 года. Эрмитажные Чтения 1995-1999. памяти В. Г. Луконина СПб., 2000б, pp.86-87.

佛教。西夏皇帝多次重金向宋朝求经，并十分重视译经活动，皇帝、皇后亲自主持翻译佛经活动，"崇宗一朝，至天祐民安元年，西夏皇朝组织译场，已经翻译完成 3750 卷西夏文佛经"。[①] 星神图像作为炽盛光佛图像体系的重要组成部分，与其相关的佛经在西夏也广为流传。我们可以推测，东方文献所藏木星星神图像的画师或许非汉人或党项人，而是回鹘人或者印度籍译员，他们在描绘星神图像时，力图体现其域外传来的特色，所以有意将星神形象描绘成域外风格也不是不可能。

至于木星手执仙桃这一形象，学者推断应该源自中国，但并未深入分析。道教文献《上清十一大曜灯仪》中"果玩蟠桃，兽蹲刚鬣"是对木星与桃子相关的唯一文献记载。而在相关佛经文献中，并未出现木星与桃子有关的描述，但在《梵天火罗九曜》中有"手执华果"的说法。那么，是否可以推测，中国星神图像的画师在创作时，将"华果"归化为仙桃，更加突出中国特色，从而拉近星神与其信仰者之间的距离。至于为什么不用别的水果来代替"华果"，而选择蟠桃，这在古代关于桃的神话传说中可寻到一丝线索。汉代《神异经·东荒经》记载："东方有树，高五十丈，叶长八尺，名曰桃。其子径三尺二寸，和核羹食之，令人益寿。"东方桃树正好与东方木星的方位一致，选择桃子也在情理之中。除此之外，木星在古代中国被称为岁星，为五星之首，主木，为吉星，可驱邪避恶。而桃子在古代也被称为"五木之精"，也就是掌管木，并且有辟邪驱鬼的效果。如《典术》中记载："桃者，五木之精也，故压服邪气者也。桃之精生在鬼门，制百鬼，故今作桃人梗门以压邪，此仙木也。"《礼记·檀弓下》中也有类似的记载："君临臣丧，以巫祝桃莉执戈，恶之也。"我国古代还流传着许多关于桃枝辟邪的传说。中国古代神话中桃树的方位与桃子的功能都与木星星神很匹配。因此，木星星神手执仙桃的形象应该是对"华果"的归化表现，具有明显的中国特色。

综上所述，东方文献所藏木星星神的身份、服饰、手持物在很大程度上体现了中国化的文化元素，继承了中国星神图像多元文化的特点，

---

① 束锡红：《黑水城西夏文献研究》，商务印书馆，2013，第 105 页。

同时，其比较特别的肖像刻画，也体现了西夏文化的独特之处。

五　结　语

星神图像融合了中西方各民族的文化元素，是一个多元文化的集合体，其传播路径复杂，传播区域广泛。星神图像伴随佛经进入中国后，与中国本土文化碰撞、磨合，逐渐成为佛教、道教绘画体系的内容之一。宋夏时期是星神图像广泛流传期，仅西夏遗存的星神图像就基本覆盖了当时的西夏疆域，包括敦煌地区、黑水城地区以及今银川地区，涉及丝质卷轴画、纸质卷轴画、石窟壁画、佛经版画等多种材质，题材广泛，有炽盛光佛图、单个星神图像及星宿曼陀罗。这与西夏的地理位置、宗教文化等息息相关。西夏地处汉藏边界，又与回鹘、契丹、女真等相邻，其文化深受周边国家和地区文化的影响。西夏尊崇儒学，也特别重视佛教，同时，道教也在西夏生根发芽，多种宗教文化的碰撞与结合形成了西夏的文化特色。东方所藏木星星神图像是对唐宋中国化后的星神图像的继承与发展，起到了承前启后的作用，体现了中华多元一体文化一脉相承，也是西夏多元文化的体现，展示了西夏文化的独特魅力。

黑水城出土纳甲筮法文书初探

王　巍

摘　要　黑水城出土文献中有数量可观的纳甲筮法类文书，其中《卜筮要诀》为现存最早将摇钱取卦之法运用在纳甲筮法占卜实践活动中的实例，其方法也传至后世，并成为纳甲筮法起卦的标准法则。本文通过对黑水城所出纳甲筮法类文书的分析，结合纳甲筮法这一占卜体系的内容及其发展，认为黑水城所出这类文书上承唐末宋初的《火珠林》，下启明、清两代的纳甲筮法文献，正处于我国纳甲筮法体系建构之初，其理论体系及概念应用等方面已趋于规范，在文学形式、内容体例等方面也多有建树，对于研究中国纳甲筮法体系的建构有着重要的意义。这些文书的流行也反映出纳甲筮法在河西走廊有广泛的民众基础。

关键词　黑水城；纳甲筮法；占卜

纳甲筮法是一种十分古老的数术学门类，其基本思想体系源于《易经》。但是《易经》一书主要为先秦时期大衍筮法的占断依据。《易经》中虽然记载有爻辞、系辞，并有吉凶征兆的论断，但是并没有记载其起卦方式和占断之法。

黑水城出土文书中有数量可观的纳甲筮法类文书，这些文书对于研究中国纳甲筮法体系的建构有着重要的意义。本文拟结合传世文献和黑水城纳甲筮法文书对我国纳甲筮法体系的建构进行初步探索，以为学界提供一些新的思路。

一 纳甲筮法考述

纳甲筮法的核心理论是八宫六十四卦卦序、纳干支、飞伏神、月卦身等，这些理论产生后在不同时期有不同的变化和特点，经历了很长的历史时期才逐渐确定下来。下面对其发展脉络进行简单的考述。

（一）八宫六十四卦卦序考述

《京氏易传》中六十四卦之卦序排列与《易经》并不相同，其排列是以乾、坤、艮、震、坎、离、巽、兑八纯卦为基础，以每一卦自上而下依次进行爻变而形成七个新的卦象，这七个卦象即属于这一纯卦宫内之卦象与本宫纯卦共同构成这一宫中的八个卦象。

敦煌 S.6015《易三备》残卷，所存为《易三备》下备之 58 卦，是据六十四卦安"世爻""应爻"的定与动来占测葬日吉凶及葬地选择的，此方法属于纳甲体系，该文书所存 58 卦，按照乾、坤、震、巽、坎、离、艮、兑的次序来排列八宫顺序。北周卫元嵩的《元包经传》，以坤、乾、兑、艮、离、坎、巽、震的顺序排列八宫，这种顺序有两大特点：一是阴宫在前，阳宫在后；二是阴阳宫交错排列。而京房八宫则是阳宫在前，阴宫在后，先排四阳宫，后排四阴宫。但卫氏之法对后世的影响较小，也未应用于纳甲筮法之中。前文已述，敦煌也存在按后天八卦卦序排列的文书。这说明在敦煌至少存在两种不同的纳甲体系，因为我们知道八宫卦序的排列对于其占问吉凶之情况是有着很大的影响的。

根据赵坤之研究，敦煌吐鲁番文书中的诸多具有纳甲因素的文书虽已具有纳甲筮法雏形，但是还处于纳甲筮法未定型之过渡时期，[①]敦煌文书中存在两种不同的八卦宫卦序排列恰能证明这一点，至少在唐宋之

---

① 赵坤:《纳甲筮法源流考——兼论黑水城易占文献的学术价值》，硕士学位论文，宁夏大学，2016，第 17 页。

际，纳甲筮法还并没有完全确立。

（二）纳干支之法考述

干支起源很早，最早是以天干和地支两两相合来记录年月日时，纳甲筮法中将干支纳入六十四卦中各爻之上，并配以各自五行属性。《京氏易传》下卷中有：

> 分天地乾坤之象，益之以甲乙壬癸。乾坤二象，天地阴阳之本，故分甲乙壬癸，阴阳之始终。震巽之象配庚辛，庚阳入震，辛阴入巽；坎离之象配戊己，戊阳入坎，己阴入离；艮兑之象配丙丁，丙阳入艮，丁阴入兑。①

这种描述过于简单，操作时可能会出现错误，在《卜筮正宗》一书中有关于这种装纳方法的歌诀：

> 乾金甲子外壬午，坤水戊寅外戊申。艮土丙辰外丙戌，震木庚子外庚午。巽木辛丑外辛未，离火己卯外己酉，坤土乙未外癸丑，兑金丁巳外丁亥。②

实际上这种方法首先将八卦分为阴阳两类，乾坤艮兑为四阳卦，坎离震巽为四阴卦，天干亦分为阴阳两类，与八纯卦相纳，如"乾卦"为纯阳之卦，故纳阳干之首尾，纳阳干首尾"甲""壬"二字，初爻至三爻纳天干"甲"，四爻至上爻纳天干"壬"，故其六爻自初爻纳子至上爻依次为甲子、甲寅、甲辰、壬午、壬申、壬戌。另如"艮卦"初爻至六爻均纳天干"丙"，而地支自初爻至上爻依次为丙辰、丙午、丙申、丙戌、丙子、丙寅，由于干支具有各自五行属性，如此排列就使得每卦各爻都具备了各自的五行属性。八纯卦干支五行排纳如表1所示。

---

① （汉）京房：《京氏易传》卷下，《四部丛刊》景明天一阁刊本。
② （清）王洪绪：《卜筮正宗》，青海人民出版社，1991，第 34 页。

表 1　八纯卦干支五行排纳

卦爻	乾	坤	艮	兑	坎	离	震	巽
上爻	壬戌土	癸酉金	丙寅木	丁未土	戊子木	己巳火	庚戌土	辛卯木
五爻	壬申金	癸亥水	丙子火	丁酉金	戊戌土	己未土	庚申金	辛巳火
四爻	壬午火	癸丑土	丙戌土	丁亥水	戊申金	己酉金	庚午火	辛未土
三爻	甲辰土	乙卯木	丙申金	丁丑土	戊午火	己亥水	庚辰土	辛酉金
二爻	甲寅木	乙巳火	丙午火	丁卯木	戊辰土	己丑土	庚寅木	辛亥水
初爻	甲子水	乙未土	丙辰土	丁巳火	戊寅木	己卯木	庚子水	辛丑土

（三）飞伏神考论

《京氏易传》中，每一卦均有"与某卦为飞伏"。陆绩在注释《京氏易传》时，将文中的飞伏均解释为世爻之飞伏。而林忠军先生认为，《京氏易传》中的飞伏，是就阴阳爻。阳爻显，则阴爻伏；阴爻显，则阳爻伏，阴阳二爻互为飞伏。[①]《卜筮正宗》中论伏神：

> 夫伏神者，谓卦之有缺用神，纵看用神伏于何爻之下，即有用神现。[②]

《卜筮正宗》中所言十分明显，在纳甲筮法中设置伏神之目的实际上是作为占问之"用神"的补充，因为每卦各爻并不一定具有全部六亲关系。这也可以看出飞伏之确立并非一成不变，《京氏易传》中之飞伏与后世纳甲体系中的飞伏神已有了很大区别。而《卜筮正宗》中所论之飞神，其确立则更为复杂，其中言道：

> 飞神有六：凡卦即有伏神，伏神之上者，飞神一也。六兽五类，飞神二也。他宫五类赘入本宫取财官父兄子，飞神三也。一卦中上下两爻一类内静外兴与外飞内，四也。外静内兴内飞外，五

---

① 林忠军：《象数易学发展史》第 1 卷，齐鲁书社，1994，第 83—84 页。
② 王洪绪：《卜筮正宗·伏神正传第六》，第 69 页。

也。内外皆兴飞去，六也。[①]

赵坤指出："纳甲筮法中飞伏神，虽然在形式上与京房易还有一些相同（如伏爻取自八纯卦），但这是一种弥补纳甲筮法机制中缺陷的变通之法，已经完全丧失了京房易中阴阳互为显隐的哲学含义了。"[②] 此说与《卜筮正宗》中所言甚相符。

（四）月卦身起源考论

将十二月纳入十二卦之中的用法则起源甚早，最早见于孟喜的卦气说。林忠军指出，孟喜"以坎、震、离、兑为四正卦，分主一年四季；十二壁卦各主一月；除四正卦外，其余六十卦配三百六十五又四分之一日，七十二候，分属各月，每月得五卦。这一概念引历法入易，将六十四卦与时间相结合"。[③] 敦煌吐鲁番易占文书中也普遍使用十二月卦的概念。其中如敦煌 D197 文书中将六十四卦分属十二月中，文书中每一卦的说明和卦图，几乎都有该卦所属月份的记录。郑炳林、陈于柱先生指出，文书中记载的月卦，与《易纬·稽览图》的排列基本相同，但《易纬·稽览图》中并未将四正卦纳入其中，而该文书则将震、离、兑、坎分别纳入二月、五月、八月、十一月。[④] 这与京氏易传中之卦气理论相吻合。清人张鼎指出：

> 京氏六日七分法，与孟氏异。孟氏坎、离、震、兑不用事，余六十卦更值用事，每卦六日七分。京氏六十四卦并用事，坎、离、震、兑用事于二分二至之首，每卦七十三分，颐、晋、井、大畜用事于分至之前，每卦五日十四分，余五十六卦俱六日七分。[⑤]

这都反映了将时间与卦例结合的纳甲筮法体系之特点。但是在《火

① 王洪绪：《卜筮正宗·伏神正传第六》，第 68 页。
② 赵坤：《纳甲筮法源流考——兼论黑水城易占文献的学术价值》，第 15 页。
③ 林忠军：《象数易学发展史》第 1 卷，第 55—65 页。
④ 郑炳林、陈于柱：《敦煌占卜文献叙录》，兰州大学出版社，2014，第 16—17 页。
⑤ （清）张鼎：《易汉学举要》，《续修四库全书》第 39 册，上海古籍出版社，2013，第718 页。

珠林》一书问世之前并无"月卦身"之概念，将十二月纳入六十四卦之卦气说也只是一种尝试，在实际的占问中，卦象所对为何月份所起到的作用还十分有限。赵坤认为《京氏易传》虽然创立了纳甲之方，但是其所用之法并非后世之纳甲筮法，而真正确立了纳甲筮法体系的是唐末宋初《火珠林》一书。①《火珠林》第二十二篇《占身命》中指出"世爻为命，月卦为身"，这反映出此书将世爻与月卦身几乎放在了同等重要的地位上，月卦身开始越来越多地影响到对卦象吉凶的占问。如此一来，占测时日的差异也会影响到占卜的结果，这就丰富了纳甲筮法的占问能力，丰富了其吉凶变化。

综上所述，纳甲筮法体系的建立经历了一个长期的过程，纳甲筮法体系中的一些概念也是逐步被引入并趋于成熟的，这都可以很好地说明至少在《火珠林》成书之前，还没有完整的理论体系，但是由于《火珠林》成书的确切时代无从考证，使得纳甲体系正式确立的时间也无法确知。

二　黑水城易经纳甲筮法文书及其在纳甲筮法体系中的地位

（一）"以钱代蓍"在纳甲筮法中的应用源流考

黑水城出土的纳甲筮法类文书共计 10 件，即 TK153V·B60V《卜筮要诀》、TK293《六十四卦图遭卦》、TK322《六十四卦图歌》、A2《六十甲子歌》、A8V《卦名》、M1·1293[F61：W2] 1613《艮为山卦象》、M1·1294[F62：W23]《雷天大壮卦象》、M1·1295[F61：W3]《山火贲卦象》、M1·1301[F61：W1]《雷风恒卦象》1（原作《卦象残件》）、M1·1302[F62：W22]《雷风恒卦象》2（原作《卦象残件》）。

据彭向前等学者考证，其中 TK153V·B60V《卜筮要诀》、TK293《六十四卦图遭卦》、TK322《六十四卦图歌》三件为西夏时期的文书。

TK153V·B60V《卜筮要诀》中部为"摇卦诀"。摇卦法，即"以钱代蓍"，是用铜钱摇卦以代替用蓍草占卜的一种方法。"以钱代蓍，自

---

① 赵坤:《纳甲筮法源流考——兼论黑水城易占文献的学术价值》，第26页。

汉火珠林始"。① 单就"以钱代蓍"而论，此方法实际上流传已久，目前
最早关于以钱来占卦的记载来自唐代贾公彦《仪礼·士冠礼疏》：

> 筮法，依七八九六之爻而记之，但古用木画地，今则用钱。以
> 三少为重钱，重钱则九也。三多为交钱，交钱则六也。两多一少为
> 单钱，单钱则七也。两少一多为拆钱，拆钱则八也。②

可以看出，这种所谓的以钱占卜之法乃是以投掷钱币"多""少"
并结合固定之数字七八九六来取卦。敦煌和黑水城出土的多件"十二钱
卜法"文书中也均为以钱币摇卦来进行吉凶占卜（详后）。唐诗中亦有
"众人不敢分明语，暗掷金钱卜远人"的诗句。③ 诸多记载都说明以钱
代蓍的做法由来已久。但是此时摇卦所使用钱币的数量并未统一，根据
其卜法有用三钱、六钱、十二钱等。在唐代虽有诸多"以钱代蓍"之记
载，但是有关在纳甲筮法中使用摇钱取卦的记载并未出现。最早记载在
纳甲筮法中使用掷钱取卦的为宋代《直斋书录解题》，曰："今卖卜者，
掷钱占卦，尽用此书（《火珠林》）。"④ 不过，该书并未记载具体用几枚钱
币进行取卦。

当下流传之纳甲筮法占卜中常使用者为三钱取卦，即以三枚铜钱面
背的不同组合来确定卦爻之阴阳。取卦自初爻而至上爻，依次摇动三枚
铜钱来确定卦爻之阴阳。黑水城 TK153V·B60V《卜筮要诀》中的"摇
卦诀"多有俗字和讹误。笔者曾对其进行校订，校订之后的内容如下：

> 两漫由来坼，双眉本是单。浑眉交为定，总漫是重安。单单单
> 乾三连，坼坼坼坤六断。单坼单离中虚，坼单坼坎中满。坼单单兑
> 上缺，单坼坼艮覆碗。坼坼单震仰盂，单单坼巽下断。

① （魏）王弼、（晋）韩康伯注，（唐）孔颖达疏，（唐）陆德明音义《周易注疏》，上海
　古籍出版社，1989，第44页。

② （汉）郑玄著，（唐）贾公彦疏《仪礼注疏》，北京大学出版社，1999，第9—10页。

③ （清）彭定求等编《全唐诗》第10册，中华书局，1960，第3498页。

④ （宋）陈振孙：《直斋书录解题》，徐小蛮、顾美华点校，上海古籍出版社，1987，第
　375页。

可以很明显地看出，此"摇卦诀"使用三枚钱币，以其面背组合来确立所摇之卦每爻之阴阳，从而达到取卦占问之目的，这一方法与目前流行的纳甲筮法中所使用的摇钱取卦之法无论用钱数量还是具体操作方法都完全一致，这也是目前纳甲筮法中使用三枚钱币掷钱取卦的最早实例。这有力地证明了至少在与西夏同时代的宋朝已经有了在纳甲筮法中普遍采用"以钱代蓍"的取卦法，据此可以推断在《火珠林》一书确立了纳甲筮法体系的同时，也为纳甲筮法引入了"以钱代蓍"这一较为简便易行的取卦方法。这也极大地推动了纳甲筮法的传播，从而使其成为最为流行的数术学门类。

（二）黑水城易经纳甲筮法文书与纳甲筮法体系的建构

黑水城 TK293《六十四卦图遘卦》与 TK322《六十四卦图歌》可以进行缀合，两件文书缀合之后共存六十四卦之中的六十卦，仅缺履、中孚、渐、大壮等卦。其卦序分八卦按照后天八卦乾、坎、艮、震、巽、离、坤、兑之顺序排列。黑水城另外还有五件据考证出自同一书中的散页，M1·1293[F61：W2]1613《艮为山卦象》、M1·1294[F62：W23]《雷天大壮卦象》、M1·1295[F61：W3]《山火贲卦象》、M1·1301[F61：W1]《雷风恒卦象》1（原作《卦象残件》）、M1·1302[F62：W22]《雷风恒卦象》2（原作《卦象残件》）。其中M1·1293[F61：W2]1613《艮为山卦象》、M1·1294[F62：W23]《雷天大壮卦象》，其卷首分别有"十七"和"十四"两个数字，赵晓明指出其为按照后天八卦之卦序进行排列，然而"大壮"为坤宫之四变卦，位于坤宫之第五位，而"艮"卦则为"艮"宫之纯卦，居此宫第一位。若"十七""十四"两数字分别为此两卦之卦序，则唯有艮宫排在八宫第三位、坤宫排在第二位才有可能接近此数字之卦序，而即使坤宫排在八宫第二位，坤宫第五位卦序也当为十三，而非十四。且这种八宫排序的方法并未在其他数术类文献中出现，故此二数很可能并非卦序，因其同类文书 M1·1295[F61：W3]《山火贲卦象》中卷首即无数字。此五件文书经认定均为元代写本，此时据《火珠林》一书确立纳甲体系已久。黑水城出土的西夏时期 TK322《六十四卦图歌》即为按照后天八卦卦序进行排列的，晚于此文书的元代文书不太可能仍出现混乱，故推测其也是按照后天八卦卦序进行排列的，其上数字当非卦序序号。综上所述，在黑水城地区流行的纳甲筮法文献中早已确立了以后天八卦卦序排列六十四卦的定例。

TK293《六十四卦图遘卦》与TK322《六十四卦图歌》两件文书中在各卦卦象中均安有世应及六亲，其安置方法与《卜筮正宗》等纳甲筮法文献中所载别无二致，这也进一步反映出西夏时期，黑水城地区流行的纳甲筮法已逐渐趋于规范。

这两件文书各卦还均安有月卦身，月卦身的广泛使用，也是纳甲筮法确立的重要标志之一，且每卦对应之"月卦身"与《火珠林》中别无二致，说明月卦身与世应爻几乎被放在了同等重要的位置，月卦身开始越来越多地影响到占问结果。

此文书中每卦后均有飞伏神。其飞伏神的确立与《京氏易传》《断易天机》等书中基本完全一致，只有个别有所差别，有差别之处如表2所示。

表2　飞伏神对照表

卦名	《六十四卦图歌》		《京氏易传》		《断易天机》	
	飞神	伏神	飞神	伏神	飞神	伏神
大有	戊午火		甲辰土		甲辰土	
坎	戊午火		戊子水		戊子水	
师		乙〇〇		己亥水		己亥水
井		庚辛金		庚申金		庚申金
随		丁亥水		辛酉金		辛酉金
蛊		庚子水		庚辰土		庚辰土
离						
谦	庚申金		癸亥水		癸亥水	

这几卦飞伏神的选取在其他任何传世纳甲筮法文书中均未出现，很可能只是在传抄过程中出现的讹误。

文书中对于各卦象吉凶的解说均采用"颂曰""赞曰""歌曰"及

其后的五言、四言、七言诗句或对仗文。其"颂曰""歌曰"后的五言、七言诗在传世文献中并未找到类似的内容，但是以这种诗歌为载体来诠释卦象内容的形式却保留了下来。而其"赞曰"辞中先释卦名、析卦象，之后再结合卦爻辞，对部分占卜事项的吉凶情况进行说明。这部分内容，在明代的《断易天机》和《卜筮全书》等纳甲筮法文献中得以完全保留下来。

总体而言，黑水城易占文献处于我国纳甲筮法体系建构完成之初，其理论体系及概念应用等方面已趋于规范，与后世纳甲筮法文献基本相同。黑水城出土的《卜筮要诀》中的"摇卦诀"，为目前发现的将摇钱取卦之法运用在纳甲筮法占卜实践活动中的最早实例，其方法也传至后世，并成为纳甲筮法起卦的标准法则。在一些细节上，黑水城易经纳甲筮法文书虽不完全类同于后世的纳甲筮法文献，但均为以钱起卦则无疑。

在文献的体例方面，重视各卦的具体占断方法，而不对占卜理论作详细阐述，体现了其重视实用而不重视理论和推导过程，展现出极大的实践性。但是其已经具备了纳甲筮法的几乎全部要素，这说明黑水城纳甲筮法文书已经处于纳甲筮法体系建构之初。

总之，黑水城纳甲筮法文书上承唐末宋初的《火珠林》，下启明、清两代的纳甲筮法文献，在文学形式、内容体例等方面多有建树，这些也被后代纳甲筮法文献所继承，推动了纳甲筮法的发展。同时这一时期的纳甲筮法文书既具有鲜明的地域特色和时代特色，也是纳甲筮法体系建构过程中不可或缺的重要一环，在我国数术学发展史上无疑有着十分重要的作用和价值。

（原刊于《中华文化论坛》2019 年第 6 期）

《推定儿女法》与中古辨胎术

周泽鸿

摘　要　《推定儿女法》为俄藏黑水城出土金代占卜类写本文献，其文本源于《孙子算经》，特殊性在于通过算术方法并结合阴阳五行思想卜算胎儿性别。以《推定儿女法》为代表的祈男辨胎思想和孕育信仰曾长期流行于中国古代社会，是研究古代社会民生与民间信仰的珍贵资料。在历史发展过程中，《推定儿女法》逐渐渗透到医学与命理学文本书写中，反映了阴阳五行思想主导下，中国古代数术、巫术与医学思想的相互影响与交流融合。

关键词　黑水城；《孙子算经》；辨胎术；生育信仰；数术；医术

《推定儿女法》为金代写本类文献，1909 年出土于内蒙古额济纳旗黑水城，现藏俄罗斯科学院东方文献研究所，编号 A32（4）。A32 号文献包括《演朝礼一本》《梁武忏》《阴思鬼限》《推定儿女法》《佛说寿生经》等内容，《俄藏黑水城文献》第 5 册收录。[①] 学界对于《推定儿女法》的关注较少，有的运用训诂学方法对该文献中难以通读之处进行释读，以求文义通顺；[②] 有的认为该文献是以《佛说寿生经》为中心的寿

---

① 俄罗斯科学院东方研究所圣彼得堡分所、中国社会科学院民族研究所、上海古籍出版社编《俄藏黑水城文献》第 5 册，上海古籍出版社，1996，第 326 页。

② 张秀清：《俄藏黑水城易类文献疑难词句解读》，《励耘学刊》（语言卷）2013 年第 2 期。

生礼忏文的组成部分;①有的从后世文献中寻找与《推定儿女法》相似的历史文本,试图寻求它们的渊源关系。②这些学者的研究为进一步探讨《推定儿女法》打下了良好的基础,但他们并没有找到《推定儿女法》的文本来源,且《推定儿女法》与《佛说寿生经》并无关系。实际上,《推定儿女法》反映了自秦汉以来一直流传于中国民间社会的辨胎术及与之相关的孕育信仰,蕴含着丰富的数学、占卜以及医学知识,是认识中国古代民间生育信仰的珍贵资料。

一 《推定儿女法》录文及其文本来源

为便于讨论,兹根据中俄人文合作研究项目组提供的《推定儿女法》彩色图版,录文如下:

> 推定儿女法
> 欲将怀孕定雄雌,先上四十九数枝。
> 便将产月加其内,次将王母五去除,
> 天除一地人除胎,减只男双女可知。
> 此是孙膑真妙法,莫遣凡人取自知。
> 假令甲午生,先上四十九数枝,便除玘三十二,
> 便加月分九月,上九数枝五去除

对于《推定儿女法》的文本来源,学界存在不同看法。赵小明注意到《推定儿女法》与成书于明崇祯时期的《摄生总要·摄生种子秘剖》有相似之处;③李冰则找到成书于明万历时期载有相同内容的胡文焕《类修要诀·螽斯秘诀》中的"占男女诀",指出《摄生总要·摄生

---

① 韦兵:《俄藏黑水城文献〈佛说寿生经〉录文——兼论十一——十四世纪的寿生会与寿生寄库信仰》,《西夏学》2010年第1期。
② 赵小明:《中国藏黑水城方术类文献研究》,硕士学位论文,西北师范大学,2011,第68页;李冰:《俄藏黑水城汉文占卜文献研究》,硕士学位论文,河北大学,2013,第32页。
③ 赵小明:《中国藏黑水城方术类文献研究》,第68页。

种子秘剖》的文本来自《类修要诀》。① 两位学者并没有注意到，同样的文本也见于明嘉靖时期万明英撰写的命理学著作《三命通会》中，称为"定妇人孕生男女"②，显然这三种明代著作并不能指示《推定儿女法》的文本来源。

值得注意的是，"此是孙膑真妙法，莫遣凡人取自知"一句，为我们定位《推定儿女法》的原始文本以及解开其具体的运算步骤提供了关键的线索。大约成书于公元 400 年③ 的著名数学著作《孙子算经》第三十六问④ 是一道关于孕妇生男生女的运算题，尽管学界对于《孙子算经》的作者并无定论，但结合"孙子"与"孙膑"、以及二者大致相似的行文，可以确定，《推定儿女法》正是脱胎于《孙子算经》第三十六问，而《三命通会·定妇人孕生男女》又在《推定儿女法》的基础上进行了演绎。现将《推定儿女法》与《孙子算经》、《三命通会·定妇人孕生男女》的文本进行比较分析，见表 1。

表 1 《推定儿女法》文本比较

《孙子算经》第三十六问（公元 400 年前后）	《推定儿女法》（金代）	《三命通会·定妇人孕生男女》（明代）
今有孕妇行年二十九，难九月。未知所生？ 答曰：生男。 术曰：置四十九，加难月，减行年。所余，以天除一，地除二，人除三，四时除四，五行除五，六律除六，七星除七，八风除八，九州除九。其不尽者，奇则为男，偶则为女。	欲将怀孕定雄雌，先上四十九数枝。便将产月加其内，次将王母五去除，天除一地人除胎，减只男双女可知。此是孙膑真妙法，莫遣凡人取自知。假令甲午生，先上四十九数枝，便除卹三十二。便加月分九月，上九数枝五去除。	以大衍之数推之，诀曰： 七七四十九，问娘何月有； 除却母生年，单奇双是偶； 奇偶若不常，寿命不长久。 假先下四十九数于算盘，乃加上其母受胎月数，总得若干数。若值正月胎，是五十数，其母三十一除去，止余一十九数，九则为单，单则男。若单生女，双生男，主夭折。一云：加除法以天一、地二、人三除之，看剩数。又云：除一、除二、除三、除尽，看零数。

---

① 李冰：《俄藏黑水城汉文占卜文献研究》，第 32 页。
② （明）万明英：《增广校正三命通会》卷七《定妇人孕生男女》，郑同点校，华龄出版社，2006，第 278 页。
③ 钱宝琮校《算经十书》，中华书局，1963，第 275 页。
④ 钱宝琮校《算经十书》，第 322 页。

通过比较三者的文本差异可以清晰地看到，三者的指导思想和运算过程可谓一脉相承，并且《推定儿女法》及《三命通会·定妇人孕生男女》的文本均来自《孙子算经》，只是在文本上各自进行了再创作，其具体运算方法则完全一致。《推定儿女法》的行文并不晦涩，但涉及具体运算的部分有些语焉不详，并且与《孙子算经》《三命通会》相比，其运算口诀并不完整，其原因可能是作者传抄时无意疏漏，也可能是流传过程中自然的删减，但因为是当时普遍的知识，在当时的历史环境下并不影响实际的应用。

借助《孙子算经》与《三命通会》，我们可以完整的勾勒出《推定儿女法》的运算法则：将产妇临产月份加四十九，减去五（《孙子算经》"行年"、《三命通会》"生年"、《推定儿女法》后文举例时除三十二，均指产妇年龄，可知此处"五"有误），然后从一至九依次去减，直至有余数为止。若余数为奇数则生男，偶数则生女；若奇数生女、偶数生男，主夭折。或许是为了方便理解，《推定儿女法》中还附有一具体应用事例：49-32+9-1-2-3-4-5-6=5，余数为奇，所以生男。成书于南北朝时期的医书《产经·以母年立知胎子男女法》根据产妇的年龄和临产月份进行预测，其原理是产妇年龄和临产月份均为奇数，则生男，反之生女。[1] 奇数为阳，偶数为阴，显然是受到阴阳五行观念的影响。

唐宋时期，算学兴盛，朝廷在国子监中设立"算学"，以李淳风等人注释的"算经十书"为课本，《孙子算经》作为"算经十书"之一，被唐政府立于学官。《唐六典》记载："算学博士掌教文武官八品已下及庶人子之为生者。二分其经以为之业，习《九章》《海岛》《孙子》《五曹》《张丘建》《夏侯阳》《周髀》十有五人，习《缀术》《缉古》十有五人。"[2] 唐代科举考试中又设明算科，"凡算学，录大义本条为问答，明数造术，详明术理，然后为通。试《九章》三条，《海岛》《孙子》《五曹》《张丘建》《夏侯阳》《周髀》《五经算》各一条，十通六，《记遗》《三等数》帖读十得九，为第"。[3] 北宋崇宁三年（1104），朝廷设立算学，

---

① 宋书功、王耀堂编著《〈医心方〉房内方论与功法》，中医古籍出版社，2016，第169页。
② （唐）李林甫：《唐六典》卷二一，陈仲夫点校，中华书局，1992，第563页。
③ 《新唐书》卷四四《选举志上》，中华书局，1975，第1162页。

生员名额为 210 人，开设的课程"以《九章》《周髀》及假设疑数为算问。仍兼《海岛》《孙子》《五曹》《张丘建》《夏侯阳算法》并历算三式、天文书为本科。本科外，人占一小经，愿占大经者听"。①同时，雕版印刷术的出现极大地促进了数学著作的流通和数学的发展。元丰七年（1084），秘书省刊刻了《孙子算经》等汉唐以来的"算经十书"作为学校的课本，这是印刷本算书在我国的首次出现。这批书籍在南宋又被鲍浣之（1231）重新翻刻，并有孤本传世，存上海博物馆。这些官、私刻本数学书籍的出现，大大地促进了数学教育和数学知识的传播。由此可见，《孙子算经》是唐宋两代算学馆的主要教材和明算科的重要考试内容，并且雕版印刷术扩大了其社会影响和流通范围，因此《孙子算经》是民间比较常见的数学著作。《孙子算经》中有相当数量的题目与日常生活有关，因此出现推孕妇所生男女的题目，是很正常的现象，并非不可理解。而《推定儿女法》为金代文书，去唐宋不远，考虑到《孙子算经》的社会影响和普及程度，《推定儿女法》的文本书写受到《孙子算经》的影响，便是非常合理的事情。

二 《推定儿女法》反映的中国古代辨胎术

《周易·系辞》曰："天地绸缊，万物化醇。男女构精，万物化生。"②《千金方》曰："夫婚姻养育者，人伦之本，王化之基。"③自古以来，孕育子嗣一直都是社会生活中极为重要的事项，但在古代，人们对于生育现象并没有科学的认识，秦汉以来，逐渐形成了各种孕育信仰，包括两性交合时日宜忌、祈子求孕、预测胎儿性别的辨胎巫术、转女成男的转胎术、生子时日与方位选择、生子不举、产后藏胞等。④在宗法

① 《宋史》卷一五七《选举志三》，中华书局，1977，第 3686—3687 页。
② （魏）王弼、（晋）韩康伯注，（唐）陆德明释文《宋本周易》，国家图书馆出版社，2017，第 169 页。
③ （唐）孙思邈撰，（宋）林亿等校正《备急千金要方》卷二，蒋士生等整理，吴润秋主编《中华医书集成》第 8 册，中医古籍出版社，1999，第 16 页。
④ 吕亚虎：《秦汉社会民生信仰研究——以出土简帛文献为中心》，中国社会科学出版社，2016，第 75 页。

制度下，男性作为家族的法定继承人受到重视，因而产生了一些祈男巫术，甚至转女成男的换胎巫术。

马王堆汉墓出土简帛《胎产书》中就有关于受胎时日与胎儿性别的内容："禹问幼频曰：我欲埴（殖）人产子，何如而有？幼频合（答）曰：月朔已去汁□，三日中从之，有子。其一日南（男），其二日女殹（也）。"[①] 这是根据妇女经期后受孕时日奇偶来预测胎儿性别的方法。再如西晋张华《博物志》载："妇人妊娠未满三月，着婿衣冠，平旦左绕井三匝，映详影而去，勿反顾，勿令人知见，必生男。"[②] 这是一种祈求生育男嗣的巫术方法。可见当时的人们试图通过一些途径与方法，提前预知胎儿的性别，甚至在怀孕期间通过一定手段，使女胎转男。

《北史》记载：

> 许遵，高阳新城人也。明《易》善筮，兼晓天文、风角、占相、逆刺，其验若神。齐神武引为馆客……子晖，亦学术数，遵谓曰："汝聪明不及我，不劳多学，唯授以妇人产法，豫言男女及产日，无不中"。武成时，以此数获赏焉。[③]

从这一事例中可以看到，许遵精通占卜，并以此被北齐神武帝高欢所重视。他擅长预测胎儿性别，并将这种知识传授给儿子许晖，许晖因这种技能受到了武成帝高湛的赏赐。这说明许遵父子所在的南北朝社会，预测胎儿性别的方法非常流行，上层人士也对此深信不疑，而且作为一种技艺受到赞赏，并因此进入了正史记载。检阅传世典籍，可以发现大量以"占孕男女法""占妇人产男女""定妇人孕生男女"命名的方法。这些方法千奇百怪、复杂多样，大多保留在传世医书、命书中，其理论与方法不外乎数术占卜、医术以及一些带有房中术特征和感应色彩的巫术。

首先是通过占卜预测胎儿性别。南北朝医书《产经·占孕男女

---

① 裘锡圭主编《长沙马王堆汉墓简帛集成》（陆），中华书局，2014，第93页。
② （晋）张华著，范宁校证《博物志校证》卷一〇《杂说下》，中华书局，1980，第109页。
③ 《北史》卷八九《艺术上》，中华书局，1974，第2935—2936页。

法》根据妇女的本命行年，运用式占法推算生儿生女。^①正如敦煌
P.3322V+P.3322 号《推占书·占妇人产男女》载："以传送加妇人本命，
阳神加行年为男，阴是女。"^②道书《灵台经》^③、《黄帝龙首经·占怀孕为
男为女法》^④、宋代命书《五行要论·定妇人孕生男女诀》^⑤都沿袭了这一
说法。敦煌文献《孔子马头卜法一部·卜妇人怀妊欲知男女法》还记载
了一种用揲著形成兆相，再根据兆相占卜胎儿性别的方法："若得阳兆，
生男；阴兆生女。所以阴阳男怀胎伏向内，女怀胎则向外。男休，休而
为阳；女仰，仰而为阴。"^⑥《孔子马头卜法一部·占任身是男女》则根据
抽签形式来占卜："一算，男。二算，女，难养。三算，女。四算，男，
有祠。五算，男。六算，男，难养。七算，女。八算，男，吉。九算，
男，贵命。"^⑦敦煌文献中还有通过观察妇女面部颜色预知胎儿性别的相
术，如敦煌 P.3390《相色发面部看吉凶厄法》："相女人产，知男女。左
目下发黄气生男，右目下发黄气生女。"^⑧隋代巢元方《诸病源候论》^⑨、
唐代孙思邈《备急千金要方》^⑩、元代朱震亨《产宝百问》^⑪则根据相孕妇
丈夫乳房来判断："妇人妊娠，其夫左边乳房有核是男，右边乳房有核
是女。"宋代医家薛古愚则是根据孕妇腹部形状以及口味需求进行预测，
如《女科万金方》载"五月男女分定时，前人说与后人听。五更在娘脐

---

① 宋书功、王耀堂编著《〈医心方〉房内方论与功法》，中医古籍出版社，2016，第 169 页。

② 王晶波：《敦煌占卜文献与社会生活》，甘肃教育出版社，2013，第 552 页。

③ 张继禹主编《中华道藏》第 5 册，华夏出版社，2014。

④ 张继禹主编《中华道藏》第 32 册。

⑤ （宋）廖中：《五行精纪》卷三〇《定妇人孕生男女诀》，郑同点校，华龄出版社，2010，第 234—235 页。

⑥ 王晶波：《敦煌占卜文献与社会生活》，第 552 页。

⑦ 王晶波：《敦煌占卜文献与社会生活》，第 552 页。

⑧ 王晶波：《敦煌占卜文献与社会生活》，第 552 页。

⑨ （隋）巢元方：《诸病源候论》卷四一，吴考槃等点校，何江玥整理，吴润秋主编《中华医书集成》第 22 册，中医古籍出版社，1999，第 244 页。

⑩ （唐）孙思邈撰，（宋）林亿等校正《备急千金要方》卷二，吴润秋主编《中华医书集成》第 8 册，第 19 页。

⑪ （元）朱震亨纂辑《产宝百问》"总论"，曹炳章编《中国医学大成续集》第 35 册，上海科学技术出版社，2000，第 5 页。

下转，男左女右定无疑""男思酸味，女思淡味"。①

其次是医家根据诊脉获知胎儿性别。《产经·以脉知胎男女法》："妊身妇人，三月尺脉数也，左手尺脉偏大为男，右手尺脉偏大为女，俱大有两子。又云：妊身脉，左疾为男，右疾为女，左右俱大有两子。"②隋代巢元方所著《诸病源候论》同样记载："左手沉实为男，右手浮大为女，左右俱沉实，生二男，左右俱浮大，生二女。又，尺脉左偏大为男，右偏大为女，左右俱大，产子。又，左右手尺脉俱浮，为产二男，不尔，女作男生；俱沉为产二女，不尔，男作女生。又，左手尺中脉浮大者男，右手尺脉沉细者女。又，得太阴脉为男，得太阳脉为女；太阴脉沉，太阳脉浮。"③唐代孙思邈《备急千金要方》、宋代薛古愚《女科万金方》、元代朱震亨《产宝百问》、明代虞抟《医学正传》、清代吴谦《医宗金鉴》以及程国彭《医学心悟》均沿袭了以上说法，以左手脉沉为男、右手脉浮为女作为判断胎儿性别的依据。

还有一些是房中术方法和感应巫术预测胎儿性别。放马滩秦简《日书》甲种第16贰、17贰、19贰简记载："平旦生女，日出生男，夙食女，莫食男，日中女，日过中男，日则女，日下则男，日未人女，日入男，昏女，夜莫男，夜未中女，夜中男，夜过中女，鸡鸣男。"④这是以每日相邻时分受孕时刻的奇偶来占断所生是男是女。上文所述马王堆汉墓出土《胎产书》根据妇女月经后受精的时日来推算胎儿性别的方法影响深远，南朝著名道教人物、神仙家、养生家陶弘景《养性延命录》载："若欲求子，待女人月经绝后一日、三日、五日，择中王相气，以气生时，夜半之后乃施精，有子皆男，必有寿贤明。其王相日，谓春甲乙，夏丙丁，秋庚辛，冬壬癸。"⑤这一说法具有明显的房中术色彩，但与《推定儿女法》一样，这种计算妇女经期后受孕时日奇偶的方法也强调奇日得男。唐代孙思邈《备急千金要方》、宋代陈自明《妇人大全良

① （宋）薛古愚：《女科万金方》，黄令月整理，吴润秋主编《中华医书集成》第15册，中医古籍出版社，1999，第8页。
② 宋书功、王耀堂编著《〈医心方〉房内方论与功法》，第168页。
③ （隋）巢元方：《诸病源候论》卷四一，吴润秋主编《中华医书集成》第22册，第244页。
④ 吕亚虎：《秦汉社会民生信仰研究——以出土简帛文献为中心》，第100页。
⑤ （梁）陶弘景集，王家葵校注《养性延命录校注》卷下，中华书局，2014，第195页。

方》、元代朱震亨《产宝百问》乃至一些明清时期的医书均收录了这一说法，并且从"王相""贵宿"可以看出，这种方法已经与禄命产生了联系，如宋代廖中所著命书《五行精纪》卷三〇中有《定妇人孕生男女诀》，曰："乾坎艮震为男儿，巽离坤兑皆为女。父母岁数两头安，受胎之月中心取。凡以父母年几双、只及受胎月装成一卦。父母年几双为拆，受胎只为单，成坎卦定是男儿。父母年几皆只为单，受胎月日双为拆，成离卦，定是女。父年上，母年下。余皆准此例。"①这是运用受胎时日，结合八卦的阴阳属性推测胎儿性别，明代万明英《三命通会》也收录了这种数术方法。②可见这些命书与医书互相借鉴、互相影响，通过受胎时日预测胎儿性别的方法成了它们共同的知识。隋唐以来的医书中还记载了一种运用感应巫术预测胎儿性别的方法，如隋代巢元方《诸病源候论》卷四一载："欲知男女，遣面南行，还复呼之，左回首是男，右回首是女。又，看上时，夫从后急呼之，左回首是男，右回首是女。"③唐代孙思邈《备急千金要方》、宋代薛古愚《女科万金方》、元代朱震亨《产宝百问》、明代洪基《摄生总要》均收录了这一方法。

三 数术与医学视野下的《推定儿女法》

《推定儿女法》的科学性与准确性以今人的眼光来看自然荒诞不经，余嘉锡《四库提要辨证·子部三·孙子算经》就曾指出："数术之书，类多附益，如卷末推孕妇所生男女，鄙陋荒诞，必非孙子正文，或恐传习《孙子》者，展转增加，失其本真。"④但余先生显然忽视了这些"鄙陋"与"荒诞"知识所处的历史时期与知识背景，正如葛兆光先生所强调："思想史上的种种奇异的、怪诞的思想都具有可理解的背景与土壤。"⑤

---

① （宋）廖中：《五行精纪》卷三〇《定妇人孕生男女诀》，第234页。
② （明）万明英：《增广校正三命通会》卷七《定妇人孕生男女》，第278页。
③ （隋）巢元方：《诸病源候论》卷四一，吴润秋主编《中华医书集成》第22册，第244页。
④ 余嘉锡：《四库提要辨证》卷一二"孙子算经三卷"，中华书局，2007，第698页。
⑤ 葛兆光：《中国思想史·导论》，复旦大学出版社，2015，第25页。

《左传·僖公十五年》中，韩简说："龟，象也，筮，数也。物生而后有象，象而后有滋，滋而后有数。"①在古人看来，数是宇宙万有运行的本原，是宇宙运行与人事发展的内在规律，因此讲"数理""定数""至数"。因此，数术是把数、数学与人事联系到一起以推算吉凶祸福的方法。汉代以来，数学家热衷于将算术与《周易》的数术系统相联系，如汉代徐岳所撰、"算经十书"之一的《数术记遗》，其中有积算、太一、两仪、三才、五行、八卦、九宫等条目，②具有明显的数术化特征。北魏刘徽注释《九章算术》时说："昔在包牺氏始画八卦，以通神明之德，以类万物之情，作九九之术以合六爻之变。"③此外，南宋数学家秦九韶在其《数书九章》中说："周教六艺，数实成之。学士大夫，所从来上矣。其用本太虚生一，而周流无穷。大则可以通神明，顺性命；小则可以经世务，类万物。"④可见这种数术与算术相结合的数学观念具有非常悠久的历史和文化传统，二者的分野有时是很模糊的，这种思想观念并不是《孙子算经》所独有，在古代数学著作中是很平常和普遍的现象。《孙子算经》预测胎儿性别的方法在明清时期曾经大行其道，明代的《类修要诀》《广嗣须知》《摄生总要》《三补简便验方》等医书均将《三命通会·定妇人孕生男女》的文本收录其中，称为"占男女诀"或"起算胎数"。⑤《推定儿女法》的出现，为《孙子算经》第三十六问推儿女法在宋金时期的流传提供了关键的文献支持，也为我们勾勒出了《推定儿女法》的完整流传脉络。

《庄子·天地》借封人之口言及世俗，曰："寿、富、多男子，人之所欲也。"⑥《孝经》曰："父母生之，续莫大焉。"⑦《孟子》云："不孝有三，

① （清）阮元校刻：《十三经注疏》，中华书局，1980，第1807页。
② 钱宝琮校《算经十书》，第541页。
③ 钱宝琮校《算经十书》，第91页。
④ （宋）秦九韶：《数书九章》第1册，中华书局，1985，第1页。
⑤ （明）胡文焕辑《类修要诀》，孙炜华校点，上海中医学院出版社，1989，第159页；（明）胡文焕《广嗣须知》，中国中医药出版社，2015，第23页；（明）洪基：《摄生总要》，段成功、刘亚柱主编《中国古代房中养生秘笈》，中医古籍出版社，2001，第1197页；（明）王象晋：《三补简便验方》，中医古籍出版社，1989，第20页。
⑥ （宋）吕惠卿：《金刻本庄子全解》卷五，国家图书馆出版社，2017，第166页。
⑦ 胡平生：《孝经译注》，中华书局，1996，第19页。

无后为大。"① 可见不论是传承血脉，还是增加劳动力，在孕育子嗣中，男孩总是比女孩受到重视。但在古代，人们对于生育现象并没有科学的认识，这也是《推定儿女法》等预测术能传播、流行的社会基础。秦汉以来，逐渐形成了各种孕育信仰，包括两性交合时日宜忌、祈子求孕、预测胎儿性别的辨胎巫术、转女成男的转胎术、生子时日与方位选择、生子不举、产后藏胞等。值得注意的是，在古代社会，预测胎儿性别的方法并不是单独使用的，通常与转胎术以及人们对于儿女数目的选择联系在一起，人们企图通过一定的手段干扰胎儿的自然孕育过程，一般是利用外物感应或者服用特殊的药物和食物达到转胎的目的，以便使自己掌握对子女性别的选择权。马王堆帛书《胎产书》是中国古代转胎巫术的滥觞："三月始脂，果隋（蓏）宵（肖），当是之时，未有定义（仪），见物而化，是故君公大人，毋使朱（侏）儒，不观木（沐）候（猴），不食葱姜，不食兔羹；若（？）欲产男，置弧矢，【射】雄雉，乘牡马，观牡虎；欲产女，佩蚕（簪）耳（珥），呻（绅）朱（珠）子，是谓内象成子。"② 这种"外象内感"的思想对后世医书产生了深远影响，汉代《华佗神方·转女为男神方》③，隋代《诸病源候论·妊娠转女为男候》④，唐代《外台秘要方》⑤《备急千金要方》⑥，宋代《三因极一病证方论·转女为男法》⑦《太平圣惠方·妊娠转女为男法》⑧《女科万金方·转女为男法》⑨《卫生家宝产科备要》⑩《妇人大全良方·转

---

① （宋）朱熹集注《宋本孟子集注》卷七，国家图书馆出版社，2016，第 3 册，第 70 页。

② 裘锡圭主编《长沙马王堆汉墓简帛集成》（陆），第 93 页。

③ （汉）华佗：《华佗神方》卷六，中医古籍出版社，1992，第 153 页。

④ （隋）巢元方：《诸病源候论》卷四一，吴润秋主编《中华医书集成》第 22 册，第 244 页。

⑤ （唐）王焘：《外台秘要方》，高文铸校注，华夏出版社，第 651 页。

⑥ （唐）孙思邈撰，（宋）林亿等校正《备急千金要方》卷二，吴润秋主编《中华医书集成》第 8 册，第 19 页。

⑦ （宋）陈言：《三因极一病证方论》卷一七，路振平整理，吴润秋主编《中华医书集成》第 22 册，第 174 页。

⑧ （宋）王怀隐等编，田文敬等校注《太平圣惠方校注》卷七六，河南科学技术出版社，2015，第 8 册，第 211 页。

⑨ （宋）薛古愚：《女科万金方》，吴润秋主编《中华医书集成》第 15 册，第 1 页。

⑩ （宋）朱端章编《卫生家宝产科备要》卷二，潘远根整理，吴润秋主编《中华医书集成》第 15 册，第 11 页。

女为男法》①,元代《世医得救方·转女为男法》②《产宝百问·转女为男法论》③等医书均收录了这些转胎术。

纵观中国古代的辨胎术,其文本在医书与命书间辗转流传,而且医书中的记载要比命书中多,这并不难理解。巫术、占卜与传统医学都是以天人感应、阴阳五行为基础理论,古代医生兼习阴阳占卜,并且把阴阳占卜之术作为医生不可或缺的知识素养。唐代孙思邈在《备急千金要方》开篇《论大医习业第一》中说:"凡欲为大医,必须谙《素问》《甲乙》《黄帝针经》、明堂流注、十二经脉、三部九候、五脏六腑、表里孔穴、本草药对、张仲景、王叔和、阮河南、范东阳、张苗、靳邵等诸部经方。又须妙解阴阳禄命,诸家相法,及灼龟五兆,《周易》六壬,并须精熟,如此乃得为大医。若不尔者,如无目夜游,动致颠殒。次须熟读此方,寻思妙理,留意钻研,始可与言于医道者矣。"④可见这是当时人们的普遍认识,也反映出我国古代悠久的巫医传统,即阴阳五行与天人感应思想下,数术、医术、巫术思想的渗透与融合。

余 论

葛兆光认为真正思想史的连续性,深藏在平静的缓缓地延伸着的一般知识、思想与信仰之中。这种"一般的知识和思想"是指"最普遍的、也能被一定知识的人接受、掌握和使用的对宇宙间现象与事务的解释"。作为一种普遍的知识和思想,它"通过最基本的教育构成人们的文化底色,一方面背靠人们一些不言而喻的依据和假设,建立起一整套简明、有效的理解,一方面在日常生活中对一切现象进行解释,支持人

① (宋)陈自明:《妇人大全良方》卷一〇,潘远根、胡静娟整理,吴润秋主编《中华医书集成》第 15 册,第 117 页。

② (元)危亦林:《世医得救方》卷一四,路振平整理,吴润秋主编《中华医书集成》第 9 册,中医古籍出版社,1999,第 288 页。

③ (元)朱震亨:《产宝百问》"总论",曹炳章编《中国医学大成续集》第 35 册,第 9 页。

④ (唐)孙思邈撰,(宋)林亿等校正《备急千金要方》卷一,吴润秋主编《中华医书集成》第 8 册,第 1 页。

们的操作，并作为人们生活的规则和理由"。① 以《推定儿女法》为代表的诸多辨胎术以及与之相关的转胎术、祈男术——这些渗透在算术、数术、医术、巫术等历史文本中的实用性技术，其完全出乎于生活实际的需要，毫无疑问可以被称为"一般的知识和思想"。通过梳理中国古代的辨胎术，我们可以发现，虽然这些方法纷繁复杂，但都有迹可循。《推定儿女法》源于《孙子算经》，而马王堆汉简、《产经》则影响了隋唐至明清医书中关于这部分内容的书写。从秦汉、魏晋一直到隋唐、宋元、明清，不论是传世典籍，还是如马王堆汉简、敦煌文书、黑水城文书等出土文献，都能看到这些辨胎术的存在。连同《推定儿女法》在内，辨胎术、转胎术、祈男术，这些占卜、巫术之类的文本直到清代都还在医书、命书中辗转陈袭，甚至连文本都没有多大变动，足见这些思想观念的生命力是如何悠久。从马王堆汉简所处的那个时代就已形成的知识和观念，那些被《汉书·艺文志》称为"方技"的数术知识与医疗技能，在历史文本中陈陈相因，作为古代日常所需的技术性知识，被人们普遍接受并且流传了近两千年。我们可以清楚地看到，《孙子算经》中的一道算式，在历史发展中是如何被数术所笼罩，并且扩展到了医术的领域，使得这些医术蒙上了强烈的巫术色彩。我们也能够看到，这些篇幅并不长的文本中，不论是对"数"的知识崇拜、对男性子嗣的祈求，还是这些文本所体现的阴阳五行、天人感应思想，以及那些看似荒诞鄙陋的巫术，都蕴含着古人对于宇宙、对于生命的理解和认知。这些理解和认知以及因此产生的社会活动及其所体现出来的信仰和观念构成了中国文化的底色之一，它们不仅渗透在历史文本中，也渗透于社会生活之中。以《推定儿女法》为代表的祈男辨胎思想和孕育信仰曾长期流行于中国古代社会，对于思想史、社会生活史的相关研究来讲，《推定儿女法》具有重要的研究意义，是考察古代社会民生与民间信仰的珍贵资料，足以引起学界更多的关注和思考。

（原刊于《西夏研究》2020年第2期）

---

① 葛兆光：《中国思想史·导论》，第12页。

出土文献所见元代黑水城的人员往来

张雪爱

摘　要　黑水城出土文献中有大量关于元代黑水城人员往来的文
书。其中，既有与其相毗邻的甘州、沙州诸地间的官吏
调动，又有来自河西走廊、漠北草原以及中原地区的行
商。此外，元代黑水城还流入了大量来自真定路、安西
路以及岭北等地区的移民和流民。不同民族的人员在黑
水城集散，丰富了黑水城的民族构成，使得黑水城在元
代成为一个多元民族融合之地。同时，这些人员的活动
促进了黑水城社会经济的发展。当然，这些来自不同区
域且身份各异的人员进出黑水城又不可避免地造成了当
地社会秩序的混乱。

关键词　出土文献；元代；黑水城；人员往来

目前，学界已有的研究成果中涉及黑水城人员的多是围绕黑水城
居民的研究。李逸友先生所著的《黑城出土文书（汉文文书卷）》中有
专门对元代亦集乃路的居民和建制的论述。[①]贺宁宁的《元代亦集乃路
居民研究》在前者的基础上进一步分析了元代亦集乃路居民的民族构

---

① 李逸友：《黑城出土文书（汉文文书卷）》，科学出版社，1991，第21页。

成。① 石坤的《从黑水城出土汉文文书看元亦集乃路的西夏遗民》②、邓文韬的《元代西夏遗民研究》③ 等文中亦就此问题有所论述。此外，潘洁、陈朝辉的《黑水城出土元代亦集乃路选官文书》④ 和薄嘉的《黑水城出土元代诸王妃子分例文书整理与研究》⑤ 中有关于元代黑水城官员的选任和迁调。杨富学、张海娟的《蒙古豳王家族与元代亦集乃路之关系》⑥ 则是以亦集乃路的蒙古豳王家族为特例研究了黑水城的人员。上述研究成果中对于元代黑水城的人员研究已是十分成熟。但是，通过研读发现，由于资料有限，以上研究成果有一个共同点，即将黑水城的居民研究建立在元代多元民族业已构成的基础之上，因此呈现出一种静态化分析。事实上，元代的多元民族构成本就是一个动态化过程，具体到人员流动上更是具有方向性，而黑水城出土文献中关于黑水城地区人员进出活动的文书正好丰富了这方面的认识。

元代的黑水城地处北方草原丝绸之路，其地理位置特殊，沟通了中原地区、漠北草原以及更远的西域，成为东西方交通往来的枢纽城市，从而为人员流动提供了天然通道。同时，元代自蒙古国时期就实行开放的对外政策，⑦ 而后的几次西征更是掀起了民族迁徙的浪潮，使得大量中亚和欧洲的人员规模性流向东方。通过整理黑水城出土文献中关于黑水城人员往来的文书，本文拟在前人研究成果的基础上从官吏调动、商人往来和其他人员流动三个方面分析元代黑水城的人员往来，以期补充对这一问题的认识。

① 贺宁宁:《元代亦集乃路居民研究》，硕士学位论文，宁夏大学，2009。

② 石坤:《从黑水城出土汉文文书看元亦集乃路的西夏遗民》，《敦煌学辑刊》2005 年第 2 期。

③ 邓文韬:《元代西夏遗民研究》，硕士学位论文，宁夏大学，2014。

④ 潘洁、陈朝辉:《黑水城出土元代亦集乃路选官文书》，《宁夏社会科学》2009 年第 3 期。

⑤ 薄嘉:《黑水城出土元代诸王妃子分例文书整理与研究》，硕士学位论文，河北师范大学，2012。

⑥ 杨富学、张海娟:《蒙古豳王家族与元代亦集乃路之关系》，《敦煌研究》2013 年第 3 期。

⑦ 黄时鉴:《东西交流史论稿》，上海古籍出版社，1998，第 50 页。

一 官吏调动

元代，"以蒙古人充各路达鲁花赤，汉人充总管，回回人充同知，用为定制"。①故而各路地方官员的任免与调转都是严格按照中央政府的规定。笔者梳理发现，黑水城出土文献中共有六件文书涉及元代黑水城与其他诸路间的官吏调动。其中，一件编号为M1·0750[F116：W2]②的文书是自黑水城迁向他处为官；另有M1·0771[F14：W4]③、M1·0756[F64：W2]④、M1·0755[F131：W1]⑤、M1·1111[F9：W30B]⑥、TK194⑦五件文书则是由他处迁进黑水城为官。具体看来，元代黑水城的官吏调动主要是与邻近的甘州、沙州以及宁夏路等地间进行，调动方式有迁调和对调两种。下面将分别详述黑水城与以上诸地间的官吏往来情况。

（一）黑水城与甘州路

甘州路，属上路，唐代为甘州，建张掖郡。西夏时期改称镇夷郡，宣化府所在。元代仍称为甘州，世祖至元八年（1271）⑧设甘州

---

① 《元史》卷六《世祖纪三》，中华书局，1997，第106页。

② 该件文书命名为《翰林院经历司呈拟生员尊顺奴充亦集乃路译史事》，内容大意：天顺元年（1328）至天历二年（1329）在亦集乃路任译史的郑乞帖木儿被"迁去甘州路充任译史"，而其职位由尊顺奴代替。见《中国藏黑水城汉文文献》第5册，国家图书馆出版社，2008，第977页。

③ 该件文书命名为《官吏签发对调文书》，内容大意：司吏罗某因"充稗已是及格例合"，因此由甘州路对调到亦集乃路为官。见《中国藏黑水城汉文文献》第5册，第996页。

④ 该件文书命名为《沙州路达鲁花赤总管府据税使司呈准本司副使刘住哥历仕状》，内容大意：至正二十五（1365），沙州路达鲁花赤总管府税史司副使刘住哥通过考课再调往亦集乃路任职代替兀马儿，其原来职位由唐完者代替。见《中国藏黑水城汉文文献》第5册，第983页。

⑤ 该件文书命名为《刘住哥籍贯与祖孙三代历仕状》，内容大意：刘住哥为平凉府民籍，现住亦集乃路庠序坊。见《中国藏黑水城汉文文献》第5册，第982页。

⑥ 该件文书命名为《举荐信》，内容大意：普伯忽是高昌王位下怯薛丹，北元时代到亦集乃路充任司狱。见《中国藏黑水城汉文文献》第6册，第1357页。

⑦ 该件文书命名为《元至正间亦集乃路钱粮房录本路官员请俸文书簿》，内容大意：宁夏路儒户至亦集乃路任提控案牍。见俄罗斯科学院东方研究所圣彼得堡分所、中国社会科学院民族研究所、上海古籍出版社《俄藏黑水城文献》第4册，上海古籍出版社，1997，第196—197页。

⑧ 《元史》卷六〇《地理志三》，第1450页。

路总管府，是甘肃行中书省的治所所在。关于元代官员的迁调，《元典章》①中有详细记载，其最初是属于汉族官僚制度的一部分，大体是在世祖末开始实施，成宗大德十年（1306）前后成为定制。②编号为 M1·0750[F116：W2] 和 M1·0771[F14：W4] 的两件文书都反映了黑水城与甘州路间的人事调动。文书中反映官吏的往来状态既有迁出，又有迁进，方式分别是迁调和对调。迁调具体表现为：由亦集乃路迁出任甘州路的译史和自甘州路调进亦集乃路的司吏。其中，编号 M1·0750[F116：W2] 文书是从亦集乃路迁出前往甘州路。关于郑乞帖木儿由亦集乃路迁往甘州路的原因因文书内容残缺而不得知。但是通过"迁去充任"几字大概可以推测是因为郑乞帖木儿在亦集乃路的任职期满，依例迁转。编号 M1·0771[F14：W4] 文书是关于司吏从甘州路迁进亦集乃路的问题。文书内容反映了元代地方官员迁调相关的内容。编号 M1·0750[F116：W2] 和 M1·0771[F14：W4] 两件文书都反映了黑水城与甘州路间的官吏迁调。一般情况下，按照元制，官员由边远地区调转到近地（腹里）则视为升迁。但是，文书中的甘州路、亦集乃路同属甘肃行中书省下辖，属于同一等级的行政机构，且文书中将互相间的官吏往来称为"对调"，因此不存在官员职位的升降。原来任何职，迁调至他地后仍任原职。

之所以会存在像黑水城这种与邻近州之间官吏互调的现象，《元典章》中载明了原因：

> 路、府、州、县司吏，多是土人，自贴书而为县吏，升至府、州、路吏，一百二十个月为满。职官三年一任，司吏十年方迁，则是司吏一界，更革职官四任也。吏人既久，人情亦熟，在县分管乡、都科差词讼，公行贿赂，变是为非，那上攒下，悉由于己……③

---

① 陈高华等点校《元典章》卷九《吏部三·官制·流官·久任官员迁转》，中华书局，2011，第284页。

② 李治安：《元代行省制度》，中华书局，2011，第148页。

③ 陈高华等点校《元典章》卷一二《吏部六·吏制·司吏·迁转人吏》，第477页。

由此可见，元代黑水城与甘州路的官吏互调是官方政策性行为，旨在防止官吏久任一地后以权谋私、欺公害民，属于正常的官吏迁转。

地方官吏作为中央政府管理民事、代表普通百姓反映民意的中间人，其重要性不言而喻。因此，元政府一方面注重迁转官吏的出身和政绩考课，即官吏要性行循良、通晓儒书；另一方面严格限制地方司吏的迁调程序，具体规定有：

> 除大都、上都、隆兴三路近后定夺，其余去处，验额设员数，请俸已及二周岁者，挨次先迁一半，未迁者与迁到人吏相兼勾当，候期年，依上循迁。已转到役人数，皆须历四十五月为限，别无赃罪，再行移转他处。①

除了严格考课制度、有序的迁调程序外，元代还对吏员"回避籍贯，斟酌远近"②的易地迁调有所规定。李治安先生曾著文分析过元代行省间官员易地迁转的意义。③从黑水城出土文书来看，黑水城与毗邻甘州路的官吏迁调更多体现了甘肃行中书省（确切说是中央机构）有效控制各路级人事权，从而防止官吏因常任职于一地形成的各自为政、脱离中央可控范围现象的出现。元代中央对地方行政权力的控制可见一斑。

（二）黑水城与沙州路、宁夏路

沙州路，下路，唐代为沙州，设敦煌郡。西夏时期其与瓜、肃一同被占领。元太祖二十二年（1227）攻占，至元十七年（1280）④设沙州路总管府，下辖于甘肃行中书省。编号为 M1·0756[F64：W2] 的文书内容涉及黑水城与沙州路间官吏的调转与补任问题。至正二十五年（1365），沙州路达鲁花赤总管府税史司副使刘住哥通过考课再调往亦集乃路任职代替兀马儿，其原来职位则由唐完者代替。与甘州路相同，亦

---

① 陈高华等点校《元典章》卷一二《吏部六·吏制·司吏·迁转人吏》，第 478 页。
② 陈高华等点校《元典章》卷一二《吏部六·吏制·司吏·迁转人吏》，第 478 页。
③ 元代行省间官员易地迁转的意义，一方面"行省官迁转，是向固定、常设的地方最高官府转化的标志之一"，另一方面"迁转可以减轻或避免行省官的植党营私和尾大不掉"。见李治安《元代行省制度》，第 150 页。
④ 《元史》卷六〇《地理志三》，第 1450 页。

集乃路与沙州路进行官吏的调转时也需进行政绩考课和按照严格的程序，此处不再赘述。值得一提的是，刘住哥原是平凉府的民户，在沙州任达鲁花赤，调往亦集乃路后代替原副使兀马儿的职位，而其在沙州路的职位则由唐完者补替。补替刘住哥的唐完者，或者是从下级府、县经过推举选拔上来，抑或由他路平行调转。不管以哪种方式得以补任，都必须"考满，吏部勘会无过，照俸相同，辨验无伪"才能定夺，至于那些不合格者"冒烂作弊，更换补替不应，依例体察施行"。①

关于黑水城和宁夏路间的人事调动仅见编号为 TK194② 的文书，文书内容是至正十八年（1358）中书省下发给甘肃行中书省，甘肃行中书省再札付亦集乃路总管府关于任命赵刚为亦集乃路提控案牍事宜，并由亦集乃路钱粮房为其发放十二月的禄秩。赵刚本为宁夏路的儒户，调至亦集乃路后为提控案牍。这件文书为我们了解元末官员上任与离任时的俸禄问题提供了线索。具体流程是新官员到任，由吏房移交钱粮房，后者根据相关文规支付官员俸禄；官员调离本职时，自己书写请俸状，钱粮房考其任职期间无过就会发放其俸禄。

综上，可以发现元代黑水城的官吏往来是通过迁调方式实现的，主要是与邻近的甘州路、沙州路和宁夏路间进行。黑水城的吏员不管是前往他路还是从别处迁进来，在任职前都要经过严格的审察考核，上至其祖上历仕情况以及本人原任职时的政绩，如是否达到任期、在职期间是否存在污点、考虑互迁的距离等都将作为参考因素。只有通过以上诸项考课，满足迁调的条件后方能就任现职。此外，黑水城、甘州路及沙州路因属同一等级的行政机构，因此官吏互调后仍任原职，故而不存在职位的升降问题。当然，除了出土文献中的记载，传统史籍中也有关于黑水城官吏往来的记载，调动也并不是黑水城官吏流动的唯一方式，在黑水城出差以及使臣过往等都会涉及黑水城的官吏往来。但是，由于笔者学识有限，遗憾不能在本文中一一详述，只能留待以后解决。如果说官吏的调动是一种被动的官方决策，那么下面要谈的商人往来则属于主动的个人行为。

---

① 陈高华等点校《元典章》卷一二《吏部六·吏制·司吏·译史宣史未满不替》，第468 页。

② 《俄藏黑水城文献》第 4 册，第 196—197 页。

二 商人往来

蒙元时期,蒙古军队先后三次大规模的西征及其之后的一系列统治政策引发欧亚民族的大迁徙,其中不乏在西域、漠北草原和中原地区经营买卖的中亚和欧洲的商人。同时,伴随着丝路贸易的繁荣,中原地区的商人也日渐活跃在东西方间。黑水城既是沟通东西的丝绸之路上的重要一站,又位于连接元大都与漠北草原的纳怜驿上。这样,岭北地区的商人也在黑水城寄居入籍。据考古发现,黑水城城内有东街和正街两条大街,极可能就是城内的主要商业街。^①不同种族的商人在黑水城汇集,客观来说,他们的流动促进了东西间的贸易往来和民族融合。具体来说,这些不同民族的商人出入黑水城,在改变当地民族构成的同时直接促进了黑水城的商业发展,丰富了当地人的社会生活。

(一)来往于黑水城和漠北地区的商人

目前,学界就黑水城商人的研究成果不少。^②但是,大多数是围绕商人的民族成分而展开的族性分析,而对当地不同民族商人的动向,尤其是黑水城与漠北地区的行商往来却鲜有论及。按照马可·波罗的记载,从黑水城"行四十日沙漠毕,抵一北方之州"。^③黑水城作为连接岭北和两都的重要驿站,除了行使"通达边情,宣布号令"的军事功能外,还沟通着中原与蒙古草原间的商贸往来,故而大量的商人穿梭于黑水城和岭北两地之间。黑水城出土文献中可以确定的涉及元代黑水城与岭北地区商人往来的文书有三件,编号分别为 M1·0855[F111:W61]^④、

---

① 李逸友:《黑城出土文书(汉文文书卷)》,第 21 页。

② 陈广恩在《元代西北经济开发研究》(澳亚周刊出版有限公司,2005,第 317 页)之"元代西北地区的民族新格局"一节中述及亦集乃路地区的回回商人。周永杰的《元代亦集乃路的物价问题》(硕士学位论文,宁夏大学,2016)和陈玮的《元代亦集乃路伊斯兰社会探析——以黑城出土文书、文物为中心》(《西域研究》2010 年第 1 期)二文都对这一问题有所提及。

③ 〔意〕马可·波罗:《马可波罗行纪》,冯承钧译,中华书局,2004,第 213 页。

④ 该件文书命名为《捏合伯等于兀不剌唐兀地面发现古迹碧钿洞文书》,内容大意:亦集乃路总管府判官乞里马沙差令捏合伯前往达达地面做买卖。见《中国藏黑水城汉文文献》第 5 册,第 1077 页。

M1·0668[F116：W71B]①、M1·0577②。

元代的"岭北""达达"等一般指岭北行省所辖地区。从前两件文书中反映的内容可以看出，由黑水城前往"岭北达达地面"的行商形式有两种，即官商和民商，而商人的民族成分则有汉人和回回人。

首先是官商。编号 M1·0855[F111：W61] 中的乞里马沙是亦集乃路的总管府判官，他本人因公务在身并不直接参与贸易往来，而是派遣合适的人选（捏合伯）替他经营买卖。在黑水城出土的元代文书中像这种由黑水城当地官吏或直接或间接参与商业买卖的现象还可见《李闰通与赵译史合伙契》和《合伙契》③两件文书。这两件文书同为元代的合同契约，前者是亦集乃路赵姓译史和商人李闰通两人合伙开酒铺而签订的合同，后者涉及亦集乃路李姓大使与人合伙开店铺。像乞里马沙、赵译史和李大使这种亦官亦商的官商想来不少，且都是通过"资金＋劳动"④的合作方式获取利益。这既是地处丝绸之路上的亦集乃路商贸发达的一种表现，也折射出亦集乃路当地吏员的吏治腐败。当官、商两种身份集于一身时必然伴随着借官谋利、以利得官的现象。

其次是民商。编号 M1·0577 是一件关于皇庆元年（1312）的认状。文书中的古都不花因为经商从岭北地区进入黑水城，并在此处寄居。编号 M1·0668[F116：W71B] 中的阿兀更是回回商人的代表。元代的回回人大多是以礼拜寺为日常活动中心的，文书中明确了阿兀是居住在礼拜寺附近的，且其在黑水城与和林间兴贩贸易。蒙古时期的物品流通是离不开擅于经商的回回商人的。元代回商居多，一方面缘于他们与生俱来的经商天赋，另一方面是因为元代统治者十分重视商业的发展，大部分皇室成员甚至皇帝都依靠回商帮助他们理财、敛财，故而

---

① 该件文书命名为《失林婚书案文卷》，内容大意：阿兀前往岭北达达地面作买卖。见《中国藏黑水城汉文文献》第 4 册，第 881 页。

② 该件文书命名为《皇庆元年（1312）认状文书》，内容大意：皇庆元年的认状文书中，古都不花原来是御位下昔宝赤头目哈喇帖伦的次子，原来是在迆北党鲁地面的住民，现因买卖寄居在亦集乃路。见《中国藏黑水城汉文文献》第 4 册，第 715 页。

③ 注：两件文书编号分别为 M1·1031[F209：W59] 和 M1·0997[F2：W14a]，见《中国藏黑水城汉文文献》第 6 册，第 1291、1266 页。

④ 杜建录、邓文韬:《黑水城出土合同契约再考释》,《西夏研究》2013 年第 4 期。

元代对回商的保护性政策尤多。元代，虽然和林城不再是政治中心，但其依然是漠北草原上的商业中心城市。大规模的蒙古军队调驻漠北以及"中粮"法的实行，使得和林城的粮食贸易成为大宗，而贸易用粮大多是从中原汉地运输，这期间回回商人扮演着重要角色，亦集乃路恰是从中原汉地前往漠北运输物资的必经之路。文书中的阿兀正是来往于这条商道上的诸多回商之一。

通过分析黑水城出土文献中有关黑水城和岭北地区商人的往来，我们发现其中既有官商又有民商，且这些商人的民族成分不一，杂有回回人和汉人。这些亦官亦商或者又如阿兀一样已经在黑水城落户定籍的普通回商都为黑水城商业的发展做出了重大贡献。作为东西交流的中转站，黑水城地区会聚了中原、西域及漠北的商人、商品。这些来往于黑水城和岭北地区的商人不仅解决了漠北草原的物资贩运问题，而且使得黑水城的城市功能多样化了，促进了当地商业的发展。

（二）来往于黑水城和河西走廊的商人

黑水城出土文献所见涉及元代黑水城与河西走廊诸州商人往来的文书有三件，其中两件是自黑水城流向甘州，编号分别为M1·0595[F193:W12][1]、M1·0597[F144:W6][2]，另有一件是自甘州流向黑水城，编号为Инв. № 4696-8[3]。

甘州被誉为河西走廊上的"粮仓"，上述三件反映黑水城商贸往来的文书都与该州有关。与河西"粮仓"甘州相比，黑水城虽也有农业生产，但因受自然条件限制，粮食产量自然有限，故而经常需要从他处买进，尤其是在青黄不接时，粮食买卖活动更为活跃，这在黑水城出土的大量粮食借贷契约文书中可知梗概。黑水城地区居民的食粮

---

① 该件文书命名为《陈礼状告孙直欠少伊货钱不肯归案》，内容大意：被告孙直欠甘州路陈礼货钱不肯归还，逃至亦集乃路躲债，陈礼先是上告甘州路录事司，甘州路录事司受理案件后向亦集乃路发出关文同审此案件。见《中国藏黑水城汉文文献》第4册，第735页。

② 该件文书命名为《王七弟王旭赍夯客货钱案》，内容大意：黑水城人王旭因欠人货款不还，为躲债而去甘州路做买卖。见《中国藏黑水城汉文文献》第4册，第737页。

③ 该件文书转引自史金波先生《西夏时期的黑水城社会》第423页。文书因残缺，仅留"甘州米酒来已卖数单子"等字。见《俄藏黑水城文献》第13册，第248—251页。

都严重缺乏，勿说酿酒了。此外，统治阶层为维护国家酒课收入，严格施行酒禁政策。元代，实行由政府主导的"榷酤法"，有专门的酒户负责造酒发卖。但是，对于少数民族而言，酒又是不可或缺的生活用品。既然本地没有大批量自行酿酒的条件，只能从外地采买。这样的商机自是不会被擅于逐利的酒商所忽略，如此又促进了黑水城酒的贸易。编号 Инв. № 4696-8 的文书因残缺无法了解更多具体内容，但是从"甘州酒"几字或能看出是甘州地区的酒在亦集乃路销售，且售卖的酒商可能就是甘州商人。但是，鉴于黑水城是一个中转贸易的城市，因此也不排除由黑水城本地的商人自甘州运酒回来买卖的可能。编号 M1·0595[F193：W12] 和 M1·0597[F144：W6] 两件文书都是涉及自黑水城往甘州经商的商人。文书虽然没有直接指出具体的商贸往来情况，但是仍可从只言片语中得出个别信息。前一件文书中的被告孙直，因为欠了甘州路陈礼的货钱不肯归还，而逃至亦集乃路躲债，陈礼先是上告甘州路录事司，甘州路录事司受理案件后向亦集乃路发出关文同审此案件。可见，亦集乃路人孙直是经常穿梭在亦集乃路和甘州间的商人，推测他应是先从陈礼处借到货品然后前往亦集乃路销售，赚取钱后再述陈礼的货款。后一件文书中的黑水城居户王旭则是以去甘州做买卖躲避归还货钱。

三　其他人员的流入

元代黑水城地区的人员往来除前述的官员、商人外，还有许多是处于下层的普通百姓，他们或是屯田垦耕的民户，或是政府签补的站户和屯田户，或是流徙的罪犯等，抑或是躲避战祸的灾民以及虔诚的传教僧徒等，这些人以移民的身份进入黑水城并在此处寄居入籍。其中，躲避战祸的灾民以及虔诚的传教僧徒等又属于流民。历史上的移民和流民现象往往是交叉进行的，且移民活动大多会伴随着流民的流徙。表面看来，二者都是一定数量的人员由此处迁徙到彼处。但是，移民和流民有一个显著的区别。移民多属于政策性行为，即由当朝统治者组织的一种有计划、有目的的活动，而流民多是一种自发的、盲目的个人行为，^①且往往是饱受天灾人祸而流徙的人口的代名词。

元代，大量的新附军屯田户、站户以及民户等在元政府的强制调拨与签补政策下以移民身份进入黑水城，这些移民不仅带来了中原汉地的先进生产技术和经验，为黑水城的开发注入了新鲜血液，而且客观上促进了黑水城地区民族构成新格局的形成。黑水城出土文献中所见黑水城与其他地方的移民和流民较为混杂，可以确定原户籍的文书有九件，另有六件或不明原籍或不知缘由，本文只撷取其中户籍确定、流向明确的几件文书进行简要论述。元代黑水城的移民成分复杂，按照地域划分有岭北行省、甘州、宁夏、真定、安西等；按照职业划分，除了民户、军户、站户及屯田户外，还有盗贼和佛教僧侣等。具体按照性质可以分为移民和流民两种，下面将分别就元代黑水城的移民和流民情况进行简要论述。

（一）元代黑水城的移民

按照概念区分，移民是由统治者组织实施的一种政策性行为。严格说来，前述黑水城的官吏调动和部分商人的往来也应属于移民，鉴于此处的普通百姓与官员和商人的身份有别，因此做单独讨论。元代黑水城属于政府政策性移民的文书有编号 M1·0755[F131：W1]^②、M1·0594[F234：W9]^③ 和 M1·0585[F1：W62]^④、M1·0580[Y1：

---

① 孟繁清主编，邢铁、王文涛著《中国古代环渤海地区与其他经济区比较研究》，河北人民出版社，2005，第 217 页。

② 该件文书命名为《刘住哥籍贯与祖孙三代历仕状》，内容大意：刘住哥原系平凉府的民籍，后至沙州路任官，元至正二十五年调在亦集乃路任税使司。见《中国藏黑水城汉文文献》第 5 册，第 982 页。

③ 该件文书命名为《僧人任义儿状告案》，内容大意：取状人罗信甫原系御位下安西路刘万户所管祗候，现在亦集乃路租到王豚月将的一间土房。见《中国藏黑水城汉文文献》第 4 册，第 734 页。

④ 该件文书命名为《盗马贼人案》，内容大意：至正四年（1344）在甘州路判罪定刑的盗马贼人由本管社长高久石监押往亦集乃路徒役的途中死去。见《中国藏黑水城汉文文献》第 4 册，第 722 页。

W110]①、M1·0589[F116：W288a]②、M1·0561[F116：W294]③、
M1·0726[F1：W24b]④、M1·0610[F116：W491]⑤、M1·0605[Y1：
W66B]⑥，这几件文书中提到徙入黑水城的移民身份既有民户又有罪犯和
僧侣。

　　首先是民户。元代的户籍中，民户所占比例较大。元代民户的含
义有广义和狭义之分。狭义层面的民户是具体区别于军、站户和各种专
业的户计，简而言之，就是专门负责农业生产的种田户。本文所论的民
户主要是指狭义层面，即指区别于下文中的军户、站户和其他户计的一
种。民户是元代赋税和一切杂泛差役的主要承担者。元代每一次大规模
的户口检括就意味着诸王分封的一次调整，而这其中调整的很大一部分
便是民户。相较于被征戍的军户和供馆驿的站户等为封建国家机器的运
转服务的户计而言，民户更多是作为诸王和封建世侯的私人财产，同时
也是整个元代扩大"财源"的途径之一。编号M1·0755[F131：W1]
中的刘住哥原系平凉府⑦的民户，后选任到沙州路任官，今调至亦集乃
路任税使司。编号M1·0561[F116：W294]中的涉案人员王汉卿本是
冀宁路⑧汾州孝义县的民户，进入亦集乃路后住在本地耳卜渠屯田户罗

---

① 该件文书命名为《纵放盗贼在逃案》，内容大意：盗窃犯罗春丙，原系四川纳溪县管
下某户。见《中国藏黑水城汉文文献》第4册，第718页。

② 该件文书命名为《盗马贼人》，内容大意：某路录事司将盗马贼人娄朋布等押往亦集乃
路徒役。见《中国藏黑水城汉文文献》第4册，第726页。

③ 该件文书命名为《王汉卿斗杀案》。见《中国藏黑水城汉文文献》第5册，第697页。

④ 该件文书命名为《词讼文书》，案件涉及山丹州法塔寺僧户。见《中国藏黑水城汉文
文献》第4册，第946页。

⑤ 该件文书命名为《无得耕种浇灌地内偷种糜子案》，内容大意：偷种土地的僧人梁日
立合日是吐蕃人。见《中国藏黑水城汉文文献》第4册，第754页。

⑥ 该件文书命名为《俵水纠纷案》，俵水纠纷案中参与开闸放水的有嵬如法师。见《中
国藏黑水城汉文文献》第4册，第749页。

⑦ 平凉府，唐为马监，隶原州。宋为泾原路，升平凉军。金立平凉府。元初并潘原县
入平凉，华平入华亭，隶巩昌帅府。下领平凉、崇信、华亭三县。见《元史》卷六〇
《地理志三》，第1430页。

⑧ 冀宁路，唐并州，又为太原府。宋金沿袭其建制。元太祖十三年（1218），立太原路
总管府。大德九年（1305），因为地震改为冀宁路，统计有户七万五千四百四十，口
一十五万五千三百二十一。领司一县十州十四。其中，元初设立汾州元帅府，下领孝
义、西河、平遥、介休四县。见《元史》卷五八《地理志一》，第1377页。

信甫家中。编号 M1·0594[F234：W9] 中的取状人罗信甫原为安西路^①刘万户所管祇候，进入亦集乃路后租得王豚月将的一间土房。

其次是服刑罪犯。黑水城的犯案人员主要是以盗窃案为主。由于元代阶级矛盾和民族矛盾都十分尖锐，因此百姓频繁造反，盗窃活动更是猖獗。元制，"诸人告获强盗，每名官给赏钱至元钞五十贯"，"诸失过强切盗贼，违限不获，当该补盗官兵并依己行断例决罚"。^②可见，元政府通过亦奖亦罚的措施整治盗贼。黑水城地区的盗窃案也很严重，出土的大量盗贼案文卷就是最好的例证。从盗贼案卷看所盗之物涉及马、牛、骆驼等牲畜，^③还有官属马、毡等物。^④因此，在黑水城，捕盗及配刑也成为一项重要任务。^⑤编号 M1·0580[Y1：W110] 中的盗窃犯罗春丙，原系四川纳溪县^⑥管下某户，后在亦集乃路住坐，并犯案。关于罪徒，周良霄先生指出，元代的流徒，"如系蒙古人则充发南方炎徼之区，汉人则流极北奴儿干之地"。^⑦亦集乃路作为西北边缘地区，自然是流徒的可选之地。因此，有大量的罪徒被押送发往亦集乃路徒役。编号 M1·0585[F1：W62] 内容是关于至正四年（1344）在甘州路判罪定刑的盗马贼人，由本管社长高久石监押前往亦集乃路徒役的途中死去。

最后是传教僧侣。编号 M1·0726[F1：W24b] 反映案件有关山丹州^⑧法塔寺的僧户。编号 M1·0610[F116：W491] 中偷种土地的僧人梁

---

① 安西路，即奉元路，陕西等处行中书省辖。至元十六年（1279），改京兆为安西路总管府，皇庆元年（1312）又改安西路为奉元路。见《元史》卷六〇《地理志三》，第1423页。

② 陈高华等点校《元典章》卷四九《刑部·诸盗·强窃盗》，第1626页。

③ 《中国藏黑水城汉文文献》第4册，第717、720页。

④ 《俄藏黑水城文献》第4册，第242页。

⑤ F131：W4号文书为甘肃行中书省给亦集乃路关于捕盗相关事宜的札付。见《中国藏黑水城汉文文献》第4册，第724页。

⑥ 纳溪县，四川等处行中书省下辖，为重庆路下泸州所领三县之一。见《元史》卷六〇《地理志三》，第1442页。

⑦ 周良霄、顾菊英：《元史》，上海人民出版社，2003，第469页。

⑧ 山丹州，唐为删丹县，隶属于甘州。宋初为西夏占有，于此处设置甘肃军。元初为阿只吉大王分地。至元六年（1269）行山丹城事，自此删讹为山。二十二年（1285）升为州，隶属于甘肃行中书省。见《元史》卷六〇《地理志三》，第1452页。

日立合日和编号 M1·0605[Y1：W66B] 中参与开闸放水的嵬如法师俱系吐蕃人。另外，据学者研究，黑水城出土的景教文献表明元代的亦集乃路甚或有一个基督教的团体。[①] 传教的僧侣进入亦集乃路一方面离不开政府的鼓励，另一方面也是因为对佛教崇信而自发传教。《安西榆林窟》中有多处记载亦集乃路人远赴敦煌烧香拜佛，如"……亦集乃路住人李□□大小……""亦集乃住李文义全家烧香到此记耳"[②] 等，由此可见元代黑水城人崇佛之甚。

（二）元代黑水城的流民

元代也有大量的灾民因躲避战乱流入黑水城。不可否认，这些社会中的"最不安定者"流入黑水城会对该地的社会秩序造成极大的混乱。

元代流民问题始终存在，因此有关流民的研究也很多。[③]《元史》记载成宗元贞三年（1297），"江南富户侵占民田，以致贫者流离转徙"。[④] 相关研究表明，元代的流民身份复杂，其中既有因战争失去田地的自耕农、被掳掠而来的西域手工业者，也有大量的佣工和诸王、将领采邑中的投下、军户等。蒙元时期征伐频仍，加之自然灾害多发，使得人民流离失所。"随路（处）民户，或困于公役，或逼于私债，逃窜失业，谅非得以"[⑤]，而"差徭甚大，加以军马调发，使臣烦扰，官吏乞取，民不能当，是以逃窜"[⑥]。推及黑水城，流入黑水城的流民有站户、军户等，李逸友先生认为"屯田户、军户和站户，是该路管内的主要户口"。[⑦] 分析这些流民涌入的原因，除了战争和自然灾害外，还有不堪封建统治的压迫与超经济强制而逃跑至此。黑水城出土文献中关于流民的文书有编

---

① 〔德〕茨默：《一杯凉水——黑水城出土突厥语景教文献》，杨富学、彭晓静译，《西夏研究》2016 年第 2 期。

② 张伯元：《安西榆林窟》，四川教育出版社，1995，第 204—205 页。

③ 罗贤佑、任崇岳：《元代流民问题浅探》，《郑州大学学报》1988 年第 3 期；陈高华：《元代的流民问题》，元史研究会编《元史论丛》第 4 辑，中华书局，1992，第 132—147 页。

④ 《元史》卷二〇《成宗纪》，第 439 页。

⑤ 陈高华等点校《元典章》卷三《圣政·恤流民》，第 104 页。

⑥ 《元史》卷一五七《刘秉忠传》，第 3689 页。

⑦ 李逸友：《黑城出土文书（汉文文书卷）》，第 13 页。

号 M1·0654[F116：W24]①、M1·0673[F116：W32]②、M1·0982[F13：W130]③、M1·0019[F4：W2]④、M1·0286[F166：W11]⑤ 五件。与移民不同，这五件文书中反映的都是为躲避战祸而自发逃（出）至黑水城的流民。

具体来看，编号 M1·0654[F116：W24] 中的也火汝足立嵬家族原来是黑水城的站户。元制，"站赤者，驿传之译名也。盖以通达边情，布宣号令，古人所谓置邮而传命，未有重于此者焉"⑥。诸站的站户为"四方往来之使，止则有馆舍。顿则有供帐，饥渴则有饮食"⑦。站户流离他乡，一是躲避战乱，二是负担过重。《元史》记载，世祖至元二十二年（1285），"巩昌军户站户并诸人奴婢，因饥岁流入陕西、四川者，彼即括为军站"⑧。通过文书内容我们了解到中统元年（1260）正值浑都孩叛乱，战火蔓延，亦集乃路的住民也火汝足立嵬家族为躲避战乱，抛弃田土，举家迁往永昌路⑨西凉州杂木口充当站户。战乱平息后，便要求返回亦集乃路恢复旧业。也火汝足立嵬家族迁入永昌路后继续入站户籍，因此当为交参户⑩。从某种程度来说，元代站户的负担是很重的，站户不仅要为过往使臣提供首思，还要负责站赤铺马的补买，此外

---

① 该件文书命名为《也火汝足立嵬地土案》。见《中国藏黑水城汉文文献》第 4 册，第 838—848 页。

② 该件文书命名为《失林婚书案卷》。见《中国藏黑水城汉文文献》第 4 册，第 883 页。

③ 该件文书命名为《至正二十五年（1365）十一月初七日大吉合同婚书》。见《中国藏黑水城汉文文献》第 6 册，国家图书馆出版社，2008，第 1251 页。

④ 该件文书命名为《元真定路当差民户文》，内容大意：原是真定路的当差民户，现在亦集乃路。见《中国藏黑水城汉文文献》第 1 册，国家图书馆出版社，2008，第 54 页。

⑤ 《中国藏黑水城汉文文献》第 2 册，国家图书馆出版社，2008，第 386 页。

⑥ 《元史》卷一〇一《兵志四》，第 2583 页。

⑦ 《元史》卷一〇一《兵志四》，第 2583 页。

⑧ 《元史》卷八《世祖纪》，第 279 页。

⑨ 永昌路，甘肃等处行中书省管辖，唐代为凉州。宋初为西凉府，景德中陷入西夏。元初仍为西凉府。至元十五年（1278），以永昌王宫殿所在，立永昌路，降西凉府为州县。见《元史》卷六〇《地理志三》，第 1450 页。

⑩ 交参户，指因事故而迁发，在现居地和原籍都有录籍的人户。关于也火汝足立嵬家族属于交参户的情况见张重艳《也火汝足立嵬地土案文卷初探》，《西夏学》第 6 辑。

还得承担当地寺庙修造的任务，编号为 M1・0865[F62:W12a]① 的文书定名为《提调站赤文书》，其中记载何惠月在由总管府传达别奇帖木儿大王、荆王的命令下承担了修造弥陀寺相关事宜。如此看来，关于元代"民之受役，莫重于站赤"② 的说法并非空穴来风。由于过往使臣给驿泛滥及负担过重，常常会造成站户的消乏与逃亡，这也是元代产生大量流民的主要原因。

另外，编号 M1・0654[F116：W24] 还涉及元代流民的返籍复业问题。《元典章》中有针对流民的优待政策。③ 具体来看，元代对流民的处理方式有两种：一是鼓励原籍官员招诱返籍复业；二是流民于所到之处就地安居。反映在黑水城文书上就是也火汝足立嵬上告甘肃行中书省要求返籍，并受理归断，由亦集乃路总管府积极与永昌路协商调查，最终使其返籍复业。由此可见，亦集乃路总管府对于本地流出户籍的招诱还是比较积极的。

黑水城既为元代的边塞城市，其战略地位毋庸置疑。因此，自有建置始，蒙元统治者就积极征调军户屯戍该地。元代的军户主要是负责承担军役，"天下既平，常为军者，定入尺籍伍符，不可更易"④，且是在自带军器、马匹和日常生活所需的情况下，被政府征发和镇戍。与站户签发一样，元代军户的签发也有一定的条件。编号 M1・0673[F116：W32] 中的闫从亮原是巩西县所管军户，至正十九年（1359）红巾军起义，攻破巩昌城，战祸殃及巩西县 ⑤，因此闫从亮先逃至永昌路，后辗转到黑水城住坐。文书记载闫从亮在黑水城是做油皮毡生意，似乎已脱军籍，转为商户了。由此可见，在元末黑水城地区混乱的政治制度下，户籍制度已经遭到破坏，哪怕是原来"不可更易"的户籍制度到此时也已经混乱不堪了。编号 M1・0982[F13：W130] 中岭北地区的脱欢为筹盘缠，将弟寡妻巴都麻嫁于黑水城张千户管下纳粮军户吴哈厘之子哈立巴

① 《中国藏黑水城汉文文献》第 5 册，国家图书馆出版社，2008，第 1088 页。
② 黄溍：《黄溍全集》（下），王颋校注，天津古籍出版社，2008，第 651 页。
③ 陈高华等点校《元典章》卷三《圣政・恤流民》，第 104—106 页。
④ 《元史》卷九八《兵志一》，第 2508 页。
⑤ 巩西县，属陕西等处行中书省所辖巩昌路总管府所管。见《元史》卷六〇《地理志三》，第 1429 页。

台为妻。脱欢与弟脱火赤都是岭北行省管辖的蒙古军户，其将弟之寡妻巴都麻嫁于黑水城军户吴哈厘之子哈立巴台为妻，实质是将军户家属贩卖至黑水城。

还有几件文书因字迹漫漶，无法得知更多详细的内容。尽管如此，还是能从只言片语中发现一些信息。如《元真定路当差民户文》仅留"□系真定路当差民户，见在亦集乃□"等字。真定路 ①，唐恒山郡，又改镇州。宋时为真定府。元太宗元年（1229）改为真定路，领司一、府一、州五、县九。在元代，军户除了有缴纳赋税、杂泛差役、和雇和买等封建义务外，还要忍受当地军官的压迫，军户不堪剥削时就会逃跑。黑水城出土文献中就有一件关于亦集乃路军户出逃的文书，编号为M1·0286[F166：W11] 的文书中"在逃正军阔录赤二十八名……"的记载即为明证。

综上可见，元代黑水城的人员往来频繁，按照民族来看，有回回人、党项人、汉人和蒙古人等；按照职业来看，不仅有上层官员，还有商人以及下层的普通百姓甚至是罪犯；按照地域来看，分别是与漠北的和林，河西走廊的甘州、沙州和中原地区的真定路、冀宁路等地区有人员往来；按照性质来看，既有政策性的移民安置，又有自发性的流民流徙。出于加强对地方人事权利的控制，元政府把控着黑水城的人事调动。而黑水城所处地理位置的特殊性又赋予它了特殊的使命，经由黑水城的漠北草原和中原地区的商人为谋取商业利益穿梭于东西南北间，东来西往的商品不仅丰富了当地人民的生活，而且带动了黑水城商业的发展，促进了当地经济的繁荣。除却上层官员与商人的往来，黑水城下层百姓的流动似乎更加真实地反映了黑水城的社会状况。不管是为躲避战祸逃亡又复业的民户和站户，还是因为自然灾害辗转至此的军户，抑或无户籍无产业的流民和罪犯，他们进入黑水城后，虽在一定程度上造成了黑水城当地社会秩序的混乱，但诚如陈育宁先生所言，"历史上的民族迁徙和移动，无论出于何种原因，表现为何种形式，从整体和长远看，起到的积极的历史作用是主要的。它打破了民族隔绝状态，促进了

---

① 《元史》卷五八《地理志一》，第 1356 页。

各民族经济文化的交流和发展，推动和加速了民族间的融合和同化"。^①
诚然，这些民族成分各异、身份相差的人从四面八方会聚在黑水城，最
终形成一个信仰不同、生活习俗相异却能和谐共处的多民族聚居地，这
种新民族格局的构成正体现了我国多元民族融合的大趋势。

---

① 陈育宁：《民族史学概论》，宁夏人民出版社，2006，第 41 页。

黑城文书所见元代勘合制度在口粮支出中的应用

张敏灵

摘　要　本文以黑水城出土的口粮文书为基础，对亦集乃路勘合制度在口粮支出中的应用进行探讨。研究表明，为避免滋生腐败，元朝亦集乃路口粮放支需要经过照勘，放支完毕后，仓库人员要记录在案，按时清点仓库，如实汇报。

关键词　黑水城；口粮；勘合制度

勘合也即校勘、对合。从它的解释来看，应该是两件物品互相参照，它与校勘符契有一定的联系，可以说是对古代符契制度的继承与发展。"勘合"一词在唐代已经出现，刚开始是指政府调兵时的铜鱼符的对合，不久"勘合"材料发生了变化，从单纯的符牌逐渐向纸张过渡。唐宋时期，勘合虽被历朝政府运用于社会生活中，真正使勘合得到长足发展的却是元代。

到了元代，牌在很多方面如使用量和范围等，逐渐地取代了符契，使符契的流通性大大减弱。宋元时期，江南造纸印刷技术的大规模提高，为勘合的广泛使用提供了物质条件；中央集权、法治意识、程序制度化的进一步发展，为勘合的广泛使用提供了思想基础。

王恽在《中堂事记》中提到了蒙古政权最初的勘合人员：设有三个书填勘合令史专门负责填写勘合的事务。后来勘合逐步发展完善。《元典章》记载："支纳钱粮一切官物，勘合已到仓库，应纳者，经十日不纳，应支者，经一月不支，并须申报元发勘合官司，随即理会。其物已到仓库未得勘合者亦如之。"[①]这些都反映出当时政府的勘合已经初步具有防止奸弊的思想了。

元朝政府对仓库出、纳的管理是极其重视的。针对勘合的填写与管理，政府设有专人负责，并根据具体情况设置人员。元朝政府高度重视对仓库、勘合的管理，加上勘合本身所含的防伪措施来看，元代勘合有一套严格的管理制度和相应的法律条文，用来保障它的正常流通。

勘合作为一种技术性的符契防伪手段，是一种把编有字号的两半文书合在一起印刷，经填写完毕后，使用时将印识、贴与簿相互比对以辨别真伪、防止欺诈的纸质文书。印识，就是在勘合与号簿中加盖的印戳。勘合印贴是用于运作的，贴上因种类的不同而写不同内容，持有的人员带着它到目的地凭此办理相关事项。在整个元代，勘合簿又称文簿、号簿，以"扇"为单位，每种簿有一扇或两扇。勘合簿是固定放在某个部门，方便必要时验证查对。

黑城出土的元代口粮勘合文书保留下来的较多，可惜这些文书大多篇幅已残缺不全，但是通过系统的分析研究，我们可以大致了解亦集乃路口粮勘合收支管理的过程与方法。

支粮前，由需要申请的相关部门根据事由书写放支呈请，文书字体为畏兀儿体蒙古文，由承管人上报总管府，再由译史把蒙古文翻译为汉文，如 F116：W357 卜鲁罕妃子开始申请份例米面的文书就是其府上的工作人员用畏兀儿体的蒙古文写完后上交到亦集乃路总管府，由译史也先不花翻译为汉文，交由总管府官员审核。

在上节口粮的放支机构笔者已经提到在亦集乃路，总管府是负责审核申请的，钱粮房负责各项钱粮调度，广积仓、屯田所、支持库负责具体的执行。总管府经过审核、统计后下发文件，由钱粮房书写曹状。填写勘合的官员填写所需要用的关防文簿。在每一张完整的纸上对半印上格式相同的内容，每份纸有编排的字号（以《千字文》排号），纸中间

---

① 《元典章》卷20《户部·仓库》，中国广播电视出版社，1998，第809页。

加盖骑缝印章，使用的时候分别填写同样的半印勘合，把应支米数、年月日、经办人填写清楚，交付各部门负责人收领，当事双方各执一半，领取时负责发放的部门比对元呈簿、墨迹、编号、字样等确认无差错后，发放钱粮。

文书 F209：W66 上面残存内容写道：

折支小麦……升计折大 / 麦捌石捌斗 / 一帖至顺四年闰三月廿六日玄字七十 / 三号勘合行下广积仓放支至顺四年四 / 月至六月终夏…… / 柒拾伍石捌斗…… / 阿立合只收付　　照过

一帖至顺四年闰三月廿六日玄字七十 / 四号勘合□下屯田户往玉卜仓放支至 / 顺四年四月至六月终夏三个月……　照过㊞①

另一件文书 M1.0194 [F74：W42] 同样也是关于比照元呈簿、半印勘合、字号无差错后确认发放粮食的储运收支文书。

……（半印勘）合书填前去…… / 合下仰照验，比对元呈簿相同，更 / 照验无差，依数责领，放支施行 / 开 / 实支至元折中统抄壹定肆拾伍俩□ / 一下广积仓　　总府除外，今用往字九十八 / 号半印勘合书填前去合下仰照，及 / 比对元有呈簿相同，更照无差依数 / 责领放支施行 / 开 / 实支粮壹拾壹石肆斗内，黄米 / 参石伍斗，小麦参石捌斗，大麦参 / ……右各行…… / 至正六年十月　吏沈克。②

上述放支口粮的勘合文书中，出现了"半印勘合"，这证明了元代除了中央户部出纳钱粮使用半印勘合外，各地方行省放支口粮的勘合也有出现半印标识，连军队的口粮放支同样使用半印勘合。俄藏 TK211《放支口粮状》验照勘合文书中提到的放支军人冬季三个月口粮杂色也

① 李逸友：《黑城出土文书（汉文文书卷）》，科学出版社，1991，第 123 页。
② 塔拉、杜建录、高国祥主编《中国藏黑水城汉文文献》第 2 册，国家图书馆出版社，2008，第 273 页。

出现了"□字贰拾号半印勘合"。^①

口粮勘合上印有字号，它是勘合防伪最主要也是最重要的手段。如古代符契兵符等在符上刻字，说明它是属于什么处所的符，两符相合的同时，字也必然相同。勘合字号就是对这种方式的继承与发展。与符契不同的是，纸质的勘合与簿不可能像牌、符那样通过重合来验真假，因此其字号就显得更加重要。纸上编有的字、号，既表明勘合的编排体例，又用于校勘比对，经过检验无误、上级主管部门做出肯定批示后，才能放支钱粮。勘合的字号同样分为簿号与纸号两部分，编制时就已经印刷完备。元代亦集乃路曾经采用《千字文》作为编号，并把它作为排号和防伪的标志。例如 F209：W66 是"玄"字号，F13：W124、F74：W42 是"往"字号等。

在《黑城出土文书》中有一件 Y1：W22 文书，是钱粮房司吏上呈亦集乃路总管府的文书，里面提到多件关于放支口粮的事情，还要将文卷"开坐前去合行具呈伏乞照验施行"，^②虽然文书没有指明是什么地方放支口粮的，但钱粮房负责审核亦集乃路的口粮放支，这里可能是亦集乃路的司属广积仓进行放支或者协同其他仓库放支。此外，支持库负责亦集乃路钱钞的出纳。

发放完毕后，相关仓库负责人负责清点，再向总管府汇报。《亦集乃路广积仓具申季报粮斛并放支军人季粮事呈文》^③就是在这种情况下产生的。

通过以上分析，亦集乃路口粮勘合发放的程序可能是：支粮前，相关部门根据事由呈请放支，文书字体为畏兀儿体蒙古文，由承管人上报总管府，再由译史把它翻译为汉文，总管府经过审核统计后下发文件；另外由钱粮房写曹状，填写勘合所需要用的关防文簿，填写完毕后，交付各部门负责人，当事双方各执一半，领取时负责发放的部门比对元呈

---

① 俄罗斯科学院东方研究所圣彼得堡分所、中国社会科学院民族研究所、上海古籍出版社编《俄藏黑水城文献》第 4 册，上海古籍出版社，1996，第 226 页。

② 李逸友：《黑城出土文书（汉文文书卷）》，第 85 页。

③ 沙知、吴芳思：《斯坦因第三次中亚考古所获汉文文献（非佛经部分）》第 1 册，上海辞书出版社，2005，第 226 页。

簿，确认无误后，发放钱粮。钱粮发放完毕，相关仓库负责人负责清点，再向总管府汇报。

"仓库"在古代分为"仓"和"库"两部分，"仓"专指贮藏粮食之所；"库"专指贮藏兵车之处。后来仓库合起来使用成了贮存、保管大宗物品的地方。仓库收放钱粮关系国家之命脉，也是容易出现腐败等严重问题的地方，历朝历代都极为重视。

元代设立的仓库勘合，是用于仓库收贮或放支钱粮等物的凭证，在仓库管理中占据着重要的位置。仓库收纳、放支钱粮等一切物品，必须以勘合为凭。"依例置立勘合号簿，明白书填、押印，勘合文贴下仓放支，非奉省部许准明文，毋得擅自动支"[1]，并且"诸支纳钱粮一切官物，勘合已到仓库，应纳者经拾日不纳，应支者经壹月不支，并须申报元发勘合官司，随即理会。其物已到仓库未得勘合者亦如之"。[2]

元代仓库管理严格，规章制度明确，以防奸弊。"库子、攒典并封门官员人等，拟合每日书画卯酉文历，从朝抵暮，专一在库守候收支，无得辄离。如有收支钱物，须要本库色目、汉儿库子、攒典眼同开库，比对勘合，明白销附，书押收支，如违痛行治罪。"[3]另外还有多条规定针对对违例者痛行治罪。这些都是针对仓官在收支勘合过程中是否存在错漏遗失、中饱私囊等情况而设定，以期使仓库管理更加完善，制度更为健全。

---

① 《史料四编·大元海运记》，广文书局，1972，第 53 页。
② 黄时鉴点校《通制条格·仓库·关防》卷一四，浙江古籍出版社，1986，第 154 页。
③ 黄时鉴点校《通制条格·仓库·关防》卷一四，第 157 页。

中国古代史研究

唐前期陇右节度使属州整合过程研究

李新贵

摘　要　唐前期陇右节度使属州整合，经历了从秦州总管府析出岷、
叠、洮三州都督府辖属的岷、叠、洮、宕四州，秦州都督府
辖属的秦、渭、成、武四州，以及从凉州总管府析出兰、鄯
两州都督府辖属的兰、鄯、河、廓四州的近百年的演变过
程。通过对诸州置废原因的考察，不仅可以了解近百年的时
间内唐朝和周边部族的关系演变，还可以进一步明确陇右节
度使备御吐蕃的形成过程，尤其重要的是可以看出陇右节度
使辖区内各都督府在建构边疆安全中的地域分工。

关键词　秦州总管府；凉州总管府；陇右节度使；唐前期

　　唐玄宗开元初年设置的陇右节度使，实为备御吐蕃而设。其辖属鄯
（今青海乐都）、秦（今甘肃天水）、河（今甘肃临夏）、渭（今甘肃陇
西）、兰（今甘肃兰州）、武（今甘肃陇南）、洮（今甘肃临潭）、岷（今
甘肃岷县）、廓（今青海化隆西）、叠（今甘肃迭部）、宕（今甘肃舟曲
西）、成（今甘肃礼县西南）十二州。[①]

---

① 《资治通鉴》卷二一一 "玄宗开元二年十二月甲子"记载陇右节度使辖属各州："置陇右
节度大使，须嗣鄯、奉、河、渭、兰、临、武、洮、岷、郭、叠、宕十二州，以陇右
防御副使郭知运为之。"同卷胡注曰："须"当作"领"，"嗣"字衍，"奉"当作"秦"，
"郭"当作"廓"。而文中的"临"字为"成"字之误。唐代，临州设置过两次。第一次

　　从这些州归属陇右节度使的过程来看，经历了从秦州总管府析出岷、叠、洮三州都督府辖属的岷、叠、洮、宕四州，秦州都督府辖属的秦、渭、成、武四州，以及从凉州总管府析出兰、鄯两州都督府辖属的兰、鄯、河、廓四州的近百年的演变过程。这也是唐朝从建国伊始与吐谷浑、突厥、吐蕃诸族在陇山以西对抗、角逐和合作的反复过程。通过对诸州置废原因的考察，不仅可以了解这近百年的时间内唐朝和这些部族的关系演变，还可以进一步明确陇右节度使备御吐蕃的形成过程。

　　目前，学者主要集中在对唐代陇右都督府设置时间、辖属诸州数量的研究，[①]而很少从唐朝与吐谷浑等部族关系演变的角度，分析从秦、凉两州总管府析出诸都督府属州归属陇右节度使的演变过程，探讨各州置废的原因。本文拟在前人研究的基础上，对这些问题做一研讨。不足之处，祈请方家指正！

为开元二十年。见《资治通鉴》卷二一一，中华书局，1956，第6706—6707页。《元和郡县图志》卷三九《陇右道上》"洮州"条曰："（开元）二十年于临潭又置临州，二十七年又改为洮州"。这个临州治临潭县，乃洮州的改名。见（唐）李吉甫《元和郡县图志》卷三九《陇右道上》，贺次君点校，中华书局，1983，第997页。《新唐书》卷四〇《地理志四》"洮州临洮郡"条对此记载得更为清楚，"本治美相县，贞观八年徙治临潭。开元十七年州废，以县隶岷州，二十年复置，更名临州。二十七年复故名"。第二次为天宝初。见《新唐书》卷四〇《地理志四》，中华书局，1975，第1043页。《元和郡县图志》卷三九《陇右道上》"临州"条曰："天宝初，割兰州狄道县，又别置安乐县，置临州。"因此，在开元初陇右节度使设置之时，不会领有临州。这个州为成州。隋大业三年，改为汉阳郡。武德元年，更名为成州。它位于秦、武两州间。既然这两州已属陇右节度使，那么成州也应属该节度使。见（唐）李吉甫《元和郡县图志》卷三九《陇右道上》，第1002页。《元和郡县图志》卷二二《山南道三》"成州"条的记载可以佐证，"本属陇右道，贞元五年节度使严震奏割属山南道"。陇右节度使辖属各州，均在陇右道采访处置使检察之内。因此，成州归属陇右节度使是没有问题的。若加上成州，陇右节度使共辖属鄯、秦、河、渭、兰、武、洮、岷、廓、叠、宕、成十二州。见（唐）李吉甫《元和郡县图志》卷三九《陇右道上》，第572页。

① 如岑仲勉《〈括地志〉序略新诠》，《史学专刊》（中山大学）1935年第1期；程志、韩滨娜《唐代州和道》，三秦出版社，1987，第58页；吴松弟《两唐书地理志汇释》，合肥教育出版社，2002，第316—328、396—400页；艾冲《唐代都督府研究——兼论总管府·都督府·节度司之关系》，西安地图出版社，2005，第62—66、132—133、164、327—329页；严耕望《〈括地志·序略〉都督府管州考》，《严耕望史学论文集》（中），上海古籍出版社，2009，第621—660页；刘统《唐代羁縻府州研究》，西北大学出版社，1998，第22页；郭声波《中国行政区划通史·唐代卷》，复旦大学出版社，2012，第989—1017页。

一 秦州总管府析出都督府属州的变迁 ①

《旧唐书·地理志》秦州中都督府条、② 岷州条、③ 叠州下都督府条 ④ 和洮州条，⑤ 记载了秦州总管府的属州，以及从其析出各州组成的岷、叠、洮三州都督府依次设置和废除的过程。

《旧唐书·地理志》载，武德二年（619），设置秦州总管府，《元和郡县图志》相同，⑥ 但两唐书《高祖本纪》都记载是武德元年十一月。⑦ 志与纪违，今从纪。它领秦、渭、岷、洮、叠、文（今甘肃文县）、武、成、兰、宕、扶（今四川南坪北）、康（今甘肃成县）十二州。可是，这时兰州还为凉王李轨所据。⑧ 因此，武德元年十一月兰州不应为秦州总管府实领而为虚领，当是唐廷对这年李轨即皇帝位的反应。⑨ 这从武德二年二月唐高祖接到李轨奉书称"皇从弟大凉皇帝臣轨"时，遂有兴师讨伐之举可以证明。⑩ 而兰州至武德二年四月平定李轨后，才为秦州总管府实领。⑪

武德四年，从秦州总管府中析出岷、宕、洮、叠四州，加上旭州（今甘肃碌曲县东）设置岷州总管府。武德七年，改为岷州都督府并加督芳州（今甘肃迭部东）。武德九年，岷州都督府增领文、武、扶三州。贞观二年（628），少领叠、文、武、扶、芳五州，只督岷、宕、洮、旭四州。贞观四年，洮州从临潭县（今甘肃临潭）移至其东南的美相县

---

① 唐武德七年，总管府改称都督府。为明确陇右节度使辖属各州，是由秦、凉州两总管府析出各都督府的属州整合而来，这里仍称之为总管府。

② 《旧唐书》卷四〇《地理志三》，中华书局，1975，第1630页。

③ 《旧唐书》卷四〇《地理志三》，第1637页。

④ 《旧唐书》卷四〇《地理志三》，第1638页。

⑤ 《旧唐书》卷四〇《地理志三》，第1636页。

⑥ （唐）李吉甫：《元和郡县图志》卷三九《陇右道上》，第979页。

⑦ 《新唐书》卷一《高祖本纪》，第8页。

⑧ 《资治通鉴》卷一八七，高祖武德二年五月壬午，第5856页。

⑨ 《资治通鉴》卷一八六，高祖武德元年十一月乙巳，第5820页。

⑩ 《资治通鉴》卷一八七，高祖武德二年二月丙戌，第5840页。

⑪ 《旧唐书》卷一《高祖本纪》、卷四〇《地理志三》，第9、1630页。

（今临潭县扁都乡鸣鹤城），^①翌年在临潭县设置旭州。^②贞观八年，废除旭州。同时，将洮州移治临潭县。贞观十二年废除该督府。随之，贞观十三年设置叠州都督府。其领叠、岷、洮、宕、芳五个正州，以及肆（今青海同仁县年都乎乡向阳古城）、序（今甘肃玛沁县城大武镇东

---

① 郭声波先生认为贞观五年洮州才移治洪和城。参见郭声波《中国行政区划通史·唐代卷》下册，第 1008 页。其所依据的当是《旧唐书》卷四〇《地理志三》的记载。见《旧唐书》卷四〇《地理志三》，第 1636 页。然而，《元和郡县图志》卷三九《陇右道上》"洮州"条、《太平寰宇记》卷一五〇《陇右道上》"洮州"条、《新唐书》卷四〇《地理志四》等文献均记载为贞观四年，因此，洮州初移治洪和城的时间应是贞观四年而非五年。见（唐）李吉甫《元和郡县图志》卷三九《陇右道上》，第 997 页；（宋）乐史《太平寰宇记》卷一五〇《陇右道上》，王文楚点校，中华书局，2007，第 2973 页；《新唐书》卷四〇《地理志四》，第 1043 页。

② 旭州，后周设置始治金城县。开皇十八年，金城县改名为美俗县。隋炀帝大业初废除旭州，美俗县则改名为洮源县。《隋书》卷二九《地理志上》"临洮郡洮源县"条对此记载说："后周置，曰金城，并立旭州，又置通义郡。开皇初郡废，十八年改为美俗。大业初州废，县改名也。"在废除旭州之前，该州的治所未变。见《隋书》卷二九《地理志上》，中华书局，1973，第 820 页。《资治通鉴》卷一九〇"高祖武德五年六月癸丑"条可资佐证："吐谷浑寇洮、旭、叠三州，岷州都督府李长卿击破之。"同卷胡注曰："后周武帝逐吐谷浑，置叠州于叠川，旭州于洮源，岷州于临洮。"见《资治通鉴》卷一九〇，高祖武德五年六月癸丑条，第 5951 页。至唐太宗贞观四年，《旧唐书》卷四〇《地理志三》"岷州"条载岷州总管府辖属诸州之中又有旭州。郭声波先生据此以为武德四年已置旭州，甚确。见《旧唐书》卷四〇《地理志三》，第 1637 页。然而，他据《元和郡县图志》卷三九《陇右道上》"洮州"条记载"贞观四年，州移理故洪和城，于此置临洮镇，五年废镇置旭州，八年废州，复移洮州理此"，将唐武德四年旭州治所定在洮阳县，误。参见郭声波《中国行政区划通史·唐代卷》下册，第 1008 页。因为《元和郡县图志》、两唐书《地理志》等志书，均记载唐代无洮阳县。"洮阳县"应改为"美相县"。前引《元和郡县图志》"洮州"条已说得很清楚，贞观四年洮州移治洪和城后，随之这年又在其治所设置临洮镇。至贞观五年，废除临洮镇并于此置旭州。质言之，旭州就治贞观四年设置的临洮镇。临洮镇，就是贞观四年洮州移治故洪和城之前所治的地方。此前，这里称之为美相县。《元和郡县图志》"临潭县"条（第 997 页）曰："本隋美相县，周保定元年置。贞观四年，移美相县于东北洪和城内，五年于州理改置临潭县。"由此看来，贞观四年洮州移治洪和城之前的治所称为美相县。前引《隋书·地理志》也将美相县作为临洮郡（洮州）的附郭县。美相县迁徙至洪和城，是随着洮州的迁徙而迁徙的结果。《元和郡县图志》"美相"条（第 998 页）可资为证："西至州七十五里。本汉、隋旧县，理在州城，贞观四年移洮州在此，县亦随徙焉。"美相县迁出的翌年，唐朝在原县址设置临潭县，归属这年设置于此的旭州。临潭亦因此成为其附郭县。临潭县治，又称之为洮阳城。《通典》卷一七五"洮州"条曰："洮州，临洮郡。……其郡城本名洮阳城，在洮水之北，乃吐谷浑所筑。南临洮水，极险。"见（唐）杜佑《通典》，王文锦等点校，中华书局，1988，第 2973 页。

南军牧场）、懿（今四川诺尔盖与九寨沟县交界处岷山一带）、祐（今青海河南蒙古自治县柯生乡）、嶂（今青海同仁县桑当乡夏塘古城）、玉（今青海贵南县沙沟乡查纳寺古城）、盖（今贵南县森多乡青羊禾古城）、位（今青海碌曲县玛艾乡红科村）、桥（今青海泽库县泽曲镇智和罗古城）九个羁縻州。[①] 至永徽元年（650）废除该都督府，随之改为洮州都督府。其领叠、岷、洮、宕、芳五州及肆、序等九个羁縻州。仪凤元年（676），置行儒州，开元元年废之。[②] 仪凤二年，肆、序等九个羁縻州或迁移至关内道，或陷入吐蕃。神龙元年（705），废芳州。[③] 至开元二年（714），洮州都督府及其辖属叠、岷、洮、宕四州，则一起归属陇右节度使管辖。需要说明的是，在陇右节度使辖区内还存在着秦州总管府（都督府）辖属的秦、渭、成、武四州。

下文，兹就各都督府属州置废的原因做一分析。

1. 岷州都督府

武德初年，岷州总管府辖属岷、宕、洮、叠、旭五州。岷、洮两州位于洮水流域，叠、宕两州则位于羌水流域。旭州，隋时治洮源县，唐贞观五年，移治临潭县。洮源县，今甘肃碌曲县东，位于洮水上游。

但是，洮阳城和洮阳县城实为两个不同的地方。洮阳县城，因洮阳县得名。从洮阳县的沿革可以证实，前引《隋书》"洮阳"条曰："后周置，曰广恩，并置广恩郡。开皇初郡废，仁寿元年，改县为洮河，大业初改曰洮阳。"以此观之，洮阳县又名广恩县。谭图第五册《隋河西诸郡》图幅，将其标在临潭县城之西。此处为唐临潭县广恩镇所在，《元和郡县图志》"广恩镇"条曰："在县（临潭县）西一百八十里。"见（唐）李吉甫《元和郡县图志》卷三九《陇右道上》，第998页。

郭先生当混淆洮阳城和洮阳县城的位置，而误将旭州治所作为洮阳县。而郭先生将《元和郡县图志》贞观五年旭州的治所当作武德四年旭州的治所，似乎也值得推敲。因为记载此事的文献，除《元和郡县图志》外，还有两唐书《地理志》和《太平寰宇记》等。略微不同的是，两唐书《地理志》将其记载为贞观四年，《太平寰宇记》则和《元和郡县图志》相同。《元和郡县图志》为当朝人记载当朝事，而且相关记载也相当详备，所以，贞观五年应更为准确。而旭州从武德四年设置至贞观五年治临潭县城之前这段时间的治所，待考。

① （唐）李泰著，贺次君辑校《括地志辑校》，中华书局，1980，第4页；艾冲：《唐代都督府研究——兼论总管府·都督府·节度司之关系》，第63—64页；郭声波：《唐代河西九曲羁縻府州及相关问题研究》，《历史地理》第21辑，上海人民出版社，2006，第59—72页。

② 儒州和行儒州的置废，请参下文兰州都督府条。

③ 郁贤皓：《唐刺史考全编》，安徽大学出版社，2000，第3399页。

临潭县，今甘肃临潭县，位于洮水北岸。因此，旭州也应在洮水流域或附近。

这五州之间有道路相通。从叠州东去沿着羌水谷地可至宕州，至此向东北可达交和戍（今甘肃宕昌县），[①]折向西北可至岷、洮两州。武德四年，岷州总管府遂将这些分散的州联系起来，从而在洮、羌两水上游部署成一个以岷州为中心的弯月形防御圈。它主要用来抵御吐谷浑的入侵。早在隋文帝开皇三年（583），吐谷浑就进犯过旭州。结果，旭州刺史皮子信战死。[②]至武德五年（622）六月，吐谷浑又犯洮、旭、叠三州。这年八月，吐谷浑再犯岷、洮两州。[③]

武德七年，岷州都督府加督芳州，也是因为吐谷浑的侵扰。芳州，原来为吐谷浑驻牧之地，北周时将其驱逐。武德元年，遂以常芬县为治所设置芳州。常芬县，位于叠、宕两州之间。既然这两州已经归属岷州都督府，那么位于其间的芳州归属该都督府也是早晚之事。武德六年发生的一件事，则直接促使武德七年将芳州划归岷州都督府。这年四月吐谷浑进犯芳州，刺史房当树南奔松州（今四川松潘）。[④]房当树溃逃之事，说明联结叠、宕两州之间的芳州应当加强防御。这也说明从芳州至松州之间有着一条可以通达的道路。这条道路，唐人称之为芳州道。武德七年五月"羌与吐谷浑同寇松州。……扶州刺史蒋善合自芳州道击之"，[⑤]具体言之，就是从芳州南下，经扶、文两州至松州。为了加强这条道路的防御，武德八年从秦州总管府析出文、扶两州后，翌年，岷州都督府便增领这两州。

这是武德七年以来该区紧张的边疆形势演变的结果。这年五月，吐谷浑入侵岷州。九月，吐谷浑联合羌族入侵叠州，陷该州州治合川县

① 史为乐：《中国历史地理大辞典》，中国社会科学出版社，2005，第 1061 页。
② 《隋书》卷一《高祖本纪》、卷八三《西域传》，第 19、1843 页。
③ 《资治通鉴》卷一九〇，高祖武德五年六月癸丑胡注，第 5951 页；《新唐书》卷一《高祖本纪》，第 14 页。
④ 《资治通鉴》卷一九〇，高祖武德六年夏四月，第 5966 页。
⑤ 《资治通鉴》卷一九〇，高祖武德七年五月甲戌，第 5983 页。

（今甘肃迭部）。^①武德八年正月，吐谷浑又侵犯叠州。^②这年十月，吐谷浑再犯叠州。^③十一月，吐谷浑又进犯岷州。^④武德九年三月，吐谷浑再次与党项联合进攻岷州。^⑤在岷州都督府这个防御圈频繁遭到吐谷浑等族的侵扰，尤其是叠州被攻破的情况下，加强其外围防御被提上日程。这直接促使位于叠州下游的武州被归属到岷州都督府。同时，为加强这个防御圈南面的防御，唐廷遂将扶、文两州归属岷州都督府。之所以如此，主要是因为李氏兄弟间争夺皇位的斗争给吐谷浑等族的侵扰造成可乘之机。随着武德末年玄武门之变的结束和吐谷浑等族的请和，^⑥边疆形势也渐趋稳定。所以，至贞观二年（628），文、武、扶三州因距离岷州过远遂从岷州都督府析出而归属松州都督府。

这年将芳、叠两州归属松州都督府，有和扶、文等州共同管理该都督府辖属二十五个羁縻州的考虑。^⑦这些羁縻州位于松潘草原之上，西、北两面为吐谷浑之地，南面则为吐蕃之区。因此，无论是出于对这些羁縻州的管理，还是出于对边疆稳定的考虑，都要在这些部族可能进入唐境的途中设州置郡，以防患于未然。松、当（今四川黑水）诸州屏蔽于西南，岷州都督府阻挡于北，唯有羌水、白水两个河谷可以出入。叠州，不仅是从河曲向东进入羌水谷地的首站，还是自松潘北上羌水谷地的必经之地。芳州是向东进入羌水谷地的第二个重镇，尤其重要的是，由此南下经文、扶两州可以与松州相通。而文、扶两州则堵住了从白水谷地东南而下的通道。这是贞观二年将芳、叠等州从岷州都督府析出归属松州都督府的原因。

贞观四年至贞观八年洮州的迁移和旭州的置废，是唐朝对突厥和吐谷浑的攻守之策逐渐演变的结果。自开国以来，唐朝对突厥的侵边一直

---

① 《资治通鉴》卷一九一，高祖武德七年十月辛未，第 5993 页。

② 《资治通鉴》卷一九一，高祖武德八年正月丁巳，第 5994 页。

③ 《资治通鉴》卷一九一，高祖武德八年十月壬申，第 5998 页。

④ 《资治通鉴》卷一九一，高祖武德八年十一月丙午，第 5999 页。

⑤ 《资治通鉴》卷一九一，高祖武德九年三月癸巳，第 6000 页。

⑥ 《资治通鉴》卷一九一，高祖武德九年八月壬戌，第 6017 页。

⑦ 《旧唐书》卷四一《地理志四》，第 1699 页。

采取防守之策。贞观以降，开始转变这种态势，积极谋划进攻的良策。[①]
贞观三年十一月，选将率兵，分道出击，[②]持续到翌年三月。[③]事后安置突
厥降部的善后工作，又延续到八月。[④]唐太宗力排众议将其安置在北面缘
边一带，从维护边疆稳定、积极防御的角度，遂于此设置都督府以统其
众。仅满足于此，还是远远不够，因为在河曲还存在着与唐军颉颃的吐谷
浑。所以，为了避免两线作战并防止其与突厥南北交侵，唐朝对吐谷
浑的入侵只停留于击退的层面，[⑤]而不像对突厥采取长距离奔袭并直捣其
牙帐的作战方针。既然如此，那么对吐谷浑进行主动防御便成为一项不
可缺少的工作。这是贞观四年将洮州向东迁移近八十里至美相县的原因。
表面看来，这是唐朝对吐谷浑侵扰边疆防御的内缩，实则不然。因为这
年唐朝随之在原洮州治所设置临洮镇以资镇守，[⑥]从而加强了洮水上游的
防御。贞观五年灵州斛薛部的叛乱，[⑦]则使唐朝提高了对洮水上游防御的
力度，遂于这年废除临洮镇并于此设置旭州。

因受贞观四年突厥归附的影响，其属下及周边的一些部族开始主
动接受唐朝的统治。贞观六年十一月，契苾酋长率部六千余家到沙州请
降，唐则将其安置在甘、凉两州之间。[⑧]这一年前后内附的党项族人则
多达三十万口。[⑨]贞观七年五月、十二月和贞观八年正月，雅州（今四
川雅安）、嘉州（今四川乐山）、陵州（今四川仁寿）等地又陆续发生獠
族的叛乱。[⑩]因此，唐朝对这一时期吐谷浑的侵扰，仍采取仅止于击退
的作战方针。[⑪]随着对周边部族安置工作和平叛的结束，唐朝遂从贞观

---

① 《资治通鉴》卷一九三，太宗贞观二年十二月壬午，第 6061 页。
② 《资治通鉴》卷一九三，太宗贞观三年十一月庚申，第 6066 页。
③ 《资治通鉴》卷一九三，太宗贞观四年三月庚午，第 6073 页。
④ 《资治通鉴》卷一九三，太宗贞观四年八月戊午，第 6082 页。
⑤ 《资治通鉴》卷一九二，太宗贞观二年正月癸丑，第 6047 页。
⑥ （唐）李吉甫：《元和郡县图志》卷三九《陇右道上》，第 997 页。
⑦ 《资治通鉴》卷一九三，太宗贞观五年四月壬寅，第 6087 页。
⑧ 《资治通鉴》卷一九四，太宗贞观六年十一月辛巳，第 6099 页。
⑨ 《资治通鉴》卷一九四，太宗贞观六年十二月辛未，第 6100 页。
⑩ 《资治通鉴》卷一九四，太宗贞观七年五月癸未、太宗贞观七年十二月甲寅、太宗贞
观八年正月辛丑，第 6102、6104—6105 页。
⑪ 《资治通鉴》卷一九四，太宗贞观六年三月庚午，第 6095 页。

八年六月起对吐谷浑发动大规模的进攻。^①结果，贞观五年为防御吐谷浑所设置的旭州便被废除，而与吐谷浑接壤的地带又不能不增加防御，遂于这年将洮州迁回临潭县。

贞观八年以来，唐朝对吐谷浑大规模的出击，随着贞观十年吐谷浑的投降而告结束。这年，吐谷浑进行了承认唐朝作为宗主的一系列的活动，诸如派遣使臣请求颁行唐历、行唐年号，以及遣子弟入侍等。唐朝则借此机会加封吐谷浑王为河源郡王、乌地也拔勤豆可汗。^②至此，唐朝与吐谷浑的关系得到实质性的改善。于是，至贞观十二年，原来为防御吐谷浑所设置的岷州都督府便被废除。

2. 叠州都督府

虽然吐谷浑对唐朝西部边境的威胁已经解除，但这时位于唐朝西南部的吐蕃日趋强大，渐逼唐境。贞观十二年，吐蕃以迎娶唐朝公主为名，率部二十余万进军松州。两军交战，松州都督府败绩；其羁縻下的党项各部，随之相继叛附吐蕃。^③唐朝遂以吏部尚书侯君集为当弥道行军大总管，提兵五万，以抗吐蕃。这年九月，趁其不备，大败吐蕃于松州城下。^④为防不虞，唐朝遂于贞观十三年在松州都督府之北设置叠州都督府。

与岷州都督府辖属正州相比，这时叠州都督府仍管辖叠、岷、洮、宕、旭五州。而岷州都督府初置时的新月形部署，亦没有因此改变。稍微不同的是，这个部署的中心已经向西南转移到羌水流域的叠州。叠州附郭合川县，北为迭山，南为岷山。发源于西倾山麓的羌水，迤逦其间，曲折东南，流经合川县城北，至利州（今四川广元）汇入嘉陵江，在合川至利州之间形成一个山间通道。但这条通道亦为驻牧在合川县城之南和松州之北松潘草原上的部族，开辟出一道北上的方便之门。

叠州都督府治所选址合川县城，就是为堵住这个方便之门，"今州

---

① 《资治通鉴》卷一九四，太宗贞观八年六月，第6106页。
② 《资治通鉴》卷一九四，太宗贞观十年三月丁酉，第6119页。
③ （宋）王钦若等：《册府元龟》卷九七八《外臣部·和亲一》，中华书局，1960，第11495页。
④ （宋）王钦若等：《册府元龟》卷九八五《外臣部·征讨四》，第11567页；《资治通鉴》卷一九五，太宗贞观十二年九月辛亥，第6139页。

城在独山上，西临绝涧，南枕羌水"。^①同时，为增强该都督府外围的防御力量，唐朝又将位于这条通道之南、原属松州都督府管辖的肆、序、直、祐、嶂、玉、盖、位、桥九个羁縻州归属叠州都督府^②，在唐、蕃两军之间，形成了一个利于唐军攻守的缓冲地带。

至永徽元年，叠州都督府被废除。^③在其设置至被废除的十余年间，叠州都督府辖属各州的数量并没有变化。这主要是唐、蕃之间的关系从原来的兵戈相向转变为友好互助的结果。贞观十二年，松州之役后，吐蕃遣使向唐朝请婚，唐则下嫁公主以示友好。^④至贞观二十一年，吐蕃帮助唐朝讨伐龟兹（今新疆库车）；贞观二十二年，又助唐军击败中天竺。结果，原来为防备吐蕃所设置的叠州都督府，随之被废除。

3. 洮州都督府

永徽元年，吐蕃赞普去世后，国相禄东赞父子相继掌握军政大权。随后，接二连三地向周边扩张，位处唐、蕃间的吐谷浑则罹受其祸。面对吐蕃的侵逼，吐谷浑遂遣使向唐朝求援，但为唐高宗婉拒。^⑤虽然如此，边境地带还是要有所防备。于是，这年唐廷顺势设置洮州都督府，治洮州（今甘肃临潭县）。唐廷选择这样一个地方作为治所，取决于其利于攻守的位置。吐蕃侵逼吐谷浑，意味着这个缓冲地带面临着可能消失的危险。这是唐朝不愿意看到的结果。因此，就要在与吐谷浑接壤的地带，寻找一个既可以支援吐谷浑又利于攻守的支撑点。

---

① （唐）李吉甫：《元和郡县图志》卷三九《陇右道上》，第998页。

② 《旧唐书》卷四一《地理志四》，第1699页。

③ 叠州都督府置废的时间，《元和郡县图志》卷三九《陇右道上》"叠州"条、《旧唐书》卷四○《地理志三》"叠州下都督府"条所载皆同。稍微不同的是，前者称"叠州都督府"为"叠州都护府"。见（唐）李吉甫《元和郡县图志》卷三九《陇右道上》，第998页；《旧唐书》卷四○《地理志三》，第1638页。

　　据《唐六典》卷三○《大都护上都护官吏》记载："都护、副都护一职，掌抚慰诸蕃，觇候奸谲，征讨携离。"都护府主要领蕃州，一般不领州县。见（唐）李吉甫等《唐六典》卷三○《大都护上都护官吏》，陈仲夫点校，中华书局，1992，第755页。又据《新唐书》卷九三《李勣传》记载贞观二十三年李勣所任亦是叠州都督，而非叠州都护府。因此，《元和郡县图志》所记叠州都护府应为误。见《新唐书》卷九三《李勣传》，第3819页。

④ 《资治通鉴》卷一九五，太宗贞观十四年十月丙辰，第6157页。

⑤ （宋）王钦若等：《册府元龟》卷一○○○《外臣部·亡灭》，第11740页。

这时，吐谷浑主要驻牧在青海湖与河曲两个地方。青海湖紧邻湟水流域的鄯州（今青海乐都），但它还不具备作为支援吐谷浑兼防御吐蕃的基地的条件。因为这里除其属县龙支县（今青海民和县柴沟乡桦林嘴村北古城）[①]和黄河之北的合川守捉（今青海化隆县扎巴镇）[②]外，唐朝在湟水流域还没有其他建置。如果以此作为防御吐蕃侵扰的前沿，仅军马所需粮秣一项就难以解决。[③]因此，唐朝只能在靠近河曲的地方寻找这样一个基地。这里有紧邻离水的河州、紧邻洮水的洮州和紧邻羌水的叠州。河州虽然距离河曲较近，但往南进入河曲的途中山高路险。叠州不仅距离河曲过远，而且向西进入河曲的途中山脉连绵。而洮州所在的洮水流域却不然。

洮水发源于西倾山麓，曲折东北流，折而北上汇入黄河。这个天然的河谷通道，是驻牧在青海湖和河曲的部族北上的所经之地，唐军也可以利用它对这些部族进行攻守。这条道路的具体走向，"自洮州至今洮河上游的碌曲。再沿西倾山北麓赛尔沟，经今河南泽库，到吐谷浑早期牙帐莫贺延川（今贵南县忙拉河）之青羊古城。然后分两路，一路在今共和县曲沟一带渡黄河，至大非川，与唐蕃大道相接，唐史称'积石军西路'……另一路是从青禾羊城往西，沿莫贺延川经今贵南县城通往古曼头城（今兴海县支冬加拉古城），也与唐蕃大道相接，可称其为'莫贺延川路'"。[④]

洮州都督府治所洮州就是从河曲出发，沿着这条道路东进的首站。它还是从渭州西南下，经岷州而来驿道的终点。因此，这条道路就成为从秦州西来，经渭、岷两州进入河曲最为便捷、最易行军的道路。这应是永徽元年以洮州作为洮州都督府治所的主要原因。而且，在这条道路上，唐朝早就积累了一些行军作战的经验。贞观十三年，当吐蕃侵入松

---

① 李智信：《青海古城考辨》，西北大学出版社，1995，第35页。
② 李智信：《唐代河源军、安人军、合川郡界守捉、绥和守捉等地望考》，《青海文物》1990年第4期。
③ 《资治通鉴》卷二○二，高宗永隆元年七月，第6395页。
④ 郭声波：《唐代河西九曲羁縻府州及相关问题研究》，《历史地理》第21辑，第59—72页。

州时，右领军将军刘兰就是取道于此进行防备。①仪凤元年，当吐蕃进攻鄯、廓、河、芳等州时，唐军还是取道于此讨伐吐蕃。②

然而，时至仪凤二年，吐蕃对唐朝西部边境的侵扰，却导致肆、序等九个羁縻州的陷没和内移。这年五月，吐蕃进攻扶州，结果镇将杜孝昇被擒。虽然吐蕃使其劝降松州都督府未遂，③但由此也可以看出唐朝西部边境的扶、松两州已经处于吐蕃的威胁之下。既然如此，那么位于此线以西的肆、序等羁縻州的安全更难以得到保证，唐朝鉴于此，遂将除陷于吐蕃的序、肆等州外的其他州迁移到关内道。

神龙元年废除芳州，则是唐、武周和吐蕃之间的战事自仪凤三年以来逐渐向西转移的结果。为了扭转临河之役的失败对西部边境造成的不利影响，仪凤二年十二月唐朝大举讨伐吐蕃。虽有小胜，但仪凤三年九月决定性的青海之役则使唐军损兵折将。④自此以后，在朝野之中，出现一股"攻之则兵威未足，镇之则国力有余"的消极防御的悲观情绪。高宗则自叹："朕生于深宫，未尝躬擐甲胄，亲戎行，宿将旧人，多从物故，自非投戈豪杰，安能克灭凶渠。"⑤

虽然武周一改以前被动防守的政策，开始对吐蕃主动攻击，但这时双方作战的区域，已经逐渐向西转移到洮州、河源军（今西宁市乐家湾）、⑥凉州、西域等地。⑦至万岁通天二年（697），经过十余年激战的双方都已精疲力竭，结果就出现彼此要求停战的局面。⑧圣历二年（699），吐蕃首领赞婆来到长安。⑨至此，双方恢复了中断已久的邦交。至中宗神龙元年，这种友好的邻邦关系仍得以保持。结果，原来为防御诸羌而

① 《新唐书》卷二一六《吐蕃传上》，第 6074 页。
② 《资治通鉴》卷二〇二，高宗仪凤元年闰三月，第 6379—6380 页。
③ 《资治通鉴》卷二〇二，高宗仪凤二年五月，第 6383 页。
④ （宋）王钦若等：《册府元龟》卷四四三《将帅部·败衄三》，第 5254 页。
⑤ （宋）王钦若等：《册府元龟》卷九九一《外臣部·备御四》，第 11643 页。
⑥ 李智信：《青海古城考辨》，第 94 页。
⑦ 《资治通鉴》卷二〇二，高宗开耀元年五月己丑；卷二〇五，则天后延载元年二月；则天后天册万岁元年七月辛酉；卷二〇七，则天后久视元年闰七月丁酉，第 6401、6493、6503、6549 页。
⑧ （宋）王钦若等：《册府元龟》卷六五五《奉使部·谋略》，第 7848 页。
⑨ （宋）王钦若等：《册府元龟》卷九七四《外臣部·褒异一》，第 11443 页。

设置的芳州就失去了存在的必要。

芳州领三县，除附郭常芬县外，其他两县都没有固定的治所。恒香县，寄治恒香戍，今甘肃迭部县阿夏乡那盖村。①丹领县所领百姓都是党项诸羌，虽有县名，却没有城郭居所。②而神龙元年二月中宗蠲免全国各州租税及地税的诏令，③则使不足一州规模的芳州被废除成为必然。其辖属的丹岭、恒香两县没有被划入邻近的州，而是被废除、归入常芬县。

总之，自武德四年之后，从秦州总管府相继析出各州组成岷、叠、洮三州都督府。岷州都督府，置于武德四年，废于贞观十二年。翌年，又设置叠州都督府。该都督府则废于永徽元年。随之，这年又置洮州都督府。在行政归属上，除文、扶两州在武德九年划归剑南道，旭州于贞观八年废弃归属洮州，肆、序等九个羁縻州至仪凤二年分别被迁移关内道或陷入吐蕃，芳州于神龙元年被废除外，洮州都督府及其辖属的洮、岷、叠、宕四州至开元二年均归属这年设置的陇右节度使。

二 凉州总管府析出都督府属州的变迁

《旧唐书·地理志》凉州中都督府条、④兰州条、⑤鄯州下都督府条⑥等文献，记载了凉州总管府的属州，以及从其析出各州组成的兰、鄯两州都督府依次置废的过程。

武德二年，凉州总管府辖属凉、甘（今甘肃张掖）、瓜（今甘肃敦煌）、肃（今甘肃酒泉）四州。然而，《资治通鉴》记载多出鄯、会、

① 郭声波：《中国行政区划通史·唐代卷》下册，第1016页。
② （唐）李吉甫：《元和郡县图志》卷三九《陇右道上》，第1000—1001页。
③ 《旧唐书》卷七《中宗本纪》，第136页；（宋）宋敏求：《唐大诏令集》卷二《中宗即位敕》，中华书局，2008，第6页。
④ 《旧唐书》卷四〇《地理志三》，第1640页。
⑤ 《旧唐书》卷四〇《地理志三》，第1633页。
⑥ 《旧唐书》卷四〇《地理志三》，第1633页。

兰、河、廓五州。①《全唐文》相同。②因此,《旧唐书·地理志》所载凉州总管府辖属各州的数量为误。

武德八年,从凉州总管府属州中析出兰、河、鄯、廓四州设置兰州都督府。贞观五年,兰州都督府增领米、西盐二州。③贞观七年,又增领乌州。④贞观八年,西盐州改名儒州。贞观十年,废米州。贞观十一年,又废乌州。贞观十二年,再增领淳州。⑤至显庆元年(656),该都督府被废除。

随之,这年又设置鄯州都督府。然而,《旧唐书·地理志》记载其设置时间为贞观中,《元和郡县图志》为仪凤二年。⑥事实上,无论是《旧唐书·地理志》,还是《元和郡县图志》,均误。《旧唐书·高祖本纪》可以为证,永徽七年十二月"罢兰州都督府,鄯州置都督府"。⑦这里的"永徽七年",即"显庆元年"。《唐大诏令集》可资佐证:"维显庆元年,岁次丙辰,十二月辛卯朔,八日戊戌,皇帝诺曰:'……惟尔鄯州都督、安陆县开国公张允恭……是用命尔为使持节都督鄯兰河儒廓淳濛七州诸军事、鄯州刺史,封如故。'"⑧文中的"濛州"应为衍文。《旧唐书·地理志》"郫县"条可资为证:"隋置濛州,大业省为郫县(今四川郫县)。"⑨因濛州距离鄯州过远,似不应归属鄯州都督府。因此,鄯州都督府初置时统辖鄯、兰、河、廓、儒、淳六州。至仪凤元年,废

---

① 《资治通鉴》卷一八七,高祖武德二年五月壬午,第5856页。
② (清)董诰等编《全唐文》卷一唐高祖《秦王兼凉州总管制》,中华书局,1983,第18—19页。
③ 《新唐书》卷四三下《地理志七下》,第1124页。
④ 乌州,《太平寰宇记》卷一五四《陇右道五》"河州凤林县"条记载"贞观十年分河州于此置乌州"。见(宋)乐史《太平寰宇记》卷一五四《陇右道五》,第2970页。而郭声波先生认为贞观十年应为贞观七年之误,今从之。见郭声波《唐贞观十三年政区考辨(续)——儒、淳二州考》,《中国历史地理论丛》1989年第4期。
⑤ 艾冲:《唐代都督府研究——兼论总管府·都督府·节度司之关系》,第328页。
⑥ (唐)李吉甫:《元和郡县图志》卷三九《陇右道上》,第991页。
⑦ 《旧唐书》卷四《高宗本纪》,第76页。
⑧ (宋)宋敏求:《唐大诏令集》卷六二《大臣·册张允恭鄯州都督文》,洪丕谟等点校,学苑出版社,1992,第309页。
⑨ 《旧唐书》卷四一《地理志四》,第1665页。

儒州。开元元年，又废除淳州。[①]

下面，就这两州都督府属州置废的原因做一考察。

1. 兰州都督府

武德八年，兰州都督府领兰、河、廓、鄯四州。兰州，位于黄河之南，为黄河南北的交通枢纽。从此东南下狄道县、与从渭州西来的驿路相接，西北顺乌逆水（今庄浪河）谷地可通凉州，西南去经河州可达鄯州。自河州西去，则可通往廓州。[②]结果，在兰州都督府辖区内，就形成以控制黄河渡口的兰州为顶点，以鄯、河、廓三州为扇形的部署。

这是唐朝内部局势的变动引起陇右周边部族活动的结果。武德八年前后，正是李氏兄弟争夺皇位之际。吐谷浑、突厥乘机南北交侵。武德七年八月，吐谷浑侵鄯州。[③]九月，突厥侵兰州，[④]十月又侵鄯州。[⑤]兰州一旦被攻破，黄河以西可能不复为唐朝所有，而且兰州以东的安全也难以得到保障。所以，就有必要加强对以兰州为中心的通往周边道路的控制。兰州西北为绵延千里的河西走廊，虽然发源于走廊南山的河流横切北山所形成的罅漏为蒙古高原上的部族提供了南下的坦途，但唐朝已在这里设置凉州总管府以资屏蔽；兰州东北的黄河上游有灵州都督府以资防御；[⑥]而兰州东南的洮水、羌水两流域有岷州都督府进行防守。但兰州以西黄河干流及其支流的湟水、离水两流域缺少类似的防御，这是武德八年设置以兰州为中心的兰州都督府，并将黄河干流的廓州、湟水的鄯州、离水的河州整合在一起的原因。

贞观五年，兰州都督府增领的米、西盐两州，则是为安置党项所置的。《新唐书·地理志》"羁縻州"条曰"党项州五十一，府十五。贞观三年酋长细封步赖内附，其后诸姓酋长相率亦内附，皆列其地置州

---

① 郭声波:《中国行政区划通史·唐代卷》下册，第997页。

② 严耕望:《唐代交通图考》第2卷，附图8《唐代长安西通陇右河西道河湟青海地区交通网合图》，台北：中研院历史语言研究所，1985。

③ 《资治通鉴》卷一九一，高祖武德七年八月己巳，第5991页。

④ 《资治通鉴》卷一九一，高祖武德八年九月丙午，第5998页。

⑤ 《资治通鉴》卷一九一，高祖武德八年十月戊寅，第5998页。

⑥ 《旧唐书》卷三八《地理志一》，第1415页。

县……五年，又开其地置州十六，县四十七"云云。^① 这年设置的米、西盐两州就是这十六州中的两个。贞观七年增领的乌州，亦因安置党项所置。《资治通鉴》贞观六年十二月叙事说："是岁，党项羌前后内属者三十万口。"^② 既然有如此多的党项族人归附，那么列地置州就成为必不可少之事。

米州，治米川县，今青海循化县白庄乡张尕塌城；^③ 乌州，治乌城县，今甘肃夏河县曲奥乡；^④ 西盐州，治密恭县，今青海河南蒙古自治县宁木特乡龙干多。^⑤ 这三州不仅使唐朝势力向河曲推进了一步，而且还构成一个品字形的防御，这就等于在以兰州为中心的防御圈外围构筑了一道防御网，形成了一个利于唐朝的缓冲地带。这显然有防御吐谷浑自河曲北上或东进唐境的意图。

这种防御也存在着需要改进的地方。首先，这三州都是因党项所置。其本身的不稳定性，降低了其在维护边州稳定性中的作用。其次，西盐州位于河曲内部，远离兰州都督府，这就给管理和信息传递造成诸多不便。最后，米州距离廓州仅百里之遥^⑥ 这也不利于对边疆事务的协调。贞观十年以来，吐谷浑接受唐朝册封、党项归附和东突厥衰微等利于唐朝西部边疆稳定事件的出现，终于给改变这些建置带来了契机。

建置的改变本着由内向外的原则逐步推行。针对米州距离廓州较近的事实，贞观十年废除米州，将附郭米川县归属河州，^⑦ 以加强河州与廓州的联系。然而，两州距离长达近四百里，^⑧ 廓州也因此孤悬大河之外。所以，至贞观十一年又废除乌州。随之，翌年设置淳州，领索恭县和原乌州治乌城县。其附郭索恭县，位于河州西面八十里，今临夏县麻尼寺

---

① 《新唐书》卷四三下《地理志七下》，第1122—1123页。

② 《资治通鉴》卷一九四，太宗贞观六年十二月辛未，第6100页。

③ 李智信：《青海古城考辨》，第165页。

④ 郭声波：《中国行政区划通史·唐代卷》下册，第996页。

⑤ 郭声波：《中国行政区划通史·唐代卷》下册，第1320页。

⑥ （唐）李吉甫：《元和郡县图志》卷三九《陇右道上》，第994页。

⑦ （唐）李吉甫：《元和郡县图志》卷三九《陇右道上》，第994页。

⑧ 《元和郡县图志》卷三九《陇右道上》"河州"条记载："西至廓州三百九十里。"见（唐）李吉甫《元和郡县图志》卷三九《陇右道上》，第989页。

沟乌龙沟村，正当河州去廓州大道的隘口。^①这不仅加强了两州间的联系，而且节省了行政成本。而针对儒州（西盐州）距离兰州都督府治过远的不便，于贞观十三年在儒州之下置安乡县。安乡县，治今夏河县桑科乡古城。^②这相当于在儒州北上经乌城县至河州的途中增加了一个传递信息的节点。这种旨在加强兰州都督府侧翼建设、防御吐谷浑自河曲侵扰唐境的行政建置调整，随着贞观十年吐谷浑等族的归降和永徽以后吐蕃的兴起而暂告一个段落。

永徽以后吐蕃向周边的扩张，使位于唐、蕃交界处的部族乍叛乍离。^③而吐蕃进逼、侵占这些部族驻牧的地区，又使唐、蕃之间的缓冲地带逐渐缩小。显庆元年，吐蕃又剑指河源以西的白兰氏。不久，河源为吐蕃所有。^④结果，吐蕃的疆域与唐的湟水流域，仅隔着驻牧在青海湖与河曲两地的吐谷浑。吐蕃兵锋，随时可以越过吐谷浑而指向青海湖。面对吐蕃在青海湖以南咄咄逼人之势，唐朝遂将原来以兰州为中心的防御体系向西转移到湟水流域。这是显庆元年废除兰州都督府，随之在湟水流域设置以鄯州为中心的鄯州都督府的主要原因。

2. 鄯州都督府

鄯州都督府，继承兰州都督府属州，领兰、鄯、河、廓、儒、淳六州。

仪凤元年儒州的废除是吐蕃侵扰的结果。这年闰三月，吐蕃入侵鄯、廓、河、芳四州。^⑤虽然这次吐蕃侵入的具体线路不太明确，但从其进攻的地点来看，似应分为三路。一路沿着湟水谷地到鄯州，另一路顺着黄河谷地至廓州，而侵入河曲的第三路则分为两股：一股北上进入河州；另一股东进插入芳州。既然河、芳两州都未能幸免，那么位于河州西南、芳州之西并深入河曲内部的儒州自然也难逃一劫。这是仪凤元年废除儒州的原因。

---

① 郭声波：《唐贞观十三年政区考辨（续）——儒、淳二州考》，《中国历史地理论丛》1989 年第 4 期。

② 郭声波：《中国行政区划通史·唐代卷》下册，第 997 页。

③ 《旧唐书》卷四一《地理志四》，第 1699 页。

④ （宋）王钦若等：《册府元龟》卷九九五《外臣部·交侵》，第 11687 页。

⑤ 《资治通鉴》卷二〇二，高宗仪凤元年闰三月，第 6379 页；《旧唐书》卷五《高宗本纪下》，第 101 页；《新唐书》卷三《高宗本纪》，第 72 页。

至开元二年，又废除淳州。①这是贞观以来唐朝对河州周围逐渐加强防御所致。贞观九年，设置在化隆县扎巴镇的合川守捉，②加强了这条道路西段即从临津关经此至廓州间各地的联系。仪凤二年，在廓州西一百八十里处设置积石军，③则相当于将这条道路西段向西延伸近二百里。不仅如此，它还与这年设置在湟水南岸、位于西宁城内的河源军④联系起来，从而在河州至廓州一线的外围加筑一道防线。

这些建置在河州周边起到了防御作用。开元二年八月，吐蕃倾十万兵力进攻临洮，北上狄道后兵分两路：一路西进兰州；另一路东逼渭源。进攻直到这年十月才宣告结束。⑤虽然不能否定吐蕃选择洮水一线有战术上集中优势兵力的考量，但也说明这场战事之前唐之洮水谷地处于一个防守较为薄弱的状态。而吐蕃避开从洮水谷地北上河州或从黄河谷地东进廓州，也从侧面证明河州至廓州一线及其外围的防御在这一时期得到加强。

---

① 郭声波先生起初根据《新唐书·地理志》记载陇右节度使初置之年作"开元五年"，且没有领淳州，认为淳州废除于开元五年（见郭声波《唐贞观十三年政区考辨（续）——儒、淳二州考》，《中国历史地理论丛》1989年第4期）。后又据赖青寿先生（《唐后期方镇建置沿革研究》，博士学位论文，复旦大学，1999，第181页）考证陇右节度使初置之年为开元元年，便将淳州废除之年定为开元元年。见郭声波《中国行政区划通史·唐代卷》下册，第996页。事实上，不仅《新唐书·地理志》陇右节度使辖属诸州中不载淳州，《资治通鉴》卷二一一"玄宗开元二年十二月甲子"条（第6706页）陇右节度使辖属十二州中也没有淳州。之所以如此，当是因为淳州为党项所置州。除此之外，儒州也是党项所设置的州，同样也不在陇右节度使属之列。因此，我们认为儒、淳两州废除于开元二年似乎更符合事实。

② 《元和郡县图志》卷三九《陇右道上》"鄯州"条记载："州南一百八十里。贞观中，侯君集置。"见（唐）李吉甫《元和郡县图志》卷三九《陇右道上》，第991页。而《旧唐书》和《资治通鉴》均记载贞观九年侯君集是从鄯州出发走积石道讨伐吐谷浑。见《旧唐书》卷六九《侯君集传》，第2509页；《资治通鉴》卷一九四，太宗贞观九年闰四月，第6111页。既然走的是积石道，那么就应在积石山附近。而从鄯州往南经白土岭至黄河临津关，关西即积石山。由此往西沿黄河北岸西行就是积石道，"其广不数百，狭才百里"（《新唐书》卷二一六上《吐蕃传上》，第6080页）。贞观九年设置的合川守捉，治今化隆县扎巴镇。参见李智信《唐代河源军、安人军、合川郡守捉、绥和守捉等地望考》，《青海文物》1990年第4期。

③ （唐）李吉甫：《元和郡县图志》卷三九《陇右道上》，第991页。

④ （唐）李吉甫：《元和郡县图志》卷三九《陇右道上》，第991页。

⑤ 《资治通鉴》卷二一一，玄宗开元二年十月乙酉，第6706页。

这场战事后，唐朝随之在吐蕃与河曲接壤的地带设置包括河、廓等十二州在内的陇右节度使。同时，在河州西南四十里的离水谷地设置平夷守捉，①以阻挡从离水谷地北进河州的部族的侵扰。而这年设置的位于今拉鸡山口南贵德千户庄一带的绥和守捉，②不仅加强了河源、积石两军的联系，而且加固了河州至廓州一线的防御。河州西、南两线尤其是西线防御的增强，无疑起到替代距离河州不足百里的淳州的作用。

废除淳州后，唐朝于关内道夏州境内另置羁縻党项的淳州。这有鉴于仪凤元年儒州废除后，于同年在洮州都督府境设置的行儒州至开元二年被废除的考虑。行儒州，治行密恭县，今甘肃卓尼县扎古录乡。③既然吐蕃能越过洮州，北上进攻渭源并分略兰州，那么位于其南的行儒州自然也不能幸免。其废除的当年，唐朝在关内道庆州之境，另置儒州以羁縻党项。之所以如此，应是这年十月后唐朝考虑吐蕃"自是连岁犯塞"的边疆形势，④以免党项被吐蕃吞并、同时便于对其进行集中管理之故。因此，废除淳州后，唐朝在夏州另置淳州也当有相同的考虑。

总之，武德二年后，从凉州总管府析出兰、鄯两州都督府的置废变迁，呈现出与从秦州总管府析出诸都督府前后相继的相同特点。兰州都督府，置于武德八年，废于显庆元年。随之，这年又置鄯州都督府。至开元二年，在鄯州都督府治所鄯州设置陇右节度使，其所领的兰、河、廓、鄯四州均归属该节度使。这四州加上由秦州总管府析出洮州都督府所领的岷、洮、叠、宕四州，以及秦州都督府辖属的秦、渭、成、武四州，恰好是陇右节度使辖属的十二州。

三 余 论

秦州总管府从其设置，渐而析出为岷、叠、洮三州都督府，在时

---

① （唐）李吉甫：《元和郡县图志》卷三九《陇右道上》，第992页。
② 见（唐）李吉甫《元和郡县图志》卷三九《陇右道上》，第991页；李智信《唐代河源军、安人军、合川郡守捉、绥和守捉等地望考》，《青海文物》1990年第4期。
③ 郭声波：《中国行政区划通史·唐代卷》下册，第1010页。
④ 《资治通鉴》卷二一一，玄宗开元二年十月乙酉，第6706页。

间上，承上启下；在空间上，在洮水、羌水两个流域来回移动，并向西迁徙至湟水流域。这主要是在防御吐谷浑、吐蕃和突厥等族侵扰的过程中，唐朝结合与各族关系逐步调整的结果。而凉州总管府从其设置，进而析出兰、鄯两州都督府，在时间上，也是承上启下；在空间上，则是由黄河上游向西迁徙到湟水流域。这也是唐朝在防御吐谷浑等族的过程中不断进行调整所致。

开元二年设置的陇右节度使辖属各州，就是由秦州总管府析出的诸都督府属州和由凉州总管府析出的诸都督府属州在空间上进一步整合的结果。不过，从陇右节度使设置直至安史之乱前这段时间，其辖区内一直存在着秦、鄯两州都督府和开元十七年废除、至二十七年前后复置的洮州都督府。① 这应当如何解释呢？

秦州都督府的存在与其保障陇右节度使兵马所需粮秣供应的职能息息相关。以开元二十七年前后为例，这时驻扎在陇右节度使辖区内的士卒有 75000 人、战马有 10603 匹。② 然而，这里军州屯田仅有 152 屯。③ 如果军州屯田每 50 顷为 1 屯，那么陇右节度使辖区内的屯田共计 7600 顷。每顷平均以收 100 石计，陇右屯田共有收成 760000 石。唐代边兵每年食粮数为 12.2 石、盐 0.18 石，④ 这样，75000 人所需粮食就高达 915000 石，结果仍差 155000 石。余下的粮食，包括 10000 余匹战马所食粟的数量，就需通过和籴等方式补充。⑤

和籴的物品在从关中运往该节度使军马驻扎的地方，一般要通过秦州都督府辖属的秦、渭二州。而陇右军马所需粮秣还要从四川等地转运。⑥ 自四川北运的粮秣在运往陇右的途中，要取道秦州都督府辖

---

① 《授彭元昭右羽林军将军制》记载"中大夫使持节都督洮州诸军事守洮州刺史同陇右节度副使彭元昭"云云。见（清）董诰等编《全唐文》卷三〇九《授彭元昭右羽林军将军制》，第 338 页。郁贤皓据此将洮州都督府复置的时间推断为开元二十七年前后。参见郁贤皓《唐刺史考全编》，第 451 页。

② （唐）李吉甫：《元和郡县图志》卷三九《陇右道上》，第 991—992 页。

③ （唐）李林甫等：《唐六典》卷七《屯田郎中员外郎》，第 23 页。

④ 李锦绣：《唐代财政史稿》上卷第三分册，北京大学出版社，2001，第 1231 页。

⑤ 李锦绣：《唐代财政史稿》上卷第三分册，第 1232 页。

⑥ （清）董诰等编《全唐文》卷二一一《上蜀川安危事》，第 2133 页。

属的武、成两州。因此，秦州都督府辖属的秦、成、渭、武四州，实际上成为来自关中、四川等地的粮秣进入陇右、河西途中的必经节点。这样的道路有三条：一条是从关中西越六盘山，经秦州、渭州西去；一条是从四川北上兴州（今陕西略阳），经大散关至凤翔府（今陕西凤翔），与从长安而来的道路相汇；一条是从武州西去，沿着羌水谷地，至宕、叠二州，或东北到成州与故道相接。从成州北上，则可达秦州。① 因此，在陇右节度使辖区内一直存在秦州都督府，与其转运粮秣的职能密不可分。

开元十七年唐朝废除洮州都督府，则是开元二年以来唐、蕃间的战事逐渐由黄河之东向黄河之西转移的结果。这年七月，吐蕃以唐朝不愿意划定疆界为由进攻临洮军（今甘肃临洮），侵入兰州、渭源县（今甘肃渭源），抢掠陇右群牧。② 八月，又侵临洮军、兰州、渭源。③ 十月，再侵渭源。④ 吐蕃入侵的路线，从河曲东进，经洮州都督府、岷州，北上临洮军，至此兵分两路：或西侵兰州；或东略渭源。⑤ 随之，这年十月在鄯州设置包括洮州都督府在内的陇右节度使。它初步补苴景云元年吐蕃占有河曲所造成的罅漏，还加强了洮州都督府的防御。这也标志着唐朝西部边疆防御的重点开始由黄河以东向黄河以西转移。于此趋势下，洮州都督府的废除也是早晚之事。

开元十六年，随着唐、蕃间的战事在黄河以西频繁地展开，唐朝西部攻守的重点也开始向西转移。这年七月，河西、陇右两节度使的联军在青海湖之西大破吐蕃。接着，乘胜追击，又拔掉吐蕃大莫门城（今青

① 严耕望：《唐代交通图考》第 2 卷，附图 8《唐代长安西通陇右河西道河湟青海地区交通网合图》。

② （宋）王钦若等：《册府元龟》卷九八六《外臣部·征讨五》，第 11582 页。

③ （宋）王钦若等：《册府元龟》卷一四九《帝王部·舍过》，第 1808 页。

④ （宋）王钦若等：《册府元龟》卷一一八《帝王部·亲征三》，第 1407 页。

⑤ 见（宋）王钦若等《册府元龟》卷四三二《将帅部·立后效》、卷九八六《外臣部·征讨五》、卷九九八《外臣部·奸诈》，第 5146、11582、11712 页；《资治通鉴》卷二一一，玄宗开元二年五月乙亥，第 6704 页。

海共和县西南）。^①八月，在祁连城（今民乐县东南）下再次大败吐蕃。^②开元十七年，朔方、河西、陇右三节度使协同作战，攻破吐蕃河曲要塞石堡城（今青海湟源县日月乡大小方台城）。^③随着唐之陇右攻守重点西移，原来设置在洮水流域用以防御吐蕃的洮州都督府随之被废除，而其统辖的军队则归属临洮军。^④时隔不久，临洮军也向西迁移到鄯州城内。

吐蕃兵败石堡城，直接导致其于开元十八年致书唐朝求和，^⑤唐则遣使以修旧好。^⑥自此至开元二十五年河西节度使兵袭吐蕃前，^⑦唐、蕃双方一直保持着友好关系。面对唐朝的背信，吐蕃遂于开元二十六年直接进攻河西，^⑧而是年五月唐朝则攻打吐蕃河桥，随之于此设置镇西军（今循化县清水乡乙寺日西村乙寺日古城）。^⑨这说明镇西军以南的河曲大部分地方仍然在吐蕃的控制中。唐、蕃间的战事向黄河以东转移，对唐朝而言不能不说是一个巨大的威胁。于是，在这年重新设置洮州都督府。从此以后，唐朝再也没有放弃对河曲的经营，直至天宝十二载唐朝完全控制这一区域。^⑩这也说明洮州都督府自设置伊始，就一直有防御吐谷浑、吐蕃诸族自此北上攻击唐土的作用。

至于鄯州都督府在陇右节度使设置后一直存在，则是其和陇右节度使在战术上可以形成互补之故。陇右节度使主要执行大规模作战计划，或与其他节度使协同作战。开元五年，"陇右节度使郭知运大破吐蕃于

---

① 见《资治通鉴》卷二一三，玄宗开元十六年七月乙巳，第6782页；史为乐《中国历史地理大辞典》，中国社会科学出版社，2005，第137页。

② 见《资治通鉴》卷二一三，玄宗开元十六年八月辛卯，第6782页；史为乐《中国历史地理大辞典》，第1132页。

③ 见《资治通鉴》卷二一三，玄宗开元十七年三月甲寅，第6784页；李智信《青海古城考辨》，第128页。

④ （宋）王溥：《唐会要》卷七八《诸使中》，中华书局，1955，第1462—1463页。

⑤ 《资治通鉴》卷二一三，玄宗开元十八年五月，第6789页。

⑥ 《资治通鉴》卷二一三，玄宗开元十八年九月丁巳，第6790—6791页。

⑦ 《资治通鉴》卷二一四，玄宗开元二十五年二月己亥，第6826页。

⑧ 《资治通鉴》卷二一四，玄宗开元二十六年三月，第6832页。

⑨ 见《资治通鉴》卷二一四，玄宗开元二十六年七月己卯，第6835页；李智信《青海古城考辨》，第178页。

⑩ 《资治通鉴》卷二一六，玄宗天宝十二载五月壬辰，第6918页。

九曲"。^①开元十六年，陇右节度使和河西节度使的联军又"大破吐蕃于渴波谷"。^②天宝元年，陇右节度使再次大破吐蕃大岭等军、青海道莽布支营三万余众，随后河西节度使趁机攻破吐蕃渔海及游弈等军。^③而鄯州都督府负责的则是小规模的战役。如开元二十六年，鄯州都督攻破吐蕃新城；七月，鄯州都督府攻夺吐蕃河桥。^④

总之，自陇右节度使设置以后，在其辖区内存在秦、洮、鄯三州都督府的原因与它们各自所起的作用密不可分。秦州都督府主要为洮、鄯两州都督府的兵马提供所需的粮秣，而洮州都督府则为防御吐蕃自河曲北上。这在客观上起到了保护从秦州经洮州至鄯州这条粮秣运输道路畅通以及连接黄河以东的秦州都督府和黄河以西的鄯州都督府的双重作用。唯有如此，陇右节度使才能对外进行大规模的作战，而鄯州都督府才能在对吐蕃的作战中保持更加灵活的机动性。

（原刊于《历史地理》第 27 辑，上海人民出版社，2013）

---

① 《资治通鉴》卷二一一，玄宗开元五年七月壬寅，第 6728 页。
② 《资治通鉴》卷二一三，玄宗开元十六年七月乙巳，第 6782 页。
③ 《资治通鉴》卷二一五，玄宗天宝元年十二月庚子，第 6856 页。
④ 《资治通鉴》卷二一四，玄宗开元二十六年三月、玄宗开元二十六年七月己卯，第 6832、6835 页。

唐夏州张宁墓志考释

杜维民

摘　要　出土于陕西省靖边县红墩界乡圪坨河村的《唐夏州张宁墓志》，记述了志主参与唐朝镇压南山党项反抗斗争期间的活动，其内容或和史书相互印证，或可弥补史书之缺失，具有较高的史料价值。

关键词　唐朝；盐州；南山党项

一　碑志录文

唐故夏州节度衙厢马步兼四州蕃落都知兵马使张宁墓志，1995 年 4 月出土于陕西省靖边县红墩界乡圪坨河村，榆林市文物管理委员会办公室藏。盖盝形，砂石质，边长各 38 厘米，厚 9 厘米，篆书张公墓志四字。志亦砂石质，高 46.3 厘米，宽 47.8 厘米，厚 12.5 厘米。志文楷书 25 行，行 24—28 字，剥蚀较严重，且有多处划痕。墓志较详细地记述了志主在唐朝镇压南山党项反抗斗争期间的活动，许多内容可弥补史书缺失。为了便于讨论，现将志文全文录下：

唐故夏州节度衙厢马步兼四州蕃落都知兵马使银青光禄大夫检校国子祭酒兼殿中侍御史上柱国清河张宁墓志铭有序　至丁亥年十一月摄夏州节度掌书记、前乡贡进士许道敬撰党项日横，廷议罪不赦。二年，诏边师四面举兵以窘之。是祭酒□以胆气自负，侪列惮服，而士卒乐为用。讨贼节帅李常侍初奉诏，乘贼不备，遣军侯李茂曾领兵袭榆平。祭酒为监城使，亦以六州蕃部与所主兵士五千人，自德静镇走数百里为外应。茂曾望见贼，怯不敢斗。引兵还，贼亦解去。嗟恨颇久，由始不用其谋也。及李常侍率盐、夏兵屯洪门寨，方与南山贼族决胜负。守城壁皆被创，羸饿之士不满千人，城之门昼不敢启。食既尽，爨无樵。苏贼声喈喈，出必掠去。时选河中主将领步骑五百人援，军食于银州，迴反蛇谷，再遇贼而再为邀夺，以是人心益悯。监军使自监城、吐诚以诏，且以旦暮危亡为托。因授河中步骑抵银州，率营田耕牛运数千斛，每至则与牛并食之，去复者四。贼惧其指画有伦，愕不敢近。孤军稍震，莫不赖之。至于主掌他郡，秉公立事，皆在人口，故略而不书。祭酒讳宁，京兆人也。父讳崇，有定难功，以材力显。初，效力禁卫，李寰仆射爱其语直有勇，因以拔距一将縻之。五历职授国子祭酒，又至五历职再迁监察御史，又七居显职，奏授殿中侍御史。敕书至而已殁于德静镇，享年六十六。噫！才最优而厄于晚遇，功甚著而屈于无时。官未高，名不赫赫，岂非命乎？君娶安氏女，生子七人，长曰重迁，衙前兵马使；次重颖，义勇军使；次重庆，衙前虞侯；次重迈，衙前兵马使，初李常侍战于长城，为贼所窘，二人控马突重围而出，其于气类乃父风；次重□，子弟虞侯；幼曰重会、重贵。女三人，长适前太常寺录事东乡渊。以其年九月廿一日，权葬于夏州朔方西平烽下。掌书记许道敬访其实以志之。其□曰：自古名将数亦奇，而力用尽功难期。祭酒勇气高边陲，推挽上道独不时。□□节制尚书知，□□□□□可悲。朔方县西西平烽，石刻壮勇存其中。孙孙子子多□功，立石乃错□漠城。

周伟洲先生《早期党项史研究》结合唐代党项羌反抗斗争，对该志文反映的"丁亥年""讨贼节帅李常侍"等问题进行了讨论。① 笔者拟在

---

① 周伟洲：《早期党项史研究》，中国社会科学出版社，2004，第81—83页。

周先生研究的基础上，再做一些讨论。

志文由夏州节度掌书记、前乡贡进士许道敬撰稿，600余字，记述了志主张宁生前随大唐讨贼节帅"李常侍"征讨党项的事迹。和一般志文先叙志主名讳、郡望、父祖传承不同，该志文开门见山，首先交代战争的背景，"党项日横，廷议罪不赦"，然后是志主讨"贼"事迹。显然，在撰志者看来，镇压党项反抗是志主一生至为重要的功绩。这也是该文重要史料价值之所在。

党项早期生活在黄河河曲一带，唐贞观年以后，随着吐蕃的崛起，被迫迁徙至今甘肃庆阳一带，后又迁至今陕北榆林和内蒙古鄂尔多斯一带。在不断迁徙和兼并战乱中，党项族原有的氏族血缘关系遭到了一定的破坏，以血缘关系为纽带的氏族部落组织，逐渐被地缘关系所替代，形成了以地域为中心的部落集团。① 史载唐时"党项有六府部落，曰野利越诗、野利龙儿、野利厥律、儿黄、野海、野窣等。居庆州者号为东山部落，居夏州者号为平夏部落"。②

无论"东山部落"所在的庆州地区，抑或"平夏部落"所在的夏州地区，均水草丰美，农牧交错，自来是北方游牧民族和中原农耕民族交汇地带。这一切都为迁居该地的党项人发展畜牧业和学会农耕创造了极为有利的条件。因此，内迁后被列入"编户"的党项人，其经济得到了迅速发展，"牛马蕃孳，种落殷盛"。③ 中唐诗人元稹《估客乐》曰："求珠驾沧海，采玉上荆衡；北买党项马，西擒吐蕃鹰。"④ 说明党项马和沧海珠、荆衡玉、吐蕃鹰一样，成为当时的著名商品。

内迁党项经济发展和财富增加，引起了唐朝边将的贪暴，所谓"边将非廉，亟有侵刻，或利其善马，或取其子女，便赇方物，征发役徒。劳苦既多，叛亡遂起"。⑤ 更为重要的是，党项进入西北内地后，急遽从原始社会末期进入到阶级社会，为了满足贪欲，部落首领把对外掠夺看

---

① 周伟洲：《早期党项史研究》，第81—83页。
② 《旧唐书》卷一九八《党项羌传》，中华书局，1975，第5293页。
③ 《李卫公会昌一品集》卷六《赐党项敕书》。
④ 《元氏长庆集》卷二三《估客乐》。
⑤ 《旧唐书》卷一四七《杜佑传》，第3980页。

作正常的活动。党项部落首领的贪欲和唐边将的残暴，使得党项与唐王朝之间战事不断，唐朝时而招抚，时而征讨。唐武宗会昌之后，党项的侵扰日益增长，唐廷的征讨也到达高潮，墓志记录的战事便是在这样的背景下发生的。

二 相关问题讨论

（一）对"丁亥年"的补证

按唐代纪年，与志文所记战事相符合的"丁亥年"有两个，一为唐宪宗元和二年（807），另一为唐懿宗咸通八年（867）。《早期党项史研究》指出，从碑文反映的"党项日横""诏边师四面举兵以窘之""讨贼节帅李常侍""南山贼族"等情况来看，此事应发生在唐会昌二年至大中五年党项平夏部、南山部不断反抗唐朝统治者之时，因此志文所记"丁亥年十一月"（此可能是墓主卒年或立石之年）绝不可能为"元和二年"，而是此后又一个"丁亥年"，即唐咸通八年。周先生的推论甚是，除了党项反抗斗争主要集中在这一阶段外，还可以从墓志中张宁的升迁履历得到佐证。志主是在祭酒任上与党项战斗，其"五历职授国子祭酒，又至五历职再迁监察御史，又七居显职，奏授殿中侍御史。敕书至而已殁于德静镇，享年六十六"。

如果将"五历职再迁监察御史，又七居显职，奏授殿中侍御史"，理解为在"国子祭酒"官衔上经历五个岗位升任"监察御史"，在"监察御史"官衔上经历七个岗位升为"殿中侍御史"。一般情况下，十二任的时间不会低于二十年，也就是说，从丁亥年即咸通八年上推到张宁任国子祭酒的时间需要二十年左右，由此推断，志主和党项一战大约可锁定在840—850年，这和党项反抗唐朝的斗争主要发生在851年即大中五年（唐宣宗在该年四月颁《平党项德音》诏，七月又颁《洗雪南山平夏德音》敕）以前相吻合。当然，这仅是推断，进一步确定还有待于史料的发掘。

（二）志文所记讨伐党项的战事与时间

志文开头讲到"党项日横，廷议罪不赦。二年，诏边师四面举兵以窘之。是祭酒□以胆气自负，侪列惮服，而士卒乐为用"。和志文中记述的战事背景相符的"二年"有两个，一为唐武宗会昌二年（842），另一则为唐宣宗大中二年（848）。会昌二年，唐廷调发党项等部击灭回鹘乌介残部，"边将不守朝章，失于绥辑，因缘征敛，害及无辜"，[①]引起了党项的反抗。会昌三年（843）十月，"党项寇盐州，以前武宁节度使李彦佐为朔方灵盐节度使"；[②]十一月，"寇邠、宁，充王岐为灵、夏六道元帅、安抚党项大使，御史中丞李回副之"。[③]会昌四年（844），唐廷又以刘濛"为宣慰灵、夏以北党项使"；[④]九月，唐廷再命皇子李愔为夏州刺史、朔方节度大使，以安抚党项。[⑤]

会昌五年（845），党项反抗斗争愈演愈烈，"攻陷邠、宁、盐州界城堡，屯叱利塞。宰相请遣使宣慰，上决意讨之"。[⑥]会昌六年（846）二月，以夏州节度使米暨充东北道招讨党项使，邠宁节度使高承恭充西南面招讨党项使。[⑦]次年唐武宗崩，宣宗即位，改元大中，吐蕃趁武宗之丧，引诱党项及回鹘残部寇掠盐、庆等州，被唐军打败后，于大中三年（849）初，以秦、原、安乐三州及石门等七关降唐。但党项的反抗斗争并未因此平息。大中四年（850）十一月，党项寇邠宁；十二月，以"凤翔节度使李安业、河东节度使李栻为招讨党项使"。[⑧]大中五年（851）三月，以白敏中为司空，招讨南山、平夏党项行营兵马都统。四月，唐军破夏州党项九千余帐，平夏部降服，唐廷加紧对南山党项的招降。"八月，白敏中奏，南山党项亦请降。时用兵岁久，国用颇乏，诏并赦南山党项，使之安业"。[⑨]至此，长达近十年的党项反抗斗争宣告平息。

① 《李卫公会昌一品集》卷六《赐党项敕书》。
② 《资治通鉴》卷二四七，中华书局，1956，第7993页。
③ 《新唐书》卷八《武宗纪》，中华书局，1975，第243页。
④ 《新唐书》卷一四九《刘濛传》，第4799页。
⑤ 《旧唐书》卷一八《武宗纪》，第602页。
⑥ 《资治通鉴》卷二四八，第8021页。
⑦ 《旧唐书》卷一八《武宗纪》，第609页。
⑧ 《新唐书》卷八《宣宗纪》，第248页。
⑨ 《资治通鉴》卷二四九，第8048页。

上述可见，虽然唐武宗会昌二年和唐宣宗大中二年均有党项反抗斗争，但会昌二年的反抗，引起了统治者的震动，次年命武宁节度使李彦佐为朔方灵盐节度使，统兵镇压。唐宣宗大中二年（848）主要用兵吐蕃，与党项的战事规模不大。因此，笔者赞同周先生会昌二年的推断。既然"二年"是会昌二年，那么志文中的"讨贼节帅李常侍"，当为会昌三年十月出任"朔方灵盐节度使"的李彦佐，而非大中四年十二月出任招讨党项使的凤翔节度使李安业或河东节度使李栻。

志文记载李常侍率盐、夏兵屯洪门寨，与南山党项决战。"守城壁皆被创，羸饿之士不满千人，城之门昼不敢启。食既尽，爨无樵。"河中主将领步骑五百人增援，"再遇贼而再为邀夺，以是人心益惆"。在旦夕危亡之际，志主"率营田耕牛运数千斛，每至则与牛并食之，去复者四。贼惧其指画有伦，愕不敢近。孤军稍震，莫不赖之"。除了唐军外，进入西北内地的吐蕃军队也常以耕牛运粮。[①]

（三）关于南山党项

志文记载，节帅李常侍率盐、夏兵屯洪门寨，"与南山贼族决胜负"，清楚地表明是镇压南山党项的反抗。何谓"南山党项"？有几种不同的认识。《通鉴考异》卷二二引《唐年补录》记载："松州南有雪山，故曰南山。"日本学者冈崎精郎据此认为党项内徙后，将"南山"一名一并带来。[②]周伟洲先生依据《宋史·宋琪传》"自鄜延以北，多土山柏林，谓之南山"[③]，认为"南山党项部落，则指居于鄜、延二州之北山地的党项部落"[④]。笔者以为，居于鄜、延之北山地这一说法比较可信，因为不仅宋人有此记载，更重要的是唐人也有明确记述，李德裕《论盐州屯集党项状》记"党项久为劫盗"，朝廷"出师则鸟散山谷，抽兵则蚁聚塞垣，日往月来，渐成边患"，为此"则须乘此兵力，驱出南山"，清楚地表明唐代"南山党项"是居于南山的党项部族。显然，这里的"南

---

① 《资治通鉴》卷二三二记载，贞元三年（787）七月，李泌对唐德宗说："今吐蕃久居原、会之间，以牛运粮，粮尽，牛无所用，请发左藏恶缯染为彩缬，因党项以市之，每头不过二三匹，计十八万匹，可致六万余头。"

② 《党项古代史研究》，京都大学文学部"东洋史研究丛刊"第二七卷，第131—132页。

③ 《宋史》卷二六四《宋琪传》，中华书局，1977，第9129页。

④ 周伟洲：《早期党项史研究》，第71页。

山”是内迁党项的居地，而非内迁前的松州南山。

《资治通鉴》卷二四九引赵珣《聚米图经》：“在安、盐以南，居山谷者，谓之南山党项。”[1]指出“南山”位于盐州（今宁夏盐池县与陕西定边县之间）之南，北部为鄂尔多斯高原，南部则多为山谷，是典型的黄土沟壑地形，山川交纵，是宋代著名的横山山脉（今白于山）的西端。由于唐代党项据此反抗，此地多见于文献记载。到了宋代，宋夏争夺的焦点在横山东部，先后爆发了著名的啰兀、永乐等战役。

南山党项是如何形成的？党项何时入居南山？文献没有明确记载，只记述党项人为躲避强大的武装进攻而隐入山林。会昌二年八月，突厥乌介可汗率众过把头烽南，突入大同川，“刺史张献节闭城自守，吐谷浑、党项皆挈家入山避之”。[2]面对强族入侵和边将的冷漠处置，党项与吐谷浑这两个弱小族群只能离家向就近山区避难。大中四年，党项掠邠宁，唐廷诏凤翔、河东两节度使合兵进讨，“不阅月，羌果破殄，余种窜南山”。[3]这里逃入南山的党项，应该不是“南山党项”，“南山党项”应该在此前就已形成。换言之，在党项迁往平夏地区的前后，部分党项就已进入南山，[4]只不过他们的力量比较弱小，或者没有起兵反抗，因此没有引起统治者的重视，文献也没有记载。直到进入南山的党项造反后，才见于记载，且多贯以恶名。“南山党项，闻出山者迫于饥寒，犹行抄掠，平夏不容，穷无所归”，[5]“南山党项为恶多年，化论不悛，颇为边患”。[6]李德裕在《论盐州屯集党项状》[7]中更是历数“南山党项”的“恶行”：

① 《资治通鉴》卷二四九，第 8045 页。
② 《资治通鉴》卷二四六，第 7963 页。
③ 《新唐书》卷二二一《党项传》，第 6214 页。
④ 《拓跋守寂墓志铭》记载志主先祖迁居“圁阴”。古“圁水”即今无定河，“圁阴”，指“圁水”南。说明党项内迁后，部分族帐陆续进入横山，由此推断“南山党项”有可能自发进入“南山”。
⑤ 《资治通鉴》卷二四九，第 8045 页。
⑥ 《唐大诏令集》卷一三〇《平党项德音》，中华书局，2008，第 710 页。
⑦ 《李卫公会昌一品集》卷一六《论盐州屯集党项状》。

右，党项久为劫盗，须示严刑。比者且务含容，犹可待之恩信，今者自知恶稔，朝廷将欲剪除，必恐转不自安，更怀奸计。出师则鸟散山谷，抽兵则蚁聚塞垣，日往月来，渐成边患。望赐王钊士干诏，及其屯集未散，速令攻讨。如已退散，则须乘此兵力，驱出南山。其打破城堡及于叱利镇屯集者，即且驱出，令于平夏放牧，不得更过山险。切须分别详审，不得枉及无辜，务令边塞永清，商旅无滞。冀因此举，尽获叛徒。未审可否？

唐廷如此决心剪除"南山党项"，将其逐出南山，不仅因为"南山党项"起兵反抗，更重要的是该地战略地位十分重要。"南山"东接夏、银、绥州，向南可通过庆、宁、邠等州直抵京师长安，西南可自萧关通吐谷浑、吐蕃，向西可至灵州，向北过宥州可通回纥，进可攻，退可守。南山党项正是凭借着这样得天独厚的地理条件，不断寇掠边州。唐廷于大中年间加大了对南山党项的征讨力度。大中四年十二月，任命凤翔节度使李安业、河东节度使李栻为招讨党项使；[1]大中五年三月，以白敏中为司空，招讨南山、平夏党项行营兵马都统；四月，唐军破夏州党项九千余帐，平夏部降服；八月，南山党项亦请降，唐廷诏赦南山党项。唐宣宗在《平党项德音》中提出对"南山党项"进行异地安置："其南山党项已出山者，或闻迫于饥乏，犹行劫夺，平夏不容，无处居住。今委李福且先遣蕃官，安存招诱，令就夏、银界内，指一空闲田地居住。"[2]前揭李德裕在《论盐州屯集党项状》中指出："……乘此兵力，驱出南山。其打破城堡及于叱利镇屯集者，即且驱出，令于平夏放牧，不得更过山险。"大中五年平息党项反叛后，文献鲜见"南山党项"。当然，唐朝不可能把党项全部迁出"南山"，入宋后，"南山党项"仍以"横山羌"的名义，继续活跃在历史舞台上。[3]

（原刊于《西夏研究》2014 年第 3 期）

① 《新唐书》卷八《宣宗纪》，第 248 页。
② 《唐大诏令集》卷一三〇《平党项德音》，第 710 页。
③ 有关"南山党项"与"横山羌"的关系，目前只是推断，还需进一步发掘史料加以证明。

试论北宋对西夏归明人的政策

侯爱梅

摘　要　西夏归明人即投归北宋的西夏政权统辖下的民众。作为削弱西夏的一种手段，北宋政府不仅在宋夏矛盾激化时大肆招诱夏人，而且在宋夏关系友好时也暗中接纳归附夏人。招抚归明人的政策虽在一定程度上削弱了西夏，但也加重了北宋的负担。

关键词　北宋；西夏；归明人

宋代在沿边地区有所谓的归正人与归明人，"归正人，元是中原人，后陷于蕃而复归中原，盖自邪而归于正。归明人，元不是中原人，是徭洞之人来归中原，盖自暗而归于明也"。①本文所述的西夏归明人即指投归北宋的西夏政权统辖下的民众。

目前学界的研究主要集中在归正人以及契丹归明人问题上，对西夏归明人问题尚未有专文论述，因此有必要对西夏归明人进行系统探讨。限于篇幅，本文主要讨论北宋对西夏归明人的政策。

北宋时期，西夏作为一个地方民族政权与中原宋朝并立。夏人因向往中原文明而大量归宋，尤其是在西夏境内遭遇自然灾害或阶级矛盾激化时，投归宋者尤为众。夏人归宋的活动在北宋时期始终未曾间断。西

---

① （宋）朱熹：《朱子语类》卷一一一，中华书局，1986，第2719页。

夏归明人作为一个特殊群体，其行动往往影响两国关系。北宋政府对此很重视，在不同时期对西夏归明人推行不同政策。

一

招抚诱降夏人为北宋削弱西夏的重要策略，在宋夏矛盾激化时，北宋政府大力推行招诱夏人的政策。该政策的发展主要经历了三个时期：李继迁起兵抗宋后，开始推行；元昊称帝建国后，成熟完善；宋神宗即位至宋末，发展到顶点。

太平兴国七年（982），李继迁起兵抗宋，为制服李继迁，宋开始推行招诱夏人的政策。"激励自来与继迁有仇蕃部，招诱远处大族首领，啗之以官爵，诱之以财货，推恩信以导其诚，述利害以激其志"。[1] 在这种背景下，宋朝多次颁发招抚诏令鼓励夏人弃李继迁投宋，并采取封官赐田赠币等方式对归附者予以安置。咸平五年（1002）正月"石、隰州部署言李继迁部下指挥使卧浪己等四十六人来附。诏补军主，赐袍带、茶彩，令石州给田处之"，[2] 咸平六年（1003）又统一规定"延州、保安军自今有贼界投来人，并依石、隰例给廪食，补其酋长"。[3] 景德元年（1004）二月诏谕灵、夏、绥、银、宥等州蕃族"能率部下归顺者，授团练使，赐银万两，绢万匹，钱五万缗，茶五千斤，其军主职员外郎，将校补赐有差，其有自朝廷叛去者并释罪甄录"，[4] 条件可谓优厚，很多西夏人为宋朝的政策所感动，"始闻诏书招抚，争求观之，无不泣下"。[5]

宝元元年（1038）十月，元昊称帝建国，宋夏战争爆发。宋再次大力招诱西夏人，且较前一时期更为积极主动，方式直接，待遇优厚。

宝元二年（1039）诏"元昊界蕃汉职员能率族归顺者，等第推

---

① （宋）李焘：《续资治通鉴长编》，中华书局，1985，第 1075 页。

② 《续资治通鉴长编》，第 1111 页。

③ 《续资治通鉴长编》，第 1175 页。

④ 《续资治通鉴长编》，第 1229 页。

⑤ 《续资治通鉴长编》，第 1233 页。

恩"。^①康定元年令陕西经略司专门遣人告谕"元昊界蕃汉职员、首领，能率部族及以本系汉州郡来归者，并不次迁擢之"。^②庆历元年（1041）十一月"诏河东经略司招谕麟府州界熟户蕃官马崖、西界首领拉旺、唐龙镇首领来守顺、府州界巡检乜罗等，昨为昊贼胁从过西界，而能挺身自归者，当除节度、观察至刺史，仍以锦袍带赐之"。^③庆历二年（1042）正月"诏陕西蕃族内附而无亲属者，并送京西州郡，处以闲田"，^④二月"补环庆路内附伪团练使鄂齐尔为怀化将军，给供奉官、巡检俸"，^⑤五月"环庆招讨司言西界伪团练使闹罗来降，乞补班行，诏除右班殿直"，^⑥九月"环庆路部署司言西界伪团练使马都来降，诏除右班殿直"。^⑦庆历四年（1044）补"西界内附蕃官莽布赛为右千牛卫将军"^⑧。其待遇高于李继迁时期。

宋还专门设置招诱机构，"诸路各置招抚蕃落司，以知州、通判或主兵官兼领之"。^⑨招抚蕃落司虽主要招抚熟户，但夏境生户也是重要招抚对象。由此可以看出这一时期宋对招抚夏人的重视及招抚工作的日趋完善。

此外，宋朝还注意对西夏归明人的防范与管理。西界伪团练使李兴内附时，"部署司言（李）兴元昊亲信，恐不得其情，故徙之南方"。^⑩

宋神宗即位后，主张富国强兵，对西夏进行积极的战略进攻。为配合作战，北宋政府大肆招诱夏人，规模空前，方式灵活，嘉奖丰厚，对归明人的安置照管也极为细致周到。至宋哲宗、宋徽宗时，招抚政策又得到进一步发展。

（1）不论夏人多少，一律接纳。熙宁三年（1070）九月下令"陕西

---

① 《续资治通鉴长编》，第2913页。
② 《续资治通鉴长编》，第3054页。
③ 《续资治通鉴长编》，第3197页。
④ 《续资治通鉴长编》，第3216页。
⑤ 《续资治通鉴长编》，第3219页。
⑥ 《续资治通鉴长编》，第3270页。
⑦ 《续资治通鉴长编》，第3290页。
⑧ 《续资治通鉴长编》，第3698页。
⑨ 《续资治通鉴长编》，第3122页。
⑩ 《续资治通鉴长编》，第3139页。

诸路有投顺蕃汉人户，不以多少，宜令接纳，厚加存恤"，[1]十二月又诏令陕西路、河东路"如有夏国投来蕃部，不以多少，并令接纳，厚加存抚"。[2]元丰七年（1084）更是下令"广肆招来，以衰敌势"。[3]

（2）桩拨招纳经费。熙宁三年"诏来年合赐夏国银绢，令宣抚司相度，分与四路安抚司厥用处封桩"[4]。熙宁六年"赐河州沿边安抚司锦彩，令招抚蕃部"。[5]元丰四年，北宋五路伐夏，又"诏环庆、泾原路经略司支封桩钱十万缗，招纳蕃部"。[6]元丰五年"诏河东转运司昨所借功赏绢一万匹招纳蕃部，特蠲之"。[7]元丰六年诏"来年岁赐夏国银，并赐经略司为招纳之用"。[8]

（3）选拔得力干将专司招纳，招抚手段灵活多样。元符二年（1099）差"折可适提举招纳投降西界蕃部，第十一副将寇士元同提举，蕃官李忠杰同管勾"。[9]对归明者"小者与之金帛，大者授之官"，[10]或"差谙晓蕃情使臣告谕邈川首领及蕃商等，如能诱至、指引夏人归顺，每名优给茶彩"；或使人诈投西界招诱夏人，"密约归汉"；[11]还有利用西夏归明人诱其亲属来归的。

（4）奖励招抚有功的将士。元丰四年"诏每招纳丁壮五人，赐绢二十匹"。[12]绍圣四年（1097）又增加为每招丁壮一人支绢十四。考虑到招抚老少妇女没有立赏格酬奖，怕将士不愿招纳，故又专门补充规定"招到老小妇女，每人支绢三匹，十岁以下二匹"。[13]元丰五年（1082）还规定"鄜延路计招纳归顺蕃部壮人十人，老少妇女四十人并迁一资，

① 《续资治通鉴长编》，第 5244 页。
② 《续资治通鉴长编》，第 5307 页。
③ 《续资治通鉴长编》，第 8226 页。
④ 《续资治通鉴长编》，第 5280 页。
⑤ 《续资治通鉴长编》，第 6006 页。
⑥ 《续资治通鉴长编》，第 7602 页。
⑦ 《续资治通鉴长编》，第 7845 页。
⑧ 《续资治通鉴长编》，第 8210 页。
⑨ 《续资治通鉴长编》，第 12051 页。
⑩ 《续资治通鉴长编》，第 5353 页。
⑪ 《续资治通鉴长编》，第 11570 页。
⑫ 《续资治通鉴长编》，第 7656 页。
⑬ 《续资治通鉴长编》，第 11603 页。

十岁以下不计，累迁不得过三资；即不及，与减磨勘年；不及减年及迁资，止每一壮人支绢四尺，老少妇女一尺"。① 元祐元年（1086）又规定"陕西、河东缘边诸巡绰、把截、探事人，接引到西界投来强壮人口，每名支钱二贯"。② 绍圣四年"立赏格，募汉、蕃官人及边人招诱西差用事，大、小首领除官自正刺事至殿直，赐金帛三万至五百"。③ 通过以上措施激发沿边将士招诱夏人的积极性。

（5）根据西夏归明人的级别给予不同待遇。部落子没细游成宁"特与内殿崇班，差充本族巡检，更赐银、绢、钱各二百"，④ "伪大使之类，与崇班，仍赐银、绢各五百"。⑤ 值得注意的是，对西夏归明人的封赏中，较多的是地位较低的殿直、内殿崇班、供奉官、三班借职等，地位较高的亦有团练使、刺史等，但为数较少，例如授以西夏御史中丞仁多楚清甘州团练使、凉州一带蕃部都巡检钤辖等。

（6）对西夏归明人及其子孙给予多种照顾和优惠。熙宁五年规定"环庆荔原堡、大顺城降羌每口给地五十亩，首领加倍，不足，以里外官职田及逃绝田充，又不足即官买地给之"。⑥ 元丰五年"诏归明人应给官田者三口以下一顷，每三口加一顷，不足以户绝田充，其价转运司拨还"。⑦ 元祐三年（1088）规定"堪耕种田不足，给常平田"，"常平田不足，给户绝田"。⑧ 元祐五年规定"归明人所给田，如有妨碍及贫薄不堪耕田，乞官为验实别给"。⑨ 政和元年（1111）又规定归明人不愿自力耕种土地的，可出租，"州县人吏不得巧作名目移转租佃归明人田土"。⑩ 北宋政府还特别照顾归明人子孙，规定"归明子孙议立收恤之制，以示来远之意，乃定恩制，许之自陈"，"免归明人之子孙为义勇者，止令附

---

① 《续资治通鉴长编》，第7920页。
② 《续资治通鉴长编》，第8874页。
③ （清）徐松辑《宋会要辑稿》，中华书局，1957，第7041页。
④ 《续资治通鉴长编》，第11754页。
⑤ 《续资治通鉴长编》，第12155页。
⑥ 《续资治通鉴长编》，第5680页。
⑦ 《宋会要辑稿》，第7038页。
⑧ 《续资治通鉴长编》，第10137页。
⑨ 《宋会要辑稿》，第7039页。
⑩ 《宋会要辑稿》，第7041页。

保"① 等。

总之，从神宗即位到北宋灭亡，北宋政府对西夏归明人的招诱政策发展到顶峰，其规模、力度以及对归明人安置照管的细致程度都远远超过前两个时期。

二

与宋夏战争时期，宋朝大肆招诱夏人的政策不同，在宋夏关系和平友好时期，宋朝基本上不再公开招诱西夏人。相反，为减少事端，宋朝多次下令禁止边将招诱和接纳西夏人，而且遣还了一部分西夏归明人。如"景德约和"后，"诏麟府钤辖司，自今蕃部归投。不须发兵接近"，"自今有内附者，非有先陷蕃军民，边吏毋得受"，"戒边吏自今毋纳降者"，"诏沿边蕃官毋纳降户"。② 天圣五年（1027）还令"鄜延部署司（将西夏归明人）据数遣还夏州"。③ 宋夏"庆历议和"后，"诏陕西四路依近降夏国誓诏，毋得招纳西界蕃户"，④ "自今如有逃过汉界者，虽系旧边户，亦不为容纳"。⑤ 庆历六年（1046）四月"夏国主请以禁边臣纳过界蕃户事附入誓诏"，宋"诏从其请"。⑥ 熙宁五年八月，秉常上誓表，宋夏出现了数十年相对和平的局面。宋令陕西、河东诸路经略司"不得收接逃来人口"。⑦ 元丰六年（1083）闰六月，宋夏讲和。在接纳西夏归明人问题上，宋廷诏令河东经略司"其自愿投顺人口，可说谕约回"。⑧

但两国之间的和平友好局面是短暂且不稳定的，其间小规模的战争接连不断，所以宋朝虽明令禁止招纳夏人，但实际上出于防范和应对西夏的考虑，并没有严格遵守与西夏的誓约，仍暗中默许边将接纳安置

---

① 《宋会要辑稿》，第 7038 页。

② 《续资治通鉴长编》，第 1340、2383、2385、2421 页。

③ 《续资治通鉴长编》，第 2436 页。

④ 《续资治通鉴长编》，第 7263 页。

⑤ 《宋大诏令集》卷二三四，中华书局，1962，第 910 页。

⑥ 《续资治通鉴长编》，第 3826 页。

⑦ 《续资治通鉴长编》，第 5768 页。

⑧ 《续资治通鉴长编》，第 8112 页。

西夏归明人。如"景德约和"后，仍有很多西夏族帐投归宋朝，例如妙娥、延家、熟嵬等族三千余帐，叶市、潘、保、薛等四族，熟户旺家族，樊家族九门都首领客厮铎并其族，委乞、骨芉、大门等族千余落，等等。对于这些西夏归明人，宋均予以接纳安置。尤其是一些重要的西夏归明人，例如夏州民刘严等两千余人，因其"所居当绥州要路"，宋尤为重视，认为"边防优恤此辈，比调兵遣戍，即费省而功倍也"。[①]真宗时期，对于知军曹玮违背诏令、私自接纳夏人之事，宋廷不但未加指责反而予以嘉奖。这些都反映了宋对夏仍存提防之心，在暗中默许和鼓励边将接纳归明人。"庆历议和"之后，发生了黄移都事件、孟香事件、夏欲用本属于宋的九处城寨骗取过界人口事件等多起有关归明人问题的纠纷和事端，宋也在暗中接受和安置了很多归明人。至仁宗晚期，特别是英宗治平年间，"薛向于鄜近、环庆路颇招纳西界人户不少"。[②]北宋后期的和平局面更是短暂，禁止招纳的诏令基本上未能真正实施。

综上所述，当宋夏关系紧张恶化，以致发生大规模战争时，宋则积极主动、大规模地招诱夏人；当两国关系缓和友好时，宋虽不公开招诱西夏归明人，但仍在暗中接纳夏人。所以不管是宋夏战争时期，还是和平友好时期，北宋政府始终未停止过接纳归明人，这也反映了宋夏政权之间对立的实质。

三

北宋对西夏归明人的政策曾引发君臣的争议和讨论。熙宁四年（1071），"上谕西人内附者，或以胁迫，非其诚心。欲令愿归者，从之；不愿者，随便措置，可以省粮食、免检察，且足以示广大推恩"。知原州种古反对遣还归明人，"招降蕃部可用为向导，不当问你愿归。盖汉官多恶蕃部，恐迫胁令归，即反害恩信"。王安石坚持认为归明人的父母妻子均在夏国，其不但不会尽心杀敌，反而会成为祸患，并且进一步

---

① 《续资治通鉴长编》，第1465页。
② 《续资治通鉴长编》，第5457页。

分析指出"今边障极虚，中国久来熟户尚不暇救恤，乃更欲招夏国老弱收养，岂为得计？"神宗则一语点出了实行该政策的真正用意，即"中国人固多，诚不赖夏人。然言者为收纳夏国人，使彼人少，即于彼有害"。①哲宗即位之初，环庆路经略使范纯粹曾上奏"缘自来体察贼中事宜，多是归顺人通说，颇得真实"，但是"边人为款附之名，则中国受劳弊之实也。今沿边诸路，自元丰以来，所纳降羌无虑二万口，而老稚无用者十有七八，增耗边廪，为害已大。其心之向背，盖未可知，故平日间有引而去者，则警急之际，安知其非谋也？然则降羌之无益于中国，亦已明矣"。②这些分析和讨论基本上反映出北宋对归明人政策的实质以及该政策存在的问题。

北宋对西夏归明人的招诱政策诱使夏人大量归宋，致使西夏人口急剧减少，削弱了西夏的战斗力。很多西夏归明人还提供了大量西夏境内的可靠情报。咸平六年（1003）"夏州教练使安晏与其子守正来归，且言贼境艰窘，惟劫掠以济，又籍夏、银、宥州民之丁壮者徙于河外，众益咨怨，常不聊生"。③康定元年（1040）"西界投来人杜文广近引路攻破白豹寨及指画制造攻城云梯"。④元丰四年"有投降蕃部牛儿指引桃堆平粟窖，称是国官窖，密密相排，远近约可走马一直。已遣兵夫般运，变春粮食"。⑤元丰七年"西贼围兰州，有投来蕃部伦约克先报"⑥，等等。及时获知这些情报对于宋制定对夏策略起到重要作用。北宋政府还从西夏归明人中拣选强壮之人编入军队，用于战时打仗，例如"招到并边部族少壮从军"。⑦有的归明人甚至立有战功，"兰州新归顺首领巴令渴等三族，领所部兵攻贼撒通宗城，斩获三十余级，夺其渡船，入河死者四五百人，获老小二百余口，牛马孳畜二千余"。⑧

① 《续资治通鉴长编》，第5565页。
② 《续资治通鉴长编》，第9470页。
③ 《续资治通鉴长编》，第1212页。
④ 《宋会要辑稿》，第7619页。
⑤ 《续资治通鉴长编》，第7714页。
⑥ 《续资治通鉴长编》，第8286页。
⑦ 《续资治通鉴长编》，第7628页。
⑧ 《续资治通鉴长编》，第7646页。

但这一政策的实行也耗费了大量人力物力，直接加重了北宋政府的经济负担。此政策在执行过程中还存在诸多问题，例如因赏赐丰厚，宋沿边将士招诱夏人的积极性很高，一些将士甚至弄虚作假："第三将招诱到西人伽凌等三人，却是环庆路熟户蕃捉生，伪冒改名，剃发、穿耳戴环，诈作诱到西界大小首领。"[1] 甚至有前线将士杀死归明人充做获敌首级以邀功请赏："陕西蕃部首领等，多执归明蕃人杀之，妄言巴截、巡绰、斗敌所获首级。"[2] 特别是到北宋中后期，因归明人数量庞大，内部混有较多西夏的奸细，加之管理混乱，官员侵吞归明人田产、非礼劳役归明人的情况较为普遍，西夏归明人大量逃去，或者充当西夏的内应，这些都违背了宋政府实行这一政策的初衷。

此外，夏人诈降也给宋造成了一定的损失。康定元年，李元昊使其民诈降于宋将李士彬，李士彬将他们"分隶诸寨"，结果"贼骑大入，诸降贼皆为内应"。元丰五年六月有新归顺部落子嘛凌等称"黄河北有嘛凌亲家翁哩那没桑一家十五口叫唤，乞船过渡"，"（李）浩寻差东头供奉官孙晞等取接，不期西贼设诈，捉掳孙晞并当直兵士二名"。[3]

（原刊于《宁夏社会科学》2006 年第 3 期）

---

① 《续资治通鉴长编》，第 12187 页。
② 《续资治通鉴长编》，第 5123 页。
③ 《续资治通鉴长编》，第 7795 页。

《宋故左武卫将军李公墓志铭》考

高　赫

摘　要　《宋故左武卫将军李公墓志铭》是有关北宋归明人李氏家族三代人生平事迹的重要史料。据墓志记载，志主父李进曾两度归明北宋，并两次参与了宋朝对夏州政权的军事行动。通过对李氏家族户籍与居住地的研究，可以发现宋朝在鄜延路设置了归明界，用以安置绥州而来的归明党项人。以李氏家族为代表的归明蕃兵被宋朝任命为缘边弓箭手，以便守卫宋朝的西北疆土。李氏家族曾在位于今绥德县定仙岭一带的定仙堡戍守三十余年，后被野利部大首领野利旺荣所俘虏，羁押于夏州。由此，可推断出野利旺荣早在西夏建国以前的景祐二年，就已然活动于明堂左厢一带。志主李谦的两个儿子李定和李宏很有可能是神臂弓的进献者。在墓志的先世叙述部分，李氏家族自认李抱真后裔，反映了其对家族忠勇形象的塑造和获取更多政治利益的诉求。

关键词　李谦墓志铭；北宋；西夏；归明人；神臂弓

　　太平兴国年间，李继捧献五州之地于宋，李继迁反对族兄李继捧献地而抗宋自立。在北宋与西夏长达一个多世纪的战争中，沿边蕃部的向背成为决定战争走势的重要因素。归明人是宋朝境内少数民族中的一个特殊群体，一般指党项西夏或西南徭洞来归宋朝之人，所谓"自暗而归于明也"。[①]《宋故左武卫将军李公墓志铭》所记李氏家族两度归明，为研究宋代归明人提供了新的资料。同时，志文中李继隆夺银州、沿边弓箭手、易利王、定仙堡等信息，又有丰富历史细节之意义。

一 墓志录文与墓主家族基本情况

该墓志出土于汾阳市三泉镇，现藏于汾阳市博物馆。志石高 60 厘米，宽 60 厘米，厚 13.5 厘米，呈正方形，青石质。志盖篆"宋故左武卫将军李公墓志铭"，共 3 行 12 字。志文楷书，共 34 行，满行 34 字，共 1037 字，为崔文炳书，田师鲁撰，宋熙宁五年（1072）一月郭和刻。墓志首行题"宋故银青光禄大夫检校国子祭酒累赠左武卫大将军李府君墓志铭并序"。墓志收于《三晋石刻大全·吕梁市汾阳市卷》中，为研究方便，现将该方墓志录文如下：[②]

> 宋故银青光禄大夫检校国子祭酒累赠左武卫大将军李府君墓志铭并序
>
> 内殿丞制汾州兵马都监兼在城巡检骑都尉崔文炳书 魏城田师鲁撰
>
> 公讳谦，字光仪。谱系其出西凉府李抱真之后，大为著姓。因唐末中原离乱，散居秦晋，暨没官于绥州，遂家焉。大王父敬德，绥州衙校巡检使。王父臻义，军都军。考曰进，先因夏州节度使李继迁叛孽，犯银州。主帅李继隆见贼阵逼城，召募武勇当先。是时，考公先登，贼阵披靡。李公赏激，故号曰李宪阵。自此，西贼观其出入，惧其敢勇。会咸平中，国家削弃绥、银、夏等州，时，衙校高文岯率考公已下一百八十余人，于绥城谋劫继迁，溃散贼兵，告急延安主帅，向太师奏陈，遂令文岯就知绥州。

---

① （宋）朱熹著，（宋）黎靖德编《朱子语类》，崇文书局，2018，第 2062 页。
② 此墓志拓片图版见《三晋石刻大全·吕梁市汾阳市卷》上编，三晋出版社，2017，第 191 页，录文见第 190 页。录文与拓片原图对比没有发现错误，故不作校勘。

后旬年，复弃其城，番汉户民，割属延安。考公率众诣阙，乞修置堡寨，固守封疆，因兹立名。归明界弓箭手八指挥，考公充弟七指挥使，守把定仙堡，籍系延州延川县汉王社人。公立身劲勇，众所推服，乃袭父爵。至明道中，昊贼侵境，递相仇杀。景祐二年，西贼首领易利王攻打定仙堡，致驱虏全家陷没番中，仍于夏州羁管。居数年，因弟三男定颇立战效，累迁至伪团练使。公与定设谋，得迁徙家于绥州近边地，名义让平，示有归汉之意。康定明年，果全家归明，男定特授供备库副使，蒙朝廷推恩，公授三班奉职，后定改授崇仪使，充麟府路都巡检使。公就加右班殿直，监汾州灵石县酒税。秩满，移太原府路巡辖马递铺。庆历五年，到官未几，公已年高自靖，遂加左清道率府率，兼监察御史，武骑尉致仕。

越明年，夏四月二十九日，终于汾州私弟，享年七十三。公尝守把定仙堡，仅三十余载，凡西贼侵掠御捍，屡经杀获首级、牛羊、器仗，累迁至都军主。公以材武谋略过人，复陷于贼境，颇历艰阻，自不能奋功名于当时，良可愤哉！及其暮矣，因子贵而托荫薄官，亦以天幸之大也。公先娶赵氏，早世。再娶高氏，累赠谱宁郡太君。子男七人，长曰均，东头供奉官，不禄。次耸，早世。定，博州团练使。大详贵，西京左藏库副使。容，西头供奉官。宏，右侍禁。寔，内殿崇班。女三人。长适刘千，次适刘义，季适任升。孙二十六人。长曰冲。次曰湛，三班差使。浩，西京左藏库副使。洙，左侍禁，早世。泽，左侍禁。渊，东头供奉官。沂，西头供奉官。浦、澄俱左侍禁。泾，右侍禁。溉，三班奉职。自溉之上咸著边功。涣，左班殿直。洵、潜偕右班殿直，未冠。沆、演、浒、渐、湘、浔、渎、淮、洋、泌、渭、溃皆未仕。孙女出嫁者一十人，居室者八人。伟哉！公积庆所致，有以见子孙诜诜然，后知光荣如是耶。功名休赫，继世不泯尔。熙宁五年正月二十六日，卜葬西河县景云乡龙观里西原。其孤而下，送终且厚，莫不尽孝丧之礼。师鲁早出门下，惠然托文，暨不获辞焉，敢以直记其事，以示岁月，永坚于石也。谨为铭粤。

於乎考德，绍先敬臻。盛居五代，挺生绥银。少抱劲勇，胡能奋身。定仙守把，徒效功勤。陷番归汉，逢明圣君。一门忠孝，安边将臣。累经战斗，靖除妖尘。良田十顷，今为汾人。伟焉积庆，子孙诜诜。光荣继世，不绝选抡。去世已久，声容龙麟。西原卜葬，会待佳辰。山川平接，相对水滨。景云之下，龙观冢新。白杨青草，依依芳春。

郭和刻

据墓志文，志主李谦，字光仪，生于宋太祖开宝六年（973），卒于宋仁宗庆历六年（1046）四月二十九日，享年73岁。志文介绍志主为"西凉府李抱真之后"，"李抱真"指唐朝著名粟特人武将安抱真，这个家族以凉州（今甘肃武威）为籍贯，因安抱真兄长安重璋耻于与安禄山同姓，故上表朝廷请求改姓，唐朝遂赐这个家族姓"李"。如果志文所言非吉虚，那么志主家族就是源出安姓的粟特人后裔。志主李谦的曾祖父名叫李敬德，曾任绥州衙校巡检使。李谦的祖父李臻义，任都军。李谦父亲名叫李进，曾协同李继隆讨伐李继迁，同高文岯"谋劫继迁"，在归明界任缘边弓箭手第七指挥使，并守卫定仙堡。李谦在定仙堡承袭父爵，守卫定仙堡三十余年，官职累至都军主。在李谦62岁时，李氏家族被西夏"易利王"俘虏，并羁管于夏州。被俘期间，李谦第三子李定因战功官至西夏团练使。即使如此，李谦仍心向宋朝，暗中与李定谋划归明事宜，并举家迁至绥州边地，最终于康定二年（1041）年成功归宋。归明后，李谦先被授三班奉职、崇仪使，充麟府路都巡检使，后加右班殿职、监灵石县酒税又移太原府路巡辖马递铺等，以左清道率府率、监察御史、武骑尉致仕。

李谦生有七男三女，孙二十六人，孙女十九人。李氏家族为官者众多，是宋夏边境的将臣家族。

二　墓志所见宋夏战争考

（一）"李继迁犯银州"考

志主"大王父敬德，绥州衙校巡检使。王父臻义，军都军"。衙校巡检使、都军是唐以来即存在的藩镇武职军将官衔。又因为李氏家族世代定居的绥州正处拓跋党项政权的统辖范围内，所以志主的太祖和祖父应在定难军中任职。到了志主父亲李进这一代，李氏家族的政治身份与政治立场出现了变化。志文详细记录了李进协助宋朝名将李继隆讨伐李继迁一事："考曰进，先因夏州节度使李继迁叛孽，犯银州。主帅李继隆见贼阵逼城，召募武勇当先。是时，考公先登，贼阵披靡。李公赏激，故号曰李宠阵。自此，西贼观其出入，惧其敢勇。"李进从夏州定难军职官转变为宋朝将臣手下的将士，变化的缘由，究其根本，与当时的重大事件——李继捧献土有关。

宋太宗太平兴国五年（980），定难军节度留后李继筠死。继任定难军节度使的李继捧于太平兴国七年（982）"以夏、银、绥、宥、静五州之地来归，太宗嘉之，继捧愿留京师"，[①]绥州此后由宋朝所派官员接管。李氏家族自此完成了身份转换，从定难军节度使的僚属，变成了宋朝治下的蕃兵。

李继捧入朝献地后，宋太祖赵光义遣使"发李继捧缌麻以上亲赴阙"，[②]李继捧族弟李继迁不愿内附，开始反宋自立。

雍熙二年（985）二月，李继迁在葭芦川将曹光实杀害，缴获了银州的大量军资器械。宋太宗得知此事，命李继隆与田仁朗、王侁率兵击之。[③]田仁朗出绥州援抚宁，王侁出浊轮川，威胁银州，断李继迁归路，"继隆四月出银州北"，[④]扫清附从李继迁的蕃部。[⑤]志主李谦的父亲

---

① （宋）王称：《东都事略》卷一二七《西夏一》，孙言城、崔国光点校，齐鲁书社，2000，第1098—1099页。
② 《宋史》卷四《太宗一》，中华书局，1977，第68页。
③ 《宋史》卷二五七《李处耘传》，第8965页。
④ 《宋史》卷二五七《李处耘传》，第8965页。
⑤ 王天顺：《西夏战史》，宁夏人民出版社，1996，第96—97页。

李进作为宋朝边境基层兵参与了对李继迁的战斗。[①]志文还强调了李进在此次战斗中的贡献：李继迁手下迫近银州城，在危急情况下，"考公先登，贼阵披靡。李公赏激，故号曰李宠阵"。李进响应主帅李继隆的号召冲锋在前，使得战局情况转变。因为贡献巨大，他不仅被李继隆赞赏，还获得了"李宠阵"的美名。

在以往认知里，宋朝早期对夏作战时的兵源多就近调动，如《宋史》记载："雍熙中，夏州叛，命李继隆为银、夏都部署，以继能监军。俄徙护定州屯兵，领骁捷卒三千，屯五回岭……淳化三年，与白承睿护刍粟入灵武。会继迁复寇边，命继能、承睿与知灵州侯延广领骁卒五千，同主军务，俄留为本州都监。及郑文宝议城威州、清远军，继能护其役。"[②]志文则讲述了李继隆于雍熙年间对抗李继迁的策略是"召募武勇当先"。由此看来，宋朝在对李继迁的作战中充分利用了当地蕃兵，这为我们研究宋初边境战士的来源提供了新材料。

（二）"绥城谋劫继迁"考

助李继隆在银州击败李继迁并非李进对李继迁的唯一作战事迹，志文记载："会咸平中，国家削弃绥、银、夏等州，时衙校高文岖率考公已下一百八十余人，于绥城谋劫继迁，溃散贼兵，告急延安主帅，向太师奏陈，遂令文岖就知绥州。"

---

① 墓志记载李继迁"犯银州"，据史料所载，李继迁曾四次攻打银州。第一次是雍熙二年（985）二月，"乃诈降，诱杀曹光实于葭芦川，遂袭银州据之，时雍熙二年二月也"（《宋史·夏国传上》）。第二次是雍熙四年（987）冬十一月，"继迁凶忍，虐用其属，宥州党项咩兀等族首领、都指挥遇乜布九人谋诛继迁。时继迁克期攻银州，会诸族于无定河侧"（《宋史》卷四九一《党项传》）。第三次是淳化三年（992）春正月，"统和十年二月，韩德威奏李继迁称故不出，至灵州俘虏以还"（《辽史》卷八二《德威传》，《西夏书事》注此处灵州应为银州："保吉复入银州，契丹兵至大掠。"（《西夏书事》卷五）第四次是淳化五年（994）三月，《东都事略》卷一二七《西夏一》载："保忠为保吉所诱，阴与之合，来寇灵州。"《西夏书事校证》考"是时尚未犯灵州也"。结合"保吉复弃银州走漠中"判断"赵保忠出次于野，保吉袭败之，并其众"所犯为银州（《西夏书事》卷五）。李继隆对李继迁的讨伐应为两次。第一次是雍熙二年（985）三月，第二次是淳化五年（994）三月，考虑墓志内容以时间先后顺序为线索，事件最有可能发生在雍熙二年（985）三月。经过对比，志文中李继迁"犯银州"一事最有可能发生于雍熙二年。

② 《宋史》卷四六六《张继能传》，第 13620 页。

志文所提及的高文岯，其生平事迹在《长编》中有详细的记载。淳化五年（994），李继迁欲将绥州民众迁徙到夏州，时为绥州衙校、李继迁部将的高文岯因为不想背井离乡，就反戈一击，杀了李继迁派来的守将，并携绥州城及下辖五县归宋。高文岯归宋后，宋太宗派李继隆攻下夏州，任命赵光嗣为夏州团练使，驻守新收复的夏州，任命世代居于绥州的高文岯为绥州团练使，由他镇守绥州。志文中提到的"绥城谋劫继迁"便指此事。

墓志所载可以补充"绥城谋劫继迁"一事的具体经过。淳化元年（990）七月，李继迁诈降，宋廷授予李继迁银州防御使、其弟李继冲绥州观察使之职，绥州重被划归于李继迁势力范围之内，志文中"国家削弃绥、银、夏等州"当指此事。几代扎根于绥州的李氏家族也因此成为李继迁的治下。与李进同属李继迁部下的高文岯对李继迁迁徙绥州民的命令不满，便与李进在内的一百八十多名兵将合谋，企图在绥州暗杀李继迁。这一计划事先已"告急延安主帅（王显）"，[①]"向太师（向敏中）奏陈"。[②]战斗胜利后，高文岯"就知绥州"。

但是，志文中这一事件的发生年代——"咸平中"与传世史料所载"淳化五年"稍有冲突。高文岯于淳化五年（994）四月被宋廷委任为绥州团练使，至道三年（997）离开绥州，在石州任职，因此他不可能于咸平年间（998—1003）以绥州衙校、李继迁叛将的身份出现在绥州，因此，笔者认为墓志所记载的时间很可能错误。结合史实，志文记载的事件应发生于淳化五年（994）。

---

① "王显字德明……淳化二年八月，诏加切责，黜授随州刺史，充崇信军节度、观察等使，遣之任。俄知永兴军，徙延州。"《宋史》卷二六八《王显传》。

② 此句中"向太师奏陈"有两种理解：一种理解是将"向"视为动词，此句意为当时的太师吕蒙正向宋太宗禀告高文岯谋划暗杀李继迁一事；另一种理解是此处的"向"为姓氏，向太师是一个人名，指向敏中。向敏中虽不曾为太师，但淳化四年（993）他参与了西北军务，有对太宗奏事的可能。《宋史》载："时西北用兵，枢机之任，专主谋议，敏中明辨有才略，遇事敏速，凡二边道路、斥堠、走集之所，莫不周知。至道初，迁给事中。"（《宋史》卷二八二《向敏中传》）笔者认为第二种理解的可能性更大。

三　墓志所见北宋安置归明人考

淳化年间，宋朝曾将一心向宋的绥州蕃兵李进划拨到李继迁势力范围之下，在李进随高文岯归明后，宋朝将绥州之人妥善安置于宋境之内。志文介绍了以李进为代表的绥州附宋归明蕃兵的去向："后旬年，复弃其城，番汉户民，割属延安。"这段志文体现出宋廷试图用弃守绥州的方式，来安抚李继迁。

交割绥州土地于李继迁政权前，宋朝命守将高文岯"废毁其城"，①并安置绥州的人员。何冠环在《北宋绥州高氏蕃官将门研究》一文中，归纳出宋朝对绥州民的两种安置政策。一是安置高文岯和绥州民于石州。《武经总要》记载，李继迁怀恨高文岯的背叛，在高文岯担任宋朝绥州团练使期间"攻击不已"，出于保护归明人的考虑，宋朝授予高文岯石州、隰州都巡检使，让高文岯远离宋夏边境，退居河东二线，暂避锋芒，同时"泊居民于石州"。②二是将高文岯家族安置于晋州。宋朝并没有让高文岯家属随同其迁徙石州，而是安置到了内地的晋州。③《长编》记载："文岯母在晋州"。④这种将蕃官与族人分置的做法，显露出宋朝对归明蕃官⑤的提防。北宋曾采用内徙的方法，强化对归明人的人

---

① （宋）曾公亮、（宋）丁度：《武经总要》前集卷一八下《边防·西蕃地界·绥州》，郑诚整理，湖南科学技术出版社，2017，第1129页。

② "绥州，唐属朔方节度，城在延州东北无定河川。本朝太平兴国中李继迁叛，河右俶扰以高文岯知州事，继迁攻击不已，因徙，文岯泊居民于石州，废毁其城，咸平初，言事者请城绥州，屯兵积谷以遏党项，言利害相半，遣工部侍郎钱若水驰往规度，既而若水上言，绥州顷为内地，民赋登集，尚须旁郡转饷，自赐赵保忠以来，人户凋残，今若城之，须广屯戎兵倍于往日，刍粮之给全仰河东，地隔黄河小大铁碣二山，城下有无定河，缓急用兵，输运艰阻。即罢其役。德明既款附，上言乞割绥州土界当道，诏以誓表令边臣详定附之。"（宋）曾公亮、（宋）丁度：《武经总要》前集卷一八下《边防·西蕃地界·绥州》，第1129页。

③ 何冠环：《北宋绥州高氏蕃官将门研究》，《北宋武将研究续编》（中），新北：花木兰文化出版社，2016，第338页。

④ （宋）李焘：《续资治通鉴长编》卷七三，真宗大中祥符三年六月庚戌，中华书局，2004，第1674页。

⑤ 何冠环《北宋绥州高氏蕃官将门研究》（载《北宋武将研究续编》）考证高文岯为归明蕃官。汤开建《熙丰时期宋夏横山之争的三份重要文献》（《宁夏社会科学》2003年第3期）称高文岯所在的高氏家族为西北边境著名蕃将家族。

身控制。①《续资治通鉴长编》就有记载："环庆路投来蕃部极多……或度其后必生变者，徙之内地。"②宋朝将高文岯与已成乡豪的家族分置，正是体现了这一点。

但这两种安置政策并不是全部，结合墓志内容，我们发现了第三种安置政策：安置基层归明蕃兵于宋夏战争前线。这些蕃兵以绥州李进一家为代表。他们曾与高文岯一同作战，表现出了归宋的决心，也拥有一定的作战经验。从志文中看，李氏家族"守把定仙堡"，"籍系延州延川县汉王社"，表明这个家族的籍贯落在了延州延川县的汉王社，但实际上他们驻守于更靠近前线的定仙堡。

据记载，李继迁在得到宋朝所"赐"五州之地后并未满足，于咸平二年、三年多次侵扰宋朝。面对李继迁的攻势，朝廷有修城、设置堡寨的讨论。李进积极出谋划策，他"率众诣阙，乞修置堡寨，固守封疆"，因为此事，李进受到大家的赞誉。但由于景德四年（1007）宋廷明令"自今缘边城池，依誓约止行修葺外，自余移徙寨栅，开复河道，无大小悉禁止之"，③李进修筑堡寨的想法恐未能实现。

李进虽然没能参与新堡寨的修筑，但参与了对宋朝原有边疆堡寨的戍守，志文记载他"固守封疆"，"守把定仙堡"，并担任弓箭手指挥："归明界弓箭手八指挥，考公充弟七指挥使。"宋制，弓箭手有力役弓箭手和缘边弓箭手之分，其中力役弓箭手不属于军队系统；④缘边弓箭手则是乡兵的一种，是宋朝为维护边地安全设置的兵种。缘边弓箭手的设置意义重大，"整辑蕃汉弓箭手"⑤一方面可以更大程度地利用田土，另一方面可以招诱拉拢边地之人，收拢他们保卫领土："况所得之地，川原宽平，土性甚美，属羌数万已就耕锄，新招弓箭手五千，膏腴土田占藉未遍，须增修城垒，使有土著之心，不惟地利可助边储，亦绝敌人规取

① 谢波：《北宋对"归明人"的法律控制》，《北方论丛》2009 年第 6 期，第 155 页。

② （宋）李焘：《续资治通鉴长编》卷一三二，仁宗庆历元年五月壬申，第 3134 页。

③ （宋）李焘：《续资治通鉴长编》卷三三一，真宗景德四年五月壬寅，第 1455 页。

④ 胡锦鹏：《北宋缘边弓箭手简论》，硕士学位论文，华中师范大学，2012，第 7 页。

⑤ （宋）马端临：《文献通考》卷一五三《兵考五》，上海师范大学古籍研究所、华东师范大学古籍研究所点校，中华书局，2011，第 4573 页。

旧物之计。"①

据正史记载，北宋缘边弓箭手应创设于宋真宗景德二年（1005），主持人为当时知镇戎军的曹玮。②志文中的李进最早在至道三年（997）李继迁接管绥州时就成为缘边弓箭手，两件事时间相近，内容大致相符。可见在当时将蕃兵招募为弓箭手是宋朝边地广泛推行的政策，曹玮募边民为弓箭手的建议正是基于当地的早期实践。

志文记载当时归明界弓箭手有八个指挥，李进是第七指挥使，他驻扎、守卫于定仙堡。那么"归明界"、第七指挥区定仙堡规模如何呢？"归明界"很少有人讨论，且此词容易望文生义，被视作一个简单的归明人聚居地名称。笔者经过史料爬梳，发现北宋文献中的"归明界"仅见于鄜延路，如"鄜延路新旧蕃捉生、环庆路强人、诸路汉弓箭手、鄜延路归明界保毅蕃户弓箭手，皆涅于背"③，"鄜延路经略司言：'汉户及归明界弓箭手自买马，乞依蕃弓箭手例，每匹给抚养库绢五匹为赏'。"④志文中李进所在的定仙堡位于绥德东南⑤，绥德隶属鄜延路。因此，结合墓志与史料记载，我们推断，"归明界"很有可能是绥德的一个具体地名，此地用来安置附宋归明蕃兵。

文献中没有对归明界弓箭手的详细记载，暂且根据此后几年的奏章大致推断李进所在归明界人口规模："二月，知清涧城刘怤言：'所隶归明弓箭手八指挥，凡三千四百余人、马九百匹，连岁不登，愿以丹州储粮振恤。'诏下其章转运司行之"⑥，"（熙宁）五年，权发遣延州赵离招到汉蕃弓箭手人骑四千九百八十四，为八指挥，遂擢吏部员外郎，加赐银绢二百"⑦，"五百人为指挥，置指挥使；百人为都，置正、副都头二人、节级四人"，⑧天圣八年（1030）环庆路"所募弓箭手……至三百人以上，

① （宋）李焘：《续资治通鉴长编》卷三三一，神宗元丰五年十二月癸丑，第7983页。
② 胡锦鹏：《北宋缘边弓箭手简论》，第6页。
③ （宋）李焘：《续资治通鉴长编》卷三八〇，神宗元丰三年九月庚申，第7491页。
④ （宋）李焘：《续资治通鉴长编》卷三八〇，神宗元丰五年八月戊午，第7921页。
⑤ 关于定仙堡地理位置的考证，详见后文。
⑥ 《宋史》卷一九一《兵志五》，中华书局，1977，第4757页。
⑦ 《宋史》卷一九三《兵志七》，第4802页。
⑧ 《宋史》卷一九〇《兵志四》，第4711页。

团为一指挥"。①据此推断，归明界大致三千余人，李进在第七指挥区，手下约三百到五百人。

要之，志文透露了宋朝为保卫西北边境采取的一系列政策：收拢绥州蕃民，将能够战斗、熟悉当地环境的兵员安置于归明界，并将这些兵员编为缘边弓箭手，准许缘边弓箭手爵位承袭。

四 墓志所见宋夏沿边定仙堡地望考

墓志后文提到李进之子李谦"守把定仙堡，仅三十余载"，又据景祐二年（1035）"易利王"攻打此地，"致驱虏全家陷没番中"推测，定仙堡最迟建于景德二年（1005）。史籍中虽然没有定仙堡相关记载，但我们可以通过有关定仙山、定仙岭的记载来确定定仙堡的位置。

据《续资治通鉴长编》记载："已而绥德城告急曰：'贼益兵大至定仙山，烟火皆满。'"②可见定仙山在宋代属于绥德境内，宋之绥德城与现代绥德县县治名州镇为同一位置。

《武经总要》亦曾提及定仙岭："白草寨，东控黄河伏落关路，北绥州界铁茄平、定仙岭、满堂川路，最为要害之地。"③亦可见定仙岭属绥德地界。另外，史料将铁笳平、定仙岭、满堂川三路并列。其中，铁笳平位于无定河以东，④满堂川在绥州东五十里，无定河在绥州东门外，⑤所以定仙岭应该也位于绥德、无定河东部。

《太平寰宇记》对定仙岭的记载可以佐证定仙岭位于绥德。定仙岭

---

① （宋）李焘：《续资治通鉴长编》卷一九〇，仁宗天圣八年甲戌正月，第2534页。
② （宋）李焘：《续资治通鉴长编》卷二一四，神宗熙宁三年八月戊午，第5193页。
③ （宋）曾公亮、（宋）丁度：《武经总要》前集卷一八下《边防·西蕃地界·绥州》，第1129页。
④ "无定河东满堂、铁笳平一带地土，最为膏腴，西人赖以为国，自修绥德城，数年不敢耕凿，极为困挠。"（《续资治通鉴长编》卷二二八）
⑤ （明）赵廷瑞修，（明）马理、（明）吕楠纂《陕西通志》卷四《土地四·山川下》，董健桥整理，三秦出版社，2006，第161页。

位于隋朝划定的延福县界。①《中国历史地图集》隋朝一图中能够清楚地看到延福县控摄雕阴郡南部无定河以东大片土地，这部分土地也对应现代的绥德县。由此可见宋朝的定仙岭在现今绥德县。

除史料记载以外，现今绥德县境内仍保有定仙山、定仙墕、定仙岭、定仙墕镇存在。这几个地方东临黄河，西临无定河。定仙墕和定仙墕镇位于定仙岭上，定仙墕镇位于绥德县城东南50公里处定仙岭道西部焉口。②宋代的定仙堡很有可能位于定仙山、定仙岭的附近。这几个地方因定仙山得名，名称千年未变。

以上材料可以相互印证。又因为定仙山、定仙岭位于无定河与绥德东部，所以我们推测：定仙堡位于绥德东南部，无定河与黄河之间，它的修建时间早于宋景德二年（1005），是宋夏边境的"要害之处"。

图1　定仙堡大致位置

资料来源：石峰《黄河中游峡谷》，世界图书出版公司，2017，第37页。

定仙堡对于李进之子李谦的意义非同一般，李谦在定仙堡承袭了父亲的爵位，戍守堡寨三十余年。在此期间，李谦曾与西夏对战，俘获敌人首级与财物，"累迁至都军主"。或许是在定仙堡为宋朝戍边三十年的

---

① 《太平寰宇记》卷三八《关西道一四》："废延福县，南一百一十里。二乡。亦肤施县地，后魏废帝元年于此置延陵县，属抚宁郡。隋开皇七年改为延福县。此县城据崖，三面复绝，攻守颇为边防险固之所。今废为镇。差蕃人管蕃户……圣佛崖，甫子山，定仙岭，并在县界。"
② 白占全:《陕北定仙焉娘娘庙花会调查》，《吕梁高等专科学校学报》2006年第4期。

履历，这个家族坚定了忠于北宋的政治立场，这也为他们在被西夏俘虏后再次归明奠定了基础。

五　墓志所见"易利王"考

志文中提到"景祐二年，西贼首领易利王攻打定仙堡，致驱虏全家陷没番中，仍于夏州羁管"。就传世宋史史料而言，并未见有"易利王"之称呼。笔者认为，墓志里的"易利王"是野利旺荣，主要有以下四个原因。

其一，"易利王"的"易利"两字与传世文献记载野利旺荣的王号"拽利""野利"读音相近。《涑水记闻》中记载野利旺荣号"拽利王"，[①]《陕西通志》中野利旺荣被称为"野利王"。[②]易利、拽利、野利，同音异译。其二，"易利王"被称为"王"，而传世文献中作为后族的野利旺荣曾任谟宁令，[③]谟宁令一词在西夏语中意为"天大王"。[④]其三，"易利王"羁管李氏家族的地点夏州，正是传世文献中野利旺荣的大本营。志文中"致驱虏全家陷没番中，仍于夏州羁管"，说明李氏家族曾被俘于夏州。《范文正公集·年谱补遗》记载，野利旺荣"在夏州东弥陀洞居止"，[⑤]夏州是野利旺荣的居住地。其四，定仙堡是西夏左厢兵锋的攻击范围。野利旺荣为元昊妻弟，他"贵宠用事"，统明堂左厢。[⑥]左厢包括银、夏、绥、石、宥等州，相当于今陕西北部横山一线。而定仙堡所在的绥州在横山南麓，是西夏左厢兵锋所指之处，也是防御西夏进攻延州的重要堡寨。

---

① （宋）司马光：《涑水记闻》卷一一，邓广铭等点校，中华书局，1989，第 206 页。

② （明）赵廷瑞修，（明）马理、（明）吕楠纂《陕西通志》卷三六《民物四》，第 1930 页。

③ （宋）司马光：《涑水记闻》卷五，第 89 页。

④ （清）周春著，胡玉冰校补《西夏书校补》卷三《臣传》，中华书局，2014，第 92 页。

⑤ （宋）范仲淹：《范仲淹全集》附录二年谱，李勇先、王蓉贵校点，第 917 页。

⑥ 史载："元昊分山界战士为二厢，命两将统之，刚浪凌统明堂左厢，野利遇乞统天都右厢，二将能用兵，山界人户善战，中间刘平、石元孙、任福、葛怀敏之败，皆二将之谋也。"（宋）魏泰：《东轩笔录》卷八，李裕民点校，中华书局，1983，第 94—95 页。

野利旺荣又名刚浪崚，《东轩笔录》记载元昊"分山界战士为二厢，命两将统之，刚浪崚统明堂左厢"。[1]野利旺荣何时开始统领明堂左厢，学界尚无定论，现有研究中有人将此时间大致划定在元昊建国后。比如《西夏纪》将"始，元昊分山界战士为二厢，命两将统之：野利旺荣统明堂左厢；野利遇乞统天都右厢。二将能用兵，元昊倚为腹心"[2]这条史料系于宋庆历二年、西夏天授礼法延祚五年（1042）后。翟丽萍判定"西夏自元昊建国起，就有将兵力分为东、西两部分的习惯"，也将元昊分左、右两厢的时间定在其建国后。[3]高仁根据《续资治通鉴》的记载分析了"左厢""右厢"的划分时间，将"山遇与弟惟永分掌左右厢兵"系于宝元元年（1038），并推断野利兄弟分掌左、右厢的时间在庆历年间（1041—1048）。[4]

根据"景祐二年，西贼首领易利王攻打定仙堡，致驱虏全家陷没番中，仍于夏州羁管"的记载，早在1035年，野利旺荣就活动于西夏左厢、夏州一带。志文中的记载似乎与史料和现有研究中野利旺荣在西夏建国后接任西夏左厢相冲突。

为解释这一冲突，我们可以提出一种假设，即野利旺荣在景祐二年可能只是活动于明堂左厢一带的地方大族首领，有一定的政治地位。但此时的西夏左厢还是由李元昊皇叔嵬名山遇统领，嵬名山遇"有勇略，国人向之"，是李元昊称帝的障碍。李元昊曾让嵬名山遇之弟嵬名惟序诬告其兄长："汝告山遇反，吾以山遇官爵与汝。不然，俱族灭矣。"[5]惟序将实情告知嵬名山遇后，山遇率全家投宋，宋朝将投宋者遣还，山遇被"射而杀之"。[6]此后，西夏左、右厢的统领者才由西夏皇

① （宋）魏泰：《东轩笔录》卷八，第94—95页。
② 戴锡章：《西夏纪》卷九，宋庆历二年，罗矛昆校点，宁夏人民出版社，1988，第217页。
③ 翟丽萍：《西夏职官制度研究——以〈天盛革故鼎新律令〉卷十为中心》，博士学位论文，陕西师范大学，2013，第205页。
④ 高仁：《"左厢""右厢"与经略司——再探西夏"边中"的高级政区》，《中国历史地理论丛》，2019，第60页。
⑤ （宋）李焘：《续资治通鉴长编》卷一二二，仁宗宝元元年九月己酉，第2880页。
⑥ （宋）李焘：《续资治通鉴长编》卷一二二，仁宗宝元元年九月己酉，第2880页。

族嵬名兄弟转为后族野利兄弟。这种假设是否能成立，还有待于更多相关材料的证明。

传世史料对野利旺荣着墨较少，且主要集中于西夏建国后宋朝对他的刺杀、招降与种世衡的离间。墓志记载景祐二年（1035）野利旺荣攻宋之事，可作为宋夏边境战争记录的补充，也为我们研究景祐年间野利旺荣的活动情况提供了新的资料。

六　神臂弓进献者考

神臂弓名为弓，"实为弩也"。它出现在宋朝神宗年间，是宋朝制式兵器之一，射程超过二百四十步。《建炎以来系年要录》记载完颜宗弼对神臂弓的夸赞："吾昔南征，目见宋用军器，大妙者不过神臂弓，次者重斧，外无所畏。"[1] 由此可见神臂弓的重要性。

神臂弓的相关史料见于《宋会要辑稿》《曲洧旧闻》《玉海》《梦溪笔谈》《宋史》等，内容不一致，甚至有冲突之处。比如根据现有史料，神臂弓的进献者有两种说法：一种以《宋会要》《宋史》《皇宋十朝纲要校正》《西夏书校补》为代表，认定李宏献神臂弓；另一种以《梦溪笔谈》为代表，其作者沈括认为神臂弓是一位名叫李定的党项羌酋所献："熙宁中，李定献偏架弩，似弓而旋镫。以镫距地而张之，射三百步，能洞重扎，谓之'神臂弓'，最为利器，李定本党项酋，自投归朝廷，官至防团而死，诸子皆以骁勇雄于西边。"[2] 彭向前、王巍首先从史源学角度分析现有说法，得出神臂弓创制人"李宏说"最早来源于《宋会要》，"李定"的说法出自《梦溪笔谈》。接着两位先生分析这两种史料的可信度：《宋会要》由宋代官方主持编修、皇帝审查，《梦溪笔谈》仅为私家笔记，《宋会要》准确度更高；同时代引用《宋会要》说法人数较多，引用《梦溪笔谈》的只有一人，可以看出时人更相信《宋会要》的说法。再加上"宏""定"两字形近，抄写中容易发生错误，最终得

---

① （宋）徐梦莘：《三朝北盟汇编》卷二一五，上海古籍出版社，1987，第1551页。
② （宋）沈括《元刊梦溪笔谈》卷一九，文物出版社，1975，第5页。

出结论：神臂弓的进献者应为李宏。①

笔者不揣浅陋，试图对此问题再行商榷，该观点可能忽略了沈括曾于元丰三年（1080）出知延州这一情况。沈括对神臂弓进献者的认识也许来自他在延州任职时期的见闻；《宋会要》作为官修史书，内容源自公文奏议，信息来源不同导致所载进献者名字不同，不同的史料来源或许都只记载了部分的真相，神臂弓的进献者，可能并不存在非此即彼的矛盾。

笔者认为，志主的第三子李定和第六子李宏，有可能分别就是《宋会要辑稿》与《梦溪笔谈》中的献弓者，兄弟二人一并将这件西夏发明的利器进献给了宋朝。墓志中关于这对兄弟的记载，有四处能与《宋会要辑稿》《梦溪笔谈》相吻合。

其一，名字相同。在这篇墓志中，李谦第三子李定、第六子李宏，正好与《宋会要》记载的"李宏说"和《梦溪笔谈》中的"李定说"相吻合，并且两人是血缘兄弟，存在一同进献的可能。其二，经历相同。《梦溪笔谈》记载李宏"本党项羌酋，自投归朝廷"，墓志中的李定、李宏同样有被西夏俘虏后归明的经历。《梦溪笔谈》中的李定"官至防团而死"，墓志中李定于宋熙宁五年（1072）任博州团练使。其三，家族情况一致。《梦溪笔谈》记载"诸子皆以骁勇雄于西边"，志文中归明的李谦家族"咸著边功"，志主李谦及其子孙多任职边陲，"陷番归汉，逢明圣君。一门忠孝，安边将臣。累经战斗，靖除妖尘"。其四，李定、李宏有制造、改良弓箭的能力和机会。志文提到李定和李宏的父亲曾在归明界弓箭手八指挥中充第七指挥使，想必李氏家族善于使用弓弩。墓志中的李定曾被俘于西夏，在西夏"累迁至伪团练使"，李氏家族有可能在西夏期间接触到先进工艺，回到宋朝后改进弓弩，创制出了神臂弓。

基于以上四个原因，我们基本可以判定墓志中的李定和李宏分别是《梦溪笔谈》和《宋会要》中的李定和李宏。通过志文内容，可以发现当时李定的名气比李宏大，沈括在延州任职时更有可能听闻李定的事迹。这也许是《梦溪笔谈》将神臂弓进献者记为李定的原因。

① 彭向前、王巍：《神臂弓创制人考》，《宁夏师范学院学报》2013年第1期。

七　墓志所见李氏家族形象

　　李氏家族虽为蕃官，但北宋朝廷对少数民族蕃官常持提防之心，《宋史》曾载："元丰六年（1083）蕃官虽至大使臣，犹处汉官小使臣之下。"[1]由此可见蕃官的境遇。粟特族裔、归明人的身份也挤压着李氏家族的上升空间。为了消除身份上的天然壁垒，志文在构建李氏家族形象方面做了种种尝试。通过梳理，我们发现了志文在叙述中存在一些倾向。

　　一是在记录生平事件时刻意强调志主家族与重要历史人物的密切关系，在叙述中夸大李氏家族人物贡献。比如志文中记录的银州守卫战，志文书写者刻意将李继迁和李继隆这两位对阵的主帅写入墓志，并且力图刻画志主父亲李进对宋朝忠心耿耿、在战争中悍不畏死且勇武过人的形象。但查阅史料，银州之战并没有留下什么记载，墓志不记载战役中宋军的斩获，也表明这场战役很有可能只是一场小规模的、无关紧要的战斗，这场战役的败者李继迁也未必出现于当时的战斗中，志文的记录很有可能是将击败李继迁部下与击败李继迁做了概念偷换。

　　同样，在记录"绥城谋劫继迁"一事时，志文描述："衙校高文岯率考公已下一百八十余人，于绥城谋劫继迁。"强调志主父亲李进地位高于同期参战的一百八十余人。从志文内容分析，李进在此战斗中起到了重要作用，并且其与高文岯的关系最为密切。但事实与此矛盾。志文记载李进家族户籍迁至延州，戍守在绥德定仙堡，而高文岯此后任绥州团练使和石州、隰州都巡检使等，拥有自己的亲信兵马，是宋廷重用的蕃将，两人在"绥城谋劫继迁"以后再无交集。在高文岯得官一事上，《宋史》等文献将其归因于高文岯携绥州民众献城："文岯举州来归，即拜团练使。"[2]而志文直接将高文岯"就知绥州"归因于"绥城谋劫继迁"，这种叙述将高文岯的得官缘由简单化，淡化高文岯曾携绥州城及下辖五县归宋的事迹，从侧面拔高了志主父亲所参加战斗的重要性，体现墓志书写者为志主父亲夸耀功劳的私心。

---

　　① 《宋史》卷一九一《兵志五》，第 4760 页。
　　② 《宋史》卷三三四《高永能传》，第 10726 页。

　　二是叙述中省略为西夏作战的经历。墓主李谦的父亲李进和儿子李定都有为宋朝敌对方作战的经历。在讨论李继迁犯银州时，我们发现李进曾作为绥州民被宋朝划归到李继迁手下，志文对此经历避而不谈。李进的第三子李定曾"颇立战效，累迁至伪团练使"，但具体"战效"的细节，志文亦未曾提及。这或许是基于李氏家族身为宋朝蕃官避嫌的需求。

　　三是着力塑造李氏家族世代忠勇的形象。志文中，李进在定难军时期便一心向宋，为宋作战，多次与"贼子"李继迁对抗；李氏家族几代人为宋守卫定仙堡；李定被俘于西夏期间，即使备受西夏重用也一心归明。志文更是指出了李氏家族的先祖为唐朝著名忠臣李抱真之后，通过"忠良之后"的血缘塑造，来彰显家族世代忠诚的品质。

　　志文记载，志主李谦为"西凉府李抱真之后，大为著姓。因唐末中原离乱，散居秦晋，暨没官于绥州，遂家焉"。志文提到的李抱真本名叫安抱真，他和族兄安重璋出身于河西粟特家族，是武德功臣安兴贵之后。安重璋曾"固河阳，复怀州，皆功居第一"，吐蕃犯境，安重璋固守西疆，"兼三节度、三副元帅，位望隆赫"。[1]安重璋曾推举从父弟安抱真为汾州别驾。安抱真有智计，仆固怀恩叛乱，安抱真为代宗献计大破叛军；任怀泽潞观察使留后时，安抱真考虑时局，训练乡兵，"得成卒二万，前既不廪费，府库益实，乃缮甲兵，为战具，遂雄视山东"。[2]安氏兄弟忠诚于唐，安史之乱后，安抱真的兄长安重璋以和安禄山同姓为耻，上言："臣贯属凉州，本姓安氏，以禄山构祸，耻与同姓。至德二年五月，蒙恩赐姓李氏，今请割贯属京兆府长安县。"许之，因是举宗并赐国姓。[3]此后安重璋改名为李抱玉，安抱真改名为李抱真。《旧唐书》曾评价安重璋、安抱真两兄弟："以武勇之材，兼忠义之行，有唐之良将也。"[4]

　　从形象塑造的角度来看，志文中有关"西凉府李抱真之后"的自述

---

① 《新唐书》卷一三八《李抱玉传》，中华书局，1975，第4620页。
② 《旧唐书》卷一三二《李抱真传》，中华书局，1975，第3659页。
③ 《旧唐书》卷一三二《李抱玉传》，第3645页。
④ 《旧唐书》卷一三二《李澄传》，第3659页。

需做进一步考察，因为李氏家族存在攀附粟特名人为先祖的动机。粟特人李抱真曾节度昭义、平定魏博叛乱，以忠勇得唐廷帝王信重。李氏家族作为归明蕃将，借"李抱真之后"的身份强调家族世代忠诚、追随宋朝正统，是很有可能的。现有记载无法推出志主家族为李抱真后裔，[①]再加上墓志书写中攀附远祖的情况比较常见，有些甚至将祖先上溯至汉代或先秦时期的汉人士大夫。[②]又如张说所写的《河西节度副大使鄯州都督安公神道碑铭并序》，就将李抱玉的父亲、粟特人安忠敬写为"轩辕帝孙"。[③]由于资料不足，现今无法论证李氏家族是否为李抱真后裔，暂持保留态度。

志主与志主子孙常年生活于宋朝境内，沐宋朝王教，使得李氏家族在某种程度上对宋朝更具忠诚。宋朝长期实行"以蛮夷攻蛮夷"[④]的政策，归明人的身份、粟特的族源是李氏家族天然的阻碍。李氏家族作为少数民族蕃将迫切需要得到宋朝的认同，李抱真后人的身份就是李氏家族的依仗。唐王朝忠勇之后的身份背景给李氏家族带来了一定的政治利益，志文中"一门忠孝，安边将臣""伟焉积庆，子孙诜诜。光荣继世，不绝选抡"的志铭和家族多人为官的事实，是李氏家族策略成功的注解。与之类似，前文曾提到，作为少数民族，即使贵为李抱玉，对其父亲也有"轩辕帝孙"的认同需求。"汉人先祖"的观念、世系的美化，一方面体现出中央政权对少数民族武将的警惕，另一方面也表明了少数民族向主流政权靠拢的决心。

---

① 现今暂无对李抱真及其后裔活动区域的研究，只能得出以下结论：李抱真在改姓后家族徙籍京兆。清朝时河南渑池发现李抱真墓，同时发现的穆员撰《相国义阳郡王李公墓志铭》称其卒后，"中使护丧，达于洛泗，冬十月九日葬于渑池，祔先君太保之茔"。（清）董诰编《全唐文》卷七八四，中华书局，1983。这表明李抱真家可能占籍于洛阳或河南渑池。《旧唐书》曾经记载李抱真的孙子李振曾在开封一带活动。

② 杨晓敏：《南北·胡汉·文武——唐宋时期代北安氏家族变迁考论》，《宋史研究论丛》第 26 辑，2020。

③ 张说：《河西节度副大使鄯州都督安公神道碑铭》，（清）董诰编《全唐文》卷二三，第 2331—2332 页。

④ 《宋史》卷一九一《兵志五》，第 4757 页。

新发现北宋朝请大夫致仕张大同墓志铭释读

刘永刚

摘　要　张大同墓志碑现收藏于渭南市临渭区博物馆。碑主张大同生于天圣八年（1030），卒于重和元年（1118），终年88岁，经历北宋五朝，由平民进仕，先后在西北、西南边界为官，身经宋夏好水川之战、宋蕃踏白城之战等重大边疆事件。同时，碑文内容还有对宋代边疆、族群、经济等多方面的内容反映，甚为珍贵。

关键词　张大同；平民进仕；边疆；好水川之战；踏白城之战

2012年3月27日，渭南市公安局临渭分局桥南派出所向临渭区文体旅游局移交了北宋张大同墓志，渭南市文物旅游局编《守护——渭南市防范打击文物犯罪成果汇编》一书详细披露了该墓志追缴发现的过程。①墓志现收藏于渭南市临渭区博物馆。

张大同墓志详细记载了碑主生卒及生平重要事迹，碑主经历仁、英、神、哲、徽五朝，先后在北宋德顺军、河州、利州昭化、泸州江安、雅州卢山、棣州厌次等地为仕官，其间直接或间接经历了北宋边疆冲突和少数民族事务等重大事件，后安然退休。墓志铭信息涉及北宋经

---

①　渭南市文物旅游局编《守护——渭南市防范打击文物犯罪成果汇编》，内部资料，2017，第135页。

略边疆及相关重大事件，可补史之阙，有重要的历史和文物价值。

一 墓志录文

墓志通高 159 厘米，宽 71 厘米，厚 17 厘米，志文楷书，无方界格。为方便阅读，统一使用简化字录文，异体字、讹字统一标写为正体字，不能识别者标为"△"。兹重新标点并录文如下：

大宋故朝请大夫致仕张公墓志铭并序
承议郎管勾西外宗室财用　许光弼　撰
儒林郎前知鄜州洛川县事　刘　航 书
　　　　少华山人　巩仙民 篆

公讳大同，字师道。其先凤翔麟游人也，后徙居渭州潘原县，又徙德顺军隆德寨，世以孝弟传家，以力田为业。曾大父讳鉴。大父讳蕴，乡人推其长者。考讳禧，特喜读书，且田且学，招延儒士，刻意教子。夫人上官氏，能承其志，勤行善道。元昊猖獗，德顺将兵，败于好水川，散亡扶伤而还者，枕籍道路，夫人为糜粥食之，全活甚众，以公登朝籍，累赠考中大夫，夫人上官氏、王氏皆太令人。公天性警敏，不为儿戏，七岁诵书，日能记千言，人已异之，中大公就乡闾，请师点，授师大惊，叹曰：真千里驹也！岂腐儒所能教耶！年十五试艺，郡庠病闻见，不广去而之歧，又去而之华，犹以为未也，又去而之陕。学官李鹏叩之，知其非浅浅者，遂委心愿学焉，逾年归省与乡人语，乡人为之改观，自是连预荐书，每冠充赋之列，寸名籍籍士大夫间。河州既城，公适至河，守臣景思立素厚善。一日，谓公曰：将攻踏白城，愿子皆往，爵赏可立而待也。公知不可行，固辞。翌日，思立陷没被伤兵。夫数百人夜至城下，摄守者既纳之矣，公求见请间曰：所收散亡皆吾卒乎？对曰：然。公曰：羌人多诈，必有杂，吾亡卒而至者。守大悟，物索之，果得黠羌数十人。诘治辞服咸曰：羌酋且至期，夜半举火于外，俾焚仓场为内应，守命尽斩之。有顷，贼众果至。夜数举火失应，贼气沮丧，增兵重围，力攻而去，城完守。表公首建搜奸之策功第一。

诏特奏名，熙宁九年补试将作监主薄，调利州昭化县尉，郡将部使者交荐其才。会西南夷乞弟叛，朝廷遣将讨之，梓州路漕臣表公，主泸州江安薄，从军有劳，迁武信军节度推官，用荐者改宣德郎知雅州卢山县，徙棣州厌次河中府龙门，年劳进通直郎、奉仪郎。

上即位覃恩，加承议郎、赐五品服。建中靖国元年，守本官致仕用。八宝赦恩转朝奉郎。公刚正明白，敢于有为，处己则廉，与人加厚，孝友称于宗族，信义著于交朋。兄弟五人，公居其次，兄死既葬，三弟析产，公独一介不取，其后诸弟亡其所分财，公复收养如初，闻其风者为之感化。有或不义，则众指谓曰：汝不畏张师道闻乎！至其施于有政，则奉法循理，戢吏爱民。西南之后，公独董江安等三邑，夫以军法部勒，夫众俾锐负粮之檐，而以火坚之，下令曰：夷贼至，则人持锐檐环粮，外向以御敌，宁斗死勿散，散则为贼虏矣！由是人人感奋，相保相助，完众而归部它邑。夫者至或颠仆，然后人皆知公之独贤，而闻誉益广矣。从事武信更三，太守咸谓：公老成，人谋议多所纳用。夏赋纳有期，郡委公受租，前此，庾吏为奸，抑自输者，以利勾纳。公处画有叙，先自输以便农，远负者无所留滞，百姓歌之。△当易官，五邑民诸使者愿复得公领纳事，使为从其请。蜀部财计盐井最其大者，脉有洪纤，味有卤淡，验之失实，则或利轻亏公，或课重病民，盖力不廉勤久矣。贪者冒于货财，怠者失于简忽。公被委，亲下井穴，虽百尺不惮，尝味察脉，斟酌分齐，民不能诞谩，吏不得交私，人以为难。朝宪遣急足至厌次，持券依势觊逾法，多给且期必取，公坚不从，急足还，飞语中公，宪轻怒构诬，按治之吹毛洗垢，讫无毫发，至龙门会朔，宪□徙蒲，公引嫌丐去，未报。而公之子朝奉公有极，登进士弟，公慨然曰：吾起白屋，晚登仕版，今既追荣二亲，而又箕裘，不坠得所付讬，其尚何求？遂引年谢仕，卜居三峰之下，以自适焉。德顺在崆峒之西，气俗尚武，自公父子力学自奋，于是人人知读书之效，相与教戒子孙儒学，彬彬将庶几乎齐鲁之郊矣。公以累封至朝请大夫、康宁寿考，亲听不衰，朝奉公分符解梁，迎公以养，人皆荣之。一日，谓朝奉公曰：死生，旦画之常，吾行年八十有八殆，将往矣，汝等忠孝，是守正直，是行舍是非，吾所知言必终于郡宇之正寝，实重和元年十二月初四日也。夫人邓氏既笄归公，公游学四方，捐查具资给之，奉中大、太令人尽孝，先公二十五年卒，享年六十有三。是岁，绍圣元年闰四月二十一日也，累赠宜人。子男七人，长曰有终，次曰有原、有功、有节、有常，次即朝奉公，幼曰有立。有终蚤世，余皆业儒学。女二人，长适贡士刘元臣，次未嫁而卒。孙男十二人，仲渊、仲洙、仲澄、仲温、仲沂、仲深、仲涛、仲泂、仲汾、仲清、仲洵、仲滋。孙女六人，长适选士蓝惟一，次适选士刘贯道，余幼在室。元孙男一曰先之，元孙女三人。朝奉公与其昆弟卜以二年二月初八日，举公之枢与宜人邓氏合祔于华州郑县孝悌乡三家店之南原，前期状，公行事来请铭，光弼与朝奉公有共学同榜之契，不敢以固陋辞，乃为叙次，而系之以铭，铭曰：

惟天难谌，理有固然。公之上世，孝弟力田。力田务本，孝弟维则。中大崇儒，太令阴德。钟庆在公，少颖不群。千里求师，蔼蔼寸名。先知之明，见于拒景。首辨黠羌，奸谋沮逞。奏名特起，爰宦于朝。追荣泉壤，令德光昭。泸南用兵，公董夫后。不绝馈饷，完众还壁。盐利△国，病在不均。公惩贪怠，冒险服勤。朔宪胡为，信彼谗卒。吹刺治公，讫无所得。曲直自见，知分引年。五马逝△，△寿△全。下过元孙，绳二庆绍。高明令终，遗训忠孝。吉卜新阡，峨峨三峰。死而不亡，世仰遗风。

咸林王中正刊

二　碑主简介

碑主张大同，先辈数迁，从凤翔麟游徙居渭州潘原县（今平凉市崆峒区四十里铺镇曹湾村境），又迁居隆德寨，均在北宋秦凤路内。

张大同三代居隆德寨，耕读传家。张大同父亲张禧，其夫人上官氏因救助好水川之战中的宋军伤残士兵而立功，因此以公登朝籍，赠夫人太令人。张大同少时聪明伶俐、可谓过目不忘，乡里的教授也惊叹其聪颖。在其带领下，德顺军儒学教育日渐兴盛，"几乎齐鲁之郊矣"。晚年又游学四方，甚为潇洒。张大同先后在德顺军、河州、利州路昭化县、梓州路泸州江安县、成都府路雅州卢山县等为官，参与北宋西部边疆的政务。张氏子孙满堂，人丁兴旺。

三 墓志撰写者

许光弼，河南洛阳人，《全宋文》收录有其撰写的碑铭《大宋敕补宁神禅院第三代管勾赐紫法照大师涵公舍利塔碑》《大宋故武德大夫致仕苻公墓志铭》。"舍利塔碑"题为"朝奉郎前管勾西外宗室财用河南许光弼撰"。[①] 苻公墓志铭原藏于千唐志斋，据铭文知，许光弼与符世表为姻家，符世表为北宋故武德大夫，其五代祖符彦卿三女，分别为周世宗、宋太宗皇后，《宋史》有《符彦卿传》。墓志铭下题"朝奉郎新差权通判丹州军州同管勾神霄玉清万寿宫兼管内劝农事借绯鱼袋许光弼撰"，撰写时间为"宣和四年九月二十有九日"。[②] 可知宣和四年（1122），许光弼权通判丹州军州。

许光弼为承议郎、管勾西外宗室财用，据张大同墓志得知，许光弼与张大同之子"有共学同榜之契"，因此为其撰写墓志。至于其何时与张大同之子同榜，尚不得而知。

---

① 曾枣庄、刘琳主编《全宋文》卷三七七〇，上海辞书出版社、安徽教育出版社，2006，第34页。

② 曾枣庄、刘琳主编《全宋文》卷三七七〇，第37页。

四 墓志反映的重大历史事件

1. 好水川之战

碑文:"元昊猖獗,德顺将兵,败于好水川,散亡扶伤而还者,枕籍道路。"败于好水川,指好水川之战,宋军战败。北宋庆历元年(1041),宋夏在好水川,即今西吉兴隆镇姚杜村、陈田玉村、王沟村好水河一带[1]交战,距离羊牧隆城约五里,宋军死伤七万,损失惨重。

德顺军是宋夏对抗的前沿边地,德顺军治所笼竿城,领六寨一城及陇干县(外底堡);隆德寨,即羊牧隆城,北宋天禧元年(1017)置,今宁夏西吉县东南隆德堡。庆历三年(1043)改名隆德寨。隆德寨紧接西夏,边防压力尤重,经常受西夏攻扰,故在元丰二年(1079)泾原路置将时,第十将即驻隆德寨。[2]羊牧隆城,又译邪没龙川、邪没陇川、杨博隆城。[3]庆历三年,即渭州陇干城(笼竿城)建为军。[4]

好水川之战,宋夏互有伤亡,能医者很少,在边疆更少。张禧夫人上官氏为受伤士兵煮糜粥为食,救死扶伤,有许多被救活下来的士兵。因此张禧登录在朝官名册当中。这也反映出宋代在大战之际军队医疗保障的不足。《长编》有载:丙子,赐德顺军《太平圣惠方》及诸医书各一部。韩琦言军城初建,屯集师旅,而极边之地,人皆不知医术,故赐之。[5]对于军队医疗及伤员救治,宋代军队专有医事者,《宋史》载:"边郡屯帅多遣医官、医学随行,三年一代。出师及使境外、贡院锁宿,皆令医官随之。京城四面,分遣翰林祗候疗视将士。"[6]对于伤员的救治,《武经总要》有详细论述,兹不赘述。

---

① 苏正喜、摆小龙主编《西吉宋夏堡寨调查与研究》,宁夏人民出版社,2015,第137页。
② (宋)李焘:《续资治通鉴长编》卷二九九,神宗元丰二年八月辛丑,中华书局,1995,第7278页。
③ 李晓玉:《北宋西北沿边堡寨同名异译考》,《西夏学》第6辑,上海古籍出版社,2010,第173页。
④ 《宋史》卷八七,中华书局,1977,第2158页。
⑤ (宋)李焘:《续资治通鉴长编》卷一四六,仁宗庆历四年春正月丙子,第3532页。
⑥ 《宋史》卷四六一,第13510页。

2. 踏白城之战

碑文:"河州既城,公适至河,守臣景思立素厚善。一日,谓公曰:将攻踏白城,愿子皆往,爵赏可立而待也。公知不可行,固辞。翌日,思立陷没被伤兵。"碑文详细记载了张大同、景思立与踏白城之战,张大同似乎对蕃部劲敌的实力有所了解。

宋神宗任用王韶"收复河湟,招抚羌族,孤立西夏",先后收复熙、河、洮、岷、叠、宕等州,安抚三十多万族帐。北宋的西边境线陆续推进,对西夏形成战略包围。河湟地区的吐蕃在北宋初期建立了唃厮啰政权,唃厮啰长子瞎征,拥兵踏白城一带;瞎征卒后,宋廷授其长子木征为河州刺史。熙宁六年(1073)宋军占领河州(今甘肃临夏),命景思立驻扎。熙宁七年二月,木征邀结董毡部将青宜结鬼章侵河州,景思立轻敌冒进,被诱至踏白城,军败而死,木征复围河州。

《长编》详细记载了踏白城之战的经过,知河州景思立、走马承受李元凯战死于踏白城。先是,董毡将青宜结鬼章数扰河州属蕃,诱胁赵常杓家等三族,集兵西山,袭杀河州采木军士,害使臣张普等七人。以书抵思立,语不逊,思立不能忍,帅汉、蕃兵六千攻之于踏白城,钤辖韩存宝、蕃将瞎药止之不可。思立将中军,存宝、魏奇为先锋,王宁策之;王存为左肋,贾翊为右肋,李窠为殿后,赵亶策之。鬼章众二万余,为三寨以抗官军,自辰及未,血战十合,贼从山下沿沟出围中军,宁战死,存宝及存亦被围。思立使人谓窠:奈何纵贼马得过?窠不应,元凯死之,思立等溃围而出,与殿后合。思立已三中箭,存宝、奇各重伤。众议日晚兵疲,宜移陈东坡为寨,思立以奇重伤,令先移军岭上。又谓弟思谊及效用冯素曰:兵非重伤者无得动。复将百余骑血战,走蕃兵数千人,方追之,而殿后兵动,思谊不能止,前阵欲战者见之皆溃。思立与奇兵百余骑,且战且退,至东岭上与亶合,官军尚五千余人。思立曰:我适以百骑走蕃兵千余人,诸人无助我者,军败矣,我且自到以谢朝廷。众止之,思立少顷再激厉士卒,转战数合不能解,遇害,惟存宝、窠、思谊得脱。[①]鬼章、木征等乘胜进围河州,"道路不通者几

---

① (宋)李焘:《续资治通鉴长编》卷二五〇,神宗熙宁七年二月甲申,第6098页。

月"。① "自是鬼章颇自矜大，函二将首级，时出之以慑制西域于阗等，诸国皆畏惮之。董毡籍此一战之胜，遂复其国，而王师亦不复西矣。神宗深轸之，乃下诏，获鬼章，官正使、金帛各数千，命李宪等购之十余年，不能得，竟以汉爵縻之，岁有廪赐。"②

景思立，以荫补官，其父为景泰，在任福败于好水川后，调景泰知原州。夏兵十万，分两路，入攻渭州，景泰率兵五千，设疑兵，破西夏伏兵，斩敌千余，以功迁西上阁飞使。有《边臣要略》边防备二十卷，《平戎策》十五篇。景泰有四子为边将，长子思问、三子思忠、四子思立、五子思谊。景思立为东上阁门使、河州刺史、四方馆使、河州团练使。王安石曰："王韶才能，必不自谓不及景思立。"③

踏白城之战几乎使宋军全军覆没，轰动宋廷，乃"遣熙河路走马承受长孙良臣往熙州为踏白城阵亡将士作浮图道场七昼夜，命河州收瘗暴骸"。④

关于踏白城败因，王安石曾言："今此沮败，止缘景思立轻出，非关城寨，但当急抚定蕃部，收其豪杰为用耳。不然，则官军但能备蕃为变，未有力制秉常、董毡也。"⑤此战后，王韶闻讯，复攻踏白城，蕃部降宋，自此木征渐衰，宋神宗封其为荣州团练使，赐名赵思忠。

3. 乞弟之乱

碑文："诏特奏名，熙宁九年补试将作监主薄，调利州昭化县尉，郡将部使者交荐其才。会西南夷乞弟叛，朝廷遣将讨之，梓州路漕臣表公，主泸州江安薄，从军有劳。"

西南夷是《宋史》中所指出的泸州蛮。泸州蛮是宋代泸州及羁縻范围内少数民族的统称，乞弟是泸州乌蛮首领斧望个恕的儿子，元丰年间，乞弟叛宋，常扰边。据刘复生先生研究，"泸蛮"，指宋代泸州及羁魔州活动的少数民族的总称，其成分有乌蛮、僚人、都掌与罗始兜等。⑥

① （宋）李焘:《续资治通鉴长编》卷二五二，神宗熙宁七年己卯，第6156页。
② （宋）李焘:《续资治通鉴长编》卷四〇二，哲宗元祐二年六月甲申，第9777页。
③ （宋）李焘:《续资治通鉴长编》卷二四六，神宗熙宁六年八月乙亥，第5989页。
④ （宋）李焘:《续资治通鉴长编》卷二五三，神宗熙宁七年五月辛丑，第6190页。
⑤ （宋）李焘:《续资治通鉴长编》卷二五一，神宗熙宁七年三月壬寅，第6111页。
⑥ 刘复生:《宋代"泸夷"非乌蛮集团的民族成分》，《西南民族学院学报》1987年第1期。

熙宁元丰年间乞弟叛乱,是由于宋军将领韩存宝曾在平定罗苟夷战事中得到乞弟的支援,事后,韩存宝未履行赏赐乞弟的承诺,乞弟遂率众攻击江安等县。元丰元年(1078),"乞弟果以无罗苟梗路之虞,遂率罗始党村并晏州水路十二村夷众仅五六千人,由泾滩峡往攻戎州界落厕、赖陪等村及江安县界七姓、十九姓夷人,烧荡村屯,虏掠人畜,刻牌强之,俾输以回薄江安城下,索存宝所许之赂"。数日乃去。元丰三年,乞弟以索取输税为名。围攻"熟夷",并击败前来救援的宋军,宋军决心围剿乌蛮,"尽获首恶,覆其巢穴,即为全功"。①元丰五年,"乞弟巢穴已给赐后蕃罗氏鬼主,乞授以羁縻归徕州铜印。从之",②以后,宋廷置"泸南缘边安抚司"管理。

张大同任泸州江安薄期间,"从军有劳",改任更西与西山野川诸部接壤的雅州卢山县。张大同长期在西部边疆任职,在西南江安等三县连续为官,熟知边疆事务之复杂,以法格要求部下,具备处理边疆问题的能力和经验。在一次粮食运输过程中,他要求部下团结一心,一致御敌,注意方法,在斗争中不能分散,否则易被敌人俘虏。部下得到鼓励,人人相助,最后完整归来。由此,张大同的好名声越传越广。

4.搜奸之策

张大同在河州,献搜奸之策,破敌有功。碑文:"夫数百人夜至城下,摄守者既纳之矣,公求见请间曰:所收散亡皆吾卒乎?对曰:然。公曰:羌人多诈,必有杂,吾亡卒而至者。守大悟,物索之,果得黠羌数十人。诘治辞服咸曰:羌酋且至期,夜半举火于外,俾焚仓场为内应,守命尽斩之。有顷,贼众果至。夜数举火失应,贼气沮丧,增兵重围,力攻而去,城完守。表公首建搜奸之策功第一。"

北宋在河州进兵安抚、招抚蕃部,达到了拓地千里的效果,碑文中的搜奸之策与蔡延庆搜奸之策吻合,功劳归于蔡延庆,实则为张大同献策之功绩。熙宁五年(1072),蔡延庆累官为天章阁待制、秦凤等路都转运使,以需办熙河军需功。《长编》:"初,王韶自熙州入朝,

---

① (宋)李焘:《续资治通鉴长编》卷三〇七,神宗元丰三年八月甲午,第7453页。

② (宋)李焘:《续资治通鉴长编》卷三二五,神宗元丰五年夏四月戊辰,第7821页。

延庆权领州事，会元夕张灯，西贼乘间伏兵北关下，遣贺英等二十九人伪来请降，与木征先遣刺事人王遂等合谋，将举火为内应。延庆觇知，斩首以徇，北关伏兵惶扰遁去。事闻，故有是命。"①

宋代边疆战争中，宋与辽、西夏、熙河边族等常以间谍战较量，或颠覆、或窃密、或反间。且说在踏白城之战中，就有谍战："先是，鬼章使谍绐景思立云：'木征有众数千在踏白城，将来降，请逆诸河上。'思立信，以为可取，率精骑往袭之。师中知其诈，劝思立无往，思立不听，遂行"。②宋廷对谍者也多加以防范，熙宁七年，有诏："五路缘边州军及大城寨居人，依乡村法团社立保甲，更不教阅，专令觉察奸细，告获一人，赏钱三百千，事理重者取旨酬奖。今监司点校、司农寺详定条约以闻。"③总之，宋蕃战争中，谍战发挥了不可忽视的作用。

5. 井盐推排制度

碑文："蜀部财计盐井最其大者，脉有洪纤，味有卤淡，验之失实，则或利轻亏公，或课重病民，盖力不廉勤久矣。贪者冒于货财，怠者失于蔺忽。公被委，亲下井穴，虽百尺不惮，尝味察脉，斟酌分齐，民不能诞谩，吏不得交私，人以为难。"反映了宋代官府核计井盐数额的推排制度。

推排制度即定期增减产盐岁额的一种制度。推排侧重于井盐产区，这是由于因盐井卤源开采浓淡无常，产盐量受其影响。推排办法：每三年一次考察井户、灶户的生产情形，依据卤水和盐产量确定岁额增减。如若井户隐瞒不实则依法治罪。④但是，地方官由于财政收入和应征总额的需要，对井盐产量的减少往往忽视不计，照常征收。

"山泽之利，莫过盐井"，⑤蜀盐是宋廷财政收入的重要组成部分。元丰七年（1084），成都府、梓州路盐井"略计两路共六百井，大井日煎

① （宋）李焘：《续资治通鉴长编》卷二五一，神宗熙宁七年三月甲寅，第6120页。

② （宋）李焘：《续资治通鉴长编》卷二五二，神宗熙宁七年夏四月乙未，第6178页。

③ （宋）李焘：《续资治通鉴长编》卷二五〇，神宗熙宁七年二月己丑，第6099页。

④ 宋良曦、林建宇、黄健、程龙刚：《中国盐业史辞典》，上海辞书出版社，2010，第483页。

⑤ （清）徐松辑《宋会要辑稿·食货二四·盐法三·盐法杂录》，刘琳、刁忠民、舒大刚、尹波等校点，上海古籍出版社，2014，第6526页。

盐千斤，小井二百，计日收十八万斤，岁得盐六千三百七十二万。约百斤之价为四千钱，为二百五十四万八千八百缗，每缗收息一分五厘，岁收息三十八万二千三百二十缗"；① "成都府、梓州路并为榷盐禁地，煎盐户赴官入中，不得私买卖"。②

井户产盐量的多寡是向政府缴纳盐税的依据，政府每三年勘察一次盐井产卤能力，"推排"摸底，对盐井产盐量进行评估，并根据产量随之调整井户纳税额。《宋会要辑稿》载，元祐四年（1089）正月二十八日，户部言：元丰中，梓州转运司请止绝阆州栈闭盐井，及创开井，恐侵本路盐课，致本州亏减课额。乞验实，如委咸脉变淡，许栈闭及创开别井煎输。③ 高宗建炎二年（1128）也曾有："川路盐井有岁久井水耗淡煎盐不成去处，人户乞封闭井口，缘州县虑减损课额，例不肯相验封闭，人户至有破产，以此民间不敢告发新井。若州县不惮相验封闭，即人户告发必多，公私两便。令逐路漕臣躬亲按视，详加体究，如有抑勒人户不肯封闭官吏，奏劾，取旨施行。"④

由此可见，对盐井产量的评估十分重要。张大同在成都府路任职，正是承担评估井盐产量的责任。

五 归葬华州

碑文："举公之枢与宜人邓氏合祔于华州郑县孝悌乡三家店之南原"。

郑县，约今渭南华州区。宋代华州县五：郑、下邽、蒲城、华阴、渭南，⑤ 含今天蒲城、临渭、华州、华阴、潼关及白水南部。孝悌乡三家店现不可考。至于为何葬于华州郑县，由碑铭中可知，大抵是在其十五岁应试时，当地府学不能满足教育，张大同先去岐地，再去华地，陕西学官李鹏叩之，以表崇敬的缘故。

---

① （宋）李焘：《续资治通鉴长编》卷三四七，神宗元丰七年秋七月辛丑，第8321页。
② （宋）李焘：《续资治通鉴长编》卷三四七，神宗元丰七年秋七月辛丑，第8321页。
③ （清）徐松辑《宋会要辑稿·食货二四·盐法三·盐法杂录》，第6528页。
④ （清）徐松辑《宋会要辑稿·食货二四·盐法三·盐法杂录》，第6553页。
⑤ 《宋史》卷八七，第2146页。

要之，张大同墓志铭的内容，可补史籍之阙，也为研究北宋边疆的治理提供了翔实的资料。

（原刊于《宁夏大学学报》2018年第6期。本文有删减）

中古时期党项与粟特关系论考

陈　玮

摘　要　中古时期的党项与粟特关系密切。灵夏党项与六胡州粟特人同受突厥政治文化的强烈影响，在追求共同政治目标的驱使下联合发动六胡州之乱。参与平乱的党项拓跋部借平乱成为唐廷统治党项诸部的合法代表，政治地位居于诸部之上。党项拓跋部建立定难军政权后，夏州地区的粟特人及唐末迁徙于此的粟特人纷纷效力于定难军节度使，或执戟于外，或侍奉于内，为定难军职官系统中的重要成员。定难军政权成为西夏王朝后，随着王朝疆域的扩大，灵州、凉州、沙州等地的粟特人后裔都成为王朝属民，黑水城也出现了粟特人后裔的身影。双方关系的转变突出反映了西北政治格局中党项势力的崛起与粟特势力的衰落。

关键词　党项；定难军；西夏；粟特

中古时期的党项在从部族到藩镇、王国、王朝的政治演进过程中，与和其有地缘关系的周边诸族存在着密切的政治、军事交往。通过与周边诸族的交往，党项改变了自身的地缘政治环境，逐步成长为雄踞西北的独立政权。21 世纪以来，学界深入探讨了中古时期党项与周边诸族的政治关系、文化交流，[①]但尚未充分讨论党项与粟特之间的关系。[②]笔者拟对中古时期党项与粟特关系的演变进行系统梳理，分述如下。

一 六胡州之乱中的党项人与粟特人

（一）灵、夏、胜三州党项与六胡州粟特叛军

唐太宗贞观四年（630）东突厥汗国灭亡，唐廷以颉利可汗部众分置北开、北宁、北抚、北安等六羁縻州。在颉利可汗被擒之前，突利可汗已经降唐，唐廷为安抚其部众，"在以夏州为中心的地区设置了顺、佑、化、长四州，突利任顺州都督，阿史那思摩为化州都督"。[③]粟特人为东突厥汗国的重要属部，伴随着降唐突厥人大量进入河套以南，粟特人也加入了此次迁徙浪潮。入居河南的粟特人聚居于六胡州一带。

在粟特人定居六胡州后，由于吐蕃崛起内徙的党项人也来到了灵夏一带。神龙三年（707），唐廷以六胡州"置兰池都督府"。[④]据《新唐书·地理志》，党项羁縻府州中亦有兰池都督府。可见六胡州粟特人与灵夏党项共同生活于同一行政单位中，双方关系密切。

唐玄宗开元九年（721），六胡州粟特人康待宾等由于"苦于赋役，

① 包括：黄兆宏《七至九世纪吐蕃与党项关系述论》，《青海民族研究》2004年第2期；黄兆宏《党项与吐谷浑关系探析》，《青海师范大学学报》2006年第5期；张万静《突厥与党项关系略考》，《宁夏社会科学》2006年第6期；杨浣《辽夏关系史》，人民出版社，2010；陈玮《公元10—11世纪灵夏党项及西夏与于阗关系史研究》，杜建录主编《西夏学论集》，上海古籍出版社，2012；杨富学、陈爱峰《西夏与周边关系研究》，甘肃民族出版社，2012。

② 戴应新先生考释了定难军武将康成之墓志，但未指出其粟特族属，见其《有关党项夏州政权的真实记录——记〈故大宋国定难军管内都指挥使康公墓志铭〉》，《宁夏社会科学》1996年第2期。荣新江先生指出康成为粟特人，夏州为其祖籍，其应为当地的胡人领袖，见其《北朝隋唐粟特人之迁徙及其聚落补考》，余太山、李锦绣主编《欧亚学刊》第6辑，中华书局，2007，第170页；《唐代六胡州粟特人的畜牧生活状态——2007年西北农牧交错地带城址与环境考察纪略》，北京大学中国古代史研究中心编《舆地、考古与史学新说——李孝聪教授荣休纪念论文集》，中华书局，2012，第670页。陈玮考证定难军文官何德璘为粟特人，见其《后晋夏银绥宥等州观察支使何德璘墓志铭考释》，《中国国家博物馆馆刊》2013年第3期。

③ 吴玉贵：《突厥汗国与隋唐关系史研究》，中国社会科学出版社，1998，第252页。

④ 《旧唐书》卷三八《地理志一》，中华书局，1975，第1418页。

诱降虏余烬，攻夏州反叛"。[①] 叛军包括粟特人、突厥人和吐谷浑人。[②]
党项部落武装为康待宾叛军的重要盟军，《旧唐书·张说传》云，在叛
军起事后，"时叛胡与党项连结，攻银城、连谷，以据仓粮"。[③]

康待宾叛军在攻夏州不克后，和灵夏党项部落武装合兵东攻属于
胜州的银城县、连谷县。联军进攻两县一是为获取这里的仓粮以补充军
资，二是为招诱这里的突厥人加入反唐大军。胜州一带聚居有大量突
厥人，早在贞观十九年（645）薛延陀南侵夏州时，唐廷即命执失思力
"发灵、胜二州突厥兵"[④]进击薛延陀。开元年间王晙还上疏："突厥时属
乱离，所以款塞降附。……今有降者部落，不受军州进止，辄动兵马，
屡有伤杀。询问胜州左侧，被损五百余人。"[⑤]胜州一带还是后突厥汗国
南侵中原的重要孔道，《资治通鉴》云，武后神功元年（697）正月"癸
亥，突厥默啜寇胜州"。[⑥]六州胡与党项联军占据胜州属县，以仓粮作为
军资，正可以持守待援，等待后突厥汗国军队的南下。

康待宾叛军带有浓厚的突厥背景，[⑦]康待宾起事时自称叶护，其余
党康愿子自称可汗，彭建英女士即指出六胡州之乱中的粟特人对突厥具
有亲近和认同感。[⑧]六州胡长期以来即是突厥属部，叛军内部夹杂有大
量突厥人，唐玄宗讨伐叛军诏敕称叛军为"北胡部落"，[⑨] "北胡"即指突

① 《旧唐书》卷九三《王晙传》，第 2988 页。
② 《资治通鉴》云："兰池州胡康待宾诱诸降户同反"。唐玄宗招抚叛军诏令记为"左右
　厢降户""吐浑"。《资治通鉴》卷二一二，唐玄宗开元九年四月，中华书局，1956，
　第 6745 页。（宋）王钦若等编纂《册府元龟》卷九九二《外臣部·备御第五》，周勋
　初等校订，凤凰出版社，2006，第 11490 页。
③ 《旧唐书》卷九七《张说传》，第 3052 页。
④ 《资治通鉴》卷一九八，唐太宗贞观十九年十二月己未，第 6233 页。
⑤ 《旧唐书》卷九三《王晙传》，第 2986—2987 页。
⑥ 《资治通鉴》卷二〇六，武后神功元年正月癸亥，第 6512 页。
⑦ 森部丰先生指出六胡州的粟特人为粟特系突厥人，即游牧化或突厥化的粟特人。参
　见其《ソグド人の東方活動と東ューラジア世界の歴史的展開》，关西大学出版部，
　2010，第 98 页。
⑧ 彭建英女士认为："一部分突厥化的降胡（粟特系突厥）在受到唐朝挤压时，自愿采
　用突厥官号，发动武装叛乱，在表达自己政治、经济诉求的同时，也表现出对突厥的
　亲近和认同。"见其《东突厥汗国属部的突厥化——以粟特人为中心的考察》，《历史
　研究》2011 年第 2 期。
⑨ 《册府元龟》卷九八六《外臣部·征讨第五》，第 11416 页。

厥。前文分析叛军东攻胜州带有获取后突厥汗国支援的计划，而党项在武后圣历年间即曾与后突厥汗国联合，《新唐书》云："圣历初，灵、胜二州党项诱北胡寇边。"① "圣历初"即圣历元年，而圣历元年（698）与神功元年（697）仅隔一年，《资治通鉴》所记默啜可汗于神功元年遣军进犯胜州，应与《新唐书》所记圣历初年灵州、胜州党项诱使后突厥汗国军队寇边有所关联。可见在武后时期，后突厥汗国即通过胜州党项来南侵胜州，这样六州胡与灵夏党项联军东攻胜州的一大背景，即在于圣历初年胜州党项与后突厥汗国的联合寇边，已使胜州成为党项与后突厥汗国的交往窗口，攻陷胜州可通过早已和后突厥汗国存在联系的胜州党项向后突厥汗国投以忠效、迅速获取与后突厥汗国的联系。六州胡与党项组成联军的政治原因也在于双方同奉后突厥汗国为宗主。

由于叛乱区域密迩关内道与京畿，唐廷出动大军平叛。天兵军节度大使张说"统马步万人出合河关掩击，大破之"。② 在唐军追击至骆驼堰时，叛军内讧，粟特人与党项人自相残杀。③《新唐书》云双方"自相猜，夜斗"。④ 六州胡和党项羌互相猜疑见于《臧怀亮碑》。⑤ 从碑文可知，时任胜州都督的臧怀亮在胜州对抗叛军，以计使六州胡和党项羌互疑。

叛军溃散后，一些余众亡匿山谷沙漠躲避唐军追杀，其中就包括一些党项人。对此，唐玄宗下诏赦免。⑥ 唐玄宗又以朔方军大总管王晙负责招抚，下诏令王晙"宣崇恩命，示以柔服。……及却投来吐浑、党项、左右厢降户、杂蕃，并胡残部落，或善恶未分，或久长取稳，若须

---

① 《新唐书》卷一一六《陆余庆传》，中华书局，1975，第4239页。
② 《旧唐书》卷九七《张说传》，第3052—3053页。
③ 《旧唐书》卷九七《张说传》记"胡及党项自相杀。阻夜，胡乃西遁入铁建山，余党溃散"。
④ 《新唐书》卷一二五《张说传》，第4407页。
⑤ 碑文云臧怀亮"公分于二蕃，制于散地，持必攻之郡，计必死之凶，上奇兵以四征，保危堞以内备，虽诸军合势，而殊效特高"。（宋）李昉：《文苑英华》卷九○七，中华书局，1966，第4775页。
⑥ 诏文云："其胡贼及勾引诸蕃同叛逃在山谷沙蔽间，疑惧不出者，并原其罪。"《册府元龟》卷九八六《外臣部·征讨第五》，第11416页。

匣革，一事已上，并委王晙叙录”。[①]

张说也负责招降党项，《资治通鉴》记其“奏置麟州，以镇抚党项余众”。[②]《新唐书·地理志》云“麟州新秦郡，下都督府。开元十二年析胜州之连谷、银城置”。[③]值得注意的是麟州是以在叛乱中受到叛军攻击的胜州连谷、银城二县设置的，这说明胜州党项也参与了叛乱，而麟州抚集党项的主要目的就是以较高的州级行政建制监控惯与突厥交通的胜州党项。

（二）党项拓跋氏与六胡州之乱

吐谷浑人和党项人参加了唐廷平叛大军。吐谷浑王族慕容曦光率本部兵马“摧破凶胡”。[④]党项首领拓跋守寂之父静边州都督拓跋思泰在平叛中战殁，“赠特进、左羽林军大将军”。[⑤]唐廷赠拓跋思泰特进制亦云：“九年六月丁酉……党项大首领故右监门卫将军员外置同正员使持节淳、洫等一十二州诸军事兼静边州都督、仍充防御部落使拓跋思泰……可赠特进兼左金吾卫大将军，赐物五百段，米粟五百石，仍以其子守寂袭其官爵。”[⑥]从制文来看，右监门卫将军员外置同正员为拓跋思泰荣誉职衔，其实职为静边州都督、仍充防御部落使，属于在蕃蕃将。《拓跋守寂墓志》记拓跋思泰曾祖拓跋立迦“率众内属。……拜大将军、兼十八州部落使。徙居圁阴之地，则今之静边府也”。[⑦]静边府即静边州都督府，周伟洲先生考证其治所为银州儒林县新兴乡。[⑧]志文称静边州所在的银州为圁阴之地，而原属于胜州、新隶于麟州之连谷、银城二县也处于圁阴之地。《通典》《元和郡县图志》云，连谷、银城均为“汉圁

---

① 《册府元龟》卷九九二《外臣部·备御第五》，第11490页。

② 《资治通鉴》卷二一二，唐玄宗开元九年七月，第6746页。

③ 《新唐书》卷三七《地理志一》，第975页。

④ 《慕容曦光墓志》，吴钢主编《全唐文补遗》第4辑，三秦出版社，1997，第432页。

⑤ 周伟洲：《陕北出土三方唐五代党项拓跋氏墓志考释——兼论党项拓跋氏之族源问题》，《民族研究》2004年第6期。

⑥ （清）董诰编《全唐文》卷一六，中华书局，1983，第195页。

⑦ 周伟洲：《陕北出土三方唐五代党项拓跋氏墓志考释——兼论党项拓跋氏之族源问题》，《民族研究》2004年第6期。

⑧ 周伟洲：《陕北出土三方唐五代党项拓跋氏墓志考释——兼论党项拓跋氏之族源问题》，《民族研究》2004年第6期。

阴县地"，^① 可见六州胡和党项联军所进攻的连谷、银城县与拓跋思泰所在静边州距离极近，因此拓跋思泰率本部赴难，不幸战殁。

从拓跋思泰战殁来看，领有十八羁縻州的静边州都督府主体部落党项拓跋部尚不具有号召灵夏地区所有党项部落的实力，所以夹杂大量灵夏党项的叛军敢与之对敌。叛军中的党项应主要来自云中都督府与呼延州都督府。^② 这两个都督府的党项部落与突厥部落杂居，极有可能受突厥影响参与六胡州之乱。党项拓跋部与叛军中灵夏党项的战争反映了内徙党项中拥护唐廷与投效突厥的两种不同政治态度。

党项拓跋氏没有参与叛乱是因为其自内徙以来即与唐廷保持着密切的政治联系。《拓跋守寂墓志》云："迨仪凤年，公之高祖立迦府君，委质为臣，率众内属。……拜大将军、兼十八州部落使。徙居圁阴之地，则今之静边府也。曾祖罗胄府君……拜右监门卫将军、押十八州部落使，仍充防河军大使。祖后那府君……拜静边州都督、押淳、恤等一十八州部落使、兼防河军大使、赠银州刺史。"^③ 可知拓跋守寂高祖拓跋立迦、曾祖拓跋罗胄均有荣誉性质的禁军将衔。周伟洲先生指出拓跋罗胄所任右监门卫大将军"当为员外置，且为虚衔。押十八州部落使、防河军大使，均为唐朝专为管理少数民族所设官职名，所谓'防河军大使'中'河'，应为今无定河"。^④

考诸唐代文献，唐代前期的"防河"主要为防备突厥人在冬季渡黄河南下，张鷟《龙筋凤髓判》所载"左右军卫二条"即云："将军宋敬状，被差防河，恐冰合贼过……蛮夷猾夏，肇自遐年，獯鬻不臣，匪惟今日。猎狁孔炽，太原称六月之兵；冒顿不恭，平城有七朝

---

① （唐）杜佑：《通典》卷一七三《州郡三》，中华书局，1988，第4529页。（唐）李吉甫：《元和郡县图志》卷三《关内道四》，贺次君点校，中华书局，1983，第109页。

② 《旧唐书》卷三八《地理志一》云："云中都督府 党项部落，寄在朔方县界，管小州五：舍利、思璧州、阿史那州、绰部州、白登州"，"呼延州都督府 党项部落，寄在朔方县界，管小州三：贺鲁州、那吉州、夹跌州"。

③ 周伟洲：《陕北出土三方唐五代党项拓跋氏墓志考释——兼论党项拓跋氏之族源问题》，《民族研究》2004年第6期。

④ 周伟洲：《陕北出土三方唐五代党项拓跋氏墓志考释——兼论党项拓跋氏之族源问题》，《民族研究》2004年第6期。

之弊。……万里黄河，遥通瀚海。"① 杜甫《兵车行》亦云："或从十五北防河，便至四十西营田。"② 因此拓跋罗骨任防河军大使主要是防备突厥人，而其子拓跋后那也担任防河军大使，可见党项拓跋氏一直为唐廷所用，对抗突厥人。这一时期，突厥人变为党项拓跋氏的主要敌人。在这样的政治背景下，拓跋思泰参与平定六胡州之乱既是因为党项拓跋氏的忠唐立场，亦是因为在长期的防河战备中突厥人已成为党项拓跋氏的主要对手。

六胡州之乱平定后，据《拓跋守寂墓志》，唐廷令拓跋守寂袭任拓跋思泰官爵，拓跋思泰之弟拓跋兴宗担任防河军大使。唐廷曾以内附的吐谷浑部落组建安塞军，《旧唐书·德宗纪》云："辛丑，以延州刺史李如暹所部蕃落赐名曰安塞军，以如暹为军使。"③ 据李如暹子李良仅墓志，李良仅在李如暹逝后继任安塞军使，可见吐谷浑李氏世袭安塞军使。拓跋罗骨、拓跋后那、拓跋兴宗祖孙三代也世袭防河军使，防河军的军事力量应主要来源于党项拓跋部。苏航先生认为："在外蕃部落中置军在唐前期就已经出现，但在徙于内地的部落中置军建号似乎并无确凿的例子。"④ 从党项拓跋氏世袭防河军使来看，唐前期在内附的党项部落中已出现了军级建置。苏航先生曾提出"在部蕃军"这一概念。⑤ 拓跋罗骨、拓跋后那长期担任押十八州部落使，主要在部落生活，防河军也应为在部蕃军。但从拓跋兴宗开始，防河军转为从军蕃部，因为拓跋兴宗是以朔方军节度副使兼任防河军使。苏航先生曾以朔方军中的党项将领任敷和铁勒浑部首领浑释之为例，指出"在军蕃部是指长期生活在边军当中的蕃部军。他们是正规军中的定额士兵，通常按正规军的组织原则进行编制，与纯粹的部落兵有着明显的区别"。⑥ 拓跋兴宗既任官于朔方军，

① （唐）张鷟著，田涛、郭成伟校注《龙筋凤髓判校注》卷三，中国政法大学出版社，1996，第124页。
② （清）仇兆鳌：《杜诗详注》卷二，中华书局，1999，第113页。
③ 《旧唐书》卷一八一，第379页。
④ 苏航：《唐代北方内附蕃部研究》，博士学位论文，北京大学，2006，第151页。
⑤ 在部蕃军是指"编入边军的正式编制，有征讨或游奕等任务时从军活动，而无事之时则放归部落的部落军"。见其《唐代北方内附蕃部研究》，第102页。
⑥ 苏航：《唐代北方内附蕃部研究》，第104页。

防河军也随之长期在朔方军中活动，因此成为从军蕃部。

唐代前期的朔方军节度辖区有不少内附的藩部羁縻府州，这些羁縻府州的世袭都督有很多都担任朔方军中的节度副使一职，如世袭归德州都督的论弓仁、论诚节，世袭安乐州都督的慕容曦光，世袭金徽州都督的仆固怀恩。王永兴先生指出："就朔方军的将校和兵士而论，朔方军乃是蕃汉混杂，以胡兵为主力的部落制的军队。"[1] 拓跋兴宗的父兄皆世袭静边州都督府都督，拓跋兴宗本人担任朔方军节度副使，表明党项拓跋部也是朔方军的主力部队之一。

安史之乱爆发后，党项拓跋部作为朔方军的一部参与平乱，又参加讨伐朱泚之战。[2] 在朔方军被分割后，党项拓跋部仍然在银州、夏州保有强大的政治势力，直至拓跋思恭借平定黄巢之乱建立定难军政权。可见在六胡州之乱后，党项拓跋氏由于平乱之功为唐廷所重用，在朔方军中的政治地位大为提高，以后又借勤王伐叛而不断扩充政治势力。六胡州之乱可以称为党项拓跋氏权力扩展的发轫点。

由上可见，在六胡州之乱中党项人基于政治态度的不同分裂为两大派别。灵夏党项首先与六胡州粟特人结成联盟掀起叛乱，随后向胜州移动以争取后突厥汗国的支援，胜州党项随即也加入叛军。党项拓跋部则与叛军针锋相对，积极参与唐廷平叛的军事行动。可以说在六胡州之乱中，大多数党项人都支持以粟特人为首的党项粟特联军，党项人与粟特人的政治倾向一致，双方基本处于同等的政治地位，仅有党项拓跋部一支没有加入叛乱，反而应唐廷征召参与平叛。拓跋部首领虽然战殁，但从此奠定了拓跋氏在唐廷持续发展的政治资本以及在党项诸部中的政治威望。以拓跋氏为首的党项人逐渐取代粟特人在唐代西北政治格局中扮演重要角色，至唐末终于因缘际会建立了定难军政权。

---

① 王永兴：《论朔方军》，《陈门问学丛稿》，江西人民出版社，1993，第417页。
② 《文苑英华》卷四五八所收《授李成庆夏州节度使制》云："以尔成庆，代有殊烈。禄山滔天之日，文已载于司勋。朱泚盗国之时，绩复书于盟府。"中华书局，1966，第2330页。

二 五代宋初定难军政权中的粟特人

（一）唐代夏州的粟特人

定难军会府夏州自十六国北朝以来即为中西交通辐辏之地，聚居了许多粟特人。北周《翟曹明墓志》志题"夫夏州天主仪同翟君墓志"，志文云"君讳曹明，西国人也。祖宗忠列，令誉家邦。受命来朝，遂居恒夏"。①据荣新江先生研究，唐太宗亲信安元寿曾任夏州群牧使，华严宗大师康宝藏之弟康法藏也为夏州监牧官员，康宝藏曾觐亲于夏州。②武周《安昊墓志》记志主安昊为"夏州朔方县人"，其先祖为"西凉大族，声振当时，流宦婆娑，遂居住塞北"。③统万城出土之武周《王夫人墓志》记王夫人之夫为康氏。晚唐夏州藩镇武将张宁于本州"娶安氏女"。④宋初夏州尚有任教练使的安晏及其子安守正。⑤晚唐时夏州藩镇即有粟特军人，如夏州节度使米暨、魏博节度使何进滔之父何默。何进滔于元和年间前往河北发展，随行可能有一批粟特人。⑥《何进滔德政碑》碑侧题名中，有许多何姓将佐。⑦随何进滔前往河北发展的粟特人中，当有不少出于夏州。

---

① 荣新江:《中古中西交通史上的统万城》，陕西师范大学西北环发中心编《统万城遗址综合研究》，三秦出版社，2004，第32页。

② 荣新江:《唐代六胡州粟特人的畜牧生活状态——2007年西北农牧交错地带城址与环境考察纪略》，北京大学中国古代史研究中心编《舆地、考古与史学新说——李孝聪教授荣休纪念论文集》，第671—672页。

③ 康兰英主编《榆林碑石》，三秦出版社，2003，第193页。

④ 《唐故夏州节度衙厢马步兼四州蕃落都知兵马使张宁墓志铭并序》，康兰英主编《榆林碑石》，第220页。

⑤ 《续资治通鉴长编》卷五五云宋真宗咸平六年（1003）九月，"夏州教练使安晏与其子守正来归，且言贼境艰窘，惟劫掠以济，又籍夏、银、宥州民之丁壮者徙于河外，众益咨怨，常不聊生"。《续资治通鉴长编》，中华书局，2004，第1212页。

⑥ 〔日〕森部丰:《略论唐代灵州和河北藩镇》，史念海编《汉唐长安与黄土高原》，陕西师范大学中国历史地理研究所，1998，第265页。荣新江:《安史之乱后粟特胡人的动向》，纪宗安、汤开建主编《暨南史学》第2辑，暨南大学出版社，2003，第112—113页。何进滔孙《何弘敬墓志》记"并部曲八百人迁于魏、相、贝三州"，吴钢主编《全唐文补遗》第5辑，三秦出版社，1998，第39页。

⑦ 如"散兵马使兼将何惠干""兼将何国宁""兼将何忠谊""节度押衙何""节度押衙何重洁""节度押衙何重遁""检校太子宾客何义升""十将何重俨"等。孙继民主编《河北新发现石刻题记与隋唐史研究》附录，河北人民出版社，2006，第305—307页。

（二）粟特何氏家族与定难军

1. 何氏家族之族属

五代宋初定难军政权中的粟特人家族主要有何德璘家族与康成家族。据何德璘墓志，何德璘曾祖父何敏为唐泰州军事衙推。[①] 此泰州在五代时由奉化军升成，治所为莫州之清苑县（今河北保定清苑县）。[②] 墓志云何德璘曾祖母为"平卢郡曹氏"。唐廷曾于营州设平卢军。唐玄宗天宝十年（751）秋，安禄山与契丹作战兵败后"遂投平卢城。平卢骑将史定方领精兵三千赴之"。[③]《资治通鉴》则云，安禄山兵败后，"平卢守将史定方将精兵二千救禄山，契丹引去，禄山乃得免。至平卢，麾下皆亡，不知所出"。[④]《册府元龟》亦记安禄山"遂投平卢城。城中骁将史定方，领精骑三千出追寇"。[⑤] 可见平卢城即平卢军治所营州。严耕望先生指出安禄山"此次用兵，由营州（即平卢军）西北行渡吐护真水（今老哈河）……兵败仍退归营州"。[⑥] 唐末，契丹人仍称营州为平卢城。[⑦] 北宋末年，宋人则将营州称为平卢郡。[⑧] 可见志文中的"平卢郡"应指营州。

唐代的曹姓一为汉姓，一为粟特姓氏。据敦煌遗书 S.2052 号《新集天下姓望氏族谱一卷并序》，曹姓望出亳州谯郡、青州乐安郡。BD.8418 号《姓氏录》记曹姓望出亳州谯国郡、衮州高平郡、徐州彭城郡。P.3191 号《郡望姓望》亦云曹姓出于亳州谯国郡。《古今姓氏书辩证》卷十一云曹氏有望出谯国、金乡、齐郡亭山县、东海、陈留、清

① 陈玮：《后晋夏银绥宥等州观察支使何德璘墓志铭考释》，《中国国家博物馆馆刊》2013 年第 3 期。
② 陈玮：《后晋夏银绥宥等州观察支使何德璘墓志铭考释》，《中国国家博物馆馆刊》2013 年第 3 期。
③ （唐）姚汝能：《安禄山事迹》卷上，曾贻芬点校，中华书局，2006，第 84 页。
④ 《资治通鉴》卷二一六，唐玄宗天宝十年八月，第 6909 页。
⑤ 《册府元龟》卷四四三《将帅部·败衄第三》，第 4995 页。
⑥ 严耕望：《唐代交通图考》第 5 卷《河东河北区》，上海古籍出版社，2007，第 1761 页。
⑦ 《辽史》卷一《太祖纪》云 907 年七月幽州刘守光兄"平州刺史守奇率其傔数千人来降，命置之平卢城"。《辽史》，中华书局，1974，第 3 页。
⑧ 《三朝北盟会编》卷一〇《政宣上帙十》云宋徽宗将营州以御笔"赐名平卢郡"。《三朝北盟会编》，上海古籍出版社，2008，第 71 页。

河、巨鹿者。可见汉人曹姓郡望中并没有"平卢郡"。"平卢郡"应为何德璘曾祖母曹氏所居地。据荣新江先生研究，唐代入华粟特人在河北诸州及营州均有自己的聚落，安史之乱后更有大批粟特人迁入河北，在河北藩镇仕职。[1] 考虑到曹氏之夫何敏之的何姓也为粟特姓氏之一，且其在河北的莫州仕职，莫州和营州均为幽州管辖，因此何敏与曹氏应为唐代入华粟特人后裔。

2. 何氏家族在定难军之仕宦

据何德璘墓志，何德璘祖父何遂隆为唐"守京兆府功曹参军兼大理评事"，何德璘父何子嵒为唐"守夏州医博士"，[2] 可知何氏家族于晚唐因为仕宦由河北迁徙至长安，在唐末又由长安迁往夏州。这与何进滔率族离开夏州前往河北正好相反。在统万城附近还出土一何姓士人墓志，志题"大宋摄夏州观察支使何公墓志铭并序"。根据志文，何公"曾祖子嵒，字隐之，皇任节度随军文林郎、试右武卫长史、摄夏州医博士、将仕郎、试太常寺协律郎。曾祖母琅琊郡王氏。祖德遇，字嗣宗，皇任夏银绥宥等州观察衙推、宣德郎、守绥州长史，右可授朝散大夫、右监门卫长史同正、充夏银绥宥等州观察衙推，右可授将仕郎、试大理评事、充夏银绥宥等州观察支使、试大理司直、□赐绯鱼袋。祖母清河郡张氏"。[3]《何德璘墓志》云，何德璘"考子嵒，皇任儒林郎、守夏州医博士、试太常寺奉礼郎。妣太原郡王氏"，继云何德璘于"天成四年，先王改署观察衙推，寻奏授右监门卫长史□职。清泰元年，今府主绍位……遂奏授观察支使、将仕郎、试大理评事，仍兼朱绂"，又记何德璘妻为"清河张氏"。[4] 将两方墓志所记何德遇、何德璘的世系、官衔及妻室相对比，两人实即一人，何公为何德璘之孙。从《何公墓志》所叙

① 荣新江:《北朝隋唐粟特人之迁徙及其聚落》,《中古中国与外来文明》,三联书店,2001,第104—108页。荣新江:《安史之乱后粟特胡人的动向》,纪宗安、汤开建主编《暨南史学》第2辑,第102—123页。
② 陈玮:《后晋夏银绥宥等州观察支使何德璘墓志铭考释》,《中国国家博物馆馆刊》2013年第3期。
③ 陈玮:《大宋摄夏州观察支使何公墓志研究》,《西夏研究》2016年第1期。
④ 陈玮:《后晋夏银绥宥等州观察支使何德璘墓志铭考释》,《中国国家博物馆馆刊》2013年第3期。

何公逝于北宋开宝元年（968）来看，何氏家族在夏州活动的时间从唐末一直持续至北宋初年。

何氏家族自何德璘之父何子勗起仕职于夏州，将《何德璘墓志》与《何公墓志》相结合可知何子勗起家为节度随军。随军为唐藩镇幕府文职僚佐。①严耕望先生认为："盖随军无定职，临时遣使勾当职事耳。"②随军为节度使之亲从，于劭《田司马传》即称其为耳目之职。此后何子勗任摄夏州医博士。医学博士，"掌疗民疾"。③《唐六典》记中都督府设有"医学博士一人，正九品下"。④而夏州据《元和郡县图志》即为中都督府。此后何子勗又任守夏州医博士。从《何德璘墓志》来看，何德璘于后梁开平二年（908），被"先太尉""补衙前虞侯"。"先太尉"指定难军节度使李思谏，⑤其为定难军基业奠定者拓跋思恭之弟。虞侯为藩镇使府中的重要军将，乃"保卫军中之制度、纪律或侦查非法事并消除之职也"。⑥

后唐同光三年（925），"故虢王"署命何德璘为"州衙推"。"故虢王"指定难军节度使李仁福，⑦"州衙推"则为夏州州院文职僚佐，为"当州荣职"。⑧后唐明宗天成四年（929），"先王"改署何德璘为"观察衙推"。"先王"亦指李仁福，其任定难军节度使时间为后梁开平四年（910）至后唐长兴四年（933）。根据志文，李仁福又向朝廷为何德璘奏得试官右监门卫长史。

后唐清泰元年（934），"今府主绍位"，又将何德璘升为"节度衙推兼银州长史"。"今府主"指何德璘于后晋天福八年（943）逝世时任定

① 《新唐书·百官志四下》云节度使有"随军四人"。
② 严耕望：《唐代方镇使府僚佐考》，《严耕望史学论文集》上册，第429页。
③ 《新唐书》卷四九下《百官志四下》，第1314页。
④ （唐）李林甫等：《唐六典》卷三〇《大都督府中都督下都督官吏》，陈仲夫点校，中华书局，1992，第744页。
⑤ 《旧五代史·李仁福传》云开平元年（907），后梁朝廷"授思谏检校太尉、兼侍中"。
⑥ 王永兴：《唐代后期军事史略论稿》，北京大学出版社，2006，第25页。
⑦ 《五代会要》记后唐庄宗长兴四年（933）五月，朝廷"追封故夏州节度使李仁福为虢王"。《五代会要》，上海古籍出版社，2001，第1042页。
⑧ 《唐故集州衙推狄（玄愬）墓志》，周绍良、赵超主编《唐代墓志铭汇编续集》，上海古籍出版社，2001，第1042页。

难军节度使的李彝殷。"节度衙推"为藩镇幕府文职僚佐。《新唐书·百官志》记节度使下有衙推一人。胡三省注《资治通鉴》云："唐制，节度、观察牙推在巡官之下，幕府右职也。"[①]五代承唐制。何德璘以节度衙推兼任银州长史反映了定难军属州的藩镇化。此后李彝殷再向后晋朝廷为其奏得"观察支使、将仕郎、试大理评事，仍兼朱绂"。唐制节度使兼领观察使，其幕府僚佐有支使一人。五代承唐制。据石云涛先生研究，观察支使"是助府主从事政务之职，而且有分使出入之责"。[②]"仍兼朱绂"则指何德璘被朝廷赐绯及鱼袋。

据《何德璘墓志》，何德璘长子何绍文被李彝殷署为观察衙推兼绥州长史；次子何绍伦未仕。观察衙推为唐五代观察使使府文职僚佐之一。五代时的定难军节度使兼任管内观察使。唐制节度使兼领观察使，其幕府僚佐设有衙推。五代承唐制，因此何绍文任观察衙推。从《何公墓志》可知何绍文后又升为观察支使。

从何绍文之子何公的墓志来看，何公于后唐清泰元年（934）被"先王"奏授朝廷为文林郎、试左武卫兵曹参军，以此文散官、试衔担任定难军节度要籍。"先王"指时任定难军节度使的李彝殷，其曾被后周封为西平王，被北宋追封为夏王。节度要籍为节度使亲信属官，[③]唐制，藩镇节度使之下有要籍一人。藩镇要籍官常参谋军事。[④]另外，节度要籍还参与管理藩镇的财务工作。[⑤]

何公任节度要籍时，其文散官及试衔又于后唐清泰二年（935）被升为将仕郎、试太常寺协律郎。后晋天福六年（941），何公被授为"府衙推、宣德郎、守绥州长史、兼监察御史、柱国"。"府衙推"指定难军会府夏州衙推；监察御史为其宪衔，非实任，但在本州仍然具有监察

① 《资治通鉴》卷二六四，唐昭宗天复三年十二月乙亥胡注，第8622页。
② 石云涛：《唐代幕府制度研究》，中国社会科学出版社，2003，第213页。
③ "要籍官，亦唐时节度衙前之职……则要籍乃节度使之腹心也。"《资治通鉴》卷二二七，唐德宗建中三年正月胡注，第7318页。
④ 《大唐故辅国大将军兼左骁卫将军御史中丞马公墓志铭》即云志主马实"起家为范阳军要籍，本军疑政，画多自出"。《全唐文》卷五九八，第6049页。
⑤ 《唐故上谷成公墓志铭》即云志主成君信之婿牛从实为"节度要籍支计斛斗司"。《全唐文》卷九九六，第10324页。

职权。因此志文称其"言惟正直，道屏奸邪"。天福九年（944），何公又被"摄授观察衙推、宣德郎、兼监察御史、柱国"。此后何公以其文韬武略参与定难军的拓土开疆。后周广顺元年（951），何氏又被"摄授节度衙推、守银州长史、朝请郎、试大理司直、兼殿中侍御史、柱国，仍摄夏州长史"。胡三省注《资治通鉴》云："牙推，在节度推官之下。"① "殿中侍御史"为其宪衔，"柱国"为何公勋官。何公还摄任夏州长史一职。后周显德元年（954），何公又被定难军节度使辟署为摄夏州观察支使。

何公有子五人，长子何令图任北宋夏州治所朔方县县令。次子何令柱，为定难军"厅直行首"。"厅直"即定难军衙军中的厅直军，北宋定难军节度观察留后李继筠就曾任定难军"厅直指挥使"。② "厅直行首"为厅直军的先锋军将。③ 归义军在五代时亦置有行首，敦煌文书 S.76V｜1 号《长兴五年正月一日行首陈鲁侑牒》云："行首陈鲁侑，右鲁侑谨在衙门随例祗候□贺，伏听处分。"④ 可见行首确为节度使使衙军将。三子何令蘷担任仓曹参军。仓曹参军为唐以来府州判司官员，执掌府州仓储、租赋、财货、市肆诸事。余子何令珣、何令瑾尚未出仕，沉醉于诗书与医学。

3. 何氏家族之方伎与婚姻

从《何德璘墓志》及《何公墓志》来看，何氏家族为夏州的医学世家，何德璘及其孙何公先后以绝妙医术受知于定难军节度使并为其重用。何德璘之父何子嵒任夏州医学博士，何德璘受其真传，被定难军节度使李仁福"以公继之家伐，习以方书，药有□全，功传百中，特署州衙推"，后又被李仁福之子李彝殷"以公□赠三医，恭勤两政，迁署节度衙推兼银州长史"。从志文"其或民有迫切，公不隐藏。凡药石以上

① 《资治通鉴》卷二四三，唐穆宗长庆三年四月胡注，第 7826 页。
② 陈玮：《北宋定难军节度观察留后李继筠墓志研究》，《西夏研究》2014 年第 4 期。
③ 胡三省云后周的殿前右番行首"居殿前右番班行之首，其官犹在散员指挥使之下"。《资治通鉴》卷二九一，后周太祖显德元年三月胡注，第 9505 页。
④ 中国社科院历史研究所、中国敦煌吐鲁番学会敦煌古文献编辑委员会、英国国家图书馆、伦敦大学亚非学院编《英藏敦煌文献（汉文佛经以外部分）》第 1 卷，四川人民出版社，1990，第 26 页。

闻，必春膏之普及"①来看，何德璘不仅为定难军节度使服务，还为百姓医疗。何德璘之子何绍文也"艺可承家，术多济世"。②何绍文之子何公则"幼习家风，颇积医论。愈威王之疾，已播良名；追太魂，屡显神效。非卢生之辈、董氏之徒，莫能偕也"，③他的高超医术被赞誉为能与燕地方士卢生、上古神人董父相媲美。后何公又为李彝殷之兄李彝超"以医见重，奏授文林郎、试左武卫兵曹参军，改充节度要籍。公以侯伯相知，功名必遂。转留心于方术，益砺节于衙庭"。在任观察衙推时，何公"以妙散神丸，供应上命"，他的精湛医术被称为"神通丸散，妙绝针汤。术追魂魄，脉认阴阳"。由于何公先后为数代定难军节度使医治，还曾为李彝殷之弟李彝谨诊治，④因此在其殁后，定难军节度使李克睿"罢公衙而兴叹，以为折吾梁柱，丧我股肱。追想无宁，悲伤倍切。仍差吊使，厚赐赠仪"。⑤何公之子何令珣、何令瑾等也继承家学，被称为"颇精方论，不辜门望，悉有父风"。⑥

夏州医学世家何氏家族族出粟特，而中古时期的粟特人多富有医药知识并从事医业。《大唐西域求法高僧传》卷上云康国僧人迦跋摩入华后，"奉敕令往交趾采药"，⑦显然精于药学。据敦煌文书，公元982年有粟特人翟胡在敦煌渠北开店卖药。⑧关于另一位卖药的阿柴唁胡，郑炳林先生指出："阿，疑是"何"字之误，既称之为胡，应是西域粟特

---

① 陈玮：《后晋夏银绥宥等州观察支使何德璘墓志铭考释》，《中国国家博物馆馆刊》2013年第3期。

② 陈玮：《后晋夏银绥宥等州观察支使何德璘墓志铭考释》，《中国国家博物馆馆刊》2013年第3期。

③ 陈玮：《大宋摄夏州观察支使何公墓志研究》，《西夏研究》2016年第1期。

④ 《李彝谨墓志》称李彝谨病重时，"府主大王以鸰原轸念，雁序兴怀。遣三代之良医，炼十全之良药"。参见陈玮《后周绥州刺史李彝谨墓志铭考释》，杜建录主编《西夏学》第5辑，上海古籍出版社，2010，第235页。

⑤ 陈玮：《大宋摄夏州观察支使何公墓志研究》，《西夏研究》2016年第1期。

⑥ 陈玮：《大宋摄夏州观察支使何公墓志研究》，《西夏研究》2016年第1期。

⑦ （唐）义净撰，王邦维校注《大唐西域求法高僧传校注》，中华书局，1988，第93页。

⑧ 郑炳林：《唐五代敦煌医学酿酒建筑业中的粟特人》，《西北第二民族学院学报》1999年第4期。

人。"① 可见具有医药知识的何姓粟特人也出现于沙州。郑炳林先生还认为唐代同州名医石公集也是粟特人。② 美国学者提出："一位显然擅长于眼科的粟特（胡）医生，在著名的中国僧人鉴真去日本期间给他做过治疗。"③ 在沙州还有粟特医家史再盈。④ 与何氏家族任定难军文职僚佐、武职军将相似，史再盈在后晋天福七年（942）也任归义军的节度押衙，他修习过以耆婆为代表的印度神秘医术。夏州粟特人何氏家族世代承传之医术被志文赞为神妙，其或具有外来文化背景。

何氏家族虽然族出粟特，但其自唐末以来不断汉化。何德璘、何公都自称出于南阳何氏，《何德璘墓志》与《何公墓志》志盖面均篆刻"南阳郡何公墓志之铭"。南阳为汉人何氏郡望。何氏家族无论男女，其婚姻对象均以汉人为主。据《何德璘墓志》，何德璘祖父何遂隆娶弘农杨氏，何德璘之父何子嵒娶太原王氏，何德璘本人娶清河张氏，何德璘之女嫁与韩氏。何德璘墓志撰写人横银州营田判官王卿为其表弟，书碑人押衙王某为其表外甥，可见何德璘与母族关系亲密。另据《何公墓志》，何德璘之子何绍文娶东平郡叱吕氏。"叱吕氏"为代北鲜卑姓氏。⑤何绍文之子何公之妻也为叱吕氏，应出自其母族。何公还有一女，嫁与张氏。

（二）粟特康氏家族与定难军

1. 康氏家族之族属

康成家族为夏州本地粟特人家族。《康成墓志》志盖题为"太原郡

① 郑炳林:《唐五代敦煌医学酿酒建筑业中的粟特人》,《西北第二民族学院学报》1999年第4期。
② 郑炳林:《唐五代敦煌的医事研究》,郑炳林主编《敦煌归义军史专题研究》,兰州大学出版社,1997,第526页。
③ 党新玲:《五代敦煌粟特人医家史再盈》,《甘肃中医学院学报》1994年第3期。
④〔美〕克里斯托夫·贝克威斯:《公元七八世纪希腊医学传入吐蕃考》,端智译注,宗喀·漾正冈布校订,《西北民族大学学报》2011年第3期。
⑤《魏书》卷一一三《官氏志九》云:"神元皇帝时,余部诸姓内入者……叱吕氏,后改为吕氏。"中华书局,1974,第3009页。《通志·氏族略》亦载叱吕氏为鲜卑氏。

康公墓志之铭"。①中古康姓一为汉姓，一为粟特姓氏。汉人康姓之渊源，《元和姓纂》记为"卫康叔之孙，以谥为姓也"。②汉人康姓之郡望为会稽，敦煌遗书 S.2052《新集天下姓望氏族谱一卷并序》云，康为越州会稽郡十四姓之一。《古今姓氏书辩证》云："唐太学博士康国安远祖，过江居丹阳，又徙会稽。"③志盖记康成郡望为太原而非会稽，可见康成不是汉人。荣新江先生指出，太原为中古时期粟特人一聚落，许多粟特人以太原为郡望或籍贯，如康武通、何氏、安孝臣。④其中康武通为"太原祁人也"，⑤何氏为"太原人也"，⑥安孝臣为"太原郡人也"。⑦另有《翟夫人墓志》云翟氏"其先太原人也"。⑧至五代宋初，仍有不少粟特人以太原为其郡望，如后唐大将康思立"本出阴山诸部"，⑨为沙陀系粟特人，但《旧五代史·康思立传》称其为"晋阳人也"。⑩后唐大将史敬镕、何福进都被《旧五代史》记为太原人。由后周入宋的安守忠，"字信臣，并州晋阳人"，⑪但其实沙陀系粟特人，其父安审琦"字国瑞，其先沙陀部人也"。⑫志盖记康成郡望为太原，可见其也应出于粟特，与康武通、康思礼同属粟特康氏。

2. 康氏家族在定难军之仕宦

康氏家族为夏州本地的粟特武人世家。康成曾祖康山人为唐"洪门

① 宁夏大学西夏学研究中心、国家图书馆、甘肃省古籍文献整理编译中心编《中国藏西夏文献》第18卷《金石编、碑石、题记》，甘肃人民出版社、敦煌文艺出版社，2007，第59页。
② （唐）林宝：《元和姓纂》卷五，岑仲勉校记，中华书局，1994，第606页。
③ （宋）邓名世：《古今姓氏书辩证》卷一五，王力平点校，江西人民出版社，2006，第221页。
④ 荣新江：《北朝隋唐粟特人之迁徙及其聚落》，《中古中国与外来文明》，第97页。
⑤ 周绍良主编《唐代墓志汇编》，上海古籍出版社，1992，第545页。
⑥ 周绍良主编《唐代墓志汇编》，第585页。
⑦ 周绍良主编《唐代墓志汇编》，第1433页。
⑧ 郭茂育、赵水森编著《洛阳出土鸳鸯志辑录》，国家图书馆出版社，2012，第186页。
⑨ 陈尚君辑纂《旧五代史新辑会证》卷七〇，复旦大学出版社，2005，第2167页。
⑩ 陈尚君辑纂《旧五代史新辑会证》卷七〇，第2165页。
⑪ 《宋史》卷二七五，中华书局，1977，第9368页。
⑫ 陈尚君辑纂《旧五代史新辑会证》卷一二三《周书十四·安审琦传》，第3777页。

镇使，次任上平关使，兼授北衙都知兵马使"。^①唐制边军中镇设镇使，安史之乱后内地藩镇多置镇，设镇将统领。《唐六典》记镇有使、副使各一人。洪门镇地属夏州，^②又称为洪门寨；^③上平关地属隰州石楼县；^④兵马使为藩镇军中要职，^⑤"在道一级或藩镇使府下的兵马使，职权最大的莫过于都知兵马使"。^⑥康山人所任之北衙都知兵马使与夏州"监军衙马步都知兵马使"^⑦相对，监军衙马步都知兵马使为夏州监军使衙署卫队总指挥官，北衙都知兵马使则为夏州节度使衙署卫队总指挥官。

康成祖父康文义为唐东城副兵马使，东城指夏州之东城。隋末梁师都据夏州称帝后，唐高祖遣延州总管段德操"悉发边兵进击师都，拔其东城。师都退据西城"。^⑧唐太宗即位后，又"遣右卫大将军柴绍、殿中少监薛万均击之，又遣旻等据朔方东城以逼之"。^⑨戴应新先生指出，统万城由外廓城和东西二内城组成，"由东往西依次为外廓城、东城、西城，即当地人所谓的头道城、二道城与三道城"。^⑩康成之父康爽为节度

---

① 《宋定难军管内都指挥使康成墓志铭并盖》，《中国藏西夏文献》第18卷，甘肃人民出版社、敦煌文艺出版社，2007，第61页。

② 《武经总要·前集》云其"本夏州地，唐邠宁节度张献甫筑洪门镇城，置兵以防蕃寇"。（宋）曾公亮、（宋）丁度等：《武经总要·前集》卷一九《西蕃地理》，辽沈书社影印明万历金陵书林唐富春刻本，《中国兵书集成》第3册，解放军出版社，1988，第940页。《旧唐书》卷一二二《张献甫传》云张献甫"又上疏请复盐州及洪门、洛原等镇，各置兵防以备蕃寇"。

③ 唐《张宁墓志》记晚唐时"及李常侍率盐、夏兵屯洪门寨，方与南山贼族决胜负"。康兰英主编《榆林碑石》，第233页。

④ "金人疆域图：隰州石楼县有上平关。"《资治通鉴》卷二六七，梁太祖开平二年八月戊子胡注，第8704页。《金史》卷二六《地理志》亦云隰州石楼县有"关二，永宁、上平关"。《金史》，中华书局，1975，第635页。

⑤ "兵马使，节镇衙前军职也，总兵权，任甚重。至德以后，都知兵马使率为藩镇储帅。"《资治通鉴》卷二一五，唐玄宗天宝六年十月胡注，第6877页。

⑥ 李艳：《唐代兵马使研究》，硕士学位论文，河北师范大学，2009，第12页。

⑦ 《陈审墓志铭并盖》，康兰英主编《榆林碑石》，第240页。

⑧ 《旧唐书》卷五六《梁师都传》，第2281页。

⑨ 《资治通鉴》卷一九二，唐太宗贞观二年四月，第6050页。

⑩ 戴应新：《大夏统万城址考古记》，侯甬坚、李令福编《走向世界的沙漠古都——统万城》（《中国历史地理论丛》专辑），陕西师范大学西北历史环境与经济社会发展研究中心，2003，第79页。

押衙，^①严耕望先生认为押衙"曰肘腋驱使，曰旌旄之侧，曰委事弄权，皆见其亲任"，"职在亲从、禁卫"。^②

康成卒于北宋乾德四年（966），终年62岁。戴应新先生考证其生于唐哀帝天祐元年（904），在28岁时参与夏州定难军对抗后唐削藩之战，^③即墓志所云："尝值上府多难，南军相逼。时府主大王独权庋旅，外应龟城，甚藉奇人，共平家难。公唯思立事，务在荣身，因生归附之心，愿效驱驰之节。"志文中之"府主大王"，戴应新先生认为即时任定难军节度使之李彝超，但笔者以为此"府主大王"应指李彝超之长兄李彝殷。第一，《康成墓志》中的府主大王在志文中一共出现两次，首次出现时没有具体时间，再次出现时是在康成逝世之北宋乾德四年（966），志文云其时"府主大王忽闻倾，莫遏悲伤。俯念勤劳，仍须吊赠"，而北宋乾德四年（966）担任定难军节度使的正是李彝殷，《康成墓志》中出现两次的府主大王应指同一人。第二，在定难军其他官贵的墓志中，李彝超均被称为太傅而不是府主大王。^④并且，在定难军官贵的墓志中，李彝殷均被称为府主大王，如《后周绥州刺史李彝谨墓志铭》记李彝谨病重时："府主大王以鸰原轸念，雁序兴怀。遣三代之良医，炼十全之良药。"^⑤李彝谨于广顺二年（952）七月逝世后，"府主大王忽闻怨悲，□过哀号"。^⑥广顺二年（952）担任定难军节度使的正是李彝殷。《北宋定难军节度使李光睿墓志铭》亦云："时大周广顺元

---

① "押牙者，尽管节度使牙内之事。"《资治通鉴》卷二一六，唐玄宗天宝六年十二月己巳胡注，第6887页。《演繁录》卷二《牙旗牙门旗鼓》云："魏博特置骁锐可倚仗者，使为护衙，名为衙兵。而典总此兵者其结衔名为押衙。"（宋）程大昌：《演繁录》，上海师范大学古籍整理研究所编《全宋笔记》第四编八，大象出版社，2008，第159页。
② 严耕望：《唐代方镇使府僚佐考》，《严耕望史学论文集》上册，第451页。
③ 戴应新：《有关党项夏州政权的真实记录——记〈故大宋国管内都指挥使康公墓志铭〉》，《宁夏社会科学》1999年第2期。
④ 李彝超之母、后晋虢王李仁福妻凌氏墓志铭记李彝超为"故节度使、检校太傅兼御史大夫"。《中国藏西夏文献》第18卷，第33页。《后晋定难军节度副使刘敬瑭墓志铭》云后唐长兴四年夏州之战时"先太傅牒权兵把截四面，师徒抽退，士庶获安"。见陈玮《后晋定难军节度副使刘敬瑭墓志研究》，《北方文物》2020年第1期。
⑤ 陈玮：《后周绥州刺史李彝谨墓志铭考释》，杜建录主编《西夏学》第5辑，第235页。
⑥ 陈玮：《后周绥州刺史李彝谨墓志铭考释》，杜建录主编《西夏学》第5辑，第235页。

年，府主大王以郡邑封疆，开拓几数千里。"[1] 第三，五代时期被封王爵的定难军节度使仅有李仁福和李彝殷，李彝超并未封王。李仁福被后梁封为陇西郡王，被后唐封为朔方王、追封为虢王。李彝殷被后周先后封为陇西郡王和西平王。定难军本镇官贵称李仁福为"故虢王"、[2]"故虢国王"、[3]"韩王"、[4]"先王"，[5]"府主大王"应指李彝殷。

从府主大王为李彝殷可知《康成墓志》所记"尝值上府多难，南军相逼。时府主大王独权庋旅，外应龟城，甚藉奇人，共平家难"并非指后唐长兴四年（933）夏州之战。从"家难"来看，该事件应属定难军内乱。据《旧五代史》卷八二《晋书·少帝纪》、《旧五代史》卷一三二《李彝兴传》，晋出帝天福八年（943）九月，定难军曾发生衙内都指挥使与属州刺史联合发动，旨在谋杀李彝殷的大规模动乱。动乱结束后，李彝殷上奏云："衙内都指挥使拓拔崇斌等五人作乱，当时收擒处斩讫。相次绥州刺史李彝敏擅将兵士，直抵城门，寻差人掩杀，彝敏知事不济，与弟五人将家南走。"[6] 衙内都指挥使为节度使使衙卫队总指挥官，在五代时一般由节度使亲族担任。定难军李氏出于拓跋氏，拓跋崇斌正

① 杜建录、白庆元、杨满忠、贺吉德：《宋代党项拓跋部大首领李光睿墓志铭考释》，杜建录主编《西夏学》第 1 辑，宁夏人民出版社，2006，第 81 页。

② 见陈玮《后晋绥州刺史李仁宝墓志铭考释》，杜建录主编《西夏学》第 11 辑，上海古籍出版社，2015，第 141 页；《后晋虢王李仁福妻浍氏墓志铭》，《中国藏西夏文献》第 18 卷，第 33 页。

③ 见陈玮《后晋定难军摄节度判官兼掌书记毛汶墓志铭考释》，杜建录主编《西夏学》第 8 辑，上海古籍出版社，2011，第 207 页；《后晋夏银绥宥等州观察支使何德璘墓志铭考释》，《中国国家博物馆馆刊》2013 年第 3 期；《后晋定难军节度副使刘敬瑭墓志研究》，《北方文物》2020 年第 1 期。

④ 见陈玮《后周绥州刺史李彝谨墓志铭考释》，杜建录主编《西夏学》第 5 辑，第 234 页；杜建录、白庆元、杨满忠、贺吉德《宋代党项拓跋部大首领李光睿墓志铭考释》，杜建录主编《西夏学》第 1 辑，第 81 页；陈玮《后汉党项贵妇沛国郡夫人里氏墓志研究》，杜建录主编《西夏学》第 21 辑，甘肃文化出版社，2020，第 43 页；陈玮《北宋定难军节度观察留后李继筠墓志研究》，《西夏研究》2014 年第 4 期。

⑤ 见陈玮《后晋定难军摄节度判官兼掌书记毛汶墓志铭考释》，杜建录主编《西夏学》第 8 辑，第 207 页；《后晋夏银绥宥等州观察支使何德璘墓志铭考释》，《中国国家博物馆馆刊》2013 年第 3 期；《大宋摄夏州观察支使何公墓志研究》，《西夏研究》2016 年第 1 期。

⑥ 陈尚君辑纂《旧五代史新辑会证》卷八二《晋书八·少帝纪二》，复旦大学出版社，2005，第 2541 页。

以其亲族身份任职，其发动的叛乱对李彝殷威胁甚大。

在拓跋崇斌被李彝殷擒拿处斩后，李彝殷祖父拓跋思恭之侄孙绥州刺史李彝敏率绥州州军乘乱进攻定难军会府夏州，但被击败。从晋出帝下诏云"李彝敏潜结凶党，显恣逆谋。骨肉之间，尚兴屠害；照临之内，难以含容。送夏州处斩"①来看，李彝敏与拓跋崇斌为同谋。但李彝敏自称："与兄夏州节度使彝殷偶起猜嫌，互相攻伐故也。"②从拓跋崇斌刚被李彝殷斩杀，绥州州军就出现于夏州城外来看，李彝敏所云并不可信，该事件应是一起有预谋的联合叛乱。李彝敏早在后唐明宗天成元年（926）即担任绥州刺史，本年绥州与银州州军发生变乱时，由银州防御使李仁颜与绥州刺史李彝敏讨平。《册府元龟》记后唐长兴四年（933）"八月，夏州自署李彝殷为绥州刺史，乞正授，从之"，③可见李彝殷取代了李彝敏执掌绥州大权。此后李彝殷以行军司马一职继任定难军节度使，李彝敏又再次担任绥州刺史，双方之抵牾或围绕绥州之控制权。

从《康成墓志》来看，李彝殷在拓跋崇斌与李彝敏发动叛乱时身处险局，仅凭衙军防守夏州城，借助城墙之高厚与猛士奇人成功戡乱，康成即在此危急时刻投效李彝殷。《康成墓志》中的"南军"指绥州州军，因绥州在夏州以南，李彝敏率军从绥州北上而来。"龟城"指夏州城，现统万城东西二内城虽略呈长方形，但其外郭城"呈西南—东北走向，然后西折，驱向东城北垣"，④"因迁就地势和为包容最大面积，颇不规整"。⑤从陕西省古建设计研究所2003年测画的《统万城遗址保护规划图》来看，统万城外郭城确似龟形。《北宋定难军节度使李光睿墓志铭》铭辞有曰"龟城一任，凤历十移"，⑥形象地比喻李光睿在夏州曾任定难

① 陈尚君辑纂《旧五代史新辑会证》卷八二《晋书八·少帝纪二》，第2542页。
② 陈尚君辑纂《旧五代史新辑会证》卷八二《晋书八·少帝纪二》，第2541页。
③ 《册府元龟》卷一七八《帝王部·姑息第三》，第1982页。
④ 戴应新：《1975—1977年统万城城址勘测记》，《考古》1981年第3期。
⑤ 戴应新：《大夏统万城址考古记》，侯甬坚、李令福编《走向世界的沙漠古都——统万城》（《中国历史地理论丛》专辑），第79页。
⑥ 杜建录、白庆元、杨满忠、贺吉德：《宋代党项拓跋部大首领李光睿墓志铭考释》，杜建录主编《西夏学》第1辑，第83页。

军节度使达十一年。龟城可说是夏州城在北宋初年本地士人心目中的标准形象。

康成投效李彝殷后积极参与定难军的军事行动，志文云："自后陪随霜戟，扈从风蹄。无若之不同，有艰危而备历。披坚执锐，罔辞深入之劳；破寨收营，屡奋先登之勇。旋致凶徒自溃，峻垒复完，人民例免于伤残，疆境再获于宁静，盖公之力也。"后晋少帝开运元年（944）二月，李彝殷曾麾军进击契丹以助后晋朝廷，[1] 从志文"罔辞深入之劳"可知康成参加了定难军与契丹的战事。杨浣先生曾指出，这场战争仅具象征意义，《辽史》并未记载，定难军出兵不过是敷衍后晋的虚张声势。[2] 但从志文来看，定难军曾攻破契丹军寨，康成也冲锋陷阵，立有大功。战后康成受赏，被李彝殷署命为"定塞都副兵马"。定塞为都号，都为军事编制，[3] 定塞都副兵马即定塞都副兵马使。志文云，康成任此职后"受宠若惊，临危不惧。攀鞍跃马，每呈骁捷之能；拔钑屠龙，深蕴恢张之志"。从"攀鞍跃马，每呈骁捷之能"可知定塞都副兵马使为定难军马军军将。

此后康成又任安远将军使。将为晚唐五代一级军事编制，《资治通鉴》记唐末昭义军有后院将五百人。《旧唐书》记唐末魏博节度使乐彦祯有子将五百余人。宋承五代军制，"百人为都，五都为营"。[4] 昭义军后院将和魏博子将均有五百人，正符合"五都为营"之制，可见将为营级编制。康成所任安远将军使即定难军安远将的军事指挥官，安远为番号。此后康成又升任东城都虞侯，历任随使左都押衙、随使都知兵马使，终官五州管内都军指挥使。虞侯为藩镇军中执法军将，为都

---

① 《册府元龟》卷一一八《帝王部·亲征第三》记本年二月"辛亥，夏州节度使李彝殷、银州刺史李彝沼，合蕃汉之兵四万抵麟州、济河，侵契丹之境"（第1288页）。《旧五代史》云："辛亥，夏州节度使李彝殷合蕃汉之兵四万抵麟州、济河，侵契丹之境，以牵胁之。壬子，以彝殷为契丹西南面招讨使。"陈尚君辑纂《旧五代史新辑会证》卷八二《晋书八·少帝纪二》，第2557页。
② 杨浣：《辽夏关系史》，人民出版社，2010，第70页。
③ 《武经总要·前集》卷一《军制》云："大凡百人为都。"《中国兵书集成》第3册，第42页。
④ 《宋史》卷一九五《兵志九》，第4864页。

虞侯总领。康成任东城都虞侯，负责巡察夏州东城，处理狱讼。都押衙则总领押衙，胡三省注《资治通鉴》云："唐节度使置都押牙，牙前重职也。"①志文"爰处爪牙之任"即表明康成所任之随使左都押衙与定难军节度使之间的亲从关系。志文云，康成任随使都知兵马使时"名标上将，誉美公衙"，可见其时为衙军统兵军将。在北宋初年的定难军中，都指挥使为最高统兵军将，其军事领导权仅次于定难军节度使，在军中地位极其尊崇。五州指定难军所领有的夏、绥、银、宥、静五州。五州管内都军指挥使即五州都指挥使。藩镇诸州都指挥使多为节度使亲信，如唐末魏博节度使乐彦祯即以其子乐从训为"六州都指挥使"。②康成能成为定难军最高军事指挥官，说明其被定难军节度使李彝殷殷深所委遇。

康成之弟康某任定难军衙队将副兵马使、长子康延祚任定难军衙队都副兵马使，均为定难军衙军的军事指挥官，从康某年长于康延祚可知将副兵马使高于都副兵马使，将应为高于都之一级军事编制。

康成参与平定定难军内乱，开拓疆土，对定难军节度使忠心耿耿，功莫大焉，因此志文称"明王建位，须凭上将之功。即见善领师徒，能祁部伍，外展纵横之策，内怀慷慨之诚。致令戎境无虞，王庭大治，不惟遐迩，悉慕威名，乃管内都指挥使康成此之功也"。从"戎境无虞，王庭大治"来看，康成主持军务有方，定难军下属蕃部及会府夏州均保持安宁。其对定难军节度使之忠心翊戴被志文称为"弼辅之功莫比"，其作为定难军首屈一指的大将，"作明王之手臂"，"力壮明王"，③因此其逝世使定难军节度使如失肱股，"莫遏悲伤。俯念勤劳，仍需吊赠"。④

与何氏家族相似，康成家族在婚姻上也体现了汉化趋势。康成曾祖母为任氏、李氏，祖母为卢氏，母为任氏、南氏。康成妻为郝氏、贺

---

① 《资治通鉴》卷二二五，唐代宗大历十三年正月戊辰胡注，第7250页。

② 《旧唐书》卷一八一《乐彦祯传》，第4690页。

③ 《宋定难军管内都指挥使康成墓志铭并盖》，《中国藏西夏文献》第18卷《金石编、碑石、题记》，第61页。

④ 《宋定难军管内都指挥使康成墓志铭并盖》，《中国藏西夏文献》第18卷《金石编、碑石、题记》，第62页。

氏，其长女嫁与周氏，次女嫁与李氏。其诸子"洞知礼乐之规"也体现了汉化教育。另外康成墓志的撰写人——定难军文职僚佐郭赋也是何德璘墓志的撰写人，暗示了康成或与何德璘同为粟特人。

从上可见，在唐代的夏州，粟特人即处于本地社会的上层。由于人口较多，人才世代辈出，粟特人群体对夏州地方社会的影响一直持续至五代。唐末，党项拓跋氏由于镇压黄巢起义之军功，被唐廷授予定难军节度使并世袭此职。党项人从夏州社会的边缘一跃进至核心，党项拓跋氏与粟特人在夏州的社会角色发生了剧烈改变，双方从六胡州之乱中的敌对关系变为统治者与被统治者的关系。由于五代群雄并立、互相敌对的特殊政治环境，效力于定难军节度使的粟特何氏、康氏家族，其官履仕途始终胶着于定难军辖地，家族成员与定难军节度使有着密切的政治依附关系。何氏家族凭借其世代相传之绝妙医术，与定难军节度使结有良好的私人情谊，而以康氏家族为代表的粟特武力则成为定难军军事力量的重要支柱。总之，粟特何氏、康氏家族在定难军的发展凸显了党项拓跋氏在夏州政治地位的高升与粟特人政治地位的下降。

出身于夏州粟特武人世家的康成，在五代宋初中原地区胡汉语境消融之时，依然保持了其族属意识，在其墓志盖仍刻有入华粟特人之传统郡望太原。相对于中原地区在中央朝廷为官、汉化甚深的粟特武人，康成身处自唐末以来未受战争影响、社会阶层流动较为固化、民族构成基本稳定的夏州，其汉化主要表现为本家族多与汉人通婚。康成家族以武技立身，世代从军于夏州藩镇，历晚唐五代宋初，为本地粟特人家族的一大代表。从康成曾祖父康山人起，康氏家族与夏州节度使关系紧密。康山人曾任夏州节度使使衙北衙都知兵马使，为晚唐夏州节度使衙军总指挥官。康成又任定难军随使左都押衙、随使都知兵马使，为定难军节度使李彝殷之高级亲从军官。康成之弟康某为定难军衙队将副兵马使，康成长子康延祚为定难军衙队都副兵马使，属节度使衙军军官。康成家族世代担任夏州衙军军职，表明粟特武人在夏州军事核心力量中占有重要地位，靠近权力中枢，亦说明夏州粟特人的军事化和本土化。康成本人在李彝殷平定内乱时投效军伍，参与定难军对契丹之战，对李彝殷忠心耿耿，勤于本职，体现了夏州粟特人对于夏州节度使党项李氏家族统治之拥戴。康成最后官至定难军最高军事指挥官五州管内都军指挥使，在定难军军事领导体系中仅次于节度使李彝殷，一方面说明李彝殷对以康成为代表的夏州粟特武人势力极为倚重，另一方面也表明粟特人在夏州军事系统中占据核心地位，仅次于党项人。诚如郑炳林先生所认为："归义军是一个以汉族为主体的多民族联合政权，而粟特人是少数民族中起影响最大的部分。"[1]夏州定难军亦可说是一个以党项人为主体的胡籍蕃镇，在本镇军事指挥阶层中，粟特人是仅次于党项人的重要力量。

何氏家族自晚唐起因仕宦由河北迁徙至长安，在唐末又由长安向夏州迁徙。何氏家族在迁徙过程中不断汉化，其婚姻对象逐渐由粟特后裔向中原汉族扩展。随着胡汉通婚而带来的血缘交融，何氏家族至第四代何德璘时已完全融入汉族。何德璘之母王氏家族中有多人担任定难军官员，如为其撰写墓志铭的横银州营田判官王卿及书碑人押衙王某。何氏家族成员与王氏家族成员同在定难军内部仕职，双方的联姻体现了夏州中层士人的门第意识。何氏家族作为医学世家，不仅凭借其高超医术为定难军节度使所信用，长期担任定难军所属诸州上佐；还长期担任观察使使府幕职，执掌对定难军内部各级官员的监察权，明正善恶，堪称定难军使府御史世家。

三 西夏境内的粟特人后裔

（一）西夏境内的安姓粟特人后裔

西夏境内的粟特人后裔主要分为安、康、石、米、曹、翟、史诸姓人，见于史籍的西夏安姓粟特人后裔主要有安德信、安惟敬、安礼。据《金史·交聘表》，金世宗大定二十年（1180）正月有西夏武功大夫安德信贺正旦，大定二十八年正月有宣德郎安惟敬贺正旦，金章宗泰和七年（1207）八月有西夏宣德郎安礼贺天寿节。可见他们活跃于夏仁宗仁孝

---

[1] 郑炳林：《唐五代敦煌的粟特人与归义军政权》，郑炳林主编《敦煌归义军史专题研究》，兰州大学出版社，1997，第400页。

乾祐年间及夏襄宗安全应天年间，为西夏出使金朝的贺正旦使及贺金帝生日使，冠以武散官或文散官衔。

西夏石窟题记及佛经发愿文题记中也记录了一些安姓粟特人后裔，如莫高窟第 363 窟第四身供养人榜题为"社户安存遂□□一心供（养）"。[①] 夏惠宗秉常天赐礼盛国庆五年（1074）题书的《主持榆林窟记》云"弟子弗兴、安住，及白衣行者王温顺等七人，住于榆林窟岩"，还记有"供衣粮行婆真顺小名安和尚"。[②] 从题记可知安住与安和尚均为虔诚的佛教徒，安住与其他几名僧人、白衣信众一起在榆林窟主持修行，题记云其于榆林窟"主持四十日，看读经书文字，稍熏习善根种子，洗身三次，因结当采菩提之因"。[③] 安和尚则是为这些修行人提供衣粮的施主，其与安住或为亲属。莫高窟、榆林窟为沙州佛教大窟，而沙州自唐五代以来就有大量的粟特佛教徒活动，安存遂、安住与安和尚应为唐五代沙州粟特人之后裔。

写于夏仁宗仁孝乾祐十五年（1184）、反映密宗信仰的《金轮佛顶大威德炽盛光佛如来陀罗尼经发愿文》记有"雕经善友众：尚座袁宗鉴、杜俊乂、朱信忠、杜俊德、安平"等十七名结缘雕经人，[④] 这十七人中除讹德胜为党项人外，其余均为汉人，杜姓人士即有六名，可见安平已与汉人无异。另外西夏乾祐七年（1176）立石的《黑水河建桥敕碑》记有"泻作使安善惠刊。"[⑤] 该碑记载了夏仁宗对镇夷郡黑水诸神发布的敕命，但碑末记有"都大勾当镇夷郡正兼郡学教授王德昌"，[⑥] 可见敕文或由王德昌奉旨撰写，负责刊刻的安善惠也应为镇夷郡小吏。镇夷郡由甘州升置，而甘州自北朝以来即为粟特人一聚落，安善惠应为甘州粟特人之后裔。

---

① 陈炳应：《西夏文物研究》，宁夏人民出版社，1985，第 5 页。
② 史金波：《西夏佛教史略》，台北：台湾商务印书馆，1993，第 274 页。
③ 史金波：《西夏佛教史略》，第 274 页。
④ 俄罗斯科学院东方研究所圣彼得堡分所、中国社会科学院民族研究所、上海古籍出版社编《俄藏黑水城文献》第 3 册，上海古籍出版社，1996，第 79 页。
⑤ 陈炳应：《西夏文物研究》，第 140 页。
⑥ 陈炳应：《西夏文物研究》，第 141 页。

（二）西夏境内的康姓、石姓粟特人后裔

见于史籍、碑刻和出土文书的西夏康姓粟特人后裔主要有康忠义、康狗□、康吃□、康茂盛、康□亨、康监富、康牛儿等。据《金史·交聘表》，金世宗大定二十一年（1181）三月"夏武功大夫苏志纯、宣德郎康忠义等贺万春节"，①可知康忠义以文散官衔作为西夏使节庆贺金帝生日。夏崇宗天祐民安五年（1094）镌刻之《重修护国寺感通塔碑铭》记有"石匠人员韦移移崖、任遇子、康狗□"，②此三人姓名列于西夏文、汉文书碑官员之后，其他官员及石匠之前，表明在造碑中功劳颇丰，应为众石匠管理者。《重修护国寺感通塔碑铭》所在之凉州自三国至唐均有大量粟特人生活，康狗□应为凉州粟特人后裔。

黑水城所出《西夏天庆年间裴松寿典麦契》记有"天庆十一年五月五日立文人康……立文人康吃□"，③从契约行文来看，康吃□为夏恒宗天庆十一年（1205）生活于黑水镇燕军司的下层贫民，其与党项人骂屈移遇共同向大商人裴松寿典当"旧皮毡一领"，获得"共本利大麦九斗一升"。④黑水城所出《西夏光定借谷物契》记有"同商契康茂盛"，⑤从契文可知，康茂盛生活于西夏末年的黑水镇燕军司，他与党项人耶和小狗山共同向另一党项人移讹阿金刚茂借贷谷物。黑水城所出《西夏南边榷场使申银牌安排官状为王大成等博买货物扭算收税事》记有携带"黄褐一十"参加榷场贸易的"康牛儿"。⑥还有一件黑水城出土的《西夏乾祐五年验伤单》为"医生出具伤情证明和承诺属实的文书"，⑦该验伤单中记有"医人康□亨"，康□亨将被党项人鬼某殴伤的伤者验明为"鼻

---

① 《金史》卷六一《交聘表中》，中华书局，1975，第 1441 页。
② 陈炳应：《西夏文物研究》，第 110 页。
③ 沙知、吴芳思编《斯坦因第三次中亚考古所获汉文文献（非佛经部分）》第 1 册，上海辞书出版社，2005，第 198 页。
④ 沙知、吴芳思编《斯坦因第三次中亚考古所获汉文文献（非佛经部分）》第 1 册，第 198 页。
⑤ 王元林：《〈西夏光定未年借谷物契〉考释》，《敦煌研究》2002 年第 2 期。
⑥ 孙继民等：《俄藏黑水城汉文非佛教文献整理与研究》中册，北京师范大学出版社，2012，第 682 页。
⑦ 孙继民等：《俄藏黑水城汉文非佛教文献整理与研究》中册，第 713 页。

内见有血迹，验是拳手伤"。^① 日藏西夏光定五年（1216）《夏汉合璧典谷文书》记有"同日立文字者康那征取到谷一石"，^②那征为西夏番人（党项人）的常用名，可见康那征作为粟特人后裔已经趋于番化。另一光定年间《夏汉合璧典谷文书》记有典粮契签押人"康氏伊"。^③绿城出土的《佛顶无垢总持经》经末西夏文题记记有"宝塔匠人及发愿者行善康监富"，^④可知康监富为修建佛塔之工匠。

此外在西夏千佛阁佛塔还发现了康姓佛教徒的题记，题曰："……三日净信弟子巡礼到于此处，前立□□福哥偏但□和妻王氏、钏戒安、康年、康契丹埋、康闰埋、康小埋。大都督府。"^⑤千佛阁佛塔位于凉州，而大都督府则指灵州，可见康年、康契丹埋、康闰埋、康小埋是从灵州前往凉州的。灵州自北魏至北宋初年一直有粟特人活动，敦煌文书P.4071号星命课文还记有宋太宗开宝七年（974）十二月"灵州大都督府白衣术士康遵课"，^⑥康年、康契丹埋、康闰埋、康小埋应为灵州粟特人后裔。

石姓粟特人与党项人联系紧密，早在五代时即有过联合军事行动，《资治通鉴》云后晋王令温担任朔方节度使时"不存抚羌、胡，以中国法绳之。羌、胡怨怒，皆叛，竞为寇钞。拓跋彦超、石存、也厮褒三族，共攻灵州，杀令温弟令周"。^⑦西夏的石姓粟特人后裔主要有石方、石公义、石伴椽、石慧护、石甘州、石狐□。《续资治通鉴长编》记宋仁宗嘉祐八年（1063）八月"癸丑，诏夏国主谅祚：'所遣进奉人石方，

① 俄罗斯科学院东方研究所圣彼得堡分所、中国社会科学院民族研究所、上海古籍出版社编《俄藏黑水城文献》第6册，上海古籍出版社，2000，第296页。

② 武宇林、〔日〕荒川慎太郎主编《日本藏西夏文文献》下册，中华书局，2010，第338页。

③ 武宇林、〔日〕荒川慎太郎主编《日本藏西夏文文献》下册，第341页。

④ 史金波：《中国藏西夏文文献新探》，杜建录主编《西夏学》第2辑，宁夏人民出版社，2007，第14页。

⑤ 党寿山：《被埋没的西夏千佛阁遗址》，杜建录主编《西夏学》第7辑，上海古籍出版社，2011，第229页。

⑥ 上海古籍出版社、法国国家图书馆编《法国国家图书馆藏敦煌西域文献》第31册，上海古籍出版社，2005，第78页。

⑦ 《资治通鉴》卷二八五，后晋齐王开运三年三月，第9303页。

称宣徽南院使，非陪臣官号。'"① 可见石方任西夏宣徽南院使，并以此官
作为西夏使臣来到北宋。莫高窟第 229 窟主室门南侧有墨书"天庆四年
七月廿一……石公义到……"② 可知石公义于夏恒宗天庆四年（1197）曾
到莫高窟巡礼。写于夏惠宗大安二年（1076）的贺兰山拜寺沟方塔塔心
柱题记记有"仪鸾司小班袁怀信、赵文信、石伴椽、杨奴□"，③ 可知石
伴椽于西夏宫廷仪礼机构仪鸾司当差。黑水城出土的西夏文《大般若波
罗蜜多经卷第三十四》卷末记有写经人"出家禅定石慧护"，④ 石慧护为
禅宗僧人。克恰诺夫指出在黑水城出土的西夏文佛经中"还有一些关于
甘州抄经者的资料，如净本抄者石甘州（馆册第 1442 号）。净本写者、
修禅定者石甘州、□慧侍曾在甘州从事译经活动（馆册第 1712 号）"。⑤
前文提到甘州自北朝以来即为粟特之聚落，禅宗僧人石甘州或为甘州粟
特人后裔。石狐□见于西夏贞观辛卯十一年（1111）首领印，⑥ 为持印人
姓名。首领为西夏军队中的基层军官，一般由番人担任，石狐□担任首
领可见其番化甚深。

（三）西夏境内的米姓、曹姓、翟姓、史姓粟特人后裔

见于史籍的西夏米姓粟特人后裔主要有米知顺、米崇吉、米元杰。
米知顺本为北宋蕃官，后被俘入西夏。《续资治通鉴长编》云宋仁宗宝
元二年（1039）十一月，北宋以"内殿承制米知顺为礼宾副使、兼权荬
村等族巡检，以御西贼有劳也"。⑦ 宋仁宗康定元年（1040）三月，陕
西安抚使韩琦上疏谈到"藩篱熟户李士彬、米知顺、李思之族，亦为之

---

① （宋）李焘：《续资治通鉴长编》卷一九八，仁宗嘉祐八年正月癸丑，中华书局，
  2004，第 4789 页。
② 史金波：《西夏佛教史略》，第 263 页。
③ 宁夏文物考古研究所编《拜寺沟西夏方塔》，文物出版社，2005，第 300 页。
④ 宁夏大学西夏学研究中心、国家图书馆、甘肃省古籍文献整理编译中心编《中国藏
  西夏文献》第 1 卷《北京编·国家图书馆藏》卷一，甘肃人民出版社、敦煌文艺出版
  社，2007，第 186 页。
⑤ 〔俄〕叶·伊·克恰诺夫：《俄藏黑水城西夏文佛经叙录·绪论（2）》，崔红芬译，《西
  夏研究》2011 年第 1 期。
⑥ 史金波：《西夏官印姓氏考》，《史金波文集》，上海辞书出版社，2005，第 528 页。
⑦ （宋）李焘：《续资治通鉴长编》卷一二五，仁宗宝元二年十一月庚子，第 2941 页。

降且虏矣"，[①]《续资治通鉴长编》小注云："米知顺，保安熟户。"[②] 可见米知顺在降夏前即已党项化。米崇吉为西夏首都中兴府府尹，曾出使金朝。《金史·交聘表》云金世宗大定二十五年（1185）"十一月丙申，夏国以车驾还京，贺尊安使御史大夫李崇懿、中兴尹米崇吉、押进瓯匣使李嗣卿等朝见"。[③] 米元杰也曾为西夏使节前往金朝庆贺金帝生日。《金史·交聘表》云金章宗泰和八年（1208）"十月己卯，夏武节大夫李世昌、宣德郎米元杰贺天寿节"。[④]

佟建荣女士指出"西夏境内的确有曹姓中亚血统的曹姓人"，[⑤] 她考证《西夏译经图》中的曹广智"当出自河西粟特曹姓"。[⑥] 榆林窟第29窟内室西壁门北上部有西夏时期供养人榜题墨书，其中写有"故岳母曹氏福者一心皈依"。[⑦] 曹姓为唐五代敦煌粟特大姓，此曹氏或为敦煌粟特后裔。据史金波先生研究，黑水城出土的一件西夏文粮食借贷契约写有借贷者姓名曹肃州及其妻名讹七氏西宝。[⑧] 前述石甘州为甘州的粟特人后裔，则曹肃州也应为肃州的粟特人后裔，而肃州自西晋以来就有大批粟特人活动。武威出土的西夏冥契写有"直祭主曹铁驴"。[⑨]

莫高窟第61窟甬道北壁供养比丘第十二身西夏文榜题为"助缘僧翟嵬名九像"。[⑩] 翟姓为唐五代敦煌粟特大姓，此僧人翟嵬名九抑或出自敦煌粟特翟氏。值得注意的是翟嵬名九为双姓粟特后裔，其翟姓源于粟特，嵬名为西夏皇族姓氏。史金波先生认为："西夏的复姓现象可能反映了当时的婚姻关系，一些人为了某种政治需要特意把本族的姓氏和妻族姓氏一齐反映在自己姓名之中。"[⑪] 翟嵬名九的姓名正反映了其母族为

① （宋）李焘：《续资治通鉴长编》卷一二六，仁宗康定元年三月癸未，第2994页。
② （宋）李焘：《续资治通鉴长编》卷一二六，仁宗康定元年三月癸未，第2994页。
③ 《金史》卷六一《交聘表中》，第1444—1445页。
④ 《金史》卷六二《交聘表下》，第1480页。
⑤ 佟建荣：《西夏后妃宗族考》，《西夏研究》2010年第2期。
⑥ 佟建荣：《西夏后妃宗族考》，《西夏研究》2010年第2期。
⑦ 陈炳应：《西夏文物研究》，第13页。
⑧ 杜建录、史金波：《西夏社会文书研究（增订本）》，上海古籍出版社，2012，第122页。
⑨ 于光建、徐玉萍：《武威西夏墓出土冥契研究》，《西夏研究》2010年第3期。
⑩ 史金波：《西夏佛教史略》，第260页。
⑪ 史金波：《西夏官印姓氏考》，《史金波文集》，第538页。

番人。前引凉州千佛阁佛塔题记中的康契丹埋亦属此种情况，康契丹埋的母族或妻族应为西夏境内的契丹人。另外黑水城所出俄 Инв. № 4597《天庆未年卖使军契》记有画押的"文书写者翟宝胜"①。

史姓为粟特著姓之一，《东都事略》卷六一《种谔传》云："银夏监军史屈子托言嵬名山来报内附。"②《金史·交聘传》云："明昌三年正月乙巳朔，夏武节大夫赵好、宣德郎史从礼贺正旦。"③黑水城所出俄 Инв. № 2858—1《天庆丑年卖畜契》记有西夏黑水城居民史阿酉为画押的契约证人。④史屈子、史从礼、史阿酉或为史姓粟特人后裔。元武宗重臣、西夏人后裔史乞台普济曾祖史持持理威为西夏大臣，史氏一族"其来姑臧不知其纪"，⑤可见其为凉州粟特人后裔。

由上可见，西夏立国后，灵州以及河西走廊地区的凉州、甘州、肃州、沙州的粟特人后裔都成为西夏臣民，一些粟特人后裔甚至远迁至边境城市黑水镇燕军司。由于政治中心的转移，定难军时期活跃于夏州地区的粟特人消失在西夏的政治舞台上。总体来看，西夏粟特人后裔身份各异，既有大臣官贵，又有普通小吏，还有基层武官，更多的是工匠、医人、贫民等普通百姓，也不乏职业僧侣，其政治地位远不如定难军时期夏州地区的粟特人。这一方面说明了粟特人在西北政治格局中所发挥的作用日益式微，另一方面也说明了粟特人在西夏时期已经全面汉化，西夏统治者已将其视为普通汉人。⑥此时的西夏已由唐末五代蕃汉联合执政的胡籍藩镇转变为番人为大的党项王朝，粟特人后裔的权力空间已

---

① 史金波：《黑水城出土西夏文卖人口契研究》，《中国社会科学院研究生院学报》2014年第4期。
② （宋）王称：《东都事略》卷六一《种谔传》，孙言诚、崔国光点校，齐鲁书社，2000，第497页。
③ 《金史》卷六二《交聘表下》，第1459页。
④ 史金波：《西夏文卖畜契和雇畜契研究》，《中华文史论丛》2014年第3期。
⑤ 《姚燧集》卷二六《开府仪同三司太尉太保太子太师中书右丞史公先德碑》，查洪德点校，人民文学出版社，2011，第562页。
⑥ 西夏文本《杂字·汉族姓》列有石、曹、安，见王静如、李范文《西夏文〈杂字〉研究》，《西北民族研究》1997年第2期。西夏汉文本《杂字》中曹、翟二姓在番姓名之外，见俄罗斯科学院东方研究所圣彼得堡分所、中国社会科学院民族研究所、上海古籍出版社《俄藏黑水城文献》第6册，上海古籍出版社，2000，第137页。

大为缩小，但其信仰仍然延续了数世纪以来的传统，在西夏的佛教文化
遗存上增添了浓墨重彩的一笔。值得注意的是，西夏境内的一些粟特人
后裔从姓名和婚姻来看呈现出党项化趋势，这正如高昌回鹘中的粟特人
走向回鹘化一样，西北地区的粟特人最终融入了在本地占有政治和文化
优势的党项、回鹘与汉人中。

四 结 语

综上所述，党项人与突厥属部中的粟特人在公元 8 世纪时为军事
同盟；在公元 10 世纪时夏州粟特人成为以夏州党项为主体的定难军政
权中的文职僚佐与武职军将，世代辅弼夏州党项酋首——定难军节度使
李氏家族；在李元昊称帝建国后，原夏州、灵州、凉州、沙州的粟特人
后裔又成为西夏的属民。具体而言，党项与东突厥汗国中的粟特人原本
属于不同区域的民族，二者由于初唐时内亚政治局势的风云变幻而聚集
于河套这一地理空间，形成了在灵夏间犬牙交错的居住格局。基于共同
的政治地位和经济形态，双方同受唐朝压迫，六胡州粟特人率先铤而走
险，灵夏党项积极响应，组成粟特党项联军，兵锋东指胜州，以联合胜
州突厥、党项，并希冀获得后突厥汗国的军事支援。粟特、党项结盟
的重要原因还在于双方均受到突厥政治文化的强烈影响，其叛乱的政治
诉求正在于希冀借助后突厥汗国的政治影响而对抗唐朝。联军最终在唐
军、党项拓跋部、吐谷浑慕容部三方夹击下内讧溃灭。忠于唐廷的党项
拓跋部积极介入平叛，拓跋思泰战殁，但拓跋氏家族在朝野中的政治地
位自此迅速提升，其政治影响扩展至其余党项诸部，成为唐廷统治党项
诸部的合法代表。

五代宋初定难军政权中的粟特人主要包括唐末迁入夏州的河北粟
特人后裔以及北朝以来夏州本地的粟特人后裔。由河北而来的何德璘家
族，自何德璘父何子嵒起居于夏州，直至何德璘曾孙何令图、何令珣、
何令瑾，其家族已然入籍夏州。康成家族为夏州土著，家族史可上溯至
康成曾祖康山人。两支家族带有浓厚的地方特色，家族历史贯穿了唐末
五代宋初，见证了定难军的崛起与衰落。两支家族都世代效力于定难军

节度使，如何德璘历仕李思谏、李仁福、李彝超、李彝殷，何公历仕李彝超、李彝殷、李克睿，康成历仕李彝超、李彝殷，因此他们与定难军节度使之间的亲从关系极为深厚，他们对定难军节度使也极为拥戴，在何德璘墓志、何公墓志、康成墓志中出现的"先王""府主""府主大王"都说明了何氏家族与康氏家族对于定难军节度使的政治认同。何德璘家族与康成家族步入仕途、不断显达的过程都与历代定难军节度使密不可分，甚至何德璘、何公的试官、宪官、勋官都为定难军节度使向朝廷奏授。何德璘家族多为定难军属州州官、县官及文职僚佐，也有一些武职军将，康成家族则均为定难军武职军将。他们作为定难军的世宦之家都为定难军节度使所信重，其中何德璘家族以其家族世传之医术供奉于内，康成家族以其武技内平节度使家难、外抗强敌，康成甚至成为统军权仅次于定难军节度使的五州管内都军指挥使，夏州粟特人的权力场域因之从节度使衙廷扩展到了藩镇武力中。

西夏境内的粟特人后裔主要分为官吏、僧侣、平民三大群体。官吏群体中既有官至中兴府尹的高官，也有仅为宫廷仪礼机构的小吏，还有很多人为出使金朝的使臣。这些人大都居于西夏首都，或服务于皇室或外使宣扬国威，本身为西夏官僚系统的重要组成人员，在西夏国家权力结构中享有一定地位。僧侣群体中既有为皇室译经的高僧，也有身处地方开凿石窟供养的普通僧人。平民群体中既有佛教信众，也有职业石匠、商人、医人，还有底层贫民。佛教信众大都在石窟题记和佛经发愿文中祈求皇室隆兴，有的还认为自己修行圆满来源于皇室圣德；石匠姓名也题于对皇室歌功颂德的石碑中。这都反映了粟特后裔对于西夏国家政权的政治认同。从地域分布来看，除官吏与高僧居于首都外，普通僧侣和世俗信众、商人，以及职业石匠、医人和底层贫民多居住于沙州、灵州、凉州、甘州、黑水城。沙州、灵州、凉州、甘州自北朝以来就有大量粟特人聚居，西夏时期在此四地仍出现粟特人后裔，体现了民族血缘之流传。黑水城地区的粟特人后裔应是伴随着王朝疆域的扩展而从以上四地流动往黑水城定居的。无论是官吏、僧侣还是平民，他们都与番人、汉人友好共处，或与番人、汉人官员同朝为官出使金朝；或与番人僧侣一起为皇室译经；或与番汉僧侣共同开凿石窟供养佛像；或与番汉信众结缘一起雕印佛经；或与番汉工匠一起雕凿石碑；或为番人验伤；甚至与番人联姻。这些都说明粟特后裔在西夏统治下已成为西夏多民族社会的重要成员。

（原刊于《中国史研究》2015 年第 4 期）

金夏交聘礼仪考述

马旭俊

摘　要　金与西夏的交聘礼仪经历了三个时期：金朝建立初草创未
就时期，金熙宗修正完善时期和金朝末年"兄弟之国"时
期。金夏交聘礼仪制度在金熙宗时期趋于完整的主要原因
有：第一，金熙宗改变金太宗时期的灭宋政策，开始谋求
与南宋议和，使金朝统治由武力征服转向以文治国；第二，
随着金与南宋和谈的进行，特别是金与南宋先后签订"天
眷议和""皇统议和"之后，金熙宗意识到，完善交聘礼仪
制度是巩固金朝中心宗主国地位的必要手段；第三，金熙
宗改革包括金夏交聘礼仪制度在内的政治制度，模仿其他
政权特别是农耕定居的宋朝，是其唯一且必然要选择的道
路；第四，西夏为了在稳定且制度化的朝贡关系中获得更
多的物质利益，对金熙宗的改革是持欢迎态度的。同时，
金夏仅是名义上变成"兄弟之国"，并没有改变其"君臣"
之实。金朝接待西夏使节的礼仪主要有：接伴礼仪、送伴
礼仪、馆伴礼仪、入见仪、曲宴仪、朝辞仪。大致而言，
西夏使节的地位低于宋朝使节，与高丽使节相当。

关键词　金朝；西夏；交聘；礼仪

金与西夏作为两个少数民族政权，共同主导中国北方政局的时间达

百余年。他们之间的交往不仅是中国政治史上的重要一页，而且在中国民族关系史中极具特殊地位。金与西夏的交聘制度与礼仪行为既表现出东亚封贡体系的统一性，又表现出与宋金交聘制度的些微差异，不乏金夏两政权的地方或民族特色。因此可以说，金与西夏的交聘礼仪与规范不但为双方的政治、经济与文化交流提供了制度性保障，而且可以看作是 12 世纪中国北方政局的一个历史缩影。

一　金夏交聘礼仪的沿革

金朝成立初期，交聘礼仪制度草创未就，"文物度数，曾不遑暇"。[1]1125 年，宋与西夏使者前往金朝奠慰并贺即位，"时蕃使馆见仪未有定制，使至逾月，殿中少监刘筈始详定焉"。[2] 从如此仓促的行为可以想象，当时双方交聘礼仪制定得是很粗糙的。1134 年，金朝派遣的使节还没有正副之分，官职亦无三节之分，"枢密院言：'大金元帅府差到，奉使元不曾分使副，今来并作一等锡赐，其人从自入界，诸处不曾到申分三节，并已依中节锡赐。'"[3] 直到天眷三年（1140），金朝派遣到西夏的册封使中才出现了正式的官职名分"尚辇局使"。[4] 关于金朝开始完备遣使制度的具体时间，史籍没有确切说明，如果考虑到"至熙宗颁新官制及换官格，除拜内外官，始定勋封食邑入衔，而后其制定"，[5] 以及天眷元年金遣宋朝使节中首次出现官职名分，[6] 这一时间可能大致在

---

① （宋）洪皓：《松漠纪闻续》，翟立伟标注，吉林文史出版社，1986，第 44 页。
② （清）吴广成著，龚世俊等校证《西夏书事校证》卷三三，甘肃文化出版社，1995，第 386 页。
③ （清）徐松辑《宋会要辑稿》职官三六之四三，中华书局，1957，第 3093 页。
④ 《西夏书事校证》卷三五："金主遣尚辇局使完颜衷赍封册至，命仁孝为夏国王，加开府仪同三司、上柱国。"
⑤ 《金史》卷五五《百官志》，中华书局，1975，第 1216 页。
⑥ 《金史》卷六〇《交聘表》："右司侍郎张通古等诏谕江南。"

1135—1138 年之间。① 由此可见，直到金熙宗继位后，金朝制度礼仪才走上了不断完善的道路。

具体到金与西夏的交聘礼仪制度方面，金熙宗时期做了大量补充、修正和完善工作。如天会十三年（1135），"十二月癸亥，始定齐、高丽、夏朝贺、赐宴、朝辞仪"；② "熙宗时，夏使入见，改为大起居。定制以宋使列于三品班，高丽、夏列于五品班"；③ 皇统二年（1142），"凡入见则宋使先，礼毕夏使入，礼毕而高丽使入。其朝辞则夏使先，礼毕而高丽使入，礼毕而宋使入。夏、高丽朝辞之赐，则遣使就赐于会同馆。惟宋使之赐则庭授"；④ 皇统六年，"诏外国使初见、朝辞则于左掖门出入，朝贺，赐宴则由应天门东偏门出入"。⑤ 这一点在金派遣西夏使节的活动中也有所体现：从金夏确立交聘关系的 1124 年到金熙宗继位的 1135 年，十余年的时间里，金朝不曾派遣一位使节到达西夏，"自乾顺与王阿海等争相见礼，金使未尝至夏"。⑥ 自 1136 年起金朝开始再次派遣使节到西夏，而且使节名目日渐丰富，如横赐使、告即位使、赐生日使等。

金朝初期，统治者把主要精力都放到了对外战争上，无暇顾及自身的制度建设。以 1124—1135 年为例，金朝虽然于 1125 年就俘获了辽天祚帝，消灭了辽朝，但很快又将刀锋转向了北宋，⑦ 先后两次向北宋发起进攻，并最终于 1127 年灭亡北宋。然而，金人攻伐的脚步并未就此停歇，他们继续向南宋发起多次进攻，在此期间先后建立了伪楚、伪齐傀

---

① 李辉《宋金交聘制度研究》（博士学位论文，复旦大学，2005）认为"绍兴议和后，宋金之间使节往来频繁，金聘使制度逐渐完备"。从金遣往宋朝使节中首次出现官职名称的时间（1138），以及天会十三年（1135）"十二月癸亥，始定齐、高丽、夏朝贺、赐宴、朝辞议"（见《金史·熙宗纪》）的记载推测，金朝开始完备遣使制度的时间应该在绍兴议和之前，而非之后。
② 《金史》卷四《熙宗纪》，第 70 页。
③ 《金史》卷三八《礼志》，第 868 页。
④ 《金史》卷三八《礼志》，第 868 页。
⑤ 《金史》卷三八《礼志》，第 868 页。
⑥ 《西夏书事校证》卷三六，第 415 页。
⑦ 赵永春认为，在与金人的交往过程中，"宋人软弱无能的本质暴露无遗，又做了一些有违宋金盟约的事，终于为金人攻宋找到了借口"。参见赵永春《金宋关系史》，人民出版社，2005，第 39 页。

僻政权。这种战争局面一直持续到金熙宗继位。

金夏交聘礼仪制度在金熙宗时期趋于完整，主要原因有如下几点。第一，金熙宗改变金太宗时期的灭宋政策，开始谋求与南宋议和，使金朝统治由武力征服转向以文治国。即金朝开始腾出手来进行政治、经济、思想文化等领域的内部改革，如改革女真勃极烈制度为汉官制的三省六部制，改革地方官制、将猛安谋克纳入州县系统，颁行《皇统新制》、以法治国，等等。① 其中，金朝交聘礼仪制度的改革与完善，是金熙宗全面改革措施的一部分。因此可以说，金宋走上和好的道路，进行内部整顿改革，是金夏交聘礼仪制度完善的最大外部条件。第二，随着金与南宋和谈的进行，特别是金与南宋先后签订"天眷议和""皇统议和"之后，金熙宗意识到，完善交聘礼仪制度是巩固金朝中心宗主国地位的必要手段。单以"皇统议和"为例，根据赵永春的整理研究，双方和议的主要内容一共有六条，其中关于金宋交聘的相关内容就有三条。② 如南宋向金称臣，"世世子孙，谨守臣节"；南宋每年向金贡献银25万两，绢25万匹，于每年春季差人运送至泗州向金人交纳，称"岁贡"；双方皇帝的生辰与正旦，彼此都要遣使祝贺，"每年皇帝生辰并正旦，遣使称贺不绝"。③ 由此可见，金与南宋在"皇统议和"之后也确立了君臣交聘关系，金为君，南宋为臣。张博泉先生指出："礼的本质在别尊卑、贵贱、亲疏。"④ 显而易见，面对器物制度高度发达的农耕定居政权——宋朝，金初实行的"本朝旧制"⑤ 已显得不合时宜了。概言之，如何让包括西夏在内的蕃主国从心理上更能信服地接受金朝的宗主国地位，让金朝的宗主国地位在法理上具有更多合法性，是当时金熙宗亟须解决的政治问题。而交聘礼仪制度是加固金朝宗主国地位合法性、维护金朝宗主国威严的外在表现，因此其全面改革完善势在必行。第三，金熙宗改革包括金夏交聘礼仪制度在内的政治制度，模仿其他政权，特别是农耕定居的宋朝，

---

① 参见赵永春《论金熙宗的改革》，《社会科学辑刊》2004年第1期。
② 参见赵永春《金宋关系史》，第191页。
③ 《金史》卷七七《宗弼传》，第1755页。
④ 张博泉：《金代礼制初论》，《北方文物》1988年第4期。
⑤ 《金史》卷三《太宗纪》，第47页。

是其唯一且必然要选择的道路，"然大率皆循辽、宋之旧"。① 而金熙宗
的"汉化"是他能够胜任这项改革得天独厚的先天条件，即金熙宗具备
高度学习、模仿宋朝制度文化的能力。史籍记载，"自（金熙宗）童稚
时金人已寇中原，得燕人韩昉及中国儒士教之。其宣之学也，虽不能明
经博古，而稍解赋诗翰（墨）、雅歌儒服、烹茶焚香、奕棋战象，徒失女
真之本态"。在当时守旧的女真人眼中，金熙宗"宛然一汉家少年子也"。
而金熙宗视这些守旧女真人为"无知夷狄"，② 他很尊崇儒家学说："孔子
虽无位，其道可尊，使万世景仰。"他还以儒家的礼乐制度为最高的政治
理想："太平之世，当尚文物，自古致治，皆由是也。"③ 甚至有学者指出：
"熙宗是以中原传统儒家思想作为自己的施政纲领。"④ 因此，金夏交聘礼
仪制度在金熙宗时期趋于完善有其历史必然性。第四，虽说西夏在礼仪
制度建设方面要比同一时期的金朝成熟得多，但此时的西夏与宋朝在地
理上彻底隔绝，从而导致无法自给自足，在经济上对金朝的依赖性空前
增强。也就是说，稳定且制度化的朝贡关系可以让西夏获得更多的物质
利益。毫无疑问，西夏统治者对金熙宗的改革是持欢迎态度的。

　　1213 年起，金夏交聘关系破裂。随后十余年双方中断聘使往来，
侵掠不断，"及贞祐之初，小有侵掠，以至构难十年，两国俱敝"。直至
1224 年，"夏国遣使修好"，第二年，金夏和议，定"以兄事金"，并确
立"新定夏使仪注"。⑤ 自此，金夏由"君臣之国"变成了"兄弟之国"。
不过，新制定的交聘礼仪制度只在正大三年（1226）使用过一次，1227
年西夏即亡国。

　　实际上，金夏仅是名义上变成"兄弟之国"，并未有改变其"君臣"
之实，这一点在"新定夏使仪注"里体现得最为直接。如"新定夏使仪
注"多次提到，西夏要向金朝皇帝行"舞蹈礼"，"来使再拜，舞蹈，三

---

① 《金史》卷五五《百官志》，第 1216 页。
② （宋）徐梦莘：《三朝北盟会编》卷一六六引《金虏节要》，上海古籍出版社，1987，
　　第 1197 页。
③ 《金史》卷四《熙宗纪》，第 77 页。
④ 杨军：《金熙宗心理变态原因初探》，《吉林大学古籍研究所建所二十周年纪念文集》，
　　吉林文史出版社，2004。
⑤ 《金史》卷三八《礼志》，第 869—870 页。

拜，复位立"，"使副单跪，以酒果过其侧，拜、舞蹈如仪"，"再引至丹
墀，舞蹈，五拜，不出班代奏'圣躬万福'"，等等。[①]日本学者渡边信
一郎认为，"舞蹈"是隋以来臣下对君主的臣服之礼，常见于朝会、觐
见等仪式的开头和贺词交换之后的结束之时，以表示对皇恩浩荡的无限
喜悦。渡边信一郎还推测其类似于日本《拾芥抄》"舞蹈事"条所云：
"再拜，置笏，立，左右左。居，左右左。取笏小拜，礼再拜。"[②]由此可
见，"新定夏使仪注"并未改变金夏君臣之实，所谓"兄弟之国"仅是
名义上的，"金朝十分注意保持夏使同金帝之间的空间距离，并通过仪
式规格、跪礼、天使和赏赐频繁出现等方式，试图重申和展示夏金之间
的君臣关系"。[③]尽管如此，"新定夏使仪注"为我们了解金夏交聘礼仪
制度提供了难能可贵的第一手资料，"节文仪注属之"，[④]即对所行礼仪的
总结成为仪注。因此，"新定夏使仪注"是对金夏交聘礼仪的总结、完
善、补充以及修正，绝对不是将其彻头彻尾地改成"新"的。这一点是
值得我们注意的。

二　金与西夏交聘礼仪

金夏交聘礼仪，主要指金朝接伴、送伴，以及金朝皇帝接见西夏使
节的礼仪。因此，金夏交聘礼仪是以金朝为中心的金与西夏宗蕃关系的
外在集中体现。金夏交聘的礼仪主要内容有：接伴礼仪、送伴礼仪、馆
伴礼、入见仪、曲宴仪、朝辞仪。

（一）金朝接送伴西夏使节的礼仪

正式确定于金正大二年（1225）的《新定夏使仪注》相对完整地记
录了金朝接送伴西夏使节的相关礼仪，又《杨瀛神道碑》记载，金明昌
七年（1196）担任同知西京路辞赋贡举的杨瀛在主持完贡举考试之后，

① 《金史》卷三八《新定夏使仪注》，第870—878页。
② 参见〔日〕沟口雄三、小岛毅《中国的思维世界》，孙歌译，江苏人民出版社，2006，第394—397页。
③ 王刚、李延睿：《夏金末年夏使入金贺正旦仪式考论——以〈金史〉'新定夏使仪'为中心》，《北方民族大学学报》2015年第4期。
④ 参见张博泉《金代礼制初论》，《北方文物》1988年第4期。

"既归复为夏国接伴口"。① 由此可见，在《新定夏使仪注》之前，金朝就设有专门接伴西夏使节的工作人员，甚至设有金朝接伴西夏使节的专门礼仪。如果考虑到金朝在金熙宗时期，聘使制度、礼仪趋于完善，天会十三年（1135）"始定齐、高丽、夏朝贺、赐宴、朝辞仪"，② 那么金朝执行迎送西夏使节的制度、礼仪应该比1196年还要早很多。因此，《新定夏使仪注》记载的金朝接送伴西夏使节的礼仪应该是对此前相关礼仪的补充和修正。本节以《新定夏使仪注》为蓝本，参考同时期金宋相关交聘礼仪，对金迎送西夏使节的礼仪梳理如下。

1. 金朝接伴西夏使节的礼仪

西夏使节进入金朝境内之前，需将使节"三节人从"③ 名单、具体到达时间等信息报告给金朝。金朝则会派遣接待人员在边境迎接，"差接伴使与书表人迓于境"④。西夏使节到达金朝边界后，先派人向金朝接待人员通报使节姓名、职位等信息；金朝确认后，则派人回复金朝接待人员姓名、职位等信息。待西夏使节确认后，金朝邀请西夏使节队伍过界。按照惯例，双方使节"三请"后上马，分别于两界心面对面驻马，双方派专人互相递交名帖，完成举鞭、作揖等礼节后，以次序进入金朝境内。⑤ 西夏使节进入金朝境内之后，首先要按照驿路里程规划在中途停留休息的地方，"则先具驿程腰宿之次"。⑥

金朝还会在沿途重要的地方州府设宴款待外国使节。《金史·新定夏使仪注》中提到，西夏使节在到达京兆行省和河南行省时，要分别留

① 王新英:《金代石刻辑校》，吉林人民出版社，2009。
② 《金史》卷四《熙宗纪》，第70页。
③ 《金史》卷三八《礼志》:"夏国使、副及参议各一，谓之使。都管三。上节、中节各五，下节二十四，谓之三节人从。"
④ 《金史》卷三八《礼志》，第870页。
⑤ 这部分内容参照金宋使节见面礼仪而作。参见《三朝北盟会编·宣和乙巳奉使金国行程录》:"两界各有幕次，行人先令引接贵国信使、副门状过彼，彼亦令引接以接伴使、副门状回示，仍请过界。于例，三请方上马，各于两界心对立马，引接互呈门状，各举鞭虚揖如仪，以次行焉。"又据《金史·新定夏使仪注》"接伴使初相见之仪亦然"可知，金朝接伴使与西夏使节在边界相见，首先互换"名衔"，然后西夏使、副、都管"上中节人从"依次会见金朝接伴使。由此可见，金夏使节边界相见礼仪与金宋大致相同。
⑥ 《金史》卷三八《新定夏使仪注》，第870页。

宿一晚，并分别于第二天接受金朝专门的设宴款待，谓之"来宴"。[①]金朝中前期是否设"来宴"款待西夏使节、会在中途哪个州府设宴款待等问题，史籍阙载。参照金宋交聘的史料来看，金朝会在咸州（今辽宁开原县东北）、黄龙府（今吉林省农安县）设宴款待宋使，海陵王迁都燕京后，则改在开封、真定（今河北正定县）赐宴宋使。想必金朝款待西夏使节的情况也大致如此。款待西夏使节"来宴"的具体礼节，史籍阙载。现参照宋朝使节过金朝咸州时，在第二日接受赐宴的相关记载，窥其大概："赴州宅，就坐，乐作。酒九行，果子惟松子数颗。胡法饮酒，食肉不随下盏，俟酒毕，随粥饭一发致前，铺满几案。地少羊，惟猪、鹿、兔、雁、馒头、炊饼、白熟、胡饼之类。最重油煮面食，以蜜涂泮，名曰'茶食'，非厚意不设。以极肥猪肉或脂润切大片，一小盘虚装架起，间插青葱三数茎，名曰'肉盘子'，非大宴不设。"又，《北行日录》中对宋使在真定接受赐宴的礼仪记载得更为详备："赐宴。既传衔，使副率三节人具衣冠，出接伴位前，对揖而出，就褥位，与接伴、天使对立，三节人立使副后。先引使副东北向，开敕两拜。……使副舞蹈五拜，又开敕两拜。……使副搢笏跪左膝，又手受赐五拜，舞蹈如仪，还立褥位，对展。赐揖接伴，退就幕次……三节人东北向，再拜呼噪。升厅占位东向，南上小立，候使副初盏罢，三节方坐。"可见，金朝在沿途重要的地方州府款待外国使节的宴会上，也是有一套繁冗复杂的制度礼仪的。

单从宴会菜品来看，招待宋朝使节的宴会具有浓郁的"女真风味"，尽管京兆行省与河南行省距离女真故地较远，但考虑到"虏人每赐行人宴，必以贵臣押宴"，[②]想必款待西夏使节"来宴"的菜品也大致如此。[③]当然，也不排除"来宴"中的菜品结合当地饮食习惯、因地因时制宜的

---

① 《金史》卷三八《新定夏使仪注》，第 870 页。

② （宋）徐梦莘：《三朝北盟会编》卷二〇引许亢宗《宣和乙巳奉使行程录》，第 144 页。

③ 楼钥在《北行日录》记载宋朝使节在真定接受金朝赐宴时，也提到了"松子糖粥、茶食、饼子、肉饼子、双下灌浆馒头"等食物。

可能。^①同时，《新定夏使仪注》提到，金朝设"来宴"款待西夏使节时，"押宴"由负责招待的行省安排，并且有"借官"的现象，"凡行省来宴、回宴之押宴官，皆从行省定差，就借以文武高爵长官之职，以为转衔之光"。^②由此推断，金朝招待西夏使节的"来宴"规格应该略低于招待宋朝使节。

此外，西夏使节快要到达京城时，金朝皇帝会派遣一名内侍迎候于京城近境的尉氏县（今河南省开封市西南），^③并赏赐礼物给使节队伍，"以油绢复韬三银盒，贮汤药二十六品"。^④

2. 金朝送伴西夏使节的礼仪

西夏使节完成出使任务离开金朝边境时，有边界辞行的礼仪，由送伴使负责，"凡使将至界……去则差送伴使，皆有副，皆差书表以从"。可见，金朝送伴西夏使节和送伴宋朝使节一样，都有正、副送伴使。关于"送伴"礼仪，《新定夏使仪注》的记载较为简略："第九日，聚厅，送至恩华馆，更衣而行。"^⑤现参照金朝送宋朝使节至边界的情形，窥其大概："至界内幕次，下马而望，我界旗帜，甲马、车舆、帝幕以待，人皆有喜色。少倾乐作，酒五行，上马，复同送伴使副过我幕次。作乐，酒五行，上马，复送至两界中。彼此使副回马对立，马上一杯，换作执鞭，以为异日之记。引接展辞状，举鞭揖别，各背马回顾，少倾进数步，踟蹰为不忍别之状。如是者三乃行"。^⑥

此外，从"凡行省来宴、回宴之押宴官，皆从行省定差"^⑦的记载来看，金朝会在西夏使节归国途中再设宴款待，谓之"回宴"。

---

① "金朝进入中原后，在汉族封建文化的影响之下，女真饮食文化确立了严格的尊卑礼仪，皇室贵族的饮食方式越来越繁琐，饮食内容更加丰富而精细。"参见程妮娜《金源饮食文化述论》，《民间文化》2001年第2期，第40页。

② 《金史》卷三八《新定夏使仪注》，第878页。

③ 金朝首都先后为上京（今黑龙江哈尔滨市阿城）、中都（今北京市）、汴京（今河南省开封市），金朝皇帝派遣内侍在"尉氏县"迎候西夏使节应该是金朝迁都开封以后的事。

④ 《金史》卷三八《礼志》，第870页。

⑤ 《金史》卷三八《新定夏使仪注》，第878页。

⑥ （宋）徐梦莘：《三朝北盟会编》卷二〇引许亢宗《宣和乙巳奉使行程录》，第147页。

⑦ 《金史》卷三八《新定夏使仪注》，第878页。

（二）金朝馆伴西夏使节的礼仪

西夏使节进入京城后，金朝会同馆"预先差遣馆伴使、副馆伴使二人，书表四人，牵拢官三十人"恭候迎接，然后与使节"三节人从"一起进入会同馆，谓之"聚厅"。① 在会同馆内，金朝有一套接待西夏使节的礼仪。《新定夏使仪注》载："先以馆伴使名衔付之，而使者亦以其衔呈，然后使、副、都管、上中节人从以次见馆伴使。……次以馆伴所书表见人使，馆伴所牵拢官与下节人互相参见，毕，乃请馆伴、接伴人，使、副，各公服齐出幕次，对行上厅栏子外，馆伴在北，对立。……是日，皇帝遣使抚问。天使至馆，转衔如馆伴初见之仪。馆伴与天使、来使副各公服，齐行至位，对立。……到馆之明日，遣使赐酒果，天使初至转衔后，望拜传宣皆如抚问之仪。使副单跪，以酒果过其侧，拜、舞蹈如仪……来使副以书送土物于引进使，及交进物军员人等，阁门副及习仪承受人各赠土物。"

从这段史料可以看出，正式觐见金朝皇帝之前，金朝馆伴使在会同馆接待西夏使节"三节人从"两天。第一天的主要活动有：会同馆接待人员与西夏使节"三节人从"依次会面，馆伴使与接伴使完成交接仪式，金朝皇帝派遣"天使"安抚慰问西夏使节等。第二天的主要活动有：金朝皇帝派遣"天使"赏赐酒和果品，金朝阁门副使到会同馆指导西夏使节练习入见仪等。一般而言，馆伴使、"天使"、阁门副使与西夏使节会面之后，都会有宴请活动，但要比金朝行省安排的"来宴"简单一些，"先汤，次酒三盏，置果殽。茶罢"，"汤酒殽茶并如前"。馆伴使和"天使"宴请西夏使节前的礼仪大致相当，"乃请馆伴、接伴人，使、副，各公服齐出幕次，对行上厅栏子外，馆伴在北，对立。先接伴揖，次来使副与馆伴互展状，揖，各传示，再揖"，"来使与天使各展状，相见揖，次馆伴揖。来使令人传示，请馆伴、天使与来使对行上厅，各赴椅子立，通揖"。同时，西夏使节会给"天使"、押送酒果的军人、阁门副使等赠送西夏土产品："依例书送天使土物"，"赠天使土物皆如抚问使礼，押酒果军亦有土物之赠"，"阁门副及习仪承受人各赠土物"。最

---

① 《金史》卷三八《新定夏使仪注》，第870页。

后，西夏使节还会为第三天觐见皇帝做些预备工作，比如练习入见仪；将入见皇帝的文榜交给阁门副使，以便交付给礼进司，"乃以入见榜子付阁门持去，以付礼进司"；把西夏土产的清单交给引进使，将土产交给进献礼物的军政人员，"来使副以书送土物于引进使，及交进物军员人等"。

总体而言，西夏使节与金朝馆伴使、"天使"会面的礼仪，与边境接伴礼仪相当，"接伴使初相见之仪亦然"，"转衔如馆伴初见之仪"。即先交换"名衔"，并依次相见："先以馆伴使名衔付之，而使者亦以其衔呈，然后使、副、都管、上中节人从以次见馆伴使。"值得注意的有两点：其一，与馆伴使完成会面之后，职位等级相当的人员也要互相会面，"以馆伴所书表见人使，馆伴所牵拢官与下节人互相参见"；其二，与"天使"会面的礼仪相对复杂一些，除了互换名衔外，西夏使节要遥望皇宫站立，并行鞠躬礼，"请来使副升拜褥望阙立……来使副鞠躬"；天使说"皇帝有令"，西夏使节再鞠躬，"天使言'有敕'，乃再拜鞠躬"；天使传达金朝皇帝的口谕后，西夏使节要行"舞蹈礼"，"天使口宣辞毕，复位。来使再拜，舞蹈，三拜，复位立"；西夏使节单跪接受金朝皇帝赐的酒果之后，也要行"舞蹈礼"，"使副单跪，以酒果过其侧，拜、舞蹈如仪"；最后还要跪下进献感谢皇帝赏赐酒果的"谢表"，"跪进谢赐酒果表"。

（三）金朝皇帝接见西夏使节的礼仪

1. 入见仪

金朝对外国使节觐见皇帝制定了一套复杂的程序和礼仪规范。《金史·外国使入见仪》载："皇帝即御座……次引高丽使左入，至丹墀北向略立，引使左上露阶，立定。揖横使鞠躬，正使少前拜跪，附奏毕，拜起，复位立。阁使宣问高丽王时并鞠躬，受敕旨毕，再揖横使鞠躬，正使少前拜跪，奏毕，拜起，复位，齐退却，引左下，至丹墀，面殿立定。礼物右入左出，尽，揖使傍折通班，毕，引至丹墀，通一十七拜，各祗候，平立，引左阶立。次引夏使见如上仪，引右阶立。……次引高丽、夏使并至丹墀。三使并鞠躬，有敕赐酒食，舞蹈，五拜，各祗候，引右出。次引宰执下殿，礼毕。"

从这段史料可以看出，外国使节觐见金朝皇帝的次序是宋朝最先，其次高丽，最后是西夏："先引宋使、副……次引高丽使左入……次引夏使。"这个觐见次序在金熙宗时期又做了调整，变成宋使最先，其次西夏，最后高丽："凡入见则宋使先，礼毕夏使入，礼毕而高丽使入。"总体而言，西夏与高丽在金朝的地位相当，"以宋使列于三品班，高丽、夏列于五品班"。①

显而易见，宋朝使节的地位要高于西夏、高丽使节，金朝最重视的是与宋朝的关系。体现在入见礼仪上，宋朝使节在程序上相对复杂，规格相对较高。首先，在外国使节向金朝皇帝附带奏告事宜之前，②宋朝使节要向金朝皇帝呈递"国书"，"宋使、副，出笏，捧书左入，至丹墀北向立"，并单腿跪地把"国书"授予"阁门使"。"阁门使"在皇帝面前确认"国书"封印完整后，转身宣读宋朝"国书"，"阁使左上露阶，右入栏内，奏'封全'，转读毕"。这个环节，西夏与高丽均没有，二者都是进殿完成相关礼仪后，直接"附奏"。其次，宋朝使节祝福感谢金朝的礼仪要比西夏和高丽多，如宋朝使节向金朝皇帝献完"礼物"之后，要恭祝金朝皇帝"圣躬万福"，"再引至丹墀，舞蹈，五拜，不出班奏：'圣躬万福'，再拜"，要感谢面见皇帝，"揖使副鞠躬，使出班谢面天颜，复位，舞蹈，五拜"，还要感谢金朝官员的迎接陪伴，以及赠送他们汤药等物品，"再揖副使鞠躬，使出班谢远差接伴、兼赐汤药诸物等，复位，舞蹈，五拜"。最后，在宋、夏和高丽使节一起鞠躬、接受金朝皇帝赐酒食之前，③宋朝使节要先单独谢恩，"次再引宋使副左入，至丹墀，谢恩，舞蹈，五拜"。

《金史·外国使入见仪》载："次引夏使见如上仪。"即西夏使节入见金朝皇帝的礼仪与高丽使节相同，因此参照高丽使节的入见礼仪，梳理西夏使节觐见金朝皇帝的大致程序如下：第一步，西夏使节"至丹墀北向略立"，然后觐见金朝皇帝，"揖横使鞠躬，正使少前拜跪，附

---

① 《金史》卷三八《礼志》，第 868 页。
② 《金史》卷三八《礼志》："引使、副左上露阶，齐揖入栏内，揖使副鞠躬，使少前拜跪，附奏毕。"
③ 《金史》卷三八《礼志》："三使并鞠躬，有敕赐酒食。"

奏毕，拜起，复位立"；第二步，金朝负责礼仪的阁门使宣问西夏皇帝，西夏使节接受金朝皇帝的"敕旨"，再向金朝皇帝行礼，"再揖横使鞠躬，正使少前拜跪，奏毕，拜起，复位，齐退却"；第三步，西夏使节向金朝皇帝进献"礼物"，"礼物右入左出"，西夏使节再"通一十七拜"；第四步，与宋、高丽使节"并至丹墀"，"三使并鞠躬，有敕赐酒食，舞蹈，五拜"。其中第一步和第二步里，横使行"鞠躬"礼，正使则要"少前拜跪"，并向金朝皇帝奏告事宜。

2. 曲宴仪

曲宴，是古代宫亭赐宴的一种，参加的主要成员有宗室成员、外国使臣以及近密臣僚。[①] 金代，"曲宴群臣、宋使。定文武五品以上侍坐员，遂为常制"。[②] 金章宗时期设"花宴"款待外国使节，《金史》载："上谕旨有司曰：'此闻宋国花宴，殿上不设肴馔，至其歇时乃备于廊下。今花宴上赐食甚为拘束，若依彼例可乎？且向者人使见辞，殿上亦尝有酒礼，今已移在馆宴矣。'有司奏曰：'曲宴之礼旧矣。彼方，酒一行、食一上必相须成礼。而国朝之例，酒既罢而食始进。至于花宴日，宋使至客省幕次有酒礼，而我使至其幕则有食而无酒，各因其旧，不必相同。古者宴礼设食以示慈惠，今遽更之，恐远人有疑，失朝廷宠待臣子之意。'乃命止如旧。"[③] 可见，金代的曲宴或花宴主要是针对外国使节的，金朝文武官员仅是以陪侍身份参与宴席活动。不仅如此，金朝还为招待外国使节的曲宴制定了一套礼仪规范，谓之"曲宴礼"。

《金史·曲宴仪》载："皇帝即御座……引臣僚并使客左入，傍折通班，至丹墀舞蹈，五拜，不出班奏'圣躬万福。'又再拜。出班谢宴，舞蹈，五拜，各上殿祗候。分引预宴官上殿，其余臣僚右出。……次引高丽、夏从人入，分引左右廊立。……候进酒官到位，当坐者再拜，坐，即行臣使酒。传宣，立饮毕……闻鼓笛时，揖臣使并人从立，口号绝，坐宴并侍立官并再拜，坐，次从人再拜，坐。食入，五盏，歇

---

① 参见张胜海《帝子设宴纳宾贤，赏花钓鱼赋太平——中国古代曲宴初探》，《学术探索》2005 年第 3 期。
② 《金史》卷一四《宣宗纪》，第 306 页。
③ 《金史》卷三八《礼志》，第 869 页。

宴。教坊谢恩毕，揖臣使起，果床出。皇帝起入阁，臣使下殿归幕次。赐花，人从随出戴花毕，先引人从入，左右廊立，次引臣使入，左右上殿位立。皇帝出阁坐，果床入，坐立并再拜，坐，次从人再拜，坐。九盏，将曲终，揖从人至位再拜，引出。闻曲时，揖臣使起，再拜，下殿。果床出。至丹墀谢宴，舞蹈，五拜。分引出。"

从这段史料可以看出，西夏使节参加曲宴的进场礼仪比较复杂：西夏使节被分为"使客"和"从人"两批先后进入。"使客"即使者，根据"夏国使、副及参议各一，谓之使"①的记载，参见曲宴的"使客"应当有正使、副使和参议。"从人"，即"人从"，使节的随行人员。

西夏使节参加曲宴的进场程序大致如下。第一步使者随金朝臣僚一起进入，"引臣僚并使客左入"，然后不出班恭祝金朝皇帝，"至丹墀舞蹈，五拜，不出班奏'圣躬万福。'又再拜"，出班再感谢金朝皇帝的宴请，"出班谢宴，舞蹈，五拜"。这一环节没有先后之分，应该是西夏与宋、高丽使节同时完成。第二步，"从人"以宋、高丽和西夏的顺序先后进入，不过宋朝使节"从人"要单独恭祝金朝皇帝，并接受皇帝赐酒食，"次引宋使从人入，至丹墀再拜，不出班奏'圣躬万福'，又再拜。有敕赐酒食，又再拜"。而高丽和西夏使节"从人"没有这一环节，"次引高丽、夏从人入，分引左右廊立"。待西夏使节"从人"进场完毕后，宴会才正式开始，"果床入，进酒"。

宴会举行过程中，皇帝端起酒杯时，外国使者要和金朝臣僚一起向金朝皇帝敬酒，接着"从人"敬酒，"皇帝举酒时，上下侍立官并再拜，接盏，毕。……即行臣使酒……次从人再拜"。这一环节没有国别先后顺序之分，西夏使节应该是和宋、高丽使节同时完成。当酒进行至四盏时，西夏使者及其"从人"要与金国臣僚、其他外国使节一起诵颂，"闻鼓笛时，揖臣使并人从立，口号绝"。进行至五盏时，进行"赐花"仪式，即给外国使者及其"从人"戴花，"赐花，人从随出戴花毕，先引人从入，左右廊立，次引臣使入，左右上殿位立"。酒进行至第九盏时，宴会即将结束，西夏使节和金朝臣僚要向皇帝行礼。先是"从人"，

---

① 《金史》卷三八《新定夏使仪注》，第870页。

"揖从人至位再拜，引出"；然后是使者和金朝臣僚，"闻曲时，揖臣使起，再拜，下殿"，最后使者和金朝臣僚一起感谢皇帝的宴请，"至丹墀谢宴，舞蹈，五拜"。

3. 朝辞仪

金朝为外国使节制定的向皇帝辞行的礼仪，谓之"朝辞仪"。《金史·朝赐仪》载："皇帝即御座……阁门使奏辞榜子。先引夏使左入，傍折通班毕，至丹墀再拜，不出班奏'圣躬万福'，又再拜。揖使副鞠躬，使出班，恋阙致词，复位，又再拜，喝'各好去'，引右出。次引高丽使，如上仪，亦引右出。次引宋使副左入，傍折通班毕，至丹墀，依上通六拜，各祗候，平立。阁使赐衣马，鞠躬，闻敕，再拜。赐衣马毕，平身，搢笏，单跪，受别录物过尽，出笏，拜起，谢恩，舞蹈，五拜。有敕赐酒食，舞蹈，五拜。引使副左上露阶，齐揖入栏内，揖鞠躬，大使少前拜跪受书，起复位。揖使副齐鞠躬，受传达毕，齐退，引左下至丹墀，鞠躬，喝'各好去'，引右出。次引宰执下殿，礼毕。"

从这段史料可以看出，外国使节朝辞金朝皇帝的次序是西夏最先，其次是高丽，最后是宋朝，"先引夏使左入……次引高丽使……次引宋使副左入"。西夏使节朝辞金朝皇帝的礼仪与高丽使节相当，"次引高丽使，如上仪"，西夏与高丽的朝辞之赐都在会同馆进行，"夏、高丽朝辞之赐，则遣使就赐于会同馆"。宋朝使节当庭接受宋朝赐予的礼物，"惟宋使之赐则庭授"，"阁使赐衣马……有敕赐酒食"。[1] 可见，和"入见仪"一样，金朝对宋朝的重视程度在西夏与高丽之上。

西夏使节朝辞金朝皇帝的大致程序是：阁门使向金国皇帝呈送外国使节的告辞文榜之后，"阁门使奏辞榜子"，西夏使节进殿完成礼仪，恭祝金朝皇帝，"先引夏使左入，傍折通班毕，至丹墀再拜，不出班奏'圣躬万福'，又再拜"，然后致词表达对金朝的留恋之情，"使出班，恋阙致词，复位，又再拜"，最后金朝皇帝称"各好去"，西夏使节"引右出"。

---

① 《金史》卷三八《礼志》，第868页。

三 结 语

金夏确立交聘关系的时候，西夏已经建国八十余年，与北宋的交聘活动也持续了几十年。也就是说，从礼仪制度的发展程度来讲，西夏要比刚刚兴起的金朝成熟得多。然而，西夏并没有在金夏交聘礼仪制度的建设方面起到任何主导作用，金夏交聘礼仪的确立、完善及修正都是金朝单方面主导完成的。究其根本原因，西夏的经济、军事实力决定了其在金朝主导的东亚封贡体系中的蕃属国地位，这一点即使在金夏约为"兄弟之国"的时期也未曾有所改变。

金朝通过接送伴、觐见朝辞等礼节与规格，不仅可以声张其作为宗主国地位的合法性、维护宗主国的威严，而且可以通过等级阶序以"别尊卑、贵贱、亲疏"，确立与其他国家外交关系的机制与规格。总体而言，金朝视西夏的地位低于宋朝，与高丽相当。

（原刊于《西夏学》第 16 辑，甘肃文化出版社，2018 ）

日藏《五行大义》纸背抄录《博闻录》佚文初探

陈广恩

摘　要　宋末陈元靓编纂的日用类书《博闻录》，元明时期以《事林广记》为名盛行于世。《博闻录》早已亡佚，现藏日本爱知县丰川市穗久迩文库《五行大义》抄本，纸背录有12条《博闻录》佚文。这12条佚文大多图文并茂，其中9条能够在现存元代诸本及日本江户时代抄本《事林广记》中找到对应的内容，但大都经过了不同程度的改编，另有3条佚文已不见于诸本《事林广记》。12条佚文与现存于其他文献中的《博闻录》佚文无一完全相同，并且佚文中还保留有元弘时期日本汉学家的研究心得，有的佚文和插图仅见于《五行大义》纸背，因此这些佚文的史料价值十分珍贵。

关键词　博闻录；佚文；事林广记；五行大义；价值

南宋陈元靓编纂的《事林广记》，是宋末至明代非常流行的一部百科全书式日用类书，其最初名称叫《博闻录》。《博闻录》流传到元朝中期，因未避蒙古大汗成吉思汗的名讳，没有删去天文、阴阳、图谶以及蒙古王室的宗派世袭图等违禁内容，被列为禁书。但由于该书为取便流俗通用而编，具有很强的实用性，书商于是纷纷改头换面，以《事林广记》为名刊刻流通，而《博闻录》之名则逐渐不为人知。

《博闻录》在中国久已亡佚，东传日本之后也未见有传本存世。但《博闻录》在日本流传期间，产生了较为广泛的影响，现存日本学者编纂的史书及在日本流传的相关汉籍中，有不少引用《博闻录》的情况。其中被李约瑟誉为"关于五行的最重要的中古时代的书籍"的《五行大义》，[①] 在日本流传很广，爱知县丰川市穗久迩文库收藏的《五行大义》抄本，其纸背就抄录了不少《博闻录》的内容。

《五行大义》是隋朝萧吉编著的关于阴阳五行学说的著作。流传日本之后，对日本的阴阳五行学说、神道学说产生了很大影响。据中村璋八调查，在日本流传的《五行大义》有四种版本，其中收藏在穗久迩文库的抄本被称为元弘相传本，因该本在各卷后均写有"元弘三年（癸酉）闰二月廿五日 相传毕 智圆"等文字而得名，这是现存诸本《五行大义》中最好的本子。元弘为日本后醍醐天皇的年号，元弘三年即元朝至顺四年（1333）。可见《五行大义》最晚在元顺帝之前就已在日本流传。该本纸背抄录有《博闻录》佚文，中村璋八统计佚文计有11处。[②] 笔者翻检元弘相传本的影印本，发现如果加上抄录者根据《博闻录》描绘的《岳渎海泽之图》，《五行大义》纸背引用《博闻录》的地方共有12条。

以上12条《博闻录》佚文，往往图文并茂，内容涉及天文律历、丧葬礼仪、典籍文献、职官制度、山岳河川等方面。这12条佚文的具体内容，至今不为中国学界所知。中日学者中村璋八、刘国忠、王珂等，在其论著中只是提到《五行大义》纸背抄录有这些佚文，但均未对佚文进行介绍和研究。鉴于此，本文将这些佚文逐条誊录下来，并与现存《事林广记》的元代版本，即和刻本（该本是根据元泰定二年即

---

① 〔英〕李约瑟：《中国科学技术史》第2卷《科学思想史》，科学出版社、上海古籍出版社，1990，第275页。

② 〔日〕中村璋八：《五行大義に就いて》，（隋）萧吉：《五行大義》（二），汲古书院影印元弘相傳本，1990，第12页。刘国忠认为《五行大义》的表记和背记引用《博闻录》佚文共10条，另有《岳渎海泽之图》一幅。见其所著《五行大义研究》，辽宁教育出版社，1999，第98页。王珂亦认为笺注者引用《博闻录》的内容共11则。见《〈博闻录〉探佚》，《四川图书馆学报》2011年第6期。

1325 年的版本翻刻的，因此我们可以将其视作元本）、①宗家文库本、②西园精舍本、③椿庄书院本、④积诚堂本⑤进行对比，以发现其异同、变化，进而探讨佚文的相关问题及其价值。

以下先以仿宋体字转录元弘相传本《五行大义》纸背抄录的《博闻录》各条佚文（一至十二），然后逐条对照几种元本《事林广记》中的相关记载。各本《事林广记》与《博闻录》佚文完全相同的文字，为避免烦琐，以省略号标识；各本《事林广记》之间完全相同的文字，则以"引文同某某本"标识；佚文及各本《事林广记》附载的相关插图，列表进行比较（十三）。

一

《博闻录·律历门图》。⑥

《汉书·律历志》云："量者，龠、合、升、斗、斛也，所以量多少也。其龠以井水〔准〕⑦其概。"注曰："孟康曰：'概欲其直，故以水平之。井水清，清则平也。'师古曰：'概所以概平斗、斛之上者也。'"⑧

和刻本：量者，龠、合、升、斗、斛也，所以量多少也。本起于黄钟之龠，以子谷秬黍中者千有二百实其龠，以井水准其概，用度数审其容。⑨

宗家文库本：量起黄钟之龠，其容秬黍中者千二百实龠中，以井水

---

① 《事林广记》，〔日〕長澤規矩也編《和刻本類書集成》第一輯，東京：汲古書院，1976。

② 《新编纂图群书类要事林广记》，日本宗家文库藏元刻本。

③ 《新编纂图增类群书类要事林广记》，日本内阁文库藏元至顺间西园精舍刻本。

④ 《事林广记》，京都：中文出版社影印元至顺间椿庄书院刻本，1988。

⑤ 《纂图增新群书类要事林广记》，北京图书馆出版社影印元后至元六年郑氏积诚堂刻本，2005。

⑥ 图见表1。

⑦ "准"字原稿残损，据《汉书·律历志上》补。中华书局，1964，第967页。

⑧ （隋）蕭吉：《五行大義》（二），第18-17頁（逆頁）。

⑨ 和刻本甲集卷五《律历门·四曰嘉量》，第192页。

准其概，两龠为合。①

椿庄书院本、西园精舍本、积诚堂本：（引文同宗家文库本）。②

按：《博闻录》和诸本《事林广记》的引文均来自《汉书·律历志》，诸本《事林广记》比《博闻录》详细一些，但诸本《事林广记》均未引孟康和颜师古的注释。

二

六十四卦气候图 唐

但此图聊私加意巧

《博闻录》曰："置润之法。《尧典》云：'暮三百六旬有六日。'暮者，一周年也，则是一年有三百六十六日。今一年只三百六十日，尚余六日。一年六个小尽，又余六日，则是一年共余十二日。积三年之余，有三十六日，于是置一闰月，以正其时。犹余六日，又两年复余二十四日，并前六日，再置一闰。"已上《博闻录》。③

和刻本：《尧典》曰……④

宗家文库本：《尧典》曰……又两年复二十四日……⑤

椿庄书院本、西园精舍本：引文同宗家文库本。⑥

积诚堂本：《尧典》曰……〔今〕一年只三百六〔十〕日……于是置一闰〔月〕……又两年复二十四日……⑦

按：《博闻录》的这段佚文，很可能出自宋人史浩所著《尚书讲

---

① 宗家文库本前集卷二《历候类·律度量衡图》。
② 椿庄书院本前集卷二《历候类·律度量衡图》，第48页；西园精舍本前集卷二《历候类·律度量衡图》；积诚堂本甲集上卷《历候类·律度量衡图》。
③ （隋）萧吉：《五行大义》（二），第79-77页。
④ 和刻本甲集卷五《律历门·置闰之法》，第193页。
⑤ 宗家文库本前集卷二《历候类·置闰之法》。
⑥ 椿庄书院本前集卷二《历候类·置闰之法》，第51页；西园精舍本前集卷二《历候类·置闰之法》。
⑦ 积诚堂本甲集上卷《历候类·置闰之法》。引文中"今""月"，底本作"令""日"，刻误；"十"，底本漫漶不清，据宗家文库本、椿庄书院本、西园精舍本改、补。

义》。《尚书讲义》卷一《尧典》"期三百有六旬有六日"注云：

> 置闰之法，盖一岁十二月，月三十日，正三百六十日，余六日。六小月又余六日，是一岁余十二日，三岁余三十六日。以三十日为一闰，又两年余二十四日，凑前所余六日为一闰，故三年一闰，五年再闰。①

两相对照，可见《博闻录》佚文应该是根据《尚书讲义》这段话加以改编而成。《尚书讲义》中完全相同的内容，也出现在袁燮的《絜斋家塾书钞》卷一《尧典》"期三百有六旬有六日"条，②而袁燮应当录自《尚书讲义》。理由有三：其一，袁燮的著作题名"书钞"，其内容自当有录自其他书籍者；其二，《尚书讲义》成书比《絜斋家塾书钞》要早（见下文）；其三，袁燮（1144—1224）和史浩（1106—1194）同为鄞县（今属浙江宁波）人，史浩长袁燮38岁。淳熙十六年（1189），史浩向朝廷进献《尚书讲义》22卷（一作20卷），藏于秘府，③说明其《尚书讲义》成于该年。④宁宗嘉定时期（1208—1224），袁燮"迁国子司业、秘书少监，进祭酒、秘书监……兼崇政殿说书，除礼部侍郎、兼侍读……进直学士"。⑤若此，历任秘书少监、秘书监的袁燮，自然可以看到收藏在秘书省的各类图书。因故，袁燮在编纂自己的著作时，参阅、摘录《尚书讲义》的内容，便在情理之中。

那么，陈元靓编纂《博闻录》时，是参考了《尚书讲义》，还是《絜斋家塾书钞》呢？我们分析一下三部书的成书时间。《尚书讲义》成书于淳熙十六年，在三部著作中成书最早。根据四库馆臣的考证，《絜斋家塾书钞》刻于绍定四年（1231）。⑥《博闻录》成书于陈元靓编纂的

① 《丛书集成续编》，上海书店，1994，第4册，第503页。
② 《丛书集成续编》，第4册，第701页。
③ （宋）王应麟：《玉海》卷三七《艺文·书》，江苏古籍出版社、上海书店，1988，第713页。
④ 《中国历史大辞典·史学史卷》，上海辞书出版社，1983，第272页。
⑤ 《宋史》卷四〇〇《袁燮传》，中华书局，1977，第12147页。
⑥ （清）永瑢等：《四库全书总目》卷一一《经部·书类》，中华书局，1965，第93页。

另一部类书《岁时广记》之前。宋人朱鉴说:"陈君尝编《博闻》三录,盛行于世。"①《岁时广记》的成书时间,胡道静推测为"宝庆、绍定之间"(1220—1230),②王珂认为"问世于南宋宁宗嘉定(1208—1224)末年"。③陈元靓的生年,王珂以为大约在宁宗即位改元(1195)前后。④若此,陈元靓出生之时,《尚书讲义》已经成书,而《博闻录》盛行之时,《絜斋家塾书钞》还未最终刊刻,因此陈元靓参考《絜斋家塾书钞》的可能性不大,《博闻录》的这段佚文,应该是根据史浩《尚书讲义》改编而成的。

三

　　《博闻录》:"《居丧杂仪篇》云:'《晋志》云:"五礼之别,二曰凶。自天子至庶人,身体发肤,受之父母,其理既均,其情亦等,生则养,死则哀,故曰三年之丧,天之达礼也。"称三年者,二十五月;周年者,十三月。大功九月,小功五月,缌麻三月。殇者,未成人也。死者三日而除,曰成服。百日曰卒哭。一年为小祥,又曰周祥,又曰祥祭。三年为大祥,又曰祥祭,又曰祥练。三年外六十日曰禫服,通谓之忧制,又曰制中。禫服满谓之除服,又曰从吉。父亡自称曰孤子,母亡曰哀子,父母俱亡曰孤哀子,又曰永感。父存母亡,母存父亡,皆曰偏侍。'"⑤

　　和刻本、宗家文库本、椿庄书院本、西园精舍本、积诚堂本均无相应内容。
　　按:《博闻录》注明该段内容出自《居丧杂仪篇》,各本《事林广

　　① (宋)朱鉴:《岁时广记序》,(宋)陈元靓:《岁时广记》书首,《续修四库全书》第885册,上海古籍出版社,2002,第142页。
　　② 胡道静:《事林广记前言》,椿庄书院本,第3页。
　　③ 王珂:《宋元日用类书〈事林广记〉研究》,博士学位论文,上海师范大学,2010,第19页。
　　④ 王珂:《宋元日用类书〈事林广记〉研究》,第16页。
　　⑤ (隋)萧吉:《五行大義》(二),第126頁。

记》所载相应内容也注明出自《居丧杂仪》，但《博闻录》与各本《事林广记》所录引文则完全不同。经对比，可知诸本《事林广记》（除和刻本无相关内容之外）均是录自《书仪》或者《家礼》的《居丧杂仪》。①《书仪》和《家礼》二书的《居丧杂仪》，内容是相同的，显然朱熹在编纂《家礼》时继承了司马光《书仪》中的相关内容。《博闻录》尽管注明引文出自《居丧杂仪篇》，但具体内容不是《书仪》或《家礼》的《居丧杂仪》，则《博闻录》和《书仪》或《家礼》中的《居丧杂仪》并非同一篇文献。《博闻录》引文除了《晋书·礼志》的内容之外，其余出自《居丧杂仪篇》的内容，已不见于其他相关文献，这部分内容仅见于此段佚文。或许，《博闻录》所引《居丧杂仪篇》已经不传于世。这段佚文对我们了解宋元时代丧葬礼仪中的各种称谓以及相关礼制，显然具有参考价值。

四

十二次日月交会图②《博闻录》。《尚书》曰："历象日月星辰。"注云："辰，日月所会。"谓日月交会于十二次也。故《左传》曰："日月行速，每月一次，日月相会其所会之地，逐月不同。"姑按《学海资用》之说。③

和刻本：……故《左传》曰："日月之会是谓辰。"盖日行迟，月行速，每月一次……④

宗家文库本：（引文同和刻本）。⑤

椿庄书院本：……故《左传》曰："日月之会是谓辰。"注云："一岁日月十二会所会为辰。"十一月辰在星纪，十二月辰在玄枵之类是也。⑥

---

① （宋）司马光：《书仪》卷九《丧仪五·居丧杂仪》，清雍正刻本；（宋）朱熹：《家礼》第四《丧礼·居丧杂仪》，北京图书馆出版社影印宋刻本，2004。
② 图见表1。
③ （隋）萧吉：《五行大義》（二），第177页。
④ 和刻本甲集卷一《天文门·十二次日月交会图》，第181页。
⑤ 宗家文库本前集卷一《天文类·十二次日月交会图》。
⑥ 椿庄书院本前集卷一《天文类·十二次日月交会图》，第32页。

西园精舍本、积诚堂本（引文同椿庄书院本）。①

按：据《左传》昭公八年经文、杜预注文以及诸本《事林广记》引文，可知此条《博闻录》佚文，当初抄录时应是脱漏了《左传》原文"日月之会是谓辰"一句，并且误将孔疏中的"日行迟，月行速"抄作"日月行速"。同时，此段佚文也有助于我们对《学海资用》一书有所了解。明杨士奇所编《文渊阁书目》著录聂麟撰有《学海资用》一书，一部二册，但原书已阙。②明叶盛《篆竹堂书目》亦著录该书有两册，③清傅维鳞撰《明书》，也提到聂麟著有《学海资用》，④但该书早已亡佚，其具体内容以及作者聂麟的情况，我们一无所知。《博闻录》佚文中"姑按《学海资用》之说"，为我们了解《学海资用》的具体内容提供了相关信息。据此可知《学海资用》录有天文律历方面的内容，也是古代的一部类书，成书于《博闻录》之前，则聂麟至晚是宋人。

五

《博闻录》曰："玉玺者，传国玺也，天子之玉印也。其玺方阔四寸，龙鼻，色黄。其上篆文，饰以虫鸟鱼龙之状。其玉本卞和所献之璞，琢而成璧。楚求婚于赵，以璧纳聘，故称赵璧。秦昭王请以十五城易之，赵使蔺相如奉璧如秦。秦纳璧而悋城，相如乃诡，夺璧归赵。至始皇并六国，独有天下，命李斯篆书，诏工人孙寿琢之。唐肃宗乾元二年，扶风窦沼掌玺于内府，黑月视之，光彩周彻满室，实为希代之〔宝〕（实）也。龙鼻，一角乌足缺，组以黄丝。询于博识者，莫知其由也。沼乃模勒，以示后来。"⑤

和刻本、宗家文库本、椿庄书院本、西园精舍本、积诚堂本均无此

---

① 西园精舍本前集卷一、积诚堂本甲集上卷《天文类·十二次日月交会图》。
② 卷二荒字号第一厨书目《子部》，《读画斋丛书》本。
③ 卷三《子杂》，《粤雅堂丛书》本。
④ 卷七六《经籍志二·子杂》，清《畿辅丛书》本。
⑤ （隋）萧吉：《五行大義》（二），第219頁。

内容。

按：至南宋末，大概一共有十余部关于玉玺的著作，其中唐人徐令言的《玉玺谱》和北宋郑文宝的《传国玺谱》，因被收入《说郛》而得以流传下来。宋人所撰《翰苑新书》后集上卷一三《玉玺》引《历代事实龟纽》云："《玺谱》：乾元二年，窦沼掌玺，龙鼻，一角乌足缺，组以黄丝。"①但《历代事实龟纽》一书今已不存。郑文宝《传国玺谱》载："国玺者，本卞和所献之璞，琢而成璧。楚求婚于赵，以璧纳聘，故称赵璧。而秦昭王请以十五城易之，赵使蔺相如送璧于秦，秦纳璧而吝城，相如乃诡而夺。至秦皇并六国，独有天下，乃命李斯篆书，诏工人孙寿用是璧为之……玉玺方阔四寸，龙鼻，色黄，上大篆文，饰以虫鸟鱼龙之状。"②对照《博闻录》佚文，可知陈元靓关于玉玺的记载，应该是从郑文宝的《传国玺谱》和《历代事实龟纽》所引《玺谱》等著作中摘录而成的。

到了元代，方回对《博闻录》的记载提出质疑："今之俗传《博闻录》，恐多不经，未足信也。"③方回（1227—1307），字万里，号虚谷，宋景定间进士，至元十三年（1276）降元，晚年寓居杭州。他的话表明当时《博闻录》在民间还比较流行。元朝正式下令禁止《博闻录》是在至元三十一年（1294）。④至泰定二年（1325），元朝再度颁发禁书令，其中仍有《博闻录》。⑤这说明在至元三十一年禁令颁布后，《博闻录》并未被完全禁止。宫纪子指出，大德三年（1299）李衎所著《竹谱》，仍然引用了《博闻录》的内容，⑥也印证了这种情况。可见在方回所处年代，《博闻录》的确还是比较流行的书。但方回所言《博闻录》"恐多不经，未足信也"的说法，并不属实。经过以上分析，我们知道《博

---

① 《影印文渊阁四库全书》第949册，上海古籍出版社，1987，第584页。
② （明）陶宗仪等编《说郛三种》，上海古籍出版社，1988，第7册，第4462页。
③ 《续古今考》卷五《皇帝玺符节》，《影印文渊阁四库全书》第853册，第189页。
④ 方龄贵校注《通制条格校注》卷二八《杂令·禁书》，中华书局，2001，第695页。
⑤ 《至正条格·断例》卷二《职制·隐藏玄象图谶》，城南：韩国学中央研究院影印元刊本，2007，第32页。
⑥ 〔日〕宫纪子：《對馬宗家舊藏の元刊本〈事林廣記〉について》，《東洋史研究》第67卷第1号，2008。

闻录》的内容出自郑文宝的《传国玺谱》和《历代事实龟纽》所引《玺谱》等著作，并非陈元靓杜撰的内容。方回之所以有这种看法，是因为他对玉玺流传历史的认识（据其所撰《皇帝玺符节》），依据的是徐令言的《玉玺谱》，而徐令言的《玉玺谱》与郑文宝的《传国玺谱》，则是完全不同的两种说法。

六

《博闻录》曰："《诗》出于商周之世妇人、女子、小夫、贱隶之口，如今田野里巷歌咏之意。其诗皆美刺时事，大抵托物见意。初有三千余篇，孔子删录，凡三百一十一篇，后亡六篇。"[1]

和刻本：……大抵托物见意，多鸟兽草木之名。有风、赋、比、兴、雅、颂六义，《国风》《大雅》《小雅》《三颂》。初有三千余篇……[2]

宗家文库本：其诗盖出于妇人……歌咏之意。大抵皆美刺时事，托物见意（以下与和刻本同）。[3]

椿庄书院本：其诗盖出妇人（以下与宗家文库本同，仅个别字迹模糊不清）。[4]

西园精舍本、积诚堂本：（引文与椿庄书院本同）。[5]

七

《博闻录》曰："《书》旧有百篇，起于《三坟》，载伏羲、神农、黄帝之事。自孔子删去，断自唐虞以下，迄于周，今所存四十九篇。《虞书》五篇，谓之《五典》。夏、商、周之书，皆训、诰、誓、命之文。伏生口传授二十五篇，后孔安国考其文义，定

---

① （隋）萧吉：《五行大义》（二），第288-287頁。
② 和刻本丁集卷一《经书门·毛诗》，第247页。
③ 宗家文库本后集卷十《文籍类·文籍始末·毛诗》。
④ 椿庄书院本后集卷七《文籍类·文籍本末·毛诗》，第561—562页。
⑤ 西园精舍本后集卷七、积诚堂本己集上卷《文籍类·文籍本末·毛诗》。

五十八篇,并序为五十九篇。末二篇乃秦、鲁书。"①

和刻本:……皆训、诰、誓、命之文。秦人焚书,孔子以此书藏于屋壁。至鲁共王坏孔子旧斋,因得所藏之书,皆科斗文字,举世无能知者。济南伏生口以传授二十五篇……末二篇乃秦鲁之〔书〕(考)。②

宗家文库本:……迄于周,所存(以下与和刻本同)。③

椿庄书院本:旧有百篇(以下与宗家文库本同)……二十五篇,孔安国考其文义,定五十八篇,并序五十九篇。末二篇乃秦、鲁书。④

西园精舍本:(引文与椿庄书院本同)。⑤

积诚堂本:……孔子共此书藏于屋壁……(其余引文与椿庄书院本同)。⑥

八

《博闻录》⑦:"《〔汉〕(漠)⑧·律历志》曰:'日有晦朔,月有弦望。'〔逐〕(遂)月初一日为朔,十五日望。自朔至望中一日为上弦,自望至晦中一日为下弦。日属阳,月属阴,阴气常为阳气消铄。自月初间,月从右行,渐离于日,而明渐生。至初七八间,明半见,如弓之弦,故谓上弦。至十五日,月去日最远,故得以全其明,日月相望,因谓之望。自月半后,则渐近日左畔,而明复渐消。至二十二三间,仅存半明,亦如弓弦,故谓下弦。至三十日,

---

① (隋)萧吉:《五行大义》(二),第289-288页。
② 和刻本丁集卷一《经书门·尚书》,第247页。书,原作"考",据《博闻录》引文及其他各本《事林广记》改。
③ 宗家文库本后集卷一〇《文籍类·文籍始末·尚书》。
④ 椿庄书院本后集卷七《文籍类·文籍本末·尚书》,第561页。
⑤ 西园精舍本后集卷七《文籍类·文籍本末·尚书》。
⑥ 积诚堂本己集上卷《文籍类·文籍本末·尚书》。
⑦ 图见表1。
⑧ 汉,原稿抄为"漠",误。《后汉书·律历志下·历法》:"月有晦朔,星有合见,月有弦望,星有留逆"(中华书局,1965,第3056页)。故《博闻录》及《事林广记》引文"日有晦朔",当作"月有晦朔"。下文"逐",误抄为"遂",据和刻本改。

日月相合，月为日消尽，故谓之晦。诸说不同，独此说犹可信。"①

和刻本：《汉·律历志》曰："日有晦朔，月有弦望。"逐月初一日为朔，十五日为望……一日为下弦。月本无光，受日生光。当合朔时，日在上，月在下，则月面向天者有光，向地者无光，人不见其光。从初三四，光面渐转。至初七八间，半光如弓如弦，故谓之上弦。日盈一日，至十五而圆，日月相望，故谓之望。十六七，黑面渐转。至二十二三，止存半光，故谓之下弦。至三十日，日月复合，故谓之晦。②

宗家文库本：《汉·律历志》："日有晦朔，月有弦望。"初一为朔，十五为望。朔望中一日为上弦，望晦中一日为下弦。日属阳，月属阴，阴常为阳消铄。自月初，月从右行，渐离于日，而明渐生。至初七八，明半见，如弓弦，故谓上弦。至十五，月去日最远，故得全其明，日月相望，谓之望。月半后，则渐近日左畔，而明渐消。至二十二三，仅存半明，亦如弓弦，故谓下弦。至三十日，日月相合，月为日消尽，谓之晦。③

椿庄书院本、西园精舍本、积诚堂本：（引文与宗家文库本同）。④

按：《博闻录》这段佚文，是关于《后汉书·律历志》"日有晦朔""月有弦望"的注解，相关内容亦见于宋鲍云龙《天原发微》，此外文献中无载。我们先看看《天原发微》的记载：

《律历志》："日有晦朔，月有弦望。"日阳月阴，阴气常为阳气消铄。朔后月从右行，渐离日而明生。初七八间为上弦，半明。十五日，月去日最远，全明。月半后，渐近左畔，明复渐消。二十二三间，月又半明，是谓下弦。三十日，日月相合，月为日消尽谓晦。诸说不同，独此可信。⑤

---

① （隋）萧吉：《五行大义》（二），第342页。
② 和刻本甲集卷一《天文门·晦朔弦望之图》，第184页。
③ 宗家文库本前集卷一《天文类·晦朔弦望》。
④ 椿庄书院本前集卷一《天文类·晦朔弦望》，第34页；西园精舍本前集卷一、积诚堂本甲集上卷《天文类·晦朔弦望》。
⑤ （宋）鲍云龙编著，（元）方回校正《天原发微》卷七《太阴》，《道藏》，上海书店、文物出版社、天津古籍出版社，1988，第27册，第631—632页。

两书相较，内容基本一致，《天原发微》比《博闻录》简洁一些。那么这两本书之间有无关联呢？或者说，陈元靓和鲍云龙，有无参考对方的著作？鲍云龙的《天原发微》自序写于"庚寅岁长至日"，[①]即至元二十七年（1290）。次年，其同乡方回为之作序。[②]至元贞二年（1296），因为《天原发微》尚有一卷仍未刊刻，同为鲍云龙同乡并身为其挚友的郑昭祖"为竟其事"，助刻《天原发微》。方回有感于此，于是"增书鲁斋（即鲍云龙——引者注）生谢本末，并就书敬斋（即郑昭祖——引者注）乐善尚义之美，能尽师友之义"，[③]再次为《天原发微》作序。四库馆臣亦云，鲍云龙"入元不仕以终……元元贞间，郑昭祖刊行其书"。[④]可见《天原发微》应该成书于至元二十七年，最终刊行于元贞二年。这说明《天原发微》问世时，《博闻录》已是"盛行于世"的著作，那么鲍云龙在编著《天原发微》时参考当时流行的《博闻录》，亦合情理。《天原发微》关于月有晦朔弦望的记载，也应是在《博闻录》的基础上删改而成的。

九

北斗图。[⑤]《博闻录》。

唐图曰："《晋·天文志》曰：'北斗七星，辅一星，在太微北。斗，[⑥]七政之枢机，阴阳之元本也。运乎天中而临制四方，以建四时而均五行也。辅星传乎开阳，所以佐斗成功也。'"

---

① 《天原发微序》，（宋）鲍云龙撰，（明）鲍宁辨正《天原发微》卷首，《原国立北平图书馆甲库善本丛刊》第508册，国家图书馆出版社，2013，第209页。

② 《天原发微序》，《天原发微》卷首，《原国立北平图书馆甲库善本丛刊》第508册，第206页。方回的这篇序文，文渊阁四库全书本《天原发微》误为戴元表的序（第806册，第7页）。

③ 《天原发微序》，《天原发微》卷首，《原国立北平图书馆甲库善本丛刊》第508册，第208页。

④ （清）永瑢等：《四库全书总目》卷一〇八《子部·术数类一》，第918页。

⑤ 图见表1。

⑥ 《晋书·天文志》"太微北"后无"斗"字，中华书局，1974，第290页。对照和刻本，"斗"前当脱"北"。

《淮南子》曰："孟春招摇指寅。"闰月无中气，指于两辰之间。①

和刻本：……在太微北。北斗……〔运〕（连）乎……《淮南子》云："孟春招摇指寅，仲春指卯，季春指辰，孟夏指巳，仲夏指午，季夏指未，孟秋指申，仲秋指酉，季秋指戌，孟冬指亥，仲冬指子，季冬指丑。"《后·律历志》注："闰月无中气，斗斜指于两辰之间。"②

宗家文库本：《隋·志》云："玑衡者，以北斗魁四星为璇玑，杓三星为玉衡。"正义云："玑径八尺，圆周二丈五尺，以璇饰之，而运乎上。衡为横箫，长八尺，孔径一寸，以玉为饰，下端望之，以视星辰，转玑窥衡是也。汉以来谓之浑天仪。"其术以为地居中而天周焉，后言天者皆祖之。③

椿庄书院本、西园精舍本、积诚堂本：（引文与宗家文库本同）。④

按：《博闻录》所引《晋书》和《淮南子》，至和刻本依然保留。据和刻本引文，可知"闰月无中气"一句，出自《后汉书·律历志》注引杜预《长历》，而非《淮南子》原文。宗家文库本及其后诸本《事林广记》，则不引《晋书》和《淮南子》，而引《隋书·天文志》，其后引《尚书正义》，与《博闻录》及和刻本不同。

十

箕毕图。⑤《博闻录》。月离于毕事。《孔氏传》云："月经于箕，则多风，离于毕，则多雨。"盖箕属东方，寅木也，为巽，好风；毕属西方，金酉也，为兑，好雨。月之所行，常由中道，则不经箕离毕，而风雨时矣。若其失中，差而行东，入箕则有旱风，故《春秋纬》曰："月经于箕，风必扬沙，西入毕，则有淫雨。"故《诗》

---

① （隋）萧吉：《五行大義》（二），第352-351頁。
② 和刻本甲集卷一《天文门·北斗璇玑玉衡之图》，第181页。句中"运"，和刻本作"连"，刻误。据《晋书》卷一一《天文志》、《博闻录》引文改。
③ 宗家文库本前集卷一《天文类·璇玑玉衡图》。
④ 椿庄书院本前集卷一《天文类·璇玑玉衡图》，第30页；西园精舍本前集卷一、积诚堂本甲集上卷《天文类·璇玑玉衡图》。
⑤ 图见表1。

曰："月离于毕，俾滂沱矣。"

《毛诗·渐渐之石》章云："月离于毕，俾滂沱矣。"注曰："毕，噣也。月离阴星则雨。"笺云："将有雨征，先见于天。"噣，又作浊。

正义云："所以箕好风、毕好雨者……失之于《书传》也。"①

《毛诗》疏曰："又值月更离历于毕之阴星，在天为将雨之〔候〕。"②正义曰："以毕为月所离而雨，是阴雨之星，故谓之阴星。滂沱，是疾此雨之甚。"

《毛诗》："渐渐之石，维其高矣。"注云"渐渐，山石高峻也"云云。私云："此章者，刺幽王也。以戎翟之众强而不可伐，喻山石高峻不可登也。又以戎翟之叛由王而生，喻雨气之见于毕矣。"③

和刻本：《孔氏传》云……则不经箕、不离毕而风雨时矣……故《诗》曰："月离于毕，俾滂沱矣。"《汉·志》曰"月出阳道则旱风，出阴道则阴雨"，此正箕毕风雨说也。④

宗家文库本、椿庄书院本、西园精舍本、积诚堂本均无此内容及插图。

按：《博闻录》关于《箕毕图》的解说，主要引用了《诗经·小雅·渐渐之石》的注疏，笺注者在抄录时有脱漏及讹误现象。需要注意的是，对《毛诗》"渐渐之石，维其高矣"一句的解释，在注释之后，又加了"私云"一段。这里的"私云"，在元弘相传本《五行大义》纸背抄录的各种文献中亦随处可见，这是笺注者自己针对抄录内容所发表的见解，⑤而不是陈元靓编纂《博闻录》时的原文。此处笺注者所加注

---

① 此段佚文录自《诗经·小雅·渐渐之石》孔疏，其中脱"水思属"三字。为节省篇幅，不再照录全文。见《十三经注疏》整理委员会《毛诗正义》，北京大学出版社，2000，第 1105 页。
② "候"字原脱，据《诗经·小雅·渐渐之石》孔疏补，《十三经注疏》整理委员会整理《毛诗正义》，第 1104 页。
③ （隋）萧吉：《五行大義》（二），第 387-386 頁。
④ 和刻本甲集卷一《天文门·箕毕风雨图》，第 182 页。
⑤ 〔日〕中村璋八：《五行大義の基礎的研究》，東京：明德出版社，1976，第 55 頁。

解，依据的应该是郑笺。"渐渐之石，维其高矣"，郑笺云："山石渐渐然高峻，不可登而上，喻戎狄众强而无礼义，不可得而伐也。"①"月离于毕，俾滂沱矣"，郑笺："将有大雨征，气先见于天。以言荆舒之叛，萌渐亦由王出也。"②尽管注解的内容源自郑笺，但作为笺注者自己的解释和说明，与完全誊录《博闻录》的内容还是有着本质的区别。笺注者以"私云"的方式发表的这些见解，正是元弘时期日本学者研习汉文化的体现，于此我们不但可以研究当时中日文化交流之状况，而且可以探讨元弘时期日本汉学家研究《五行大义》所具备的水平。

十一

《博闻录》云："武臣外任：诸路兵官及诸〔寨〕（塞）③兵官、诸将下兵官，已上各有其职掌。"④

和刻本、宗家文库本、椿庄书院本、西园精舍本、积诚堂本均无此内容。

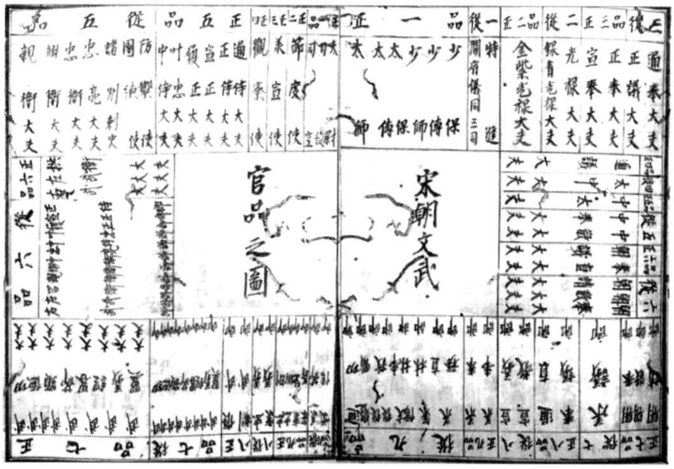

图 1 睿山文库本《事林广记·官制类·宋朝文武官品之图》

---

① 《十三经注疏》整理委员会整理《毛诗正义》，第 1100—1101 页。

② 《十三经注疏》整理委员会整理《毛诗正义》，第 1104 页。

③ 寨，原作"塞"，误，据日本比睿山延历寺睿山文库所藏《事林广记》江户时代抄本（简称睿山文库本）别集卷一《官制类·武臣外任》改。

④ （隋）萧吉：《五行大義》（二），第 476 頁。

按:《博闻录》此条内容,仅见于睿山文库本相关记载。睿山文库本记载外任武臣中,包括的官员有以下三类:诸路兵官、诸寨兵官、诸将下兵官。

诸路兵官

马步军副总管、兵马钤辖呼路钤、兵马都监大〔使〕^①臣曰都监,小使臣曰监押,管禁军、崩军、牢城军、驻泊兵马都监、巡辖马递铺管铺兵、诸县教阅弓手、准备将领。

诸寨兵官

都巡检使、同巡检、巡检并管□兵。

诸将下兵官

行营左护军、行营右护军、行营中护军、行营前护军、〔行营后护军以上五军营,大兵各分五部,置官吏下部〕、^②都统领、统制、统领、提辖、正将、副将、部将、干办官、部下提辖、主管文字、赳择官、钱粮官、濠寨官、队将、使臣、效用、将校。^③

这部分官职,是南宋外任武臣的三类官职。据此可知,睿山文库本《事林广记》保留了《博闻录》中关于武臣外任的相关内容,并且明确记载了三类官员的具体官职名称,这有助于说明其所依据的底本(至少《官制类》部分),应该是元代初期的本子,并且是比较接近《博闻录》的元初版本。^④和刻本没有官制部分的内容;宗家文库本及以后诸本《事林广记》,因为时代的变迁,宋代官职部分逐渐被元代官职所替换。

---

① "使"字原空一格,宋陈耆卿《嘉定赤城志》卷一二《秩官门五·州兵官》:"都监二员,国初置……监押一员,国初置。大使臣则曰都监,小使臣则曰监押。"故据以补。《中国方志丛书》华中地方,第560号,台北:成文出版社,1983,第7170页。

② 此行原本位于"都统领"至"部将"一行之后,大概是抄录者发现顺序颠倒,所以在"行营后护军"一行上方注"前","都统领"至"部将"一行上方注"后",故据以乙正。

③ 睿山文库本别集卷一《官制类·武臣外任》。

④ 睿山文库本《事林广记》官制部分,被宫纪子视作极有价值的史料。这部分研究,可参考氏著《叡山文庫所藏の〈事林広記〉写本について》,《史林》第91卷第3号,2008。

十二

《博闻录》。岳渎海泽之图。[①]

本条无文字，仅有插图。各本《事林广记》均无此插图。

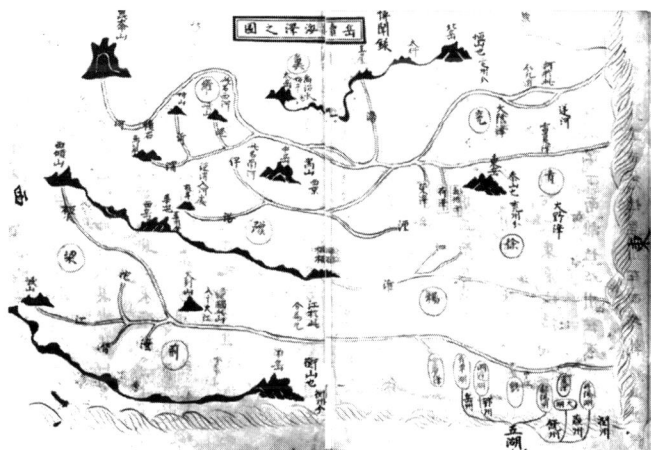

图 2 《岳渎海泽之图》

按:《岳渎海泽之图》，中村璋八在其著作中专门引用了该图。[②]海
野一隆则认为穗久迩文库所藏《五行大义》的抄本，混入了《博闻录》
的该页插图。[③]胡道静也持此观点，并指出以前人们尚不知《博闻录》
中刻有地图。[④]其实混入的说法有误。该图并非混入《五行大义》抄本
的《博闻录》所载地图，而是《五行大义》的笺注者在注解《三代州》
时，[⑤]根据《博闻录》将原图描摹于《五行大义》纸背的。这幅插图，亦
未见于其他文献。

---

① （隋）蕭吉:《五行大義》（二），第 102-101 頁。
② 〔日〕中村璋八:《五行大義の基礎的研究》，第 40 頁图 11。
③ 〔日〕海野一隆:《漢民族社会における歴史地図の変遷》，《唐·宋時代の行政·経済
　地図の作製（研究成果報告書）》，大阪大学，1981，第 79 頁。
④ 胡道静:《谈古籍的普查和情报》，《中国古代典籍十讲》，复旦大学出版社，2004，第
　25 页。
⑤ （隋）蕭吉:《五行大義》（二），第 103 頁。

十三

表 1 《博闻录》佚文附载插图及其与各本《事林广记》附载插图对照

《博闻录》佚文中的插图（仅列佚文序号）	诸本《事林广记》中的插图				
	和刻本	宗家文库本	椿庄书院本	西园精舍本	积诚堂本
1	《律历门·权生五则》后附载的插图	《历候类·律度量衡图》	《历候类·律度量衡图》	《历候类·律度量衡图》	《历候类·律度量衡图》
2	甲集卷五《律历门》附载的示意图	《历候类·置闰之法》附载《二十四气七十二候图》	《历候类·置闰之法》附载《二十四气七十二候图》	《历候类·置闰之法》附载《二十四气七十二候图》	《历候类·置闰之法》附载《二十四气七十二候图》
4	甲集卷一《天文门》附载《十二次日月交会图》	前集卷一《天文类》附载《十二次日月交会图》	前集卷一《天文类》附载《十二次日月交会图》	前集卷一《天文类》附载《十二次日月交会图》	甲集上卷《天文类》附载《十二次日月交会图》
8	甲集卷一《天文门》附载《晦朔弦望之图》	前集卷一《天文类》附载《晦朔弦望之图》	前集卷一《天文类》附载《晦朔弦望之图》	前集卷一《天文类》附载《晦朔弦望之图》	甲集上卷《天文类》附载《晦朔弦望之图》

续表

《博闻录》佚文中的插图（仅列佚文序号）	诸本《事林广记》中的插图				
	和刻本	宗家文库本	椿庄书院本	西园精舍本	积诚堂本
9	甲集卷一《天文门》附载《北斗璇玑玉衡之图》	前集卷一《天文类》附载《璇玑玉衡图》	前集卷一《天文类》附载《璇玑玉衡图》	前集卷一《天文类》附载《璇玑玉衡图》	甲集上卷《天文类》附载《璇玑玉衡图》
10	甲集卷一《天文门》附载《箕毕风雨图》				

十四

通过对穗久迩文库所藏《五行大义》纸背抄录的《博闻录》佚文与各本《事林广记》进行对比，我们可以形成以下几点认识。

其一，关于《博闻录》和《事林广记》之间的关系，胡道静认为是两部著作，但也有学者认为二者是同一部书。中村璋八认为，陈元靓编纂的十卷本《博闻录》，和他所编纂的元禄十二年（1699）所刻和刻本《事林广记》，应该是同一部书。① 宫纪子通过对日本伊势神道集大成者度会家行的《类聚神祇本源》开篇所引《博闻录》佚文与和刻本《事林广记》进行对比，认为《事林广记》的前身就是《博闻录》，《博闻录》的正式名称是《新编分门纂图博闻录》，② 全书分为甲至癸十集十卷，由三大部分构成。③

---

① 〔日〕中村璋八：《五行大義の基礎的研究》，第 103 页。
② 〔日〕宫纪子：《モンゴル時代の出版文化》，名古屋，名古屋大学出版会，2006，第 539 页。
③ 〔日〕宫纪子：《對馬宗家舊藏の元刊本〈事林廣記〉について》。

笔者赞同以上日本学者的观点。《类聚神祇本源》卷一《天地开辟篇》所引《太极图》《两仪图》《三才图》《河图》《洛书》《四正四维》《卦音风节相配图》等描摹图和解说文字，[①]与和刻本《事林广记》甲集卷一《天文门》的《太极图说》《两仪图说》《三才图说》，卷二《地理门》的《河图之数》《洛书之文》《四正四维》《八方八卦》《八风八制》《八音所配》的图文一致，这是判断《博闻录》和《事林广记》是同一部书的一个重要指标。而从《五行大义》纸背抄录的《博闻录》佚文来看，与诸本《事林广记》相比，情况也正是如此，因此更有理由说明二者是同一部书。上述 12 条《博闻录》佚文，除了关于《居丧杂仪》、玉玺、《岳渎海泽之图》三条未见于诸本《事林广记》之外，其余 9 条佚文，均在和刻本或其他元本《事林广记》中找到相对应的内容，这一比率高达 75%。经过对比，可以发现有的佚文与《事林广记》对应的内容基本一致，有的则有所改编。因为现存元明时期诸本《事林广记》，并非一本内容完全相同的类书的不同刻本，而是一部内容处于不断增减改编过程中的日用类书，各版本的编纂者往往根据时代变化的需要，删去过时、陈旧的内容，而增补适应时代需要的新内容。所以《五行大义》纸背抄录的《博闻录》佚文，与诸本《事林广记》的相应记载有所变化，正是《事林广记》在流传过程中不断调整改编现象的体现。因此可以说，《博闻录》和《事林广记》是陈元靓编纂的同一部书在不同时间段的两个名称，而并非是两部不同的书。

其二，上述 12 条佚文和描摹图，内容涉及天文律历、丧葬礼仪、职官制度、山岳河川、《诗》《书》典籍等方方面面，但其中 6 条佚文是天文律历方面的内容，占到所有佚文的一半，这与《五行大义》一书的主旨密切相关。元弘相传本《五行大义》纸背抄录的内容大都是引文，引用文献达 180 多种，1650 余条，涉猎经、史、子、集各部。这些引文均是对《五行大义》正文所做的笺注，[②]因此《博闻录》的佚文多集中在天文律历方面，显然与《五行大义》的核心内容——阴阳五行学说有

① 〔日〕度會家行:《類聚神祇本源》，国文学研究资料馆编《真福寺善本叢刊》第二期第九卷，京都：臨川書店，2004，第 11-21 頁。

② 〔日〕中村璋八:《五行大義の基礎的研究》，第 41 頁。

关。此外，以上《博闻录》12条引文中的7条佚文均配有插图，占到全部佚文的58%。除《岳渎海泽之图》外，其余均与天文律历有关，这显然也是为《五行大义》的主题服务的。这些插图，大多能在其后各本《事林广记》中找到对应的图画，说明陈元靓最初编纂的《博闻录》，是一部图文并茂的类书，即所谓《新编分门纂图博闻录》。其后各本《事林广记》附载插图，只是沿袭《博闻录》的编纂方式而已。而《博闻录》和《事林广记》这种图文并茂的编纂方式，尤其是两书之间附载插图的对应关系，也有助于说明二者是同一部书。

其三，《五行大义》纸背所录《博闻录》佚文，其中关于《居丧杂仪》、玉玺、《岳渎海泽之图》三条佚文，已不见于诸本《事林广记》，这应是时代变迁的结果。诸本《事林广记》所录《居丧杂仪》，均出自《书仪》或《家礼》，这是理学在宋末兴起并在元代占据统治地位的结果。而《博闻录》所录《居丧杂仪篇》，在理学逐渐兴盛的时代背景下，最终被宋代理学家的相关说教所替代，这正是时代变迁的反映。玉玺是天子之印章，是专制皇权的象征，其插图在元初曾被列为违禁内容。①至元三年至三十一年，元朝政府陆续颁布了一系列禁止关于天文图谶、阴阳五行以及成吉思汗名讳、蒙古世袭图等内容的图书（其中包括《博闻录》），并"一切左道乱正之术"的诏令。②在这种形势下，作为违禁内容，玉玺的插图在各本《事林广记》中被删除自然合乎情理。《博闻录》中附载的《岳渎海泽之图》，描画出上古时期我国主要的山川、河流、湖泊，这幅图在各本《事林广记》中均被元明时期的地图所取代，这也是《事林广记》在流传过程中不断删去"陈旧过时"的内容，而补充与当时社会生活密切相关的信息使然。

其四，以《博闻录》的佚文和附载的插图，与诸本《事林广记》的相应内容和插图进行比较，我们可以发现《博闻录》与诸本《事林广记》之间内容变化的幅度较大，而诸本《事林广记》之间内容变化的幅度相对较小。具体到诸本《事林广记》之间，元后期三种版本——椿

---

① 参见〔日〕宫纪子《對馬宗家舊藏の元刊本〈事林廣記〉について》。
② 方龄贵校注《通制条格校注》卷二八《杂令·禁书》，第690—695页。

庄书院本、西园精舍本、积诚堂本的内容最为接近，甚至有些完全一致。这是因为椿庄书院本与西园精舍本均为元至顺时期的刻本，两本刊刻的时间最为接近；积诚堂本为后至元时期的刻本，相去至顺时期亦不远，因此这三种版本之间内容变化的幅度自然不会太大。而和刻本、宗家文库本与元后期三种版本之间的内容变化则较大。和刻本尽管是泰定二年增补本的翻刻本，但泰定二年的增补本，基本上没有增补成宗、武宗、仁宗、英宗、泰定帝几朝的信息资料，而是更多地保留了宋末及元朝灭亡南宋后不久的中统、至元年间的面貌。宗家文库本的版本情况很复杂，但总体来看应该是处于和刻本与至顺、后至元时期三种版本之间的版本。诸本《事林广记》与《博闻录》相较，其亲疏关系以和刻本与《博闻录》最为接近，这是因为内容上和刻本与《博闻录》相距的时间最近。《博闻录》佚文与诸本《事林广记》相应内容的比较，颇能显示出随着时代的变迁，编纂者对书中的内容也随之进行了不同程度的调整和改编；时代相去越远，调整和改编的幅度就越大。

其五，《五行大义》纸背所录《博闻录》佚文，与现存于其他典籍中的《博闻录》佚文无一相同，因此文献价值很高。《博闻录》一书早已亡佚，现存佚文散见于宋元明时期的几部著作之中。胡道静指出，《博闻录》亡佚之后，"只在《岁时广记》《农桑辑要》及《永乐大典》残存各卷中略存佚文"。[1]王珂对胡道静提到的各部著作中的《博闻录》佚文做了辑佚，同时对《资治通鉴音注》、杨慎《丹铅摘录》等文献中的佚文也做了辑佚。[2]以王珂所辑诸条《博闻录》佚文与《五行大义》纸背所录《博闻录》佚文进行比对，可以发现二者没有重复的佚文。

其中弥足珍贵的是第 2 条佚文中附载的《六十四卦气候图》（图3）。这幅图于图名之下附有小字"唐"，所引"置闰之法"佚文，注明出自《博闻录》，则《六十四卦气候图》有可能是《五行大义》笺注者根据《博闻录》所载唐人制作的插图绘制的。另行有"但此图聊私加意巧"八字。"私加意巧"，应该是指笺注者在唐图基础上，又做了进一步

---

① 胡道静：《谈古籍的普查和情报》，《中国古代典籍十讲》，第 25 页。
② 参见王珂《〈博闻录〉探佚》。

的修改加工。《五行大义》笺注者有自己绘制插图的现象，那些出自笺注者之手的插图，往往在图下注以小字"私"字，即所谓"私图"，①如《八卦休王图》《支干休王图》《五行休王图》《西土生死所图》《五行生死所图》等。②有些私图笺注者还会加以注解说明，如《五行休王图》之下，笺注者进一步解释说："此图依本书次第者，王、相、休、囚、死不可违之欤，仍不依四时之序也。"③这和第10条佚文中笺注者以"私云"的方式对《毛诗》进行补充注解一样，均是笺注者自己研习《五行大义》的心得之体现。从《六十四卦气候图》和"置闰之法"佚文的关系来看，笺注者应该是先描摹好图，然后在图上空白处抄录佚文，因故佚文每行字数不等，视图上空余位置而定，也说明笺注者抄录《博闻录》的这则佚文，是用来补充说明《六十四卦气候图》的。

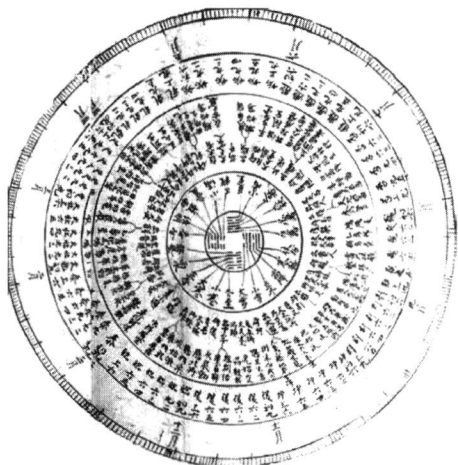

图3　《五行大义》纸背所附《六十四卦气候图》

经过元弘时期日本汉学家"私加意巧"的《六十四卦气候图》，是一幅由六个同心圆组成的圆图。六个同心圆由内而外包含的内容依次为:《震》《离》《坎》《兑》四卦（即四时卦，亦即《五行大义》纸背《六十四卦气候图》右下角注解文字中提到的"四正之卦"）、二十四节气、初卦和七十二候、十二月消息卦、十二月、三百六十日。其中

---

① 中村璋八:《五行大義の基礎的研究》，第58頁。
② （隋）蕭吉:《五行大義》（二），第132、131-130、130-129、127-126、123-122頁。
③ （隋）蕭吉:《五行大義》（二），第130頁。

《震》《离》《坎》《兑》四时卦，按位置是上《离》下《坎》，左《震》右《兑》。《震》和《坎》为阳卦，《离》和《兑》为阴卦。《震》为雷，《坎》为水，《离》为火，《兑》为泽。"每爻主一气"，[①]四卦共二十四爻，分主二十四节气，分别是《震》卦初一春分、二一清明、三一谷雨、四一立夏、五一小满、上一芒种，《离》卦初一夏至、二一小暑、三一大暑、四一立秋、五一处暑、上一白露，《兑》卦初一秋分、二一寒露、三一霜降、四一立冬、五一小雪、上一大雪，《坎》卦初一冬至、二一小寒、三一大寒、四一立春、五一雨水、上一惊蛰。自春分至白露十二节气属阳，自秋分至惊蛰十二节气属阴。二十四节气之外，是与之相对应的始卦和七十二候。其中公解、公革、辟乾、公咸、公履、公损、辟观、公困、公大过、公中孚、公升、卿益十二始卦分别对应二候，其余始卦则只对应一候。七十二候自春分公解对应的"玄鸟至"和"雷乃发声"二候开始，至惊蛰卿晋对应的"鹰化为鸠"。始卦和七十二候之外，是与七十二候一一对应的六十四卦的具体爻数。其中"玄鸟至"对应的是六十四卦中《大壮》九四，"鹰化为鸠"对应的是《大壮》九三。其外之圆是与六十四卦具体各卦爻数相对的十二月。其中正月对应的具体卦爻是《泰》初九，与其相对的二十四节气是立春，始卦是侯小过，七十二候是东风解冻。十二月对应的具体卦爻是《临》初九，二十四节气是小寒，始卦是侯屯，七十二候是雁北乡。《六十四卦气候图》最外一层圆图是一年的总天数，每月 30 天用 30 个刻度来表示，其中每十天即每十个刻度为一标识。

《六十四卦气候图》设计精巧，构图缜密，直观而又形象地展示出《易》六十四卦与四时、十二月、二十四气、七十二候及一年月数、一月日数等的对应关系，可见"私加意巧"之说，殆非虚言。

那么，《博闻录》佚文中附载的《六十四卦气候图》所依据的唐图，文献中是否有附载呢？宋无名氏辑录的《周易图》卷上，附载有一幅《六十四卦气候图》（图 4），[②]或许能为此问题的解答提供一些线索。

---

① （隋）蕭吉：《五行大義》（二），第 79 页。
② 参见《道藏》第 3 册，第 135 页。

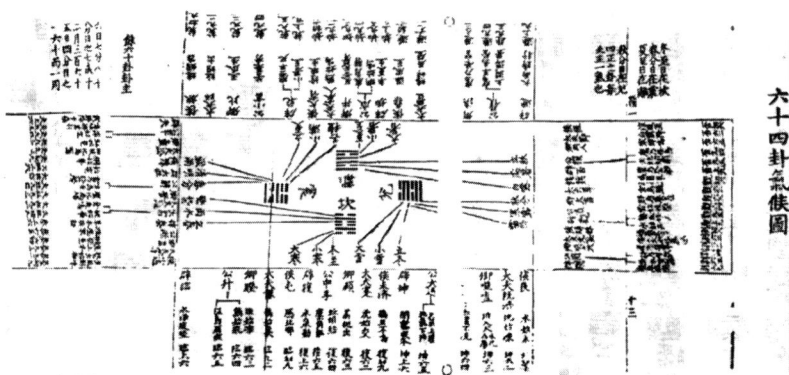

图 4 《周易图》附载《六十四卦气候图》

《周易图》附载的《六十四卦气候图》图形呈长方形，与《博闻录》附载的《六十四卦气候图》相比，两幅图一方一圆，形状不同，但名称则完全相同，而且两幅图自图中心的四时卦，与其外二十四气、初卦和七十二候、十二月消息卦的对应关系亦完全相同，只是圆图比方图多出了与十二月、三百六十日的对应关系，这大概就是日本汉学家"私加意巧"的地方。除此之外，两幅图的部分注释文字也完全相同。《博闻录》佚文在插图右下方加注云："四正之卦，每爻主一气也。余六十卦，卦主六日七分，八十分日之七。岁十二月三百六十五日四分日之一。六十而一周。"左下方注云："冬至日在坎，春分日在震，夏至日在离，秋分日在兑。"①《周易图》附载的《六十四卦气候图》右上方注云："冬至日在坎，春分日在震，夏至日在离，秋分日在兑。四正之卦，每爻主一气也。"左上方注释文字（即紧接右上方的注释文字）为："余六十卦，卦主六日七分，八十分日之七。岁十二月三百六十五日四分日之一。六十而一周。"②可见两图注释文字仅是顺序稍有不同而已。这些注释文字，应该源自郑玄所注《易纬是类谋》。③由此来看，元弘时期日本汉学家所依据的唐人所绘《六十四卦气候图》，或许就是被宋人收载于《周易图》中的《六十四卦气候图》，二者可能是同一幅图，抑或两幅图是同源的。

诸本《事林广记》也保留了《六十四卦气候图》的相应内容，但无

---

① （隋）萧吉：《五行大义》（二），第79-77页。

② 参见《道藏》第3册，第135页。

③ （汉）郑玄注《易纬稽览图》卷下，《武英殿聚珍版丛书》本。

一与《五行大义》纸背的描摹图和佚文完全相同。和刻本《事林广记》中没有《六十四卦气候图》，只是列出了关于四时、十二月、二十四气、七十二候的对应关系（见表1）。[①] 其他各本《事林广记》，则以《二十四气七十二候图》为名保留了该图，但《二十四气七十二候图》与《六十四卦气候图》相比，已经有了很大的变化。二者的区别在于：《六十四卦气候图》体现的是《易》六十四卦与四时、月令、气候等相配之法的卦气图，《二十四气七十二候图》则主要说明日月位置的变化及其与四时、二十四气、七十二候的关系，体现出"五日为候、三候为气、六气为时、四时为岁"的规律。《易》六十四卦、日月位置的变化分别与四时、二十四气、七十二候相配，是两幅图的根本区别。或许，各本《事林广记》附载的《二十四气七十二候图》，是在《六十四卦气候图》的基础上改编而成的。

《五行大义》纸背附载的《六十四卦气候图》，作为元弘时期日本汉学家加工改编的一幅卦气图，应该不会出现在中国所藏的各种汉籍文献中，因此这幅卦气图更显珍贵。像佚文中出现的"私云"一样，"私加意巧"说明笺注者并非仅描摹原图，而是对原图根据自己的理解进行加工补充，说明这幅图已不是唐人所绘原图，而是融入了元弘时期日本学者研究唐图的心得，是当时中日学者共同创作的一幅卦气图，也是元弘时期日本学者研究汉籍水平的一种体现。

（原刊于《中国史研究》2019年第4期。

本文略有修改）

---

① 和刻本甲集卷五《律历门·岁时气候》，第193页。

元代怯薛入仕契机探析

侯子罡

摘　要　怯薛直接被皇帝任命官职，而不经过中书省，这在元代被称之为"别里哥选"，是元代主要的入仕途径之一。常见的怯薛入仕契机包括勋旧世家、举荐、才识、忠勤、年劳、立功、特殊技能等。这些契机充分体现了元代怯薛入仕的优越性。

关键词　元代；怯薛；别里哥选；契机

怯薛（Keshik），是蒙古语轮番宿卫的意思，《元史·兵制》载："宿卫之士，则谓之怯薛歹。"成吉思汗组建万人怯薛组织，兼有宫廷服侍和行政差遣职能。入元后，随着行政体制的逐渐完善，怯薛职能显著衰退，主要从事单纯的宫廷服侍和宿卫工作。在元代，怯薛入仕是主要的入仕途径之一。李治安教授指出："怯薛组织是忽必烈以降朝廷文武官员的预备学校。"[①]台湾著名学者萧启庆先生也有类似论述。[②]姚燧《牧庵集》卷四《送李茂卿序》载："大凡今仕惟三途，一由宿卫，一由儒，一由吏，由宿卫者言出中禁，中书奉行制敕而已。"这种由皇帝直接任命和选拔官吏的办法在元代被称为"别里哥选"。

---

① 李治安：《忽必烈传》，人民出版社，2004，第410页。
② 萧启庆：《元代的宿卫制度》，黄清连主编《制度与国家》，中国大百科全书出版社，2005，第392页。

怯薛歹如何被皇帝看中，实现"别里哥选"，对此日本学者片山共夫认为，主要是通过怯薛掌领官向皇帝举荐。①笔者通过对《元史》列传以及元代文集神道碑、墓志铭等史料中200余名怯薛入仕人物相关记载的分析发现，怯薛入仕之"别里哥选"并非主要靠怯薛官的举荐，他们被皇帝授予官职的原因各异。我们把这种影响怯薛"别里哥选"的主要因素称之为入仕契机，常见的契机主要有七种。

（一）勋旧世家

不少怯薛成员因出身贵族世家而被选入官。如宿卫移剌元臣，契丹人，其父移剌捏儿在太祖时率部投靠，在南征过程中，骁勇善战，屡立战功，为蒙古建国功臣之一。移剌元臣16岁入宿卫，第一次与世祖见面，世祖对丞相和鲁火孙说："此勋臣子，非凡器也。"即命为"怯薛必阇赤，袭千户，将其父军"。②显而易见，移剌元臣的"勋臣子"身份，对其直接被天子看中入官起了至关重要的作用。宿卫廉侯，"年二十余即入宿卫禁中，旋以世赏授官，为浦江县达鲁花赤"，"祖希宪为至元名臣，有大勋劳于国，官至中书平章政事，封恒阳王"。③汉南人季野，其父原为浙江行中书省平章政事，"以世家子入备宿卫，未几以恩授成都府判官"。④这几条史料中的"世赏""恩授"也证明了勋旧世家在怯薛入仕中所起的关键作用。

更有不少怯薛人员直接由宿卫承袭父兄的职位。如别儿怯不花在仁宗时入宿卫，偶然被天子看中，诏对承旨，由于八番宣抚司长乃其世职，于是被授官。《元史》卷一四〇载：

> 别儿怯不花蚤孤，八岁，以兴圣太后及武宗命，侍明宗于藩邸。……仁宗召入宿卫。一日，从殿中望见其仪矩异，即召对，慰谕之。八番宣抚司长乃其世职，英宗遂授怀远大将军、八番宣抚司

① 〔日〕片山共夫：《怯薛和元朝的官吏制度》，《蒙古史研究参考资料》新编40、41辑，内蒙古大学蒙古史研究所，1986，第83页。
② 《元史》，中华书局，1983，第3531页。
③ （元）胡助：《纯白斋类稿》，《四库全书》第1214册，上海古籍出版社，1987，第664页。
④ （元）陈基：《夷白斋稿》，《四库全书》第1222册，第242页。

达鲁花赤。[①]

除了上述继承父职外，也有不少怯薛承袭兄职的史例。如：

> 上伟其（郑铨）容，乃命宿卫成庙。……及嗣兄官，当天下慆然，武无所事，君亦未尝苟于其职。[②]

根据笔者所掌握的怯薛入仕个案情况看，勋旧世家和朝臣子孙加入怯薛组织后被授官数量极多，包括蒙古、色目贵族以及汉南世侯等。这与蒙元重视官员"根脚"的民族传统是分不开的。

（二）举荐

很多怯薛因被举荐而得官，主要分三种情况：

1. 怯薛长和怯薛掌领官举荐

《元史·选举志》载："凡怯薛出身：元初用左右宿卫为心膂爪牙，故四怯薛子孙世为宿卫之长，使得自举其属。"可见，当时的四怯薛长是可以举荐其下属怯薛歹的。此外，普通怯薛执事官也可以举荐怯薛歹入仕，皇帝对他们举荐的怯薛歹也是比较信任的。如怯薛掌领官秃坚不花，"每论政帝前，言直而气不慑，帝亦知其直。令察宿卫之士，有才器者以名闻，所论荐数十人，用之皆称职，时论归之"。[③]掌领官铁哥，"年十七……久之，命掌饔膳汤药，日益亲密。……帝……又曰：'朕以宿卫士隶卿，其可任使者，疏其才能，朕将用之'"。[④]

2. 朝臣推荐

除怯薛掌领官之外，其他在朝大臣也可以向皇帝推荐怯薛入仕，如宿卫图卜特穆尔被御史台举荐为武德将军，韩永则被举荐为金肃政廉访司事：

---

① 《元史》，第 3365 页。
② （元）苏天爵：《滋溪文稿》，中华书局，1997，第 292 页。
③ 《元史》，第 3971 页。
④ 《元史》，第 3075 页。

图卜特穆尔，字可与，系出蒙古逊多台氏……以勋旧家子，蚤备宿卫。大德十年，用台荐，佩金符，为武德将军、蕲县万户府东平等处管军上千户所达鲁花赤。①

韩永……大德七年入备宿卫……天历二年由台荐擢佥河西陇右道肃政廉访司事。②

3. 怯薛自荐

此类史例较少，但也可视为契机之一，如宿卫月鲁帖木儿被哈剌哈孙荐为必阇赤。他虽年幼，却敢于向皇帝自荐为监察御史，最终被授予此职。《元史》卷一四四载：

哈剌哈孙欲用为中书蒙古必阇赤，辄辞焉。哈剌哈孙曰："汝年幼，欲何为乎？"对曰："欲为御史尔。"人壮其志。久之，遂拜监察御史。③

由此可见，怯薛入仕并非仅靠怯薛长推荐，只要个人才能突出，其他朝廷官员也可以向皇帝推荐。

（三）才识

尽管怯薛长期服侍帝王，"密近天光"，深受皇帝宠信，但具备任政才能依然是重要的入仕条件。《道园学古录》载：

世祖皇帝之知人善任使，何其始终之有道也，考诸惠愍之事，而益信焉。大臣子之在宿卫者，言语之间，其教固已密矣。察之固已详矣。然又以为未足，又必使之知经术焉。④

由此可知，善于"任使"的皇帝对长期在自己身边的怯薛歹并不会

---

① （元）黄溍：《文献集》，《四库全书》第1209册，第532页。
② （元）苏天爵：《滋溪文稿》，第280页。
③ 《元史》，第3434页。
④ （元）虞集：《道园学古录》，《四库全书》第1207册，第194页。

草率地授之以官。史料所载怯薛入仕人物，很多都是因为自身具备一定的才识、得到皇帝的赏识而被授官。《元史》卷一三四载：

> 秃忽鲁字亲臣，康里亦纳之孙亚礼达石第九子也。自幼入侍世祖，命与也先铁木儿、不忽木从许衡学。帝一日问其所学，秃忽鲁与不忽木对曰："三代治平之法也。"帝喜曰："康秀才，朕初使汝往学，不意汝即知此。"除蒙古学士，奉议大夫、客省使，进兵部郎中，迁金太史院。[①]

可以看出，怯薛秃忽鲁由于自幼跟随名师受良好教育，被世祖称为秀才，并因此被直接授予官职。这也印证了史料中怯薛近侍勋戚之子入学受业，学成之后被委以重任的相关记载。

由于元初科举不兴，后来时兴时废，不少汉南士人加入怯薛，他们的突出才能受到皇帝赏识，从而被授予官职。世祖、仁宗、文宗等皇帝，当他们还是皇子或太子时，就喜欢招纳贤士加入自己的怯薛，由此入仕的汉南人占较大比例。如郝天挺"受业于遗山元好问"，颇有才识，第一次见世祖，即被肯定"宜任以政"。[②]《雪楼集》的作者程钜夫"入元遂留宿卫，世祖奇其才，改授应奉翰林文字，累官翰林学士承旨"。[③]因此，具有一定的任政才能也是怯薛入仕的必要条件。

（四）忠勤

不少怯薛尽管才能平庸，没用功勋，但由于他们忠心耿耿服侍帝王，最终也会因此而得官。而皇帝在使用怯薛人员时，也往往要试其忠心。《元史》卷一三六载：

> 牙牙后封康国王，生六子，阿沙不花最贤，年十四，入侍世祖。……一日，故命诸门卫勿纳阿沙不花。阿沙不花至，诸门卫皆不纳，乃从水窦中入。帝问故，以实对，且曰："臣一日不入侍，

---

① 《元史》，第3251页。
② 《元史》，第4065页。
③ （元）程钜夫：《雪楼集》，《四库全书》第1202册，第3页。

身将何归？"帝大悦，更谕诸门卫听其出入。命饬四宿卫兵器，无
敢或慢。复使掌门，无敢阑入。帝曰："可用矣。"①

在这个有趣的小故事中，世祖为试怯薛阿沙不花之忠，特意令门
卫不放其入宫，但阿沙不花为不耽误入侍，从下水道钻进宫内，最终
世祖满意道"可用矣"。在史料中不乏怯薛因忠勤事主而被任官的例
子，如：

> 世祖选良家子入侍东宫，时倚年弱冠……即以充选。倚服
> 勤守恪，遂见信任。……乃拜倚工部尚书，行本位下随路民匠
> 都总管。②
> 总尹君，字明之……大德初，近臣以医荐，入侍成宗。大见知
> 遇，详勤忠恪，行在无舍旦夕，赐金钱、珍贝、玉带……累官朝列
> 大夫、同佥太医院事。③

试玉要烧三日满，辨材须待七年期。怯薛作为皇帝的"家臣"，对
皇帝忠心耿耿，悉心服侍，被皇帝授予官职是再正常不过的事情。

（五）年劳

据《滋溪文稿》载："至元十九年，裕皇始授册宝，而左右之人多
以年劳得官。"④可见，不少怯薛人员正是由于"年劳"，皇帝念其"久侍
禁中"而授之以官。兹举数例：

> 公讳述，字继先，姓王氏……宿卫隆福宫，积劳除利用监资
> 用库提点。⑤
> 公蒙古人，卓特氏……服劳宿卫，除山北道肃政廉访司照磨兼

---

① 《元史》，第3296页。
② 《元史》，第4105页。
③ （元）刘敏中：《中庵集》，《四库全书》第1206册，第164页。
④ （元）苏天爵：《滋溪文稿》，第264页。
⑤ （元）许有壬：《至正集》，《四库全书》第1211册，第361页。

管勾承发架阁库。①

公年十二,入侍世祖圣德神功文武皇帝,朝夕左右,仅三十年……至元十七年,以近侍服劳最久,特旨授朝列大夫、符宝郎。②

和和,本哈喇克沁氏。成宗即位……命宿卫皇太后,积劳为宣徽院都事、中书左司事都事。③

上述史料中的"服劳""积劳"等,意义相同,都属怯薛以年劳得官,所以,累年服役也是怯薛入仕的重要契机之一。

(六)立功

历代统治者都比较重视军功嘉奖。元代学者王恽在《论战士有功迁加官赏事状》中说:"士须气以作,气因利以锐,而官爵者,国家之厚利也,故以加级奏迁,使兼今后军前一切战士克敌有功者,合无验所获首级,用诰束力迁加散官,以作士气。"④元初,南方未平,战事不断,皇帝的宿卫军曾多次出征,不少怯薛人员在战争中立下功劳,并直接因功得官。如以下二例:

(阿实特穆尔)王生有异质,强敏过人,为裕宗宿卫起家。至元十五年,从征有功,授从仕郎、枢密院都事。⑤

(赵)公讳玉,国言别讳穆尔齐,其先女真人。……早以世胄入给宿卫,至元九年,安西王分国关中,择良慎者侍王邸……已而从王北征,立功绝域。十六年,奏授朝列大夫。⑥

元代中后期,皇位争夺致使皇室内纷争迭起,怯薛作为近侍和宿卫军,不可避免地介入宫廷政变和皇位争夺中。李治安教授指出:"怯薛

---

① (元)许有壬:《圭塘小稿》,《四库全书》第1211册,第662页。
② (元)萧𣂏:《勤斋集》,《四库全书》第1206册,第397页。
③ (元)刘岳申:《申斋集》,《四库全书》第1204册,第280页。
④ (元)王恽:《秋涧集》,《四库全书》第1201册,第234页。
⑤ (元)程钜夫:《雪楼集》,《四库全书》第1202册,第79页。
⑥ (元)同恕:《榘菴集》,《四库全书》第1206册,第708页。

不仅可以在皇位空虚时凭借宿卫重权等，参与拥立新帝，还有可能、有实力铤而走险，以宫廷政变危及皇帝人身。"[1]拥立新皇的得胜者，往往按功行赏、被授予官职。如：

> 燕不伦……直宿卫。……致和元年秋八月，在上都，思武宗之恩，与同志合谋奉迎文宗。会同事者见执，乃率其属奔还大都。特赐龙衣一袭，命为通政院使。[2]
>
> 中顺君始宿卫怀宁邸，用大官荐给事兴圣宫，大德丁未，扈从今上皇太后归自覃怀，与平内难，奉命驰和林劝进，武宗继统，录功授奉训大夫、平江路财赋提举司达鲁花赤。[3]

除了在战场上或者在拥立新皇时立下军功外，还有一些怯薛充当皇帝使者，如果顺利完成使命，也可以被录功授官。例如：

> 亦黑迷失，畏吾儿人也。至元二年，入备宿卫。九年，奉世祖命使海外八罗孛国。十一年，偕其国人以珍宝奉表来朝，帝嘉之，赐金虎符。十二年，再使其国，与其国师以名药来献，赏赐甚厚。十四年，授兵部侍郎。[4]

以上个案中所体现的战功以及顺利完成使命等，都是怯薛被皇帝直接授予官职的重要契机。尽管非怯薛人员也存在因立功被皇帝授官的现象，但这对于皇帝心腹近侍的怯薛来说，则是促成其入仕的更有利的条件。

（七）特殊技能

元朝规定，"内膳为近臣，非笃敬素著者不得为"，[5]因此掌内膳的

---

[1] 李治安：《元代政治制度研究》，人民出版社，2003，第55页。
[2] 《元史》，第3283页。
[3] （元）刘敏中：《中庵集》，《四库全书》第1206册，第138页。
[4] 《元史》，第3198页。
[5] 《元史》，第3976页。

宝儿赤不但要有烹饪技艺，还必须为皇帝信任的近臣。如怯薛贾昔剌出身烹饪世家，"因近臣入见庄圣太后，遂从睿宗于和林，典司御膳，以其须黄，赐名昔剌……促召入供奉，诸庖人皆隶焉。……世祖在潜邸，知其重厚，使从迎皇后于弘吉剌之地，自是预谋帷幄……世祖即位，立尚食、尚药二局，赐金符，提点局事，兼领进纳御膳生料"。①石抹明里，世典内膳，"至元二十八年，为典膳令"。② 又如《松雪斋集》载：

> 公讳阿哩雅萨理，回鹘北庭人……从国师巴齐玛克学浮屠法，不数月尽通其书，旁达诸国及汉语。……师已上书荐之裕宗，得召入宿卫……至元二十年冬，有二僧西来见，自言知天象。上召通象胥者数辈与语，莫能解。有图烈者，言公可使，立召与语。僧乃屈，谢不如，上大悦。明年夏，擢朝列大夫、左侍仪奉御。③

这条史料中的阿哩雅萨理也就是《元史》卷一三〇中的阿鲁浑萨理，他因精通佛学、译语、天象而被推荐加入怯薛，在与西僧的较量中展现了自己的才学和技能，从而被世祖擢为朝列大夫。

关于具备医术的怯薛入仕人员，《元史》卷一六九载：

> 刘哈剌八都鲁，河东人，本姓刘氏，家世业医。至元八年，世祖驻跸白海，以近臣言，得召见。世祖谓其目有火光，异之，遂留侍左右，初赐名哈剌斡脱赤。十七年，擢太医院管勾。④

可见，因为具备特殊技艺而被吸收入怯薛组织的，后来也往往被皇帝授予相应的官职。

通过上述可知，影响怯薛宿卫被皇帝授予官职的主要因素有勋旧世

① 《元史》，第 3970 页。
② 《元史》，第 3976 页。
③ （元）赵孟頫：《松雪斋集》，《四库全书》第 1196 册，第 690 页。
④ 《元史》，第 3973 页。

家、举荐、才识、忠勤、年劳、立功、特殊技能等。事实上，不少怯薛
人员并非仅由于其中的某一个因素而被皇帝授官，往往是几个因素同时
并存，例如，一些勋旧世家子弟自身还具备杰出的才学，一些怯薛歹在
立军功的同时又承袭父职，等等。正是因为这些契机的存在，才使得怯
薛容易得到好官职，所以在元代不少人想方设法加入怯薛，"富者财力
一到，便可干别里哥，早得名分"，"人争羡慕谓投当怯薛者，即可得六
品管民官"。① 由此可见，怯薛入仕较其他途径入仕具有明显的优越性。

（原刊于《阴山学刊》2009 年第 2 期）

---

① （明）杨士奇：《历代名臣奏议》，《四库全书》第 434 册，第 883 页。

甘肃武威出土元代至元二十六年
蒲法先买地券研究

杜玉奇

摘　要　武威出土元代至元二十六年（1289）蒲法先买地券系
1998年6月在甘肃武威永昌镇刘沛村元墓出土。买地券
券文的著录、考释是深入研究买地券及相关问题的前提。
在校录、考释蒲法先买地券券文的基础上，探讨它反映的
葬俗、格式等问题，对研究元代河西地区的买地券有重要
价值。

关键词　元代；武威；买地券

买地券，是我国古代民间广泛使用的、置于墓中的一种随葬明器，
起着保护墓葬和亡人的作用。它产生于东汉，承袭于魏晋，兴盛于宋
元，并一直沿用到明清。宋元时期，买地券在全国广泛流传，出土的
宋、元买地券也遍布全国。学术界对元代买地券的研究，总体而言可
分为以下几种情况。第一种是对买地券的著录、考释。如刘建华对凡
山镇板水弥勒禅寺发现的买地券进行著录、考释；[1]鲁西奇在对福建所
出唐宋元时期12种买地券录文、考释的基础上，分析了福建地区唐宋

---

① 刘建华：《浅议凡山镇板水弥勒禅寺买地券》，《文物春秋》1995年第3期。

元时期买地券的契约体式及其与现世实用土地买卖契约的关系。[①] 第二种是通过买地券研究社会经济、地理历史。如鲁西奇通过对宋元时期买地券的整理，利用买地券文对亡人生前居里、葬地的记载，考察了宋元时期的乡里制度和厢坊制。[②] 第三种是通过对买地券的分析研究与之相关的宗教信仰和丧葬习俗。如祝庆[③] 和袁明森、张玉成[④] 分析了元代停丧不葬的习俗和葬地风水信仰；陈进国[⑤] 与邱承忠[⑥] 则探讨了福建地区的丧葬仪礼和鬼神崇拜。第四种是分析宋元买地券的类别。如李裕群认为宋元买地券应分为甲型、中间型和乙型，并分析了这些买地券反映的土地买卖情况；[⑦] 李裕民认为宋元买地券在李裕群所分三类之外，还有第四类情况。[⑧] 此外，李桥、郭锐瑜对新出土江西地区宋元时期36方买地券进行了分类整理和概括性介绍。[⑨] 但是由于出土的元代买地券较少，学界往往把宋元时期买地券作为一个整体进行研究，尚未对所有留存至今的元代买地券进行系统整理，也未就元代的买地券进行专题研究。同时，已公布的元代买地券在录文上也存在不少讹误，甘肃武威永昌镇所出元至元二十六年（1289）的买地券即是一例（图1）。对买地券券文的准确校录是深入研究买地券的前提，本文在重新校录、考释该券文的基础上，试图探讨其所反映的葬俗、格式等问题，从而为研究元代买地券提供支持。

---

①　鲁西奇：《福建所出唐宋元时期买地券考释》，《闽台文化研究》2013 年第 2 期。

②　鲁西奇：《买地券所见宋元时期的城乡区划和组织》，《中国社会经济史研究》2013 年第 1 期。

③　祝庆：《试析嶂州元代买地券》，《文物世界》2015 年第 3 期。

④　袁明森、张玉成：《从志聪买地券的发现看元代的丧葬习俗》，《四川文物》1996 年第 5 期。

⑤　陈进国：《考古材料所记录的福建"买地券"习俗》，《民俗研究》2006 年第 1 期。

⑥　邱承忠：《从馆藏"买地券"探析闽台相关习俗》，《闽台文化交流》2006 年第 2 期。

⑦　李裕群：《宋元买地券研究》，《文物季刊》1989 年第 2 期。

⑧　李裕民：《岚县元代买地券考》，《文物季刊》1992 年第 4 期。

⑨　李桥、郭锐瑜：《新出土江西地区宋元时期买地券概述》，《保定学院学报》2015 年第 4 期。

图1　甘肃武威出土元至元二十六年（1289）蒲法先买地券图影

一　甘肃武威出土元代买地券校释

1998年6月，在甘肃武威永昌镇刘沛村一座元代八角形砖塔式结构墓中，出土了一件元世祖至元二十六年（1289）的买地券。此外，该墓还出土有小木棺1件，彩绘木椁1件（有墨书题记三行："戊子年十月廿四日"，"蒲法先"，"身亡系从化街住"），双耳灰陶罐1件，铜钱16枚。该券呈长方形，松木质；长57.5厘米，宽22厘米，厚2厘米。该券文字自左向右，用朱红色汉字书写，楷书，满行字数不等，共12行；保存较好，绝大多数字迹清晰可见。[①]目前对该券文的研究成果，仅有梁继红女士在《武威元墓清理简报》（以下简称梁文）一文中对此券的录文，[②]并对此券所反映的葬俗、历史地理等信息做了初步探讨。但其录文与相关问题仍有待进一步商榷。笔者现参照原件图影，重新录文，对梁文中的讹误予以纠正，并对券文的内容进行进一步阐释。

---

① 梁继红：《武威元墓清理简报》，《陇右文博》2003年第2期。梁文认为该地券是自右向左书写，共11行；对比原件内容可知，应为自左向右书写，共12行。

② 梁继红：《武威元墓清理简报》，《陇右文博》2003年第2期。

（一）录文

兹对该券录文如下（标点均为笔者所加）：

1.［大元］国永昌府居致祭孝男蒲文中□□□以□□故父蒲法先，殁①

2.系壬辰相，今卜不山之下神后之原，安厝［宅兆］。谨用钱九万九千九百②

3.九十九贯文，兼五彩信币，买地一段。东［置］青龙，西置白虎，南［置朱雀］③，

4.北置玄武。内方勾陈，分掌四域。丘承墓伯，封部界畔，道路将军，齐整④

5.阡陌。千秋万岁，永无殃咎。若辄［干］犯诃禁者，将军亭长收付何伯⑤。

---

① 券首所缺二字补为"大元"，买地券开头常书朝代，如杨世安买地券开头"维大元国……"，参见李裕民《岚县元代买地券考》，《文物季刊》1992年第4期。原券"昌""居"清晰可辨，梁文分别作"长""君"；"府君"是对某人尊敬，常用于墓志铭文开头，用法为"某府君某"，于此难解，参见姚美玲《唐宋买地券习语考释》，《运城学院学报》2004年第1期。"孝"可辨，梁文缺。"孝男"某某，谓某子孙之意；"孝男""孝孙"为地券常用语，如元代李新昭买地券有"……孝孙李安伏……"，参见马志祥、张孝绒《西安曲江元李新昭墓》，《文博》1988年第2期。"殁"字原文残，为笔者补。

② "系"为梁文缺字，原券可辨。"宅兆"为笔者据《地理新书》载买地券文本样式所补，原券残。梁文"护"当为"谨"，"谨用钱九万九千九百九十九贯文"为买地券常用语。"宅兆""谨"参见《地理新书》，转引自鲁西奇《中国古代买地券研究》，厦门大学出版社，2014，第261页。

③ 因年久漫漶，"彩""置""置朱雀"原券已不可辨识，笔者据《地理新书》载买地券文本样式补；"置"字，亦作"至"，如《地理新书》"东至青龙，西至白虎，南至朱雀，北至玄武"，原券有"西置白虎""北置玄武"，故补"置"。梁文分别作"铢""至""至玄武"，当误。《地理新书》，转引自鲁西奇《中国古代买地券研究》，第261页。

④ "武"，原券可辨，梁文缺。"伯"字原券上部残，似"旧"；"整"字原券模糊，梁文缺。二字笔者据《地理新书》载买地券文本样式，录为"伯""整"；"丘承墓伯""齐整阡陌"为买地券常用语，"承"或作"呈"或"成"，"部"亦作"步"。《地理新书》，转引自鲁西奇《中国古代买地券研究》，第261页。

⑤ "干"字，原券残，不可见，"若辄［干］犯诃禁者"为买地券常用语，笔者据《地理新书》载买地券文本样式补，梁文录"侵"，当误。"何伯"当为"河伯"。《地理新书》，转引自鲁西奇《中国古代买地券研究》，第261页。

6.［今以］牲牢酒饭，百味香新，共为信契。财地相交分付，工匠修营①

7.安厝，已后永保休吉。知见人：岁月主。保人：今日直符。故气邪精，

8.不得干悮。先有［居］者，永避万里。若违此约，地府主吏自当其祸。②

9.主人内外存亡，［悉皆］安吉。急急一如③

10.女青诏书律令。

11.太岁己丑至元二十六年三月庚辰旦初五日甲申□吉时告下，

12.给［往］故蒲法先［收执］④。

（二）释文

由第一行可知，此券是元永昌府祭主蒲文中为安葬其父蒲法先，向阴间买阴宅所制，故可命名为"蒲法先买地券"，或"蒲文中为父买地券"。但该句行文较为特殊，不见于同时代其他买地券。元代买地券的开头一般沿用自东汉以来的按年、月、朔旦干支、日数及日序干支排列的书写款式，如元元贞二年（1296）冯兴等为父祖买地券："维大元国元贞二年岁次丙申正月庚午朔二十一日庚寅"；或先言明亡人生前详细的地址，如元至正四年（1344）雷七宣义暨罗氏地券："维大元国江西道龙兴府南昌县高安乡仁信里涞胡村东保居"等。⑤笔者检阅《中国古代买地券研究》中所收录34方元代买地券，⑥开头行文不见如"［大元］国永昌府居致祭孝男蒲文中□□以□□故父蒲法先"者，故不能补出缺

---

① "今以"，原券残，笔者据《地理新书》载买地券文本样式补，构成"今以牲牢酒饭"，梁文缺。《地理新书》，转引自鲁西奇《中国古代买地券研究》，第261页。

② "悮""违"字原券清晰可辨，梁文录"扰""遭"，误。"干悮"亦作"忓悮"。

③ "亡"，原券清晰可见，梁文作"立"，误。"悉""皆"，原券模糊不清，为笔者据《地理新书》载买地券文本样式所录，"悉皆安吉"为地券常用语。"悉"梁文作"爱"，误。《地理新书》，转引自鲁西奇《中国古代买地券研究》，第261页。

④ "往"，此字原券部分残，一如梁文。"收执"，原券可辨，梁文缺。

⑤ 鲁西奇：《中国古代买地券研究》，第276、420页。

⑥ 参见鲁西奇《中国古代买地券研究》。该书所收元代买地券较全面，故以此为参照。

字。此句的特殊之处或为缺字所致。

"存系壬辰相，今卜不山之下神后之原，安厝〔宅兆〕"，作为相地用语较为简略，句式也不见其他用例，疑书券人漏书具体占卜时日。"不山"一词不见于典籍；原件因年久漫漶，此两字模糊不清，一如梁文录文，或误。"神后"是道教神名，即后土。《书·汤诰》："敢昭告于上天神后。"宋蔡沈《注》：神后，后土也。① 后土，全称承天效法厚德光大后土皇地祇，在道教尊神"四御"中排第四位，是地祇，代表整个大地。古代中国早期视后土为社神、五行神，西汉时"后土"始作为代表整个大地的土地神，至宋徽宗时，后土被册封为"承天效法厚德光大后土皇地祇"。早在战国时，人们就认为后土是掌管地下冥界的冥神，宋玉《楚辞·招魂》云："魂兮归来！君无下此幽都些。"东汉时王逸注曰："幽都，地下后土所治也。地下幽冥，故称幽都。"② 然而，后土并非一开始就出现在买地券中。至隋唐五代时期，后土才作为一种积极的土地信仰逐渐在买地券中出现，如南唐保大十年范韬买地券就提到"呈告皇天后土"。宋代的后土，作为土地神，已经在买地券中占据支配地位。③ 值得注意的是，买地券中的后土形象通常以"后土""后土皇地祇""皇天后土"等来表达。此处用"神后"一词，与其他买地券不同，其原因尚未知。显然，此处买地之所在当为虚指，并不是现世中的地方。

"谨用钱九万九千九百九十九贯文，兼五彩信币，买地一段"，是买地券中常用的以钱买地习语。"九万九千九百九十九贯文"为虚数，并非现世中真实的货币。"五彩信币"则是"青黄赤白黑五种颜色相杂的冥钱"。④ "东〔置〕青龙，西置白虎，南〔置朱雀〕，北置玄武"，在买

---

① 中国道教协会、苏州道教协会编《道教大辞典》，华夏出版社，1994，第70页。

② （宋）洪兴祖：《楚辞补注》，中华书局，1983，第201页。

③ 高朋：《人神之契：宋代买地券研究》，中国社会科学出版社，2011，第144—151页。

④ 参见陈杏留《汉至唐宋买地券校补记》，《华夏考古》2013年第1期。之所以用"九万九千九百九十九"这个钱数，韩森女士认为"九"在中国古代代表"阳"气，人们认为可用其光明抵消阴间的黑暗。高朋先生除同意韩森女士的观点外，指出当时人认为"钱至十万，可以通神"，所以地券中用来买地的冥钱未有超过十万。参见〔美〕韩森《传统中国日常生活中的协商》，鲁西奇译，江苏人民出版社，2008，第157页；高朋《人神之契：宋代买地券研究》，第25页。

地券中，人们常用四方神兽表示向神明所买墓地的四至，即由四方神兽来保护墓地四周。此句亦是买地券中的常用语句。"内方勾陈，分掌四域"，此句即谓由道教的勾陈大帝掌管墓葬中央，巡视墓地领域。"丘承墓伯，封部界畔，道路将军，齐整阡陌"，是神仙安坟用语。"丘承墓伯"是掌管亡魂的官吏，"道路将军"是主管墓地的武将。即由"丘承墓伯""道路将军"来保证墓葬及其周围的安宁。[①]

"若辄［干］犯诃禁者，将军亭长收付何伯"，是神仙惩凶用语。对于侵犯亡人、墓地的冒犯者，由将军亭长逮捕送交何伯处理。"［今以］牲牢酒饭，百味香新，共为信契"，为了让神祇保护墓地，还要向其提供酒、肉和其他各种食物。"财地相交分付，工匠修营安厝，已后永保休吉"，是指神仙收取亡人买地的各种钱物，钱、地交割，达成契约，并祈求平安。

该券的知见人是"岁月主"，保人是"今日直符"。岁月主是岁主和月主的合称，二者都是道教神仙，于唐宋之际出现于买地券中。"直符"本是汉代都府的值班官吏，古人借用"直符"来表示上天当值的神灵。在道家思想中，"直符"禀中央土，有辟邪保吉的作用。[②]

"故气邪精"，在道教中指各种邪神，道教认为故气邪精不仅会威胁人们的安全，招致疾病，还会影响修造，必须清除。高朋先生认为这是买地券中驱除"故气邪精"的直接思想渊源。[③]"若违此约，地府主吏自当其祸"，即契约双方都不得违约，哪怕是神仙违约，也要受到惩罚。"主人内外存亡，［悉皆］安吉"，则是希望亡人和活人都能平安。

券中还提到"女青"，"女青"为道教中玉清元始天尊、上清灵宝天尊、太清道德天尊三清的使者。《女青鬼律》中，女青负责掌管阴间

① 青龙、白虎、朱雀、玄武四方神兽，勾陈，丘承墓伯，道路将军，参见于光建、徐玉萍《武威西夏墓出土冥契研究》，《西夏研究》2010年第3期。
② 参见于光建、徐玉萍《武威西夏墓出土冥契研究》，《西夏研究》2010年第3期；蔡子鹤《汉至唐宋买地券语言研究》，硕士学位论文，西南大学，2009，第45—48页。
③ 高朋：《人神之契：宋代买地券研究》，第24—36、83页。

律令。①

"太岁己丑至元二十六年三月庚辰旦初五日甲申□吉时告下",则表明了蒲法先的下葬日期及买地券的立券时间和生效时间。

"收执"一词在买地券中表示收存、保存之意,即买地的凭证、契约由墓主人保存。②

二　相关问题研究

（一）券主籍贯与生前居住地

与大多数买地券将亡人籍贯写至最小行政单位不同,该券仅以永昌府表示籍贯,至为简略。考古资料证实,永昌府即今武威市城北 15 公里处的永昌镇,永昌府城故址便是今武威市永昌镇人民政府所在地。③元代始置永昌府,《元史·世祖纪》载,至元九年（1272）十一月,"诸王只必帖木儿筑新城成,赐名永昌府",由此可知,"永昌府"是元世祖赐给只必帖木儿新筑王城的名字,这里的"府"并不是元朝行政区划中的行政单位。《元史·地理志三·永昌路》载:"永昌路,唐凉州。宋初为西凉府,景德中陷入西夏。元初仍为西凉府。至元十五年,以永昌王宫殿所在,立永昌路,降西凉府为州隶焉。"④显然,永昌府是元代甘肃行省永昌路辖下一城。

此后,永昌府作为一个城名,其指称范围不断扩大,当地人逐渐以永昌府指称今武威市永昌镇地区。直至今天,永昌镇居民仍称自己是永昌府人。因此,该券以永昌府表示籍贯,看似简略,却是当地人对居住地约定俗成的称谓,即永昌路西凉州永昌府。

元代不少城市都经过整齐的规划,城市主要街道都有专门的名称,

---

① 参见高朋《人神之契:宋代买地券研究》,第 78 页;于光建、徐玉萍《武威西夏墓出土冥契研究》,《西夏研究》2010 年第 3 期。

② 陈杏留:《金元明清买地券词语研究》,硕士学位论文,西南大学,2010,第 67 页。

③ 甘肃省武威市市志编纂委员会《武威市志》,兰州大学出版社,1998,第 96 页。

④ 《元史》卷七《世祖纪四》、卷六〇《地理志三·永昌路》,中华书局,1976,第 143、1450 页。

城市居民便安置在纵横交错的街道之间的区域。①永昌府作为只必帖木儿的新筑城,显然是经过精心规划的。蒲法先的随葬木椁上墨书"身亡系从化街住","从化街"今已不可考,但无疑是永昌府中的一条街道。从券主人的陪葬品来看,仅有木质棺、椁、买地券各一,陶罐1件,铜钱16枚,券文中又无官职记载,正史中亦不见其人。可知,券主人当是居住在永昌府城内从化街的普通百姓。

(二)从蒲法先买地券看元代丧葬礼俗

丧葬礼俗是中国传统文化的重要组成部分。蒲法先墓有两个特点。第一,采用了火葬和土葬相结合的葬式,即将尸体火化后,用木质棺椁盛装骨灰,再入土安葬。元代是古代中国火葬较为兴盛的时期,朝廷虽明令禁止,但火葬仍流行于全国各地。《元典章》载:"伏见北京路百姓,父母身死,往往置于柴薪之上,以火焚之。"②因而朝臣上奏明令禁止"土著汉人"进行火葬。蒲法先墓无疑从一个侧面反映了元代西北地区火葬兴盛的情况。其实,在远古时期西北少数民族就采用了火葬。西夏时期,武威地区火葬和土葬相结合的葬式已非常流行。如1977年甘肃武威西郊林场发现的两座西夏墓、1998年武威西郊响水河煤矿家属院发现的西夏墓,均是在火葬后再进行土葬。③第二,该墓的形制为小型八角形砖塔式结构墓,彩绘木椁上墨书题记记载墓主人姓名、死亡日期和地点。这与西夏时期墓葬形制十分相似。西夏墓常以木棺椁为葬具,墓葬中多有题记,其主要墓葬形制之一就是小型砖室墓。如武威市西郊的西夏天庆八年唐奴见墓④就是砖室墓,墓室用平砖砌成塔形;武威西郊响水河煤矿家属院韩奴奴西夏墓和武威武警支队家属院乾祐十六年西夏墓,⑤则以木质棺椁为葬具,并书有题记。因此,武威地区元代蒲法先墓很大程度上保留了该地区西夏时期墓葬形制的特点。而佛教的兴盛对该地区的丧葬习俗也产生了很大影响。西夏统

① 史卫民:《元代社会生活史》,中国社会科学出版社,1996,第198—200页。
② 陈高华等点校《元典章》礼部卷之三典章三十《丧礼·禁治焚尸》,中华书局,2011,第1062页。
③ 史金波:《西夏社会》,上海人民出版社,2007,第791—792页。
④ 刘斌:《武威发现西夏砖室火葬墓》,《丝绸之路》2000年第1期。
⑤ 武威地区博物馆:《武威西关西夏墓清理简报》,《陇右文博》2001年第2期。

治者和元朝统治者均提倡佛教，这一时期武威地区佛教发展迅速，佛教流行的火葬、塔葬习俗自然也会影响到百姓的日常生活。塔葬始于印度，后来传入中国，是将高僧活佛的尸骨置于塔中的丧葬方式。如同西夏墓葬受到佛教文化的影响流行塔葬一样，①蒲法先墓的塔式结构也有可能受到佛教塔葬的影响。

元代停丧之风尤盛，《元典章》载，闽中有停丧不葬，甚至经一二十年家中积累三四柩的情况。②券文表明蒲法先于至元二十六年（1289）三月初五日下葬，而木椁上墨书题记显示此人死于"戊子年十月廿四日"，即至元二十五年（1288）十月二十四日，从其去世到下葬，间隔了大约五个月。古人事死如事生，对于停丧的时间有明确的规定。《礼记·王制》："天子七日而殡，七月而葬。诸侯五日而殡，五月而葬。大夫、士、庶人三日而殡，三月而葬。"③而蒲法先作为普通百姓，其停丧时间明显超过了三个月的规定。元代民间停尸习俗之盛，可见一斑。

（三）武威买地券的格式

此券券文内容以"［大元］国永昌府居致祭孝男蒲文中……"开头，交代亡人籍贯和占卜相地情况。接着"谨用钱九万九千九百九十九贯文……女青诏书律令"，是介绍用钱买地、墓地四至，神仙安坟、作保、惩凶，立契过程，祈祷平安，以及律令用语。结尾则表明亡人的安葬日期，由亡人掌管此券以为凭证。从行文格式上看，这方买地券同宋代葬仪书《地理新书》④所载的买地券范本结构相似，所用语句也基本相同，仅开头和结尾略有区别。因此，可以断定元代武威买地券是依据《地理新书》所记式样进行撰写的。

进入金代，仿照《地理新书》式样的买地券，在北方不断普及，并逐渐成为宋夏金元时期北方买地券的主流样式。⑤武威地区所发现的宋元时期买地券，已公布的目前只有3方。除本文所述外，另两方均属西

---

① 崔红芬:《多元文化对西夏丧葬习俗的影响——以河西地区为中心》，《西南民族大学学报》2007年第6期。
② 陈高华等点校《元典章》礼部卷之三典章三十《丧礼·禁治停丧不葬》，第1070页。
③ 王梦欧注译《礼记今注今译》，台北：台湾商务印书馆，1979，第176页。
④ 参见鲁西奇《中国古代买地券研究》，第261页。
⑤ 参见鲁西奇《中国古代买地券研究》，第488—495页。

夏时期，分别是出土于武威西关的西夏乾祐十六年曹铁驴买地券、出土于武威西郊的西夏乾祐二十三年窦依买地券，其行文格式亦与《地理新书》所记买地券样式相似。[①] 就目前所见的材料而言，武威地区买地券的行文格式在宋夏金元时期基本上没有变化，与今河南、河北、陕西、山西、内蒙古等北方地区一脉相承，均属于《地理新书》样式的买地券。武威地区使用此类买地券，很有可能受到北方其他地区的影响。因为目前出土于该地的买地券，最早的即撰写于1185年的《曹铁驴买地券》，在此之前北方地区就已流行《地理新书》式买地券。

三　结　语

综上所述，蒲法先买地券是元代丧葬文书的重要发现，对研究元代社会文化有重要意义。首先，作为普通百姓使用的民间契约，不同于正式的官方记录，它保留了当时社会基层的语言使用情况，为研究元代语言习惯、用字现象、汉字演变提供了资料。其次，蒲法先买地券是丧葬文书的一种，有重要的史料价值。该方买地券记录亡人籍贯的方式简单，行文格式为当时北方地区通行格式，并反映了元代停丧习俗，这不仅有助于我们深入研究买地券自身的特点，也为我们进一步研究元代的社会、丧葬文化提供了线索，同时也为本就保存不多的元代买地券资料做了有益补充。当然，该券行文用词还有不解之处，有待方家进一步研究。

（原刊于《西夏学》第13辑，甘肃文化出版社，2016）

---

① 参见于光建、徐玉萍《武威西夏墓出土冥契研究》，《西夏研究》2010年第3期。

试论文化遗产的保护与利用

——以房山区石经山为例

陈雪飞

摘　要　石经山属于太行山支脉，又因常年白云如带，故又称"白带山"。山顶突出有五座高台，宛如天竺胜景，所以又有"小西天"之称。石经山不仅是房山石经刊刻起源之地，也是佛内舍利出土之地。除此之外，山上还有金仙公主塔、隋唐时期的碑刻、千年古道、千年石凿古井等诸多历史遗迹。时光流逝，这些历史遗迹在历经沧桑的同时却未能得到应有的保护与利用。施茶亭虽已重建，院中的碑刻却依旧经受着风雨的洗礼；金仙公主塔犹在，塔身的碑文却逐渐模糊不清。诸如此类现象的发生，让人痛心不已。对此，本文拟从文化遗产保护与利用的角度提出一些建议。

关键词　石经山；文化遗产；遗产保护

一　石经山文化构成

（一）历史沿革

隋大业年间，智泉寺高僧智苑鉴于历史上的"法难"，立下了镌刻石经的护经宏愿。在跋山涉水遍访名山大川之后，最终将镌经藏宝之地选在了白带山。随后，智苑大师亲率众信徒在陡峭的崖壁上开始了艰苦的创业历程。刻经事业在琬公及其信众的共同努力下有序地进行着，同时，他们的事迹在民间广泛传播开来，由此得到了众多资助。《神僧传》卷五记载："时炀帝幸涿郡，内史侍郎萧瑀，皇后弟也，性笃信佛法，以其事白后，后施绢千匹，亦施绢五百匹，朝野闻之，争共施舍，故苑得成功。"[1]他们的资助为刻经奠定了丰厚的物质基础。

历史发展到开元年间，刻经事业仍在继续，僧人们矢志不渝的精神感动了越来越多的人们，皇亲贵戚慷慨资助，黎民百姓争相效仿，唐玄宗第八妹金仙公主也被刻经事业所感动，她奏请李隆基赐《大唐新旧译经》四千余卷作为刻经底本，并赐田庄、果园充作刻经费用，成为千年刻经史上灿烂的一笔。为纪念金仙公主的功德，佛门弟子为她在石经山上建立石浮屠一座，至今依然屹立在中台之上。辽太平七年，涿州刺史韩邵芳在从政之暇前往白带山游览，他看到洞中珍藏的石经后，被静琬大师的刻经伟业所感动，命寺僧打开石洞清点经目，并奏请圣宗恢复刻经，掀起了刻经事业的又一高潮。

1956年，为纪念释迦牟尼佛涅槃2500周年，中国佛教协会决定发掘拓印房山石经。经过一年时间，各洞的全部石经拓印工作结束。

（二）景观构成

1. 建筑群

（1）寺庙

根据《白带山志》记载，云居寺，以泉为名，在隋代的时候也称为智泉寺。静琬大师在白带山镌刻石经的同时，也在岩壁上建造寺庙，即是云居寺。之后，在泉水流经的地方建三间寺庙，即中云居、东云居、西云居。因为寺庙均位于山间，故又称为中峪寺、东峪寺、西峪寺[2]。

西峪寺，在房山县西南五十里，据《续房山县志》，经僧人明波重建，规模宏大。《长安客话》则有言，从南台而下，山麓间有寺庙，称为西峪寺。通过地理位置的比对，我们认为西峪寺应为现云居寺，即隋

---

① 《神僧传》卷五，永乐十五年正月，江苏广陵古籍出版社，1997。
② 溥儒：《白带山志》，中国书店出版社，1989。

代的智泉寺。①

东峪寺，又名观音寺。据《燕都游览志》记载，明永乐年间中天竺僧人桑谒巴辣重修。康熙四年，住持性林又重修了该寺。且，据记载，东峪寺与西峪寺相对，位于石经洞（现雷音洞）的左右，但是其具体的地理位置有待考证。②

中峪寺，也称中山寺。康熙时重建。之后，西峪寺逐渐兴盛。而中峪寺与东峪寺则逐渐衰落。

曝经台及上方佛殿，发现于2015年。该佛殿位于石经山顶部，与金仙公主塔、五台、藏经洞等遥相呼应。该佛殿基址为明代的佛殿基址，面阔三间，房基平面呈长方形，坐西向东。现存房基包括外围的条石、柱础、台阶以及房子内部的佛坛、柱础、拜石等。由中央佛坛、拜石和台阶构成整个房基的中轴线，南北两侧佛坛和柱础对称分布于左右。③

香树庵，又称为梦堂庵，为唐梦唐师居住之地，即香树林旧址。

义饭厅。据文献记载，石室在小西天麓，根据后人游记，笔者认为义饭厅可能为现施茶亭，其具体的地理位置还需继续考证。

（2）亭台

见春亭，也称观景亭、望秀亭，为木梁石柱八角亭。传说石柱由八仙之一的张果老用毛驴驮运而来，站在此处晴天时可遥望涿州美景。

（3）石塔

石经山顶有五台，每一台上原来均有小石塔一座。现仅存南台、东台两座石塔，其他三处至今可于遗址上见到塔顶、塔座等遗物。其中，尤为著名的为金仙公主塔。该塔原为九级密檐式浮图，石塔挺拔秀美，塔身方正，与西安的小雁塔形状类似。

2.藏经洞

石经山藏经洞区，共有九洞，分上下两层，原无编号。1956年发掘石经时，为便于拓印而编号。下层第一、二洞，上层第三、四、五、六、七、八、九洞。

---

① （明）蒋一葵：《长安客话》，北京出版社，2018。

② 《燕都游览志》，见《日下旧闻考》，北京古籍出版社，1983。

③ 《中国考古学年鉴2017》，中国社会科学出版社，2018。

藏经一、二洞，为唐开元时期静琬的第四代弟子惠暹为继续刻经事业并准备镌刻大部头经卷而开凿的。一洞藏经972块，二洞藏经1018块。经版刻于唐代开元、天宝年间。两洞之间所刻"念佛"二字，是明万历年间一位钦差总督题写。

藏经三、四洞，多于唐乾元、大历、建中时期镌刻。两洞的开凿时间略有前后，三洞可能于7世纪前开凿，而四洞则于7世纪后开凿。经卷有《大般若经》一〇五卷至一九二卷等。

藏经五洞，又名雷音洞、华严洞，开凿于隋大业年间，或曰开凿于北齐，规模宏大，装饰精美。中间有隋代刻石柱四根，在石柱的四周雕刻小石佛1056尊。洞中有穴，穴中石涵内藏佛舍利三颗。

藏经六洞，开凿于明代。洞内藏经版是明万历至崇祯年间一些佛教徒在北京石灯庵刻造的，后送往石经山，藏于此洞，共计200块，包括《大方广佛华严经》等13部，共61卷。洞内还藏有明宣德三年道教两大宗派代表人物——全真教陈风便、正一教王至玄等所刻道经，这足以说明当时佛教、道教的关系，已不像元时那么水火不容了。

藏经七、八、九洞，均开凿于唐代。其中七洞藏经18部、道经1种，共283块，包括《大般涅槃经》《妙法莲华经》等。八洞藏经共772块，包括《大方广佛华严经卷第一》《观音普门品》等。九洞藏经221部、398卷，共347块，包括《大灌顶经》《放光般若波罗蜜经》等。

3. 其他

（1）奇石

"绵阳石"，位于施茶亭北部半山腰处，从远处遥望，如一头绵羊，头西尾东，仰视着山顶。"佛头石"，位于施茶亭北部，远望此崖，酷似一尊佛头，五官清晰，凝重威严，而左右各有一峰，左为"法"、右为"僧"，三者相连，即为"佛、法、僧"三宝。"蛇头石"，位于雷音洞北侧的悬崖上，其状如巨蛇之头，身西而头东，大嘴微闭，眼睛鼓凸，如蛇头探出崖壁，而身体则隐于悬崖之中。

（2）井

圣水井。从施茶亭攀岩而上，在半山腰处。此井深10米，经先人凿岩而成，已有千年历史。因井水甘甜且千年不枯，被老百姓传为"神井"。

石凿古井。开凿于唐大中六年，井深 10 米。据记载，当时石经山上僧人、工匠众多，为解决用水问题，在山上开凿了古井，汇聚泉水、雨水备用。此两口井皆从岩中凿出。石凿古井上方的崖壁上雕有两尊摩崖造像，高 1.2 米。造像庄严、比例匀称、衣纹流畅，体现了唐代高超的艺术工艺。

（3）其他

"玉皇宝诰"碑：明末道教弟子也看重了石经山这块风水宝地，想在此山刻道家经典，但是寺僧不允许他们在此刊刻，于是他们带来《玉皇宝诰》作为在此山刻经的依据。因此，寺僧为其提供吃住、刻经的场所，并且还将道教经典和佛教经典共同藏在了第九洞。这是一个佛道融合的实证。

千年古道。开凿于隋大业年间，已有 1400 多年历史。先人曾由此运送过无数经版。古道大部分是在山体岩石上开凿而成的，每级台阶都留下了先人不朽的足迹。拾级而上，我们能切身领悟先人锲而不舍的精神。

108 级台阶。穿过圣水井，108 级台阶就展现在人们面前。从 108 级台阶攀岩而上，就到达了雷音洞。传说，攀登过 108 级台阶，可消除一切烦恼。

除此之外，石经山上还遍布有许多充满神话传说的景观，如神仙榻等。

二　石经山保护及利用现状

2005 年，北京市房山区政府拨发专款 475 万元，用于"石经山文物防盗掘工程"、"石经山旅游配套设施工程"和"云居寺专业消防队住房改造工程"。经过一年多的建设，石经山防盗工程顺利竣工，并通过验收、投入使用。这对于石经山文物遗迹的保护具有巨大的作用。对于文化遗产的保护，石经山文物管理处也采取了相关措施。如藏经在经过拓印之后，为了防止石经及洞窟风化，工作人员将石经放回原洞，最后以原洞石门固封保存。同时，陆续创建、扩建石经库，改善保存石经的条件，并重建了施茶亭，即上文提到的义饭厅。

除此之外，在经过对石经山藏经洞坡体滚石的危害性分析后，工作人员认为其中有六块石块具有不稳定因素，可能会对藏经洞洞室产生严重破坏，并且石块的失衡可能会对游人的生命造成威胁。因此，石经山文物管理处暂停石经山的开放，对山体的关键部位及时采取工程措施进行加固。

上述多为对石经山文化遗产的保护，但是石经山作为历史悠久的风景名胜区，应该发挥其经济、文化、历史价值。于是，在石经山修建了配套设施，以发展其旅游业。主要有山门、施茶亭、环保厕所、游客中心、售票处以及进行修路、高压改造等。这些都使石经山的面貌有了极大改善，其接待能力也大大提高。

但是，在对石经山进行保护与利用的同时，也存在诸多不足。如现存遗迹并未完全展现在众人面前，不利于民众对石经山更深层次的了解；现存石碑由于风化的外力作用，碑文多模糊不清，尤其是其中具有研究价值的石碑，这就为之后的考证带来诸多不便；通往山顶的道路较为险峻，存在较大的安全隐患；等等。

三 石经山的保护措施

根据 1985 年国务院颁布的《风景名胜区管理暂行条例》和 2006 年修订后的《风景名胜区条例》规定："凡是具有观赏、文化或科学价值，自然景物、人文景物比较集中，环境优美，具有一定规模和范围，可供人们游览、休息或进行科学、文化活动的地区应当划为风景名胜区。"石经山应属于风景名胜区类。但是，根据我国 2002 年《中华人民共和国文物保护法》的规定，文物包括五项内容，其中一项为具有历史、艺术、科学价值的古文化遗址、古墓葬、古建筑、石窟寺和石刻、壁画。石经山亦可属于文化遗产中的文物遗产类型。由此，石经山应属文物遗产与风景名胜区类型交叉重叠的部分。因此，在对其进行保护与利用时应采用因地制宜、实事求是的方针。

除此之外，在对文化遗产进行保护时应遵守真实性、完整性以及可识别性原则。真实性原则逐渐成为现代文化遗产保护修复的核心思想。完整性并不意味着遗产整体历史结构的完整，只要能完全反应遗产重要性的特征或过程即可。可识别性原则指可实现对历史信息的"阶段性"，在新旧区别的同时必须把握好整体和谐的原则。由此，在对石经山进行保护时可采取如下措施。

（1）完善相关的规定条例

目前，我国对文化遗产的保护立法工作还在探索阶段，地方行政主管部门也应跟上时代步伐，逐步调整产业结构，以此加强对文化遗产的保护。石经山风景名胜区需要更加详细的规章制度对其在遗产保护、修复等方面给予更加科学的措施指导和价值判断。

（2）人才培养

人才，为各个行业所需。石经山不仅是风景名胜区，更是文物遗产，对此，需要加强相关方面人才的引进，尤其是文物保护与修复以及管理领域的人才。

（3）提高民众保护意识

石经山风景名胜区是一个集自然、历史、文化价值于一体的文物遗产，因此在石经山发展旅游业时应注意环境保护，同时也要加强对民众保护意识的宣传。如告知民众雷音洞内石经属于文物，不宜直接用手触摸等。

（4）数字档案的建立和 GIS 的使用

加强对石经山文物的保护和修复，搞清楚这些文物遗产及其承载体——崖面的特征、细貌、变化及灾害状况，通过对立面地理空间数据的分析、描述，为文物的维护、修复提供真实、详尽的科学依据。

（5）实现在遗产承载力范围内的可持续发展

目前，遗产旅游也得到了广泛的关注。但是遗产旅游要以保护为主，主要是保护其"真实性"和"完整性"。同时，在开发遗产地区旅游业时应以生态环境和环境承载能力为限度，控制旅游者的规模，保证该遗产的可持续发展。

（6）保障专项资金

加大专项投资份额，多渠道争取更广泛的社会支持和国际资助，进一步加强国际合作与交流，积极鼓励国际、国内组织和个体的资源捐赠，在资金上确保保护工作的正常进行。

（7）加强日常监测

这是遗址本体保护的基础性工作，主要包括环境要素监测、边坡稳定性监测、地下水运动监测、岩土风化破坏监测以及保护工程后续监测和游人容量监测等。

（8）注意日常维护

日常维护也是石经山保护的重要步骤，主要包括对文物本体环境的清理、对日常可见文物的临时性保护处理、对小规模水患的处理、对附近制备的处理、对周边环境的维护及相关工作。

（9）特殊防护

由于石经山多为陡壁与斜坡，故规划应重视文物本体与载体的稳定勘测研究和评估工作。具体而言，岩土质文物本体保护主要包括边坡稳定、开裂、变性的抢救性加固保护以及岩土质文物的保护与展示等。

四　石经山的利用

文化遗产在当代具有文化、生态、社会、历史等诸多方面的认识价值和审美价值。如何做到对文化遗产的"合理利用"，《巴拉宪章》（1999）提到"相容用途"，即赋以对遗产的文化重要性给予充分尊重的用途，且这类用途对此场所的文化重要性没有或者只有极小的影响。同时，以恰当的方式进行开放，对利用程度和范围加以限制。石经山作为风景名胜区与文化遗产，具有极高的利用率，在此笔者提出一些建议。

（1）利用媒体进行宣传，增加民众对其的认知。石经山，作为北京的敦煌，具有极高的历史、文化价值。可以通过发展文化创意产业，充分运用网络、媒体、巡回展等各种宣传手段，加强石经山的文化内涵在全国范围以及世界范围内的知名度。这样，不仅可以充分展示石经山的历史积淀及文化意蕴，加强我国的文化软实力，还会带来一定的收入，为石经山的保护提供更多的资金。

（2）根据文献记载，石经山有诸多遗址有待考证与发掘。如云居寺、东峪寺、中峪寺等。这些史书上记载的寺庙，现在并没有高高耸立于山巅，而是被尘土湮没。因此，对于这些遗址的调查与发掘应列入石经山风景名胜区待开发的项目。这样，可以使石经山的文化面貌更好地展示在世人面前，增加了石经山的文化底蕴。

（3）建立基础教育基地。与当地中小学合作，在石经山建立基础教育基地，培养中小学生文化遗产保护意识，提升其民族文化自豪感。

五　结　语

总的来讲，对石经山的保护与利用应该以保护为前提，加强对文献记载中的遗迹调查与发掘，更加真实、全面地保存和延续石经山的历史信息与文化价值。同时要正确处理遗址的保护与区域发展之间的关系，并加强其保护与科研、展示之间的协调发展。通过科学地界定保护区划，合理进行石经山环境与遗迹分期，分批实施保护与利用的措施，以及构建包括媒体宣传、基础教育基地等内容在内的展示与利用体系，推动石经山保护与利用工作更趋于理性化、科学化和规范化。

（原刊于《文化遗产研究》第3辑，科学出版社，2017）

非鄞、非婺、非道

——李宗勉事迹研究综论

崔玉谦

摘　要　李宗勉系宋理宗亲政初期宰相，其仕宦经历始于开禧元年中进士，此后陆续在地方至中央任职几十载，最后官至宰相。嘉熙为宋理宗亲政后的第二个年号，端平、嘉熙之际是朝中政局频繁变动、决策层（执政班子）频繁调整之时，李宗勉的身份特殊性在端平、嘉熙改元之际的决策层变动中越发凸显，其在三年的时间里从六位端明殿学士中脱颖而出，最终成为宰相兼枢密使。其身份特征可概括为非鄞、非婺、非道，即擅长行政实务，又有事功能力，同时不是鄞婺集团成员，亦非道学中人。经过端嘉之际，理宗最终选择了李宗勉入相，除了其身份特质之外，关键即李宗勉不会卷入针对理宗继位正统性问题的纠葛之中。从嘉熙改元到嘉熙四年末，理宗效仿高宗借中枢更迭之机重新加强皇权，"法绍兴"是这一时期政治进程的特点。从端平到嘉熙，强化皇权、塑造君主的独尊地位即成为政治发展的主线。在李宗勉入相的过程中，宋理宗皇权独尊地位的塑造得以完成。

关键词　李宗勉；宋理宗；嘉熙；鄞婺集团；道学

李宗勉系宋理宗亲政初期宰相，其仕宦经历始于开禧元年中进士，自此先后在地方至中央任职几十载，最后官至宰相。关于其生平事迹，笔者持续追踪关注，[①] 就其入仕之后的事迹而言，最重要的应是其入相前后这一时段（端平至嘉熙时期，尤其嘉熙元年至嘉熙三年），这一时期是朝中政局频繁变动、决策层（执政班子）频繁调整之时。基于前期的研究成果，[②] 笔者拟以"非鄞、非婺、非道"三点对李宗勉的事迹再做探讨。宋理宗与李宗勉之间的关系、互动值得关注，本文拟在论述李宗勉身份特征的同时就这一问题展开讨论。"嘉熙之政"处在端平—淳祐更化之间，李宗勉是其中的关键，结语部分拟对此进行探讨。

一　李宗勉特殊身份的凸显与形成

关于李宗勉的入相过程，其传记中虽有直接的记载，但碍于传记体例均不连贯。其入相过程涉及嘉熙时期的几个时间点值得关注，梳理其他相关材料记载如下：

> （嘉熙元年二月）以郑性之知枢密院事兼参知政事，礼部尚书邹应龙为端明殿学士、签书枢密院事兼权参知政事，<u>左谏议大夫李宗勉为端明殿学士、同签书枢密院事</u>。[③]
>
> （嘉熙元年八月）癸巳，以李鸣复参知政事，<u>李宗勉签书枢密</u>

[①] 笔者的相关成果形成《李宗勉与晚宋政局研究》一书（东北大学出版社，2018）。除此之外，李宗勉籍地浙江省富阳区的部分地方史志资料也有对其的记载，如《富阳历史文化丛书·历代名人》中有专篇《宰相李宗勉》（王益庸主编，浙江文艺出版社，2011）；《富阳风貌》中有专篇《公清宰相李宗勉》（蒋增福、孙希荣主编，北京燕山出版社，2005）；《人杰地灵话富春（富阳名人　名胜　名产集萃）》中有专篇《一代名相李宗勉》（富阳政协文史资料委员会主编，1999）。综合来看，地方史志资料的记载多系普及、宣传类型。结合已有的研究成果对李宗勉进行综合研究，仍有可深入的空间。

[②] 关于李宗勉入相前后这一时期，笔者在《南宋后期提领江淮茶盐所若干问题考论》（《盐业史研究》2020年第2期）一文中已有所涉及。

[③] 《宋史全文》卷三三《宋理宗三》，中华书局，2015，第2723页。

院事。^①

（嘉熙二年五月）癸未，以李鸣复知枢密院事兼参知政事。李宗勉参知政事，余天锡佥书枢密院事。甲申，乔行简奏："兵财二端，尤今急务。欲以兵事委之鸣复，财用委之宗勉，楮币委之天锡。凡有利病，各务讨论。有当聚议者，容臣参酌然后施行。"^②

（嘉熙三年正月）癸酉，以乔行简为少傅、平章军国重事，进封益国公；李宗勉为左丞相兼枢密使；史嵩之为右丞相兼枢密使、督视两淮四川京湖军马；余天锡参知政事；吏部尚书兼给事中游似为端明殿学士、同签书枢密院事。^③

从时间上看，嘉熙元年二月至嘉熙三年正月，先后四次中枢机构的调整均涉及李宗勉，其过程系同签书枢密院事→签书枢密院事→参知政事→左丞相兼枢密使，李宗勉在三年左右的时间内完成了进入决策层至宰执班子至主政宰相的过程。对应的四个时间点均值得关注，四则材料中涉及的其他人物亦值得关注。四则材料中的人物关系如下：

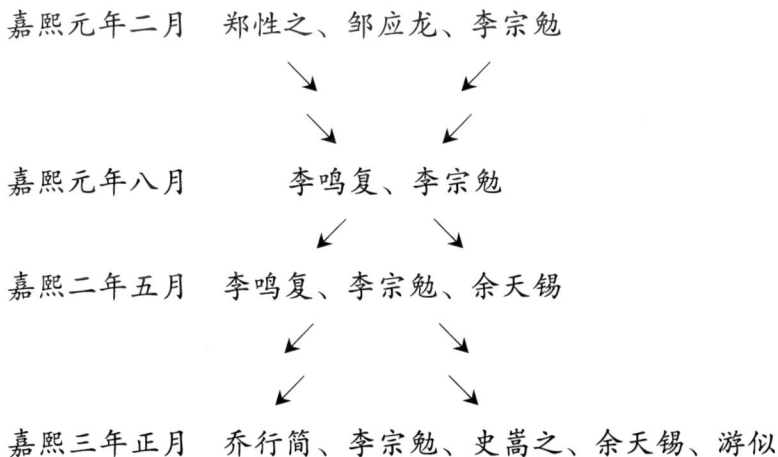

嘉熙元年二月　郑性之、邹应龙、李宗勉

嘉熙元年八月　　　李鸣复、李宗勉

嘉熙二年五月　李鸣复、李宗勉、余天锡

嘉熙三年正月　乔行简、李宗勉、史嵩之、余天锡、游似

---

① 《宋史全文》卷三三《宋理宗三》，第 2727 页。
② 《宋史全文》卷三三《宋理宗三》，第 2731 页。
③ 《宋史全文》卷三三《宋理宗三》，第 2733—2734 页。

嘉熙元年二月第一次调整中，涉及郑性之、邹应龙、李宗勉三人；至嘉熙元年八月后，半年时间郑性之、邹应龙退出了执政班子，同时李鸣复进入了执政班子；近半年之后的嘉熙二年五月，余天锡进入了执政班子；半年后的嘉熙三年正月，李鸣复退出了执政（宰执）班子，史嵩之、游似等进入了执政班子，宰执决策层形成了三位宰相、一位参政、一位端明殿学士的格局。嘉熙改元三年之内，除了宰相调整多集中在端明殿学士与枢密院事两个职位上，李宗勉的个人经历亦是如此。关于这两者之间的关系，《宋史·职官志》有载：

> 后唐天成元年，明宗即位之初，四方书奏，命枢密使安重诲进读，懵于文义。孔循献议，始置端明殿学士……元丰中，以前执政为之，自曾孝宽始；以见任执政为之，自王安礼始。……建炎二年，都省言：延康殿学士旧系端明殿学士。诏依旧。后拜签枢者多领焉。①

端明殿学士在后唐明宗设置之初是出于枢密使文化素质不高、防止其跋扈的考虑，枢密使最初的设置系皇帝近臣，后发展为分割宰相军权；端明殿学士在其中更多充当的是皇帝的私人侍读的角色，二者并无交集。至北宋其地位下降。元丰改制之后，其系安置退出执政班子的执政的职位。在任执政兼任端明殿学士则始于王安礼。南宋建炎二年之后则与签书枢密院事多兼任，签书枢密院事即相当于枢密副使，二者的角色从最初的分置与制衡逐渐走向了一体。这表明端明殿学士已不再是单独的职官，更不再是皇帝的私人秘书。再看枢密院事：

> 至开禧，以宰臣兼使（枢密），遂为永制。使与知院（枢密），同知、副使（枢密），亦或并除，其签书（枢密）、同签书并为端明殿学士，恩数特依执政。②

---

① 《宋史》卷一六二《职官志二》，中华书局，1977，第3817—3818页。
② 《宋史》卷一六七《职官志七》，第3976—3977页。

结合《宋史·职官志》记载，南宋中期开禧朝始，宰执兼枢密形成了制度化，即中枢两府实质上合一。在其基础之上，枢密院的副官枢密院事均兼任端明殿学士，同时由于端明殿学士的特殊性，始自开禧朝，枢密院事兼任端明殿学士者均位列执政。再结合上文所引材料看，郑性之、邹应龙、李宗勉、李鸣复、余天锡、游似六人在嘉熙元年二月至嘉熙三年正月间均先后任端明殿学士，但六人中郑性之、邹应龙、李鸣复三人在相继不到一年的时间里先后离开宰执班子，游似系接任李宗勉于嘉熙二年正月任端明殿学士、同签书枢密院事，最终仅李宗勉一人成为宰相兼枢密使。可见在开禧定制之后，从端明殿学士到宰相，其上升之路亦相对狭窄。

李宗勉在近三年的时间里从六位端明殿学士中脱颖而出，最终成为宰相兼枢密使。六人的背景（地域、道统、权相等）皆不相同，关于六人的对比详见下文。《宋史》载：

> （端平三年十一月）壬申，诏侍从、两省、台谏、卿监、宰掾、枢属、郎官、钤辖，各陈防边方略。①
>
> （端平三年）诏侍从、两省、台谏条陈边事，宗勉率合台奏："蜀之四路，已失其二，成都隔绝，莫知存亡。诸司退保夔门，未必能守。襄汉昨失九郡，今郢破，荆门又破，江陵孤城，何以能立？两淮之地，人民奔迸，井邑丘墟，鸣呼危哉！陛下诚能亟下哀痛之诏，以身率先，深自贬损，服御饮宴，一从简俭，放后宫浮食之女，罢掖庭不急之费，止锡赉，绝工役，出内帑储蓄以风动四方。然后劝谕戚畹、世臣，随力输财，以佐公家之调度。分上流淮西、淮东为三帅，而以江淮大帅总之。或因今任，或择长才，分地而守，听令而行。以公私之财分给四处，俾之招溃卒，募流民之强壮者，以充游兵，以补军籍。仍选沿流诸郡将士为捍御之图，犹可支吾。不然将水陆俱下，大合荆楚之众，扰我上流，江以南震荡矣。或谓其势强盛，宜于讲和，欲出金缯以奉之，是抱薪救火，空

---

① 《宋史》卷四二《理宗本纪三》，第778页。

国与敌矣。"①

结合两则材料，端平三年之时李宗勉对待时局的态度基本可以明确。李时任台谏，这则奏议系率台谏官合奏。对待蒙古进攻问题，李宗勉系主守，不主张进攻；对待财政开支尤其是内庭开支，其系主张节流；对待由于端平入洛失败导致的大量两淮流民安置问题，其主张就地组织民兵以补充淮防前线兵员不足的问题；对待和战问题，其系主战，不赞成对蒙和谈；对待江防与淮防的问题，其主张统一江淮防线，形成统一的江北防线。在率台谏官上奏之后，李宗勉即进入了中枢决策系统（端平三年冬十一月至嘉熙元年二月）。再看宋理宗的嘉熙改元诏书：

> 朕更化厉精，视民如子，固封守以康四海，期臻保定之功；修文德以求远人，每切绥怀之念。然内治之尚阙，致外患之未平。京襄既被于创残，淮蜀重遭于侵扰，道路流离之众惨不聊生，室庐焚毁之余茫无所托，骨肉罹其荼毒，丁壮困于转输。嗟汝何辜，由吾不德！幸天人犹助于信顺，将帅悉力以捍防，虽烽燧之甫停，奈疮痍之未复。肆颁涣号，用慰群情。发粟以赈贫，蠲租而责己。血战之士，当议优恩；死事之家，盍加恤典。或乘时而啸聚，或失律而逋逃，咸与惟新，同归于治。②

史料记载这则诏令颁布的时间是嘉熙元年天基节："丁巳，天基节，群臣表贺。"③天基节是宋代圣节之一，是宋理宗的出生日。宋代的圣节是为皇权服务的，即强调君权神授。嘉熙元年，天基节的大型宴会取消了，取消的原因史料没有明确记载："丁酉嘉熙元年正月癸丑朔，御大庆殿受朝贺。免天基节上寿大宴。"④但与改元有关应是无疑。改元诏中"肆颁涣号，用慰群情"也可说明这一点。皇帝的生日与众不同，遇到

---

① 《宋史》卷四〇五《李宗勉传》，第 12234 页。
② 《宋史全文》卷三三《宋理宗三》，第 2723 页。
③ 《宋史全文》卷三三《宋理宗三》，第 2723 页。
④ 《宋史全文》卷三三《宋理宗三》，第 2723 页。

战争往往罢圣节宴会，以防违背天时。选择在天基节之后颁布诏令也同时体现了皇权的至高无上。再看宋理宗即位后的一则诏书：

> 诏令侍从、台谏、卿监、郎官、帅臣、监司及前宰执、侍从举晓畅兵机、通练财计者各二人，三衙及诸军都副统制举堪充将才者二人，咸以其实来上。①

这则诏书同端平三年十一月壬申的诏书有联系，结合两则诏书来看，嘉熙改元即是对端平入洛的反思，同时也是宋理宗对亲政最初几年的反省。在内忧外患下，宋理宗的用人观发生了明显变化，不再擢用有学术声誉但无政治才能的理学"君子""贤人"，而注重选用"晓畅兵机、通练财计"的官员进入中枢决策层。就李宗勉个人而言，端平入洛之时，其已有明确的上奏：

> （端平元年）拜监察御史。时方谋出师汴、洛，宗勉言："今朝廷安恬，无异于常时。士卒未精锐，资粮未充衍，器械未犀利，城壁未缮修。于斯时也，守御犹不可，而欲进取可乎？借日今日得蔡，明日得海，又明日得宿、亳，然得之者未必可守。万一含怒蓄忿，变生仓猝，将何以济？臣之所陈，岂日外患之终不可平、土宇终不可复哉？亦欲量力以有为、相时而后动耳。愿诏大臣，爱日力以修内治，合人谋以严边防，节冗费以裕邦财，招强勇以壮国势。仍饬沿边将帅，毋好虚名而受实害，左控右扼，毋失机先。则以逸待劳，以主御客，庶可保其无虞。若使本根壮固，士马精强，观衅而动，用兵未晚。"②

端平入洛之时李宗勉为监察御史，从其所奏来看，对于端平入洛这一举动是持反对意见的，尤其是针对南宋军队准备不足、战线过长的

---

① 《宋史全文》卷三三《宋理宗三》，第2729页。
② 《宋史》卷四〇五《李宗勉传》，第12234—12235页。

问题。就端平入洛而言,这一决策确系草率之举,朝野之上不乏反对之声,李宗勉的意见仅是其中之一,但在当时的在职决策班子中显然没有产生影响。端平入洛的结果是惨败。在此之后,李宗勉有另一则上奏:

> 明年(端平二年)春,兼侍讲。首言:"均、房、安、蕲、光、化等处兵祸甚烈,然江面可藉以无忧者,犹有襄州,今又告变矣。襄州失则江陵危,江陵危则长江之险不足恃。昔之所虑犹在秋,今之所虑者只在旦夕。江陵或不守,则事迫势蹙,必有存亡之忧,悔将何及?"拜殿中侍御史。①

端平二年李宗勉已是侍讲,同宋理宗更近了一步,面见宋理宗的次数增加。"首言"的"首"可以有两种解释,即首次或首位,但不论哪一种解释,就内容而言,李宗勉对于端平入洛惨败之后的江防问题,认识和见地不亚于前线军事主官。再看另一则奏议:

> 宗勉言:"荆、襄残破,淮西正当南北之交,嵩之当置司淮西,则脉络相连,可以应援,邈在鄂渚,岂无鞭不及腹之虑。若云防江为急,欲借嵩之于鄂渚经理,然齐安正与武昌对,如就彼措置防扞,则藩篱壮而江面安矣。所谓欲保江南先守江北也。当别择鄂守,径令嵩之移司齐安。"②

这则材料是李宗勉任殿中侍御史时的上奏,涉及与史嵩之江防置司之争。关于李、史二人之间的矛盾,笔者有专论,在此不赘述。③就军事背景而言,李、史二人有明显区别,李宗勉的仕宦经历和军事没有直接交集,史嵩之则不同,其独相之前,长期在京湖前线任职。再看这则奏议,虽然仅是置司问题,但从之后的战局发展来看,明显李宗勉的观

---

① 《宋史》卷四〇五《李宗勉传》,第 12235 页。

② 《宋史》卷四〇五《李宗勉传》,第 12234 页。

③ 崔玉谦:《宋理宗朝前期宰相李宗勉的几个问题》,《河北师范大学学报》2015 年第 3 期。

点更符合防务实际。结合李宗勉御史时期的几则上奏内容，明显符合宋理宗端平、嘉熙之际发生变化的用人观。改元诏颁布之前，宋理宗已开始对需要为此负责的决策班子进行调整：

> （端平三年九月）乙亥，左丞相兼枢密使郑清之罢为观文殿大学士、醴泉观使兼侍读，右丞相兼枢密使乔行简罢为观文殿大学士、醴泉观使兼侍读。以崔与之为右丞相兼枢密使。……（端平三年十一月）丙寅，以乔行简为特进、左丞相兼枢密使，封肃国公。……（端平三年十一月）壬寅，诏改明年为嘉熙元年。癸卯，郑清之辞免观文殿大学士、醴泉观使兼侍读，诏仍旧观文殿大学士、提举洞霄宫。……嘉熙元年春正月乙卯，以魏了翁知福州兼福建安抚使。①

可见在改元诏颁布前后，决策层班子已进行了大规模的调整，标志即是郑清之、崔与之、魏了翁三人的去职。三人的背景不尽相同，但存在交集，即都具有道学（理学）的背景，尤其魏了翁是朱熹嫡传弟子。郑清之、崔与之二人则与史弥远集团有直接关系，尤其是郑清之。就史弥远集团而言，在宋理宗即位一事上有拥立之功，但绍定年间的朝政亦在其集团掌控之下。史弥远集团成员背景复杂，不乏臭名昭著之辈，多与理学家有渊源，理学自庆元党禁之后迅速发展壮大亦得到了史弥远的支持。受此影响，端平亲政之初，随着史弥远的逝世，虽然有部分史弥远的亲信被驱逐或贬官，理宗亲政最初几年中枢官员的选择亦是以理学"君子""贤人"为主，但担任宰相的郑清之仍是史弥远集团官员中地位仅次于史弥远的重要人物。郑清之对端平战败负责的同时，魏了翁亦随之去职。关于这一改变，时人袁甫也有发觉：

> 臣窃见端平更化之始，魁垒耆艾俊杰之彦，济济在列，陛下锐意望治，众贤交进嘉谟……人情惶惑，国势阽危，以为端平君子未

---

① 《宋史全文》卷三三《宋理宗三》，第2723页。

能有过于嘉、绍，而反不及焉，于是心疑君子之无益于人国矣。[①]

袁甫虽非道学中人（四明陆学的再传之人，史氏集团与陆学亦关系密切[②]），但曾受教于真德秀（朱熹嫡传弟子），其评价或许有失公允。但从宋理宗的角度，宰执班子对战败负责是必然的，与此同时道学中人的为政能力亦饱受质疑。早在理宗继位之初，真德秀的遭遇即是如此：

> 继而复以《大学衍义》进。愚民无知，乃以其所言为不切于时务，复以俚语足前句云："吃了西湖水，打作一锅面。"市井小儿，嚣然诵之。[③]

《大学衍义》是真德秀作为朱熹嫡传后学意在振兴和发扬理学的一部著作，将《大学衍义》进呈理宗，并逐章逐句向理宗进行讲解，是希望通过这个办法引导最高统治者用理学思想治理国家，但这对于解决关乎国运的政治、军事、经济诸问题起不到任何实际作用。"从本质上说，宋代理学的政治理想具有浓郁的乌托邦色彩，这种目标的完美性，阻碍了理学家对实际问题的认知与处理。"[④]

通过上文的分析，可以发现李宗勉特殊身份的凸显即在宋理宗端平、嘉熙之际用人观发生明显变化的前提下，其一贯的时局立场亦在与理宗的侍讲中被理宗知悉。除此之外，郑清之等人去职之后，史弥远集团的最后一位骨干亦过世："（端平三年十一月）丁未，宣缯薨，以定策

---

① 《宋史》卷四〇五《袁甫传》，第 12234 页。
② 范立舟、於剑山：《南宋"甬上四先生"研究》，人民出版社，2014。
③ （宋）周密：《癸辛杂识》，上海古籍出版社，2012。
④ 理学过于理想、空虚化的政治设想，完全与南宋时期的政情、舆情脱节，从孝宗朝开始，主导的政治思想可以说是事功思想。"南宋事功派的功利主义主张把道义和功利结合起来，认为道义只有通过功利表现出来才不会成为空虚的东西……功利主义思想在政治领域也具备着巨大的延展空间。"范立舟：《南宋"浙学"中的事功思想要素及其现代价值》，《浙江社会科学》2017 年第 9 期。

功，赠太师，谥忠靖。"①宣缯系史弥远集团"三凶四木"之一，史弥远过世之后虽离开了决策层，但理宗仍念及有定策之功。随着他的过世，理宗借决策层调整以巩固、加强皇权的意图越发明显。

二　李宗勉的身份特质——非鄞、非婺、非道

李宗勉能在三年时间里从六位端明殿学士中脱颖而出最终成为宰相兼枢密使，固然有赖于理宗的支持，其身份的特殊性亦起了重要作用。关于这一点，戴仁柱在《宰相世家——南宋四明史氏家族》一书中有这样的论述：

> 当时李宗勉位居左丞相，乔行简平章军国重事，而余天锡则是参知政事，如此一来，主和派已经完全控制官僚系统。有趣的是，除了李宗勉之外，其他两人从前都是史弥远一派的。而李宗勉死于当年，遂成就了史嵩之掌权。②

戴氏的观点针对的是嘉熙三年正月之后的宰执班子，就其分析来看的确如此，在三位宰相和两位参知政事中，除了李宗勉之外，悉数是史弥远集团成员，余天锡还在理宗改名及立为沂王嗣子的过程中发挥了关键作用，相当于理宗的潜邸；史嵩之则是史弥远的侄子。从这一点可以看出，李宗勉的一个身份特质是"非鄞"。关于"非鄞"，时人刘克庄有论：

> 宝、绍间，一相擅国，所拔之士，非鄞则婺。其言曰：闽人难保。③

---

① 《宋史全文》卷三三《宋理宗三》，第 2723 页。
② 戴仁柱：《宰相世家——南宋四明史氏家族研究》，中华书局，2014。
③ （宋）刘克庄：《后村先生大全集》卷一四一《丁给事（伯桂）神道碑》，四川大学出版社，2001。

刘克庄系闽人，^①李宗勉对其有知遇之恩，李宗勉过世之后，刘克庄
还写过挽词。但这则材料并非针对李宗勉，其指出史弥远集团成员的地
域构成是以四明与金华士人为主的，就上文所提到的四次决策层调整来
看，不乏出身四明与金华之人，如郑清之出身四明，乔行简出身金华，
余天锡亦是四明出身。就李宗勉个人而言，其系临安富阳人：

> 李宗勉，字强父，富阳人。开禧元年进士。历黄州教授、浙西
> 茶盐司、江西转运司干官。嘉定十四年，主管吏部架阁，寻改太学
> 正。明年为博士，又明年迁国子博士。宝庆初，添差通判嘉兴府。
> 三年，召为秘书郎。^②

就李宗勉端平之前的从政经历来看，其与史弥远集团并无交集，理
宗继位之时，李仅是从监司属官回到了行在，在此之后才到嘉兴府任通
判。绍定时期李宗勉再次回京任职，此时朝野对于淮海红袄军问题争执
不下，史弥远集团虽把控了舆论的走向，但此时的李宗勉已显出其不同
之处：

> 绍定元年，迁著作郎。入对，言边事宜夙夜震惧，以消咎殃。
> 明年，兼权兵部郎官。时李全叛谋已露，人莫敢言，宗勉独累疏
> 及之。^③

从这则材料的时间点来看，绍定元年应是李宗勉第一次直面宋理
宗，其奏对内容虽史料没有详述，但显然也与红袄军问题有关，就如何
应对红袄军，当时把控南宋朝政的史弥远集团较为保守消极，李宗勉所
指"以消咎殃"即是其证。绍定二年李宗勉已任兵部属官，虽然兵部作
为政策性机构不直接参与前线的防务规划，但李身为属官，对其关注亦

---

① 高柯立：《刘克庄书判所见南宋后期江南东路的政治》，"10 至 13 世纪中国国家与社
　会"国际学术研讨会暨中国宋史研究会第 16 届年会，杭州师范大学国学院，2014。
② 《宋史》卷四〇五《李宗勉传》，第 12234 页。
③ 《宋史》卷四〇五《李宗勉传》，第 12234 页。

是必然，"独累疏"说明在对待李全叛谋的问题上，史弥远集团仍保守消极。就绍定时期的情况来看，虽然李宗勉依旧与当时的决策班子并无交集，但两次上奏或许已给理宗留下了印象，尤其是绍定二年这次"独累疏"。虽然史弥远集团对理宗的继位有定策之功，但从理宗的角度，绝不希望朝政一直被其集团所把控。就这一点来言，李宗勉的出身显然有其优势，即其与鄞、婺均无关联。《宋史·陈埙传》有一则记载：

> 安吉州俞垓与丞相李宗勉连姻，恃势黩货，埙亲按临之。弓手戴福以获潘丙功为副尉，宗勉倚之为腹心，盗横贪害，埙至，福闻风而去。①

陈埙系史弥远外甥，李宗勉入相之后，陈埙在其家乡浙西任提点刑狱，李氏姻亲及曾经的下属因犯法被其所治。宋代官户及地方吏员仗势欺人、为非作歹之事常见于史料记载，大多数没有被治狱，就材料来看，李宗勉不论出于何种原因，并没有庇护俞垓、戴福二人，这从侧面也可印证李宗勉与鄞、婺均无关联。若李系其集团成员，陈埙绝不会有此举。此外戴福系"济王案"有功人员，陈埙对此应是知情的，史弥远能够专权与其定策之功有莫大关系，这也说明李宗勉在任通判时的行为仅是地方官员行为，与史氏集团无关。

绍定二年之后，李宗勉开始了其地方知州的生涯，于史弥远过世之后再次回京，开始了其御史经历："（绍定）四年，差知台州。明年，直秘阁、知婺州。六年冬，召赴行在，未行。"②关于其知州经历，史料没有过多的记载，但理宗对其有评价："卿治潮有声，与李宗勉治台齐名。"③此语在端平初期，可见李宗勉的知州经历时间不长，相关史料也并未记载其太多地方政绩。除了开禧元年中举后短暂的黄州教授经历之外，李宗勉的早期从政经历均是在监司属官任上，但理宗对其治台州有良好印象。从绍定到端平这一时期来看，李宗勉已给宋理宗留下了深刻

---

① 《宋史》卷四二三《陈埙传》，第 12234 页。
② 《宋史》卷四〇五《李宗勉传》，第 12234 页。
③ 《宋史》卷四一九《许应龙传》，第 12234 页。

印象，概括而言即是：非鄞、非婺，系吏干之才。

除此之外，没有道学因素牵涉亦是李宗勉的身份特质之一，即"非道"。李是开禧元年榜进士，系庆元党禁之后的一榜进士，这一榜进士即在北伐之际系重事功之时，状元毛自知系唯一一位牵涉政争的状元，其在中状元三年之后被道学中人所弹劾，最终被宁宗连降五甲，此事可参见时人叶绍翁《四朝见闻录》。关于开禧前后的科举形势：

> 是举，语涉道学者，皆不预选。（庆元）四年，以经义多用套类，父子兄弟相授，致天下士子不务实学。遂命有司：六经出题，各于本经摘出两段文意相类者，合为一题，以杜挟册儳伪之计。①
>
> 开禧元年，诏："礼部考试，以三场俱优为上，二场优次之，一场优又次之，俱劣为下。毋以片言只字取人。编排既定，从知举审定高下，永为通考之法。"②

在庆元党禁的背景之下，道学被排除出科举取士考试范围，应考之人不论其真实态度如何，在文字与言论上绝不会表达出附和、同情道学之意。就这一点来看，李宗勉也绝不会是例外。从现存材料来看，李宗勉与道学没有直接或间接的关联，史传或《宋元学案》中均没有相关记载。就宋理宗个人而言，虽然其尊崇理学，凭借皇权把理学确立为统治思想，但宋理宗认知的理学与朱子一脉的理学是不一样的，理宗对理学抱有实用主义态度，这一点同孝宗有相似之处，并非真践实履；同时理宗时代理学已暴露出较严重的空谈性命的弊病，其浓郁的乌托邦色彩显然不适合端嘉时期的政局。事功可以说是理宗最在意的，这亦是鄞婺势力能够在宝庆、绍定时期控制朝政的原因之一。

"非鄞则婺"的格局，以鄞人为主、婺人为从，其能持续二十五年之久，跟鄞人和理宗的特殊关系是分不开的，这是外在的因素。鄞人与婺人皆主事功，这是双方能够长期合作的基础，也是受到理宗信任的内在

---

① 《宋史》卷一六七《职官志七》，第 3965 页。
② 《宋史》卷一六七《职官志七》，第 3965 页。

因素……但朱学正人的舆论力量也相当强大，使得理宗不得不经常屈从公论。"[1] 四明集团对理宗有拥立之功，但其对理宗的皇权亦有实质威胁；同时道学中人把持舆论，理宗也要面对。在两股势力之间，理宗时常面对平衡之难。如果有与两股势力均无实质瓜葛、同时又具备事功之才的人，对于理宗来说可以起到同时制约两股势力的作用，对于皇权的维护与巩固亦是有益的。上文所论李宗勉能在三年的时间里成为宰相兼枢密使，最重要的因素恰在于此。端平到嘉熙之时，随着史弥远的逝世，四明集团的继任者对理宗的影响显然不及史氏，理宗借此以道学势力制约四明集团亦是必然。但随着端平入洛的惨败及一系列后续问题的产生，鄞婺势力及道学势力均显露弊端。就双方而言，鄞婺集团不乏事功之人，但理宗并不希望大政继续由其把控，[2] 道学中人对鄞婺集团的舆论攻击成为理宗的一个抓手，虽然道学中人的政治思想及主张过于理想化，且对于实务并不擅长，但其对于鄞婺集团的舆论攻击并非空穴来风，鄞婺集团与道学中人显然没有调和的可能。所以在理宗看来，既擅长实务，又有事功能力，同时与鄞婺集团已无瓜葛，还不会为道学人士所攻击，这几点都符合的官员于端嘉之际在理宗视野之内的，只有李宗勉一人。

关于郑性之、邹应龙、李宗勉、李鸣复、余天锡、游似六人的背景，余天锡系鄞婺集团的核心成员，游似系补位为端明殿学士、同签书枢密院事。其余四人的从政背景可做比较：

> 太中大夫知枢密院事兼参知政事郑性之端明殿学士宣奉大夫签书枢密院事兼权参知政事邹应龙端明殿学士朝请大夫同签书枢密院事李宗勉以郁攸挺灾乞退归田里不允诏
>
> 祝融为沴，盖过在于朕躬；近辅抗章，谓咎由于臣等。力求解职，将以弭灾。然移疾于股肱，曷召和于形气。侧身修行，朕方怀

---

① 廖寅：《"非鄞则婺"论——南宋后期政治研究之一》，《人文论丛》2003 年第 1 期。

② 理宗的继位正统性问题显然是由鄞婺势力所致，理宗亟待摆脱亦在情理之中。"专权宰相夸耀立策之功，能在皇帝面前发挥强大的影响力，也正是由这样的结构所致。况且，皇帝还得依赖专权宰相强有力的言论封杀。"见〔日〕榎並岳史《"湖州之变"再考——以南宋后期济王事件的应对为中心》，"10 至 13 世纪中国国家与社会"国际学术研讨会暨中国宋史研究会第 16 届年会，杭州师范大学国学院，2014。

兢业之思；同寅协恭，而盍尽赞襄之力。惟交修其不逮，庶有感以必通。兹所当为，岂宜引去，所请宜不允。①

这是一则诏书，出自许应龙的《东涧集》，该集中多系制诰文书。事关李宗勉的多封制诰均出自许应龙之笔：

应龙在理宗时历掌内外制，尝以日昃拜命，夜半宣锁，不二鼓而草三麻，人服其敏。史称郑清之、乔行简罢相，制皆应龙所草，帝极称其善。今二制并在集中，典雅严重，实能得代言之体。其他亦多深厚简切，而于当时宰执、将帅侍从诸臣，姓名官爵，迁转拜罢，纪传所未详者，尤可借以征信，于考史尤为有裨。②

可见出自许应龙笔下的制诰是有其权威性的，虽然就文字而言多是制式表述。这封制诰涉及郑性之、邹应龙、李宗勉三人，从内容来看三人的请辞均未被批准。三人同时进入决策层是在嘉熙改元之前，同时请辞应是发生在改元之后即嘉熙元年三月，同年八月即是第二次决策层调整，在五个月的时间里，郑性之、邹应龙二人离开了决策层。虽然没有记载其离职时间，但可以肯定的是在进行了形式上的挽留之后，只有李宗勉一人继续留在决策层：

（郑性之）寻拜参知政事兼同知枢密院事。寻知枢密院事兼参知政事，加观文殿学士，致仕。③

（邹应龙）嘉熙元年，拜端明殿学士、签书枢密院事。进资政殿学士、知庆元府兼沿海制置使，依旧职提举洞霄宫。④

从郑、邹二人的传记来看，郑性之致仕，邹应龙则是外放，二人

---

① （宋）许应龙：《东涧集》卷一，影印文渊阁四库全书。
② （宋）许应龙：《东涧集》卷首，影印文渊阁四库全书。
③ 《宋史全文》卷三三《宋理宗三》，第 2723 页。
④ 《宋史全文》卷三三《宋理宗三》，第 2723 页。

的出局也与"济王案"有关，这一点显然理宗是很在意的。再看另一则制诰：

> 朝请大夫试左谏议大夫兼侍读李宗勉辞免除端明殿学士同签书枢密院事恩命不允诏
>
> 改元更化，期臻绥定之功；立政惟人，莫重枢机之寄。参稽与议，咸曰汝谐。况谏疏屡陈，罔匪忧国爱君之意；及经筵进读，悉关理内御外之规。尤不激以不随，复能定而能应，允为正士，宜弼朕躬。盍仰体于隆知，胡尚形于逊牍。令行弗反，卿毋固辞。所辞宜不允。①

这则制诰时间上看应是在嘉熙元年三月之后，"改元更化"即可为证。从名称来看，制诰②分为两部分，李宗勉请辞的是端明殿学士同签书枢密院事，改元之前的"朝请大夫试左谏议大夫兼侍读"不在请辞范围，由此可见李宗勉请辞的仅是涉及决策层的这一部分。制诰在语言文字表述上虽是制式的，但这次理宗对李宗勉的挽留绝不仅是形式上的。"况谏疏屡陈，罔匪忧国爱君之意；及经筵进读，悉关理内御外之规。尤不激以不随，复能定而能应，允为正士，宜弼朕躬"，"不激"与"不随"显然是理宗对其在左谏议大夫兼侍读任上的肯定，"不激"是不似道学中人看似激昂，实则空谈；"不随"是不迎合鄞婺集团。郑性之、邹应龙二人均系道学中人，与朱熹关系密切：

> （郑性之）初受学于建阳朱子，朱子询其字。叹曰："好，大名大字。"性之由是自励。朱子奇之。③

---

① （宋）许应龙：《东涧集》卷二，影印文渊阁四库全书。

② 关于制诰，可参见杨芹《抑扬之间风波起：论宋朝制诰文书与政治》："宋代之制诰文书主要为用于包括宰执、皇亲在内的中、高级别人事任免、加勋封赠的'王言'文书，通常由善于文翰的两制词臣负责起草，于特定的政务体制下颁降及传播。"（《学术研究》2014 年第 12 期）

③ （宋）陈骙：《南宋馆阁录续录》卷七《官联一》，中华书局，1998，第 300 页。

从《中兴馆阁录》的记载来看，郑性之系朱熹的嫡传弟子。邹应龙系泰宁人，泰宁系闽北理学重镇，朱熹所著《楚辞集注》分别有其与朱熹之子朱在所做跋语："（朱在）嘉定壬申仲秋在始取遗槀誊写成编"，① "首以示应龙，因得伏而读之"。② 可见邹应龙与朱熹父子私交甚笃，是朱熹私淑。再看李鸣复，其传记记载：

> "签书枢密院事李鸣复与史寅午、彭大雅以贿交结，曲为之地。鸣复既不恤父母之邦，亦何有陛下之社稷。"帝以清之潜邸旧臣，鸣复未见大罪，未即行，范亦不入台。帝促之，范奏："鸣复不去则臣去，安敢入经筵？"方再奏之，鸣复抗疏自辨，言："台臣论臣，不知所指何事……"范又极言其寡廉鲜耻，既而合台助之，太学诸生亦上书交攻之。③

这是端嘉时期杜范对李鸣复的弹劾。就内容来看，杜范的弹劾缺少实质内容，连理宗都认为李鸣复无大过，李鸣复也进行了自辩，但显然杜李二人势同水火。就李鸣复个人而言，其军事方面的才能是突出的，其虽是蜀人，也是鄞婺集团的核心成员，且不盲从。其传记记载："制置使郑损荐于朝，乞召审察"，④ "李鸣复、金渊者，史嵩之之羽翼也"。⑤ 称李鸣复为羽翼，有些言过其实，但其确与史氏家族过从甚密。就宋理宗而言，在杜范与李鸣复之间实难做出选择，与其说杜范同李鸣复水火不容，不如说是鄞婺集团与道学团体势不两立。综观李宗勉，现有的材料几乎对其没有负面评价，道学团体的每一次舆论攻击，矛头均没有指向李宗勉。笔者举两则材料如下：

> 乌乎，端嘉以来，国脉如丝。药不对证，上屡易医。公相最

---

① 朱见：《楚辞集注》卷首《跋语》，《朱子全书》第19册，上海古籍出版社、安徽教育出版社，2002。
② 朱见：《楚辞集注》卷首《跋语》，《朱子全书》第19册。
③ 《宋史》卷四〇七《杜范传》，第12282页。
④ 《宋史》卷四一九《李鸣复传》，第12550页。
⑤ 《宋史》卷四一九《李鸣复传》，第12565页。

晚，公力孔瘁。徐投刀圭，挽回元气。权位倾轧，古今所同。一旦不说，牛李相攻。公于其间，独和鼎味。两望恩怨，一泯同异。孰吕孰范？惟善之从。无洛无蜀，惟贤是庸。淳淳启拟，汲汲延纳。党论复申，善类几合。其辨忠邪，与争是非。公每犯颜，天为霁威。所进者曰，相有公议。所退者曰，相非私意。自始至终，无富贵心。虽有衮衣，不改布衣。策马归第，犹阅堂案。拖绅饰巾，仓卒不乱。①

端平宰相尽起诸贤，反有成仇敌者，亦其间杰特者不能用其言、收其心故耳。时望未必尽能办事，然所以得人望亦岂偶然？且缓急必不负人国，夫岂负所主？收之则可合人心，亦天道也。大丞相诚心爱贤，固将聚尽之本朝，而未遂如所欲。②

两则材料分别出自刘克庄与方大琮。刘氏受李宗勉举荐赴广东上任，方大琮则与李宗勉同为开禧元年榜进士。就二人所论，共同点即是李宗勉在端嘉这一时期没有结党。刘氏所写系悼词，内容上是同情李宗勉在嘉熙入相后在鄞婺集团与道学团体之间难以两全，是不易施展的"独和鼎味"。关于"药不对证，上屡易医。公相最晚，公力孔瘁"这点，当时的制诰也可印证：

中大夫参知政事李宗勉上表再辞免特授通奉大夫左丞相兼枢密使不允批答

立政立事，既资参预之司；善断善谋，密效弥缝之力。畴若予采，无以逾卿。擢居蒙揆之尊，仍总洪枢之寄。明廷孚号，寰宇均欢。<u>谓公而无私，必能开众正而杜群枉</u>；仁而有勇，岂难抚百姓而镇四夷？已允穆于师言，盍亟据于远略。谦以自牧，竟荐陈逊避之

---

① （宋）刘克庄：《后村先生大全集》卷一二一《文清李丞相》，第 300 页。
② 关于方大琮的书信，可参见《与李丞相宗勉书》（《全宋文》第 321 册，上海辞书出版社，2006，第 213—215 页）；关于方大琮的书信往来，可参见欧梅《方大琮年谱》（硕士学位论文，暨南大学，2010）。

章；予欲汝为，宜仰体眷知之意。令行弗反，卿毋固辞。^①

名称上系"再辞"，说明请辞不止一回；"批答"说明理宗亲自对这次请辞做了批示。理宗的态度不言自明。画线部分与上文刘氏所言一致，在理宗看来，李宗勉与郑娄集团、道学团体均无瓜葛，其在相位可以开创新的局面，纵然是在困局之中，也可打开一线生机。方大琮所写系书信，在其看来，李宗勉肩负打开局面之重任，但最终"反有成仇敌者"，这显然是指其与郑娄集团、道学团体的关系。从郑性之到乔行简，仅是郑娄集团内部调整，娄人在前也仅是临时现象；到乔行简、李宗勉、史嵩之三者并立之时，则已不是郑娄集团内部孰先孰后的问题。时人有评价：

> 乔行简用元祐故事平章军国重事，李宗勉左丞相。史嵩之入奏，就拜右丞相。嵩之独当国，一时正人如杜范、游似、刘应起、李韶、赵汝腾等，皆以不合逐去。三相当国，时论谓乔失之泛，李失之狭，史失之专。然宗勉清谨守法，号贤相，薨于位。^②

"李失之狭"中"狭"或可解释为施政空间之狭窄，即夹杂在郑娄集团与道学团体之间。这则材料突出的是史嵩之独相局面及三相当国，对前者明显言过其实，"嘉熙之政"并不是围绕史嵩之展开的，这点下文再论。就三相当国，明显与理宗本人的认知不符：

> 丙戌，诏曰："朕以眇躬，凛居人上，临御十有六载，愿治徒勤。责成二三大臣，课效犹邈，弊端业积，氛祲蔓滋。内焉政令之未孚，外焉边陲之未靖，抚事机而兴慨，尚岁月之可为。爰体诒谋，聿新图任，法元祐尊大老之典，特诏重事于平章；遵绍兴并二相之规，盖欲相应于表里。毋狃旧习，毋玩细娱，使纪纲法度焕然

---

① （宋）许应龙：《东涧集》卷二，影印文渊阁四库全书。
② 《宋季三朝政要》卷二《己亥嘉熙三年》，中华书局，2012。

维新，而华夏蛮陌罔不率俾。故兹札示，其体朕怀。"①

在宋理宗看来，"法元祐"与"遵绍兴"系同时存在，但更重要的显然是"遵绍兴"。从这份诏书的内容来看，宋理宗对于皇权与其决策班子之间的关系有明确的定位。理宗本人显然是认可"二相之规"。宰相与枢密使分掌行政权与军权是赵宋的"祖宗家法"，但在遇有对外战争等状况的时候，宰相兼枢密使的情况也常有，开禧定制也是由此而来的。以独相兼枢密使控制行政权与军权始自秦桧，之后韩侂胄、史弥远皆是如此，史弥远对理宗的影响除了定策之外，制度上的设计亦有之。从这份诏书来看，理宗显然不希望再次出现独相同时掌行政权与军权的情况，这种情况下皇权被架空亦是必然。在理宗即位最初的十余年间，史弥远及其集团官员把持朝政，理宗并没有实质的皇权。嘉熙三年正月，已有三位宰相（平章军国重事名义上不称宰相）及一位参知政事、一位端明殿学士共同执政，所有人员均有枢密兼职，这一点用理宗自己的话说就是"临御十有六载，愿治徒勤"。诏书中还提到了"法元祐"与"绍兴并二相之规"，这二者皆是南宋高宗朝的政治特征，"绍兴并二相之规"即指秦桧之死结束独相局面，沈该、汤思退同时任左右相之制。关于宋高宗朝的政治可以概括为"君主或其代理人大权独揽，压制甚至镇压持反对意见的朝野知识分子"。②结合前文分析来看，鄞婺集团与道学团体的关系恶化与其有相似性，理宗虽然期望"遵绍兴"，但不希望高宗朝的这种情况再次出现。从诏书中多次提到高宗朝的政治特征来看，理宗效仿高宗借中枢更迭以重新加强皇权的用意是不言而喻的，端嘉时期决策班子的变动恰好也是理宗重新加强皇权的契机。南宋初高宗借秦桧逝世以施行二相之制，重新加强皇权，理宗在这一问题上效仿高宗。史弥远逝世之后又经"端平更化"，宋廷决策层成员频繁变化，宰相的选择成为关键。嘉熙为宋理宗亲政后的第二个年号，鄞婺集团与道学团体之间的矛盾虽不可调和，理宗本人亦需面对"济王案"等政治

---

① 《宋史全文》卷三三《宋理宗三》，第 2723 页。
② 虞云国：《谈宋代士大夫与政权》，《穿透历史》，译林出版社，2014。

事件。^①选择一位既有政治实务能力、同时亦不会被道学团体群起攻击、也不至于被郑婺集团排挤的官员进入决策层，成为理宗必须要考虑的问题。可以说从嘉熙改元之前的端平三年十一月开始，理宗即在考虑这一问题，而李鸣复、余天锡等均不是合适人选。结合这一点来看，李宗勉在近三年的时间里从六位端明殿学士中脱颖而出，最终成为宰相兼枢密使，是理宗效仿高宗借中枢更迭以重新加强皇权的结果。

通过上文的论述，李宗勉的身份之特殊性可以概括为非郑、非婺、非道，这一特质使其得以在较短的时间内迅速成为宰相兼枢密使。纵观理宗朝的宰相群体，符合这一特征的也只有李宗勉一人，其与理宗之间的互动亦可再做补充：

> 参知政事李宗勉再上表辞免特授通奉大夫左丞相兼枢密使不允仍断来章批答
>
> 奋庸熙载，实归端揆之司；为官择人，莫若真儒之用。肆班涣号，以副具瞻。况边事未宁，正赖是图而是究；何需章来上，犹勤至再以至三。亟服厥官，期予于治，不特卿有无穷之闻，抑使邦其永孚于休。^②

理宗称李宗勉系"真儒"，但就李宗勉来看，多少有些"恐惧"在其中。有研究成果认为："宋代士大夫劝谏皇帝时多借助兵变、灾异等有形无形的恐惧，在逻辑清晰的主流之外，也时有事实和推断并不充分可信的情况，其主要目的在于使皇帝戒惕谨慎，使国家进入理想轨道，但也多少存在争权夺利等意图。"^③可见李宗勉的"恐惧"与劝谏过

---

① 对于理宗本人而言，郑婺集团确有定策之功，宣缯的赠谥即可说明这一点；但同时郑婺集团的核心成员是"济王案"的全程参与者，就正统性这一点而言，理宗是难以自辩甚至受其掣肘的。对于道学集团的舆论攻击，理宗采取被动压制亦是基于此。见〔日〕榎并岳史《"湖州之变"再考——以南宋后期济王事件的应对为中心》，"10 至 13 世纪中国国家与社会"国际学术研讨会暨中国宋史研究会第 16 届年会，杭州师范大学国学院，2014。

② （宋）许应龙：《东涧集》卷三，影印文渊阁四库全书。

③ 赵治乐、杨果：《试析宋代士大夫劝谏皇帝时的恐惧使用》，《史学集刊》2016 年第 1 期。

程中的恐惧有所不同，制诰内容与劝谏也有所不同。但从李宗勉多次请辞及理宗的亲自挽留来看，李宗勉本人对政局本身的复杂性及鄞婺集团、道学团体关系的恶化有一定的认知，李宗勉的"恐惧"亦是必然。这一点在同年的方大琮心中亦有所感：

> 丁酉秋某与刘克庄潜夫、王迈实之同被劾，未几某与刘皆得祠，王尤贫独未之得。其人本为大丞相所爱，不能妥帖，乃其自取，是亦教之之意，其后一镌又两镌，则人或以为太过。若蒙牵复而之廪，尤见海涵春育之量。刘潜夫素为大丞相所器，非独其文字今世鲜比，而通古今、熟典故，可裨庙议，而吏事尤长，特文掩其才耳。区区窃谓丞相宜自收而用之。王友也，刘亲且友也，非固私之也。①

可见同年方大琮虽系道学中人，但对李宗勉的处境甚是理解。上文所引刘克庄所写悼词亦是如此。对李宗勉个人而言，其"恐惧"还来自理宗继位的正统性问题。李宗勉的经历已可证明，在复杂的朝政与舆情中，"济王案"的始末其是知晓的，在面对鄞婺集团与道学团体的矛盾的同时，理宗继位的正统性问题依旧需要面对，虽然理宗对其信任，但其中的复杂、利害依旧难以处理。总之，李宗勉的入相是基于其非鄞、非婺、非道的特质，理宗对其的信任通过数次批答可以看出。理宗由于自身正统性问题导致在皇权上被鄞婺集团"控制"，还要面对道学集团的舆论攻击，故在端嘉之际最终选择了李宗勉入相。其与鄞婺集团无牵连，在师承上与道学团体亦无关，应是其得以入相的主要原因。简而言之，李宗勉不会卷入针对理宗正统性的问题纠葛之中。

三 结语："嘉熙之政"的地位探讨

本文重点关注李宗勉的身份特质及其在端嘉时期的仕宦经历。"嘉熙之政"并不是本文所要探讨的主题，但基于李宗勉在端嘉时期复杂多

---

① 关于方大琮的书信，可参见《与李丞相宗勉书》(《全宋文》第321册，第213—215页)。

变政局中所起的作用，对这一问题需要做些补充。已有的关于端平—淳祐更化的研究成果多限于论述主题，对于其中的嘉熙时期没有给予太多关注。笔者在前期对李宗勉具体事迹的研究中，对嘉熙之政有所涉及，①在此结语部分，再对这一问题做些补充。

关于嘉熙时期的经济形势，在战争及称提的双重打击之下，情况自不乐观。嘉熙三年的一则史料记载：

> 嘉熙三年，臣僚言："今官司以官价买物，行铺以时直计之，什不得二三。重以迁延岁月而不偿，胥卒并缘之无艺，积日既久，类成白著，至有迁居以避其扰、改业以逃其害者。甚而蔬菜鱼肉，日用所需琐琐之物，贩夫贩妇所资锥刀以营斗升者，亦皆以官价强取之。终日营营，而钱本俱成乾没。商旅不行，衣食路绝。望特降睿旨，凡诸路州县官司买物，并以时直；不许辄用官价，违者以赃定罪。"从之。②

可见这一时期的商贸、物价形势很不乐观，与民争利的现象严重，甚至在民生领域也是如此。理宗不得不下诏制止这一现象，但成效如何不得而知。关于嘉熙之后淳祐年间的经济形势，有记载如下：

> 史嵩之当国，往往以深刻得罪公论。醝之商运，自昔而然，嵩之悉从官鬻……其各州县，别有提领考其殿最，以办多为饶，于是他盐尽绝，官擅其饶……深山穷谷，数百里之钱无不辐辏，收到现钱就充籴本，顺流而下，拨赴边州，庙堂会计。③

这说明在史嵩之独相时期重新实行了官卖法，尤其是茶盐。联系上一则材料，在商贸、物价方面的与民争利是为了增加财政收入以维持财计，在理宗下诏制止之后，这一部分的财政缺口亦需要填补，茶盐即是

---

① 崔玉谦：《南宋后期提领江淮茶盐所若干问题考论》，《盐业史研究》2020 年第 2 期。
② 《宋史》卷一八六《食货下八》，第 4965 页。
③ 《东南纪闻》卷一，影印文渊阁四库全书本。

关键。笔者在探讨提领江淮茶盐所过程中，已指出这是一个专卖机构，其设立即是在李宗勉入相时期，由嘉熙三年的朝政分工所致。

可见在这种权力结构构成中，主持朝政的只能是李宗勉，史嵩之的主要分工在于三路前线战事，这一点在对于四明史氏的研究成果中也有体现："史嵩之掌权接近六年，在此期间，他把主要精力都集中于加强边境防御。"[①] 可见史嵩之独相时期的专卖政策就其渊源而论是李宗勉主持朝政期间所制定的政策。[②] 这一点时人杜范也有论述：

> 臣窃谓茶盐为今日之大利，乃擅于诸阃。当此财用匮竭，所宜收之，朝廷专置一使以领之，诚急务也。[③]

杜范虽与鄞鄮集团诸人势如水火，但对于茶盐之利收归中央一事颇为赞同，可见李宗勉主持朝政时，朝野对这一政策是有共识的。长期在湖广前线任职的李曾伯也有论述：

> 朝廷收诸司茶局之利，尽归公上……制、总两司岁仰茶利以佐军费，总所约收数百万，制司亦收数十万……各处土著，些小食茶，皆以步担往来，初非连艘巨贩。[④]

自嘉熙二年孟珙收复京湖后中央并未派军驻屯襄阳，襄阳逐渐成为弃地。直到淳祐十一年，京湖制置使兼湖广总领李曾伯受命重新经理襄阳并长期驻防，襄阳才再次成为军事重地。李曾伯上奏即说明了军费筹措的困境，也是专卖收入的中央收回。淳祐十一年史嵩之已罢职，但专卖政策依旧保留，可见这一政策是被长期贯彻的。"嘉熙之政"不是本文的主题，以此来结语亦是基于最终李宗勉入相及其逝世

---

① 戴仁柱：《宰相世家——南宋四明史氏家族研究》。
② 参见崔玉谦《南宋后期提领江淮茶盐所若干问题考论》，《盐业史研究》2020 年第 2 期。已有的关于南宋后期政治及史嵩之的研究成果中，对于史嵩之的作用有肯定，但忽略了其对李宗勉时期政策的继承。
③ （宋）杜范：《清献集》卷一〇《八月已见札子》，影印文渊阁四库全书本。
④ （宋）李曾伯：《可斋杂稿》卷一九《奏废罢茶局科助》，影印文渊阁四库全书本。

之后的权力调整即史嵩之独相局面的形成，亦为借此说明李宗勉的身份特质与其最终入相密切相关，其身份之特殊在嘉熙后期的宰执格局中颇为明显。李宗勉在朝政中所起作用固然有限，但其推行的一些政策在朝野中已形成共识。

倾情忆往

我的西夏学情怀

王亚莉

逝者如斯夫，不舍昼夜。截至提笔之时，我已离开宁夏大学校园整八载。回首往事，一幕幕从眼前划过，一时竟不知从何说起。

一　求学印象

2005年春季，我考取了宁夏大学西夏学研究中心（当时习惯简称"中心"）历史文献学专业的硕士研究生，从此与宁大结缘。

我们是"中心"独立招收的第二届硕士，同级同学有徐悦、王艳梅、尤桦、孟爱华和高辉。入学伊始，我们了解到"中心"的历史沿革、学术特色与发展潜力。"中心"的前身是西夏研究所，由1991年成立的历史系西夏历史研究所与中文系西夏文化研究所合并而成。2000年初在此基础上，成立了西夏学研究中心。2001年4月，"中心"被教育部批准为教育部高校人文社会科学重点研究基地，这具有里程碑式的意义。杜建录先生在《我的西夏学事业》一文中这样写道："教育部人文社会科学重点研究基地建设，是宁夏大学在西夏学学科建设上迈出的坚实步伐，它给我提供了学科建设的大舞台……通过这个舞台……西夏学研究院由过去单纯的科研单位，发展成教学科研并重的学术单位。"2008年6月，教育部批复，将"中心"更名为"西夏学研究院"。西夏学研究基地创建20年以来，取得了丰硕的科研成果，实力不断壮大增强，奔赴各地的学子无不为之感到自豪。

2005 年 9 月，我们正式入学。我们读书期间，"中心"位于宁夏大学 A 区综合楼八层与七层东段，办公室设施齐全。我们学习去的最多的是"中心"资料室，由两间里外相通的房间组成，内室有成套的四库全书和二十五史。外室玻璃柜内陈列着精装版俄藏、英藏、法藏及中国藏黑水城影印出版文献，彰显出"中心"的研究特色，亦象征着"中心"的硬实力。中外古今的诸多著作、文集、丛书、资料集，一排排摆放有序，溢满了书香气。管理员杜曼玲老师亲切随和，我们可根据兴趣借阅书籍，学术氛围浓厚。那时，佟建荣、杨志高老师时常来查阅资料，我们不懂就问。资料室隔壁是杂志报刊室，管理员邱刚老师见到我们总是乐呵呵的，分享他的人生经历，鼓励我们"路漫漫其修远兮，吾将上下而求索"。综合办公室的王丽莺老师是"中心大管家"，工作能力强，效率高，管理我们的日常事务。她与我们年龄相仿，亦师亦友，大家亲切地称她"小王老师"。杨满忠老师在七楼办公，他喜欢写打油诗，业余爱好是摄影，外出考察时，总能见到他胸前挂着相机。至今我们保存的许多珍贵合影，都是杨老师所拍的。七楼的教研室和教室是我们上自习的常去之处，有电脑可用。

杜老师主持的教育部人文社会科学重点研究基地重大项目"党项西夏文献研究"，让学生参与进来做一些基础工作，培养我们的文献释读能力。刚开始安排我们为韩荫晟先生编的《党项与西夏历史资料汇编》（上中下卷和补遗，共九册）做资料"索引"，杜老师多次开会强调做好"索引"工作的重要性、一定要保证质量，并吩咐彭向前老师每周召集大家一次，集中处理辑录中遇到的问题。这项课题的学习收获是显而易见的，从 300 余种正史、笔记、文集、碑刻以及出土文献中收集了有关党项与西夏的地理、职官、纪年、物产、社会、宗教等各类词目，逐条注释并进行异名对照。杜老师要求课题组不定期发给大家劳务费，对我们"穷"学生而言，这笔补贴成为重要的生活费。

当时安排我做《党项与西夏历史资料汇编》中卷第四册的索引工作，我尽心尽力完成这一任务，连假期也带回家做，其间收获不言自明。同学见面习惯性问候："你《汇编》索引做到多少页了？"互相交流经验。这项工作极大地提升了我们的文献释读能力，不仅对党项与西夏文献有了深刻认识，而且练就了做学术耐得住寂寞的吃苦精神。

有学者说大学的学习主要分三部分：一是老师课堂上"传道授业解惑"，这是科班出身的标志；二是聆听不同领域的专家做学术报告，拓展研究视野；三是查阅图书馆、档案馆的纸质文献及便捷的电子资源，增进学识。我从家里书柜里翻出读研时的 11 本课堂笔记以关联往事，每位老师讲课时的神态与表情瞬间浮现于眼前。

杜老师授"西夏历史专题"与"宋辽夏金史"，主要讲授西夏历史概况及宋辽夏金元之间的复杂关系。杜老师以他的代表作《西夏经济史》为例，教我们用史学研究方法分析宋夏关系。韩小忙老师授"西夏文字"课，他生动有趣的授课语言总是博得大家阵阵笑声和掌声。他在轻松的氛围中循序渐进地教大家书写和辨认西夏文字，当我们了解这种神秘文字的构字法后，不禁为之深深震撼。我们学会了用四角号码查询《夏汉字典》，并能翻译简单的西夏文佛经。王亚勇老师授"民族历史地理"与"版本目录学"，王老师知识渊博，讲课声音洪亮。他在课堂上带来多种版本的书籍，让大家对所学的理论知识轻松"消化"。王老师还给我们复印了几份敦煌文献，指导我们分析史料。汤晓芳老师授"西夏艺术"，她用优美的语言将西夏绘画艺术的魅力娓娓道来，声情并茂，讲到唐卡和水月观音壁画时尤为引人入胜。牛达生老师授"宁夏考古专题"，老先生时年 72 岁，头发花白，说话时而停顿。他自豪地叙述在西夏王陵、拜寺口双塔下发掘西夏文物的情景，还熟练地在黑板上勾勒出西夏王陵的地宫示意图，他治学严谨、一丝不苟的精神很感染我们。彭向前老师讲授"历史文献学"，这是一门具有深厚文化底蕴和广阔发展前景的学科，在课堂上我们了解到文献学的理论与文献整理的技能，这是入史学之门的一把钥匙。段玉泉老师授"黑水城文献专题"，系统介绍了黑水城文书的概况。段老师在中国国家图书馆复印了《斯坦因第三次中亚探险所获汉文文书》，在课堂上与大家共享。我从中辑录了站赤文书残片，充实了我硕士论文的内容。杨浣老师授"西北民族史"，杨老师是复旦大学刚毕业的博士，思维活跃，视野开阔，他在课堂上让大家分析讨论英文匈奴史料。我英语不算太好，在这门课上压力总是很大，但也借此逼出了成绩……术业有专攻，通过这些专业课程学习，我们逐渐进入西夏学研究之门。

西夏是以党项羌为主体的多民族格局政权，国号为大夏（又称弥药、大白高国），统治西北地区近两个世纪。由于地处西北，中原王朝称之为西夏。前期与北宋、辽抗衡，后期与南宋、金鼎立。西夏历十代帝王，设官立爵，创制文字，设典章制度，最后亡于蒙古族西征。西夏史在正史中仅作为附传，分列于宋、辽、金三史之末，难以反映西夏历史的全貌。由于资料稀缺，研究起来相当困难，西夏历史在很长一段时间被蒙上了神秘面纱。20世纪初在黑水城发掘出土的大批西夏文献、文物及学者对西夏文字的解读，使这一学科的研究峰回路转，成为时下显学。

宁夏大学有着得天独厚的地理优势，今天的银川市即西夏的都城兴庆府，宁夏全境皆在西夏的版图内。从区域研究角度来讲，"由于中国幅员广阔，各地区的经济、政治、文化发展不平衡，区域特征各异，史学界日益感到划分若干易于把握的区域空间，进行深入研究，是推动全国通史、断代史、专门史向深度和广度进展的一个有效途径"。[①] 西夏学研究自然而然成为宁夏大学一门有浓郁民族与区域特色的学科，经过几代学人不懈努力，发展成一门集西夏语言、文字、社会、历史、文学、宗教、法律、文物、文献等研究为一体的综合性学科，它与敦煌学相交叉，又涉及印刷术、天文历法、医学、建筑、纺织等，研究其与中华民族文化的内在联系，可为弘扬中国传统文化做出应有贡献。

二　恩师教诲

杜建录先生是西夏学研究院学科建设的领路人，我有幸在先生门下受业，结下了深厚的师生情谊，仅次于父母的恩情。杜老师对学生严格要求，有计划地给学生布置学习任务，并要求我们定期汇报与讨论学习。他督促我们多读书，要在文献中找问题，总结规律，并发给大家数

---

① 隗瀛涛主编，何一民等撰稿《四川近代史稿》，四川人民出版社，1990，第1页。

百张白色卡片做分类摘录，积累史料，这对我们无疑是最有效的训练。这也是老一辈历史学者常用的办法。

黑水城文书时间跨度较大，以西夏文书为主，最晚有北元时期的史料。硕士论文开题前，我对黑水城出土元代站赤文书产生了浓厚兴趣。经和导师商量，定题目为《黑水城出土元代站赤文书研究》。该领域的研究成果除高华先生的一篇站赤文书考释文章和李逸友先生的站赤研究述评外，尚无学者进行过系统研究。就资料而言，李逸友先生编写的《黑城出土文书（汉文文书卷）》中有部分站赤文书的录文，还有杜老师拷给我的从内蒙古大学拍回的站赤文书照片原件。我结合两者，搜集到70余件相关文书，对之进行了细致考证。论文结构分为提调站赤、整点站赤及签补站户研究三大部分，辅之元代的正史资料予以佐证，梳理出亦集乃路驿站的设置及管理概况。在硕士论文的基础上，我相继发表了7篇相关的小论文。虽然很多观点仍不成熟，但我学会了考释文书的技巧。

我的学业收获凝结着导师的心血。2006年冬季，我把撰写的第一篇小论文《黑城文书所见元代两份整点站赤文书考释》的纸质版交予导师把关，心里忐忑不安。杜老师在百忙之中一字一句地圈划与修改，他利用2007年元旦假期休息时间，在办公室当面指导，对如何完成论文写作及一篇论文的基本要求做了详细而具体的说明：一是要尊重历史事实，考释文书要严谨，用资料说话；二是观点要鲜明，不要做单纯的描述性记录，要有分析性论述；三是结构要合理，前后照应，文字表述逻辑性强。他说每个学生的第一篇文章他都会认真修改，要开个好头。最好的老师是给学生送"白菜籽"，让我们自己"种白菜"。我把这篇反复修改的论文投稿到《内蒙古师范大学学报》，一星期后就收到了编辑老师的用稿通知，认为可以发表，我真是喜出望外，特别激动。在先生点拨下，我掌握了基本的史学研究方法，为以后的继续深造奠定了文献学基础。

当然，我们态度不认真时，杜老师也会批评。2008年5月12日突发了汶川大地震，这也是临近毕业论文答辩的日子。向来对学生的事亲力亲为的杜老师要看一下我的答辩发言稿，我尚未准备好，就以地震恐慌为借口向老师搪塞。杜老师对我说："那地震了，全国人民都别去工作了！"这是我读书三年以来，杜老师第一次严厉批评我。我特别内疚与自责，抓紧认真准备答辩事宜。正是在恩师渊博学问的熏陶和严格的要求之下，我才顺利完成了学业，于2008年5月通过了毕业论文答辩，获得硕士学位。毕业离校当天，我拖着行李去"中心"向每位老师和同学道别，大家都叮嘱我珍重。杜老师从他电脑上拷给我许多有纪念意义的老照片，并送给我一些古籍资料书，叮嘱我好好工作与快乐生活，我分明感到了师生之间的依依不舍之情。

师道既尊，学风自善。杜老师不仅教我们做学问，更教我们做人。他反复强调"做人比做学问更重要"，要"老老实实做人，踏踏实实做事，快快乐乐生活"，鼓励学生劳逸结合地学习。学业之外，杜老师带领大家去贺兰山岩画、拜寺口双塔、西夏王陵等处考察，让我们探寻西夏遗迹，了解西夏文化。记忆犹新的是2007年秋季，我们在贺兰山脚下考察西夏岩画，由贺兰山岩画管理处贺吉德先生招待，我们在山脚下的农家乐吃午饭，喝蝎子酒，采摘野苹果。郭良师兄在贺兰山下的西夏遗址保护区用手刨出一个小佛像，大家欢呼雀跃。西夏王朝崇尚佛教，曾在此处建有别宫，修建了佛寺。

每年元旦前夕，杜老师都会邀请校领导及相关单位学者与"中心"师生欢聚一堂，畅谈学习与生活，像幸福的大家庭一样其乐融融。

我工作后虽然远隔千里，但老师仍像以前一样关心我的生活与学习，与老师的每次通话和每条短信都能让我倍感温暖和鼓舞。我工作之初一直被考博问题所困惑，杜老师鼓励我不要放弃，并给我写了三次专家推荐信，不仅为我指明了今后发展的方向，亦对我寄予了殷切希望。2008年10月初，杜老师、师母魏灵芝老师及杨满忠老师来山西阳曲参加"全国郭氏文化阳曲学术研讨会"。我在太原火车站接到了可亲可敬的老师们。对于学生而言，老师如同父母，我特别想好好招待，但杜老师说我刚参加工作，怕我破费，说吃一碗面就行。我心里哪能过意得去，于是我们在火车站附近找到一家火锅店吃涮锅。这是我当学生以来第一次请老师吃饭，竟如此朴素简约。回想起读书时，每年元旦前同学们商量着要去导师家里坐坐，他都会发来提醒短信：欢迎来家里，但带东西不准进。就这样，我们只好拎点水果，就在老师家里吃了。师母贤惠随和，给我们削苹果、剥香蕉……这些小事生动地体现了杜老师夫妇爱生如子，生活极其朴素，处处为大家着想。

硕士毕业后，我任教于中北大学信息商务学院，就我工作上的得与失经常向杜老师汇报，他都会耐心听我倾诉并给我理性指引。博士毕业后我有幸留在山西大学近代中国研究所任教，第一时间告知杜老师，收到他的短信："寒窗苦读，终有收获""有志者事竟成"，让我特别受鼓舞。

学生是导师学术生命的延续，感谢杜老师开启了我的学术梦想。我将会在以后的学术道路上一步一个脚印，坚持不懈地走下去……

三　友谊长存

我在"中心"结识了上下四届可亲可爱的同学，收获了友谊，有的成为挚友。同届六个人中我年龄最小，得到了大家无微不至的关怀。三年以来，我和王艳梅学习、吃饭、逛街形影不离，无话不说。2006年夏季，湖南卫视正在热播《快乐男声》选秀节目，我俩下课后回到宿舍看直播，喜欢陈楚生的音乐，还自称"花生"，发短信投票支持。现在想来有几分搞笑，但在当时20岁出头的年龄，这正是青春的符号。还有高辉对我的关心，第一学期结束后，她到银川火车站送我，深深拥抱。我看到了她的眼泪，一股暖流涌上心头，真想叫声姐。尤桦是我们专业唯一的男生，他待人诚恳，做事实在，我有困难总是第一时间给他打电话，他也总是不厌其烦地帮我解决问题。毕业后我和孟爱华定居太原，来往较多，同学情悄然转变为亲情。远在北京的徐悦和大家联络较少，但只要一有联系还是老同学的样子。侯爱梅师姐做事分寸得当，在学术上孜孜不倦，我有困惑时常向她请教，可谓志同道合。潘洁师姐性格爽朗，热情大方，讲起话来特别有感染力，和她在一起我无数次捧腹大笑。王培培师姐热情大方，学习刻苦踏实，这都是值得我学习的优点。还有众多师弟师妹，我就不一一列举了……想起每一位有个性的学友，我情不自禁微笑起来，同道之情日久愈深。

"你总说毕业遥遥无期，转眼就各奔东西。"

在我们毕业的茶话会上，离别的伤感不断蔓延。我讲离别感受时竟潸然泪下，正在读博士的潘洁也开始啜泣，真情是掩饰不住的。人生匆匆数十年，研究生阶段的三年只是其中篇幅不长的一章。我们的目光会做短暂的停留，但是翻过了这一页总要继续我们的人生。尽管有些无奈、惆怅与不舍，但是那些美好的时光在分别后的怀念中不断升华，像醇酒般耐人寻味。当我们蓦然回首、试图挽留的时候，却发现越是紧握手中的沙子流失得就越快。倘若往日重现，我还会选择在宁大西夏学研究中心深造学习，和大家成为好朋友。

四　继续求索

2008年6月，我带着从教为师的喜悦来到山西太原，进入中北大学信息商务学院工作，承担"中国近现代史纲要"课程教学。寓学于教，教学相长，历史学涵盖着人类文明的方方面面，太博大精深了。我萌生了考取博士继续深造的想法，最初想继续做黑水城出土文书，但因工作环境的种种限制，我跨到中国近现代史专业学习。工作四年后，我考取了山西大学历史文化学院的博士研究生，师从岳谦厚先生，研究方向为革命根据地女性婚姻史。岳老师经常夸赞我史学基础较好，入门快，这一切得益于我在宁大的积累。

2015年8月，我去榆林参加杜老师筹办的"党项史迹与陕北历史文化"学术会议，有幸得到杜老师当面指点和教诲，老师对学术及生活的独到见解总能使我茅塞顿开。这次交谈，我才知晓恩师在陕西师范大学读本科时曾专注过革命根据地史，后来因机缘巧合做了西夏学。我跟着会议组考察榆林地区的党项遗迹时，顺便采访当地老年群众收集口述资料。巧合的是党项族的历史文化与陕北的革命印记发生在同一空间下，不由得使人浮想联翩。历史的学习方法是相通的，而历史本身是连续性的。岳老师也常说，搞历史研究的，如果不懂古代史就做不好近代史，叮嘱学生要读通史。我暗自窃喜我有这样的学习经历，增加了为学自信。

虽然我现在仍无多大成就，但一直谨遵恩师教诲，潜心做科研，努力厚积薄发！

这些恩惠都将成为我的毕生财富，我会用心珍藏，以行动回报！

我们读书时的"中心"现在发生了巨大变化，不仅更名为西夏学研究院，而且还两迁院址，最终落脚宁夏大学的逸夫楼。研究院建有民族学一级学科博士后流动站、中国少数民族史博士点、中国古代史硕士点。研究方向亦细分为西夏历史与文献、西夏语言与文字、西夏与黑水城文献、西夏文献资料数字化、西夏文化产业开发。内设机构有西夏历史研究所、西夏语言研究所、西夏文献研究所、西夏文献数字化研究所、西夏文化产业研发中心、宁夏大学古籍整理研究所、《西夏学》编辑部、重点学科办公室、文献资料中心和行政科研办公室，更具规模和实力。学科建构不仅在科研上高瞻远瞩，聚集学术精英团队，且在人才培养上具有超前意识，后起之秀不断涌现。诸如目前正在做的《西夏通志》将填补正史空白，进一步提升中国在西夏研究领域的话语权，这是可喜可贺的。

在求学回忆中梳理了西夏学研究基地建设的发展历程，我的西夏学情怀跃然纸上。看到这个学术机构历经风雨后的彩虹，衷心祝愿西夏学研究院的发展再创辉煌！祝愿我的老师们与学友们健康幸福！

人生梦想的起点

——怀念在西夏学研究中心求学的日子

侯子罡

记得毕业前的一次课堂上，杜建录老师对我们说："等再过几年，到西夏学研究基地成立十五周年的时候，中心会把近年来毕业的所有学生都请回来，全面展示这些年的发展成果。"当时还觉得是多么遥远的事情，可是时光飞逝，一晃已经毕业七年了。回想起在西夏学研究中心求学的日子，至今仍无限地怀念，不仅我人生的理想从这里启航，而且中心浓厚的人文气息和精神气质也促使我把学术作为终生志趣。

最感恩——教我育我的老师

著名教育家、清华大学校长梅贻琦曾说："所谓大学者，非谓有大楼之谓也，有大师之谓也。"梅先生这里讲的"大师"，不仅指学问好，更是指学问、道德兼修的楷模。在西夏学研究中心学习期间，我最强烈的感受就是这里名师荟萃，丝毫不缺大师之实。他们的言传身教使我终生不敢忘怀，永远赋予我前进的力量。

2006年4月初，我从南阳市公安局岗位报考宁夏大学西夏学研究中心历史学硕士研究生。由于经历了调剂，并且是跨专业，对能不能录取心里很没底。笔试通过后，带着几许忐忑，我到办公室拜访了时任中心主任的杜建录教授。杜老师一身西装、温文尔雅，丝毫没有知名专家学者的大架子，亲切地询问了我的各门成绩、研究方向、阅读的书籍等相关问题，鼓励我放松心情应对考试，说跨专业对研究历史学而言一定程度上还是一种优势，只要正常发挥肯定会取得好成绩的。或许是杜老师的鼓励起了作用，我最终被幸运地录取了。

杜建录老师是享誉中外的著名西夏学专家，不少同学报考西夏学研究中心就是冲着他的名头来的。他工作非常繁忙，集学术交流、课题研究、行政事务于一身，每天晚上都在办公室工作到很晚才回家，周末也很少见他休息。尽管如此，他对学生却是非常负责，该上的课一节也没少过。研究历史的人给人的印象往往比较刻板，杜老师却不然。他的宋史、西夏史课最受大家欢迎，风趣幽默、贯通古今，通俗性与学术性并重，历史人物、历史事件都让他给讲活了，每节课下来大家都听得意犹未尽。在学术技能的培养方面，杜老师比较反对"满堂灌"的教法，为了让大家尽快提升阅读文献的能力，每堂课他都会指定一些文献篇目让大家轮流解读，然后他再逐一点评，一个学期下来我们的文献阅读能力都有了很大提升。

三年研究生学习，时间短、任务重，如何科学合理地进行规划，当时我也是比较迷茫的。杜老师常说，在历史这一学科内做好了，以后不管做什么都是相通的，研究生阶段学习时间短，每学期都要有目标、有计划地发表一些文章，到毕业时自然就有成果了。他的点拨让我初窥到做学问的门径，也逐渐体会到做学问的乐趣，更坚定了我学好历史同样能干好公安工作的信心。杜老师这样要求学生，自己也是这么做的。他曾说："几十年来一个接一个地目标，一个接一个地梦想。一旦梦想实现，下一个目标还没确定，心里就空落落的；必须确定一个新的目标，心里才踏实。"近年来，杜老师带领的学术团队先后实现了教育部人文社科重点研究基地、博士点、博士后流动站、国家重点培育学科建设的目标。可以说，圆了他心中一个接一个的梦。

我的导师彭向前教授，是一个低调实干、严格谨慎的传统型知识分子。由于我是彭老师所带的第一个硕士研究生，他对我要求十分严格。现在还清楚地记得，第一次拜见他时，他半开玩笑半认真地对我讲：

"一定要好好学，把论文写好，要是写不好毕不了业，可把我这个导师的锅砸了。"他说这话并非危言耸听。我本科阶段学的是法学，工作岗位是在公安机关，历史学底子非常薄弱，宁夏大学对研究生要求又特别严，一旦论文写不好不能毕业，真有可能把导师的"锅"砸了。从那天起，我就暗下决心，一定不能给导师丢脸。

对于我这样基础薄弱的学生，导师丝毫没有嫌弃之意。为了让我打好基础，他指点我从通史学起，一边大量阅读，一边写一些文章。导师经常引用邓广铭先生的"四把钥匙"——年代、地理、职官和目录，提醒我要注意治史的方法。他对我平时读什么书非常关心，记得有次他问我最近在看什么书，当得知我在读一本《历代通俗演义》时，他十分生气，批评我说："作为一个学术型研究生，怎么能看这种演义小说，这会让你偏离正道！"从那以后，我开始学着读学术文章。在研二上学期，伴随着我的第一篇论文《元代消防制度述略》被期刊采稿，研究生阶段的学习逐渐进入了状态。

彭老师是河南信阳人，年轻时曾在一个乡镇中学当历史老师，后来读了硕士、博士，随后又去中国社科院读博士后，到俄罗斯科学院东方文献研究所访学。单从求学的经历，就可以看出他对学术的追求到了何等痴迷的地步。毕业这么多年了，每次给他打电话，说不上三句话就转到了学术话题上，问我最近在读什么书，有没有报考博士的打算，再下来就是讲他最近正在做的课题。每当他有了新的学术成果，我也总能第一时间知晓。为了提升对西夏历史文献的研究水平，彭老师除了学习西夏文外，还坚持学习藏语，主张利用藏语文献辅助解读西夏文献，拓宽了西夏学研究范围。为及时了解国际最新研究动态，彭老师除了掌握英语外，还坚持学习俄语。他认为对民族史研究领域而言，还应该再加一把钥匙——第五把钥匙"语言文字"，包括汉语音韵学、少数民族语言和外语。具备合理的知识结构，拥有多种治学手段，使他在西夏学研究领域如鱼得水，成就斐然。我问他学一门语言有何诀窍，他笑答是天赋加勤奋，并鼓励我说，语言学得越多越容易学。尽管我不是很争气，基础又比较差，但彭老师还是非常鼓励我今后能继续学术之路。遗憾的是，后来我所从事的工作与学术研究再也没有关联，辜负了导师的期望。

国学大师王国维在《人间词话》中说，古今之成大事业、大学问者，必经过三种之境界："独上高楼，望尽天涯路"，此第一境也；"衣带渐宽终不悔，为伊消得人憔悴"，此第二境也；"众里寻他千百度，蓦然回首，那人却在灯火阑珊处"，此第三境也。在西夏学研究中心，有着一大批像杜老师、彭老师一样为人师表的专家学者，他们实事求是，追求真理，淡泊名利；他们以教学科研为己任，视学术道德如生命；他们对学术追求精益求精，尽管早已声誉卓著，但仍然虚怀若谷。作为"三境"学说的时代典范，老师们当之无愧！毕业多年了，每每遇到困难，心中总有一种精神激励着我走出困境、执着前行。我想，这就是老师们教给我的自强不息、坚韧不拔。

最难忘——硕士论文的写作

硕士阶段的学习与本科最大的不同，就是对科研能力有更高的要求，这也是一个高校培养研究生水平的集中体现。在西夏学研究中心学习的三年里，硕士论文是留给我们最珍贵的礼物。中心对毕业论文的写作要求非常严格，杜老师在我们刚入学时就反复强调，在研一阶段就应确定论文选题的大致方向，围绕其从各个方面撰写相关的课程学术论文，为自己最后的硕士毕业论文打下坚实基础。毕业论文的写作，从阅读、选题、写作、修改到定稿，贯穿三年学习全过程。

记忆最深的是论文选题。对我而言，选题的过程就是深入学习的过程。相对于其他同学，我的历史学基础比较薄弱，为了选好题，彭老师操尽了心。当我把自己写的第一篇文章《元代消防制度述略》呈给彭老师看时，他问我元代消防的研究现状是什么情况，我一时没答上来，他说文章我就不用看了，啥时候研究现状弄清了再来找我。硕士论文的准备也是这样，一方面是找兴趣点，另一方面是要搞清楚这个兴趣点的研究现状。彭老师曾引用前辈学者所言，强调做论文既要"竭泽而渔"，又要"大胆假设，小心求证"。"竭泽而渔"是把所有涉及的资料都一网打尽，力求没有遗漏。在这个过程中，每否定一个题目，求证一个观点，就离你要选择的目标更近了一步。现在看来，导师的这种教导不仅道破了治学的一种理想主义境界，也是应该追求的一种学术写作的最高水准。按照这一指导，选题过程中，单是卡片我就记录了近千张，努力实现"竭泽而渔"。彭老师经常说，已故宋史泰斗漆侠先生就是这样要求学生的，这是治史最基本的方法，没有其他捷径可走。最令我感动的是，彭老师在北京读博士后期间，为了帮我买本书，冒着酷暑挤公交车跑遍了北京各大书店。就这样，在导师的大力帮助下，经过近一年时间的努力，我终于定下论文题目《元代怯薛入仕研究》。

西夏学研究中心作为一个专业型学术研究机构，对研究生培养的要求非常高，视学术规范如生命。作为硕士研究生，毕业论文写作的过程，也是学术规范的培养过程。譬如我们在借鉴前人的相关研究时，一定要标注清楚所引用观点的详细出处，老师反复强调这是对别人劳动成果的尊重。对引用的史料，更不能简单转引了之，还要追根溯源进行核对。起初我对这种做法想不通，认为核对工作多此一举，后来才知道这是为了确保史料引用的绝对准确。即使是原始史料也有着版本要求，譬如我的论文史料大量来源于文渊阁版《四库全书》，彭老师就要求我尽可能找到更早的版本校对。这个过程，形式上培养的是学术规范，但实质上培养的是一种学术道德。可以说这是我在西夏学研究中心感受最深的一点。

在彭老师的悉心指导下，长达七万字的硕士毕业论文《元代怯薛入仕研究》如期完成，在这期间，我发表了三篇学术文章，毕业论文也被评为省级优秀硕士毕业论文。这点成果，对于其他同学而言或许微不足道，但对我而言算是极大褒奖了。毕业后这几年，尽管工作岗位几经变化，但心中的学术情结始终挥之不去，也曾有过继续考博跟随导师做学问的念头，但最终没能如愿。或许以后永远都没有这样的机会和心境为学术而奋斗了，但毫无疑问，硕士论文写作的过程带给我的收获让我终生难忘。

最受益——学术精神的传承

学术作风可以体现一个知识分子的素养内涵，更决定了一个研究机构的品质水平。对多数从西夏学研究中心毕业的学生而言，西夏学研究中心只是个人学术生涯的初始阶段，但在这里能够奠定进一步攀登学术高峰的坚厚基石。

中心很注重学术精神传承。各位老师给大家上课时，除了专业知识，强调最多的就是做学问的态度。漆侠先生作为著名历史学家邓广铭先生的高足，对读史、治学、做人要求极为严格。杜老师、彭老师曾先后求学于漆侠先生门下，并传承了老一辈史学工作者的优良传统。杜老师经常告诫大家："写文章一定要自己动脑动手创新，写得好不好都不要紧，任何人都有一个积累提升的过程，有些人一写文章就想抄袭别人的，时间一长就把手抄滑了。这种做法坚决要不得。"我觉得，这朴实的话语是对学术的一种温情和敬意，它集中反映了一个西夏学专家的治史态度，更是贯穿在西夏学研究中心全部学术研究中的核心精神。单就我们毕业的研究生而言，没有出现过一例有违学术道德的事件，更多的则是同学们把这种严谨学风持续发扬下去的传承。大家在学术上勇于创新、不断开拓，取得了丰硕成果。

西夏学的研究注定是寂寞的、清贫的。耐不住寂寞，没有淡泊宁静的学术心态，就难以在该领域取得成就。我的导师彭向前教授常说："研究历史要坐得住冷板凳，越老才越有成就。"每次去导师家里，感受最深的便是安静祥和的氛围，书籍占据了生活的主要空间，彭老师一天到晚伏在台灯下研究课题，每天的工作时间远超常人。日复一日，年复一年。正是这种"衣带渐宽终不悔"的执着努力，使彭老师成为精通多种语言的西夏学专家。我坚信，这也是西夏学研究中心多数老师的真实写照。

北宋学者张横渠曾言，读书人应"为天地立心，为生民立命，为往圣继绝学，为万世开太平"。一代大儒的襟怀、器识与宏愿，成为广大知识分子的最高向往。西夏学研究中心的老师们或许尚未及"为万世开太平"的丰功伟绩，但以坐得住冷板凳的精神书写了"为往圣继绝学"的宏伟篇章。近年来，西夏学实现了跨越式发展，由一门曾经不为人知的冷门学科发展成为国际显学，研究机构也由一个数人组成的研究所发展成为中外学者瞩目的西夏学研究高地，成了名副其实的研究中心。杜老师本人也因西夏学研究的巨大成就被特聘为"长江学者"，登上了央视的"百家讲坛"。这些成就的取得，是杜老师、彭老师等诸位西夏学工作者一步一个脚印走出来的。相比当下一些学术造假、论文剽窃的丑闻，相比某些学者以学问生财、向金钱看齐，盲目扩招，导致硕士、博士质量的下降，加之社会各界匡正学风的呼声，我很庆幸自己能够拥有在西夏学研究中心三年的学习经历。

毕业论文答辩结束时，一位老师曾形象地对我说，《元代怯薛入仕研究》研究的是元代干部问题，你以后应该到组织部工作才合适。也许是命运的安排，2011 年 4 月，我参加了南阳市委组织部的遴选考试，一名领导看了我的这篇论文，予以充分肯定，我也从公安岗位顺利调到了组织部。我深知，严格执法是公安工作永远的生命线，公道正派是组工干部基本的行为准则。不管是在哪个岗位，不管干的是什么工作，不管是为人、为官还是治学，我都会始终秉承西夏学研究中心的优良传统，低调做人、踏实工作，严谨细致、淡泊宁静，以敬畏学术的态度认真履职尽责。我想，只有这样才不会愧对在西夏学研究中心三年的学习，这也是老师们所希望看到的。

难忘师恩，倾仰情深

——记我在西夏学研究院的三年学习时光

陈 玮

2008年3月底，教育部公布了全国硕士研究生入学考试初试合格成绩线。经仔细核对，我发现自己应考的所有科目均过线，不禁欣喜异常，之前近半年的复习备考取得了初步回报。4月初，当我收到宁夏大学研究生院发出的硕士研究生考试复试通知后，开始积极准备复试。4月3日上午，当我打开雅虎邮箱时，突然发现我第一志愿报考的宁夏大学西夏学研究中心主任杜建录老师给我发来的电子邮件："陈玮，祝贺你，也欢迎你，今年考得很好！"杜老师的祝贺让我受宠若惊，我在研究生初试之前曾向杜老师毛遂自荐，但已近一年没有联系，杜老师还记得我并祝贺我初试上线，实在让我非常感动。我立即回复："尊敬的杜老师，您好！感谢您的惦念和鼓励。今年专业课试题出题很灵活，尤其是在世界史方面，学生这次的成绩还算中等吧，跟考完以后预测的差不多。……由于最近忙于准备复试，所以今日才打开邮箱发现老师的邮件，回复得稍晚，请老师海涵。学生不久前拜读老师主编的《西夏学》第1辑，内中老师所著《中国藏西夏文献碑刻题记卷综述》大开学生的视野，使学生对去年年底出版的《中国藏西夏文献》的一些重要内容有了初步了解。由于《西夏学》第1辑征稿启示中写有鼓励硕士、博士投稿，所以学生也有些跃跃欲试，准备撰写一篇小文，大概是探讨西夏宗室与西夏文化的关系，到时还望老师指导。有些幼稚，让老师见笑了。"

4月17日，当我在宁夏大学B区主楼第18层提前看考场时，第一次当面见了杜老师。当时杜老师的得意弟子潘洁师姐从他办公室出来，我刚好在办公室门口，和杜老师打招呼后，他表示了欢迎并鼓励我努力通过复试。9月正式入学后不久，我和同级的王娜、胡鹏飞荣幸地成为杜老师所指导的硕士研究生。在一次从中心去图书馆的途中，我偶然碰到杜老师，向他谈起自己想在读研三年中，每年在核心、省级、市级学术期刊发表三篇论文，他予以了鼓励和支持。这一目标单从数量上来看，在研三毕业时超额完成。当我拿着自己在考研前写的一篇《景教在宁夏》的论文向杜老师请教时，他不仅指出了行文中的疏误，还鼓励我向《宁夏社会科学》投稿，虽然这篇论文没有被《宁夏社会科学》采用，但后来在我读博士期间于《敦煌研究》发表。2008年11月，中心拟举办《中国藏黑水城汉文文献》出版座谈会暨纪念黑水城文献发现100周年学术讨论会，杜老师让我撰文参会。由于是第一次参加学术会议，我比较紧张，不敢怠慢，按照自己的兴趣认真撰写了《从黑城出土文书看元代亦集乃路的伊斯兰社会》。杜老师看过这篇论文后，指点我硕士论文可以利用黑水城文书探讨元代亦集乃路的伊斯兰信仰和景教信仰。这篇论文后来被我投给《西域研究》，在研二寒假发表，是我在核心期刊上发表的第一篇论文。杜老师本来有意将这篇论文收入《西夏学》第4辑，还让佟建荣老师指导我修改，但由于被《西域研究》录用而没有纳入。

《中国藏黑水城汉文文献》出版座谈会暨纪念黑水城文献发现100周年学术讨论会是我参加的第一场大型学术活动，在讨论会上聆听了史金波先生、照那斯图先生等大家的学术报告，受益匪浅。在会议中，我于当时的研究生院报告厅第一次做学术报告，当时做报告的在读博士有潘洁师姐，在读硕士有贺宁师姐、刘永刚师兄、孙广文师兄，贺宁师姐、刘永刚师兄、孙广文师兄当时都是研三学生，研二学生没有人参与，研一只有我一人参与，因此我感到特别荣幸。

中心升级为研究院后，于2010年10月举行了黑水城文献与西夏学国际论坛。杜老师让我撰文参加，我以《后周绥州刺史李彝谨墓志铭考释》一文投稿，后来发表于《西夏学》第 5 辑，成为我在《西夏学》上发表的第一篇论文。论坛主要安排主题发言，没有分组讨论，我虽然没有发言，但在会议上向日本著名西夏学专家荒川慎太郎先生请教了学术问题，还通过索罗宁先生得到了与会的俄罗斯西夏学大家克恰诺夫先生的签名，已经非常满足。2011 年 8 月，研究院在武威举行了第二届西夏学国际学术论坛，杜老师安排我参加小组讨论，我又获得了一次锻炼机会。

读研期间，杜老师为我们这一级硕士生发放了大量研究院库存的书籍，如《西夏学》第 1~4 辑、"西夏研究丛书"第 3 辑（《西夏史若干问题探索》《西夏文德行集研究》《西夏地理研究》《宋夏战事诗研究》《西夏文数字化方法及其应用》《汉文西夏文献丛考》）、"西夏研究"第 4 辑（《西夏出版研究》《西夏活字印刷研究》《20 世纪西夏学》《〈掌中珠〉西夏语音研究》《宋史夏国传集注》《宋西事案校证》）。他一再教导我们在课余时间要认真读书，并屡屡感叹经常在研究院资料室看书的学生太少。他为硕士生以及博士生开设了"西夏历史与文献专题"，这门课主要是师生共同研讨《宋史·夏国传》。有一次读到"继捧陈其诸父、昆弟多相怨，愿留京师。乃遣使夏州护缌麻已上亲赴阙"时，杜老师问我们"缌麻"为何意？我们停顿了很久都回答不出来，只有佟建荣老师解释了"缌麻"的具体意思。我感到非常惭愧，虽然我经常去学院资料室，但看书太杂，往往不求甚解。

研一入学后，杜老师就要求我们在看书时勤记笔记，再将笔记分门别类整理成卡片，经常对我们说做卡片是基本功，他的导师漆侠先生就是这样要求他的。他本人在陕西师范大学读本科时就经常做卡片，还将自己做的大量中国近现代史的卡片赠予友人。他让研究生秘书王丽莺老师给我们发放了大量空白卡片。研一期末时，杜老师组织了彭向前老师、杨浣老师、王亚勇老师等几位硕导在研究院会议室逐一检查我们这一学期做卡片的情况，对每位同学都做了指导，对做得比较差的同学进行了批评。我当时做的卡片是有关唐代剑南西川节度使史料的卡片，自以为做得比较详细，还是被杜老师批评，因为和专业方向相距太远。由于我本科期间主要研读成都地方史，在本科时发表的学术文章主要关涉成都地方史，杜老师一直教导我要"转型"，扎扎实实做西夏学，好几次都以研究院一些老师的学术成长经历为例苦口婆心地劝导我。后来我写了一篇关于灵夏党项及西夏与于阗关系的论文，又被杜老师批评，他不但指出行文格式和参考文献需要注意的地方，还叮嘱我在学术史回顾中要特别注意尊重前人研究成果。我谨记于心，对论文进行了认真修改，后来被收入研究院建设 10 周年纪念文集《西夏学论集》。

硕士论文开题后，杜老师建议我将唐代党项拓跋氏的相关问题纳入论文中，但我当时认为搜集到的西夏宗室史料已经足够写一篇硕士论文，杜老师不以为忤，对论文的篇章布局以及可能会用到的新史料都进行了指导和提示。研三上学期，由于积极备考博士生招生考试，我一直没有写硕士论文。有一次我将硕士论文提纲提交给杜老师，他原以为我提交的是论文初稿，因此略为失望，催促我尽快写好硕士论文，考博和写硕士论文不可偏废。研三寒假我写好硕士论文初稿后，首先发给杜老师，论文的整体质量得到了他的肯定。在毕业答辩中，论文被评为优秀。杜老师还推荐我参与当年的宁夏回族自治区优秀硕士论文的评选。毕业时我荣获宁夏大学优秀硕士毕业生及优秀研究生干部奖、研究生科研三等奖，都和他的教导密不可分。

杜老师每年 9 月都会组织各个年级的学生外出考察文物古迹，从研一入学后，我们先后去过水洞沟、西夏陵、统万城、贺兰山岩画、拜寺口双塔，尤以西夏陵去的最多。我在参加黑水城文献与西夏学国际论坛时，和同级的王娜、李丹还被杜老师带往黑水城遗址考察。这些考察活动极大地开阔了我们的视野，使我们感觉虽然身处宁夏这一比较偏僻的西北内陆省份，但是在导师的带领下学术视野并不狭窄。特别是统万城之行，当时看到了被靖边县政府和陕西文化遗产研究院联合修复前的统万城原始面貌，还在拓跋思恭事业的起点宥州城遗址驻足怀古，实在让人难忘。

每年教师节我和同门都会前往杜老师府上拜访，同杜老师和师母聊聊学习、生活。记得一次他谈到研究院师生的学术旨趣应是利用历史文献学的方法研究西夏学，通过释读西夏文世俗文献和宗教文献来深入研究西夏的历史。对于这一观点，我深表赞同。研三下学期，杜老师邀请史金波先生在宁夏大学开设首届西夏文研修班，同级中仅有我一人全程听讲。课程紧凑，内容丰富，让我学到了大量西夏文的知识。正式开班前，史先生在《寻根》看到了我关于黑水城景教信仰的学术文章，在一次与杜老师的通话中，他寻问杜老师作者是谁，杜老师还专门进行了介绍。

　　章治宁老师是研究院除杜老师外对我关心最多、提携最多的老师。研一下学期，刘永刚师兄在毕业前卸任研究院研究生会主席，章老师和杜老师协商后，决定提名我继任研究院研究生会主席及学术部部长。换届选举前，章老师专门给我发来了他草拟的《西夏学研究院研究生会章程》和《关于西夏学研究院研究生会换届选举的报告》。选举结束后，他还专门请大家聚餐以凝聚友谊。在章老师的指导下，我们迅速开展了研究生论坛等学生学术活动，每隔一个月举行一次研究生论坛，动员了硕士三个年级的同学以及一部分博士生进行主讲，邀请本院老师莅临指导。像杜老师、胡玉冰老师、杨浣老师都曾担任过主评老师，光我本人即提交了4篇论文。我自己做的PPT往往比较粗糙，章老师总是不厌其烦地帮我修改。论坛地点最初在研究生院报告厅，后来改在中心会议室。论坛上半场主要是讨论论文，下半场利用多媒体设备播放日本NHK的《新丝绸之路》等历史纪录片。这样的学术活动极大地激发了我们的学术热情，活跃了学术气氛。

　　读研三年，章老师亦是除杜老师外阅读及指导我论文最多的老师。像我撰写的有关灵夏党项及西夏与于阗关系、宁夏区域粟特人、天盛律令中西夏皇族、成都新出唐代墓志考释、定难军官员墓志考释、定难军武职军将的论文以及硕士论文都曾请章老师审阅。章老师拿到我的论文后总是在第一时间仔细审阅，又迅速回复他的意见，从不嫌弃我写得晦涩难懂。有时我在他下班前找他，他还请我吃午餐或晚餐，利用这个时间聊学习、聊论文、聊生活，有时晚上加班时还在看我的论文，令我十分感动。章老师虽然不是历史学专业出身，但他给我的论文修改意见往往令我领悟很多。如他在审阅我撰写的论文《唐镇静军兵马使王怀珍墓志铭考释》及《后晋定难军节度副使刘敬塘墓志铭考释》后回复：

一是感到这两篇比你前次那一篇在行文上又顺畅了许多，所谓讲故事或说可读性大有提高。具体地讲对王怀珍的那一篇，志文本身文采要好一些，你的行文也好一些，抓住的几个兴奋点如人物生平、职官、动乱等整体面貌呈现得也比较清楚。相比之下，刘敬瑭的那一篇志文感情色彩平淡一些，你的行文似也不类上一篇有感觉。

二是整体上感觉，为增强阅读的吸引力和行文流畅性，两篇文章在结构上还可调整得更协调一些。建议如下：

1.王怀珍一文，志文之后不妨先用一点文字对要考的人物生平及其家族、葬地等基本信息做一个简洁交待，不要有引括，直接描叙，三四百字就够，让读者先了解一个基本情况和背景。不用标题。其生平经历一段看得有点眼花，不妨以其仕途进退为主线安排段落，考武官迁转、秩养功德等内容或会清廓一些，将李吉甫一段放进来带过；蜀中动乱部分很出彩，如能在情势分析基础上进一步将刘辟叛乱、西塞用兵、计诛魁帅等浑成整体，以凸显人物的用兵、战术、策略、功劳等，死人就活了，必将跃然纸上。

2.刘敬瑭一文，刘历仕唐、后梁、后唐、后晋等数朝，身为武职处乱世而高寿，本已是一奇，亦可在志文后考文前加一段白描概括，增加阅读吸引力。中间似重点考了唐五代时的藩镇官秩及与中央朝廷的关系，考述线条可再突出一下。结语可再精炼一下，并回应一下墓主人何以能够乱世而高寿。

以上单从观感上提了几条建议仅供参考，不妥之处请鉴谅。

经章老师审阅过的论文大部分都已发表于《亚洲研究》（韩国）、《西夏学》、《西夏研究》、《四川文物》。

章老师为人温和，待人真诚，经常在学习、工作和生活中对我予以点拨。在他的关心下，我提交了入党申请书，在学校党校学习后，经过一段时间的考察，光荣地成为中国共产党预备党员。2009年冬甲型H1N1病毒蔓延，我前往北京参加中央民族大学民族史研究生论坛返回银川后，由于学校封校一时无法入校。联系章老师后，他想办法带我入校，后来又在我于校外做兼职时，专门来我和测绘工人混住的宿舍探望，令我十分感动。章老师学过舞蹈，我在课余经常去本校音乐学院和北方民族大学音乐舞蹈学院欣赏音乐会，有时也和他聊聊艺术。研三第一学期，"2010高雅艺术进校园"的活动在宁夏大学举行，由中央民族歌舞团在大学生活动中心演出。我得知演出信息后，非常想去，跟章老师谈到此事后，他立即联系学校相关负责老师，拿到了一些门票，后来我和研究院的许多老师都前去观摩了此次演出。研三毕业离校前夕，章老师单独请我吃饭，对我即将开始的博士生活提出了很多建议。他经常说："我们是朋友。"但我觉得他不仅是朋友，更是老师、兄长，可谓良师益友。

胡玉冰老师虽然没有为我们这一级开设过课程，但我和他也有一些接触。在考研前我就在成都的书店购买过他的大著《传统典籍中汉文西夏文献研究》，认真拜读。上研后，有一次我专门到他的研究生课堂上请他为《汉文西夏文献丛考》签名。他在组织研究院学生去宁夏博物馆参观时，我也积极参与。在我向研究院研究生论坛提交《后晋定难军节度副使刘敬塘墓志铭考释》一文后，他作为主评人对论文进行了细致点评和指导。在我准备考博时，请他帮忙填写专家推荐书，他毫不犹豫地应允。研三毕业离校前夕，北京大学国学研究院的师生经银川前往甘肃。胡老师主持在研究生院报告厅举行宁夏大学西夏学研究院、北京大学国学研究院研究生学术交流会。会前胡老师让我撰文参加，我提交了《唐末五代宋初定难军武职军将研究——以〈中国藏西夏文献〉为中心》一文，后又删改为《唐末五代宋初定难军武职军将职级、选任及其宪衔研究》。会后聚餐时，胡老师鼓励我博士论文可以以此为方向进行拓展。

杨浣老师为我们这一级开设过"西北民族史"课程。在他正式上课前，我得知他是复旦毕业的博士，师从姚大力先生，非常崇拜。《西北民族史》每次上两节，第一节由他主讲，第二节由我们学生讲、他来评点。他还给我们发送了《剑桥内亚史》的英文原版电子书，鼓励我们多读英文原著。杨老师安排我第一个讲匈奴史，我搜集了很多资料认真准备，得到了他的肯定。他在课堂上曾讲到自己在复旦的经历以及姚大力先生的轶事，很是吸引我，我当时产生了是否也能去复旦读博的想法。这门课结束后，我于研一寒假在四川大学的一家书店专门买了姚大力先生的《北方民族史十论》认真研读。2009年秋，当复旦大学研究生院发布2010年博士生招生简章后，我仔细研究。2010年冬向复旦历史学系投寄初试资料前，我向杨老师咨询，他予以鼓励。我主动向姚大力先生打电话毛遂自荐，但心里没有底。后来姚大力先生在与杨老师的一次电话通话中，顺便问到我的情况，杨老师予以积极推荐。复试笔试结束后，我在复旦光华楼下给杨老师打电话，杨老师详细询问了我的考试情况。我当时尽力完成了英语试题中一篇有关成汉道教英文论文的翻译，后来查分时看到英语考了70多分（满分100分），终于松了一口气。收到复旦大学博士生录取通知书后，我来到杨老师府上拜访，他谈了复旦的很多趣闻，并对我的博士生活给予了一些建议，还谈到入学后可以与他在复旦历史地理中心的一位好友多多联系。

杨老师也经常审阅我的论文。在《中国藏黑水城汉文文献》出版座谈会暨纪念黑水城文献发现100周年学术讨论会上，我将拟宣读的手写的论文草稿交予杨老师，他不以字迹潦草，反而认真审阅，看后予以肯定，并提出了自己的修改建议。关于在论文写作中进行学术史的回顾，也是他经常提醒我的。在黑水城文献与西夏学国际论坛上，他指出我的《后周绥州刺史李彝谨墓志铭考释》相比以前的论文进步很多，令我大受鼓励。硕士论文答辩时，杨老师也提出了许多建议。

彭向前老师为我们这一级开设过"中国古代史籍导读"。他在课堂上屡次向我们强调邓广铭先生所倡导的中国史研究的四把钥匙——年代、地理、职官、目录，还向我们传授了古代历法的计算方法。在我向彭老师请教读研阶段是多看史籍好还是多看现当代学者著作好时，他指出两者不可偏废，但主张做学问从别人的研究成果入手。有一次我去旁听他给博士生开设的课程，他建议我在课余博览群书，因为在课堂上所学的知识是有限的。在我撰写一篇新出唐代墓志考释论文时，对志文进行了标点，向彭老师请教，他亲笔仔细修改。这篇论文后来发表于《四川文物》。

王亚勇老师在研究生复试面试中，曾问我在本科阶段看过什么历史地理方面的书。我回答说看过《元和郡县图志》中的《剑南道》部分。从研一到研二，他为我们开设了"版本与目录学""民族历史地理""西北地方文献专题"三门课。王老师非常和蔼，对我们细心教导，当我们对蝴蝶装的形制不能明了时，他反复讲解直到我们弄懂。在我将一篇于《亚洲研究》（韩国）发表的有关粟特人的论文抽印本送给他时，他谈到我可以尝试申报考北京某大家的博士。当他得知我考上复旦的博士后，在毕业典礼当天还鼓励我一定要拿到优秀论文。

段玉泉老师为我们这一级开设了"训诂学""西夏文字""黑水城文献专题"三门课程。我最初对西夏文的一些感性认识都是在他的课堂上获得的。段老师对我们要求比较严格，告诫我们要努力学习西夏文。他的"西夏文字"和"黑水城文献专题"两门课都是利用出土文献讲授，让我们大开眼界。2009 年 6 月我到兰州大学复印资料，适逢段老师在兰州大学敦煌学研究所进行博士论文答辩，答辩主席为杜老师，我全程旁听了他的答辩。在我撰写硕士论文时，段老师慷慨赠予了他读博时获得的梁松涛老师的博士论文《西夏文〈宫廷诗集〉研究》，极大地方便了我的论文写作。

从 2011 年硕士毕业到现在于陕西师范大学历史文化学院工作，我离开西夏学研究院已经 5 年，但我在 2012 年参加第二届西夏文研修班，2013 年参加统万城建城 1500 周年国际学术研讨会，2014 年参加第三届西夏文研修班暨西夏文献研讨会、西夏文物研讨会、黑水城文献与西夏学博士后论坛，2015 年参加北方民族与丝绸之路博士后论坛时都曾回到西夏学研究院。西夏学研究院是我的母院以及学术生涯的起点，在这里我从一个中文专业的本科生成长为历史学的研究者。我所取得的一点一滴的进步都是源于诸位老师的悉心教导。在母院成立十五周年之际，在向母院送上祝福的同时，还要向诸位老师致以深深的感谢！

感念师恩

——我与西夏学研究院同行的日子

吴雪梅

　　毕业将近一年，每每回忆起西夏学研究院，就会想起学院缓缓推开的自动门和学院内题写"厚德载物"的照壁，于是走进楼梯过道的阅览室，选个靠门口的位置坐下，打开电脑，对着西夏文残片一行行录入，上午11点30分，准时去食堂吃饭——这是在宁夏大学西夏学研究院生活时最习惯的日常。直到现在，当我进入新的环境、新的生活天地时，依然还会怀念在西夏院度过的日子。

　　2017年3月，因为考研失败，在已经放弃读研准备找工作的时候，西北师大的来鑫华老师告诉我宁大西夏学研究院有研究生的招生调剂名额，可以联系试试。对于这一难得的机会，我非常珍惜，想也没想就立刻报了名，之后才在网上查阅西夏学研究院相关的信息，在官网的学术团队一栏里知道了杜建录、彭向前、段玉泉、杨浣、佟建荣、于光建等此后三年里一个个熟悉的名字。尤其杜老师，当时恰逢高考来临之际，微信公众号还推出了一期关于他的《从同心县"状元"到西夏学研究著名学者》的推文，对于即将见到的这位杜老师和即将前往的学院，我心里充满了期待。

　　3月22日上午，我惴惴不安地前往逸夫楼参加西夏学研究院的复试考试。上午是专业课笔试，题目已经记不清了，只记得当时有好几道列举题，中间杜老师一直在考场内来回徘徊巡考，并鼓励大家耐心作答。下午是专业课和外语面试，因为先前报考的是先秦秦汉史方向，跨方向调剂只能临阵磨枪，十分心虚和紧张。在抽签回答自己的读书情况时，我就将近日对于"西夏学"研究的阅读情况进行了一个汇报，后来问及对于内容的理解时，我开始不知所措，于是壮胆跟老师"坦白"，我是调剂考生，对于西夏学的专业知识还不甚了解，可以谈谈非西夏学的阅读情况吗？杜老师表示可以，于是我就顾颉刚、傅斯年的史学观，还有2017年的海昏侯墓热点话题做了介绍，并谈论了自己对于两汉吏员仕进升迁的一些看法等，二十分钟提示时间结束。走出考场，心想，完了，来西夏院复试，专业课一无所知，听天由命吧。返回甘肃老家后，西夏学研究院发来了拟录取通知，我心里一阵激动，并决定好好利用复试完到开学的这段日子认真补习宋夏辽金史。

9月正式入学后不久，我便和同级的周泽鸿、王凯、王博楠、宋润文、杜艳梅、张然、师越、陈岑、崔韶华一起，荣幸地成为杜老师带领下的西夏学研究院大家庭中的成员，并且和崔韶华成为佟建荣老师指导下的同门，而我则幸运地又在杜老师的安排下同时得到于光建老师的指导，杜老师总开玩笑说我们都是他的学生。2017年，恰逢杜老师当选宁夏地区的十九大代表，在他的数次讲话中我也更加深刻地领会到"冷门绝学""文化自信""使命担当"的真正含义，现在回想，近代中国多灾多难，大量文献流失海外，"敦煌在中国，敦煌学在国外；西夏在中国，西夏学在国外"的说法言尤在耳，杜老师说："这种说法在一代代学人努力下已经大为改观，历史学、文字学、文献学等'冷门'学科具有重要的文化传承价值，坚定文化自信，增强国家文化软实力，要在一代接一代的接力奋斗中才能变为现实。"正是杜老师这份坚定的学者初心和文化自信心，为我以后计划继续从事西夏学和敦煌学这一领域的研究坚定了信心。

西夏学研究院举办的学术会议非常多，我在研究生期间发表的5篇论文都是在西夏学相关学术会议和两位导师的耐心督促下完成的。在读期间，我在学院举办的"第四届西夏学博士后论坛"上提交了《宁夏佑启堂藏若干件西夏文残叶考释》，在"西夏建都兴庆府980周年学术研讨会"上提交了《凉州瑞像在西夏的流传特点分析》，在"第六届西夏学国际论坛"上提交了《一通被湮没的西夏遗民墓志——高契郎之母马氏墓葬考述》。杜老师对于我们硕士生参加高水平学术会议是十分鼓励和支持的，这些学术会议极大地开阔了我们的视野。特别是学院每年举办的数场朔方论坛，我从2018年入学宁强教授主讲的第49讲听到了2020年毕业王希隆教授主讲的第87讲，史金波、邓小南、沈卫荣、索罗宁、王明珂、周伟洲以及现在我的授业导师沙武田先生均曾为我们做过学术讲座，旁征博引，历历在目。

在西夏学研究院学习的三年时间里，我其实很少去学校的图书馆，因为学院资料室藏书之丰富已经足够我们学习和写作使用。每年开学初学院都会购进一批新书，每到此时，杜老师便会安排郭明明师兄专门登记我们的图书资料使用情况，以便下次购入。为上架新书和便于查阅资料，杜老师便向我们赠送了研究院库存的书籍和老师们新出的专著，如《党项西夏名物汇考》《西夏与周边民族关系》《中国藏黑水城汉文文献》《西夏文献解题目录》《2015中国辽夏金研究年鉴》以及《西夏学》《西夏研究》《敦煌研究》《敦煌学集刊》《历史研究》《中国史研究动态》《中国社会经济史研究》等诸多期刊。鉴于学院招收的学生人数越来越多，便向我们开辟了更多的阅览室以供学生上自习，如逸夫楼一楼报告厅、104室、107室都是学生看书学习的主场。杜老师经常强调我们一年级的学生要认真读书，早点确定论文选题，在他开设的"西夏历史与文献专题"课上还同我们一起讨论各自的毕业论文选题，在题目的确定、构思、可行性方面都给了很好的建议。我当时的论文选题是《夏元时期的八塔变研究》，汇报完后老师建议我多关注西夏艺术方面的学术动态，还说后面会陆续请敦煌学方面的专家前来讲学。

读研期间，杜老师为我们提供了很多外出考察的机会。2017年10月，于光建老师带领我们级10人前往甘肃武威、张掖进行"河西考察"。先后调研武威西夏博物馆、文庙、大云寺、海藏寺、天梯山石窟、皇娘娘台考古发掘现场等，后来还前往张掖考察大佛寺、黑水国遗址。作为一个地地道道的河西人，我第一次对自己家乡的历史文化产生了浓厚的兴趣和自豪感，回来后跟于老师说我以后想在河西的西夏历史文化这方面做选题，于老师对此表示了支持，并鼓励我作为研一新生，还是要从基础的西夏语言文字学起，还提供了阅读书目。后来，研二时参与到杜老师主持的"西夏学百年文萃"大项目的编辑工作中，我负责西夏石窟艺术这一组，烦琐的编辑工作和假期不能回家做的任务一度考验着我的耐心，但是从始至终，杜老师、邓老师、于老师都对我们给予了很大的鼓励和支持。因为文萃，几位老师的饭也"蹭"了不少，还给我提供了补助和假期考察的机会。2018年2月，我们"百年文萃"一行在邓文韬老师的带领下先后前往山西、河北、北京考察。特别是北京居庸关长城之行，当时看到居庸关云台内门洞上雕刻的伽嚕拏、龙女，拱道内侧雕刻的汉、蒙、西夏等六种语言的铭文以及云台内顶部雕满的佛像、四大天王像等，无不为其艺术水平、历史价值而折服，令人非常难忘。

人才培养方面，杜老师非常注重学生的国际视野，先后支持李玉峰、魏亚丽、王颖三位博士师姐前往俄罗斯访学。后在2019年，我与刘志月、杜艳梅、王凯、崔韶华四人得到杜老师的支持，在许伟伟老师的帮助下前往日本访学，在日本大阪市立大学随平田茂树、渡边健哉先生学习东洋史。访学期间，我们还在国内于老师的组织下结成了临时海外访学党小组，在许伟伟老师的指导下继续跟进国内专业课的学习和思想理论学习。也正是通过此次外出访学，我们对于"文化自信"的理解更加深刻，访学之行成为我们体验中外文化交流最真实的课堂。

回国后赶上新冠疫情，从2021年1月20日起回到家中直到2021年6月20日，我再也没有机会回到学校。在全民居家隔离、协助疫情防控的日子里，无论是我们的毕业论文还是毕业生的考博、就业问题，杜老师和丁秀芹书记以及学院的诸位老师都给予了很大的关心。他们前期经常在腾讯会议、党员微课堂群里提醒我们做好防护工作，疫情防控和写硕士论文不可偏废；后期对于我们论文答辩、找工作、考博推荐都给予了很大的支持，尤其是我来陕西师范大学沙老师这里读博和杜艳梅去甘肃文化出版社工作，杜老师都给予了最有力的推荐。一直到毕业，他们还在关心着班里同学的就业动态。毕业答辩中，我的硕士论文被评为优秀，杜老师推荐我参加2020年宁夏回族自治区优秀硕士论文的评选。后来荣获自治区优秀硕士论文，我深知这与我的两位导师的细心指导以及杜老师的推荐密不可分，唯有继续努力。2020年6月底，国内疫情基本稳定后，我回学校办理离校手续，在学院门口碰到了杜老师和丁书记，他们询问和关心了我的学习和生活。回到即将离别的104阅览室，我收拾好自己的书桌，在微信朋友圈发了一句："六月的宁大，花团锦簇，一派生机，见到久未谋面的师友，感觉真好……"

从毕业离开西夏学研究院到现在于陕西师范大学跟随沙武田老师读博，已经整整一年。虽然银西高铁已经开通，然而还未曾体验，期待接下来的银川之行。读博期间还曾于西北大学历史文化学院的讲座上见过杜老师，当他在人群中发现我和陈岑，十分欣喜。西夏学研究院是我步入学习和研究领域的起点，前期一点一滴的进步都是源于杜老师和诸位老师的悉心教导。适逢老师甲子生日之际，在向杜老师送上深深祝福的同时，也要感谢诸位一起在西夏学研究院同行努力过的师友。衷心祝愿我们西夏学研究院这个大家庭，越来越好！

主编简介

杜建录，男，1962 年生，宁夏同心县人。1983 年 7 月毕业于陕西师范大学历史系，获历史学学士学位；1999 年 7 月毕业于河北大学，获历史学博士学位。

1983 年 8 月至 1992 年 9 月，在宁夏固原师专（今宁夏师范学院）工作，历任助教、讲师。1992 年 10 月至今，在宁夏大学工作，历任讲师、副教授（1995）、研究员（1999）、西夏研究所副所长兼党支部书记（1994）、西夏学研究中心主任（2001）、西夏学研究院院长（2009）。

现任宁夏大学中华民族共同体研究院院长、西夏学研究院（民族学与文化旅游产业研究院）院长、中俄西夏学联合研究所（中俄人文合作交流框架下研究平台）中方所长、部省合建民族学学科群与一流建设学科负责人、民族学一级学科博士点负责人、校学术委员会副主任委员、中国共产党十九大代表。兼任中国史学会理事、中国民族古文字研究会副会长、中国民族史学会副会长、国家社科基金项目评审专家组成员、中国社会科学院西夏文化研究中心副主任、自治区人民政府重大决策咨询专家暨社会民生组组长。

相继获得全国先进工作者（2020）、全国民族团结进步模范个人（2019）、全国五一劳动奖章（2018）、"万人计划"哲学社会科学领军人才（2016）、全国文化名家暨"四个一批"人才（2016）、"长江学者"特聘教授（2012）、国家级课程思政示范课教学名师（2021）、"百千万人才工程"国家级人选（2004）、教育部新世纪优秀人才计划人选（2003）、自治区优秀共产党员（2016）、自治区"塞上英才"（2015）、宁夏社会科学突出贡献奖（2013）、自治区"313"人才（1999），享受国务院政府特贴（2009）和自治区人民政府特贴（2004）。

在研和完成 20 余项国家和省部级科研项目，其中国家社科重大项目 1 项、特别委托项目 1 项（第二主持人）、重点项目 2 项。出版著作 17 种，其中《中国藏黑水城汉文献整理研究》入选国家哲学社会科学成果文库，合作主编《西夏学文库》等大型丛书多种，发表论文 140 多篇。12 项成果获教育部和省级优秀成果奖，其中一等奖 4 项。

长期从事西夏学和民族学学科建设，在教育部、自治区和学校的大力支持下，带领学术团队取得了一系列国家级研究平台，2001 年获教育部人文社会科学重点研究基地，2005 年获中国少数民族史博士点，2009 年获中国少数民族史国家重点培育学科，2010 年获民族学博士后科研流动站，2011 年获中俄人文合作机制下研究机构（中俄西夏学联合研究所），2019 年创新工作室获自治区劳模和技能人才创新工作室，2020 年获国家民委中华民族共同体研究基地。

牵头主讲的"解读西夏"慕课，线上线下教学，共有 1 万多名学生线上选修，2019 年该课程入选中宣部"学习强国"每日慕课，2020 年获国家级一流本科课程，2021 年获国家级课程思政示范课程。带领的学术团队，人人都承担国家基金项目，个个都在科研和教学中取得优异成绩。指导的博士生毕业 19 名、硕士生毕业 31 名、博士后出站 3 名，有的被聘为博士生导师，有的主持国家社科基金重大项目，有的研究成果入选国家哲学社会科学成果文库。

带领团队和宁夏、甘肃、内蒙古等地文化旅游单位签订合作协议，联合培养人才，研发文化产品，打造具有自主知识产权的"丝路宁夏"、"丝路西夏"、"丝路黄河"文创品牌，仅 2019 年来，研发出 9 个系列 200 余款产品，目前已取得 90 余项外观设计专利，转化专利 7 项，取得了良好的经济效益和社会效益。

本书作者简介

（按姓氏拼音排序）

蔡彤华，女，1974年生，吉林长春人。现任内蒙古自治区阿拉善盟博物馆馆长助理、西夏研究中心副主任，文博研究员。2015年8月至2017年7月，作为中组部选派的"西部之光访问学者"，赴宁夏大学西夏学研究院师从杜建录先生从事西夏学研究。迄今在《内蒙古文物考古》《西夏学》等刊物上发表论文多篇，出版《百年黑水城》和《黑水城出土擦擦整理研究》。

陈岑，女，1993年生，四川绵阳人。西北大学历史学院博士研究生。2017年至2020年在宁夏大学西夏学研究院师从杜建录先生，获历史学硕士学位。主要研究方向为辽夏金史，在《西夏学》等刊物发表论文2篇，参与国家社科基金重大项目"西夏通志""辽宋西夏金元族谱文献整理与研究"。曾获西北大学2021年博士研究生国家奖学金。

陈广恩，男，1971年生，宁夏同心人。现任暨南大学文学院中国文化史籍研究所所长、教授、博士生导师。"暨南双百英才计划"杰出人才，中国元史研究会副会长、广东历史学会理事、日本早稻田大学访问学者。主要研究方向为元史、宋元明清文化史、古代类书以及域外汉籍。主持国家社科基金重大项目、重点项目等各级各类项目十余项，在《民族研究》《中国史研究》《文献》《史学月刊》等刊物发表论文80余篇，多项科研成果获得省部级、校级奖励。

陈玮，男，1985年生，四川成都人。陕西师范大学历史文化学院副教授，硕士生导师。2008年至2011年，在宁夏大学西夏学研究院师从杜建录先生，获历史学硕士学位。2011 年至 2015 年在复旦大学历史学系师从姚大力先生，获历史学博士学位。2015 年至 2018 年在陕西师范大学历史文化学院从事师资博士后专职科研工作，合作导师韩小忙先生，出站后转为教学科研岗。研究领域涉及西夏学、蒙元史、中古时期北方民族史、唐史、丝绸之路文化史等。出版专著《西夏番姓大族研究》。在《中国史研究》《中华文史论丛》《中央民族大学学报》等刊物发表论文 60 余篇。主持国家社科基金青年项目 1 项，教育部青年基金项目、中国博士后科学基金特别资助项目等省部级项目 4 项。另参与国家社科基金重大项目 2 项、国家社科基金青年项目 1 项。

陈雪飞，女，1988 年生，山西大同人。宁夏大学西夏学研究院民族学专业在站博士后，合作导师杜建录先生。本科、硕士、博士毕业于首都师范大学考古学专业。研究方向为新石器时代考古、宋元考古。曾多次参与考古发掘与资料整理，指导本科生及硕士研究生进行考古实习，并担任本科生及硕士研究生选修课程考古学概论、博物馆学及相关课程的教学任务。在《中原文物》《南方文物》等刊物上发表论文多篇。主持国家社科基金青年项目"黄土丘陵地带宋夏金墓葬研究"。

崔玉谦，男，1987 年生，河北唐县人。现为保定学院文物与博物馆学院副教授，河北师范大学文学院在站博士后。2011 年至 2014 年，在宁夏大学西夏学研究院师从杜建录先生，获历史学硕士学位。2014 年至 2017 年，在河北大学宋史研究中心师从姜锡东先生，获历史学博士学位。2017 年至 2020 年，在河北师范大学历史文化学院从事博士后科研工作。河北省新型智库、河北省公共政策评估研究中心核心专家，河北省社会科学基金项目同行评议专家，《中华历史与传统文化研究论丛》编委。主要从事唐宋史、文献考订、地方文化史研究，发表论文多篇，出版著作《李宗勉与晚宋政局研究》《督亢史探》，主持完成多项省部级科研项目。入选河北省高等学校青年拔尖人才。

邓文韬，男，1988 年生，湖北武汉人。现任宁夏大学西夏学研究院副教授，数字文献研究所所长，中国古代史专业硕士生导师。2011年 9 月至 2017 年 6 月，在宁夏大学西夏学研究院师从杜建录先生，先后获历史学硕士与法学博士学位。主持在研国家社会科学基金青年项目

"元代西夏遗民碑碣石刻的调查辑佚与整理研究",并参与多项国家社会科学基金项目与教育部人文社会科学基地项目。迄今在《敦煌研究》《西夏学》等国内外刊物上发表学术论文20余篇,其中1篇被人大复印资料全文转载。出版《中国藏黑水城汉文文献释录(契约、卷宗与书信卷)》和《元代唐兀人研究》。2020年入选宁夏哲学社会科学和文化艺术青年人才托举工程,2021年被评选为宁夏大学优秀共产党员。

杜维民,男,1988年生,宁夏同心人。现就职于宁夏大学档案馆。2012年至2015年,在陕西师范大学历史文化学院攻读硕士研究生,获历史学硕士学位。迄今在《西夏研究》《西夏学》刊物发表学术论文《唐夏州张宁墓志考释》《试析唐代内迁党项的社会经济》等。参与国家社会科学基金重大项目"西夏通志"、教育部人文社科重点研究基地重大项目"党项与西夏碑刻研究"。

杜玉奇,男,1990年生,河南周口人。现就职于周口师范学院。2015年9月至2018年7月,在宁夏大学西夏学研究院师从杜建录先生,获历史学硕士学位;2019年9月至今,在周口师范学院工作。曾发表论文《武威出土元代至元二十六年蒲法先买地券研究》。

段玉泉,男,1973年生,江西都昌人。现任宁夏大学西夏学研究院研究员,博士生导师。2002年宁夏大学人文学院汉语言文字学专业硕士毕业,2009年兰州大学敦煌研究所历史文献学专业博士毕业,2013年中国社会科学院中国史专业博士后出站。中国民族古文字研究会理事、敦煌吐鲁番学会理事,兰州大学敦煌学研究所兼职教授。主要从事西夏学、汉语言文字学及历史文献学研究。在 Central Asiatic Journal 等国内外刊物发表学术论文70余篇,出版《西夏〈功德宝集偈〉跨语言对勘研究》《西夏文献解题目录》等著作,目前主持承担国家社会科学基金重点项目"宁夏佑启堂藏西夏文献研究"(2017年)、国家社会科学基金重大项目"出土西夏字书整理研究及语料库建设"(2019年)。宁夏哲学社会科学领军人才工程培养人选、宁夏大学"贺兰山特聘学者"。

樊永学,男,1974年生,宁夏西吉人。现任宁夏生态环境厅综合处处长。2011年9月至2015年6月,在宁夏大学西夏学研究院师从杜建录先生，获历史学硕士学位。读研期间曾在《西夏学》发表学术论文《黑城出土的举荐信与北元初期三位宗王的去向》。

方璐，女，1994 年生，安徽芜湖人。宁夏大学西夏学研究院中俄国际联合培养在读博士，中方导师杜建录先生、俄方导师波波娃教授。研究方向为西夏历史与西夏文献。曾发表论文《论西夏偈颂的诗化——以西夏文〈贤智集〉为例》《西夏文〈贤智集〉"辩"文中的修辞举隅》。参与教育部哲学社会科学重大委托项目"西夏多元文化及其历史地位"子课题"西夏丧葬习俗研究"、国家社科基金一般项目"甘肃华池出土的夏金文献整理研究"。曾获宁夏大学 2019—2020 学年研究生国家奖学金、宁夏回族自治区第七届"互联网 +"大赛金奖、第七届中国国际"互联网 +"大学生创新创业大赛金奖。

高赫，女，1995 年生，河南安阳人。现为宁夏大学西夏学研究院中国古代史专业硕士研究生，师从杜建录先生，从事西夏历史与文献研究。迄今发表论文 1 篇，2021 年荣获宁夏大学庆祝中国共产党成立 100 周年优秀共产党员称号，并多次获得宁夏大学研究生学业奖学金。

高仁，男，1984 年生，山西平遥人。现为宁夏大学副教授，硕士生导师。2009 年至 2012 年、2016 年至 2019 年在宁夏大学西夏学研究院师从杜建录先生，先后获历史学硕士学位、法学博士学位。主要从事西夏历史研究，迄今在《中国经济史研究》《中国历史地理论丛》等刊物发表论文多篇，出版专著《西夏畜牧业研究》，参与《中国藏黑水城文献释录》《俄藏黑水城文献释录》等大型丛书的编撰工作，担任分卷主编。主持国家社科基金青年项目"西夏制度源流考论"，主持国家社科基金重大项目"西夏通志"子课题"西夏职官志"。

郭明明，男，1992 年生，陕西榆林人。宁夏大学西夏学研究院在读博士研究生。2019 年硕士毕业于宁夏大学西夏学研究院。主要研究方向为西夏历史与文献，先后发表学术论文多篇，参与国家社科基金重大项目"西夏通志"、国家社科基金青年项目"武威西夏墓出土木版画及木板题记整理研究"，主持宁夏大学西夏学研究院研究生创新项目"西夏'二十四孝'研究"。学位论文《西夏"二十四孝"研究》获宁夏回族自治区优秀硕士学位论文。

侯爱梅，女，1977 年生，河南三门峡人。中国社会科学院古代史研究所助理研究员。2004 年 9 月至 2007 年 7 月在宁夏大学西夏学研究中心攻读历史文献专业硕士，获历史学硕士学位；2009 年 9 月至 2013 年 7 月，在中央民族大学攻读专门史博士，获历史学博士学位；2013 年 7 月至 2016 年 9 月在河南大学历史文化学院古代史教研室工作；2014 年 7 月至 2017 年 3 月，在首都师范大学历史学院作博士后；2017 年 3 月至今，在中国社会科学院古代史研究所工作。主要研究方向为宋史、历史文献学，先后发表《试论北宋对西夏归明人的政策》《黑水城所出元代词讼文书中的法制术语考释与研究》等多篇专业论文，参与编写《英藏敦煌社会历史文献释录》第 14、15 卷。主持国家社科基金项目 "宋代归明人研究"、北京市博士后资助项目 "英藏敦煌社会历史文献整理与研究"、中国博士后科学基金第 59 批面上资助项目 "归明人研究"。参与国家社科基金重大项目 "英藏敦煌社会历史文献整理与研究"。

侯子罡，男，1982 年生，河南南阳人。现任南阳市委组织部党建综合科科长，主要从事基层党建工作。宁夏大学西夏学研究院 2006 届中国古代史专业硕士，在《阴山学刊》《西夏学》《党建研究》等刊物发表论文 10 余篇，毕业论文《元代怯薛入仕研究》获宁夏回族自治区优秀硕士学位论文。牵头编写《四议两公开工作法简明读本》，村支部书记 "大比武" 活动入选全国基层党建十大创新案例，全域党建经验做法被新华社《国内动态清样》、《人民日报》、中央电视台推介。

孔德翊，男，1982 年生，宁夏隆德人。现为宁夏文物保护中心副研究馆员。宁夏大学西夏学研究院 2011 届中国古代史专业硕士。研究方向为宋元历史文献、文化遗产保护与管理、博物馆管理，先后在《孔子研究》《宗教学研究》等刊物发表文章 30 余篇，其中《宁夏丝绸之路文化遗产保护利用》先后荣获文化部优秀调研报告、宁夏回族自治区党委宣传部优秀调研报告，《古城遗址保护信息资源共享服务平台研究与应用》荣获国家地理信息科技进步奖二等奖（排名第 8）。主持完成国家文物局《西夏文物（可移动）专项调查》，参与完成国家社科基金项目 1 项、宁夏回族自治区哲学社会科学项目 3 项。2017 年荣获全国第一次可移动文物普查先进个人。

李炜忠，男，1988 年生，甘肃泾川人。现任教于甘肃省泾川县第一中学。2012 年 9 月至 2015 年 6 月，在宁夏大学西夏学研究院师从杜建录先生，获历史学硕士学位。读研期间曾发表《西夏"辅主"考论》等多篇论文，参与宁夏自治区社科规划重点委托项目大型历史纪录片《神秘的西夏》史学稿本的撰写，参与国家社科基金特别委托项目"西夏文献文物研究"子项目"西夏学数据库建设"。

李晓明，男，1984 年生，河北宁晋人。现为甘肃武威市博物馆文博馆员。2009 年至 2012 年，在宁夏大学西夏学研究院师从杜建录先生，获历史学硕士学位，2019 年赴暨南大学中国文化史籍研究所攻读博士研究生，2012 年至今在甘肃武威市博物馆工作。主要研究方向为黑水城文献与西夏、元代历史。先后在《敦煌研究》等刊物发表论文 10 余篇，主持国家社科基金项目 1 项，参与国家社科基金重大项目等多项。

李新贵，男，1974 年生，河南淮阳人。宁夏大学人文学院教授。北京大学历史地理学专业博士，中国人民解放军军事科学院博士后。主要从事历史地理学、中文古地图研究，迄今出版《〈筹海图编〉译注》，在《中国大百科全书》第三版以及《新华文摘》、《历史地理》、《中国历史地理论丛》等学术刊物上发表论文近 30 篇，主持完成国家社科基金项目 2 项。获宁夏哲学社会科学优秀成果一等奖 1 项。入选"宁夏哲学社会科学和文化艺术领军人才"培养工程。

李玉峰，女，1991 年生，新疆哈密人。内蒙古师范大学民族学人类学学院讲师。2013 年至 2019 年在宁夏大学西夏学研究院师从杜建录先生，先后获历史学硕士学位、法学博士学位。主要从事西夏历史与文献、西夏文物艺术、中国民族史的研究与教学。迄今出版《西夏农业研究》（合著）。在《西夏学》《宋史研究论丛》《南京艺术学院学报》等刊物上发表学术论文 10 余篇。主持在研内蒙古自治区高校科研项目"内蒙古巴彦淖尔高油房遗址出土西夏金器研究"、内蒙古师范大学引进高层次人才科研启动经费项目"西夏装饰图案研究"。

梁松涛，女，1972 年生，河南镇平人。现为河北大学宋史研究中心教授，博士生导师。国家社科基金重大项目首席专家。2008 年毕业于兰州大学历史文献学专业，获博士学位。2011年至2015年在宁夏大学西夏学研究院做博士后科研工作，合作导师杜建录先生。主要从事历史文献学及西夏文文献的研究。迄今在《民族研究》《文物》《文献》《文史》等期刊发表论文100余篇，出版《黑水城出土西夏文医药文献整理与研究》《西夏文〈宫廷诗集〉整理与研究》《定州塔宋代碑记整理与研究》，主编出版《雄安水利文献》《保定救济院档案》《保定教育档案》等多部，主持完成及在研国家社科基金年度项目3项。以第一完成人获得河北省社科优秀成果奖一等奖1项，二等奖2项。入选河北省社科优秀青年专家，河北省高校百名创新人才。

刘永刚，男，1982年生，陕西旬邑人。现为渭南市博物馆副研究馆员。2006年9月至2009年7月，在宁夏大学西夏学研究院历史文献学专业师从杜建录先生，获历史学硕士学位。主要从事历史文献和陈列研究工作，迄今发表文章10篇，参与教育部人文社会科学重点研究基地重大项目"汉文文献中的党项与西夏地名族名人名官名研究"，参编《与华相宜——渭南故事》一书，策划《百年沧桑——渭南记忆》等陈列5个。

刘志月，女，1992年生，山东滨州人。宁夏医科大学马克思主义学院副教授。2015年至2021年，在宁夏大学西夏学研究院师从杜建录先生，获中国古代史硕士学位和中国少数民族史博士学位。在校期间曾获硕士、博士研究生国家奖学金。主要研究方向为西夏学与中国古代碑刻研究，在《宋史研究论丛》《西夏学》《西夏研究》等刊物上发表论文10余篇。

柳长青，男，1976年生，湖北襄阳人。现任广东外语外贸大学教授。中国计算机学会高级会员，CCF自然语言处理专委会委员，中国辞书学会辞书编纂现代化专委会委员。主要研究方向为西夏文信息处理、计算机应用。2003年9月至2006年7月在宁夏大学数学计算机学院攻读基础数学硕士，获理学硕士学位；2009年9月至2012年7月，在宁夏大学西夏学研究院攻读博士，获法学博士学位；2015年8月至2016年8月公派英国剑桥大学作访问学者；1999年7月至2017年12月在宁夏大学任教；2018年1月调至广东外语外贸大学任教。主持完成国家自然科学基金《网络下的西夏文及西夏文献处理研究》及教育部留学回国人员基金等各级各类项目 10 余项。出版电子字典专著 2 部,参编 1 部。其中《夏汉字处理及电子字典》软件光盘获 2001 年宁夏回族自治区科技进步三等奖,《西夏文电子字典及输入法软件》专著获 2014 年第三届中国出版政府奖提名奖。

马旭俊,男,1985 年生,宁夏西吉人。宁夏大学西夏学研究院助理研究员、硕士生导师。博士毕业于吉林大学历史系毕业,2017 年 9 月入职宁夏大学西夏学研究院。主要从事民族史教学与科研工作,迄今发表学术论文十余篇,出版译著一部,主持、参与国家社科基金项目 2 项。

潘洁,女,1981 年生,宁夏石嘴山人。宁夏大学西夏学研究院副研究员,硕士生导师,中国经济史学会理事。2004 年至 2010 年在宁夏大学西夏学研究院师从杜建录先生,先后获历史学硕士学位、法学博士学位,2010 年毕业后留院工作至今。先后在《中国史研究》《中国经济史研究》等刊物发表论文 30 余篇,出版《黑水城出土钱粮文书专题研究》《〈天盛律令〉农业门整理研究》《西夏农业研究》。主持国家社科基金青年项目"黑水城出土赋役文书研究"、国家社科基金一般项目"西夏寺院经济研究"、教育部人文社科青年项目"《天盛改旧新定律令》农业卷译考"、国基金特别委托项目子课题"西夏农业考论"、国基金重大项目子课题"西夏人物志"。论文获自治区社科优秀成果一等奖 1 项,三等奖 1 项。入选中组部"万人计划"哲学社会科学青年拔尖人才工程。

庞倩,女,1987 年生,山西侯马人。宁夏大学西夏学研究院在读博士研究生。2013 年 6 月毕业于宁夏大学西夏学研究院,获历史学硕士学位。曾就职于北京中公教育和北京工商大学嘉华学院。主要从事西夏历史与西夏文献研究,先后在《西夏学》《辽金历史与考古》《西夏研究》等刊物发表论文 6 篇,合著《中国藏黑水城汉文文献释录》第 7 册和第 9 册。参与国家社科基金一般项目 1 项、国家社科基金青年项目 1 项。曾获北京工商大学嘉华学院两次先进宣传个人奖、校级优秀辅导员、优秀教职工、北方国际大学联盟优秀辅导员等多项奖励。

彭向前,男,1968 年生,河南潢川人。现任宁夏大学西夏学研究院副院长，研究员、博士生导师。国家社科基金冷门绝学研究专项学术团队项目首席专家。1998 年至 2001 年，在河北大学宋史研究中心师从漆侠、李华瑞先生攻读历史学硕士学位；2001 年至 2004 年，在河北大学宋史研究中心师从刘秋根、杜建录先生攻读历史学博士学位；2006 年至 2009 年，在中国社会科学院民族学与人类学研究所做博士后科研工作，合作导师聂鸿音先生。2013 年 6 月至 12 月，在俄罗斯科学院东方文献研究所作访问学者；2018 年至 2019 年，在剑桥大学亚洲和中东研究学院作访问学者。中国民族古文字研究会常务理事，《西夏学》编委，宁夏回族自治区第十一届政协委员。长期从事西夏学和西北民族关系史研究，迄今出版专著 6 部，其中《俄藏西夏历日文献整理研究》入选"国家哲学社会科学成果文库"。在《民族研究》等刊物发表论文 120 余篇。主持完成及在研项目 10 余项，包括国家社科基金冷门绝学研究专项学术团队项目"'夏译汉籍'汇纂通考及数据库建设"，国家社科基金重点项目"西夏文草书《孝经传》研究""汉文兵书的西夏文译本研究"，国家社科基金一般项目"西夏历法研究"，教育部人文社会科学重点研究基地重大项目"汉文文献中的党项与西夏地名族名人名官名研究""西夏文献提要"等。曾获宁夏社科优秀成果奖著作类一等奖 1 项，论文类二等奖、三等奖各 1 项。中组部"万人计划"哲学社会科学领军人才，"国家百千万人才工程"第三层次人选，宁夏大学"贺兰山特聘学者"。

邵佳楠，女，1996 年生，宁夏银川人。现就职于宁夏盛天彩数字科技股份有限公司。2018 年至 2021 年在宁夏大学西夏学研究院师从杜建录先生，获历史学硕士学位，在校期间公开发表学术论文《西夏的麻魁与寨妇》，参与国家社科基金重大项目"西夏通志"子课题"西夏军事志"。

史伟，女，1967 年生，四川江油人。现为宁夏大学信息工程学院教授，硕士生导师。2008 年宁夏大学数学计算机学院计算机软件理论专业硕士毕业，2013 年宁夏大学西夏学研究院中国少数民族史博士毕业。美国西密歇根大学人文学院、俄罗斯科学院东方文献研究所访问学者。主要从事西夏历史文化艺术研究、文物数字化及其保护应用研究。

迄今出版专著 1 部《东千佛洞西夏壁画研究》，在国际会议及学术期刊发表学术论文多篇。主持完成国家社科基金西部项目"东千佛洞西夏绘画艺术研究"、主持在研国家自然科学基金项目"基于传统与深度表示学习的唐卡图像综合修复研究"，另主持完成区自然科学基金项目和宁夏高校项目各 1 项。曾获自治区科技进步二等奖（排名 5）、自治区自然科学优秀论文三等奖。

孙广文，男，1978 年生，宁夏盐池人。宁夏社会科学院助理研究员。2006 年至 2009 年就读于宁夏大学西夏学研究院，获硕士学位。2013 年从海原县回民中学考入宁夏社会科学院历史研究所。主要从事西夏学研究，先后在《宁夏社会科学》《考古与文物》等刊物发表论文数篇。出版著作《宁夏旧志图解》（合著）。

田晓霈，男，1990 年生，河北保定人。2017 年毕业于河北大学宋史研究中心，获历史学硕士学位。2020 年毕业于宁夏大学西夏学研究院，获民族学博士学位，同年进入暨南大学文学院从事博士后科研工作。主要从事黑水城文献、西夏历史方面的研究，迄今在《中国农史》《敦煌研究》等刊物上发表论文 9 篇，主持在研中国博士后科学基金第 68 批面上资助项目"未释西夏文契约文书整理与研究"、广东省社科规划 2021 年度青年项目"未释西夏经济文书的辑佚、缀合与研究"。

佟建荣，女，1977 年生，宁夏盐池人。现为宁夏大学西夏学研究院副研究员、博士生导师。2000 年至 2003 年，于宁夏大学专门史攻读硕士学位，2008 年至 2011 年，在宁夏大学西夏学研究院师从杜建录先生，获法学博士学位。博士学位论文《西夏姓氏考论》先后获"自治区级优秀学位论文""全国优秀博士学位论文提名"。迄今在《民族研究》《中央民族大学学报》等刊物发表学术论文 20 余篇，出版学术著作 2部。主持完成国家社科基金项目 1 项、教育部青年项目 1 项；主持在研国家社科基金 1 项、国家社科重大项目子课题 1 项。论文获"自治区社科优秀成果奖"一等奖 2 项。入选"自治区哲学社会科学与艺术文化领军人才"培养工程、宁夏大学"贺兰山青年学者"。

王龙，男，1985 年生，甘肃会宁人。现为宁夏大学西夏学研究院讲师，硕士生导师。中国社会科学院研究生院文学博士，中国社会科学院世界宗教研究所博士后，南昌理工学院客座教授。主要从事文献语言学、西夏学和宗教学研究。先后在 *The Journal of Northern Cultures Studies*、《文献》、《宁夏社会科学》等刊物发表论文 30 多篇。博士论文《西夏译玄奘所传"法相唯识经典"研究》入选 2019 年度"中国社会科学博士论文文库"，合作出版《〈中国藏黑水城汉文文献〉释录》第 1 卷。主持国家社科基金青年项目、中国博士后科学基金特别资助项目、中国博士后科学基金面上一等资助项目和宁夏大学科学研究重点项目共 4 项，参与多项国家社科基金和中国社会科学院项目。入选"宁夏哲学社会科学和文化艺术青年人才托举工程"。

王盼，女，1984 年生，陕西兴平人。现就职于西安交通工程学院。宁夏大学西夏学研究院 2007 级硕士。迄今参编教材 1 部，在国内外期刊发表论文多篇，其中《乡村振兴中的人才培养：从基础教育抓取——评〈乡村振兴战略下"一懂两爱"人才培养理论实践研究〉》被北大中文核心期刊《中国农业资源与区划》收录。主持校级项目 3 项，参与省部级项目多项。曾获校级"优秀教师"称号。

王培培，女，1980 年生，宁夏银川人。现为宁夏大学西夏学研究院副研究员，硕士生导师。2004 年宁夏大学中文系汉语言文学教育学士毕业，2007 年宁夏大学历史文献学硕士研究生毕业，2010 年中国社会科学院研究生院专门史博士研究生毕业。2017 年 7 月至 2018 年 7 月于伦敦大学亚非学院访问学习。主要研究方向为西夏历史与西夏文献，发表学术论文 20 余篇，独立出版学术专著 2 部，主持完成国家社科基金项目 1 项，在研国家社科基金项目 1 项。研究成果获宁夏社科优秀成果奖著作类三等奖 1 项。

王巍，男，1988 年生，江苏海门人。现为北方民族大学讲师，硕士生导师。2013 年宁夏大学西夏学研究院中国古代史专业硕士毕业，2017 年西北师范大学历史文化学院中国史专业博士毕业。主要从事西夏学、敦煌学研究。发表学术论文多篇，主持国家社科基金青年项目"黑水城出土数术文献整理研究"、国家古籍整理出版项目《中国历代方志所见琴学史料类编（西北卷）》。

王亚莉，女，1982 年生，陕西蓝田人。现为山西大学马克思主义学院暨近代中国研究所副教授、硕士生导师，首都师范大学历史学院中国史专业在站博士后。2008年宁夏大学西夏学研究院历史文献学硕士毕业，2016年山西大学历史文化学院中国史专业博士毕业。主要研究领域为抗日战争史及中国婚姻家庭史，迄今在《甘肃社会科学》《宁夏社会科学》《河北学刊》等刊物发表论文16篇，出版学术著作《女性·婚姻与革命：陕甘宁及华北抗日根据地女性婚姻问题研究》（合著）。主持教育部人文社科青年基金项目1项，省级课题2项，校级项目1项，参与国家级课题3项。博士论文《陕甘宁边区妇女婚姻生活研究》获得中国妇女研究会第七届妇女/性别研究优秀博士论文二等奖。

王颖，女，1983年生，山东莒南人。现就职于宁夏大学外国语学院俄语系。2003年9月至2007年6月就读于中国石油大学（华东）外国语学院俄语语言文学专业，获文学学士学位；2007年9月至2010年6月就读于兰州大学外国语学院俄语语言文学专业，获文学硕士学位；2013年9月至2020年12月就读于宁夏大学西夏学研究院中国少数民族史专业，师从杜建录先生，获法学博士学位。2010年7月至今在宁夏大学外国语学院工作。先后发表论文及译文共8篇，主持完成宁夏哲学社会科学规划青年项目1项。

魏亚丽，女，1983年生，宁夏隆德人。现为宁夏回族自治区博物馆馆员，宁夏大学西夏学研究院在读博士。主要从事西夏服饰研究，在《西夏学》《装饰》《西夏研究》等刊物发表论文多篇。主持完成文化部文化艺术科学研究项目"西夏服饰纹样研究"。参与教育部哲学社会科学研究重大委托项目"西夏多元文化及其历史地位研究"，担任子课题"多元文化视角西夏服饰研究"负责人。参与国家社科基金特别委托项目子课题《西夏文物·宁夏编》大型丛书的编撰，担任分卷副主编。参与国家文物局和宁夏文物局、宁夏博物馆"第一次全国可移动文物普查西夏文物专项调查项目"的调研、编纂工作。

吴雪梅，女，1993年生，甘肃民勤人。现为陕西师范大学博士研究生。2013年至2017年就读于西北师范大学，获历史学学士学位。2017年至2020年就读于宁夏大学西夏学研究院，获法学硕士学位，并于2019年9月至12月赴日本大阪市立大学访学。主要从事敦煌学、石窟寺考古、丝绸之路历史文化研究，在《宁夏社会科学》《西夏学》《西夏研究》发表学术论文多篇，参与国家社科基金重大招标项目"敦煌西夏石窟研究"，主持陕西师范大学中央高校基本科研业务费专项资金资助项目"西夏佛经版画图像研究"。先后获宁夏大学硕士研究生国家奖学金、宁夏大学优秀研究生、宁夏回族自治区优秀硕士学位论文、陕西师范大学优秀研究生、陕西师范大学第四届"念海史学"二等奖等。

徐悦，女，1979 年生，辽宁锦州人。高级经济师。2005 年 6 月至 2008 年 9 月，在宁夏大学西夏学研究院师从杜建录先生，获历史学硕士学位。毕业后就职于中国石化集团北京燕山石油化工有限公司教育培训中心。在《宁夏社会科学》《中国培训》等刊物发表论文《蒙元时期西夏遗民高氏及其后裔》《元代亦集乃路农作物种类考述》《燕山石化公司机关人员岗位练兵新模式的实践与思考》等。在读期间，曾获"三好研究生"称号。

许伟伟，女，1979 年生，湖北大冶人。现为宁夏大学西夏学研究院助理研究员，硕士生导师。自 2006 年 7 月至今任职于宁夏大学西夏学研究院，2010 年至 2013 年，师从杜建录先生攻读中国少数民族史专业，获法学博士学位。2019 年赴日本大阪市立大学访学。主要从事西夏史研究，迄今发表学术论文 30 余篇，出版专著《西夏宫廷制度研究》，参编《中国藏黑水城汉文文献释录》。主持国家社科基金项目"西夏宫廷制度与政治文化研究""西夏名物研究"，另主持省级课题 1 项，校级课题 1 项。学位论文获宁夏自治区高等学校优秀博士论文。研究成果获宁夏社科优秀成果奖论文类三等奖 1 项。

杨浣，男，1975 年生，甘肃天水人。现任宁夏大学西夏学研究院副院长，研究员，博士生导师。曾任宁夏大学人文学院副院长。1998 年宁夏大学历史系本科毕业，获得学士学位。2001 年宁夏大学历史系专门史专业研究生毕业，获硕士学位。2006 年复旦大学历史系北方民族史方向研究生毕业，获历史学博士学位。2011 年至 2014 年，在中国社科院民族学与人类学研究所做博士后科研工作。2018 年至 2019 年，在剑桥大学中东与东亚研究院作访问学者。主要从事西夏与北方民族史、西北历史与地理、地域文化产业开发等领域的教学与研究。在《中国史研究》《民族研究》等刊物上公开发表论文 40 余篇，出版学术著作 3 部，主持完成国家社科基金项目 1 项，教育部基金项目 2 项；主持在研国家社科基金项目 1 项，国家社科重大基金项目子课题 1 项。成果先后获宁夏社会科学优秀成果奖，全国优秀古籍图书奖等。入选"自治区塞上文化名家"，"青年拔尖人才工程人选"等。

杨棋麟，男，1994 年生，四川宜宾人。宁夏大学西夏学研究院在读硕士研究生，主要研究方向为宋元历史及文献、历史文化旅游。迄今发表论文《军事视域下的西夏女性群体研究》《蜀南竹海旅游开发中社区参与的调查研究》等。参与国家社会科学基金重大项目"西夏通志"子课题"西夏军事志"、国家社会科学基金重点项目"汉文兵书的西夏文译本研究"。

杨志高，男，1964 年生，甘肃庄浪人。现为宁夏大学西夏学研究院研究员。1987 年毕业于宁夏大学历史系，获历史学学士学位，2006 年至 2009 年在中国社会科学院民族学与人类学研究所进行访学。主要从事西夏文献整理研究、西夏历史文化、地方文史方面的研究工作。在《民族语文》《西南民族大学学报》等学术刊物发表论文 50 多篇，著有《宋西事案》（校证本）、《西夏文〈经律异相〉整理研究》《〈慈悲道场忏法〉西夏译文的复原与研究》，其中《〈慈悲道场忏法〉西夏译文的复原与研究》入选 2016 年度"国家哲学社会科学成果文库"。主持国家社科基金项目 2 项、教育部人文社会科学重点研究基地重大项目 1 项、教育部古委会课题 1 项、宁夏高校人文社会科学课题 1 项，参与国家社科基金特别委托项目子课题 1 项。成果获宁夏哲学社会科学优秀成果著作一等奖 1 项、论文三等奖 2 项。2017 年获"宁夏大学科技创新工作优秀科研工作者"。

尤桦，男，1981 年生，宁夏盐池人。现为宁夏大学地理科学与规划学院党委副书记，宁夏大学西夏学研究院讲师、硕士生导师，宁夏水利科学研究院与中国水利水电科学研究院联合培养在站博士后。于 2004 年至 2008 年、2012 年至 2015 年，在宁夏大学西夏学研究院师从杜建录先生，分别获历史学、法学博士学位。主要从事西夏历史文化与水利史的教学研究，迄今出版专著《〈天盛律令〉武器装备条文整理研究》，参编专著 6 部，在《西夏研究》《西夏学》等学术刊物上发表论文 10 余篇，主持国家社科项目、自治区社科项目、中国博士后面上项目各 1 项。

于光建，男，1981 年生，甘肃武威人。现任宁夏大学西夏学研究院（中华民族共同体研究院）副院长，宁夏大学丝路宁夏文创中心主任，副教授，硕士生导师。2005 年 9 月至 2008 年 6 月，就读于西北师范大学历史地理学专业，师从李并成先生，取得硕士学位。2011 年 9 月至 2014 年 6 月，就读于宁夏大学西夏学研究院中国少数民族史专业，师从杜建录先生，取得博士学位。2008 年至 2011 年曾就职于武威市博物馆，2014 年至今在宁夏大学西夏学研究院工作。主要从事西夏历史文化与文化创意产业的教学研究，迄今在《敦煌研究》等刊物发表 50 余篇学术论文，出版著作 2 部。主持完成国家社科基金青年项目 1 项、自治区研究生教学改革项目 1 项、教育部哲学社会科学重大委托项目"西夏多元文化及其历史地位"子课题 1 项。主持在研国家社科基金西部项目"多元文化视角下的西夏金银器研究"1 项。获宁夏哲学社会科学优秀成果奖论文类二等奖 1 项。宁夏哲学社会科学和文化艺术青年人才托举工程人选，宁夏互联网＋大学生创新创业大赛优秀指导教师。

翟丽萍，女，1983 年生，宁夏隆德人。现为宁夏师范学院政史学校专任教师，副教授。2007 年到 2010 年在宁夏大学西夏学研究院师从杜建录先生，获得历史学硕士学位。2013 年毕业于陕西师范大学中国古代史专业，获得历史学博士学位。2014 年至 2019 年，在宁夏大学西夏学研究院做博士后科研工作，合作导师杜建录先生。主要研究方向为西夏历史与文献，迄今在《中国史研究动态》《宁夏社会科学》等刊物上发表论文 10 余篇，出版学术专著《天盛律令职官门整理研究》。主持在研国家社科基金项目"西夏官名汇考"，参与教育部人文科学重点研究基地重大项目 1 项。硕士学位论文《西夏官僚机构职掌与属官考论》被评为宁夏回族自治区高等学校优秀硕士论文。

张海娟，女，1984 年生，宁夏海原人。现任宁夏大学外国语学院俄语系主任。2003 年 9 月至 2007 年 7 月就读于西安外国语大学俄语专业；2007 年 9 月至 2010 年 7 月就读于北京师范大学俄语语言文学专业，取得硕士学位；2015 年 9 月考入宁夏大学西夏学研究院中国少数民族史专业，师从杜建录先生，攻读博士学位。2010 年 7 月至今就职于宁夏大学外国语学院。研究方向为西夏艺术、俄罗斯西夏学。发表论文多篇，出版著作 1 部。主持国家社科基金西部项目 1 项、自治区社科基金青年项目 1 项，指导国家级大学生创新创业项目 1 项，参与区级、校级项目多项。2021 年获宁夏大学"优秀共产党员"、"立德树人岗位标兵"称号。

张敏灵，女，1986 年生，广东肇庆人。现从事中学历史教学工作。2010 年至 2013 年，在宁夏大学西夏学研究院师从杜建录先生，获历史学硕士学位。读研期间曾参与黑水城文献整理项目。

张笑峰，男，1987 年生，河南漯河人。现为宁夏大学西夏学研究院讲师，硕士生导师。2005 年至 2009 年在河南大学历史文化学院攻读本科，获历史学学士学位；2009 年至 2015 年在宁夏大学西夏学研究院师从杜建录先生，先后获历史学硕士学位、法学博士学位。2017 年至 2018 年、2021 年分别在美国密苏里州立大学、厦门大学做访问学者。主要从事西夏学、中国少数民族史研究。发表论文 10 余篇，出版《〈天盛律令〉铁箭符牌条文整理研究》《黑水城出土元代律令与词讼文书整理研究》，编著《中国藏黑水城汉文文献释录（律令与词讼文书卷）》。主持完成国家社科基金项目、宁夏社科项目、宁夏教育厅高校优秀青年基金项目各 1 项。

张雪爱，女，1990 年生，甘肃靖远人。现任教于白银市艺术中学，中学一级教师，主要承担高中历史学科教学。2014 年 9 月至 2017 年 7 月，在宁夏大学西夏学研究院师从杜建录先生，获历史学硕士学位。在校期间发表论文《西夏瓷器款识述论》，多次获得宁夏大学研究生学业奖学金。学位论文《出土文献所见夏元时期黑水城对外交流研究》获宁夏回族自治区优秀硕士学位论文。

张玉海，男，1970 年生，宁夏中卫人。1995 年毕业于宁夏大学，1998 年调入宁夏社会科学院。现为《西夏研究》副主编，敦煌研究院人文学部特邀研究员，中国民族古文字研究会常务理事兼学会出版部部长，主要研究方向为西夏学、北方民族史，主持、参与国家社科基金重大、重点、一般项目数十项，在《河北学刊》等核心期刊发表学术论文20多篇，多篇文章被人大复印资料转载。

章治宁，男，1972年生，宁夏永宁人。现任宁夏大学党委专职组织员。2020年6月毕业于宁夏大学西夏学研究院，获法学博士学位。主要从事民族史学及西夏艺术研究，发表《西夏塔式擦擦造像艺术》《西夏擦擦单尊造像艺术探析》等多篇学术论文。曾于2008年3月至2011年7月在宁夏大学西夏学研究院工作，任党支部书记、副院长。

周泽鸿，男，1994年生，甘肃兰州人。现为宁夏大学西夏学研究院在读博士研究生。2019年获宁夏大学硕博连读资格。主要研究方向为西夏历史与文献，发表论文《俄藏黑水城出土〈阴思鬼限〉释论》《六时礼忏与佛教唱导——黑水城出土的两件〈寅朝礼〉研究》。参与国家社科基金重大项目"西夏通志"及其子项目"百年西夏学文萃"、中俄西夏学合作研究项目等。曾获宁夏大学硕士研究生一等学业奖学金，博士研究生一等、二等学业奖学金。

邹仁迪，男，1986年生，辽宁大连人。现从事高中历史教学工作。2010年于辽宁大学历史学院历史学专业毕业后，进入西夏学研究院中国古代史专业就读，并于2013年获得硕士学位。

图书在版编目（CIP）数据

成蹊集 / 杜建录主编 . -- 北京：社会科学文献出
版社，2022.2
ISBN 978-7-5201-9525-6

Ⅰ.①成…　Ⅱ.①杜…　Ⅲ.①中国历史－古代史－文
集　Ⅳ.① K220.7-53

中国版本图书馆 CIP 数据核字（2021）第 276936 号

成蹊集

主　　编 / 杜建录

出 版 人 / 王利民
责任编辑 / 赵　晨
责任印制 / 王京美

出　　版 / 社会科学文献出版社·历史学分社（010）59367256
　　　　　　地址：北京市北三环中路甲 29 号院华龙大厦　邮编：100029
　　　　　　网址：www.ssap.com.cn
发　　行 / 社会科学文献出版社（010）59367028
印　　装 / 三河市东方印刷有限公司

规　　格 / 开　本：787mm×1092mm　1/16
　　　　　　印　张：52　字　数：795 千字
版　　次 / 2022 年 2 月第 1 版　2022 年 2 月第 1 次印刷
书　　号 / ISBN 978-7-5201-9525-6
定　　价 / 198.00 元

读者服务电话：4008918866